Die Bonus-Seite

Ihr Vorteil als Käufer dieses Buches

Auf der Bonus-Webseite zu diesem Buch finden Sie zusätzliche Informationen und Services. Dazu gehört auch ein kostenloser **Testzugang** zur Online-Fassung Ihres Buches. Und der besondere Vorteil: Wenn Sie Ihr **Online-Buch** auch weiterhin nutzen wollen, erhalten Sie den vollen Zugang zum **Vorzugspreis**.

So nutzen Sie Ihren Vorteil

Halten Sie den unten abgedruckten Zugangscode bereit und gehen Sie auf **www.galileocomputing.de**. Dort finden Sie den Kasten **Die Bonus-Seite für Buchkäufer**. Klicken Sie auf **Zur Bonus-Seite/Buch registrieren**, und geben Sie Ihren **Zugangscode** ein. Schon stehen Ihnen die Bonus-Angebote zur Verfügung.

Ihr persönlicher **Zugangscode** gpsy-39e2-bdkv-c6aw

Heike Jurzik

Debian GNU/Linux

Das umfassende Handbuch

Galileo Press

Liebe Leserin, lieber Leser,

»Squeeze« ist da. Mittlerweile ist es mehr als 20 Jahre her, dass das Debian-Projekt ins Leben gerufen wurde. In dieser Zeit hat sich das System mehr als etabliert. Administratoren schätzen die Zuverlässigkeit, Anwender die mit jeder Version verbesserte Benutzerfreundlichkeit. Im professionellen Bereich ist Debian die Nr. 1.

Dieses Buch ist deshalb ein Praxisbuch und Nachschlagewerk für alle, die mit Debian täglich arbeiten oder vorhaben, das zu tun. Selbst Profis werden hier viele neue Tipps, Tricks und Lösungen finden. Heike Jurzik kennt sich nicht nur mit dem System und in der Debian-Community bestens aus, sie hat gleichzeitig das Talent, technische Themen sprachlich angenehm und didaktisch geschickt zu vermitteln. Sie begleitet Sie Schritt für Schritt auf Ihrem Weg zum Debian-Profi – von der Installation über die grafischen Systeme und Oberflächen, über die Paketverwaltung, die Arbeit im Netzwerk und Internet bis hin zu fortgeschrittenen Themen wie der Administration eines Debian Servers.

Dieses Buch wurde mit großer Sorgfalt geschrieben, lektoriert und produziert. Sollte dennoch etwas nicht so funktionieren, wie Sie es erwarten, dann scheuen Sie sich nicht, sich mit mir in Verbindung zu setzen. Ihre Anregungen und Fragen sind jederzeit willkommen.

Und nun wünsche ich Ihnen viel Spaß mit Debian GNU/Linux!

Sebastian Kestel
Lektorat Galileo Computing

sebastian.kestel@galileo-press.de
www.galileocomputing.de
Galileo Press · Rheinwerkallee 4 · 53227 Bonn

Auf einen Blick

Der Name Galileo Press geht auf den italienischen Mathematiker und Philosophen Galileo Galilei (1564–1642) zurück. Er gilt als Gründungsfigur der neuzeitlichen Wissenschaft und wurde berühmt als Verfechter des modernen, heliozentrischen Weltbilds. Legendär ist sein Ausspruch *Eppur si muove* (Und sie bewegt sich doch). Das Emblem von Galileo Press ist der Jupiter, umkreist von den vier Galileischen Monden. Galilei entdeckte die nach ihm benannten Monde 1610.

Gerne stehen wir Ihnen mit Rat und Tat zur Seite:
sebastian.kestel@galileo-press.de bei Fragen und Anmerkungen zum Inhalt des Buches
service@galileo-press.de für versandkostenfreie Bestellungen und Reklamationen
britta.behrens@galileo-press.de für Rezensions- und Schulungsexemplare

Lektorat Sebastian Kestel, Anne Scheibe
Korrektorat Friederike Daenecke, Zülpich
Herstellung Norbert Englert
Satz Heike Jurzik
Einbandgestaltung Barbara Thoben, Köln
Druck und Bindung Bercker Graphischer Betrieb, Kevelaer

Dieses Buch wurde gesetzt aus der Linotype Syntax Serif (9,25/13,25 pt) in LaTeX.

Bibliografische Information der Deutschen Nationalbibliothek
Die Deutsche Nationalbibliothek verzeichnet diese Publikation in der Deutschen Nationalbibliografie; detaillierte bibliografische Daten sind im Internet über *http://dnb.d-nb.de* abrufbar.

ISBN 978-3-8362-1694-4

4., aktualisierte Auflage 2011

Inhalt

Vorwort

Vorwort zur 4. Auflage

Ich habe das Glück, regelmäßig zu Vorträgen auf der ganzen Welt eingeladen zu werden, und immer wieder geht es um die ganz einfache Frage: »Was ist Debian?« Es zeigt sich, dass ich dann (sehr zum Leidwesen der Zuhörer) stundenlang erzählen kann ... das ist aber nicht (alleine) meine Schuld! Debian ist so unglaublich komplex und daher ein spannendes Thema. Eine Sache muss man in jedem Fall herausstellen, um die Frage zu beantworten: Debian besteht aus drei ineinandergreifenden Aspekten – es ist ein Betriebssystem, ein Projekt und eine Gemeinschaft.

Als Betriebssystem bietet Debian über 30.000 freie Programme für alle Zwecke und Lebenslagen, von Hardwaretreibern über Desktopanwendungen bis hin zu Serverapplikationen. Alle diese Komponenten sind freie Software; das bedeutet, Sie als Anwender haben die Freiheit, Debian zu benutzen, mit Ihren Nachbarn zu teilen, unter die Haube zu blicken – falls Sie neugierig sind, wie das System funktioniert – und sogar mitzumachen. Hier kommt der »Projekt«-Begriff ins Spiel: Gemeinsame Werte und Ziele bringen engagierte Debian-Mitarbeiter zusammen und bilden das Grundgerüst, auf dem das Betriebssystem steht. Die Debian-Community verteilt sich über die ganze Welt, Millionen von Menschen verwenden und verbreiten Debian, viele tragen täglich etwas dazu bei.

Wenn Sie das erste Mal mit Debian oder sogar das erste Mal mit freier Software zu tun haben, wundern Sie sich bestimmt, wie das Ganze funktioniert. Das vorliegende Buch wird Sie diesbezüglich mit seinen Erklärungen und Anleitungen einen gewaltigen Schritt weiterbringen. Heike Jurzik stellt das Debian-Betriebssystem vor und nimmt Sie an die Hand – von Ihrer ersten Debian-Installation bis hin zur Herausforderung, einen der abertausend Debian-Server im Internet zu administrieren. Sie erfahren außerdem etwas über das Projekt selbst und darüber, was Debian zu dem macht, was es heute ist. Die Community begleitet Sie durch das gesamte Buch hindurch; lernen Sie im Austausch mit anderen Benutzern und werden Sie Teil der Debian-Gemeinschaft.

Mit diesem Buch beginnt eine aufregende Reise durch die Debian-Welt, viel Spaß dabei!

Stefano Zacchiroli
Leiter des Debian-Projekts 2010 bis 2012

Vorwort zur 3. Auflage

Debian GNU/Linux gehört zu den am weitesten verbreiteten freien Betriebssystemen. Viele Firmen und Privatpersonen auf der ganzen Welt entwickeln die beliebte Linux-Distribution in gemeinschaftlicher Arbeit. Debian GNU/Linux ist ein äußerst flexibles System, das auf vielen verschiedenen Architekturen läuft, angefangen bei Handhelds und Embedded Systems bis hin zu Supercomputern. Die umfangreiche Softwaresammlung der Distribution bietet sowohl Privatanwendern als auch größeren Unternehmen und Organisationen genau das, was sie benötigen.

Ein gutes Buch über Debian hilft dabei, zu verstehen, was mit diesem System alles möglich ist, und genau so ein Buch hat Heike Jurzik verfasst. Sie schreibt schon seit Jahren über Linux und freie Software und teilt ihre Erfahrungen und ihr umfangreiches Wissen gerne mit ihren Lesern.

Das Praxisbuch zu Debian GNU/Linux bietet Anleitungen sowie Tipps und Tricks zu zahlreichen Themen: von der Installation und der Einrichtung verschiedener Hardwarekomponenten bis hin zur praktischen Arbeit mit der Distribution und den häufigsten Serveranwendungen. Vom umfassenden Wissensschatz der Autorin profitieren Einsteiger ebenso wie Experten, und ich bin überzeugt, dass hier jeder die Hilfe findet, die er sucht – egal, über welche Vorkenntnisse er verfügt.

Viel Spaß mit dem Buch und mit Debian!

Steve McIntyre
Leiter des Debian-Projekts 2008 bis 2010

Vorwort zur 1. Auflage

Debian GNU/Linux hat in den letzten Jahren beträchtliche Fortschritte gemacht – nicht nur in technischer Hinsicht, sondern auch in puncto Benutzerfreundlichkeit und Flexibilität. Das System ist jetzt erste Wahl, wenn es darum geht, eine speziell angepasste Umgebung für Organisationen oder Behörden zu schaffen. Einige Regionen in Spanien machen von dieser Möglichkeit schon Gebrauch, und auch die Städte München[1] und Wien[2] planen derzeit ihren Umstieg. Debian ist nun überall zu finden: auf Servern, auf Desktops und als Embedded System auf außergewöhnlicher Hardware.

Leider spiegelt sich diese Entwicklung nicht in der Verfügbarkeit deutscher Debian-Bücher wider. Dieses Buch füllt eine wichtige Lücke und bietet viele Informationen zu verschiedenen Themen: Beginnend bei der Installation von Debian, behandelt es Grundlagen zu Linux und Unix und diskutiert sowohl den Einsatz von Debian auf einem Desktop-PC als auch auf einem Server. Anwender finden im vorliegenden Werk nicht nur Anleitungen zum Einsatz verschiedener Desktopumgebungen und Programme, sondern auch zur Konfiguration des Netzwerks sowie zur Einrichtung von Druck-, DHCP-, Name-, Mail-, Web- und FTP-Servern.

Ein besonderes Kennzeichen dieses Buchs ist, dass es sich sowohl an den Linux-Neuling als auch an erfahrene Anwender richtet. Heike Jurzik schreibt seit vielen Jahren für verschiedene Linux-Zeitschriften und weiß, wie man Informationen verständlich an verschiedene Benutzergruppen vermittelt – von dieser Fähigkeit macht sie Gebrauch. Das Buch liefert wichtiges Hintergrundwissen und ist mit hilfreichen Tipps und Tricks gespickt. Auch ich habe beim Lesen einige Tipps aufgegriffen, die meine Arbeit produktiver machen werden. Ich kann das Buch somit uneingeschränkt empfehlen.

Viel Spaß mit dem Buch und Debian!

Martin Michlmayr
Leiter des Debian-Projekts 2003 bis 2005

1 LiMux: *http://www.muenchen.de/Rathaus/referate/dir/limux/89256/*
2 WIENUX: *http://www.wien.gv.at/ma14/wienux.html*

Einleitung

Willkommen bei Debian GNU/Linux – dieses Buch begleitet Sie auf der Entdeckungsreise durch die Welt dieser Linux-Distribution: von der Installation über die Verwendung bis hin zu Tipps und Tricks zur Administration des freien Betriebssystems.

Im ersten Teil geht es um die Installation und Konfiguration von Debian GNU/Linux »Squeeze«; hier erfahren Sie auch etwas über die Einrichtung der grafischen Umgebung und der Paketverwaltung. Eine Einführung in die Netzwerkgrundlagen und Tipps zum Thema »Drucken« runden diesen Teil ab.

Im zweiten Teil stellt das Buch Anwendungssoftware vor: Neben den Desktopumgebungen GNOME, KDE SC 4, Xfce und LXDE lernen Sie hier mehr über alternative, schlanke Windowmanager, wichtige Internetprogramme und über Software für den Büroalltag. Auch Multimediales kommt hier nicht zu kurz – Debian GNU/Linux macht Musik, zeigt Videos und DVDs und hat auch grafisch einiges auf dem Kasten. Hilfesuchende finden im Anschluss daran Informationen zu weiterführender Lektüre: Debian GNU/Linux bietet nicht nur ein eingebautes Hilfesystem, sondern auch jede Menge Onlinequellen mit vielen Anleitungen, Internetforen, Mailinglisten usw.

Nach den beiden eher praxisorientierten Teilen erfahren Sie mehr zu den technischen Hintergründen und der Administration des Systems. Außer Texteditoren und flinken Kommandozeilentools stellt das Buch die Einrichtung von DHCP-, Name-, Mail-, Web- und FTP-Servern sowie von Samba vor. Natürlich dürfen auch Hinweise zur Absicherung des Systems nicht fehlen. So widmet sich ein Kapitel dem Thema »Sicherheit« und zeigt, wie Sie eine Firewall unter Linux aufsetzen und Daten verschlüsseln. Das in dieser Auflage neu hinzugekommene Kapitel zu GRUB 2 erklärt den Bootmanager und gibt Tipps zur Einrichtung und zur Reparatur. Am Ende des Buchs finden Sie Hinweise zum Upgrade von der Vorgängerversion »Lenny« auf »Squeeze«: Mit nur wenigen Handgriffen bringen Sie ein vorhandenes Debian-System auf den neusten Stand. Weiterhin lesen Sie, wie Sie unter Debian GNU/Linux einen eigenen Kernel kompilieren.

Schreibweisen im Buch

- **Tastatureingaben**
  (A) steht für das kleine »a«; ist der Großbuchstabe »A« gemeint, wird dieses als (Umschalt) + (A) geschrieben.

- **Tastenkombinationen**
  Immer, wenn mehrere Tasten hintereinander gedrückt werden sollen, erscheinen diese mit einem Pluszeichen verbunden. (Alt) + (F2) bedeutet: »Halten Sie (Alt) gedrückt, und drücken Sie dann (F2).«

- **Menü**
  So sehen MENÜPUNKTE aus, und Untermenüs werden durch das Zeichen • abgetrennt, zum Beispiel DATEI • BEENDEN.

- **URLs**
  Verknüpfungen zu Seiten im Internet sind *kursiv* gesetzt, beispielsweise so: *http://www.debian.org*

- **Benutzereingaben**
  Befehle, die Sie in ein Terminal eingeben, erscheinen in `Nicht-Proportionalschrift`; wenn Sie als Administrator Root arbeiten, steht dies explizit im Text. Kommandos, die Sie hingegen in einen Dialog oder ein grafisches Programm eintippen, stehen in »Anführungszeichen«.

- **Listings**
  Befehle und Programmausgaben erscheinen auch in der `Nicht-Proportionalschrift`. Einige der Listings passen nicht in eine Buchzeile. Dass der Befehl oder die Ausgabe in der nächsten Zeile weiterläuft, erkennen Sie am Listingpfeil ➘.

Außerdem machen Marginalien, graue Kästen und Icons am Seitenrand auf Besonderheiten aufmerksam:

[!] Wenn Sie dieses Symbol sehen, ist Vorsicht geboten: Das Zeichen weist auf eventuelle Fehler sowie auf kritische Aktionen hin. Immer, wenn nicht offensichtliche Stolperstellen auftauchen, die Sicherheit Ihrer Daten gefährdet ist oder Ähnliches, sehen Sie dieses Icon.

[+] Dieses Zeichen deutet auf praktische Insidertipps, kleine Tricks und Kniffe oder auf nicht dokumentierte Features hin – kurz gesagt: Hinter diesem Symbol verstecken sich Ratschläge, die das Arbeiten unter Linux leichter und angenehmer machen.

Hinter diesem Symbol verstecken sich wichtige Hinweise, Dinge, auf die Sie achten sollten. [«]

Dieses Zeichen weist auf Bugs, also auf Fehler in Programmen, hin. Sofern es einen Workaround oder eine Lösung für das Problem gibt, ist dies ausdrücklich erwähnt.

Schritt für Schritt: Detaillierte Erklärungen

Um bestimmte Abläufe ganz genau zu erklären, enthält das Buch einige Schritt-für-Schritt-Anleitungen. ■

Infokasten

In diesen grauen Kästen stehen grundsätzliche Regeln und technische Erklärungen, welche die Hintergründe des Themas detaillierter beleuchten.

Die DVD zum Buch

Diesem Buch liegt Debian GNU/Linux 6.0.1a »Squeeze« bei. Die Multi-Arch-DVD unterstützt die beiden Architekturen »i386« und »amd64«.

Die Webseite zum Buch

Auf der Webseite des Verlags[3] finden Sie weitere Informationen zu diesem Buch, Hinweise auf eventuelle Aktualisierungen sowie mögliche Errata. Auch in meinem Blog[4] veröffentliche ich regelmäßig Tipps und Tricks zu Debian, zu interessanten Softwareprojekten sowie Artikel über meine Arbeit.

Dieses Buch habe ich übrigens fast ausschließlich mit freier Software geschrieben; Ausnahmen sind die Blicke über den Linux-Tellerrand hinaus auf Windows und Mac OS X. Ich habe dazu auf den Betriebssystemen Debian GNU/Linux 5.0 (»Lenny«) und 6.0 (»Squeeze«) gearbeitet. Als Texteditor leistete Vim gute Dienste, Screenshots habe ich mit ImageMagick und GIMP erstellt und bearbeitet, und als Textsatzsystem kam LaTeX zum Einsatz. Die Kommunikation mit dem Verlag, den Fachgutachtern, einigen Debian-Entwicklern und -Anwendern fand über den Mailclient Mutt sowie mit dem IRC-Programm Irssi statt.

3 *http://www.galileocomputing.de/*
4 *http://www.linux-journalist.de/*

Danksagung

Zum Gelingen der vierten Auflage dieses Buchs haben viele Leute beigetragen. Ein herzliches Dankeschön geht an meinen Lektor Sebastian Kestel und an meine Fachgutachter Meike Reichle und Alexander Reichle-Schmehl. Ihr habt mich sehr gut betreut und viele hilfreiche Beiträge und Tipps geliefert. Außerdem bedanke ich mich herzlich bei Friederike Daenecke für das aufmerksame Korrektorat.

Edwin Top danke ich für die Testgeräte, ein und auch zwei offene Ohren für meine Fragen und all die geduldigen Antworten. Weitere Hardware zum Testen hat mir netterweise Antony Stone zur Verfügung gestellt, danke Dir. Marcus Meißner hat immer wieder kompetent und ruhig meine Fragen zu den Themen »Sicherheit« und »Netzwerk« beantwortet – danke schön!

Was wäre Debian GNU/Linux ohne die vielen kreativen Köpfe hinter dem System, die weltweite Entwicklergemeinschaft und natürlich die begeisterten Anwender? In der Debian-Community habe ich viele nette Menschen getroffen, die mir Ratschläge und Tipps gegeben haben und mich einen Blick hinter die Kulissen meiner Lieblingsdistribution werfen ließen. Das gilt besonders für Philip Hands, Steve McIntyre, Gregor Herrmann, Alexander Wirt, Axel Beckert und Stefano Zacchiroli. Danke!

Den Teilnehmern der EasyLinux-Mailingliste möchte ich für viele Diskussionen, Anregungen, Erfahrungsberichte und ihre aufmunternden Worte danken. Besonders hervorheben möchte ich Wolfgang Völker, der wertvolle Hinweise zu den Themen »DVB-T« und »Me TV« gegeben hat und detaillierte Anleitungen lieferte, wie bestimmte Hardware bei ihm mit Debian GNU/Linux »Squeeze« zusammenarbeitet. Danke, Wolfgang! Auch bei Heinz-Stefan Neumeyer bedanke ich mich für den konstruktiven Austausch per Mail und viele gute Ideen.

Ein besonderes »Danke« geht an meine Freunde und meine Familie. Mein Bruder, Dr. Lars Jurzik, hat das tolle Autorenbild beigesteuert. Viele aufmunternde Worte, die eine oder andere Tasse Kaffee und offene Ohren haben meine Eltern für mich gehabt. Danke für Eure Unterstützung!

Und nun viel Spaß beim Lesen,

Heike Jurzik

TEIL I
Installation und Konfiguration

Sie haben sich für Debian GNU/Linux entschieden – lesen Sie in diesem Kapitel mehr zur Entstehungsgeschichte von GNU/Linux und zum Begriff »freie Software«. Des Weiteren erfahren Sie hier mehr über die Hintergründe zum Debian-Projekt und zur Distribution selbst.

1 Was ist Debian GNU/Linux?

> *Enter. Enter. Enter. Enter. Enter. Enter. You could pretty much train a chicken to install Debian: »Peck the enter key. Wait... okay, peck enter again... wait... okay, now peck enter...«*[1]

Ein bisschen mehr Interaktion von Seiten des Anwenders ist schon nötig, um Debian GNU/Linux auf die eigene Platte zu bringen, und auch nach der Installation stellt sich so mancher Benutzer die Frage: »Linux – Faszination oder Abenteuer?« Vieles spricht für den Einsatz von Linux, ob als Desktopsystem auf dem heimischen Rechner oder als Server: Das System ist stabil und stürzt selten ab, es ist sicher, das heißt, Windows-Viren, -Würmer, Dialer und Ähnliches haben keine Chance, und es steht unter einer freien Lizenz.

Wer sich für Linux entscheidet, hat die Qual der Wahl: Neben kommerziellen Anbietern, wie Novell, Red Hat oder Mandriva, gibt es auch etliche freie Projekte, wie openSUSE, Fedora, Gentoo, Linux From Scratch oder Debian. Allen gemeinsam ist, dass sie das Linux-Grundgerüst, weitere Programme und Dokumentationen sammeln und als Komplettpaket anbieten.

Distributionen

Jede dieser sogenannten Distributionen setzt ihre eigenen Prioritäten und richtet sich an unterschiedliche Zielgruppen – fest steht jedoch: Kaum eine andere Distribution verkörpert den Geist der Linux-Community so sehr wie Debian GNU/Linux, und fast kein anderes System setzt den Gedanken der freien Software so konsequent in die Tat um.

Wie alle Linux-Betriebssysteme beinhaltet auch Debian GNU/Linux den Linux-Kernel als zentrale Organisationseinheit. Dieser verwaltet unter

1 Phil Hughes und Jonathan Gross: »Debian 1.1«, Linux Journal, 11/1996, *http://www.linuxjournal.com/article/0172*

anderem die Zusammenarbeit des Systems mit sämtlichen Hardwarekomponenten des Rechners und kümmert sich um die grundsätzliche Organisation, zum Beispiel um das Abarbeiten von Prozessen, die Netzwerkanbindung und dergleichen. Neben dem Kernel beinhaltet Debian GNU/Linux natürlich noch viele weitere Programme und Anleitungen, die zum größten Teil vom GNU-Projekt stammen und ebenfalls freie Software sind.

Die Ziele des GNU-Projekts, die Definition der »freien Software«, die Entstehungsgeschichte des Debian-Projekts sowie die Besonderheiten der gleichnamigen Distribution erklären die folgenden Abschnitte.

1.1 Das GNU-Projekt

Free Software Foundation

Das GNU-Projekt[2] wurde 1983 von Richard Stallman ins Leben gerufen. Sein Ziel war es, ein vollständig freies, auf Unix basierendes Betriebssystem zu entwickeln. 1985 gründete Stallman die Free Software Foundation (FSF),[3] eine gemeinnützige Organisation, die unter anderem finanzielle Mittel für die Arbeit des GNU-Projekts aufbringt und sowohl juristische als auch organisatorische Aspekte betreut.

> *»Freie Software« hat etwas mit Freiheit zu tun, nicht mit dem Preis. Um das Konzept zu verstehen, ist an »frei« wie in »freier Rede« und nicht wie in »Freibier« zu denken.*[4]

Die philosophische Grundlage der FSF bilden die vier Grundfreiheiten. »Freiheit« bedeutet in diesem Zusammenhang, dass die Software

- ohne Einschränkung und für jeden Zweck verwendet werden darf,
- studiert und an eigene Bedürfnisse angepasst werden darf (der Zugang zum Quellcode ist Voraussetzung),
- verteilt werden darf, und
- dass veränderte Versionen veröffentlicht und weiterverteilt werden dürfen (auch hier ist der Zugang zum Quellcode eine notwendige Voraussetzung).

2 GNU ist ein rekursives Akronym und steht für »GNU's Not Unix« (»GNU ist nicht Unix«); *http://www.gnu.org/*

3 *http://www.fsf.org/*

4 *http://www.gnu.org/philosophy/free-sw.de.html*

GNU General Public License

In dieser Zeit enstand auch die GNU General Public License (GPL) – eine Lizenz für freie Software. Die meisten Programme des GNU-Projekts und viele andere Softwareprojekte setzen auf die GPL, sodass diese zu den am häufigsten verwendeten Lizenzen im Open-Source-Bereich (»Open Source« = »offene Quelle«) gehört. Eine deutsche Übersetzung der GNU General Public License finden Sie unter *http://www.gnu.de/gpl-ger.html*. Es handelt sich nicht um eine offizielle oder im rechtlichen Sinne anerkannte Übersetzung. Sie dient lediglich dazu, das Verständnis der GNU General Public License zu erleichtern. Den Originaltext in englischer Sprache gibt es unter *http://www.gnu.org/licenses/gpl.html*. Aktuell ist Version 3 vom 29. Juni 2007.

1.2 GNU/Linux

GNU Hurd

Viele Jahre arbeiteten die GNU-Entwickler an einem freien Betriebssystem. Sie entwickelten zahlreiche Werkzeuge und Programme. Die wichtigste Komponente, der Kernel, fehlte jedoch. Zwar begannen die Mitglieder des GNU-Projekts, an einem eigenen Kernel namens Hurd[5] zu arbeiten, dieser ist jedoch noch weit von einer Alltagstauglichkeit entfernt. Erfolgreicher war hier der finnische Student Linus Torvalds. Die erste Version seines freien Kernels namens »Linux« kündigte er am 17. September 1991 im Usenet an:

> *Hello, everybody out there using minix – I'm doing a (free) operating system (just a hobby, won't be big and professional like gnu) for 386(486) AT clones.*[6]

Mit diesem »Hobby« rannte Linus Torvalds bei vielen Programmierern offene Türen ein. Die Zahl der Interessenten und Mitarbeiter ist seitdem stetig gestiegen. Derzeit zählt das Projekt zu den größten nichtkommerziellen IT-Projekten weltweit. Als der Linux-Kernel 1992 unter die GPL gestellt wurde, waren alle Voraussetzungen für ein freies Betriebssystem gegeben – GNU/Linux erblickte das Licht der Welt.

1.3 Das Debian-Projekt

Wie schon erwähnt, gibt es zahlreiche Linux-Distributionen – hinter einigen stehen Firmen mit kommerziellen Interessen, andere Systeme wer-

5 *http://www.gnu.org/software/hurd/hurd.html*
6 *http://groups.google.de/group/comp.os.minix/msg/b813d52cbc5a044b*

den als gemeinnützige Projekte von Freiwilligen vorangetrieben. Zu diesen »Community-Distributionen« gehört auch Debian GNU/Linux.

Das Debian-Projekt[7] ist eine Organisation, die aus Freiwilligen besteht und sich die »Entwicklung freier Software und die Verbreitung der Ideale der Free Software Foundation« auf die Fahnen geschrieben hat. Ian Murdock rief das Projekt am 16. August 1993 ins Leben und lud Softwareentwickler dazu ein, an einer vollständig auf freier Software basierenden Distribution zu arbeiten, die auf dem noch taufrischen Linux-Kernel basieren sollte.

Namensfindung

Es gab zu dieser Zeit zwar schon einige Betriebssysteme, die auf Linux als Kernel setzten, die meisten verfolgten jedoch kommerzielle Ziele oder wurden hinter verschlossenen Türen entwickelt. Für das Debian-Projekt war und ist es wichtig, dass die Distribution offen erstellt wird – »getreu dem Geist von Linux und GNU«.[8] Auch ein Name war schnell gefunden: Ian setzte einfach seinen eigenen Vornamen und den seiner Frau Debra zusammen: Debian war geboren. Die gleichnamige Linux-Distribution, die das Projekt zur Verfügung stellt, heißt demnach Debian GNU/Linux.

Abbildung 1.1 Debian-Entwickler gibt es auf der ganzen Welt.

Was mit einer kleinen Gruppe von Enthusiasten anfing, ist in der Zwischenzeit zu einer großen weltweiten Gemeinschaft aus freiwilligen Helfern angewachsen. Anders als andere Distributionen, die von Firmen

7 *http://www.debian.org/*

8 *http://www.debian.org/intro/about.de.html*

zusammengestellt und vertrieben werden, steht bei Debian der Gemeinschaftsgedanke im Vordergrund. Neben den Debian-Entwicklern, die unter anderem vorhandene Software pflegen und paketieren, gibt es zahlreiche andere Möglichkeiten, beim Debian-Projekt mitzumachen, zum Beispiel als Administrator, Designer, Autor von Dokumentationen oder als Übersetzer.

Regeln für Debian

Auch wenn sich die meisten Helfer und Mitglieder nie persönlich gesehen haben, sondern häufig nur über Mail und Chat miteinander kommunizieren, gibt es einiges, was diese Community zusammenhält. Der »Debian Social Contract«[9] listet Debians Verpflichtungen gegenüber der Gemeinschaft auf; nur wer einwilligt, sich an diesen Vertrag zu halten, darf teilnehmen. Darüber hinaus gibt es die »Debian Free Software Guidelines«,[10] eine klare und präzise Auflistung von Debians Kriterien für freie Software.

Veröffentlichungen – der Release-Zyklus

Während kommerzielle Linux-Distributionen neue Versionen ihrer Systeme in der Regel intern testen und erst dann der Öffentlichkeit präsentieren, läuft die Entwicklung der Debian-Versionen etwas anders ab. Jeder kann einen Blick hinter die Kulissen werfen. Es gibt zu jeder Zeit drei Versionszweige:

- **»stable«**
  Die letzte offiziell freigegebene Version trägt die Bezeichnung »stable«: Programme, die im »stable«-Zweig liegen, werden nicht weiterentwickelt und aktualisiert; Updates der Pakete gibt es lediglich, wenn größere Sicherheits- und Benutzbarkeitskorrekturen auftauchen. Die »stable«-Variante der Distribution ist die empfohlene Version für Produktivsysteme, bei denen Stabilität und Sicherheit garantiert sein sollen. Der Codename der aktuellen »stable«-Version 6.0.1a ist »Squeeze«.
- **»testing«**
  Der Zweig, in dem Pakete landen, die in die nächste »stable«-Version aufgenommen werden sollen, heißt »testing«. Die Software ist zwar bereits im »unstable«-Bereich getestet worden, es kann aber durchaus noch zu Problemen kommen. Sicherheitsupdates werden zur Verfügung gestellt. Die »Warteschlange« für das nächste stabile Release bietet meistens täglich neue Programme. Ist die »testing«-Distribution weit genug entwickelt, wandern nur noch einzelne Pakete von »unsta-

9 *http://www.debian.org/social_contract*
10 *http://www.debian.org/social_contract#guidelines*

ble« nach »testing«, und »testing« selbst wird »eingefroren«. In dieser »Freeze«-Periode finden intensive Tests und Fehlerkorrekturen statt. Sind die Entwickler mit allem zufrieden, wird aus »testing« die neue »stable«-Distribution. Der Codename der aktuellen »testing«-Version ist »Wheezy«.

- **»unstable«**
  In diesem Zweig findet die aktuelle Entwicklung statt: Neue Pakete für Debian GNU/Linux landen zunächst im »unstable«-Bereich. Diese Version ändert sich mehrmals täglich, und einige Pakete verursachen zeitweise größere Probleme. Der Codename für den »unstable«-Zweig ändert sich nicht; diese Version heißt immer »Sid«.

Benennung der Releases

Bisher wurden alle Debian-Releases nach Charakteren aus dem Pixar-Film »Toy Story« benannt. So ist »Etch« beispielsweise die Zeichentafel, »Lenny« das laufende Fernglas, »Squeeze« heißen im Film die dreiäugigen grünen Aliens, und »Wheezy« ist der Pinguin mit der kaputten Hupe. Auch der Codename für die jeweils aktuelle »unstable«-Version »Sid« stammt aus Pixars Film. »Sid« heißt aber praktischerweise nicht nur der kleine Junge von nebenan, der immer das Spielzeug zerstört, sondern der Name kann gleichzeitig als Akronym für »still in development« (auf Deutsch »immer noch in Entwicklung«) verstanden werden.

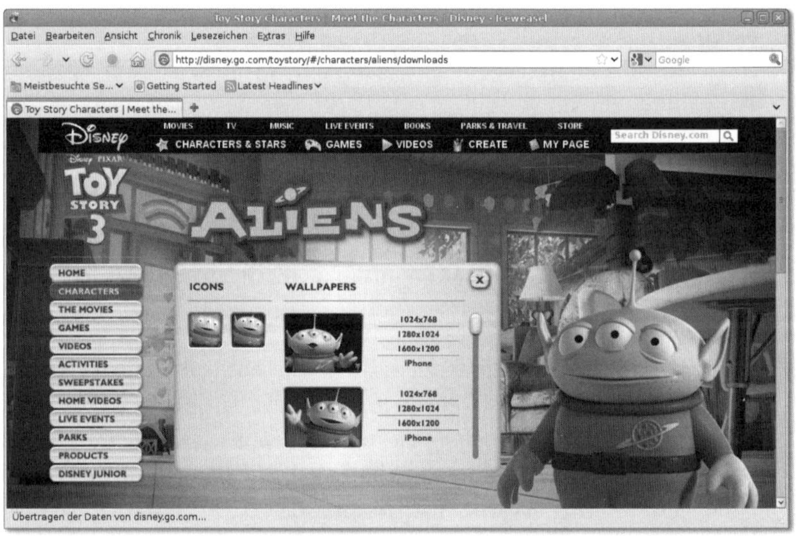

Abbildung 1.2 Die lustigen Figuren aus »Toy Story« stehen Pate für die Codenamen der Debian-Versionen.

Bevor das neue System auf Ihre Festplatte wandert, sollten Sie einige Vorbereitungen treffen. Lesen Sie in diesem Kapitel, wie Sie den Rechner für die Installation von CDs/DVDs, USB-Medien oder über das Netzwerk fit machen.

2 Installationsvorbereitungen

Für das neue Betriebssystem benötigen Sie ausreichend freien Platz auf der Festplatte, um später eine Root- und eine Swap-Partition zu erstellen. Vorhandene (Windows-)Partitionen kann der Debian-Installer während der Installation verkleinern und den freien Platz für Debian GNU/Linux nutzen. Alternativ bauen Sie eine zweite Festplatte in den Rechner ein und stellen diese komplett für das neue Linux-System zur Verfügung.

2.1 Platz machen für Debian GNU/Linux

Minimale Anforderungen

Je nachdem, ob Sie Debian GNU/Linux als Desktopsystem oder als Server einsetzen wollen, belegt eine Installation unterschiedlich viel Platz. Die Onlinedokumentation[1] gibt in Abschnitt 3.4 die folgenden Richtwerte – je nach Einsatz des Rechners – als Empfehlung an:

- **Textbasiertes System (ohne grafische Umgebung):**
  64 MByte RAM (empfohlen: 256 MByte), 1 GByte Plattenplatz
- **Desktopsystem (mit KDE SC 4 und GNOME):**
  64 MByte RAM (empfohlen: 512 MByte), 5 GByte Plattenplatz

Je nachdem, auf welcher Rechnerarchitektur Sie Debian GNU/Linux installieren, kommen Sie auch mit weniger Arbeits- und Festplattenspeicher aus. Informationen zu den Anforderungen für die jeweiligen Systeme bietet das erwähnte Handbuch. Die beiden großen Desktopumgebungen GNOME und KDE SC 4 sind beide recht ressourcenhungrig. Für etwas »betagtere« Rechner stehen daher auch schlankere grafische Oberflächen zur Verfügung. Kapitel 10 ab Seite 267 stellt die beiden Desktopumge-

1 *http://www.debian.org/releases/stable/installmanual*

bungen Xfce und LXDE vor, und Kapitel 11 ab Seite 293 zeigt alternative Windowmanager.

2.1.1 Linux und Windows auf einer Festplatte

Dualboot-System Debian GNU/Linux und Windows können sich problemlos eine Festplatte teilen. Überlegen Sie, den Rechner komplett neu zu installieren, und wollen Sie ein Dualbootsystem mit Windows und Linux einrichten, spielen Sie auf jeden Fall zuerst Windows und danach Debian GNU/Linux ein. Jede Windows-Installation überschreibt ohne Vorwarnung den Master Boot Record (MBR) und löscht damit dort residierende Bootloader. Es ist zwar möglich, GRUB[2] zu reparieren, dennoch können Sie sich diese Arbeit sparen, wenn Sie Linux als zweites System aufspielen und Windows den Vortritt lassen.

Ist bereits ein Windows-System installiert, müssen Sie aber nicht zwingend die gesamte Platte putzen, neu aufteilen und von vorne anfangen. Moderne Linux-Distributionen, so auch Debian GNU/Linux »Squeeze«, enthalten Programme, die während des Installationsvorgangs NTFS- und FAT-Partitionen verkleinern und den frei gewordenen Platz für Linux nutzbar machen (siehe Abschnitt 3.7.4 ab Seite 75).

Alternativ partitionieren Sie vorher – entweder unter Windows mit einer entsprechenden Software oder mit einer Linux-Live-CD/DVD wie Debian Live[3] oder KNOPPIX.[4] Nach dem Booten des Live-Systems starten Sie das Programm GParted (siehe auch Seite 51 dieses Kapitels) und teilen den Plattenplatz neu auf. Beachten Sie, dass Sie nur Partitionen bearbeiten können, die nicht eingehängt (»gemountet«) sind (siehe Abschnitt 17.2.2 ab Seite 497).

[»] In der Regel ist beim Verkleinern einer vorhandenen Partition zwar nicht mit Problemen zu rechnen, dennoch sollten Sie immer ein Backup der eigenen Daten erstellen. Nehmen Sie sich die Zeit, das System zu durchforsten und wichtige Dinge zu sichern.

Es ist darüber hinaus ratsam, das Windows-System einem gründlichen Hausputz zu unterziehen. Dazu gehört das Aufräumen innerhalb der eigenen Dateien, um Platz für Linux zu schaffen. (Hier ist natürlich die Partition gemeint, auf der das neue System später Platz finden soll.) Auch

---

2 Dem Grand Unified Bootloader widmet sich ein eigenes Kapitel, das auch zeigt, wie Sie im Fall der Fälle GRUB wiederherstellen (siehe Kapitel 26 ab Seite 723).

3 *http://live.debian.net/*

4 *http://www.knoppix.org/*

das Löschen überflüssiger Dateien und das anschließende Leeren des Papierkorbs und der temporären Verzeichnisse ist sinnvoll.

Defragmentieren

Darüber hinaus sollten Sie die Festplatte beziehungsweise die Partition, auf der Sie Debian GNU/Linux installieren, vor dem Verkleinern der Partition defragmentieren, um auf der Festplatte verstreute Daten einzusammeln und wieder zu Blöcken zusammenzufassen. Dieser Vorgang verschlingt meistens viel Zeit; daher ist es ratsam, dies zu einem Zeitpunkt zu tun, wenn Sie den Rechner gerade nicht zum Arbeiten benötigen.

[«]

Vor dem Start der Defragmentierungssoftware beenden Sie laufende Prozesse, insbesondere Programme wie Firewall, Virenscanner usw. – kurz, alles, was in regelmäßigen Abständen auf die Platte zugreift. Dieses sollte während des Defragmentierens der entsprechenden Festplatte(npartition) unterbunden werden. Zum Defragmentieren können Sie beispielsweise das Windows-Tool verwenden; es gibt jedoch auch andere Software im Internet zum Download, die ebenfalls zuverlässig arbeitet.

Windows XP defragmentieren

Unter Windows XP klicken Sie mit der rechten Maustaste auf das Laufwerk, das später verkleinert werden soll, um Debian GNU/Linux zu installieren, und wählen EIGENSCHAFTEN aus dem Kontextmenü.

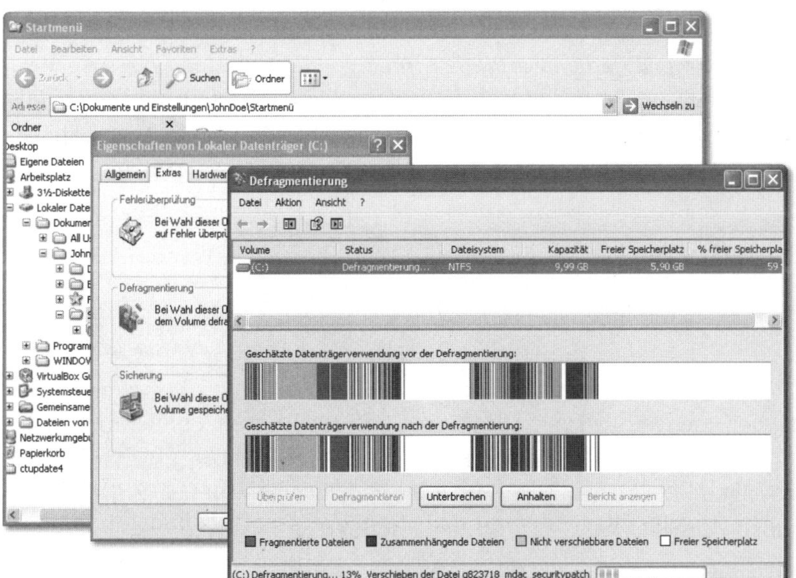

Abbildung 2.1 Defragmentieren Sie, bevor Sie die Windows-Partition verkleinern.

Auf dem Reiter ALLGEMEIN sehen Sie unter anderem, wie viel Platz belegt bzw. noch frei ist. Hier finden Sie außerdem die Schaltfläche BEREINIGEN. Ein Klick auf diese öffnet einen Dialog, in dem Sie per Mausklick aufräumen. Danach finden Sie im EIGENSCHAFTEN-Dialog auf dem zweiten Reiter (EXTRAS) Funktionen, um den Datenträger auf Fehler hin zu prüfen oder Daten zu sichern, sowie den Knopf JETZT DEFRAGMENTIEREN. Im folgenden Dialog (DEFRAGMENTIERUNG) können Sie zunächst über ÜBERPRÜFEN nachschauen, ob eine Defragmentierung erforderlich ist. Ein anschließender Klick auf DEFRAGMENTIEREN startet den Vorgang.

Windows Vista

Manuelles Defragmentieren

Anwender von Windows Vista werden sich vielleicht wundern, wo das hauseigene Tool zum Defragmentieren abgeblieben ist. Ein Rechtsklick auf ein Laufwerk (wie in anderen Windows-Versionen) führt nicht mehr zum Ziel. Das liegt daran, dass das Defragmentieren der Laufwerke automatisiert wurde und nun wöchentlich hinter den Kulissen stattfindet, ohne dass ein Benutzer damit in Berührung kommt. Grundsätzlich ist das manuelle Defragmentieren mit Bordmitteln noch möglich, allerdings ist dazu ein kleiner Ausflug auf die Windows-Kommandozeile nötig.

Schritt für Schritt: Defragmentieren unter Windows Vista

1 *Kommandozeileninterpreter öffnen*

Klicken Sie auf START, und geben Sie »cmd« ins Suchfeld ein. Wenn links oben im Startmenü der Eintrag CMD erscheint, klicken Sie diesen mit der rechten Maustaste an und wählen ALS ADMINISTRATOR AUSFÜHREN.

2 *Optionen anzeigen*

Im folgenden Fenster geben Sie am Prompt `defrag.exe /?` ein, um eine Auflistung der möglichen Optionen anzuzeigen.

3 *Fragmentierungsgrad anzeigen*

Geben Sie beispielsweise `defrag.exe c: -a -v` ein, und drücken Sie `Eingabe`, um den aktuellen Fragmentierungsgrad von Laufwerk *C:* anzuzeigen. Die folgende Ausgabe zeigt detaillierte Informationen sowie einen Hinweis, wenn das Laufwerk defragmentiert werden sollte.

4 *Defragmentierung starten*

Um eine Partition (ein Laufwerk) zu defragmentieren, verwenden Sie das Programm mit den Optionen `-v -w -f`, also `defrag.exe c: -v -w -f`, um Laufwerk *C:* zu defragmentieren. Sie sehen keine Fortschrittsanzeige (auch keinen blinkenden Cursor), während das Programm läuft, lediglich eine Meldung, die über das Ende des Vorgangs informiert. ■

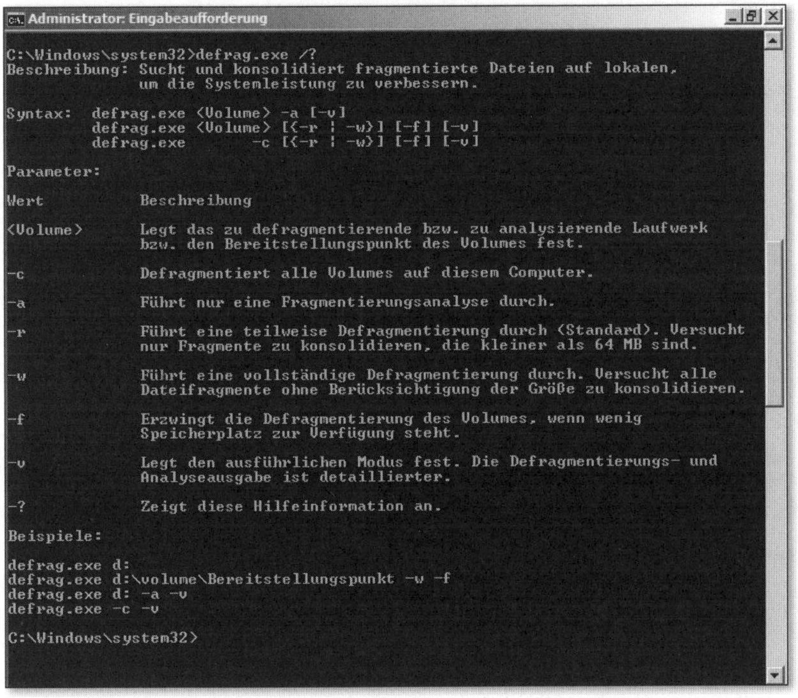

```
Administrator: Eingabeaufforderung

C:\Windows\system32>defrag.exe /?
Beschreibung: Sucht und konsolidiert fragmentierte Dateien auf lokalen,
              um die Systemleistung zu verbessern.

Syntax:    defrag.exe <Volume> -a [-v]
           defrag.exe <Volume> [{-r | -w}] [-f] [-v]
           defrag.exe       -c [{-r | -w}] [-f] [-v]

Parameter:

Wert          Beschreibung

<Volume>      Legt das zu defragmentierende bzw. zu analysierende Laufwerk
              bzw. den Bereitstellungspunkt des Volumes fest.

-c            Defragmentiert alle Volumes auf diesem Computer.

-a            Führt nur eine Fragmentierungsanalyse durch.

-r            Führt eine teilweise Defragmentierung durch (Standard). Versucht
              nur Fragmente zu konsolidieren, die kleiner als 64 MB sind.

-w            Führt eine vollständige Defragmentierung durch. Versucht alle
              Dateifragmente ohne Berücksichtigung der Größe zu konsolidieren.

-f            Erzwingt die Defragmentierung des Volumes, wenn wenig
              Speicherplatz zur Verfügung steht.

-v            Legt den ausführlichen Modus fest. Die Defragmentierungs- und
              Analyseausgabe ist detaillierter.

-?            Zeigt diese Hilfeinformation an.

Beispiele:

defrag.exe d:
defrag.exe d:\volume\Bereitstellungspunkt -w -f
defrag.exe d: -a -v
defrag.exe -c -v

C:\Windows\system32>
```

Abbildung 2.2 Unter Windows Vista (hier die Home-Premium-Edition, 32 Bit) müssen Sie zum manuellen Defragmentieren auf die Kommandozeile wechseln.

Windows 7 defragmentieren

Klicken Sie mit der rechten Maustaste auf das Laufwerk, das Sie später verkleinern möchten. Aus dem Kontextmenü wählen Sie EIGENSCHAFTEN aus. Im folgenden Dialogfenster klicken Sie auf dem Reiter ALLGEMEIN die Schaltfläche BEREINIGEN an. Der Dialog DATENTRÄGERBEREINIGUNG zeigt unter anderem an, wie viel Speicherplatz Sie nach dem Aufräumen gewinnen, und unterstützt Sie beim Löschen temporärer Dateien, Miniaturansichten, des Papierkorbs usw. **Explorer**

Im EIGENSCHAFTEN-Dialog wechseln Sie danach zum Reiter TOOLS. Dort finden Sie Funktionen, um das Laufwerk auf Fehler zu überprüfen, Daten zu sichern und das Laufwerk zu defragmentieren. Klicken Sie auf JETZT DEFRAGMENTIEREN, um den Vorgang zu starten. Im folgenden Dialog können Sie zunächst über DATENTRÄGER ANALYSIEREN nachschauen, ob eine Defragmentierung erforderlich ist. Ein anschließender Klick auf

DATENTRÄGER DEFRAGMENTIEREN startet den Vorgang. Einen grafischen Fortschrittsbalken sehen Sie nicht; stattdessen verändert sich die Prozentzahl im Bereich STATUS.

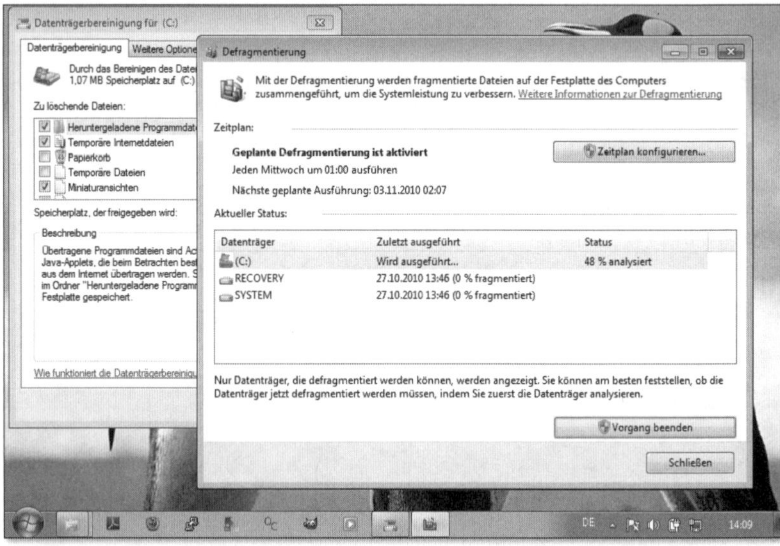

Abbildung 2.3 Der Vista-Nachfolger bringt wieder ein grafisches Tool zum manuellen Defragmentieren mit.

2.1.2 Linux und Linux auf einer Festplatte

Grundsätzlich ist es kein Problem, mehrere Linux-Systeme nebeneinander zu installieren und jeweils die gewünschte Distribution zu booten – eine entsprechende Festplattenaufteilung vorausgesetzt. Abschnitt 3.7.1 ab Seite 70 erklärt die verschiedenen Partitionstypen und gibt Tipps zur Gliederung. Wenn Sie Debian GNU/Linux zusammen mit einer anderen Distribution aufspielen möchten, können Sie die Swap-Partition für beide Systeme verwenden. Auch eine gemeinsame Home-Partition ist denkbar – um ein Durcheinander bei den persönlichen Einstellungen zu vermeiden, legen Sie allerdings am besten andere Benutzeraccounts für die unterschiedlichen Distributionen an.

Label herausfinden Ist auf dem Rechner bereits ein Linux-System installiert, das sogenannte Labels für die einzelnen Partitionen vergibt (siehe Kapitel 3 ab Seite 75), sollten Sie deren Namen vor der Installation von Debian GNU/Linux herausfinden und notieren. Dazu booten Sie dieses Linux-System und geben als Administrator den Befehl `cfdisk /dev/sda` ein, wobei Sie `sda` durch die korrekte Bezeichnung der Festplatte ersetzen (siehe Abschnitt 17.2.2 ab Seite 497).

[*] Auf einigen Systemen meldet das Kommando `cfdisk` »fatale Fehler« und beschädigte primäre Partitionen. Keine Panik – es handelt sich um einen bekannten Bug. Dass auf Ihrem System alles in Ordnung ist, überprüfen Sie als Nutzer Root mit dem Befehl `fdisk`:

```
zwerg:~ # fdisk -l /dev/sda
Platte /dev/sda: 160.0 GByte, 160041885696 Byte
255 Köpfe, 63 Sektoren/Spur, 19457 Zylinder
Einheiten = Zylinder von 16065 x 512 = 8225280 Bytes
Sector size (logical/physical): 512 bytes / 512 bytes
I/O size (minimum/optimal): 512 bytes / 512 bytes
Disk identifier: 0x829a415e

   Gerät  boot.  Anfang     Ende      Blöcke   Id  System
/dev/sda1             1     1959    15728640   27  Unbekannt
/dev/sda2   *      1959     1972      102400    7  HPFS/NTFS
/dev/sda3          1972     7193    41943040    7  HPFS/NTFS
/dev/sda4          7194    19458    98512245    5  Erweiterte
/dev/sda5          7194     9618    19474609+  83  Linux
/dev/sda6          9743    12292    20482843+  83  Linux
/dev/sda7          9618     9742      999424   82  Linux Swap↩
/ Solaris
/dev/sda8         12293    19458    57553920   83  Linux

Partitionstabelleneinträge sind nicht in Platten-Reihenfolge
```

»blkid« Da `fdisk` keine Labels, sondern nur die Aufteilung anzeigt, bemühen Sie einen weiteren Befehl. Das Kommando `blkid` verrät allerhand interessante Informationen zu den Partitionen, zum Beispiel die Gerätedatei, die Identifikationsnummer (UUID, »Universally Unique Identifier«), das Dateisystem und auch das Label (siehe auch Kapitel 17 ab Seite 502):

```
zwerg:~ # blkid
/dev/sda1: LABEL="RECOVERY" UUID="DE22..." TYPE="ntfs"
/dev/sda2: LABEL="SYSTEM" UUID="8024..." TYPE="ntfs"
/dev/sda3: UUID="4838..." TYPE="ntfs"
/dev/sda5: LABEL="Ubuntu" UUID="572302e7-..." TYPE="ext4"
/dev/sda6: LABEL="Debian" UUID="0cc266f1-..." TYPE="ext4"
/dev/sda7: UUID="74c52a66-..." TYPE="swap"
/dev/sda8: UUID="f14fe6b5-..." TYPE="ext4"
/dev/sdb1: LABEL="HP v165w" UUID="A842-CB18" TYPE="vfat"
```

2.1.3 Eine neue Festplatte einbauen

Wollen Sie bestehende Installationen nicht verändern, bietet sich der Einbau einer zweiten Festplatte oder eine externe USB-Platte (wenn das BIOS von USB booten kann) an – so kommen Sie mit vorhandenen Betriebssystemen gar nicht erst in Berührung und stellen die neue Platte ganz dem neuen Debian-System zur Verfügung. Während der Installation hilft der Partitionierungsassistent dabei, den Platz aufzuteilen und vorhandene Systeme anderer Platten einzubinden.

[!] Für den Einbau einer zweiten Platte fahren Sie den Computer herunter und schalten ihn aus. Ziehen Sie nun den Netzstecker, und fassen Sie an den Wasserhahn oder eine nicht lackierte Heizung, um sich zu »erden«. Darüber hinaus sollten Sie wegen der statischen Aufladung den Kontakt mit leitenden Bauteilen (Leiterbahnen, Platinen oder Pins) vermeiden. Der Einbau einer Festplatte ist mit wenigen Handgriffen erledigt und stellt eigentlich kein größeres Risiko dar – dennoch: Wenn Sie unsicher sind, lassen Sie den Einbau besser im Fachhandel oder von einer anderen qualifizierten Person durchführen.

2.2 Hardwareunterstützung

In der Regel gelingt die Installation von Debian GNU/Linux problemlos – die automatische Hardwareerkennung arbeitet in den meisten Fällen zuverlässig, und auch, wenn die eine oder andere Gerätespezifikation bei der Installation fehlt, gelangen Sie normalerweise zu einem lauffähigen System. Sollten Sie während der Installation des Systems etwas falsch konfiguriert haben, gibt es darüber hinaus jederzeit die Möglichkeit, einzelne Schritte zu wiederholen und Geräte nachträglich einzurichten.

Informationen im Netz

Die HCL-Webseite (Hardware Compatibility List) des openSUSE-Projekts[5] ist mittlerweile zu einer der verlässlichsten Anlaufstellen zu Fragen rund um Linux und Hardware geworden. Die Aussagen dieser Liste beziehen sich auf den Kernel, nicht auf eine spezielle Distribution, sodass Sie auch als Debian-Nutzer davon profitieren. Darüber hinaus lohnt sich eventuell auch einen Blick auf die Hardwaredatenbank[6] und die Hardware-Blacklist[7] des Ubuntuusers-Wikis. Hier listet das Projekt (unter Mithilfe vieler Anwender) Hardware auf, die entweder gut oder schlecht mit dem Betriebssystem zusammenarbeitet. Eine HCL für Debian GNU/Linux

5 *http://en.opensuse.org/HCL*
6 *http://wiki.ubuntuusers.de/Hardwaredatenbank*
7 *http://wiki.ubuntuusers.de/Hardware_blacklist*

in verschiedenen Sprachen (darunter auch Deutsch) existiert inzwischen ebenfalls.[8]

2.2.1 Unterstützte CPUs

Das Debian-Team selbst listet im Installer-Handbuch verschiedene Komponenten auf, die keine Probleme bereiten sollten. Dazu gehören laut Entwicklerteam nahezu alle x86-basierten (IA32) Prozessoren (inklusive aller Variationen von Intels »Pentium«-Serie), darunter auch 32-Bit-AMD- und -VIA-Prozessoren sowie der Athlon XP, der Intel P4 Xeon und Mobilprozessoren.

Debian GNU/Linux »Squeeze« läuft nicht auf 386-Prozessoren oder noch älteren Modellen. Auch wenn die Architektur bei Debian nach wie vor »i386« bei heißt, wurde die Unterstützung für echte 80386-Prozessoren und deren Klone ab der Veröffentlichung von Debian GNU/Linux »Sarge« eingestellt. Alle 486er und spätere CPUs werden nach wie vor unterstützt. [!]

Falls Ihr Computer einen 64-Bit-Prozessor aus der AMD64- oder Intel-EM64T-Familie besitzt, können Sie ebenfalls die Buch-DVD zur Installation verwenden. Es handelt sich um die Multi-Arch-DVD für die Architekturen »i386« und »amd64«. [●]

2.2.2 Grafikkarten

Welche Grafikhardware mit Debian GNU/Linux zusammenarbeitet, hängt maßgeblich davon ab, welche Hardware von X.Org selbst unterstützt wird. Debian GNU/Linux »Squeeze« liefert den freien X-Server in Version 7.5 aus. Die meisten AGP-, PCI- und PCI-Express-Grafikkarten-Modelle zeigen sich kooperativ und funktionieren unter X.Org. Weitere Details zu unterstützten Grafikkarten(-Bus-Systemen), Bildschirmen und Zeigegeräten verrät die Projekthomepage.[9]

2.2.3 Netzwerkkarten

Fast alle Netzwerkkarten, die der Linux-Kernel unterstützt, arbeiten auch unter Debian GNU/Linux problemlos. Das betrifft die meisten PCI- und PCMCIA-Karten sowie viele ältere ISA-Karten. Der Installer erkennt diese Hardware in der Regel zuverlässig und lädt automatisch die benötigten Treiber.

8 *http://kmuto.jp/debian/hcl/*
9 *http://xorg.freedesktop.org/*

PPPoE Der Debian-Installer bietet an, während des Einspielens der Distribution eine Netzwerkverbindung über PPPoE einzurichten und damit bei bestehender Internetverbindung Pakete aus Onlinequellen zu installieren. Diese Verbindung ist dann auch direkt im installierten System verfügbar. Mehr zu diesem Feature lesen Sie in Abschnitt 3.15 ab Seite 90.

Für WLAN-Karten gilt: Wenn der offizielle Linux-Kernel sie unterstützt, sieht es gut aus. Bei immer mehr dieser Karten ist das der Fall; andere Modelle benötigen zusätzliche Firmware. Der Debian-Installer bietet eine Funktion, um fehlende Firmware von verschiedenen Medien nachzuladen. Welche Geräte Sie dazu verwenden können, hängt unter anderem von der Systemarchitektur und der Installationsmethode ab. Mit einem FAT-formatierten Datenträger (zum Beispiel einem USB-Stick) sollten Sie auf der sicheren Seite sein. Auf »i386«- und »amd64«-Architekturen ist es ebenfalls möglich, Firmware von SD- und MMC-Karten zu laden. Das Debian-Team bietet Tar-Archive mit aktuellen Paketen für die gängigste WLAN-Firmware an.[10] Suchen Sie das passende Archiv für Ihr System aus, laden Sie es herunter, entpacken Sie es, und speichern Sie die Dateien entweder im Wurzelverzeichnis des Datenträgers oder in einem Verzeichnis namens */firmware*.

Andere WLAN-Geräte können zu einem späteren Zeitpunkt sehr wahrscheinlich ebenfalls zur Mitarbeit überredet werden, fallen während der eigentlichen Installation aber aus. Generell ist der Support von drahtlosen Netzwerkkarten während der Installation noch im Entwicklungsstadium. Falls der Rechner keine andere Netzwerkkarte als Ausweichmöglichkeit bietet, können Sie das Grundsystem dennoch von CD oder DVD installieren, das Netzwerk unkonfiguriert lassen und nach Abschluss der Installation den entsprechenden Treiber oder die benötigte Firmware nachrüsten.[11]

[»] Der Debian-Installer unterstützt während der Installation nur WEP-verschlüsselte Verbindungen. Setzt der Access Point/Router auf WPA oder Ähnliches, können Sie diese Verbindung während des Einspielens der Distribution nicht benutzen. Später sind andere Verschlüsselungsmethoden kein Problem.

10 *http://cdimage.debian.org/cdimage/unofficial/non-free/firmware/*

11 Sollte für Ihre WLAN-Karte gar kein Linux-Treiber zur Verfügung stehen, können Sie als letzte Möglichkeit auf Ndiswrapper zurückgreifen und die Windows-Treiber für das Gerät nutzen (siehe Abschnitt 6.2.1 ab Seite 154).

2.2.4 Andere Hardware

Viele Mäuse, Drucker, Scanner, PCMCIA- und USB-Geräte arbeiten problemlos mit Debian GNU/Linux zusammen. Während der Installation der Distribution werden die meisten dieser Hardwarekomponenten jedoch nicht benötigt und daher auch nicht eingerichtet. Im Zweifelsfall werfen Sie einen Blick in die erwähnten Hardware-HOWTOs.

2.2.5 Laptops und Netbooks

Sehr neue Hardware bereitet unter Umständen Probleme, da die entsprechenden Treiber (noch) nicht vorhanden sind. Wenn Sie den Kauf eines neuen Gerätes planen beziehungsweise Debian GNU/Linux auf einem Laptop oder Netbook installieren wollen, sollten Sie sich vorher informieren.[12]

Debian-Wiki

Das Debian-Wiki sammelt darüber hinaus Installations- und Erfahrungsberichte in der Sektion »InstallingDebianOn«.[13] Hier haben andere Benutzer Anleitungen für ganz bestimmte Geräte zusammengestellt und geben hilfreiche Tipps, um einzelne Komponenten der Laptops beziehungsweise Netbooks einzurichten. Wenn Sie mit diesen englischen Anleitungen nicht zurechtkommen, hilft es unter Umständen, eine Suchmaschine Ihrer Wahl zu befragen. Geben Sie als Suchbegriffe einfach den Namen Ihres Netbooks/Laptops und »Debian Squeeze« ein.

2.2.6 Informationen zusammentragen

Am besten legen Sie vor einer Installation die entsprechenden Handbücher bereit. Falls Sie auf dem Computer bereits ein Windows-System betreiben, schauen Sie im Zweifelsfall im Gerätemanager der Systemsteuerung nach, welche Hardware der Rechner enthält. Auch die Befragung einer Suchmaschine im Internet kann weiterhelfen und sogar Handbücher der Geräte zu Tage fördern. Es ist sinnvoll, Informationen zu den folgenden Komponenten zu haben:

- **Festplatte(n):**
  Wie viele Festplatten hat der Computer? Sind es IDE-, SATA- oder SCSI-Platten? In welcher Reihenfolge sind diese angeschlossen? Sind die Platten bereits partitioniert, und welche anderen Systeme befinden sich auf ihnen? Wie viel freier Platz ist verfügbar?

12 Eine gute Anlaufstelle sind Webseiten, wie zum Beispiel *http://www.linux-on-laptops.com/*, *http://tuxmobil.org/* und *http://tuxmobil.de/*.

13 *http://wiki.debian.org/InstallingDebianOn*

- **Grafikkarte:**
  Hersteller, Modellname, Auflösung und unterstützte Farbtiefen
- **Monitor:**
  Hersteller, Modellname, Größe des Bildschirms, unterstützte Auflösungen, horizontale und vertikale Bildwiederholrate
- **Netzwerkkarte(n)/WLAN-Hardware:**
  Hersteller und Modell, Kartentyp und Chipsatz
- **Maus:**
  Hersteller, Maustyp (serieller, PS/2- oder USB-Anschluss), Anschlussport, Anzahl der Maustasten (normalerweise wird die Maus automatisch erkannt und konfiguriert)

2.2.7 Einstellungen für das Netzwerk notieren

Bestehendes Netzwerk

Wenn Sie Debian GNU/Linux auf einem Rechner installieren, der fest in ein bestehendes Netzwerk integriert ist, erfragen Sie am besten folgende Informationen beim Systemadministrator:

- **Hostname:**
  Gibt es eine Vorgabe für den Namen Ihres Computers, oder dürfen Sie einen eigenen auswählen?
- **Domainname:**
  Wie heißt die Domain des Netzwerks, in das der Rechner integriert ist (siehe auch Kapitel 6 ab Seite 151)?
- **IP-Adresse:**
  Wie lautet die IP Ihres Rechners? Wird diese dynamisch über DHCP zugewiesen (siehe Kapitel 19 ab Seite 601)?
- **Netzmaske:**
  Wie lautet die Netzmaske in Ihrem Netzwerk?
- **IP-Adresse des Gateways:**
  Gibt es ein Standardgateway im Netz?
- **DNS-Server:**
  Welche Rechner sollen als Nameserver eingetragen werden (siehe Kapitel 20 ab Seite 609)?
- **ESSID (nur WLAN):**
  Ist der Rechner kabellos mit einem Netzwerk verbunden, so benötigen Sie die Kennung des Funknetzwerks.

- **WEP- oder WPA-Verschlüsselung (nur WLAN):**
  Ist das Funknetz mit Wired Equivalent Privacy (WEP) oder Wi-Fi Protected Access (WPA) verschlüsselt, und wie lautet die Passphrase?
- **PPPoE (nur DSL/Kabel):**
  Wenn Sie während der Installation eine PPPoE-Verbindung (DSL oder Kabel) einrichten und damit Software aus Onlinequellen einspielen möchten, benötigen Sie die Einwahldaten Ihres Providers (PPPoE-Benutzername und Passwort).

2.3 Installationsmedien besorgen

Viele Wege führen zu einem Debian-System: Neben der Installation von CDs/DVDs unterstützt der Debian-Installer auch USB-Medien und das Booten von Festplatte[14] oder über ein Netzwerk mit dem PXE-Mechanismus. Der Installationsvorgang selbst ist für die verschiedenen Methoden fast identisch – lediglich die Vorarbeiten und die Reihenfolge der Schritte weichen leicht voneinander ab. Bevor Sie sich für eine der hier gezeigten Varianten entscheiden, überprüfen Sie, ob Ihr BIOS in der Lage ist, von dem gewünschten Medium zu booten. Ein Blick ins Handbuch oder eine Suchmaschinenabfrage im Internet helfen hier weiter.

2.3.1 Debian GNU/Linux von CDs/DVDs installieren

Diesem Buch liegt Debian GNU/Linux 6.0.1a »Squeeze« bei. Die Multi-Arch-DVD unterstützt die beiden Architekturen »i386« und »amd64«. [O]

Andere Images

Im Netz stehen weitere CD- und DVD-Images zur Verfügung.[15] Wenn Sie sich einen Überblick über den Inhalt dieser Medien verschaffen möchten, so geht das am schnellsten mit einem kleinen Trick auf der Kommandozeile.[16] So schauen Sie sich beispielsweise den Inhalt des ersten (von 52) CD-Images aus der »i386«-Reihe an:

```
squeeze@zwerg:~> wget http://cdimage.debian.org/debian-cd/↵
6.0.1a/i386/jigdo-cd/debian-6.0.1a-i386-CD-1.jigdo -O - | ↵
gunzip -c - | awk -F/ '{ print $4 }'
| sort -u | less
...
```

14 Eine Anleitung zu diesem Szenario finden Sie im Handbuch unter *http://www.debian.org/releases/stable/installmanual.*

15 *http://cdimage.debian.org/debian-cd/current/*

16 Weitere Informationen zu einigen der genannten Kommandozeilentools lesen Sie in Abschnitt 12.3.4 ab Seite 352 beziehungsweise in Kapitel 18 ab Seite 563.

```
aalib
acl
acpi
acpid
acpi-support
adduser
...
```

[+] Alternativ können Sie fertig gepresste Debian-CDs oder -DVDs bestellen. Eine Liste der Händler, die Debian GNU/Linux per Post verschicken, finden Sie ebenfalls auf den Webseiten des Debian-Projekts unter der Adresse *http://www.debian.de/CD/vendors/index.de.html.*

Sollte Ihr Rechner nicht von CD/DVD booten können, aber ein solches Laufwerk besitzen, so starten Sie den Computer beispielsweise von einem USB-Stick oder über das Netzwerk und laden weitere Komponenten nach dem Start des Installers von den Datenträgern.

2.3.2 USB-Medium zur Installation vorbereiten

Die meisten Rechner können heutzutage von USB-Medien booten. Dabei ist es unerheblich, ob Sie einen Memorystick, eine MMC/SD-Karte oder einen externen USB-Cardreader mit einer Compact Flash oder Smart Media Card einsetzen – die Vorbereitung läuft immer gleich ab.

Benötigte Images Im Wesentlichen benötigen Sie zwei Dateien: ein Bootimage, das die Dateien des Installers (inklusive des Kernels) und das SYSLINUX-Programm mit den dazugehörigen Konfigurationsdateien enthält (circa 23 MByte), und ein Businesscard- (circa 20–50 MByte) oder ein Netzwerkinstallations-Image (circa 135–190 MByte).[17] Besitzen Sie ein ausreichend großes USB-Medium, so spricht nichts dagegen, ein Komplett-CD-Image anstelle des Businesscard-/Netzwerkinstallations-Images zu verwenden.

USB-Medium unter Linux erstellen

Im einfachsten Fall schreiben Sie einfach das Netinst ISO-Image per `cat` oder `dd` auf Ihren USB-Stick.[18] Diese mit »Squeeze« eingeführte Methode funktioniert jedoch nicht mit allen Rechnern. Im Zweifelsfall erstellen Sie den bootbaren Stick daher mit der folgenden, traditionellen Methode. Laden Sie zunächst das Bootimage (*hd-media/boot.img.gz*) herunter, und entpacken Sie es auf den USB-Stick. Unter Linux erledigen Sie das

17 Sie finden beide Dateien über Links auf der Seite *http://www.debian.org/releases/squeeze/debian-installer/.*

18 *http://www.debian.org/releases/squeeze/i386/ch04s03.html.de*

als Administrator zum Beispiel mit dem Kommando `zcat`. Ersetzen Sie im folgenden Aufruf die Device-Bezeichnung */dev/sdb* durch die entsprechende Gerätedatei des USB-Mediums auf Ihrem Rechner (siehe auch Abschnitt 17.2.2 ab Seite 497):

```
zwerg:~ # zcat boot.img.gz > /dev/sdb
```

Beachten Sie, dass eventuell vorhandene Daten auf dem Stick dabei vollständig überschrieben werden. Wenn Sie den Memorystick anschließend ins Dateisystem einhängen, sehen Sie, dass dieser jetzt ein FAT-Dateisystem enthält und sich unter dem Namen */media/Debian Inst* anmeldet. [!]

```
zwerg:~ # mount
...
/dev/sdb on /media/Debian Inst type vfat (rw,nosuid,nodev,↩
uhelper=udisks,uid=1000,gid=1000,shortname=mixed,dmask=0077,↩
utf8=1,showexec,flush)
```

Als Nächstes laden Sie ein Debian-Image (Businesscard- oder Netzwerkinstallations-Image, Dateiendung *.iso*) herunter und kopieren es auf den Datenträger. Stellen Sie sicher, dass der Stick gemountet ist. Kopieren Sie das Image dorthin, und unmounten Sie das USB-Medium wieder:

```
cp debian-6.0.1a-i386-netinst.iso /media/Debian\ Inst/
umount /media/Debian\ Inst/
```

USB-Stick neu partitionieren

Die zuletzt vorgestellte Methode hat einen entscheidenden Nachteil: Die logische Größe des Sticks ist in diesem Fall auf 256 MByte begrenzt, auch wenn die Speicherkapazität des Mediums eigentlich größer ist. Das bedeutet, dass Sie kein komplettes CD-Image auf den Stick laden können, sondern lediglich ein kleineres Businesscard- oder Netzwerkinstallations-Image. Wenn Sie den USB-Stick zu einem späteren Zeitpunkt für etwas anderes verwenden und die volle Kapazität wieder nutzen möchten, formatieren und partitionieren Sie ihn neu. Unter Linux steht Ihnen dabei beispielsweise das grafische Tool GParted (Paket *gparted*) zur Seite.

Schritt für Schritt: USB-Medium mit GParted partitionieren

1 *Gerät aushängen*

Stellen Sie sicher, dass der USB-Stick nicht gemountet ist. Am schnellsten überprüfen Sie das auf der Shell, indem Sie den Befehl `mount` eingeben. Alternativ öffnen Sie einen Dateimanager und schauen nach, ob das Medium unter ORTE im Dateisystem auftaucht. Hängen Sie das USB-Medium gegebenenfalls entweder per Mausklick im Dateimanager oder auf der Shell über das Kommando `umount` aus.[19]

2 *GParted starten und Stick auswählen*

Starten Sie das Tool über das Menü SYSTEM • SYSTEMVERWALTUNG (alternativ über `gksu gparted`), und geben Sie ins folgende Dialogfenster das Root-Passwort ein. Wählen Sie oben rechts aus dem Dropdown-Menü das zu partitionierende Laufwerk (zum Beispiel */dev/sdb*) aus. Um den gesamten Stick zu formatieren und neu zu partitionieren, klicken Sie auf das Laufwerk und danach auf den Button LÖSCHEN. Wählen Sie danach aus dem Menü BEARBEITEN den Eintrag ALLE OPERATIONEN AUSFÜHREN.

3 *Neue Partition anlegen*

Erstellen Sie über LAUFWERK eine neue Partitionstabelle für das Medium. Dann klicken Sie auf das Laufwerk und legen über PARTITION • NEU eine neue Partition an. Der folgende Dialog hilft bei der Aufteilung und der Wahl des Dateisystems. Über HINZUFÜGEN beenden Sie den Vorgang.

4 *Änderungen schreiben*

Erst wenn Sie aus dem Menü BEARBEITEN den Punkt ALLE OPERATIONEN AUSFÜHREN wählen und die Sicherheitsabfrage bestätigen, führt GParted die Änderungen durch. ■

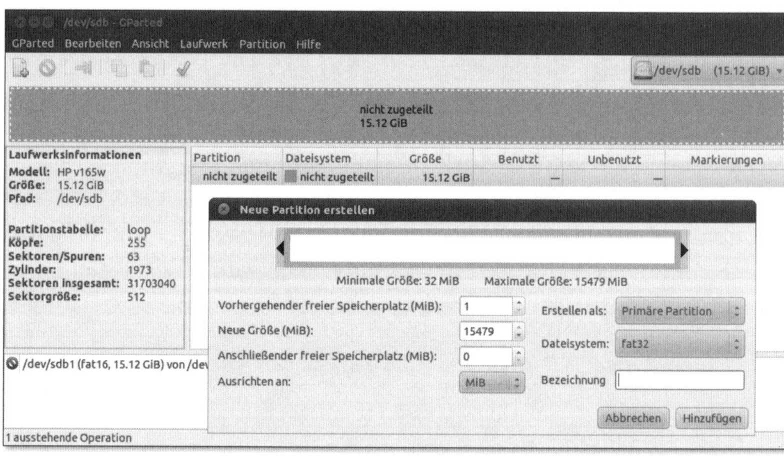

Abbildung 2.4 GParted ist eine grafische Schnittstelle zu GNU Parted.

---

19 Mehr zu Dateisystemen und zum Ein- oder Aushängen von Wechseldatenträgern erfahren Sie in Abschnitt 17.2 ab Seite 492.

Um ein vollständiges CD-Image auf das USB-Medium zu kopieren, sind einige zusätzliche Arbeitsschritte erforderlich. Sie benötigen dazu auf dem Memorystick eine ausreichend große FAT-Partition. Programme wie GParted oder `cfdisk` helfen bei der Einrichtung. Installieren Sie als Administrator die Pakete *syslinux* und *mtools*, und richten Sie danach (ebenfalls als Root) den SYSLINUX-Bootloader auf dem USB-Medium ein:

```
syslinux /dev/sdb1
```

Die Bezeichnung `sdb1` ersetzen Sie wiederum durch den Namen der Partition auf Ihrem Medium. Beachten Sie, dass die entsprechende Partition vor dem Ausführen des `syslinux`-Befehls nicht gemountet sein darf. Diesen Schritt erledigen Sie erst im Anschluss:

```
mount /dev/sdb1 /mnt/tmp
```

Kernel und Initrd

Kopieren Sie nun die beiden Dateien *vmlinuz* (Kernel) und *initrd.gz* (Initial-RAM-Disk-Image) ebenfalls aus dem Verzeichnis *hd-media* auf den Stick:

```
cp vmlinuz initrd.gz /mnt/tmp
```

Erstellen Sie dann mit einem Texteditor Ihrer Wahl (siehe Kapitel 16 ab Seite 475) eine Datei namens *syslinux.cfg* auf dem USB-Medium. In dieser Datei sollten mindestens die folgenden zwei Zeilen stehen:

```
default vmlinuz
append initrd=initrd.gz
```

Kopieren Sie danach ein Businesscard-, Netzwerkinstallations- oder Komplettimage auf den Stick, und hängen Sie ihn wieder aus.

USB-Medium unter Windows erstellen

Um ein USB-Medium unter Windows vorzubereiten, laden Sie die im vorigen Abschnitt erwähnten Dateien herunter und verwenden beispielsweise das Programm 7-Zip[20], um die Datei *boot.img.gz* zu entpacken. Außerdem benötigen Sie das Programm »dd for Windows«.[21]

Öffnen Sie die Windows-Kommandozeile über START und Eingabe von »cmd« ins Suchfeld. Sobald links oben im Startmenü der Eintrag CMD erscheint, klicken Sie diesen mit der rechten Maustaste an und wählen ALS ADMINISTRATOR AUSFÜHREN. Finden Sie zunächst den Gerätenamen für den USB-Stick mit dem folgenden Aufruf heraus:

20 *http://www.7-zip.org/*
21 *http://www.chrysocome.net/dd*

```
C:\dd>dd.exe --list
rawwrite dd for windows version 0.5.
Written by John Newbigin <jn@it.swin.edu.au>
This program is covered by the GPL. See copying.txt for
details
...
\\.\Volume{e2f2950c-e1b9-11df-8533-002454156305}\
  link to \\?\Device\HarddiskVolume8
  removeable media
  Mounted on \\.\d:
...
```

Der Output verrät, wohin der USB-Stick gemountet wurde (hier das Laufwerk namens *D:*). Schreiben Sie danach mit `dd` die Datei *boot.img* auf den Stick:

```
C:\dd>dd.exe if=C:\Users\huhn\Downloads\boot.img of=\\.\d:
...
489472+0 records in
489472+0 records out
```

Kopieren Sie anschließend noch die ISO-Datei auf den Stick – und fertig ist das Bootmedium.

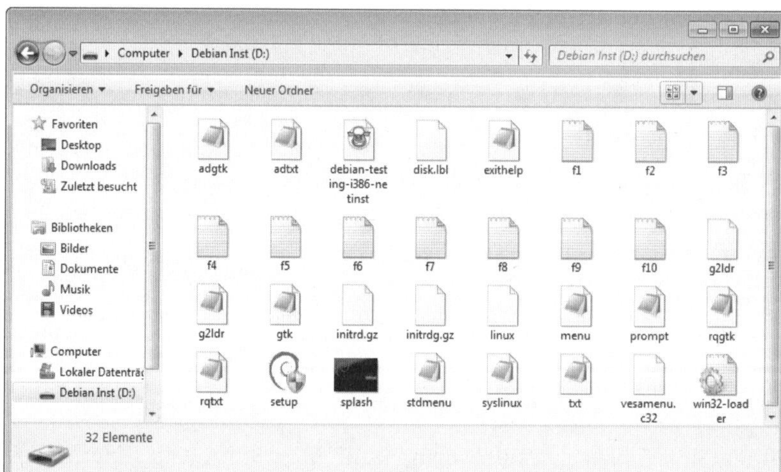

Abbildung 2.5 Den USB-Stick können Sie auch unter Windows vorbereiten.

2.3.3 Netzwerkinstallation vorbereiten

PXE Ist der Rechner in der Lage, über das Netzwerk von einem anderen Rechner aus zu booten (PXE = »Pre-boot Execution Environment«), sind ein paar Vorarbeiten nötig. Zunächst einmal sollte auf der entfernten Maschine ein BOOTP- oder DHCP-Server laufen. Darüber hinaus ist ein TFTP-Server erforderlich, auf dem die Bootdateien in speziellen Verzeichnissen liegen. Es ist möglich, beide Server auf einem einzigen Computer zu betreiben.

Die folgenden Abschnitte stellen die notwendigen Schritte zur Vorbereitung des DHCP- und TFTP-Servers vor. Da sich ein ganzes Kapitel dieses Buchs dem Thema DHCP (Dynamic Host Configuration Protocol) widmet (Kapitel 19 ab Seite 601), beschreiben die nächsten Abschnitte nur eine minimale Konfiguration, die für eine Netzwerkinstallation aber vollkommen ausreichend ist. Alternativ ist es möglich, einen BOOTP-Server anstelle von DHCP einzusetzen; weitere Hinweise dazu finden Sie auf den Seiten des Debian-Projekts.[22]

TFTP-Server installieren und einrichten

Bei der Netzwerkinstallation stellt ein TFTP-Server das Bootimage für den zu installierenden Rechner zur Verfügung. TFTP (Trivial File Transfer Protocol) ist ein Übertragungsprotokoll auf der Basis von FTP (File Transfer Protocol, siehe Kapitel 23 ab Seite 667). Im Gegensatz zu FTP unterstützt TFTP lediglich das Lesen und Schreiben von Dateien; Funktionen, wie zum Beispiel das Anzeigen der Dateien auf dem Server, Benutzerauthentifizierung oder Rechtevergabe, sind nicht vorhanden.

»tsize«-Unterstützung

Bei der Auswahl des TFTP-Servers achten Sie darauf, dass dieser »tsize« unterstützt. Unter Debian GNU/Linux gilt das für den Advanced TFTP-Server (*atftpd*) und für HPAs TFTP-Server (*tftpd-hpa*); das Paket *tftpd* besitzt dieses Feature nicht. Die folgenden Abschnitte behandeln den *tftpd-hpa*. Installieren Sie als Administrator das gleichnamige Paket, zum Beispiel mit dem Kommando:

```
apt-get install tftpd-hpa
```

Die Konfigurationsroutine fragt nach dem Wurzelverzeichnis des TFTP-Servers. Übernehmen Sie mit einem Druck auf (Eingabe) die Voreinstellung */srv/tftp*. Darüber hinaus erstellt das System einen neuen »Pseudonutzer« namens *tftp*[23] und startet den Server automatisch. Um zu überprüfen, dass der Server wirklich läuft, können Sie das `netstat`-Kommando verwenden:

22 *http://www.debian.org/releases/stable/i386/ch04s05.html.de*
23 Mehr zu diesen Systemkonten lesen Sie in Abschnitt 17.4.1 ab Seite 516.

```
zwerg:~ # netstat -ul
Aktive Internetverbindungen (Nur Server)
...
udp        0      0 *:tftp                  *:*
```

[»] Bis zur letzten Debian-Version (»Lenny«) legte das Einrichtungsskript des Pakets *tftpd-hpa* automatisch einen Eintrag in der *inetd*-Konfigurationsdatei */etc/inetd.conf* an (siehe Abschnitt 17.7 ab Seite 543). Da der Superserver (Paket *openbsd-inetd* oder *inetutils-inetd*) in der neuen Distribution »Squeeze« nicht mehr automatisch auf die Platte wandert, sondern nur noch optional mit von der Partie ist, zeigt dieser Abschnitt den Einsatz im Standalone-Betrieb. Es ist durchaus möglich, den TFTP über den *inetd* zu starten. In einigen Fällen kann der TFTP-Daemon aber nicht rechtzeitig den Dienst aufnehmen, weil der Superserver länger für dessen Start braucht, als der Timeout auf dem Client für das Netzwerkbooten erlaubt.

Der TFTP-Server legt ein Startskript im Verzeichnis */etc/init.d* ab, was dafür sorgt, dass er beim Booten des Rechners den Dienst aufnimmt. Über dieses Skript stoppen und starten Sie den Daemon notfalls auch von Hand (siehe Abschnitt 17.7 ab Seite 543). Die Konfiguration finden Sie in der Datei */etc/default/tftpd-hpa*, die Sie aber nicht von Hand bearbeiten. Stattdessen verwenden Sie das Debconf-System (siehe Abschnitt 5.9 ab Seite 146). Um die Einrichtung des TFTP-Servers nachträglich zu verändern, geben Sie den folgenden Befehl als Benutzer Root ein:

```
dpkg-reconfigure --priority=low tftpd-hpa
```

Ordner für die Bootdateien

Anschließend kopieren Sie die Bootdateien an den richtigen Platz. Laden Sie dazu die Datei *netboot.tar.gz* von einem Mirror herunter, und entpacken Sie das *tar*-Archiv in das TFTP-Bootimage-Verzeichnis. Beachten Sie, dass das Debian-Team zwei verschiedene Versionen von *netboot.tar.gz* anbietet: eine für den grafischen Installer[24] und eine für die textbasierte Installation[25] von Debian GNU/Linux »Squeeze«.

```
zwerg:~ # cd /tmp/
zwerg:/tmp # wget ftp://ftp.debian.de/debian/dists/squeeze/↩
main/installer-i386/current/images/netboot/gtk/netboot.tar.gz
           => `netboot.tar.gz'
...
zwerg:/tmp # cd /srv/tftp/
zwerg:/srv/tftp # tar xzvf /tmp/netboot.tar.gz
```

24 *ftp://ftp.debian.de/debian/dists/squeeze/main/installer-i386/current/images/↩ netboot/gtk/netboot.tar.gz*

25 *ftp://ftp.debian.de/debian/dists/squeeze/main/installer-i386/current/images/↩ netboot/netboot.tar.gz*

```
./
./debian-installer/
./debian-installer/i386/
./debian-installer/i386/pxelinux.0
./debian-installer/i386/initrd.gz
./debian-installer/i386/boot-screens/
...
```

DHCP-Server vorbereiten

Als Nächstes passen Sie die Konfigurationsdatei des DHCP-Servers an. Wenn der TFTP-Server auf demselben Rechner läuft, genügt in der Datei */etc/dhcp/dhcpd.conf* in der Regel ein Eintrag wie:

```
subnet 192.168.2.0 netmask 255.255.255.0 {
  range 192.168.2.200 192.168.2.250;
  filename "pxelinux.0";
}
```

Bootdatei

Über die Option `filename` definieren Sie, wo die Bootdatei liegt. Laufen TFTP- und DHCP-Server auf zwei verschiedenen Rechnern, so definieren Sie in der Datei *dhcpd.conf* mit dem Eintrag `next-server` den TFTP-Server mit den Bootdateien, zum Beispiel:

```
next-server "192.168.2.16";
  filename "pxelinux.0";
```

[«]

Vergessen Sie nicht, den DHCP-Server neu zu starten, wenn Sie die Konfiguration verändert haben. Dazu verwenden Sie als Systemverwalter Root den Befehl `/etc/init.d/isc-dhcp-server restart`. Erhalten Sie beim Neustart Fehlermeldungen, so sollten Sie (ebenfalls als Administrator) in der Datei */var/log/syslog* nach Hinweisen suchen.

Nach den Vorbereitungen kann es nun losgehen. Dieses Kapitel zeigt, wie Sie von den verschiedenen Installationsmedien booten und Debian GNU/Linux auf die Platte bringen. Der Installer führt Sie wahlweise grafisch oder textbasiert sicher durch den Installationsprozess, bietet Informationen an den richtigen Stellen und die Freiheit, ein auf Ihre Bedürfnisse zugeschnittenes Linux-System einzurichten.

3 Debian GNU/Linux installieren

Wenn Sie bereits frühere Debian-Versionen installiert haben, erwarten Sie mit dem neuen Release einige (angenehme) Überraschungen. Der Installer, der sich seit Debian GNU/Linux »Etch« wahlweise im grafischen Gewand oder im Textmodus präsentiert, hat zahlreiche Verbesserungen und neue Features mit im Gepäck. Sollten Sie anstelle einer Neuinstallation ein Upgrade von »Lenny« auf »Squeeze« durchführen wollen, lesen Sie weitere Hinweise dazu in Kapitel 27 ab Seite 741.

Viele neue Features

Der neue Installer zeigt sich jetzt noch hilfsbereiter und bietet in vielen Dialogen einen HILFE-Button an, um die Benutzerfreundlichkeit während des Installationsprozesses weiter zu verbessern. Während der Installer in früheren Debian-Versionen keine empfohlenen Pakete (»Recommends«) einspielte, installiert das System nun auch solche Software. Neue Dateisysteme sind ebenfalls dazugekommen. Der Partitionierungsassistent bietet nun an, Ext4 oder Btrfs auszuwählen. Kleinere Änderungen nahmen die Entwickler an den Paketgruppen vor, die der Installer als fertige Zusammenstellungen anbietet (siehe Abschnitt 3.11 ab Seite 85). Zu den vorhandenen kommt eine neue Gruppe namens SSH-SERVER hinzu.

[«]

Da mit Debian GNU/Linux »Squeeze« zum ersten Mal die Version 2 von GRUB zum Einsatz kommt, widmet sich Kapitel 26 ab Seite 723 dem Bootloader. Das neu hinzugekommene Kapitel erklärt Grundlagen zu GRUB 2, verrät mehr zu den Konfigurationsdateien und (eigenen) Skripten sowie zur GRUB-Shell. Tipps und Tricks zur Reparatur runden das Kapitel ab.

3.1 Den Debian-Installer booten

Bootreihenfolge

Wenn Sie das Installationssystem von CD/DVD, USB-Medien oder über das Netzwerk starten, passen Sie als Erstes im BIOS (Basic Input Output System) die Bootreihenfolge an. Starten Sie den Rechner neu, und achten Sie beim Hochfahren auf Meldungen, wie das BIOS zu erreichen ist. Wie Sie sich im BIOS selbst bewegen, Einstellungen verändern und speichern beziehungsweise die Änderungen wieder verwerfen, ist ebenfalls vom Typ abhängig. In den meisten Fällen sind die verfügbaren Tastenkombinationen im BIOS am oberen oder unteren Bildschirmrand eingeblendet.[1]

3.1.1 Von CD/DVD booten

[o] Um von CDs oder der Buch-DVD zu booten, stellen Sie das erste Bootdevice auf CD-ROM; als SECOND BOOT DEVICE wählen Sie die Festplatte (zum Beispiel HDD-0).

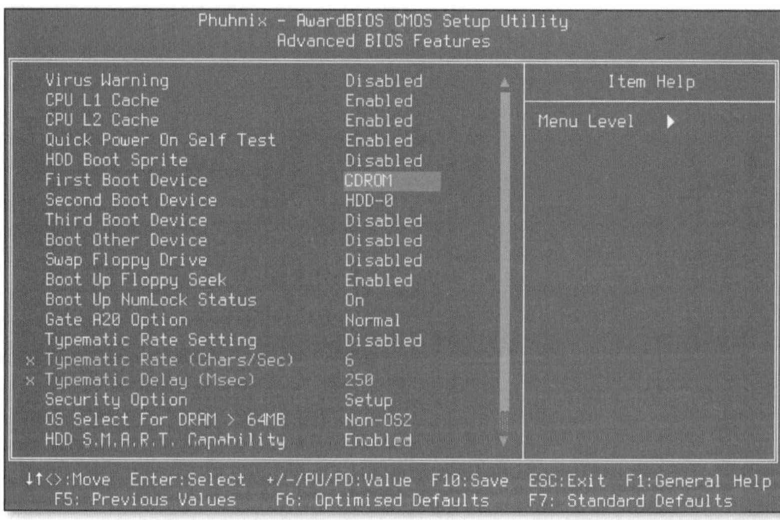

Abbildung 3.1 Stellen Sie die Bootreihenfolge für CD/DVD-Laufwerke ein.

3.1.2 Von USB-Medien booten

Für das Booten von einem USB-Medium wählen Sie als Startlaufwerk je nach BIOS-Version USB-HDD oder REMOVABLE DRIVE. Unterstützt das

1 Unter *http://www.debian.org/releases/stable/i386/ch03s06.html.de* finden Sie Tipps, wie Sie das BIOS verschiedener Firmen erreichen.

BIOS dieses Feature nicht, so starten Sie beispielsweise über das Netzwerk und fahren dann mit dem USB-Medium fort.

3.1.3 Über das Netzwerk booten

DHCP- und TFTP-Server

Im BIOS wählen Sie die entsprechende Option zum Booten über das Netzwerk aus (zum Beispiel Boot from LAN). Nach der Kontaktaufnahme zum DHCP- und TFTP-Server erscheinen das Debian-Logo und der Bootprompt. Je nachdem, welche Version von *netboot.tar.gz* Sie verwenden, startet nach dem Drücken von (Eingabe) der grafische Installer oder die Installation im Textmodus (siehe Abschnitt 2.3.3 ab Seite 56).

3.1.4 Von Windows aus booten

[o]

Sie können den Debian-Installer auch von Windows-Betriebssystemen aus aufrufen. Wenn Sie beispielsweise die Buch-DVD verwenden, sollte automatisch ein Programm starten, das den Rechner für die Installation vorbereitet. Ist dies nicht der Fall, doppelklicken Sie im Explorer die Datei *setup.exe*.

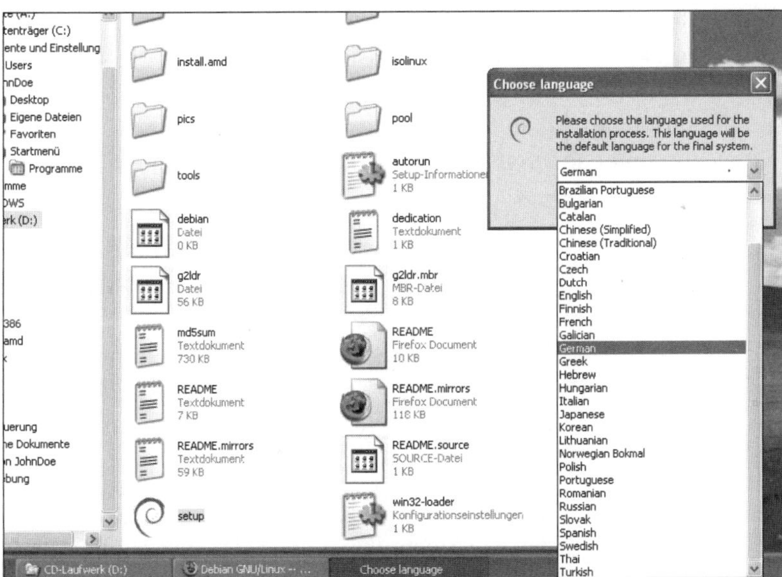

Abbildung 3.2 Die Installation von Debian GNU/Linux können Sie auch unter Windows-Systemen vorbereiten.

Wählen Sie zunächst die Sprache aus, und bestätigen Sie dann die Lizenzbedingungen. Der Standardbrowser zeigt danach die Datei *README* an, und der folgende Dialog fragt nach, ob Sie im normalen Modus oder Expertenmodus (siehe Abschnitt 3.15 ab Seite 90) installieren wollen. Klicken Sie auf WEITER, und wählen Sie im nächsten Dialog aus, ob Sie Debian GNU/Linux installieren oder ein bestehendes System reparieren möchten (siehe Abschnitt 15.3 ab Seite 471). Nach einem abschließenden Hinweis können Sie den Rechner neu starten und mit der Installation von Debian GNU/Linux fortfahren. Nach Abschluss der Installation entfernen Sie die Installer-Komponenten über das Tool *Uninstall.exe* (das ebenfalls im Hauptverzeichnis der Installations-CD/DVD zu finden ist) wieder sauber aus dem Windows-System.

3.2 Booten und los!

Bootmenü Direkt nach dem Start sehen Sie ein Bootmenü, das für die beiden Architekturen i386 und amd64 zur Verfügung steht. Über die Pfeiltasten wählen Sie zwischen INSTALL (textbasierte Variante für 32-Bit-Systeme), 64 BIT INSTALL (textbasierte Variante für 64-Bit-Systeme), GRAPHICAL INSTALL (grafischer Installer, 32 Bit) und 64 BIT GRAPHICAL INSTALL (grafischer Installer, 64 Bit) aus. Über ADVANCED OPTIONS erreichen Sie ein Untermenü, das Ihnen Zugriff auf den Expertenmodus, auf den Rettungsmodus und auf automatisierte Installationen (siehe Abschnitt 3.16 ab Seite 93) bietet. Die Bezeichnung »Expertenmodus« ist möglicherweise verwirrend – in diesem Modus haben Sie die volle Kontrolle über den Installer. Sie können also unter anderem Optionen für Kernel-Module angeben (siehe Abschnitt 3.15 ab Seite 90).

Neu bei Squeeze ist der letzte Menüpunkt, ALTERNATIVE DESKTOP ENVIRONMENTS, der Ihnen erlaubt, KDE, LXDE oder Xfce als alternative Desktopumgebungen (Standard ist GNOME) einzuspielen. Genau genommen fügt der Installer bei Auswahl eines alternativen Desktops lediglich einen passenden Bootparameter (also »desktop=kde«, »desktop=lxde« beziehungsweise »desktop=xfce«) hinzu. Aus den ADVANCED OPTIONS heraus gelangen Sie über Esc zurück zum Hauptmenü.

[+] Wenn Sie über den Punkten INSTALL oder GRAPHICAL INSTALL die Tabulatortaste drücken, sehen Sie am unteren Rand das vollständige Bootkommando des jeweiligen Menüeintrags inklusive aller Parameter. So passen Sie die Bootoptionen (für den Installer oder Kernel) an oder fügen den vorhandenen eigene Erweiterungen hinzu. Eine sehr ausführliche

Darstellung aller Bootparameter mit vielen Beispielen finden Sie in der Onlinedokumentation.[2]

Abbildung 3.3 Das »Squeeze«-Bootmenü enthält nun auch Einträge, um KDE, LXDE und Xfce als Desktopumgebung einzuspielen. Ein Druck auf die Tabulatortaste zeigt die Bootparameter an.

Hilfe

Über den Menüpunkt Help erreichen Sie eine Übersicht über optionale Bootparameter. Mit den Tasten F2 bis F8 blenden Sie weitere Informationen ein, über F1 gelangen Sie wieder zum Index. Aus diesem kehren Sie zum grafischen Bootmenü zurück, indem Sie am Bootprompt »menu« eingeben. Hinter den jeweiligen Funktionstasten verbirgt sich Folgendes:

- F2: Zeigt Informationen zu den Installationsvoraussetzungen an, zum Beispiel Angaben zum benötigten Arbeitsspeicher und Festplattenplatz.
- F3: Bootparameter, die Sie am Prompt tippen und mit denen Sie den Installer im Standardmodus (»install«) oder in der grafischen Variante (»installgui«) starten. Alternativ wählen Sie den sogenannten Expertenmodus (»expert«) sowie seine grafische Variante (»expertgui«).
- F4: Zeigt Hinweise zum Booten im Rettungsmodus (»rescue mode«) zur Reparatur eines bereits installierten Systems an; auch hier gibt

2 *http://www.debian.org/releases/stable/i386/ch05s02.html.de*

es eine textbasierte (»rescue«) und eine grafische (»rescuegui«) Variante. Booten Sie das System mit einer dieser beiden Optionen, nutzt der Rettungsmodus bestimmte Features des Installers wie zum Beispiel die automatische Hardwareerkennung, sodass Festplatten, Netzwerkschnittstellen oder Ähnliches bei der Reparatur des Systems zur Verfügung stehen (siehe auch Abschnitt 15.3 ab Seite 471).

- F5: Zeigt Hinweise zu weiteren Bootparametern an, die Sie über die Tasten F6 (spezielle Hardware), F7 (besondere Controller) und F8 (allgemeine Parameter für den Debian-Installer) erreichen.
- F6: Falls Sie spezielle Hardware einsetzen, beispielsweise alte IBM-Thinkpad-Modelle oder Notebooks mit besonderer Bildschirmauflösung, finden Sie hier weitere Bootparameter.
- F7: Für einige ausgewählte Controller stehen hier weitere Optionen zur Wahl.
- F8: Hier finden Sie einige weitere Einstellungen für den Installer, beispielsweise den Debugging-Modus, eine Option zum Abschalten der Framebuffer-Unterstützung, zum Verhindern des Starts von PCMCIA-Diensten, zum Umgehen eines vorhandenen DHCP-Servers (wenn Sie in jedem Fall eine statische IP-Adresse vergeben möchten), eine Möglichkeit, die Tastaturbelegung zu konfigurieren, zur Unterstützung von Braille-Zeilen, zur Aktivierung des Themes »dark« (für den grafischen Installer) und einen Parameter, um als Standarddesktop KDE SC 4 oder Xfce statt GNOME einzuspielen. Diese Methode funktioniert nicht, wenn von der ersten CD ohne einen Netzwerkspiegel installiert wird, sondern nur, wenn eine DVD oder eine CD mit KDE SC 4 oder Xfce/LXDE[3] verwendet wird.
- F9: Hinweise des Debian-Teams, dass Rückmeldungen zu Problemen mit dem Installer erwünscht sind.
- F10: Zeigt die Copyright- und Lizenzinformationen an.

Bootoptionen eingeben

Die entsprechenden Bootparameter tippen Sie am Prompt ein und bestätigen anschließend mit der Taste Eingabe, um mit dem Einspielen der Distribution zu beginnen. Wollen Sie beispielsweise eine Installation im grafischen Modus durchführen und müssen aus irgendeinem Grund APIC (Interrupt-Verwaltung, Advanced Programmable Interrupt Control-

3 Das Debian-Team bietet auf den Downloadseiten zwei spezielle CD-Images mit KDE SC 4 bzw. Xfce/LXDE als Standarddesktop an.

ler) und ACPI (Advanced Configuration and Power Interface) deaktivieren, so tippen Sie:

```
boot: installgui noapic acpi=off
```

Wenn Sie einen oder mehrere Bootparameter eingeben, definieren Sie in jedem Fall als Erstes die Bootmethode. Dazu stellen Sie vor die erste Option einen der unter F3 angegebenen Parameter, gefolgt von einem Leerzeichen, zum Beispiel:

```
boot: installgui desktop=kde
```

[!] Die Tastatur verwendet zu diesem Zeitpunkt noch eine amerikanische Belegung, das heißt, Y und Z sind vertauscht, das Gleichheitszeichen liegt auf der Taste ´, das Minuszeichen auf ß, den Unterstrich erreichen Sie über Umschalt+ß und den Doppelpunkt über die Tastenkombination Umschalt+Ö.

Die weiteren Abschnitte stellen eine Beispielinstallation mit der grafischen Version des Installers für 32-Bit-Systeme (»i386«) vor. Auch Benutzer, die den textbasierten Modus oder eine andere Architektur verwenden, können beruhigt weiterlesen – die grundsätzliche Funktionalität und die Beschriftung der Dialoge unterscheiden sich nicht. Lediglich die Unterstützung für die Maus fehlt im Textmodus, sodass zur Navigation ausschließlich die Tastatur zur Verfügung steht:

- Pfeil rechts/Tabulator: Springt vorwärts.
- Pfeil links/Umschalt+Tabulator: Springt rückwärts.
- Pfeil auf/Pfeil ab: Blättert durch die Menüeinträge.
- Bild auf/Bild ab: Blättert seitenweise hoch und herunter.
- Leertaste: Aktiviert Checkboxen und Ähnliches.
- Eingabe: Bestätigt eine Auswahl, zum Beispiel in einem Dropdown-Menü.

Logdateien

Eventuelle Fehlermeldungen des Installers sowie Logfiles finden Sie auf der vierten virtuellen Konsole, die Sie über Strg+Alt+F4 erreichen; zurück zum Debian-Installer geht es mit Alt+F5. Wer nach abgeschlossener Installation einen Blick in die Logdateien werfen möchte, der findet diese unterhalb des Verzeichnisses */var/log/installer/* (siehe Abschnitt 3.14 ab Seite 88). Wie die meisten Protokolldateien unterhalb von */var* dürfen die Dateien nur vom Systemverwalter Root eingesehen werden.

3.3 Sprich meine Sprache

Nach dem Booten stellen Sie zunächst die bevorzugte Sprache ein. Diese wird sowohl während Installation als auch für das installierte System selbst verwendet. Sollte für bestimmte Dialoge des Installers keine Übersetzung in der gewählten Sprache vorliegen, präsentiert das System die Information in Englisch.

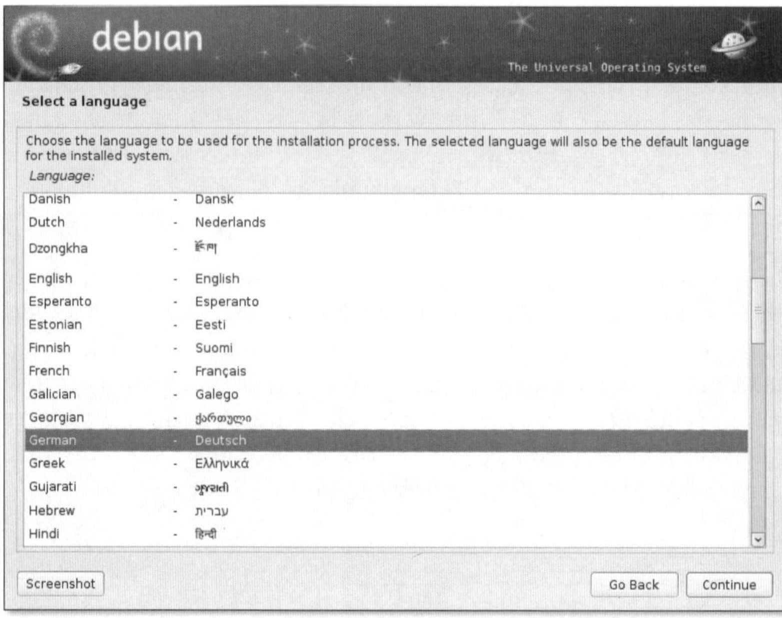

Abbildung 3.4 Sprich meine Sprache – der Installer bietet Unterstützung für zahlreiche Sprachen.

Sofern Sie eine Sprache gewählt haben, die in mehreren Ländern gesprochen wird (zum Beispiel Deutsch oder Englisch), möchte der Installer nun von Ihnen wissen, in welchem Land Sie sich befinden. Ausgehend von der vorher gewählten Sprache schlägt das Programm automatisch etwas Passendes vor.

Ländereinstellungen

Die Information über Ihren Aufenthaltsort verwendet der Installer, um im weiteren Verlauf eine passende Zeitzone und einen Debian-Spiegelserver in Ihrer Nähe vorzuschlagen. Alternativ gehen Sie auf den Eintrag ANDERE, um aus einer nach Kontinenten sortierten Liste ein Land auszusuchen. Im folgenden Dialog stellen Sie die Tastaturbelegung ein. Schließen Sie zu einem späteren Zeitpunkt ein anderes Keyboard an, so ändern Sie die

Konfiguration als Administrator auf der Kommandozeile mit dem Befehl `dpkg-reconfigure console-data` (siehe auch Seite 81).

3.4 Hardware- und Netzwerkerkennung

Der Debian-Installer führt jetzt eine automatische Hardwareerkennung durch und entdeckt unter anderem angeschlossene Laufwerke und die Netzwerkkarte(n). In diesem Zusammenhang sucht das System auch nach einem Debian-Installationsmedium und bindet es ein. Je nach Ausstattung des Rechners kann der Suchvorgang ein bisschen dauern.

DHCP-Server

Erkennt der Installer mehr als eine Netzwerkkarte, fragt er im nächsten Schritt nach dem primären Anschluss und konfiguriert nur diesen; weitere Karten richten Sie daher nach der Installation ein (siehe Kapitel 6 ab Seite 151). In der Voreinstellung schaut der Installer, ob im Netz ein DHCP-Server verfügbar ist, der dem Computer automatisch eine IP-Adresse und/oder einen Hostnamen zuweisen kann (siehe Kapitel 19 ab Seite 601). Wird ein solcher Server gefunden, haben Sie keine Möglichkeit, das Netzwerk von Hand einzurichten. Möchten Sie dem Computer dennoch eine statische IP-Adresse zuweisen, unterdrücken Sie die Konfiguration über DHCP mit dem Bootparameter (siehe Abschnitt 3.2 ab Seite 62):

```
boot: installgui netcfg/disable_dhcp=true
```

[+] Alternativ wählen Sie die Installation im Expertenmodus (siehe Abschnitt 3.15 ab Seite 90), in dem Sie explizit entscheiden können, ob Sie DHCP verwenden möchten oder nicht.

Nach erfolgreicher Kontaktaufnahme zum DHCP-Server tragen Sie im folgenden Dialog direkt den Hostnamen für Ihren Computer ein und geben danach optional einen Domainnamen an (sofern Ihnen der vom DHCP-Server vorgeschlagene Name nicht gefällt). Schlägt die Einrichtung per DHCP fehl, zeigt der Debian-Installer einen Dialog, der Ihnen anbietet, die automatische Erkennung erneut zu starten, selbst einen DHCP-Servernamen für die automatische Erkennung anzugeben, das Netzwerk zu diesem Zeitpunkt nicht einzurichten oder manuell zu konfigurieren.

Entscheiden Sie sich für Letzteres, geben Sie von Hand die IP-Adresse ein (zum Beispiel »192.168.1.2«). Die Netzmaske des nächsten Dialogs übernehmen Sie. Wenn Sie sich in einem Netzwerk mit Router befinden, an den Sie sämtliche Internetanfragen weiterleiten, tragen Sie bei der manuellen Einrichtung außerdem ein Default-Gateway ein. Gleiches gilt für den Nameserver. Anschließend tragen Sie einen Hostnamen und optional einen Domainnamen ein. Weitere Hinweise zur Netzwerkkonfiguration finden Sie in Kapitel 6 ab Seite 151.

WLAN-Karte einrichten

Einige Karten erkennt der Debian-Installer schon während der Netzwerkeinrichtung, andere Modelle erst nach manuellem Eingriff. Selbst wenn die Karte in der Liste der gefundenen Schnittstellen auftaucht, kann es vorkommen, dass die Einrichtung fehlschlägt. Außerdem unterstützt der Debian-Installer während der Installation nur WEP-verschlüsselte Verbindungen. Kapitel 6 zeigt, wie Sie WLAN-Karten nach der Installation konfigurieren (Abschnitt 6.2.1 ab Seite 154).

3.5 Benutzerkonfiguration

Als Nächstes fordert der Installer Sie auf, ein Passwort für den Systemadministrator Root einzugeben. Der Dialog weist Sie darauf hin: Wählen Sie dieses Kennwort sorgfältig aus, denn Root darf alles! Nur wer das Kennwort des Systemverwalters kennt, kann elementare Dinge am System ändern (siehe auch Abschnitt 25.3 ab Seite 710). Neu im Squeeze-Installer: Lassen Sie das Feld für das Root-Passwort leer, deaktiviert das System automatisch den Account des Systemverwalters und gibt dem bei der Installation eingerichteten Benutzer mithilfe von `sudo` Administratorrechte (siehe Abschnitt 17.4.12 ab Seite 532).

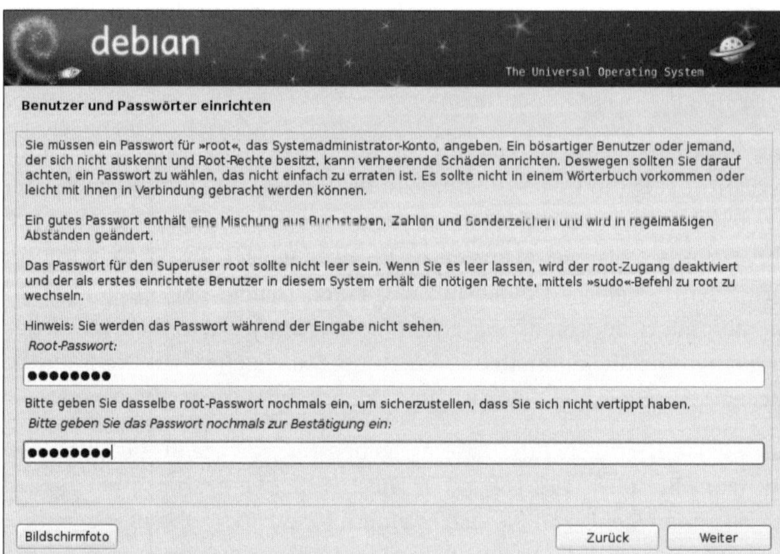

Abbildung 3.5 Geben Sie ein sicheres Passwort für den Administratoraccount ein.

[«]

Ein sicheres Passwort besteht aus mehr als sechs Zeichen und ist eine Mischung aus Groß- und Kleinbuchstaben sowie Sonderzeichen. Leicht zu merken – und schwierig zu knacken – sind Kennwörter, die aus den Anfangsbuchstaben eines Satzes zusammengesetzt sind, so wird »Hier ist 1 neues Linux-System!« zum Passwort »Hi1nL-S!«.

Wiederholen Sie das Passwort auf Aufforderung, um eventuelle Vertipper auszuschließen – stimmen die beiden Kennwörter nicht überein, müssen Sie beide noch einmal eingeben. Als »visuelles Feedback« erscheinen Sternchen in der Eingabezeile.

Benutzeraccount einrichten

Jetzt ist es Zeit, einen nichtprivilegierten Benutzeraccount für das tägliche Arbeiten einzurichten. Linux als Multiuser-System ist so konzipiert, dass mehrere Benutzer gleichzeitig auf dem Rechner arbeiten dürfen. Dabei gibt es eine strenge Unterteilung zwischen dem Administrator und »normalen« Benutzern: Root, als Systemverwalter, darf alles; nichtprivilegierte Accounts haben standardmäßig nur Schreibrechte auf die eigenen Dateien und sogar eingeschränkte Leserechte (siehe Abschnitt 17.1 ab Seite 491). Während Root also für administrative Aufgaben, wie zum Beispiel das Einspielen und Aktualisieren von Software oder Änderungen an den Konfigurationsdateien, zuständig ist, sollten alle anderen Aufgaben unter einem einfachen Benutzeraccount durchgeführt werden.

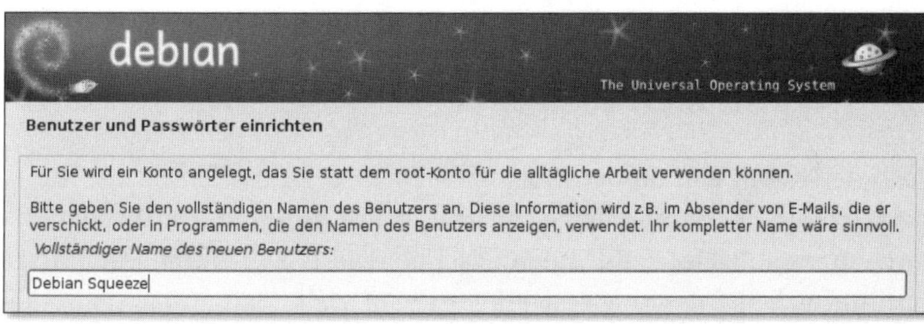

Abbildung 3.6 Geben Sie zunächst den Vor- und Zunamen des neuen Benutzers ein.

Für den neuen Account schlägt das Programm selbstständig einen Loginnamen vor, mit dem Sie sich später am System anmelden. Übernehmen Sie ihn entweder durch Druck auf (Eingabe), oder geben Sie einen neuen Namen ein. Auch für dieses Benutzerkonto müssen Sie ein sicheres Passwort aussuchen und die Eingabe wiederholen. Als visuelle Rückmeldung sehen Sie wieder die Sternchen.

[+] Passwörter können Sie übrigens jederzeit ändern – es ist sogar dringend zu empfehlen, dies von Zeit zu Zeit zu tun. Zum Setzen eines neuen Kennworts verwenden Sie das Kommandozeilentool `passwd` (siehe Abschnitt 17.4.9 ab Seite 528).

3.6 Wer hat an der Uhr gedreht?

NTP Direkt nach das Netzwerk konfiguriert der Installer die Systemzeit. Hat die Einrichtung des Netzwerks geklappt, und ist der Rechner bereits mit dem Internet verbunden, so geschieht diese Konfiguration vollautomatisch per NTP (Network Time Protocol, siehe Abschnitt 17.8 ab Seite 547). Funktioniert dies nicht, richtet das Konfigurationstool Datum und Uhrzeit nach den Daten der CMOS-Uhr ein. Während des Installationsprozesses ist es im Debian-Installer nicht möglich, die automatische Einrichtung abzulehnen und die Uhr von Hand zu stellen.

Eventuell präsentiert der Installer eine Liste von Zeitzonen, die zum Aufenthaltsort passen, den Sie zu Beginn der Installation angegeben haben. Benutzer, die Deutschland oder ein anderes Land mit nur einer einzigen Zeitzone gewählt haben, sehen die Abfrage nicht. Abschnitt 17.8 ab Seite 547 zeigt auch, wie Sie die Zeitzone für Ihren Rechner neu einstellen.

3.7 Partitionen anlegen

Nach der Konfiguration der Systemzeit sucht der Installer nach weiterer Hardware und vorhandenen Festplatten. Beim Auf- und Umverteilen des vorhandenen Platzes steht Ihnen anschließend ein Partitionierungsassistent hilfreich zur Seite. Dieser erkennt, wie viele Platten der Computer hat und wie diese aufgeteilt sind. Auch freier, unpartitionierter Platz und Festplatten ohne Partitionstabelle erscheinen in der Übersicht.

3.7.1 Partitionstypen

Partitionen sind Abschnitte auf einer Festplatte. Während die meisten Benutzer mit nur einem einzigen Betriebssystem nicht über die Aufteilung der Ressourcen nachdenken (müssen), wird dieses spätestens dann zum Thema, wenn zwei verschiedene Systeme auf der Platte arbeiten sollen. Es gibt insgesamt drei verschiedene Partitionstypen:

- **Primäre Partitionen**
  Bis zu maximal vier primäre Partitionen können auf einer Festplatte existieren.
- **Erweiterte Partitionen**
  Anstelle einer primären Partition kann eine erweiterte Partition stehen, um das Limit von nur vier Abschnitten zu umgehen. Diese erweiterte Partition dient dann als eine Art »Container« für weitere Abschnitte, die sogenannten logischen Partitionen.
- **Logische Partitionen**
  Wie viele Abschnitte eine erweiterte Partition haben darf, hängt vom Festplattentyp ab. (E)IDE- und SATA-Platten können bis zu 63 Partitionen enthalten, davon maximal 59 logische; SCSI-Platten können nur 15 Partitionen haben, davon maximal 11 logische.

3.7.2 Die Aufteilung planen

Partitionen und Einhängepunkte

Für eine Linux-Installation benötigen Sie mindestens zwei Partitionen – viele Anwender teilen das System aber weiter auf, um die Daten besser verwalten zu können. So ist es unter Umständen sinnvoll, einen Abschnitt für das eigentliche Betriebssystem zu reservieren, einen für die persönlichen Daten der Benutzer sowie einen Swap-Bereich (Auslagerungsdatei). Die folgende Übersicht zeigt die wichtigsten Partitionen und ihren Mount Point auf einem Linux-System (siehe auch Abschnitt 17.2.2 ab Seite 497):

- **Root-Partition**
  Hier ist Platz für das Linux-System selbst mit sämtlichen Programmen beziehungsweise für alles, was der Benutzer nicht manuell auf eine extra Partition auslagert. Der Mount Point ist */*.
- **Bootpartition**
  In diesem Bereich können Dinge untergebracht werden, die das Linux-System während des Bootvorgangs braucht. Dazu gehören unter anderem der Kernel und die Initial-RAM-Disk-Datei *initrd*. In der Regel wird eine solche Partition nur dann benötigt, wenn der Bootloader die Root-Partition nicht lesen kann, etwa weil diese verschlüsselt ist. Der Mount Point ist */boot*.
- **Home-Partition**
  Hier befinden sich die persönlichen Daten der jeweiligen Benutzer. Wenn Sie für die Home-Verzeichnisse eine eigene Partition reservieren, können Sie bei einer eventuellen Neuinstallation oder einem Wechsel zu einer anderen Linux-Distribution die Daten einfach »mit-

nehmen«, also die Partition unformatiert einhängen. Der Mount Point ist */home*.

- **Swap-Partition**
  Das Linux-Pendant zur Auslagerungsdatei auf Windows-Betriebssystemen heißt Swap. Als Anhaltspunkt zur Größe galt früher, dass die Swap-Partition doppelt so groß wie der vorhandene Arbeitsspeicher (RAM) sein sollte. Da die Swap-Partition heutzutage aber auch beim Tiefschlaf für Laptops zum Einsatz kommt, ist die Faustregel, dass sie mindestens so groß wie der interne Speicher sein sollte. Eine Swap-Partition hat keinen Mount Point.

Bevor es ans endgültige Aufteilen geht, können Sie wählen, ob Sie die Partitionstabelle von Hand eingeben wollen oder Unterstützung durch den Assistenten wünschen. Die geführte Partitionierung bietet in der Regel sinnvolle Voreinstellungen und kann bei Standardinstallationen bedenkenlos gewählt werden; wer mehr Kontrolle über die Partitionen wünscht oder andere Betriebssysteme auf dem Rechner beherbergt, wählt stattdessen die manuelle Aufteilung. Darüber hinaus ermöglicht der Debian-Installer die Einrichtung verschlüsselter Dateisysteme (siehe Abschnitt 3.7.5 ab Seite 78). Fortgeschrittene Anwender haben zudem die Möglichkeit, RAID (Redundant Array of Independent Disks), LVM (Logical Volume Management) und verschlüsseltes LVM einzurichten.[4]

3.7.3 Geführte Partitionierung

Partitionierungsassistent

Um die Aufteilung des freien Platzes ganz dem Partitionierungsassistenten zu überlassen, klicken Sie in der Übersicht den Punkt GEFÜHRT – VERWENDE VOLLSTÄNDIGE FESTPLATTE an. Im nächsten Dialog wählen Sie die gewünschte Festplatte aus – falls der Rechner mehr als eine Platte enthält, achten Sie darauf, die richtige auszusuchen. Der Installer zeigt nicht nur den Festplattentyp, sondern auch die Größe an. Der Assistent bietet drei Varianten an.

- **Alle Dateien auf eine Partition, für Anfänger empfohlen**
  Alle Dateien landen in einer einzigen großen Partition auf der Festplatte; eine separate Swap-Partition wird eingerichtet. Auch wenn hier steht, dass diese Variante Anfängern empfohlen wird, sollten Sie darüber nachdenken, den Platz in weitere Unterabschnitte aufzuteilen. Sollten Sie das System später neu aufsetzen wollen, ist es beispielswei-

4 Eine Beschreibung dieser Features würde allerdings den Rahmen dieses Buchs sprengen. Wer sich dafür interessiert, sollte einen Blick ins Onlinehandbuch des Installers werfen und in diesem Kapitel 6 lesen.

se praktisch, über eine eigene Home-Partition für die Benutzerdaten zu verfügen, die Sie dann (unformatiert) einfach einhängen können.

- **Separate /home-Partition**
  Die Platte wird in eine primäre und zwei logische Partitionen aufgeteilt. Auf der primären Partition befindet sich anschließend die Root-Partition; außerdem gibt es separate Swap- und Home-Bereiche.
- **Separate /home-, /usr-, /var- und /tmp-Partitionen**
  Die Platte wird in sechs Bereiche aufgeteilt; in diesem Szenario gibt es Abschnitte für / (Wurzeldateisystem), */usr* (Programmdateien), */var* (veränderliche Daten wie Logfiles, Cache und so weiter), Swap, */tmp* (temporäre Dateien) und */home*. Diese Aufteilung empfiehlt sich eher für Server, nicht aber für Desktoprechner.

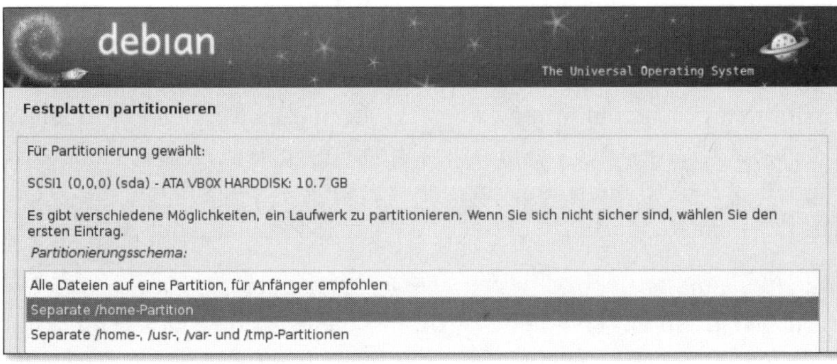

Abbildung 3.7 Der Assistent teilt die Platte selbstständig auf und bietet Ihnen drei fertige Partitionsschemata an.

Übersicht über die Partitionen

In allen drei Szenarien erhalten Sie nach der Aufteilung eine Übersicht über die konfigurierten Partitionen, deren Typ, die Größe, das Dateisystem und den Mount Point. Wenn Sie eine Partition auswählen (Doppelklick im grafischen Installer, Eingabetaste im Textmodus), können Sie die Partition bearbeiten. Im folgenden Dialog passen Sie bei Bedarf das verwendete Dateisystem, den Einhängepunkt und das Bootflag an; diese Übersicht bietet ebenfalls die Möglichkeit, die Partition zu löschen oder Daten von einer anderen Partition zu kopieren. Gehen Sie auf Zurück, um wieder zur Übersicht der Partitionstabelle zu gelangen.

Die Änderungen an der Partitionstabelle werden erst dann auf die Platte geschrieben, wenn Sie dies explizit bestätigen, sodass Sie hier bedenkenlos experimentieren können. Sind Sie mit der Aufteilung zufrieden, gehen Sie auf Partitionierung beenden und Änderungen übernehmen, und bestätigen Sie sie; alternativ starten Sie über Änderungen an den Par-

TITIONEN RÜCKGÄNGIG MACHEN die automatische Aufteilung noch einmal oder übernehmen die Vorschläge als Grundlage für manuelle Anpassungen, wie im nächsten Abschnitt beschrieben.

[!] Fahren Sie an dieser Stelle fort, werden die gewünschten Änderungen auf die Platte geschrieben. *Vorsicht*: Eventuell vorhandene Daten werden dabei gelöscht, sofern Sie eine Partition zur Formatierung ausgewählt haben. Im folgenden Dialog sehen Sie noch einmal eine Zusammenfassung; hier bestätigen Sie explizit mit JA, dass die Änderungen auf die Platte geschrieben werden.

3.7.4 Eine eigene Partitionstabelle anlegen

Wer sich für die manuelle Aufteilung (letzter Punkt in der Liste) entscheidet, sieht in einer Übersicht die vorhandenen Festplatten und ihre Partitionen mit den jeweiligen Dateisystemen. Deutlich gekennzeichnet sind die freien Bereiche (FREIER SPEICHER). Hier können Sie vorhandene Partitionen bearbeiten, diese also vergrößern oder verkleinern, oder sie mit einem neuen Dateisystem oder Einhängepunkt versehen. Außerdem können Sie Partitionen unformatiert einhängen (und damit die Daten natürlich unverändert lassen) oder eine ganze Festplatte neu aufteilen.

Wählen Sie eine neue und unberührte Festplatte aus der Liste aus, so bietet der Assistent an, eine neue Partitionstabelle anzulegen. Der folgende Dialog warnt: SIE HABEN EIN KOMPLETTES LAUFWERK ZUR PARTITIONIERUNG ANGEGEBEN – alle vorhandenen Partitionen werden gelöscht, wenn Sie fortfahren und eine neue Partitionstabelle anlegen. Bestätigen Sie das Anlegen der neuen Tabelle mit JA und WEITER. Danach sollte für diese Platte FREIER SPEICHER in der Übersicht auftauchen.

Partitionstyp auswählen

Wählen Sie den freien Bereich aus, und gehen Sie auf WEITER. Hier haben Sie unter anderem die Möglichkeit, den vorhandenen Platz automatisch aufteilen zu lassen (der nächste Dialog bietet die im vorherigen Abschnitt genannten Partitionsschemata an). Für eine manuelle Aufteilung wählen Sie EINE NEUE PARTITION ERSTELLEN. Beantworten Sie die Fragen zur gewünschten Größe und zum Typ der Partition (primär oder logisch, siehe Seite 70). Entscheiden Sie nun, ob die neue Partition am Anfang (Voreinstellung) oder am Ende des verfügbaren Speichers erstellt wird.

Danach sehen Sie eine detaillierte Übersicht zur Partition. Unter BENUTZEN ALS legen Sie fest, ob die Partition ein Dateisystem bekommt oder zum Beispiel als Swap-Bereich dient. Drücken Sie (Eingabe) oder doppelklicken Sie den Punkt, und entscheiden Sie sich in der folgenden Liste für ein Dateisystem (siehe Abschnitt 17.2 ab Seite 492). Während sich für die Boot-, Root- oder Home-Partition zum Beispiel EXT3-JOURNALING-DATEISYSTEM oder dessen Nachfolger Ext4 empfiehlt, steht für die Swap-Partition hier explizit der Typ AUSLAGERUNGSSPEICHER (SWAP) zur Verfügung.

Des Weiteren legen Sie den zukünftigen Einhängepunkt (Mount Point) fest: Hier definieren Sie ebenfalls für zu formatierende Bereiche, wo diese später eingehängt werden sollen. Zur Verfügung stehen hier: / als Wurzeldateisystem, /BOOT für die Dateien des Bootloaders, /HOME für die Home-Verzeichnisse der Benutzer, /TMP für temporäre Dateien, /USR für Programmdateien, /VAR für veränderliche Daten (Logfiles, Cache und so weiter), /SRV für Serverdienst-Daten, /OPT für optionale zusätzliche Softwarepakete und /USR/LOCAL für die lokale Hierarchie. Außerdem ist es möglich, den Mount Point von Hand einzutragen oder die Partition nicht einzuhängen.

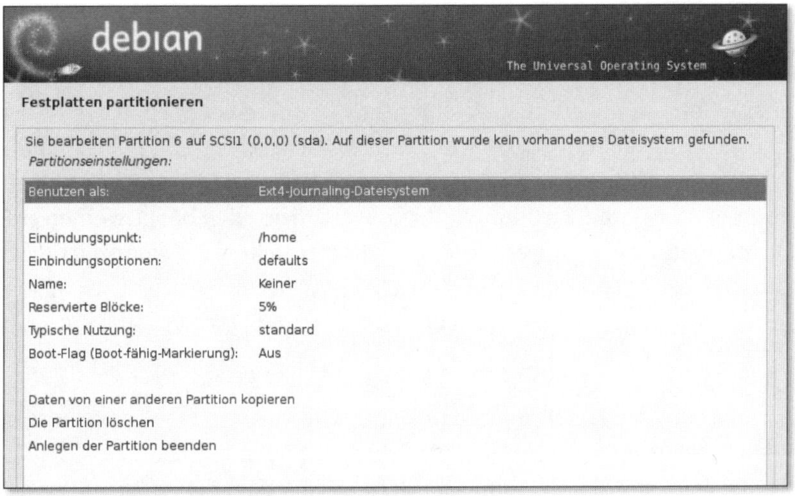

Abbildung 3.8 Über diesen Dialog nehmen Sie die Feinjustierung für die Partitionen vor und wechseln z. B. vom Standard Ext3 zum Nachfolger Ext4.

Mount-Optionen und Label

Über EINBINDUNGSOPTIONEN optimieren Sie das Verhalten des Dateisystems, hängen es also zum Beispiel schreibgeschützt ein oder richten Benutzer- oder Gruppenquota ein. Interessant wird es beim Punkt NAME – ein solches Label ist ein optionaler Bezeichner, den Sie einer Partition zuweisen, damit Sie diese unabhängig vom physikalischen Device einhängen können. Einige Distributionen wie etwa Ubuntu und auch Windows-Systeme verwenden diese Label standardmäßig – bei Debian GNU/Linux sind sie optional.

[!] Sollte also auf der Platte eine weitere Linux-Distribution installiert sein, die mit diesen Bezeichnungen arbeitet, sorgen Sie unbedingt dafür, dass Sie für die Debian-Installation noch nicht verwendete Namen vergeben, da diese eindeutig sein müssen (siehe Abschnitt 2.1.2 ab Seite 42). Tragen Sie also beispielsweise für die Root-Partition das Label »/debroot« und für die Bootpartition »/debboot« ein und so weiter.

Partition bootfähig machen

Über die Option BOOT-FLAG konfigurieren Sie, ob die Partition bootfähig gemacht werden soll. Wenn Sie eine separate Bootpartition einrichten, so setzen Sie den Schalter für diese. Unterteilen Sie lediglich in eine Root- und eine Swap-Partition, vergessen Sie nicht, die Root-Partition (/) bootbar zu machen. Den Status ändern Sie von AUS auf EIN (und andersherum) über Doppelklick auf die Zeile BOOT-FLAG (oder durch Drücken der Eingabetaste). Obwohl das Bootflag grundsätzlich optional ist und von Linux beziehungsweise vom Bootloader nicht beachtet wird, ist es für manche Mainboards (besonders solche mit einem Intel-BIOS) notwendig, dass die Partition bootbar ist, damit das BIOS den Bootloader starten lässt.

Ist alles zu Ihrer Zufriedenheit eingerichtet, bestätigen Sie Ihre Einstellungen über ANLEGEN DER PARTITION BEENDEN. Bevor Sie die Änderungen übernehmen und die neue Partitionstabelle schreiben, sehen Sie in der Übersicht noch einmal das ganze Szenario. Deutlich zu erkennen sind die Partitionen, die formatiert werden (F bzw. F, falls der Abschnitt schon partitioniert war), und Partitionen, die unformatiert eingehängt werden (K). Die bootfähige Partition ist durch ein vorangestelltes B gekennzeichnet:

```
> Nr. 1   primär     7.0 GB  B f  ext4   /
> Nr. 5   logisch    1.4 GB    f  swap   Swap
> Nr. 6   logisch   31.6 GB    k  ext4   /home
```

Weiter geht es mit dem Menüpunkt PARTITIONIERUNG BEENDEN UND ÄNDERUNGEN ÜBERNEHMEN. Auch hier erscheint noch einmal eine abschließende Warnung mit der Bitte um Bestätigung, dass die Änderungen auf die Festplatte geschrieben werden sollen.

Nicht offensichtlich ist die Möglichkeit, die Größe vorhandener Partitionen zu verändern. Dies funktioniert in der Regel zuverlässig für die Dateisysteme FAT16, FAT32, Ext2, Ext3, Ext4 sowie für NTFS. Erstellen Sie sicherheitshalber vor diesem Schritt ein Backup. Wählen Sie einen Festplatten-Abschnitt aus, und gehen Sie in der Liste zum Punkt PARTITIONSGRÖSSE ÄNDERN (DERZEIT...): Im folgenden Dialog tippen Sie die neue Größe ein – das Fenster gibt Informationen zur minimalen und maximalen Größe des Abschnitts. Tragen Sie den neuen Wert entweder als absolute Angabe (zum Beispiel »20 GB«) oder als prozentuale Angabe (zum Beispiel »40%«) ins Feld ein, und drücken Sie (Eingabe). Wenn Sie »max« eingeben, wählt der Installer automatisch die maximal mögliche Größe. Die Übersicht zeigt nun den frei gewordenen Speicher an; diesen teilen Sie wie schon gezeigt auf.

[+]

Ebenso gehen Sie vor, wenn Sie eine vorhandene Windows-Partition verkleinern und den freien Platz für Debian GNU/Linux zur Verfügung stellen wollen. Nachdem Sie die manuelle Partitionierung gestartet haben, navigieren Sie zur Windows-Partition und drücken (Eingabe). Wählen Sie PARTITIONSGRÖSSE ÄNDERN aus, und bestätigen Sie den Sicherheitshinweis. Anschließend geben Sie die neuen Werte ein.

Windows-Partition einbinden

Falls Sie unter Debian GNU/Linux auf vorhandene Windows-Partitionen zugreifen wollen, finden Sie in Abschnitt 17.2.3 ab Seite 503 Hinweise dazu. Im Debian-Installer selbst können Sie diese Partitionen auch anwählen und unverändert (und unformatiert!) einbinden. Damit integrieren Sie Windows-Partitionen direkt; auch der Bootloader GRUB legt entsprechende Einträge an.

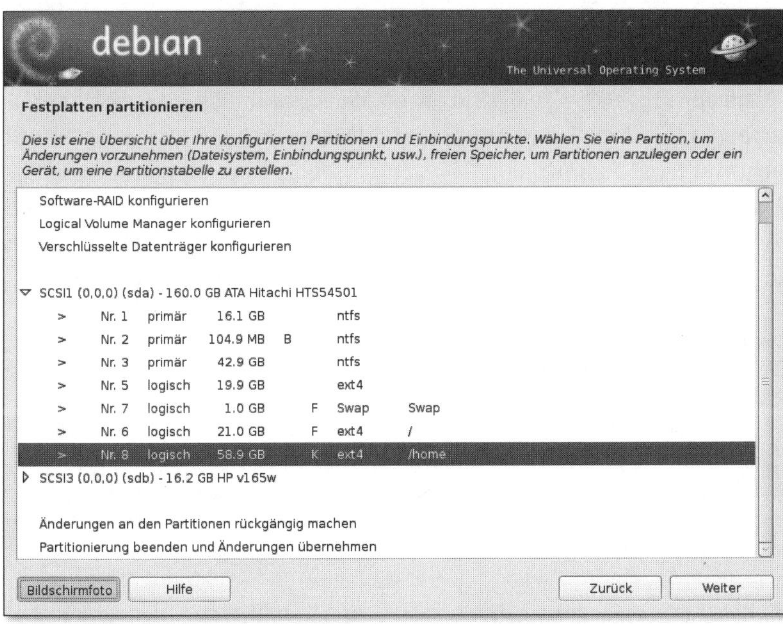

Abbildung 3.9 Vorhandene Windows-Partitionen verkleinern Sie, wenn Sie die manuelle Aufteilung im Assistenten wählen.

3.7.5 Verschlüsselte Dateisysteme konfigurieren

Auch wenn Linux relativ sicher ist und das ausgefeilte Rechtesystem Sie vor dem Zugriff durch andere Benutzer des Systems schützt, ist es problemlos möglich, an sämtliche Daten auf der Festplatte zu gelangen, wenn physikalischer Zugriff auf den Rechner möglich ist. Dazu reicht im einfachsten Fall eine Live-Distribution (wie beispielsweise KNOPPIX oder Debian Live). Nach dem Booten bindet der Benutzer die lokale Platte ein und hat damit Zugriff auf jede Datei. Ist das Booten von USB-Medien, CD- und/oder Diskettenlaufwerken untersagt, bleibt immer noch die Möglichkeit, die Festplatte in einen anderen PC einzubauen, und schon stehen wieder alle Türen offen. Der Debian-Installer unterstützt Sie dabei, Ihre Daten vor neugierigen Blicken zu schützen, und bietet an, verschlüsselte Partitionen einzurichten. Erst nach Eingabe der richtigen Passphrase erhalten Sie dann Zugriff auf diese Dateisysteme.

Kryptografie Wirksamen Schutz vor Datendieben erreichen Sie nur mit starker Kryptografie, denn selbst wenn ein Unbefugter Zugriff auf eine verschlüsselte Datei erhält, versteht er den chiffrierten Inhalt nicht. Wenn Sie sich gegen verschlüsselte Partitionen entscheiden, haben Sie immer noch die Möglichkeit, einzelne Dateien oder zumindest Ihre E-Mails (siehe Abschnitt 12.2.5 ab Seite 340) zu verschlüsseln. Allerdings sollten Sie in solchen Fällen ebenfalls die Swap-Partition verschlüsseln (mit zufälligen Daten und nicht mit einer Passphrase). Teile von verschlüsselten Daten, die im Klartext im RAM vorkommen und auf die Swap-Partition ausgelagert werden, könnten von einem potenziellen Angreifer eingesehen werden, wenn er physikalischen Zugriff erhält.

Verschlüsselte Partitionen

Die Performance von verschlüsselten Partitionen ist geringer als die von unverschlüsselten, da die Daten bei jedem Lese- und Schreibzugriff erst ent- und dann wieder verschlüsselt werden müssen. Wie schnell das passiert, hängt von der Prozessorgeschwindigkeit, der Verschlüsselungsmethode und der Länge der Schlüssel ab. Beachten Sie, dass der Abschnitt, in dem der Kernel liegt, sich nicht in einem solchen Kryptobereich befinden kann. Es gibt derzeit keine Möglichkeit, einen Kernel von einer verschlüsselten Partition zu laden. Das bedeutet im Klartext: Verwenden Sie eine separate */boot*-Partition, so bleibt diese unverschlüsselt; */home*, */*, */swap* sowie weitere Partitionen können Sie verschlüsseln. Alternativ können Sie */boot* auch auf einen USB-Stick auslagern. Unterteilen Sie die Platte lediglich in */*, */swap* und */home*, so bleibt */* unverschlüsselt. Haben Sie sich für eine weitere Unterteilung mit getrennten Partitionen für */usr*, */var*, */tmp*, */swap* und */home* entschieden, spricht nichts dagegen, auch */var* und */tmp* zu verschlüsseln.

Im Partitionierungsassistent des Debian-Installers können Sie vorhandene Partitionen verschlüsseln oder freien Speicher partitionieren und diese Abschnitte dann verschlüsseln. Für Letzteres wählen Sie unter BENUTZEN ALS anstelle eines Dateisystems, wie zum Beispiel EXT4, EXT3 oder EXT2, den Punkt PHYSIKALISCHES VOLUME FÜR VERSCHLÜSSELUNG. Im folgenden Dialog passen Sie zuerst die Verschlüsselungsmethode an. Außer DM-CRYPT (Standard) steht die ältere Methode LOOP-AES zur Verfügung. Das Entwicklerteam rät dazu, hier und auch bei den übrigen Punkten den Standard zu übernehmen, und bietet für alle Punkte sinnvolle Voreinstellungen an. Dazu gehört auch der Algorithmus (Standard AES), die Schlüssellänge (Voreinstellung 256) und der Initialisierungsvektor (IV-ALGORITHMUS, Voreinstellung CBC-ESSIV:SHA256).

Passwort oder Zufall?

Unter SCHLÜSSEL legen Sie fest, ob Sie diesen mit einer Passphrase schützen oder ob das System immer einen neuen Schlüssel aus zufälligen Daten erzeugt, wenn Sie versuchen, die verschlüsselte Partition zu aktivieren. Bei der letztgenannten Methode geht nach jedem Herunterfahren des Computers der Inhalt der Partition verloren, da der Schlüssel aus dem Speicher gelöscht wird. Was auf den ersten Blick unsinnig wirkt, hat doch seine Berechtigung, zum Beispiel bei Swap-Partitionen. Auf diese Weise verschwinden sensible Informationen beim Ausschalten des Rechners, und Sie müssen sich kein kompliziertes Kennwort merken. Nachteil: Die Suspend-to-Disk-Funktion, die Daten auf die Swap-Partition schreibt, funktioniert so nicht.

Wenn Sie hier die Voreinstellung PASSPHRASE wählen, geben Sie das Kennwort zu einem späteren Zeitpunkt ein. Ebenfalls voreingestellt ist das Löschen der Daten auf der entsprechenden Partition. Ist diese Einstellung aktiviert, wird der Inhalt der Partition zunächst mit Zufallsdaten überschrieben, bevor sie verschlüsselt wird.

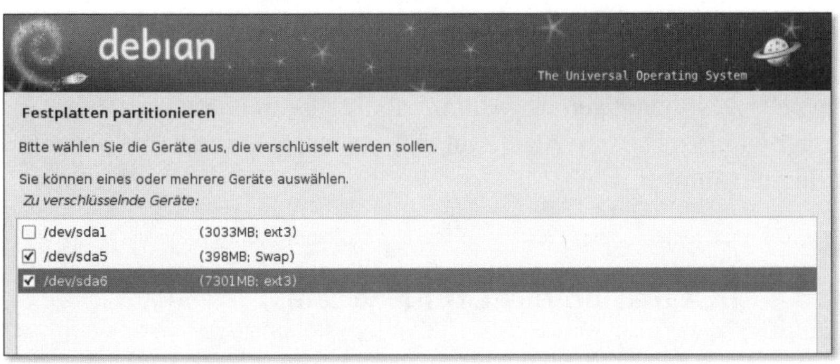

Abbildung 3.10 Per Mausklick wählen Sie eine oder mehrere Partitionen aus, die Sie verschlüsseln möchten.

Alternativ verschlüsseln Sie vorhandene Partitionen, indem Sie im Hauptmenü auf VERSCHLÜSSELTE DATENTRÄGER ERZEUGEN klicken und die Checkbox vor den entsprechenden Partitionen aktivieren. Der Installer zeigt einen Hinweis, dass er zunächst die Änderungen und die aktuelle Aufteilung auf die Platte schreiben muss, bevor er verschlüsselte Partitionen konfigurieren kann. Bestätigen Sie mit JA, und klicken Sie auf WEITER. Danach sehen Sie den in den vorigen Abschnitten erwähnten Dialog zur Einrichtung der Verschlüsselungsmethode, der Verschlüsselung, der Schlüssellänge und so weiter.

Auf Aufforderung geben Sie für jede verschlüsselte Partition eine Passphrase ein. Dieses Kennwort hat nichts mit Ihrem Benutzerpasswort zu tun und sollte sich von diesem unterscheiden. Es sollte länger als acht Zeichen sein, eine Mischung aus Groß- und Kleinbuchstaben sowie Sonderzeichen enthalten.

[!] Vorsicht: Wenn Sie die Passphrase vergessen, sind Ihre Daten unwiederbringlich verloren; eine Hintertür gibt es nicht. In Ausnahmefällen kann es sinnvoll sein, das Kennwort zu notieren und in einem Schließfach oder Safe aufzubewahren. Dieses sollten Sie aber nur dann in Erwägung ziehen, wenn der Verlust der Daten schlimmer ist, als wenn ein Fremder Zugriff auf sie erhält.

Anschließend sehen Sie wieder das Hauptmenü des Partitionierungsassistenten. Alle verschlüsselten Dateisysteme tauchen nun mit eigenen Einträgen oberhalb der anderen Partitionen auf. Sie können diese nun wie gewöhnliche Partitionen einrichten, indem Sie sie auswählen, ihnen ein Dateisystem, einen Einhängepunkt und so weiter zuweisen. Über PARTITIONIERUNG BEENDEN UND ÄNDERUNGEN ÜBERNEHMEN geht es wie gewohnt weiter.

Bezeichner notieren

Achtung: Notieren Sie sich die Bezeichner der verschlüsselten Partitionen (zum Beispiel *sda7_crypt*) und die dazugehörigen Einhängepunkte (zum Beispiel */*), vor allem dann, wenn Sie unterschiedliche Passwörter vergeben. Sie benötigen diese Informationen beim Booten des Rechners. Abschnitt 25.6 ab Seite 720 verrät mehr zum Bootprozess mit verschlüsselten Partitionen.

3.8 Installation des Grundsystems

Nach dem Partitionieren spielt der Debian-Installer das Grundsystem mit den dazu notwendigen Paketen ein, was je nach Leistungsstärke des Rechners eine gewisse Zeit in Anspruch nimmt. Wie lange dieser Vorgang dauert, hängt darüber hinaus davon ab, woher die Pakete kommen (lokales Medium oder über ein Netzwerk).

[+] Meldungen über das Entpacken und Einrichten der einzelnen Pakete sehen Sie auf der vierten virtuellen Konsole, die Sie über die Tastenkombination Strg+Alt+F4 erreichen. Zurück zum Debian-Installer gelangen Sie über die Kombination Alt+F5.

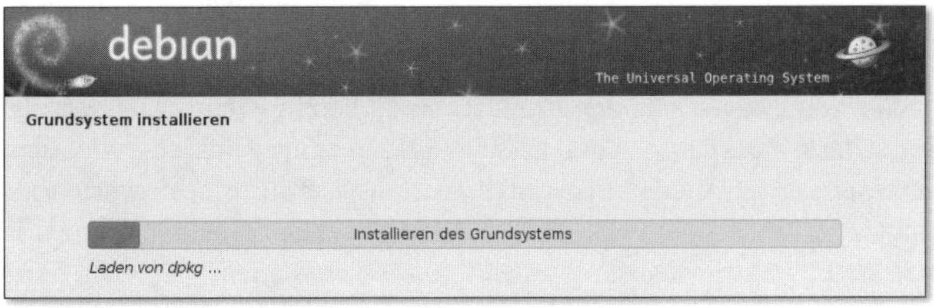

Abbildung 3.11 Das Grundsystem wandert auf die Platte.

Während der Einrichtung des Grundsystems sehen Sie den Dialog KONFIGURIERE CONSOLE-DATA. Hier wählen Sie die Tastaturbelegung für die virtuellen Konsolen, die Sie über Strg+Alt+F1, Strg+Alt+F2 und so weiter erreichen. Die Einstellung darf von der vorher ausgesuchten Belegung für das grafische System abweichen. Die Voreinstellung TASTATURBELEGUNG NICHT VERÄNDERN können Sie übernehmen, wenn Sie die gleichen Einstellungen wie für die grafische Umgebung wünschen.

3.9 Paketmanager einrichten

Paketquellen

Zu diesem Zeitpunkt haben Sie bereits ein benutzbares, aber doch recht eingeschränktes System auf der Platte. Der Debian-Installer schlägt daher vor, weitere Pakete einzuspielen. Woher diese kommen, entscheiden Sie nun bei der Einrichtung des Paketmanagers, den Sie zur Installation und Aktualisierung von Software benötigen. Je nachdem, welche Installationsmethode (und welche Installationsmedien) Sie gewählt haben, richtet der Debian-Installer an dieser Stelle unterschiedliche Paketquellen ein. Wenn Sie beispielsweise von CD/DVD installieren, sehen Sie nun die Bezeichnung Ihres Datenträgers und die Frage, ob Sie weitere Medien einlesen möchten.

[»] Der Inhalt der Installations-CDs/DVDs richtet sich unter anderem nach der Beliebtheit der Pakete (siehe Abschnitt 3.10 ab Seite 84). Für die meisten Installationsszenarien benötigen Sie daher die erste, maximal zweite DVD und lediglich die ersten drei bis acht CDs. Daher ist es normalerweise nicht erforderlich, einen kompletten CD- oder DVD-Satz von den Servern herunterzuladen oder zu kaufen. Eine Standardinstallation mit grafischer Arbeitsumgebung (GNOME) erfordert die ersten drei CDs; die Umgebungen KDE, Xfce und LXDE befinden sich auf weiteren CDs. In der DVD-Variante sind alle drei Desktopumgebungen auf dem ersten Medium enthalten.

Außer den Paketen von den Installationsmedien können Sie APT an dieser Stelle schon so einrichten, dass das System zusätzliche Pakete aus dem Internet via HTTP oder FTP installiert. In diesem Fall beantworten Sie die Frage, ob Sie einen Netzwerkspiegel verwenden möchten, mit JA. Je nachdem, welches Installationsmedium Sie verwenden, haben Sie diese Wahl nicht, denn der Debian-Installer benötigt in jedem Fall eine Verbindung zu einem Spiegelserver, um die Pakete aus dem Netz zu fischen, so zum Beispiel bei einer Installation über das Netzwerk.

Internetverbindung überprüfen

Die Voraussetzung zur Einrichtung von externen Quellen ist eine bestehende (ausreichend schnelle) Internetverbindung. Ist der Rechner Teil eines Netzwerkes und haben Sie bereits eine Netzwerkverbindung über ein Gateway konfiguriert (siehe auch Kapitel 6 ab Seite 151), sollten Sie in der Lage sein, andere Computer im Internet »anzupingen«. Um dies zu testen, gehen Sie beispielsweise mit der Tastenkombination Strg+Alt+F2 auf die zweite virtuelle Konsole, drücken die Eingabetaste und geben `chroot /target` ein. Anschließend tippen Sie zum Beispiel:

```
huhnix:~ # ping www.debian.org
PING www.debian.org (141.76.2.5) 56(84) bytes of data.
64 bytes ... (141.76.2.5): icmp_seq=1 ttl=55 time=10.5 ms
64 bytes ... (141.76.2.5): icmp_seq=2 ttl=55 time=12.1 ms
64 bytes ... (141.76.2.5): icmp_seq=3 ttl=55 time=13.8 ms
--- www.debian.org ping statistics ---
3 packets transmitted, 3 received, 0% packet loss, ...
rtt min/avg/max/mdev = 10.514/12.188/13.894/1.382 ms
```

Das Programm *ping* versucht nun, den angegebenen Rechner (im Beispiel *www.debian.org*) zu kontaktieren. Nach kurzer Zeit sollten Sie also eine Ausgabe wie im Listing sehen und können den Aufruf mit Strg+C beenden. In der Beispielausgabe ist zu erkennen: Alle drei Pakete wurden beantwortet, und die Internetverbindung funktioniert. Schlägt das `ping`-Kommando fehl und sehen Sie, dass keine Pakete übermittelt wurden (beispielsweise `4 packets transmitted, 0 packets received, 100% packet loss`), so kann das verschiedene Ursachen haben:

- Die Kabel stecken nicht oder nicht richtig: Überprüfen Sie die physikalische Verbindung.
- Die Netzwerkkarte wurde falsch konfiguriert oder das Routing klappt nicht: Schauen Sie dazu in Kapitel 6 ab Seite 151 nach, wie Sie das Netzwerk manuell konfigurieren und die Einrichtung überprüfen.
- Die ACPI-Unterstützung bereitet Probleme:[5] Eventuell hilft es, beim Booten als Parameter »installgui acpi=off« zu übergeben.

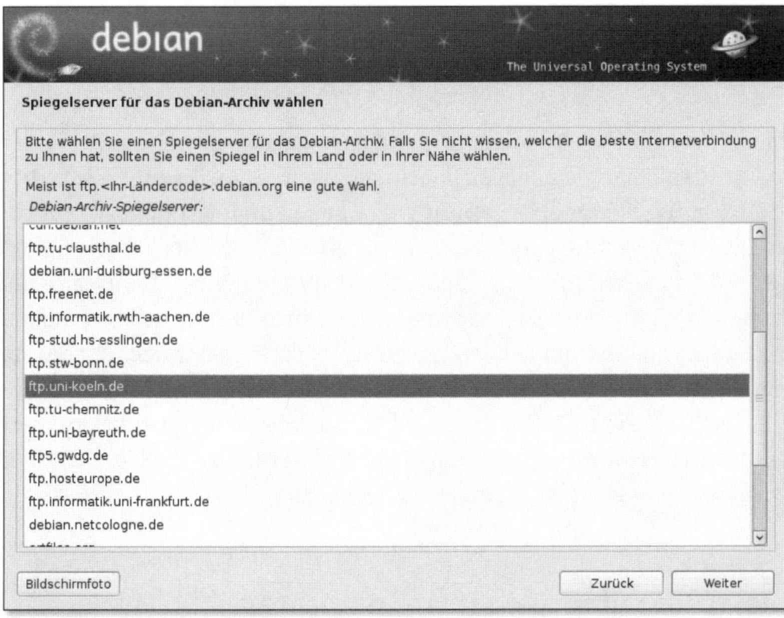

Abbildung 3.12 Der Installer bietet an, zusätzliche Pakete aus dem Internet via HTTP oder FTP einzuspielen.

Spiegelserver

Zeigt das `ping`-Kommando eine bestehende Verbindung an, geben Sie `exit` ein und wechseln mit (Alt)+(F5) zurück zum Installer, wo es mit der Konfiguration der APT-Quellen weitergeht. Hier tragen Sie entweder Ihren bevorzugten Server von Hand ein (erster Punkt, DATEN VON HAND EINGEBEN) oder finden mithilfe der nächsten Dialoge einen Mirror in Ihrer Nähe. Wählen Sie als Erstes das Land, in dem Sie sich befinden, dann

5 ACPI steht für »Advanced Configuration and Power Interface«; es handelt sich um einen Standard zur Energieverwaltung. Die Aktivierung führt zu gravierenden Änderungen in der Art und Weise, wie die Hardware angesprochen wird.

aus der nachfolgenden Liste einen Spiegelserver aus. Funktioniert die Verbindung zum Internet nicht, fügen Sie zu einem späteren Zeitpunkt HTTP- oder FTP-Quellen hinzu, indem Sie als Administrator die Datei */etc/apt/sources.list* bearbeiten (siehe Abschnitt 5.3 ab Seite 124).

Proxyserver Nur wenn Sie sich in einem Netzwerk mit einem Proxyserver befinden und diesen zum Verbindungsaufbau benötigen, geben Sie dessen IP-Adresse im nächsten Dialog ein. In der Regel ist dies aber nicht der Fall, und Sie können das Feld frei lassen und (Eingabe) drücken. Das System beginnt nun mit der Prüfung der Quellen und holt eine Paketliste vom ausgewählten Server. Der Installer trägt darüber hinaus automatisch das Repository für die Sicherheitsaktualisierungen des Debian-Projekts und die Quelle »Squeeze-Updates« (Nachfolger von »Debian-Volatile«) ein (siehe Kapitel 5 ab Seite 115) und aktualisiert – falls nötig – einige Pakete.

[»] Wenn Sie zusätzlich Pakete aus den Quellen »contrib«, »non-free« oder von Drittanbietern einspielen möchten, lesen Sie in Kapitel 5 ab Seite 115 nach, wie Sie diese Repositorys verwenden und nachträglich einrichten. Es ist problemlos möglich, mehr als eine Paketquelle zu verwenden. APT wählt automatisch die ideale Installationsvariante: Dabei arbeitet das Tool die Liste der Quellen aus der Datei */etc/apt/sources.list* von oben nach unten ab. Es schaut außerdem nach der Versionsnummer der Pakete und spielt die jeweils neuere Version ein. Daher ist es sinnvoll, die lokalen Repositorys (CDs/DVDs) ganz oben zu positionieren – dies passiert automatisch. Nur wenn auf dem HTTP/FTP-Server eine neuere Version verfügbar ist, weicht APT auf diese Quellen aus.

3.10 »popularity-contest« einrichten

Wenn Sie das Debian-Entwicklerteam unterstützen möchten, entscheiden Sie im anschließenden Dialog, ob Sie am Popularity Contest[6] teilnehmen möchten. Dieser findet heraus, welche Pakete am häufigsten auf den Systemen der Debian-Nutzer installiert sind. Die Informationen nutzt das Entwicklerteam anschließend beispielsweise bei der Zusammenstellung der Installations-CDs/DVDs. Alle Informationen, die Sie an das Debian-Team senden, werden anonym verarbeitet.

6 *http://popcon.debian.org/*

3.11 Software auswählen und einspielen

Nachdem das System nun weiß, wo sich die Softwarepakete befinden, wählen Sie aus den folgenden Vorschlägen Paketgruppen zur Installation aus. Die vorbereiteten Zusammenstellungen erleichtern die Entscheidung. Anstelle einzelner Anwendungen bietet der Installer verschiedene fertige Programmgruppen an:

GNOME als Standard

- **Grafische Desktop-Umgebung**
  Hier gibt es alles für einen Desktoprechner inklusive grafischer Arbeitsumgebung. Sofern Sie nicht per Bootparameter entschieden haben, dass Sie KDE SC 4 bevorzugen, wandert hier standardmäßig GNOME sowie weitere Anwendungssoftware auf die Platte.
- **Web-Server**
  Installiert den Webserver Apache inklusive benötigter Bibliotheken und Dokumentation.
- **Druck-Server**
  Enthält das Common UNIX Printing System (CUPS) inklusive Server- und Clientprogrammen, Treiber für *gimp-print*, Druckerunterstützung und so weiter.

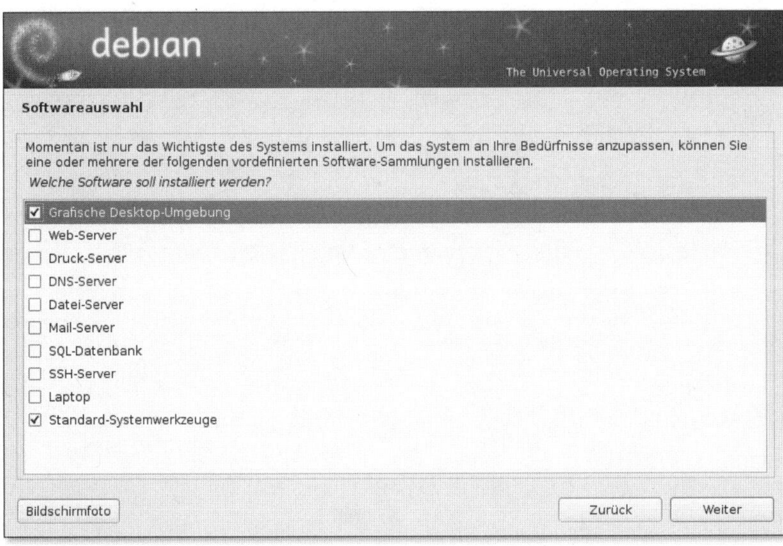

Abbildung 3.13 Wählen Sie eine oder mehrere Paketgruppen aus.

- **DNS-Server**
  Spielt den Nameserver BIND (Berkeley Internet Name Domain), dazugehörige Dokumentation und so weiter ein.
- **Datei-Server**
  Enthält Samba (Server- und Clientprogramme), Dokumentation, Kernel-Mode-NFS-Server und das Samba Web Administration Tool (SWAT).
- **Mail-Server**
  Exim
  Enthält den Mail Transport Agent (MTA) Exim, ein Tool zur Konfiguration, SpamAssassin, verschiedene Mailclients und so weiter.
- **SQL-Datenbank**
  Spielt das Datenbanksystem PostgreSQL, Dokumentation und so weiter ein.
- **SSH-Server**
  Neu in Debian GNU/Linux »Squeeze«, enthält dieser Task nur ein einziges Paket, *openssh-server*. Den SSH-Server benötigen Sie, wenn Sie auf Ihren Debian-Rechner per SSH zugreifen möchten (siehe Abschnitt 18.5.3 ab Seite 589).
- **Laptop**
  Bietet eine Sammlung nützlicher Pakete für Notebook-Benutzer, insbesondere für Geräte, wie IBM Thinkpad, Sony Vaio, Toshiba und Dell Inspiron. Wenn Sie Debian GNU/Linux auf einem Notebook installieren, ist diese Paketgruppe automatisch ausgewählt.
- **Standard-Systemwerkzeuge**
  Stellt alle Pakete bereit, die das Grundsystem benötigt, darunter verschiedene Anwendungsprogramme, Bibliotheken und so weiter. Diese Gruppe ist automatisch ausgewählt.

[»] Bei der Softwareauswahl kommt das Programm `tasksel` (Task Select, siehe auch Abschnitt 5.6 ab Seite 141) zum Einsatz, das Paketgruppen einspielt. Auf diese Weise erleichtert `tasksel` insbesondere Einsteigern die Auswahl der zu installierenden Programme. Um mithilfe des gleichnamigen Kommandozeilentools herauszufinden, was für Software sich in den einzelnen Gruppen versteckt, wechseln Sie mit `Strg`+`Alt`+`F2` zur zweiten virtuellen Konsole, drücken `Eingabe` und tippen dann:

```
chroot /target
```

Anschließend listen Sie mit dem Befehl `tasksel --list-tasks` die Gruppen auf; welche Pakete eine Gruppe enthält, erfahren Sie über das

Kommando `tasksel --task-packages <gruppe>`. Die Gruppe STANDARD-SYSTEMWERKZEUGE taucht in dieser Liste allerdings nicht auf. Was sich in dieser für Pakete befinden, verrät (ebenfalls in der Chroot-Umgebung) das folgende Kommando:

```
aptitude search '~pstandard'
```

Über `Strg`+`D` verlassen Sie die Chroot-Umgebung; zurück zum Installer geht es über `Alt`+`F5`. Wählen Sie aus der Übersicht eine oder mehrere Gruppen aus. Wenn Sie Debian GNU/Linux auf einem Laptop installieren, schlägt der Installer automatisch den Task LAPTOP vor; STANDARD-SYSTEMWERKZEUGE ist darüber hinaus standardmäßig aktiviert. Je nachdem, welches Installationsmedium Sie gewählt haben, dauert das Laden und Installieren der Programme eine Weile – Abhängigkeiten zu anderen Paketen löst Debian GNU/Linux dabei selbstständig auf, sodass hier tatsächlich ein ganzer Schwung Software auf die Platte wandert.

3.12 Bootloader installieren und einrichten

GRUB 2

Nun geht es mit der Einrichtung des Bootloaders weiter. Bei Debian GNU/Linux kommt standardmäßig GRUB 2 (Grand Unified Bootloader) als Bootloader zum Einsatz und löst damit den Vorgänger GRUB Legacy ab (siehe auch Kapitel 26 ab Seite 723). Der Installer erkennt andere Betriebssysteme auf dem Computer und bietet an, den Bootloader direkt in den MBR (Master Boot Record) der ersten Festplatte zu installieren und die anderen Systeme ins Bootmenü aufzunehmen.

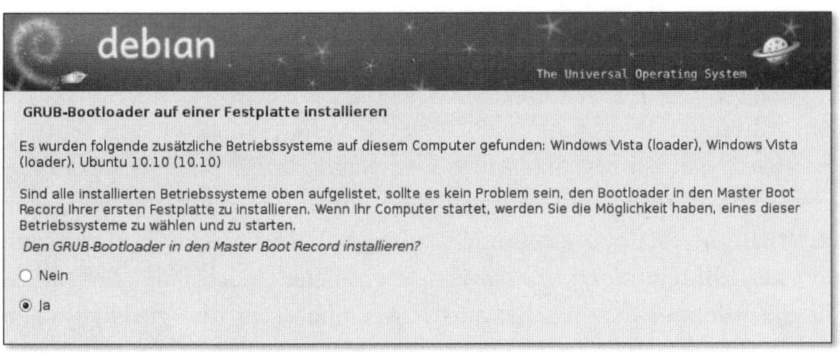

Abbildung 3.14 Der Debian-Installer erkennt andere Betriebssysteme und nimmt sie automatisch ins Bootmenü auf.

Ist Debian GNU/Linux das einzige Betriebssytem des Rechners, können Sie diesem Vorschlag problemlos folgen. Andernfalls machen Sie die Entscheidung davon abhängig, ob im Master Boot Record bereits ein anderer Bootloader zu Hause ist, den Sie auch weiterhin einsetzen wollen. Ist das der Fall, bietet der Debian-Installer an, den Bootloader an den Anfang einer anderen Partition (in den Bootsektor) oder auf einer Bootdiskette zu installieren beziehungsweise diesen Schritt vollständig zu überspringen. Wählen Sie in einem solchen Fall einfach NEIN, und klicken Sie auf WEITER, um GRUB nicht in den MBR, sondern auf einem anderen Medium zu installieren.

[+] Wenn Sie nicht auf GRUB als Bootloader setzen, sondern mit LILO[7] (Linux Loader) arbeiten möchten, gehen Sie an dieser Stelle über ZURÜCK zum Hauptmenü des Debian-Installers und wählen dort LILO-BOOTLOADER AUF EINER FESTPLATTE INSTALLIEREN. Auch, wenn Sie überhaupt keinen Bootloader installieren möchten – etwa weil Sie bereits einen anderen Bootloader verwenden und Debian GNU/Linux über diesen starten –, wechseln Sie über ZURÜCK zum Hauptmenü und entscheiden sich dann dort für OHNE BOOTLOADER FORTFAHREN.

3.13 Das neue System booten

BIOS prüfen

Die Installation ist nun abgeschlossen – die Stunde der Wahrheit ist gekommen, und Sie können Ihr neues Debian-System zum ersten Mal booten. Entfernen Sie vorher alle Installationsmedien, und stellen Sie im BIOS notfalls die richtige Bootreihenfolge ein (sodass der Rechner auf jeden Fall von der Festplatte bootet).

3.14 Installationsbericht/Troubleshooting

Wie schon erwähnt, führt der Debian-Installer Protokoll und schreibt die Logdateien der Installation ins Verzeichnis */var/log/installer*. Hier finden Sie nach Abschluss der Installation einige interessante Dateien, die Informationen zu den Partitionen, zum grafischen System, zu allgemeinen Kernel-Meldungen und so weiter enthalten. Auch Bildschirmfotos, die Sie während der Installation per Mausklick auf den gleichnamigen Button erstellt haben, landen in diesem Ordner als PNG-Dateien.

Stoßen Sie während des Einspielens der Distribution an irgendeiner Stelle auf Schwierigkeiten oder bricht die Installation ab, können Sie jederzeit

7 Eine sehr gute englischsprachige Anleitung finden Sie unter *http://www.tldp.org/HOWTO/LILO.html*.

über ZURÜCK das Hauptmenü des Installers erreichen und von dort aus zum Punkt INSTALLATIONSPROTOKOLLE SPEICHERN gehen. Hier haben Sie die Möglichkeit, die Logdateien auf Diskette oder auf einem ins Dateisystem eingehängten Verzeichnis zu speichern. Klicken Sie den Speicherort WEB an, meldet der Installer, dass er einen einfachen Webserver auf dem Computer gestartet hat, und verrät auch dessen IP-Adresse. Über das Hauptmenü haben Sie auch jederzeit die Gelegenheit, die Installation abzubrechen.

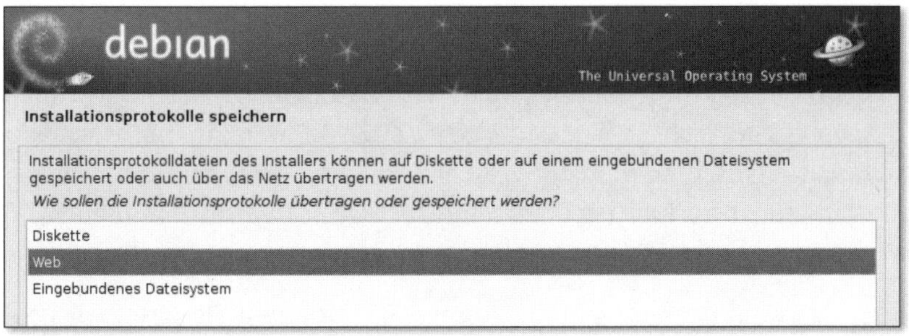

Abbildung 3.15 Die Protokolle können Sie schon während der Installation speichern oder übertragen.

[+]

Das Debian-Team bittet um Mithilfe und einen Installationsbericht (in englischer Sprache). Ist das Einspielen des Systems gut gelaufen oder an irgendeiner Stelle abgebrochen, teilen Sie dies den Entwicklern mit, um zukünftige Versionen zu verbessern oder Antworten auf Ihre Fragen zu bekommen. Diese Installationsberichte erscheinen im Debian Bug Tracking System (BTS)[8] und werden von dort aus an eine öffentliche Mailingliste weitergeleitet. Sie sollten daher eine E-Mail-Adresse verwenden, die veröffentlicht werden darf.

Bugreport erstellen

Wenn Sie einen funktionierenden Debian-Rechner zur Verfügung haben, erledigen Sie das Versenden eines solchen Berichts am schnellsten über `reportbug`. Installieren Sie, falls sie noch nicht vorhanden sind, die Pakete *reportbug* und *installation-report*, und führen Sie anschließend als normaler Benutzer

```
reportbug installation-reports
```

aus. Das Programm kontaktiert zunächst das Bug Tracking System, meldet ausstehende Fehler und fragt nach, ob der Bug, den Sie melden wollen, schon in der Liste auftaucht. Ist das der Fall, geben Sie »y«, gefolgt von der Fehlernummer, ein. Geben Sie einen Titel für Ihre Antwort ein, und

8 *http://www.debian.org/Bugs/*

beantworten Sie einige Fragen zu Ihrer eigenen Installation. Danach sehen Sie die Mail an das Debian-Team im Editor Nano (siehe Kapitel 16 ab Seite 475) und können die Lücken mit weiteren Informationen füllen. Je genauer Ihre Angaben sind, desto mehr können die Debian-Entwickler damit anfangen – nehmen Sie sich die Zeit, um ausführlich zu antworten. Um die Mail abzuschicken, beenden Sie Nano und geben dann »y« ein. Eine Kopie geht an die von Ihnen angegebene eigene Mailadresse. Alternativ öffnen Sie über »e« erneut den Editor, um Ihre Nachricht zu verändern.

Beachten Sie, dass `reportbug` in der Standardeinstellung einen Mailserver braucht, der so konfiguriert ist, dass Mails nach außen verschickt werden können (siehe auch Kapitel 21 ab Seite 627). Wollen Sie Ihre Nachricht nicht automatisch oder später verschicken, geben Sie am Prompt hingegen »n« ein. Das Tool beendet seine Arbeit und verrät Ihnen auch, in welcher temporären Datei Ihre Nachricht liegt.

»reportbug« einrichten

Über das Kommando `reportbug -configure` richten Sie das Tool (neu) ein. Neben Ihrem Standard-Realname und Ihrer Absenderadresse können Sie hier auch bestimmen, ob Sie Ihre Mails über einen eigenen Mailserver direkt versenden oder einen externen SMTP-Server verwenden möchten.

3.15 Installation im Expertenmodus

Der Name dieser Installationsvariante ist sicherlich etwas irreführend – dieser Modus ist nicht nur etwas für fortgeschrittene Anwender, sondern für alle, die volle Kontrolle über den Debian-Installer und sehr detaillierte Konfigurationsoptionen möchten. Wie für die andere Installationsvariante auch, stehen für den Expertenmodus eine grafische und eine textbasierte Installationsvariante zur Verfügung, die Sie über das Menü ADVANCED OPTIONS erreichen. Auch hier haben Sie die Wahl zwischen der textbasierten (EXPERT INSTALL) und der grafischen Installation (GRAPHICAL EXPERT INSTALL). Die Reihenfolge der einzelnen Schritte unterscheidet sich nicht grundlegend von der anderen Installationsvariante, der Installer stellt lediglich mehr (und etwas genauere) Fragen.

Bei der Sprachauswahl hakt der Debian-Installer beispielsweise nach, welche Locales Sie zusätzlich zum Standard (DE_DE.UTF-8) installieren möchten. Per Klick in die jeweilige Checkbox wählen Sie aus der Liste beliebig viele Sprachpakete aus, zum Beispiel DE_DE und DE_DE.@EURO. Danach entscheiden Sie sich im nächsten Dialog für einen Standard. Auch nach der Installation haben Sie jederzeit die Gelegenheit, die Locales (neu) zu konfigurieren. Dazu geben Sie als Administrator `dpkg-reconfigure locales` in ein Terminal ein.

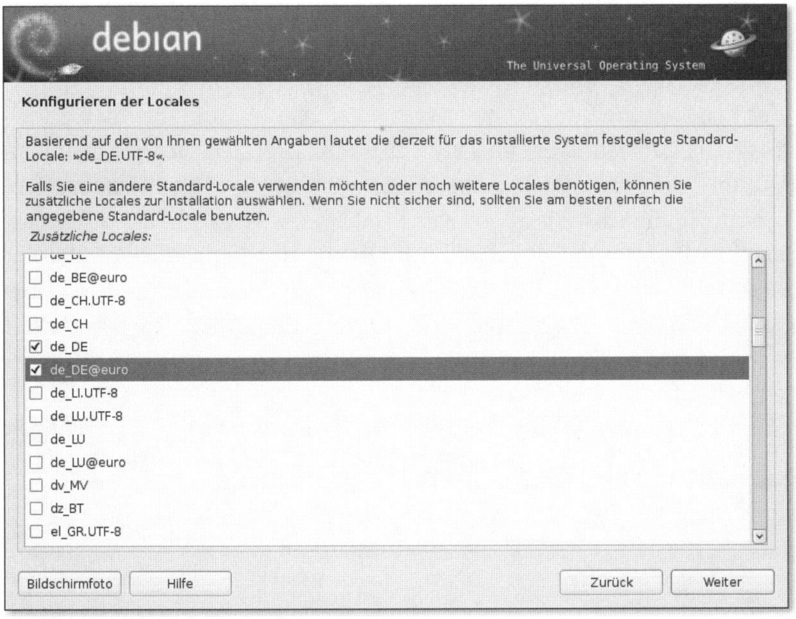

Abbildung 3.16 Der Expertenmodus erlaubt eine sehr detaillierte Einrichtung vieler Komponenten (hier die Auswahl der Lokalisierungen).

Ausgabesprachen (locales)

Linux unterstützt viele verschiedene Ausgabesprachen für Programm- und Systemmeldungen, Datums- oder Währungsangaben. Die Namen aller auf Ihrem System installierten Lokalisierungen (englisch »locales«) verrät das gleichnamige Kommando zusammen mit der Option `-a` (`locales -a`).

Hardwareerkennung

Der Expertenmodus zeigt seine ganze Stärke bei der Hardwareerkennung und stellt hier sehr gezielte Fragen. Außerdem ist es möglich, einige Installer-Komponenten, zum Beispiel Crypto-Module, IPv6-Treiber, NTFS-Support und vieles mehr, von Hand nachzuladen. In der Liste der optionalen Installer-Bestandteile befinden sich auch ein SSH-Client (OPENSSH-CLIENT-UDEB), Unterstützung für Infrarot-Geräte (IRDA-MODULES) und ein Modul, das Arbeitsspeicher für schwächere Rechner freigibt (LOWMEM). Mehr Entscheidungsfreiheit erhalten Sie auch bei der Netzwerkkonfiguration: Hier können Sie nun ohne Umweg über Bootparameter (und ohne ein eventuelles Scheitern der Einrichtung über DHCP) direkt eine statische IP-Adresse vergeben.

Bei der Auswahl des Spiegelservers bietet der Expertenmodus verschiedene Debian-Varianten an. Außer der aktuellen »stable«-Version »Squeeze« können Sie sich hier auch für »Wheezy« (»testing«) und »Sid« (»unstable«) entscheiden (siehe Abschnitt 1.3 ab Seite 35).

PPPoE

Wenn Sie schon während der Installation eine PPPoE-Verbindung (DSL oder Kabel) einrichten möchten, sollten Sie hier als Komponenten CHOOSE-MIRROR, PPP-MODULES und PPP-UDEB anklicken. Danach erscheint im Hauptmenü der Punkt Konfiguriere und Starte die PPPoE-Verbindung. Richten Sie zunächst über Netzwerk-Hardware erkennen die Netzwerkkarte ein, und starten Sie anschließend die Einrichtung der PPPoE-Verbindung. Der Debian-Installer fragt die entsprechenden Zugangsdaten Ihres Providers (Benutzername und Passwort) ab. Geben Sie den Namen des Rechners und optional den der Domain ein.

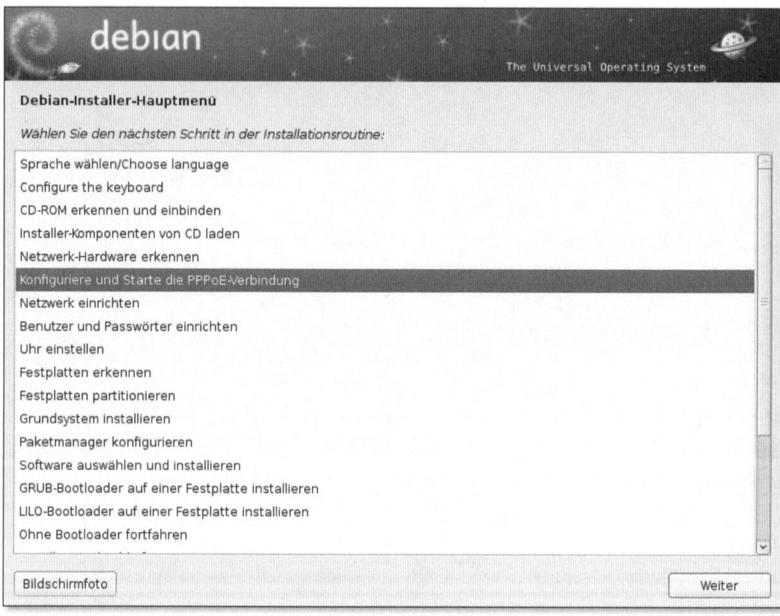

Abbildung 3.17 Im Expertenmodus haben Sie die Möglichkeit, eine PPPoE-Verbindung schon während der Installation einzurichten.

Nach Auswahl eines Spiegelservers haben Sie die Möglichkeit, die Uhrzeit per NTP oder von Hand zu stellen. Wählen Sie letztere Option, können Sie zwischen UTC und einer Zeitzone passend zu Ihren übrigen Ländereinstellungen entscheiden. Falls Sie sich für die Zeitserver-Variante entscheiden, können Sie sogar noch den Server selbst aussuchen.

Bei der Partitionierung der Festplatten und beim Einspielen des Grundsystems gibt es keine nennenswerten Unterschiede, allerdings können Sie nun selbst einen Kernel aussuchen. Bei der Einrichtung der Benutzerzugänge bietet der Expertenmodus die Option, den Root-Account zu deaktivieren und stattdessen den bei der Installation angelegten unprivilegierten Account mit `sudo`-Rechten auszustatten (siehe Abschnitt 17.4.12 ab Seite 532). Auch über die Paketquellen haben Sie volle Kontrolle: In einem eigenen Dialog wählen Sie die Sicherheitsaktualisierungen sowie die Squeeze-Updates an oder ab.

3.16 Automatische Installationen

Preseeding

Eine vollautomatische Debian-Installation und dasselbe Setup per Knopfdruck auf mehreren Rechnern – dank sogenannter Voreinstellungs-Dateien (Preseeding) ist das kein Problem. In diesen Dateien stehen die Antworten zu den Fragen, die Ihnen der Debian-Installer stellt. Welche Fragen Sie auf diese Weise automatisch (vorher) beantworten, ist Ihnen selbst überlassen. Theoretisch ist es sogar möglich, dem Debian-Installer eine leere Voreinstellungs-Datei unterzujubeln und anschließend doch wieder alle Antworten per Hand einzugeben; dies ist allerdings nicht der Sinn dieser Installationsmethode.

Eine Voreinstellungs-Datei können Sie auf verschiedene Methoden mit dem Installer bekannt machen, zum Beispiel über das Netzwerk oder lokal über eine Diskette oder ein USB-Medium. Alternativ können Sie die Datei in eine vorhandene Debian-CD oder -DVD integrieren, wenn Sie sich zutrauen, die entsprechenden ISO-Images zu remastern. Das Handbuch des Debian-Installers erwähnt als letzte Möglichkeit, die Voreinstellungs-Datei in die Initial Ramdisk (Initrd) aufzunehmen, aber auch dieses Vorgehen ist nicht ganz trivial und erfordert eine intensive Einarbeitung in die Materie. Am unkompliziertesten sind eindeutig die beiden erstgenannten Varianten.

Der Debian-Installer bietet für einige Architekturen im Bootmenü unter ADVANCED OPTIONS Einträge für die automatische Installation in der textbasierten (AUTOMATED INSTALL) und grafischen (GRAPHICAL AUTOMATED INSTALL) Variante. Hier kommt das neue Feature der Tabulatortaste ins Spiel: Drücken Sie diese über einem solchen Eintrag, so erscheint unten im Fenster das vollständige Bootkommando, und Sie tragen als letzten Parameter lediglich den Speicherort der Voreinstellungs-Datei ein, zum Beispiel `url=http://www.example.com/path/to/preseed.cfg`

(Netzwerkvariante) oder `file=/hd-media/preseed.cfg` (USB-Medium, die Voreinstellungs-Datei muss im obersten Verzeichnis liegen).

[+] Das Debian-Team bietet eine Beispieldatei auf der Projekthomepage an, die Sie als Vorlage für eine eigene Voreinstellungs-Datei nutzen können.[9] Außerdem lohnt sich ein Blick in den Anhang des Installer-Handbuchs[10] und auf die (englischsprachige) Webseite des Debian-Entwicklers Philip Hands,[11] die ausführliche Erklärungen und ausgefallene Anwendungsbeispiele für dieses Debian-Installer-Feature bietet.

Abbildung 3.18 Das neue Bootmenü des Debian-Installers bietet Einträge für die Installation per Voreinstellungs-Datei.

9 *http://www.debian.org/releases/stable/example-preseed.txt*
10 *http://www.debian.org/releases/stable/i386/apb.html*
11 *http://hands.com/d-i/*

In diesem Kapitel erfahren Sie mehr zur grafischen Umgebung, dem sogenannten X Window System. In diesem Zusammenhang geht es auch um den X-Server X.Org, die (nachträgliche) Konfiguration und um die Anmeldemanager »gdm« und »kdm«.

4 Das grafische System

Das X Window System (auch X Version 11, X11 oder einfach X genannt) stellt auf den meisten Unix-Systemen die grafische Oberfläche bereit, so auch unter Debian GNU/Linux »Squeeze«. Das Ganze ist als Client-Server-System implementiert: Der X-Server steuert die Ein- und Ausgabegeräte (Grafikkarte, Bildschirm, Tastatur, Maus usw.), und der Fenstermanager fungiert als Client und bestimmt das eigentliche Aussehen und Verhalten (siehe Kapitel 11 ab Seite 293).

X.Org 7.5

Als X-Server setzt Debian GNU/Linux wie andere Distributionen auch auf X.Org.[1] Gegenüber der Vorgängerversion »Lenny« haben sich ein paar Dinge geändert, im Wesentlichen funktioniert die Einrichtung und Benutzung jedoch wie gehabt. Die Konfiguration der Geräte (also der Grafikkarte, des Monitors und der Auflösung) läuft nach wie vor selbstständig. Die wichtigste Neuerung ist sicherlich, dass die ursprüngliche Einrichtungsdatei */etc/X11/xorg.conf* nun vollständig wegfällt, nachträglich aber durchaus erstellt werden kann.

4.1 Installation von X.Org

Haben Sie bei der Einrichtung des Grundsystems (siehe Abschnitt 3.11 ab Seite 85) die Gruppe GRAFISCHE DESKTOP-UMGEBUNG gewählt, werden automatisch die benötigten Pakete installiert. In die Konfiguration können und müssen Sie in der Regel nicht manuell eingreifen, es sei denn, X.Org hat mit den ermittelten Werten ein Problem, oder Sie wollen spezielle Treiber einsetzen, zum Beispiel Closed-Source-Treiber für die 3-D-Unterstützung.

1 *http://www.x.org/*

Um die grafische Umgebung von Hand zu installieren, spielen Sie als Benutzer Root das Paket *xorg* ein; Abhängigkeiten zu anderen Komponenten löst der Paketmanager automatisch auf. Es handelt sich um ein Metapaket, das sämtliche vom X Window System benötigten Komponenten liefert, darunter die X-Bibliotheken, den X-Server, eine Zeichensatzsammlung und ein paar zusätzliche Werkzeuge. Alternativ installieren Sie eine der Desktopumgebungen: Spielen Sie GNOME, KDE SC 4, Xfce oder LXDE ein, zieht das automatisch den X-Server nach sich.

Wie erwähnt existiert die zentrale Einrichtungsdatei des Servers */etc/X11/xorg.conf* (siehe Abschnitt 4.2 ab Seite 97) nach der Installation nicht mehr. Wie die Release Notes für X.Org 7.5[2] verraten, ist diese auch nicht erforderlich. Sollte allerdings etwas nicht funktionieren (zum Beispiel die Auflösung oder das Touchpad eines Laptops), helfen die nächsten Abschnitte dabei, eine eigene Einrichtungsdatei anzulegen und die Struktur zu verstehen.

4.1.1 X (neu) starten

Displaymanager

Die Displaymanager `gdm3` und `kdm` starten automatisch nach dem Booten. Wenn Sie X.Org neu eingerichtet haben, starten Sie den X-Server zusammen mit dem Displaymanager neu, indem Sie als Administrator beispielsweise

```
/etc/init.d/gdm3 restart
```

eingeben. Wenn Sie mit `kdm` arbeiten, tauschen Sie im Aufruf `gdm3` durch `kdm` aus. Läuft der grafische Loginmanager noch nicht, ersetzen Sie im Aufruf `restart` durch `start`. Weitere Informationen zu den grafischen Loginmanagern erhalten Sie in Abschnitt 4.3 ab Seite 106.

[+] Wenn sich die grafische Oberfläche aufgehängt hat, sorgt ein beherzter Griff zur Tastenkombination `Strg` + `Alt` + `Rückschritt` für einen Neustart des X-Servers.

4.1.2 Troubleshooting – Logfile

Startet der X-Server nicht, kann das verschiedene Ursachen haben. Am besten werfen Sie als Administrator einen Blick in das Logfile unter */var/log/Xorg.0.log*. Die Meldungen dort sind recht aussagekräftig. In den meisten Fällen hilft es weiter, Fehlermeldungen aus der Logdatei in eine Suchmaschine im Netz einzugeben. Auch bei Fragen auf Mailinglisten

2 *http://www.x.org/archive/X11R7.5/doc/RELNOTES.txt*

und in Foren freuen sich hilfsbereite Menschen über konkrete Angaben aus dem Logfile.

4.2 Die Datei »/etc/X11/xorg.conf«

Normalerweise ist es nicht zwingend erforderlich, den X-Server von Hand einzurichten. Dennoch schadet ein bisschen Hintergrundwissen nicht – wenn ein Gerät Probleme macht und Sie im Internet nach Lösungen forschen, finden Sie oft Hinweise auf Dinge, die in */etc/X11/xorg.conf* zu modifizieren sind. Auch wenn die automatische Erkennung nicht funktioniert und Sie Geräte von Hand einrichten möchten, ist die Konfigurationsdatei des X-Servers ein guter Anlaufpunkt.

Zusätzlich existieren im Verzeichnis */usr/share/X11/xorg.conf.d* ein paar Einrichtungsdateien für spezielle Geräte, welche dieselbe Syntax verwenden. Diese Auslagerung von einzelnen Konfigurationsoptionen finden Sie nicht nur beim X-Server, sondern auch beim Mailserver Exim (siehe Kapitel 21 ab Seite 627), beim Webserver Apache (siehe Kapitel 22 ab Seite 651) oder bei APT (siehe Kapitel 5 ab Seite 115). Die kleinen Dateien werden in aufsteigender alphanumerischer Reihenfolge als eine lange Datei eingelesen. Beachten Sie, dass der X-Server als Erstes nach */etc/X11/xorg.conf* schaut und dann erst das Verzeichnis */usr/share/X11/xorg.conf.d* auswertet.

Eigene »xorg.conf«

Um selbst eine *xorg.conf*-Datei zu erstellen, können Sie entweder die hier gezeigten Beispiele in einen Texteditor eingeben (siehe Kapitel 16 ab Seite 475) oder Vorlagen aus dem Netz kopieren. Alternativ hilft Ihnen der X-Server selbst dabei, eine Einrichtungsdatei zu erstellen, die Sie dann im Editor modifizieren können. Dazu beenden Sie die grafische Oberfläche und geben als Administrator auf einer der virtuellen Konsolen den folgenden Befehl ein:

```
zwerg:~ # Xorg -configure
X.Org X Server 1.7.7
Release Date: 2010-05-04
X Protocol Version 11, Revision 0
...
Your xorg.conf file is /root/xorg.conf.new
To test the server, run 'Xorg -configure /root/xorg.conf.new'
```

Die nächsten Abschnitte stellen die Datei */etc/X11/xorg.conf* und ihre einzelnen Bereiche (Sections) vor. Hier finden Sie auch Beispieleinträge für verschiedene Szenarien, wie zum Beispiel zwei Mäuse für Laptops (Touchscreen und USB-Maus) oder eine Dual-Head-Karte, zwei Grafikkarten und Monitore.

4.2.1 Abschnitte und Kommentare

Sections

Die Datei besteht aus mehreren Abschnitten: Jeder Bereich beginnt mit dem Schlüsselwort `Section` und endet mit `EndSection`. Innerhalb der einzelnen Abschnitte finden Sie verschiedene Zeilen mit den Optionen. Jede Option hat mindestens einen Wert, der meistens in doppelten Hochkommata (Anführungszeichen) steht. Einige Optionen haben als Wert eine `1` (schaltet eine Option ein) oder `0` (schaltet eine Option aus). Kommentare, also nicht aktive Funktionen, erkennen Sie am Rautezeichen # am Zeilenanfang. Alles, was hinter einer solchen Raute steht, ignoriert der X-Server.

4.2.2 »Files« (Pfadangaben)

Hinter den Einträgen `FontPath` sind die Pfade zu den verfügbaren Schriften aufgelistet; wenn Sie nachträglich neue Fonts installieren, fügen Sie die Pfade an dieser Stelle hinzu, damit X-Programme diese verwenden können.

```
Section "Files"
        ModulePath    "/usr/lib/xorg/modules"
        FontPath      "/usr/share/fonts/X11/misc"
        FontPath      "/usr/share/fonts/X11/cyrillic"
        FontPath      "/usr/share/fonts/X11/100dpi/:unscaled"
        FontPath      "/usr/share/fonts/X11/75dpi/:unscaled"
        FontPath      "/usr/share/fonts/X11/Type1"
        FontPath      "/usr/share/fonts/X11/100dpi"
        FontPath      "/usr/share/fonts/X11/75dpi"
        FontPath      "/var/lib/defoma/x-ttcidfont-conf.d/↩
dirs/TrueType"
        FontPath      "built-ins"
EndSection
```

4.2.3 »Module« (dynamisch ladbare Module)

In diesem Abschnitt werden Module aufgeführt, die der X-Server dynamisch nachladen kann, um bestimmte Geräte zu unterstützen. Welche Module vorhanden sind, verrät ein Blick ins Verzeichnis */usr/lib/xorg/modules/*.

```
Section "Module"
        Load   "glx"
        Load   "dri"
        Load   "record"
        Load   "extmod"
        Load   "dri2"
        Load   "dbe"
EndSection
```

Die Module bieten zusätzliche Funktionen für den X-Server: `dbe` beispielsweise aktiviert die Double-Buffering-Erweiterung des Servers (für Animationen und Video-Operationen), `glx` bietet Unterstützung für das Rendern mit OpenGL und `dri` für die Direct Rendering Infrastructure; es stellt also eine Schnittstelle zur Verfügung, über die Programme direkt auf die 3-D-Hardware des Computers zugreifen können.

4.2.4 »InputDevice« (Konfiguration von Eingabegeräten)

Keyboard und Maus

Für sämtliche Eingabegeräte wie etwa Keyboard und Maus definieren Sie `InputDevice`-Einträge; hier können Sie auch mehrere Mäuse oder Tastaturen einrichten – durch die Option `CoreKeyboard` oder `CorePointer` (entweder in der `Section` selbst oder im Bereich `ServerLayout`) definieren Sie dann die Standardgeräte (siehe Abschnitt 4.2.8 ab Seite 105). Beachten Sie, dass die Geräte jeweils über `Identifier` einen eindeutigen Bezeichner erhalten; dieser ist frei wählbar. Über `Driver` konfigurieren Sie den Gerätetyp: `mouse` für Mäuse, `kbd` für Tastaturen.

Tastatur

```
Section "InputDevice"
        Identifier      "Keyboard0"
        Driver          "kbd"
        Option          "CoreKeyboard"
        Option          "XkbRules"       "xorg"
        Option          "XkbModel"       "pc105"
        Option          "XkbLayout"      "de"
        Option          "XkbVariant"     "nodeadkeys"
EndSection
```

Der Abschnitt für die Tastatur beschreibt hauptsächlich deren Belegung. Hier handelt es sich um ein Standard-Keyboard (Treiber `kbd`) mit deutschem Layout und 105 Tasten; die Akzenttasten stehen nicht zur Verfügung (`nodeadkeys`).

Akzenttasten

Der Eintrag nodeadkeys sorgt dafür, dass es keine »toten« Tasten gibt, und ein Druck auf ('), (AltGr) + (+) (ergibt ~) oder (^) erzeugt direkt das Zeichen. Wenn Sie häufig Akzente schreiben, kommentieren Sie die Zeile aus oder lassen Sie sie weg; jetzt druckt die Kombination (') + (E) ein »é«, allerdings müssen Sie für ein ' die Taste (') und ein Leerzeichen eingeben.

Für die Tastatur stehen weitere praktische Optionen zur Verfügung; diese hängen genau wie die nodeadkeys vom eingestellten XKB-Regelsatz ab. So ist es beispielsweise möglich, die Belegung der (CapsLock)-Taste zu ändern und diese zu einer weiteren (Strg)-Taste umzufunktionieren:

```
Option          "XkbOptions"    "ctrl:nocaps"
```

Alternativ vertauscht ctrl:swapcaps die linke (Strg)- und die (CapsLock)-Taste, und altwin:meta_win definiert die Windows-Taste als Metataste. Mehrere Optionen schreiben Sie durch Kommata voneinander getrennt hintereinander.

Maus und Touchpad

Auch die Angaben für eine oder mehrere Mäuse stehen in einem InputDevice-Abschnitt. Hier definieren Sie zum Beispiel, wie viele Tasten eine Maus hat, über welche Gerätedatei die Maus erreichbar ist, das Mausprotokoll sowie das Emulieren eines dritten Buttons (wenn eine Maus nur zwei Tasten hat).

Wenn Sie eine PS/2-Maus haben, heißt die Gerätedatei */dev/psaux*; USB-Mäuse sprechen Sie über */dev/input/mice* an und serielle Mäuse über */dev/ttyS0* (für eine Maus am ersten seriellen Port). Die Touchpads für Notebooks werden in der Regel wie PS/2-Geräte angesprochen. Wenn Sie eine Radmaus benutzen, definieren Sie über ZAxisMapping die Belegung des Rades für die Scrollbewegungen (in der Regel sind das die Knöpfe 4 und 5).

```
Section "InputDevice"
        Identifier  "Mouse0"
        Driver      "mouse"
        Option      "Protocol" "auto"
        Option      "CorePointer"
        Option      "Device" "/dev/input/mice"
        Option      "ZAxisMapping" "4 5 6 7"
EndSection
```

Wenn Sie beispielsweise einen Laptop sowohl mit Synaptics-Touchpad als auch mit externer USB-Maus benutzen, konfigurieren Sie beide Geräte, zum Beispiel:

```
Section "InputDevice"
        Identifier   "Configured Mouse"
        Driver       "mouse"
        Option       "CorePointer"
        Option       "Device"              "/dev/input/mice"
        Option       "Protocol"            "ImPS/2"
        Option       "Emulate3Buttons"     "true"
EndSection
Section "InputDevice"
        Identifier   "Synaptics Touchpad"
        Driver       "synaptics"
        Option       "SendCoreEvents"         "true"
        Option       "Device"                 "/dev/psaux"
        Option       "Protocol"               "auto-dev"
        Option       "HorizScrollDelta"       "0"
        Option       "SHMConfig"              "on"
EndSection
```

Touchpad ein- und ausschalten

Wenn Sie die letzte Zeile mit der Option `SHMConfig` hinzufügen (wie im Listing zu sehen), so ist es möglich, das Synaptics-Touchpad im laufenden Betrieb (sogar von der grafischen Oberfläche aus) ein- und auszuschalten. Um das Touchpad zu deaktivieren, geben Sie (als normaler Benutzer) das Kommando `synclient TouchpadOff=1` ein. Um es zu aktivieren, ersetzen Sie die `1` durch eine `0`. Tippfaule Menschen definieren sich dafür einen Alias (siehe Abschnitt 18.1 ab Seite 570), zum Beispiel:

```
alias toff="synclient TouchpadOff=1"
alias ton="synclient TouchpadOff=0"
```

An einer Stelle in der Konfigurationsdatei definieren Sie, welches der beiden Geräte die »Hauptmaus« ist. Fügen Sie dazu entweder für die primäre Maus schon im Abschnitt `InputDevice` die Option `CorePointer` und für die »Zweitmaus« die Option `SendCoreEvents` hinzu, oder definieren Sie dies später im Abschnitt `ServerLayout` (siehe Abschnitt 4.2.8 ab Seite 105).

[«] Auf einem Testgerät (ein Netbook mit Synaptics-Touchpad, GNOME-Desktop) funktionierte das Eingabegerät trotz richtiger Einstellung in der *xorg.conf* nicht. Da keine Fehlermeldungen im X-Server-Logfile auftauchten, war davon auszugehen, dass das Problem nicht beim Server, sondern bei der Desktopumgebung lag. Ein Blick in den GConf-Editor (siehe Abschnitt 8.8 ab Seite 236) offenbarte des Rätsels Lösung: Im Bereich DESKTOP • GNOME • PERIPHALS • TOUCHPAD fehlte ein Häkchen bei TOUCHPAD_ENABLED.

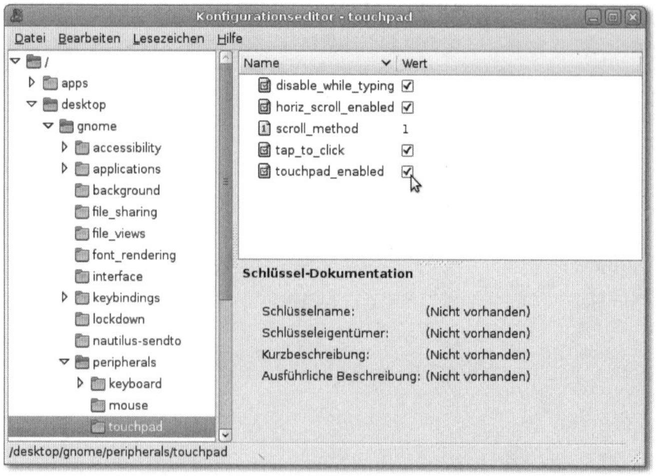

Abbildung 4.1 Aktivieren Sie die Option »touchpad_enabled« in GConf.

4.2.5 »Device« (Grafikkarte)

Die Konfiguration der Grafikkarte(n) finden Sie im Abschnitt `Device`. Wenn Sie mehrere Karten oder eine Dual-Head-Karte einsetzen, richten Sie für jedes Gerät einen eigenen Abschnitt ein. Achten Sie darauf, für jede Karte einen eindeutigen `Identifier` zu wählen. Neben dieser Angabe ist außerdem der Eintrag `Driver` (Treiber) obligatorisch.

```
Section "Device"
        Identifier  "Card0"
        Driver      "intel"
        VendorName  "Intel Corporation"
        BoardName   "Mobile 945GME Express Integrated ↵
Graphics Controller"
        BusID       "PCI:0:2:0"
EndSection
```

»vesa«-Treiber

Wird Ihre Karte von X.Org nicht unterstützt, weichen Sie auf den Treiber `vesa` aus: Dies ist der kleinste gemeinsame Nenner, ein allgemeiner Standard für Grafikkarten und die letzte Chance, eine Grafikkarte anzusprechen, wenn diese von anderen Treibern nicht unterstützt wird.

[!] Beachten Sie, dass Sie mit dem `vesa`-Treiber weder 2-D- noch 3-D-Beschleunigung zur Verfügung haben. Auch der Betrieb von mehr als einem Monitor oder Bildrotation ist nicht möglich, und die Unterstützung für einen TV-Ausgang fehlt. Außerdem unterstützt dieser Treiber keine großen Auflösungen – maximal 1280 x 1024 Pixel.

Mehrere Grafikkarten

Der `BusID`-Eintrag ist optional, es sei denn, Sie definieren hier mehrere Geräte: In diesem Fall teilen Sie dem X-Server außerdem deren Anordnung auf dem Bus über einen `BusID`-Eintrag mit. Die ID ermitteln Sie beispielsweise mit dem `lspci`-Kommando:

```
huhnix:~ # lspci | grep VGA
0000:00:0f.0 VGA compatible controller: ATI Technologies Inc↵
3D Rage II+ 215GTB [Mach64 GTB] (rev 9a)
0000:01:00.0 VGA compatible controller: ATI Technologies Inc↵
3D Rage LT Pro AGP-133 (rev dc)
```

Die Ausgabe zeigt eine PCI- (`00:`) und eine AGP-Karte (`01:`). Die Werte für die Option `BusID` in der Konfigurationsdatei erhalten Sie, indem Sie die hexadezimalen `lspci`-Werte ins Dezimalsystem umrechnen. Für die beiden Karten aus dem gerade gezeigten Beispiel lauten die beiden Einträge:

```
Section "Device"
        Identifier    "Videocard0"
        Driver        "ati"
        BusID         "PCI:0:15:0"
EndSection
Section "Device"
        Identifier    "Videocard1"
        Driver        "ati"
        BusID         "PCI:1:0:0"
EndSection
```

Auch eine Dual-Head-Karte sprechen Sie über zwei `Device`-Einträge an. Da Dual-Head-Karten nur eine einzige Bus-ID besitzen, geben Sie hier zur eindeutigen Identifizierung die Option `Screen` (mit den Werten `0` und `1`) an. Diese definiert, welcher VGA-Ausgang gemeint ist. Beachten Sie, dass wiederum zwei verschiedene Einträge für `Identifier` vergeben werden:

```
Section "Device"
        Identifier    "Firsthead"
        Driver        "mga"
        BusID         "1:0:0"
        Screen        0
EndSection
Section "Device"
        Identifier    "Secondhead"
        Driver        "mga"
        BusID         "1:0:0"
        Screen        1
EndSection
```

4.2.6 »Monitor« (Bildschirm einrichten)

Für jeden Bildschirm, den Sie anschließen, finden Sie einen eigenen Abschnitt `Monitor` in der Konfigurationsdatei. Die einzige obligatorische Angabe ist hier wieder der `Identifier`, der für jedes Gerät eindeutig sein muss. Weitere Einträge sind optional: Praktisch ist zum Beispiel die Möglichkeit, durch eine genaue Angabe der horizontalen und vertikalen Frequenzen das Bild zu optimieren.

[!] Wenn Sie diese Werte von Hand hinzufügen, achten Sie darauf, die Frequenzen richtig zu wählen: Ein zu kleiner Wert führt zu einer geringen Qualität; wenn Sie allerdings zu hohe Werte eintragen, meldet der Bildschirm entweder »signal out of range« oder wird einfach schwarz. Im schlimmsten Fall zerstören zu hohe Werte den Monitor; das gilt vor allem für ältere CRT-Geräte. Schauen Sie zur Sicherheit im Handbuch des Monitors nach, oder befragen Sie eine Suchmaschine im Internet.

```
Section "Monitor"
        Identifier      "Hercules Pro"
        Option          "DPMS"
EndSection
```

ModeLine

Mit der Option `DPMS` (Display Power Management Signaling) aktivieren Sie die Stromsparfunktion des Bildschirms, sodass Linux den Monitor nach einer gewissen Zeit in den Sparmodus schaltet oder ganz ausschaltet. Optional sind außerdem sogenannte `ModeLine`-Einträge:

```
Section "Monitor"
   Identifier   "SAMSUNG"
   Modeline     "1360x768" 85.500 1360 1424 1536 1792 768 ↩
771 777 795 +Hsync +Vsync
EndSection
```

Modelines

Der X-Server unterstützt automatisch nur die Standardmodi. Manche Geräte, zum Beispiel Breitbildfernseher, arbeiten allerdings mit ungewöhnlichen Auflösungen. Um dem X-Server zu verraten, unter welchem Modus er den Monitor ansprechen soll, erstellen Sie sogenannte Modelines – diese geben an, unter welchen Horizontal- und Vertikalfrequenzen und mit welchen Auflösungen der Monitor betrieben werden kann. Einen Modeline-Generator finden Sie zum Beispiel unter *http://old.koalateam.com/cgi-bin/nph-colas-modelines*. Tragen Sie in das Formular die Bandbreite (in MHz) sowie die maximale vertikale und maximale horizontale Frequenz (in MHz) ein. Sie finden diese Angaben im Handbuch des Monitors oder auf der Webseite des Herstellers.

4.2.7 »Screen« (Grafikkarte und Monitor)

Die Zuordnung der Grafikkarte, des Monitors und der unterstützten Auflösungen der jeweiligen Farbtiefen findet in diesem Abschnitt statt.

```
Section "Screen"
   Identifier      "Default Screen"
   Device          "ATI Technologies Inc Radeon R200 QL ↩
[Radeon 8500 LE]"
   Monitor         "Hercules Pro"
   DefaultDepth    24
...
   SubSection "Display"
      Depth        16
      Modes        "1280x1024" "1280x960" "1024x768" ↩
"832x624" "800x600" "720x400" "640x480"
   EndSubSection
   SubSection "Display"
      Depth        24
      Modes        "1280x1024" "1280x960" "1024x768" ↩
"832x624" "800x600" "720x400" "640x480"
   EndSubSection
EndSection
```

Farbtiefe und Auflösungen

Jede Farbtiefe hat ihren eigenen Unterabschnitt (`SubSection`), in dem neben der Farbtiefe selbst (`16`, `24` usw.) definiert ist, welche Auflösungen unterstützt werden. Wenn Sie für mehrere Konstellationen verschiedene `Screen`-Abschnitte einrichten, vergeben Sie wiederum einen eindeutigen `Identifier`, über den das Szenario im Abschnitt `ServerLayout` angesprochen wird. Des Weiteren legen Sie über die Einträge `Device` und `Monitor` fest, für welche Grafikkarte beziehungsweise welchen Bildschirm dieser Abschnitt gelten soll. Die Namen müssen mit den `Identifier`-Einträgen der jeweiligen Bereiche identisch sein.

4.2.8 »ServerLayout« (Zusammenfassung)

Hier sehen Sie die Zusammenfassung der Einstellungen. Neben Verweisen auf die Eingabegeräte, wie Maus und Keyboard, legen Sie in diesem Bereich beispielsweise die Anordnung der Bildschirme im Mehrmonitorbetrieb fest. Im einfachsten Fall tauchen hier nur ein Screen, ein Monitor und eine Tastatur auf:

```
Section "ServerLayout"
        Identifier      "Default Layout"
        Screen          "Default Screen"
        InputDevice     "Generic Keyboard"
        InputDevice     "Configured Mouse"
EndSection
```

Wenn Sie einen Laptop sowohl mit Touchpad als auch mit externer USB-Maus benutzen (siehe Abschnitt 4.2.4 ab Seite 100), tragen Sie hier auch beide Eingabegeräte ein. Sofern Sie im Bereich `InputDevice` für die Geräte noch nicht `CorePointer` beziehungsweise `SendCoreEvents` definiert haben, tragen Sie diese Zusätze hier ein, zum Beispiel:

```
Section "ServerLayout"
        Identifier      "Default Layout"
        Screen          "Default Screen"
        InputDevice     "Generic Keyboard"
        InputDevice     "Configured Mouse" "CorePointer"
        InputDevice     "Synaptics Touchpad" "SendCoreEvents"
EndSection
```

Mehrmonitorbetrieb Um die Orientierung mehrerer Monitore zu definieren, fügen Sie dem Eintrag `Screen` entsprechende Optionen hinzu. Dazu benutzen Sie die `Identifier` aus dem Abschnitt `Screen`. Für die Positionsangabe verwenden Sie beispielsweise Optionen, wie `RightOf <Screen>`, `LeftOf <Screen>`, `Above <Screen>` und `Below <Screen>`:

```
...
       Screen      "Screen[1]" LeftOf "Screen[0]"
...
```

4.3 Displaymanager

Eine elegante Möglichkeit, sich am grafischen System anzumelden, besteht über einen sogenannten Display- oder Loginmanager. Dieser startet nach dem Booten des Rechners über ein *init.d*-Skript (*/etc/init.d/gdm3* oder */etc/init.d/kdm*) und bietet eine grafische Oberfläche, über die Sie sich mit Ihrem Benutzernamen und Passwort authentifizieren und einen Windowmanager beziehungsweise eine Desktopumgebung starten. Die bekanntesten Displaymanager sind `gdm3` (GNOME) und `kdm` (KDE). Die folgenden Abschnitte stellen die Installation, Konfiguration und Besonderheiten dieser grafischen Loginmanager vor.

4.3.1 Der GNOME-Displaymanager (»gdm«)

Als Teil der Desktopumgebung GNOME wandert der dazugehörige Displaymanager (Paket *gdm3*) automatisch mit auf die Platte. Um sich anzumelden, wählen Sie mit der Maus einen Benutzernamen aus der präsentierten Liste aus, geben Ihr Kennwort ein und drücken `Eingabe`. Erst nach Anwahl des Accountnamens tauchen am unteren Bildschirmrand Dropdown-Menüs auf, über die Sie die Sprache der Desktopumgebung, die Tastaturbelegung und die Oberfläche auswählen. Ganz rechts befindet sich ein kleiner Button, über den Sie den Rechner schlafen legen, neu starten oder ausschalten.

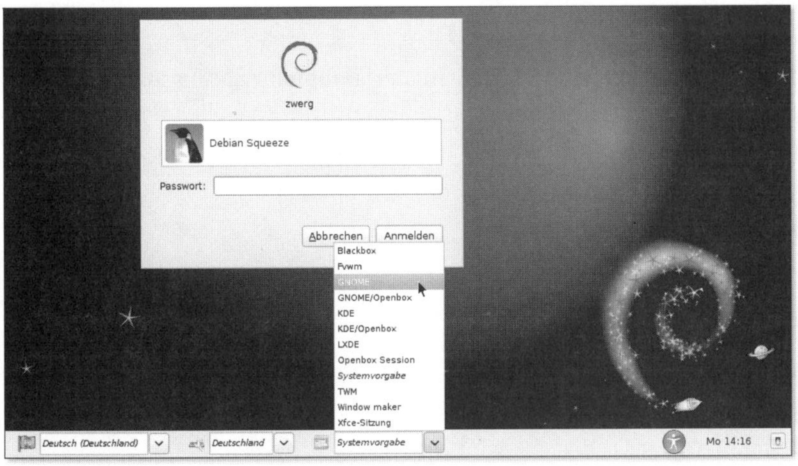

Abbildung 4.2 Debian GNU/Linux setzt in der Voreinstellung auf »gdm«.

Konfiguration

Viele Konfigurationsoptionen haben Sie bei der neuen Version des Anmeldemanagers nicht. Der `gdm3` bietet deutlich weniger Möglichkeiten als der Vorgänger, der noch bei Debian GNU/Linux »Lenny« dabei war. Die Datei */usr/share/doc/gdm3/README.Debian* gibt einen ganz guten Überblick darüber, was möglich ist. Im Folgenden lesen Sie ein paar Tipps.

Automatische Anmeldung

Das Tool `gdmsetup` verwenden Sie in einer grafischen Umgebung. Dazu rufen Sie unter GNOME beispielsweise in einem Terminal oder im Schnellstarter `gdmsetup` auf oder öffnen das Programm alternativ über das Menü SYSTEM • SYSTEMVERWALTUNG • ANMELDEBILDSCHIRM. Klicken Sie auf die Schaltfläche ZUM BEARBEITEN ANKLICKEN. Anschließend authentisieren Sie sich mit dem Root-Passwort. Im folgenden Dialogfenster können Sie einen Benutzeraccount zur automatischen Anmeldung aussuchen. Dazu aktivieren Sie die Checkbox AUTOMATISCH ALS ... ANMELDEN und wählen aus dem Dropdown-Menü den gewünschten Nutzer aus. Optional geben Sie mit der Checkbox darunter anderen Benutzern eine gewisse Zeit, diesen Automatismus durch eine eigene Anmeldung auszuhebeln.

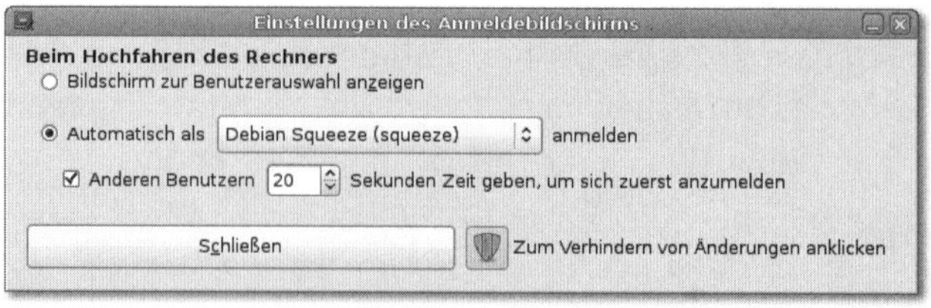

Abbildung 4.3 Über das Tool »gdmsetup« regeln Sie in der neuen Version des Loginmanagers lediglich die automatische Anmeldung.

Die Änderung ist sofort aktiv. In der Haupteinrichtungsdatei des Programms (*/etc/gdm3/daemon.conf*) tauchen die Einstellungen, die Sie in der letzten Abbildung sehen, wie folgt auf:

```
TimedLoginEnable=true
AutomaticLoginEnable=false
TimedLogin=squeeze
AutomaticLogin=squeeze
TimedLoginDelay=20
```

»gdm« neu starten

Damit die Änderungen greifen (das gilt auch für die im Folgenden vorgestellten Einrichtungsoptionen), starten Sie den Displaymanager über den Befehl `/etc/init.d/gdm3 restart` neu.

Weitere Konfigurationsdirektiven für die Haupteinrichtungsdatei kann man sich mühsam über die Standardeinstellungen in der XML-Datei */usr/share/gdm/gdm.schemas* zusammensuchen. Dort finden Sie beispielsweise diesen Eintrag, der beschreibt, welche Accounts nicht im `gdm`-Auswahlfenster erscheinen:

```
<schema>
      <key>greeter/Exclude</key>
      <signature>s</signature>
      <default>bin,root,daemon,adm,lp,sync,...</default>
    </schema>
```

Es handelt sich hier hauptsächlich um »Pseudoaccounts« (siehe auch Abschnitt 17.4.1 ab Seite 516). Wenn Sie die Datei */etc/gdm3/daemon.conf* betrachten, sehen Sie dort ebenfalls die Sektion `greeter`. Aus dem XML-Code leitet sich daher für die Einrichtungsdatei das folgende Statement ab, wenn Sie die beiden Benutzer `huhn` und `petronella` aus dem Begrüßungsfenster ausschließen wollen:

```
Exclude=huhn,petronella
```

Die Datei */usr/share/doc/gdm3/README.Debian* behauptet, weitere Einstellungsmöglichkeiten seien über den GConf-Editor möglich, wenn er mit Root-Rechten gestartet wird. Auf einem der Testsysteme funktionierte das nicht. Stattdessen war es erforderlich, die Datei *greeter.gconf-defaults* im Texteditor zu bearbeiten.

Kosmetisches

Die Einstellungen in */etc/gdm3/greeter.gconf-defaults* sind weitgehend selbsterklärend und nicht so verwirrend wie die oben erwähnte XML-Datei. Wollen Sie das Debian-SpaceFun-Theme bei der Begrüßung nicht sehen, aktivieren Sie hier einfach ein neues Hintergrundbild. Auch das GTK-Theme und den abgebildeten Debian-Swirl im Begrüßungsfenster können Sie an eigene Vorstellungen anpassen. Stört Sie der Piepston, mit dem `gdm` Bereitschaft anzeigt, deaktivieren Sie ihn einfach, und auch einen eigenen Begrüßungstext können Sie eingeben. Abbildung 4.4 zeigt einen neuen Look für `gdm` und das nachfolgende Listing die dazu passende Beispielkonfiguration.

Abbildung 4.4 Ein paar kosmetische Veränderungen können Sie auch an »gdm3« vornehmen.

```
# eigenes Hintergrundbild definieren:
/desktop/gnome/background/picture_filename      /usr/share/
wallpapers/Evening/contents/images/1280x800.jpg

# ein eigenes GTK-Theme definieren:
/desktop/gnome/interface/gtk_theme      Darklooks
```

```
# Piepston abschalten:
/desktop/gnome/sound/event_sounds          false

# Nachrichten auf dem Banner aktivieren:
/apps/gdm/simple-greeter/banner_message_enable        true

# Begrüßungsnachricht:
/apps/gdm/simple-greeter/banner_message_text        Willkommen➘
 auf dem Zwerg!
```

Benutzerbilder Die Fotos im `gdm`-Begrüßungsfenster stellen die Benutzer selbst ein. Wenn Sie beispielsweise unter GNOME oder KDE den Dialog zur Einrichtung Ihrer persönlichen Angaben aufrufen und dort per Klick auf das Symbol ein Bild für Ihren Account einrichten, landet dieses als versteckte Datei *~/.face* im eigenen Home-Verzeichnis. Den Umweg über die grafischen Tools müssen Sie daher gar nicht gehen – Sie können diese Datei auch im Dateimanager oder auf der Shell anlegen.

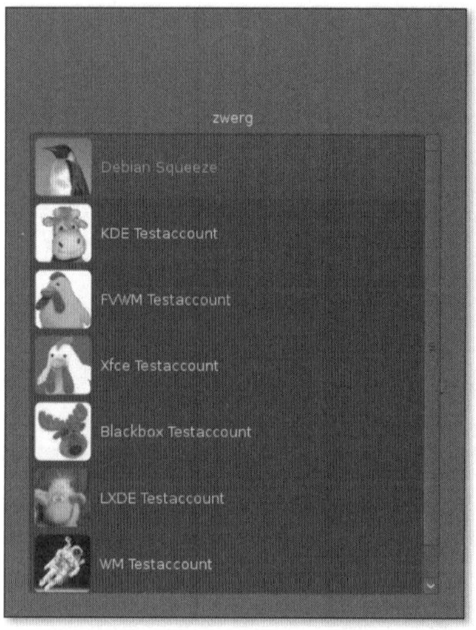

Abbildung 4.5 Klicken Sie auf das Foto, um den jeweiligen Benutzer anzumelden.

4.3.2 Der KDE-Displaymanager »kdm«

Auch KDE SC 4 bringt einen eigenen Loginmanager mit, der eine ähnliche Funktionalität bietet wie der `gdm` – den KDE-Displaymanager `kdm`. Wenn Sie, wie in Kapitel 9 ab Seite 247 beschrieben, die KDE-Komponenten einspielen, wandert auch der Anmeldemanager `kdm` mit auf die Platte. Läuft bereits ein anderer Loginmanager, meldet sich `debconf` zu Wort und präsentiert ein Dialogfenster, in dem Sie sich für einen Standard-Displaymanager entscheiden. Wählen Sie hier KDM. Wenn Sie den Rechner nun das nächste Mal booten, begrüßt Sie der neue Loginmanager.

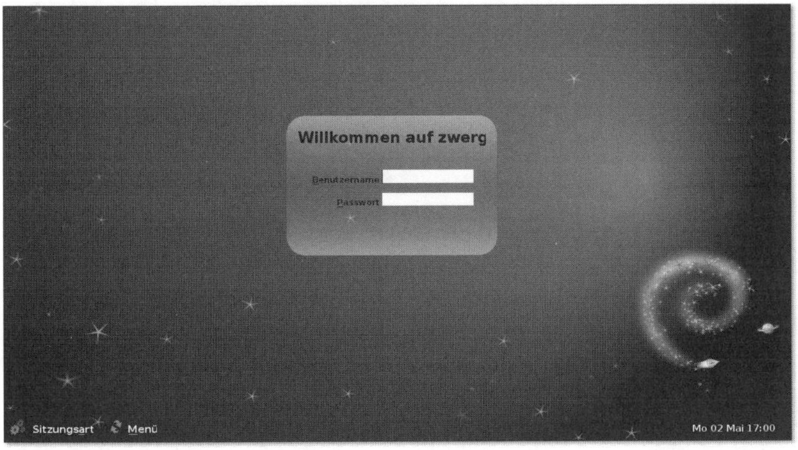

Abbildung 4.6 Der »kdm« ist der Loginmanager der KDE Software Compilation.

Auch im laufenden Betrieb können Sie umschalten und den `gdm` abwählen. Stoppen Sie den `gdm` über `/etc/init.d/gdm stop`, und wechseln Sie dann über `/etc/init.d/kdm start` zum KDE-Loginmanager. Um den `kdm` nachträglich zum Standard zu erklären, rufen Sie als Administrator den Befehl `dpkg-reconfigure kdm` auf, blättern zum Eintrag KDM und drücken `Eingabe`.

In der Standardansicht bietet der `kdm` unter Debian GNU/Linux »Squeeze« keine Benutzerbilder, sodass Sie zum Anmelden Ihren Benutzernamen und das Passwort in die dafür vorgesehenen Felder eintippen. Im Menü SITZUNGSART wählen Sie den gewünschten Windowmanager oder eine Desktopumgebung aus. Über MENÜ melden Sie gegebenenfalls einen weiteren Benutzer an, starten den X-Server neu oder fahren den Rechner herunter.

Konfiguration

Systemsettings

Die Haupteinrichtungsdatei unter Debian GNU/Linux »Squeeze« ist */etc/kde4/kdm/kdmrc*. Diese können Sie durchaus als Benutzer Root mit einem Texteditor bearbeiten, komfortabler ist allerdings der Weg über die KDE-Systemeinstellungen. Die letztgenannte Methode hat einen interessanten Nebeneffekt: Sobald Sie das erste Mal in den Systemeinstellungen etwas geändert und auf ANWENDEN geklickt haben, verschwinden sämtliche auskommentierten Einträge aus */etc/kde4/kdm/kdmrc*. Diese

Datei sieht dann gleich viel aufgeräumter aus und präsentiert nun genau die gleichen Einstellungen wie das grafische Tool.

[»] Beachten Sie, dass Sie die KDE-Systemeinstellungen im Systemverwaltungsmodus starten müssen, um Änderungen am `kdm` vornehmen zu dürfen. Wie bereits in Abschnitt 9.6 ab Seite 257 erwähnt, bietet das Programm selbst keinen entsprechenden Knopf, und der beste Weg ist der Aufruf über `kdesudo systemsettings`. Das entsprechende Modul finden Sie auf dem zweiten Reiter (Erweitert) unter Anmeldungsmanager.

Der Reiter Allgemein erlaubt die Spracheinstellungen für den Displaymanager (nicht für die Desktopumgebung) und die Auswahl anderer Schriften. Nur wenn Sie auf diesem Reiter das Häkchen bei Design für den Anmeldungsmanager verwenden entfernen, können Sie Einstellungen auf den nächsten beiden Tabs (Dialog und Hintergrund) vornehmen. Andernfalls suchen Sie unter Design einen vorgefertigten Look aus. Sagt Ihnen keines der Designs zu, bringt die Schaltfläche Neue Designs herunterladen Sie zu schicken Themes der Webseite *http://kde-look.org/*. Ein Klick auf Installieren lädt das Theme herunter und installiert es ins Verzeichnis */usr/share/kde4/apps/kdm/themes/*, wo Sie auch die anderen Designs finden.

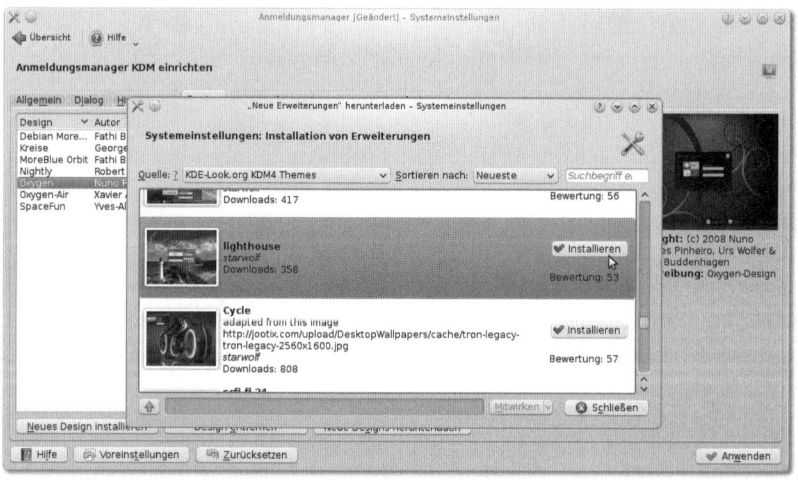

Abbildung 4.7 Gefällt Ihnen das mitgelieferte Debian-Theme nicht, verpassen Sie über diesen Dialog dem »kdm« ein neues Outfit.

Der Tab Herunterfahren definiert nicht nur die Befehle für den Shutdown und den Reboot, sondern erlaubt auch die Konfiguration, ob jeder, niemand oder nur der Systemverwalter den Rechner herunterfahren darf. Unter Benutzer entscheiden Sie nicht nur, welche Namen im Loginfenster erscheinen, sondern teilen den Benutzern wahlweise Bilder oder Symbole zu. Hier regeln Sie außerdem, wer die Fotos einrichten und verändern darf.

Automatische Anmeldung

Der letzte Reiter (VEREINFACHUNG) bietet über AUTOMATISCHE ANMELDUNG ERLAUBEN die Möglichkeit, einen Benutzer direkt nach dem Rechnerstart automatisch einzuloggen. Aus dem Pulldown-Menü wählen Sie dann den Accountnamen aus. Im rechten Bereich erlauben Sie bestimmten Benutzern, sich über den `kdm` ohne Kennworteingabe anzumelden. Wenn Sie im Bereich VORAUSGEWÄHLTER BENUTZER die Checkbox FESTGELEGTER aktivieren und einen Accountnamen aussuchen, trägt `kdm` direkt einen Benutzernamen ein. Aktivieren Sie zusätzlich PASSWORT-EINGABEFELD AKTIV, um mit dem Cursor direkt ins Eingabefeld für das Kennwort zu springen. Wenn Sie möchten, dass ein Benutzer nach einem eventuellen Absturz des X-Servers wieder neu angemeldet wird, finden Sie in diesem Bereich ebenfalls eine Checkbox.

Nachdem Sie alles zu Ihrer Zufriedenheit eingerichtet haben, bestätigen Sie die Konfiguration über ANWENDEN und beenden das Kontrollzentrum beziehungsweise die grafische Oberfläche. Nach dem Neustart präsentiert sich der Displaymanager dann im neuen Gewand.

Abbildung 4.8 »kdm« erstrahlt in neuem Look und mit Benutzerbildern.

In diesem Kapitel geht es um das Installieren, Aktualisieren und Entfernen von Software. Dabei erhalten Sie Unterstützung vom Paketmanager und diversen Frontends – auf der Konsole oder als grafische Programme.

5 Debians Paketverwaltung

Schon bei der Installation von Debian GNU/Linux wandern zahlreiche Anwendungen auf die Platte. Ist ein bestimmtes Programm nicht dabei, spielen Sie es nachträglich ein. Dazu greifen Sie entweder auf die Software der Buch-DVD oder auf sogenannte Online-Repositorys zurück – in den Weiten des Netzes warten viele Schätze auf ihre Entdeckung.

5.1 Gepackt und zugeschnürt

Mit ein bisschen Hintergrundwissen ist es problemlos möglich, Software aus den Quelltexten der Programme selbst zu kompilieren und zu installieren – dies stellt sich aber gerade für Linux-Neulinge häufig als aufwändiges und manchmal frustrierendes Unterfangen heraus. Daher bieten die meisten Distributionen (so auch Debian GNU/Linux) fertig geschnürte Pakete mit vorkonfigurierten Programmversionen, welche die Installation, Deinstallation und Aktualisierung von Anwendungen erleichtern.

Paketmanager

Zuständig für die zentrale Verwaltung der Softwarepakete des Systems ist der sogenannte Paketmanager. Dieser liest die in den Paketen gespeicherten Informationen zur Größe und zu den Namen und Abhängigkeiten der Pakete aus. »Abhängigkeit« bedeutet in diesem Zusammenhang, dass ein Programm mitunter andere Komponenten benötigt, um korrekt zu funktionieren. So ist beispielsweise KDEs Konqueror auf diverse KDE-Bibliotheken angewiesen. Der Paketmanager sorgt dafür, dass das System konsistent bleibt – ohne die Bibliotheken gibt es keinen Webbrowser.

[«]

Um Missverständnissen vorzubeugen: Es ist nicht die Aufgabe des Paketmanagers, diese Abhängigkeiten selbstständig aufzulösen und automatisch weitere Pakete zu installieren oder zu löschen – diesen Job bewältigen diverse Paketmanager-Frontends unter Debian GNU/Linux mit Bravour.

Debians Paketmanager heißt DPKG; dem gleichnamigen Kommandozeilenprogramm `dpkg` widmen sich einige Abschnitte dieses Kapitels. Darüber hinaus erfahren Sie mehr zu APT, Aptitude und `tasksel` sowie zu den grafischen Paketverwaltungstools Synaptic und Software-Center, zum Programm `debconf` und zu den sogenannten Alternativen.

5.1.1 Der Paketdienst

RPM versus DPKG

Die einzelnen Linux-Distributionen setzen auf unterschiedliche Paketformate und damit auch auf jeweils andere Paketmanager. Red Hat Enterprise Linux, SUSE Linux/openSUSE, Fedora Core und Mandriva Linux beispielsweise verwenden den Red Hat Package Manager (RPM); die Softwarepakete tragen die Endung *.rpm*. Debian-basierte Systeme, darunter auch die Abkömmlinge Ubuntu, Kubuntu und Co., verpacken hingegen im *.deb*-Format und arbeiten mit dem Debian Package Manager (DPKG).

Egal ob *.rpm* oder *.deb* – die zusammengepackten Archive enthalten viele verschiedene Dateien, darunter das Programm selbst, Bibliotheken, Grafik- oder Sounddateien, Dokumentation (in Form von Infoseiten oder Manpages, HTML- oder Textdateien) und vieles mehr. Dass beim Auspacken und Installieren alles an der richtigen Stelle im System landet, ist Aufgabe des Paketmanagers. Er kümmert sich auch darum, dass bei einer Deinstallation die Komponenten wieder verschwinden und dass bei einem Update die richtigen Bestandteile aktualisiert und nicht mehr benötigte Dateien gelöscht werden.

[+] Debian- und RPM-Pakete sind nicht kompatibel, können aber im Zweifelsfall mit dem Programm `alien` (Paket *alien*) von einem ins andere Format konvertiert werden. Ganz unproblematisch ist dieses Vorgehen nicht, gerade wenn das Paket von Bibliotheken abhängt, die gar nicht oder in einer anderen Version vorliegen. In der Regel führt der Aufruf `alien paket.rpm` aber zum gewünschten Ergebnis und erstellt die Datei *paket.deb*, die Sie anschließend mit `dpkg` installieren (siehe Abschnitt 5.2 ab Seite 118).

5.1.2 Gut sortiert – die Packstation

Das Debian-Paketarchiv[1] ist gut organisiert – in der Packstation befinden sich unter anderem Bereiche für die verschiedenen Releases (siehe Abschnitt 1.3 ab Seite 35). Außerdem sind die Pakete nach ihren Lizenzen sortiert, es gibt also Bereiche für Software, die den Debian Free Software

1 *http://packages.debian.org/*

Guidelines (siehe Abschnitt 1.3 ab Seite 34) entspricht, und Bereiche für Programme, die nicht unter einer freien Lizenz stehen:

- **»main«**
  Das »Hauptarchiv«, die offizielle Debian-Distribution: Alle Pakete dieser Abteilung folgen den Debian Free Software Guidelines und enthalten den vollständigen Quellcode.
- **»contrib«**
  Die Pakete in diesem Bereich stehen zwar unter einer freien Lizenz, benötigen aber Software aus einer anderen Abteilung (entweder Pakete aus dem Bereich »non-free« oder Pakete, die gar nicht im Archiv sind, oder beides).
- **»non-free«**
  Hier befinden sich Pakete, die nicht unter einer freien Lizenz stehen, deren Verwendung oder Weiterverbreitung also eingeschränkt ist.

Die Buch-DVD enthält das aktuelle »stable«-Release (Debian GNU/Linux 6.0, »Squeeze«) und bringt Pakete aus den Bereichen »main« und »contrib« mit. Benötigen Sie Software aus der Abteilung »non-free« (beispielsweise bestimmte Firmware), so empfiehlt es sich, auf Online-Repositorys, zum Beispiel HTTP- und FTP-Server, auszuweichen. Alternativ stellt das Debian-CD-Team auch Images mit Paketen aus dem »non-free«-Bereich zur Verfügung.[2] [O]

Backports

Wer den Releasezyklus der Debian-Distribution als zu lang empfindet und gerne neue Programmversionen ausprobiert, kann auf die Backports-Quelle[3] ausweichen. Es handelt sich um »Rückportierungen« von Paketen aus einem neueren Release in ein älteres. Dies ist dann nötig, wenn eine direkte Integration aufgrund von nicht erfüllten Abhängigkeiten (zum Beispiel neuere Versionen von Bibliotheken) nicht ohne Weiteres möglich ist. Eine Alternative ist das Mischen von Debian-Releases, das sogenannte APT-Pinning (siehe Abschnitt 5.3.2 ab Seite 127).

»Squeeze« ist das erste Debian-Release, das sofort nach der Veröffentlichung diese Rückportierungen aus der aktuellen Testing-Reihe (Codename »Wheezy«) anbietet. Das Repository »Lenny-Backports« ist nun offiziell geschlossen und nimmt nur noch Pakete aus »Squeeze« bzw. Sicherheitsaktualisierungen auf. Für Anwender, die gerne noch eine Weile »Lenny« verwenden, aber trotzdem in »Wheezy« reinschnuppern möchten, steht eigens eine neue Quelle namens »Lenny-Backports- [«]

2 *http://cdimage.debian.org/cdimage/unofficial/non-free/cd-including-firmware/*
3 *http://backports.debian.org/*

Sloppy« bereit, die speziell für »Lenny« zurückportierte Pakete aus Testing enthält. Auch das ehemalige »Debian-Volatile«-Repository ist erstmals mit »Squeeze« Bestandteil des Stable-Release und hat einen neuen Namen: »Squeeze-Updates«. Hier finden Sie Minorreleases von Paketen, welche die Entwickler häufig aktualisieren, beispielsweise ClamAV und SpamAssassin (siehe Kapitel 21 ab Seite 627).

Darüber hinaus gibt es weitere Debian-Repositorys, die zum Beispiel Pakete anbieten, die aus lizenz- oder patentrechtlichen Gründen nicht den Weg in die offizielle Debian-Distribution finden werden. Eine Anlaufstelle und fertig gepackte Software finden Sie beispielsweise in den Multimedia-Repositorys.[4] Eine gute Übersicht über (inoffizielle) APT-Quellen bietet die Webseite *http://www.debian-database.org/*. Auf allen genannten Webseiten finden Sie auch eine Beschreibung, wie die Repositorys für das Paketverwaltungstool APT eingerichtet werden (siehe Abschnitt 5.3 ab Seite 124).

[!] Beachten Sie, dass Pakete aus inoffiziellen Quellen nicht der strikten Qualitätskontrolle des Debian-Entwicklerteams unterliegen. Es ist daher nicht auszuschließen, dass solche Fremdpakete Fehler oder Probleme aufweisen oder verursachen.

5.2 Das Programm »dpkg«

Paketmanager

Der Paketmanager verwaltet Informationen zu den Softwarepaketen und sorgt für ein stabiles System. So weist `dpkg` darauf hin, wenn ungelöste Abhängigkeiten bestehen, und sorgt dafür, dass bestimmte Programme nicht installiert werden können, wenn andere Komponenten fehlen. Ebenso verhindert DPKG, dass Sie einfach Pakete entfernen, die noch gebraucht werden. Außer Installieren und Entfernen kann das gleichnamige Programm `dpkg` aber noch viel mehr – die Manpage (`man dpkg`) liest sich wie ein Roman. Eine Kurzübersicht der `dpkg`-Optionen erhalten Sie, wenn Sie auf der Kommandozeile den folgenden Befehl eingeben:

```
dpkg -h | less
```

Damit die Liste der Optionen und deren Erklärungen nicht aus dem Terminal herausscrollen, leiten Sie die Ausgabe über das Pipe-Zeichen an den Pager `less` weiter. Die meisten Parameter gibt es in Kurz- und Langform – welche Schreibweise Sie wählen, ist Ihnen überlassen; die folgenden Abschnitte erwähnen jeweils beide Schreibweisen.

4 *http://www.debian-multimedia.org/*

5.2.1 Pakete installieren

Ein Paket installieren Sie als Administrator mit der Option `-i` (oder `--install`). Außerdem geben Sie den Namen der *.deb*-Datei an:

```
zwerg:~ # dpkg -i zd1211-firmware_2.21.0.0-1_all.deb
Vormals abgewähltes Paket zd1211-firmware wird gewählt.
(Lese Datenbank ... 290844 Dateien und Verzeichnisse sind
derzeit installiert.)
Entpacken von zd1211-firmware (aus
.../zd1211-firmware_2.21.0.0-1_all.deb) ...
zd1211-firmware (2.21.0.0-1) wird eingerichtet ...
```

Was dabei im Hintergrund passiert, schreibt `dpkg` auf die Konsole. Hier erscheinen standardmäßig auch Warnungen und Fehlermeldungen. Gibt es beispielsweise ungelöste Abhängigkeiten, so beschwert sich `dpkg`:

```
Entpacken von thunar (aus thunar_1.0.2-1+b2_i386.deb) ...
dpkg: Abhängigkeitsprobleme verhindern Konfiguration von ⮧
thunar:
 thunar hängt ab von libexo-0.3-0 (>= 0.3.100); aber:
  Paket libexo-0.3-0 ist nicht installiert.
...
dpkg: Fehler beim Bearbeiten von thunar (--install):
 Abhängigkeitsprobleme - verbleibt unkonfiguriert
...
Fehler traten auf beim Bearbeiten von:
 thunar
```

Theoretisch könnten Sie sich jetzt auf die Suche machen und nach und nach alle benötigten Pakete von Hand installieren, um dann einen neuen Versuch zu wagen. Einfacher ist es aber, wenn Sie mit einem der APT-Frontends (siehe Abschnitt 5.3 ab Seite 124) arbeiten, da diese Programme selbstständig fehlende Komponenten suchen und einspielen.

Mehrere Pakete einspielen

Es ist möglich, direkt mehrere Pakete in einem Aufruf zu installieren; hängen Sie diese einfach hintereinander an `dpkg -i` an. Wollen Sie statt einer Dateiliste ein ganzes Verzeichnis zur Installation übergeben, setzen Sie zusätzlich den Parameter `-R` (`--recursive`) ein, um den Ordner rekursiv nach Debian-Paketen zu durchsuchen.

Mit der Option `-i` spielen Sie übrigens auch Updates von Hand ein; rufen Sie einfach `dpkg -i <neues>.deb` auf, und der Paketmanager spielt die neue Programmversion ein (vorausgesetzt, dass alle Abhängigkeiten erfüllt sind).

5.2.2 Pakete entfernen

Mit der Option `-r` (`--remove`) löschen Sie Programme. Geben Sie auch hier ein Paket oder mehrere Pakete an, die `dpkg` deinstallieren soll:

```
zwerg:~ # dpkg -r thunar
(Lese Datenbank ... 290868 Dateien und Verzeichnisse sind
derzeit installiert.)
Entfernen von thunar ...
Trigger für man-db werden verarbeitet ...
Trigger für menu werden verarbeitet ...
Trigger für desktop-file-utils werden verarbeitet ...
Trigger für gnome-menus werden verarbeitet ...
```

Konfiguration auch löschen

Mit der gerade gezeigten Methode entfernen Sie die Programmdateien von der Platte, die Konfigurationsdateien bleiben allerdings erhalten. Das ist vor allem dann praktisch, wenn Sie das Paket irgendwann wieder einspielen und nicht erneut einrichten wollen. Wer hingegen die Konfigurationsdateien gleich mit von der Platte fegen möchte, setzt die Option `-P` (`--purge`) ein: `dpkg -P <paket(e)>`

5.2.3 Pakete nachträglich konfigurieren

Es kann vorkommen, dass aufgrund von Fehlern bei der Installation Pakete zwar entpackt, aber noch nicht konfiguriert wurden. Um diese Pakete nachträglich einzurichten, bietet `dpkg` die Option `--configure` an. Übergeben Sie zusätzlich den Namen des Pakets, das konfiguriert werden soll. Handelt es sich um mehrere unkonfigurierte Pakete, bietet `dpkg` eine Abkürzung an: Um alle bereits entpackten Pakete einzurichten, verwenden Sie statt `--configure` den Parameter `-a` (`--pending`).

[+] In diesem Zusammenhang leistet die Option `-C` (`--audit`) gute Dienste: Der Aufruf `dpkg -C` listet unvollständig installierte Pakete auf und macht Vorschläge zur Lösung des Problems.

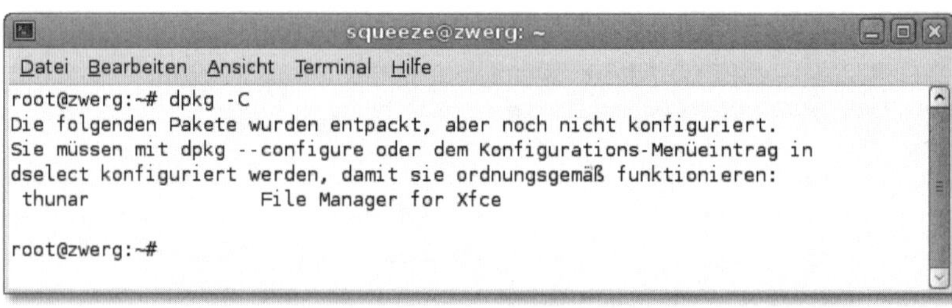

Abbildung 5.1 Debians Paketmanager sucht nach Paketen, die nur teilweise installiert sind.

5.2.4 Gesucht, gefunden

Paketnamen herausfinden

Da die Pakete manchmal anders heißen als die Programme selbst, ermitteln Sie mit der Option `-S` (`--search`), zu welchem Paket eine bestimmte Datei gehört. Um beispielsweise herauszufinden, zu welchem Paket das Programm `ls` gehört, suchen Sie mit dem Befehl `which` nach dem Pfad des ausführbaren Programms und übergeben diese Datei dann an `dpkg`:

```
zwerg:~ # dpkg -S `which ls`
coreutils: /bin/ls
```

Da dies nur für die installierten Pakete funktioniert, bietet `apt-file` die Möglichkeit, in allen Paketen zu suchen (siehe Seite 130). Eine weitere Möglichkeit, die tatsächlichen Paketnamen zu ermitteln, bietet der Parameter `-l` (`--list`), der eine Liste aller der Paketdatenbank bekannten Pakete ausgibt. Um diese lange Ausgabe seitenweise zu betrachten, leiten Sie sie wiederum durch das Pipe-Zeichen an `less` weiter:

```
zwerg:~ # dpkg -l | less
```

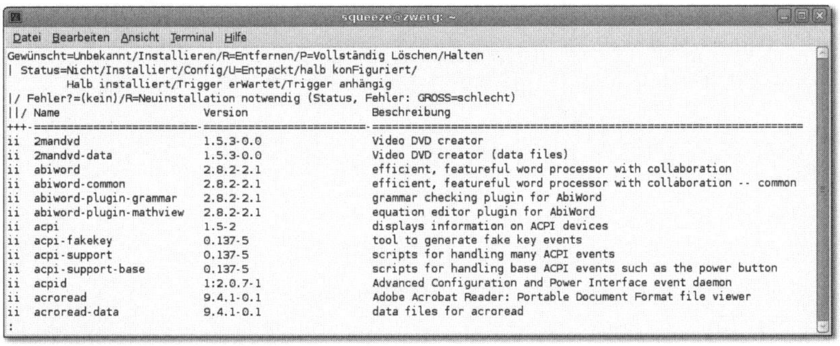

Abbildung 5.2 Eine Liste aller Pakete mit Informationen zum Status erhalten Sie mit dem Kommando »dpkg -l«.

Der Paketmanager zeigt nicht nur eine Liste der Pakete an, sondern auch deren Status: In der ersten Spalte sehen Sie jeweils die gewünschte Aktion (**u** = unbekannt, **i** = installieren, **r** = entfernen und **p** = löschen einschließlich Konfigurationsdaten) und in der zweiten Spalte den aktuellen Zustand (**n** = nicht installiert, **i** = installiert, **c** = nicht mehr installiert, aber Konfigurationsdateien noch da, **u** = entpackt, aber noch nicht konfiguriert, **f** = fehlgeschlagene Konfiguration und **h** = halb installiert). Die dritte Spalte gibt eine nähere Beschreibung des Fehler aus, danach folgen der Name des Pakets, die Version und eine Kurzbeschreibung.

Natürlich können Sie das Kommando auch mit anderen Shell-Befehlen kombinieren und die Ausgabe mit `grep` (siehe Abschnitt 18.4.4 ab Seite

583) durchsuchen. Interessieren Sie sich beispielsweise für alle Pakete, die Sie entfernt haben und deren Konfigurationsdateien noch auf der Platte sind, fahnden Sie so nach der Zeichenkette »rc« am Zeilenanfang:

```
zwerg:~ # dpkg -l | grep ^rc
rc   disc-cover   1.5.6-1        produces covers for audio CDs
rc   kdesudo      3.4.2.3-2+b1   sudo frontend for KDE
...
```

Paketsuche Im Gegensatz zu dpkg -S listet der Parameter -l auch nicht installierte Pakete und ihren Status auf. So suchen Sie mit diesem Befehl auch nach Paketnamen von Programmen, die sich (noch) nicht auf Ihrem System befinden. Zusammen mit der Wildcard * lassen Sie Teile des Namens unbestimmt und suchen noch flexibler – stellen Sie dem Sternchen einen Backslash voran, damit die Shell den Ausdruck nicht auswertet. Um beispielsweise alle Pakete – installiert oder nicht – anzuzeigen, welche die Zeichenkette »word« enthalten, tippen Sie:

```
zwerg:~ # dpkg -l \*word\*
...
ii  abiword        2.8.2-2.1   efficient, featureful word ⮐
processor with collaboration
ii  abiword-common 2.8.2-2.1   efficient, featureful word ⮐
processor with collaboration
ii  abiword-plugin 2.8.2-2.1   grammar checking plugin for ⮐
AbiWord
...
ii  libabiword-2.8 2.8.2-2.1   efficient, featureful word ⮐
processor with collaboration -- shared library
un  wordlist       <keine>     (keine Beschreibung vorhanden)
un  wordnet        <keine>     (keine Beschreibung vorhanden)
```

5.2.5 Status eines Pakets anzeigen

Noch mehr über den Status einzelner Pakete erfahren Sie, wenn Sie dpkg mit dem Parameter -s (--status) aufrufen. Die Ausgabe zeigt nun Informationen zum Status der Installation, zur Version, Größe, Sektion und zu den Abhängigkeiten an:

```
zwerg:~ # dpkg -s coreutils
Package: coreutils
Essential: yes
Status: install ok installed
Priority: required
Section: utils
Installed-Size: 12188
```

```
Maintainer: Michael Stone <mstone@debian.org>
Architecture: i386
Version: 8.5-1
Replaces: mktemp, timeout
Pre-Depends: libacl1 (>= 2.2.11-1), libattr1 (>= 2.4.41-1), ↩
libc6 (>= 2.6), libselinux1 (>= 1.32)
Conflicts: timeout
Description: GNU core utilities
...
```

5.2.6 Dateien auflisten und extrahieren

Paketinhalt

Mit der Option `-L` (`--listfiles`) zeigen Sie an, welche Dateien ein Paket mitbringt:

```
zwerg:~ # dpkg -L coreutils
/.
/bin
/bin/cat
/bin/chgrp
/bin/chmod
/bin/chown
/bin/cp
/bin/date
/bin/dd
...
```

Für ein noch nicht installiertes Paket verwenden Sie hingegen die Option `-c` (`--contents`), also `dpkg -c <paket>.deb`. Zudem ist es möglich, das Paket auszupacken und so etwa einzelne Dateien herauszulösen. Nach dem Parameter `-x` (`--extract`) geben Sie ein Zielverzeichnis an, in dem die einzelnen Dateien landen:

```
zwerg:~ # dpkg -x thunar_1.0.2-1+b2_i386.deb /tmp/thunar/
zwerg:~ # ls /tmp/thunar
usr
zwerg:~ # ls /tmp/thunar/usr/
bin  lib  share
```

[+] Eine Alternative, um einzelne Dateien aus einem Debian-Paket herauszulösen, ohne es vorher auszupacken, bietet der textbasierte Dateimanager Midnight Commander (Paket *mc*). Navigieren Sie in diesem Programm ins Verzeichnis, in dem die *.deb*-Datei liegt. Mit Druck auf `Eingabe` betrachten Sie nun den Inhalt im Midnight Commander und kopieren einzelne Dateien oder ganze Ordner.

5.3 Advanced Package Tool (APT)

Die nächste Generation der Paketverwaltung ist APT. Das Frontend zum Paketmanager DPKG löst selbstständig Abhängigkeiten zwischen Paketen auf und aktualisiert vorhandene Software automatisch. APT bezieht die Pakete aus verschiedenen Quellen: Außer von lokalen Datenträgern wie CD und DVD lädt APT die Software auf Wunsch auch aus Onlinequellen herunter. Die Verwendung mehrerer solcher Repositorys ist möglich. Sämtliche APT-Konfigurationsdateien befinden sich unterhalb des Ordners */etc/apt*. Sie passen die Einrichtungsdateien als Administrator Root mit einem Texteditor (siehe Kapitel 16 ab Seite 475) an; bei der Konfiguration der APT-Quellen (*/etc/apt/sources.list*) stehen Ihnen darüber hinaus die praktischen Helfer `apt-cdrom` und `netselect-apt` zur Seite.

5.3.1 »/etc/apt/sources.list«

Aus welchen Quellen APT die Pakete beziehen soll, definieren Sie in der Datei */etc/apt/sources.list*. APT ist äußerst flexibel und arbeitet mit CDs/DVDs, HTTP- und FTP-Servern sowie mit lokalen Verzeichnisstrukturen zusammen. Dabei spielt die Reihenfolge, in der die Repositorys aufgelistet sind, eine Rolle: Der Paketverwalter arbeitet die Liste der Reihe nach ab, überprüft, welche Versionsnummer das gesuchte Paket trägt, und installiert im Zweifelsfall die aktuellste Variante. Lokale Quellen wie CDs/DVDs oder ein eigener Mirror sollten daher ganz oben stehen; liegt auf einem weiter unten definierten Server eine neuere Version des Pakets, weicht APT darauf aus. Die einzelnen Einträge in */etc/apt/sources.list* folgen dem Schema:

```
Typ URI Distribution [Komponente1] [Komponente2...]
```

Format Auskommentierte Einträge erkennen Sie am Rautezeichen (#) am Zeilenanfang. Als `Typ` kommen `deb` (für Binärpakete) oder `deb-src` (Quellcodepakete) in Frage. Letztere benötigen Sie nur, um selbst Pakete zu bauen oder Programme zu kompilieren. Danach folgt ein Eintrag für den sogenannten `URI` (Uniform Resource Identifier) – gemeint ist das Basisverzeichnis der Distribution. Mögliche URI-Typen sind `file` (lokales oder ein per Netzwerk gemountetes Verzeichnis), `http` (HTTP-Server), `ftp` (FTP-Server) und `cdrom` (CD/DVD). Das Feld `Distribution` definiert das gewünschte Debian-Release: Hier stehen entweder die Codenamen, wie `squeeze`, `wheezy` oder `sid`, oder Statusbezeichnungen, wie `stable`, `testing` oder `unstable`. Die Verwendung des Codenamens hat den Vorteil, dass Sie keine Überraschungen erleben, wenn eine neue Debian-Version erscheint. Der Nachteil dieser Methode ist, dass Sie selbst auf Ankündigungen des Debian-Projekts achten müssen, um das System auf ein neues Release zu aktualisieren. Als letzte Angabe folgen schließlich die Bereiche der Distribution, beispielsweise `main`, `contrib` oder `non-free` (siehe Abschnitt 5.1.2 ab Seite 116). Typische Einträge in der Datei für die APT-Quellen sehen so aus:

```
deb-src cdrom:[Debian GNU/Linux 6.0.0 _Squeeze_ - Official ↩
Multi-architecture i386/amd64/source DVD #1 20110205-18:38]/↩
 squeeze main
deb cdrom:[Debian GNU/Linux 6.0.0 _Squeeze_ - Official ↩
Multi-architecture i386/amd64/source DVD #1 20110205-18:38]/↩
 squeeze main
deb http://ftp.uni-koeln.de/debian/ squeeze main contrib ↩
non-free
deb http://ftp.uni-koeln.de/debian/ squeeze-updates main ↩
contrib non-free
deb http://security.debian.org/ squeeze/updates main ↩
contrib non-free
deb http://backports.debian.org/debian-backports ↩
squeeze-backports main
```

[o] Schon während der Installation von Debian GNU/Linux sind Einträge für Paketquellen in der Datei */etc/apt/sources.list* gelandet (siehe Abschnitt 3.9 ab Seite 81). In der Regel sollten Sie mindestens die Buch-DVD und die Sicherheitsupdates sehen. Hatte der Rechner während der Installation einen funktionierenden Internetzugang, haben Sie außerdem bei der APT-Konfiguration ausgewählte Online-Repositorys und einen Eintrag für `squeeze-updates`, den `volatile`-Nachfolger. War der Computer offline, ist Letzterer auskommentiert.

[+] Wer die Datei nicht von Hand anpassen möchte, kann auf die beiden Kommandozeilentools `apt-cdrom` und `netselect-apt` zurückgreifen, um weitere Quellen vollautomatisch zur Datei *sources.list* hinzuzufügen.

»apt-cdrom« Um eine CD oder DVD mit APT bekannt zu machen und automatisch in die Paketquellen-Datei einzutragen, geben Sie als Systemverwalter Root Folgendes ein:

```
zwerg:~ # apt-cdrom add
Verwendeter CD-ROM-Einbindungspunkt: /media/cdrom0/
Identifizieren ... [cdbc2db87cda91293e1ecbe79c207ec5-2]
Durchsuchen des Mediums nach Index-Dateien ...
1 Paketindizes, 1 Quellindizes, 0 Übersetzungsindizes und ↩
0 Signaturen gefunden
Kennzeichnung »Debian GNU/Linux 6.0.0 _Squeeze_ - Official...
...
```

```
Quelllisteneinträge für dieses Medium sind:
deb cdrom:[Debian GNU/Linux 6.0.0 _Squeeze_ - Official...
Wiederholen Sie dieses Prozedere für die restlichen Disks ↩
Ihres Satzes.
```

»netselect-apt« Das Tool `netselect-apt` aus dem gleichnamigen Paket lädt die vollständige Liste aller Debian-Spiegelserver herunter und prüft, welcher davon in Ihrer Nähe und damit am günstigsten liegt. In der Voreinstellung schreibt der praktische Helfer seine Ergebnisse in eine Datei namens *sources.list* im aktuellen Verzeichnis. Befinden Sie sich in */etc/apt*, und liegt dort also schon eine Datei mit diesem Namen, überschreibt `netselect-apt` diese nicht einfach, sondern legt eine automatische Sicherungskopie an:

```
zwerg:/etc/apt# netselect-apt
Using distribution stable.
Retrieving the list of mirrors from www.debian.org...

--2011-02-16 15:36:45-- http://www.debian.org/mirror/↩
mirrors_full
Auflösen des Hostnamen www.debian.org...
Verbindungsaufbau zu www.debian.org|86.59.118.148|:80...
Choosing a main Debian mirror using netselect.
netselect: 309 (23 active) nameserver request(s)...
...
The fastest server seems to be:
        http://ftp2.de.debian.org/debian/

Writing sources.list.
sources.list exists, moving to sources.list.1297867025
Done.
```

Alternativ geben Sie hinter dem Parameter `-o` den Namen einer Ausgangsdatei an: `netselect-apt -o sources.list.neu`. Wenn Sie statt eines HTTP-Servers FTP bevorzugen, verwenden Sie zusätzlich den Schalter `-f`, und die Option `-n` sorgt dafür, dass auch der Bereich »non-free« hinzugefügt wird.

[»] Sie sollten in regelmäßigen Abständen Sicherheitsaktualisierungen von Paketen einspielen und Ihr System auf den neuesten Stand bringen. Während der Installation werden automatisch entsprechende Quellen zur *sources.list* hinzugefügt (siehe Abschnitt 3.9 ab Seite 81). Auch das Tool `netselect-apt` schreibt einen entsprechenden Eintrag in die Datei. Abschnitt 17.9.4 ab Seite 558 erklärt außerdem, wie Sie automatisch regelmäßige Sicherheitsaktualisierungen mit `cron-apt` durchführen.

5.3.2 »/etc/apt/preferences«

Releases mischen

Es ist möglich, mehrere Debian-Releases in die *sources.list* einzutragen und so beispielsweise Pakete aus »stable« und »testing« (oder »testing« und »unstable«) zu mischen. Auf diese Weise kann eine neuere Programmversion installiert werden, ohne ein vollständiges Distributions-Upgrade durchzuführen (siehe Seite 132).

[!]

Das Mischen von Releases führt möglicherweise zu Problemen und sollte daher nur von erfahrenen Benutzern in Erwägung gezogen werden. Über das sogenannte APT-Pinning teilen Sie APT mit, welche Pakete aus welchen Quellen Priorität haben.

Die Datei */etc/apt/preferences* für die APT-Pinning-Einträge existiert normalerweise nicht; Sie legen diese als Benutzer Root mit einem Texteditor Ihrer Wahl an. Standardmäßig haben die Pakete mit der höchsten Versionsnummer Vorrang; die Priorität definieren Sie nun zum Beispiel für Paketnamen, Distributionen, Hersteller und Versionen neu. Die einzelnen Einträge bestehen jeweils aus drei zusammenhängenden Zeilen, zum Beispiel:

```
Package: *
Pin: release a=testing
Pin-Priority: 50
```

Im Klartext bedeutet der Eintrag, dass APT – wenn es nicht explizit anders definiert wurde – nur Pakete aus dem »stable«- und nicht aus dem »testing«-Bereich installieren soll. Beachten Sie, dass die Codenamen in diesem Fall nicht erlaubt sind. Sie müssen explizit `testing` oder `unstable` usw. schreiben. Hinter `Package` steht entweder die Wildcard `*` (das heißt: alle Pakete) oder der Name eines einzelnen Pakets. In der zweiten Zeile kann außer dem Release beispielsweise eine Versionsnummer (zum Beispiel `v=4.0`), die Sektion (zum Beispiel `c=main`) oder die Herkunft (zum Beispiel `o=Debian`) stehen. Hinter `Pin-Priority` folgt eine Zahl, anhand derer APT entscheidet, was installiert, nicht installiert oder aktualisiert werden soll:

- **Zahl unter 0**
  Das Paket wird niemals installiert.
- **Zahl zwischen 0 und 100**
  Das Paket wird nur dann installiert, wenn es noch keine Version auf der Platte gibt.

- **Zahl zwischen 100 und 500**
  Das Paket wird installiert, es sei denn, es gibt eine Version, die zu einem anderen Release gehört, oder die installierte Version ist neuer.
- **Zahl zwischen 500 und 990**
  Das Paket wird installiert, es sei denn, es gibt eine Version, die zum »target release« gehört, oder die installierte Version ist neuer.
- **Zahl zwischen 991 und 1000**
  Installiert das Paket immer, es sei denn, die installierte Version ist neuer.
- **Zahl über 1000**
  Das Paket wird immer installiert, auch wenn dies ein Downgrade auf eine ältere Version bedeutet.

5.3.3 »/etc/apt/apt.conf(.d)«

Mehrere Konfigurationsdateien

Die Hauptkonfigurationsdatei von APT ist */etc/apt/apt.conf*. Diese Datei ist standardmäßig unter Debian GNU/Linux »Squeeze« nicht vorhanden, Sie können sie aber selbst in einem Texteditor anlegen. Statt einer großen Datei gibt es mehrere kleine im Ordner */etc/apt/apt.conf.d*, die als eine lange Datei eingelesen werden. Auf diese Weise können zusätzlich installierte Pakete ihre eigenen Einrichtungswünsche dort eintragen. Wird ein Paket dann deinstalliert, kann die Konfiguration wieder sauber entfernt werden, ohne andere Pakete zu beeinflussen. Die Reihenfolge, in der APT die Konfigurationsdateien liest, ist folgende:

1. Zunächst schaut APT nach, ob Sie selbst über die Umgebungsvariable `APT_CONFIG` eine Einrichtungsdatei definiert haben.[5]
2. Danach schaut APT im Verzeichnis */etc/apt/apt.conf.d* nach und liest die Dateien in aufsteigender alphanumerischer Reihenfolge ein.
3. Erst dann kommt die Hauptkonfigurationsdatei */etc/apt/apt.conf*.
4. Zu guter Letzt ist es möglich, auf der Kommandozeile mit Aufrufparametern die Konfigurationsdirektiven zu überschreiben.

[»] Die Aufteilung in mehrere kleine Konfigurationsdateien finden Sie ebenfalls beim Webserver Apache (siehe Abschnitt 22.1.2 ab Seite 653) und beim Mailserver Exim (siehe Abschnitt 21.2.1 ab Seite 629).

5 Mehr zu Umgebungsvariablen lesen Sie in Abschnitt 18.1 ab Seite 571.

Um selbst etwas an der APT-Konfiguration zu ändern, legen Sie entweder die Datei */etc/apt/apt.conf* an und schreiben Ihre Einträge dorthin, oder Sie erstellen im Verzeichnis *apt.conf.d* eine oder mehrere Dateien für Ihre eigenen Anpassungen. Diesen geben Sie – je nach Inhalt – einen entsprechenden Namen. Durch die Form *<nummber><name>* beeinflussen Sie die Reihenfolge, in der die Einrichtungsdateien eingelesen werden. Dabei wird zuerst nach Nummern, dann alphabetisch sortiert. Beachten Sie, dass die Dateien keine Erweiterung *.conf* haben dürfen. Ebenso ausgeschlossen sind Umlaute und Sonderzeichen außer Bindestrichen (-), Unterstrichen (_) und Punkten (.).

Eigene Konfiguration erstellen

Die Datei */usr/share/doc/apt/examples/configure-index.gz*, die Sie beispielsweise auf der Kommandozeile mit dem Programm `zless`[6] betrachten, enthält viele Beispiele zur Feinabstimmung von APT und sämtliche bekannten Direktiven. Eine vorgefertigte Beispieldatei liefert */usr/share/doc/apt/examples/apt.conf*. Geben Sie `apt-config dump` in ein Terminal ein, um die komplette Konfiguration anzuzeigen.

5.4 »apt-get« und Co.

Die folgenden Abschnitte stellen verschiedene `apt`-Befehle vor. Alle hier gezeigten Kommandos führen Sie als Administrator Root in einem Terminal aus.

5.4.1 »apt-cache«

Mit `apt-cache` befragen Sie die lokale Paketdatenbank. Mit verschiedenen Befehlen durchforsten Sie die Paketliste nach Suchbegriffen, zeigen Informationen zu Paketen an und verschaffen sich einen Überblick über verfügbare Versionen. Das Kommando `apt-cache search iceweasel` gibt eine Auflistung der Pakete und ihrer Kurzbeschreibungen aus, in denen die Zeichenkette »iceweasel« vorkommt. Soll die Suche auf die Paketnamen eingegrenzt werden, setzen Sie zusätzlich den Parameter `--names-only`. Um statt der Kurzbeschreibung eine ausführliche Übersicht zu den gefundenen Paketen einzublenden, setzen Sie hingegen den Parameter `--full` ein; auch Kombinationen aus beiden Optionen sind möglich.

6 Dieses Skript packt die komprimierte Datei aus und übergibt sie dem Pager `less` (siehe Abschnitt 18.4.3 ab Seite 583).

Noch ausführlicher zeigt sich `apt-cache` zusammen mit der Aktion `show`. Der Aufruf `apt-cache show iceweasel` zeigt alle Informationen zum Paket *iceweasel* an. Neben der Beschreibung sehen Sie hier auch Angaben zur Version, zum Maintainer und zu den Abhängigkeiten. Wollen Sie ausschließlich die Abhängigkeiten eines Pakets anzeigen, heißt das Kommando `apt-cache depends iceweasel`. Ebenso können Sie auch alle Pakete auflisten, die das angegebene Paket als Abhängigkeit haben: `apt-cache rdepends iceweasel`.

Prioritäten Verwenden Sie neben dem »stable«-Release auch andere Debian-Archive als Paketquellen, so ist es oft sinnvoll, eine Übersicht aller verfügbaren Versionen anzuzeigen. Hier kommt der Befehl `policy` ins Spiel, mit dem Sie verfügbare Paketversionen der einzelnen Repositorys und die Prioritäten von jeder Quelle ausgeben:

```
zwerg:~ # apt-cache policy amarok
amarok:
  Installiert: (keine)
  Kandidat:    2.3.1-1
  Versionstabelle:
     2.4.0-1~bpo60+1 0
        100 http://backports.debian.org/debian-backports/...
     2.3.1-1 0
        500 http://ftp.uni-koeln.de/debian/ squeeze/main...
```

5.4.2 »apt-file«

Wie in Abschnitt 5.2 ab Seite 118 erwähnt, findet `dpkg -S` heraus, zu welchem Paket eine bestimmte Datei gehört. Das funktioniert aber nur mit bereits installierten Paketen. Erhalten Sie beispielsweise eine Fehlermeldung, dass ein Programm eine ganz bestimmte Datei benötigt, und wollen Sie das Paket nachinstallieren, das diese liefert, so verwenden Sie das Programm `apt-file`. Zunächst installieren Sie das gleichnamige Paket. Danach bringen Sie die Paketlisten auf den neuesten Stand:

```
apt-file update
```

Diese Aktualisierung führen Sie mindestens jedes Mal durch, wenn Sie die Liste der Paketquellen (*/etc/apt/sources.list*) verändert haben; das Update darf auch ruhig häufiger passieren, da sich `apt-file` die Contents-Dateien der Archive anschaut, und diese können sich (zumindest im Bereich »testing« oder »unstable«) täglich ändern. Zur Suche übergeben Sie den Dateinamen; `apt-file` durchsucht nun die Inhalte aller in den Paketquellen vorhandenen Pakete:

```
zwerg:~ # apt-file search gtk/gtk.h
libgfcui-dev: /usr/include/gfc-2.0/gfc/gtk/gtk.hh
libgtk2.0-dev: /usr/include/gtk-2.0/gtk/gtk.h
...
```

5.4.3 »apt-get«

Das Programm `apt-get` aktualisiert die Paketdatenbank, installiert und löscht Pakete und leistet vieles mehr. Vor jeder Aktion ist es wichtig, die Informationen über vorhandene Pakete auf dem eigenen System auf den neuesten Stand zu bringen; der Befehl `apt-get update` lädt die Beschreibungen der verfügbaren Pakete für die in der Datei *sources.list* eingetragenen Quellen herunter. Sie sollten dieses Kommando immer ausführen, bevor Sie neue Pakete installieren:

```
zwerg:~ # apt-get update
Hole:1 http://security.debian.org squeeze/updates ⮐
Release.gpg [835 B]
Ign http://security.debian.org/ squeeze/updates/contrib ⮐
Translation-de
OK   http://ftp.uni-koeln.de squeeze Release.gpg
...
Es wurden 61,9 kB in 0 s geholt (62,9 kB/s)
Paketlisten werden gelesen... Fertig
```

Cache leeren

Der Befehl `apt-get clean` löscht den Festplatten-Cache, das heißt sämtliche Pakete, die sich unterhalb von */var/cache/apt/archives/* befinden. Ersetzen Sie `clean` durch `autoclean`, so entfernen Sie nur veraltete heruntergeladene Archive.

Um ein oder mehrere Pakete zu installieren, hängen Sie als Argument `install` an den `apt-get`-Aufruf an. Da APT Abhängigkeiten automatisch auflöst, wandert im Zweifelsfall gleich ein ganzer Schwung Software auf die Platte. Ebenso kann es passieren, dass das Programm Konflikte zu anderen Komponenten entdeckt und diese dann löschen muss. In beiden Fällen bittet APT um Bestätigung. Es kann vorkommen, dass APT zusätzlich Pakete empfiehlt oder vorschlägt. Sollten Sie diese ebenfalls einspielen wollen, installieren Sie die Pakete nachträglich durch einen weiteren `apt-get`-Aufruf.

```
zwerg:~ # apt-get install bind9
Paketlisten werden gelesen... Fertig
Abhängigkeitsbaum wird aufgebaut
Statusinformationen werden eingelesen... Fertig
Die folgenden zusätzlichen Pakete werden installiert:
```

```
  bind9utils ufw
Vorgeschlagene Pakete:
  resolvconf
Die folgenden NEUEN Pakete werden installiert:
  bind9 bind9utils ufw
0 aktualisiert, 3 neu installiert, 0 zu entfernen und 2
nicht aktualisiert.
Es müssen noch 116 kB von 571 kB an Archiven
heruntergeladen werden. Nach dieser Operation werden
2.060 kB Plattenplatz zusätzlich benutzt.
Möchten Sie fortfahren [J/n]?
```

»target release«

Wie schon erwähnt, können Sie explizit angeben, aus welcher Debian-Distribution APT ein Paket installieren soll. Verwenden Sie außer »stable« weitere Repositorys (zum Beispiel »testing«), sehen Sie zunächst nach den vorhandenen Versionen (apt-cache policy <paket>). Um gezielt ein anderes Release als das normalerweise verwendete einzuspielen, haben Sie drei Möglichkeiten: Geben Sie mit dem Parameter -t das »target release« an, schreiben Sie nach dem Paketnamen einen Schrägstrich und den Distributionsnamen, oder verraten Sie APT die gewünschte Version:

```
apt-get -t squeeze-backports install amarok
apt-get install amarok/squeeze-backports
apt-get install amarok=2.4.0-1~bpo60+1
```

Mit apt-get upgrade bringen Sie bequem alle installierten Pakete auf den neuesten Stand. Gibt es Software, die nicht aktualisiert werden kann, ohne dass andere Pakete gelöscht oder installiert werden müssen, so schließt APT diese Pakete vom Upgrade aus.

```
zwerg:~ # apt-get upgrade
...
Die folgenden Pakete werden aktualisiert (Upgrade):
  login passwd
2 aktualisiert, 0 neu installiert, 0 zu entfernen und 0
nicht aktualisiert.
Es müssen 1.815 kB an Archiven heruntergeladen werden.
Nach dieser Operation werden 893 kB Plattenplatz zusätzlich
benutzt.
Möchten Sie fortfahren [J/n]?
```

[+] Um einen Testlauf zu starten und mehr Informationen über die neuen Pakete zu erhalten, hängen Sie zusätzlich die Option -s an. Es ist darüber hinaus möglich, mit der Option -d lediglich die neuen Paketversionen herunterzuladen, ohne sie einzuspielen. Sie können auch gezielt einzelne Pakete aktualisieren, indem Sie apt-get install <paket> aufrufen. Gibt es eine neuere Version auf den Servern, so veranlasst `apt-get` ein Upgrade dieses Pakets und der davon abhängenden Komponenten.

Der Befehl `apt-get dist-upgrade` greift stärker ins System ein: In dieser Variante aktualisiert das Programm auch die Pakete, für die zusätzliche installiert oder andere komplett gelöscht werden müssen. Auch in diesem Szenario sorgen die Optionen `-s` für einen Testlauf und `-d` für den reinen Download der Pakete.

Mit dem Kommando `apt-get remove` löschen Sie einzelne oder mehrere Pakete. Das Programm fragt jedes Mal nach einer Bestätigung, bevor es mit der Arbeit beginnt. Pakete, die vom »Abschusskandidaten« abhängen, werden ebenfalls entfernt:

```
zwerg:~ # apt-get remove abiword
Paketlisten werden gelesen... Fertig
Abhängigkeitsbaum wird aufgebaut
Statusinformationen werden eingelesen... Fertig
Die folgenden Pakete werden ENTFERNT:
  abiword abiword-plugin-grammar abiword-plugin-mathview
0 aktualisiert, 0 neu installiert, 3 zu entfernen und 2 ↩
nicht aktualisiert.
Nach dieser Operation werden 4.801 kB Plattenplatz ↩
freigegeben. Möchten Sie fortfahren [J/n]?
```

»autoremove«

Pakete, die aufgrund von Abhängigkeiten installiert wurden und nicht mehr länger benötigt werden, deinstalliert `apt-get` nicht automatisch. Wie das Listing zeigt, werden Sie diese Pakete über die Option `autoremove` los:

```
zwerg:~ # apt-get remove bind9
Paketlisten werden gelesen... Fertig
Abhängigkeitsbaum wird aufgebaut
Statusinformationen werden eingelesen... Fertig
Das folgende Paket wurde automatisch installiert und wird ↩
nicht mehr benötigt:
  bind9utils
Verwenden Sie »apt-get autoremove«, um sie zu entfernen.
...
zwerg:~ # apt-get autoremove
...
Die folgenden Pakete werden ENTFERNT:
  bind9utils
...
Möchten Sie fortfahren [J/n]?
```

Konfigurationsdateien

In der Voreinstellung entfernt `apt-get` auf diese Weise zwar das Paket, nicht aber seine Konfigurationsdateien. Um die Einstellungen ebenfalls zu entfernen, ersetzen Sie `remove` durch `purge`. Dass jetzt auch die Einrichtungsdateien verschwinden, erkennen Sie am Sternchen hinter dem Paketnamen und an den anschließenden Meldungen:

```
zwerg:~ # apt-get purge bind9
...
Die folgenden Pakete werden ENTFERNT:
  bind9*
...
Entfernen von bind9 ...
Löschen der Konfigurationsdateien von bind9 ...
Deleting bind user
```

[+] APT überprüft bei jedem Programmstart das System und sämtliche Abhängigkeiten. Konnten diese nicht korrekt aufgelöst werden, und ist die Paketdatenbank nicht mehr konsistent, so gibt das Programm Warnungen und Fehlermeldungen auf der Kommandozeile aus. In den meisten Fällen behebt der Aufruf `apt-get -f install` das Problem. Hilft das nicht, versuchen Sie den Konflikt selbst zu beseitigen, indem Sie das entsprechende Paket deinstallieren.

```
...
E: Unerfüllte Abhängigkeiten. Versuchen Sie »apt-get -f ➘
install« ohne Angabe eines Pakets (oder geben Sie eine ➘
Lösung an).
zwerg:~ # apt-get -f install
Paketlisten werden gelesen... Fertig
Abhängigkeitsbaum wird aufgebaut
Statusinformationen werden eingelesen... Fertig
Abhängigkeiten werden korrigiert... Fertig
...
```

5.4.4 »apt-listbugs«

Das Tool `apt-listbugs` ist ein praktischer Helfer, der nach kritischen Fehlern von Paketen Ausschau hält. In der Voreinstellung passiert dies automatisch, wenn Sie neue Software einspielen:

```
...
Laden der Bug-Reports... Erledigt
»Found/Fixed«-Informationen werden ausgewertet ... Erledigt
serious Bugs von grub-pc (1.98+20100804-8 -> 1.98+20100804-➘
10) <in einigen Versionen als »Erledigt« markiert>
 #605615 - grub-pc: Error in catalan translation that ➘
```

```
makes system unbootable (Gelöst: grub2/1.99~20101221-1)
...
Sind Sie sich sicher, dass Sie die oben genannten Pakete ⮐
installieren bzw. aufrüsten wollen? [J/n/?/...]
```

Fehlerdatenbank

Das Programm schaut dazu im Debian Bug Tracking System[7] nach Fehlermeldungen zu den Paketen, die Sie gerade installieren oder aktualisieren. Verantwortlich dafür ist die Datei */etc/apt/apt.conf.d/10apt-listbugs*, in der definiert ist, dass `apt-listbugs` vor jeder Installation nachforscht, ob es kritische Fehler in der Datenbank gibt. Auf einem als »stable« deklarierten System tauchen derartige Bugs eher selten auf; betreiben Sie aber »testing« oder sogar »unstable«, sehen Sie häufiger solche Meldungen – ein praktisches Feature, das Sie vor größeren Unfällen bewahren kann. Um selbst ein Paket mit `apt-listbugs` unter die Lupe zu nehmen, rufen Sie es zusammen mit `list` und dem Paketnamen auf:

```
zwerg:~ # apt-listbugs list installation-reports
...
»Found/Fixed«-Informationen werden ausgewertet ... Erledigt
critical Bugs von installation-reports (-> ) <ungelöst>
 #609476 - installation-reports: Insufficient care in ⮐
pre-install script
risks bricking Linkstation
serious Bugs von installation-reports (-> ) <ungelöst>
 #612293 - installation-reports: hangs up trying floppy
 #601721 - installation-reports: Build w/ /boot partition ⮐
succeeds, but re-boot fails in fsck 445148
Zusammenfassung:
 installation-reports(3 bugs)
```

5.4.5 »apt-key«

Debian GNU/Linux enthält seit »Etch« ein Feature zur sicheren Paketverwaltung: Secure APT sorgt dank kryptografisch signierter Paketindizes für mehr Sicherheit auf dem System. Jedes Debian-Repository enthält eine Datei namens *Release*, die neben Informationen zum Codenamen oder zur Versionsnummer der Distribution auch MD5-, SHA1- und SHA256-Prüfsummen der Paketindizes beinhaltet. In den *Packages*-Dateien befinden sich die Prüfsummen für die einzelnen Pakete. Anhand dieser verifiziert APT, dass die richtige Version der Paketliste heruntergeladen wurde (die MD5-Summe von *Packages* muss mit der von

7 *http://www.debian.org/Bugs/*

Release übereinstimmen) und dass sich die MD5-Summe des gewünschten Pakets mit der aus *Packages* deckt.

Die Datei *Release* steht ganz oben in der Kette und kann somit auf diese Weise nicht geprüft werden. Hier setzt Secure APT an und verifiziert die Datei anhand einer GnuPG-Signatur (siehe Abschnitt 25.5 ab Seite 713), die sich in *Release.gpg* befindet. Normalerweise sind auf Ihrer Platte nach der Installation lediglich ein paar Standardschlüssel, darunter die der Verwaltungssoftware für Debian-Archive (Paket *debian-archive-keyring*), der Stable Release Key und der Debian-Volatile-Key, vorhanden. Damit ist der sichere Transfer von Paketen aus allen drei Zweigen, »main«, »contrib« und »non-free«, gesichert. Welche Schlüssel in Ihrem Keyring (Datei */etc/apt/trusted.gpg*) sind, verrät `apt-key`:

```
zwerg:~ # apt-key list
/etc/apt/trusted.gpg
--------------------
...
pub   4096R/55BE302B 2009-01-27 [verfällt: 2012-12-31]
uid                  Debian Archive Automatic Signing ↩
Key (5.0/lenny) <ftpmaster@debian.org>

pub   2048R/6D849617 2009-01-24 [verfällt: 2013-01-23]
uid                  Debian-Volatile Archive Automatic ↩
Signing Key (5.0/lenny)

pub   4096R/B98321F9 2010-08-07 [verfällt: 2017-08-05]
uid                  Squeeze Stable Release Key ↩
<debian-release@lists.debian.org>
...
```

Haben Sie in der Liste der Paketquellen (*/etc/apt/sources.list*) weitere Repositorys eingetragen und aktualisieren Sie den Paketindex, so warnt der Paketverwalter, wenn die Signatur nicht überprüft werden kann:

```
...
W: GPG-Fehler: http://debian-multimedia.org squeeze ↩
Release: Die folgenden Signaturen konnten nicht überprüft ↩
werden, weil ihr öffentlicher Schlüssel nicht verfügbar ↩
ist: NO_PUBKEY 07DC563D1F41B907
```

»keyring«-Pakete

Spielen Sie in einem solchen Fall die entsprechenden Schlüsselbunde ein, für das Multimedia-Repository beispielsweise das Paket *debian-multimedia-keyring*. Die anschließende Warnung, dass Sie Pakete aus nicht vertrauenswürdigen Quellen installieren, müssen Sie im Fall des Keyrings explizit bestätigen. Danach rufen Sie `apt-get update` auf, und die Warnungen erscheinen nicht mehr.

```
zwerg:~ # apt-get install debian-multimedia-keyring
...
WARNUNG: Die folgenden Pakete können nicht authentifiziert ↩
werden!
  debian-multimedia-keyring
Diese Pakete ohne Überprüfung installieren [j/N]?
...
gpg: Schlüssel B98321F9: "Squeeze Stable Release Key ↩
<debian-release@lists.debian.org>" nicht geändert
gpg: Schlüssel 473041FA: "Debian Archive Automatic Signing ↩
Key (6.0/squeeze) <ftpmaster@debian.org>" nicht geändert
...
```

5.5 Aptitude

Root bei Bedarf

Aptitude ist ein praktisches APT-Frontend, das Sie entweder interaktiv über die Tastatur und die Maus steuern oder auf der Kommandozeile zusammen mit der gewünschten Aktion aufrufen. Sie starten den Paketverwalter über den Befehl `aptitude` aus einem Terminalfenster oder von einer virtuellen Konsole aus. Der Aufruf ist auch als unprivilegierter Benutzer möglich – Aptitude fordert bei Bedarf das Root-Passwort an.

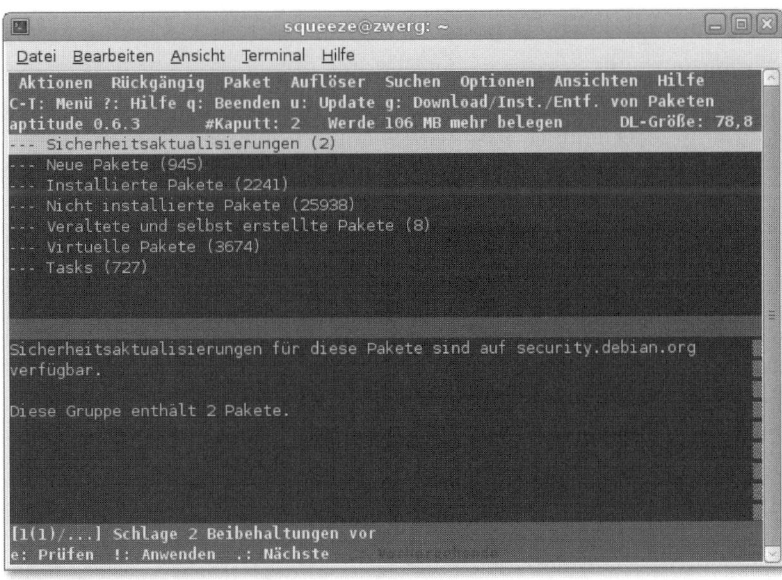

Abbildung 5.3 Interaktiv auf der Kommandozeile – Aptitude nach dem Start

Das Menü im oberen Fensterbereich erreichen Sie entweder über die Maus oder über die Tastenkombination Strg + T. Mit den Pfeiltasten wandern Sie durch die Einträge, über Eingabe wählen Sie etwas aus, und ein erneutes Drücken von Strg + T klappt das Menü wieder ein. Einige Menüeinträge zeigen Shortcuts. So aktualisieren Sie die Paketliste beispielsweise über U – ohne den Umweg über das Menü. Im mittleren Bereich sehen Sie die verschiedenen Paketgruppen. Mit den Pfeil- und Bildtasten blättern Sie durch diese durch, und mit der Taste Eingabe klappen Sie Bereiche aus und wieder ein.

[+] Die Gruppen enthalten weitere Unterkategorien. Um nicht jeden Bereich einzeln aufklappen zu müssen, bietet Aptitude eine praktische Abkürzung: Drücken Sie einfach AltGr + 8 (die sich öffnende eckige Klammer), um alle Abteilungen anzuzeigen.

Suchfunktionen

Kennen Sie den Namen eines Pakets bereits, suchen Sie nach diesem, indem Sie Umschalt + 7 (also /) drücken und ins Feld den Suchbegriff eingeben. Aptitude aktualisiert im Hintergrund die Anzeige und blendet schon erste Treffer ein, während Sie noch tippen. Weitere Treffer blenden Sie ein, indem Sie N drücken, und über AltGr + ß (also \) fahnden Sie rückwärts. Es ist möglich, die Suche noch spezifischer zu gestalten und einen Filter anzuwenden: Tippen Sie L, und geben Sie ins Feld ein Suchmuster ein, so zeigt Aptitude nur noch die Pakete an – ohne sämtliche andere Software ebenfalls einzublenden. Die Einschränkung werden Sie über das Menü SUCHEN • LÖSCHEN DES FILTERS wieder los.

Um kaputte Pakete aufzuspüren, drücken Sie hingegen B. Aptitude blendet nun unten im Fenster weitere Informationen dazu ein, warum der Zustand problematisch ist. Aptitude bietet sogar Unterstützung bei der Auflösung des Konflikts: Drücken Sie E, um den ersten Vorschlag zur Fehlerbehebung anzuzeigen; . zeigt die nächste mögliche Lösung, , die vorherige. Finden Sie ein Szenario, das Ihnen zusagt, und drücken Sie Umschalt + 1 (also !). Arbeiten Sie als »normaler« Benutzer, so warnt Aptitude, dass Sie erst Root werden müssen; diese Funktion finden Sie im Menü AKTIONEN.

Änderungen an den Paketen nehmen Sie folgendermaßen vor: Suchen Sie über die gezeigten Funktionen nach einem Programm, oder navigieren Sie über die Gruppen im Hauptfenster zum gesuchten Paket. Anschließend wählen Sie eine der folgenden Aktionen aus: + zum Installieren, - zum Entfernen, Umschalt + - (also _) zum vollständigen Entfernen mitsamt den Konfigurationsdateien, Umschalt + . (also :) zum Beibehalten, Umschalt + 0 (also =) zum Zurückhalten (sogenanntes »hold«),

(Umschalt) + (M) zum Markieren als »automatisch installiert«, (M) zum Markieren als »manuell installiert« und (Umschalt) + (F), um eine Aktualisierung dieses Pakets zu verbieten.

Anschließend zeigt Aptitude – farblich hervorgehoben – an, welche Aktion jeweils ausgesucht wurde. Zur Installation vorgemerkte Komponenten erscheinen beispielsweise in Grün, zum Löschen ausgewählte Kandidaten in Violett, als »hold« markierte Pakete sind weiß unterlegt, und nicht gelöste Konflikte präsentieren sich in Rot. Weiterhin zeigt Aptitude eine blaue Markierung, wenn ein installiertes Paket zur Aktualisierung ausgesucht wurde. **Highlighting**

Weitere Eigenschaften erkennen Sie an den Buchstaben am Zeilenanfang. Im ersten Feld sehen Sie den aktuellen Zustand, das zweite Feld beschreibt eventuell durchzuführende Aktionen, und im dritten Feld steht ein **A**, wenn es sich um ein automatisch installiertes Paket handelt. Mögliche Zustände im ersten Feld sind **p** (Paket ist nicht installiert, es gibt keinerlei Spuren auf der Festplatte), **c** (das Paket wurde gelöscht, die Konfiguration ist aber noch vorhanden), **i** (Paket ist installiert), **v** (virtuelles Paket), **B** (das Paket hat ungelöste Abhängigkeiten), **u** (Paket ist ausgepackt, aber unkonfiguriert), **C** (Paket ist halb konfiguriert) und **H** (Paket ist halb installiert). Im zweiten Feld, dem »Aktionsbereich«, sehen Sie Buchstaben, wie **i** (zur Installation ausgesucht), **u** (zur Aktualisierung vorgemerkt), **d** (Paket wird gelöscht, die Konfigurationsdateien bleiben aber), **p** (Paket wird mitsamt Konfiguration entfernt), **h** (Paket steht auf »hold«, wird also nicht aktualisiert, selbst wenn eine neue Version vorhanden ist, und zwar so lange, bis die »hold«-Markierung entfernt wird), **F** (Aktualisierung wurde verboten), **r** (Paket zur erneuten Installation vorgemerkt) und **B** (Paket ist kaputt, und Aptitude wird sich weigern, Software zu entfernen oder zu installieren, bis der Konflikt gelöst wurde).

Sie können einzelne Arbeitsschritte jederzeit rückgängig machen, indem Sie entweder auf den gleichnamigen Menüeintrag gehen oder die Tastenkombination (Strg) + (U) drücken. **[+]**

Sind Sie mit den ausgewählten Aktionen zufrieden, teilen Sie Aptitude nun über AKTIONEN • INSTALLIEREN/ENTFERNEN VON PAKETEN ((G)) mit, dass es Zeit ist, an die Arbeit zu gehen. In der Vorschau zeigt der Paketverwalter nun an, welche zusätzlichen Pakete entfernt oder installiert werden – dazu gehört zum Beispiel Software, die vom ausgesuchten Paket benötigt wird, oder Pakete, die entfernt werden, weil sie nicht mehr gebraucht werden. Auch Pakete, die aufgrund nicht erfüllter Abhängigkeiten gelöscht werden, sehen Sie in der Liste. Erneutes Betätigen der Taste (G) führt die Aktionen aus; alternativ brechen Sie den Vorgang über (Q) ab. Da Root-Rechte benötigt werden, blendet Aptitude nun einen Dialog ein, in dem Sie sich als Administrator anmelden können.

[»] Sie sollten regelmäßig überprüfen, ob es neuere Versionen oder Sicherheitsaktualisierungen auf den Servern gibt. Um die Paketliste zu aktualisieren, drücken Sie (U) – auch für diese Aktion sind Administratorrechte nötig. Um auf einen Schlag alle in der Gruppe SICHERHEITSAKTUALISIERUNGEN gelisteten Pakete zu aktualisieren, verwenden Sie die Tastenkombination (Umschalt) + (U).

Cache aufräumen Pakete, die Aptitude heruntergeladen hat, speichert es im Verzeichnis */var/cache/apt/archives*. Um diesen Zwischenspeicher aufzuräumen, stehen im Menü AKTIONEN zwei Möglichkeiten zur Verfügung: Leeren Sie den Paket-Cache entweder vollständig oder entfernen Sie nur veraltete Pakete daraus.

Aptitude-Befehle auf der Shell

Aptitude bietet neben der interaktiven Oberfläche jede Menge Möglichkeiten auf der Kommandozeile – das spart Zeit und bietet darüber hinaus zusätzliche Features. Alle vorgestellten Befehle (außer den reinen Such- und Anzeigekommandos) führen Sie als Benutzer Root in einem Terminal aus. Die meisten Optionen ähneln denen von `apt-get` bzw. `apt-cache`:

- `aptitude search <begriff>`
  Durchsucht die Paketnamen und -beschreibungen nach dem angegebenen Begriff und schreibt die Suchergebnisse ins Terminal.
- `aptitude show <paket(e)>`
  Zeigt detaillierte Informationen zu einem oder mehreren Paketen.
- `aptitude update`
  Aktualisiert die Paketliste.
- `aptitude safe-upgrade`
  Führt ein »sicheres« Upgrade durch, ignoriert also Abhängigkeitsprobleme und vermeidet die Aktualisierung problematischer Pakete, anstatt sie zu entfernen.
- `aptitude full-upgrade`
  Aktualisiert Pakete, geht dabei aber etwas aggressiver vor als beim reinen Upgrade und installiert beziehungsweise entfernt weitere Pakete, falls nötig. Für das System wichtige Pakete werden zuerst installiert.

- `aptitude install <paket(e)>`
  Installiert die angegebene Software. Ist ein Paket schon vorhanden und gibt es eine neuere Version, aktualisiert das Kommando diese Pakete.
- `aptitude remove <paket(e)>`
  Entfernt das Paket bzw. die Pakete, behält aber die Konfigurationsdateien auf der Platte zurück, sodass Ihre Einstellungen bei einer erneuten Installation noch vorhanden sind.
- `aptitude purge <paket(e)>`
  Entfernt das Paket bzw. die Pakete und die dazugehörigen Konfigurationsdateien.
- `aptitude markauto <paket(e)>`
  Markiert ein oder mehrere Pakete als »automatisch installiert«.
- `aptitude unmarkauto <paket(e)>`
  Markiert ein oder mehrere Pakete als »manuell installiert«.
- `aptitude hold <paket(e)>`
  Setzt ein oder mehrere Pakete auf »hold« beziehungsweise entfernt diesen Status wieder.
- `aptitude clean`
  Leert den Cache unter */var/cache/apt/archives*.
- `aptitude autoclean`
  Entfernt aus dem Cache nur Pakete, die nicht länger auf den Servern vorhanden sind (veraltete Pakete).

5.6 Gruppenarbeit – »tasksel«

Paketgruppen

Debian GNU/Linux bietet einen praktischen Helfer, der Entscheidungshilfe bei der Paketauswahl leistet. Das Programm `tasksel` (wie englisch »task« = »Aufgabe«) haben Sie schon während der Konfiguration des Grundsystems in Abschnitt 3.11 ab Seite 85 kennen gelernt. Die Anwendung fasst mehrere Pakete zu einer Gruppe, sogenannten Tasks, zusammen und erlaubt so die Installation von zusammenhängenden Komponenten in einem Rutsch.

Starten Sie das Tool als Administrator durch Eingabe von `tasksel` auf der Kommandozeile. Der anschließende Dialog präsentiert die verfügbaren Zusammenstellungen. Bereits installierte Paketgruppen sind mit einem

Sternchen markiert. Mit den Pfeiltasten blättern Sie durch die einzelnen Gruppen, und mit der Leertaste wählen Sie einen Eintrag an oder ab. Springen Sie nach der Auswahl mit Tabulator auf OK, und bestätigen Sie über (Eingabe).

Das Tool bietet darüber hinaus einige interessante Parameter: So zeigt der Aufruf `tasksel --list-tasks` alle Gruppen direkt auf der Kommandozeile an – ein **i** am Zeilenanfang bedeutet, dass die Auswahl installiert ist, und das **u** bedeutet, dass die Gruppe nicht eingespielt wurde. Um schnell in Erfahrung zu bringen, welche Pakete eine Auswahl enthält, rufen Sie die Anwendung zusammen mit der Option `--task-packages` und dem `task` auf, zum Beispiel so:

```
zwerg:~ # tasksel --task-packages web-server
libapache2-mod-python
apache2-doc
libapache2-mod-php5
libapache2-mod-perl2
apache2-mpm-prefork
analog
```

Kurzbeschreibung

Der Befehl `tasksel --task-desc <task>` liefert eine Kurzbeschreibung der Softwaresammlung. Um eine Gruppe gezielt einzuspielen, müssen Sie nicht erst `tasksel` starten, etwas auswählen und auf OK gehen – schneller geht es, wenn Sie die Sammlung direkt über `tasksel install <task>` aussuchen.

[+] Aptitude bietet über die Paketgruppen unter TASKS eine Schnittstelle zum Task-System. Wer die hier gezeigten Kommandozeilenbefehle umständlich findet, betrachtet und installiert die Zusammenstellungen in Aptitude. In der Ncurses-Oberfläche blättern Sie zu einem Task und drücken (+), um alle Pakete in dieser Gruppe zur Installation vorzumerken. Alternativ spielen Sie eine solche Gruppe auf der Kommandozeile über `aptitude install <taskname>` oder `apt-get install <taskname>^` ein.[8]

5.7 Synaptic

Synaptic[9] ist ein auf GTK basierendes Paketverwaltungstool. Wenn Sie GNOME als Desktopumgebung installiert haben, ist Synaptic automatisch installiert; andernfalls rüsten Sie es über das gleichnamige Paket nach. Sie starten das Programm über SYSTEM • SYSTEMVERWALTUNG • SYNAPTIC-PAKET-

8 Beachten Sie das Caret-Zeichen hinter dem Tasknamen im `apt-get`-Aufruf.

9 *http://www.nongnu.org/synaptic/*

VERWALTUNG. Alternativ öffnen Sie über (Alt) + (F2) ein Schnellstartfenster und geben `gksu synaptic` ein. Ins folgende Dialogfenster tippen Sie das Root-Passwort ein.

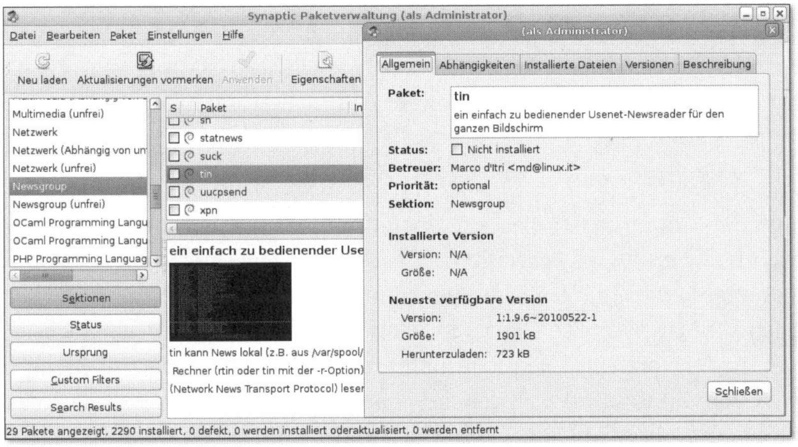

Abbildung 5.4 Synaptic ist ein komfortabler grafischer Paketverwalter.

Beschreibungen anzeigen

In der linken Ansicht sehen Sie eine Übersicht der Paketgruppen; ein Klick auf eine Kategorie blendet in der rechten oberen Hälfte die einzelnen Pakete ein. Markieren Sie eines mit der linken Maustaste, um im unteren Fensterbereich eine ausführliche Beschreibung einzublenden. Wer sich für verfügbare Versionen, eine ausführliche Dateiliste des Pakets oder für die Abhängigkeiten interessiert, der öffnet über den Button EIGENSCHAFTEN in der Werkzeugleiste ein Dialogfenster mit weiteren Informationen. Inzwischen präsentiert Synaptic auch Bilder der Anwendungen (Button GET SCREENSHOT) im Programmfenster. Diese Vorschaugrafiken stehen auf der Webseite *http://screenshots.debian.net/* zur Verfügung. Fehlt dort ein Bild, bietet die Seite ein intuitives Interface, um selbst einen Screenshot hochzuladen.

Über BEARBEITEN • SUCHEN (Tastenkombination (Strg) + (F)) oder einen Klick auf das Lupensymbol starten Sie eine Suchmaske, in der Sie gezielt nach Paketnamen oder -beschreibungen suchen können. Weitere Suchkriterien sind der Name des Maintainers, die Version oder Abhängigkeiten. Um ein Paket zu installieren, zu aktualisieren oder zu löschen, klicken Sie in die Checkbox vor dem Paketnamen und wählen die gewünschte Aktion aus dem Kontextmenü aus. Synaptic beginnt nicht sofort mit der Arbeit, sondern wartet, bis Sie explizit auf ANWENDEN geklickt haben.

[+] Synaptic unterstützt Sie nicht nur bei diesen Aufgaben, sondern hilft auch bei der Verwaltung der Paketlisten (*/etc/apt/sources.list*). Über EINSTELLUNGEN • PAKETQUELLEN starten Sie ein Dialogfenster, in dem Sie gezielt vorhandene Repositorys ein- und ausschalten, Einträge löschen und neue Einträge anlegen. Diesen Dialog können Sie auch unabhängig von Synaptic über das Menü SYSTEM • SYSTEMVERWALTUNG • SOFTWARE-QUELLEN öffnen. Praktischerweise ist auch eine Funktion dabei, mit der Sie neue CDs/DVDs als Installationsquelle hinzufügen (Reiter SOFTWARE VON DRITTANBIETERN, Schaltfläche CD-ROM HINZUFÜGEN).

Update Notifier Auf dem dritten Reiter dieses Dialogfensters (AKTUALISIERUNGEN) richten Sie ein, wie oft das Programm nach verfügbaren Updates suchen soll. Voreingestellt ist die tägliche Überprüfung, Sie können das Intervall aber auch auf ALLE ZWEI TAGE, WÖCHENTLICH oder ALLE ZWEI WOCHEN hochsetzen. In der Voreinstellung übernimmt das Tool nur die Benachrichtigung, was sinnvoll ist. Optional stellen Sie über die Checkboxen ein, dass das Programm ohne Ihr Zutun Sicherheitsupdates installiert oder die aktualisierten Pakete herunterlädt. Solche Automatismen sind allerdings mit Vorsicht zu genießen. Abschnitt 17.9.4 ab Seite 558 zeigt eine gute und sichere Alternative zur Benachrichtigung über Updates.

Abbildung 5.5 Es gibt aktualisierte Pakete auf den Servern.

Dass neue Versionen verfügbar sind, erfahren Sie über das Icon im Panel rechts oben. Wenn Sie mit dem Mauszeiger über das Symbol fahren, sehen Sie, wie viele Upgrades warten; ein Klick auf das Icon startet den Dialog UPDATE MANAGER. Dieser zeigt nicht nur die aktualisierten Pakete an, sondern startet über INSTALL UPDATES auch direkt Synaptic. Alternativ spielen Sie die Software über die Shell ein und nutzen das Applet einfach nur zur Benachrichtigung.

[«] Wenn das Panel-Applet Sie stört, etwa weil Sie selbst regelmäßig nach Aktualisierungen suchen und die Erinnerung lästig finden, deinstallieren Sie das Paket *update-notifier-common*, was auch das Entfernen von *update-notifier* nach sich zieht. Das Icon im Systemabschnitt der Kontrollleiste verschwindet automatisch.

5.8 Software-Center

Neues Synaptic-Frontend

Neu mit dabei in Debian GNU/Linux »Squeeze« ist das Software-Center[10] – Ubuntu-Nutzern schon seit 9.10 (»Karmic Koala«) bekannt. Dieses Programm setzt im Hintergrund auf Synaptic, bietet aber eine andere grafische Oberfläche, in der Sie schnell mit der Maus durch die einzelnen Abteilungen browsen.

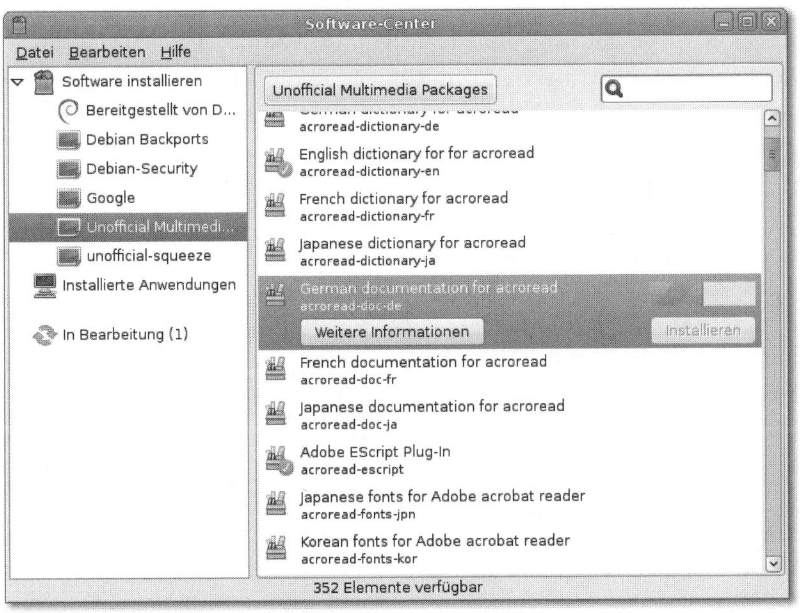

Abbildung 5.6 Das Software-Center ist ein alternativer grafischer Paketverwalter, der im Hintergrund auf Synaptic setzt.

Nach dem Start über SYSTEM • SYSTEMVERWALTUNG • SOFTWARE-CENTER sehen Sie ein zweigeteiltes Fenster. Rechts sind die einzelnen Anwendungs-

10 *https://launchpad.net/software-center*

bereiche, in denen Sie per Mausklick durch die Programme navigieren. Ein Klick auf WEITERE INFORMATIONEN zeigt jeweils einen Screenshot und eine Beschreibung sowie Schaltflächen zum Installieren und Entfernen. Außerdem finden Sie im Startbildschirm einen Extrabereich namens AUSGESUCHTE ANWENDUNGEN. In der Sammlung sind nicht installierte, aber empfehlenswerte Anwendungen wie der Audioeditor Audacity, die 3-D-Grafiksoftware Blender, die Backuplösung Déjà Dup und Spiele wie Frozen-Bubble oder Pingus enthalten – das Stöbern lohnt sich.

Die linke Leiste ermöglicht den schnellen Zugriff auf installierte Anwendungen und listet unterhalb von SOFTWARE INSTALLIEREN die einzelnen Paketquellen auf. Wer nicht einfach browsen, sondern gezielt suchen möchte, der findet oben rechts ein entsprechendes Suchfeld. Sobald Sie etwas installieren oder entfernen, fragt Software-Center nach dem Root-Passwort. Ein Fortschrittsbalken neben dem Paket informiert Sie anschließend, dass etwas passiert – was genau im Hintergrund läuft, welche Pakete auf die Platte wandern oder gelöscht werden, verrät das Software-Center jedoch nicht.

Abgesehen von der mangelnden Auskunftsbereitschaft hat das Software-Center im Moment noch einige Kinderkrankheiten. Die mit »Squeeze« ausgelieferte Version stürzte im Test häufiger mit ominösen Speicherzugriffsfehlern ab.

5.9 Das Programm »debconf«

Debconf-Datenbank

Die meisten Pakete sind korrekt vorkonfiguriert und integrieren sich bei der Installation nahtlos in Ihr Debian-System. Einige Programme benötigen zusätzliche Angaben während der Einrichtung. Sämtliche dieser Informationen zur Konfiguration verwaltet das System Debconf an zentraler Stelle in einer Datenbank (*/var/cache/debconf/config.dat*). Sollen Pakete vor der Installation nicht von Debconf eingerichtet werden, kommentieren Sie die folgende Zeile in der Datei */etc/apt/apt.conf.d/70debconf* durch Voranstellen von zwei Schrägstrichen (//) aus. Soll ein Paket danach wieder vorkonfiguriert werden, starten Sie den Vorgang von Hand durch Eingabe des Befehls `dpkg-preconfigure <paket>`.

```
DPkg::Pre-Install-Pkgs {"/usr/sbin/dpkg-preconfigure --apt ➘
|| true";};
```

»dpkg-reconfigure«

Wenn Sie die Konfiguration eines Pakets nachträglich mit dem Kommando `dpkg-reconfigure` anpassen, wird auf die Angaben in der Datenbank zurückgegriffen, und die dort hinterlegten Antworten werden als Standardeinstellung vorausgesetzt. Die einzelnen Debconf-Fragen sind in vier unterschiedliche Kategorien eingeteilt, anhand derer der Maintainer des jeweiligen Pakete entscheidet, wie wichtig die Antwort ist:

- **Priorität »low«**
  Zeigt alle Fragen an und bietet somit die volle Kontrolle.
- **Priorität »medium«**
  Stellt nur normale Fragen und bietet sinnvolle Voreinstellungen.
- **Priorität »high«**
  Stellt nur wichtige Fragen (Standard).
- **Priorität »critical«**
  Stellt nur sehr wichtige Fragen, die unbedingt eine Antwort erfordern, weil das System sonst unbrauchbar wird.

Welche dieser Fragen Sie bei der Einrichtung sehen wollen, entscheiden Sie selbst. Temporär beeinflussen Sie die Priorität über die Option `--priority=<prio>` (oder kürzer `-p<prio>`). Dieser Parameter steht für die beiden Kommandos `dpkg-preconfigure` und `dpkg-reconfigure` zur Verfügung, zum Beispiel:

```
dpkg-reconfigure --priority=high exim4-config
dpkg-reconfigure -phigh exim4-config
```

Alternativ bestimmen Sie über den Aufruf `dpkg-reconfigure debconf` global, wie neugierig Debconf ist. Das Kommando `debconf-show` präsentiert Informationen aus der Datenbank auf der Kommandozeile. Rufen Sie den Befehl zusammen mit einem Paketnamen auf, um die Konfiguration anzuzeigen:

```
zwerg:~ # debconf-show debconf
  debconf-apt-progress/preparing:
  debconf-apt-progress/title:
  debconf-apt-progress/info:
  debconf-apt-progress/media-change:
* debconf/frontend: Dialog
* debconf/priority: medium
```

Fragen, die Sie bei der Einrichtung beantwortet haben, erkennen Sie am Sternchen vor der Zeile.

[+] Debconf bietet verschiedene Frontends an. Die in der Voreinstellung verwendete Textschnittstelle eignet sich für Terminalfans und erscheint auch immer dann, wenn Sie `dpkg-reconfigure` auf der Konsole aufrufen. Alternativ stehen Ihnen GNOME- und KDE-Interfaces zur Verfügung, die ein Dialogfenster auf den Plan rufen und sich gut in den jeweiligen Desktop integrieren. Sie stellen die grafische Debconf-Variante über den Befehl `dpkg-reconfigure debconf` ein. Beachten Sie, dass Sie für das KDE-Frontend die beiden Pakete *libqtgui4-perl* und *libqtcore4-perl* benötigen.

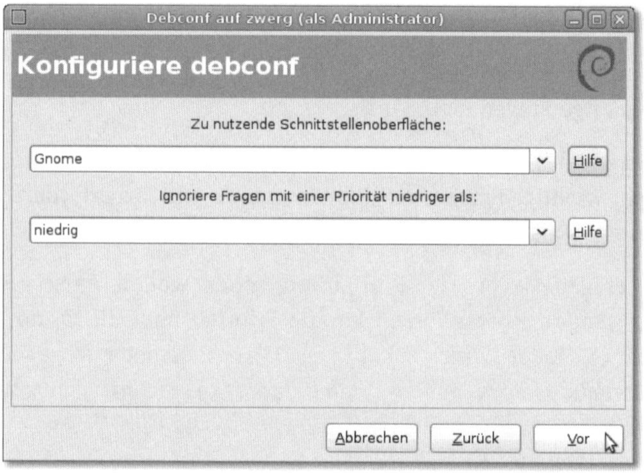

Abbildung 5.7 Debconf passt sich auf Wunsch in die jeweilige Desktopumgebung (hier GNOME) ein.

5.10 Immer eine Alternative – »/etc/alternatives«

Qual der Wahl? Debian GNU/Linux bietet so viele Pakete, dass es für die meisten Einsatzbereiche gleich mehrere alternative Programme gibt. So kann der Anwender aus zahlreichen Windowmanagern, Texteditoren und Browsern das persönliche Lieblingsprogramm auswählen. Unter Debian GNU/Linux wird mit sogenannten Alternativen nun für eine solche Gruppe eine Standardanwendung bestimmt, die startet, wenn Sie nichts anderes angeben. Das macht sich beispielsweise die schlanke Desktopumgebung LXDE zunutze, die beim Klick auf die Panel-Icons den unter */etc/alternatives/x-www-browser* definierten Browser und das unter */etc/alternatives/x-terminal-emulator* definierte Terminal startet.

Symbolische Links

Diese Dateien in */etc/alternatives/* sind symbolische Links (Symlinks, siehe Abschnitt 17.2 ab Seite 492) und verweisen auf die zu startenden Standardprogramme:

```
zwerg:~ # ls -la /etc/alternatives/x-www-browser
lrwxrwxrwx 1 root root 22 12. Feb 14:32 x-www-browser ↩
-> /usr/bin/google-chrome
zwerg:~ # ls -la /etc/alternatives/x-terminal-emulator
lrwxrwxrwx 1 root root 31  3. Nov 13:07 x-terminal-emulator ↩
-> /usr/bin/gnome-terminal.wrapper
```

»update-alternatives«

Theoretisch könnten Sie die Symlinks von Hand verschieben, um die Prioritäten innerhalb einer Gruppe von Alternativen zu verändern. Praktischer ist allerdings das Debian-eigene Konfigurationswerkzeug zur Anpassung der Links `update-alternatives`. Zusammen mit der Option `--display` und dem Namen des Programms zeigt das Tool den Status, die Priorität und weitere Alternativen an:

```
zwerg:~ # update-alternatives --display x-www-browser
x-www-browser - Auto-Modus
  Link verweist zur Zeit auf /usr/bin/google-chrome
/usr/bin/epiphany-browser - Priorität 85
 Slave x-www-browser.1.gz: /usr/share/man/man1/epiphany-↩
browser.1.gz
/usr/bin/google-chrome - Priorität 200
/usr/bin/iceweasel - Priorität 70
 Slave x-www-browser.1.gz: /usr/share/man/man1/iceweasel.1.gz
/usr/bin/konqueror - Priorität 100
 Slave x-www-browser.1.gz: /usr/share/man/man1/konqueror.1.gz
Gegenwärtig »beste« Version ist »/usr/bin/google-chrome«.

zwerg:~ # update-alternatives --display x-terminal-emulator
x-terminal-emulator - Auto-Modus
  Link verweist zur Zeit auf /usr/bin/gnome-terminal.wrapper
/usr/bin/gnome-terminal.wrapper - Priorität 40
/usr/bin/konsole - Priorität 40
/usr/bin/lxterm - Priorität 30
/usr/bin/lxterminal - Priorität 40
/usr/bin/uxterm - Priorität 20
/usr/bin/xterm - Priorität 20
Gegenwärtig »beste« Version ist »/usr/bin/gnome-terminal.↩
wrapper«.
```

Die Ausgabe des ersten Befehls zeigt, dass Epiphany, Iceweasel und Konqueror als mögliche Alternative zu Google Chrome zur Verfügung stehen.

Das zweite Kommando verrät, dass derzeit das GNOME-Terminal die Standard-Konsolenanwendung ist. Um das bevorzugte Programm neu zu definieren, verwenden Sie die Option `--config`:

```
zwerg:~ # update-alternatives --config x-www-browser
Es gibt 4 Auswahlmöglichkeiten für die Alternative
x-www-browser (welche /usr/bin/x-www-browser bereitstellen).

  Auswahl Pfad                      Priorität Status
----------------------------------------------------
* 0       /usr/bin/google-chrome     200       Auto-Modus
  1       /usr/bin/epiphany-browser 85        manueller Modus
  2       /usr/bin/google-chrome     200       manueller Modus
  3       /usr/bin/iceweasel         70        manueller Modus
  4       /usr/bin/konqueror         100       manueller Modus

Drücken Sie die Eingabetaste, um die aktuelle Wahl[*]
beizubehalten, oder geben Sie die Auswahlnummer ein: 3
update-alternatives: /usr/bin/iceweasel wird verwendet, um
/usr/bin/x-www-browser (x-www-browser) im manueller Modus
bereitzustellen.
```

Eigene Einträge

Über den Parameter `--install` ist es darüber hinaus möglich, eigene Einträge für die Alternatives einzurichten. So taucht auf dem Testrechner beispielsweise für den *gnome-www-browser* logischerweise kein Konqueror auf. Wollen Sie das KDE-Programm dennoch als Alternative aufnehmen, definieren Sie hinter der Aufrufoption zusätzlich den generischen Namen und den Namen des Symlinks der Alternative sowie den Pfad zum ausführbaren Programm (hier über das Kommando `which` ermittelt) und die Priorität:

```
zwerg:~ # update-alternatives --install /usr/bin/gnome-www-↩
browser gnome-www-browser `which konqueror` 100

zwerg:~ # update-alternatives --display gnome-www-browser
...
/usr/bin/konqueror - Priorität 100
Gegenwärtig »beste« Version ist »/usr/bin/google-chrome«.
```

Dieses Kapitel erklärt Netzwerkgrundlagen, gibt Tipps zur Einrichtung von Netzwerkkarten und erklärt die entsprechenden Konfigurationsdateien. Darüber hinaus erfahren Sie, wie Sie den Linux-Rechner mit dem Internet verbinden.

6 Netzwerk und Internet

TCP/IP

Damit Computer in einem Netzwerk miteinander kommunizieren können, müssen sie sich zum einen auf ein gemeinsames Übertragungsprotokoll einigen: In der Regel findet die Kommunikation über eines der Protokolle aus der TCP/IP-Familie (Transmission Control Protocol, Internet Protocol) statt.[1] Zum anderen müssen die Rechner eindeutig adressierbar sein. Zu diesem Zweck erhalten sie eine IP-Adresse.

6.1 IP-Adressen

Aktuelle IP-Adressen (IPv4) sind 32 Bit lang. Sie bestehen aus vier Blöcken zu je 8 Bit (das entspricht dezimal 0 bis 255), die jeweils durch einen Punkt voneinander getrennt werden – so steht der Bereich zwischen 0.0.0.0 und 255.255.255.255 zur Verfügung. Damit es zu keinen Kollisionen kommt, überwachen Gremien die weltweite Vergabe dieser Adressen; zudem unterscheidet man zwischen öffentlichen und privaten Adressen. Die privaten Adressen werden ausschließlich im eigenen Heimnetz vergeben und tauchen nicht im Internet auf, um Adresskonflikte zu vermeiden. Die folgenden Bereiche sind für den privaten Bereich reserviert:

- *10.0.0.0* bis *10.255.255.255*
- *172.16.0.0* bis *172.31.255.255*
- *192.168.0.0* bis *192.168.255.255*

Da diese Adressen nicht im Internet auftauchen können, weist Ihnen Ihr Provider beim Verbindungsaufbau eine Adresse aus dem öffentlichen Bereich zu. Und damit auch alle eventuell vorhandenen anderen Compu-

1 *http://de.wikipedia.org/wiki/TCP/IP*

ter aus Ihrem Heimnetz mitmischen dürfen, gibt es die Möglichkeit, alle über einen Router mit der Außenwelt zu verbinden. So erhält der Router die Zuweisung des Providers (die öffentliche IP-Adresse), und alle weiteren Computer (mit den privaten Adressen im eigenen Heimnetzwerk) benutzen diesen, um mit Computern außerhalb des lokalen Netzwerks zu kommunizieren. Dieses Verfahren heißt NAT (Network Address Translation) – der Router manipuliert die weiterzuleitenden Pakete so, als wäre er der Absender, und für eingehende Pakete ersetzt er die Zieladresse durch die private IP des jeweiligen Computers.

Subnetzmaske IP-Adressen sind strukturiert aufgebaut: Der erste Teil bezeichnet die Nummer des Netzwerks, in dem sich der Computer befindet, und der zweite Teil spricht den Rechner an. Für die Aufteilung verantwortlich ist die Subnetzmaske (auch Netzmaske oder Netzwerkmaske genannt), die bestimmt, welcher Teil der Adresse die Host- und welcher die Netzwerkadresse ist. Hat der Rechner beispielsweise die IP-Adresse 192.168.2.16, so bedeutet eine Subnetzmaske von 255.255.255.0, dass sämtliche Rechner des Netzwerks eine IP haben, die mit 192.168.2. beginnt, also in den ersten drei Bytes übereinstimmt. Wer mehr als die damit möglichen 254 Computer mit IPs ausstatten muss, wählt entsprechend eine andere Netzmaske, zum Beispiel 255.255.0.0, und hat damit ein Byte mehr zur Verfügung für die einzelnen IP-Adressen.

IPv4 und IPv6

Anfang Februar 2011 war es so weit – die NRO (Number Resource Organization, *http://www.nro.net/*) meldete, dass alle IPv4-Adressen aufgebraucht sind. Die IANA (Internet Assigned Numbers Authority) verteilte die letzten beiden IPv4-Adressblöcke, die wahrscheinlich noch zwei bis sieben Monate IP-Adressen für Provider und Unternehmen bereitstellen. Da es mit IPv4 höchstens 2^{32} (ca. 4 Milliarden) Adressen geben kann und in Zukunft deutlich mehr IP-Adressen benötigt werden, wurde als Nachfolger IPv6 (Internet Protocol Version 6) entwickelt. IPv6 bietet mit 128 Bit langen Adressen insgesamt 2^{128} (ca. 340 Sextillionen, also 36 Nullen) Adressen.

IPv4 und IPv6 können parallel betrieben werden, sodass man für den Übergang zu den neuen Adressen keine neuen Leitungen, Netzwerkkarten oder Geräte benötigt – sofern das Betriebssystem selbst IPv6 unterstützt. Für Linux und viele andere Systeme gilt das schon einige Zeit, in der Praxis setzt sich das neue Protokoll jedoch recht langsam durch. Immer mehr Internet Service Provider bieten zwar IPv6 in ihren Netzen, meistens läuft dies aber noch im Testbetrieb.

[+] Hat Ihre Internetverbindung öfter »Schluckauf«, und arbeitet sie ungewöhnlich langsam, kann das Deaktivieren von IPv6 helfen. Dazu setzen Sie das `ipv6`-Kernel-Modul (siehe auch Kapitel 28 ab Seite

763) auf die Blacklist. Öffnen Sie als Systemverwalter Root die Datei */etc/modprobe.d/blacklist.conf* in einem Texteditor, gehen Sie ganz ans Ende, und fügen Sie eine neue Zeile hinzu:

```
blacklist ipv6
```

Anschließend starten Sie den Rechner neu.

6.2 Netzwerkkarte(n) konfigurieren

DHCP-Server oder statische IP

Normalerweise erkennt Debian GNU/Linux Netzwerkkarten automatisch und bietet an, diese schon bei der Installation der Distribution richtig zu konfigurieren (siehe Abschnitt 3.4 ab Seite 67). In diesem Zusammenhang bietet der Debian-Installer nur an, das primäre Gerät einzurichten. Hat der Rechner mehr als eine Karte, haben Sie die Konfiguration übersprungen oder ändert sich grundsätzlich etwas an Ihrem Setup, so erfahren Sie in den folgenden Abschnitten, wie Sie nachträglich Hand anlegen. Wenn im eigenen Heimnetz ein DHCP-Server vorhanden ist (etwa ein Hardwarerouter oder ein anderer Computer), versorgt dieser den Linux-Rechner automatisch mit IP-Adresse, Subnetzmaske, Angaben zum Nameserver und Gateway.[2] Alternativ richten Sie sämtliche Komponenten von Hand ein und vergeben statische Werte.

Die nächsten Abschnitte erklären zunächst die Einrichtung von WLAN-Karten. Danach lesen Sie mehr über die Konfiguration von Netzwerkkarten mit dem NetworkManager und dem alternativen Verwaltungstool Wicd. Eine allgemeine Vorstellung der relevanten Konfigurationsdateien zur Netzwerkeinrichtung und eine Anleitung zur automatischen Einrichtung von Schnittstellen mit Debian-Bordmitteln runden diesen Teil des Kapitels ab.

In der vorigen Auflage habe ich als Alternative zum NetworkManager die grafischen Konfigurationstools der Desktopumgebungen GNOME und KDE zur Vergabe statischer IP-Adressen vorgestellt. Den Einsatz von `network-admin` und den Netzwerkeinstellungen in den KDE-Systemsettings kann ich nicht länger empfehlen. Beide Tools stellten sich auf dem Testrechner als problematisch heraus; die KDE-SC-4-Anwendung schrieb sogar falsche Einträge in die Konfigurationsdateien und trennte daraufhin den Computer vom Netz.

2 Mehr zur Konfiguration eines eigenen DHCP-Servers unter Debian GNU/Linux lesen Sie in Kapitel 19 ab Seite 601. Hier finden Sie auch Hinweise, wie Sie diesen Server für andere Betriebssysteme (Windows und Mac OS X) verwenden.

6.2.1 Drahtlos ins Netz

Der Dreh- und Angelpunkt von drahtlosen Verbindungen sind sogenannte Hot Spots oder Access Points. Dahinter verbirgt sich ein Gerät, das den Übergang vom drahtlosen Netz zum Drahtnetz abwickelt. Dieser WLAN-Router entscheidet, welche Rechner sich mit ihm verbinden dürfen, ob und welche Form der Verschlüsselung zum Einsatz kommt und über welche Frequenz der Funkverkehr läuft. Die meisten dieser WLAN-Router richten Sie über ein Webinterface ein: Hier konfigurieren Sie unter anderem den Namen des Netzwerks – die (E)SSID, (Extended) Service Set Identifier. Sicherheitsbewusste Benutzer schalten die Übertragung dieses Namens ab, um nur solchen Anwendern den Zugang zu ermöglichen, die den Namen kennen. Dieser »Schutz« ist relativ leicht zu umgehen, daher empfiehlt es sich zusätzlich, das Funknetzwerk zu verschlüsseln. Heutzutage ist WPA2 (WiFi Protected Access 2), die gängige Verschlüsselungsmethode und löst die Vorgänger WEP (Wired Equivalent Privacy) und WPA ab.

WLAN-Hardware

Die Einrichtung von WLAN-Hardware unter Linux hat leider immer noch ein bisschen etwas von »Hexerei« – viele Netzwerkkarten und USB-Adapter werden zwar unterstützt, die meisten Treiber sind allerdings nicht unter einer freien Lizenz verfügbar und damit auch nicht in den offiziellen Quellen als Debian-Pakete vorhanden. Einige Geräte (zum Beispiel von Ralink, Broadcom oder Intel) benötigen proprietäre Firmware. Das »non-free«-Repository (siehe Kapitel 5 ab Seite 115) bietet verschiedene Pakete mit entsprechender Firmware an; suchen Sie dazu im Paketmanager nach dem Begriff »firmware«. Alternativ bleibt oft nur der Ausweg über NDISwrapper und die Windows-Treiber.[3]

Andere WLAN-Geräte funktionieren »out of the box«; entsprechende Treiber bringt der Kernel bereits mit; diese werden nach dem Einstecken automatisch geladen. Es ist unmöglich, eine allgemeingültige Anleitung zur Einrichtung von WLAN-Hardware zu schreiben; am besten befragen Sie eine Suchmaschine im Internet mit den Stichwörtern »<Ihr_Chipsatz> Linux Treiber«. Welchen Chipsatz Ihr Gerät hat, verrät zum Beispiel das Kommando `lspci` auf der Shell:

```
02:00.0 Network controller: Atheros Communications Inc. ↩
AR9285 Wireless Network Adapter (PCI-Express) (rev 01)
```

Dass ein entsprechender Treiber für die Karte geladen wurde, bestätigt das Kommando `lsmod`:

3 *http://ndiswrapper.sourceforge.net/*

```
zwerg:~ # lsmod | grep ath
ath9k                    238393  0
mac80211                 123574  1 ath9k
ath                        6014  1 ath9k
cfg80211                  87661  3 ath9k,mac80211,ath
led_class                  1757  1 ath9k
```

Letzte Gewissheit, dass die Karte richtig erkannt wurde, gibt der Aufruf von iwconfig: »iwconfig«

```
...
wlan0     IEEE 802.11bgn  ESSID:"asteroid"
        Mode:Managed  Frequency:2.462 GHz  Access Point:
Not-Associated
        Tx-Power=20 dBm
        Retry  long limit:7   RTS thr:off   Fragment thr:off
        Encryption key:off
        Power Management:on
```

Das Programm iwconfig ist Teil des Pakets *wireless-tools*. Ein weiterer praktischer Helfer aus der Toolsammlung ist iwlist. Mit der Option scanning halten Sie nach verfübaren Netzen Ausschau. In der Ausgabe sehen Sie nicht nur den Namen (ESSID), sondern auch die Art der Verschlüsselung (WEP oder WPA). [+]

Nicht nur in der Ausgabe von iwlist, sondern auch auf Verpackungen von WLAN-Hardware findet sich oft die Aufschrift **802.11b** oder **802.11g**. Die Zahl **802.11** steht dabei für den Industriestandard für drahtlose Netzwerkkommunikation (IEEE 802.11). Der nachgestellte Kleinbuchstabe verrät etwas zur Geschwindigkeit: **a**- und **g**-Geräte ermöglichen eine Datenrate bis zu 54 Mbit/s, **b**-Geräte schaffen 11 Mbit/s.

6.2.2 NetworkManager

Debian GNU/Linux »Squeeze« installiert bei Auswahl der Gruppe *Grafische Desktop-Umgebung* in der Voreinstellung den NetworkManager,[4] ein einfaches Programm zur Verwaltung von Netzwerkverbindungen (Paket *network-manager*). NetworkManager besteht aus zwei Komponenten: Der Daemon verwaltet die Netzwerkverbindungen und stellt Informationen über deren Veränderungen bereit, und über Applets haben Sie als Benutzer vom Desktop aus Zugriff, das heißt, Sie wählen nicht nur Verbindungen aus und richten neue ein, sondern fragen auch Informationen zum aktuellen Status ab. Das Panel-Applet für GNOME befindet

4 *http://projects.gnome.org/NetworkManager*

sich im Paket *network-manager-gnome*, das Applet für KDEs Kontrollleiste in *network-manager-kde*.

[»] Während sich die Version 0.6.6, die noch beim Vorgänger »Lenny« dabei war, nicht zur Konfiguration von statischen IP-Adressen eignete, ist dieses Problem nun behoben. Version 0.8.1 – von Grund auf überarbeitet – kann jetzt mit statischen IP-Adressen und DSL-Einwahlverbindungen umgehen, per Handy (GPRS, UMTS...) eine Internetverbindung herstellen und sogar VPN-Verbindungen verwalten. Der NetworkManager ist genau wie Wicd (siehe nächster Abschnitt) vor allem für Laptop- und Desktopbenutzer gedacht, die oft den Ort, das WLAN- oder Kabelnetzwerk wechseln und dabei auf DHCP setzen.

NetworkManager stellt, wenn möglich, automatisch eine Netzwerkverbindung her. Dazu versucht das Tool, die beste verfügbare Verbindung zu erkennen und zu nutzen, und bevorzugt beispielsweise kabelgebundene Verbindungen (Ethernet) gegenüber drahtlosen Netzwerken. Bereits verwendete WLANs stehen darüber hinaus höher in der Liste als drahtlose Netze, mit denen Sie noch nie verbunden waren.

»interfaces«

Damit der NetworkManager kabelgebundene Netzwerkschnittstellen verwalten kann, müssen diese in der Datei */etc/network/interfaces* (siehe Abschnitt 6.2.4 ab Seite 162) so konfiguriert sein, dass sie beim Booten nicht automatisch gestartet werden:

```
# The primary network interface
allow-hotplug eth0
```

Standardmäßig sollte in dieser Datei alles richtig eingestellt sein. Im Beispiel taucht hier nur die bei der Installation eingerichtete Ethernetkarte `eth0` auf. Haben Sie allerdings zwischenzeitlich die Datei mit einem Texteditor bearbeitet und verändert, sollten Sie die Einstellungen unbedingt überprüfen. Hat ein Device hier weitere Optionen, so erkennt der NetworkManager es nicht und behauptet, er sei nicht für die Verwaltung zuständig.

Auf dem GNOME-Desktop befindet sich im Systembereich des oberen Panels das NetworkManager-Symbol, das je nach Art der Verbindung (Kabel oder drahtlos) anders aussieht. Gleiches gilt für das KDE-SC-4-Applet, das sich unten rechts einnistet. Ein Linksklick auf das Icon öffnet einen Dialog, in dem Sie die erkannten Netzwerke auswählen, sich mit einem verborgenen Funknetz verbinden und VPN konfigurieren. Klicken Sie hingegen mit der rechten Maustaste auf das Applet, können Sie die Netzwerkgeräte ein- oder ausschalten, die Benachrichtigungen aktivieren bzw. deaktivieren, Verbindungsinformationen einblenden und auch Verbindungen bearbeiten. Waren die Applets in Vorgängerversionen noch sehr verschieden, sehen sie unter GNOME und KDE SC 4 inzwischen sehr ähnlich aus und bieten genau den gleichen Funktionsumfang.

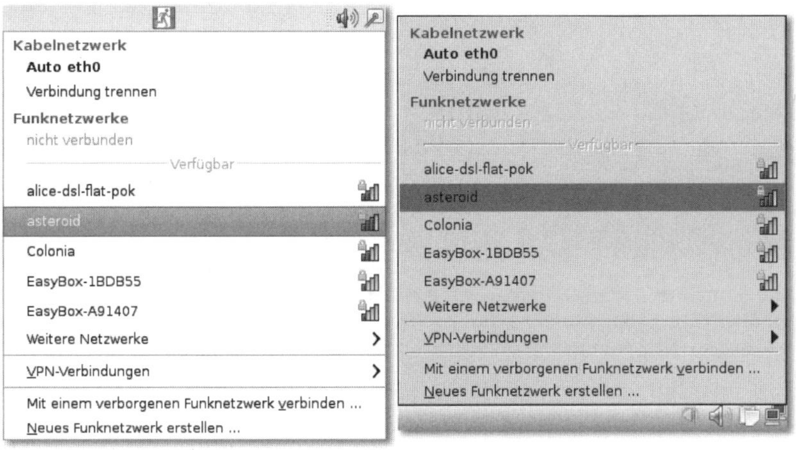

Abbildung 6.1 Der NetworkManager bringt für die beiden großen Desktopumgebungen ein Panel-Applet mit (links GNOME, rechts KDE SC 4).

Ethernetkarte

Nach einem Rechtsklick auf das Applet und Auswahl von VERBINDUNGEN BEARBEITEN richten Sie auf dem ersten Reiter KABELGEBUNDEN vorhandene Ethernetkarten ein. In der Voreinstellung sehen Sie hier einen Eintrag für die bei der Installation eingerichtete Karte und können die Feinjustierung für das Device über Klick auf BEARBEITEN vornehmen. Alternativ richten Sie über HINZUFÜGEN neue Hardware ein. Im Einrichtungsdialog stellen Sie zunächst über die Checkbox AUTOMATISCH VERBINDEN ein, ob NetworkManager automatisch eine Netzwerkverbindung aktiviert, sobald Sie ein Kabel einstecken. Die Voreinstellungen zur MAC-Adresse und zur MTU übernehmen Sie.

Interessant wird es auf dem Reiter IPV4-EINSTELLUNGEN. Im Dropdown-Menü METHODE legen Sie fest, woher die Schnittstelle ihre Angaben zu IP-Adresse, Netmask, Gateway und DNS-Server erhält. Wählen Sie hier AUTOMATISCH (DHCP), wenn ein DHCP-Server im Netz alle Informationen bereitstellt. Alternativ sorgt der zweite Eintrag (AUTOMATISCH (DHCP), NUR ADRESSEN) dafür, dass Sie IP-Adresse, Netmask und Gateway von einem DHCP-Server bekommen, die DNS-Server aber von Hand angeben können. Möchten Sie alles selbst eintragen und eine statische IP konfigurieren, gehen Sie zum Punkt MANUELL und tragen die entsprechenden Daten ein. Sofern es erforderlich ist, fragt NetworkManager nach dem Root-Passwort.

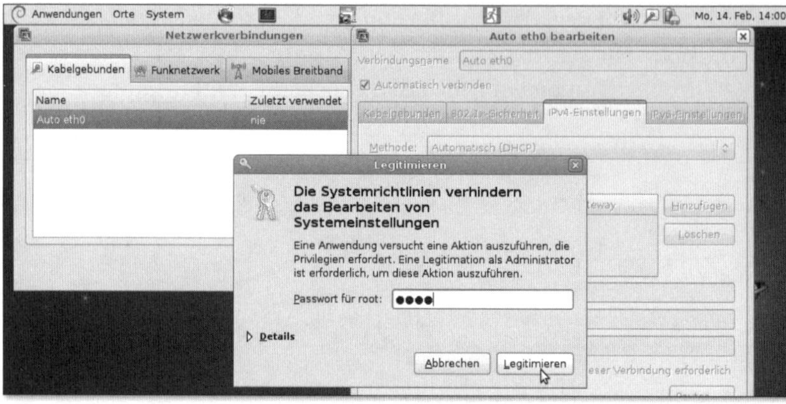

Abbildung 6.2 Der NetworkManager greift in die systemweite Konfiguration ein und benötigt daher Administratorrechte.

WLAN Wie erwähnt, richtet der NetworkManager auch drahtlose Verbindungen ein. Über einen Mausklick auf das Symbol im Systemabschnitt der Kontrollleiste wechseln Sie zwischen Kabel und WLAN oder zwischen verschiedenen Funknetzen. Offene Netze erkennen Sie daran, dass hinter dem Namen kein Vorhängeschloss zu sehen ist. Ist eine Authentifizierung mit einem Kennwort erforderlich, fragt der NetworkManager nach dem Passwort. Das Panel-Applet zeigt darüber hinaus die Signalstärke von drahtlosen Netzen an.

Über den Konfigurationsdialog (rechte Maustaste, VERBINDUNGEN BEARBEITEN) sehen Sie auch eine Liste von besuchten Funknetzen und haben die Möglichkeit, diese zu entfernen oder zu bearbeiten. Sie sehen fast die gleichen Reiter wie bei der Einrichtung kabelgebundener Zugänge. Zusätzlich haben Sie auf dem letzten Tab (SICHERHEIT DES FUNKNETZWERKS) die Möglichkeit, die Verschlüsselungsmethode auszuwählen und das Zugangspasswort einzugeben bzw. zu verändern. Für lange Passphrasen bietet das Tool Hilfestellung: Über PASSWORT ANZEIGEN blenden Sie das Kennwort ein und wieder aus – so sehen Sie direkt, ob Sie sich vertippen.

[+] Die Möglichkeit, den Namen des Funknetzwerks zu unterdrücken, wurde bereits erwähnt. Solche Netze tauchen dementsprechend nicht auf, wenn Sie das NetworkManager-Symbol anklicken. Wählen Sie in diesem Fall den Eintrag MIT EINEM VERBORGENEN FUNKNETZWERK VERBINDEN, geben Sie ins Feld NETZWERKNAME die (E)SSID ein, entscheiden Sie sich für die richtige Verschlüsselungsmethode, tippen Sie das Passwort ein (wenn dies erforderlich ist), und bestätigen Sie alles über einen Klick auf VERBINDEN.

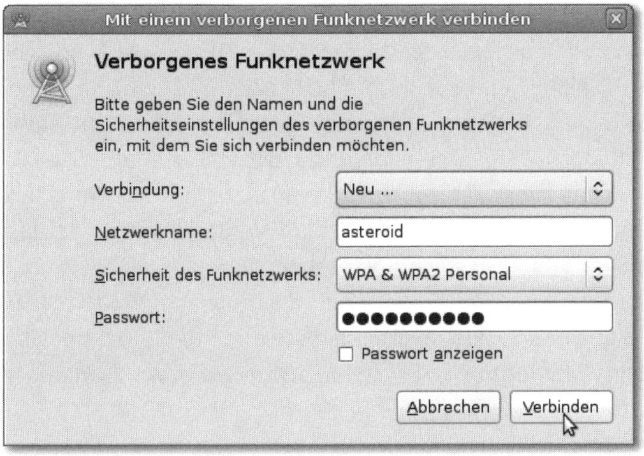

Abbildung 6.3 Mit dem NetworkManager erreichen Sie auch Netze mit verborgener (E)SSID.

Eine Anleitung, wie Sie mit dem NetworkManager eine DSL-Verbindung einrichten, finden Sie in Abschnitt 6.3.1 ab Seite 172; Abschnitt 6.3.3 ab Seite 179 zeigt außerdem, wie Sie über einen Surfstick mit dem NetworkManager online gehen. [«]

6.2.3 Wicd

Wicd (Wireless Interface Connection Daemon)[5] ist ein praktischer Netzwerkmanager, der ähnlich wie NetworkManager Ihre Netzwerkverbindungen per Kabel und Funk verwaltet. Seit Debian GNU/Linux »Squeeze« ist der Wicd zum ersten Mal offiziell in der Distribution und muss nicht über externe Quellen nachgerüstet werden. Das Python-Tool erfindet das Rad nicht neu und setzt im Hintergrund auf vorhandene Netzwerktools, bietet eine übersichtliche Profilverwaltung, unterstützt sowohl DHCP als auch statische IPs und kommt mit vielen WLAN-Verschlüsselungstechniken zurecht (u. a. WEP, WPA(2), LEAP und TTLS). Das schlanke und funktionale Tool eignet sich vor allem für Benutzer alternativer Desktops wie Xfce oder LXDE (siehe Kapitel 10 ab Seite 267) oder Windowmanager (siehe Kapitel 11 ab Seite 293), die nach einem Netzwerkmanager suchen. Wer die Zusatzfunktionen zum Einrichten von Surfsticks, DSL und Co. des NetworkManagers nicht braucht, sollte ebenfalls wechseln.

Am besten deinstallieren Sie den NetworkManager, bevor Sie Wicd einrichten. So stellen Sie sicher, dass sich die beiden Netzwerkmanager nicht

5 *http://wicd.sourceforge.net/*

in die Quere kommen. Entfernen Sie dazu das Paket *network-manager* mit all seinen Abhängigkeiten. Danach spielen Sie das Paket *wicd* ein, das automatisch den Daemon und den GTK-Client nach sich zieht. Optional spielen Sie *wicd-cli* (einen Kommandozeilenclient, der prima mit Shell-Skripten zusammenarbeitet) oder *wicd-curses* (Ncurses-Client) ein. Das Postinstallationsskript fragt nach, welche der existierenden Accounts den Client nutzen dürfen. Mit der Leertaste wählen Sie Benutzer aus der Liste aus, und das Skript fügt diese automatisch zur Gruppe `netdev` hinzu. Legen Sie zu einem späteren Zeitpunkt weitere Benutzer an, finden Sie in Abschnitt 17.4.3 ab Seite 519 Hinweise, wie Sie diese in die Gruppe aufnehmen. Alternativ wiederholen Sie die Einrichtung des Wicd-Daemons über das folgende Kommando:

```
dpkg-reconfigure wicd-daemon
```

Panel-Applet

Wicd wandert bei der Installation in die Autostart-Programmliste und nistet sich nach der Anmeldung an der grafischen Umgebung als Panel-Applet ein. Um das Icon von Hand auf den Plan zu rufen, geben Sie `wicd-gtk` in ein Schnellstart- oder Terminalfenster ein. Wenn Sie das Tool über die Abteilung INTERNET der Startmenüs aufrufen, sehen Sie lediglich das Wicd-GTK-Programmfenster, das sich auch beim Klick auf das Kontrollleisten-Symbol öffnet. Das liegt daran, dass die Menüeinträge zusätzlich die Aufrufoption `--no-tray` enthalten.

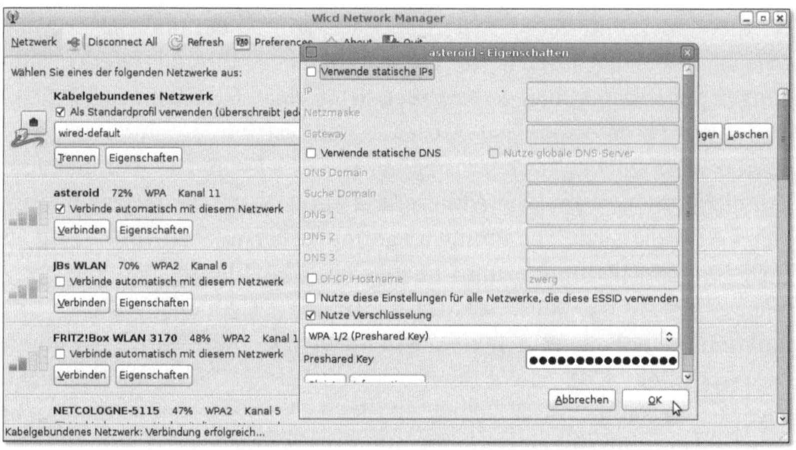

Abbildung 6.4 Wicd ist schlank und funktional und unterstützt Sie beim schnellen Wechsel zwischen Kabel- und Funknetz.

Nach dem Start richten Sie Wicd über Klick auf PREFERENCES ein. Auf dem ersten Reiter (GENERAL SETTINGS) geben Sie zunächst die Schnittstellen der Netzwerkkarten an. Die Ethernetkarte (im Beispiel `eth0`) sollte hier schon stehen; das WLAN-Interface (z. B. `wlan0` oder `ath0`) finden Sie am schnellsten auf der Konsole über `iwconfig` heraus (siehe auch Abschnitt 6.2.1 ab Seite 154). Außerdem sollten Sie die Checkbox ALWAYS SHOW WIRED INTERFACE anklicken, damit Wicd die kabelgebundene Verbindung immer anzeigt. Wenn Sie direkt darunter ALWAYS SWITCH TO A WIRED CONNECTION WHEN AVAILABLE markieren, nimmt Wicd automatisch Verbindung zu kabelgebundenen Netzwerken auf, sobald Sie ein Kabel einstecken. Wenn Sie nicht den Nameserver Ihres Providers verwenden möchten, haben im Bereich GLOBAL DNS SERVERS die Gelegenheit, selbst Angaben dazu zu machen. Die Voreinstellungen der übrigen Reiter können Sie übernehmen.

Versteckte WLANs

Im Hauptfenster können Sie nun für jedes Netzwerk über EIGENSCHAFTEN erweiterte Einstellungen vornehmen. In der Voreinstellung nutzt Wicd einen im LAN vorhandenen DHCP-Server. Ganz oben taucht das kabelgebundene Netzwerk auf, darunter sehen Sie die verfügbaren WLAN-Netze. Ist das gewünschte nicht dabei, klicken Sie in der oberen Leiste auf REFRESH, um die Anzeige zu aktualisieren. Sie sehen hier neben der Signalstärke auch den verwendeten Kanal und die Verschlüsselungsmethode. Versteckte WLAN-Netze tauchen hier nicht auf. Möchten Sie sich mit einem solchen Access Point verbinden, klicken Sie oben links auf NETZWERK • FIND A HIDDEN NETWORK, und geben Sie im folgenden Fenster die ESSID ein. Danach richten Sie das Passwort, gegebenenfalls eine statische IP und einen eigenen DNS-Server sowie das Passwort über EIGENSCHAFTEN ein.

Über einen Klick mit der rechten Maustaste und CONNECT wechseln Sie schnell zwischen konfigurierten Netzwerken hin und her. Über die rechte Maustaste erreichen Sie auch CONNECTION INFO, um detaillierte Informationen zum verwendeten Netzwerk (IP-Adresse, Up- und Downloadgeschwindigkeit) zu betrachten.

[+]

Shell-Fans verwenden das Kommandozeileninterface `wicd-cli` aus dem gleichnamigen Paket. Über verschiedene Aufrufparameter wählen Sie ein Netzwerk aus, scannen nach verfügbaren WLAN-Netzen, listen die bekannten Netze aus dem Wicd-Speicher auf, zeigen Details zu einem Netz an, bauen eine Verbindung auf oder kappen sie. Alternativ greifen Sie zur Ncurses-basierten Oberfläche. Dazu installieren Sie wie erwähnt das Paket *wicd-curses* und starten das Programm im Terminal über den gleichnamigen Befehl. Anders als die GTK-Variante ist dieses Tool vollständig ins Deutsche übersetzt. Am unteren Fensterrand sind die wichtigsten Tastaturkommandos eingeblendet; außerdem können Sie in einem Terminalprogramm die Funktionen auch mit der Maus erreichen.

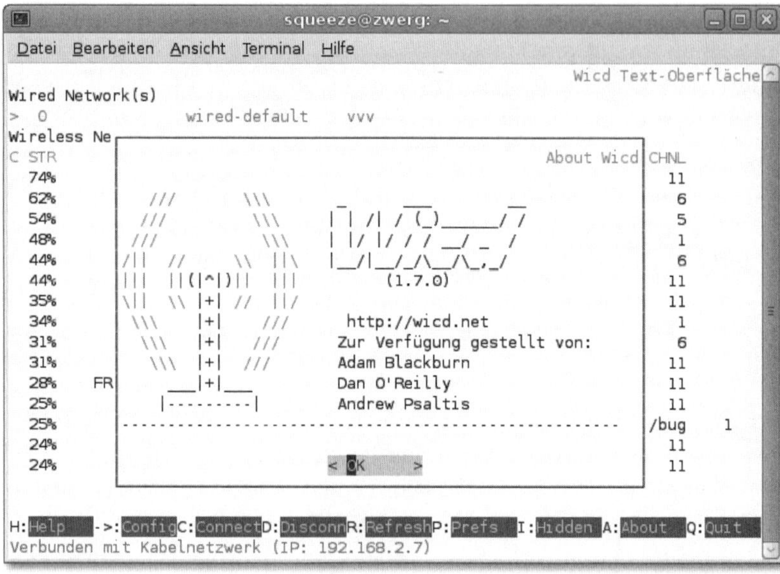

Abbildung 6.5 Wicd läuft dank der Ncurses-Bibliothek auch im Terminalfenster.

6.2.4 Konfigurationsdateien

Wie die meisten systemweiten Einstellungen befinden sich auch die Konfigurationsdateien für die Netzwerkkarte(n) unterhalb des Verzeichnisses */etc*. Es handelt sich um Textdateien, die Sie mit einem entsprechenden Editor (siehe Kapitel 16 ab Seite 475) als Administrator anpassen.

- */etc/network/interfaces:* Hier stehen die IP-Adresse des Rechners, die Netzmaske und das verwendete Gateway.
- */etc/hostname:* Diese Datei enthält den Rechnernamen.
- */etc/hosts:* Hier stehen feste Zuordnungen von IP-Adressen und Hostnamen (siehe auch Abschnitt 20.1.1 ab Seite 610).
- */etc/resolv.conf:* Platz für einen oder mehrere Nameserver sowie für die lokale DNS-Domain (siehe Abschnitt 20.1.4 ab Seite 614).
- */etc/nsswitch.conf:* Hier wird definiert, in welcher Reihenfolge die Dateien zur Auflösung von Namen und IP-Adressen abgearbeitet werden (siehe Abschnitt 20.1.1 ab Seite 610).

»interfaces« In der Datei */etc/network/interfaces* sind in der Voreinstellung das sogenannte Loopback-Interface `lo` (also die Netzwerkverbindung zum eigenen Rechner) und die primäre, z. B. die bei der Installation eingerichtete Netzwerkschnittstelle konfiguriert. Auch für weitere Interfaces ist hier

Platz, wenn Sie nicht einen der in diesem Kapitel vorgestellten Netzwerkmanager verwenden möchten. Ganz am Anfang befindet sich immer ein Eintrag für das Loopback-Interface `lo`, die Netzwerkverbindung zum eigenen Rechner:

```
# The loopback network interface
auto lo
iface lo inet loopback
```

Der Eintrag für dieses Interface sollte niemals entfernt oder verändert werden, da sonst Programme untereinander nicht mehr kommunizieren können. [!]

Alle Schnittstellen, die mit einem Eintrag `auto` versehen sind, werden schon beim Booten des Rechners automatisch aktiviert. Dafür ist ein entsprechender Eintrag in den Startskripten verantwortlich, der den Befehl `ifup -a` aufruft. Auch Schnittstellen, die mit `allow-` gekennzeichnet sind (zum Beispiel `allow-hotplug eth1`), nehmen schon beim Rechnerstart den Dienst auf. Wenn ein Interface beim Booten nicht aktiviert werden soll, können Sie vor eine solche Zeile ein Rautezeichen schreiben und sie damit auskommentieren.

Die beiden Programme `ifup` und `ifdown` aktivieren und deaktivieren Schnittstellen, die in der Datei */etc/network/interfaces* definiert sind. Ein einzelnes Interface, zum Beispiel `eth0`, aktivieren Sie als Administrator auf der Kommandozeile mit dem Aufruf `ifup eth0`. Um es zu deaktivieren, verwenden Sie entsprechend `ifdown eth0`. Alle Schnittstellen aus der *interfaces*-Datei auf einen Rutsch erwischen Sie mit dem Parameter `-a`, also `ifup -a` oder `ifdown -a`. Alternativ deaktivieren und aktivieren Sie alle Netzwerkkarten über das Kommando `/etc/init.d/networking restart`.

Statische IP

Ein Eintrag für ein Device mit einer statischen IP-Adresse enthält Informationen zur IP, zur Subnetzmaske und zum Gateway, zum Beispiel:

```
auto eth0
iface eth0 inet static
  address 192.168.2.16
  netmask 255.255.255.0
  gateway 192.168.2.1
```

Optional können Sie einen oder mehrere Nameserver angeben:

```
gateway 192.168.2.1
  dns-nameservers 192.168.2.1 213.168.112.60
```

Befindet sich im Netz ein DHCP-Server und soll das Interface über diesen automatisch konfiguriert werden, so genügt hinter `allow-hotplug eth0` oder `auto eth0` ein Eintrag der Form:

```
iface eth0 inet dhcp
```

6.2.5 Automatische Konfiguration – »The Debian Way«

Einerseits sind NetworkManager und Wicd ziemlich flexibel, erlauben den schnellen Wechsel der Netzwerkumgebung per Mausklick und bieten allerlei praktische Zusatzfunktionen. Andererseits sind die grafischen Tools nicht das Nonplusultra – vor allem, wenn Sie ohne grafische Oberfläche arbeiten. Eine mögliche Lösung stellen die nächsten Abschnitte vor. Zum Einsatz kommen Tools, die Debian GNU/Linux standardmäßig mit an Bord hat; Sie finden alle benötigten Programme in den offiziellen Quellen.[6] Vorweg eine Empfehlung: Deinstallieren Sie alle NetworkManager-Komponenten und auch den Wicd, wenn Sie diesen Weg ausprobieren möchten.

[»] Alle hier vorgeschlagenen Anpassungen finden auf der Kommandozeile und in den entsprechenden Konfigurationsdateien statt. Im dritten Teil dieses Buchs finden Sie sowohl Hinweise zu Texteditoren (siehe Kapitel 16 ab Seite 475) als auch Erklärungen zu verschiedenen Serverdiensten unter Linux (siehe Kapitel 17 ab Seite 491) und zum Arbeiten auf der Shell (siehe Kapitel 18 ab Seite 563).

Benötigte Pakete Zum Einsatz kommen im Wesentlichen drei Anwendungen, die Sie (sofern sie noch nicht installiert sind) über die gleichnamigen Pakete einspielen:

- *ifplugd*: Dieser Daemon »beobachtet« Netzwerkschnittstellen und aktiviert oder deaktiviert diese automatisch, wenn beispielsweise ein Kabel oder ein WLAN-Gerät eingesteckt wird. So sorgt der `ifplugd` dafür, dass bekannt wird, welche (physikalischen) Verbindungen überhaupt zur Verfügung stehen.
- *wpasupplicant*: Diese Software erkennt Funknetze und übernimmt den automatischen Verbindungsaufbau zu diesen Netzen. Das Tool unterstützt WEP-, WPA-, WPA2-verschlüsselte und unverschlüsselte Netze. Falls mehrere Netze zur Verfügung stehen, können mit `wpasupplicant` Prioritäten gesetzt und so bestimmte Netze bevorzugt werden.

6 Vielen Dank an Edwin Top, der beim Tüfteln geholfen hat!

- *guessnet*: Dieses Programm erkennt anhand von bestimmten Tests unterschiedliche Netzwerkumgebungen und wählt eine aus.

Das folgende Beispiel geht davon aus, dass ein Laptop zwei Netzwerkkarten enthält: eine Ethernetkarte (`eth0`) und eine WLAN-Karte (`wlan0`). Sowohl zu Hause als auch in der Firma soll das Gerät entweder über Kabel oder drahtlos ins Netz gehen: Zieht der Benutzer das Ethernet-Kabel, soll automatisch eine Verbindung per WLAN-Karte aufgebaut werden; steckt er das Kabel wieder ein, soll das `wlan0`-Interface deaktiviert und die Schnittstelle `eth0` aktiviert werden. Gleiches gilt für den Bootvorgang: Steckt beim Hochfahren ein Kabel, wird nur `eth0` aktiviert, ist kein Kabel vorhanden, geht der Laptop über WLAN ins Netz. Während der Router zu Hause DHCP anbietet, läuft in der Firma die Netzwerkeinrichtung hingegen statisch.

Drahtlose Verbindungen erkennen

»wpasupplicant«

Nach der Installation von *wpasupplicant* erstellen Sie zunächst die Konfigurationsdatei */etc/wpa_supplicant/wpa_supplicant.conf*. Allgemeine Optionen gehören an den Anfang der Datei; die einzelnen Netzwerke richten Sie in den Abschnitten `network` ein. Das folgende Beispiel zeigt einen Eintrag für unverschlüsselte Netze, den Sie von Hand erstellen:

```
# Schnittstelle zwischen wpasupplicant und guessnet; User
# der Gruppe netdev dürfen wpasupplicant verwenden:
ctrl_interface=DIR=/var/run/wpa_supplicant GROUP=netdev

# Hot Spot/AP ohne Verschlüsselung:
network={
        ssid=""
        key_mgmt=NONE
}
```

[!] Überprüfen Sie, ob das Verzeichnis */var/run/wpa_supplicant* existiert. Auf zwei der Testrechner war das nicht der Fall. Die folgenden Kommandos erstellen das Verzeichnis und geben ihm die richtigen Zugriffsrechte (siehe auch Abschnitt 17.3 ab Seite 507):

```
samesame:~# mkdir /var/run/wpa_supplicant
samesame:~# chown root:netdev /var/run/wpa_supplicant
samesame:~# chmod 750 /var/run/wpa_supplicant
```

Die Einträge für die verschlüsselten Netze erstellen Sie bequem auf der Kommandozeile mit dem Tool `wpa_passphrase`:

```
wpa_passphrase asteroid ganzgeheim >> /etc/wpa_supplicant/↩
wpa_supplicant.conf
```

Im Beispiel wird für das WLAN mit der (E)SSID `asteroid` das Kennwort `ganzgeheim` gesetzt. Über den Umleitungsoperator `>>` hängen Sie die Ausgabe des Kommandos an die Konfigurationsdatei an, falls es diese Datei schon gibt. Andernfalls wird die Datei neu erstellt (siehe Abschnitt 18.6.1 ab Seite 594). Der neue Eintrag lautet:

```
network={
        ssid="asteroid"
        #psk="ganzgeheim"
        psk=d40b9f05cd8c460239df18ae59fffb7af58d8bf616cfff1b↩
e149cbb5778fefc5
}
```

Keine Sonderzeichen!

Hinter einem Kommentarzeichen steht der Pre-shared Key (`psk`) im Klartext und darunter die in Hexadezimalform umgewandelte Entsprechung. Wenn Sie den Schlüssel nicht umwandeln (lassen) möchten, können Sie ihn auch im Klartext eintragen. In diesem Fall steht er genau wie die (E)SSID in Anführungszeichen. Vermeiden Sie Sonderzeichen und Umlaute für den Schlüssel; Großbuchstaben, Satzzeichen und Zahlen sind hingegen unbedenklich. Sie können die Einträge mit weiteren Optionen versehen. Die schon erwähnte Priorität setzen Sie über das Schlüsselwort `priority`. Je höher die Zahl dahinter ist, desto höher ist die Priorität des Netzes (Standard ist `0`):

```
...
        ssid="asteroid"
        priority=1
...
```

[»] Achtung: Handelt es sich um ein Funknetz, das seine (E)SSID nicht überträgt, benötigen Sie außerdem den Eintrag `scan_ssid=1`. Interessant ist ebenfalls die Möglichkeit, einen Bezeichner für die Funknetze zu setzen. Diesen verwenden Sie später in der *interfaces*-Datei, um die Umgebung anzusprechen. Dazu fügen Sie im `network`-Block einen Eintrag hinzu, wie zum Beispiel:

```
id_str="home"
```

Es folgt auf dem gleichen Weg ein Eintrag für die Firma. Das Funknetz erhält den `id_str=work`. Auch dieses Netz bekommt eine Priorität größer als 1, damit ihm unverschlüsselte Funknetze nicht in die Quere kommen und nur dann eine Rolle spielen, wenn die bekannten Netze nicht erreichbar sind. Zahlreiche weitere Optionen und Beispielkonfigurationen finden Sie unterhalb des Verzeichnisses */usr/share/doc/wpasupplicant/*.

[!] Überprüfen Sie die Zugriffsrechte von *wpa_supplicant.conf*. Da hier Passwörter für die verschlüsselten Netze liegen, sollte die Datei nur für den Benutzer Root lesbar sein (siehe auch Abschnitt 17.3 ab Seite 507):

```
zwerg:~ # chmod 600 /etc/wpa_supplicant/wpa_supplicant.conf
zwerg:~ # ls -l /etc/wpa_supplicant/wpa_supplicant.conf
-rw------- 1 root root 407 15. Feb 09:50 /etc/wpa_supplicant↩
/wpa_supplicant.conf
```

Testlauf

Am besten testen Sie die Konfiguration an dieser Stelle. Später sorgt ein entsprechender Eintrag in */etc/network/interfaces* dafür, dass die beiden Daemons `wpa_supplicant` und `wpa_cli` gestartet werden (siehe Seite 168). Rufen Sie dazu `wpa_supplicant` von Hand in einer Konsole auf; als Parameter übergeben Sie hinter `-i` den Namen der Schnittstelle und hinter `-c` die Konfigurationsdatei:

```
wpa_supplicant -i wlan0 -c /etc/wpa_supplicant/↩
wpa_supplicant.conf &
```

Beachten Sie das abschließende `&`, mit dem Sie den Prozess direkt in den Hintergrund schicken (siehe Abschnitt 17.6 ab Seite 542). Auf diese Weise blockieren Sie das Terminal nicht, sodass es weitere Befehle entgegennimmt. Danach starten Sie `wpa_cli` und geben `status` ein, um zu testen, was `wpa_supplicant` macht. Ist ein bekannter Access Point in Reichweite, sollten Sie hier Informationen zur (E)SSID und zur Verschlüsselung sehen. Über `quit` verlassen Sie das Programm:

```
zwerg:~ # wpa_cli
wpa_cli v0.6.10
...
Selected interface 'wlan0'

Interactive mode

> status
bssid=00:16:01:d1:5d:7d
ssid=asteroid
id=1
id_str=home
pairwise_cipher=CCMP
group_cipher=CCMP
key_mgmt=WPA-PSK
wpa_state=COMPLETED
> quit
```

Kabelbundene Verbindungen erkennen

Bei der Installation des Pakets *ifplugd* fragt das Einrichtungsskript ein paar Dinge ab. Zuerst geben Sie den Namen der Schnittstelle(n) an, die immer vorhanden sind. Im Beispiel ist das die Ethernet-Karte `eth0`. Der folgende Dialog fragt nach Geräten, die durch Hotplug gesteuert werden. Dazu gehören vor allem USB- und PCMCIA-WLAN-Adapter. Wenn Sie hier `all` eintragen, überwacht `ifplugd` alle Schnittstellen – Sie können hier aber auch nichts eingeben. Die Argumente für den Daemon und auch das Suspend-Verhalten können Sie in der Voreinstellung übernehmen. Sehen Sie diese Fragen zur Konfiguration des Daemons nicht, rufen Sie als Administrator `dpkg-reconfigure ifplugd` auf (siehe Abschnitt 5.9 ab Seite 146). Alle Einstellungen finden Sie in der Konfigurationsdatei */etc/default/ifplugd* wieder, die Sie auch mit einem Texteditor bearbeiten können:

```
INTERFACES="eth0"
HOTPLUG_INTERFACES=""
ARGS="-q -f -u0 -d10 -w -I"
SUSPEND_ACTION="stop"
```

Der `ifplugd` startet schon beim Booten. Verantwortlich dafür ist das Skript */etc/init.d/ifplugd*. Wenn Sie die Konfiguration mit einem Texteditor verändern, starten Sie den Daemon anschließend über den Befehl `/etc/init.d/ifplugd restart` von Hand neu. Verändern Sie die Konfiguration über `dpkg-reconfigure ifplugd`, so geschieht dies automatisch.

»ifup« und »ifdown«

Sobald der `ifplugd` eine aktive physikalische Verbindung entdeckt, aktiviert er die entsprechende Schnittstelle und greift dabei auf das Tool `ifup` zurück; ebenso führt der Daemon ein `ifdown` aus, wenn das Kabel wieder entfernt wird. Wie in Abschnitt 6.2.4 ab Seite 162 erwähnt, verwenden `ifup` und `ifdown` die in der Datei */etc/network/interfaces* konfigurierten Schnittstellen. Mehr dazu erfahren Sie im nächsten Abschnitt.

Verbindungen automatisch konfigurieren

Als Nächstes installieren Sie *guessnet*. Dieses Programm führt verschiedene Tests durch, um zu erkennen, in welchem Netzwerk sich der Rechner befindet: `guessnet` kann nach IP- und/oder MAC-Adressen Ausschau halten, auf (E)SSIDs oder auf die erwähnten Bezeichner für Funknetze achten. Als Fallbacklösung wird eine Standardumgebung eingerichtet, falls keiner der Tests erfolgreich war. Integrieren Sie `guessnet` nun in die Datei */etc/network/interfaces*. Am besten legen Sie eine Sicherungskopie einer vorhandenen Datei an, bevor Sie sich an die Einrichtung machen.

Die Einträge für das Loopback-Interface übernehmen Sie unverändert: »lo«

```
# Einrichtung des Loopback-Interfaces:
auto lo
iface lo inet loopback
```

Die Ethernet- und WLAN-Schnittstellen sollen schon beim Booten aktiviert werden: »eth0« und »wlan0«

```
# Ethernet und WLAN:
auto eth0 wlan0
```

Jetzt beschreiben Sie das Device wlan0. Das folgende Beispiel wurde aus der Dokumentation von wpa_supplicant[7] (Abschnitt »Roaming«) entnommen und um einen Eintrag für guessnet erweitert:

```
iface wlan0 inet manual
    wpa-driver wext
    wpa-roam /etc/wpa_supplicant/wpa_supplicant.conf
    wpa-mapping-script /usr/sbin/guessnet-ifupdown
```

Beachten Sie, dass hier als Konfigurationsmethode manual gewählt wurde (dhcp und static kennen Sie schon aus Abschnitt 6.2.4), um das Interface von wpa_supplicant konfigurieren zu lassen. Im Hintergrund arbeiten die beiden bereits erwähnten Daemons wpa_supplicant und wpa_cli sowie das Skript /sbin/wpa_action. Danach richten Sie die eth0-Umgebung ein:

```
mapping eth0
    script /usr/sbin/guessnet-ifupdown
    map home
    map work
    map default: none
```

Der mapping-Block bezieht sich auf das Interface eth0: Zuerst wird guessnet aufgerufen, um die einzelnen Profile zu testen. Diese möglichen Profile referenzieren die map-Zeilen. Außer home und work ist hier default für den Fall definiert, dass alle Tests fehlschlagen. Es folgen für alle hier definierten Profile die einzelnen Konfigurationen in den jeweiligen iface-Blöcken:

```
iface none inet dhcp

iface home inet dhcp
    test peer address 192.168.2.1 mac 00:16:01:d1:5d:7c
```

7 */usr/share/doc/wpasupplicant/README.Debian.gz*

```
iface work inet static
    test peer address 192.168.0.1 mac 00:aa:11:bb:22:cc
    address 192.168.0.42
    netmask 255.255.255.0
    gateway 192.168.0.1
    dns-nameservers 192.168.0.1 192.168.0.23
```

Das Interface `none` ist die erwähnte Fallbacklösung: Falls `guessnet` nicht erkennen kann, wo der Rechner ist, wird zumindest noch versucht, die Schnittstelle per DHCP einzurichten.

»home« Die Konfiguration für die `home`-Umgebung erfolgt über DHCP. Der dazugehörige `guessnet`-Test sucht nach dem verfügbaren Router mit der IP 192.168.2.1 und der MAC-Adresse 00:16:01:d1:5d:7c. Das ist praktisch, da die IP-Adresse des Routers nicht immer eindeutig ist, die Hardwareadresse des Geräts jedoch schon. Es ist möglich, mehrere Tests zu definieren; in dem Fall heißen die Einträge `test1`, `test2` usw. und stehen jeweils in einer eigenen Zeile, zum Beispiel:

```
test1 peer address 192.168.2.1 mac 00:16:01:d1:5d:7c
    test2 peer address 192.168.2.15 mac 06:05:04:03:02:01
```

[+] Die MAC-Adresse des Routers finden Sie schnell über `arping` aus dem gleichnamigen Paket heraus. Sie verwenden das Tool genauso wie `ping` auf der Shell (Abschnitt 6.4 ab Seite 187) und übergeben beim Aufruf die IP des Routers; über Strg + C beenden Sie das Programm.

```
zwerg:~# arping 192.168.2.1
ARPING 192.168.2.1
60 bytes from 00:16:01:d1:5d:7c (192.168.2.1): index=0 ↵
time=526.000 usec
...
```

»work« Die Umgebung `work` erhält eine statische Konfiguration (IP, Subnetzmaske, Gateway und Nameserver). Auch hier wird auf die IP- und die MAC-Adresse des Routers getestet.

[!] Beachten Sie, dass die Namen der Umgebungen (hier `home` und `work`) exakt mit den hinter `id_str` gesetzten Bezeichnern aus der Datei *wpa_supplicant.conf* übereinstimmen müssen, wenn die Einrichtung außer für `eth0` gleichzeitig auch für `wlan0` gelten soll.

Rufen Sie abschließend `ifdown eth0` und `ifup eth0` auf. Genauso verfahren Sie mit der WLAN-Schnittstelle `wlan0`. Wenn Sie das Kabel ziehen, sollte nun der Wechsel stattfinden: `eth0` wird deaktiviert, und `wlan0` nimmt den Dienst auf. Wenn Sie das Logfile */var/log/messages* beobachten, sehen Sie, was hinter den Kulissen passiert:

```
zwerg:~# tail -f /var/log/messages
...
Kabel ziehen, eth0 deaktiviert:
Feb 15 12:41:52 zwerg kernel: [508953.538890] r8169: eth0: ↩
link down
Feb 15 12:41:52 zwerg kernel: [508953.539750] ADDRCONF↩
(NETDEV_UP): eth0: link is not ready
...
wlan0 daraufhin aktiviert, Umgebung home erkannt:
Feb 15 12:44:19 zwerg kernel: [509099.841450] ADDRCONF↩
(NETDEV_CHANGE): wlan0: link becomes ready
Feb 15 12:44:20 zwerg wpa_action: WPA_IFACE=wlan0 ↩
WPA_ACTION=CONNECTED
Feb 15 12:44:20 zwerg wpa_action: WPA_ID=1 WPA_ID_STR=home ↩
WPA_CTRL_DIR=/var/run/wpa_supplicant
Feb 15 12:44:20 zwerg wpa_action: ifup wlan0=home
Feb 15 12:44:23 zwerg wpa_action: creating sendsigs ↩
omission pidfile: /lib/init/rw/sendsigs.omit.d/↩
wpasupplicant.wpa_supplicant.wlan0.pid
Feb 15 12:44:23 zwerg wpa_action: bssid=00:16:01:d1:5d:7d
Feb 15 12:44:23 zwerg wpa_action: ssid=asteroid
Feb 15 12:44:23 zwerg wpa_action: id=1
Feb 15 12:44:23 zwerg wpa_action: id_str=home
Feb 15 12:44:23 zwerg wpa_action: pairwise_cipher=CCMP
Feb 15 12:44:23 zwerg wpa_action: group_cipher=CCMP
Feb 15 12:44:23 zwerg wpa_action: key_mgmt=WPA-PSK
Feb 15 12:44:23 zwerg wpa_action: wpa_state=COMPLETED
Feb 15 12:44:23 zwerg wpa_action: ip_address=192.168.2.5
Kabel stecken, eth0 aktiviert:
Feb 15 12:44:28 zwerg kernel: [509109.294755] r8169: eth0: ↩
link up
Feb 15 12:44:28 zwerg kernel: [509109.295517] ADDRCONF↩
(NETDEV_CHANGE): eth0: link becomes ready
wlan0 daraufhin deaktiviert:
Feb 15 12:44:29 zwerg wpa_action: WPA_IFACE=wlan0 ↩
WPA_ACTION=DISCONNECTED
Feb 15 12:44:29 zwerg wpa_action: WPA_ID=1 WPA_ID_STR=home ↩
WPA_CTRL_DIR=/var/run/wpa_supplicant
Feb 15 12:44:29 zwerg wpa_action: ifdown wlan0
...
```

6.3 Internetzugang einrichten

Die folgenden Abschnitte zeigen, wie Sie einen Zugang zum Internet herstellen. Ob Sie die Verbindung nun über DSL, Kabelmodem, einen Surfstick, mit Bluetooth oder Wireless Tethering über das Handy sowie indirekt über einen Router aufbauen – Debian GNU/Linux hat die benötigten Tools dabei.

ISDN- und Modemverbindungen

Die ISDN-Komponenten sind nach wie vor in einem eher desolaten Zustand. Die alten Treiber werden nicht mehr weiterentwickelt, und es werden lediglich Fehler korrigiert. Die neuen Treiber werden gerade von Grund auf neu geschrieben. Im Wesentlichen haben Sie die Wahl zwischen einem alten Treiber für Kernel 2.4 (also vor Einführung des Hotplug-Systems) und einem neuen Treiber, der noch nicht stabil läuft, fast keine Karten unterstützt und teilweise schwerwiegende Probleme mit 64-Bit-Architekturen hat. Aus diesem Grund habe ich mich dazu entschlossen, ISDN auch in dieser Auflage nicht zu behandeln. Sollte sich die Situation in Zukunft ändern, nehme ich das Thema wieder auf.

Auch die Einrichtung und Verwendung von analogen Modems behandele ich ab dieser vierten Auflage nicht weiter. Stattdessen gehe ich ausführlich auf Surfsticks und Verbindungen über Handys/Smartphones ein. Sollten Sie einer der wenigen Leser sein, die noch mit einem Modem online gehen, schreiben Sie mir bitte eine Mail an *jurzik@linux-journalist.com* – ich lasse Ihnen dann gerne das entsprechende Kapitel zur Modemeinrichtung aus der Vorauflage dieses Buchs zukommen.

6.3.1 DSL/Kabelmodem über PPPoE

»pppoe« und »pppoeconf«

Eine solche Verbindung ist unter Linux schnell eingerichtet – unter Debian GNU/Linux wählen Sie lediglich die verwendete Netzwerkkarte aus[8] und geben die Zugangsdaten Ihres Providers ein; eine Einwahlnummer gibt es nicht. Das eingesetzte Protokoll zum Verbindungsaufbau ist PPP (Point-to-Point Protocol). Da die PPP-Pakete über das Ethernet-Kabel wandern, spricht man von PPPoE (PPP over Ethernet). Der PPP-Daemon (pppd) ist für die Steuerung des Zugangs verantwortlich (siehe dazu auch Abschnitt 6.3.4 ab Seite 184).

[+] Der Debian-Installer bietet im Expertenmodus an, schon während der Installation eine PPPoE-Verbindung einzurichten. Weitere Hinweise dazu finden Sie in Abschnitt 3.15 ab Seite 92.

8 Wenn Sie darüber hinaus ein lokales Netzwerk betreiben, benötigt der Rechner zwei Karten.

Installieren Sie als Administrator die Pakete *pppoe* und *pppoeconf*. Anschließend konfigurieren Sie den Anschluss mithilfe des Einrichtungsprogramms `pppoeconf`. Geben Sie den gleichnamigen Befehl als Administrator in ein Terminalfenster ein. Der erste Dialog präsentiert sämtliche gefundenen Netzwerkkarten; wählen Sie das passende Interface aus, und das Tool sucht nun selbstständig nach einem DSL-Modem. Geben Sie außerdem den Benutzernamen und das Passwort ein.

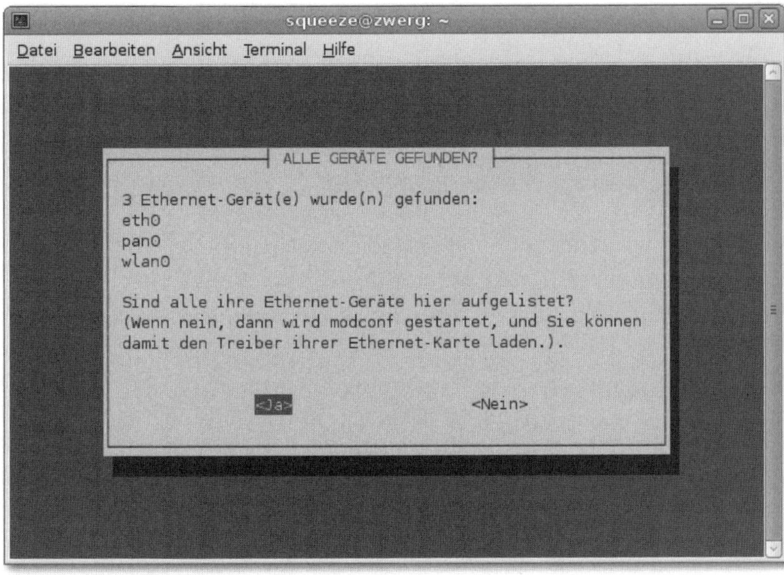

Abbildung 6.6 Mit »pppoeconf« richten Sie in Windeseile eine DSL-Verbindung ein.

Nameserver

Das Programm schlägt als Nächstes vor, den oder die DNS-Server des ISPs automatisch nach der Einwahl in die Datei */etc/resolv.conf* zu übernehmen; dies sollten Sie bestätigen, falls Sie diese Server nutzen möchten. Alternativ tragen Sie dort eine eigene IP-Adresse ein (siehe Abschnitt 20.1.4 ab Seite 614). Die folgende Abfrage quittieren Sie mit `Eingabe`. Im nächsten Schritt entscheiden Sie, ob beim Systemstart automatisch eine Verbindung zum Provider aufgebaut wird – dies ist praktisch, wenn Sie keine zeitbasierte Abrechnung haben; andernfalls sehen Sie davon ab und starten die DSL-Verbindung von Hand. Dazu geben Sie als Administrator auf der Kommandozeile den Befehl `pon dsl-provider` ein. Mit dem Aufruf `poff` (ebenfalls als Root) beenden Sie die Verbindung wieder. Werfen Sie als Administrator einen Blick ins Logfile */var/log/messages*, um zu sehen, ob der Verbindungsaufbau erfolgreich war:

```
Feb 18 23:06:22 zwerg pppd[2892]: Plugin rp-pppoe.so loaded.
Feb 18 23:06:22 zwerg pppd[2893]: pppd 2.4.5 started by ➘
root, uid 0
Feb 18 23:06:22 zwerg pppd[2893]: PPP session is 3
Feb 18 23:06:22 zwerg pppd[2893]: Connected to ➘
52:54:00:d2:12:ea via interface eth0
Feb 18 23:06:22 zwerg pppd[2893]: Using interface ppp0
Feb 18 23:06:22 zwerg pppd[2893]: Connect: ppp0 <--> eth0
Feb 18 23:06:25 zwerg pppd[2893]: Remote message: Session ➘
started successfully
Feb 18 23:06:25 zwerg pppd[2893]: PAP authentication succeeded
Feb 18 23:06:25 zwerg pppd[2893]: peer from calling number ➘
52:54:00:D2:12:EA authorized
Feb 18 23:06:25 zwerg pppd[2893]: local IP address ...
Feb 18 23:06:25 zwerg pppd[2893]: remote IP address ...
```

[»] Die Befehle `pon` und `poff` darf standardmäßig nur der Administrator ausführen. Um dieses Recht anderen Benutzern einzuräumen, fügen Sie den entsprechenden Account zur Gruppe *dip* hinzu (siehe Kapitel 17 ab Seite 491). Der bei der Installation von Debian GNU/Linux »Squeeze« eingerichtete Benutzeraccount ist automatisch Mitglied dieser Gruppe.

NetworkManager

Wie in Abschnitt 6.2.2 ab Seite 155 erwähnt, unterstützt der NetworkManager Sie auch beim Einrichten von DSL-Verbindungen. Dazu öffnen Sie den Konfigurationsdialog über einen Klick mit der rechten Maustaste auf das Panel-Icon und wählen VERBINDUNGEN BEARBEITEN. Wechseln Sie zum Reiter DSL, und klicken Sie auf HINZUFÜGEN. Tragen Sie zunächst den Benutzernamen und das Passwort ein; das Feld DIENST können Sie in der Regel leer lassen. Auch der NetworkManager ermöglicht Ihnen, die Zuweisung der DNS-Server vom Provider zu unterbinden. Dazu öffnen Sie auf dem Reiter IPv4 das Dropdown-Menü METHODE und entscheiden sich dort für AUTOMATISCH (PPPOE), NUR ADRESSEN. Anschließend tragen Sie bei DNS-SERVER eine IP Ihrer Wahl ein.

6.3.2 Router

Wenn Sie mit mehreren Computern gleichzeitig ins Internet gehen wollen, gibt es verschiedene Ansätze, um eine Verbindung für alle zugänglich zu machen. Eine Möglichkeit ist, einen der Rechner als Router (auch Gateway genannt) zu konfigurieren; eine Alternative ist der Einsatz eines fertigen Hardwarerouters, der in der Regel deutlich stromsparender arbeitet. Die meisten dieser Geräte lassen sich komfortabel per Webbrowser konfigurieren; schauen Sie gegebenenfalls im Handbuch Ihres Routers nach, wie Sie diesen im Browser ansprechen.

DHCP integriert

Viele Router bieten verschiedene Möglichkeiten an, mit dem Internet Service Provider zu kommunizieren, zum Beispiel über PPPoE oder DHCP. Außerdem verfügen die meisten Geräte von Haus aus über einen eigenen DHCP-Server (siehe auch Kapitel 19 ab Seite 601), was die Einrichtung des eigenen Heimnetzwerks maßgeblich erleichtert. Konfigurieren Sie in diesem Fall alle angeschlossenen Rechner automatisch per DHCP. Da der Router ebenfalls als Nameserver alle Anfragen zur Namensauflösung weiterleitet, haben Sie sämtliche Fliegen mit einer Klappe geschlagen und müssen nur noch die Zugangsdaten Ihres Internet Service Providers eintragen.

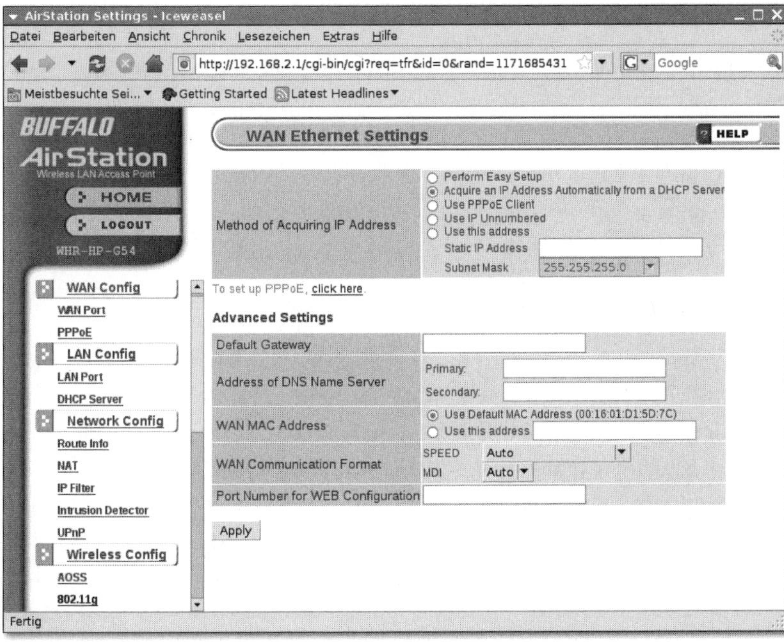

Abbildung 6.7 Die meisten Router richten Sie bequem über den Browser ein.

[+]

Soll der Debian-Rechner anstelle des Hardwarerouters die Funktion eines Gateways übernehmen, so erfahren Sie in den Kapiteln 19, 20 und 25, wie Sie den Computer für diese Aufgaben fit machen.

6.3.3 Online mit USB-Surfstick

Viele Mobilfunkanbieter werben inzwischen mit verschiedenen UMTS-Geräten und -Tarifen. UMTS steht für »Universal Mobile Telecommunications System« und wird oft als dritte Mobilfunkgeneration bezeichnet (3G). Der Nachfolger des GSM-Standards (Global System for Mobile Communications) lockt mit hohen Datenraten. Die UMTS-Nachfolger HSDPA (High Speed Downlink Packet Access) und HSUPA (High Speed Uplink Packet Access) sorgen sogar für Geschwindigkeiten in der Größenordnung von DSL.[9] Ob an Ihrem Wohnort HSDPA und UMTS verfügbar sind, erfahren Sie schnell im Internet.[10]

Um mit UMTS zu surfen, brauchen Sie entweder ein entsprechendes Handy, eine PCMCIA-Datenkarte oder einen USB-Surfstick. Einige neuere Netbooks bieten darüber hinaus ein integriertes UMTS-Modul an. Achten Sie beim Hardwarekauf darauf, dass das Gerät wirklich HSDPA und nicht nur UMTS unterstützt. Wenn Sie ein UMTS-Gerät direkt beim Anbieter erwerben, ist es oft besonders günstig; allerdings ist die Hardware in der Regel auf die Nutzung mit dem entsprechenden Provider beschränkt (SIM-Lock). Eine Übersicht über die verschiedenen Anbieter, deren Netzabdeckung und Tarife bieten die folgenden Webseiten:

- *http://www.dslinfo.eu/umts/umts-flatrate.html*
- *http://www.laptopkarten.de/HSDPA-Karte/hsdpa-anbieter.html*
- *http://www.hsdpa.de/tarifvergleich*
- *http://hsupa.de/hsupa-tarife/*

Gerät konfigurieren

Huawei E1750, O2 Prepaid

Die folgenden Abschnitte erklären beispielhaft die Einrichtung eines HSDPA-USB-Sticks (Huawei E1750) unter Debian GNU/Linux »Squeeze«. Es handelt sich um einen O2-Prepaid-Surfstick, zu dem fünf Gutscheincodes für jeweils eine Dayflat gehören. Zur Aktivierung der Codes selbst empfiehlt es sich, die SIM-Karte aus dem Stick zu nehmen und in ein Handy zu stecken. Nach Anwahl der `5567` erlaubt der Provider es, über die Taste `1` das Konto aufzuladen und einen freigerubbelten Aufladecode einzutippen. Kurze Zeit später kam die Erfolgsmeldung per SMS aufs Handy: Die Dayflat war am selben Kalendertag noch bis Mitternacht aktiviert.

Andere Anbieter nutzen ähnliche Aktivierungs- und Anmeldeprozeduren. Die Webseiten geben im Zweifelsfall Auskunft dazu. Während die mitgelieferte Software dieser Surfsticks unter Windows und Mac OS X auch die Freischaltung der Gutscheincodes und später der gekauften Packs ermöglicht, greifen Linuxer hier am besten zum Handy.

9 *http://hsupa.de/umts-glossar/*
10 *http://www.hsdpa-umts-verfuegbarkeit.de/*

[«] Ein wichtiger Hinweis für O2-Prepaid-Nutzer: Wenn Sie zu einem späteren Zeitpunkt Guthaben für den Prepaid-Stick kaufen (die Karten sind im Wert von 15 Euro, 20 Euro oder 30 Euro in vielen Geschäften erhältlich), gehen Sie zur Freischaltung einen anderen Weg. Sie wählen zwar ebenfalls wieder die `5567` an und geben über `1` den Code ein, um das Guthaben aufzuladen. Danach gehen Sie in aber zusätzlich im Sprachmenü über `3` zum Tarifmanager und wählen als Paketbuchung die Dayflat. Erst nach Erhalt der Bestätigungs-SMS legen Sie die SIM-Karte zurück in den Surfstick und wählen sich ein. Laden Sie einfach nur das Guthaben auf die Karte, ohne eine Tagesflatrate zu aktivieren, sind die paar Euros sonst schnell aufgebraucht, denn der Stick erkennt nicht automatisch, dass Sie die Dayflat nutzen möchten, und wählt sich sonst immer wieder neu ins O2-Netz ein. Informieren Sie sich bei Ihrem Anbieter am besten im Vorfeld, wie der Provider das jeweils handhabt.

Nach dem Einstecken des Surfsticks verrät ein Blick ins Logfile */var/log/messages*, dass das System die Hardware erkannt hat. Die Logdatei betrachten Sie beispielsweise in einem Terminalfenster; dazu werden Sie erst mit dem Befehl `su -` zum Systemverwalter, und danach schauen Sie mit `less /var/log/messages` ins Protokoll:

```
...
Jan 31 18:18:39 zwerg kernel: [96389.924162] usb 1-1: new ↩
high speed USB device using ehci_hcd and address 32
Jan 31 18:18:39 zwerg kernel: [96390.058628] usb 1-1: New ↩
USB device found, idVendor=12d1, idProduct=1446
...
Jan 31 18:18:44 zwerg kernel: [96394.954788] usb 1-1: ↩
Product: HUAWEI Mobile
Jan 31 18:18:44 zwerg kernel: [96394.954798] usb 1-1: ↩
Manufacturer: HUAWEI Technology
...
Jan 31 18:18:44 zwerg kernel: [96394.959232] option ↩
1-1:1.0: GSM modem (1-port) converter detected
Jan 31 18:18:44 zwerg kernel: [96394.959764] usb 1-1: ↩
GSM modem (1-port) converter now attached to ttyUSB0
...
```

Schnittstelle

Die Logdatei zeigt nicht nur Informationen zum Hersteller und zum Gerät an, sondern teilt Ihnen auch mit, an welcher Schnittstelle (hier */dev/ttyUSB0*) Sie das Modem ansprechen. Sehen Sie keine Meldungen über ein GSM-Modem, überprüfen Sie, ob das Paket *usb-modeswitch* installiert ist. Eigentlich sollte dieses als Abhängigkeit zu *libusb-0.1-4* auf die Platte gewandert sein, dennoch sollten Sie auf Nummer sicher gehen.

[»] Neuere WLAN/UMTS-Sticks mit USB-Anschluss dienen meistens gleichzeitig als Speichermedium und als Netzwerkkarte bzw. Modem. Die Hersteller gehen diesen Weg, um auf dem Gerät selbst Treiber und andere Software unterzubringen. Nachdem der Anwender diese installiert hat, schaltet das Gerät dann automatisch auf den Modem/Netzwerkkarten-Modus um. Unter Linux profitieren Sie nicht von diesem Feature – das System hängt die Datenträger trotzdem als USB-Mass-Storage-Gerät ein. Zurück in den anderen Modus geht es mittels `usb_modeswitch`, was unter Debian GNU/Linux »Squeeze« automatisch funktionieren sollte. Verantwortlich dafür ist ein entsprechender Eintrag in der Datei */lib/udev/rules.d/40-usb_modeswitch.rules*; für den Huawei-E1750-Stick sieht dieser so aus:

```
# Huawei, newer modems
ATTRSidVendor=="12d1", ATTRSidProduct=="1446",
RUN+="usb_modeswitch '%b/%k'"
```

Eine Bestätigung, dass `usb_modeswitch` auf Ihrem System korrekt arbeitet, finden Sie ebenfalls im Logfile */var/log/messages*. Dort sollten Sie Meldungen der folgenden Art sehen:

```
Jan 31 18:18:45 zwerg usb_modeswitch: switched to
12d1:140c (HUAWEI Technology: HUAWEI Mobile)
```

PIN eingeben

Normalerweise sind die UMTS-Geräte (ebenso wie Handys) mit einer PIN gesichert. Verwenden Sie den NetworkManager (siehe nächster Abschnitt), meldet dieser sich nach dem Einstecken automatisch und fordert Sie auf, die PIN einzugeben.

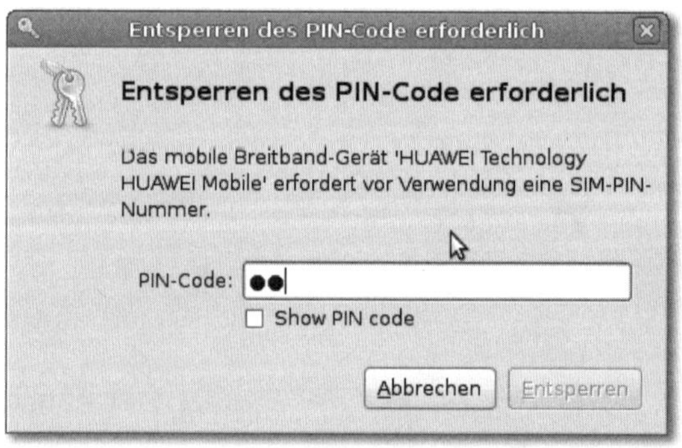

Abbildung 6.8 Geben Sie auf Aufforderung die PIN ein.

Wenn Sie stattdessen auf einen anderen Netzwerkmanager oder auf eine manuelle Netzwerkkonfiguration setzen, können Sie den Surfstick auch von Hand entsperren. Am schnellsten geht das auf der Kommandozeile mit dem kleinen Programm `comgt`. Das gleichnamige Paket spielen Sie zunächst als Administrator über Ihr Paketverwaltungsprogramm ein. Anschließend rufen Sie es in einem Terminalfenster zusammen mit der Option `-d` und dem Namen der Gerätedatei auf:

```
huhn@zwerg:~> comgt -d /dev/ttyUSB0

Enter PIN number: 1111
Waiting for Registration..(120 sec max)..
Registered on Home network: "26207",2
Signal Quality: 10,99
```

Nach kurzer Zeit erscheint die Aufforderung, die PIN einzugeben. Danach meldet sich das Gerät an, teilt Ihnen mit, in welchem Netzwerk es sich befindet und wie die Signalstärke ist. Die folgenden Abschnitte stellen verschiedene Tools für die Einwahl vor, darunter den NetworkManager, GNOME PPP und die Konsolenvariante `pppconfig`. Das KDE-Programm KPPP ließ sich im Test nicht zur Zusammenarbeit mit einem Surfstick überreden.

NetworkManager (Mobiles Breitband)

Einrichtungsassistent

Nach Eingabe der PIN richten Sie den NetworkManager mit wenigen Mausklicks so ein, dass Sie mit einem Surfstick online gehen können. Dazu klicken Sie mit der rechten Maustaste auf das Panel-Applet und wählen aus dem Menü VERBINDUNGEN BEARBEITEN. Wechseln Sie zum Reiter MOBILES BREITBAND, und betätigen Sie die Schaltfläche HINZUFÜGEN. Im folgenden Assistenten suchen Sie zunächst im Dropdown-Menü die über */var/log/messages* gefundene Gerätedatei heraus. Über VOR geht es weiter. Suchen Sie dann Ihr Land aus der Liste heraus und im nächsten Dialog den Provider. Ist dieser nicht aufgeführt, steht als Alternative die Checkbox ICH KANN MEINEN DIENSTANBIETER NICHT FINDEN und die manuelle Eingabe zur Verfügung.

Als Nächstes entscheiden Sie sich für einen Abrechnungsmodus. Ist dieser nicht aufgelistet, wählen Sie diesen Menüpunkt und geben dann bei ZUGANGSPUNKT den APN-Namen (Access Point Name) ein. Welcher das ist, verrät ein Blick ins Handbuch des Surfsticks oder auf die Webseite des Providers. Im Fall des getesteten O2-Prepaid-Surfsticks gehört `pinternet.interkom.de` ins Feld. Ein letzter Klick auf VOR, und der NetworkManager präsentiert einen Dialog, in dem Sie das Feintuning vornehmen.

Die Einwahlnummer hat der Assistent passend zum ausgesuchten Provider schon richtig eingetragen. BENUTZERNAME und PASSWORT können Sie frei lassen. Auch die anderen Voreinstellungen sind sinnvoll gewählt. Das gilt auch für den zweiten Reiter (PPP-Einstellungen), die Sie übernehmen können. Auf dem letzten Reiter finden Sie die IPv4-Einstellungen, die Sie nur verändern müssen, wenn die automatische Nameserver-Zuweisung des Providers nicht klappt (siehe den nächsten Abschnitt zu GNOME PPP).

Nach dem Schließen des Einrichtungsdialogs klicken Sie einfach mit der linken Maustaste auf das NetworkManager-Symbol und wählen die angelegte Breitband-Verbindung aus – fertig. Nach kurzer Zeit informiert ein Benachrichtigungsfenster Sie darüber, dass Sie online sind. Sie trennen die Verbindung ebenfalls über das Icon.

Abbildung 6.9 Der NetworkManager meldet, dass die Verbindung steht. Im Hintergrund zeigt ein Terminal die Ausgabe von »/var/log/messages«, die dieses bestätigt.

GNOME PPP

PIN vorher eingeben

Installieren Sie das Paket *gnome-ppp*, und starten Sie das Programm danach über das Menü Anwendungen • Internet oder über Eingabe des Kommandos `gnome-ppp` in ein Schnellstart- oder Terminalfenster. Entsperren Sie den Surfstick vorher mit Ihrer PIN auf der Kommandozeile, wie am Ende des letzten Abschnitts gezeigt. Anschließend machen Sie sich an die Einrichtung von GNOME PPP. Dazu öffnen Sie den Setup-Dialog über einen Klick auf Konfiguration.

Auf dem Reiter Modem tragen Sie zunächst unter Gerät den Namen der Schnittstelle ein, den Sie nach dem Anstecken des Sticks aus dem Logfile entnommen haben (hier: `/dev/ttyUSB0`). Ein Klick auf die Schaltfläche Erkennen rechts neben dem Feld fördert in der Regel die richtige Schnittstelle zutage. Das Dropdown-Menü TYP bietet neben ANALOGMODEM auch einen Eintrag für USB- oder ISDN-Modems. Ins Feld GESCHWINDIGKEIT tragen Sie 460800 ein, Tonwahl, die Initialisierungsstrings und Ähnliches können Sie übernehmen. Über Klick auf TELEFONNUMMERN öffnen Sie einen Dialog, in dem Sie die Rufnummer Ihres Providers eintragen. Für den O2-Surfstick ist das die *99#. Wechseln Sie danach zum Tab NETZWERK; die Voreinstellungen (DYNAMISCHE IP-ADRESSE und AUTOMATISCHER DNS) können Sie in der Regel übernehmen.

Auf dem Testrechner funktionierte die automatische Vergabe von Nameservern nicht immer. Obwohl das Logfile jedes Mal anzeigte, dass der Provider zwei DNS-Server eingetragen hat, landeten diese oft nicht in der Einrichtungsdatei */etc/resolv.conf* (siehe auch Abschnitt 20.1.4 ab Seite 613). Warum das ab und zu der Fall war, ließ sich nicht herausfinden. Abhilfe schafft in jedem Fall, die Checkbox MANUELLER DNS auszuwählen und zwei IP-Adressen von Hand einzutragen. Eine Liste von öffentlichen und ungefilterten Nameservern in Deutschland finden Sie unter *http://www.ungefiltert-surfen.de/*.

Abbildung 6.10 GNOME PPP verlangt nach einem Benutzernamen und einem Passwort, die Sie beide frei wählen dürfen.

Allgemeine Konfiguration

Der Reiter OPTIONEN bietet Zugriff auf allgemeine Einstellungen von GNOME PPP: Hier konfigurieren Sie, ob das Einwahlprogramm nach der Verbindungsaufnahme minimiert und/oder im Systemabschnitt des Panels andockt. Außerdem richten Sie hier ein, dass GNOME PPP nach einem Verbindungsabbruch automatisch wieder online geht, die Verbindung unterbricht, falls besetzt oder kein Wählton vorhanden ist, und vieles mehr. Klicken Sie auf SCHLIESSEN, um die Einrichtung zu beenden und zum Hauptfenster zurückzukehren.

Im Hauptfenster von GNOME PPP tragen Sie nun den Benutzernamen und ein Passwort ein. In der Regel können beide frei gewählt werden; die Felder dürfen allerdings nicht leer bleiben. Auf dem Testrechner gelang die Verbindungsaufnahme darüber hinaus nur, wenn die Checkbox PASSWORT SPEICHERN angekreuzt war. Danach gehen Sie mit einem Klick auf VERBINDEN online. Über einen Klick auf PROTOKOLL zeigen Sie an, was im Hintergrund passiert.

Dieselben Meldungen sehen Sie auch, wenn Sie das Programm über den Befehl `gnome-ppp` aus einem Terminalfenster heraus gestartet haben oder einen Blick ins Logfile */var/log/messages* werfen. Sobald die Verbindung steht, minimiert sich das Einwahlprogramm und wandert als Symbol in den Kontrollabschnitt des oberen Panels. Ein Klick auf dieses Icon mit den beiden Monitoren öffnet ein kleines Dialogfenster, das auf Wunsch Auskunft über die Verbindungsqualität gibt, das Protokoll anzeigt und die Verbindung auch wieder trennt.

»pppconfig«

Einrichtung auf der Shell

Es muss nicht zwingend eines der vorgestellten grafischen Programme sein. Anwender, die lieber auf der Shell arbeiten, müssen deshalb trotzdem nicht die *pppd*-Konfigurationsdateien von Hand anpassen. Zum Einrichten einer Modemverbindung auf der Kommandozeile bietet Debian GNU/Linux das Tool `pppconfig` aus dem gleichnamigen Paket an. Sie starten das Programm als Systemverwalter Root auf der Konsole oder in einem Terminalfenster. Der erste Dialog bietet an, eine neue Verbindung zu erstellen (CREATE), vorhandene Einstellungen zu verändern (CHANGE), eine Verbindung zu löschen (DELETE) und das Programm zu beenden (QUIT).

Um einen neuen Zugang zu erstellen, wählen Sie den ersten Eintrag und geben einen Namen für die neue Verbindung ein. Diesen Bezeichner können Sie frei wählen; Sie benötigen ihn später beim Verbindungsaufbau. Danach entscheiden Sie, ob Sie einen festen Nameserver verwenden oder ob dieser Ihnen vom Provider bei der Einwahl dynamisch zugeteilt wird. Wenn Sie hier NONE wählen, müssen Sie sich selbst um die richtigen Einträge in der Datei */etc/resolv.conf* kümmern (siehe Abschnitt 20.1.4 ab Seite 614). Der Testrechner verlangte genau wie bei GNOME PPP nach einem statischen Nameserver (siehe den vorherigen Abschnitt); der Bug ist aber möglicherweise schnell behoben.

PAP-Authentifizierung

Zur Authentifizierung stehen verschiedene Möglichkeiten zur Verfügung; wählen Sie an dieser Stelle PAP. Einen Benutzernamen und ein Passwort können Sie selbst aussuchen. Die Geschwindigkeit stellen Sie auf `460800`, und die Einstellung für Impuls- oder Tonwahl (TONE) übernehmen Sie. Tragen Sie des Weiteren die Telefonnummer des Anbieters (im Beispiel `*99#`) ein, entscheiden Sie sich für die manuelle Modemwahl, und tragen Sie die vorher herausgefundene Gerätedatei (zum Beispiel `/dev/ttyUSB0`) ein.

Der letzte Dialog zeigt eine Übersicht sämtlicher Einstellungen. Hier können Sie nachträglich Werte verändern, indem Sie mit den Pfeiltasten zu einem Eintrag navigieren und (Eingabe) drücken. Andernfalls gehen Sie zum Punkt FINISHED, um die Einstellungen zu speichern und zum Hauptmenü zurückzukehren. Das Tool verrät, wie die zu dieser Verbindung gehörenden Konfigurationsdateien heißen. Über QUIT verlassen Sie das Programm.

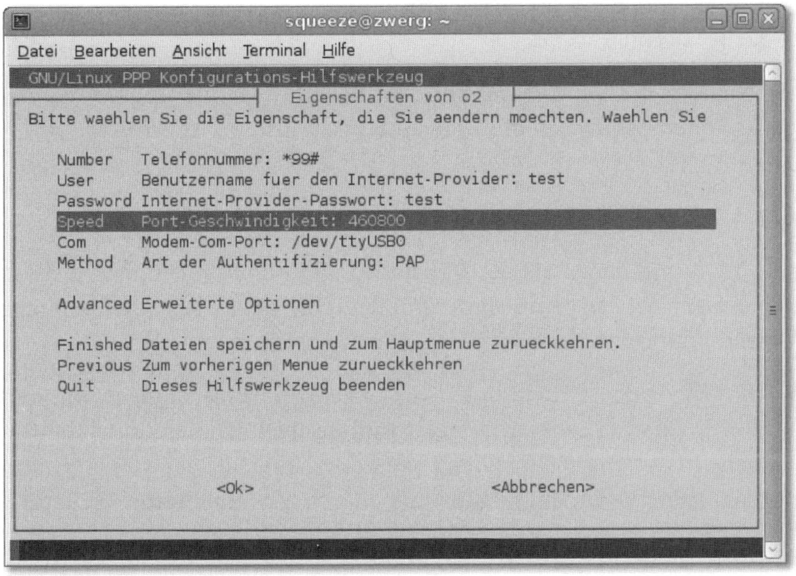

Abbildung 6.11 Alle Einstellungen zeigt »pppconfig« vor dem Abspeichern noch einmal in einer Übersicht an.

[«]

Damit Sie die beiden Befehle `pon` und `poff` als »normaler« Benutzer ausführen dürfen, nehmen Sie den Benutzer, wie am Ende von Abschnitt 6.3.1 erwähnt, in die Gruppe `dip` auf.

Nachdem Sie das Programm `pppconfig` verlassen haben, bauen Sie als Administrator eine Verbindung über `pon <providername>` auf. Dabei ersetzen Sie `<providername>` durch den vorher gewählten Bezeichner. Auch hier verrät ein Blick ins Logfile */var/log/messages*, ob alles einwandfrei läuft:

```
zwerg:~ # pon o2
zwerg:~ # tail -f /var/log/messages
Jan 31 22:01:15 zwerg pppd[4466]: pppd 2.4.5 started by ↩
root, uid 0
Jan 31 22:01:15 zwerg pppd[4466]: Using interface ppp0
Jan 31 22:01:15 zwerg pppd[4466]: Connect: ppp0 <--> ↩
/dev/ttyUSB0
...
Jan 31 22:01:17 zwerg pppd[4466]: local IP address ↩
10.165.225.94
Jan 31 22:01:17 zwerg pppd[4466]: remote IP address ↩
10.64.64.64
Jan 31 22:01:17 zwerg pppd[4466]: primary DNS address ↩
193.189.244.225
Jan 31 22:01:17 zwerg pppd[4466]: secondary DNS address ↩
193.189.244.206
```

Sie beenden die Verbindung mit dem Befehl `poff`. Die Angabe des Zugangsnamens ist in diesem Fall nicht erforderlich.

6.3.4 Der PPP-Daemon (»pppd«)

Konfigurationsdateien

Alle Tools, mit denen Sie per DSL und UMTS online gehen, haben eines gemeinsam: Sie setzen im Hintergrund auf die Arbeit des PPP-Daemons. Dessen Konfigurationsdateien liegen im Verzeichnis */etc/ppp*:

- */etc/ppp/options*: Hier finden Sie allgemeine Einstellungen für den PPP-Daemon. In dieser Datei ist zum Beispiel definiert, dass übertragene Passwörter nicht in den Logdateien landen (`hide-password`) und dass keine Verbindungsaufnahme ohne irgendeine Authentifizierung stattfindet (`auth`).
- */etc/ppp/peers/<name>*: Im Unterverzeichnis *peers* befinden sich die Einrichtungsdateien für die von Ihnen konfigurierten Verbindungen. Für jeden Zugang, den Sie mit einem der in den vorhergehenden Abschnitten vorgestellten Programme angelegt haben, gibt es hier eine Datei mit dem entsprechenden Namen. In diesen Konfigurationsdateien ist auch jeweils der Aufruf `connect` definiert, der ein passendes Chatskript (*/etc/chatscripts/<name>*) aufruft. Dieses enthält unter anderem die Initialisierungsbefehle für die Hardware und die Telefonnummer zur Einwahl.

- */etc/ppp/pap-secrets*: Für Zugänge, bei denen Sie sich mittels PAP (Password Authentication Protocol) authentifizieren, sind in dieser Datei (im Klartext) die Benutzernamen und Kennwörter abgelegt. Das Passwort wandert ebenfalls unverschlüsselt an die Gegenstelle.
- */etc/ppp/chap-secrets*: Die Datei enthält die Zugangsdaten für die Authentifizierung per CHAP (Challenge Handshake Authentication Protocol). Auch diese Datei enthält alle Informationen im Klartext; bei CHAP wird allerdings das Kennwort selbst nicht übermittelt, sondern nur dazu verwendet, eine Antwort auf eine zufällige Anfrage zu generieren (Challenge Response).
- */etc/ppp/ip-up(.d/)*: Nach dem Verbindungsaufbau (nachdem die neue IP-Adresse und die Routing-Informationen bekannt sind) startet der PPP-Daemon das Skript `ip-up` und übergibt diesem Informationen, wie zum Beispiel die vom ISP zugewiesene IP und den Namen des neuen Interfaces (normalerweise `ppp0`). Unter Debian GNU/Linux verwendet das Skript das Tool `run-parts`, das die Skripte im Unterverzeichnis */etc/ppp/ip-up.d/* aufruft. Dies ist der richtige Ort, um Vorgänge nach der Einwahl zu automatisieren. In der Voreinstellung befinden sich hier Anweisungen für das Routing und den Mailserver.
- */etc/ppp/ip-down(.d/)*: Nach dem Trennen der Verbindung ruft der PPP-Daemon das Skript `ip-down` auf. Auch hier übernimmt `run-parts` die Aufgabe, die Skripte im Unterverzeichnis */etc/ppp/ip-down.d/* auszuführen, die verschiedene Aufräumarbeiten erledigen.

6.3.5 Online über das Handy

Bluetooth

Eine Alternative zu den USB-Surfsticks ist ein Mobiltelefon, das über Bluetooth mit dem Rechner verbunden ist. Bevor Sie dieses als Modem konfigurieren können, richten Sie die Bluetooth-Verbindung selbst ein. Manche Computer (in der Regel Laptops) haben ein entsprechendes Gerät integriert; alternativ bekommen Sie Bluetooth-USB-Dongle für wenig Geld im Fachhandel. Aktivieren Sie Bluetooth auf dem Computer und auf dem Handy, und stellen Sie die Sichtbarkeit Ihres Telefons ein. Finden Sie dann mit dem Programm `hcitool` (Paket *bluez-utils*) die MAC-Adresse des Mobiltelefons heraus:

```
zwerg:~# hcitool scan
Scanning ...
        8C:54:1D:E3:42:DF       Heikes Androide
```

»sdptool« Anschließend finden Sie mithilfe von `sdptool` den Bluetooth-Kanal für die Internetverbindung (DUN, Dial-up Networking) heraus; die MAC-Adresse sollte mit der vorher gefundenen übereinstimmen:

```
zwerg:~# sdptool search DUN
Inquiring ...
Searching for DUN on 8C:54:1D:E3:42:DF ...
Service Name: Dial-up Networking
Service RecHandle: 0x10008
Service Class ID List:
  "Dialup Networking" (0x1103)
Protocol Descriptor List:
  "L2CAP" (0x0100)
  "RFCOMM" (0x0003)
    Channel: 6
Profile Descriptor List:
  "Dialup Networking" (0x1103)
    Version: 0x0100
```

Die beiden Informationen zur MAC-Adresse und zum Bluetooth-Kanal tragen Sie nun in der Datei */etc/bluetooth/rfcomm.conf* ein. Diese enthält bereits einen Beispieleintrag, den Sie kopieren und anpassen können:

```
rfcomm0 {
        # Automatically bind the device at startup
        bind yes;
        # Bluetooth address of the device
        device 8C:54:1D:E3:42:DF;
        # RFCOMM channel for the connection
        channel 6;
        # Description of the connection
        comment "Heikes Androide";
}
```

Starten Sie nun alle Bluetooth-Daemons auf einen Schlag neu:

```
zwerg:~# /etc/init.d/bluetooth restart
Stopping bluetooth: bluetoothd.
Starting bluetooth: bluetoothd.
```

Anschließend können Sie das Gerät beispielsweise mit GNOME PPP oder `pppconfig` verwenden, wie in Abschnitt 6.3.3 ab Seite 180 gezeigt. Als Gerätedatei für das Modem tragen Sie */dev/rfcomm0* ein.

Tethering

Besitzen Sie ein Smartphone, das sogenanntes Tethering (»to tether« = »anbinden«) ermöglicht, ist die Verbindung noch viel schneller hergestellt. Das Mobiltelefon dient auch hier wieder als Modem. Computer und Telefon verbinden Sie entweder über ein entsprechendes Kabel (auf Android-Handys ist USB-TETHERING im Angebot), oder Sie machen das Handy zum WLAN Access Point (MOBILER WLAN-HOTSPOT unter Android). Richten Sie dazu zunächst das Tethering auf dem Telefon ein, vergeben Sie eine SSID, und entscheiden Sie sich für eine Verschlüsselungsmethode. Android 2.2, das auf meinem Testgerät lief, unterstützte hier sogar WPA2 PSK. Das neu eingerichtete Funknetz sollte nun erreichbar sein – ob über den NetworkManager, Wicd oder auf der Konsole.

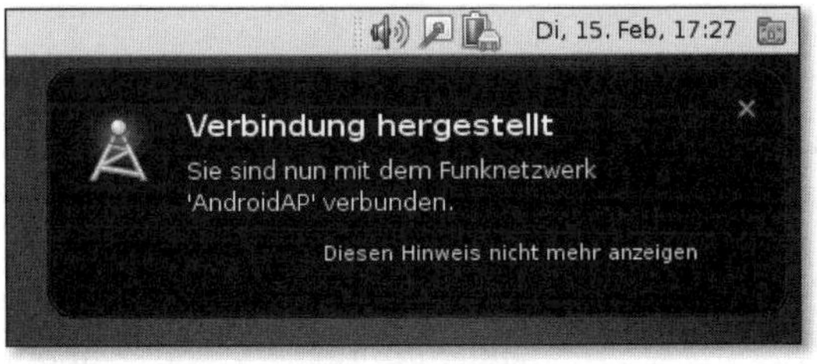

Abbildung 6.12 Das Android-Smartphone dient als mobiler Hot Spot.

6.4 Netzwerk-Diagnosetools

Um zu überprüfen, ob eine Verbindung steht, können Sie beispielsweise das `ping`-Kommando einsetzen. Mit diesem Tool testen Sie, ob ein bestimmter Rechner erreichbar ist und ob Ihr Computer generell andere Rechner kontaktieren kann. Sie starten die Diagnose über Eingabe von `ping` zusammen mit einer IP-Adresse oder einem Rechnernamen auf der Kommandozeile, zum Beispiel so:

```
huhn@samesame:~> ping transpluto
PING transpluto (192.168.2.16) 56(84) bytes of data.
64 bytes from transpluto (192.168.2.16): icmp_seq=1 ttl=64 
time=0.165 ms
64 bytes from transpluto (192.168.2.16): icmp_seq=2 ttl=64 
time=0.158 ms
--- transpluto ping statistics ---
2 packets transmitted, 2 received, 0% packet loss, time 999ms
rtt min/avg/max/mdev = 0.158/0.161/0.165/0.013 ms
```

Sie beenden `ping` über Eingabe von Strg + C. Das Programm schickt sogenannte ICMP-Pakete an den angegebenen Rechner, und sofern dort keine Firewall läuft, die diese Pakete blockiert, antwortet die Gegenstelle ebenfalls mit ICMP-Paketen. Die Ausgabe zeigt zudem die Antwortzeiten und verrät damit etwas über die Schnelligkeit der Verbindung. Gelingt die Kontaktaufnahme mit `ping` nicht, kann das verschiedene Ursachen haben: Entweder blockiert eine Firewall auf der Gegenseite die Pakete, oder die Auflösung von Namen in IP-Adressen schlägt fehl.

DNS-Problem?

Letzteres können Sie schnell testen, indem Sie statt eines Rechnernamens eine IP-Adresse anpingen. Erhalten Sie beispielsweise eine Fehlermeldung der Art `unknown host` (»unbekannter Rechner«), so deutet dies auf ein DNS-Problem hin. Diagnosetools für Nameserver stellt Abschnitt 20.1.4 ab Seite 615 vor. Über einen nicht erreichbaren Rechner beschwert sich `ping` dagegen mit `Destination Host Unreachable` (»Zielrechner nicht erreichbar«).

Wer sich dafür interessiert, welchen Weg die Datenpakete vom Start- bis zum Zielrechner nehmen, setzt hingegen `traceroute` aus dem gleichnamigen Paket ein. Rufen Sie anschließend `traceroute` zusammen mit einem Rechnernamen oder einer IP-Adresse auf. Das Programm schickt nun kleine Testpakete auf die Reise und versieht diese jeweils mit einem unterschiedlichen »Haltbarkeitsdatum« (TTL = Time To Live). Kommt ein gültiges Paket an, verringert der Rechner die TTL und reicht es weiter. Kommt ein Paket an, dessen TTL abgelaufen ist, schickt der Rechner eine Fehlermeldung zurück und verwirft das Paket.

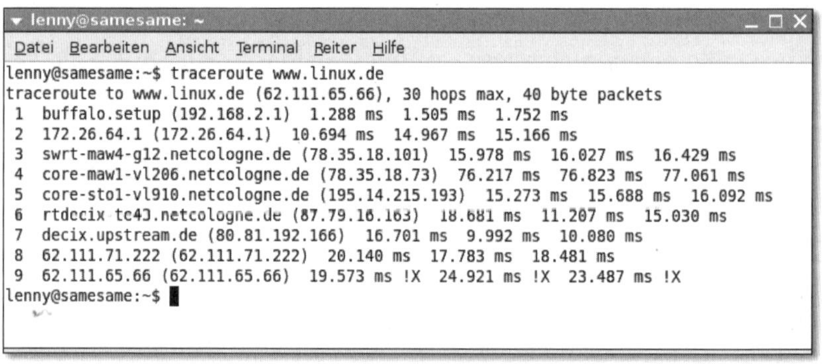

Abbildung 6.13 Mit »traceroute« verfolgen Sie den Weg der Datenpakete.

Zeigt die Ausgabe für eine Station nur Sternchen an, ist entweder der Rechner nicht zu erreichen oder eine Firewall blockiert die ankommenden Pakete. Sollten Sie irgendwann nur noch Sternchen sehen, brechen Sie das Programm mit [Strg] + [C] ab.

»ifconfig«

Ob Debian GNU/Linux Ihre Netzwerkkarte(n) erkannt und den richtigen Treiber geladen hat, überprüfen Sie beispielsweise mit dem Programm `/sbin/ifconfig`. Als normaler Benutzer rufen Sie das Tool über seinen vollen Pfad auf, weil */sbin* in der Voreinstellung nicht im Standardpfad für ausführbare Programme (`PATH`, siehe Abschnitt 18.1 ab Seite 571) liegt. Ohne weitere Parameter gestartet, zeigt `ifconfig` die aktuell konfigurierten Netzwerkschnittstellen an. Das lokale Loopback-Device (Schnittstelle `lo`) sollten Sie in jedem Fall sehen. Darüber hinaus zeigt die Ausgabe Informationen zur Netzwerkkarte `eth0` (Ethernet) oder `wlan0` (WLAN) an. Neben der Hardwareadresse (MAC-Adresse) präsentiert `ifconfig` die IP-Adresse, die Broadcastadresse sowie die Subnetzmaske.

```
zwerg:~ # ifconfig
eth0      Link encap:Ethernet  Hardware Adresse ...
          inet Adresse:192.168.2.7  Bcast:192.168.2.255 
Maske:255.255.255.0
          inet6-Adresse: fe80::224:54ff:fe15:6305/64
...
lo        Link encap:Lokale Schleife
          inet Adresse:127.0.0.1  Maske:255.0.0.0
          inet6-Adresse: ::1/128 Gültigkeitsbereich:Maschine
...
```

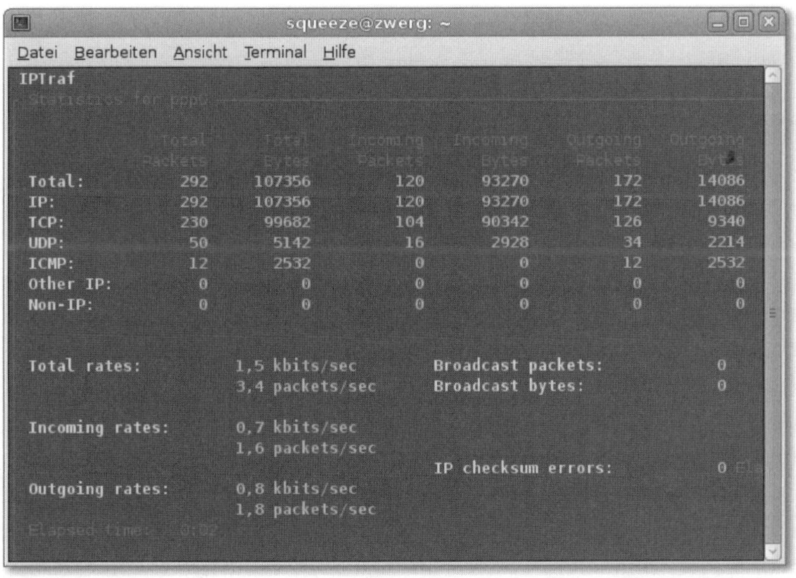

Abbildung 6.14 Das Kommandozeilentool IPTraf sammelt unter anderem Informationen über TCP-Verbindungen und zählt Pakete und Bytes.

Zusammen mit dem Programm `watch` können Sie `ifconfig` als Traffic-Monitor verwenden. Das Tool `watch` wiederholt jedes Kommando, das Sie übergeben. In der Voreinstellung passiert dies alle zwei Sekunden. Wenn Sie eine Schnittstelle namens `ppp0` beobachten möchten, etwa weil Sie den Datenverkehr einer Dial-up-Verbindung im Auge behalten wollen, tippen Sie einfach `watch ifconfig ppp0`. Alternativ steht `iftop` im Paketarchiv bereit, das die Auslastung der Netzwerkschnittstellen anzeigt. Wer es lieber bunt mag, sollte sich das Tool IPTraf aus dem gleichnamigen Paket anschauen. Als Root aufgerufen, zeigt es den Datendurchsatz für verschiedene Schnittstellen in einer Ncurses-Oberfläche an (siehe Abbildung 6.14).

»route« Mit dem Programm `route` werfen Sie einen Blick in die Routingtabelle und überprüfen, ob alles korrekt eingerichtet ist. Dazu geben Sie auf der Konsole das Kommando `/sbin/route` ein; verwenden Sie den Parameter `-n`, um die IP-Adressen anstelle der Rechnernamen anzuzeigen. Die erste Spalte präsentiert das Ziel, die letzte Spalte das Netzwerk-Interface, über das die Pakete verschickt werden. Die Ausgabe in der Beispielabbildung verrät, dass Pakete an IP-Adressen, die mit 192.168.2. beginnen, über die Netzwerkschnittstelle `eth0` versandt werden. Das Gateway taucht in der zweiten Zeile auf: Beginnt eine Empfängeradresse nicht mit 192.168.2., wird das Paket an den Rechner mit der Adresse 192.168.2.1 weitergereicht, der sich darum kümmert.

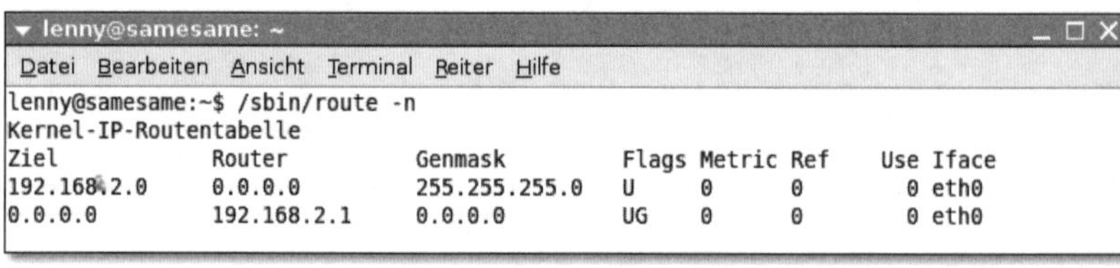

Abbildung 6.15 Mit »route« kontrollieren Sie das Gateway.

[+] Das `route`-Kommando kann noch mehr: Es bringt Optionen mit, mit denen Sie die Default-Route löschen und setzen. Als Administrator entfernen Sie den Eintrag für das Gateway zunächst über `/sbin/route del default`. Anschließend setzen Sie eine neue Default-Route, zum Beispiel über `/sbin/route add default gw 192.168.2.1`.

Dieses Kapitel erklärt, wie Sie unter Linux mit CUPS einen lokalen Drucker und einen Druckserver einrichten. Darüber hinaus erfahren Sie, wie Sie einen Netzwerkdrucker von Linux, Mac OS X und Windows aus ansprechen. Kommandos zum Drucken und Erstellen/Bearbeiten von PostScript-Dateien runden das Kapitel ab.

7 Drucken

7.1 Ein CUPS für alle Fälle

Common UNIX Printing System

Lange Zeit galt das Drucken unter Linux als »Hexenwerk« – nicht vorhandene Treiber und komplizierte Konfigurationsdateien machten Benutzern das Leben schwer. CUPS (Common UNIX Printing System)[1] kommt auf den meisten Linux-Distributionen als Alternative zum traditionellen Drucksystem (`lpr/lpd`, line printer/line printer daemon) beziehungsweise zu dessen Nachfolger `LPRng` (»ng« steht für »new generation«) zum Einsatz. CUPS ist wesentlich flexibler als das alte System und bietet bessere Konfigurationsmöglichkeiten – gerade für das Drucken im Netzwerk, da nicht mehr jede Druckerwarteschlange auf allen Rechnern einzeln konfiguriert werden muss. CUPS setzt auf das Internet Printing Protocol (IPP).[2]

Zwei Komponenten arbeiten Hand in Hand: Der CUPS-Daemon (der Druckserver) verarbeitet die eingehenden Druckdaten, und der CUPS-Client leitet die eingehenden Druckdaten an den Server weiter. Wenn Sie eine Datei aus einer Anwendung heraus oder von der Kommandozeile aus drucken, landet diese in der Druckerwarteschlange (englisch »queue«), und der Spooler sendet diese (gefiltert oder ungefiltert) an den Drucker.

7.1.1 CUPS installieren

Wurde bei der Installation von Debian GNU/Linux die Gruppe Desktop oder Druck-Server ausgewählt, sollte die benötigte Software schon auf

1 *http://www.cups.org/*
2 *http://de.wikipedia.org/wiki/Internet_Printing_Protocol.*

der Platte sein. Um die Komponenten nachträglich einzuspielen, installieren Sie den Task (siehe Abschnitt 5.6 ab Seite 141) *print-server*, beispielsweise über Aptitude (TASKS • SERVER • DRUCK-SERVER) oder das Kommando `apt-get install print-server^`.

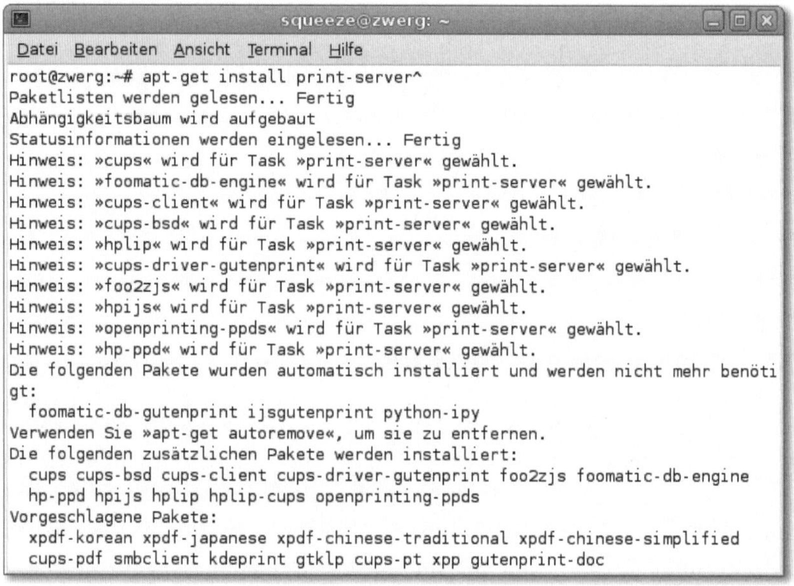

Abbildung 7.1 Software zum Drucken ist im Task »print-server« zusammengefasst.

Automatischer Start

Der Paketverwalter kümmert sich um die Abhängigkeiten. Bestätigen Sie die Installation aller Pakete mit `Eingabe`. Bei eventuellen Fragen zur Konfiguration der Pakete wählen Sie jeweils über `Eingabe` die Standardeinstellungen. Zuletzt erscheint eine Meldung, die Sie darüber informiert, dass der CUPS-Daemon (neu) gestartet wurde:

```
Starting Common Unix Printing System: cupsd.
```

7.1.2 Start und Stopp des Servers

Der CUPS-Daemon nimmt bei jedem Bootvorgang die Arbeit auf. Verantwortlich hierfür ist das Skript */etc/init.d/cups*. Um den Druckserver von Hand zu stoppen, geben Sie als Root das folgende Kommando ein:

```
/etc/init.d/cups stop
```

Ersetzen Sie im gezeigten Befehl `stop` durch `start`, um den CUPS-Daemon zu starten. Verwenden Sie `restart`, um die Konfiguration neu zu laden, und `status`, um den aktuellen Zustand anzuzeigen:

```
zwerg:~ # /etc/init.d/cups status
Status of Common Unix Printing System: cupsd is running.
```

7.1.3 Konfigurationsdateien

Unterhalb von */etc/cups* finden Sie Einrichtungsdateien für den Server und die Drucker. Die Konfigurationsdateien bearbeiten Sie als Root mit einem Texteditor Ihrer Wahl (siehe Kapitel 16 ab Seite 475). Die Drucker verwalten Sie am komfortabelsten über das Webinterface (siehe Abschnitt 7.1.4 ab Seite 197).

GNOME und KDE SC 4 liefern eigene Konfigurationswerkzeuge zum Einrichten von Druckern mit. Dieses Kapitel beschränkt sich jedoch auf die Einrichtung eines Druckers über die CUPS-eigene Weboberfläche und die Konfigurationsdateien. Mit diesem Hintergrundwissen sollten Sie in der Lage sein, auch die Tools der Desktopumgebungen zu nutzen, wenn Sie diese bevorzugen. **[«]**

/etc/cups/cupsd.conf

Drucker im Netz freigeben

In der Datei */etc/cups/cupsd.conf* konfigurieren Sie den CUPS-Server. In der Regel müssen Sie hier keine Änderungen vornehmen. Wenn Sie allerdings den Drucker für andere Computer im Netzwerk freigeben oder CUPS von anderen Rechnern aus warten möchten, richten Sie dies an dieser Stelle ein. Gehen Sie in der Datei zur Zeile

```
Listen localhost:631
```

und kommentieren Sie diese aus, indem Sie ein Rautezeichen (#) voranstellen. Diese Anweisung bedeutet nämlich, dass der Server nur auf dem eigenen Rechner am Port 631 lauscht. Um den CUPS-Daemon für alle Clients im Netzwerk verfügbar zu machen, tragen Sie die folgende Zeile ein:

```
Listen *:631
```

Definieren Sie nun, welche Rechner Zugriff auf den Server haben sollen. Gehen Sie dazu in den Abschnitt `<Location />`, und fügen Sie dort einzelne Hostnamen oder IP-Adressen hinzu. Alternativ geben Sie einen Bereich von IP-Adressen oder ganze Domainbereiche an.

```
<Location />
  Order allow,deny
  Allow localhost
  Allow from 192.168.2.*
</Location>
```

In der Voreinstellung hat kein Rechner Zugriff auf den Server. In diesem Beispiel dürfen der eigene Computer (`localhost`) sowie Rechner, deren IP-Adresse mit 192.168.2. beginnt, den Drucker ansprechen. Sollen Computer aus der Domain `huhnix.org` Erlaubnis zum Drucken erhalten, schreiben Sie beispielsweise `Allow from *.huhnix.org`.

Konfiguration erlauben

Nachdem Sie bestimmt haben, wer den Drucker benutzen darf, konfigurieren Sie nun, wer den Drucker einrichten darf. Die Erlaubnis erteilen Sie im Abschnitt `<Location /admin>`. Die Syntax ist dieselbe wie im Bereich `<Location />`; wahlweise tragen Sie hier einzelne Rechner, IP-Bereiche oder Domainnamen ein. Letzteres birgt allerdings ein potenzielles Sicherheitsrisiko, und Sie sollten genau überlegen, wem Sie diese Rechte einräumen. Um beispielsweise zusätzlich zum Eintrag für `localhost` eine Wartung vom Rechner mit der IP-Adresse 192.168.2.2 zu erlauben, sollte hier Folgendes stehen:

```
<Location /admin>
  Encryption Required
  Order allow,deny
  Allow localhost
  Allow 192.168.2.2
</Location>
```

Die grundlegende Einrichtung eines einfachen Druckservers ist damit abgeschlossen, und Sie können die veränderte Konfiguration über das Kommando `/etc/init.d/cups restart` einlesen.

/etc/cups/printers.conf

Alle über das Webinterface oder die Kommandozeile eingerichteten Drucker mit sämtlichen Informationen finden Sie in dieser Datei:

```
# Printer configuration file for CUPS v1.4.4
# Written by cupsd
# DO NOT EDIT THIS FILE WHEN CUPSD IS RUNNING
<Printer HP_LaserJet_P2055dn>
Info HP LaserJet P2055dn
Location Heikes Büro
MakeModel HP LaserJet p2055dn pcl3, hpcups 3.10.6
DeviceURI usb://HP/LaserJet%20P2055dn
State Idle
StateTime 1302178366
Type 36876
Filter application/vnd.cups-raw 0 -
Filter application/vnd.cups-raster 0 hpcups
Accepting Yes
```

```
Shared No
JobSheets none none
QuotaPeriod 0
PageLimit 0
KLimit 0
OpPolicy default
ErrorPolicy stop-printer
</Printer>
```

Für jeden Drucker sehen Sie hier jeweils einen eigenen Abschnitt, in dem unter anderem der Name, der Ort, die Anschlussart und der Status zu sehen sind; den Standarddrucker finden Sie unter `<DefaultPrinter ...>`; alle anderen Geräte beginnen mit `<Printer ...>`.

Logfiles

Im Verzeichnis */var/log/cups* liegen verschiedene Logfiles, auf die Sie als Benutzer Root Zugriff haben. Die Datei *access_log* beispielsweise zeigt an, wer von wo aus den Server kontaktiert hat, und in *error_log* finden Sie aussagekräftige Hinweise auf Fehler. Wer wie viele Seiten ausgedruckt hat, verrät *page_log*.

Logfiles per Webinterface

Die Logdateien können Sie nicht nur als Benutzer Root auf der Kommandozeile, sondern auch bequem im Browser (siehe Seite 197) anschauen. Im Bereich VERWALTUNG finden Sie im rechten Bereich die Links ZUGRIFFSPROTOKOLL BETRACHTEN, FEHLERPROTOKOLL BETRACHTEN und SEITENPROTOKOLL BETRACHTEN.

[«]

In der Konfigurationsdatei des Servers */etc/cups/cupsd.conf* legen Sie fest, in welchem Umfang CUPS die Vorgänge auf dem System aufzeichnet. Die Standardeinstellung in der Datei unter Debian GNU/Linux »Squeeze« ist `LogLevel warn` (ganz am Anfang der Datei), Fehlermeldungen und Warnungen werden also protokolliert. Andere mögliche Werte hinter der Anweisung `LogLevel` sind `none` (gar nichts), `emerg` (Notfälle), `alert` (Alarm), `crit` (kritische Zustände), `error` (allgemeine Fehler), `notice` (temporäre fehlerhafte Zustände), `info` (alle Anfragen und Zustandsänderungen), `debug` (Informationen zur Fehlersuche) und `debug2` (detailliertere Informationen zur Fehlersuche.) Ausführliche Erklärungen hierzu finden Sie in der Manpage des Druckservers (`man cupsd.conf`).

7.1.4 Lokalen Drucker einrichten

Wenn Sie sich mit dem Gedanken tragen, einen neuen Drucker anzuschaffen, schauen Sie am besten vor dem Kauf nach, ob das Gerät unterstützt wird. Die Webseite *http://www.openprinting.org/printers* bietet Informationen und Anleitungen zu den verschiedenen Geräten. Neben reinen Tintenstrahlern und Laserdruckern gibt es immer mehr Multifunktionsgeräte, die nicht nur drucken, sondern auch scannen und faxen. Während einige Hersteller vorbildlich mit CUPS und damit mit Linux zusammenarbeiten (z. B. HP und Brother), zeigen sich andere Marken noch etwas zickiger (Canon und Lexmark).

TurboPrint Ist ein Drucker unter Linux nicht zur (optimalen) Zusammenarbeit zu überreden, können Sie als letzten Ausweg die kommerziellen Treiber von TurboPrint[3] ausprobieren. TurboPrint bietet optimierte Druckertreiber für viele Tintenstrahldrucker (vor allem für Geräte von Canon, Epson, HP und Brother) und arbeitet auch mit CUPS zusammen. Eine kostenlose 30-Tage-Testversion der Software ist verfügbar. Laden Sie das Debian-Paket von der Hersteller-Webseite herunter, und installieren Sie es über das folgende Kommando:

```
zwerg:~ # dpkg -i turboprint_2.18-2_i386.deb
Vormals abgewähltes Paket turboprint wird gewählt.
...
turboprint (2.18-2) wird eingerichtet ...
Restarting TurboPrint printer port daemon
Creating PPD printer description files...
done
...
```

Anschließend öffnen Sie das TurboPrint-Kontrollzentrum (SYSTEM • SYSTEMVERWALTUNG • TURBOPRINT CONTROL), stellen die Sprache ein, bestätigen die Lizenzbedingungen und fügen dann im Hauptfenster unter NEU einen neuen Drucker hinzu. Ein an den USB-Anschluss gestecktes Gerät fand die Software auf dem Testrechner automatisch, sodass die Testseite nach wenigen Mausklicks auf dem Drucker erschien. Ist TurboPrint auf Ihrem Rechner die einzige Möglichkeit, ein Multifunktionsgerät anzusprechen, kaufen Sie die Lizenz über das TurboPrint-Kontrollzentrum (Klick auf ÜBER/LIZENZ). Alternativ deinstallieren Sie das Programm über den Befehl `dpkg -r turboprint`.

Besteht für Ihren Drucker eine gute CUPS-Unterstützung, richten Sie diesen ohne TurboPrint ganz bequem über das CUPS-Webinterface ein; darüber hinaus stehen einige Kommandozeilenbefehle zur Verfügung. Die beiden Herangehensweisen schließen sich aber nicht aus, sodass Sie abwechselnd beide Wege beschreiten können. Beide Varianten erfordern

3 *http://www.turboprint.de/*

eine Authentifizierung, daher muss in jedem Fall das Root-Passwort gesetzt sein.

Webinterface

Einrichtung per Browser

Am leichtesten gelingt die Einrichtung über das Webinterface. Öffnen Sie in einem Browser Ihrer Wahl die Adresse *http://localhost:631/*. Die Seite versammelt Anleitungen für Benutzer, Administratoren und Programmierer. Außerdem gibt es eine Suchfunktion, mit der Sie die einzelnen Dokumente gezielt durchforsten. Daneben bietet das Webinterface schnellen Zugriff auf Einrichtungs- und Verwaltungsmöglichkeiten zu Druckern, zum CUPS-Server und zu den Druckaufträgen.

[+]

In der Voreinstellung präsentiert sich die Browserschnittstelle in englischer Sprache. Um die Oberfläche und auch die Anleitungen auf Deutsch zu sehen, bearbeiten Sie die Einrichtungsdatei des Servers (*/etc/cups/cupsd.conf*) und fügen ganz am Anfang die Anweisung für die Standardsprache (`DefaultLanguage de`) ein. Danach starten Sie den Server neu und laden das Interface im Browser neu.

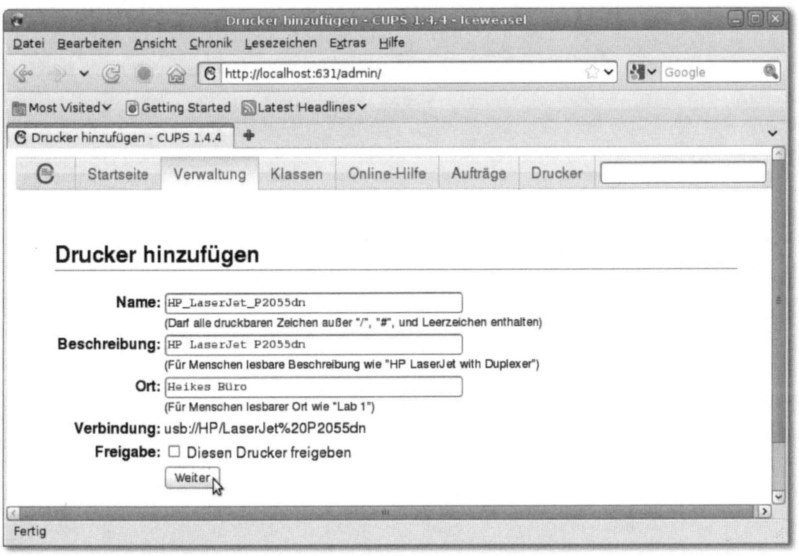

Abbildung 7.2 Geben Sie den Namen und optionale Beschreibungen ein.

Um einen neuen Drucker einzurichten, folgen Sie dem Link VERWALTUNG (zweiter Reiter von links auf der Startseite). Im rechten Bereich sehen Sie die Servereinstellungen, also die Dinge, die Sie in der Datei */etc/cups/cupsd.conf* konfiguriert haben. Zudem bietet dieser Bereich schnellen Zugriff auf die Konfigurationsdatei und die erwähnten Logfiles.

Im linken Bereich klicken Sie auf VERFÜGBARE DRUCKER AUFLISTEN, um gefundene lokale oder Netzwerkdrucker anzuzeigen oder auf DRUCKER HINZUFÜGEN, um selbst eine Auswahl zu treffen.

Name und Beschreibung

Im Feld NAME steht der Name des Druckers; erlaubt sind bis zu 127 Zeichen (ausgenommen Sonderzeichen wie @, /, # und Leerzeichen). Ob Sie Groß- oder Kleinbuchstaben verwenden, ist egal: So ist `Drucker` dasselbe wie `DRUCKER` oder `drucker`. Die Einträge für BESCHREIBUNG und ORT sind optional und dürfen Leer- und Sonderzeichen enthalten. Optional klicken Sie in die Checkbox DIESEN DRUCKER FREIGEBEN. Klicken Sie danach auf WEITER, um in der nächsten Maske den Hersteller auszusuchen oder eine eigene PPD-Datei bereitzustellen.

PPD-Dateien

PPD steht für »PostScript Printer Description« (PostScript-Druckerbeschreibung). Es handelt sich um eine Textdatei, welche die speziellen Eigenschaften eines PostScript-Druckers beschreibt. Dazu gehören unter anderem die verfügbaren Bildauflösungen, Rasterungsmethoden, Papiergrößen, Papierfächer, Schriften usw. Das Paket *openprinting-ppds*, das zusammen mit den CUPS-Komponenten im Task DRUCK-SERVER installiert wurde, liefert viele dieser PPD-Dateien. Es handelt sich um freie PostScript-Druckerbeschreibungsdateien verschiedener Druckerhersteller. PPD-Dateien, die unter nicht freien Lizenzen stehen, finden Sie oft auf den Webseiten der Hersteller oder auf mitgelieferten CDs/DVDs. Auch die Webseite *http://www.openprinting.org/drivers* bietet viele Treiber zum Download an.

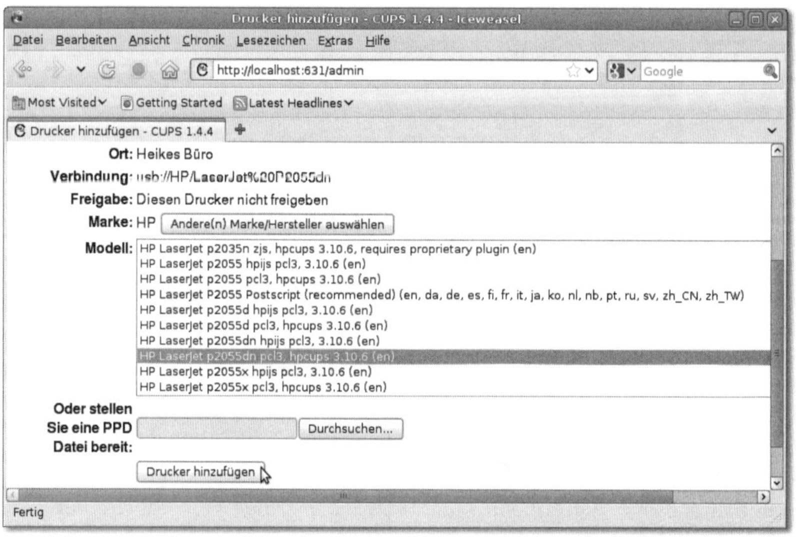

Abbildung 7.3 Für einige Modelle stehen mehrere Treiber zur Auswahl.

Das genaue Modell wählen Sie aus der nächsten Liste aus. Einige Modelle bieten hier mehrere Treiber zur Auswahl – versuchen Sie es zunächst mit den Einträgen, hinter denen RECOMMENDED (»empfohlen«) steht. Führt dies nicht zum Erfolg, können Sie es mit anderen Treibern probieren. Bestätigen Sie Ihre Wahl über DRUCKER HINZUFÜGEN.

In die Dialogbox zur Authentifizierung geben Sie als Benutzernamen »root« und das dazugehörige Passwort ein. Sie erhalten eine Bestätigung, dass der Drucker erfolgreich hinzugefügt wurde. Nach kurzer Zeit öffnet sich eine weitere Seite, in der Sie zusätzliche Einstellungen, zum Beispiel Papiergröße, Auflösung, Papierzufuhr usw., für den Drucker festlegen. Bestätigen Sie über einen Klick auf STANDARDEINSTELLUNGEN FESTLEGEN; anschließend informiert das System Sie darüber, dass der neue Drucker konfiguriert wurde.

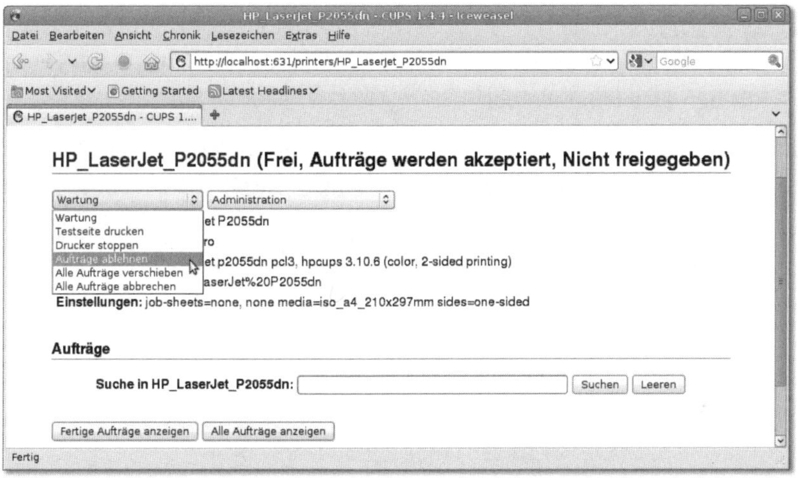

Abbildung 7.4 Einen neuen Drucker richten Sie über das Webinterface mit wenigen Mausklicks ein.

Testseite

Drucken Sie zur Sicherheit über das Pulldown-Menü WARTUNG eine Testseite aus. Geht hier etwas schief, und sehen Sie nur wirre Zeichen auf dem Blatt, probieren Sie einen anderen Treiber aus. Dazu müssen Sie nicht extra einen neuen Drucker anlegen, sondern können direkt über DRUCKER ÄNDERN im Pulldown-Menü ADMINISTRATION eine bestehende Konfiguration modifizieren. Das Feintuning des Geräts nehmen Sie hingegen über STANDARDEINSTELLUNGEN FESTLEGEN vor. Des Weiteren gibt es im Menü ADMINISTRATION Einträge, um den Drucker zum Standarddrucker zu erklären, erlaubte Benutzer festzulegen und ihn zu löschen. Um das Gerät zu stoppen, Aufträge abzulehnen, Aufträge in eine andere Warteschlange zu verschieben oder abzubrechen, öffnen Sie das Pulldown-Menü WARTUNG.

Kommandozeile

»lpadmin« Alternativ installieren Sie Ihren Drucker als Systemverwalter Root mit dem Befehl `lpadmin` auf der Kommandozeile. Über die Option `-p` geben Sie den Namen des Druckers an (bis zu 127 Buchstaben, Zeichen oder Unterstriche, nicht »case sensitive«). Das Device definieren Sie über `-v` – dieser Schalter versteht als weitere Angaben:

- **»file:/«**
  Druckt in eine Datei, zum Beispiel `file:/home/huhn/datei`.
- **»usb:/«**
  Das Gerät hängt am USB-Port, etwa `usb://HP/LaserJet%20P2055dn`.
- **»parallel:/«**
  Der Drucker hängt am Parallelport, zum Beispiel `parallel:/dev/lp0` für den ersten Parallelport.
- **»serial:/«**
  Der Drucker hängt am seriellen Port, zum Beispiel `serial:/dev/ttyS0` für die erste serielle Schnittstelle. Weitere Angaben sind hier möglich, zum Beispiel zur Baud-Rate, zur Anzahl der Bits und zum Parity Check (»gerade«, »ungerade« oder abgeschaltet):
  `serial:/dev/ttyS0?baud=9600+size=8+parity=none`
- **»lpd://«**
  Schickt die Ausgabe an eine LPD-Printer-Warteschlange, zum Beispiel:
  `lpd://hostname/warteschlange`
- **»socket://«**
  Verwendet das AppSocket-Protokoll (Standardport[4] ist 9100), zum Beispiel: `socket://hostname[:port]`
- **»smb://«**
  Ausgabe an SMB-(Windows-)Druckerwarteschlange, beispielsweise:
  `smb://[username:password@]hostname/warteschlange`

4 Ein Port ist eine Nummer zwischen 0 und 65535, unter der Netzwerkdienste angesprochen werden können; »normale« Programme erhalten Portnummern, die größer als 1024 sind, die darunter liegenden Nummern sind für Server reserviert (siehe auch die Datei */etc/services*).

- **»http://« beziehungsweise »ipp://«**
  Schickt die Ausgabe an den genannten IPP-Drucker oder -Server; der Standardport ist 631, zum Beispiel:
  `ipp://hostname:631/printers/druckername`

Eine Liste der auf dem eigenen System verfügbaren Devices erhalten Sie über den Befehl `lpinfo -v`. Des Weiteren übergeben Sie `lpadmin` optional mit `-D` eine Beschreibung (zum Beispiel `-D "HP LaserJet P2055dn"`) und mit `-L` den Standort (zum Beispiel `-L "Unter dem Schreibtisch"`). Beachten Sie, dass Sie Beschreibung und Ort in doppelte Hochkommata einschließen, wenn der Bezeichner Leer- oder Sonderzeichen enthält. Über den Schalter `-m` definieren Sie eine PPD-Datei (unterhalb von */usr/share/ppd/*). Eine vollständige Liste aller installierten Treiber erhalten Sie über das Kommando `lpinfo -m`:

```
zwerg:~ # lpinfo -m | grep 2055
drv:///hpijs.drv/hp-laserjet_p2055-hpijs-pcl3.ppd HP ⮧
LaserJet p2055 hpijs pcl3, 3.10.6
drv:///hpcups.drv/hp-laserjet_p2055-pcl3.ppd HP LaserJet ⮧
p2055 pcl3, hpcups 3.10.6
lsb/usr/hplip/HP/hp-laserjet_p2055dn-ps.ppd HP LaserJet ⮧
P2055 Postscript (recommended)
...
```

Eigene PPD-Datei

Soll eine PPD-Datei verwendet werden, die nicht in */usr/share/ppd*, sondern in einem Unterverzeichnis oder einem ganz anderen Ordner liegt, ersetzen Sie `-m` durch `-P` und den vollen Pfad. Der vollständige Aufruf, um einen HP LaserJet P2055, der per USB mit dem Debian-Rechner verbunden ist, mit dem `lpadmin`-Kommando einzurichten, lautet also:

```
lpadmin -p HP -D "HP LaserJet P2055dn" -L "Unter dem ⮧
Schreibtisch" -v usb://HP/LaserJet%20P2055dn -P ⮧
/home/squeeze/hp.ppd
```

Damit der neu eingerichtete Drucker Aufträge annehmen kann, führen Sie noch `cupsenable HP` aus. Ebenso leicht schalten Sie das Gerät über `cupsdisable HP` temporär ab. Soll der Drucker ohne den Umweg über das `cupsenable`-Kommando direkt gestartet werden, definieren Sie dieses im `lpadmin`-Aufruf über den Parameter `-E`, zum Beispiel:

```
lpadmin -p HP -E -D "HP LaserJet P2055dn"...
```

Wer einen Drucker ganz loswerden möchte, erledigt dies ebenfalls mit `lpadmin`. Zusammen mit der Option `-x` und dem Namen des Druckers löschen Sie einen Drucker auf der Kommandozeile, zum Beispiel über den Befehl `lpadmin -x HP`.

Standarddrucker setzen

Da es problemlos möglich ist, mehrere Drucker einzurichten, setzen Sie mit dem Befehl `lpoptions -d <queue>` den Standarddrucker. Welche Warteschlangen verfügbar sind, sehen Sie, wenn Sie auf der Kommandozeile `lpstat -a` eingeben. Dieser Befehl zeigt zusammen mit dem Parameter `-d` auch den aktuellen Standarddrucker an:

```
zwerg:~ # lpstat -a
HP akzeptiert Anfragen seit Do 07 Apr 2011 16:50:23 CEST
HP_LaserJet_P2055dn akzeptiert Anfragen seit Do 07 Apr ➘
2011 16:59:12 CEST
zwerg:~ # lpoptions -d HP
auth-info-required=none copies=1 device-uri=usb://...
zwerg:~ # lpstat -d
System-Standardzielort: HP
```

7.1.5 Drucken im Netz

Wollen Sie den Drucker von anderen Rechnern im Netz aus ansprechen, passen Sie, wie in Abschnitt 7.1.3 ab Seite 193 beschrieben, die Konfigurationsdatei des Servers an. Anschließend konfigurieren Sie den Client.

Linux als Client

Läuft auf dem Linux-Client ebenfalls ein CUPS-Server, so nehmen Sie einfach das `lpadmin`-Kommando (Abschnitt 7.1.4 ab Seite 200) zu Hilfe, um den entfernten Drucker einzurichten, zum Beispiel:

```
lpadmin -p HP -E -v ipp://192.168.2.7:631/printers/HP
```

Als Device übergeben Sie keinen lokalen Port, sondern verwenden das Internet Printing Protocol und definieren so einen Drucker auf dem entfernten Server. Machen Sie das Gerät anschließend über das Kommando `lpoptions -d HP` zum Standarddrucker. Ein anschließender `lpq`-Aufruf sollte die neue Warteschlange anzeigen:

```
samesame:~ # lpq
HP ist bereit
keine Einträge
```

Alternativ setzen Sie die Umgebungsvariable `CUPS_SERVER` (siehe auch Abschnitt 18.1 ab Seite 571) – dies können Sie auch als nicht-privilegierter Benutzer ohne Root-Rechte tun:

```
export CUPS_SERVER="192.168.2.7"
```

Um die Variable dauerhaft zu setzen, tragen Sie diese Zeile in die Datei *~/.bashrc* ein und lesen die Bash-Konfigurationsdatei anschließend mit dem Befehl `source ~/.bashrc` neu ein.

Webinterface

Zur Einrichtung eines Netzwerkdruckers können Sie ebenfalls das CUPS-Webinterface verwenden. Dazu öffnen Sie auf dem Clientrechner die Adresse *http://localhost:631/* im Browser, klicken auf DRUCKER HINZUFÜGEN und wählen im Bereich NETZWERKDRUCKER die Checkbox INTERNET-DRUCKERPROTOKOLL (IPP) aus. Ins Feld VERBINDUNG tragen Sie den Namen oder die IP-Adresse der Gegenstelle, gefolgt vom Port und dem Namen der Warteschlange, ein, zum Beispiel »ipp://192.168.2.7:631/printers/HP«. Anschließend suchen Sie wieder das Modell und einen Treiber aus der angebotenen Liste aus oder geben eine eigene PPD-Datei an. Auch die übrigen Schritte unterscheiden sich nicht von der Einrichtung eines lokalen Druckers (siehe die Anleitung ab Seite 197).

Windows als Client

Die meisten neuen Windows-Versionen »sprechen« ebenfalls IPP. Einen CUPS-Server im Netz wählen Sie auf diesen Systemen mit wenigen Mausklicks aus. Starten Sie den Druckerinstallations-Assistenten, und wählen Sie als Typ NETZWERKDRUCKER ODER DRUCKER, DER AN EINEN ANDEREN COMPUTER ANGESCHLOSSEN IST.

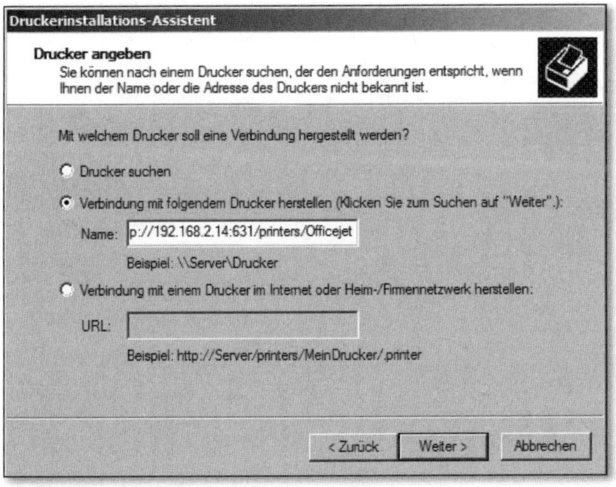

Abbildung 7.5 Tragen Sie die IP-Adresse des Druckservers, gefolgt von der Portnummer und dem Namen der Warteschlange, ein.

Im folgenden Dialog entscheiden Sie sich für VERBINDUNG MIT FOLGENDEM DRUCKER HERSTELLEN und tragen die Adresse des CUPS-Servers ein, zum Beispiel »http://192.168.2.7:631/printers/HP«. Nach einem Klick auf WEITER suchen Sie den passenden Hersteller und das Modell aus. Anschließend beantworten Sie die Frage, ob Sie den Drucker zum Standard erklären wollen, und schließen die Einrichtung mit einem Klick auf die Schaltfläche FERTIG STELLEN ab.

Mac OS X als Client

Da auch unter Mac OS X standardmäßig ein CUPS-Server läuft, gelingt die Einrichtung eines Netzwerkdruckers am schnellsten auf der Kommandozeile mit `lpadmin`:

```
lpadmin -p HP -E -v ipp://192.168.2.7:631/printers/HP
```

Systemeinstellungen

Der neu hinzugefügte Netzwerkdrucker erscheint in der Systemsteuerung in der Liste als ENTFERNTER DRUCKER. Um über das grafische Konfigurationstool einen neuen Drucker hinzuzufügen, klicken Sie auf das Pluszeichen unter der Liste. Im folgenden Fenster klicken Sie in der Symbolleiste auf IP. Dort wählen Sie unter PROTOKOLL den Eintrag INTERNET PRINTING PROTOCOL – IPP. Unter ADRESSE geben Sie den Hostnamen oder die IP-Adresse des Druckservers ein, und ins Feld WARTELISTE gehört der Name der Warteschlange.

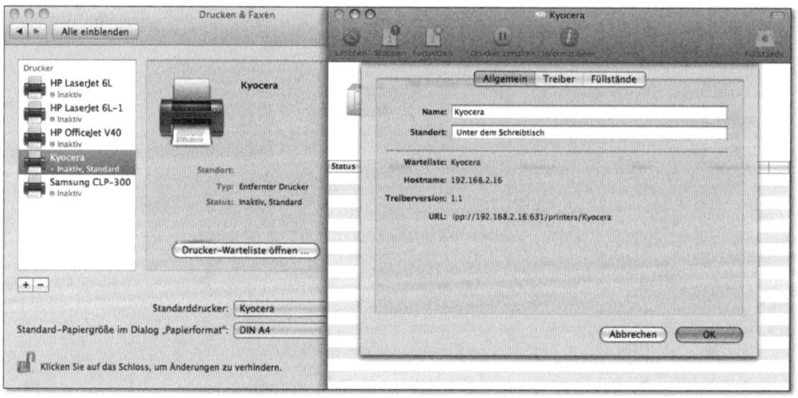

Abbildung 7.6 Eine Verbindung zum Printserver richten Sie schnell ein.

Im unteren Bereich des Fensters tragen Sie einen Namen und einen Standort ein; außerdem bietet das Dropdown-Menü DRUCKEN MIT die Möglichkeit, einen passenden Treiber auszusuchen. Hier haben Sie die Wahl zwischen AUTOMATISCH, ALLGEMEINER POSTSCRIPT-DRUCKER, WÄHLEN SIE EINEN TREIBER AUS (hier finden Sie die üblichen CUPS-PPD-Dateien) und

ANDERE (ermöglicht den Zugriff auf eigene Treiberdateien). Ein Klick auf HINZUFÜGEN schließt die Einrichtung ab.

7.2 Aufs Papier – Kommandos zum Drucken

Die meisten grafischen Programme bieten einen eingebauten Druckdialog, über den Sie per Mausklick die Dokumente an den Drucker schicken oder als PDF/PostScript-Datei abspeichern. Darüber hinaus stehen Ihnen auf der Kommandozeile verschiedene Tools zur Verfügung, mit denen Sie drucken, die Warteschlange betrachten, Druckjobs löschen und vieles mehr.

7.2.1 Drucken unter GNOME

In den meisten GNOME-Anwendungen finden Sie im Menü DATEI eine Funktion DRUCKEN (Tastenkombination (Strg) + (P)). Im folgenden Fenster sehen Sie auf dem Reiter ALLGEMEIN die eingerichteten Drucker; als Alternative steht hier über IN DATEI DRUCKEN das Speichern als PDF- oder PostScript-Dokument zur Verfügung. Im unteren Bereich des ersten Reiters bestimmen Sie, ob Sie das gesamte Dokument oder nur einzelne Seiten drucken; außerdem können Sie hier die Anzahl der Kopien festlegen und auch den Druck in umgekehrter Reihenfolge veranlassen. Druckdialog

Abhängig davon, ob Sie das Dokument an einen Drucker schicken oder als Datei abspeichern, tauchen weitere Reiter im Druckdialog auf. Auch die einzelnen GNOME-Anwendungen bieten unterschiedliche Funktionen und damit andere Tabs an. Für PDF- und PostScript-Dokumente steht der Reiter SEITE EINRICHTEN zur Verfügung; hier finden Sie Funktionen, um mehrere Seiten auf einem Blatt unterzubringen, zum Drucken von geraden/ungeraden Seiten und zur Skalierung. Geht es um einen »echten« Drucker und nicht um den Druck in eine Datei, so bieten die Reiter DRUCKQUALITÄT, NACHBEARBEITUNG und ERWEITERT weitere Optionen, unter anderem, mehrere Seiten auf einem Blatt unterzubringen und (abhängig vom Drucker) Einstellungen zum Papiertyp, zum Einzug und zum Ausgabeschacht.

Auf dem Reiter AUFTRAG stellen Sie ein, welche Priorität ein Druckjob hat und ob ein zusätzliches Deckblatt gedruckt wird. Praktisch: Unter DRUCKAUFTRAG AUSFÜHREN wählen Sie einen Zeitpunkt zum zeitversetzten Drucken aus, was sich gerade für größere Aufträge anbietet. Hier [+]

stehen die Optionen Jetzt zum sofortigen Drucken, Um für eine genaue Uhrzeit und In Warteschleife stellen zur Verfügung.

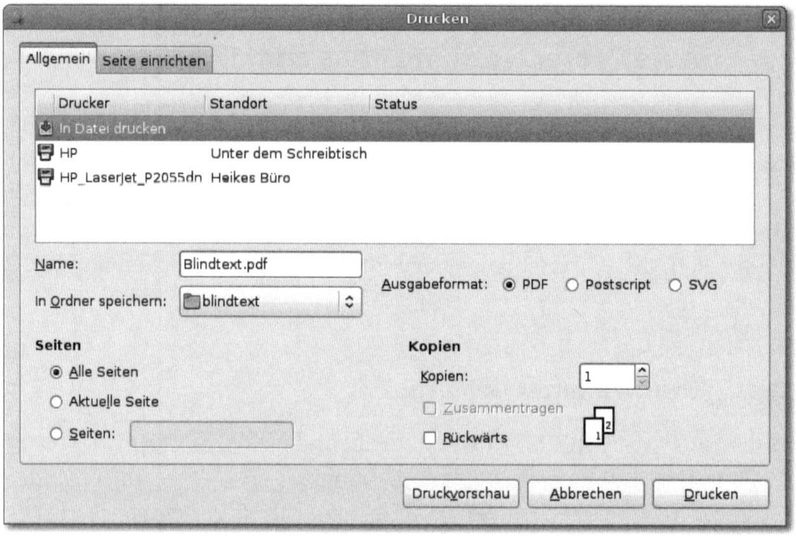

Abbildung 7.7 Der Druckdialog der GNOME-Programme

Druckvorschau

Ganz unten auf dem Reiter Allgemein bietet die Schaltfläche Druckvorschau einen Ausblick auf das zu erwartende Ergebnis – leider gibt es in der Vorschau keine Möglichkeit, zurück zu den Druckereinstellungen zu gelangen. Wenn Sie hier nicht auf Drucken klicken, sondern das Fenster schließen, verschwinden die vorher getroffenen Entscheidungen, und Sie müssen den Druckerdialog neu öffnen und alle Optionen noch einmal einstellen.

7.2.2 Drucken unter KDE

Die KDE-Anwendungen bieten einen ähnlichen Druckdialog wie die GNOME-Programme. Im Dropdown-Menü Name wählen Sie ein konfiguriertes Gerät aus oder drucken in eine Datei (PDF und PostScript). Mit einem Klick auf Optionen klappen Sie die erweiterten Einstellungen aus. Auf dem Reiter Kopien stellen Sie die Anzahl der Ausdrucke, einen Seitenbereich und die Reihenfolge ein. Optionen bietet Checkboxen, mit denen Sie verschiedene Druckerfeatures, wie etwa Farbdruck oder Graustufen sowie den beidseitigen Druck, aktivieren. Über den Tab Seiten bringen Sie mehr als eine Seite auf dem Blatt unter, wählen eine Seitenumrandung, einen Vor- und Nachspann usw. Das zeitversetzte Drucken erreichen Sie über den Reiter Auftrag. Im Pulldown-Menü haben Sie die Wahl zwischen SOFORT DRUCKEN, UNBEGRENZT ZURÜCKHALTEN, TAG (06:00 BIS 17:59), NACHT (18:00 BIS 05:59) und vielen weiteren Optionen.

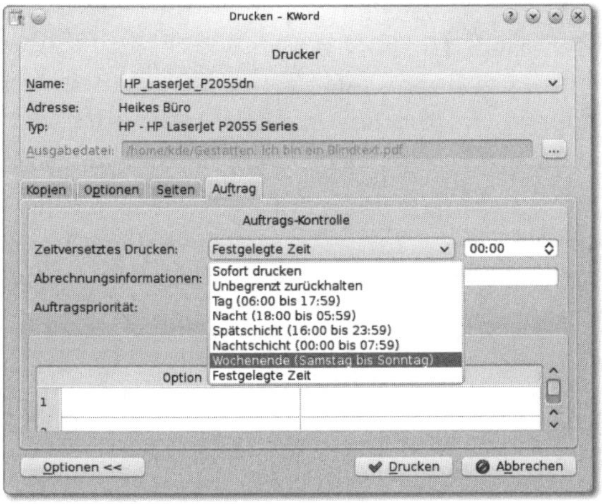

Abbildung 7.8 Auch im KDE-Druckdialog ist zeitversetztes Drucken möglich.

7.2.3 Kommandozeile

»lp« und »lpr«

Zwei Befehle stehen Ihnen auf der Kommandozeile zur Verfügung, um Daten an den Drucker zu schicken: `lp` (Paket *cups-client*) und `lpr` (Paket *cups-bsd*) drucken verschiedene Dateitypen, darunter PostScript und Bildformate. Die grundsätzliche Syntax ist für beide Befehle gleich: `lp datei` beziehungsweise `lpr datei`.

[+]

Beide Programme schicken die Daten normalerweise an den Standarddrucker. Steht mehr als ein Drucker für den Rechner zur Verfügung, wählen Sie den gewünschten Drucker über einen Aufrufparameter aus. Um nachzuschauen, welche Geräte eingerichtet sind und wie das Standardziel lautet, verwenden Sie wieder das Kommando `lpstat`:

```
squeeze@zwerg:~> lpstat -d -p
System-Standardzielort: HP
Drucker HP ist inaktiv; aktiviert seit Do 07 Apr 2011 ...
Drucker Officejet ist inaktiv; aktiviert seit ...
```

Egal, ob Sie mit `lp` oder mit `lpr` drucken: Für beide Kommandos geben Sie das gewünschte Gerät hinter dem Parameter `-d` an, wenn Sie nicht mit dem Standarddrucker arbeiten möchten: `lp -d Officejet datei` beziehungsweise `lpr -P Officejet datei`. Darüber hinaus verstehen beide Befehle Optionen, die es erlauben, mehrere Exemplare einer Datei zu drucken. Für lpr heißt der Aufrufparameter -# <nummer> und für lp entsprechend -n <nummer>, wobei Sie <nummer> jeweils durch die Anzahl der gewünschten Kopien ersetzen.

Was sich aktuell in der Warteschlange zum Drucken befindet, verrät der Befehl lpq. Geben Sie keine weiteren Optionen an, schaut lpq die Warteschlange des Standarddruckers an; über den Parameter -a erwischen Sie alle Jobs auf allen verfügbaren Druckern. In dieser Ausgabe ist, auch wenn Sie die Option -l für eine lange Darstellung hinzufügen, zwar ausführlich dargestellt, welcher Benutzer gerade welche Dateien druckt, nach Geräten sortiert das Kommando allerdings leider nicht. Wenn Sie sich daher für eine Warteschlange eines bestimmten Druckers interessieren, verwenden Sie besser -P <drucker>.

```
squeeze@zwerg:~> lpq -a
Rang     Eigentümer  Auftrag  Datei(en)           Gesamtgröße
1st      squeeze     6       druckenwindows.ps     523264 Byte
active   squeeze     7       umts_modem.txt        7168 Byte
2nd      huhn        8       bild.png              278528 Byte
squeeze@zwerg:~> lpq -P HP
HP ist bereit und druckt
Rang     Eigentümer  Auftrag  Datei(en)           Gesamtgröße
active   squeeze     7       umts_modem.txt        7168 Byte
squeeze@zwerg:~> lpq -P Officejet
Officejet ist bereit und druckt
Rang     Eigentümer  Auftrag  Datei(en)           Gesamtgröße
1st      squeeze     6       druckenwindows.ps     523264 Byte
2nd      huhn        8       bild.png              278528 Byte
```

Druckjobs löschen

Einen Druckjob werden Sie elegant über das Kommando lprm wieder los. Als weitere Option geben Sie die Auftragsnummer an; eine Passwortabfrage findet nicht statt, wenn es sich um Ihren eigenen Druckjob handelt. Darüber hinaus ist es möglich, direkt mehrere Druckaufträge in nur einem Aufruf zu beenden; hängen Sie dazu die Nummern einfach hintereinander, zum Beispiel lprm 16 17 18.

In der Standardeinstellung unter Debian GNU/Linux »Squeeze« darf jeder Benutzer ohne irgendwelche Kennwortabfragen Jobs von anderen löschen. Dazu gibt er einfach hinter dem lprm-Kommando den Parameter -U <account> <job> an. Um eine Passwortabfrage zur Sicherheit einzurichten, öffnen Sie die Datei */etc/cups/cupsd.conf* in einem Texteditor und gehen zur Direktive <Limit Cancel-Job CUPS-Authenticate-Job (ziemlich am Ende der Datei). Fügen Sie eine Anweisung zur Art der Authentifizierung ein, sodass hier jetzt Folgendes steht:

```
<Limit Cancel-Job CUPS-Authenticate-Job>
    AuthType Default
    Require user @OWNER @SYSTEM
    Order deny,allow
  </Limit>
```

Starten Sie nun den Server über `/etc/init.d/cups restart` neu. Nun ist es nicht mehr ohne Weiteres möglich, die Druckaufträge der anderen Nutzer mit `lprm -U <account>` zu löschen, sondern Sie müssen das Passwort kennen:

```
ole@zwerg:~> lprm -U squeeze 17
Das Kennwort für »squeeze« auf »localhost«?
Falsche Passworteingabe
lprm: Nicht berechtigt
ole@zwerg:~> lprm -U squeeze 17
Das Kennwort für »squeeze« auf »localhost«?
Richtige Passworteingabe
ole@zwerg:~>
```

7.3 PostScript-Dokumente mit »a2ps« erstellen

Viele Formate

Der Name »a2ps« stand ursprünglich für »ASCII to PostScript«, als das Programm noch ausschließlich reine Textdateien ins PostScript-Format umwandelte. In der Zwischenzeit hat das Tool dazugelernt und darf sich »Anything to PostScript« nennen, da es auch andere Dateiformate, wie zum Beispiel komprimierte Dateien, LaTeX-Dokumente und sogar Bildformate, konvertiert. Sie installieren das Programm über das Paket *a2ps*; eventuelle Abhängigkeiten löst der Paketmanager automatisch auf. Welche der zahlreichen Formate das Tool in PostScript umwandeln kann, erfahren Sie, wenn Sie `a2ps --list=delegations | less` eingeben. Durch die Weiterleitung an das Programm `less` (siehe auch Abschnitt 18.4.3 ab Seite 583) zeigen Sie die recht lange Liste seitenweise an.

7.3.1 Anything to PostScript

`a2ps` arbeitet auf der Kommandozeile. Der einfache Aufruf wandelt die angegebene Datei ins PostScript-Format um und schickt sie direkt an den Standarddrucker:

```
squeeze@zwerg:~> a2ps datei.txt
[datei.txt (plain): 63 pages on 32 sheets]
Anfrage-ID ist HP-12 (0 Datei(en))
```

```
[Total: 63 pages on 32 sheets] sent to the default printer
[3 lines wrapped]
```

Die Ausgabe verrät, dass a2ps dabei jeweils zwei Spalten Text auf einer Seite unterbringt. Wollen Sie das Dokument nicht direkt ausdrucken, sondern in einer PostScript-Datei speichern, setzen Sie als Parameter -o ein. Dabei geben Sie zuerst die Datei an, die umgewandelt werden soll, und danach erst den Parameter und den Namen der Ausgangsdatei:

```
squeeze@zwerg:~> a2ps datei.txt -o datei.ps
[datei.txt (plain): 63 pages on 32 sheets]
[Total: 63 pages on 32 sheets] saved into the file `datei.ps'
[3 lines wrapped]
```

7.3.2 Papier sparen

Sind Ihnen zwei Spalten auf einer Seite zu wenig, definieren Sie durch Anhängen einer weiteren Option, wie viel Text a2ps auf einer Seite unterbringen soll; gültige Werte sind Zahlen zwischen eins und neun, zum Beispiel a2ps -8 datei.txt.

Mehrere Dateien auf einmal

Es ist auch möglich, direkt mehrere Dateien zur Konvertierung in nur einem Aufruf anzugeben. Da a2ps allerdings für jede Datei eine neue Seite anfängt, überreden Sie das Programm mit dem Parameter --file-align=virtual zum Papiersparen. Jetzt rücken die Daten aller als Argumente aufgeführten Dateien zusammen, sodass keine leeren Seiten entstehen.

```
squeeze@zwerg:~> a2ps --file-align=virtual datei.txt ➘
datei2.txt -o datei.ps
[datei.txt (plain): 63 pages on 32 sheets]
[datei2.txt (plain): 58 pages on 30 sheets]
[Total: 121 pages on 61 sheets] saved into the file `datei.ps'
[6 lines wrapped]
```

7.3.3 Syntax-Highlighting

a2ps erkennt gängige Dateiformate und hebt automatisch deren Syntaxelemente hervor. Eine Liste aller unterstützten Formate geben Sie über

```
a2ps --list=style-sheets | less
```

aus. Da die Liste recht lang ist, leiten Sie die Ausgabe am besten wieder über das Pipe-Zeichen an den Pager less weiter. Erkennt a2ps eine

Sprache einmal nicht richtig, so definieren Sie diese über die Option `--pretty-print` von Hand:

```
a2ps --pretty-print=awk datei -o datei.ps
```

Die einzelnen Syntaxelemente hebt `a2ps` normalerweise mit verschiedenen Schriftstilen und -stärken hervor; wer es lieber farbig mag, der verwendet die Option `--prologue=color`.

7.3.4 »a2ps« und Mutt

Der Vorteil von Kommandozeilen-Programmen wie `a2ps` ist, dass sie sich prima mit anderen textbasierten Anwendungen kombinieren lassen. Lesen Sie Ihre E-Mails beispielsweise mit dem Mailclient Mutt (siehe Abschnitt 12.2.4 ab Seite 330), so definieren Sie `a2ps` als Kommando zum Drucken und bringen damit Ihre Mails in Form. In die Mutt-Konfigurationsdatei *~/.muttrc* tragen Sie als Befehl zum Drucken beispielsweise die folgende Zeile ein:

```
set print_command="a2ps -1 --portrait --borders=no --pretty-↩
print=mail --highlight-level=heavy"
```

Wenn Sie im Mailclient nun die Taste (P) drücken, so schickt `a2ps` die Nachricht hübsch formatiert an den Standarddrucker. Mutt bestätigt dies am unteren Fensterrand durch die Meldung `Message printed` bzw. `Nachricht gedruckt`.

In Datei drucken

Ist von dem Rechner aus, auf dem Sie Ihre Mail lesen, kein Drucker erreichbar, legen Sie einfach einen Zwischenschritt ein und speichern die Ausdrucke in PostScript-Dateien. Da der Zusatz `-o mail.ps` allerdings dafür sorgt, dass `a2ps` jedes Mal in dieselbe Datei druckt (alte Mails also überschreibt), tricksen Sie zusammen mit dem Programm `date` (siehe Abschnitt 18.5.4 ab Seite 590) und geben jeder Datei automatisch einen neuen Namen mit einem Zeitstempel. Definieren Sie als Namen für die PostScript-Ausgabe beispielsweise:

```
set print_command="a2ps ... -o ~/tmp/`date +%Y_%m_%d_%k:%M.↩
ps`"
```

Die gedruckten Mails landen nun im eigenen Home-Verzeichnis im Ordner *tmp* (den Sie vorher anlegen sollten), und die Dateinamen setzen sich aus der Jahreszahl (`%Y`), dem Monat (`%m`) und dem Tag (`%d`) zusammen – jeweils durch einen Unterstrich voneinander getrennt. Danach folgen die Uhrzeit in Stunden (`%k`) und Minuten (`%M`) und natürlich die Dateiendung: *2011_04_08_11:19.ps*

7.4 PostScript-Dateien bearbeiten – PSUtils

Ob als Filter im Druckdialog von GNOME und KDE SC 4 oder auf der Kommandozeile – mit den PSUtils bringen Sie PostScript-Dokumente in Form. In der Programmsammlung enthalten sind unter anderem Tools, die mehrere Seiten auf eine packen, das Papierformat verändern oder einzelne Seiten extrahieren. Alle in den folgenden Abschnitten vorgestellten Tools befinden sich im Paket *psutils*.

7.4.1 Seiten zusammenfassen (»psnup«)

Mit dem Programm `psnup` fassen Sie mehrere Seiten zusammen und sparen so Papier. Um zwei Dokumentseiten jeweils auf einer einzigen unterzubringen, geben Sie den folgenden Befehl ein:

```
squeeze@zwerg:~> psnup -2 datei.ps datei-2.ps
[1] [2] [3] [4] [5] [6] [7] [8] [9] [10] [11]...
Wrote 31 pages, 448290 bytes
```

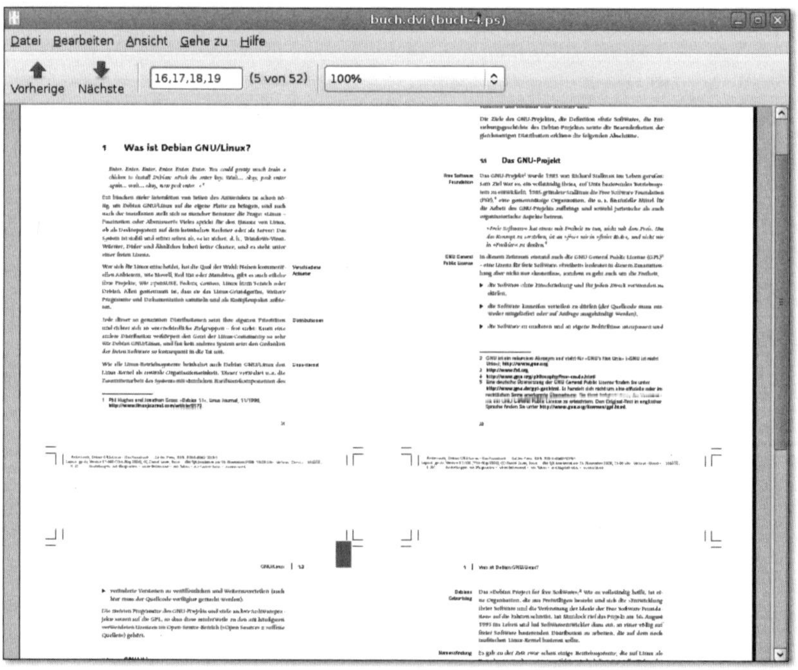

Abbildung 7.9 Papier sparen – mit »psnup« fassen Sie mehrere Seiten zusammen.

Seitenanzahl bestimmen

Mit dem Parameter `-2` teilen Sie `psnup` mit, wie viele Seiten das Programm auf einer unterbringen soll; danach geben Sie die Originaldatei und die

Ausgabedatei an. In der Ausgabe sehen Sie, wie viele neue Seiten erstellt wurden. Sie können die Seitenanzahl weiter schrumpfen lassen, wenn Sie statt `-2` zum Beispiel `-4`, `-8` oder mehr angeben – allerdings ist das Ergebnis dann nicht mehr besonders gut lesbar. Mit der Option `-d` weisen Sie `psnup` an, einen Rahmen um die Einzelseiten zu zeichnen; das sorgt für mehr Übersicht.

7.4.2 Papierformat ändern (»psresize«)

Das Tool `psresize` ändert das Papierformat von PostScript-Dateien. Als Größenangabe definieren Sie entweder bekannte Formate wie A4 oder A5 oder geben explizit Höhe und Breite an. Um ein Dokument im DIN-A4-Format auf DIN A5 zu bringen, tippen Sie:

```
psresize -Pa4 -pa5 buch.ps buch5.ps
```

Papierformate

Zunächst geben Sie hinter der Option `-P` die Originalgröße an, danach folgt über `-p` die Spezifikation des neuen Ausgabeformats. Neben den Papiergrößen DIN A0, A1, A2, A3, A4 und A5 kennt `psresize` auch amerikanische Maße wie »letter« (21,6 × 27,9 cm), »tabloid« (27,9 × 43,2 cm) und »legal« (21,6 × 35,6 cm). So bringen Sie Dokumente, die in diesen internationalen Maßen vorliegen, schnell ins deutsche Format. Alternativ zu einem festen Format geben Sie Höhe (`-h`) und Breite (`-w`) in Zentimeter oder Inches (Zoll) an, zum Beispiel:

```
psresize -w6.0cm -h5.0cm datei.ps datei_1.ps
```

7.4.3 Die richtige Wahl (»psselect«)

Einzelne Seiten aus einem PostScript-Dokument herauszulösen, gelingt auf der Kommandozeile am schnellsten: `psselect` hilft bei der richtigen Wahl. Alle Seiten mit geraden Seitenzahlen erwischen Sie beispielsweise mit `-e`, alle ungeraden mit `-o`:

```
psselect -e datei.ps datei_gerade.ps
```

Des Weiteren wählen Sie ganz genau einzelne Seiten aus, wenn Sie die Option `-p` verwenden. Als zusätzliche Angabe definieren Sie eine Liste von Seitennummern durch Kommata getrennt oder einen ganzen Bereich. Um die ersten fünf Seiten eines Dokuments und die Seite 10 auszuwählen und in einer neuen Datei abzuspeichern, tippen Sie beispielsweise:

```
psselect -p1-5,10 datei.ps datei_neu.ps
```

Darüber hinaus bringt `psselect` einen Parameter mit, mit dem Sie die Seiten in umgekehrter Reihenfolge ausgeben lassen:

```
squeeze@zwerg:~> psselect -r buch.ps buch-r.ps
[208] [207] [206] [205] [204] [203] [202] [201] [200]...
Wrote 208 pages, 144541256 bytes
```

7.4.4 Buchdrucker (»psbook«)

DIN-A5-Booklet erstellen

Das Programm `psbook` ordnet Seiten zum Drucken von Büchern oder Booklets mithilfe sogenannter Signaturen neu an, denn bevor ein achtseitiges Dokument als Buch gedruckt werden kann, müssen die Seiten in die richtige Reihenfolge gebracht werden. Wenn Sie beispielsweise vier DIN-A4-Seiten übereinander legen und diese in der Mitte zu einem DIN-A5-Booklet falten, die Seiten von 1 bis 16 durchnummerieren und die Blätter wieder auseinandernehmen, dann sehen Sie die neue Aufteilung gut: Das erste Blatt hat auf der Vorderseite (im Querformat) links eine 16 und rechts eine 1, auf der Rückseite steht links die 2 und rechts die 15. Die PostScript-Seiten haben jetzt also die neue Reihenfolge 16, 1, 2, 15 usw.

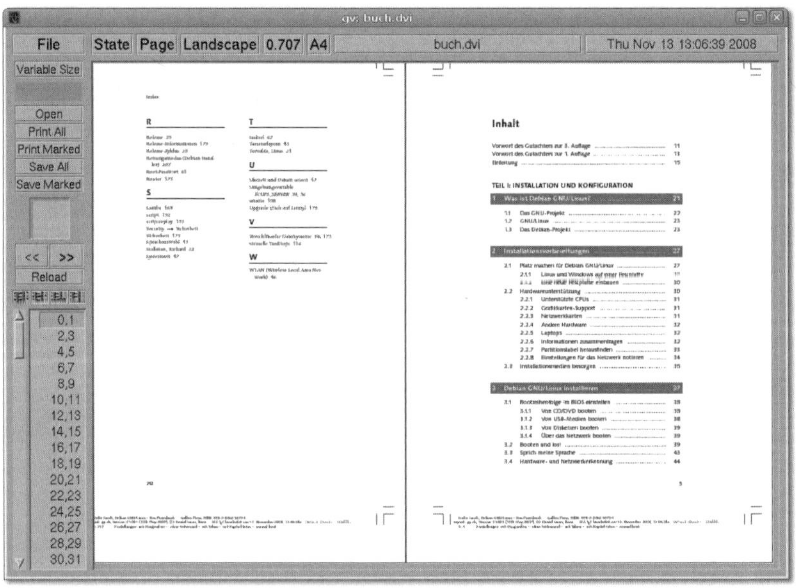

Abbildung 7.10 Erstellen Sie ein DIN-A5-Booklet auf der Kommandozeile.

Um eine DIN-A4-PostScript-Datei für den Ausdruck als A5-Booklet vorzubereiten, kombinieren Sie die beiden Programme `psbook` und `psnup` miteinander:

```
squeeze@zwerg:~> psbook datei.ps buch.ps
[208] [1] [2] [207] [206] [3] [4] [205] [204] [5] [6]...
Wrote 208 pages, 144541256 bytes
squeeze@zwerg:~> psnup -2 -d buch.ps booklet.ps
...
[97] [98] [99] [100] [101] [102] [103] [104]
Wrote 104 pages, 144624233 bytes
```

TEIL II
Debian GNU/Linux als Desktopsystem

Debians Standarddesktop ist GNOME (GNU Network Object Model Environment). Diese Arbeitsumgebung wandert normalerweise bei Auswahl der Gruppe »Desktop-Umgebung« auf die Platte, sofern Sie nicht eine andere Oberfläche per Bootoption vor der Installation ausgewählt haben. Dieses Kapitel zeigt Ihnen Tipps und Tricks zur grafischen Oberfläche und erklärt, wie Sie den GNOME-Desktop effizient nutzen.

8 GNOME

Entstehungsgeschichte

Das GNOME-Projekt[1] wurde 1997 von Miguel de Icaza und Federico Mena-Quintero ins Leben gerufen, um eine freie Alternative zum KDE-Desktop zu schaffen, der auf dem Qt-Toolkit aufbaut, das damals noch nicht unter einer freien Lizenz stand. Trolltech (der Hersteller von Qt, heute heißt die Firma Qt Software) stellte 2000 die Linux-Version der Qt-Bibliotheken unter die GNU GPL und die QPL. GNOME setzt im Hintergrund auf GTK+ (das GIMP-Toolkit) und läuft ebenso wie KDE (siehe Kapitel 9 ab Seite 247) auf den meisten Unix-Systemen.

8.1 Erste Schritte unter GNOME

Nach dem Start präsentiert sich ein aufgeräumter Desktop. Am oberen und unteren Bildschirmrand sehen Sie zwei Panels mit einigen Applets und Icons (mehr dazu in Abschnitt 8.4 ab Seite 224). Auf dem Hintergrund befinden sich in der Voreinstellung einige Symbole mit Shortcuts zum Dateimanager Nautilus (Computer beziehungsweise Persönlicher Ordner) und zum Mülleimer (Müll) (siehe Abschnitt 8.3.1 ab Seite 221).

8.2 Programme starten

Programme starten Sie entweder über ein Icon auf dem Desktop (siehe Abschnitt 8.3.1 ab Seite 221) oder per Klick auf ein Panel-Symbol (siehe Abschnitt 8.4 ab Seite 224). Alternativ gehen Sie so vor:

1 *http://www.gnome.org/*, *http://www.gnome-ev.de/*

- **Die Menüs »Anwendungen«, »Orte« und »System«**
  In diesen drei Menüs finden Sie Programme nach Themengebieten sortiert. Haben Sie zusätzlich KDE-Anwendungen installiert, tauchen diese ebenfalls auf. Die Menüs ANWENDUNGEN und SYSTEM konfigurieren Sie über SYSTEM • EINSTELLUNGEN • HAUPTMENÜ oder per Rechtsklick auf den Menüeintrag im Panel und MENÜS BEARBEITEN.

- **Schnellstarter**
  `Alt` + `F2` öffnet einen Dialog, in den Sie den Namen der ausführbaren Programmdatei eingeben; hier blenden Sie auch eine LISTE BEKANNTER ANWENDUNGEN ein. Eine Checkbox erlaubt es, die entsprechende Anwendung im Terminalfenster auszuführen, und ein Klick auf MIT DATEI AUSFÜHREN öffnet einen Dateiauswahldialog.

- **Terminalfenster**

  Rückmeldung auf der Shell

  Alle Programme können Sie auch aus einem Terminal heraus starten. Das hat den Vorteil, dass die Anwendung eventuelle Fehlermeldungen direkt ins Fenster schreibt. Wie im Schnellstarter geben Sie den Namen der ausführbaren Programmdatei ein. Hängen Sie zusätzlich ein Kaufmanns-Und-Zeichen an (zum Beispiel `gconf-editor &`), um den Prozess direkt im Hintergrund zu starten (siehe Abschnitt 17.6 ab Seite 542) und die Konsole für weitere Eingaben freizugeben. Einfluss auf die Fehlermeldungen hat das nicht – diese erscheinen weiterhin im Terminal und erlauben so Rückschlüsse auf fehlerhafte Anwendungen.

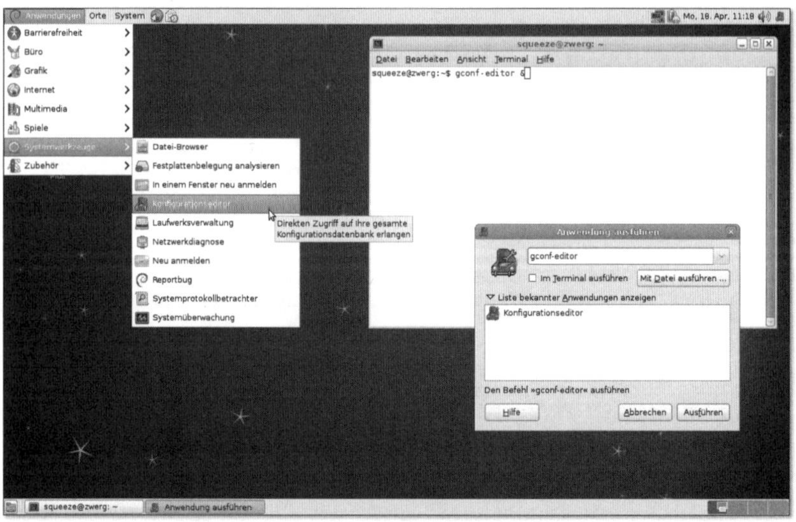

Abbildung 8.1 Kennen Sie den Namen der ausführbaren Programmdatei, so ist der Schnellstarter oder die Kommandozeile schneller als der Weg über das Menü.

Die Anwendungen gksu/gksudo erlauben das Starten von Programmen mit Administratorrechten. Dazu stellen Sie den Befehl einfach vor den Namen der ausführbaren Datei, zum Beispiel gksu nautilus. Viele Anwendungen im Menü SYSTEM • SYSTEMVERWALTUNG werden auf diese Weise aufgerufen (siehe auch Abschnitt 17.4.10 ab Seite 529). [+]

8.3 Der Desktophintergrund

Den GNOME-Desktop schmückt nicht nur ein Hintergrundbild, sondern hier ist auch Platz für Icons von oft verwendeten Programmen, eigenen Dokumenten und Verzeichnissen und natürlich von Geräten und Wechseldatenträgern. Außerdem erreichen Sie über einen Klick mit der rechten Maustaste auf den Hintergrund ein Menü, über das Sie Programme starten, neue Icons anlegen, die Symbole sortieren und vieles mehr.

8.3.1 Icons auf dem Desktop

Die Symbole auf dem GNOME-Hintergrund dienen als Abkürzung zu Verzeichnissen, Programmen und Geräten, wie zum Beispiel CD/DVD-ROM- und Diskettenlaufwerken oder USB-Medien. Standardmäßig schmücken den Hintergrund Symbole für den Mülleimer, den persönlichen Ordner und die Arbeitsumgebung (COMPUTER).

Doppelklick startet Programm

Anders als unter KDE SC 4 doppelklicken Sie Icons auf dem GNOME-Desktop, um die entsprechende Anwendung zu starten oder das Gerät einzuhängen. Wer einen einzigen Mausklick bevorzugt, konfiguriert dies im Dateimanager Nautilus (siehe Abschnitt 8.9 ab Seite 237). Gehen Sie dazu im Menü auf BEARBEITEN • EINSTELLUNGEN und dort zum Register VERHALTEN. Dort aktivieren Sie die Checkbox EINFACHER KLICK ZUM ÖFFNEN VON OBJEKTEN. Die Änderung ist sofort aktiv; über SCHLIESSEN verlassen Sie den Konfigurationsdialog.

Legen Sie eine CD oder DVD ein (oder stecken Sie ein USB-Speichermedium ein), so mountet das System den Datenträger automatisch, legt ein Icon auf dem Hintergrund ab und öffnet ein Nautilus-Fenster mit dem Inhalt (siehe auch Abschnitt 17.2.2, ab Seite 497). Ist dieses Verhalten nicht erwünscht, stellen Sie das Feature über das Menü SYSTEM • EINSTELLUNGEN • VERWALTUNG VON DATEIEN auf dem Reiter DATENTRÄGER ab (siehe dazu Abschnitt 8.8 ab Seite 230).

Neue Symbole wandern beispielsweise per Drag & Drop aus dem Dateimanager auf den Hintergrund. Ziehen Sie einen Ordner oder eine Datei aus Nautilus heraus mit der linken Maustaste auf den Desktop, so verschieben Sie das Objekt. Soll stattdessen eine Kopie oder eine Verknüpfung erstellt werden, fassen Sie das Symbol im Dateimanager mit der mittleren Maustaste an und ziehen es auf eine freie Stelle des Hintergrundes. Lassen Sie die Maustaste los, öffnet sich ein Menü, und Sie entscheiden, ob Sie verschieben, kopieren oder verlinken (VERKNÜPFUNG ERSTELLEN) wollen. Es ist außerdem möglich, ein Programmsymbol aus einem der Menüs mit der linken Maustaste auf den Desktop zu ziehen.

Alternativ klicken Sie mit der rechten Maustaste auf den Hintergrund und gehen im Kontextmenü auf ORDNER ANLEGEN (für ein neues Verzeichnis), auf DOKUMENT ANLEGEN (für eine neue Datei) oder auf STARTER ANLEGEN, um eine Abkürzung für ein häufig benutztes Programm oder für ein Gerätesymbol zu erstellen.

Programmstarter erstellen

Im folgenden Dialogfenster wählen Sie aus dem Dropdown-Menü TYP, ob Sie einen Starter für eine ANWENDUNG (»normales« Programm), für eine ANWENDUNG IM TERMINAL (Programme, die kein eigenes Fenster öffnen, sondern auf der Kommandozeile laufen) oder einen ORT erstellen. Der Eintrag im Feld NAME ist optional, ebenso der KOMMENTAR, der als Tooltip erscheint, wenn Sie mit der Maus über dem Symbol verweilen. Ins Feld BEFEHL gehört der Name zur ausführbaren Programmdatei (wenn es sich um einen Starter für eine Anwendung handelt) oder eine Ortsangabe, zum Beispiel eine URL zu einer oft besuchten Webseite. Wenn Sie den Namen einer ausführbaren Programmdatei nicht kennen, hilft der Dateiauswahldialog (Schaltfläche DURCHSUCHEN) weiter. Über einen Klick auf das Symbol im Dialog weisen Sie dem neuen Starter ein hübsches Icon zu.

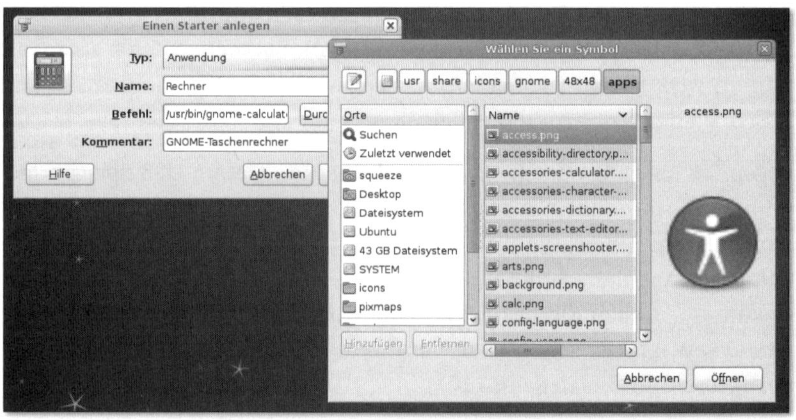

Abbildung 8.2 Ein neues Icon für ein Programm erstellen Sie mit wenigen Klicks.

Embleme für die Icons

Drücken Sie den Button OK, um das neue Symbol auf den Desktop zu bringen. Weitere Einstellungen nehmen Sie vor, indem Sie mit der rechten Maustaste auf das Icon klicken und EIGENSCHAFTEN aus dem Kontextmenü wählen. Im folgenden Dialog passen Sie unter anderem den Namen, das Icon und die Zugriffsrechte an und legen für Dokumente fest, mit welchem Programm sie geöffnet werden sollen. Sämtliche Eigenschaften des Symbols finden Sie übrigens auch in den entsprechenden Textdateien im Verzeichnis *Desktop* im eigenen Home-Verzeichnis. Ein nettes Feature befindet sich auf dem zweiten Reiter, EMBLEME: Mit den dort angebotenen Bildchen heben Sie ein Symbol hervor und kennzeichnen es beispielsweise als wichtig, interessant oder gefährlich, aber auch als persönlich, cool oder neu.

8.3.2 Ein Bild für den Hintergrund

Den Konfigurationsdialog für den Hintergrundschmuck finden Sie unter SYSTEM • EINSTELLUNGEN • ERSCHEINUNGSBILD auf dem zweiten Reiter (HINTERGRUND). Denselben Dialog erreichen Sie auch über einen Klick mit der rechten Maustaste auf eine freie Stelle des Desktops und den Kontextmenüeintrag HINTERGRUND DER ARBEITSFLÄCHE ÄNDERN. Treffen die vorinstallierten Bilder Ihren Geschmack nicht, öffnen Sie über die Schaltfläche HINZUFÜGEN den Dateiauswahldialog, über den Sie Bilder im Dateisystem erreichen.

Wenn Sie den blau hinterlegten Link WEITERE HINTERGRÜNDE ONLINE ERHALTEN anklicken, öffnet sich der Standardbrowser mit der Webseite *http://art.gnome.org/backgrounds/*. In dieser tollen Sammlung, die auch ganze Themes für den GNOME-Desktop anbietet, werden Sie bestimmt fündig. Im Pulldown-Menü STIL stellen Sie ein, ob das Bild den ganzen Bildschirm füllt, zentriert oder gekachelt wird.

Soll der Hintergrund stattdessen ohne Grafikschmuck erscheinen, wählen Sie aus der Liste der Vorschaubilder oben links die einfarbige Fläche. Über das Ausklappmenü FARBEN stellen Sie die farbliche Gestaltung ein, zum Beispiel einen horizontalen oder vertikalen Farbverlauf oder eine einfarbige Fläche. Ein Klick auf die bunte Schaltfläche daneben öffnet den Farbauswahl-Dialog.

Alternativ ziehen Sie ein Bild aus dem Dateimanager Nautilus heraus mit der mittleren Maustaste auf eine freie Stelle und entscheiden sich im folgenden Menü für ALS HINTERGRUND VERWENDEN. Um Bilder aus einem Webbrowser heraus als Hintergrund einzurichten, klicken Sie den

Schnappschuss mit der rechten Maustaste an und wählen den entsprechenden Eintrag aus dem Kontextmenü.

8.4 Die Panels

Am oberen und unteren Bildschirmrand finden Sie jeweils ein Panel, das verschiedene Aufgaben übernimmt. Die obere Kontrollleiste beinhaltet verschiedene Menüs: Über ANWENDUNGEN finden Sie die meisten Programme nach Themengebieten sortiert, über ORTE öffnen Sie verschiedene Ordner im Dateimanager Nautilus, suchen nach Dateien und öffnen zuletzt verwendete Dokumente. Hinter SYSTEM verbergen sich Einrichtungsmöglichkeiten für den GNOME-Desktop, verschiedene Systemverwaltungstools und ein Eintrag für die GNOME-Hilfe. Über das Menü SYSTEM sperren Sie außerdem den Bildschirm, beenden die aktuelle Sitzung oder schalten den Rechner ganz aus.

Applets

Neben den Menüs befinden sich Programm-Icons und Applets (eingebettete Komponenten). Standardmäßig liegen hier Starter für Epiphany und Evolution neben den drei erwähnten Menüs. Im Kontrollabschnitt des oberen Panels (rechts) befinden sich außerdem Icons für den Update Manager, den NetworkManager, die Energieverwaltung/Batterieanzeige (für Laptops) und ein Lautstärkeregler. Ganz rechts sehen Sie den Fensterwähler, der eine Liste aller geöffneten Anwendungen einblendet.

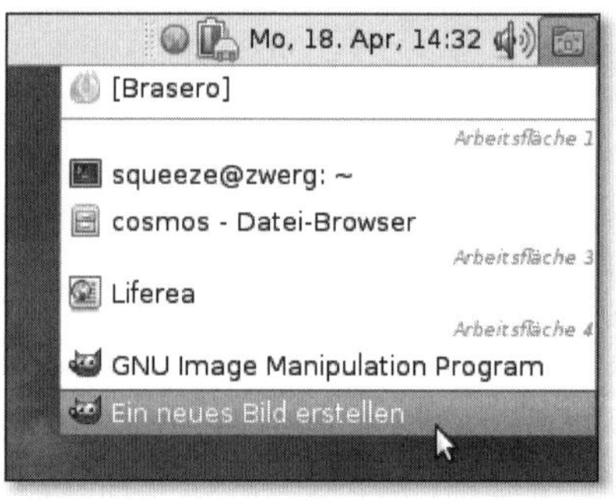

Abbildung 8.3 Geöffnete Programme auf allen virtuellen Arbeitsflächen erreichen Sie über den Fensterwähler.

Das untere Panel beherbergt unter anderem den Umschalter für die virtuellen Arbeitsflächen (siehe auch Abschnitt 8.6 ab Seite 229). Daneben ist Platz für die Fensterleiste, über die Sie die Anwendungen auf den jeweiligen virtuellen Arbeitsflächen erreichen. Ganz links befindet sich ein

Button, über den Sie alle Anwendungen ausblenden und den Desktop anzeigen.

8.4.1 Panels einrichten

In der Voreinstellung sind die Knöpfe, welche die Panels aus- und einblenden, deaktiviert. Um die Pfeile der Leisten anzuzeigen, klicken Sie mit der rechten Maustaste auf ein Panel und wählen aus dem Kontextmenü EIGENSCHAFTEN. Im folgenden Dialogfenster aktivieren Sie auf dem Reiter ALLGEMEIN die Checkbox VERBERGEN-KNÖPFE ANZEIGEN und wählen aus, ob die Knöpfe Pfeile anzeigen sollen oder nicht. Um das Panel anschließend auszublenden, klicken Sie auf den rechten oder linken Ausblendknopf, und die Leiste gibt nun zusätzlichen Platz frei.

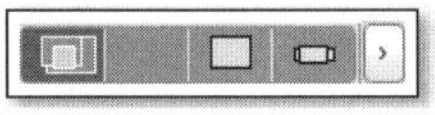

Abbildung 8.4 Die Pfeile zum Ausblenden der Panels müssen Sie erst aktivieren.

Außerdem legen Sie im Dialog PANEL-EIGENSCHAFTEN fest, wie groß die Leiste sein soll und ob sie jeweils auf die volle Breite ausgedehnt wird. Im Pulldown-Menü AUSRICHTUNG definieren Sie, an welcher Stelle das Panel positioniert ist. Sie verschieben die Panels noch schneller, wenn Sie sie mit gedrückt gehaltener Maustaste an einen anderen Bildschirmrand ziehen. Auf dem Reiter HINTERGRUND legen Sie das Erscheinungsbild des Panels fest. Standardmäßig präsentiert sich dieses in der Farbe des aktuellen Desktop-Themes. Aktivieren Sie die Checkbox EINFÄRBEN, und klicken Sie auf FARBE, um die Leiste bunter zu gestalten; über den Schieberegler STIL stellen Sie die Transparenz der Leiste ein. Alternativ entscheiden Sie sich für ein HINTERGRUNDBILD und wählen eine Grafikdatei aus.

8.4.2 Panels erweitern

Applets hinzufügen

Die Leisten können Sie um weitere Funktionen erweitern: Hier ist genug Platz für Icons, mit denen Sie oft genutzte Anwendungen starten, eigene Menüs, eingebettete Programme, wie Börsenticker, Wetterbericht, einen Minischnellstarter oder einen CD-Player, weitere Fensterumschalter und vieles mehr. Alle diese Dinge fügen Sie mithilfe eines Dialogs hinzu, den Sie über einen Rechtsklick auf eine freie Stelle im Panel und den Kontextmenüeintrag ZUM PANEL HINZUFÜGEN starten. Hier sehen Sie eine Liste praktischer Erweiterungen, zum Beispiel Knöpfe für den Schnellstarter, zum Abmelden und Ausschalten, einen Börsenticker, Wetterbericht und viele weitere Tools.

Um beispielsweise einen Programmstarter hinzuzufügen, wählen Sie den Eintrag ANWENDUNGSSTARTER und klicken auf die Schaltfläche VOR. Im Fenster sehen Sie nun sämtliche Einträge des ANWENDUNGEN-Menüs und hangeln sich über die einzelnen Kategorien bis zum Programm. Ein abschließender Klick auf HINZUFÜGEN setzt das neue Icon ins Panel ein. Die meisten Applets passen Sie an Ihre Bedürfnisse an, indem Sie mit der rechten Maustaste auf das Symbol klicken und EIGENSCHAFTEN oder EINSTELLUNGEN wählen.

Abbildung 8.5 Gimmicks für das Panel: Über diesen Dialog fügen Sie allerhand Praktisches hinzu.

[+] Noch schneller wandert ein Programmstarter ins Panel, wenn Sie ein Symbol vom Desktop oder aus einem Menü heraus per Drag & Drop auf eine freie Stelle der Leiste ziehen.

Schubladen für das Panel

Sogenannte Erweiterungsbereiche sorgen für mehr Übersicht in der Kontrollleiste. Eine solche Schublade kann zum Beispiel ein ganzes Untermenü aus den Menüs ANWENDUNGEN oder SYSTEM sein: Öffnen Sie das Menü, klicken Sie mit der rechten Maustaste auf einen beliebigen Eintrag in diesem, und wählen Sie aus dem Kontextmenü GESAMTES MENÜ • ALS SCHUBLADE ZUM PANEL HINZUFÜGEN aus. Alternativ starten Sie über einen Rechtsklick auf die Leiste den Dialog ZUM PANEL HINZUFÜGEN und navigieren dort zum Punkt SCHUBLADE. Ein solches Aufbewahrungsfach befüllen Sie mit eigenen Startern, indem Sie mit der rechten Maustaste auf das Symbol klicken und ZUR SCHUBLADE HINZUFÜGEN wählen. Die Erweiterungsbereiche dürfen Startprogramme, Menüs, Applets und andere Panel-Objekte enthalten.

8.4.3 Icons verschieben und löschen

Ein Symbol verschieben Sie an eine neue Stelle im Panel, indem Sie es mit der mittleren Maustaste anklicken und es mit gedrückt gehaltener Maustaste an den neuen Ort ziehen; die anderen Icons rücken zur Seite und machen Platz. Alternativ klicken Sie das Symbol mit der rechten Maustaste an, wählen im Kontextmenü VERSCHIEBEN und ziehen es dann hin und her. Im Kontextmenü der rechten Maustaste finden Sie auch den Eintrag AUS DEM PANEL ENTFERNEN, über den Sie die Icons elegant wieder loswerden. Drag & Drop

Sie können für die Symbole über das Kontextmenü der rechten Maustaste und AUF DEM PANEL SPERREN festlegen, dass diese nicht bewegt werden dürfen. Um die Blockade wieder aufzuheben, entfernen Sie das Häkchen vor dem Menüeintrag auf dieselbe Weise. [+]

8.5 Arbeiten mit Fenstern

Ein Fenster holen Sie standardmäßig durch einen einfachen Klick mit der linken Maustaste in den Vordergrund. Das aktivierte Fenster erkennen Sie an der dunkleren Einfärbung der Titelleiste; außerdem zeigt der Fensterwähler in der rechten Ecke des oberen Panels ein kleines Icon für die aktive Anwendung an.

Um Fenster schon beim Kontakt mit der Maus zu aktivieren, starten Sie den Konfigurationsdialog über das Menü SYSTEM • EINSTELLUNGEN • FENSTER und klicken in die Checkbox FENSTER AKTIVIEREN, WENN SICH DIE MAUS DARÜBER BEFINDET. Außerdem finden Sie hier eine Funktion, die das aktive Fenster automatisch in den Vordergrund bringt; nach welcher Zeitdauer das passiert, stellen Sie mit dem Schieberegler ein.

Darüber hinaus konfigurieren Sie in diesem Dialog, was passiert, wenn Sie die Titelleiste eines Fensters doppelklicken. Zur Wahl stehen hier MAXIMIEREN, VERTIKAL MAXIMIEREN, HORIZONTAL MAXIMIEREN, MINIMIEREN, EINROLLEN und KEINE. Bei der letzten Option ist nur noch die Titelleiste sichtbar. Über die Checkboxen im unteren Bereich wählen Sie eine Sondertaste aus, die Sie beim Fensterverschieben gedrückt halten (siehe Abschnitt 8.5.2 ab Seite 228).

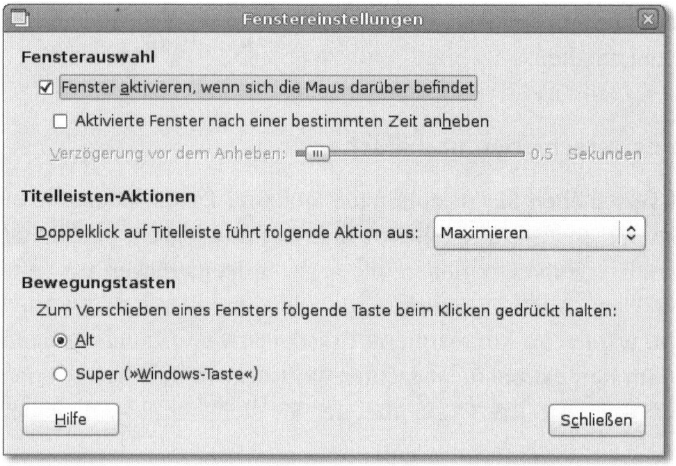

Abbildung 8.6 »Focus follows Mouse« konfigurieren Sie in diesem Dialog.

8.5.1 Fensterschaltflächen

Minimieren und Maximieren

Rechts oben in der Titelleiste finden Sie Buttons zum Schließen, Maximieren und Minimieren von Fenstern. Eine minimierte Anwendung erscheint im unteren Panel mit einem blasseren Icon. Ein Klick auf dieses bringt das Fenster wieder nach vorne. Wenn Sie auf das Symbol ganz oben links in der Titelleiste oder mit der rechten Maustaste auf die Leiste klicken, öffnet sich ein Menü, in dem Sie ebenfalls Funktionen zum Minimieren und Maximieren finden.

Außerdem finden Sie hier Einträge, mit denen Sie Fenster immer in den Vordergrund legen, immer auf der sichtbaren Arbeitsfläche oder nur auf der aktuellen Arbeitsfläche verankern und sie auf einen anderen virtuellen Desktop verschieben. Je nach Programm ist es möglich, die Fenstergröße über dieses Menü zu ändern, und ganz unten im Menü finden Sie den Knopf zum Schließen.

8.5.2 Fenster verschieben

Normalerweise verschieben Sie ein Fenster, indem Sie die Titelleiste mit der linken Maustaste anfassen und das Fenster dann an eine neue Position ziehen. Ist die Titelleiste durch ein anderes Programm verdeckt, halten

Sie die (Alt)-Taste gedrückt und klicken mit der Maus an eine beliebige Stelle im Fenster. Wer anstelle von (Alt) eine andere Taste mit dieser Aufgabe betrauen möchte, der wählt im FENSTEREINSTELLUNGEN-Dialog die Windows-Taste aus.

8.6 Virtuelle Arbeitsflächen

Bis zu 36 Arbeitsflächen

Den Arbeitsflächenumschalter finden Sie standardmäßig im unteren Panel ganz rechts; über einen Rechtsklick und EINSTELLUNGEN im Kontextmenü konfigurieren Sie das Programm. Hier stellen Sie die Anzahl der virtuellen Desktops (1 bis 36) ein und entscheiden, ob nur die aktuelle oder alle Arbeitsflächen angezeigt werden. Soll der Umschalter die Namen der Arbeitsflächen als Tooltip anzeigen, aktivieren Sie die Checkbox unten im Fenster, und doppelklicken Sie die Einträge, um deren Bezeichnung zu ändern.

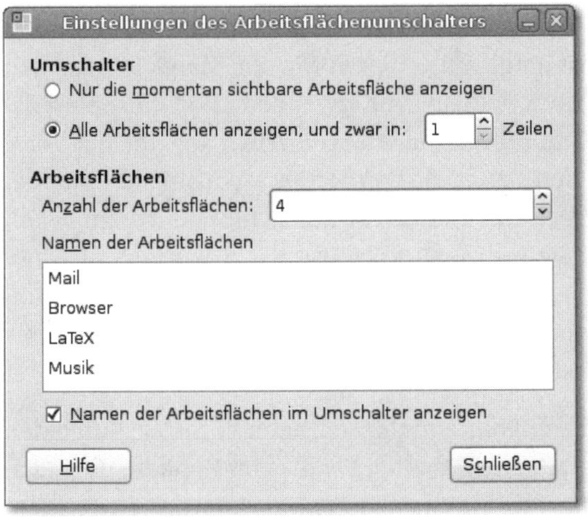

Abbildung 8.7 Im Konfigurationsdialog geben Sie den Arbeitsflächen Namen.

[+]

Noch schneller als über einen Mausklick in den Umschalter springen Sie mit Tastaturkürzeln zu den einzelnen Arbeitsflächen. Diese richten Sie über SYSTEM • EINSTELLUNGEN • TASTENKOMBINATIONEN ein. Scrollen Sie bis zum Punkt FENSTERVERWALTUNG herunter; bei ZUR ARBEITSFLÄCHE 1 WECHSELN, ZUR ARBEITSFLÄCHE 2 WECHSELN usw. sind Sie am richtigen Ort. Wenn Sie einen Eintrag mit der Maus anklicken, können Sie eine neue Tastenkombination eingeben.

8.7 Bildschirm sperren und GNOME verlassen

Über SYSTEM • BILDSCHIRM SPERREN aktivieren Sie einen Bildschirmschoner mit Passwortschutz. Wollen Sie zu einem späteren Zeitpunkt weiterarbeiten, geben Sie das Benutzerkennwort ins Dialogfeld ein. Praktisch: Hat jemand anderes den Bildschirm auf diese Weise gesperrt und sind Sie ebenfalls im Besitz eines Zugangs, klicken Sie auf BENUTZER WECHSELN, und GNOME startet einen zweiten Anmeldebildschirm, an dem Sie sich mit Benutzernamen und Kennwort identifizieren. Die grafische Oberfläche des zuerst angemeldeten Benutzers erreichen Sie über (Strg) + (Alt) + (F7), der zweite User arbeitet auf (Strg) + (Alt) + (F8).

Automatische Bildschirmsperre

Sicherheit wird unter GNOME großgeschrieben: Standardmäßig startet ein Bildschirmschoner nach fünf Minuten, und die Sperre des Bildschirms tritt automatisch in Kraft. Um diese Einstellungen zu verändern, öffnen Sie den Konfigurationsdialog über SYSTEM • EINSTELLUNGEN • BILDSCHIRMSCHONER. Hier stellen Sie darüber hinaus einen anderen Bildschirmschoner ein, wenn Ihnen der schwarze, leere Bildschirm nicht gefällt.

Sie verlassen die Desktopumgebung, indem Sie im Menü SYSTEM den Punkt <BENUTZER> ABMELDEN wählen. Der folgende Dialog informiert darüber, dass der Benutzer in 60 Sekunden automatisch abgemeldet wird. Alternativ wechseln Sie den Benutzer, brechen den Vorgang ab oder beschleunigen das Ganze über einen Klick auf ABMELDEN. Einen ähnlichen Dialog sehen Sie, wenn Sie im Menü SYSTEM den Eintrag AUSSCHALTEN wählen: Hier entscheiden Sie, ob Sie den Computer in den Ruhezustand versetzen, neu starten, den Vorgang abbrechen oder den Rechner sofort ausschalten.

[»] Wenn Sie Wert darauf legen, Programmfenster beim nächsten Anmelden an derselben Position vorzufinden, richten Sie dies im Konfigurationsdialog STARTPROGRAMME ein, den Sie über SYSTEM • EINSTELLUNGEN öffnen. Hier stellen Sie auch ein, welche Programme das System automatisch bei der GNOME-Anmeldung startet.

8.8 GNOME konfigurieren

Sämtliche Konfigurationsmöglichkeiten des GNOME-Desktops finden Sie im schon erwähnten Menü SYSTEM. Diejenigen, die Root-Rechte benötigen, erreichen Sie über das Untermenü SYSTEMVERWALTUNG. Alle Anpassungen für Ihr persönliches Konto nehmen Sie hingegen über EINSTELLUNGEN vor. Wenn Sie außer der GNOME-Desktopumgebung auch

KDE-Komponenten installiert haben, tauchen im Menü auch verschiedene Einträge für KDE-Programme auf. Diese finden in der folgenden Liste keine Erwähnung.

[+] Welche Einträge Sie im Menü EINSTELLUNGEN sehen, hängt nicht nur von der installierten Software ab, sondern auch davon, welche Einträge Sie über den Menüeditor aktiviert haben. Einige Komponenten, wie etwa das MULTIMEDIA-SYSTEM und VERSCHLÜSSELUNG UND SCHLÜSSELBUNDE, tauchen in der Voreinstellung nicht auf. Den Menüeditor erreichen Sie über einen Rechtsklick auf ANWENDUNGEN • MENÜS BEARBEITEN oder über SYSTEM • EINSTELLUNGEN • HAUPTMENÜ. Blättern Sie in der linken Ansicht bis zum Punkt SYSTEM • EINSTELLUNGEN, und aktivieren Sie in der rechten Liste die ausgeschalteten Einträge. Sie bestätigen die Auswahl und beenden den Editor über SCHLIESSEN.

Abbildung 8.8 Einige Konfigurationsoptionen müssen Sie im Menüeditor erst aktivieren.

- **Bevorzugte Anwendungen**
  Hier richten Sie Ihre Lieblingsprogramme ein, das heißt, hier definieren Sie, welcher Browser, Mailclient oder Multimedia-Player automatisch bei bestimmten Aktionen startet. Dazu gehört zum Beispiel das Anklicken einer URL im GNOME-Terminalprogramm mit der rechten Maustaste, um den Link im Webbrowser zu öffnen, oder auch der automatische Start einer Mailanwendung, wenn Sie einen Link im Browser anklicken.

Standardprogramme

- **Bildschirme**
  Hier ändern Sie die Auflösung, die Wiederholrate und die Rotation und richten meherere Monitore ein.

- **Bildschirmschoner**
  Sämtliche Einrichtungsmöglichkeiten für den GNOME-Screensaver finden Sie hier. Unter anderem können Sie einstellen, nach welcher Zeitspanne der Bildschirmschoner anspringt und ob der Bildschirm automatisch gesperrt wird. Letzteres entspricht der Voreinstellung; wenn Sie den Passwortschutz nicht wünschen, schalten Sie das Feature hier ab. Eine Schaltfläche ENERGIEVERWALTUNG führt Sie als eine Art Abkürzung zu dem gleichnamigen Dialog, der auch über SYSTEM • EINSTELLUNGEN zu erreichen ist.

- **Bluetooth**
  Hier konfigurieren Sie die Einstellungen für Bluetooth-Geräte, also ob der eigene Rechner sichtbar ist, ob er Verbindungen anderer Geräte entgegennimmt, ob der eigene Adapter nach einer bestimmten Zeitspanne unsichtbar wird und wie der eigene Rechner heißt. Außerdem tragen Sie hier verbundene Geräte und weitere Optionen für die Dateiübertragung, die Autorisierungsanfragen usw. ein.

- **E-Mail-Einstellungen**
  Dieser Menüpunkt ruft den Evolution-Kontoassistenten auf den Plan, über den Sie einen neuen Mailaccount einrichten oder einen bestehenden löschen bzw. ändern.

- **Energieverwaltung**
  Diese Option bietet Konfigurationsmöglichkeiten zur Energieverwaltung, unter anderem Zeitintervalle zum Abschalten des Displays und des Rechners, Stromspar- und Ruhemodus. Dabei können Sie ein unterschiedliches Verhalten für den Netz- oder Akkubetrieb von Laptops einschalten. Für Notebooks stellen Sie hier außerdem ein, was passiert, wenn Sie den Ein-/Ausschalter oder die Bereitschaftstaste drücken.

- **Entfernter Bildschirm**
  Arbeitsfläche freigeben
  Hier geben Sie den eigenen Desktop für Benutzer entfernter Rechner über VNC (Virtual Network Computing) frei. Über Checkboxen definieren Sie, ob Benutzer den Desktop nur betrachten oder auch aus der Ferne steuern dürfen. Des Weiteren konfigurieren Sie hier, ob Sie jeden Verbindungsaufbau explizit erlauben müssen; im unteren Feld legen Sie ein Passwort für die Fernsteuerung fest.

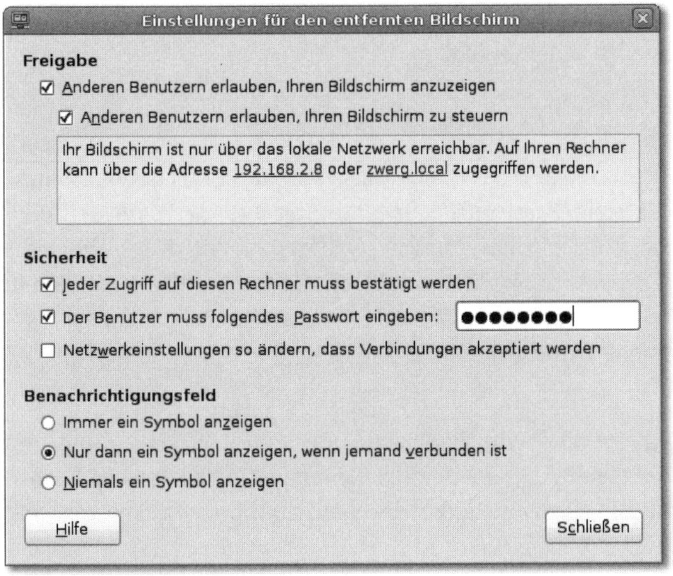

Abbildung 8.9 Über diesen Dialog erlauben Sie anderen Benutzern unter anderem die Fernsteuerung Ihres Rechners.

- **Erscheinungsbild**
  Alles, was das Aussehen des GNOME-Desktops betrifft, ist in diesem Bereich zusammengefasst. Auf dem Reiter THEMA verpassen Sie der Desktopumgebung einen neuen Look. Einige Themes sind standardmäßig installiert und stehen zur Wahl. Wer nach neuen farblichen Gestaltungen sucht, wird unter anderem auf *http://art.gnome.org/* fündig. Die Webseite erreichen Sie direkt, wenn Sie auf den Link WEITERE THEMEN ONLINE ERHALTEN klicken. Die Einstellungen für den Look nehmen Sie über ANPASSEN vor. Der Reiter HINTERGRUND bietet die bereits erwähnten Möglichkeiten, ein Hintergrundbild einzurichten (Abschnitt 8.3.2 ab Seite 223). Der dritte Reiter (SCHRIFTARTEN) erlaubt das Feintuning für die Fonts. Die Konfiguration zur Kantenglättung (Anti-Aliasing) erreichen Sie über die Schaltfläche DETAILS.

  Themes aus dem Netz

- **Fenster**
  Hier richten Sie das Verhalten von Fenstern unter GNOME ein (siehe Abschnitt 8.5 ab Seite 227).

- **Hauptmenü**
  Dieser Punkt öffnet den schon erwähnten Menüeditor. Hier entscheiden Sie, welche Programme in den Menüs ANWENDUNGEN und SYSTEM erscheinen. Ein Klick auf die Schaltfläche ZURÜCKSETZEN stellt den Ursprungszustand wieder her. Achtung: Dies setzt alle Änderungen an

den Menüs zurück – einen Knopf, um die eigenen Anpassungen wiederherzustellen, gibt es nicht.

- **Hilfstechnologien**
  Alles, was sich um den Einsatz von Hilfstechnologien und Accessibility dreht, erreichen Sie über diesen Punkt. Sämtliche Programme aus dem Bereich »Barrierefreiheit«, darunter auch Screenreader, Bildschirmlupe, Bildschirmtastatur usw., wandern auf die Platte, wenn Sie das Paket *gnome-accessibility* installieren. Zudem konfigurieren Sie in diesem Bereich Tastaturhilfen, Signaltöne für Feststelltasten, barrierefreies Anmelden und vieles mehr.

- **Klang**
  Der Dialog ermöglicht die Feineinstellungen zur Soundkarte und zum Lautstärkeregler. Auf dem zweiten Reiter aktivieren Sie ein KLANGTHEMA für den Desktop und richten Warntöne sowie Fenster- und Schaltflächen-Klänge ein.

- **Maus**
  Linkshänder
  Hier richten Sie die Maus ein, stellen um auf eine Belegung der Tasten für Linkshänder, konfigurieren das Zeitintervall für Doppelklicks, die Größe des Mauszeigers und die Geschwindigkeit.

- **Multimedia-System**
  Auf zwei Reitern haben Sie Gelegenheit, Audio- und Videogeräte zu konfigurieren und zu testen.

- **Netzwerk-Proxy**
  Wenn Sie nicht direkt mit dem Internet verbunden sind, sondern über einen Proxyserver ins Netz gehen, stellen Sie hier die Feinheiten ein.

- **Netzwerkverbindungen**
  Dieser Menüeintrag ist nur vorhanden, wenn Sie den NetworkManager verwenden (siehe Abschnitt 6.2.2 ab Seite 155). Es handelt sich um denselben Dialog, den Sie auch über einen Rechtsklick auf das Panel-Icon und VERBINDUNGEN BEARBEITEN öffnen.

- **Passwörter und Verschlüsselung**
  Ein Klick auf diesen Menüeintrag startet Seahorse, die Schlüsselverwaltung des GNOME-Desktops. Hier managen Sie unter anderem Zugangspasswörter für drahtlose Netzwerke und GnuPG-Keys (siehe Abschnitt 25.5 ab Seite 713).

- **Persönliche Angaben**
  Hier stellen Sie die Informationen zu Ihrem Benutzeraccount ein, zum Beispiel Kontaktdaten, ein Foto usw. Außerdem bietet dieser Dialog eine Schaltfläche zum Ändern des eigenen Passworts.

- **Persönliche Dateifreigabe**
  Möchten Sie den Inhalt des Ordners *Öffentlich* aus Ihrem Home-Verzeichnis für andere Rechner im lokalen Netz freigeben oder Dateien über Bluetooth freigeben oder empfangen, finden Sie hier Einrichtungsmöglichkeiten.

- **Popup-Benachrichtigungen**
  Für die Nachrichten, die der GNOME Notification Daemon (Benachrichtigungsdienst) auf dem Desktop ausgibt, wählen Sie hier ein anderes Aussehen und eine Position. Ein Klick auf PREVIEW zeigt eine Vorschau.

- **Sofortnachrichten- und VoIP-Konten**
  Ein Klick auf diesen Menüeintrag ruft den Einrichtungsassistenten des Chatprogramms Empathy auf.

- **Startprogramme**
  Hier suchen Sie Anwendungen aus, die beim Start von GNOME automatisch den Dienst aufnehmen sollen. Auf dem zweiten Reiter (OPTIONEN) speichern Sie Programme der laufenden Sitzung.

- **Tastatur**
  Hier richten Sie das Verhalten der Tastatur und optional einen blinkenden Cursor ein (Reiter ALLGEMEIN). Die weiteren Tabs bieten Konfigurationsmöglichkeiten für das Tastaturmodell, die Sprachbelegung und für Sondertasten. Hinter BARRIEREFREIHEIT verbirgt sich eine Abkürzung zum Accessibility-Modul, und der Reiter TIPPPAUSE bietet darüber hinaus eine Funktion, um nach einer bestimmten Zeit automatisch den Bildschirm zu sperren und den Benutzer so zu einer Pause zu animieren.

  Pausenfunktion

- **Tastenkombinationen**
  Mit welchen Tasten Sie den Desktop steuern, legen Sie hier fest. Klappen Sie die Rubriken auf, um für AUDIO, ARBEITSFLÄCHE, BARRIEREFREIHEIT, DESKTOP und die FENSTERVERWALTUNG die Feinsteuerung vorzunehmen. Wenn Sie eine Zeile mit der Maus markieren, können Sie eine neue Tastenkombination eingeben, die sofort aktiv ist. Praktisch: Wenn Sie eine Kombination eintippen, die bereits vergeben ist, weist eine Dialogbox darauf hin.

- **Verschlüsselung und Schlüsselbunde**
  In diesem Dialog stellen Sie für Seahorse einen GnuPG-Schlüssel ein und entscheiden, ob das Tool PGP-Kennwörter speichert oder nicht.

- **Verwaltung von Dateien**
  Hier finden Sie Konfigurationsmöglichkeiten für den Dateimanager Nautilus (siehe Abschnitt 8.9 ab Seite 237). Auf den einzelnen Reitern entscheiden Sie, ob Nautilus Symbole oder Listen anzeigt, wie die Objekte angeordnet sind, wie groß die Symbole erscheinen, ob ein einfacher oder ein Doppelklick zum Aktivieren nötig ist und wie sich der Mülleimer beim Leeren verhält. Auf dem letzten Reiter (DATENTRÄGER) konfigurieren Sie, wie GNOME mit verschiedenen Wechseldatenträgern und -medien umgeht. Die meisten Medien mountet das System automatisch und zeigt sie im Dateimanager an. In den Dropdown-Menüs im Bereich SONSTIGE DATENTRÄGER stellen Sie auch ein, wie der Desktop auf leere CDs/DVDs reagiert. Das bevorzugte Brennprogramm ist für alle Medien der integrierte CD/DVD-Ersteller (siehe Abschnitt 8.9.7 ab Seite 243). Gefallen Ihnen die Voreinstellungen nicht, wählen Sie aus dem Aufklappmenü AKTION eine andere Standardanwendung aus (siehe auch Abschnitt 14.7 ab Seite 451).

[»] Alle Änderungen, die Sie vornehmen, setzt GNOME sofort um; es gibt keine Schaltfläche ANWENDEN, über welche die Konfiguration neu eingelesen und aktiviert werden müsste. Leider gibt es auch keinen Knopf, mit dem Sie zur Voreinstellung einer Anwendung zurückkehren können, falls Sie sich einmal »verkonfiguriert« haben. (Eine Ausnahme ist der erwähnte Menüeditor.)

Der GConf-Editor

Zentrale Einrichtung

Den GConf-Editor aus dem gleichnamigen Paket starten Sie über das Menü ANWENDUNGEN • SYSTEMWERKZEUGE • KONFIGURATIONSEDITOR oder über Eingabe von `gconf-editor` in ein Schnellstart- oder Terminalfenster. GConf ist die zentrale Verwaltungsstelle. Neben den gezeigten Möglichkeiten zur Einrichtung des Desktops finden Sie hier weitere Optionen, die nicht in den Dialogen der einzelnen Anwendungen auftauchen – GConf erlaubt das Feintuning bis ins letzte Detail; die Beschreibungen im unteren Teil erklären die englischsprachigen Optionen der rechten Fensterhälfte.

Alle Einstellungen, die Sie über GConf vornehmen, landen in den XML-Dateien[2] im versteckten Ordner *~/.gconf* in Ihrem Home-Verzeichnis.

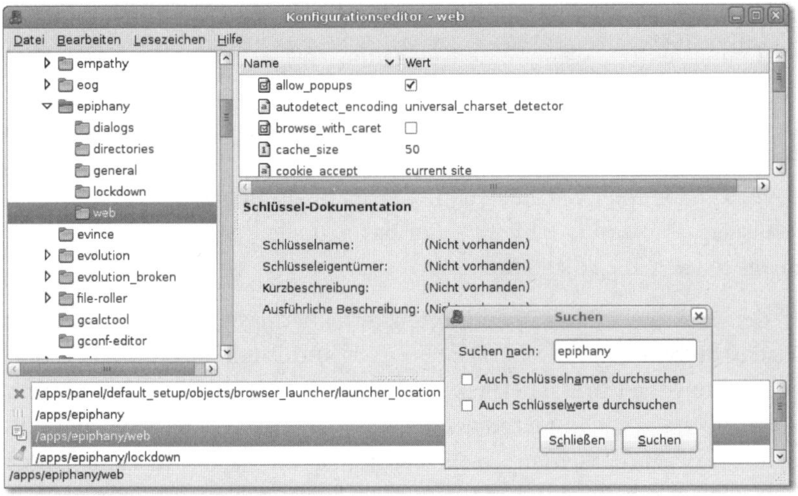

Abbildung 8.10 GConf bietet zentralen Zugriff auf Konfigurationsdateien.

8.9 Dateimanager Nautilus

Nautilus ist ein zentraler Bestandteil des GNOME-Desktops. Mit dem Dateimanager verwalten Sie Ihre Daten, brennen CDs/DVDs und unternehmen sogar Ausflüge ins lokale Netzwerk oder Internet.

8.9.1 Navigation

Spatial- und Browsermodus

Wenn Sie Nautilus über ein Desktopsymbol, wie zum Beispiel PERSÖNLICHER ORDNER oder COMPUTER, starten, öffnet sich ein GNOME-Dateimanager-Fenster im sogenannten Browsermodus. In diesem navigieren Sie wie gewohnt über die Adressleiste oder die Pfeiltasten der Werkzeugleiste – per Mausklick wandern Sie in Verzeichnisse hinein und zurück. Im Spatialmodus hingegen öffnet Nautilus für jedes Verzeichnis, das Sie anklicken, ein neues Fenster. Um nicht den ganzen Desktop mit Ordnerfenstern zu bevölkern, betreten Sie die neuen Verzeichnisse einfach mit der mittleren Maustaste – Nautilus schließt dann das aktuelle Fenster und öffnet ein neues für den angeklickten Ordner.

2 Die Extensible Markup Language (XML) ist eine Auszeichnungssprache und ähnelt von der Struktur her HTML. XML-Dateien sind reine Textdateien und enthalten hierarchisch organisierte Tags.

Zum Spatialmodus gelangen Sie über den erwähnten Konfigurationseditor (siehe Abschnitt 8.8 ab Seite 236). Gehen Sie links zum Punkt APPS • NAUTILUS • PREFERENCES, und entfernen Sie das Häkchen hinter ALWAYS_USE_BROWSER. Nun zeigt Nautilus ein recht spartanisch gestaltetes Ordnerfenster. Weder eine Navigationsansicht noch eine Adresszeile ist in diesem sogenannten Spatialmodus (englisch »spatial« = »räumlich«) zu sehen. Nautilus öffnet für jedes Verzeichnis, das Sie anklicken, ein neues Fenster. Um nicht den ganzen Desktop mit Ordnerfenstern zu bevölkern, betreten Sie die neuen Verzeichnisse einfach mit der mittleren Maustaste – Nautilus schließt dann das aktuelle Fenster und öffnet ein neues für den angeklickten Ordner.

Desktop aufräumen

Ist der Desktop bereits mit Ordnerfenstern überflutet, räumen Sie mit der Tastenkombination `Umschalt` + `Strg` + `W` auf und schließen das übergeordnete Verzeichnis. Gleiches erreichen Sie auch über das Menü, wenn Sie auf DATEI • ELTERN-ORDNER SCHLIESSEN gehen. Mit der Tastenkombination `Strg` + `Q` werden Sie alle Fenster auf einmal los. Um eine Ebene höher zu gehen, drücken Sie entweder die Tastenkombination `Alt` + `Pfeil auf` oder klicken auf den kleinen Button ganz unten links in der Statusleiste. Im Aufklappmenü sehen Sie nicht nur den aktuellen Aufenthaltsort, sondern auch alle Ordner bis hoch zum Wurzelverzeichnis.

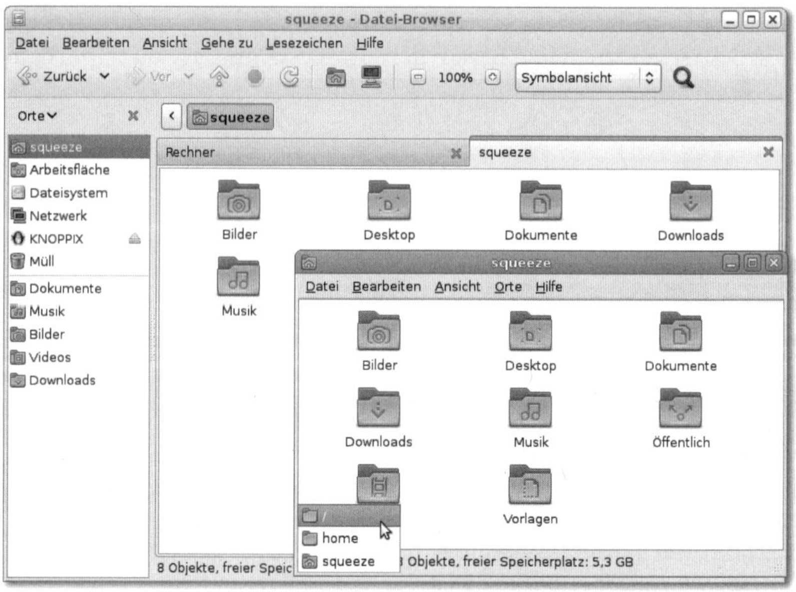

Abbildung 8.11 Nautilus: Spatial- und Browsermodus nebeneinander

Trotz der ganzen Fensterflut behält Nautilus immer die Übersicht: Öffnen Sie einen Ordner, dessen Fenster schon irgendwo auf dem Desktop liegt, bringt der Dateimanager diesen einfach in den Vordergrund. Außerdem merkt sich Nautilus den Status und die Position aller Fenster auf dem Desktop, sodass sich diese beim nächsten Programmstart wieder an derselben Stelle befinden.

Nautilus per Tastatur steuern

Nautilus lässt sich komplett über die Tastatur steuern: Geben Sie beispielsweise das erste Zeichen des Dateinamens in ein Ordnerfenster ein, hebt der Dateimanager den ersten Eintrag hervor, der mit diesem Buchstaben beginnt. Eine weitere Möglichkeit, Ordner über ihren Namen anzusteuern, ist das Dialogfenster, das Sie mit Strg + L starten. Geben Sie den neuen Aufenthaltsort ein. Sobald die Eingabe eindeutig ist, vervollständigt Nautilus den Namen, und Sie können den Vorschlag übernehmen, indem Sie die Tabulatortaste drücken.

8.9.2 Anzeigemodus

Über das Menü ANSICHT stellen Sie ein, ob Nautilus auch verborgene Dateien und Verzeichnisse anzeigt (Tastenkombination Strg + H). Hier wechseln Sie ebenfalls von der Symbol- zur Listenansicht und wieder zurück. Standardmäßig blendet Nautilus Thumbnails (verkleinerte Bilder) für die verschiedenen Dateiformate ein, sodass Sie eine Vorschau auf diese erhalten. In der Listenansicht tauchen zusätzliche Informationen auf, wie Name, Größe, Typ und Änderungsdatum. Die Symbolgröße ändern Sie ebenfalls über dieses Menü, und AKTUALISIEREN (Strg + R) lädt die Ansicht neu.

Konfigurationsmöglichkeiten für die Symbol- und Listenansicht erreichen Sie über das Menü BEARBEITEN • EINSTELLUNGEN. So stellen Sie beispielsweise auf dem Reiter VORSCHAU die Einblendung von Thumbnails ab, um Nautilus schneller zu machen. Im Bereich LISTENSPALTEN aktivieren Sie über Checkboxen die Darstellung weiterer Optionen für die Listenansicht, zum Beispiel Zugriffsrechte oder Zugriffsdatum.

[+]

Die eigenen Daten haben Sie immer im Blick, wenn Sie den Dateimanager so einrichten, dass er das eigene Home-Verzeichnis (und nicht *~/Desktop*) auf dem Desktophintergrund darstellt. Dieses Feature aktivieren Sie in GConf über die linke Baumansicht (APPS • NAUTILUS • PREFERENCES • DESKTOP_IS_HOME_DIR). Die Änderungen aktivieren Sie über den Befehl `killall nautilus`, den Sie in ein Schnellstart- oder Terminalfenster eingeben. Der Dateimanager, der auch für den Desktophintergrund verantwortlich ist, startet nach kurzer Zeit neu. Wollen Sie bestimmte

Ordner und Dateien nicht auf dem Hintergrund sehen, so tragen Sie deren Namen in eine versteckte Datei namens *~/.hidden* im eigenen Home-Verzeichnis ein.

8.9.3 Arbeiten mit Dateien

Dateizuordnungen

Sobald Sie eine Datei doppelklicken, versucht Nautilus, diese mit einer bestimmten Anwendung zu öffnen. Alternativ markieren Sie das Objekt mit einem Rechtsklick und wählen im Kontextmenü ein anderes angebotenes Programm oder den Eintrag MIT ANDERER ANWENDUNG ÖFFNEN aus. Über diesen Punkt entscheiden Sie sich selbst für eine Applikation. Im Reiter INSTALLIERTE ANWENDUNGEN navigieren Sie zum gesuchten Programm.

Wenn Sie den Namen der ausführbaren Programmdatei kennen, klappen Sie unten auf dem Reiter das Menü EINEN BENUTZERDEFINIERTEN BEFEHL VERWENDEN aus. Ein Klick auf die Schaltfläche AUSWÄHLEN neben der Eingabezeile bringt Sie zu einem Dateiauswahldialog. Praktischerweise startet dieser Dialog automatisch im Verzeichnis */usr/bin*, wo die meisten Programme zu Hause sind. Der zweite Reiter im Dialog (VERFÜGBARE ANWENDUNGEN) bietet eine Vorauswahl von sinnvollen Programmen an, die sich für den Dateityp ebenfalls eignen. Klicken Sie hier auf INSTALLIEREN, so startet direkt der Paketmanager Synaptic, um das benötigte Paket einzuspielen.

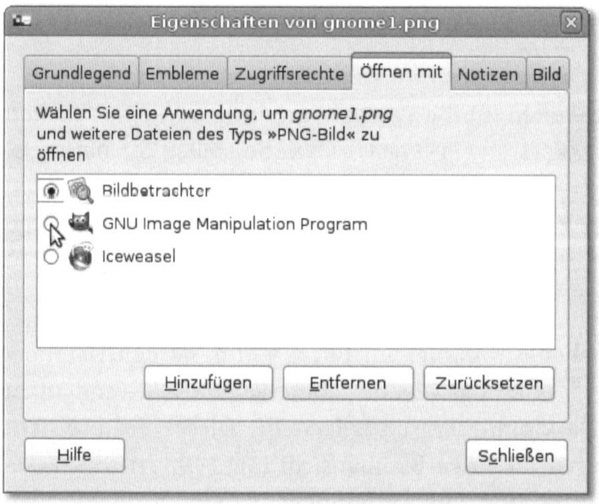

Abbildung 8.12 Wählen Sie ein Standardprogramm aus.

Welche Anwendung eine Datei standardmäßig öffnet, richten Sie über den EIGENSCHAFTEN-Dialog (Klick mit rechter Maustaste auf ein Objekt) ein. Gehen Sie dort zum Reiter ÖFFNEN MIT, und aktivieren Sie die Checkbox vor dem Programm Ihrer Wahl. Diese Einstellung gilt automatisch auch für andere Dateien diesen Typs.

8.9.4 Dateien kopieren und verschieben

Drag & Drop

Mit Drag & Drop ist das Kopieren und Verschieben von Dateien ein Kinderspiel. Fassen Sie ein Objekt mit der linken Maustaste an, und ziehen Sie es an einen neuen Ort, so wird es dorthin verschoben. Halten Sie hingegen während des Vorgangs die Strg-Taste gedrückt, kopiert Nautilus die Daten. Benutzen Sie die mittlere Maustaste zum Ziehen, so öffnet sich ein Dialog, in dem Sie zwischen Verschieben, Kopieren, Verknüpfen und dem Abbruch des Vorgangs auswählen.

Um mehr als eine Datei zu erfassen, markieren Sie entweder mit der Tastenkombination Strg + A alle Daten des aktuellen Ordners und ziehen mit der Maus einen Rahmen um die gewünschten Objekte auf, oder Sie halten die Strg-Taste gedrückt, um Dateien und Ordner einzeln zu selektieren. Praktisch ist das Tastaturkürzel Strg + S: Geben Sie ins folgende Dialogfenster ein Suchmuster ein (zum Beispiel »*.png«), um alle Objekte zu erreichen, die auf *.png* enden.

Über die Tastatur kopieren Sie ausgewählte Dateien mit Strg + C in die Zwischenablage; mit Strg + V fügen Sie sie an anderer Stelle wieder ein. Zum Verschieben drücken Sie Strg + X; die Daten werden verschoben, sobald Sie sie woanders einfügen.

[+] Wenn Sie Dateien oder Verzeichnisse aus dem Dateimanager heraus per Drag & Drop in GNOMEs Konsolenanwendung (Menü ANWENDUNGEN • ZUBEHÖR • TERMINAL oder Eingabe von `gnome-terminal` in ein Schnellstartfenster) hineinziehen, erscheint der Dateiname mit dem absoluten Pfad und in einfache Hochkommata eingeschlossen im Terminal. Auf diese Weise kombinieren Sie die Arbeit mit Dateimanager und Shell.

8.9.5 Dateien umbenennen und Eigenschaften ändern

Um einer Datei einen neuen Namen zu geben, klicken Sie diese mit der rechten Maustaste an und gehen im Kontextmenü auf UMBENENNEN. Praktisch: Nautilus markiert nur den Basisnamen, nicht aber die Dateiendung, und erspart Ihnen damit Tipparbeit.

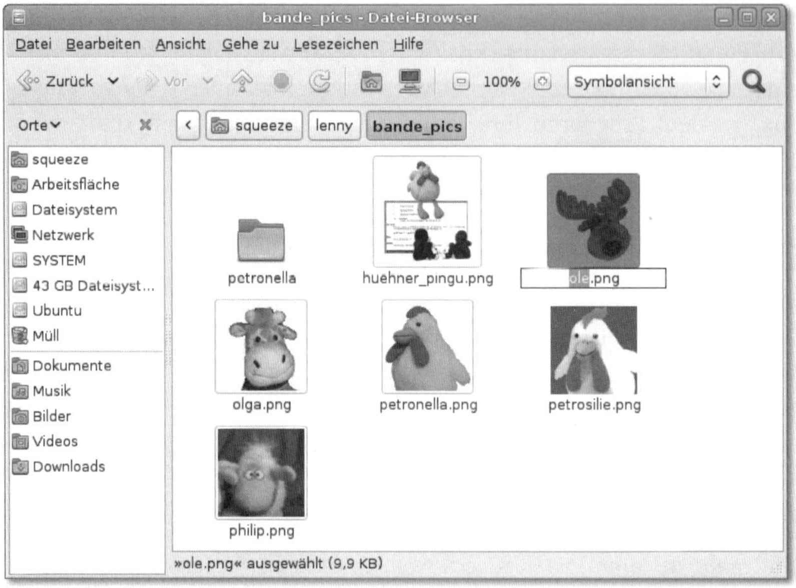

Abbildung 8.13 Die Dateiendung müssen Sie nicht noch einmal eintippen.

Wenn Sie ein Objekt mit der rechten Maustaste anklicken und EIGENSCHAFTEN aus dem Menü wählen, öffnet sich ein Konfigurationsdialog, in dem Sie nicht nur den Namen anpassen, sondern auch ein Emblem setzen, die Zugriffsrechte regeln (siehe Abschnitt 17.3 ab Seite 507) und definieren, mit welcher Anwendung GNOME die Datei standardmäßig öffnen soll.

8.9.6 Dateien löschen

GNOME legt einen Zwischenschritt beim Löschen von Objekten ein und bewegt diese zunächst in den Mülleimer. Die Daten landen anschließend im versteckten Ordner *~/.local/share/Trash* des eigenen Home-Verzeichnisses. Dazu wählen Sie ein oder mehrere Objekte aus und ziehen diese auf das Mülleimer-Icon auf dem Hintergrund oder wählen aus dem Kontextmenü der rechten Maustaste den Eintrag IN DEN MÜLL VERSCHIEBEN.

Mülleimer umgehen

Wenn Sie künftig auf diese Sicherheitsmaßnahme verzichten möchten, gehen Sie in Nautilus auf BEARBEITEN • EINSTELLUNGEN und dort zum Reiter VERHALTEN. Aktivieren Sie die Checkbox EINEN LÖSCHBEFEHL BEREITSTELLEN, DER DEN MÜLL UMGEHT. Anschließend fegen Sie Objekte per Rechtsklick und Auswahl von LÖSCHEN von der Platte. Wenn Ihnen die Frage, ob Sie Objekte dauerhaft löschen wollen, auf die Nerven geht, entfernen Sie das Häkchen bei VOR DEM LEEREN DES MÜLLS ODER DEM LÖSCHEN VON DATEIEN NACHFRAGEN auf demselben Reiter.

Dinge, die im Papierkorb liegen, können Sie jederzeit wieder hervorholen (Rechtsklick auf ein Objekt und WIEDERHERSTELLEN) und so vor dem finalen Datentod retten. Dazu öffnen Sie den Mülleimer zum Beispiel über einen Klick auf das Icon und verschieben die Daten zurück an den Bestimmungsort. Gehen Sie hingegen im Menü DATEI oder in der Mülleimer-Ansicht auf MÜLL LEEREN, um den Papierkorb auszuschütten und die Daten endgültig von der Platte zu löschen.

8.9.7 Daten-CDs/DVDs mit Nautilus brennen

In den Dateimanager ist eine Funktion zum Brennen von CDs und DVDs integriert. Den sogenannten CD/DVD-ERSTELLER erreichen Sie über (Strg) + (L) und Eingabe von »burn:///«. Alternativ legen Sie einen leeren Rohling ein. Sofern das Feature für Wechseldatenträger aktiviert ist (siehe Seite 230), zeigt Nautilus den CD/DVD-ERSTELLER im Verzeichnis des leeren Mediums an.

Abbildung 8.14 Der Dateimanager hilft dabei, CDs und DVDs zu brennen.

Fügen Sie diesem Fenster per Drag & Drop Dateien und Verzeichnisse hinzu, die Sie brennen möchten. Eine Angabe zum Speicherplatz und zum Füllstand ist leider nicht integriert. Wie viel Platz auf dem leeren Datenträger noch vorhanden ist, verrät Nautilus erst nach einem Klick auf die Schaltfläche AUF CD/DVD SCHREIBEN.

ISO-Image erstellen

Im folgenden Dialogfenster wählen Sie im oberen Dropdown-Menü einen Brenner oder ABBILDDATEI aus und geben dem Datenträger einen Namen. Ein Klick auf EIGENSCHAFTEN erlaubt Feinjustierungen zur Schreibgeschwindigkeit, zur Simulation des Vorgangs, zu Multisession-CDs/DVDs und so weiter. Reichen die im Dateimanager angebotenen Features nicht aus, stellt Abschnitt 14.7 ab Seite 451 weitere Brennprogramme vor.

8.9.8 In die Ferne schweifen

Netzwerkfreigaben

Das Arbeiten mit Nautilus ist nicht auf das eigene System beschränkt, sondern auch im lokalen Netz oder Internet möglich. So erreichen Sie Samba-Freigaben im heimischen Netzwerk beispielsweise über das Panel-Menü ORTE • NETZWERK • WINDOWS-NETZWERK. Über die Tastatur navigieren Sie zu den Freigaben, wenn Sie (Strg) + (L) tippen und ins Dialogfenster »smb:///« eingeben. Mehr zur Einrichtung und Benutzung von Samba lesen Sie in Kapitel 24 ab Seite 677.

Um zu einem Rechner per SSH zu verbinden, klicken Sie auf DATEI • MIT SERVER VERBINDEN, wählen aus dem Pulldown-Menü DIENSTE-TYP den Eintrag SSH und geben die Adresse beziehungsweise die IP und den Benutzernamen ein. Bei PORT tragen Sie nur etwas ein, wenn der SSH-Server der Gegenseite nicht auf dem Standardport 22 lauscht. Im Feld ORDNER legen Sie ein Startverzeichnis auf dem anderen Computer fest. Sofern Sie dort nicht im Wurzelverzeichnis / landen möchten, sollten Sie hier einen anderen Aufenthaltsort eingeben, zum Beispiel */home/petronella* für das Home-Verzeichnis des Anwenders `petronella`.

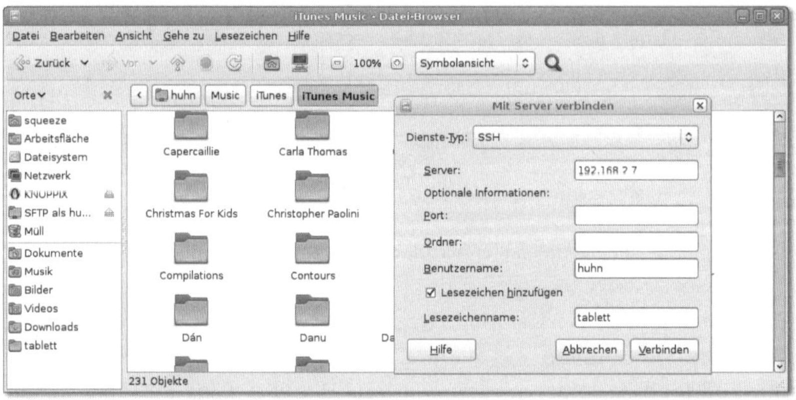

Abbildung 8.15 Nautilus »spricht« verschiedene Protokolle, darunter auch SSH.

Setzen Sie ein Häkchen in der Checkbox LESEZEICHEN HINZUFÜGEN, um ein Bookmark für Nautilus zu erstellen. Auf dem Desktop erscheint ein neues Icon; sobald Sie dieses doppelklicken, startet Nautilus die Verbindung, und die folgende Dialogbox fragt nach dem Passwort. Die Freigabe taucht nun in der linken Leiste in Nautilus auf. Per Klick auf das Auswerfen-Icon beenden Sie die Verbindung.

FTP und WebDAV

Ähnlich verbinden Sie sich mit einem FTP- oder WebDAV-Server. Wählen Sie im Dialog MIT SERVER VERBINDEN aus dem Pulldown-Menü den Eintrag ÖFFENTLICHER FTP beziehungsweise FTP (MIT ZUGANGSBESCHRÄNKUNG) oder WEBDAV (HTTP) beziehungsweise die verschlüsselte Variante SICHERES WEBDAV (HTTPS) aus, und tragen Sie die Adresse des entfernten Rechners ein. Falls erforderlich, geben Sie noch Ihre Zugangsdaten in die entsprechenden Felder ein.

Die »KDE Software Compilation 4« (KDE SC 4) ist die vierte Generation der beliebten Programmsammlung für den Linux-Desktop. Sie bietet ebenso wie GNOME viele Applikationen, die Hand in Hand arbeiten und den Umstieg auf Linux erleichtern. Dieses Kapitel stellt die Highlights der Desktopumgebung vor.

9 KDE SC 4

KDE[1] erblickte 1996 das Licht der Desktopwelt. Matthias Ettrich startete das Projekt unter dem Namen »Kool Desktop Environment« in Anlehnung an den proprietären Unix-Desktop CDE (Common Desktop Environment). Die KDE-Entwickler setzten auf die Programmiersprache C++ und die Qt-Bibliothek von Trolltech. Schon recht früh verlor das »K« seine Bedeutung, da die Macher die Bezeichnung »Kool« fallen ließen. 2009 verabschiedete sich das Projekt außerdem vom Namen »K Desktop Environment«. KDE bezeichnet inzwischen nur noch die Entwicklungsgemeinschaft; das angebotene Programmpaket heißt »Software Compilation«. Debian GNU/Linux »Squeeze« liefert die Desktopumgebung in Version 4.4.3 aus.

Wenn Sie bei der Installation des Grundsystems die Gruppe Grafische Desktop-Umgebung (siehe Abschnitt 3.11 ab Seite 85) ausgewählt haben, steht als grafische Arbeitsumgebung standardmäßig GNOME zur Verfügung. Wer lieber mit KDE arbeitet, stellt dies entweder schon als Bootoption bei der Installation von Debian GNU/Linux »Squeeze« ein (siehe Kapitel 3, Seite 64), spielt das System von der angebotenen KDE-CD ein oder installiert später die Komponenten nach.

Installation

Um KDE SC 4 nachträglich zu installieren, spielen Sie als Administrator eines der folgenden Metapakete ein: *kde-standard*, *kde-full*, *kde-plasma-desktop* oder *kde-plasma-netbook*. Metapakete enthalten selbst keine Software, sondern definieren nur Abhängigkeiten von anderen Paketen. Je nachdem, welches Metapaket Sie hier aussuchen, landet ein unterschiedlich großer Schwung Software auf der Platte. Zusätzlich installieren Sie die deutschen Sprachanpassungen (Paket *kde-l10n-de*). In diesem Zusammenhang spielt das System auch den KDE-Displaymanager (`kdm`) ein und

1 *http://www.kde.org/*, *http://www.kde.de/*

fragt nach, welchen Loginmanager Sie standardmäßig verwenden wollen (siehe Abschnitt 4.3 ab Seite 106).

9.1 Willkommen bei KDE SC 4

Plasmoids

Nach der Anmeldung begrüßt Sie die Umgebung namens Plasma. Die gleichnamige Bibliothek kontrolliert sämtliche Desktopkomponenten, darunter das Hintergrundbild, die Kontrollleiste, das K-Menü und die Symbole. Die Miniprogramme heißen Plasmoids (auch »Widgets« oder »Gadgets«). Einige Plasmoids können andere aufnehmen. So können Sie beispielsweise etwas zur Arbeitsfläche oder zur Kontrollleiste hinzufügen. Die Plasmoids auf dem Desktop können Sie darüber hinaus frei bewegen, skalieren und auch rotieren.

Abbildung 9.1 KDE SC 4 nach dem Start

Auf dem Desktophintergrund befindet sich in der Voreinstellung ein Plasmoid namens Arbeitsflächen-Ordner (*~/Desktop*), das die beiden Symbole Persönlicher Ordner (startet den Dateimanager Dolphin mit dem Home-Verzeichnis) und Mülleimer (Verzeichnis *~/.local/share/Trash*) enthält. Die Kontrollleiste am unteren Bildschirmrand beherbergt ebenfalls einige Miniprogramme, etwa das K-Menü, den Arbeitsflächenumschalter und die Fensterleiste mit den geöffneten Anwendungen. Im Systemabschnitt der Taskleiste sehen Sie zudem ein Netzwerkmanager-Applet (NetworkManager oder Wicd), den Lautstärkeregler, Klipper (Dienstprogramm für die Zwischenablage), eine Batterieanzeige (wenn Sie KDE SC 4 auf einem Laptop betreiben), das Benachrichtigungsfeld und eine Uhr.

9.2 Starten von Programmen

Programme starten Sie entweder über ein Icon auf dem Desktop (siehe Abschnitt 9.3.2 ab Seite 251) oder auf einem der folgenden Wege:

- **K-Menü**
  Das Menü hinter dem »K« unten links bietet Zugriff auf zuletzt geöffnete Dateien/Dokumente, Lieblingsprogramme und Konfigurationsoptionen. Außerdem können Sie über das K-Menü auch den Computer herunterfahren, ihn in den Tiefschlaf versetzen, den aktuellen Benutzer abmelden bzw. wechseln und die Sitzung sperren. Die Anwendungen im Bereich PROGRAMME sind nach Themengebieten sortiert. Bevorzugen Sie das »alte« K-Menü, wie Sie es von KDE 3.x her kennen, klicken Sie mit der rechten Maustaste auf das Menüsymbol und wählen ZUM KLASSISCHEN MENÜSTIL WECHSELN; zurück zur Kickoff-Ansicht geht es auf die gleiche Weise.
- **KDE-Schnellstarter (KRunner)**
  Über die Tastenkombination `Alt` + `F2` starten Sie einen Dialog am oberen Fensterrand, in den Sie den Programmnamen eingeben. Sobald Sie mit dem Tippen beginnen, zeigt KRunner mögliche Treffer an. Durch die angezeigten Anwendungen navigieren Sie mit `Tabulator` und den Pfeiltasten, und über `Eingabe` starten Sie das Programm.
- **Kommandozeile**
  Fehlermeldungen
  Nicht nur textbasierte Anwendungen, auch grafische Programme starten Sie aus einem Terminal heraus. Dies ist vor allem dann sinnvoll, wenn Sie eventuelle Fehlerausgaben von grafischen Anwendungen »abfangen« wollen. Um die Konsole nicht direkt für weitere Eingaben zu sperren, geben Sie hinter dem Namen der ausführbaren Datei ein kaufmännisches Und-Zeichen (`&`) ein und legen den Prozess so direkt in den Hintergrund (siehe Kapitel 17 ab Seite 491).

[+]
Mit einem kleinen Trick starten Sie ein Programm so, dass es auf allen virtuellen Desktops (siehe Abschnitt 9.5 ab Seite 256) gleichzeitig erscheint. Dazu starten Sie die Anwendung aus der Konsole oder aus dem Schnellstarter heraus und geben den Befehl `kstart --alldesktops <programm>` ein. Ebenso leicht ist es, eine Anwendung schon beim Start immer in den Vordergrund zu legen; der entsprechende Befehl lautet `kstart --ontop`

`<programm>`. Weitere Optionen von `kstart` sehen Sie, wenn Sie in ein Terminal `kstart --help` eingeben.

9.3 Die Arbeitsfläche

Den Desktophintergrund können Sie ganz an Ihre eigenen Wünsche anpassen: Icons, Hintergrundbild, Startleiste, Fensterverhalten – fast alles lässt sich individuell gestalten. Klicken Sie mit der rechten Maustaste auf eine freie Stelle des Hintergrunds, und wählen Sie aus dem Kontextmenü den Eintrag EINSTELLUNGEN FÜR AKTIVITÄT »ARBEITSFLÄCHE«, um den Konfigurationsdialog zu starten.

9.3.1 Hintergrundbild

In der ersten Abteilung passen Sie das HINTERGRUNDBILD an. In der Voreinstellung zeigt der KDE-Desktop unter Debian GNU/Linux »Squeeze« das SpaceFun-Bild, im Angebot sind aber noch zahlreiche weitere hübsche Wallpaper. Um ein statisches Hintergrundbild einzurichten, belassen Sie die Einstellung im Dropdown-Menü TYP auf BILD und suchen etwas Hübsches aus dem Angebot aus. Ist bei den tollen mitgelieferten Fotos nichts dabei, bringt Sie NEUE HINTERGRUNDBILDER HERUNTERLADEN zu einem Dialogfenster, das es ermöglicht, neuen Desktopschmuck herunterzuladen. Die angebotenen Schnappschüsse finden Sie auch über den Browser auf der Webseite *http://kde-look.org/*. Die neuen Bilder landen in Ihrem Home-Verzeichnis im Ordner *~/.kde/share/wallpapers*.

Diaschau Um gleich einen ganzen Schwung Bilder im Wechsel auf den Hintergrund zu zaubern, wählen Sie im Menü TYP den Eintrag DIASCHAU. Darunter stellen Sie ein, in welchem Intervall die Bilder wechseln. Außerdem können Sie selbst Ordner mit Fotos hinzufügen und entfernen, aus denen sich KDE bedient. In der Voreinstellung sehen Sie dort nur das Verzeichnis */usr/share/wallpapers*; über einen Klick auf das Pluszeichen nehmen Sie weitere Bildersammlungen auf.

Weiterhin im Angebot für den Hintergrund sind einzelne Farben, verschiedene Muster, ein Wetterbericht (der passend zur Vorhersage unterschiedliche Fotos zeigt) oder das Globusprogramm Marble.[2] Entscheiden Sie sich für Letzteres, können Sie unter KARTENDESIGN zwischen verschiedenen Ansichten wählen und z. B. die Erde bei Nacht, OpenStreetMap,[3]

---

2 *http://edu.kde.org/marble/*
3 *http://www.openstreetmap.de/*

Niederschlag, historische Landkarten, Satellitenanicht oder den Mond betrachten.

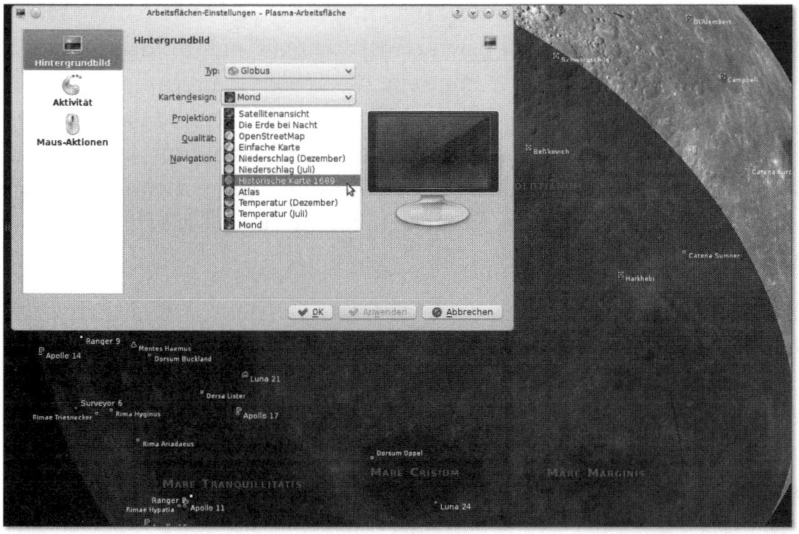

Abbildung 9.2 Einen Blick auf den Mond erhaschen Sie, wenn Sie Marble auf den Desktophintergrund legen.

9.3.2 Miniprogramme

Auf dem KDE-Desktop ist Platz für viele Icons, die verschiedene Funktionen erfüllen. So können Sie beispielsweise für häufig genutzte Programme ein Symbol ablegen; ein einfacher Mausklick startet dann die Anwendung. Auch wichtige Dokumente, zum Beispiel OpenOffice.org-Dateien oder Verknüpfungen zu Webseiten, können sich hinter einem solchen Symbol verbergen. Besonders praktisch ist das Ablegen von Gerätedateien als Icons. Diese lassen sich dann per Mausklick ein- und aushängen. Auch KDE unterstützt das automatische Mounten, wenn Sie einen Wechseldatenträger einlegen (siehe Abschnitt 17.2.2 ab Seite 497).

Plasmoids hinzufügen

Um ein Plasmoid zur Arbeitsfläche hinzuzufügen, klicken Sie beispielsweise mit der rechten Maustaste auf den Desktophintergrund oder die Kontrollleiste. Auch die Cashewnuss (das Symbol ganz oben rechts) bietet per Mausklick eine Option MINIPROGRAMME HINZUFÜGEN. Anschließend klappt am unteren Rand eine Leiste aus, die allerhand Praktisches und manchmal einfach nur Schönes anbietet. Per Klick auf die Pfeile blättern Sie in der Sammlung nach rechts und links. Sie können auch gezielt nach etwas suchen, und schließlich neue Miniprogramme aus lokalen Dateien oder aus dem Internet installieren. Ein Klick auf ein Symbol zeigt weitere

Informationen zum Programm an, und per Drag & Drop wandert es auf die Arbeitsfläche oder das Panel.

Plasmoids einrichten

Wenn Sie mit der Maus über ein Plasmoid auf dem Desktop fahren, sehen Sie rechts oder links davon einen transparenten Rand. In diesem finden Sie Icons, über die Sie das Miniprogramm skalieren, drehen, konfigurieren und löschen. Um die Effekte anzuwenden, klicken Sie das jeweilige Symbol mit der linken Maustaste an, halten diese gedrückt und ziehen das Plasmoid dann zurecht. Möchten Sie ein Miniprogramm einfach nur an eine andere Stelle bewegen, klicken Sie mit der linken Maustaste hinein und ziehen es an seinen neuen Ort.

[+] Haben Sie den Desktop hübsch eingerichtet und alle Plasmoids an ihren richtigen Platz geschoben, können Sie diese fest verankern. Dazu klicken Sie mit der rechten Maustaste auf einen freien Platz auf dem Hintergrund und wählen aus dem Kontextmenü MINIPROGRAMME SPERREN.

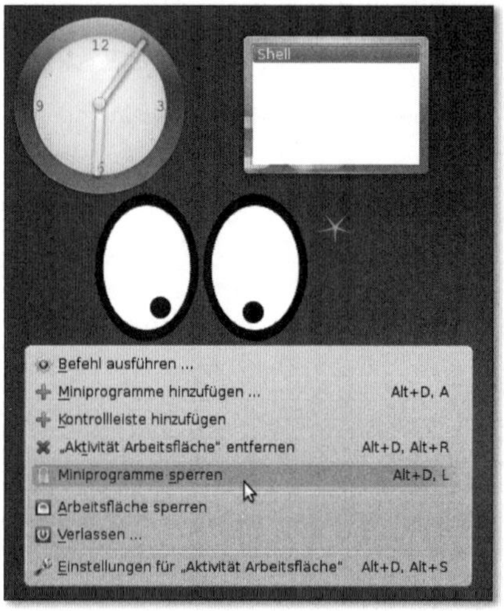

Abbildung 9.3 So verhindern Sie, dass die Plasmoids verrutschen.

Ganz oben links auf dem Desktop sehen Sie in der Voreinstellung den ARBEITSFLÄCHEN-ORDNER, der wie gesagt den Inhalt des Ordners *~/Desktop* anzeigt. Auch andere Verzeichnisse und sogar den Inhalt von Wechseldatenträgern zeigen Sie in einer solchen ORDNER-ANSICHT auf dem Hintergrund. Bewegen Sie beispielsweise ein Verzeichnis aus dem Dateimanager heraus auf die Arbeitsfläche, öffnet sich ein kleines Dialogfenster, das drei Optionen anbietet: ORDNER-ANSICHT, LANCELOT-KOMPONENTE (ein alternativer Programmstarter) und SYMBOL (ein einfaches Icon).

9.3.3 Kontrollleiste

Panel einrichten

Das Panel (Kontrollleiste) liegt standardmäßig am unteren Bildschirmrand. Neben dem K-Menü ganz links beherbergt die Leiste den Umschalter für die virtuellen Arbeitsflächen (siehe Abschnitt 9.5 ab Seite 256) und die Fensterleiste. Den rechten abgetrennten Bereich nennt man Systemabschnitt. Hier nisten sich laufende Anwendungen ein, und er präsentiert zudem wichtige Informationen über verfügbare Updates, eingehängte Geräte, den Lautsprecher, die Zwischenablage Klipper und die Uhr.

[«]

In der neuen KDE-Version können Sie nicht nur das Panel selbst konfigurieren, sondern auch den Systemabschnitt. Dazu öffnen Sie über die rechte Maustaste das Kontextmenü – hier müssen Sie gut zielen, um nicht eines der Symbole zu erwischen, die ebenfalls solche Menüs haben – und klicken auf EINSTELLUNGEN FÜR »SYSTEMABSCHNITT DER KONTROLLLEISTE«. Im folgenden Dialog beeinflussen Sie das Verhalten von Aktionen, Benachrichtigungen und Symbolen.

Abbildung 9.4 Die Startleiste muss nicht immer am unteren Bildschirmrand sitzen.

Damit Sie die Kontrollleiste konfigurieren können, müssen die Miniprogramme entsperrt sein. Erst, wenn das der Fall ist, sehen Sie am rechten Rand des Panels ein Plasma-Symbol. Ein Klick auf dieses oder das Kontextmenü der rechten Maustaste öffnet die EINSTELLUNGEN FÜR DIE KONTROLLLEISTE. Sobald dieser Dialog geöffnet ist, dürfen Sie die Miniprogramme mit Drag & Drop an eine neue Position ziehen. Der Mauszeiger verändert sich dazu und wird zu einer Art Fadenkreuz. Auch die Leiste selbst können Sie verschieben. Dazu klicken Sie auf BILDSCHIRMKANTE und ziehen das Panel an eine andere Stelle.

Über die daneben liegende Schaltfläche HÖHE (bzw. BREITE, wenn die Leiste rechts oder links am Rand ist) verändern Sie die Größe. Um die Ausdehnung anzupassen, verwenden Sie die Schieberegler mit den Pfeilen für die minimalen und maximalen Ausmaße. Den Dialog zum Hinzufügen der Miniprogramme kennen Sie schon von der Einrichtung der Arbeitsfläche. Auch beim Hinzufügen zum Panel ziehen Sie das Icon per Drag & Drop dorthin.

Automatisches Ausblenden

Wenn Sie auf WEITERE EINSTELLUNGEN klicken, öffnet sich ein kleines Menü, in dem Sie die Position der Leiste (links, mittig, rechts) festlegen, und die Sichtbarkeit beeinflussen. In der Voreinstellung ist IMMER SICHTBAR ausgesucht. Alternativ veranlassen Sie die Leiste dazu, automatisch auszublenden. Diese erscheint dann nur, wenn Sie den Mauszeiger an die Stelle des Panels bewegen. Im Dialog entscheiden Sie weiterhin, ob Programmfenster die Leiste überdecken dürfen, ob Sie diese ganz entfernen oder wieder auf Maximalgröße ausdehnen.

[+] Reicht eine Leiste nicht aus, fügen Sie über die Cashewnuss rechts oben auf dem Desktop oder per Rechtsklick auf die Arbeitsfläche einfach eine weitere hinzu. Über die gerade gezeigten Funktionen platzieren Sie diese dann an der gewünschten Stelle. Praktisch: Wählen Sie eine Leiste zum Löschen aus, sehen Sie eine Sicherheitsabfrage. So entfernen Sie nicht aus Versehen ein Panel, das Sie noch brauchen.

9.4 Arbeiten mit Fenstern

Sind mehrere Programmfenster gleichzeitig geöffnet, können Sie einzelne Fenster durch einen einfachen Klick mit der linken Maustaste aktivieren, also in den Vordergrund bringen. Das aktivierte Fenster erkennen Sie an der dunkleren Farbe der Titelleiste. Mit der Tastenkombination `Alt` + `Tabulator` wechseln Sie zwischen geöffneten Fenstern, allerdings in der Voreinstellung nur zwischen denen der aktuellen Arbeitsfläche.

Um alle Fenster sämtlicher virtuellen Desktops mit einzubeziehen, aktivieren Sie in den Systemeinstellungen im Bereich FENSTEREIGENSCHAFTEN links unter FENSTERWECHSEL auf dem Reiter ALLGEMEIN im Dropdown-Menü FENSTER AUFLISTEN den Eintrag ALLE ARBEITSFLÄCHEN.

Focus follows mouse

Im selben Einrichtungsdialog im Bereich FENSTEREIGENSCHAFTEN links konfigurieren Sie KDE so, dass das Fenster schon bei Mauskontakt aktiviert wird (Reiter AKTIVIERUNG). Ob die Anwendung dabei in den Vordergrund wandert oder nicht, ist ebenfalls einstellbar. Der Vorteil von übereinander liegenden Fenstern ist, dass Sie zum Beispiel Text in einen Editor oder ein Office-Dokument eintippen, während ein Browserfenster über dem aktiven Fenster schwebt und vielleicht die für die Eingabe benötigten Informationen liefert – so haben Sie alles im Blick. Achtung: Wenn Sie das »Focus follows mouse« genannte Feature aktiviert haben, funktioniert `Alt` + `Tabulator` wieder nur für den aktuellen virtuellen Desktop und nicht länger für alle Arbeitsflächen.

Abbildung 9.5 Der Shortcut »Alt+Tabulator« bezieht optional alle virtuellen Desktops mit ein.

KDE SC 4 verfügt über sogenannte aktive Bildschirmecken, das heißt, Sie können bestimmte Aktionen für den Mauszeiger definieren, wenn er an einen der Bildschirmränder stößt (SYSTEMEINSTELLUNGEN • ARBEITSFLÄCHE • BILDSCHIRMECKEN). Dort ist auch konfiguriert, was passiert, wenn Sie ein Fenster an den oberen Rand oder einen der beiden Seitenränder ziehen. In der Standardkonfiguration ziehen Sie ein Bild mit der Maus an den oberen Rand, um es in den Vollbildmodus zu versetzen; bewegen Sie es wieder von da weg, nimmt es die ursprüngliche Größe ein. Auch praktisch: Über die beiden rechten und linken Seitenränder können Sie Fenster exakt anordnen; ziehen Sie ein Fenster an der Titelleiste z. B. an den rechten Rand, nimmt es die gesamte rechte Hälfte ein.

[+]

Wenn Sie die Titelleiste eines Fensters nicht erreichen, können Sie das Objekt dennoch verschieben. Drücken Sie dazu einfach die Taste `Alt`, und klicken Sie auf eine beliege Stelle mit der Maus. Diese Sondertaste und die verbundenen Aktionen verändern Sie in den Systemeinstellungen im Bereich FENSTEREIGENSCHAFTEN links im Bereich FENSTEREIGENSCHAFTEN auf dem Reiter FENSTER.

9.5 Virtuelle Desktops

Für mehr Übersicht sorgen die sogenannten virtuellen Desktops, die das Arbeiten auf bis zu 20 unabhängigen Desktops unter KDE ermöglichen. So kann auf der einen Arbeitsfläche das Office-Dokument auf Inhalt warten, während Sie auf dem zweiten Desktop Mails lesen, auf dem dritten im WWW surfen und auf dem vierten MP3s abspielen.

Tastaturbefehle für die Navigation

In der Kontrollleiste sehen Sie den Umschalter, über den Sie schnell von Desktop zu Desktop springen. Wer nicht mit der Maus in die recht kleinen Flächen zielen möchte, wandert mit der Tastatur durch die Arbeitsflächen: Für die ersten sechs davon sind die Kombinationen `Strg` + `F1` bis `Strg` + `F6` reserviert. Verwenden Sie mehr als sechs virtuelle Desktops, legen Sie auf Wunsch selbst Tastenkürzel für die Navigation fest.

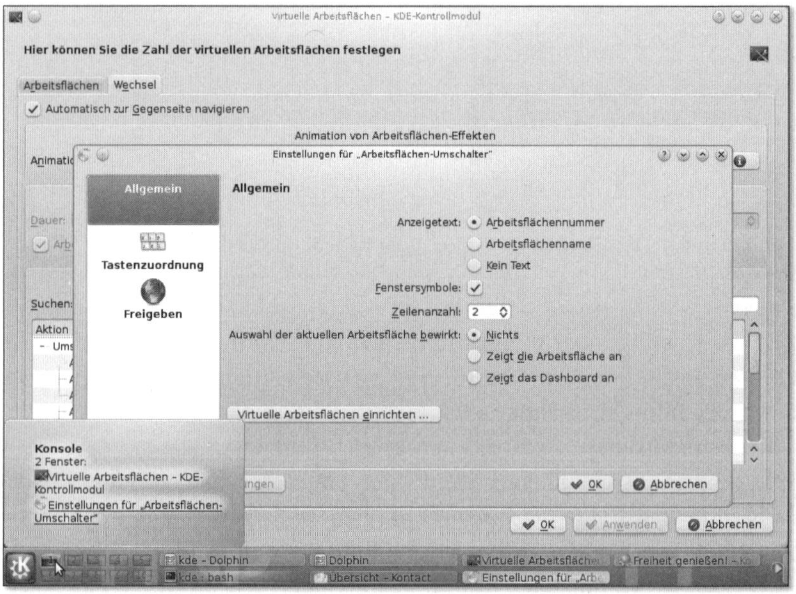

Abbildung 9.6 Die virtuellen Desktops und deren Umschalter konfigurieren Sie in zwei Arbeitsschritten. Hier zeigt der Umschalter die Namen der Arbeitsflächen an.

Die Voreinstellung von nur vier Desktops passen Sie über das Kontextmenü der rechten Maustaste an: Klicken Sie auf den Umschalter, und wählen Sie VIRTUELLE ARBEITSFLÄCHEN EINRICHTEN. Alternativ finden Sie dieselben Einrichtungsmöglichkeiten in den Systemeinstellungen im Bereich ARBEITSFLÄCHE. Auf dem ersten Reiter legen Sie die Anzahl fest und geben den Desktops Namen. Der zweite Tab erlaubt es Ihnen, neue Tastaturkürzel für den Wechsel zu definieren. Zusätzlich zu den Desktops selbst können Sie den Umschalter konfigurieren. Dazu wählen Sie aus dem Kontextmenü der rechten Maustaste den Eintrag EINSTELLUNGEN FÜR »ARBEITSFLÄCHEN-UMSCHALTER«. Im folgenden Dialog stellen Sie unter anderem ein, ob das Miniprogramm die Namen oder Nummern der Arbeitsflächen oder gar nichts anzeigt und ob Sie dort die Fenstersymbole sehen.

9.6 Systemeinstellungen

Was unter KDE 3.x noch KONTROLLZENTRUM hieß, hat nun einen völlig neuen Look und hört auf den Namen SYSTEMEINSTELLUNGEN. Die Schaltzentrale der KDE-Konfiguration finden Sie im K-Menü unter RECHNER • SYSTEMEINSTELLUNGEN. Aus dem Schnellstarter (Alt) + (F2) oder aus einem Terminal heraus rufen Sie das Programm über `systemsettings` auf.

Auf dem ersten Reiter, ALLGEMEIN, finden Sie vier Abschnitte namens ERSCHEINUNGSBILD & VERHALTEN, PERSÖNLICHES, NETZWERK & VERBINDUNGEN und SYSTEMVERWALTUNG. Fahren Sie mit der Maus über ein Symbol einer solchen Abteilung, sehen Sie eine Vorschau, welche Konfigurationsmöglichkeiten sich dahinter verbergen. Der zweite Reiter (ERWEITERT) enthält noch mehr Module für das individuelle Feintuning des KDE-4-Desktops. Im Wesentlichen finden Sie in den Abteilungen die folgenden Einrichtungsmöglichkeiten:

- **Arbeitsfläche**
  Hier richten Sie die Arbeitsflächeneffekte, die virtuellen Desktops, einen Bildschirmschoner und die Programmstartanzeige ein. Bildschirmschoner
- **Benachrichtigungen**
  Möchten Sie, dass der Desktop bei verschiedenen Ereignissen Klänge abspielt, konfigurieren Sie dies hier.
- **Erscheinungsbild**
  In diesem Modul passen Sie das Aussehen der Desktopumgebung an. Dazu gehören Farben, Emoticons, Fensterdekorationen, das Theme für die Icons und vieles mehr.
- **Fenstereigenschaften**
  Wie schon in Abschnitt 9.4 ab Seite 254 erwähnt, stellen Sie hier das Verhalten beim Fensterwechsel, Mausklicks und Ähnliches ein.

- **Land/Region & Sprache**
  Hier legen Sie die Sprache der Umgebung fest, stellen das Tastaturlayout und die Rechtschreibprüfung für verschiedene Sprachen ein.
- **Persönliche Informationen**
  Tragen Sie hier Ihren vollen Namen ein, suchen einen Avatar aus und ändern Ihr Passwort per Mausklick.
- **Standard-Komponenten**
  In diesem Bereich definieren Sie Standards für ein Terminal, den Editor, Dateimanager, Browser und Mailclient.
- **Zugangshilfen**
  Barrierefreiheit ist das Thema dieses Moduls. Hier konfigurieren Sie Signaltöne, verlangsamte und klebende Tasten, Aktivierungsgesten sowie die Sprachausgabe.
- **Freigabe**
  Arbeitet in Ihrem Netz ein Samba-Server, der eine Authentisierung benötigt, tragen Sie hier die Zugangsdaten für die Freigabe ein (siehe Kapitel 24 ab Seite 677).
- **Netzwerk-Einstellungen**
  Hier konfigurieren Sie einen Proxyserver, Verbindungen, die Sie sonst im NetworkManager verwalten (siehe Abschnitt 6.2.2 ab Seite 155) sowie eine statische Vebindung, falls Sie den NetworkManager nicht nutzen.
- **Anzeige**
  Neben Einstellungen zur Bildschirmauflösung ist es hier auch möglich, mehrere Monitore und Farbwerte einzurichten.
- **Datum & Zeit**
  Uhrzeit vom Zeitserver
  Stellen Sie hier die Uhrzeit, das Datum und die Zeitzone ein. Wollen Sie das alles vollautomatisch erledigen (lassen), wählen Sie hier die automatische Einrichtung per NTP (siehe Abschnitt 17.8 ab Seite 547).
- **Druckereinrichtung**
  Hier verwalten Sie lokale und Netzwerkdrucker (siehe auch Kapitel 7 ab Seite 191).
- **Multimedia**
  Verwalten Sie hier die Hardware zur Audioausgabe und -aufnahme sowie die Phonon-Backends (siehe Abschnitt 14.1.1 ab Seite 407).

- **Schriftarteninstallation**
  Hier findet die Verwaltung aller Schriftarten statt, die das System verwendet. Zudem haben Sie hier die Möglichkeit, selbst Fonts hinzuzufügen.

- **Tastatur & Maus**
  Konfigurieren Sie hier die Tastatur (Wiederholrate, Verzögerung usw.), die Maus (Rechts-/Linkshändermodus, Zeigerdesign, einfacher oder Doppelklick für bestimmte Aktionen) und Joysticks.

- **Tastenkombinationen**
  In diesem Bereich legen Sie Tastenkombinationen, Mausgesten und vieles mehr für verschiedene Programme und Aktionen fest.

Erweiterte Einrichtung

Im Bereich ERWEITERT finden Sie Konfigurations-Optionen, die Sie sicher nicht allzu häufig brauchen. Dazu gehören unter anderem das Verhalten beim Rippen von Audio-CDs, die Liste der Autostart-Programme, die Sitzungsverwaltung, Dateizuordnungen, die Verwaltung der KDE-Dienste, die digitale Brieftasche KWallet, die Energieverwaltung und der Umgang mit Wechseldatenträgern.

[+]

Vermissen Sie die Baumansicht des alten KDE-Kontrollzentrums, können Sie den Systemeinstellungen ebenfalls einen solchen Look verpassen. Dazu klicken Sie ganz oben im Hauptfenster auf EINRICHTEN und wählen unter ALLGEMEIN die KLASSISCHE BAUMANSICHT aus.

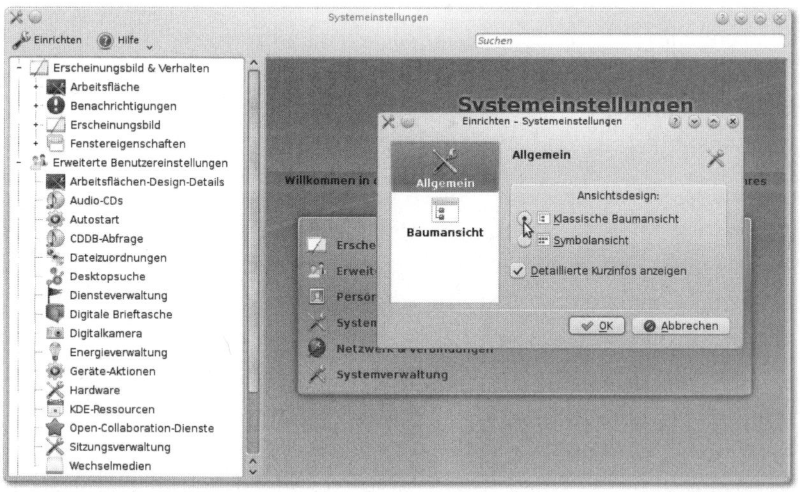

Abbildung 9.7 Die Systemeinstellungen bieten auch eine klassische Baumansicht.

[*] Auf einem der Testsysteme (i386-Architektur, KDE SC 4.4.5) funktionierten die Module für systemweite Konfigurationen nicht. So meldete der Druckereinrichtungs-Dialog immer, dass das Passwort falsch sei – ohne vorher nach einem Kennwort gefragt zu haben. Auch die Umstellung der Uhrzeit auf einem Zeitserver im Netz via NTP gelang nicht. Hier erfragte die KDE-Systemeinstellung zwar das Passwort, das Programm meldete anschließend jedoch, dass der Server nicht erreichbar sei.

Abhilfe schafft auch leider nicht, das Konfigurationstool über `kdesu` zu starten. Der einzige Ausweg war, das Paket *kdesudo* zu installieren, den Benutzer in die Datei */etc/sudoers* aufzunehmen und das Programm anschließend über `kdesudo systemsettings` zu starten (siehe Abschnitt 17.4.10 ab Seite 529). Danach kooperierten auch alle Module, die Root-Rechte benötigen. Alternativ empfehle ich, die systemweiten Einrichtungen über die jeweiligen Konfigurationsdateien und -werkzeuge der Serverdienste vorzunehmen. Hinweise und Erklärungen dazu lesen Sie in den jeweiligen Kapiteln.

9.7 Dateimanager Dolphin

Eine der wichtigsten Änderungen an KDE SC 4 ist die Einführung des neuen Dateimanagers. Dolphin löst damit Konqueror ab, der aber nicht verschwunden ist, sondern nach wie vor als Webbrowser arbeitet (und natürlich auch die anderen Funktionen nicht verlernt hat). Dolphin startet, wenn Sie ein Ordnersymbol anklicken oder ihn explizit über `dolphin` aufrufen. In der Grundeinstellung zeigt der Dateimanager Ihr Home-Verzeichnis und links davon eine Liste von Orten an (Netzwerk, Wurzelverzeichnis, Mülleimer und Wechseldatenträger).

Ansichtsmodi

Um weitere Orte zur Seitenleiste hinzuzufügen, reicht es, diese per Drag & Drop dorthin zu ziehen. Um einen Eintrag von dort wieder loszuwerden, klicken Sie ihn mit der rechten Maustaste an und wählen aus dem Kontextmenü Eintrag <Name> ausblenden oder Eintrag <Name> entfernen. Wenn Sie ein Element stattdessen zur Bearbeitung aussuchen, können Sie den Namen, den Pfad und das Symbol verändern. Ein Klick auf das Icon öffnet einen Auswahldialog für verschiedene Symbole für Orte.

Dolphin kennt insgesamt drei Ansichtsmodi, die Sie über das gleichnamige Menü aktivieren: Symbole, Details und Spalten. Wärend Sie bei der detaillierten Ansicht auch die Größe, Zugriffsrechte und Besitzverhältnisse einblenden können (Menü Ansicht • Ansicht anpassen), erinnert der

Spaltenmodus an den Finder aus Mac OS X. Jeder Klick auf einen Ordner öffnet eine neue Spalte nach rechts. Einen einmal gewählten Ansichtsmodus merkt sich Dolphin für die jeweiligen Verzeichnisse. Stört Sie dieses Verhalten, gehen Sie über EINSTELLUNGEN zum Punkt DOLPHIN EINRICHTEN und aktivieren im Bereich ALLGEMEIN die Checkbox FÜR ALLE ORDNER DIE GLEICHE ANSICHT VERWENDEN.

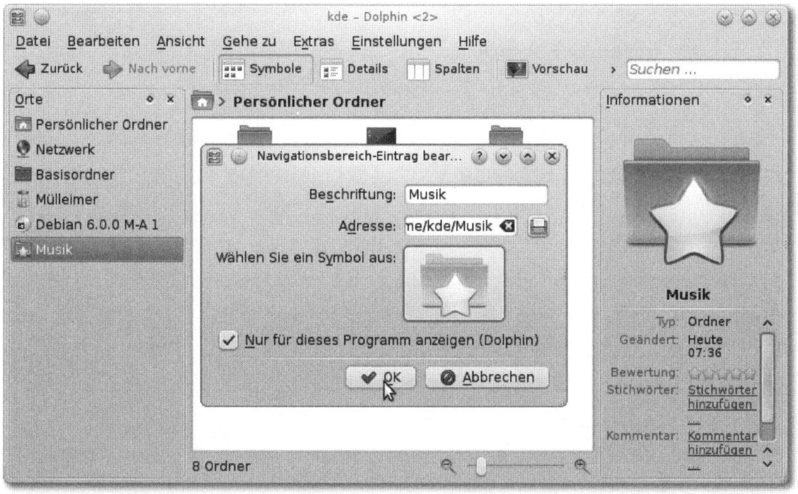

Abbildung 9.8 Passen Sie die linke Seitenleiste an Ihre Bedürfnisse an und entscheiden Sie, welche Orte dort auftauchen.

9.7.1 Navigation

Adressleiste

Die Navigation durch die Verzeichnisse und Dateien ist einfach: Ein einfacher Klick auf einen Ordner wandert in dieses Verzeichnis hinein. Zurück oder eine Ebene höher in der Verzeichnishierarchie geht es über die Pfeiltasten in der Werkzeugleiste. Das eigene Home-Verzeichnis erreichen Sie über den erwähnten Ort in der linken Seitenleiste. Eine Adressleiste wie der Vorgänger Konqueror, in die Sie Orte, Pfade und KIO-Slaves (siehe Abschnitt 9.7.6 ab Seite 265) eintippen konnten, bietet Dolphin erst, wenn Sie diese über (Strg) + (L) aktivieren. Möchten Sie die Adressleiste dauerhaft sehen, aktivieren Sie die Checkbox EDITIERBARE Adresszeile im Einrichtungsdialog unter ALLGEMEIN.

[+]

Eine praktische Funktion verbirgt sich hinter der Tastenkombination (Strg) + (I): Sie ruft eine Eingabezeile für Filter auf. Tippen Sie hier ein paar Buchstaben, reduziert Dolphin entsprechend die Ansicht und zeigt nur noch die Elemente an, in denen die Zeichenkette vorkommt.

9.7.2 Dateien suchen

KFind integriert

In guter Zusammenarbeit mit dem Programm KFind hilft Dolphin Ihnen bei größeren Suchaufträgen. Sie starten die Spürnase aus dem Dateimanager heraus über das Menü Extras • Dateien suchen (Strg + F). Im Feld Name tragen Sie den Namen der gesuchten Datei ein, und über das Pulldown-Menü Suchen in bestimmen Sie den Ordner, bei dem KFind mit dem Durchforsten beginnen soll. Über die Checkboxen geben Sie zum Beispiel an, ob auch Unterordner in die Suche mit einbezogen werden sollen und ob Groß- und Kleinschreibung wichtig ist.

Wenn Sie sich an den Namen der gesuchten Datei nicht mehr genau erinnern, verwenden Sie im Feld Name sogenannte Wildcards. Dabei steht das Sternchen * beispielsweise für eine beliebige Anzahl von Zeichen (so findet »*.png« alle Dateien mit der Endung *.png*) und das Fragezeichen ? für genau einen Buchstaben (zum Beispiel findet »H?hn« Wörter wie »Huhn« und »Hahn«). Die Platzhalter dürfen Sie dabei beliebig kombinieren. Ein Klick auf Suchen startet die Suche, und nach kurzer Zeit sehen Sie im unteren Fensterbereich die gefundenen Dateien.

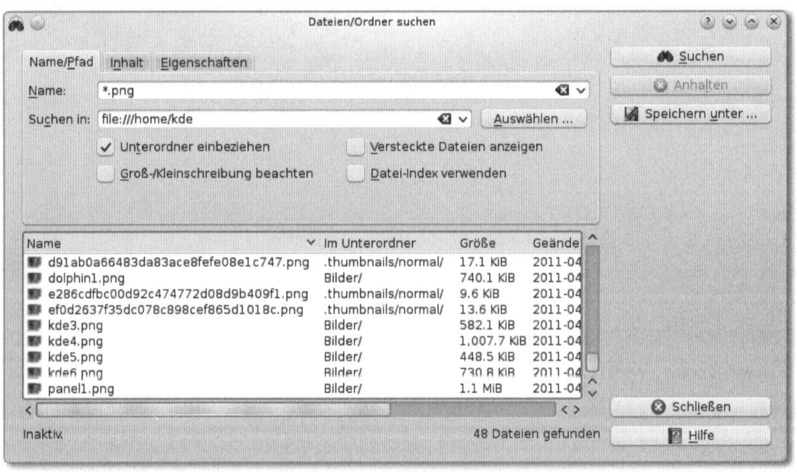

Abbildung 9.9 Gesucht, gefunden – Dolphin spürt Ihre Daten auf.

Ähnlich suchen Sie auf dem zweiten Reiter nach dem Inhalt von Dateien. Unter Dateityp definieren Sie, in welchen Files KFind suchen soll. Auch hier schränken Sie die Suche weiter ein, wenn Sie die Checkbox Gross- und Kleinschreibung beachten aktivieren. Über den dritten Reiter (Eigenschaften) verfeinern Sie die Suche noch weiter. Klicken Sie in die Checkbox vor Neue oder veränderte Dateien suchen, und definieren Sie für den Zeitraum entweder einen Datumsbereich oder die letzten

Stunden, Tage, Wochen usw. Ein noch genaueres Feintuning nehmen Sie vor, wenn Sie die Dateigröße oder Benutzer- und Gruppeneigenschaften eingrenzen.

9.7.3 Dateien verschieben und kopieren

Dank Drag & Drop ist das Verschieben und Kopieren von Dateien ein Kinderspiel. Dazu markieren Sie ein odere mehrere Objekte und ziehen diese mit gedrückt gehaltener linker Maustaste an den neuen Ort. Einzelne Dateien wählen Sie aus, indem Sie Strg gedrückt halten und die jeweiligen Objekte anklicken; alternativ ziehen Sie einfach einen Rahmen mit der Maus um die zu selektierenden Daten auf. Noch einfacher geht es mit der Maus: Fahren Sie über ein Objekt, sehen Sie ein kleines Pluszeichen in der linken oberen Ecke des Symbols. Durch einen Klick auf dieses fügen Sie etwas zur Auswahl hinzu, und das Plus wird zu einem Minus. Über Letzteres heben Sie die Auswahl auf. Sämtliche Daten des aktuellen Ordners erwischen Sie über das Tastaturkürzel Strg + A, und über Strg + Umschalt + A kehren Sie die Auswahl um.

Um die ausgewählten Daten in ein Verzeichnis zu kopieren oder zu verschieben, ziehen Sie die Objekte nun über den Ordner und lassen die Maustaste los. Ein Auswahlfenster geht auf und fragt, ob Sie die Elemente dorthin verschieben oder kopieren möchten. Alternativ erstellen Sie eine Verknüpfung oder brechen den Vorgang ab.

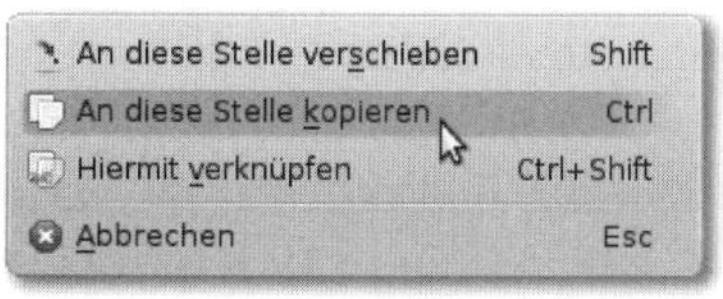

Abbildung 9.10 Verschieben oder Kopieren geht schnell per Drag & Drop.

Kopieren und Ausschneiden

Eine andere Möglichkeit ist, die ausgewählten Objekte in die Zwischenablage zu kopieren. Dies erledigen Sie nach dem Selektieren wahlweise über die Tastatur (Strg + C), über das Menü (BEARBEITEN • KOPIEREN) oder über das Kontextmenü der rechten Maustaste. Navigieren Sie anschließend zum neuen Aufenthaltsort, und drücken Sie entweder Strg + V, nutzen Sie das Menü BEARBEITEN • EINFÜGEN, oder gehen Sie über das Kontextmenü der rechten Maustaste, um die Daten einzufügen. Gleiches funktioniert natürlich über das Menü BEARBEITEN • AUSSCHNEIDEN oder die Tastenkombination Strg + X, wenn Sie die Daten nicht kopieren, sondern verschieben wollen.

[+] Praktisch ist es in diesem Zusammenhang, das Fenster des Dateimanagers einfach in zwei Hälften zu teilen. Dazu drücken Sie einfach die Taste F3. Legen Sie so das Start- und das Zielverzeichnis einfach nebeneinander, und ziehen Sie die Daten per Drag & Drop an den gewünschten Ort. Erneutes Drücken von F3 schließt das aktive Unterfenster.

9.7.4 Dateien umbenennen und Eigenschaften verändern

Auch das Umbenennen von Dateien und Verzeichnissen erledigen Sie in wenigen Schritten: Klicken Sie mit der rechten Maustaste auf ein Objekt, und wählen Sie aus dem Kontextmenü den Punkt EIGENSCHAFTEN. Auf dem ersten Reiter (ALLGEMEIN) legen Sie den Dateinamen fest; das heißt, Sie tragen hier einen neuen Bezeichner ein.

Praktischerweise bestimmen Sie im gleichen Dialog auch, wer die Datei oder das Verzeichnis lesen, schreiben und ausführen (oder in es hineinwechseln) darf. Auf dem Reiter BERECHTIGUNGEN bearbeiten Sie die Zugriffsrechte (siehe auch Abschnitt 17.3 ab Seite 507).

9.7.5 Dateien löschen

Normalerweise gilt: Was Sie löschen, ist wirklich futsch – gerade wenn Sie mit dem Kommando `rm` auf der Konsole arbeiten (siehe Abschnitt 18.3.6 ab Seite 581). Zusätzliche Sicherheit bietet ein Zwischenschritt über den KDE-Mülleimer: Ziehen Sie einfach Daten per Drag & Drop auf das Icon auf dem Desktophintergrund. Alternativ klicken Sie Objekte mit der rechten Maustaste an und wählen IN DEN MÜLLEIMER WERFEN aus dem Kontextmenü, oder markieren Sie Objekte und drücken die Taste Entf. Eine Sicherheitsabfrage erscheint, die Sie über DIE NACHFRAGE NICHT MEHR ANZEIGEN dauerhaft deaktivieren.

Dauerhaft löschen Die Daten landen wie gesagt im Verzeichnis *~/.local/share/Trash*, das Sie auch betrachten, wenn Sie in die Dolphin-Adresszeile »trash:/« eingeben. Objekte, die dort liegen, klicken Sie mit der rechten Maustaste an, um sie wiederherzustellen oder dauerhaft zu löschen. Den Mülleimer umgehen Sie mit der Tastenkombination Umschalt + Entf. Auch hier sehen Sie in der Voreinstellung ein Dialogfenster, das um Bestätigung bittet und anbietet, nicht mehr nachzufragen.

Der KDE-Mülleimer bietet eine Funktion, die automatisch nach einer gewissen Zeit den Inhalt von der Platte putzt. Um sie zu aktivieren, rufen Sie den Dolphin-Einrichtungsdialog auf und wechseln zum Bereich MÜLLEIMER. Dort können Sie die Checkbox DATEN LÖSCHEN, DIE ÄLTER SIND ALS aktivieren und dahinter die Anzahl der Tage definieren – getreu nach dem Motto: »Was Sie die letzten x Tage nicht vermisst haben, brauchen Sie nicht mehr.« In dieser Abteilung legen Sie auch eine Maximalgröße für den Inhalt der Tonne fest und definieren eine Aktion für den Fall, dass der Mülleimer überläuft. Zur Wahl stehen: WARNEN, ÄLTESTE DATEIEN UNWIDERRUFLICH LÖSCHEN und GRÖSSTE DATEIEN UNWIDERRUFLICH LÖSCHEN.

9.7.6 KIO-Slaves

Dank sogenannter KIO-Slaves (**K**DE-**I**nput/**O**utput) greift Dolphin auf entfernte Ressourcen über das Netz genauso komfortabel zu wie auf das lokale Dateisystem. Sie tippen den Namen des jeweiligen KIO-Moduls dazu in die Adressleiste ein. Einige dieser lokalen Schnittstellen, wie zum Beispiel »file:/« (Anzeige von lokalen Dateien), »trash:/« (zeigt den Inhalt des Mülleimers an) oder »man:/« (Manpages), unterstützt der neue KDE-Dateimanager schon. Andere, wie etwa »help:/« (KDE-Hilfeseiten) oder »info:/« (Infodokumente), beherrscht er noch nicht und meldet: »Das Protokoll wird von Dolphin nicht unterstützt; Konqueror wurde gestartet.«

Auf der lokalen Ebene funktionieren ebenfalls »settings:/« (Zugriff auf Systemeinstellungs-Komponenten) und »audiocd:/«. Letzteres greift auf Audio-CDs zu, fragt (sofern eine Internetverbindung besteht) die CD-Titel aus der CDDB-Datenbank ab, spielt per Mausklick die Tracks im Programm Ihrer Wahl ab und codiert darüber hinaus in verschiedene Formate, wie Ogg Vorbis, FLAC usw. Wer Lieder ins MP3-Format umwandeln möchte, sollte darüber hinaus das Paket *lame* installieren. Mehr zum Thema »Umwandlung von Audioformaten« lesen Sie in Abschnitt 14.1.3 ab Seite 416.

Netzwerkressourcen

Darüber hinaus gibt es KIO-Schnittstellen, die Ressourcen im Netz auf transparente Weise mit dem Desktop des Arbeitsplatzrechners verbinden. Die meisten von ihnen funktionieren (noch) nicht in Dolphin, dafür aber im alten Dateimanager Konqueror, der ja nach wie vor Webbrowser-Qualitäten hat (siehe Kapitel 12 ab Seite 299). So surfen Sie mit »http://« im Internet oder stellen die Ansicht eines FTP-Servers über »ftp://« dar. Samba-Freigaben im heimischen Netzwerk erreichen Sie sowohl in Dolphin als auch in Konqueror über »smb:/« (siehe Kapitel 24 ab Seite 677). Sogar das Arbeiten per SSH (siehe Abschnitt 18.5.3 ab Seite 589) ist dank des KIO-Slaves »fish://« in Konqueror möglich. Dazu tippen Sie in die Adresszeile einfach

```
fish://benutzername@ip-adresse/
```

und geben in der folgenden Abfrage das Passwort ein. Alternativ ersetzen Sie die IP-Adresse durch den Hostnamen des anderen Computers. Konqueror verbindet sich mit dem Rechner, und Sie arbeiten anschließend auf dem entfernten Rechner genauso wie auf der lokalen Maschine.

[+] Eine Auflistung der verfügbaren KIO-Erweiterungen und eine kurze Erklärung zum jeweiligen Modul finden Sie in der KDE-Hilfe im Abschnitt Ein-/Ausgabemodule.

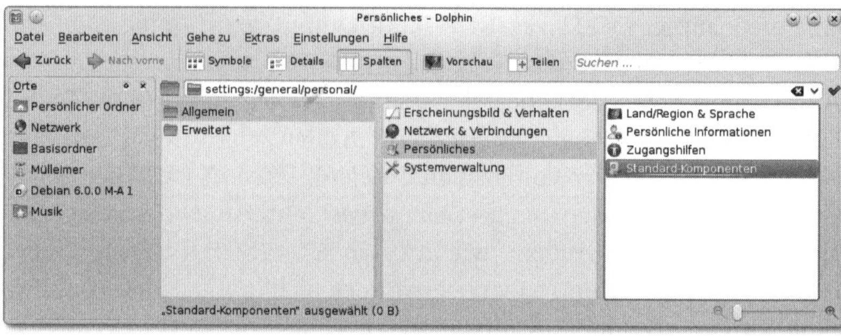

Abbildung 9.11 Über »settings:/« erreichen Sie die KDE-Systemeinstellungen.

Besonders auf älteren Computern spielen die schlanken Desktopumgebungen Xfce und LXDE ihre Stärken voll aus, aber auch auf neuen Rechnern machen diese Arbeitsumgebungen eine gute Figur.

10 Alternative Desktopumgebungen

Wer eine Alternative zu den beiden großen Desktops GNOME und KDE SC 4 sucht, mit einem Windowmanager (siehe Kapitel 11 ab Seite 293) aber nicht zufrieden ist, der sollte einen Blick auf Xfce und LXDE werfen. Beide Arbeitsumgebungen bringen jeweils eigene Tools, Anwendungen und Funktionen mit, integrieren jedoch auch andere Programme nahtlos in ihre Oberfläche.

10.1 Xfce

Xfce[1] war ursprünglich als Panel für den Windowmanager FVWM (siehe Abschnitt 11.1 ab Seite 293) gedacht, machte sich aber bald selbstständig und lieferte einen eigenen Fenstermanager aus. Die ersten Versionen verwendeten die XForms-Bibliothek; die Abkürzung stand daher ursprünglich für »XForms Common Environment«. Inzwischen basiert die Desktopumgebung auf dem GTK+-Toolkit, der Name ist aber geblieben.

Version 4.6.2

Mit der im Januar 2007 veröffentlichten Version 4.4 hielten Composite-Funktionen von X.Org, zum Beispiel Schatten für Programmfenster und echte Transparenz, Einzug in die Desktopumgebung. Außerdem unterstützte Xfce erstmals Icons auf dem Desktop, und der Dateimanager Thunar ersetzte `xffm`. Rund zwei Jahre später veröffentlichten die Xfce-Entwickler Version 4.6, die mit Xfconf ein auf D-Bus aufbauendes Konfigurationssystem ausliefert. Debian GNU/Linux »Squeeze« bringt Xfce in Version 4.6.2 mit. Xfce hat einige interessante Programme und Werkzeuge mit an Bord; darüber hinaus stellt die Webseite Xfce Goodies Project zusätzliche Programme vor, die nicht offiziell zum Desktop dazugehören, aber damit verwandt sind.[2] Xfce besteht im Wesentlichen aus den folgenden Komponenten:

1 *http://www.xfce.org/*
2 *http://goodies.xfce.org/*

- **Xfwm4**
  Der Xfce-Windowmanager arbeitet auch mit anderen Desktopumgebungen (wie GNOME oder KDE) zusammen oder lässt sich wahlweise standalone als Windowmanager nutzen.

- **Xfdesktop**
  Der Desktopmanager ist verantwortlich für das Hintergrundbild, das Kontextmenü der rechten Maustaste und zeigt optional Dateien, Programmstarter oder minimierte Fenster an. Außerdem unterstützt Xfdesktop Farbverläufe für die Hintergrundfarbe, erlaubt den Einsatz von mehreren Monitoren und der X.Org-Erweiterung Xinerama,[3] die dafür sorgt, dass sich mehrere Bildschirme wie ein einzelner großer Monitor verhalten.

- **»xfce4-settings«**
  Über den Xfce-Einstellungsmanager richten Sie den Desktop ein. Dazu gehört neben rein äußerlichen Dingen, wie Aussehen und Schriften auch die Hardware, zum Beispiel Maus und Tastatur.

- **Xfce-Libraries:**
  Die beiden Kernbibliotheken `libxfce4util` and `libxfce4ui` werkeln im Hintergrund der Desktopumgebung.

- **Thunar**
  Dateimanager
  Der Xfce-Dateimanager heißt Thunar, ist also nach dem nordischen Gott Thor benannt. Ursprünglich hörte er auf den Namen Filer, wurde aber aufgrund von Namenskonflikten mit einem anderen Programm umbenannt. Auf den ersten Blick erinnert Thunar an Nautilus, enthält aber in der Voreinstellung weniger Funktionen als der GNOME-Dateimanager. Thunar ist über Plugins erweiterbar (siehe Abschnitt 10.1.6 ab Seite 276).

- **Xfce-Panel**
  Die Xfce-Kontrollleisten lassen sich völlig frei auf dem Desktop platzieren und mit vielen Applets und Plugins erweitern. Mehr zum Xfce Panel lesen Sie in Abschnitt 10.1.5 ab Seite 275.

- **»xfce4-session«**
  Der Xfce-Sitzungsmanager speichert auf Nachfrage oder automatisch den Zustand der laufenden Programme, wenn Sie Xfce beenden, und stellt diesen beim nächsten Xfce-Start wieder her.

3 *http://sourceforge.net/projects/xinerama/*

- **Anwendungsfinder**
  Über dieses komfortable Tool spüren Sie Anwendungen der Xfce-Desktopumgebung auf und starten sie; `xfce4-appfinder` ist eine Empfehlung für alle, die mit dem recht spartanischen Schnellstarter `Alt` + `F2` (`xfrun4`) nicht zufrieden sind.

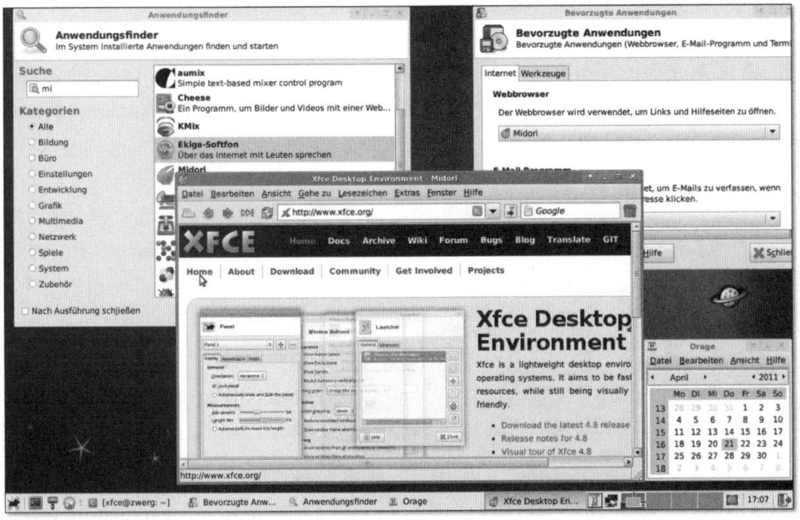

Abbildung 10.1 Der Xfce-Anwendungsfinder, der schlanke Webbrowser Midori, die Einrichtung der Lieblingsprogramme und Orage

- **Orage**
  Xfce bietet ein eigenes Kalenderprogramm: Orage integriert sich nahtlos in die Arbeitsumgebung, ist leicht zu konfigurieren und verfügt über eine Erinnerungsfunktion. Orage speichert die Daten im iCal-Format.

Kalender

- **Xfburn**
  Das Brennprogramm kopiert CDs, brennt und erstellt ISO-Images und löscht CDs. Xfburn installieren Sie über das Paket *xfburn* nach.

- **Ristretto**
  Der schlanke Bildbetrachter wandert auch nicht automatisch mit auf die Platte; Sie rüsten ihn über das gleichnamige Paket nach. Außer den Grundfunktionen bietet Ristretto an, Ihre Schnappschüsse in einer Diaschau zu präsentieren.

- **Midori**
  Den schlanken WebKit-basierten Webbrowser rüsten Sie ebenfalls nach. Midori ist Japanisch und heißt »grün«. Das Ziel des Projek-

tes, das seit Version 0.0.20 zu Xfce gehört, ist es, einen möglichst kleinen und schnellen Browser zu entwickeln, der sich auch für leistungsschwächere Rechner wie Netbooks und tragbare Geräte eignet.

- **Terminal**
  Die Terminal-Anwendung der Xfce-Umgebung (Paket *xfce4-terminal*) ist in der Voreinstellung nicht dabei; stattdessen startet bei einem Klick auf das Konsolen-Icon in der Taskleiste das GNOME-Terminal. Die Xfce-Anwendung bietet Tabs, die Bedienung über Tastenkürzel, einen transparenten Hintergrund und andere farbliche Anpassungen.

10.1.1 Installation

Bootparameter

Der Debian-Installer bietet die Installation von Xfce über einen Bootparamater an (siehe Abschnitt 3.2 ab Seite 62). Wenn Sie am Bootprompt beispielsweise »installgui desktop=xfce« eingeben, spielt der Installer Xfce (und nicht den Standard GNOME) bei der Auswahl des Tasks GRAFISCHE DESKTOP-UMGEBUNG ein. Das Debian-Team hat außerdem Installations-CDs im Angebot, die auf Xfce als Standard setzen.

Alternativ rüsten Sie über den Paketmanager nach. Spielen Sie als Administrator das Metapaket *xfce4* ein, das jede Menge Abhängigkeiten nach sicht zieht, darunter den Windowmanager, den Dateimanager, die Sitzungsverwaltung, den Mixer und Kalender. Weitere Programme, Panel-Applets und Themes finden Sie, wenn Sie im Paketmanager nach »xfce« suchen.

10.1.2 Erste Schritte

Xfce präsentiert sich nach dem Start mit einer schicken Desktoptapete mit dem Debian-SpaceFun-Logo, einem Panel am unteren Bildschirmrand sowie einigen Desktop-Icons. Ein Doppelklick auf diese startet den Dateimanager Thunar mit Ansicht des eigenen Home-Verzeichnisses (PERSÖNLICHES VERZEICHNIS), des Wurzelverzeichnisses (DATEISYSTEM) und des Papierkorbs (Verzeichnis *~/.local/share/Trash/*). Haben Sie Wechseldatenträger gemountet, zeigt Xfce auch dafür Icons an.

Die Kontrollleiste zeigt ganz links das Xfce-Menü, das an das alte K-Menü ohne Kickoff-Funktion erinnert (siehe Kapitel 9 ab Seite 247). Über dieses öffnen Sie nicht nur den Schnellstarter (oberster Eintrag), sondern auch beliebte Anwendungen, die Xfce-Konfiguration und die Hilfe. Außerdem finden Sie ganz unten im Menü einen Knopf ABMELDEN, über den Sie den Benutzer abmelden, den Rechner neu starten, herunterfahren oder in den Standby-Modus versetzen. Aktivieren Sie im Sitzungsmanager die Checkbox SPEICHERE SITZUNG FÜR WEITERE LOGINS, um bei der nächsten Anmeldung den Xfce-Desktop wieder so vorzufinden, wie Sie ihn verlassen haben.

Menüeditor

Möchten Sie das Startmenü anpassen, verwenden Sie den mitgelieferten Menüeditor. Diesen öffnen Sie nicht über einen Rechtsklick auf das Icon (das startet lediglich den Einrichtungsdialog für das Menü-Applet), sondern über das Startmenü selbst, indem Sie EINSTELLUNGEN • HAUPTMENÜ aufrufen.

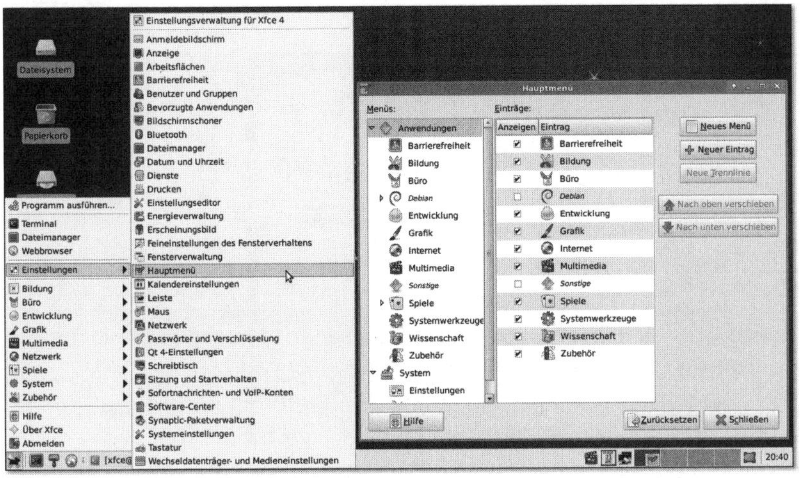

Abbildung 10.2 Den Xfce-Startmenüeditor finden Sie unter »Einstellungen«.

Über die Tastenkombination (Alt) + (F2) öffnen Sie wie unter GNOME und KDE auch den Schnellstarter. Dieser zeigt sich recht spartanisch – eine Funktion zum automatischen Vervollständigen der Anwendungsnamen gibt es nicht. Dafür öffnet der kleine Pfeil ein Dropdown-Menü mit den zuletzt eingetippten Befehlen. Eine Alternative mit Suchfunktion ist der bereits erwähnte Anwendungsfinder, den Sie im Startmenü unter ZUBEHÖR finden.

10.1.3 Der Desktop

Alle Daten, die Sie selbst im Ordner *~/Desktop* in Ihrem Home-Verzeichnis ablegen, erscheinen auf dem Hintergrund. Das Anlegen eines neuen Programmstarters ist ebenfalls schnell erledigt. Aus dem Dateimanager heraus funktioniert das Ganze per Drag & Drop – ziehen Sie einfach aus Thunar heraus Dateien oder Verzeichnisse mit gedrückter linker Maustaste auf den Hintergrund. Sobald Sie loslassen, sehen Sie eine neue Verknüpfung. Aus dem Startmenü heraus funktioniert dieses Vorgehen nicht. Eine andere Möglichkeit ist, mit der rechten Maustaste auf eine freie Stelle des Desktops zu klicken. Aus dem Kontextmenü können Sie dann wählen, ob Sie einen Starter anlegen möchten, einen Link ablegen, einen Ordner oder etwas aus einer Vorlage erstellen möchten.

[+] Xfce hilft Ihnen beim Ausfüllen des Dialogs STARTER ANLEGEN. Wenn Sie ins Feld NAME etwas eingeben, macht das System Vorschläge zur Vervollständigung. Entscheiden Sie sich für einen der Punkte, werden die anderen Felder (KOMMENTAR und BEFEHL) automatisch richtig ausgefüllt.

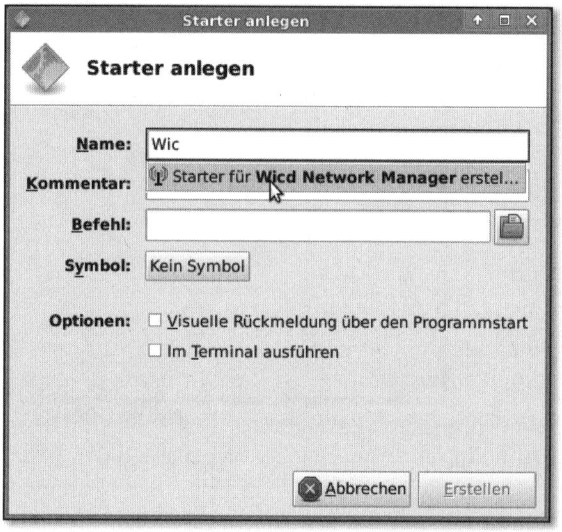

Abbildung 10.3 Xfce hilft beim Ausfüllen des Dialogs.

Desktop konfigurieren

Klicken Sie mit der rechten Maustaste auf eine freie Stelle, und wählen Sie SCHREIBTISCHEINSTELLUNGEN. Im folgenden Dialog richten Sie auf dem ersten Reiter (HINTERGRUND) ein Bild oder eine Liste von Grafiken ein, passen die Sättigkeit und die Helligkeit an. Auf dem zweiten Tab (MENÜS) entscheiden Sie, ob ein Rechtsklick auf den Desktop das Menü ANWENDUNGEN im Kontextmenü anzeigt oder nicht, ob die mittlere Maustaste eine Liste geöffneter Fenster einblendet und so weiter. Der dritte Reiter (SYMBOLE) schließlich erlaubt die Einstellung der Standardsymbole. Stören Sie die Starter zum eigenen Home-Verzeichnis, zum Müll und zu den Wechselmedien, entfernen Sie diese hier. Auch die Größe der Icons und die Schrift passen Sie hier gegebenenfalls an.

10.1.4 Einstellungen

Über EINSTELLUNGEN • EINSTELLUNGSVERWALTUNG FÜR XFCE 4 aus dem Startmenü oder über Eingabe des Befehls `xfce4-settings-manager` in ein Schnellstart- oder Terminalfenster rufen Sie den Xfce-Einstellungsmanager auf. Dieser bietet Zugriff auf die wichtigsten Komponenten der Arbeitsoberfläche:

- **Anzeige**
  Hier passen Sie die Monitorauflösung an und geben die Bildwiederholfrequenz und gegebenfalls eine Drehung an.
- **Arbeitsflächen**
  Links im Dialog passen Sie die Anzahl und die Namen der virtuellen Arbeitsflächen an; bis zu 100 Desktops sind möglich. Rechts definieren Sie SEITENRÄNDER, also die Grenzen, über die keine Fenster hinausreichen können.
- **Barrierefreiheit**
  Hier richten Sie klebrige, verlangsamte oder zurückschnellende Tasten sowie die Steuerung des Mauszeigers mit dem Zahlenblock ein.
- **Bevorzugte Anwendungen**
  Aus den Dropdown-Menüs wählen Sie den Standardbrowser, -Mailclient und das bevorzugte Terminal aus. Neben tatsächlich installierten Programmen bieten die Menüs Debian-Standards an und beziehen sich hier auf die gewählten Alternativen (siehe Abschnitt 5.10 ab Seite 148).

  »/etc/alternatives«
- **Bildschirmschoner**
  Stellt einen Bildschirmschoner mit und ohne Sperre ein, schaltet diesen ganz ab (Dropdown-Menü MODUS) und erlaubt eine Vorschau.
- **Dateimanager**
  Diesen Dialog sehen Sie auch, wenn Sie in Thunar aus dem Menü BEARBEITEN den Punkt EINSTELLUNGEN wählen (siehe Abschnitt 10.1.6 ab Seite 276).
- **Erscheinungsbild**
  Auf mehreren Reitern suchen Sie einen Look für die Fensterrahmen, Datei- und Programmsymbole aus. Auch die Schriften, Menüs und Schaltflächen konfigurieren Sie hier.
- **Feineinstellungen des Fensterverhaltens**
  Erlaubt Zugriff auf die Fensterwechsel- und Fokus-Konfiguration, definiert eine Taste, die Sie zum Verschieben der Fenster mit der Maus

gedrückt halten (Voreinstellung: Alt), und die Standard-Platzierung der Programmfenster. Auf dem letzten Reiter aktivieren und konfigurieren Sie die Compositing-Effekte des Windowmanagers.

- **Fensterverwaltung**
  Focus follows Mouse
  Die meisten der unter Stil angebotenen Themes für den Look der Fensterrahmen stellt das Paket *xfwm4-themes* (automatisch installiert) zur Verfügung. Weiterhin richten Sie hier die Tastenkürzel für den Desktop ein, stellen den Fokus und das Verhalten von Programmfenstern und deren Inhalte ein.
- **Kalender**
  Konfiguriert die Anwendung Orage; auf dem ersten Reiter legen Sie die Zeitzone fest, auf dem zweiten das Verhalten des Kalenderfensters für Taskleiste und Desktop, und auf dem dritten nehmen Sie ein paar Feineinstellungen vor, welche wie Symbolgröße und das Verhalten bei Doppelklicks betreffen.
- **Leiste**
  Denselben Dialog rufen Sie über einen Rechtsklick auf die Kontrollleiste auf (siehe Abschnitt 10.1.5 ab Seite 275).
- **Maus**
  Linkshänder stellen in diesem Dialog die Maus um. Weitere Einrichtungsmöglichkeiten betreffen die Geschwindigkeit der Mausgesten (Drag & Drop, Doppelklick), die Größe und das Aussehen des Zeigers und vieles mehr.
- **Schreibtisch**
  Öffnet den in Abschnitt 10.1.3 ab Seite 271 erwähnten Einrichtungsdialog für den Desktop.
- **Sitzung und Startverhalten**
  Hier legen Sie unter anderem fest, ob Xfce die Sitzung beim Beenden automatisch speichert, welches Startbild beim Laden der Desktopumgebung erscheint und welche Anwendungen automatisch starten. Außerdem richten Sie den Kompatibilitätsmodus für GNOME und KDE ein.
- **Tastatur**
  Außer dem allgemeinen Tastaturverhalten richten Sie hier neue Tastenkürzel für Xfce ein.
- **Wechseldatenträger- und Medieneinstellungen**
  Ob eingelegte CDs/DVDs automatisch gemountet und geöffnet wer-

den, stellen Sie hier ein. Außerdem legen Sie Standardprogramme fest, die starten, wenn Sie einen leeren Rohling einlegen (Xfburn) beziehungsweise wenn Sie eine Audio- oder Video-CD/-DVD einlegen (Totem). Außerdem legen Sie fest, was passiert, wenn Sie eine Digitalkamera einstecken.

[+] Falls Ihnen die Gestaltung der Desktopumgebung nicht gefällt, finden Sie unter *http://xfce-look.org/* zahlreiche Splash Screens, Hintergrundbilder und Themes für Xfce.

10.1.5 Das Panel

Xfce erlaubt das Anlegen beliebig vieler Kontrollleisten (Rechtsklick auf das untere Panel und LEISTE EINRICHTEN). Diese können wahlweise an einem der Bildschirmränder andocken oder auch als kleine Starter auf dem Desktop Platz finden. Für diese Panels richten Sie nicht nur die Größe, sondern auch die Ausdehnung ein und entscheiden im Konfigurationsdialog über die Position und darüber, ob die Leiste automatisch ausgeblendet werden soll. Über das Kontextmenü der rechten Maustaste erreichen Sie den Dialog NEUE ELEMENTE HINZUFÜGEN.

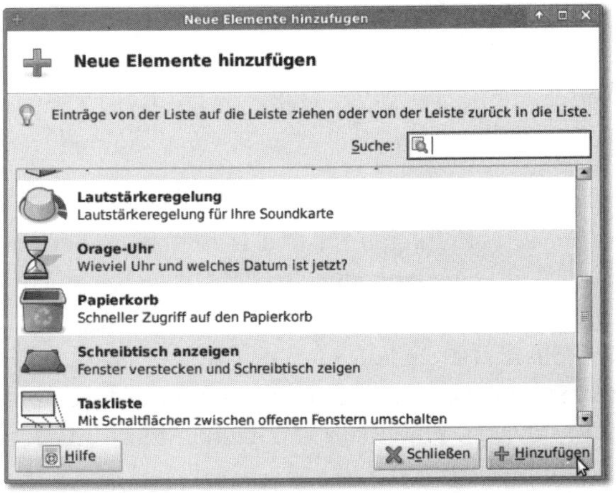

Abbildung 10.4 Für die Leisten stehen viele nützliche Eweiterungen zur Verfügung.

Applets Die Auswahl an Applets ist groß: Von selbst gestalteten Programmstartern über einen Akku-, Netzwerk- oder Festplatten-Monitor, einen Knopf für Screenshots bis hin zur Wettervorhersage – hier finden Sie viele interessante Erweiterungen. Wenn Sie ein neues Applet ausgesucht haben, öffnet Xfce praktischerweise direkt den entsprechenden Einrichtungsdialog (den Sie alternativ über die rechte Maustaste erreichen).

10.1.6 Thunar (Dateimanager)

Der Xfce-Dateimanager heißt Thunar. Wie erwähnt, öffnen Sie den Einrichtungsdialog entweder über ein Dateimanager-Fenster (BEARBEITEN • EINSTELLUNGEN) oder über das Startmenü (EINSTELLUNGEN • DATEIMANAGER). Auf dem Reiter ANZEIGE konfigurieren Sie unter anderem die Standard- und Symbolansicht, und über SEITENLEISTE richten Sie die Symbolgröße der beiden Modi LESEZEICHEN und BAUMANSICHT ein. Sie schalten zwischen diesen beiden Ansichten über das Menü ANZEIGE • SEITENLEISTE oder über (Strg) + (B) (Lesezeichen) und (Strg) + (F) (Baumansicht) hin und her.

Neue Lieblingsorte fügen Sie der Lesezeichen-Anzeige per Drag & Drop hinzu: Klicken Sie in der rechten Fensterhälfte einen Ordner mit der linken Maustaste an, halten Sie diese gedrückt, und ziehen Sie das Objekt in den linken Bereich. Um ein Lesezeichen zu entfernen, klicken Sie es mit der rechten Maustaste an und wählen aus dem Kontextmenü den Punkt LESEZEICHEN ENTFERNEN.

Datenträgerverwaltung

In der Voreinstellung öffnet ein Doppelklick auf ein Icon die jeweilige Anwendung oder den Dateimanager mit dem Ort. Bevorzugen Sie den einfachen Mausklick, so ändern Sie das auf dem Reiter VERHALTEN. Auf dem Reiter FORTGESCHRITTEN stellen Sie ein, wie Thunar sich beim Ändern der Zugriffsrechte von Verzeichnissen verhält. Die Checkbox DATENTRÄGERVERWALTUNG AKTIVIEREN ist in der Voreinstellung aktiviert; Thunar benötigt für dieses Feature das Paket *thunar-volman*, was automatisch installiert ist.

Im Debian-Paketarchiv sind Erweiterungen für den Dateimanager erhältlich. Installieren Sie das Paket *thunar-thumbnailers* für erweiterte Vorschaufunktionen und *thunar-archive-plugin*, um aus dem Dateimanager heraus Archive mit File Roller zu erstellen. Eine praktische Suchfunktion integrieren Sie, wenn Sie das Paket *catfish* einspielen und danach in Thunar über das Menü BEARBEITEN eine neue benutzerdefinierte Aktion anlegen.

[+] BENUTZERDEFINIERTE AKTIONEN bieten Ihnen die Möglichkeit, Thunar um zahlreiche Funktionen zu erweitern. So richten Sie schnellen Zugriff auf verschiedene Kommandos und Programme aus dem Dateimanager heraus ein. Um beispielsweise eine Suchfunktion mit Catfish einzurichten, klicken Sie auf das Pluszeichen. Im folgenden Dialog tragen Sie unter NAME und BESCHREIBUNG beispielsweise »Suchen« und »Suche mit Catfish« ein; ins Feld BEFEHL gehört das folgende Kommando:

```
catfish --fileman=thunar --path=%f
```

Wählen Sie optional noch ein hübsches Symbol oder das mitgelieferte Catfish-Icon aus, übernehmen Sie auf dem Reiter DATEIZUORDNUNG das Sternchen, und aktivieren Sie die Checkboxen ORDNER und ANDERE DATEIEN – fertig. Die neue Aktion finden Sie anschließend im Kontextmenü der rechten Maustaste unter dem vorher festgelegten Namen.

Abbildung 10.5 Über Catfish und eine benutzerdefinierte Aktion erweitern Sie den Dateimanager Thunar um eine Suchfunktion.

Ansichtsmodi

Die Seitenleiste bietet die beiden Ansichten LESEZEICHEN und BAUMSTRUKTUR. Auch für die rechte Fensterhälfte und die Adressleiste können Sie zwischen verschiedenen Ansichten wählen. Für die Adressleiste stehen über das Menü ANZEIGE die beiden Modi PFADLEISTENSTIL und WERKZEUGLEISTENSTIL zur Verfügung. Des Weiteren haben Sie die Möglichkeit, die Ansichtsgröße zu ändern oder im Anzeigefenster zwischen Symbol-, Detail- und Listenansicht zu wechseln.

Tastenkürzel

Thunar bietet vordefinierte Tastaturkommandos für die verschiedenen Ansichten: Über Strg + H blenden Sie versteckte Dateien und Ordner ein, mit Strg + + vergrößern Sie die Anzeige, mit Strg + - verkleinern Sie sie, und Strg + 0 bringt Sie zur Voreinstellung zurück.

[+]

In der Voreinstellung zeigt die Detailansicht die Spalten NAME, GRÖSSE, TYP und ÄNDERUNGSDATUM. Weitere Spalten mit Informationen zum Besitzer oder zu den Berechtigungen blenden Sie ein, wenn Sie im Menü ANZEIGE den Dialog LISTENSPALTEN FESTLEGEN öffnen.

Arbeiten mit Dateien

Doppelklicken Sie eine Datei in Thunar, so startet der Dateimanager die Standardanwendung. Alternativ finden Sie im Kontextmenü der rechten Maustaste weitere Programme zur Auswahl. Um die Zuordnung des Standardprogramms dauerhaft zu ändern, öffnen Sie den Dialog EIGENSCHAFTEN über die rechte Maustaste und stellen auf dem Reiter ALLGEMEIN im Dropdown-Menü ÖFFNEN MIT das gewünschte Programm ein. Die Änderung wirkt sich auf alle Dateien dieses Typs aus.

Gleichzeitiges Umbenennen

Thunar bietet eine praktische Funktion zum schnellen Umbenennen mehrerer Objekte: Halten Sie die Strg-Taste gedrückt, und wählen Sie mehrere Dateien oder Ordner mit der linken Maustaste aus, dann drücken Sie F2. Im folgenden Dialogfenster wählen Sie aus den verschiedenen Möglichkeiten aus: Hier geben Sie MP3-Dateien beispielsweise schnell einheitliche Namen anhand der ID3-Tags, verwandeln Großbuchstaben in Kleinbuchstaben und umgekehrt, fügen Datum und Uhrzeit in die Dateinamen ein und vieles mehr.

Der Dialog EIGENSCHAFTEN, den Sie beispielsweise über die rechte Maustaste erreichen, bietet eine schnelle Möglichkeit, die Zugriffsrechte für Dateien und Ordner zu setzen (siehe Abschnitt 17.3 ab Seite 507). Über den Reiter EMBLEME heften Sie kleine Symbole an Dateien und Ordner an – ein Feature, das auch der GNOME-Dateimanager Nautilus bietet. Wenn Sie den Xfce-Dateimanager (beispielsweise über `gksu thunar`) mit Administratorrechten starten, sehen Sie unter der Menüleiste einen auffälligen Hinweis auf rotem Hintergrund, der Ihnen mitteilt, dass Sie mit Super-User-Rechten arbeiten und aufpassen sollten.

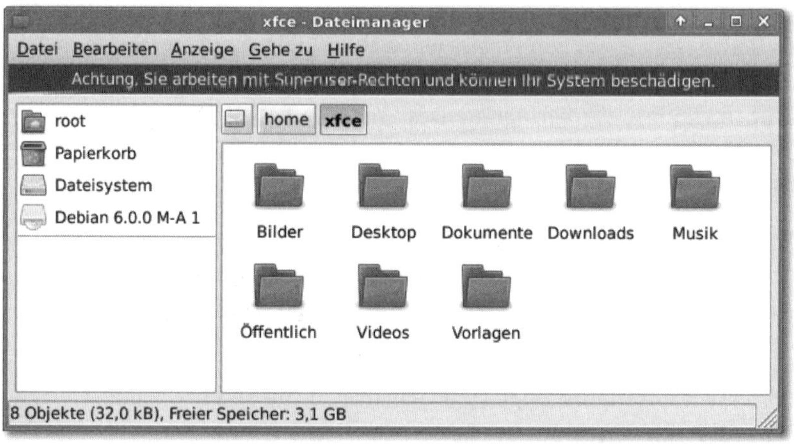

Abbildung 10.6 Achtung: Sie haben Thunar mit Root-Rechten gestartet.

10.2 LXDE

LXDE (Lightweight X11 Desktop Environment)[4] ist eine schnelle und energiesparende Desktopumgebung, die sich vor allem für ältere Hardware eignet, aber auch auf Netbooks eine gute Figur macht. Genau wie Xfce und GNOME setzen die Entwickler auf die Bibliothek GTK+. Debian GNU/Linux »Squeeze« hat Version 0.5.0 im Gepäck.

LXDE-Komponenten

Die LXDE-Komponenten wurden so entwickelt, dass möglichst wenig Abhängigkeiten untereinander bestehen. Die einzelnen Bestandteile arbeiten daher weitgehend unabhängig voneinander, sodass Sie die meisten Programme auch unter anderen Desktopumgebungen einsetzen können. Zusätzliche Software, wie zum Beispiel Webbrowser, Office-Programme, Terminalanwendungen oder Netzwerkmanager, wandern nicht automatisch mit auf die Platte, wenn Sie die Desktopumgebung installieren. Anwender rüsten diese bei Bedarf selbstständig nach. Die wichtigsten und interessantesten LXDE-Module sind:

- **Openbox**
  Die Basis von LXDE ist der Windowmanager Openbox. Weitere Informationen zur Benutzung und zur Konfiguration lesen Sie in Abschnitt 10.2.7 ab Seite 287.
- **PCMan File Manager**
  LXDE bringt einen eigenen Dateimanager names PCManFM mit (Abschnitt 10.2.6 ab Seite 285). Die Anwendung bietet zwar nicht die Funktionsvielfalt von Konqueror, Dolphin oder Nautilus, wartet aber doch mit den grundlegenden Features auf, darunter Tabs, Lesezeichen und verschiedene Ansichtsmodi.
- **LXPanel**
  Für die Verwaltung der Kontrollleisten ist dieses Modul verantwortlich. Mehr zur Einrichtung und Verwendung der Panels lesen Sie in Abschnitt 10.2.5 ab Seite 284.
- **LXSession**
  Der Sitzungsmanager ist für den Autostart bestimmter Programme und der Desktopumgebung verantwortlich, merkt sich die zuletzt gestarteten Anwendungen und startet diese auf Wunsch bei der nächsten Anmeldung.

4 *http://lxde.org/*

- **LXAppearance**
  Themes, Icons und die Schrift der Desktopumgebung richten Sie bequem über dieses Tool ein (siehe Abschnitt 10.2.4 ab Seite 284).
- **Leafpad**
  LXDE bringt seinen eigenen grafischen Texteditor mit. Leafpad ist flink und einfach zu bedienen, verfügt allerdings nur über die allernotwendigsten Funktionen, wie zum Beispiel Kopieren, Ausschneiden, Einfügen, Suchen/Ersetzen, Drucken sowie PDF/PostScript-Export, Zeilennummern-Anzeige und automatisches Einrücken.

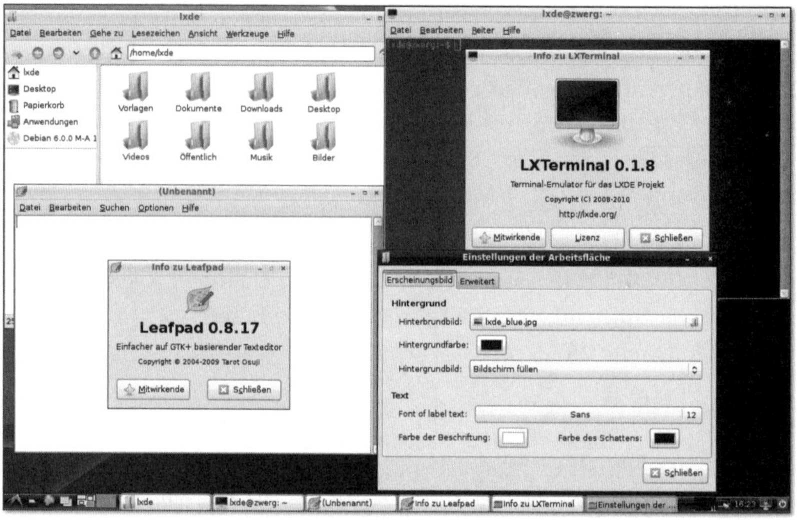

Abbildung 10.7 PCManFM, Leafpad, LXTerminal und die Desktopeinrichtung

- **LXMusic**
  Ein minimalistischer Medienplayer, der auf XMMS basiert.
- **GPicView**
  Der einfacher Bildbetrachter GPicView ist intuitiv zu bedienen und eine gute Alternative zu den KDE- und GNOME-Betrachtern.
- **LXTerminal**
  Das Standardterminal von LXDE heißt LXTerminal. Auch diese Anwendung unterstützt lediglich die Grundfunktionen (Kopieren, Einfügen und Tabs).
- **LXTask**
  Der Taskmanager und Systemmonitor ist unter Debian GNU/Linux »Squeeze« erst verfügbar, wenn Sie das Paket *lxtask* installiert haben.

10.2.1 Installation

Metapaket »lxde«

Sie installieren die schlanke Desktopumgebung als Administrator. Am schnellsten gelingt das, wenn Sie das Metapaket *lxde* einspielen; der Paketmanager löst Abhängigkeiten zu weiteren Komponenten selbstständig auf. Lediglich den Taskmanager LXTask spielen Sie zusätzlich ein, wenn Sie Wert auf den LXDE-Monitor legen; das Tool wandert nicht automatisch mit auf die Platte. Nach der Installation können Sie LXDE im Displaymanager als Sitzung auswählen (siehe Abschnitt 4.3 ab Seite 106).

Wenn Sie den Befehl `lxsession-logout` in ein Terminal- oder Schnellstartfenster eintippen, sehen Sie denselben Dialog, den auch der ABMELDEN-Button im Startmenü oder im unteren Panel hervorruft. Hier finden Sie Knöpfe, um den Rechner herunterzufahren, den Benutzer zu wechseln und vieles mehr.

10.2.2 Erste Schritte

Nach dem Start der Desktopumgebung, der nur wenige Sekunden benötigt, präsentiert sich eine aufgeräumte Arbeitsumgebung. Den Hintergrund schmückt eine der drei mitgelieferten LXDE-Wallpapers; Icons für den persönlichen Ordner, den Mülleimer oder Wechseldatenträger sehen Sie nicht. Am unteren Bildschirmrand befindet sich ein Panel mit den folgenden Komponenten (von links nach rechts): Startmenü, Anwendungsstartleiste (Symbole für Dateimanager und Webbrowser), Button, der alle Fenster minimiert, Desktop-Pager (virtuelle Arbeitsflächen), Taskbar (Fensterliste), Prozessorlast-Monitor und Systembereich (Netzwerkmanager, Uhr, Bildschirmsperre und Knopf zum Verlassen, Neustarten, Herunterfahren usw.).

[+]

Welcher Webbrowser beim Klick auf das Panel-Icon startet, ist über die Einstellung von */etc/alternatives/x-www-browser* geregelt. Abschnitt 5.10 ab Seite 148 erklärt die Verwendung und Einrichtung dieses Systems aus Alternativen und zeigt wie Sie für LXDE damit einen anderen Standardbrowser einrichten.

Das Startmenü enthält Einträge für sämtliche installierte Debian-Pakete. Diese sind in den üblichen Kategorien SPIELE, BILDUNG, ENTWICKLUNG, UNTERHALTUNGSMEDIEN, GRAFIK, EINSTELLUNGEN, SYSTEMWERKZEUGE, INTERNET, BÜRO, ZUBEHÖR, Anwendungsstarter und ABMELDEN-Knopf organisiert. Der Eintrag AUSFÜHREN im Startmenü oder die Tastenkombination `Alt` + `F2` öffnet einen Dialog, in den Sie den Namen der ausführbaren Programmdatei eingeben. Während des Tippens zeigt das Fenster in einem nach unten aufklappenden Menü erste Treffer an, sodass Sie schnell die gesuchte Anwendung erreichen.

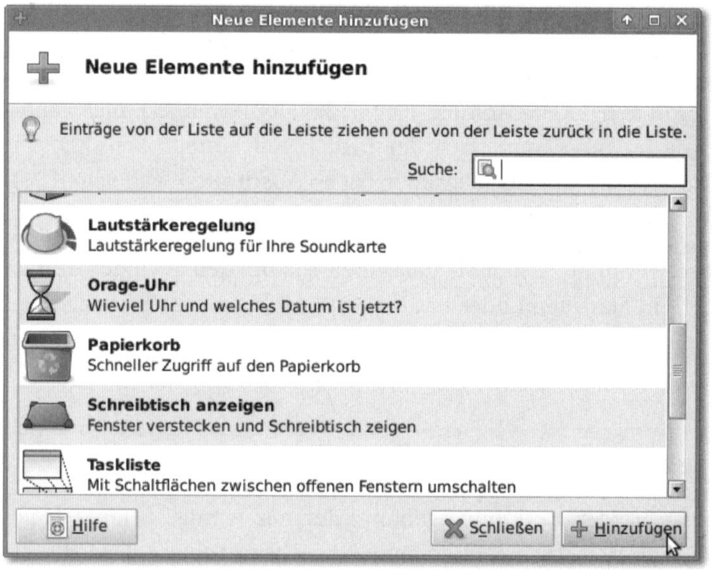

Abbildung 10.8 Der LXDE-Starter vervollständigt Programmnamen.

10.2.3 Der Desktop

Der LXDE-Desktop kommt in der Voreinstellung ohne Icons für den Dateimanager oder Programmstarter. Wenn Sie mit der rechten Maustaste auf eine freie Stelle klicken und EINSTELLUNGEN DER ARBEITSFLÄCHE wählen, öffnet sich ein rudimentärer Konfigurationsdialog. Hier haben Sie lediglich die Möglichkeit, das Hintergrundbild oder eine Farbe einzustellen und die Schriftgröße und -farbe für die Desktop-Icons einzustellen. Klicken Sie auf dem zweiten Reiter, ERWEITERT, die Checkbox BEIM KLICKEN AUF DEN DESKTOP DIE MENÜS DES FENSTERMANAGERS ANZEIGEN an, blendet danach ein Rechtsklick auf den Hintergrund das Openbox-Menü ein (siehe Abschnitt 10.2.7 ab Seite 287).

Anwendungsstarter

Kopieren Sie Dateien und Verzeichnisse in den Ordner *~/Desktop* in Ihrem Home-Verzeichnis, zeigt LXDE diese auf dem Bildschirmhintergrund an. Der Versuch, ein Objekt per Drag & Drop auf den Desktop zu ziehen, scheiterte allerdings auf dem Testrechner. Dieses Vorgehen funktioniert weder aus dem Dateimanager noch aus dem Startmenü heraus. Entweder passierte gar nichts, oder es erschien die Fehlermeldung »der angegebene Ort wird nicht unterstützt«. Eine mögliche Lösung ist, mit dem Programm `ln` eine Verknüpfung auf der Kommandozeile anzulegen. Um einen Anwendungsstarter zum Browser Iceweasel anzulegen, tippen Sie beispielsweise in ein Terminal oen folgenden Befehl ein:

```
ln -s /usr/bin/iceweasel ~/Desktop/Iceweasel
```

Anschließend sehen Sie auf dem Hintergrund das neue Icon. Über einen Rechtsklick auf das Symbol und den Menüpunkt EIGENSCHAFTEN verändern Sie den Namen und die Zugriffsrechte, nicht aber das Symbol.

».desktop«-0Dateien

Alternativ erstellen Sie in einem Texteditor (siehe Kapitel 16 ab Seite 475) eine Datei mit der Endung *.desktop* oder kopieren eine vorhandene aus dem Verzeichnis */usr/share/applications* in den persönlichen Ordner *~/Desktop*. Die systemweiten Dateien können Sie auch als Vorlagen für eigene Starter heranziehen. Werfen Sie einen Blick in diese *.desktop*-Dateien, erkennen Sie schnell, wie diese aufgebaut sind. Das folgende Listing zeigt die Datei */usr/share/applications/gimp.desktop*:

```
[Desktop Entry]
Version=1.0
Type=Application
...
Name[de]=GNU Image Manipulation Program
...
GenericName[de]=Bildeditor
...
Comment[de]=Bilder erstellen und Fotografien bearbeiten
...
Exec=gimp-2.6 %U
TryExec=gimp-2.6
Icon=gimp
Terminal=false
Categories=Graphics;2DGraphics;RasterGraphics;GTK;
...
```

Wie Sie sehen, handelt es sich beim Objekt um einen Anwendungsstarter (`Application`) mit dem Namen »GNU Image Manipulation Program«. Hinter `GenericName` steht die allgemeine Beschreibung des Programms und hinter `Comment` ein kurzer beschreibender Satz. Nach `Exec` folgt der Name der ausführbaren Programmdatei, also der Befehl, den Sie auch in ein Terminal oder einen Schnellstarter tippen würden. Auch ein Symbol für den Starter ist hier definiert sowie die Anweisung, dass es sich nicht um ein Terminalprogramm handelt.

10.2.4 Look & Feel

Wenn Sie ein anderes Hintergrundbild für den Desktop einrichten oder den Hintergrund einfach nur farblich gestalten wollen, klicken Sie wie gesagt auf den Desktop und wählen aus dem Kontextmenü den Eintrag EINSTELLUNGEN DER ARBEITSFLÄCHE. Das LXDE-Team liefert drei verschiedene Hintergrundbilder mit dem Projektlogo aus, in Rot, Grün und Blau. Gefallen Ihnen diese Wallpapers nicht, so navigieren Sie einfach zu einer anderen Grafik im Dateiauswahldialog.

LXAppearance

Über das Startmenü • EINSTELLUNGEN • ERSCHEINUNGSBILD rufen Sie die Anwendung LXAppearance auf. Hier wählen Sie nicht nur eines der vielen mitgelieferten Themes oder Icon-Sets aus, sondern richten auch die Schriftart und -größe der Desktopumgebung ein. Weitere Konfigurationsmöglichkeiten betreffen die Darstellung von Text und Symbolen in den Werkzeugleisten. Reichen die mitgelieferten Symbole nicht aus, oder wollen Sie einen neuen Look testen, so können Sie sämtliche unter *http://art.gnome.org/* angebotenen Icon-Sammlungen mit LXAppearance verwenden. Laden Sie einfach die entsprechenden Dateien mit der Endung *.tar.gz* oder *.tar.bz2* auf die eigene Festplatte herunter, gehen Sie in LXAppearance zum Reiter SYMBOL, und klicken Sie unten links auf INSTALLIEREN. Im folgenden Dateiauswahldialog navigieren Sie bis zur Archivdatei und bestätigen über ÖFFNEN. Das neue Icon-Set steht dann sofort zur Verfügung.

10.2.5 Das Panel

In der Voreinstellung zeigt LXDE unter Debian GNU/Linux »Squeeze« ein Panel am unteren Bildschirmrand. Über einen Rechtsklick auf diese Leiste und den Menüpunkt PANEL-EINSTELLUNGEN richten Sie das Panel ein. Auf dem Reiter GEOMETRIE entscheiden Sie über die Position und Größe der Leiste. Bis zu vier Panels an allen vier Seiten sind möglich. Das Aussehen (wahlweise mit einem Hintergrundbild geschmückt) stellen Sie auf dem Reiter ERSCHEINUNGSBILD ein.

Über den Reiter PANEL-ERWEITERUNGEN wählen Sie die Panel-Elemente und ihre Anordnung aus. Klicken Sie auf die Schaltfläche HINZUFÜGEN, um eine Liste aller Erweiterungen einzublenden. Hier finden Sie Applets für Lautstärkeregler, Netzwerk- und Akkumonitor und vieles mehr. Um die einzelnen Elemente anzuordnen, setzen Sie die Reihenfolge über die beiden Pfeilschaltflächen – ein Hin- und Herziehen per Drag & Drop ist nicht möglich.

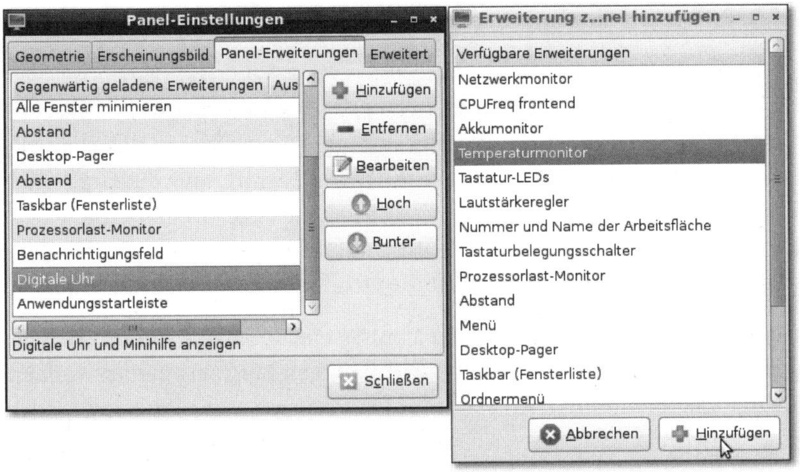

Abbildung 10.9 Wo die Icons auf dem Panel liegen, bestimmen Sie im linken Dialog über die Reihenfolge.

10.2.6 PCManFM (Dateimanager)

LXDE bringt seinen eigenen Dateimanager mit: PCManFM (PCMan File Manager) ist ein flinkes Programm, das auch auf älteren Computern noch flüssig Ihre Daten verwaltet. Das Programm unterstützt Tabbed Browsing (wie man es von Webbrowsern her gewohnt ist), Vorschaubilder, verschiedene Ansichtsmodi und Lesezeichen. Wenn Sie den Dateimanager über Klick auf das Panel-Applet oder über Eingabe von `pcmanfm` in ein Schnellstart- oder Terminalfenster starten, präsentiert PCManFM das eigene Home-Verzeichnis. Sie navigieren entweder über die Adressleiste oder über Doppelklicks mit der Maus. Bevorzugen Sie den einfachen Klick, so aktivieren Sie das Feature über BEARBEITEN • EINSTELLUNGEN und über das Aktivieren der Checkbox EINFACHER KLICK ZUM ÖFFNEN VON DATEIEN auf dem Reiter ALLGEMEIN.

Seitenleiste

In der Seitenleiste finden Sie voreingestellte Orte, das heißt, ein Symbol für das Home-Verzeichnis, den Desktop, den Papierkorb, installierte Anwendungen und eventuell gemountete Wechseldatenträger. Über einen Rechtsklick auf ein Wechselmedium-Symbol hängen Sie das Gerät aus. Eine Funktion zum Ein- und Ausblenden der Leiste wie in früheren LXDE-Versionen gibt es nicht mehr; auch fehlt die Möglichkeit, die Objekte im linken Bereich anzuordnen oder zusätzliche Einträge hinzuzufügen.

Zwei Funktionen sorgen für mehr Komfort beim Arbeiten mit PCManFM: Orte lassen sich in neuen Reitern öffnen (zum Beispiel, wenn Sie einen Ordner mit der mittleren Maustaste anklicken), und oft besuchte Verzeichnisse legen Sie einfach als Lesezeichen ab. Im gleichnamigen Menü finden und verwalten Sie Ihre Lieblingsorte.

Im Menü ANSICHT schalten Sie zwischen der Symbol-, Listen- oder Teilansicht um. Für Grafikdateien blendet PCManFM eine kleine Vorschau ein (sofern das Dateiformat bekannt ist). Dieses Feature und die Größe der Icons für die Symbol- und Listenansicht richten Sie im erwähnten Dialog EINSTELLUNGEN ein. Wenn Sie Wert auf Informationen zu Dateigröße, -typ und Zugriffsrechten legen, ist die Detailansicht die richtige Wahl.

[+] Um verborgene Dateien und Verzeichnisse einzublenden, klicken Sie entweder im Menü ANSICHT auf den gleichnamigen Eintrag, oder verwenden Sie die Tastenkombination Strg + H.

Standardanwendung

Wenn Sie eine Datei doppelklicken, startet PCManFM ein bestimmtes Programm. Alternativ klicken Sie mit der rechten Maustaste auf eine Datei und entscheiden sich im Menü ÖFFNEN MIT für eine andere Anwendung. Welches Programm standardmäßig bei bestimmten Dateitypen startet, definieren Sie über den Dialog EIGENSCHAFTEN aus dem Kontextmenü der rechten Maustaste. Wählen Sie hier auf dem Reiter ALLGEMEIN aus dem Dropdown-Menü ÖFFNEN MIT eine Anwendung aus. Diese Einstellung gilt danach automatisch für alle Dateien dieses Typs.

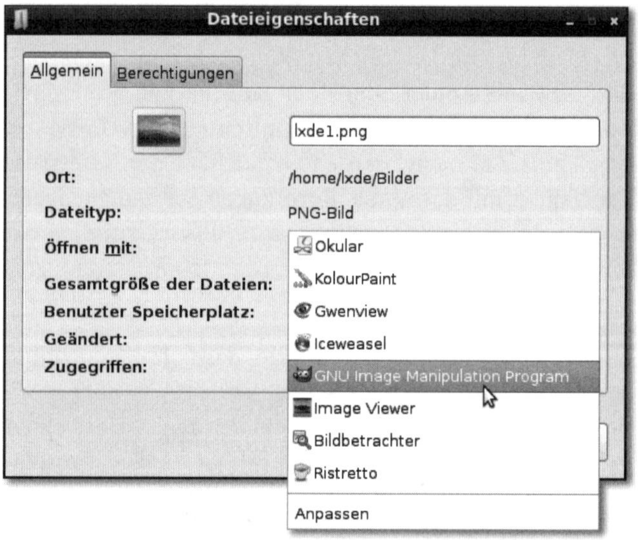

Abbildung 10.10 Ein Standardprogramm wählen Sie im Menü »Eigenschaften« aus.

Fassen Sie eine Datei oder einen Ordner mit der linken Maustaste an, und ziehen Sie das Objekt an einen neuen Ort, so verschiebt PCManFM es dorthin. Um hingegen etwas zu kopieren, halten Sie zusätzlich die Strg-Taste gedrückt. Alternativ markieren Sie eine oder mehrere Dateien beziehungsweise Verzeichnisse und wählen die gewünschte Operation aus dem Menü BEARBEITEN aus – oder Sie verwenden eine der bekannten Tastenkombinationen: Strg + C (Kopieren), Strg + X (Ausschneiden), Strg + V (Einfügen) und Entf (Löschen). Eine Datei oder ein Verzeichnis benennen Sie am schnellsten um, indem Sie das Objekt markieren und F2 drücken. Die Funktion UMBENENNEN finden Sie auch im Menü BEARBEITEN oder über das Kontextmenü der rechten Maustaste.

Mehrere Objekte markieren

Um mehrere Dateien oder Ordner zu markieren, ziehen Sie entweder mit der Maus einen Rahmen um die gewünschten Objekte oder halten die Strg-Taste gedrückt, während Sie einzelne Dinge anklicken. Die Tastenkombination Strg + A zum Auswählen aller Objekte im aktuellen Verzeichnis funktioniert auch unter PCManFM.

[+]

PCManFM bietet eine praktische Suchfunktion: Wenn Sie einen Suchbegriff im aktuellen Fenster eintippen, wählt der Dateimanager immer die Datei aus, die mit dem bisher Getippten übereinstimmt.

10.2.7 Windowmanager Openbox

Das Herzstück der flinken Desktopumgebung ist der Fenstermanager Openbox.[5] Ursprünglich auf dem Quellcode von Blackbox (siehe auch Kapitel 11 ab Seite 293) basierend, wurde der Windowmanager ab Version 3 völlig neu geschrieben, erinnert optisch aber immer noch an den Vorgänger. Openbox müssen Sie nicht zwingend zusammen mit LXDE einsetzen; der Windowmanager verrichtet auch standalone ohne die LXDE-Erweiterungen seinen Dienst.

Der Windowmanager bringt sein eigenes grafisches Konfigurationsprogramm mit: ObConf. Sie rufen es entweder über das Startmenü • EINSTELLUNGEN • OPENBOX KONFIGURATION MANAGER oder über Eingabe von `obconf` in ein Terminal-/Schnellstartfenster auf. Wenn Sie in den PCManFM-Einstellungen ausgewählt haben, dass Sie das Openbox-Menü mit einem Rechtsklick auf eine freie Stelle des Hintergrunds erreichen, finden Sie dort den Menüpunkt WINDOW MANAGEMENT SETTINGS. Über die Reiter auf der linken Seite erreichen Sie die folgenden Konfigurationsmöglichkeiten:

5 *http://openbox.org/*

- **Theme**
  Zahlreiche Themes für die Gestaltung der Fenster- und Menüleisten sind bereits in der Voreinstellung dabei. Diese liefert das Paket *openbox-themes*, das automatisch installiert wurde. Weitere Themes finden Sie auf der Seite *http://box-look.org/*.
- **Appearance**
  Hier finden Sie allgemeine Einstellungen zum Aussehen der Fenster, der Titelleisten und zu den verwendeten Schriftarten.
- **Windows**
  Ein paar Optionen zur Anordnung von Programmfenstern bietet dieser Reiter.
- **Move & Resize**
  Hier stellen Sie ein, was beim Verschieben und Verändern der Fenstergröße passiert. Die praktische Funktion SWITCH DESKTOPS WHEN MOVING A WINDOW PAST THE SCREEN EDGE sorgt dafür, dass Sie Anwendungsfenster mit der Maus von einem Desktop auf den nächsten ziehen können.
- **Mouse**
  Wenn Sie das Feature »Focus follows Mouse« gesucht haben, werden Sie hier fündig. Außerdem richten Sie hier ein, was beim Doppelklick auf eine Titelleiste geschieht.
- **Desktops**

  Virtuelle Arbeitsflächen

  In der Voreinstellung blendet Openbox eine kurze Benachrichtung mit dem Namen der virtuellen Arbeitsfläche ein, wenn Sie den Desktop wechseln. Stört Sie die Funktion, so stellen Sie sie hier ab. Auf diesem Reiter konfigurieren Sie auch die Anzahl der virtuellen Arbeitsflächen (bis zu 100 sind möglich) und geben diesen Namen.
- **Margins**
  In diesem Bereich können Sie die Randbereiche für Ihren Desktop einrichten. Stellen Sie eine Begrenzung von ein paar Pixeln für den rechten und linken Rand ein, so platziert der Windowmanager in diesem Bereich keine Programmfenster mehr.
- **Dock**
  Sollten Sie ein Dock verwenden wollen, können Sie hier die Position und das Verhalten einstellen.

Alle Einstellungen, die Sie in ObConf vornehmen, sind sofort aktiv – einen Button ANWENDEN oder VOREINSTELLUNG gibt es nicht. Wenn Sie die Konfigurationsdatei im Editor bearbeiten, klicken Sie anschließend mit der rechten Maustaste auf eine freie Stelle. Wählen Sie dann aus dem Menü RELOAD CONFIG FILES, um die neue Konfiguration zu aktivieren. [!]

Die über ObConf gemachten Einstellungen finden Sie in der Datei *~/.config/openbox/lxde-rc.xml* wieder. Diese XML-Datei können Sie auch direkt bearbeiten; dazu setzen Sie einen der in Kapitel 16 ab Seite 475 vorgestellten Texteditoren ein. Bevor Sie hier etwas verändern, empfiehlt es sich, eine Sicherungskopie des Originals anzulegen. Geht doch etwas schief, können Sie jederzeit die systemweite Openbox-Einrichtungsdatei */etc/xdg/openbox/rc.xml* als Vorlage heranziehen. In der XML-Datei sind vor allem die Tastaturkommandos zur Openbox-Steuerung interessant, die Sie nicht im grafischen Konfigurationstool finden. Die folgende Tabelle gibt eine Übersicht über die Standardeinstellungen. »lxde-rc.xml«

Tasten	Funktion
Strg + Alt + Pfeil links	Wechselt auf den nächsten virtuellen Desktop links.
Strg + Alt + Pfeil rechts	Wechselt auf den nächsten virtuellen Desktop rechts.
Strg + Alt + Pfeil auf	Wechselt auf den nächsten oberen virtuellen Desktop.
Strg + Alt + Pfeil ab	Wechselt auf den nächsten unteren virtuellen Desktop.
Umschalt + Alt + Pfeil links	Verschiebt das aktuelle Programmfenster einen Desktop nach links.
Umschalt + Alt + Pfeil rechts	Verschiebt das aktuelle Programmfenster einen Desktop nach rechts.
Umschalt + Alt + Pfeil auf	Verschiebt das aktuelle Programmfenster einen Desktop nach oben.
Umschalt + Alt + Pfeil ab	Verschiebt das aktuelle Programmfenster einen Desktop nach unten.
Windows + F1	Springt zum ersten virtuellen Desktop.
Windows + F2	Springt zum zweiten virtuellen Desktop.
Windows + F3	Springt zum dritten virtuellen Desktop usw.

Tabelle 10.1 Tastaturkommandos für Openbox

Tasten	Funktion
Windows + D	Zeigt den Desktop an.
Alt + Esc	Verschiebt das aktuelle Fenster in den Hintergrund.
Alt + Tabulator	Wechselt zwischen den Programmfenstern.

Tabelle 10.1 Tastaturkommandos für Openbox (Fortsetzung)

Tastenkürzel modifizieren

Um Tastenkürzel zu verändern oder neue hinzuzufügen, bleibt Ihnen ein Ausflug in die Konfigurationsdatei nicht erspart. Sämtliche Shortcuts finden Sie im Bereich `<keyboard>`. Die Struktur der Tags folgt einer festen Hierarchie:

```
<keybind key="W-F1">
      <action name="Desktop">
        <desktop>1</desktop>
      </action>
    </keybind>
```

In der ersten Ebene steht hinter `keybind` jeweils die Tastenkombination. Im Listing ist das `W-F1`, also Windows + F1. Die Aktion wird danach beschrieben: Das Kürzel wechselt auf den ersten virtuellen Desktop. Um den Shortcut zu verändern und beispielsweise die Funktion auf die Kombination Alt + 1 zu legen, verändern Sie den Eintrag in der Konfigurationsdatei, sodass hier nun steht:

```
<keybind key="A-1">
      <action name="Desktop">
        <desktop>1</desktop>
      </action>
    </keybind>
```

Die einzelnen Tasten sprechen Sie über die folgenden Bezeichner an: `C` steht für Strg, `A` für Alt, `W` für Windows, `Left` für Pfeil links, `Right` für Pfeil rechts, `Up` für Pfeil auf, `Down` für Pfeil ab, `Escape` für Esc, `space` für die Leertaste, `Tab` für Tabulator und `S` für Umschalt. Die Ziffern- und Funktionstasten heißen wie zu erwarten `1`, `2` usw. und `F1`, `F2` usw. Weitere Informationen zu diesem Thema finden Sie in englischer Sprache im Openbox-Wiki.[6]

[»] Wenn Sie die Tastaturshortcuts in der Einrichtungsdatei verändert und an eigene Wünsche angepasst haben, müssen Sie die Änderungen explizit neu einlesen. Dazu aktivieren Sie in den Einstellungen zur Arbeitsfläche die Option, dass ein Rechtsklick auf den Desktop die Menüs des Window-

6 *http://openbox.org/wiki/Help:Bindings*

managers anzeigt, und rufen Sie dann aus dem Kontextmenü der rechten Maustaste den Punkt Reload Config Files auf. Beachten Sie, dass beim nächsten Start von ObConf das Tool die persönliche Konfigurationsdatei neu schreibt und alle Ihre Änderungen verloren gehen. Als Konsequenz setzen Sie entweder auf das grafische Tool oder – wenn Sie die Shortcuts verändern möchten – auf den Texteditor. Beide Vorgehensweisen zusammen vertragen sich nicht.

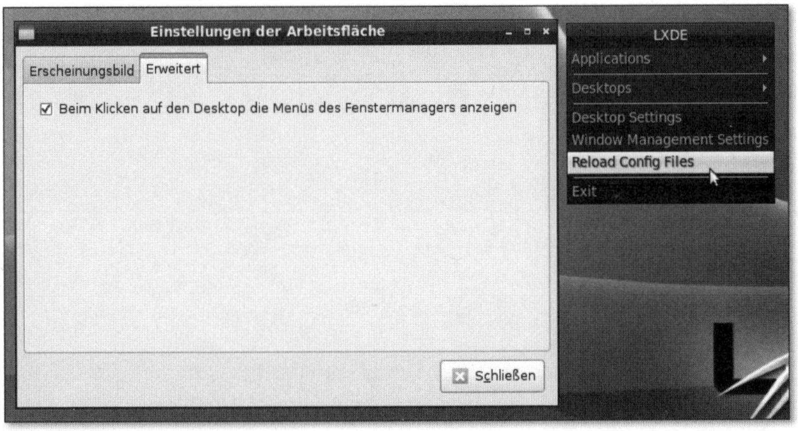

Abbildung 10.11 Einstellungen aus der Konfigurationsdatei lesen Sie auf diese Weise neu ein, damit sie greifen.

Mausgesten

Außer den Tastenkombinationen zur Openbox-Steuerung stehen zusätzlich einige Mausgesten zur Verfügung: Wenn Sie mit der mittleren Maustaste (oder dem Rad) auf einen freien Bereich klicken, sehen Sie eine Liste aller geöffneten Programme auf allen virtuellen Arbeitsflächen. Halten Sie `Alt` gedrückt, und klicken Sie mit der rechten Maustaste in ein Fenster, um es größer oder kleiner zu ziehen. Über `Alt` und die linke Maustaste verschieben Sie ein Fenster. Praktisch ist darüber hinaus ein Mausrad: Bewegen Sie dieses über dem Desktophintergrund auf und ab, um schnell durch die Arbeitsflächen hindurchzuwechseln.

Als Alternative zu den Desktopumgebungen steht Ihnen unter Linux eine Vielzahl schlanker Windowmanager zur Verfügung, die deutlich weniger Ressourcen benötigen. Dieses Kapitel stellt FVWM, Blackbox und Window Maker vor.

11 Alternative Windowmanager

Aufgaben des Windowmanagers

Ein Windowmanager kümmert sich hauptsächlich um die Administration von Programmfenstern. Er zeichnet einen Rahmen für die Fenster, stellt Funktionen, wie das Minimieren, Maximieren und Schließen, zur Verfügung und bestimmt in der Regel auch, wie die Titelleiste und die Rahmen der Fenster aussehen. Darüber hinaus verwaltet ein Windowmanager Maus und Tastatur, bietet aber keine Zusatzprogramme oder einheitliche Handhabung für die zahlreichen Anwendungen, wie es die Desktopumgebungen tun.

[«]

Auch die grafischen Arbeitsumgebungen KDE und GNOME benötigen einen Fenstermanager; KDE setzt auf KWin, unter GNOME kommt standardmäßig Metacity zum Einsatz, Xfce verwendet Xfwm4, und LXDEs Windowmanager heißt Openbox. Ob Sie einen Windowmanager oder eine Desktopumgebung verwenden, hat keinen Einfluss auf die Funktionalität der installierten Programme – lediglich das Look & Feel unterscheiden sich.

Nach der Installation eines neuen Windowmanagers landet in der Regel ein entsprechender Eintrag in den Sitzungsmenüs der Displaymanager. Wenn Sie zur Anmeldung an der grafischen Oberfläche `kdm` oder `gdm` (Abschnitt 4.3 ab Seite 106) verwenden, wählen Sie den gewünschten Windowmanager dort aus.

11.1 FVWM

Der FVWM[1] (F Virtual Window Manager) ist fast schon so alt wie Linux selbst und ein echter Klassiker: Hier kommt ein kleines und schlankes Programm, das auch auf älterer Hardware flüssig läuft. Installieren Sie das

1 *http://www.fvwm.org/*

Paket *fvwm*; Abhängigkeiten spielt der Paketmanager automatisch mit ein, darunter auch einige Icons. Um auch Symbole für die FVWM-Komponenten in den Menüs zu sehen, installieren Sie außerdem das Paket *wm-icons*.Einen entsprechenden FVWM-Eintrag im Sitzungsmenü finden Sie nach dem Neustart des Displaymanagers.

Nach dem Start präsentiert sich der Windowmanager aufgeräumt und übersichtlich. Als Wallpaper sehen Sie das Debian-SpaceFun-Bild, unten links zeigt der Icon-Manager (FvwmIconMan) Schaltflächen für die geöffneten Programme; minimierte Fenster erkennen Sie an einer anderen Farbe und am kleinen Quadrat vor dem Namen. Unten rechts zeigt ein Bereich einen Umschalter für die virtuellen Arbeitsflächen, eine Uhr und die aktuelle Systemauslastung. Klicken Sie mit der linken Maustaste auf den Desktophintergrund, öffnet sich das Hauptmenü mit Zugriff auf Anwendungen, FVWM-Module und vieles mehr. Die mittlere Maustaste zeigt eine Liste aller geöffneten Fenster an, und über die rechte Taste erreichen Sie den Dialog WINDOW OPERATIONS.

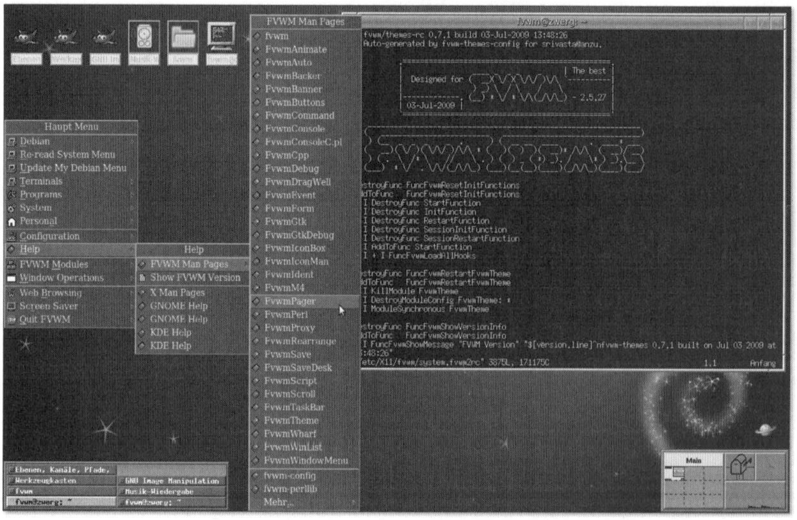

Abbildung 11.1 Schlank und funktional – der Klassiker FVWM

FVWM konfigurieren

Die Einrichtung hat sich mit Version 2.5.11 des Windowmanagers geändert; Debian GNU/Linux »Squeeze« bringt FVWM 2.5.30 mit. Die persönliche Einrichtungsdatei *~/.fvwm/.fvwm2rc* existiert nicht länger. Stattdessen hält der Windowmanager Ausschau nach der Datei *~/.fvwm/config*. Als Vorlage für eine eigene Einrichtungsdatei dient die systemweite Konfiguration (*/etc/X11/fvwm/system.fvwm2rc*). Es handelt sich um eine reine Textdatei, die Sie mit einem Texteditor (siehe Kapitel 16 ab Seite 475) bearbeiten. Zur Arbeitsweise der einzelnen FVWM-Module verraten die Manpages (im Hauptmenü, Bereich HELP) mehr. Außerdem empfiehlt sich ein Blick in die oft gestellten Fragen (FAQ).[2]

11.2 Blackbox

Mit Blackbox[3] steht Ihnen ein weiterer Windowmanager zur Verfügung, der wenig Speicher benötigt und auch auf älteren Computern flüssig läuft. Installieren Sie als Administrator das Paket *blackbox* und optional die Themes (*blackbox-themes*); Blackbox erscheint automatisch in den entsprechenden Sitzungsverwaltungsmenüs der Displaymanager `kdm` und `gdm`. Nach dem Start präsentiert sich der Windowmanager grau in grau.

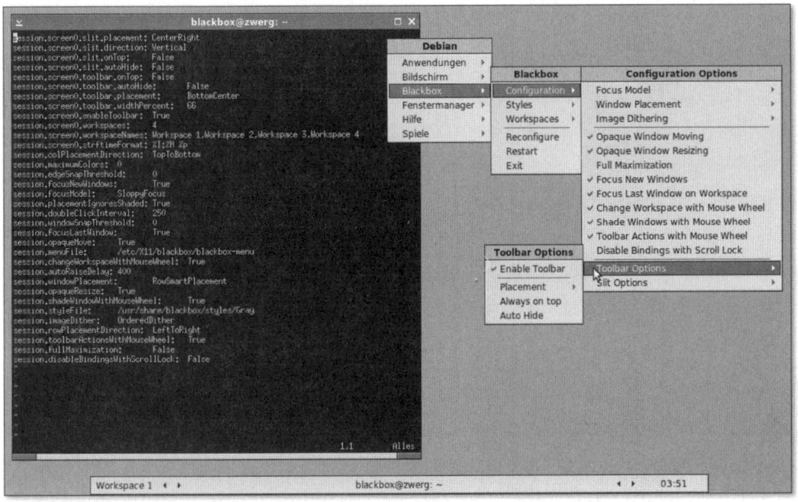

Abbildung 11.2 Das Hauptmenü und auch einige Konfigurationsmöglichkeiten erreichen Sie über die rechte Maustaste.

Toolbar statt Pager

Am unteren Rand finden Sie eine Leiste mit einem Umschalter für die einzelnen Arbeitsplätze – im Gegensatz zu KDE, GNOME und FVWM gibt es keinen Pager, in dem Sie die virtuellen Desktops ansteuern. Platz für ein Fenstermenü und eine digitale Uhr ist hier ebenfalls. Einrichtungsmöglichkeiten für diese Toolbar finden Sie, wenn Sie die Leiste mit der rechten Maustaste anklicken.

2 *http://www.fvwm.org/documentation/faq/*
3 *http://blackboxwm.sourceforge.net/*

Ein Klick mit der mittleren und rechten Maustaste auf eine freie Stelle des Hintergrunds öffnet verschiedene Menüs: Über die mittlere Taste erreichen Sie die einzelnen Arbeitsbereiche (»Workspace« genannt) mit den entsprechenden Programmfenstern, und mit der rechten Taste starten Sie Anwendungen, konfigurieren den Windowmanager oder starten ihn neu. Im Untermenü BLACKBOX finden Sie unter anderem Einrichtungsmöglichkeiten zum Fenster-, Maus- und Arbeitsplatzverhalten sowie einige Themes, die das Aussehen anpassen. Alternativ passen Sie die Datei *~/.blackboxrc* in Ihrem Home-Verzeichnis mit einem Texteditor an. Eine ausführliche Anleitung, Links und Beschreibungen zu Add-ons, neuen Styles und vieles mehr finden Sie auf der Projekthomepage.

11.3 Window Maker

Window Maker[4] bietet gute Performance, gepaart mit ansprechendem Äußeren und interessanten Features. Unter Debian GNU/Linux »Squeeze« installieren Sie die Pakete *wmaker* und *wmaker-data* (zusätzliche Icons), um in den Genuss dieses Windowmanagers zu kommen. Window Maker integriert sich automatisch in die Menüs von `kdm` und `gdm`. Nach dem Start präsentiert sich ein ansehnlicher Hintergrund mit Debian-Logo; das sogenannte Dock am rechten Fensterrand enthält standardmäßig drei Icons – ein Doppelklick auf ein solches Symbol startet die entsprechende Anwendung.

WPrefs Praktischerweise bringt Window Maker ein eigenes Konfigurationsprogramm mit. Doppelklicken Sie das Icon mit dem Schraubenschlüssel, um das Programm WPrefs zu starten. Hinter den einzelnen Icons verbergen sich Einrichtungsmöglichkeiten zur Fensterverwaltung, zum Fokus, zu den Menüs, Icons, Tastaturkürzeln, zum Aussehen usw.

Das Icon mit der Büroklammer links oben (der sogenannte Clip) dient zur Verwaltung der virtuellen Arbeitsflächen. Auch Window Maker verfügt in der Standardeinstellung über keinen Pager. Die aktive Arbeitsfläche erkennen Sie an der Nummer links oben im Symbol. Mit einem Klick auf die kleinen Pfeile wechseln Sie durch die Arbeitsflächen. Den Clip konfigurieren Sie über einen Klick mit der rechten Maustaste auf das Symbol. Es ist weiterhin möglich, an den Clip für jeden Desktop verschiedene Icons anzuheften.

---

4 *http://www.windowmaker.info/*

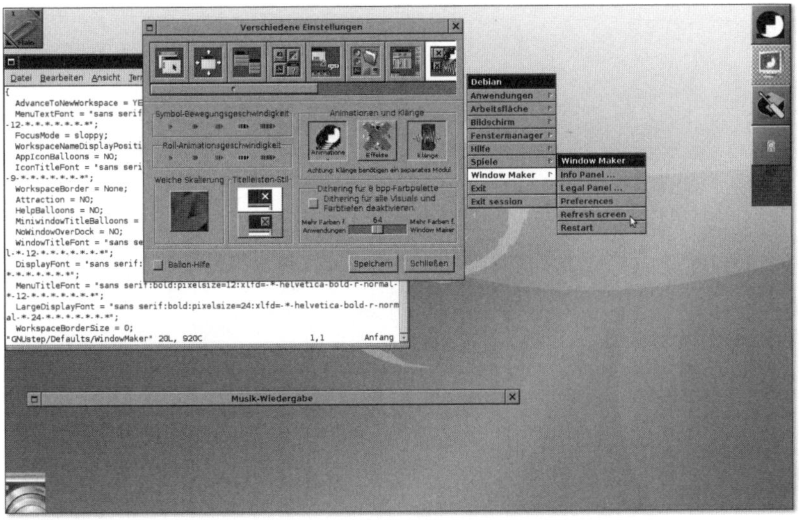

Abbildung 11.3 Umfangreiche Konfigurationsmöglichkeiten und ein ansprechendes Äußeres – Window Maker im Einsatz

Praktisch ist das Dock rechts oben: Es bietet Platz für Symbole von häufig benutzten Anwendungen, die Sie nicht über das Menü starten möchten. Neue Icons fügen Sie beispielsweise hinzu, indem Sie eine Anwendung starten und das links unten auf dem Hintergrund erscheinende Symbol mit der linken Maustaste zum Dock herüberziehen. Das Dock selbst können Sie mit der Maus hin- und herschieben, ein Rechtsklick auf die jeweiligen Symbole öffnet einen Einrichtungsdialog. Dock

Standardmäßig bringt Window Maker einige Themes und Styles mit, die Sie über Klicks mit der rechten Maustaste auf den Hintergrund (ARBEITSFLÄCHE • APPEARANCE) erreichen. Weitere »Verkleidungen« für den Windowmanager finden Sie beispielsweise auf der Projekthomepage und unter *http://wmthemes.jessanderson.org/*. [+]

Dieses Kapitel stellt die wichtigsten Webbrowser und Mailclients vor und verrät mehr zur Datenübertragung per FTP, SCP und BitTorrent. Der Downloadmanager »wget« erlaubt sogar das Spiegeln ganzer Archive, und mit »rsync« synchronisieren Sie Daten lokal und mit entfernten Rechnern.

12 Wichtige Internetprogramme

Linux bietet gerade im Bereich Internetsoftware alles, was das Herz begehrt – für die meisten Aufgaben bietet das System gleich mehrere Programme, und der Anwender hat die Qual der Wahl. Die folgenden Abschnitte geben einen Überblick und stellen populäre Tools vor; los geht's mit den Webbrowsern.

12.1 Webbrowser

Grafisch und textbasiert

Unter Linux surfen Sie nicht nur mit grafischen Programmen im Netz – im Angebot sind zudem einige textbasierte Browser, die auch dann nicht die Segel streichen, wenn die grafische Oberfläche einmal streikt oder Sie eine Anleitung im HTML-Format auf einem entfernten Rechner lesen möchten. Die folgenden Abschnitte stellen den Mozilla-Abkömmling Firefox (Iceweasel), GNOMEs Epiphany und KDEs Konqueror vor. Kommandozeilenfans finden außerdem Informationen zu Lynx, Links und W3m.

12.1.1 Mozilla Firefox (Iceweasel)

Wie der Name verrät, handelt es sich um einen Spross aus der Mozilla-Familie.[1] Neben dem Webbrowser Firefox enthält die Programmsammlung unter anderem den E-Mail-Client Thunderbird, den Abschnitt 12.2.1 ab Seite 321 vorstellt. Mozilla basiert auf dem 1998 von der Netscape Corporation freigegebenen Quellcode des Netscape Communicators; von dieser Codebasis ist allerdings nicht mehr viel übrig. Alle Mozilla-Bestandteile

1 *http://www.mozilla.org/*, *http://www.mozilla-europe.org/de/*

laufen auf verschiedenen Plattformen, darunter Windows, Mac OS X und natürlich Linux.

[»] Für etwas Verwirrung könnte die Umbenennung sorgen, die das Debian-Team aus Lizenzgründen vorgenommen hat: Der Browser Firefox heißt in der Debian-Welt »Iceweasel«, der Mailclient Thunderbird hört auf den Namen »Icedove« und das Kalenderprogramm Sunbird heißt »Iceowl«. Weitere Hinweise dazu erhalten Sie unter *http://wiki.debian.org/Iceweasel*.

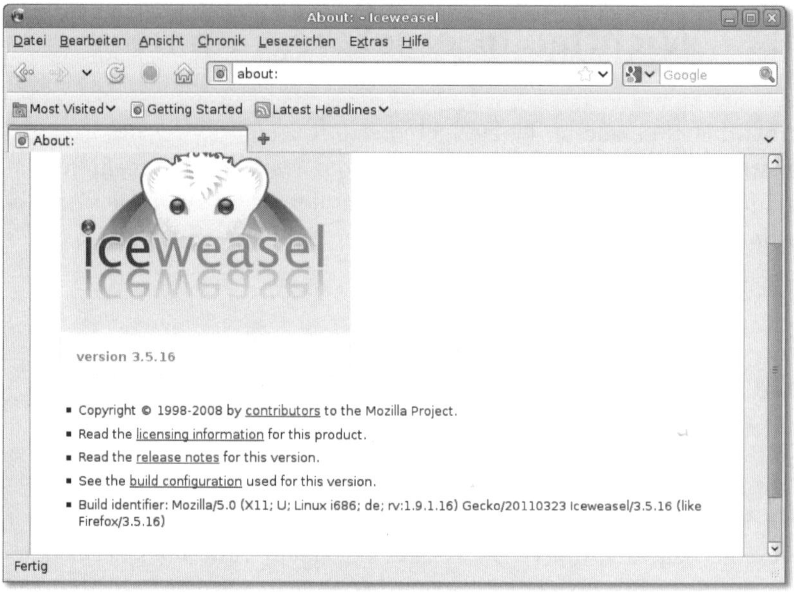

Abbildung 12.1 Nur die Verpackung ist anders: Firefox heißt jetzt Iceweasel.

Firefox bietet Tabbed Browsing, Popup-Blocker sowie eine gute Download- und Bildverwaltung. Damit öffnen Sie mehrere Webseiten in einem einzigen Browserfenster, unterdrücken lästige Werbung und deaktivieren Bilder, die den Bildschirmaufbau verlangsamen. Ein weiteres praktisches Feature ist der einfache Zugang zu verschiedenen Suchmaschinen im Internet. Firefox lässt sich mit zahlreichen Plugins und Themes erweitern.

Installation und Start

Deutsche Sprachunterstützung

Als Bestandteil der Gruppe GRAFISCHE DESKTOP-UMGEBUNG landet der Browser (Paket *iceweasel*) automatisch auf der Festplatte; die deutschen Sprachanpassungen finden Sie in *iceweasel-l10n-de*. Sie starten den Browser zum Beispiel über Eingabe von `iceweasel` oder `firefox` in ein Terminal oder den Schnellstarter (Alt + F2). Unter GNOME und KDE finden Sie den Browser im Bereich INTERNET in den Startmenüs.

Navigation

Firefox unterscheidet sich kaum von anderen Browsern: In der Navigationsleiste sehen Sie Pfeile, mit denen Sie rückwärts und vorwärts blättern (Alt + Pfeil links und Alt + Pfeil rechts), eine Seite neu laden (Strg + R) sowie eine Schaltfläche, um zur Startseite zu gelangen (Alt + Pos1). In die Adressleiste geben Sie URLs ein, und für häufig besuchte Webseiten legen Sie Bookmarks an (Menüpunkt LESEZEICHEN).

Schlagwörter (Tags)

Firefox 3 bietet neben der normalen Lesezeichenfunktion an, sogenannte Schlagwörter für Ihre Lieblingsseiten zu definieren und so längere thematische Recherchen maßgeblich zu erleichtern. Wenn Sie in der Adresszeile auf das gelbe Sternchen doppelklicken, können Sie im folgenden Dialogfenster Schlagwörter für die Webseite definieren. Thematisch verwandten Seiten weisen Sie dieselben Schlagwörter zu, und im LESEZEICHEN-Menü finden Sie Ihre Sammlung anschließend unter RECENT TAGS wieder.

Über das Menü LESEZEICHEN • LESEZEICHEN VERWALTEN bringen Sie Ordnung in die Bookmark-Sammlung. In der linken Ansicht finden Sie sämtliche Menüeinträge wieder, darunter auch die erwähnten Schlagwörter mit ihren Links. Um Ordnung in die Sammlung zu bringen, verwenden Sie die entsprechenden Einträge aus dem Menü VERWALTEN oder ziehen die Lesezeichen per Drag & Drop an ihren endgültigen Bestimmungsort.

Ein praktisches Feature, wenn Sie mit mehreren Webseiten arbeiten, ist das sogenannte Tabbed Browsing, also das Öffnen von Seiten auf jeweils eigenen Reitern in nur einem Browserfenster. Um einen neuen Tab zu öffnen, gehen Sie im Menü auf DATEI • NEUER TAB oder drücken die Tastenkombination Strg + T. Sie öffnen eine verlinkte Seite direkt in einem neuen Tab, wenn Sie den Link mit der mittleren Maustaste anklicken. Ein Rechtsklick auf einen der Tabs öffnet ein Menü, über das Sie neue Reiter hinzufügen, den Inhalt eines bestimmten oder aller vorhandenen Tabs neu laden oder gezielt Reiter schließen. Praktisch ist auch das Angebot im Kontextmenü, Bookmarks für alle geöffneten Tabs anzulegen.

[+] Um Bookmarks in einem neuen Tab zu betrachten, müssen Sie nicht erst einen Reiter und dann das Lesezeichen darin öffnen. Schneller geht es, wenn Sie im LESEZEICHEN-Menü mit der rechten Maustaste auf einen Eintrag gehen und aus dem Kontextmenü IN NEUEM TAB ÖFFNEN wählen.

Seitenleiste

Chronik und Bookmarks

Über das Menü ANSICHT • SIDEBAR blenden Sie in der Seitenleiste links Ihre Lesezeichen oder den Verlauf (CHRONIK) ein. Für beide Ansichten steht eine Funktion SUCHEN zur Verfügung, und über das kleine Kreuz schließen Sie die Seitenleiste. Hinter dem Dropdown-Menü ANSICHT verbirgt sich eine Sortierfunktion, über die Sie die Einträge zum Beispiel nach Datum, Webseite, nach meistbesuchten oder zuletzt besuchten Seiten ordnen.

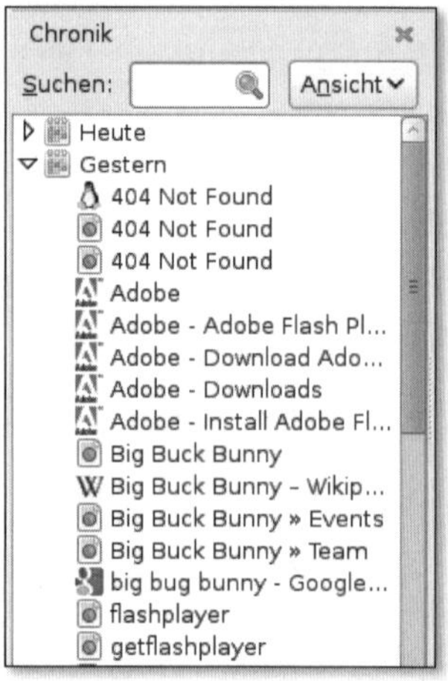

Abbildung 12.2 Über die Sidebar greifen Sie schnell auf Chronik und Lesezeichen zu.

Suchen und Finden

Einen schnellen Zugriff auf verschiedene Suchmaschinen im Internet bietet Firefox über das Eingabefeld neben dem Adressfeld: Geben Sie einfach den Begriff ein, und drücken Sie (Eingabe). Über ein Pulldown-Menü blenden Sie eine Liste verfügbarer Suchmaschinen ein. Weitere Einträge ergänzen Sie ebenfalls in diesem Menü über SUCHMASCHINEN VERWALTEN. Klicken Sie auf SUCHMASCHINEN VERWALTEN, und wählen Sie aus dem reichhaltigen Angebot aus. Firefox bittet in einem Dialogfenster um Bestätigung – fertig.

[+] Eine andere Möglichkeit zur schnellen Suche im WWW bietet Firefox, wenn Sie ein Wort einer Webseite markieren und mit der rechten Maustaste darauf klicken. Das Kontextmenü enthält einen Punkt, über den Sie mit der aktuell eingestellten Suchmaschine nach dem Begriff im Netz fahnden.

Für sämtliche Suchmaschinen können Sie sogenannte Schlüsselwörter für die Suche über die Adresszeile definieren – das spart Zeit und Mausklicks.

Öffnen Sie dazu die Webseite der Suchmaschine, und klicken Sie mit der rechten Maustaste ins Eingabefeld. Wählen Sie aus dem Kontextmenü den Eintrag Ein Schlüsselwort für diese Suche hinzufügen. Im folgenden Dialog definieren Sie zunächst einen Namen für die Seite, dann das Kürzel und zuletzt den Ordner, in dem dieses Lesezeichen abgelegt werden soll (der Standardordner heißt Lesezeichen). Anschließend geben Sie in die Adresszeile einfach das Kürzel, gefolgt vom Suchbegriff, ein und drücken `Eingabe`, um die Suche zu starten.

Um die aktuelle Webseite zu durchsuchen, wählen Sie aus dem Menü Bearbeiten • Suchen oder geben einfach die Tastenkombination `Strg` + `F` ein, um permanent eine Suchleiste am unteren Fensterrand einzublenden. Alternativ drücken Sie `Umschalt` + `7` (also /), um die untere Leiste nur temporär anzuzeigen – diese verschwindet nach kurzer Zeit automatisch oder wenn Sie `Esc` drücken.

Suche bei der Eingabe

Klicken Sie im Menü Bearbeiten • Einstellungen • Erweitert auf dem Reiter Allgemein im Bereich Eingabehilfen in die Checkbox neben Suche bereits beim Eintippen starten. Anschließend geben Sie den Suchbegriff direkt ins Browserfenster ein, und Firefox blendet die Suchleiste automatisch am unteren Fensterrand ein.

Firefox konfigurieren

Sie konfigurieren den Browser über Bearbeiten • Einstellungen. Hier finden Sie verschiedene Bereiche, in denen Sie beispielsweise die Startseite festlegen, Schriftarten und Farben einrichten, bevorzugte Sprachen wählen, Einstellungen zum Datenschutz vornehmen, Popup-Fenster blockieren, Java und JavaScript aktivieren und vieles mehr.

Einige Einstellungen erreichen Sie über interne Seiten, die mit »about:« beginnen. Wenn Sie in die Adresszeile »about:config« eingeben, erhalten Sie eine Auflistung aller Konfigurationen und Erweiterungen – inklusive der Einstellungen, die Sie nicht über den Einrichtungsdialog erreichen. Ein entsprechender Hinweis warnt Sie, dass diese Einrichtungsmöglichkeiten für erfahrene Anwender gedacht und mit Vorsicht zu genießen sind. Einen guten Überblick über die Konfigurationsmöglichkeiten bietet die MozillaZine Knowledge Base.[2]

Ein Doppelklick auf die Einträge schaltet Optionen ein und wieder aus oder öffnet eine Dialogbox, über die Sie die jeweiligen Werte anpassen. Einstellungen, die ein Benutzer verändert hat, präsentiert Firefox in Fett-

2 *http://kb.mozillazine.org/Firefox_:_FAQs_:_About:config_Entries.*

schrift. Sie stellen den Standardwert einer Option wieder her, indem Sie den Eintrag mit der rechten Maustaste anklicken und aus dem Kontextmenü ZURÜCKSETZEN wählen.

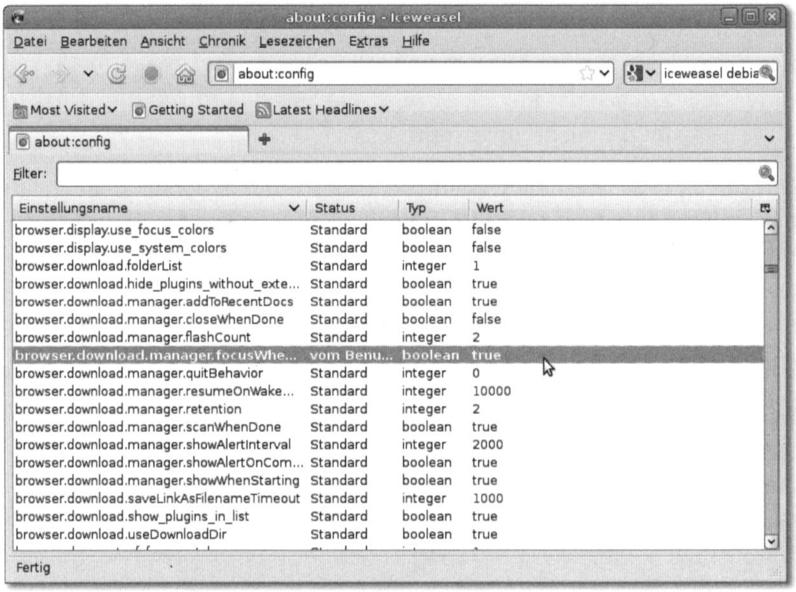

Abbildung 12.3 Mit »about:config« listen Sie sämtliche Firefox-Einstellungen auf.

Firefox-Erweiterungen

Für Firefox gibt es zahlreiche Erweiterungen, die Sie per Mausklick oder per Drag & Drop installieren. Für letztere Methode genügt es, eine entsprechende Datei mit der Endung *.xpi* (zum Beispiel aus dem Dateimanager) ins Browserfenster zu ziehen. Das Modul SOFTWARE-INSTALLATION startet daraufhin; über einen Klick auf JETZT INSTALLIEREN starten Sie den Vorgang. Alternativ wählen Sie aus dem Firefox Menü EXTRAS den Punkt ADD-ONS. Auf dem ersten Reiter (ADD-ONS SUCHEN) finden Sie Empfehlungen mit der Möglichkeit, diese direkt zu installieren.

Add-on-Webseite

Wenn Sie oben im Fenster auf ALLE ADD-ONS ANSEHEN klicken, öffnet sich die deutsche Add-on-Webseite[3] mit Links zu verschiedenen Extensions, Themes und Plugins. Wenn Sie auf einen Eintrag klicken, sehen Sie weitere Angaben zur Erweiterung, unter anderem die Information, für welche Firefox-Version sie gedacht ist. Der Link INSTALLIEREN lädt das Add-on herunter und spielt es ein; nach dem nächsten Neustart des Browsers stehen die neuen Erweiterungen zur Verfügung.

3 *https://addons.mozilla.org/de/firefox/*

Auf ähnliche Weise werden Sie die Add-ons wieder los. Öffnen Sie den ERWEITERUNGEN-Dialog, markieren Sie den entsprechenden Eintrag mit der Maus, und klicken Sie auf DEAKTIVIEREN (Erweiterung temporär ausschalten) oder DEINSTALLIEREN. Hier finden Sie ebenfalls einen Button zum Aktualisieren der Erweiterungen. Dies ist sinnvoll, wenn Sie eine neue Firefox-Version installiert haben.

[+] Meine persönlichen Favoriten sind »CoolPreviews« (Vorschau für verlinkte Bilder und Webseiten bei einfachem Mauskontakt), »Download Statusbar« (ersetzt das externe Download-Fenster durch einen Statusbalken unten links im Browserfenster), »PDF Download« (erweiterte Einstellungen für PDF-Dokumente, darunter die automatische Umwandlung in HTML-Dateien), »Session Manager« (Sitzungsverwaltung für Firefox), »ColorfulTabs« (färbt jeden Reiter in einer anderen Farbe ein) und »Screengrab« (erstellt Screenshots von Webseiten und einzelnen Frames).

Der Einrichtungsdialog bietet zwar zahlreiche Möglichkeiten, den Browser abzusichern, und auch im Internet stehen zahlreiche Erweiterungen zur Verfügung, die das Programm noch besser vor Angriffen schützen. Generell gilt: Prüfen Sie, welche Plugins Sie wirklich benötigen, denn jede zusätzlich installierte Erweiterung stellt natürlich auch wieder ein mögliches Risiko dar und geht außerdem auf Kosten der Performance. Die folgenden Add-ons sichern Firefox weiter ab:

- **NoScript**
  Skriptblocker
  Mit dieser Erweiterung legen Sie genau fest, welche Domains aktive Inhalte (Java, JavaScript, Flash usw.) ausführen dürfen. Das Plugin blockiert zunächst alle Skripte. Erst mit Ihrer ausdrücklichen Erlaubnis schaltet NoScript eine Domain frei. Ein kleines durchgestrichenes »S« unten rechts im Browserrahmen zeigt an, dass das Plugin seinen Dienst verrichtet. Über einen Klick auf dieses Symbol richten Sie NoScript ein, geben eine Domain (auf Wunsch temporär) frei oder heben Berechtigungen wieder auf.
- **Controle de Scripts**
  Etwas weniger radikal als NoScript geht dieses Plugin vor. Im Einrichtungsdialog (Menü EXTRAS • SCRIPT-MANAGER) stellen Sie auf dem Reiter BERECHTIGUNGEN ganz genau ein, welche JavaScript-Aktionen Sie verbieten wollen. Auch das Verhalten von Popup-Fenstern legen Sie auf dem entsprechenden Reiter fest. Ein Blick in das englische Handbuch[4] lohnt sich.

4 *http://controledescripts.mozdev.org/help/welcome.xhtml*

- **CookieCuller**
  Diese Erweiterung zielt weniger auf die Sicherheit ab, sondern bietet etwas für Benutzer, denen ihre Privatsphäre wichtig ist. CookieCuller zeigt eine Auflistung der Cookies auf dem eigenen Rechner, deren Inhalt und woher diese kommen. Sie können gezielt einzelne Cookies schützen oder entfernen oder mit einem Klick auf REMOVE ALL COOKIES alle auf einen Rutsch von der Platte werfen. Wenn Sie möchten, dass CookieCuller alle nicht geschützten Cookies beim Start löscht, aktivieren Sie das Feature im Einrichtungsdialog, den Sie über den Firefox-Add-on-Manager erreichen.

- **httProxy**
  Auch dieses Plugin schützt Ihre Privatsphäre: Mit httProxy surfen Sie bequem über einen Proxy-Server Ihrer Wahl. Das Add-on stellt in der Voreinstellung bereits zahlreiche Server zur Auswahl; alternativ richten Sie einen Webproxy Ihrer Wahl ein. Die Seite *http://www.proxyliste.com/* beispielsweise listet zahlreiche Server auf, über die Sie anonym surfen. Nach der Einrichtung des Servers klicken Sie auf das httProxy-Symbol rechts oben neben dem Suchfeld, um die aktuelle Webseite mit dem jeweiligen Anonymisierungsdienst aufzurufen.

Themes

Im Netz gibt es jede Menge Themes, die das optische Erscheinungsbild des Browsers aufpeppen. Gehen Sie im Dialog EXTRAS • ADD-ONS zum Reiter THEMES, um vorhandene Themes zu verwalten. Der folgende Dialog zeigt Ihnen bereits installierte Oberflächen an. Um Firefox einen neuen Look zu verpassen, gehen Sie etwa zur deutschen Add-on-Webseite[5] und klicken links auf THEMES. Ist die richtige Oberfläche nicht dabei, werfen Sie einen Blick auf *http://www.firefox-hacks.de/themes.html* oder *http://customize.org/firefox*. Wie bei den Erweiterungen folgen Sie dem Link zu INSTALLIEREN, um das Theme einzuspielen und Firefox neu zu starten. Im Theme-Manager aktivieren Sie anschließend die neue Oberfläche über den Button THEME BENUTZEN.

[+] Sie können die Themes genau wie die Add-ons zunächst auf die eigene Festplatte laden und anschließend manuell installieren. Das funktioniert sogar, wenn Sie diese Dateien per Drag & Drop auf den Theme-Manager oder das Hauptfenster des Browsers ziehen.

Außerdem bietet der Theme-Manager Schaltflächen zum Deinstallieren und Aktualisieren der Themes. Sollten Sie eine neue Firefox-Version einspielen, ist es sinnvoll, auch das entsprechende Theme zu aktualisieren.

---

5 *https://addons.mozilla.org/de/firefox*

Dazu öffnen Sie den Add-on-Manager und klicken unten links im Dialogfenster auf AKTUALISIEREN – der Rest läuft automatisch.

Abbildung 12.4 Verpassen Sie dem Browser einen neuen Look.

12.1.2 Epiphany

Das GNOME-Projekt bringt seinen eigenen Webbrowser mit. Epiphany[6] basiert auf Gecko, der Rendering Engine von Mozilla, und erinnert von der Bedienung her oft an Mozilla Firefox (siehe Abschnitt 12.1.1 ab Seite 299), ist aber nicht ganz so überladen wie der Mozilla-Browser. Epiphany ist automatisch mit von der Partie, wenn Sie den GNOME-Desktop installieren. Sie starten den Browser über das Menü ANWENDUNGEN • INTERNET • EPIPHANY WEBBROWSER oder über Eingabe des Befehls `epiphany` in ein Schnellstart- (`Alt` + `F2`) oder Terminalfenster.

Navigation

Debian Bug Tracker

Über die Adresszeile geben Sie URLs oder Suchbegriffe ein; Epiphany bietet in einem Dropdown-Menü schon einmal besuchte Seiten aus der History oder dem Lesezeichenmenü zur automatischen Vervollständigung an. Unter Debian GNU/Linux »Squeeze« ist als Suchmachine zudem der Debian Bug Tracker eingerichtet. Als letzter Punkt in der Liste taucht jeweils IM WEB SUCHEN auf, was eine Google-Suche nach dem Begriff startet. Die Buttons in der Werkzeugleiste bringen Sie vor und zurück oder zur Startseite. Hier befinden sich ebenfalls Schaltflächen, welche die zuletzt besuchten Seiten und die Lesezeichen in einem Extra-Fenster öffnen.

6 *http://www.gnome.org/projects/epiphany/*

Epiphany hat ebenfalls Tabbed Browsing im Angebot. Die Funktionalität und die Bedienung ähneln der von Firefox: Ein Klick mit der rechten Maustaste auf einen Reiter öffnet ein Kontextmenü, über das Sie Reiter nach links oder rechts verschieben und schließen. Das Menü REITER bietet weitere Funktionen. Wenn Sie einen Link mit der mittleren Maustaste anklicken, öffnet der Browser diesen automatisch in einem neuen Tab; ein Rechtsklick auf Verknüpfungen öffnet ein Kontextmenü, über das Sie weitere Optionen erreichen, beispielsweise LINK IN NEUEM FENSTER ÖFFNEN, LINK HERUNTERLADEN oder LINK-ADRESSE KOPIEREN.

Suchfunktionen

Die Tastenkombination (Strg) + (F) (Menü BEARBEITEN • SUCHEN) öffnet ein Suchfeld am unteren Fensterrand. Alternativ drücken Sie (Umschalt) + (7) (also /) und geben den gesuchten Begriff ein; Epiphany zeigt die Ergebnisse schon während der Eingabe hervorgehoben an.

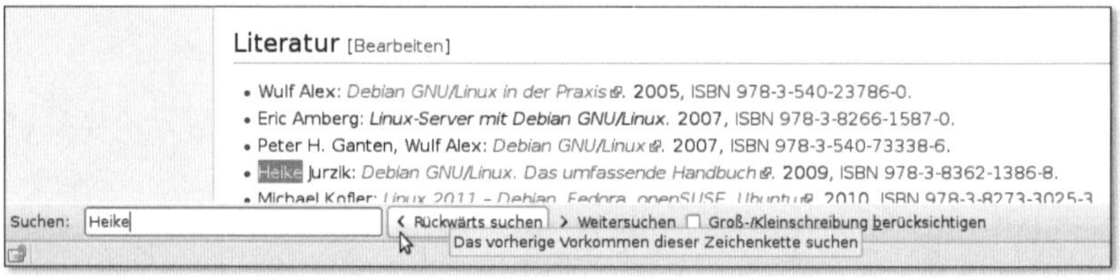

Abbildung 12.5 Epiphany zeigt gefundene Suchbegriffe während der Eingabe an.

Suche im Web Ein Feld neben der Adresszeile für die Websuche gibt es bei Epiphany nicht. Stattdessen geben Sie einen Suchbegriff in das Adressfeld selbst ein und drücken (Pfeil ab). Standardmäßig sind zwei Suchmaschinen definiert: IM WEB SUCHEN (Google-Abfrage) und das DEBIAN BUG TRACKING SYSTEM. Eine neue Suchoption fügen Sie hinzu, indem Sie zur entsprechenden Webseite gehen, nach etwas suchen und auf der Seite mit den Ergebnissen mit der rechten Maustaste auf den Hintergrund klicken. Wählen Sie LESEZEICHEN HINZUFÜGEN aus dem Kontextmenü. Im folgenden Dialogfenster bearbeiten Sie den neuen Eintrag: Im Feld ADRESSE schneiden Sie alle Zeichen hinter dem Fragezeichen ab und ersetzen sie durch »%s«. Bestätigen Sie über HINZUFÜGEN. Das neue Lesezeichen erscheint nun als Suchoption in der Adresszeile.

Epiphany konfigurieren

Über das Menü BEARBEITEN • EINSTELLUNGEN öffnen Sie einen Einrichtungsdialog. Hier konfigurieren Sie die Startseite des Browsers, das Verzeichnis für Downloads, Schriften und Farben, Java, JavaScript, das

Verhalten von Popup-Fenstern, Cookies, Spracheinstellungen und vieles mehr. Welche Menü- und Werkzeugleisten Epiphany einblendet, stellen Sie über Ansicht ein.

GConf

Einige Einrichtungsmöglichkeiten haben die Entwickler aus dem Dialog ausgelagert. Sie finden viele Features daher im GConf-Editor (siehe Abschnitt 8.8 ab Seite 236), den Sie beispielsweise über Alt + F2 und Eingabe von `gconf-editor` aufrufen. Navigieren Sie links in den Bereich APPS • EPIPHANY, und setzen Sie im rechten Bereich die entsprechenden Schlüssel.

Epiphany-Erweiterungen

Jede Menge Add-ons für den GNOME-Browser liefert Debian GNU/Linux in eigenenen Paketen (*epiphany-extensions* und *epiphany-extensions-more*) aus. Sie schalten diese Add-ons über das Menü Werkzeuge • Erweiterungen an und aus. Informationen zu den Erweiterungen finden Sie auf der Projekthomepage.[7]

Abbildung 12.6 Epiphany bringt die Add-ons in eigenen Debian-Paketen mit.

7 *http://www.gnome.org/projects/epiphany/extensions.html*

12.1.3 Konqueror

KDEs Konqueror[8] wurde als Dateimanager unter KDE SC 4 zwar von Dolphin abgelöst, ist aber nach wie vor Bestandteil der Desktopumgebung. Wer sich nicht umgewöhnen möchte, nutzt Konqueror weiter als Dateimanager, er leistet aber auch als Dateibetrachter, FTP-Client (siehe Abschnitt 12.3.1 ab Seite 346) und Webbrowser gute Dienste. Sie starten den Browser beispielsweise durch Eingabe von `konqueror` in eine Konsole oder ein Schnellstartfenster (Alt + F2).

Abbildung 12.7 Das Browserfenster von Konqueror

Navigation

In der Hauptwerkzeugleiste finden Sie Schaltflächen zur Navigation. Alternativ verwenden Sie die Tastatur zur Navigation, indem Sie Alt + Pfeil rechts (vor) und Alt + Pfeil links (zurück) drücken. Ein Klick auf das Symbol mit dem Haus bringt Sie zur Startseite (Standard ist die KDE-Homepage[9]). Alternativ tippen Sie die URL in die Adressleiste; ein Klick auf das Kreuz leert sie.

Tabbed Browsing

Auch Konqueror ermöglicht Tabbed Browsing. Die KDE-Sitzungsverwaltung merkt sich die geöffneten Reiter, wenn Sie sich abmelden, sodass Konqueror beim nächsten KDE-Start die zuletzt besuchten URLs automa-

8 *http://www.konqueror.org/*
9 *http://www.kde.org/*

tisch wieder lädt. Einen neuen Tab öffnen Sie über das Menü DATEI • NEUES UNTERFENSTER (Tastenkombination (Strg) + (T)). Unter der Adressleiste erscheint nun eine weitere Leiste für die Reiter. Hier finden Sie auch Schaltflächen, um weitere Tabs zu öffnen oder Reiter zu schließen. Um einen Link einer Webseite direkt in einem neuen Unterfenster zu öffnen, klicken Sie die Verknüpfung mit der mittleren Maustaste an.

[+] Den Inhalt und die Position der einzelnen Tabs können Sie in einem sogenannten Ansichtsprofil abspeichern und damit mit nur einem Klick auf die gespeicherten Reiter zugreifen. Dazu wählen Sie aus dem Menü EINSTELLUNGEN • ANSICHTSPROFILE VERWALTEN und geben Ihrem Profil einen Namen. Aktivieren Sie die Checkbox ADRESSEN IM PROFIL SPEICHERN, und bestätigen Sie mit einem Klick auf SPEICHERN. Sobald Sie das nächste Mal Ihre »Tab-Sammlung« benötigen, rufen Sie aus dem Menü EINSTELLUNGEN den Punkt ANSICHTSPROFIL LADEN auf und wählen das eigene Profil aus.

Abbildung 12.8 Speichern Sie »Tab-Sammlungen« in Ansichtsprofilen ab.

Konqueror konfigurieren

Sämtliche Möglichkeiten, den Browser zu konfigurieren, finden Sie im Menü EINSTELLUNGEN • KONQUEROR EINRICHTEN. Im Bereich SURFEN IM INTERNET legen Sie fest, wie Konqueror mit Lesezeichen, Unterfenstern und Webformularen umgehen soll. Außerdem finden Sie hier Einrichtungsmöglichkeiten zur Maustastenbelegung. Über die Symbole der linken Fensterhälfte erreichen Sie auch die Konfiguration von JAVA & JAVASCRIPT, WERBEFILTER, ERSCHEINUNGSBILD, COOKIES und die WEBKÜRZEL. Einrichtungsdialog

[»] Eines der praktischsten Features ist das Arbeiten mit Webkürzeln in der Adresszeile; der Browser bietet für zahlreiche Suchmaschinen bereits vordefinierte Kurzbefehle. Um beispielsweise eine Google-Suche nach »debian« zu starten, geben Sie in die Adresszeile »gg:debian« ein und drücken (Eingabe). Die Wikipedia befragen Sie über »wp:debian« – das Tippen langer URLs können Sie sich damit sparen.

Konqueror-Erweiterungen

Plugins einrichten Das Paket *konq-plugins* (automatisch installiert) bietet einige nützliche Erweiterungen für die Arbeit mit Konqueror. Sie konfigurieren die Erweiterungen über das Menü EINSTELLUNGEN • KONQUEROR EINRICHTEN. In der linken Baumansicht gehen Sie zu SURFEN IM INTERNET • ERWEITERUNGEN. Hier stellen Sie nicht nur allgemeine Verhaltensweisen ein (GLOBALE EINSTELLUNGEN), sondern suchen auch automatisch nach neuen Plugins oder legen fest, dass KDE bei jedem Start selbstständig prüft, ob es neue Erweiterungen gibt.

In der Voreinstellung bietet der KDE-Browser im Menü EXTRAS Erweiterungen wie die Download-Verwaltung, Tools zum Vorlesen von Webseiten, zum Übersetzen in verschiedene Sprachen, einen Werbeblocker, zur Archivierung von Webseiten und zur Einrichtung sowie zur Änderung der Browserkennung. Bei der Umwandlung in andere Sprachen kommt das Babelfish-Plugin zum Einsatz.[10]

12.1.4 Browsen im Textmodus

Die grafische Oberfläche hat gerade ein Problem, und Sie wollen nach der Lösung im Internet suchen? Sie möchten HTML-Dokumente mit nur einem Befehl in gut lesbare Textdokumente umwandeln oder mitgelieferte Handbücher im HTML-Format auf der Shell lesen? Gründe dafür, einen rein textbasierten Browser zu benutzen, gibt es viele. Mit den Programmen Lynx, Links und W3m stehen Ihnen drei Tools zum Surfen auf der Kommandozeile zur Verfügung.

Lynx

Den Textbrowser Lynx[11] installieren Sie, indem Sie das Paket *lynx* einspielen. Beim Programmstart auf der Konsole geben Sie eine URL oder den Pfad zu einer lokalen HTML-Datei an, zum Beispiel:

---

10 *http://de.babelfish.yahoo.com/*
11 *http://lynx.browser.org/*

```
lynx www.debian.org
```

oder:

```
lynx /home/benutzer/www/index.html
```

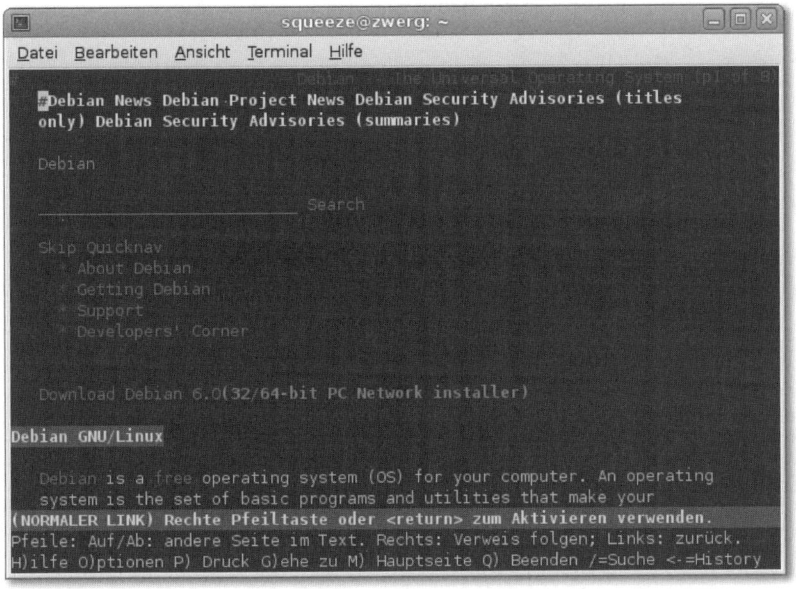

Abbildung 12.9 Browsen im Textmodus: Lynx in Aktion

Ohne Maus

Lynx steuern Sie ganz ohne Maus ausschließlich über die Tastatur. Am unteren Fensterrand des Terminals blendet der Textbrowser eine Legende der Tastenkürzel zu den wichtigsten Programmfunktionen ein. Die folgende Tabelle fasst diese zusammen und bietet eine Übersicht.

Tasten	Funktion
`Umschalt` + `ß` (also ?)	Startet die Lynx-Onlinehilfe (Alternative: `H`).
`Q`	Beendet das Programm mit einer Sicherheitsabfrage, ob Sie Lynx wirklich verlassen wollen.
`Umschalt` + `Q`	Beendet den Textbrowser ohne Nachfrage.
`Pfeil auf`, `Pfeil ab`	Blättert vorwärts und rückwärts durch die Links.
`Bild auf`, `Bild ab`	Blättert seitenweise vor oder zurück.
`Pfeil rechts`	Folgt einem Link (Alternative: `Eingabe`).
`Pfeil links`	Geht zur vorigen Seite zurück.

Tabelle 12.1 Tastaturkommandos für Lynx

Tasten	Funktion
K	Blendet eine Liste aller verfügbaren Kommandos ein.
M	Geht zurück zur Hauptseite – je nachdem, welche Tastaturbelegung Sie verwenden, müssen Sie dies bestätigen.
G	»Gehe zu«: Erlaubt, eine neue URL einzugeben.
Umschalt + G	Geht zur letzten URL bzw. erlaubt, diese Adresse zu modifizieren.
L	Listet alle sichtbaren Links im aktuellen Dokument auf.
P	Öffnet die Druckeroptionen; Sie können das Dokument in eine lokale Datei speichern, die Datei als E-Mail versenden, eine Druckausgabe auf dem Bildschirm vorbereiten oder die Seite an einen Drucker schicken.
D	Lädt die aktuelle Seite zusammen mit allen Grafikdateien auf den eigenen Rechner.
A	Fügt die aktuelle Seite den eigenen Bookmarks hinzu; per Tastendruck wählen Sie, ob Sie das aktuelle Dokument speichern oder wirklich ein Lesezeichen erstellen wollen.
V	Öffnet die Lesezeichenverwaltung; hier können Sie Links entfernen; eine Sicherheitsabfrage findet statt.
Strg + A	Springt an den Seitenanfang.
Strg + E	Springt ans Seitenende.
Strg + R	Lädt die Seite neu.
Umschalt + 7 (also /)	Startet die Suchfunktion.
Rückschritt	Öffnet eine History der zuletzt besuchten Seiten.
O	Öffnet ein Menü, in dem Sie Ihre persönliche Konfiguration anpassen. Hier richten Sie beispielsweise den Zeichensatz, Farben oder die Tastaturbelegung ein.

Tabelle 12.1 Tastaturkommandos für Lynx (Fortsetzung)

Aufrufparameter

Der Browser Lynx bietet darüber hinaus einige praktische Kommandozeilenparameter, die Sie beim Programmstart übergeben. Soll beispielsweise direkt die Lesezeichenübersicht geöffnet werden, so lautet der Befehl:

```
lynx --book
```

Beim Start können Sie Lynx die Option `--editor=vim` übergeben. Natürlich darf hier auch ein anderer Editor benannt werden; wer lieber mit dem (X)Emacs arbeitet, schreibt hier entsprechend `--editor=(x)emacs`. Betrachten Sie nun mit Lynx eine lokale Datei, auf die Sie Schreibzugriff haben, drücken Sie im laufenden Betrieb (E), und der vorher definierte Editor öffnet das Dokument. Nach dem Beenden des Editors verwenden Sie (Strg) + (R), um die HTML-Seite in Lynx neu zu laden.

HTML in Text konvertieren

Mit nur einem Befehl wandeln Sie mit Lynx HTML-Seiten in gut formatierte Textdateien um. Dazu setzen Sie beim Aufruf den Parameter `-dump` ein und leiten die Ausgabe über das >-Zeichen in eine Datei um, wenn Sie den Output nicht am Bildschirm betrachten wollen.

```
lynx -dump www.debian.org > debian.txt
lynx -dump /pfad/zur/datei.html > datei.txt
```

[«]

Der Parameter `-dump` steht auch für die beiden Textbrowser Links und W3m zur Verfügung. Zur Umleitung der Ausgabe bei Shell-Befehlen lesen Sie auch Abschnitt 18.6.1 ab Seite 594.

Links

Der Textbrowser Links[12] steht in zwei Versionen zur Verfügung: *links* und *links2*. Der Nachfolger bietet alle Features des Originalprogramms, besitzt jedoch zusätzlich einen grafischen Modus (`links2 -g`), der mit verschiedenen Grafikbibliotheken (X11, SVGAlib, FB oder DirectFB) zusammenarbeitet. Auch Links können Sie direkt beim Start mit der Zieladresse (remote oder lokal) füttern. Starten Sie das Programm ohne eine solche Angabe, erscheint beim ersten Start eine englische Willkommensmeldung, die verrät, dass Sie über (Esc) das Menü und damit auch die Hilfe erreichen.

Im Gegensatz zu Lynx lässt sich dieser Textbrowser wahlweise mit der Tastatur oder der Maus steuern. Letzteres erfordert natürlich entweder eine grafische Arbeitsumgebung oder das GPM (General Purpose Mouse Interface, Mauszeiger auf der Konsole). So blenden Sie das Menü beispielsweise nicht nur über (Esc) ein, sondern auch, wenn Sie mit der Maus in die oberste Zeile klicken. Über den Menüpunkt SETUP (EINSTELLUNGEN) passen Sie Links an eigene Bedürfnisse an. So wählen Sie hier eine Sprache und einen Zeichensatz aus, konfigurieren die Optionen für

12 *http://www.jikos.cz/~mikulas/links/*

das Terminal (Farbe, Form des Cursors usw.), die Netzwerkeinstellungen und vieles mehr.

[!] Sichern Sie die Konfiguration über SETUP (EINSTELLUNGEN) • SAVE OPTIONS (OPTIONEN SPEICHERN), da diese sonst beim Verlassen des Programms verloren geht. Alle Einstellungen finden Sie in der Datei *links.cfg* im versteckten Ordner *~/.links* beziehungsweise *~/.links2* des eigenen Home-Verzeichnisses.

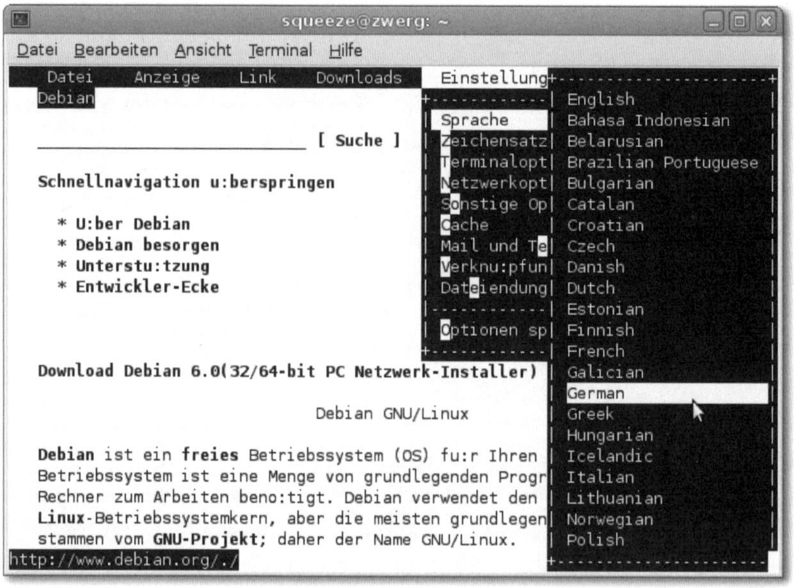

Abbildung 12.10 Links bietet ein Menü in der obersten Zeile.

Da hinter den Menüeinträgen jeweils immer die Tastenkürzel stehen, prägen sich die Kommandos schnell ein. Die folgende Tabelle fasst die gebräuchlichsten Tastaturbefehle zusammen.

Tasten	Funktion
Esc	Blendet die Menüzeile ein und aus.
Umschalt + Q	Verlässt Links, ohne nachzufragen.
Q	Fragt nach, ob Sie Links beenden wollen.
Pfeil auf, Pfeil ab	Blättert vorwärts und rückwärts durch die Links.
Bild auf, Bild ab	Blättert seitenweise vor oder zurück.
Pfeil rechts	Folgt dem Link.

Tabelle 12.2 Tastaturkommandos für Links

Tasten	Funktion
Pfeil links	Geht einen Schritt in der History zurück.
G	»Gehe zu«: Erlaubt die Eingabe einer neuen URL.
Umschalt + G	Geht zur letzten URL bzw. erlaubt, diese Adresse zu modifizieren.
D	Speichert die Seite als lokale Kopie auf Ihrem Rechner.
Umschalt + 7 (also /)	Sucht im aktuellen Dokument (vorwärts).
Umschalt + ß (also ?)	Sucht im aktuellen Dokument (rückwärts).
N	Springt zum nächsten Suchbegriff.
Umschalt + N	Springt zum vorherigen Suchbegriff.
Umschalt + 0 (also =)	Öffnet ein Fenster mit Informationen (URL, Größe, Zeichensatz, Webserver usw.) zum aktuellen Dokument.
\	Zeigt den Quellcode der Seite an.
A	Fügt ein Lesezeichen hinzu.
S	Öffnet die Lesezeichenverwaltung.
Strg + R	Lädt die Seite neu.

Tabelle 12.2 Tastaturkommandos für Links (Fortsetzung)

Um einem Link zu folgen, drücken Sie Pfeil rechts oder klicken mit der Maus auf die Verknüpfung. Wenn Sie dazu die rechte Maustaste verwenden, öffnet sich ein Kontextmenü, aus dem Sie wählen können, ob Sie dem Link folgen, ihn in einem neuen Fenster öffnen, ihn speichern, ein Bild anzeigen oder speichern wollen.

Text markieren

Da Links die Maus zur Steuerung verwendet, können Sie nicht wie gewohnt Text mit der linken Maustaste markieren und so in die Zwischenablage kopieren. Mit einem kleinen Trick umgehen Sie diese Einschränkung: Halten Sie zusätzlich die Taste Umschalt gedrückt, und wählen Sie dann mit der linken Maustaste einen Bereich aus.

Um aus dem Textbrowser heraus externe Betrachter für verschiedene Dateitypen (zum Beispiel PDF-Dokumente und Bilder) aufzurufen, richten Sie zuerst die Helfer-Applikationen ein. Dazu konfigurieren Sie die MIME-Typen (Multipurpose Internet Mail Extensions) und die zugehörigen Programme über das Menü EINSTELLUNGEN • VERKNÜPFUNGEN • HINZUFÜGEN. Tragen Sie einen frei wählbaren Namen ein sowie den Inhaltstyp (MIME-Typ) und das Programm, mit dem Links Dateien dieses Typs öffnen soll. Um einen Betrachter für PDF-Dateien einzustellen, schreiben Sie etwa ins Feld BEZEICHNUNG den Ausdruck »PDF-Dateien«, bei MIMETYP(EN) tragen Sie »application/pdf« ein, bei PROGRAMM etwa »xpdf %«.

Dateiendungen definieren

Anschließend definieren Sie über den Menüpunkt EINSTELLUNGEN • DATEIENDUNGEN • HINZUFÜGEN die möglichen Dateiendungen. Tragen Sie ins Feld ERWEITERUNG(EN) sämtliche Endungen durch Kommata getrennt ein, also zum Beispiel »PDF,pdf«, und geben Sie wieder denselben MIMETYP an (in diesem Fall »application/pdf«). Vergessen Sie im Anschluss daran nicht, Ihre Änderungen über EINSTELLUNGEN • OPTIONEN SPEICHERN zu sichern. Treffen Sie das nächste Mal auf ein eingebettetes PDF-Dokument, bietet Links an, dieses zu speichern oder mit dem gewählten Betrachter anzuzeigen.

W3m

Der dritte Textbrowser im Bunde ist W3m[13] (Paket *w3m*). Anders als bei Lynx und Links übergeben Sie beim Start unbedingt eine lokale Datei oder URL, da W3m sonst nur eine Kurzhilfe auf der Konsole ausgibt. W3m bedienen Sie wahlweise über die Tastatur oder mit der Maus; sogar das Mausrad funktioniert. Um etwas in die Zwischenablage zu kopieren, halten Sie die Taste `Umschalt` gedrückt und markieren den Text mit der Maus. Die wichtigsten Tastaturbefehle verrät die folgende Tabelle.

Tasten	Funktion
`Umschalt` + `H`	Blendet die Hilfe ein.
`O`	Öffnet den Konfigurationsdialog.
`Q`	Beendet den Browser mit Sicherheitsabfrage.
`Umschalt` + `Q`	Beendet W3m, ohne nachzufragen.
`Leertaste`	Blättert seitenweise nach vorne.
`B`	Blättert seitenweise nach hinten.
`G`	Springt in die erste Zeile des aktuellen Dokuments.
`Umschalt` + `G`	Springt ans Ende des aktuellen Dokuments.
`U`	Zeigt die Verknüpfungsadresse unter einem Link an.
`Tabulator`	Springt zum nächsten Link im Dokument.

Tabelle 12.3 W3m-Tastaturkommandos

13 *http://w3m.sourceforge.net/*

Tasten	Funktion
Esc + Tabulator	Springt zum vorigen Link im Dokument.
Eingabe	Folgt der Verknüpfung.
Umschalt + B	Geht einen Schritt in der History zurück.
Umschalt + U	»Gehe zu« – geben Sie die URL ein.
Esc + A	Fügt ein Lesezeichen hinzu.
Esc + B	Zeigt die eigenen Bookmarks an.
Umschalt + 7 (also /)	Sucht vorwärts im aktuellen Dokument.
Umschalt + ß (also ?)	Sucht rückwärts im aktuellen Dokument.
V	Zeigt den Quelltext an; erneutes Betätigen der Taste bringt Sie wieder zur normalen Browseransicht zurück.
Umschalt + E	Öffnet das Dokument in dem Texteditor, den Sie in den Optionen eingerichtet haben.
Umschalt + R	Lädt das Dokument neu.
S	Zeigt eine Übersicht der zuletzt besuchten Seiten.
Esc + S	Speichert das Dokument unter einem frei wählbaren Namen auf der Festplatte.

Tabelle 12.3 W3m-Tastaturkommandos (Fortsetzung)

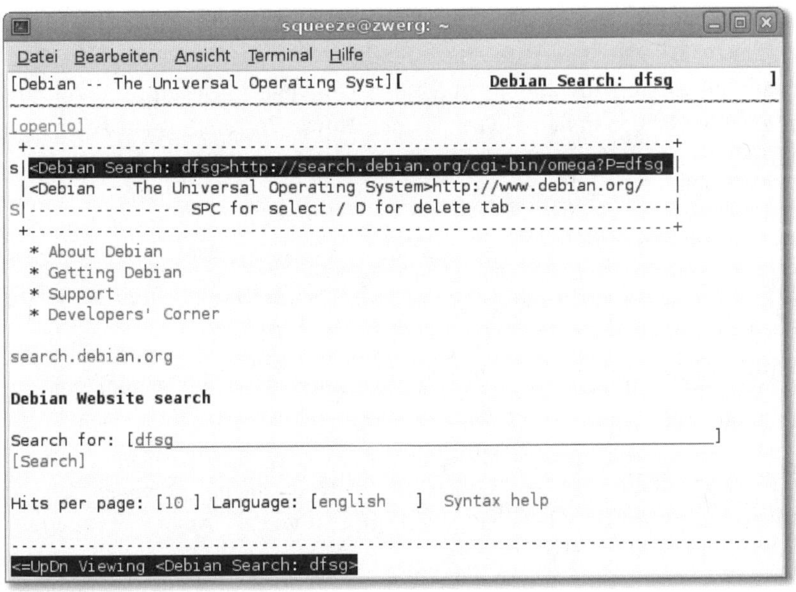

Abbildung 12.11 W3m in Aktion – mit zwei geöffneten Tabs

Im Einrichtungsdialog (Taste (O)) konfigurieren Sie unter anderem Zeichensatz, Farben, Eingabefelder und einen Texteditor. W3m speichert die Einstellungen in der Datei *config* im Ordner *~/.w3m*; hier finden Sie außerdem Ihre Lesezeichen (*bookmark.html*).

Tabbed Browsing

W3m beherrscht Tabbed Browsing. Über (Umschalt) + (T) öffnen Sie einen neuen Reiter, und am oberen Rand erscheint nun eine Statuszeile mit den geöffneten Tabs. Mit (AltGr) + (0) (»}«) navigieren Sie nach rechts; die Tastenkombination (AltGr) + (7) (»{«) bringt Sie einen Reiter nach links. Um den aktuellen Tab zu schließen, drücken Sie (Strg) + (Q). Der Shortcut (Esc) + (T) öffnet einen Auswahldialog, über den Sie schnell zu einem bestimmten Reiter navigieren.

Zusammenspiel der Textbrowser mit anderen Programmen

Die drei Textbrowser lassen sich gut mit anderen Konsolenprogrammen kombinieren. Wenn Sie HTML-Seiten zum Beispiel im Editor Vim (siehe Abschnitt 16.2 ab Seite 478) erstellen und bearbeiten, sorgt

```
map <F10> :!links %<CR>
```

in der Konfigurationsdatei des Editors (*~/.vimrc*) dafür, dass bei einem Druck auf die Taste (F10) im Befehlsmodus der Browser Links das HTML-Dokument anzeigt. Ersetzen Sie `links` durch `lynx` oder `w3m`, wenn Sie einen anderen Browser bevorzugen.

[+] Wer elektronische Post mit dem Mailclient Mutt (siehe Abschnitt 12.2.4 ab Seite 330) erledigt, kann einen Textbrowser dazu verwenden, HTML-Mails in Text umzuwandeln und ohne Umwege im Mailprogramm anzuzeigen. Dazu erstellen Sie im eigenen Home-Verzeichnis zunächst eine Datei namens *~/.mailcap* und schreiben in diese zum Beispiel:

```
text/html; lynx -dump -force_html %s; needsterminal; ↩
copious output;
```

Ersetzen Sie in diesem Aufruf `lynx` durch `w3m` oder `links`, wenn Sie einen der anderen Textbrowser bevorzugen.

Anschließend tragen Sie in die Konfigurationsdatei des Mailclients die folgende Zeile ein:

```
set mailcap_path = ~/.mailcap
```

Mutt präsentiert HTML-Anhänge von nun an wie »normale« Textmails.

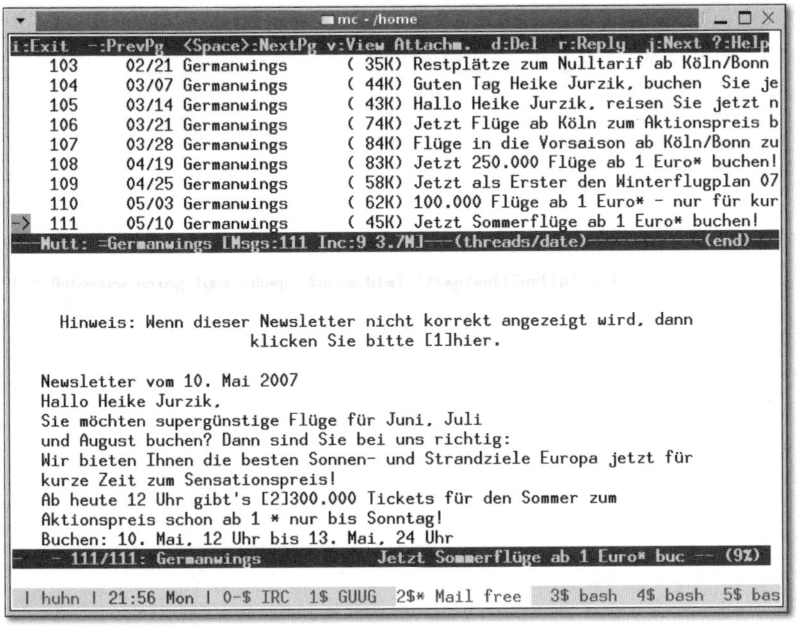

Abbildung 12.12 HTML-Mails sind dank eines Textbrowsers kein Problem mehr.

12.2 E-Mail

Auch für die elektronische Post bietet Linux jede Menge interessante Anwendungen. Die folgenden Abschnitte stellen zunächst Thunderbird (Icedove), Evolution und KMail als grafische E-Mail-Programme vor und führen dann kurz in den textbasierten Client Mutt ein. Außerdem erfahren Sie in diesem Teil mehr zu Mailfiltern und zur Verschlüsselung mit GnuPG.

12.2.1 Mozilla Thunderbird (Icedove)

Neuer Name

Als Mail- und Newsprogramm bietet die Mozilla Application Suite das Programm Thunderbird[14]. Auch diese Anwendung erfuhr unter Debian GNU/Linux eine Umbenennung. Sie heißt jetzt Icedove. Spielen Sie als Administrator die Pakete *icedove* und *icedove-l10n-de* (für die deutsche Sprachanpassung) ein. Anschließend starten Sie das Mailprogramm beispielsweise über ein Schnellstartfenster (`Alt` + `F2`) oder Terminal, in das Sie `icedove` eingeben. Alternativ finden Sie Icedove in den Startmenüs der Desktopumgebungen in der Abteilung INTERNET.

14 *http://www.thunderbird-mail.de/*

Konfiguration

Beim ersten Start begrüßt Sie ein Dialogfenster, das Ihnen bei der Einrichtung eines Kontos hilft. Tragen Sie Ihren Namen, die Mailadresse und ein Passwort ein; Thunderbird befragt anschließend den Anbieter und präsentiert (bei bestehender Internetverbindung) gefundene Einstellungen für Ihr Mailkonto. Wenn Sie später weitere Identitäten hinzufügen wollen, starten Sie den Assistenten über das Menü Datei • Neu • E-Mail-Konto oder Anderes Konto (Blogs und Newsfeeds, Newsgruppen usw.).

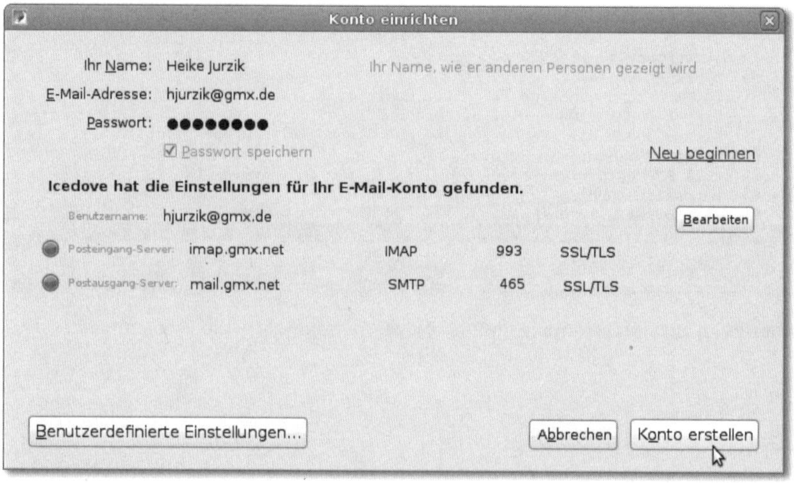

Abbildung 12.13 Sind Sie mit den Vorschlägen nicht zufrieden, klicken Sie auf »Benutzerdefinierte Einstellungen«.

POP und IMAP

POP (Post Office Protocol) ist das »klassische« Übertragungsprotokoll für elektronische Post von einem Mailserver auf den heimischen Rechner. Nachrichten können von einem Server heruntergeladen, angezeigt und gegebenenfalls direkt auf dem Server gelöscht werden. IMAP (Internet Message Access Protocol) bietet mehr Möglichkeiten: Die Nachrichten verbleiben standardmäßig auf dem Server und können dort auch in unterschiedlichen Ordnern verwaltet werden. Bietet Ihr Internet Service Provider einen IMAP-Server an, sortieren Sie Ihre Mails sogar von mehreren Rechnern aus (zum Beispiel im Büro und zu Hause) und sehen immer dieselbe Struktur und dieselben Nachrichten.

Konto nachträglich einrichten

Weitere Einstellungen nehmen Sie über Bearbeiten • Konten-Einstellungen vor. In der Übersicht links sehen Sie alle bereits eingerichteten Identitäten. Unter Server-Einstellungen konfigurieren Sie beispielsweise, wann und wie oft Thunderbird nach neuen E-Mails schaut, ob die Nachrichten auf dem Server verbleiben sollen (POP) und vieles mehr.

Wo Entwürfe und Vorlagen landen, ob Blindkopien von E-Mails automatisch an eine bestimmte Adresse gehen und wo Thunderbird gesendete Nachrichten speichert, stellen Sie im Bereich KOPIEN & ORDNER ein.

[!]

Standardmäßig ist im Bereich VERFASSEN & ADRESSIEREN das Erstellen im HTML-Format aktiviert. Schalten Sie diese Funktion am besten ab, wenn Sie mit Benutzern kommunizieren, die Mails im Textmodus bevorzugen.

Größenbeschränkung

Darüber hinaus können Sie unter SYNCHRONISATION & SPEICHERPLATZ einen Filter definieren, der Mails ab einer bestimmten Größe nicht herunterlädt. Den Versand und Erhalt von EMPFANGSBESTÄTIGUNGEN lassen Sie am besten abgeschaltet. Unter S/MIME-SICHERHEIT landen die Daten zur Verschlüsselung von Nachrichten. Neben der Konfiguration einzelner Konten finden Sie allgemeine Einrichtungsmöglichkeiten über das Menü BEARBEITEN • EINSTELLUNGEN. Hier konfigurieren Sie das Fensterlayout, Klänge, Farben, Schriftarten, Zeichensätze und vieles mehr.

E-Mails verfassen und lesen

Klicken Sie auf den Button VERFASSEN, um eine neue E-Mail zu erstellen. Wenn Sie mehrere Konten konfiguriert haben, wählen Sie über ein Dropdown-Menü die Absenderadresse aus. Über ANSICHT • KONTAKTE-SIDEBAR (Taste F9) blenden Sie am linken Rand Ihre Adressbücher ein, sodass Sie die Kontakte schnell als Empfänger eintragen können.

Abbildung 12.14 Mozilla Thunderbird bietet schnellen Zugriff auf Adressbücher.

Ein Attachment fügen Sie über den Button ANHANG in der Werkzeugleiste zur Nachricht hinzu. Alternativ ziehen Sie eine oder mehrere Dateien per

Drag & Drop in die rechte Ecke des Nachrichtenfensters neben das Feld BETREFF. Um die Mail direkt auf die Reise zu schicken, klicken Sie auf SENDEN. Alternativ schieben Sie die Nachricht in den Postausgang, indem Sie im Menü DATEI • SPÄTER SENDEN wählen. Alle E-Mails im Postausgang erwischen Sie auf einmal, wenn Sie mit der rechten Maustaste auf das Ordnersymbol klicken und im Kontextmenü NACHRICHTEN JETZT SENDEN wählen.

Über ABRUFEN laden Sie neue Post für alle Konten gleichzeitig herunter. Um nur ein Postfach abzufragen, klicken Sie auf den kleinen Pfeil neben dem Symbol und wählen aus dem ausklappenden Menü das gewünschte Konto aus. Sie sortieren Ihre Nachrichten, indem Sie Mails per Drag & Drop auf einen neuen Ordner ziehen. Ein anderer Weg führt über das Kontextmenü der rechten Maustaste: Wählen Sie zum Beispiel VERSCHIEBEN IN oder KOPIEREN IN und dann den gewünschten Ordner.

Mailfilter

Thunderbird bietet Filterfunktionen zum automatischen Sortieren an. Über NACHRICHT • FILTER AUS NACHRICHT ERSTELLEN verwenden Sie die aktuelle Mail als Vorlage. Alternativ gehen Sie auf EXTRAS • FILTER, wählen ein Konto und klicken auf NEU, um die Regeln zu definieren. Anschließend können Sie in der Filterübersicht gezielt Filter ein- und ausschalten oder die Filter auf bestimmte Postfächer anwenden (Dropdown-Menü am unteren Fensterrand). Mehrere Filter arbeitet Thunderbird der Reihe nach ab. Klicken Sie abschließend auf JETZT AUSFÜHREN, und Thunderbird sortiert nach den vorgegebenen Kriterien.

12.2.2 Evolution als Mailclient

Evolution verwaltet als Personal Information Manager von GNOME (siehe Abschnitt 13.6.1 ab Seite 385) Adressen, Termine und Nachrichten. Die folgenden Abschnitte stellen das integrierte Mailprogramm vor.

Konfiguration

Unter GNOME finden Sie das Programm im Menü ANWENDUNGEN • BÜRO • EVOLUTION; im Bereich INTERNET gibt es ebenfalls einen Eintrag, der die Mailkomponente des Programms startet. Alternativ starten Sie den Personal Information Manager über ein Schnellstartfenster (Alt + F2), in das Sie `evolution` eingeben.

Beim ersten Start begrüßt Sie der Einrichtungsassistent, der Sie sicher durch die Konfiguration der einzelnen Komponenten führt. Klicken Sie auf VOR, um mit der Einrichtung zu beginnen. Über ZURÜCK gehen Sie zu den früher vorgenommenen Einstellungen. Machen Sie im folgenden

Dialog Angaben zu Ihrer Identität; tragen Sie hier mindestens den vollen Namen und eine E-Mail-Adresse ein. Die Checkbox DIESES ZUM VORGABEKONTO MACHEN ist standardmäßig aktiviert; weitere Postfächer können Sie aber später hinzufügen und auch zum Standardkonto erklären.

Klicken Sie auf VOR, und definieren Sie im nächsten Dialog, woher Sie Ihre Nachrichten beziehen. Das Dropdown-Menü bietet hier unter anderem an, einen POP-, IMAP- oder lokalen Server zu konfigurieren. Des Weiteren richten Sie hier Zugänge zu einem Newsserver oder einem lokalen Verzeichnis mit E-Mails für den Import ein. Im folgenden Dialog definieren Sie, ob und in welchen Abständen Evolution automatisch nach neuen Nachrichten sehen soll. Dies ist nur sinnvoll, wenn Sie ständig mit dem Internet verbunden sind. Hier aktivieren Sie auch eine Checkbox, wenn Sie E-Mails nach dem Abrufen auf dem Server belassen wollen. Als Nächstes definieren Sie einen Server für den Postausgang. Zur Wahl stehen hier ein SMTP-Server Ihres Providers sowie ein lokaler Mailserver. Im folgenden Fenster wählen Sie einen Namen für das gerade eingerichtete Konto – das war's.

Weitere Einstellungen

Die im Einrichtungsassistenten vorgenommenen Einstellungen und weitere Konfigurationsmöglichkeiten finden Sie im Menü BEARBEITEN unter EINSTELLUNGEN. Hier fügen Sie zum Beispiel weitere E-Mail-Konten hinzu, richten verwendete Schriftarten und Farben ein, definieren, ob Nachrichten im HTML-Format verschickt werden sollen, und nehmen Einstellungen für die automatische Rechtschreibprüfung vor.

[+]

Damit Evolution Sie auf Vertipper aufmerksam macht, benötigt das Programm im Hintergrund das Paket *aspell*. Spielen Sie weitere Wörterbücher ein (z. B. *aspell-en* oder *aspell-fr*), damit der GNOME-Mailclient weitere Sprachen lernt.

E-Mails verfassen und lesen

Um eine E-Mail zu verfassen, klicken Sie in der Werkzeugleiste auf NEU und wählen aus dem Dropdown-Menü den Eintrag E-MAIL-NACHRICHT. Alternativ starten Sie eine neue Nachricht über (Strg) + (N). Wenn Sie Ihre Mails mit einer Signatur versehen wollen, wählen Sie aus dem Dropdown-Menü eine vorher erstellte Signatur aus. Neben persönlichen Informationen schreiben viele Benutzer Zitate oder ASCII-Grafiken in die Signatur; diese sollte jedoch nicht länger als vier Zeilen sein. Alternativ gehen Sie auf AUTOMATISCH ERZEUGT, und Evolution setzt automatisch Ihren Namen und Ihre Mailadresse unter die Nachricht. Mit einem Klick auf ANLAGE HINZUFÜGEN klappen Sie einen Bereich für E-Mail-Anhänge aus und suchen die Attachments im Dateiauswahldialog aus. Alternativ ziehen Sie Anlagen per Drag & Drop in den Bereich.

Mail sofort oder später senden

Über ABSCHICKEN versenden Sie die Mail. Wer zunächst mehrere Nachrichten schreiben und diese erst zu einem späteren Zeitpunkt alle zusammen versenden will, wählt aus dem Menü DATEI den Eintrag ALS ENTWURF SPEICHERN. Klicken Sie nun auf ABSCHICKEN, verschiebt das Mailprogramm die Nachricht in den Ordner AUSGANG. Sobald Sie auf VERSCHICKEN/ABRUFEN klicken, befördert Evolution die Mails zum Empfänger und prüft gleichzeitig, ob neue Nachrichten für Sie eingetroffen sind.

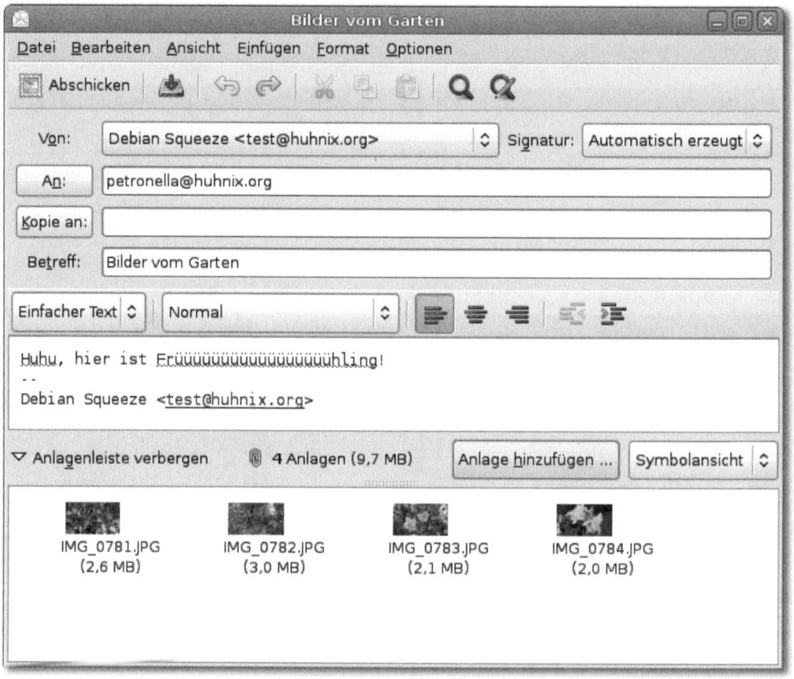

Abbildung 12.15 Alle Attachments im Blick – Evolution blendet Anhänge ein.

Über NEU • E-MAIL-ORDNER legen Sie neue Folder für Ihre E-Mails an. Sie sortieren die Post anschließend bequem über Drag & Drop in diese Ordner ein. Wenn Sie nicht von Hand sortieren möchten, erstellen Sie über NACHRICHT • REGEL ANLEGEN Filter. Im Menü NACHRICHT finden Sie außerdem Funktionen, mit denen Sie aus Mails Ereignisse, Besprechungen, Aufgaben und Notizen anlegen.

12.2.3 KMail

In KDEs Personal Information Manager Kontact (siehe Abschnitt 13.6.2 ab Seite 386) integriert, leistet KMail[15] gute Dienste; Sie können das Mailprogramm aber auch als eigenständige Anwendung benutzen. Nach dem Start konfigurieren Sie den Mailclient über den Menüpunkt EINSTELLUNGEN • KMAIL EINRICHTEN.

Konfiguration

Standardidentität

Unter IDENTITÄTEN richten Sie Ihre persönlichen Daten für eines oder mehrere Mailkonten ein. Klicken Sie auf HINZUFÜGEN, und geben Sie dem Konto einen neuen Namen. Anschließend tragen Sie auf dem Reiter ALLGEMEIN Ihren Namen und Ihre E-Mail-Adresse in die Felder ein. Der erste Eintrag wird automatisch zur Standardidentität. Wenn Sie hier weitere Postfächer anlegen, so können Sie später problemlos ein anderes zum Standard erklären. KMail unterstützt sowohl OpenPGP als auch S/MIME – auf dem Reiter KRYPTOGRAFIE verraten Sie dem Mailprogramm, wo die entsprechenden Schlüssel liegen (siehe Abschnitt 12.2.5 ab Seite 340).

Das verwendete Wörterbuch, die Ordner für versandte Nachrichten und Entwürfe, eine andere Antwortadresse (Reply-To) sowie eine Adresse für Blindkopien (Bcc) oder andere Antwortadressen definieren Sie unter ERWEITERT. Auch die lokalen Ordner für verwendete und empfangene Post konfigurieren Sie hier. Auf dem Reiter SIGNATUR stellen Sie ein, ob KMail Ihre Nachrichten signiert und welcher Textbaustein unter den Mails steht.

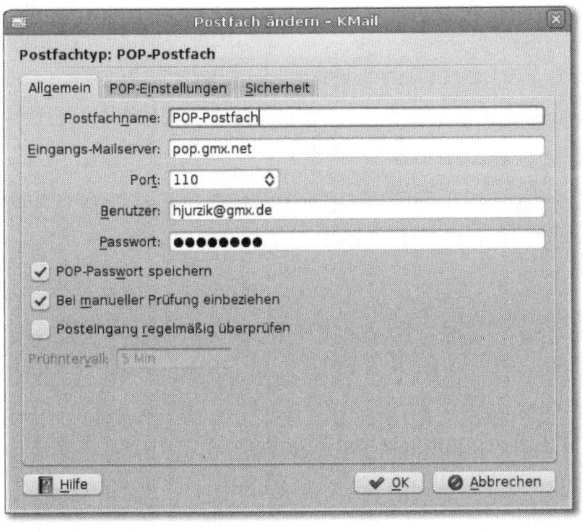

Abbildung 12.16 In diesem Dialog richten Sie den Empfang von Mails ein.

15 *http://userbase.kde.org/Kmail*

Im Haupteinrichtungsdialog richten Sie links unter ZUGÄNGE alles ein, was das Senden und den Empfang von Nachrichten betrifft. Unter EMPFANG definieren Sie, wie die Post auf Ihren Rechner gelangt, zum Beispiel über ein LOKALE MAILBOX, einen POP3- oder einen IMAP-Server. Hier stellen Sie auch Audiosignale für die Benachrichtigungsfunktionen ein und legen fest, ob KMail direkt beim Start nach neuer Mail suchen soll. Im Bereich VERSAND konfigurieren Sie beispielsweise einen lokalen Mailserver oder den Zugang zum SMTP-Server Ihres Providers sowie den Zeitpunkt für das Versenden der Nachrichten im Ordner POSTAUSGANG.

POP3 Wenn Sie Mails von einem POP3-Server abholen, konfigurieren Sie für diesen ebenfalls, ob die abgeholten Nachrichten auf dem Server verbleiben oder gelöscht werden. Einige Provider, vor allem FreeMailer wie Web.de und GMX, beschränken die Größe der Postfächer. In solchen Fällen ist es sinnvoll, die Post direkt beim Abholen auf dem Server zu löschen, da der Account sonst vielleicht irgendwann »überläuft«. Es ist ebenfalls sinnvoll und möglich, Mails herauszufiltern, die eine bestimmte Größe überschreiten.

Das Aussehen von KMail stellen Sie im Bereich ERSCHEINUNGSBILD ein. Hier konfigurieren Sie Schriftarten, Farben, die Datumsanzeige, ob KMail in der Kontrollleiste auftaucht und vieles mehr. Sie können das Icon nur einblenden, wenn neue Mail da ist, oder es immer anzeigen. Ist neue Post eingetroffen, so erscheint eine Zahl über dem Symbol und verrät, wie viele neue Mails warten.

Unter E-MAIL-EDITOR richten Sie unter anderem das automatische Anhängen von Signaturen, die Zitierweise, Einleitungszeilen und Zeilenumbrüche ein. Möchten Sie zum Verfassen von Mails ein anderes Programm verwenden, markieren Sie auf dem Reiter ALLGEMEIN die Checkbox EXTERNEN EDITOR VERWENDEN und geben ins Feld den Programmnamen ein. Weitere Konfigurationsmöglichkeiten betreffen Floskeln für die Antworten, die Formatierung der Betreffzeilen und Zeichensätze.

[+] Auf dem Reiter ANHÄNGE richten Sie ein äußerst praktisches KMail-Feature ein. In der Voreinstellung ist die Option SUCHE NACH FEHLENDEN ANHÄNGEN AKTIVIEREN eingeschaltet. Im Feld darunter sehen Sie Schlüsselwörter. Wenn Sie einen dieser Begriffe in einer E-Mail verwenden und dennoch nichts an die Nachricht anhängen, geht KMail davon aus, dass Sie das Attachment vergessen haben, und erinnert Sie daran. Über HINZUFÜGEN nehmen Sie neue Wörter in die Liste auf und ergänzen die vordefinierten Ausdrücke, beispielsweise um »Dateianhang« oder »angehängt«.

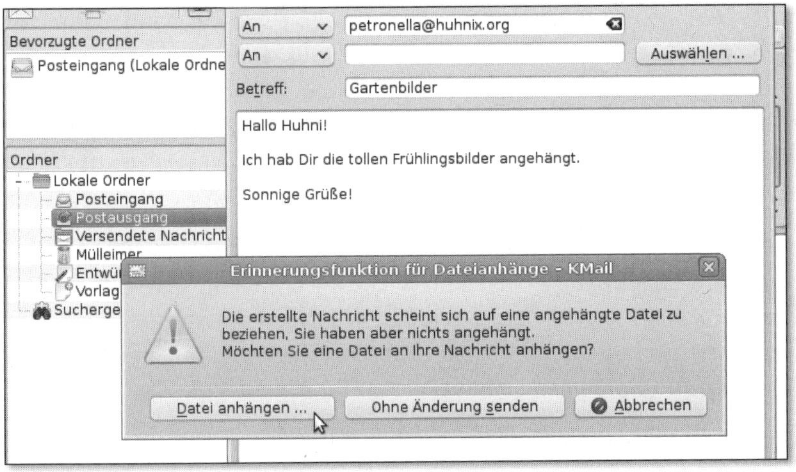

Abbildung 12.17 Äußerst praktisch: KMail erinnert Sie an vergessene Attachments.

Ordnerverwaltung

Der Punkt DIVERSES im Konfigurationsdialog bietet Einrichtungsmöglichkeiten für die Verwaltung der KMail-Ordner. Hier stellen Sie unter anderem ein, welchen Ordner das Mailprogramm beim Start präsentiert, ob Nachrichten nach einer bestimmten Zeitspanne als gelesen markiert werden sollen, ob beim Beenden von KMail der Mülleimer geleert werden soll und ob KMail Ihre Nachrichten im Maildir- oder MBox-Format verwaltet. Voreingestellt ist MAILDIR – das heißt, jede Nachricht wird in einer eigenen Datei abgelegt. Im MBox-Format hingegen entspricht jeder Mailordner einer einzigen Datei, in der alle Nachrichten hintereinandergehängt werden. Wenn Sie große Mengen an E-Mails verwalten, ist MAILDIR empfehlenswert, da der Zugriff einfach schneller ist.

E-Mails verfassen und lesen

Um eine neue E-Mail zu verfassen, klicken Sie auf das Symbol ganz links in der Werkzeugleiste oder drücken `Strg` + `N` und geben den Empfänger, eventuelle Kopien und den Betreff ein. Die Werkzeugleiste stellt verschiedene Icons für die wichtigsten Funktionen zur Verfügung. Hier finden Sie Buttons, um die Mail zu senden oder in den Postausgangsordner zu verschieben, um eine oder mehrere Dateien anzuhängen, um die Nachricht zu signieren und vieles mehr. Klicken Sie auf den Button SENDEN, oder drücken Sie `Strg` + `Eingabe`, um eine Mail abzuschicken. Alternativ legen Sie sämtliche Nachrichten zunächst in den Ordner ENTWÜRFE und versenden diese später.

In der Voreinstellung verfasst KMail keine Nachrichten im HTML-Format. Klicken Sie im Nachrichten-Editor unter OPTIONEN den Punkt FORMATIE-

RUNG (HTML) an, so blendet der Mailclient eine weitere Symbolleiste mit Icons für die Hervorhebung in fett, kursiv, unterstrichen oder in Farbe ein. Es tauchen ebenfalls drei Schaltflächen auf, über die Sie den Text rechtsbündig, linksbündig oder zentriert formatieren. HTML-Mails sieht allerdings nicht jeder Nutzer gern, und einige Linuxer sortieren solche Nachrichten schon vor dem Lesen aus.

Neue Mails rufen Sie über den Button NACH E-MAIL SEHEN oder DATEI • NACH EMAIL SEHEN beziehungsweise NACH EMAIL SEHEN IN ab. Das letztere Menü bietet an, nur Nachrichten für einen bestimmten Account abzurufen. Ankommende Mails sortieren Sie manuell oder automatisch in bestimmte Unterverzeichnisse.

Mailfilter Um ankommende Nachrichten automatisch zu filtern, gehen Sie im Menü EINSTELLUNGEN auf FILTER EINRICHTEN. Über die zahlreichen fertigen Optionen der Dropdown-Menüs legen Sie schnell Ausschlusskriterien fest. Auch für eigene Filter ist hier Platz. Im unteren Bereich (FILTERAKTIONEN) stellen Sie ein, wie KMail mit Nachrichten verfährt, auf welche die Kriterien zutreffen. Voreingestellt sind Aktionen zum Weiterleiten, durch Programme leiten, Klang abspielen und viele mehr.

12.2.4 Mutt

Kommandozeilenfans finden in diesem textbasierten Mailclient alles, was das Herz begehrt: Mutt[16] aus dem gleichnamigen Paket bietet unter anderem POP3- und IMAP-Unterstützung, gute Integration von GnuPG (siehe Abschnitt 12.2.5 ab Seite 340), verschiedene Mailbox-Formate. Der Client ist vielseitig konfigurierbar und kommt auch problemlos mit großen Mengen von E-Mails zurecht. Als textbasierte Anwendung arbeitet Mutt darüber hinaus hervorragend mit anderen Kommandozeilen-Programmen zusammen. So bringen Sie Ihre Mails beispielsweise zusammen mit `a2ps` zum Ausdrucken in Form (siehe Abschnitt 7.3.4 ab Seite 211) oder lesen HTML-Mails direkt im Client mit einem textbasierten Browser (siehe Abschnitt 12.1.4 ab Seite 320).

Konfiguration

Bevor Sie das Mailprogramm zum ersten Mal starten, konfigurieren Sie den Client. Mutt verwendet standardmäßig die systemweiten Einstellungen unter */etc/Muttrc*. Die eigene Konfiguration bringen Sie im Home-Verzeichnis in der versteckten Datei *~/.muttrc* unter, die zuerst ausgewertet

16 *http://www.mutt.org/*

wird, bevor sich das Programm der systemweiten Konfiguration zuwendet. Am besten nehmen Sie diese als Vorlage und kopieren sie ins eigene Heimatverzeichnis:

```
cp /etc/Muttrc ~/.muttrc
```

Aufbau der »~/.muttrc«

Sie bearbeiten die Datei anschließend in einem Texteditor (siehe Kapitel 16 ab Seite 475). Kommentare erkennen Sie am vorangestellten Rautezeichen; der Ausdruck `set` aktiviert Variablen oder weist diesen einen bestimmten Wert zu. Um eine Variable auszuschalten, verwenden Sie den Ausdruck `unset`.

Mails eines POP3-Postfachs fragen Sie ab, indem Sie beim Start von Mutt den Servernamen übergeben (siehe Abschnitt 12.2.4, auf Seite 333). Alternativ richten Sie den Zugang zum Server Ihres Providers schon in der Datei *~/.muttrc* ein, zum Beispiel mit den folgenden Einträgen:

```
# POP3-Server
set pop_host="pop://pop.provider.de"
# Benutzername:
set pop_user="<benutzername>"
# Von Hand neue Mails abrufen:
unset pop_checkinterval
# Mails nach dem Herunterladen löschen:
set pop_delete=yes
```

Bietet der POP3-Server SSL-Verschlüsselung (Secure Sockets Layer) an, so ersetzen Sie `pop://` im Eintrag des Servernamens durch `pops://`. Wenn Sie über eine ständige Verbindung zum Internet verfügen, lassen Sie den Eintrag `unset pop_checkinterval` weg – standardmäßig versucht Mutt dann, alle 60 Sekunden neue Post abzuholen. Um alle fünf Minuten automatisch neue Mails abzufragen, schreiben Sie stattdessen `set pop_checkinterval=300`.

Es ist darüber hinaus möglich, ein Passwort zur Authentifizierung am Server anzugeben. Der Eintrag `set pop_pass="<passwort>"` sorgt dafür, dass Sie das Kennwort nicht jedes Mal eintippen müssen. Diese Funktion stellt ein potenzielles Sicherheitsrisiko dar; sollten Sie sich dennoch dafür entscheiden, ist es eine gute Idee, die Datei *~/.muttrc* vor neugierigen Augen zu schützen und nur noch für den eigenen Benutzer les- und schreibbar zu machen (siehe auch Abschnitt 17.3 ab Seite 507):

```
chmod 600 ~/.muttrc
```

Speichern Sie die Änderungen, und starten Sie den Mailclient durch Eingabe von `mutt` in ein Terminalfenster. Beim ersten Aufruf fragt Mutt nach, ob das Verzeichnis *Mail* in Ihrem Home-Verzeichnis zur Verwaltung der elektronischen Post erstellt werden soll:

```
/home/huhn/Mail existiert nicht. Neu anlegen? ([ja]/nein):
```

Spoolfile

Mutt sucht eingehende Nachrichten im sogenannten Spoolfile; standardmäßig liegt dieses bei Debian GNU/Linux unter */var/mail/<benutzer>*. Wenn Sie den Mailserver Exim für die lokale Zustellung konfiguriert haben, sodass Systemnachrichten an Ihren Benutzeraccount zugestellt werden (siehe Abschnitt 21.2.1 ab Seite 629), haben Sie auch ein solches Spoolfile, und Mutt beschwert sich nicht.

[!] Ist kein Mailserver eingerichtet oder handelt es sich um einen neu hinzugefügten Benutzeraccount, so existiert das Spoolfile in der Regel nicht, und Sie erhalten daher eine Fehlermeldung der Art:

```
/var/mail/huhn: Datei oder Verzeichnis nicht gefunden (errno
= 2)
```

Spoolfile anlegen

Es gibt mehrere Möglichkeiten, das Problem aus der Welt zu schaffen. Der Administrator eines Systems legt beispielsweise eine solche Datei (ohne Inhalt) an, macht sie nur für den entsprechenden Benutzer les- und schreibbar und »schenkt« das Spoolfile anschließend dem Benutzer. Auf der Kommandozeile geben Sie dazu die folgenden drei Befehle ein:

```
touch /var/mail/<benutzer>
chmod 600 /var/mail/<benutzer>
chown <benutzer> /var/mail/<benutzer>
```

Mutt schreibt anschließend Ihre Mails nach */var/mail/<benutzer>*. Alternativ bringen Sie das Spoolfile in Ihrem Home-Verzeichnis – ganz ohne Eingriff des Administrators – unter. Ein guter Ort ist beispielsweise eine Datei im Ordner *Mail*. Tragen Sie dazu in die Datei *~/.muttrc* die Zeile `set spoolfile=~/Mail/mbox` ein, speichern Sie die Änderungen, und starten Sie den Mailclient neu.

Eine dritte Möglichkeit ist das Setzen der Umgebungsvariable `MAIL`. Fügen Sie der Bash-Konfigurationsdatei (*~/.bashrc*) die Zeile `export MAIL=~/Mail/mbox` hinzu, und lesen Sie die Einstellungen mit `source ~/.bashrc` neu ein.

Bietet Ihr Provider den Zugang zu einem IMAP-Server an, tragen Sie diesen beispielsweise so in die Datei *~/.muttrc* ein: **IMAP-Zugang**

```
set spoolfile=imap://provider.de/INBOX
set imap_user="<benutzername>"
```

Wenn der Server SSL-Verschlüsselung anbietet, nutzen Sie dieses Feature, damit Ihr Passwort nicht im Klartext durch das Netz wandert. Ersetzen Sie in diesem Fall für den Spoolfile-Eintrag `imap://` durch `imaps://`. Wie auch beim Zugriff über POP3 ist es möglich, das Kennwort direkt in der Konfigurationsdatei unterzubringen. Der entsprechende Eintrag lautet:

```
set imap_pass="<passwort>"
```

Wenn Sie die systemweite Konfigurationsdatei als Vorlage verwenden, finden Sie einige weitere Einträge in Ihrer eigenen Datei *~/.muttrc*, die das Aussehen der E-Mail-Header, das Handling von Threads, das Einblenden des englischen Handbuches über die Taste (F1) und die Farben betreffen. Die Einrichtungsmöglichkeiten sind so vielfältig, dass eine ausführliche Beschreibung ein ganzes Buch füllen könnte.

[+] Das offizielle Mutt-Handbuch finden Sie auf der Homepage des Projekts unter *http://www.mutt.org/doc/manual/* und auch auf Ihrer eigenen Festplatte im Verzeichnis */usr/share/doc/mutt/html*. Eine deutsche Übersetzung für ältere Mutt-Versionen gibt es auf den FTP-Seiten des Projekts.[17] Eine weitere gute Anlaufstelle ist das Mutt-Tutorial auf den SelfLinux-Seiten unter *http://www.selflinux.org/selflinux/html/mutt.html*.

E-Mails abrufen

Wie schon erwähnt, können Sie einen POP3- oder IMAP-Server nicht nur in der Konfigurationsdatei eintragen, sondern diesen auch beim Start übergeben. Dazu verwenden Sie den Parameter `-f` und definieren außerdem die Mailbox, die Mutt abrufen soll, zum Beispiel:

```
mutt -f imap://provider.de
mutt -f pop://pop.provider.de
```

Für den sicheren Zugang über SSL ersetzen Sie im Aufruf `imap://` durch `imaps://` und entsprechend `pop://` durch `pops://`. Anschließend geben Sie Ihren Benutzernamen und das Passwort auf Aufforderung ein. Beim Aufbau einer verschlüsselten Verbindung zeigt Mutt zunächst das Zertifikat des Servers und fragt nach, ob Sie es einmal oder immer akzeptieren beziehungsweise zurückweisen wollen. Um das Zertifikat dauerhaft

17 *ftp://ftp.mutt.org/mutt/doc/de/*

zu speichern, setzen Sie in der Datei *~/.muttrc* die Variable `certificate_file`:

```
set certificate_file=~/.mutt/certificates
```

Wenn Sie die Zugänge bereits in der Mutt-Konfigurationsdatei eingerichtet haben, sieht die Verbindungsaufnahme anders aus. Starten Sie Mutt ohne weitere Parameter. Im Fall eines IMAP-Servers nimmt der Client direkt Verbindung auf; um einen POP3-Server abzufragen, betätigen Sie die Tastenkombination (Umschalt) + (G).

E-Mails lesen und verfassen

Mutt bedienen Sie ausschließlich über die Tastatur; die obere Statuszeile blendet für die jeweilige Ansicht die wichtigsten Befehle ein. Außerdem erreichen Sie eine Onlinehilfe zu den wichtigsten Tastenbelegungen jederzeit über (Umschalt) + (ß) (also ?). Das Hauptfenster zeigt den Posteingangsordner, wenn Sie den Client nicht mit `mutt -y` (zeigt die Folder in einer Übersicht) gestartet haben.

Mail-Flags Neue Mails sind mit einem `N` gekennzeichnet, alte ungelesene Nachrichten tragen ein `O`, und wenn Sie eine Mail beantwortet haben, sehen Sie hier ein `r`. Als weitere Flags kennt Mutt beispielsweise `K` (Mail mit öffentlichem Schlüssel), `P` (verschlüsselt mit PGP, GnuPG oder S/MIME), `s` (signiert, aber nicht geprüft) und `S` (Signatur geprüft, siehe auch Abschnitt 12.2.5 ab Seite 340).

Eine Nachricht öffnen Sie mit der (Eingabe)-Taste; mit dieser Taste blättern Sie auch in der Mail zeilenweise nach unten. Alternativ verwenden Sie zum Scrollen in der Post die Tasten (Bild auf) und (Bild ab). Um zur Ansicht der Inbox zurückzukehren, drücken Sie (I). Um eine Nachricht von der Inbox in einen anderen Ordner zu verschieben, drücken Sie (S) und geben anschließend den gewünschten Verzeichnisnamen ein.

Mit der Taste (C), gefolgt vom Namen, wechseln Sie in einen anderen Folder. Über (D) löschen Sie eine Mail. Sie können auch zunächst mehrere Nachrichten auswählen und die Aktionen dann auf diese Gruppe anwenden. Mit der Taste (T) »taggen« Sie die Mails – am Status-Flag * erkennen Sie die gruppierten Nachrichten. Erneutes Drücken der (T)-Taste wählt die »getaggte« Mail wieder ab. So gruppierte Mails können Sie beispielsweise gemeinsam in einem Folder abspeichern, weiterleiten, löschen und vieles mehr.

Mutt bietet einen schnellen Weg, um zurück in die Inbox zu wechseln, wenn Sie sich in einem anderen Folder aufhalten. Drücken Sie dazu [C]; und geben Sie am Prompt ein Ausrufezeichen (`!`) ein, gefolgt von [Eingabe]. **[+]**

Anzeige teilen

Wer auch beim Lesen der Mails den Posteingangsordner im Blick behalten möchte, der splittet die Anzeige in zwei Teile und zeigt oben im Bild den Mailindex und unten die geöffnete Nachricht. Tragen Sie in die Datei *~/.muttrc* beispielsweise `set pager_index_lines=10` ein, so zeigt der Index bis zu zehn Nachrichten in der Inbox an, während Sie im unteren Fensterbereich bequem durch die Mails navigieren und sie lesen.

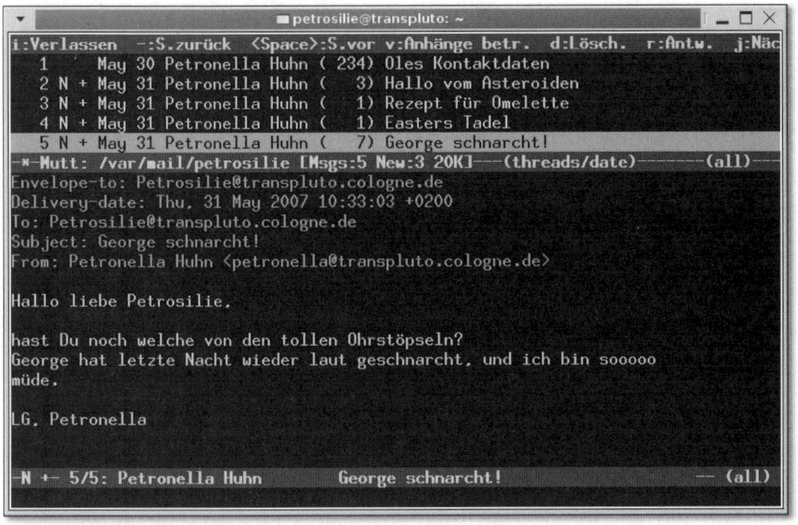

Abbildung 12.18 Geteiltes Fenster bringt doppelte Freude – und mehr Übersicht.

Ein Druck auf die Taste [V] zeigt Attachments an; auch in dieser Ansicht blättern Sie mit den Pfeiltasten vor und zurück. Um einen Anhang zu speichern, geben Sie wiederum [S] ein, und der Mailclient fragt nach, wo im Dateisystem er die Daten ablegen soll.

Eine Nachricht beantworten Sie mit der Taste [R] – standardmäßig fragt Mutt nach, an welche Adresse die Antwort gehen soll, und bietet den Absender als Voreinstellung an. Ein Eintrag der Form

```
set fast_reply=yes
```

stellt die Nachfrage ab, und Mutt antwortet nun automatisch an den Sender. Als Nächstes entscheiden Sie, ob die Originalmail als Zitat eingebunden wird. Auch diese Nachfrage können Sie über die Einstellung `set include=yes` ausschalten.

Neue Mail schreiben

Um eine neue Mail zu verfassen, drücken Sie die Taste (M). Als Erstes möchte Mutt den Empfänger wissen: Geben Sie entweder eine E-Mail-Adresse von Hand oder einen Kurznamen aus dem eigenen Adressbuch ein. Alternativ drücken Sie zweimal die Taste (Tabulator), um alle Einträge des Adressbuches zu sehen.

[+]

Ein eigenes Adressbuch erstellen Sie in wenigen Schritten mit einem Texteditor. Wenn Sie die Daten nicht in die Mutt-Konfigurationsdatei schreiben wollen, lagern Sie die Liste einfach in eine andere Datei aus (zum Beispiel *~/.mutt_alias*) und machen diese mit den folgenden Einträgen in der *~/.muttrc* bekannt:

```
set alias_file=~/.mutt_alias
source ~/.mutt_alias
```

Erstellen Sie anschließend das Adressbuch in einem Texteditor. Definieren Sie jeweils einen Kurznamen, anschließend den vollen Namen und die E-Mail-Adresse in spitze Klammern eingeschlossen:

```
alias petronella Petronella <petronella@huhnix.org>
alias egbert Egbert <egbert@huhnix.org>
```

Um die Daten des Absenders einer empfangenen Nachricht direkt ins Adressbuch zu schreiben, drücken Sie in Mutt die Taste (A): Zunächst fragt der Mailclient, unter welchem Kurznamen (`alias`) er die Adresse speichern darf. Anschließend zeigt er die E-Mail-Adresse des Senders an, fragt, wie der Teilnehmer mit richtigem Namen heißt, bittet um Bestätigung und fragt nach dem Speicherort des eigenen Adressbuches.

Mutt verwendet den unter */usr/bin/editor* definierten Texteditor (einen Link, der auf */etc/alternatives/editor* zeigt, siehe Abschnitt 5.10 ab Seite 148). Wenn Sie sich mit diesem Editor nicht anfreunden können, setzen Sie in der Datei *~/.muttrc* die Variable `editor` – hier dürfen Sie natürlich auch Programme angeben, die eine grafische Oberfläche benötigen, allerdings funktioniert Mutt dann nicht mehr auf der (virtuellen) Konsole. Wer Vim (siehe Abschnitt 16.2 ab Seite 478) für sich als Lieblingseditor entdeckt hat, stellt diesen in der Mutt-Konfigurationsdatei ein:

```
set editor="vim"
```

Nach dem Abspeichern der eigenen Nachricht bietet Mutt die Möglichkeit, die weiteren Felder für den Header auszufüllen. Über die Tastenkombination (Esc) + (F) tragen Sie den Absender (`From:`) ein, über (T) den

Adressaten (`To:`); mit (C) tragen Sie weitere Empfänger ein (`Cc:`), (R) setzt eine andere Antwortadresse (`Reply-To:`) usw. Alternativ verankern Sie solche Informationen direkt in der Datei *~/.muttrc*:

```
my_hdr From: mailadresse@provider.de
my_hdr Reply-To: mailadresse@wasanderes.de
set realname="Heike Jurzik"
```

E-Mails senden

Wenn alle Felder richtig ausgefüllt sind, schickt ein Druck auf (Y) die Mail ab. Wer keinen Mailserver oder nur die lokale Zustellung konfiguriert hat, erlebt allerdings eine Enttäuschung – anders als alle bisher vorgestellten Mailclients bietet Mutt keinen eingebauten MTA (Mail Transfer Agent), der die Mails über das SMTP-Protokoll versendet. Entweder konfigurieren Sie einen Mailserver wie Exim (siehe Kapitel 21 ab Seite 627), oder Sie greifen auf ein Programm wie `msmtp` oder `ssmtp` zurück, das die Mails annimmt und an den Server eines Providers weiterreicht. Im Folgenden stellt das Kapitel die Einrichtung von SSMTP (Secure Simple Mail Transfer Protocol) vor. Installieren Sie das Paket als Administrator, zum Beispiel über: SSMTP

```
apt-get install ssmtp
```

Das System löst Abhängigkeiten zu anderen Paketen selbstständig auf; dazu gehört auch die Deinstallation eines eventuell vorhandenen Mailservers (Exim in der Standardeinstellung). Nun beantworten Sie einige Fragen zur `ssmtp`-Konfiguration. Sollten diese bei der Installation nicht auftauchen, stoßen Sie die Einrichtung über `dpkg-reconfigure ssmtp` erneut an. Geben Sie als Erstes an, welcher Benutzer Systemmails erhalten soll (siehe auch Abschnitt 21.2.1 ab Seite 629). Wenn diese nicht an den Administrator gehen sollen, geben Sie hier den eigenen Benutzernamen ein.

Als Nächstes fragt der Einrichtungsassistent nach dem Namen des Mail-Relays; hier tragen Sie beispielsweise den SMTP-Server Ihres ISPs (zum Beispiel `mail.gmx.net` für einen GMX-Account) ein. Den vorgeschlagenen Port 25 für den Mailserver übernehmen Sie. Geben Sie dann die Absenderdomain für Ihre Mails (zum Beispiel `gmx.de`) und den vollständigen Hostnamen des eigenen Rechners an. Die Frage, ob das Überschreiben der `From:`-Zeile erlaubt werden soll, beantworten Sie mit JA, da Sie sonst in Mutt die Absenderadresse nicht eintragen können.

Die während der Installation getroffenen Entscheidungen sind keineswegs endgültig – die relevante `ssmtp`-Konfigurationsdatei befindet sich unter */etc/ssmtp/ssmtp.conf* und kann jederzeit von Hand mit einem Texteditor bearbeitet werden. Anschließend teilen Sie Mutt noch mit, wo sich der MTA befindet. Fügen Sie in die Datei *~/.muttrc* zum Beispiel die folgende Zeile ein:

```
set sendmail="/usr/sbin/ssmtp -au<benutzer> -ap<pw>"
```

Ersetzen Sie dabei `<benutzer>` und `<pw>` durch die eigenen Daten.

Interessante Mutt-Erweiterungen

»muttprint« In Abschnitt 7.3.4 ab Seite 211 haben Sie bereits eine Möglichkeit kennen gelernt, E-Mails aus Mutt heraus hübsch formatiert auf's Papier zu bringen. Eine Alternative zu diesem Vorgehen bietet das Tool `muttprint`.[18]

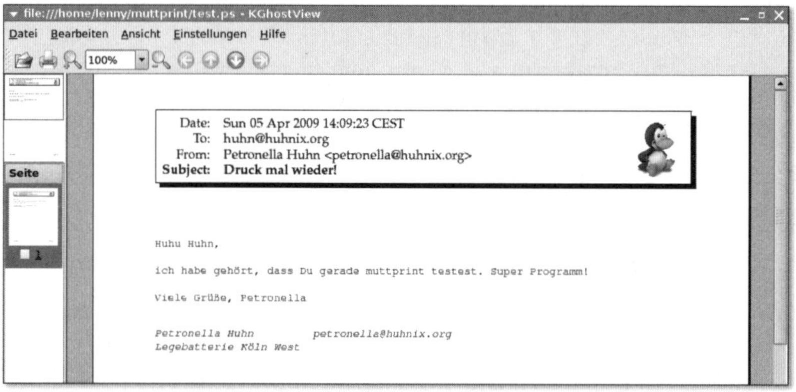

Abbildung 12.19 »muttprint« druckt Ihre E-Mails hübsch formatiert aus.

Das Tool finden Sie im Paket *muttprint*, das Handbuch in *muttprint-manual*. Das Programm setzt auf Perl sowie auf das Textsatzsystem LaTeX; sind diese Komponenten noch nicht installiert, spielt der Paketmanager sie automatisch ein. Damit der Mailclient `muttprint` als Druckkommando verwendet, tragen Sie die folgenden drei Zeilen in die Mutt-Einrichtungsdatei ein:

```
set print_command="muttprint"
set print="yes"
set print_split
```

Die Variable `print_command` kennen Sie bereits; hier steht der Druckbefehl. Die zweite Zeile sorgt dafür, dass vor dem Drucken nicht mehr nachgefragt wird, und die dritte Zeile veranlasst `muttprint`, auch beim

18 *http://muttprint.sourceforge.net/*

Druck mehrerer Mails jede einzeln zu drucken. Speichern Sie die Änderungen an der Datei *~/.muttrc*.

»~/.muttprintrc«

Als Nächstes richten Sie `muttprint` selbst ein. Am besten kopieren Sie die systemweite Vorlage in Ihr eigenes Home-Verzeichnis. Das Paket enthält gut dokumentierte Vorlagen in verschiedenen Sprachen, darunter auch in Deutsch:

```
cp /usr/share/doc/muttprint/sample-muttprintrc-de ↩
~/.muttprintrc
```

Auch diese Datei passen Sie in einem Texteditor an. Definieren Sie zunächst einen Drucker: Ist kein »echtes« Gerät angeschlossen oder eingerichtet, können Sie auf den Druck in Dateien ausweichen. Dazu kommentieren Sie die Zeile `PRINTER="lp"` mit einem vorangestellten Rautezeichen (#) aus und bestimmen in einem neuen Eintrag, in welche Datei `muttprint` druckt, zum Beispiel:

```
PRINTER="TO_FILE:/home/huhn/muttprint/datei.ps"
```

Das `PRINT_COMMAND` können Sie übernehmen; es wertet die vorher gesetzte Variable `$PRINTER` aus. Um einen kleinen Pinguin oder das Debian-Logo oben auf der Seite einzublenden, setzen Sie hinter `PENGUIN` den Pfad zur Grafikdatei. Das Paket `ospics` liefert passende Bilder, die Sie alle unterhalb des Verzeichnisses */usr/share/ospics/* finden. Für den kleinen Babypinguin könnte hier beispielsweise die folgende Zeile stehen:

```
PENGUIN="/usr/share/ospics/BabyTuX_color.eps"
```

Alternativ zu einem Bild können Sie einen X-Face-Header einbinden. Des Weiteren finden Sie Optionen für den Duplex-Druck, den Papiersparmodus, die Druckgeschwindigkeit, die Schriftart, den Header-Stil, die Kopf- und Fußzeilen, die Papiergröße, die Signatur, Mailzitate und vieles mehr. Welche Teile der Mail-Header `muttprint` zu Papier bringt, definieren Sie in der Zeile `PRINTED_HEADERS`. Über Schrägstriche und Sternchen bestimmen Sie, welche Header-Zeilen fett und welche kursiv gedruckt werden. Um das Datum kursiv, den Betreff fett und den übrigen Text der Mail normal zu formatieren, schreiben Sie beispielsweise:

```
PRINTED_HEADERS="/Date/_To_From_CC_Newsgroups_*Subject*"
```

Außerdem können Sie zwischen `10`, `11` und `12 pt` als Schriftgröße wählen und die Zeilenlänge bestimmen.

Sidebar für Mutt

Das Paket *mutt-patched* liefert eine Sidebar, die eine Übersicht der Postfächer mit neuen Nachrichten präsentiert. Nach der Installation ist nichts weiter zu tun – Sie beenden Mutt und starten den Mailclient neu. Nach dem Neustart sehen Sie am linken Rand die Postfächer mit der Anzahl der Nachrichten und in Klammern dahinter die Zahl der neuen Mails.

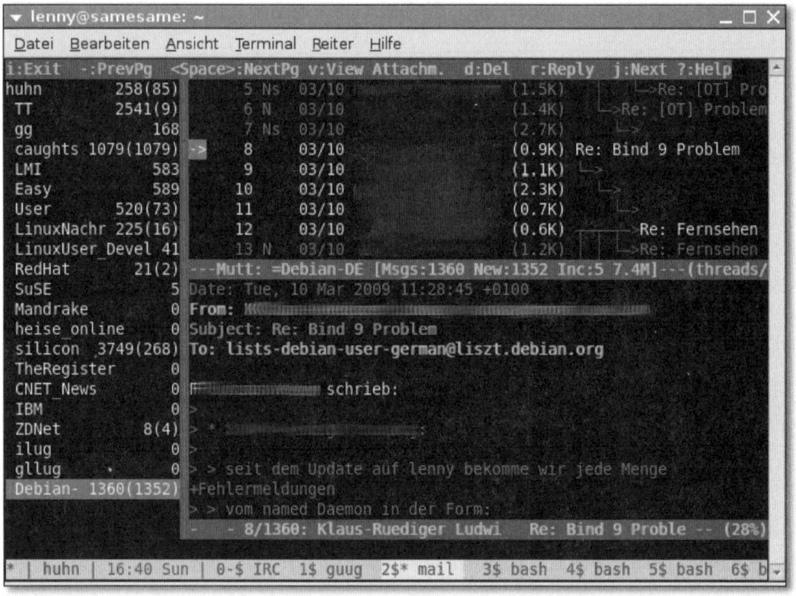

Abbildung 12.20 Mit diesem Patch zeigen Sie eine Übersicht der Mailordner an.

12.2.5 E-Mail – aber sicher!

GnuPG

Alle bisher vorgestellten E-Mail-Clients haben eines gemeinsam: Sie besitzen eine gute Integration von GnuPG (siehe auch Abschnitt 25.5 ab Seite 713),[19] sodass dem Verschlüsseln und Signieren von elektronischer Post nichts mehr im Wege steht.

Mozilla Thunderbird (Icedove) und Enigmail

Dem Mailclient der Mozilla-Suite verhelfen Sie zum GnuPG-Plugin, indem Sie das Paket *enigmail* nachrüsten. Beim nächsten Start des Mailers finden Sie einen neuen Menüpunkt OpenPGP, und auch in Extras • Add-ons auf dem Reiter Erweiterungen taucht Enigmail jetzt auf. Über OpenPGP • Einstellungen konfigurieren Sie das Plugin. Das Plugin entdeckt selbstständig den Pfad zum Binary (*/usr/bin/gpg*). Im Feld darunter definieren Sie, wie lange sich Thunderbird Ihre Passphrase für den privaten Schlüssel merkt; die Voreinstellung liegt bei fünf Minuten.

19 *http://www.gnupg.org/*

Klicken Sie auf EXPERTEN-OPTIONEN ANZEIGEN, um weitere Reiter im Einrichtungsdialog einzublenden. Auf dem Reiter SENDEN ist standardmäßig aktiviert, dass eine Nachricht automatisch auch mit dem eigenen öffentlichen Schlüssel verschlüsselt wird (»Encrypt to self«). Dies stellt sicher, dass Sie auch verschlüsselte Nachrichten später selbst noch lesen dürfen. Ebenfalls standardmäßig eingeschaltet ist die Option SCHLÜSSELN IMMER VERTRAUEN. Sie sorgt dafür, dass eine Nachricht auch dann verschlüsselt werden kann, wenn Sie dem Schlüssel noch nicht Ihr Vertrauen ausgesprochen haben. Die übrigen Reiter zeigen ebenfalls sinnvolle Voreinstellungen. Dazu gehört insbesondere im Bereich ERWEITERT die Konfiguration VERSCHLÜSSELN BEIM ANTWORTEN AUF VERSCHLÜSSELTE NACHRICHT: Diese Funktion sorgt dafür, dass Thunderbird die Antworten auf verschlüsselt eintreffende Mails ebenfalls automatisch verschlüsselt.

Eigenen Schlüssel einstellen

Nach der Einrichtung des Plugins sollten Sie das eigene Konto anpassen und Thunderbird mit dem Schlüssel bekannt machen. Dazu gehen Sie auf BEARBEITEN • KONTEN-EINSTELLUNGEN • OPENPGP-SICHERHEIT und aktivieren die Unterstützung durch einen Klick in die entsprechende Checkbox. In diesem Dialog geben Sie auch Ihre Key-ID an und stellen ein, ob verschlüsselte und unverschlüsselte E-Mails standardmäßig signiert werden. Hier geben Sie ebenfalls an, ob Thunderbird alle Nachrichten verschlüsseln soll. Aktivieren Sie außerdem die Checkbox PGP/MIME STANDARDMÄSSIG VERWENDEN.

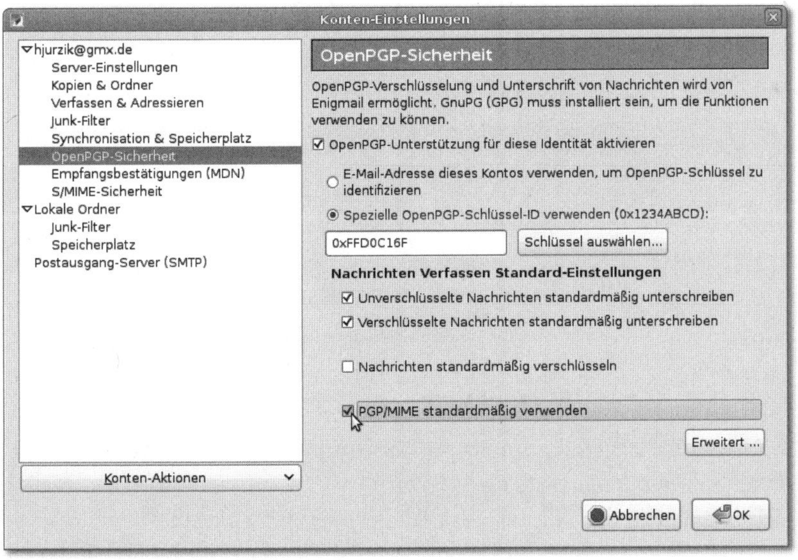

Abbildung 12.21 Nach der Installation der Enigmail-Erweiterung passen Sie auch die Konteneinstellungen an.

Wenn Sie eine E-Mail verschlüsseln oder signieren wollen, finden Sie die entsprechenden Funktionen hinter dem Menüpunkt OpenPGP im Nachrichtenfenster. Hier entscheiden Sie, ob die Mail signiert und/oder verschlüsselt wird. Die kleinen Symbole am unteren rechten Fensterrand wechseln anschließend die Farbe. Optional hängen Sie über das Menü Ihre öffentlichen Schlüssel an. Sobald Sie auf Senden klicken, fragt Thunderbird nach der GnuPG-Passphrase (falls diese nicht noch gespeichert ist) und schickt die signierte und/oder verschlüsselte Nachricht auf die Reise durch das Netz.

Public Key herunterladen

Für eintreffende verschlüsselte E-Mails müssen Sie sich ebenfalls durch Eingabe der Passphrase identifizieren (wenn die eingestellte Zeitdauer überschritten ist). Wenn der öffentliche Schlüssel des Absenders auf Ihrem System (noch) nicht vorhanden ist, bietet Thunderbird nun an, diesen von einem Keyserver herunterzuladen.

Evolution

Machen Sie das Mailprogramm zunächst mit dem eigenen Schlüssel bekannt. Dazu wählen Sie unter Bearbeiten • Einstellungen zunächst die gewünschte Identität aus, klicken auf Bearbeiten und gehen dann zum Reiter Sicherheit. Hier tragen Sie die eigene Schlüssel-ID ein und entscheiden über Klick in die Checkboxen, ob Nachrichten immer signiert und Mails immer auch mit dem eigenen öffentlichen Schlüssel verschlüsselt werden sollen – Letzteres ist vor allem dann wichtig, wenn Sie zu einem späteren Zeitpunkt verschlüsselte Mails im Postausgang betrachten möchten.

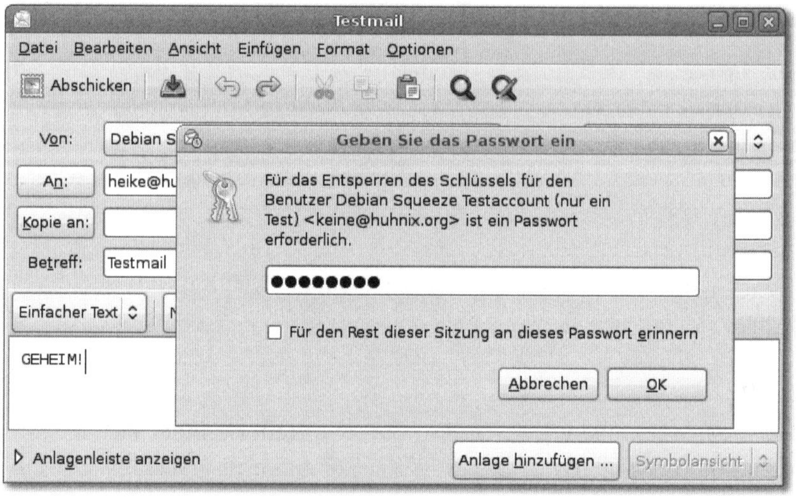

Abbildung 12.22 Evolution und GnuPG – immer auf der sicheren Seite

Wenn Sie eine Mail verfassen, entscheiden Sie im Bereich Optionen darüber, ob die Nachricht signiert und/oder verschlüsselt wird. Lassen Sie sich nicht von den Menüeinträgen Mit PGP signieren und Mit PGP verschlüsseln irritieren – diese schließen die Verwendung von GnuPG (implementiert den OpenPGP-Standard) ein. Sobald Sie auf Abschicken klicken, fragt Evolution nach der eigenen Passphrase und schickt die verschlüsselte Botschaft ab. Signierte Post erkennen Sie am Icon mit dem Vorhängeschloss unten im Mailfenster; ein Klick auf das Icon zeigt mehr Informationen zur digitalen Signatur an und verrät, ob diese gültig ist.

KMail

Wählen Sie aus dem Menü Einstellungen • KMail einrichten, und suchen Sie die gewünschte Identität zur Bearbeitung aus. Anschließend wechseln Sie zum Reiter Kryptografie und geben entweder direkt die Key-ID ein oder starten über einen Klick auf Ändern einen Auswahldialog. KMail sucht nach Schlüsseln und bietet diese von sich aus an.

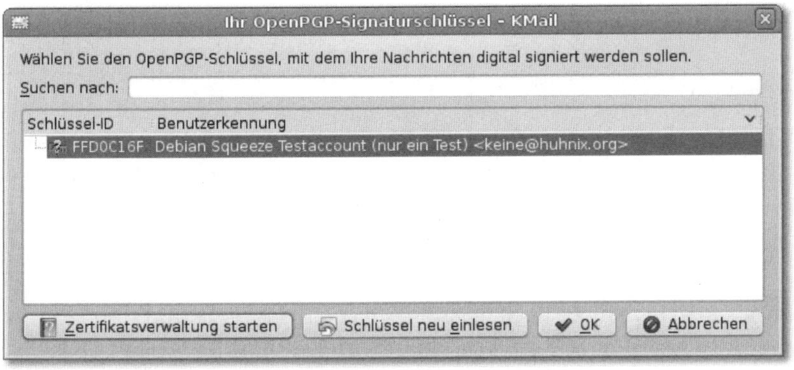

Abbildung 12.23 Suchen Sie den richtigen OpenPGP-Schlüssel aus.

Signieren und verschlüsseln

Um selbst erstellte Nachrichten zu signieren und/oder zu verschlüsseln, klicken Sie auf die Buttons mit dem Federhalter und dem Vorhängeschloss in der Werkzeugleiste des Nachrichtenfensters oder suchen das Passende aus dem Menü Optionen im Nachrichten-Editor aus. Sobald Sie die Mail versenden, fordert KMail Sie zur Eingabe des Mantras auf; aus einem Dialogfenster wählen Sie die Schlüssel-ID des Empfängers aus.

Mutt

Wie es sich für einen Kommandozeilenclient gehört, findet auch die Einrichtung von GnuPG textbasiert statt. Wenn Sie die systemweite Konfigurationsdatei */etc/Muttrc* als Vorlage verwenden, sind dort sämtliche gpg-Kommandos definiert, und Mutt weiß, welche Befehle im Hintergrund ausgeführt werden müssen, wenn Sie Mails verschlüsseln oder signieren.

Wenn Sie eine eigene *~/.muttrc* eingerichtet haben, können Sie alternativ die Datei */usr/share/doc/mutt/examples/gpg.rc* als Vorlage verwenden. Kopieren Sie diese nach *~/.gpg.rc*, und machen Sie die Datei mit der Mutt-Einrichtungsdatei *~/.muttrc* über

```
source ~/.gpg.rc
```

bekannt. Ein Blick in die Datei verrät beispielsweise, wie Mutt Nachrichten verschlüsselt:

```
set pgp_encrypt_only_command="/usr/lib/mutt/pgpewrap gpg ↩
--batch --quiet --no-verbose --output - --encrypt --textmode↩
--armor --always-trust -- -r %r -- %f"
```

Das Kommando gpg erhält gleich eine ganze Liste von Optionen, die beispielsweise dafür sorgen, dass das Programm im sogenannten Batch-Modus läuft (also keine Interaktion mit dem Anwender erwartet) und mit öffentlichen Schlüsseln auch dann verschlüsselt, wenn diesen nicht vertraut wurde (--always-trust).

Eigenen Schlüssel definieren

Außerdem tragen Sie in die Datei ~/.muttrc ein, mit welchem Schlüssel Sie Ihre Mails unterschreiben wollen. Vor der Key-ID steht das Präfix 0x, das kennzeichnet, dass der Schlüssel in hexadezimaler Form vorliegt:

```
set pgp_sign_as="0xB4C48F21"
```

Um eine Nachricht zu verschlüsseln, erstellen Sie diese und drücken vor dem Absenden im Hauptfenster die Taste Ⓟ. Mutt bietet nun verschiedene Optionen an: Mit Ⓥ verschlüsseln Sie die Nachricht, Ⓢ signiert lediglich, Ⓐ signiert mit einem bestimmten Schlüssel, Ⓑ verschlüsselt und signiert gleichzeitig, Ⓘ bettet den verschlüsselten und signierten Text in den Body der Mail ein (Inline PGP), und Ⓚ bricht den Vorgang ab. Kann die Mailadresse des Empfängers nicht eindeutig einem bestimmten Schlüssel zugeordnet werden, bietet Mutt eine Liste zur Wahl an.

[»] Sofern sich der öffentliche Schlüssel des Empfängers nicht im eigenen Schlüsselbund befindet, verweigert Mutt aus Sicherheitsgründen die Zusammenarbeit – es wird von Ihnen erwartet, dass Sie selbst den Schlüssel vom Keyserver beziehen und dessen Echtheit überprüfen. Erhalten Sie hingegen eine signierte E-Mail, nimmt Mutt Ihnen einen Arbeitsschritt ab, lädt den Schlüssel selbstständig vom Keyserver herunter und fügt ihn dem eigenen Schlüsselbund hinzu; die Überprüfung nehmen Sie anschließend in aller Ruhe vor.

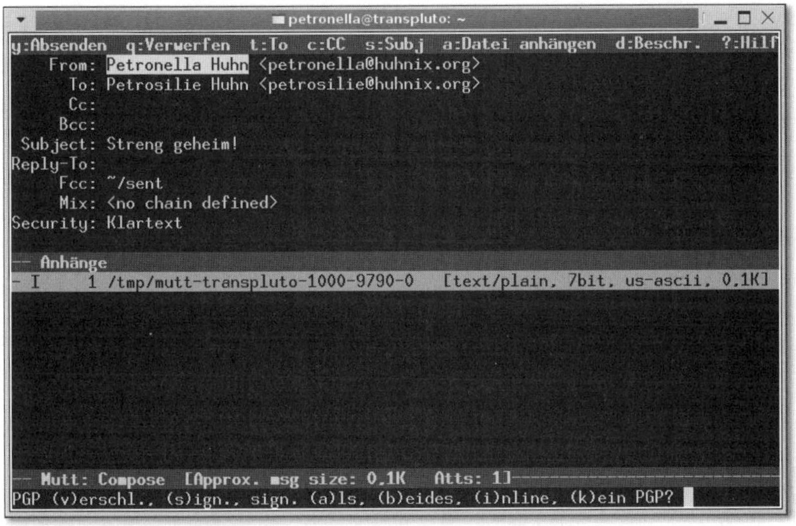

Abbildung 12.24 Mutt zeigt in der Statuszeile die wichtigsten GnuPG-Optionen.

Wenn die Vertrauenswerte des gewählten Schlüssels ausreichend sind, verschlüsselt Mutt automatisch, andernfalls hakt der Client nach. Vor dem Versenden geben Sie das eigene Mantra ein. Dieses benötigen Sie natürlich auch, wenn Sie eine verschlüsselte Mail öffnen und lesen wollen. Durch die bereits erwähnten Status-Flags (siehe Abschnitt 12.2.4 auf Seite 334) zeigt Mutt an, ob eine Mail verschlüsselt oder signiert ist.

12.3 Datentransfer

Verschiedene Protokolle

Egal, ob Sie Daten unverschlüsselt per FTP oder verschlüsselt per SCP auf den eigenen Rechner übertragen – Linux hat die nötigen Tools im Gepäck. Neben den in die Standardbrowser eingebetteten FTP-Clients lohnt sich ein Blick auf das Kommandozeilentool NcFTP. Die nächsten Abschnitte stellen darüber hinaus verschiedene BitTorrent-Clients, den Downloadmanager `wget` und das Programm `rsync` vor.

12.3.1 FTP im Browser

Programme wie Mozilla Firefox oder Epiphany laden per Mausklick Daten von FTP-Servern herunter; auch die Identifizierung mit Benutzername und Passwort wird unterstützt. Richtig komfortabel ist dies aber nicht, vor allem, wenn Sie selbst etwas auf den Server hochladen wollen. Wer Firefox zum vollwertigen FTP-Client aufrüsten will, installiert daher einfach die Erweiterung FireFTP.[20] Da die auf der Projektseite angebotene Version nicht mit der ausgelieferten Iceweasel-Version kompatibel ist, spielen Sie die Erweiterung über den Dialog EXTRAS • ADD-ONS ein, indem Sie auf dem Reiter ADD-ONS SUCHEN danach fahnden.

Nach dem Neustart des Browsers können Sie das Plugin über EXTRAS • ADD-ONS auf dem Reiter ERWEITERUNGEN konfigurieren. Sie starten den FTP-Client über EXTRAS • FIREFTP – standardmäßig öffnet Firefox die Anwendung in einem neuen Tab.

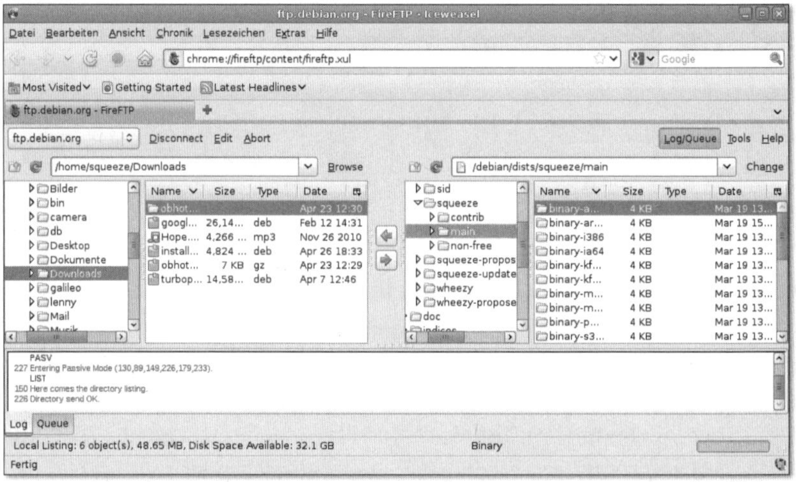

Abbildung 12.25 Bequemer Transfer im Browser: die Firefox-Erweiterung FireFTP

Konqueror Wie in Abschnitt 9.7.6 ab Seite 265 erwähnt, versteht KDEs Konqueror nicht nur das HTTP-Protokoll, sondern bringt auch einen integrierten FTP-Client mit. Surfen Sie beispielsweise einen FTP-Server an, so präsentiert sich der Konqueror wie in der Dateimanager-Ansicht. Einen FTP-Server, der eine Autorisierung verlangt, kontaktieren Sie, indem Sie in die Adresszeile beispielsweise Folgendes eintippen:

```
ftp://<username>@<ftpserver.de>/
```

Es öffnet sich ein Fenster, in das Sie nun Ihr Kennwort eingeben. FTP mit dem Konqueror ist vor allem deswegen praktisch, weil Sie per Drag & Drop arbeiten können. Wenn Sie das Programmfenster beispiels-

20 *http://fireftp.mozdev.org/*

weise in zwei Hälften teilen, stellen Sie die Ansicht eines FTP-Servers in der einen Fensterhälfte und einen lokalen Ordner in der anderen Hälfte dar. Anschließend befördern Sie die Daten bequem mit der Maus auf die eigene Festplatte.

Abgebrochene Downloads fortsetzen

Ist die Verbindung unterbrochen worden, kennzeichnet Konqueror unvollständige Daten durch die Dateiendung *.part*. Um den Download fortzusetzen, starten Sie das Herunterladen der Datei einfach noch einmal und weisen Konqueror an, dass er diese im selben Verzeichnis speichern soll. Die folgende Dialogbox bietet nun an, die entsprechende Datei zu überschreiben oder an den alten Download anzuknüpfen.

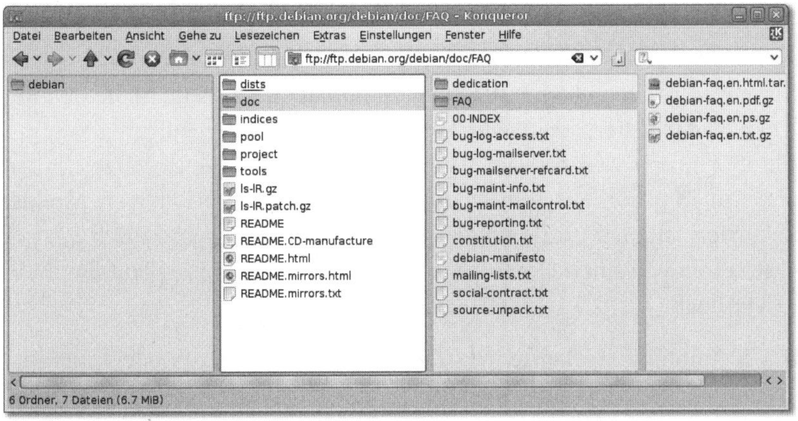

Abbildung 12.26 Der Konqueror bringt einen vollwertigen FTP-Client mit. Hier zeigt das Fenster den Anzeigemodus »Spalten«.

Kommandozeile: NcFTP

Kommandozeilenfans sei das Programm NcFTP ans Herz gelegt. Sie finden die Anwendung im Paket *ncftp*. Über das Kommando `ncftp` starten Sie den FTP-Client. Der Bash-Prompt verschwindet, und Sie sehen die NcFTP-Eingabeaufforderung:

```
squeeze@zwerg:~> ncftp
NcFTP 3.2.4 (Apr 07, 2010) by Mike Gleason
(http://www.NcFTP.com/contact/).
ncftp>
```

Über das Kommando `open` bauen Sie eine Verbindung zu einem FTP-Server auf:

```
ncftp> open ftp.debian.de
Connecting to 141.76.2.4...
```

```
FTP Server ftp.de.debian.org ready.
Logging in...
 Welcome to ftp.de.debian.org,
...
Anonymous access granted, restrictions apply.
Logged in to ftp.debian.de.
```

Zugangsdaten Handelt es sich nicht um einen Anonymous-Server, so identifizieren Sie sich bei der Kontaktaufnahme über `open -u username ftpserver` und geben auf Anfrage das Kennwort ein. Die meisten der bekannten Kommandozeilenbefehle, wie `cd` (Verzeichniswechsel), `pwd` (zeigt aktuellen Aufenthaltsort an) und `ls` (listet den Inhalt auf), funktionieren in diesem Client ebenfalls. Eine vollständige Liste der verfügbaren Kommandos erhalten Sie über `help`.

Um etwas auf den eigenen Rechner zu kopieren, verwenden Sie den Befehl `get`; dabei sind auch Wildcards erlaubt, sodass der Aufruf `get *.iso` alle ISO-Images herunterlädt. Dürfen es stattdessen ganze Verzeichnisse und ihre Unterordner sein, schaltet `get -R` in den rekursiven Modus. Rekursion ist auch in die umgekehrte Richtung möglich; so lädt `put -R <verzeichnis>` einen Ordner mitsamt Unterverzeichnissen auf den FTP-Server hoch.

NcFTP unterstützt ebenso wie die GUI-Kollegen die Wiederaufnahme abgebrochener Downloads. Befindet sich eine Datei gleichen Namens auf dem eigenen Rechner, so fragt der FTP-Client nach, ob Sie diese überschreiben (O), anhängen (A), überspringen (S) oder abbrechen (C) wollen oder ob Sie einen Download wiederaufnehmen möchten (R). Über `quit` verlassen Sie das Programm.

[+] In diesem Kommandozeilenclient können Sie Lesezeichen anlegen und verwalten. Dazu tippen Sie entweder während einer Session den Befehl `bookmark` oder warten, bis NcFTP beim Beenden von selbst vorschlägt, ein Lesezeichen zu speichern. Der Client merkt sich sogar Zugangskennwörter und legt diese verschlüsselt im Ordner *~/.ncftp* in der Datei *bookmarks* ab. Bei der nächsten Verbindungsaufnahme erreichen Sie die Lesezeichen über `open`, gefolgt von (Eingabe). In dieser Übersicht stehen auch mehrere Kommandos zur Verfügung, um die Bookmarks zu verwalten; NcFTP blendet auf der linken Seite eine Kurzhilfe ein.

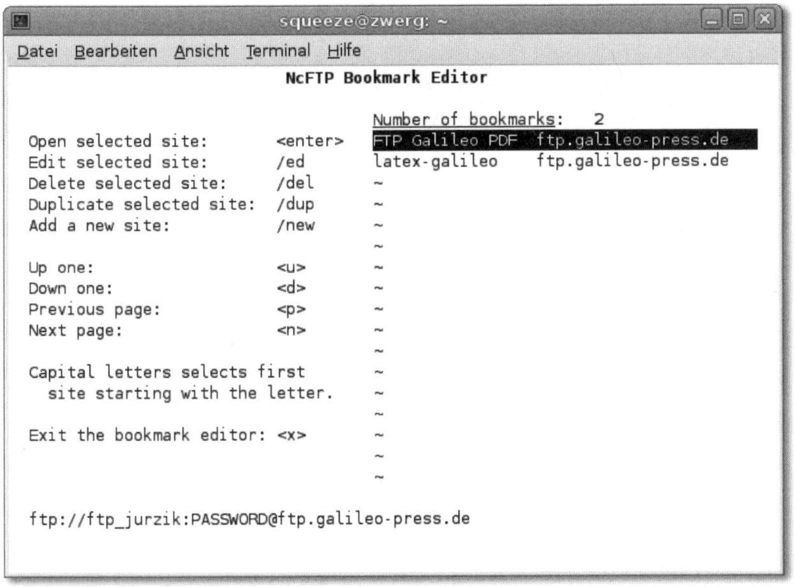

Abbildung 12.27 NcFTP bietet eine integrierte Lesezeichenverwaltung.

12.3.2 Sicher kopieren mit SCP

SSH-Protokoll

Daten mit FTP zu übertragen, ist zwar bequem, aber unsicher, da beim File Transfer Protocol die Daten und damit auch das Passwort im Klartext über das Netz wandern. Ein Ausweg ist das verschlüsselte SSH-Protokoll; auf der Shell kopieren Sie mit dem Programm `scp` (secure copy) sicher Daten von einem zum anderen Rechner. Die einzige Voraussetzung ist, dass auf dem entfernten Rechner ein SSH-Server läuft und Sie dort auch einen Benutzeraccount haben. Zum Kommandozeilentool `ssh` lesen Sie mehr in Abschnitt 18.5.3 ab Seite 589.

Um beispielsweise eine Datei *Uriah_Heep_-_Lady_in_Black.mp3* aus dem Home-Verzeichnis eines entfernten Rechners sicher in den lokalen Ordner zu kopieren, geben Sie den Benutzernamen (für den Account auf dem entfernten Rechner) an, dessen IP-Adresse oder Hostnamen sowie, durch einen Doppelpunkt abgetrennt, den Dateinamen:

```
scp huhn@asteroid:Uriah_Heep_-_Lady_in_Black.mp3 .
```

Der Punkt repräsentiert auf der Bash das aktuelle Verzeichnis. Alternativ verwenden Sie die IP-Adresse:

```
scp huhn@192.168.2.15:Uriah_Heep_-_Lady_in_Black.mp3 .
```

Liegt die Datei auf dem entfernten Rechner nicht im Home-Verzeichnis, definieren Sie nach dem Doppelpunkt den absoluten Pfad zur Datei oder den relativen Pfad vom dortigen Home-Verzeichnis aus, zum Beispiel:

```
scp huhn@asteroid:musik/mp3s/Uriah_Heep_-_Lady_in_Black.mp3 .
```

Was es mit diesen Pfaden auf sich hat, verrät Abschnitt 18.2 ab Seite 572. Natürlich können Sie statt des aktuellen Verzeichnisses (das durch den Punkt abgekürzt wird) auch einen anderen Ort auf dem lokalen Rechner bestimmen, sogar ein anderer Dateiname ist möglich:

```
scp huhn@asteroid:Uriah_Heep_-_Lady_in_Black.mp3 favs/LiB.mp3
```

In die andere Richtung funktioniert das sichere Kopieren ähnlich: Geben Sie dazu zuerst die Datei und danach die Adresse des entfernten Rechners an. Vergessen Sie nicht den Doppelpunkt, weil Sie sonst eine Kopie der Datei unter dem Namen *user@adresse* anlegen:

```
scp Uriah_Heep_-_Lady_in_Black.mp3 huhn@asteroid:
```

Rekursiv Um rekursiv Ordner, eventuelle Unterverzeichnisse und Dateien zu kopieren, verwenden Sie den Schalter `-r`, also zum Beispiel:

```
scp -r mp3s/rock huhn@asteroid:musik/
```

12.3.3 BitTorrent

Über das Torrent-Netzwerk tauschen viele Benutzer Software aus. Gerade freie Projekte wie Debian profitieren von dieser Technik, bei der sich die Download-Last auf viele Nutzer verteilt – das schont nicht nur die Server, sondern erhöht auch die Geschwindigkeit der Datenübertragung. Klicken Sie eine solche Torrent-Datei (Dateiendung *.torrent*) im Webbrowser an, bietet dieser – je nach Desktopumgebung – an, den Download in einem der grafischen Clients zu starten.

Das GNOME-Standardtool Transmission[21] fragt zunächst nach, in welchen Ordner es die heruntergeladenen Daten speichern soll (Standard ist *Downloads* im eigenen Home-Verzeichnis). Wenn Sie möchten, stellen Sie danach noch die Priorität für den jeweiligen Download aus dem gleichnamigen Dropdown-Menü ein. Nach einem Klick auf HINZUFÜGEN nimmt Transmission die Arbeit auf. Neue Torrents nehmen Sie auf, indem Sie entweder aus einem Browser heraus die Torrent-Datei auf das Transmission-Fenster ziehen oder auf die Schaltfläche HINZUFÜGEN im Hauptfenster klicken und dann eine lokal gespeicherte *.torrent*-Datei aus-

21 *http://www.transmissionbt.com/*

wählen. Über das Menü DATEI • URL HINZUFÜGEN tragen Sie alternativ direkt eine Webadresse ein.

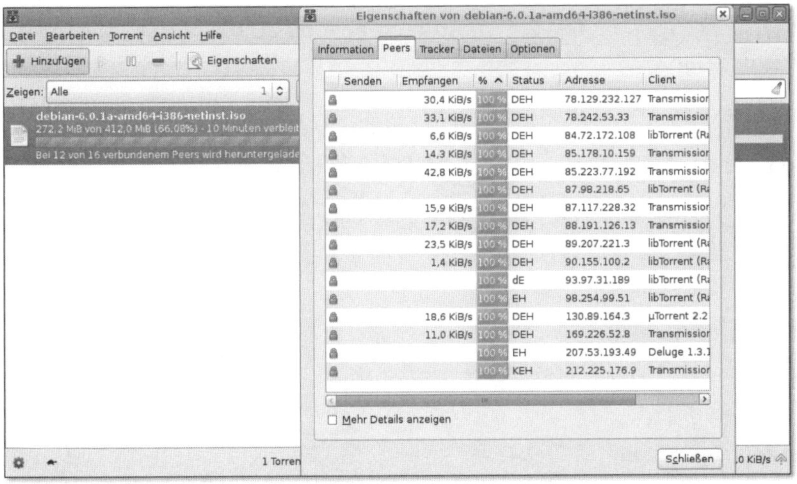

Abbildung 12.28 Transmission ist ein einfacher Client für das Torrent-Netzwerk.

Der Fortschrittsbalken und die eingeblendeten Werte zur Upload- und Download-Geschwindigkeit verraten mehr über den Status der Downloads. Zusätzliche Informationen und Einrichtungsmöglichkeiten erhalten Sie, wenn Sie eine Torrent-Datei in Transmission doppelklicken oder auf EIGENSCHAFTEN klicken. Knöpfe zum Pausieren, Starten und Entfernen sind gut sichtbar in der Werkzeugleiste angeordnet. Wenn Sie das Programmfenster schließen, nistet sich Transmission im Systemabschnitt der Kontrollleiste ein und arbeitet im Hintergrund weiter. Erst wenn Sie das Programm über (Strg) + (Q) beenden, stellt Transmission die Arbeit ein.

KTorrent

Auch der KDE-Desktop bietet einen entsprechenden Client, den Sie allerdings nachrüsten müssen (Paket *ktorrent*). Auch dieses Programm nimmt automatisch seinen Dienst auf, wenn Sie in einem Browser eine *.torrent*-Datei anklicken. Bevor Sie den Transfer beginnen, konfigurieren Sie den Client über EINSTELLUNGEN • KTORRENT EINRICHTEN. Im Bereich ANWENDUNG legen Sie beispielsweise den Standardspeicherort und ein Verzeichnis für abgeschlossene Übertragungen fest. In der WARTESCHLANGENVERWALTUNG erhöhen Sie die Anzahl der maximalen Up- und Downloads und legen fest, wie KTorrent sich verhalten soll, wenn der Speicherplatz knapp wird.

Der KDE-Client integriert verschiedene BitTorrent-Suchmaschinen, die Sie im Einrichtungsdialog unter SUCHEN verwalten. Um nach Torrent-

Dateien im Netz zu fahnden, klicken Sie im Hauptfenster links auf die Schaltfläche SUCHEN, geben den Begriff in die Adressleiste ein und wählen rechts im Dropdown-Menü die gewünschte Suchmaschine aus. Ein Fortschrittsfenster, das Sie im unteren Bereich einblenden können, rundet das Ganze ab.

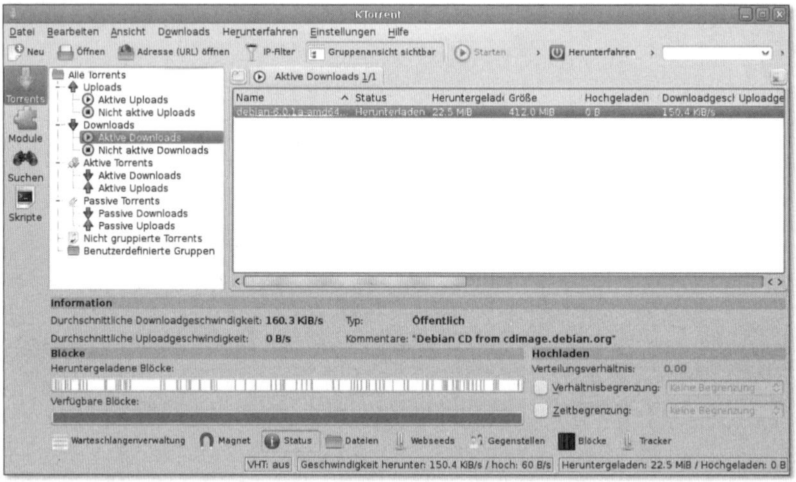

Abbildung 12.29 KTorrent ist der äußerst vielseitige BitTorrent-Client von KDE SC 4.

12.3.4 Downloadmanager »wget«

Kommandozeile

Bei wget handelt es sich um einen Downloadmanager für die Kommandozeile. Mit diesem übertragen Sie einzelne Dateien oder ganze Archive auf den lokalen Rechner. Auch eine instabile oder langsame Internetverbindung ist kein Problem, da Sie einerseits die Geschwindigkeit und Größe der Downloads beeinflussen können und wget andererseits auch abgebrochene Übertragungen fortsetzt. Eine Updatefunktion sorgt darüber hinaus dafür, dass nur veraltete Daten eines Archivs aktualisiert werden. Zum Herunterladen einer einzigen Datei tippen Sie beispielsweise:

```
wget http://cdimage.debian.org/debian-cd/6.0.1a/multi-arch/⮐
iso-cd/debian-6.0.1a-amd64-i386-netinst.iso
```

Rekursiv spiegeln

Wie schon erwähnt, können Sie wget auch zum Spiegeln von Webseiten verwenden. Tippen Sie wget www.debian.de, landet allerdings nur die Datei *index.html* auf der Platte. Dass der Downloadmanager rekursiv arbeiten (also auch Bilder und Unterverzeichnisse erfassen) soll, teilen Sie dem Tool über die Option -r mit. Dabei definieren Sie am besten zusätzlich mit `-l` den Level der Rekursion, also wie weit `wget` den eingebetteten Links der jeweiligen Webseiten folgen soll. Geben Sie beispielsweise

```
wget -r -l 1 www.debian.de
```

an, lädt `wget` alle in der Indexseite referenzierten Elemente herunter (ohne Angabe von `-l <zahl>` geht `wget` fünf Level in die Tiefe). Standardmäßig finden Sie die lokale Kopie in einem entsprechenden Unterverzeichnis des Ordners, von dem aus Sie den Download gestartet haben, in diesem Fall in *www.debian.de*.

Abgebrochene Downloads fortsetzen

Ist die Verbindung während des Herunterladens abgebrochen, knüpft `wget` auf Wunsch an vorherige Jobs an. Dazu gehören übrigens nicht nur Daten, die mit dem Kommando selbst heruntergeladen wurden, sondern auch abgebrochene Vorgänge anderer Downloadmanager. Haben Sie beispielsweise einen Download mit Konqueror begonnen und wollen diesen mit `wget` fortsetzen, so benennen Sie zunächst das Teilstück um, das auf *.part* endet, und schneiden die Dateiendung ab. Danach rufen Sie `wget` mit der Option `-c` auf (wie englisch »continue« = »fortsetzen«):

```
squeeze@zwerg:~> mv debian-6.0.1a-amd64-i386-netinst.iso.↩
part debian-6.0.1a-amd64-i386-netinst.iso
squeeze@zwerg:~> wget -c http://cdimage.debian.org/debian-cd/↩
6.0.1a/multi-arch/iso-cd/debian-6.0.1a-amd64-i386-netinst.iso
...
HTTP-Anforderung gesendet, warte auf Antwort... 206 Partial ↩
sontent
Länge: 431986688 (412M), 423770652 (404M) sind noch übrig ↩
[application/octet-stream]
...
```

Aktualisierung der Daten

Timestamps vergleichen

Wenn Sie immer wieder dieselben Daten sichern, ist der Parameter `-N` hilfreich. `wget` vergleicht nun für jede Datei die Timestamps (Datum und Größe) und meldet entweder

```
Größen stimmen nicht überein (lokal 7935840) -- erneuter ↩
Download.
```

oder, wenn sich nichts geändert hat:

```
Datei auf dem Server nicht neuer als die lokale Datei ↩
»index.html« -- kein Download.
```

Selbst wenn Sie `-N` einmal vergessen, müssen Sie nicht befürchten, dass `wget` Dateien gleichen Namens einfach überschreibt. Für diesen Fall legt der Downloadmanager zur Sicherheit durchnummerierte Backups an: *index.html.1*, *index.html.2* usw.

Dateitypen genauer angeben

Es ist möglich, gezielt bestimmte Dateitypen herunterzuladen. Da der Einsatz von Wildcards (zum Beispiel `www.debian.de/*.png`) nicht funktioniert, geben Sie eine Liste mithilfe der Option `-A` an. Mehrere Dateitypen trennen Sie durch Kommata voneinander ab:

```
wget -r -l 1 -A jpg,png,gif ...
```

Dateitypen ausschließen

Darüber hinaus gibt es auch einen Parameter, der genau das Gegenteil bewirkt und bestimmte Dateitypen ausschließt. Auch hier geben Sie eine Liste an. So sorgt zum Beispiel

```
wget -r -l 1 -R avi,mpg,wmv ...
```

dafür, dass diese »Speicherfresser« außen vor bleiben müssen.

»wget« beschränken

Haben Sie nur eine langsame Internetverbindung oder wollen Sie den Server der Gegenseite schonen, können Sie die Downloadgeschwindigkeit begrenzen und damit »auf Sparflamme kochen«. Die Aufrufoption `--limit-rate` versteht als Argumente unter anderem Größenangaben in KByte oder MByte pro Sekunde. Wenn etwas mit 20 KByte pro Sekunde auf die eigene Platte wandern soll, lautet der entsprechende Aufruf:

```
wget --limit-rate=20k ...
```

Darf es hingegen etwas schneller sein und wollen Sie beispielsweise mit 10 MByte pro Sekunde herunterladen, heißt der Befehl entsprechend:

```
wget --limit-rate=10m ...
```

Wer hingegen die Gesamtmenge des Downloads einschränken möchte, der nimmt den Parameter `-Q` (wie englisch »quota«) zur Hilfe. Geben Sie auch hier die Datenmenge in KByte (`k`) oder MByte (`m`) genauer an, zum Beispiel:

```
wget -Q40m
```

Beachten Sie, dass diese Begrenzung nicht greift, wenn es sich nur um eine einzige Datei handelt. Auch beim Aufruf von `wget -Q40m ...DVD-1.iso` lädt `wget` die gesamte ISO-Datei herunter und hört nicht nach 40 MByte auf. Die Angabe der Quota zeigt erst dann Auswirkungen, wenn es sich um rekursives Spiegeln handelt: [«]

```
huhn@huhnix:~> wget -r -Q1m www.debian.org
...
BEENDET --2009-04-10 10:12:15--
Geholt: 68 Dateien, 1,0M in 4,3s (241 KB/s)
Download-Kontingent von 1,0M ERSCHÖPFT!
```

Mit Passwort bitte

Authentifizierung

Webseiten, die eine Authentifizierung mit Benutzernamen und Passwort benötigen, stellen kein Hindernis für `wget` dar. Dank der Optionen `--http-user=benutzername` und `--http-passwd=passwort` spiegeln Sie auch solche Archive problemlos.

Vorsicht ist bei der Benutzung der folgenden beiden Parameter geboten: Mit dem `ps`-Befehl (siehe Abschnitt 17.5.1 ab Seite 535) spioniert Sie jeder andere Benutzer auf dem System aus, da der `wget`-Befehl mit Benutzernamen und Passwort im Klartext in der Prozessliste auftaucht. Einen Ausweg bietet der Eintrag beider Informationen in die Datei *~/.wgetrc* im eigenen Home-Verzeichnis. [!]

Konfigurationsdatei »~/.wgetrc«

In einer versteckten Konfigurationsdatei im eigenen Home-Verzeichnis definieren Sie oft gebrauchte `wget`-Parameter, darunter auch Benutzername und Passwort. Kopieren Sie die systemweite Vorlage in Ihr Home-Verzeichnis, und machen Sie sie für andere Benutzer unlesbar:

```
cp /etc/wgetrc ~/.wgetrc
chmod 600 ~/.wgetrc
```

Bearbeiten Sie die Einrichtungsdatei anschließend in einem Texteditor (siehe Kapitel 16 ab Seite 475), und passen Sie die Voreinstellungen an Ihre Wünsche an. Um einen Eintrag zu aktivieren, entfernen Sie jeweils das Rautezeichen am Zeilenanfang. Interessante Einstellungen sind zum Beispiel die Anzahl der Download-Versuche (`tries = 20`), die Beachtung von Timestamps (`timestamping = on`) oder das Folgen von FTP-Links von HTML-Seiten aus (`follow_ftp = on`). Den Benutzernamen für HTTPS-Zugänge definieren Sie über `http_user = bla` und das Passwort über den Eintrag `http_passwd = blubb`.

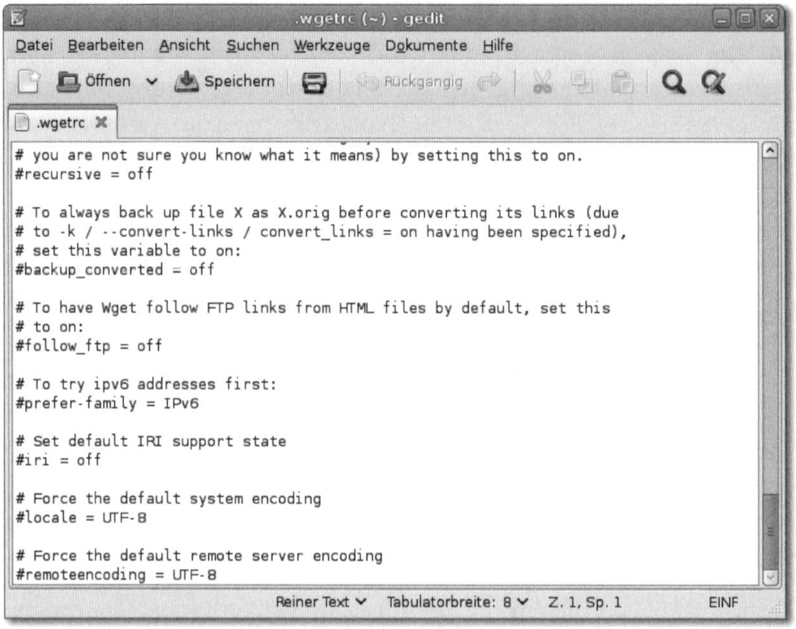

Abbildung 12.30 Oft benötigte Optionen schreiben Sie in die Einrichtungsdatei.

12.3.5 Daten mit »rsync« abgleichen

Lokal oder übers Netz

Das Programm `rsync` aus dem gleichnamigen Paket ist ein echter Synchronisierungskünstler – auf einem lokalen Rechner oder über ein Netzwerk gleichen Sie mit diesem Programm Daten ab. Der Befehl bietet Optionen, damit Dateieigenschaften (wie Eigentümer, Gruppenzugehörigkeit und Zeitstempel) erhalten bleiben, berücksichtigt optional symbolische oder Hardlinks beim Synchronisieren und nimmt abgebrochene Transfers wieder auf. Die grundsätzliche Verwendung ist:

```
rsync quelle ziel
```

Es ist daher also wichtig, sich vor dem Abgleichen die genaue Richtung zu überlegen, damit nicht aus Versehen eine neuere Version überschrieben wird. Wichtige Optionen von `rsync` sind beispielsweise `-a` (wie »Archiv«), um sämtliche Dateieigenschaften beizubehalten und rekursiv zu arbeiten, `-n`, um `rsync` im Testmodus laufen zu lassen, `-v` (wie »verbose«), um zu sehen, wie `rsync` arbeitet, `-z`, um eine Datenkomprimierung während der Übertragung zu aktivieren, und `--progress`, um einen Fortschrittsbalken einzuschalten.

Etwas trickreich ist die Verwendung von abschließenden Schrägstrichen im Befehlsaufruf für die Quelle. Lautet der Befehl beispielsweise `rsync -a quelle/unterverz ziel`, wandert das Unterverzeichnis mitsamt Inhalt in das Zielverzeichnis. Setzen Sie allerdings einen Schrägstrich hinter `quelle/unterverz/`, so wird lediglich der Inhalt aus dem Unterverzeichnis übertragen, und zwar direkt ins Zielverzeichnis. **[!]**

SSH-Verschlüsselung

In der Voreinstellung nimmt `rsync` SSH zu Hilfe, um Daten auf entfernten Rechnern abzugleichen. Während in älteren Programmversionen dieses Protokoll noch explizit über den Schalter `-e ssh` definiert werden musste, ist das sichere Protokoll mittlerweile der Standard. Auch beim Abgleich auf entfernten Rechnern nennen Sie im Aufruf zunächst wieder die Quelle und dann das Ziel. Den entfernten Rechner benennen Sie im Befehlsaufruf entweder mit dem Hostnamen oder mit der IP-Adresse. Benutzen Sie dort einen anderen Loginnamen, stellen Sie diesen voran:

```
rsync quelle benutzer@ziel.rechner.de:zielverzeichnis
```

Wie auch beim Kommando `scp` (siehe Abschnitt 12.3.2 ab Seite 349) steht hinter dem Namen des Zielrechners ein Doppelpunkt, bevor die Pfadangabe folgt. Hier darf entweder ein absoluter Pfad (also beispielsweise `/home/benutzer/daten`) oder ein relativer Pfad zum eigenen Home-Verzeichnis (also `daten`) stehen.

Auf Wunsch können Sie bestimmte Suchmuster vom Synchronisieren ausschließen; der entsprechende Parameter heißt `-exclude=suchmuster`. Die Suchmuster können Sie mit Wildcards oder regulären Ausdrücken beschreiben. So steht ein Fragezeichen in einer Zeichenkette für genau einen unbestimmten Buchstaben (`h?llo` wird beispielsweise zu `hallo`, `hGllo`, `h7llo...`) und ein Sternchen für beliebig viele verschiedene Zeichen (zum Beispiel kann `G*ss` in »Guss«, »Genuss« usw. aufgeschlüsselt werden). Nach diesem Schema schließen Sie alle Dateien aus, die auf *.bak* enden, zum Beispiel mit dem folgenden Aufruf:

```
rsync --exclude=\*.bak
```

Mit großer Vorsicht ist der Parameter `--delete` zu genießen. Wie der Name vermuten lässt, wird hier etwas gelöscht, und zwar alles auf der Zielseite, was in der Quelle nicht oder nicht mehr vorhanden ist. Praktisch und auch gewünscht ist dieses Verhalten, wenn Sie beispielsweise regelmäßig Daten mit `rsync` sichern und das Backup nicht ins Unermessliche anwachsen, sondern wirklich nur den Zustand der Quelle spiegeln soll. Um auf Nummer sicher zu gehen, können Sie im Zweifelsfall `rsync` für einen Testlauf zunächst wieder mit der Option `-n` starten.

CD/DVD-Images abgleichen

Unverzichtbar ist rsync, wenn es darum geht, große Datenmengen aktuell zu halten. So ist es beispielsweise äußerst praktisch, CD- oder DVD-Images für Debian GNU/Linux nicht immer wieder komplett aus dem Internet herunterladen zu müssen, wenn sich etwas geändert hat. Stattdessen erstellen Sie zunächst mit dem Kommando

```
genisoimage -r -J -o image.iso /mnt/cdrom
```

ein ISO-Image der CD, die Sie zu Hause haben (siehe Abschnitt 14.7.3 ab Seite 458). Anschließend aktualisieren Sie mit rsync das Image. Je nachdem, was sich geändert hat, dauert es nicht lange, auf den aktuellen Stand zu kommen, denn rsync vergleicht blockweise und überträgt nur die Änderungen. Schauen Sie sich beispielsweise auf den Debian-Projektseiten im Internet nach einem Server[22] in Ihrer Nähe um. Eine Liste der Dateien, die in einem bestimmten Verzeichnis dort liegen, erhalten Sie beispielsweise mit dem folgenden Kommando:

```
squeeze@zwerg:~> rsync -av --progress rsync://cdimage.debian↵
.org/debian-cd/6.0.1a/i386/iso-dvd/
MOTD: Welcome to the rsync archive at Academic Computer Club,
Umeå University.

receiving file list ...
18 files to consider
drwxr-sr-x          19 2011/04/13 14:53:26 .
-rw-r--r--         574 2011/03/23 12:45:39 MD5SUMS
-rw-r--r--         836 2011/03/23 12:55:17 MD5SUMS.sign
...
-rw-r--r--  4662495232 2011/03/22 16:32:09 debian-6.0.1a-↵
i386-DVD-1.iso
-rw-r--r--  4619993088 2011/03/22 16:32:09 debian-6.0.1a-↵
i386-DVD-2.iso
...
sent 102 bytes  received 618 bytes  288.00 bytes/sec
total size is 37275962064  speedup is 51772169.53
```

Um das rsync-Kommando auf das soeben erstellte ISO-Image anzuwenden, setzen Sie dieses einfach als Ziel hinter den gerade gezeigten Aufruf. Während der Arbeit legt rsync zuerst ein neues Image im Hintergrund an, bevor es das Original löscht. Dieses neue Image landet in einer versteckten Datei (fängt also mit einem Punkt an) im gleichen Verzeichnis und heißt beispielsweise *.debian-6.0.1a-i386-DVD-1.iso.phACQC*.

22 *http://www.debian.org/CD/http-ftp/*

Für einen solchen Abgleich benötigen Sie also auf der Platte so viel Platz, wie das alte und das neue Image zusammen verschlingen.

Eine sehr interessante, aber auch etwas heikle Option ist `--partial`. Sie sorgt dafür, dass die versteckte partielle Datei nach einer Unterbrechung nicht gelöscht wird. Der Nachteil an der Sache: Liegt im Zielverzeichnis eine ältere Version der Datei, die aktualisiert werden soll, und bricht der Download nach kurzer Zeit ab, so wird das Original durch den zuletzt übertragenen (kleineren) Teil ersetzt. Um den Verlust des Originalimages zu verhindern, legen Sie einfach mit dem Befehl `ln image.iso image_orig.iso` einen Hardlink an (siehe Abschnitt 17.2 ab Seite 492). [!]

Dieses Kapitel stellt die beliebtesten Office-Programme vor, wirft einen Blick auf Textsatz- und Desktop-Publishing-Tools und zeigt, wie Sie mit einem Personal Information Manager gut organisiert bleiben. Darüber hinaus erhalten Sie Tipps und Tricks zur Datensynchronisation mit PDAs, zum Scannen und zum Faxen unter Debian GNU/Linux.

13 Debian fürs Büro

Debian GNU/Linux bietet zahlreiche Programme, die sich im Büroalltag bewähren: Bei Textverarbeitung, Tabellenkalkulation und Präsentationen stehen Ihnen Office-Pakete hilfreich zur Seite, und professionellen Textsatz erzielen Sie mit $\LaTeX$. Natürlich sind auch PostScript- und PDF-Betrachter, Desktop-Publishing- und Vektorgrafik-Programme mit an Bord. Als wahre Organisationstalente erweisen sich die vorgestellten Personal Information Manager, die auch recht problemlos mit Android-Handys kooperieren. Im Anschluss erfahren Sie mehr zur Einrichtung von Scannern und verschiedenen Scanprogrammen für Linux. Zudem zeigt das Kapitel, wie Sie einen Scannerserver für das lokale Netzwerk einrichten.

13.1 Office-Pakete

Textverarbeitung, Tabellenkalkulation und das Erstellen von Präsentationen erledigen Sie am besten mit einer Office-Suite. Unter Linux stehen Ihnen einige leistungsfähige Programmpakete zur Verfügung, allen voran das freie Office-Paket OpenOffice.org. Die folgenden Abschnitte werfen einen Blick auf einige OpenOffice.org-Programmmodule und stellen GNOME-Office sowie KOffice als Alternativen vor.

13.1.1 OpenOffice.org

Plattformunabhängigkeit

OpenOffice.org[1] ist unter Linux mit Abstand die komplexeste und leistungsfähigste freie Office-Suite. Sie liest und schreibt auch Formate anderer Anwendungen, wie zum Beispiel von Microsoft Office, und ex-

1 *http://www.openoffice.org/*

portiert Dokumente als PDF. Da OpenOffice.org auch für Windows- und Mac-OS-X-Benutzer zur Verfügung steht, ist der Datenaustausch leicht realisierbar. OpenOffice.org enthält die Textverarbeitung Writer, die Tabellenkalkulation Calc, das Präsentationsprogramm Impress, das Grafikpaket Draw und den Formeleditor Math. Seit OpenOffice.org Version 2 ist außerdem das Datenbankmodul Base enthalten.

OpenOffice versus LibreOffice

Am 28. September 2010 machte die OpenOffice.org-Gemeinschaft von sich reden: Ein paar führende Mitglieder gaben die Gründung einer unabhängigen Stiftung bekannt. Unter dem Namen LibreOffice (*http://www.libreoffice.org/*) entwickelt die Document Foundation (*http://www.documentfoundation.org/*) einen eigenen OpenOffice.org-Fork weiter und kümmert sich um die Pflege der freien Office-Suite. OpenOffice.org selbst wird es weiterhin geben, mit Oracle als Hauptsponsor.

Außer dem Verein »Freies Office Deutschland e. V.« (ehemals »OpenOffice.org Deutschland e. V.«, *http://www.frodev.org/*) unterstützen namhafte Firmen, wie Novell, Red Hat und Google das Projekt, das sich Unabhängigkeit von einem einzelnen Sponsor sowie offene und transparente Prozesse auf die Fahnen geschrieben hat. Zahlreiche neue Entwickler kamen seit der Gründung hinzu und implementierten etliche Änderungen und Verbesserungen. Einige Linux-Distributionen haben bereits angekündigt, LibreOffice in kommenden Versionen standardmäßig auszuliefern. In Debian GNU/Linux »Squeeze« hat das freie Office noch keinen Einzug gefunden. Die LibreOffice-Homepage bietet zwar fertige Debian-Pakete und eine Installationsanleitung an, es ist aber ratsam, auf die fertigen Pakete des Debian-Teams aus dem Backports-Repository (siehe Kapitel 5 ab Seite 115) zu warten. Bei Erscheinen des Buchs sind diese möglicherweise schon veröffentlicht; ansonsten kann es sich nur um wenige Wochen handeln.

OpenOffice.org starten

Sie starten OpenOffice.org zum Beispiel über Eingabe von `ooffice` in einen Schnellstarter (`Alt` + `F2`) oder in ein Terminalfenster. Die einzelnen Module der Bürosuite finden Sie darüber hinaus in den Anwendungsmenüs der Desktopumgebungen. Das folgende Dialogfenster präsentiert Symbole für die wichtigsten Anwendungszwecke. Außerdem erstellen Sie über das Menü DATEI • NEU ganz links in der Werkzeugleiste neue Textdokumente, Tabellen, Präsentationen und vieles mehr.

Gezielt Module starten

Alternativ starten Sie einzelne Module gezielt über `oowriter` (`ooffice -writer`), `oocalc` (`ooffice -calc`), `ooimpress` (`ooffice -impress`), `oodraw` (`ooffice -draw`), `oomath` (`ooffice -math`) oder `oobase` (`ooffice -base`). Eine Übersicht über alle Startoptionen liefert das Kommando `ooffice -h`, das Sie in ein Terminalfenster eintippen.

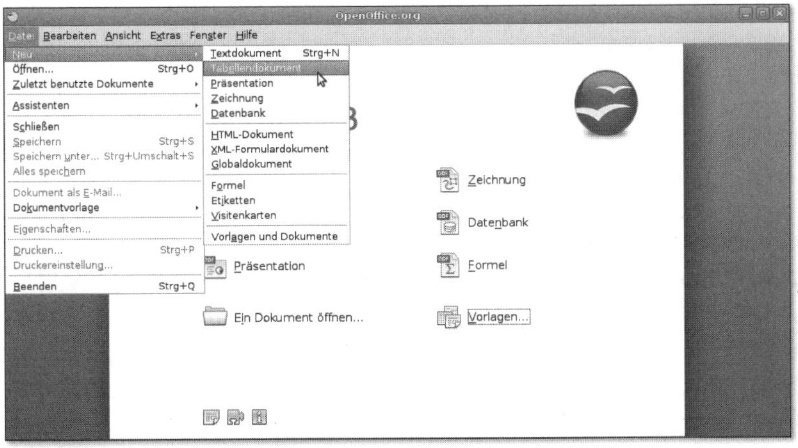

Abbildung 13.1 Über dieses Menü erstellen Sie schnell neue Dokumente.

OpenOffice.org konfigurieren

Beim ersten Start legt OpenOffice.org in Ihrem Home-Verzeichnis einen versteckten Ordner *~/.openoffice.org* für die Konfigurationsdateien an. Sie richten die Office-Suite über das Menü EXTRAS ein. Unter ANPASSEN konfigurieren Sie beispielsweise, wie sich die Menüs präsentieren, erstellen neue Symbolleisten und bearbeiten vorhandene. Interessant ist auch der Reiter EREIGNISSE, über den Sie bestimmten Aktionen eigene oder OpenOffice.org-Makros zuweisen. Alle anderen Einstellungen erreichen Sie über EXTRAS • OPTIONEN. Im Dialogfenster finden Sie in der linken Baumansicht verschiedene Kategorien, über die Sie die Ansicht, Spracheinstellungen und externe Dienstprogramme einstellen.

Persönliche Einstellungen

Über BENUTZERDATEN teilen Sie dem Programm mit, wie Sie heißen, wo Sie wohnen oder wie Ihre Mailadresse lautet. OpenOffice.org ist aber nicht etwa neugierig oder verrät diese Angaben Dritten, sondern verwendet die Informationen zum Beispiel, wenn Sie einen Brief verfassen, Formulare ausfüllen oder Umschläge gestalten.

Textverarbeitung mit Writer

Die Textverarbeitungskomponente Writer startet mit einem neuen, leeren Dokument. Unterstützung und Vorlagen für Briefe, Faxe und Ähnliches finden Sie im Menü DATEI • ASSISTENTEN oder DATEI • NEU • VORLAGEN UND DOKUMENTE. Selbstverständlich können Sie auch Ihre eigenen Vorlagen erstellen. Eine automatische Rechtschreibprüfung (Paket *myspell-de-de*) während der Eingabe hilft dabei, den Fehlerteufel auszutreiben. Ist dieses Feature unerwünscht, deaktivieren Sie es einfach per Klick auf das

Icon mit dem unterschlängelten »ABC« (Tooltip AUTOMATISCH PRÜFEN) in der Werkzeugleiste.

Autotext und Autokorrektur

OpenOffice.org nimmt Ihnen auf Wunsch jede Menge Tipparbeit ab: Sobald Writer ein Wort erkennt, vervollständigt das Programm es automatisch. So wird die Zeichenkette »mfg« beispielsweise zur Floskel »Mit freundlichen Grüßen« und »sgdh« zu »Sehr geehrte Damen und Herren«. Auch bekannte Vertipper sind in Writers Liste; so ersetzt das Programm »Rhytmus« automatisch durch »Rhythmus« usw. Sie passen das Verhalten der automatischen Korrektur über EXTRAS • AUTOKORREKTUR-OPTIONEN an; in diesem Dialog definieren Sie auch eigene Abkürzungen für häufig verwendete Formulierungen.

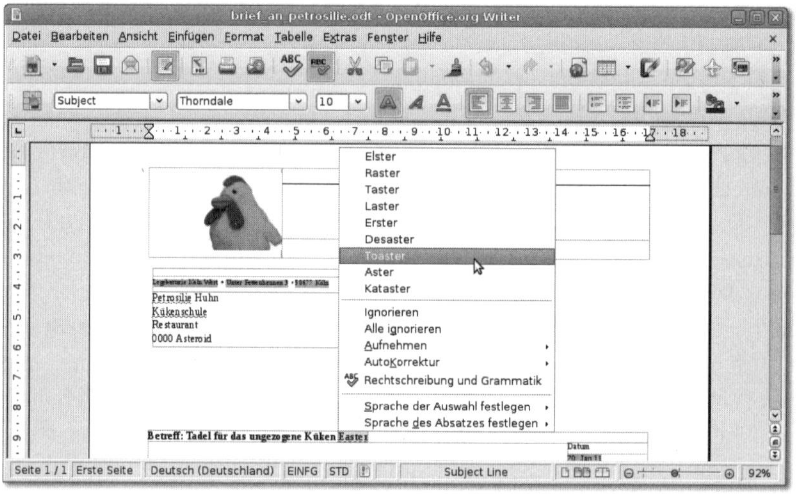

Abbildung 13.2 Keine Angst vor »Fipptehlern« – OpenOffice.org überprüft Ihre Texte.

Tabellenkalkulation mit Calc

Excel-Umsteiger werden sich in dieser OpenOffice.org-Komponente schnell zurechtfinden: Einfache Berechnungen sind ebenso möglich wie die Verwaltung von Datenbeständen. Auch Calc bietet Assistenten für Tabellenkalkulations-Funktionen und fertigt auf Wunsch ansprechende Diagramme Ihrer Daten. Sie erzeugen eine neue Tabelle, indem Sie `ooffice -calc` aufrufen oder aus einem OpenOffice.org-Fenster DATEI • NEU • TABELLENDOKUMENT starten. Calc öffnet nun ein leeres Tabellenblatt und wartet auf die Eingabe Ihrer Daten. Das Erscheinungsbild einer Zelle formatieren Sie zum Beispiel über einen Rechtsklick und die Auswahl des Punkts ZELLEN FORMATIEREN aus dem Kontextmenü – hier bestimmen Sie nicht nur das Zahlen- und Währungsformat, sondern auch Schriftgröße und Farben. Calc sortiert auf Wunsch Ihre Daten und berechnet Gesamtsummen. Ändert sich ein Betrag einer Zelle, so passt die Tabellenkalkulation selbstständig den Gesamtbetrag an.

Diagramme einfügen

Um ein Diagramm zu erstellen, markieren Sie eine oder mehrere Spalten und rufen den Assistenten aus dem Menü EINFÜGEN • DIAGRAMM auf. Ändern Sie einen Zellenwert, passt Calc das Diagramm automatisch an.

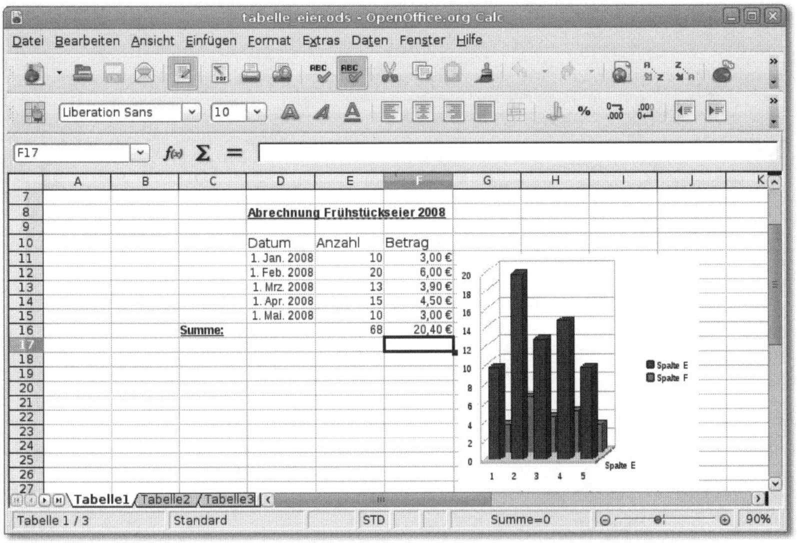

Abbildung 13.3 Calc erstellt per Knopfdruck ansprechende Diagramme.

Gut präsentiert mit Impress

Nach dem Start des Präsentationsmoduls (`ooffice -impress` oder DATEI • NEU • PRÄSENTATION) begrüßt Sie ein Assistent, der Ihnen bei der Gestaltung der wichtigsten Layout-Elemente hilft. Zur Wahl stehen im ersten Dialog eigene Vorlagen sowie von OpenOffice.org und dem Debian-Team mitgelieferte Templates. Außerdem haben Sie die Möglichkeit, vorhandene Präsentationen zu öffnen und den Assistenten dauerhaft zu deaktivieren. Neben Hintergründen wählen Sie im Assistenten auch einen Überblendeffekt sowie das automatische oder manuelle Weiterschalten zur nächsten Folie aus. Außerdem entscheiden Sie sich für ein AUSGABEMEDIUM: Soll die Präsentation über einen Beamer an die Wand geworfen werden, so wählen Sie BILDSCHIRM aus.

Nach einem Klick auf FERTIGSTELLEN öffnet sich das Impress-Hauptfenster. Verschiedene Ansichtsmodi stehen hier zur Verfügung und erleichtern das Arbeiten. Im rechten Fensterbereich sind darüber hinaus noch einmal sämtliche Vorlagen eingeblendet, sodass Sie jederzeit per Mausklick auf ein anderes Layout wechseln können. Über das Menü EXTRAS erreichen Sie die GALLERY, von der aus Sie komfortabel per Drag & Drop Bullets, Hintergründe oder Linien auf die Folien ziehen. Ebenso leicht ist das Hinzufügen und Anpassen von Diagrammen – per Rechtsklick auf das Objekt passen Sie das Aussehen und die Daten des Objekts an.

Abbildung 13.4 Beeindrucken Sie Ihre Zuhörer mit OpenOffice.org Impress.

Präsentation starten

Eine fertige Präsentation starten Sie über das Menü BILDSCHIRMPRÄSENTATION oder über die Taste F5 – auf Wunsch blenden Sie eine kleine Uhr ein, die Sie daran erinnert, dass die Zeit läuft (Menüpunkt BILDSCHIRMPRÄSENTATION MIT ZEITNAHME). Mit der Taste Esc gelangen Sie wieder zur Ansicht des Hauptfensters zurück. Über BILDSCHIRMPRÄSENTATION • BILDSCHIRMPRÄSENTATIONSEINSTELLUNGEN konfigurieren Sie, ob Sie alle oder nur einzelne Folien zeigen, ob Sie manuell oder automatisch wechseln und vieles mehr.

Datenbanken mit Base

Über das Datenbankmodul Base nehmen Sie beispielsweise Kontakt zu Datenbank-Servern wie MySQL oder PostgreSQL auf. Alternativ verwenden Sie die in OpenOffice.org integrierte HSQL-Datenbank. Base unterstützt darüber hinaus Datenbanken, wie Microsoft Access, Adabas D und ADO. Nach dem Start von Base (`ooffice -base` oder DATEI • NEU • DATENBANK) präsentiert sich ein Assistent, über den Sie bestehende Datenbanken öffnen oder eine neue Datenbank anlegen. Mithilfe des Tabellen-Assistenten erstellen Sie anschließend eine neue Tabelle. Aus einer Reihe von Vorlagen wählen Sie etwas Passendes aus, fügen Felder zur Tabelle hinzu und konfigurieren diese anschließend. In diesem Dialog entscheiden Sie zum Beispiel über den Inhalt und die Länge der einzelnen Felder. Zuletzt hilft Ihnen der Assistent dabei, den Primärschlüssel anzulegen, über den die Tabelleneinträge eindeutig identifiziert werden. Entscheiden Sie danach, ob Sie Daten eingeben, das Tabellendesign bearbeiten oder ein Formular auf Basis der Tabelle erstellen wollen.

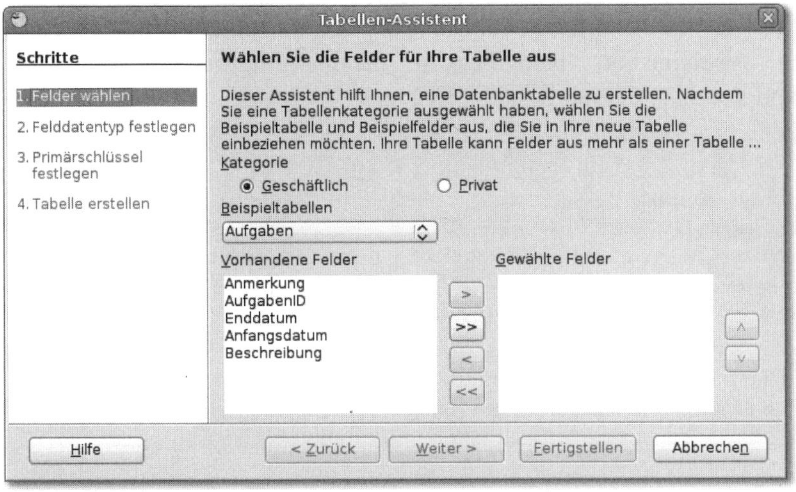

Abbildung 13.5 In diesem Dialog legen Sie das Format der einzelnen Felder fest.

Suchkriterien

Auch beim Abfragen der Daten steht Ihnen ein Assistent hilfreich zur Seite. Legen Sie beispielsweise per Mausklick fest, welche Felder Sie sehen wollen, wie das Ergebnis sortiert werden soll, und schränken Sie das Ergebnis durch verfeinerte Suchkriterien ein. Zum Schluss sehen Sie in einer Übersicht die Zusammenfassung – wenn alles Ihren Vorstellungen entspricht, starten Sie nun die Abfrage. Das Ergebnis präsentiert OpenOffice.org Base standardmäßig in einer Tabellenansicht. Wer stattdessen lieber einen Bericht erstellt, wählt den entsprechenden Assistenten im Hauptfenster aus (BERICHT UNTER VERWENDUNG DES ASSISTENTEN ERSTELLEN), durchläuft wieder mehrere Dialoge und erhält zusammenfassend ein neues Writer-Dokument mit dem Report.

Import und Export

OpenOffice.org umfasst zahlreiche Import- und Exportfilter, sodass sich der Austausch mit Anwendern anderer Office-Suiten weitgehend unkompliziert gestaltet. Auch das Lesen oder Konvertieren eigener Dokumente in andere Formate verläuft in der Regel unproblematisch: Die meisten MS-Word-, Excel- und PowerPoint-Dokumente lassen sich öffnen, bearbeiten und im OpenOffice.org- oder Fremdformat abspeichern.

[»] Beim Konvertieren von MS-Office-Dateien mit speziellen Textauszeichnungen (Formatierungen, Feldbefehle, Aufzählungen, Animationseffekte) oder Tabellen müssen Sie oft »nachhelfen«. Word- und Excel-Makros (VBA-Programme) sind ebenfalls nicht lauffähig. Damit funktionieren auf diese Weise eingebaute Programme zwar nicht mehr, eventuelle Makro-Viren werden Sie aber ebenfalls elegant los. Es ist sinnvoller, eigene Makros für OpenOffice.org zu schreiben. Auch umgekehrt tauchen manchmal Probleme auf: OpenOffice.org bietet an einigen Stellen Funktionen und Features, die MS Office (noch) nicht beherrscht, sodass Dokumente beim Export unvollständig oder verändert gespeichert werden.

Kompatibilität von Formaten

Wie zu erwarten war, tauchen Probleme beim Austausch von OpenOffice.org- und MS-Office-2007-Dokumenten auf. Das von Microsoft verwendete Format Office Open XML und das von OpenOffice.org verwendete OpenDocument-Format vertragen sich nicht miteinander. Seit Version 3.0 besitzt OpenOffice.org Filter für den Import der wichtigsten OOXML-Formate (*.docx*, *.xlsx* und *.pptx*), ein Export in diese Dateiformate ist allerdings nicht möglich.

Dokumenten-Konverter

Über DATEI • ASSISTENTEN • DOKUMENTEN-KONVERTER starten Sie einen Assistenten, der auf Knopfdruck gleich einen ganzen Schwung von Dokumenten konvertiert: Anstatt jede Datei einzeln zu öffnen und im OpenOffice.org-eigenen Format zu speichern, definieren Sie einfach die Formate und Dokumenttypen, legen Ursprungs- und Zielordner fest und konvertieren dann alles auf einmal. Der Dokumenten-Konverter versteht StarOffice- und Microsoft-Office-Formate; dazu gehören auch in diesen Programmen erstellte Vorlagen.

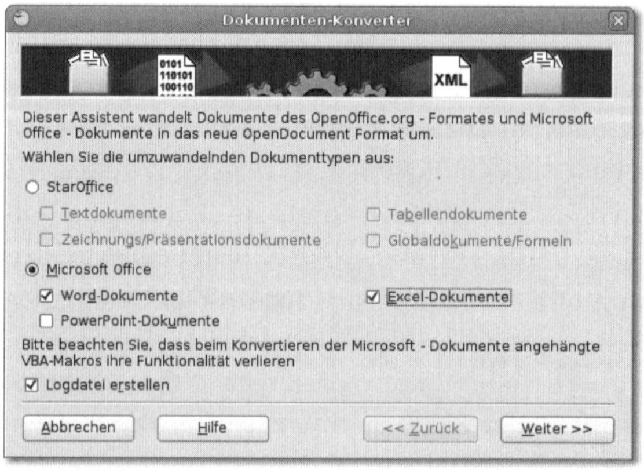

Abbildung 13.6 Per Mausklick wandeln Sie andere Formate um.

PDFs erstellen

OpenOffice.org bietet darüber hinaus eine Funktion, um Dokumente ins PDF-Format zu exportieren. Das »Portable Document Format« hat vor allem den Vorteil, dass es plattformübergreifend ist: Ihre Dokumente sehen also auf sämtlichen Betriebssystemen genau gleich aus – unabhängig von installierten Schriftarten. Um eine PDF-Datei zu erstellen, gehen Sie nach dem Abspeichern Ihres Dokuments auf DATEI • EXPORTIEREN ALS PDF, geben einen Dateinamen an und wählen im folgenden Dialog aus, welche Seiten exportiert werden sollen. Entscheiden Sie auch über die Auflösung eventuell eingebetteter Grafiken. Auf dem letzten Reiter des Dialogs (SICHERHEIT) haben Sie außerdem die Gelgenheit, Ihre PDF-Dokumente zu verschlüsseln.

[+]

Neben dem PDF-Export bietet OpenOffice.org für einige Module auch an, Webseiten oder Flash-Animationen zu erstellen. Wandeln Sie eine in Impress erstellte Präsentation beispielsweise über DATEI • EXPORTIEREN ins Macromedia-Flash-Format um (Dateiendung *.swf*), so können Sie die Datei anschließend im Browser öffnen und per Klick durch die Folien navigieren. Voraussetzung ist natürlich, dass Sie ein entsprechendes Flash-Plugin installiert haben; mehr Informationen dazu erhalten Sie in Kapitel 12 ab Seite 299.

13.1.2 GNOME-Office

Unter dem Sammelbegriff GNOME-Office[2] fassen die GNOME-Entwickler mehrere eigenständige Anwendungen zusammen, unter anderem die Textverarbeitung AbiWord, die Tabellenkalkulation Gnumeric und den Dokumentenbetrachter Evince. Als Bestandteil des GNOME-Desktops wandern bei einer Standardinstallation die erwähnten Programme auf die Festplatte (Paket *gnome-office*), andere optionale Komponenten rüsten Sie nach. Die meisten Office-Programme finden Sie über ANWENDUNGEN • BÜRO.

AbiWord

AbiWord[3] ist ein schlankes Programm, das alle grundlegenden Funktionen zur Textverarbeitung mitbringt. Sie finden es im Anwendungsmenü unter BÜRO • TEXTVERARBEITUNG. AbiWord beherrscht den Umgang mit verschiedenen Dateiformaten (Import und Export), bietet eine automatische Grammatik- und Rechtschreibprüfung, schnellen Zugriff auf Wörterbücher sowie die automatische Abfrage verschiedener Suchmaschinen

2 *http://live.gnome.org/GnomeOffice*
3 *http://www.abisource.com/*

und Online-Übersetzungstools. Die Debian-GNOME-Maintainer liefern verschiedene Plugin-Pakete zusammen mit der Textverarbeitung aus.[4]

Laut AbiWord-Webseite liest und schreibt das Programm nicht nur RTF-, Microsoft-Word-, OpenOffice.org-Writer-, HTML- und LaTeX-Dokumente, sondern bietet darüber hinaus auch einen Import-/Exportfilter für das OpenDocument-Format. In der Praxis zeigt sich die GNOME-Textverarbeitung aufwändigeren Dokumenten allerdings noch nicht ganz gewachsen, sodass Sie eventuell nachträglich Hand anlegen müssen.[5] Auf der sicheren Seite sind Sie, wenn Sie zum Austausch das PDF-Format nutzen.

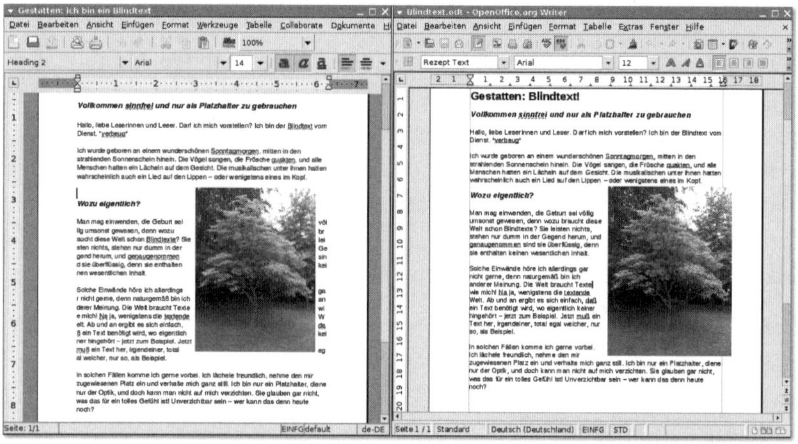

Abbildung 13.7 AbiWord (links) tut sich im Gegensatz zu OpenOffice.org (rechts) manchmal mit Word-Dokumenten schwer.

Gnumeric Auch die Tabellenkalkulation Gnumeric[6] besitzt gute Import- und Exportfilter und unterstützt neben dem eigenen Format Gnumeric-XML auch Microsoft Excel, HTML, LaTeX und OpenDocument. Der Austausch mit Tabellendokumenten aus OpenOffice.org-Calc (*.ods*) und Microsoft-Excel-Dokumenten (*.xls*) funktioniert inzwischen weitgehend reibungslos. Datum- und Währungsformatierungen der Zellen gehen nicht länger verloren, wie es bei Vorgängerversionen von Gnumeric der Fall war.

[+] Gnumeric punktet vor allem mit seinem Graphen-Assistenten, den Sie über das Menü EINFÜGEN • DIAGRAMM starten. Im folgenden Dialogfenster bearbeiten Sie die einzelnen Komponenten, wie Achsen, Graphen oder Beschriftungen, und fügen neue Elemente hinzu.

4 Eine Übersicht über die verfügbaren Erweiterungen und ihre Funktionen finden Sie im AbiWord-Wiki: *http://www.abisource.com/wiki/PluginMatrix*
5 Vielen Dank an Inga Rapp für diesen wunderschönen Blindtext!
6 *http://projects.gnome.org/gnumeric/*

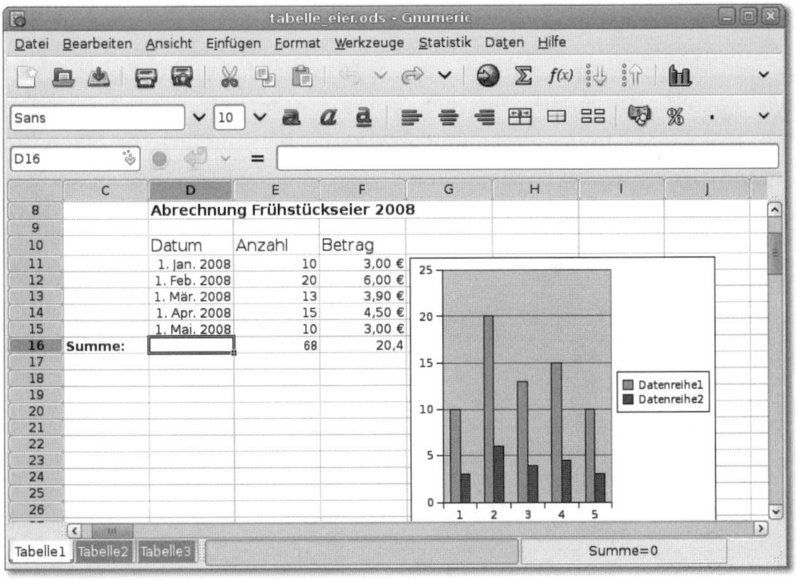

Abbildung 13.8 Gnumeric unterstützt zahlreiche Formate; der Import/Export von Calc- und Excel-Dokumenten klappt inzwischen recht gut.

13.1.3 KOffice

Calligra Suite

KDEs eigene Office-Suite heißt bis zur Version 2.3 noch KOffice,[7] ab Version 2.4 nennt sich das Projekt Calligra Suite.[8] Debian GNU/Linux »Squeeze« setzt noch auf KOffice aus der 2.2er-Reihe. Das neue Projekt setzt die Arbeit des KOffice-Projekts fort, erweitert sein Angebot aber, indem es nicht nur auf den Linux-Desktop zielt, sondern auch auf mobile Endgeräte. Laut Aussagen der Entwickler bleibt Calligra eng mit dem KDE-Projekt verbunden. Fast alle KOffice-Anwendungen erhalten ebenfalls neue Namen. So wird aus KWord (Textverarbeitung) dann Words, KSpread (Tabellenkalkulation) heißt Tables, KPresenter (Präsentationsprogramm) wird zu Stage, Kivio (Diagramme, Flowcharts usw.) zu Flow und KPlato (Projektverwaltung) zu Plan. Kexi (Datenbankmodul), Krita (Mal- und Bildbearbeitungsprogramm) und Karbon (Zeichenprogramm für Vektorbilder) firmieren weiterhin unter ihrem alten Namen.

Installieren Sie als Administrator die Pakete *koffice* und *koffice-l10n-de* (für die deutsche Sprachanpassung); der Paketmanager löst Abhängigkeiten auf und spielt weitere benötigte Komponenten automatisch ein. Die

7 *http://www.koffice.org/*
8 *http://www.calligra-suite.org/*

einzelnen Anwendungen finden Sie anschließend in der BÜRO-Abteilung der Anwendungsmenüs.

Was KWord von anderen Textverarbeitungsprogrammen unterscheidet, ist das Arbeiten mit sogenannten Rahmen (Frames). Einzelne Elemente lassen sich so wie in DTP-Programmen (siehe Abschnitt 13.4 ab Seite 382) genau verschieben und anordnen.

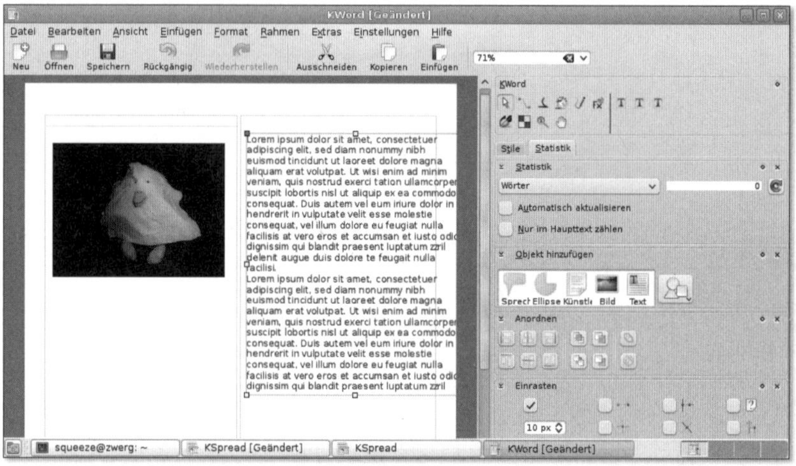

Abbildung 13.9 Als Bestandteil von KOffice leistet KWord nicht nur gute Dienste, wenn es um reine Textverarbeitung geht, sondern bietet auch DTP-Qualitäten.

Auch KSpread hat einiges zu bieten – ein Blick auf das Programm lohnt sich. Direkt nach dem Start öffnet sich ein Dialog, in dem Sie nicht nur vorhandene Dokumente öffnen, sondern auch mehrere Vorlagen finden, zum Beispiel Rechnungen, Spesenabrechnungen, Kalender, Urlaubs-Checklisten, einen Menüplan und sogar einen BMI-Berechner (Body Mass Index). Leider sind die Vorlagen alle in englischer Sprache – sie lassen sich aber problemlos anpassen.

Mit Text- und Bilderrahmen arbeitet auch das Präsentations-Programm auf seinen Folien. Bei der in »Squeeze« ausgelieferten Version waren die zahlreichen fertigen Vorlagen aus KPresenter verschwunden, als das Kapitel entstand. Abhilfe schafft ein Besuch auf der Seite *http://kde-files.org/*, die zahlreiche Templates für die verschiedenen KOffice-Programme anbietet, darunter auch für die Präsentations-Software.

OpenDocument

Sämtliche KOffice-Programme speichern die Dateien in der Voreinstellung im OpenDocument-Format, was den Austausch mit OpenOffice.org vereinfacht. Probleme tauchen allerdings beim Import und Öffnen der OOXML-Formate auf. Die KDE-Programme weigern sich hartnäckig und melden Lesefehler. Wollen Sie MS-Office-2007-Dokumente mit KOffice-Programmen weiterverarbeiten, so hilft nur der Umweg über OpenOffice.org als Konvertierungstool.

13.2 Professioneller Textsatz mit LaTeX

Eine Alternative zu den gängigen Textverarbeitungsprogrammen bietet das Programmpaket LaTeX.[9] Bei LaTeX (sprich: »latech«) handelt es sich um Makros für das Textsatzsystem TeX (sprich: »tech«), das von Donald E. Knuth entwickelt wurde. Um die Benutzung von TeX zu vereinfachen, schrieb Leslie Lamport 1984 eine Reihe von Erweiterungen und nannte diese **La**mports **TeX**. Sie installieren das Textsatzsystem über das Paket *texlive*. Der Paketmanager löst Abhängigkeiten selbstständig auf und installiert viele weitere TeX-Live-Komponenten. Alle Pakete aus diesem Bereich (inklusive Dokumentation in mehreren Sprachen und viele verschiedene Fonts) wandern auf die Platte, wenn Sie das Paket *texlive-full* einspielen.

Kein WYSIWYG

Anders als bei WYSIWYG-Systemen (What You See Is What You Get), die das fertige Layout schon während der Eingabe zeigen, werden bei LaTeX alle Formatierungen im Quelltext selbst vorgenommen. So wird eine Kapitelüberschrift zum Beispiel mit `\section{}` gekennzeichnet, und die Eingabe von `\textbf{fett}` hebt ein Wort **fett** hervor. Sogenannte Klassen- oder *.sty*-Dateien definieren, wie das Endergebnis aussieht. Nach der Auszeichnung rufen Sie für die Quelldatei mit der Endung *.tex* den Befehl `latex datei.tex` auf, und LaTeX erzeugt eine *.dvi*-Datei, die Sie mit einem Programm wie Xdvi, Evince und Okular am Bildschirm betrachten oder in ein anderes Format (PostScript, PDF oder HTML) umwandeln können. Dazu stehen verschiedene Kommandozeilenprogramme, beispielsweise `dvips`, `dvipdf` oder `latex2html` (eigenständiges Paket), zur Verfügung.

[«]

LaTeX hat sich vor allem im naturwissenschaftlichen und mathematischen Umfeld durchgesetzt, denn seine besonderen Stärken liegen im Formelsatz. Außerdem kommt das Textsatzsystem problemlos auch mit größeren Dokumenten zurecht und eignet sich daher hervorragend für den Satz von Büchern – auch dieses Buch wurde mit LaTeX erstellt.

LaTeX-Dokumente lassen sich ganz ohne grafische Umgebung erstellen; ein Texteditor reicht in der Regel aus. Die meisten Texteditoren (siehe Kapitel 16 ab Seite 475) bieten Unterstützung in Form von Syntax-Highlighting,

9 *http://www.latex-project.org/*, *http://www.dante.de/*

einige sogar eine Autovervollständigung für den LaTeX-Quellcode. Wer nicht gerne mit LaTeX-Befehlen hantiert, aber dennoch nicht auf den Komfort eines professionellen Textsatzsystems verzichten möchte, der kann ein LaTeX-Frontend wie LyX oder Kile zur Hilfe nehmen. Die folgenden beiden Absätze stellen diese grafischen Helfer kurz vor.

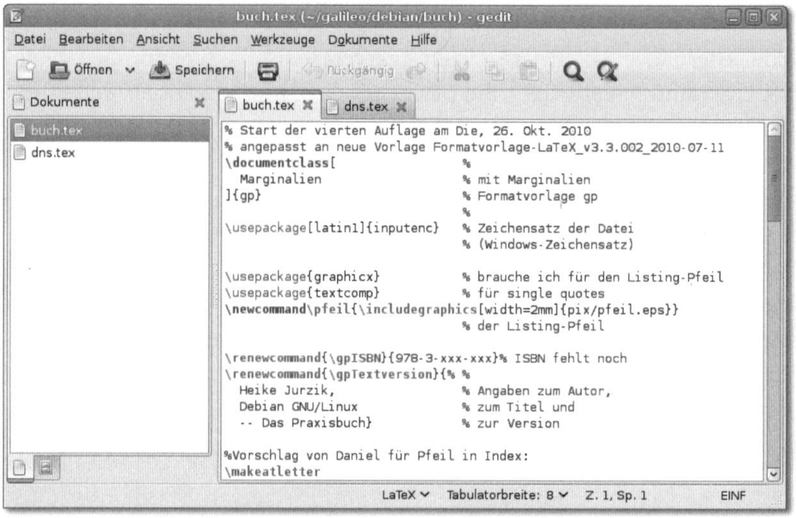

Abbildung 13.10 LaTeX-Dokumente erstellen Sie zum Beispiel im Texteditor.

13.2.1 LyX

Installieren Sie zunächst als Administrator das Paket *lyx*. Sie starten das LaTeX-Frontend anschließend über Eingabe von `lyx` in einen Schnellstarter (Alt + F2), in ein Terminalfenster oder über die BÜRO-Abteilung der Startmenüs. Die Texte geben Sie wie in einem Editor ins Hauptfenster ein; über das Menü und die Werkzeugleisten zeichnen Sie einzelne Elemente aus. Grafiken, Tabellen, Fußnoten und vieles mehr erreichen Sie ebenfalls bequem über das Menü EINFÜGEN. Anschließend können Sie über einen entsprechenden Eintrag im Menü ANSICHT eine DVI-, HTML-, PDF- oder PostScript-Datei erzeugen. Im Hintergrund führt LyX einen `latex`-Befehl aus; nach dem Durchlauf fertigt das Programm direkt das gewünschte Format an und startet den passenden Betrachter. Die Desktopumgebungen starten dazu das Standardanzeigetool Evince (GNOME) und Okular (KDE).

Vorlagen und Formeln

LyX bietet darüber hinaus einige fertige Vorlagen, die Sie über das Menü DATEI • NEU VON VORLAGE erreichen. Alle Templates liegen ausschließlich in englischer Sprache vor und haben darüber hinaus oft kryptische Dateinamen, die es schwer machen, zu raten, was sich dahinter verbirgt. Eine Recherche in der Suchmachine Ihrer Wahl fördert aber zahlreiche deutsche LyX-Vorlagen zutage. Auch für den Formelsatz bietet die Anwendung einige Hilfsmittel: So können Sie beispielsweise über Klick auf das zweite Icon von rechts in der Werkzeugleiste (Tooltip MATHE-WERKZEUGLEISTE AN/AUS) unten im Fenster eine Reihe von Symbolen einblenden, die als Abkürzung für die wichtigsten Funktionen dienen. Ein Klick auf das Paragrafzeichen in der Mathe-Werkzeugleiste schaltet eine weitere Kontrollfläche hinzu, über die Sie per Mausklick Symbole, Operatoren, Pfeile usw. erreichen.

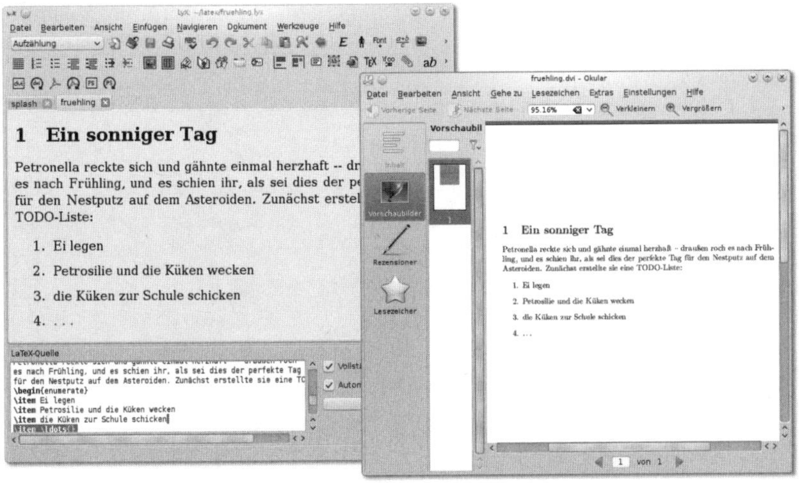

Abbildung 13.11 LyX vereint ein professionelles Satzsystem mit einem komfortablen Editor.

[+] Mit LyX erstellte Dokumente können Sie ins LaTeX-Format exportieren, um diese zum Beispiel an andere Benutzer weiterzugeben. Dazu gehen Sie im Menü DATEI auf den Eintrag EXPORTIEREN • LATEX (NORMAL) oder LATEX (PDFLATEX). Anschließend finden Sie die *.tex*-Datei im eigenen Home-Verzeichnis wieder. Analog können Sie Dokumente aus anderen Formaten, zum Beispiel LaTeX, Text oder HTML, importieren; normalerweise müssen Sie hier aber nachträglich Hand anlegen und einige Dinge zurechtrücken und anpassen.

13.2.2 Kile

Installation und Start

Ein alternatives LaTeX-Frontend ist die KDE-Anwendung Kile. Installieren Sie als Administrator das Paket *kile*; ein Paket für die deutsche Sprachanpassung war zur Drucklegung nicht verfügbar. Der Paketmanager löst

Abhängigkeiten zu anderen Komponenten selbstständig auf. Sie starten das Programm anschließend über den Befehl `kile` aus dem Schnellstarter (Alt + F2) oder aus dem Terminal heraus; alternativ finden Sie Kile bei den Büroprogrammen in den Startmenüs.

Tabs Im linken Bereich finden Sie unter anderem eine Art Dateimanager zur Navigation durch Ihre Dokumente; wahlweise schalten Sie die Ansicht mit einem Klick auf das entsprechende Symbol der Trennleiste um. Hier finden Sie verschiedene Paletten mit Pfeilen, griechischen Buchstaben, Begrenzer, die Dokumentstruktur und vieles mehr. Für die einzelnen Dokumente öffnet Kile im rechten Fensterbereich Tabs, durch die Sie mit Alt + Pfeil links und Alt + Pfeil rechts blättern. Im rechten unteren Fensterbereich schalten Sie zwischen der Anzeige der Protokolle und einer Konsole um.

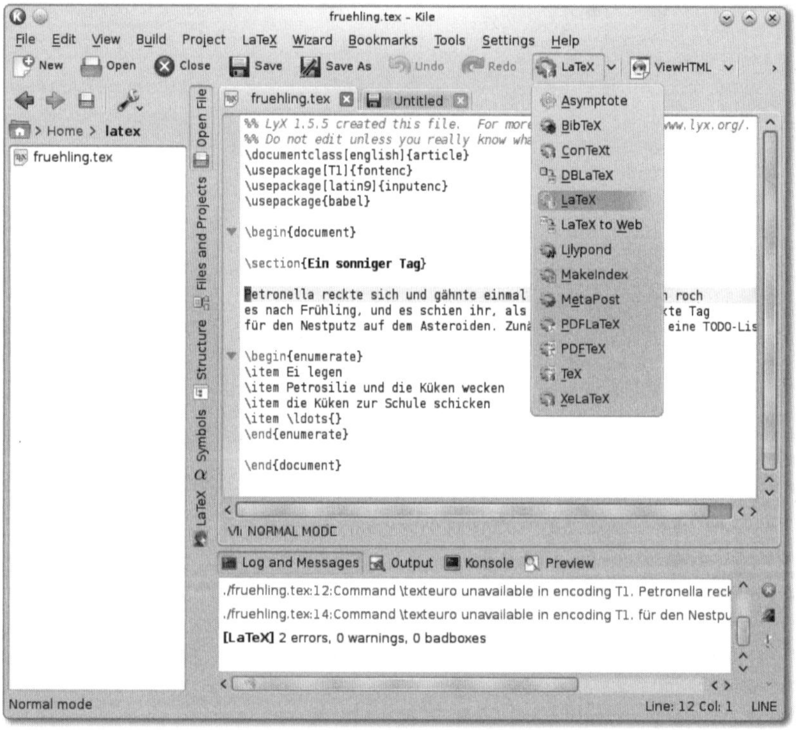

Abbildung 13.12 Kile ist ein benutzerfreundlicher LaTeX-Editor.

Syntax-Highlighting sorgt für mehr Übersicht im LaTeX-Quellcode – vergessene Klammern und andere Fehler fallen daher direkt ins Auge. Kile nimmt Ihnen außerdem standardmäßig das automatische Schließen von Umgebungen ab; ist dies nicht gewünscht, schalten Sie das Verhalten über

SETTINGS • CONFIGURE KILE im Bereich KILE • COMPLETE ab. Darüber hinaus konfigurieren Sie im Einrichtungsdialog die einzelnen Kommandos, um den Quelltext zu kompilieren oder PDF- oder PostScript-Dokumente zu erstellen, sowie die externen Betrachter. Sämtliche Einstellungen zum Texteditor, zu den verwendeten Farben und den Tastaturkürzeln nehmen Sie im Bereich EDITOR vor.

Die Symbol- und die Werkzeugleiste bieten schnellen Zugriff auf Formatierungsfunktionen; praktisch sind auch die Buttons, mit denen Sie gezielt zu LaTeX-Fehlern oder -Warnungen im Dokument springen können. Kile überprüft außerdem auf Wunsch die eigene LaTeX-Installation und verrät, ob zusätzlich benötigte Programme wie PostScript- und PDF-Betrachter vorhanden sind (Menü SETTINGS • SYSTEM CHECK). Lesezeichen sorgen für noch mehr Übersicht; über den entsprechenden Menüeintrag setzen Sie Bookmarks für die einzelnen Dokumente und navigieren durch diese hindurch.

13.3 PDF- und PostScript-Betrachter

Unabhängig vom Ausgabemedium

Bei PDF und PostScript handelt es sich um plattform- und geräteunabhängige Formate, das heißt, das Layout der Dokumente wird unabhängig vom Ausgabemedium festgelegt. Egal, unter welchem Betriebssystem Sie eine solche Datei betrachten, sie sieht immer gleich aus. PostScript ist eine Seitenbeschreibungssprache; darauf aufsetzend entwickelte Adobe 1996 den PDF-Standard (Portable Document Format). PDF bietet erweiterte Funktionen, zum Beispiel eingebettete Verknüpfungen (Links), die auf interne oder externe Daten verweisen können.

[«]

Kapitel 7 ab Seite 191 zeigt, wie Sie aus den GNOME- und KDE-Druckdialogen heraus PostScript- und PDF-Dateien unter Linux erstellen. Außerdem wandelt das Programm `a2ps` (Anything to PostScript, siehe Abschnitt 7.3 ab Seite 209) viele verschiedene Formate auf der Kommandozeile in PostScript-Dateien um. Zum Betrachten bringt Linux ebenfalls einige Tools mit, welche die folgenden Abschnitte kurz vorstellen.

13.3.1 PDF-Viewer

Zum Anzeigen von PDF-Dateien stehen Ihnen unter Debian GNU/Linux mehrere Tools zur Verfügung. Neben dem proprietären Programm Adobe Reader gibt es einige freie Alternativen, zum Beispiel Xpdf, Evince oder den KPDF-Nachfolger Okular.

Adobe Reader

Debian-Paket finden

Den Adobe Reader[10] finden Sie nicht in den offiziellen Debian-Quellen und daher auch nicht auf der Buch-DVD. Eine Recherche im Netz (siehe Abschnitt 5.1.2 ab Seite 117) fördert aber Repositorys zutage, die entsprechende Debian-Pakete (*acroread*, *acroread-l10n-de* usw.) enthalten. Alternativ bietet der Hersteller auf der Webseite ebenfalls ein fertiges Debian-Paket an, das Sie von Hand über `dpkg -i <paket.deb>` einspielen. Sie finden den Reader anschließend in der BÜRO-Abteilung der Startmenüs; alternativ starten Sie das Programm über Eingabe von `acroread` in ein Schnellstartfenster (Alt + F2) oder Terminal. Optional spielen Sie zusätzlich die drei Pakete *acroread-plugins*, *mozilla-acroread* und *acroread-doc-de* ein, um den PDF-Betrachter um Plugins und die Dokumentation zu erweitern.

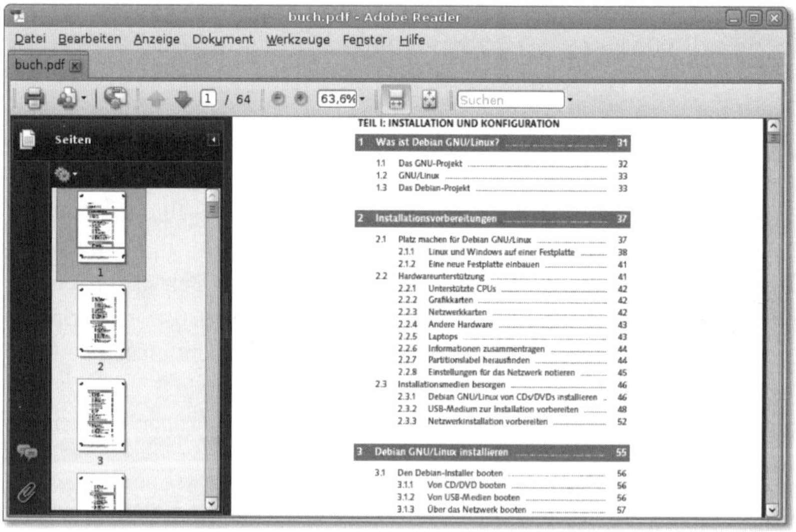

Abbildung 13.13 Übersichtlich: Der Adobe Reader blendet links eine Vorschau der einzelnen Dokumentseiten ein.

Der Adobe Reader folgt internen und externen Verknüpfungen. Für Letztere startet das Programm einen Webbrowser. Welche Anwendung die entsprechende Webseite präsentiert, entscheiden Sie im Einrichtungsdialog, den Sie über BEARBEITEN • VOREINSTELLUNGEN öffnen. Im Bereich INTERNET stellen Sie nicht nur ein, ob Sie eine direkte Verbindung oder einen Proxyserver nutzen, sondern wählen auch den Browser aus. Wenn Sie links unter KATEGORIEN den Punkt SENDMAIL wählen, legen Sie ein Standard-E-Mail-Programm fest. Wählen Sie anschließend aus dem

10 *http://get.adobe.com/de/reader/*

Menü DATEI den Punkt AN E-MAIL ANHÄNGEN, so startet der gewünschte Mailclient und fügt das aktuell geöffnete PDF-Dokument als Attachment hinzu.

Die meisten Funktionen erreichen Sie über das Menü oder die Buttons der Werkzeugleiste am oberen Fensterrand. Die Werkzeugleiste ist in der Voreinstellung sehr aufgeräumt und enthält nicht allzu viele Symbole. Das können Sie ändern, indem Sie aus dem Menü WERKZEUGE den Punkt WERKZEUGLEISTEN ANPASSEN wählen. Der Adobe Reader teilt das Fenster auf Wunsch und blendet in der linken Seitenleiste Thumbnails der Dokumentseiten, Anhänge oder Kommentare ein, sofern diese existieren.

Freie Alternativen: Xpdf, Evince und Okular

Xpdf

Eine schnelle Alternative zum Adobe Reader ist Xpdf (Paket *xpdf*). Ohne Features, wie Thumbnails, Notizen und Kommentare, zeigt dieser Viewer wirklich nur PDF-Dateien am Bildschirm an und reicht diese per Mausklick an einen Drucker weiter. Im Gegenzug arbeitet Xpdf deutlich schneller als der Adobe Reader und steht unter einer freien Lizenz. Nach dem Start über die Anwendungsmenüs oder Eingabe von »xpdf« in eine Konsole oder in ein Schnellstartfenster präsentiert sich der PDF-Viewer recht spartanisch – eine Symbol- oder Menüleiste am oberen Rand fehlt.

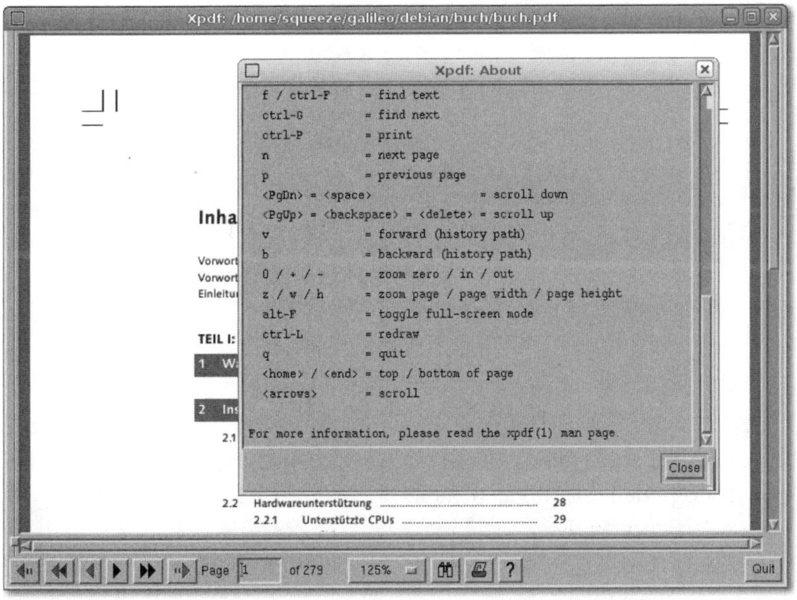

Abbildung 13.14 Ohne viele Extras – Xpdf ist ein schlanker PDF-Betrachter, den Sie ganz mit der Tastatur steuern können.

Stattdessen bedienen Sie Xpdf über die Buttons am unteren Fensterrand und über das Kontextmenü der rechten Maustaste. Über das Kontextmenü öffnen Sie auch Dokumente (sofern Sie deren Namen nicht schon beim Start mit angegeben haben). Sämtliche Tastaturfunktionen und die Belegung der Maustasten verrät Xpdf, wenn Sie auf das Icon mit dem Fragezeichen in der unteren Fensterzeile klicken.

Evince und Okular

Auch die Desktopumgebungen GNOME und KDE SC 4 haben jeweils einen eigenen PDF-Viewer mit an Bord: Evince (Paket *evince*) und Okular (Paket *okular*) sind ebenfalls nicht so speicherhungrig wie der Adobe Reader, bieten aber im Gegensatz zum eher spartanischen Xpdf Vorschaubilder der Seiten (Thumbnails) und einen schnellen Zugriff auf Programmfunktionen über Menü- und Werkzeugleisten.

[+] Sowohl der GNOME- als auch der KDE-Dokumentenbetrachter bieten an, das Dokument als Bildschirmpräsentation ablaufen zu lassen. Okular ermöglicht es als zusätzliches Schmankerl, Lesezeichen für einzelne Seiten zu setzen. Dazu wählen Sie für die aktuelle Seite aus dem Menü Lesezeichen oder aus dem Kontextmenü der rechten Maustaste den Punkt Lesezeichen hinzufügen (Tastenkombination Strg+B). Die so markierten Seiten kennzeichenet das Programm mit einem Stern.

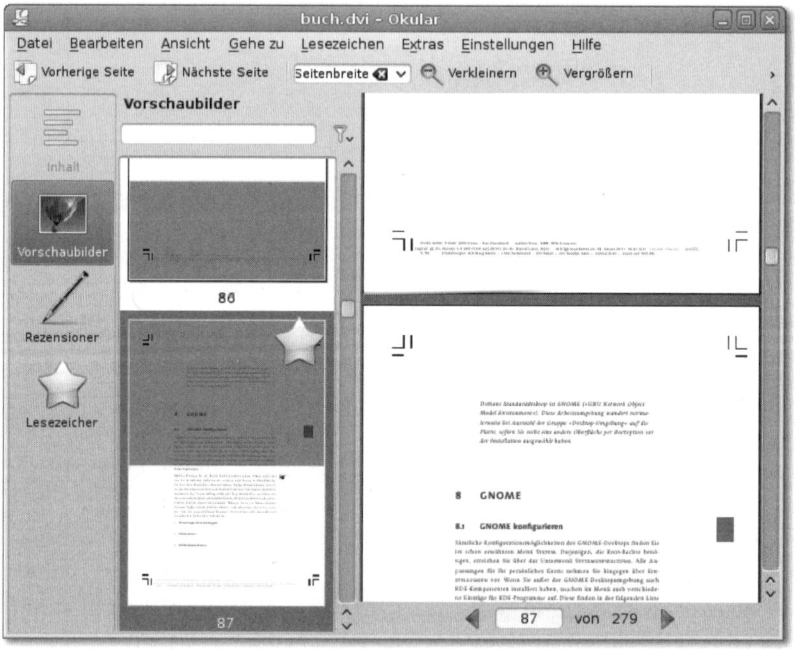

Abbildung 13.15 Okular legt auf Wunsch Lesezeichen im Dokument an.

13.3.2 PostScript-Viewer

Zum Anzeigen von PostScript-Dateien stehen ebenfalls mehrere Tools zur Wahl – die bereits erwähnte GNOME-Anwendung Evince stellt nicht nur PDF-, sondern auch PostScript-Dateien dar. Auch KDE SC 4 schlägt mit Okular zwei Fliegen mit einer Klappe; der PDF-Betrachter ist das Standardtool für PostScript-Dokumente. Als Alternative leistet `gv` gute Arbeit.

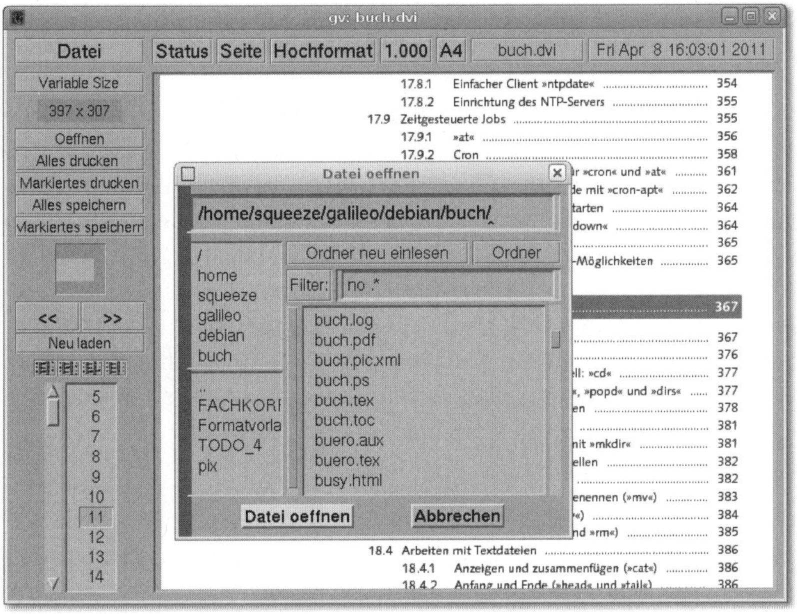

Abbildung 13.16 Alternativ zu Evince und Okular bietet sich der PostScript-Betrachter »gv« an.

Letztgenanntes Tool ist ein Ghostscript-Frontend; Sie installieren es über das Paket *gv*. Wie bei Evince und Okular übergeben Sie optional beim Start eine PostScript-Datei oder öffnen diese über das Menü. Die Ausrichtung verändern Sie über den Button HOCHFORMAT, daneben befindet sich ein Aufklappmenü, in dem Sie die Größe einstellen. Einzelne Seiten markieren Sie, indem Sie in der linken Leiste mit der mittleren Maustaste auf eine Seitenzahl klicken. So ausgewählte Seiten können Sie entweder drucken (Knopf MARKIERTES DRUCKEN) oder in einer neuen Datei abspeichern (MARKIERTES SPEICHERN). Über Klick auf SEITE markieren Sie alle geraden oder ungeraden Seiten oder heben die Auswahl komplett auf. Funktionen zum Drucken und Speichern finden Sie im Menü DATEI oder über die Knöpfe links im Fenster. »gv«

[+] Anders als die beiden GNOME- und KDE-PostScript-Betrachter bietet `gv` im Menü DATEI eine Funktion NEU LADEN. Diese ist praktisch, wenn Sie beispielsweise mit LaTeX arbeiten und sich die PostScript-Datei ständig ändert. Anstatt jedes Mal das Dokument zu schließen und neu zu öffnen, aktualisieren Sie die Ansicht per Knopfdruck. Alternativ beobachtet `gv` auch selbstständig die Datei für Sie. Dazu schalten Sie im Menü STATUS die Funktion DATEI BEOBACHTEN an.

13.4 Desktop-Publishing mit Scribus

Punktgenaues Setzen

Mit Desktop-Publishing-Programmen schreiben, setzen und gestalten Sie anspruchsvolle Dokumente millimetergenau und bereiten diese für den Druck vor. Im Gegensatz zu herkömmlichen Textverarbeitungsprogrammen ermöglichen DTP-Anwendungen[11] das punktgenaue, typografisch korrekte Setzen von Schrift und Grafikelementen in Rahmen. Debian GNU/Linux verfügt für diesen Anwendungsbereich über das freie Programm Scribus[12] in der Version 1.3.3.13. Sie installieren das DTP-Programm mitsamt Handbuch und Vorlagen als Administrator, indem Sie die drei Pakete *scribus*, *scribus-doc* und *scribus-template* einspielen. Anschließend starten Sie das Programm über die Anwendungsmenüs oder den Befehl `scribus`.

Wenn Sie ein neues leeres Dokument erstellen, bietet Scribus einen Dialog, in dem Sie das Seitenformat, Nummerierungsoptionen, Rahmen und Ränder eingeben; alternativ finden Sie über DATEI • NEU VON VORLAGE Templates für Broschüren, Newsletter, Kalender, Menüs, Präsentationen und vieles mehr. Um ein neues Element, zum Beispiel einen Textrahmen oder eine Grafik, im Dokument zu platzieren, zeichnen Sie zunächst einen Rahmen (die Symbole sind auf der Werkzeugleiste) und füllen diesen dann mit Inhalt. Einen Rahmen können Sie über die Anfasser an den Ecken zurechtziehen und auf eine neue Größe bringen. Zusätzlichen Komfort bietet das Arbeiten in Ebenen.

Sämtliche Funktionen erreichen Sie entweder über die Menüeinträge oder die Werkzeugleiste. Verschiedene Paletten blenden Sie über das Menü FENSTER ein und aus. Darüber hinaus bietet Scribus einige vordefinierte Tastenkombinationen und die Möglichkeit, eigene Kürzel festzulegen. Die Werkzeugleiste von Scribus enthält einige Icons, mit denen Sie

11 Desktop-Publishing (DTP) bedeutet so viel wie »Herstellen von Publikationen am Schreibtisch«; *http://de.wikipedia.org/wiki/Desktop_Publishing*
12 *http://www.scribus.net/*

Tabellen, verschiedene Linien und Zeichenobjekte einfügen oder Objekte rotieren. Fertige Dokumente speichern Sie im programmeigenen Format (Endung *.sla*) ab oder exportieren sie ins EPS-, PDF-, SVG- oder in ein Bildformat. Alternativ drucken Sie Ihre Dokumente aus; im folgenden Druckdialog stellen Sie weitere Optionen ein.

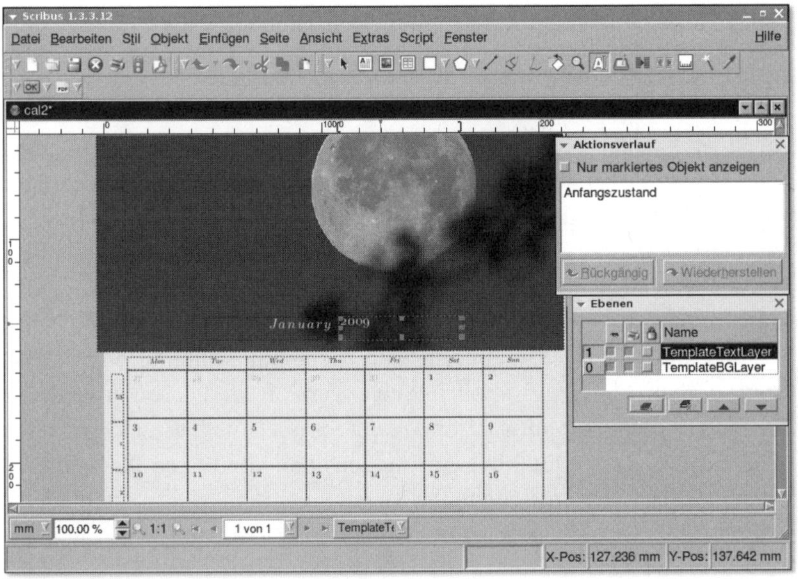

Abbildung 13.17 Scribus mit Vorlage und verschiedenen Werkzeugpaletten

Viele Tipps und Tricks, Anleitungen und Neuigkeiten finden Sie im Wiki unter *http://wiki.scribus.net/index.php/Hauptseite*. Auch wenn noch nicht alle Seiten in deutscher Übersetzung vorliegen, lohnt sich ein Blick auf das gesammelte Wissen. [+]

13.5 Vektorgrafiken mit Dia

Flowchart

Wenn es darum geht, Netzwerkskizzen, Ablauf- und Flussdiagramme zu zeichnen, sind sogenannte Vektorgrafik-Programme besser geeignet als Bildbearbeitungsprogramme. Im Gegensatz zu Bitmaps speichern Vektorgrafiken nicht einzelne Bildpunkte (Pixel), sondern mathematische Beschreibungen der Formen. Daher können Objekte unbegrenzt und ohne Verlust von Kantenglätte und -schärfe skaliert werden. Mit Dia und Karbon14 erstellen Sie Flussdiagramme, Organigramme oder auch Netzwerkskizzen unter Linux.

Installieren Sie als Administrator das Paket *dia*, und der Paketmanager löst die Abhängigkeiten auf und spielt zudem die Pakete *dia-common* und *dia-libs* ein. GNOME-Anwender installieren optional das Paket *dia-gnome*. Sie starten den Diagrammkünstler anschließend über ANWENDUNGEN • GRAFIK • DIA DIAGRAMMEDITOR (GNOME); im K-Menü finden Sie die Anwendung ebenfalls in der Grafikabteilung. Alternativ geben Sie den Befehl `dia` in den Schnellstarter oder in ein Terminal ein.

Objekte Dia bietet viele vordefinierte Symbole an, über die Sie mit wenigen Mausklicks ansehnliche Fluss-, Netzwerk- und UML-Diagramme erstellen. Objekte skalieren Sie über die grünen Eckpunkte, und mit gedrückter linker Maustaste schieben Sie die Objekte an eine neue Stelle. Bei einigen der Objekte bleiben die Relationen allerdings immer erhalten, sodass ein »In-die-Länge-Ziehen« nicht möglich ist. Zugang zu den Eigenschaften eines Objektes erhalten Sie, wenn Sie es doppelklicken (oder über das Kontextmenü der rechten Maustaste). Im folgenden Dialog bestimmen Sie unter anderem die Linienbreite und -farbe, die Füllfarbe oder Transparenz. Linien, Pfeile und Ähnliches verankern Sie an den Ankerpunkten, sodass diese Elemente mitwandern, wenn Sie ein Objekt verschieben. Dia bietet darüber hinaus Funktionen zum Zeichnen von Bögen, Kreisen und Quadraten. Ein weiteres Highlight ist der Export in viele verschiedene Fremdformate, zum Beispiel in EPS, SVG und PNG.

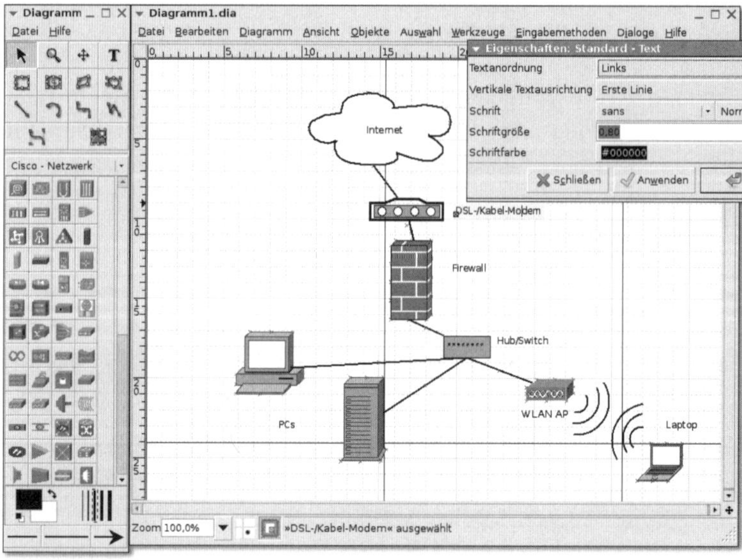

Abbildung 13.18 Mit Dia zeichnen Sie anspruchsvolle Diagramme.

13.6 Personal Information Manager

Persönliche Daten, wie Adressen, Aufgaben, Termine, Notizen und auch den E-Mail-Schriftverkehr, verwalten Sie am besten mit einem Personal Information Manager (PIM). GNOMEs Personal Information Manager heißt Evolution und bringt E-Mail-, Adress- und Terminverwaltungs-Komponenten zusammen – hier arbeiten verschiedene GNOME-Programme Hand in Hand. Auch Kontact fasst mehrere KDE-Anwendungen unter einer einheitlichen Oberfläche zusammen. So haben Sie schnellen Zugriff auf Mailclient, Adress- und Terminverwaltung. Die folgenden Abschnitte zeigen, was diese Organisationstalente auf dem Kasten haben.

13.6.1 Evolution

Einrichtungsassistent

Als Bestandteil des GNOME-Desktops wandert Evolution automatisch mit auf die Platte. Sie starten die Anwendung entweder über die Abteilung Büro, über einen Klick auf das Icon mit dem Briefumschlag im oberen Panel oder über Eingabe von `evolution` in ein Schnellstart- oder Terminalfenster. Wenn Sie GNOME Evolution zum ersten Mal aufrufen, begrüßt Sie der in Abschnitt 12.2.2 auf Seite 324 vorgestellte Einrichtungsassistent, der bei der Konfiguration der E-Mail-Konten behilflich ist. Weitere Möglichkeiten zur Einstellung des Personal Information Managers und seiner Komponenten erreichen Sie über Bearbeiten • Einstellungen.

In der Seitenleiste unten links finden Sie Schaltflächen, die Sie zu den einzelnen Anwendungen bringen – Drag-&-Drop-Operationen zwischen den Programmen wie bei Kontact sind hier nicht möglich. Dafür bietet das Kontextmenü der rechten Maustaste Einträge, mit denen Sie zum Beispiel eine E-Mail in eine Aufgabe umwandeln, einen Kalendereintrag als Besprechung ansetzen und vieles mehr. Der Button Neu in der Symbolleiste bietet schnellen Zugriff auf die wichtigsten Aktionen, zum Beispiel auf das Verfassen neuer Nachrichten, Termine, Aufgaben und Adressbucheinträge.

Neben einfachen Adressbucheinträgen ist es möglich, ganze Kontaktlisten zu verfassen und damit bestimmte Mitglieder des Adressbuches zu gruppieren. Daten, die im Outlook-Format vorliegen, und LDAP-Dateien können importiert werden; zudem versteht und schreibt Evolution vCards. Das sind »elektronische Visitenkarten«, die Sie per Mausklick direkt ins Adressbuch aufnehmen. Auch Handys und PDAs verwenden vCards, um Kontaktinformationen zu speichern und per Bluetooth oder Infrarot auszutauschen. Die Dateien tragen die Endung *.vcf* (vCard file).

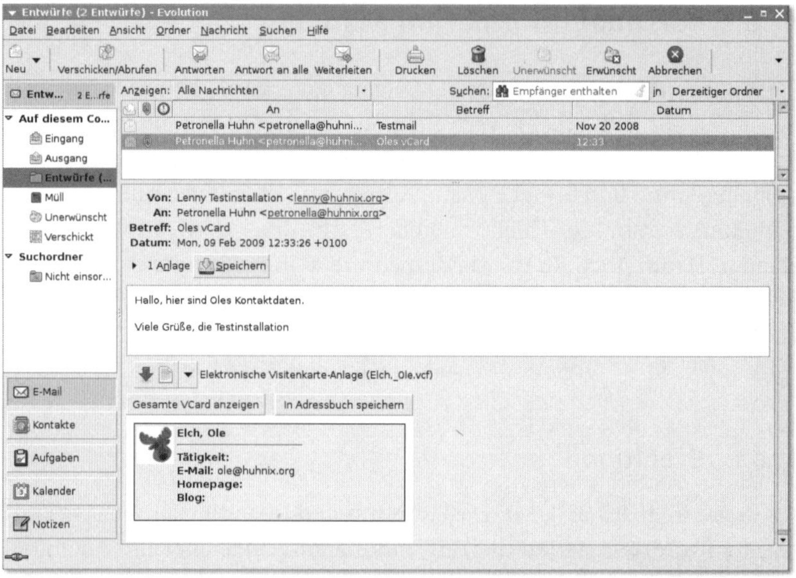

Abbildung 13.19 Eine an eine Mail angehängte vCard fügen Sie mit nur einem Klick dem Adressbuch hinzu.

Microsoft Exchange

Evolution punktet mit einer Schnittstelle zu Microsoft-Exchange-Servern. Mittlerweile unter die GPL gestellt, finden Sie diese Erweiterung im Paket *evolution-exchange*, das automatisch installiert wird. Im Einrichtungsassistenten oder im Konteneditor (Bearbeiten • Einstellungen • E-Mail-Konten) wählen Sie auf dem Reiter Abrufen von E-Mails im Dropdown-Menü Server-Art die Option Microsoft Exchange aus. Nach Beenden der Konfiguration erscheinen die erreichbaren Ordner des Exchange-Servers in der Ordnerliste im linken Fensterbereich.

13.6.2 Kontact

Gleich mehrere KDE-Anwendungen werkeln hier gemeinsam unter der Haube einer Applikation: Kontact vereint unter anderem KMail, KOrganizer, KAddressBook, KNotes und KNode unter einer einheitlichen Programmoberfläche und ermöglicht damit den schnellen Zugriff auf die Programme sowie den unkomplizierten Datenaustausch – sogar per Drag & Drop. Sie finden das Programm im K-Menü unter Büroprogramme • Persönlicher Informationsmanager oder starten es über Eingabe des Befehls `kontact` in ein Schnellstartfenster (Alt + F2) oder Terminal.

Im linken Fensterbereich sehen Sie Icons, die Sie zu den jeweiligen Komponenten führen. Das Hauptfenster zeigt das jeweils aktive Programm – entsprechend passt sich die Menü- und Werkzeugleiste von Kontact an die einzelnen Applikationen an. Was in der Seitenleiste auftaucht und die Programme selbst konfigurieren Sie über EINSTELLUNGEN • KONTACT EINRICHTEN.

Drag & Drop

Der Seitenbereich dient nicht nur zum Umschalten zwischen den Komponenten, sondern auch als Zielscheibe für Drag-&-Drop-Operationen. Ziehen Sie beispielsweise eine E-Mail auf das Kalender-Icon, öffnet sich ein Dialogfenster, in dem Sie den Termin bearbeiten können. Als Titel wird direkt der Betreff der Mail eingefügt. Ebenso ziehen Sie Notizen auf den Kalender und aktivieren damit eine Erinnerungsfunktion.

Hinter AUFGABEN und KALENDER verbirgt sich der KDE-Terminplaner KOrganizer. Hier merken Sie Termine, Verabredungen und Aufgaben vor und ordnen diese Kategorien zu. KOrganizer erinnert Sie zuverlässig an Fristen und verschickt auch Einladungen automatisch per E-Mail. Als Mailprogramm leistet KMail gute Dienste; diesem Programm widmet sich ausführlich Abschnitt 12.2.3 ab Seite 327.

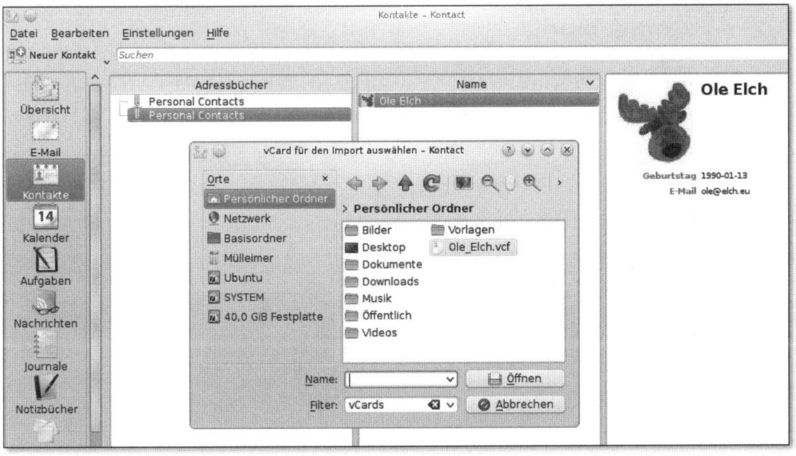

Abbildung 13.20 Eine vCard importieren Sie per Mausklick.

Ihre Kontakte verwalten Sie mit dem KDE-Adressbuch. Das Programm unterstützt neben verschiedenen anderen ebenfalls das vCard-Format, was den Austausch mit anderen Applikationen leicht macht. Über DATEI • IMPORTIEREN fügen Sie eine solche Visitenkarte zum Adressbuch hinzu.

13.7 Scannen unter Linux

SANE Während früher hauptsächlich SCSI- oder auch Parallelport-Scanner verbreitet waren, verfügen die meisten Geräte heutzutage über einen USB-Anschluss. Viele (aber nicht alle) dieser Geräte arbeiten dank SANE (Scanner Access Now Easy) mit Linux zusammen. Die SANE-Hardwaredatenbank[13] verrät, wie es mit der Unterstützung im Einzelfall aussieht: Ist der Status für ein Gerät »Complete« oder (mindestens) »Good«, sollten keine Probleme bei der Einrichtung unter Linux auftreten. Die folgenden Abschnitte stellen die Konfiguration eines USB-Scanners sowie verschiedene SANE-Frontends vor. Abschließend erfahren Sie, wie Sie den Scanner auch für andere Rechner im Netzwerk zur Verfügung stellen.

[»] Als Testgerät kam ein Syscan TravelScan 464 (USB) zum Einsatz, den Debian GNU/Linux automatisch erkannte. Wenn Sie einen Parallelport-Scanner Ihr Eigen nennen, gestaltet sich die Einrichtung etwas komplizierter. Am besten gehen Sie zur SANE-Hardwaredatenbank: Wird Ihr Gerät unterstützt, können Sie in der letzten Spalte (»Manual Page«) dem Link zur jeweiligen Dokumentation folgen.

13.7.1 Scanner einrichten

Installieren Sie als Administrator die beiden Pakete *sane* und *sane-utils*. Bevor Sie den Scanner mit dem Rechner verbinden, öffnen Sie am besten ein Terminal, werden über `su -` und Eingabe des Root-Passworts zum Administrator und beobachten dann über `tail -f /var/log/messages` die zentrale Protokolldatei des Systems. Der Testrechner identifizierte den USB-Scanner nach dem Einstecken sofort erfolgreich:

```
Nov 30 13:05:23 zwerg kernel: [32047.535099] usb 2-1: New ⮐
USB device found, idVendor=0a82, idProduct=4600
Nov 30 13:05:23 zwerg kernel: [32047.535111] usb 2-1: New ⮐
USB device strings: Mfr=64, Product=79, SerialNumber=0
Nov 30 13:05:23 zwerg kernel: [32047.535120] usb 2-1: ⮐
Product: TravelScan 460
Nov 30 13:05:23 zwerg kernel: [32047.535127] usb 2-1: ⮐
Manufacturer: SYSCAN
```

Die letzte Bestätigung, dass Ihr System den angeschlossenen Scanner unterstützt, liefert das Kommando `scanimage`, das Sie ebenfalls als Benutzer Root auf der Shell verwenden. Zusammen mit der Aufrufoption `-L` listet es gefundene Geräte auf:

13 *http://www.sane-project.org/sane-supported-devices.html*

```
huhnix:~ # scanimage -L
device `plustek:libusb:002:002' is a Syscan TravelScan ↩
460/464 sheetfed scanner
```

[«] Damit »normale« Benutzer mit scanimage oder den grafischen Programmen auf den Scanner zugreifen können, müssen sie Mitglied der Gruppe scanner sein. Mehr zur Benutzer- und Gruppenverwaltung und dazu, wie Sie weitere Anwender in die Gruppe scanner aufnehmen, lesen Sie in Kapitel 17 ab Seite 491.

Backend Die SANE-Gerätetreiber bezeichnet man auch als Backends. Sämtliche dieser Dateien finden Sie im Verzeichins */etc/sane.d/*; sie tragen die Dateiendung *.conf*. Alle auf Ihrem System verfügbaren Backends listet die Datei */etc/sane.d/dll.conf* auf. Inaktiven Treibern ist ein Rautezeichen vorangestellt. Eine Besonderheit stellt der Treiber *net* dar. Zusammen mit dem SANE-Daemon (saned) ermöglicht er den Zugriff auf einen Scanner über das Netzwerk (siehe Abschnitt 13.7.7 ab Seite 402). Welches Backend für Ihr Gerät zuständig ist, verrät die bereits erwähnte SANE-Hardwaredatenbank in der ersten Spalte (»Backend«). Nachdem Sie den Namen des Backends herausgefunden haben, schauen Sie in der dazugehörigen Manpage (also zum Beispiel man sane-plustek) nach, welche Funktionen der Treiber bietet und wie die Optionen in der *.conf*-Datei heißen. In der Regel müssen Sie hier keine weiteren Anpassungen vornehmen. Im Fall des Testgeräts sorgen die beiden Einträge

```
[usb]
...
device auto
```

beispielsweise dafür, dass der Treiber alles automatisch erkennt und auch automatisch die Gerätedatei bestimmt. Daneben finden sich in den Konfigurationsdateien häufig Angaben zur Dauer, die der Scanner für das Warmup erhält, nach welcher Zeit die Lampen im Standby-Modus ausgeschaltet werden sollen usw. Die meisten der in der Backend-Datei gelisteten Optionen können Sie auch über die Frontends einrichten. Die Manpage liefert ausführliche Erklärungen. Die Programme, die über ein Backend auf einen Scanner zugreifen, heißen Frontends. Zu ihnen zählen Anwenderprogramme sowie der Netzwerk-Scan-Daemon saned. Die folgenden Abschnitte stellen die Scanprogramme XSane, Simple Scan und Skanlite vor.

13.7.2 XSane

Das Programm XSane mit der GTK+-Oberfläche installieren Sie über das gleichnamige Paket *xsane*, Abhängigkeiten zu anderen Komponenten löst der Paketmanager automatisch auf. Optional spielen Sie noch das Paket *gocr* ein, ein OCR-Programm (Optical Character Recognition) zur Texterkennung (siehe Abschnitt 13.7.5 ab Seite 396), das Sie ebenfalls über XSane bedienen können. Sie finden die Scansoftware anschließend in der GRAFIK-Abteilung in den Startmenüs. Alternativ starten Sie XSane über ein Terminal- oder Schnellstartfenster, in das Sie `xsane` eingeben.

[»] Es kann sein, dass das Programm nachfragt, welches Gerät es verwenden soll. Erscheint die Meldung KEIN GERÄT GEFUNDEN, obwohl Sie sicher sind, dass Ihr Scanner mit Linux zusammenarbeitet und dass Sie die nötigen Zugangsberechtigungen haben, hilft es manchmal, den Scanner auszuschalten und vom USB-Port abzuziehen und XSane zu beenden. Nach einer kurzen Pause verbinden Sie den Scanner wieder mit dem Computer und starten XSane neu.

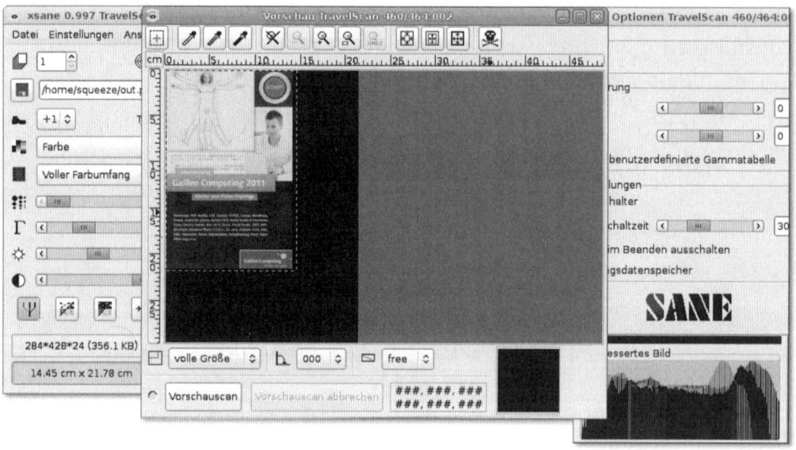

Abbildung 13.21 Im Vorschaufenster wählen Sie den zu scannenden Bildausschnitt und justieren die Farben.

Mehrere Programmfenster

XSane öffnet gleich mehrere Fenster, die sich auf dem Desktophintergrund verteilen. Das Hauptfenster hat die Beschriftung XSANE 0.997 in der Titelleiste, daneben erscheint der Name Ihres Scanners. Im Fenster STANDARD OPTIONEN passen Sie unter anderem die Bittiefe, die Helligkeit und den Kontrast an. Darüber hinaus sehen Sie ein VORSCHAU-Fenster und ein HISTOGRAMM, das die Farbverteilung im gescannten Bild darstellt. Wenn Sie etwas eingescannt haben, präsentiert XSane das Fenster BETRACHTER, in dem Sie Nachbesserungen vornehmen können. Für den ersten Testlauf legen Sie ein Dokument auf den Scanner, wechseln zum Fenster VORSCHAU und klicken unten links auf die Schaltfläche VORSCHAUSCAN. XSane erstellt ein Bild in niedriger Auflösung. In diesem können Sie nun den gewünschten Ausschnitt auswählen und die Farben anpassen, bevor Sie den eigentlichen Scanvorgang starten.

Bildausschnitt wählen

Über die Lupensymbole im Vorschaufenster verändern Sie die Ansicht: Das Icon mit der durchgestrichenen Lupe zeigt das Gesamtbild, daneben finden Sie Werkzeuge zum Verkleinern und Vergößern. Mit einem Klick auf das zweite Lupensymbol von rechts zoomen Sie in den ausgewählten Bereich hinein. Sie markieren einen Ausschnitt mit der Maus: Halten Sie die linke Taste gedrückt, und ziehen Sie die Maus über den gewünschten Bereich. Neben den Lupen befinden sich drei Knöpfe mit Pfeilen: Klicken Sie auf das ganz linke Icon, so wählt XSane automatisch einen Bereich aus, über das mittlere Symbol ziehen Sie automatisch einen Bereich auf, und das rechte Icon markiert den gesamten Bereich. Vorsicht vor dem Totenkopf-Symbol: Ein Klick auf dieses Icon löscht die aktuelle Vorschau, und auch die Lupe mit der Beschriftung UNDO stellt die Ansicht nicht wieder her.

[+]

Das Dropdown-Menü unten links im Vorschaufenster (VOLLE GRÖSSE) bietet verschiedene Formate an. Wählen Sie für ein Foto beispielsweise 13CM X 18CM, so scannt XSane nur diesen Bereich – das geht wesentlich flotter, als wenn Sie alles scannen. Das Menü daneben dreht und spiegelt die Vorschau (und auch den Scan), damit das Bild nicht auf dem Kopf steht oder seitenverkehrt erscheint. Über das ganz rechte Dropdown-Menü wählen Sie ein Seitenverhältnis (2:1, 16:9 usw.) aus.

Normalerweise ist die automatische Farbauswahl von XSane gut, das Programm bietet jedoch die Möglichkeit nachzubessern. Dazu können Sie einerseits das Fenster HISTOGRAMM, andererseits das Hauptfenster und die Pipetten aus dem Vorschaufenster hinzuziehen:

- **Pipetten-Symbole**
  Mit diesen drei Icons definieren Sie einen eigenen Farbrahmen für das Bild. Mit der linken Pipette wählen Sie einen weißen Punkt im Bild aus, mit der mittleren einen grauen und mit der rechten einen schwarzen. Auf dieser Basis errechnet XSane anschließend neue Helligkeitswerte.
- **Hauptfenster**
  Über verschiedene Dropdown-Menüs stellen Sie den Scanmodus (FARBE, GRAUSTUFEN oder STRICHZEICHNUNG) und den Farbumfang ein. Außerdem finden Sie in diesem Dialog Regler, mit denen Sie

die Auflösung, den Gammawert, Helligkeit und Kontrast einstellen. Wenn Sie auf das kleine Symbol klicken, das wie ein Kerzenständer aussieht, blendet XSane eine Reihe weiterer Regler für das Feintuning ein.

- **Histogramm**
  Dieser Dialog zeigt die Farbverteilung als Grafik an; über die Symbole I (Intensität/Grau), R (Rot), G (Grün) und B (Blau) blenden Sie Farben aus und wieder ein. Die Helligkeit passen Sie über die kleinen Dreiecke auf dem grauen Balken an.

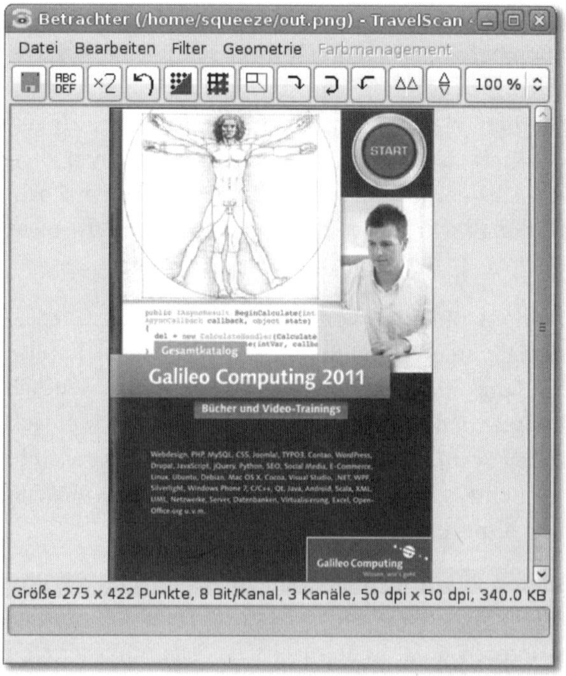

Abbildung 13.22 Über den XSane-Betrachter haben Sie auch Zugriff auf grundlegende Bildbearbeitungsfunktionen.

Scannen Wenn Sie den Ausschnitt ausgewählt und die Farben angepasst haben, kann's losgehen. Geben Sie im Hauptfenster ins Feld neben dem Diskettensymbol den Ort und den Dateinamen ein. XSane speichert in der Voreinstellung im PNM-Format; das Dropdown-Menü Typ bietet aber auch andere Formate (zum Beispiel JPEG, PDF oder PNG) an. Stellen Sie auch die Auflösung ein: Dazu blenden Sie über das Menü Ansicht (Tastenkombination Strg + L) die Liste ein und wählen dann aus dem

Dropdown-Menü einen Wert aus. Die Angaben hier beziehen sich alle auf die Einheit DPI (Dots Per Inch).[14]

Im rechten oberen Dropdown-Menü ist in der Voreinstellung BETRACHTER ausgewählt. In diesem Fenster haben Sie noch einmal die Möglichkeit, das Ergebnis zu drehen oder zu skalieren, Flecken zu entfernen oder einen Filter anzuwenden. Alternativ speichern Sie das Bild oder reichen den Scan an ein anderes Programm weiter, wie am Ende dieses Abschnitts beschrieben. Nach einem abschließenden Klick auf SCANNEN nimmt XSane die Arbeit auf. Über das Menü DATEI • BILD SPEICHERN im Betrachterfenster öffnen Sie einen Dateiauswahldialog und legen den Scan auf der Platte ab.

[+] Ist das gesuchte Format nicht in der Liste, speichern Sie den Scan in XSane am besten in einem möglichst verlustfreien Dateiformat und verwenden anschließend das Kommandozeilentool `convert`, um das Bild zu konvertieren (siehe Abschnitt 14.6.2 ab Seite 450).

Externe Helfer

Über das Menü EINSTELLUNGEN • KONFIGURATION im Hauptfenster öffnen Sie den Einrichtungsdialog. Neben den allgemeinen Programmeinstellungen bereiten Sie XSane hier auf die Zusammenarbeit mit anderen Programmen vor. So stellen Sie auf dem Reiter FOTOKOPIE beispielsweise einen Drucker, die Auflösung und die Ränder der Scans ein. Unter FAX bietet die Scananwendung Voreinstellungen für gängige Faxprogramme, Sie können hier aber auch etwas Eigenes eintragen. Auf dem Reiter E-MAIL tragen Sie für den SMTP-Server (siehe auch Kapitel 12 ab Seite 299) dieselben Daten wie in Ihrem Mailprogramm ein; hier ist auch Platz für den Absendernamen und eine Reply-to-Adresse. Ein Programm für die Texterkennung stellen Sie auf dem gleichnamigen Reiter ein. In der Voreinstellung ist hier GOCR eingerichtet; diesem Programm widmet sich dieses Kapitel in Abschnitt 13.7.5 ab Seite 396.

13.7.3 Simple Scan

Dieses schlanke Scanprogramm ist ebenfalls ein SANE-Frontend, bietet im Gegensatz zu XSane und Skanlite aber nur sehr einfache und eingeschränkte Funktionen. Seinem Namen wird es jedenfalls gerecht – Simple Scan scannt schnell und einfach Dokumente und Bilder und speichert diese anschließend in den Formaten JPEG, PNG und PDF.

14 Ein Inch entspricht ungefähr 2,54 cm. Für qualitativ gute Ausdrucke sollten Sie 300 DPI wählen, allerdings kann eine DIN-A4-Grafik dann schon zwischen 20 und 50 MByte groß werden. Im Hauptfenster sehen Sie neben der Schaltfläche SCANNEN, wie groß die Datei bei der aktuellen Einstellung wird.

Geräteabhängige Konfiguration

Ein paar wenige Konfigurationsmöglichkeiten finden Sie unter DOKUMENT • EINSTELLUNGEN. Unter SCAN-QUELLE listet das Programm alle gefundenen Scanner auf. Die unter TEXT-AUFLÖSUNG und FOTO-AUFLÖSUNG angebotenen DPI-Werte sind genauso vom Gerät abhängig wie die unter SCAN SIDE gelisteten Optionen. Die Einstellungen unter PAGE SIZE haben in der aktuellen Simple-Scan-Version noch keinen Einfluss auf die tatsächlich gescannte Größe – auch wenn Sie hier A4 aussuchen, scannt das Tool den gesamten Bereich.

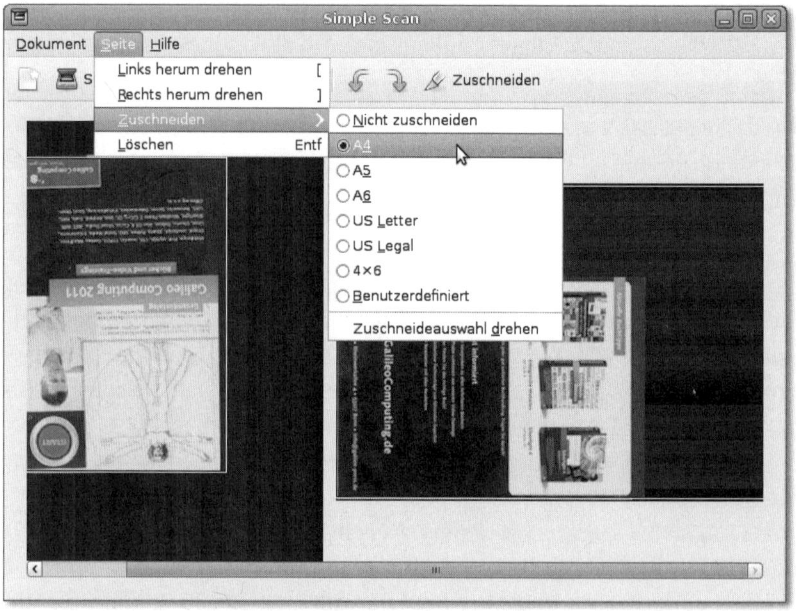

Abbildung 13.23 Schlank, einfach und performant präsentiert sich Simple Scan.

Bevor Sie über SCANNEN den Scanvorgang starten, können Sie über den kleinen Pfeil neben dem Button ein Dropdown-Menü öffnen und darüber entscheiden, ob Sie eine einzelne Seite oder alle Seiten aus dem Papiereinzug scannen. Außerdem aktivieren Sie hier den Modus: TEXT und FOTO stehen zur Wahl. Bereits gescannte Seiten drehen Sie über die beiden Pfeilsymbole im oder gegen den Uhrzeigersinn oder schneiden sie zu. Dazu klicken Sie entweder auf die gleichnamige Schaltfläche, um den Bereich selbst mit der Maus auszuwählen, oder Sie entscheiden sich für eine feste Größe aus dem Menü SEITE • ZUSCHNEIDEN.

Anschließend speichern oder drucken Sie den Scan über das Menü DOKUMENT. Wenn Sie dort stattdessen auf E-MAIL klicken, öffnet sich das

Standardmailprogramm und hängt den Scan als Attachment an eine neue Nachricht an.

13.7.4 Skanlite

Neu in KDE SC 4

Das KDE-Programm Skanlite ersetzt Kooka aus der KDE-3er-Reihe und ist seit Debian GNU/Linux »Squeeze« der Standard unter KDE SC 4. Auch dieses Tool ist schlank und performant, bietet allerdings im Gegensatz zu Simple Scan ein paar interessante Extras, wie etwa eine automatische Speicherfunktion. Skanlite nutzt SANE zur Steuerung der Scanner und benötigt zusätzlich die Bibliothek *libksane*. Skanlite ist nicht automatisch installiert, spielen Sie daher über den Paketmanager das Paket *skanlite* ein. Die erwähnte Library wandert automatisch mit auf die Platte. Wenn Sie keine vollständige KDE-Umgebung eingerichtet haben, installiert der Paketmanager außerdem das Paket *kdegraphics-libs-data*.

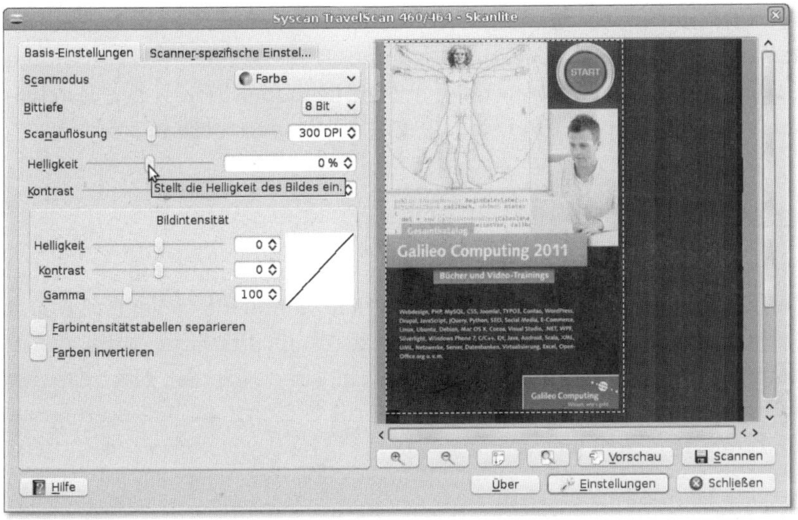

Abbildung 13.24 Skanlite löst Kooka auf dem KDE-Desktop ab.

Das Programm finden Sie anschließend in der GRAFIK-Abteilung der Startmenüs; alternativ rufen Sie Scanlite über das Kommando `skanlite` auf den Plan. Ein Dialogfenster begrüßt Sie, das angeschlossene und erkannte Geräte präsentiert. Haben Sie vergessen, den Scanner anzuschalten oder einzustecken, klicken Sie auf GERÄTELISTE NEU LADEN, um die Anzeige zu aktualisieren.

Die Benutzeroberfläche ist zweigeteilt. Links sehen Sie zwei Reiter mit Optionen für den Scanner und das Ausgabeformat. Auf dem Tab

BASIS-EINSTELLUNGEN legen Sie den Modus (FARBE, STRICHZEICHNUNG oder GRAUSTUFEN), die Bit-Tiefe, die gewünschte Auflösung, Helligkeit und Kontrast fest. Der Reiter SCANNER-SPEZIFISCHE EINSTELLUNGEN enthält verschiedene Regler zur Farbanpassung und andere gerätespezifische Optionen. Die rechte Fensterhälfte stellt eine Vorschau bzw. den fertigen Scan dar.

Vorschau

Skanlite zeigt am unteren Rand Icons zum Vergrößern und Verkleinern an. Zusätzlich finden Sie hier Schaltflächen, über die Sie eine Vorschau und den endgültigen Scan erstellen sowie die Programmeinstellungen öffnen. In diesen richten Sie unter anderem ein, dass Skanlite vor dem Speichern die Vorschau anzeigt, legen einen Speicherort, eine Namenserweiterung für die fertigen Bilder und ein Standardformat fest. Skanlite unterstützt PNG, JPEG, BMP, PPM, XBM und XPM. Auch eine Standard-Bildqualität und eine Auflösung für die Vorschau richten Sie ein.

[+]

Der EINSTELLUNGEN-Dialog bietet Zugriff auf ein interessantes Skanlite-Feature. Im Dropdown-Menü SPEICHERMODUS wählen Sie SPEICHERN OHNE NACH EINEM DATEINAMEN ZU FRAGEN, damit Skanlite die gescannten Bilder automatisch auf der Platte ablegt. Den Speicherort, den Dateinamen und das Format legen Sie selbst in den Feldern darunter fest.

13.7.5 Texterkennung mit GOCR

XSane bietet, wie erwähnt, auch eine Texterkennungsfunktion an. Zu diesem Zweck arbeitet das Programm mit dem Kommandozeilentool GOCR zusammen. Sie spielen das Programm als Administrator über das gleichnamige Paket *gocr* ein. Eventuelle Abhängigkeiten löst der Paketmanager selbstständig auf und installiert gewöhnlich einige Bibliotheken, *gawk* und *transfig* gleich mit.

OCR (optische Zeichenerkennung)

OCR steht für »Optical Character Recognition« (optische Zeichenerkennung). Das Ziel ist, Papiervorlagen mit dem Scanner einzulesen und in einfache Textdokumente umzuwandeln. Diese können Sie dann mit anderen Programmen weiterverarbeiten oder von Vorleseprogrammen vortragen lassen. OCR-Programme rastern die zu erkennenden Schriftzeichen und vergleichen sie mit bestehenden Rastern aus einer Datenbank. Bestehen ausreichend viele Übereinstimmungen, gilt das Zeichen als richtig erkannt. Einige OCR-Programme, so auch GOCR, sind lernfähig und nehmen nach Rücksprache mit dem Anwender neue Muster und damit unbekannte Zeichen in die Datenbank auf.

Probleme beim Scannen

Die Genauigkeit der Erkennung hängt vor allem von der Vorlage ab: Serifenlose Schriften werden am besten erkannt. Bei Schriften mit Serifen hingegen, wie zum Beispiel Times oder Palatino, gehen die einzelnen Zeichen oft nahtlos ineinander über. So stellen zwei aufeinander folgende Konsonanten wie »mm« oder »fl« die Texterkennung häufig vor ein Problem, da sie nicht erkennen kann, dass es sich um zwei einzelne Buchstaben handelt.

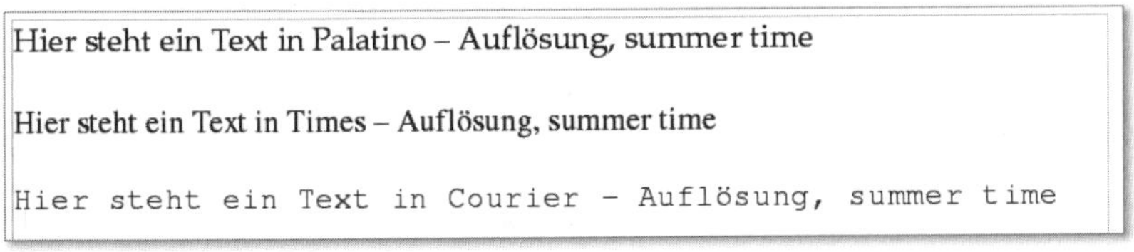

Abbildung 13.25 Mit oder ohne Serifen – die Schriftart entscheidet mit darüber, wie zuverlässig ein OCR-Programm arbeitet.

Schwierigkeiten mit der Identifizierung von Zeichen hat die Software auch, wenn die Vorlage nicht sauber eingescannt wurde. Auch ein verstaubter Scanner und schlecht lesbare Vorlagen/Kopien mit Flecken liefern oft mangelhafte Ergebnisse. Ähnliche Buchstaben, wie das große »I« oder das kleine »l«, oder Zeichen wie das große »S« und die Ziffer »5« verwirren das OCR-Tool häufig. Tabellen oder Grafiken bringen fast jede Texterkennungs-Software ins Schleudern, und auch Handgeschriebenes funktioniert meistens gar nicht.

[+]

Mit ein paar einfachen Grundregeln erleichtern Sie jedem OCR-Programm die Arbeit und sorgen für eine genauere Texterkennung. Achten Sie darauf, dass die Vorlage nicht schief auf dem Scanner liegt, und justieren Sie das Blatt richtig. Außerdem sollten Sie eine passende Auflösung für den Scan wählen: Für eine einfache Textseite reichen 150 dpi und Schwarz-Weiß beziehungsweise Graustufen völlig aus – 24 Bit Farbtiefe und 1200 dpi wäre mit Kanonen auf Spatzen geschossen. Das Problem der Serifenschriften wurde schon angesprochen: Die Erkennungsrate liegt bei Texten in serifenlosen Schriften (zum Beispiel Helvetica) oder Schreibmaschinenschriften (zum Beispiel Courier oder Letter Gothic) deutlich höher, und das bedeutet weniger Aufwand beim Nacharbeiten. Schriften ab einer Größe von 12 Punkt erleichtern der OCR-Software die Arbeit. Je einheitlicher die Vorlage gestaltet ist, desto besser ist das Ergebnis. Ein Mischmasch aus verschiedenen Schriftschnitten und -größen bringt die Texterkennung ziemlich aus der Fassung.

Erst lernen, dann texten

Vorlage einscannen

GOCR ist lernfähig – diese Eigenschaft sollten Sie sich zunutze machen, bevor Sie die Texterkennung aus XSane heraus starten. Dazu scannen Sie die Vorlage mit XSane oder Skanlite ein und speichern sie im PNM- oder PGM-Format ab. Anschließend unternehmen Sie einen kleinen Ausflug auf die Kommandozeile. Starten Sie ein Terminalfenster, und geben Sie am Prompt den folgenden Befehl ein:

```
gocr -i datei.pgm -o datei.txt -m 130
```

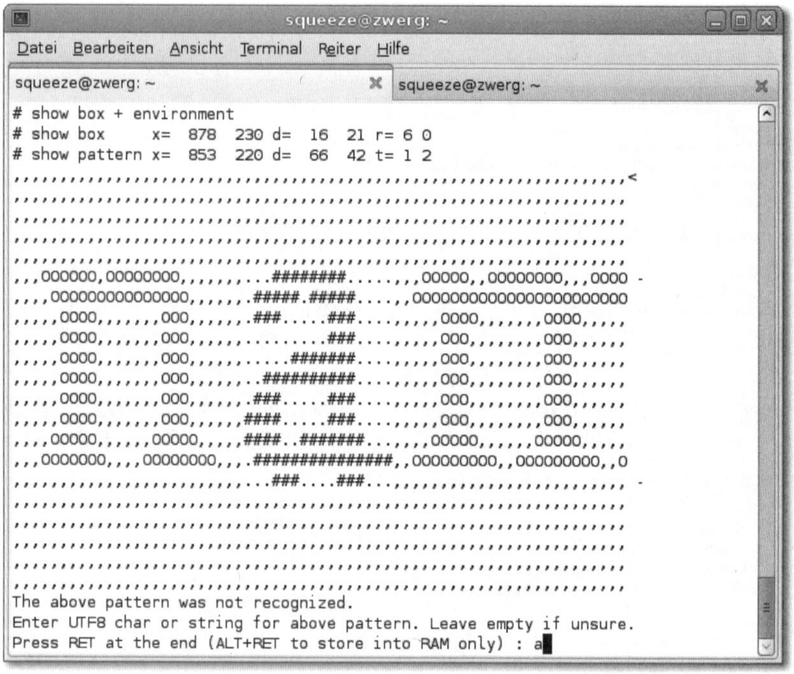

Abbildung 13.26 Helfen Sie GOCR auf die Sprünge, und geben Sie nicht Erkanntes (Darstellung in Rautezeichen) am Prompt ein.

Hinter der Option `-i` steht die einzulesende Datei, hinter `-o` der Name der Ausgabedatei. Über `-m 130` schalten Sie in den interaktiven Modus: Erkennt GOCR ein Raster nicht, stoppt es den Durchlauf und bittet um Ihre Mithilfe. Geben Sie am Prompt im Terminal dann das richtige Zeichen ein. Wenn Sie hier anschließend über (Eingabe) bestätigen, nimmt das OCR-Tool das Raster in die programmeigene Datenbank auf; tippen Sie nach dem Zeichen hingegen (Alt) + (Eingabe), landet es im Arbeitsspeicher, ist also nur temporär bekannt. Zeichen, die Sie zweifelsfrei identifizieren können, sollten Sie fest in die Datenbank aufnehmen, damit sie später zur Verfügung stehen. Was Sie nicht eindeutig zuordnen können, schieben Sie besser temporär in den Arbeitsspeicher, da fehlerhafte Raster in der Datenbank bei späteren Scans zu Problemen führen.

[✱] Auf dem Testsystem erschien wiederholt die Meldung `DB ./db/db.lst not found`. GOCR sucht im aktuellen Verzeichnis nach einem Ordner namens *db*, um dort die persönliche Rasterdatenbank (*db.lst*) anzulegen. Erstellen Sie dieses Verzeichnis von Hand, entweder über einen Dateimanager oder über den Shell-Befehl `mkdir ~/db`, und das Problem ist behoben.

Die neue Datenbank hat nun im Home-Verzeichnis im Ordner *db* Platz. Führen Sie den `gocr`-Befehl in einem anderen Verzeichnis aus, so sucht das Tool wieder vergeblich nach der Datenbank. Über den Schalter `-p` geben Sie Hilfestellung. Setzen Sie unbedingt den abschließenden Schrägstrich hinter den Verzeichnisnamen:

```
gocr -p ~/db/ -i datei.pgm -o datei.txt -m 130
```

Interaktiv

Wenn Sie sich bei der Eingabe der Zeichen am GOCR-Prompt vertippt haben, steht als Löschbefehl lediglich die Tastenkombination `Strg` + `U` zur Verfügung. Diese entfernt direkt die ganze Zeile (siehe auch Abschnitt 18.1 ab Seite 569). Über `Strg` + `C` brechen Sie den Lernvorgang ab.

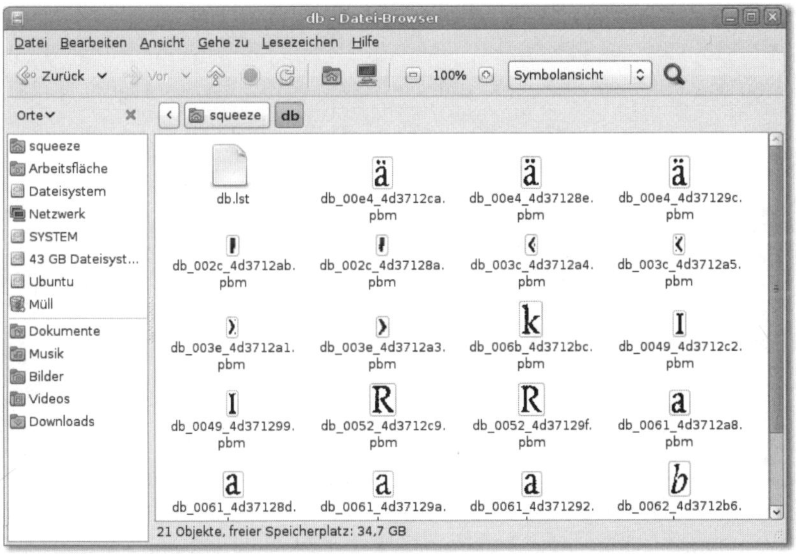

Abbildung 13.27 Im Verzeichnis der GOCR-Datenbank liegen Grafiken der Raster und eine Datei, welche die richtigen Zeichen kennt.

Im Datenbankverzeichnis liegen anschließend viele kleine PBM-Dateien mit Grafiken der nicht erkannten Zeichen. Diesen ordnet die Textdatei *db.lst* den richtigen Buchstaben, Zahlen oder Satzzeichen zu.

GOCR als Teamplayer

GOCR integriert sich nahtlos in XSane und arbeitet dort unter der Haube als Texterkennung. Es ist sinnvoll, dem OCR-Tool Einiges beizubringen, bevor Sie es aus der grafischen Anwendung heraus starten. Eine interaktive Erkennung und Erweiterung der Rasterdatenbank wie auf der Kommandozeile ist auf diesem Weg nicht möglich. Um GOCR mit XSane bekanntzumachen, öffnen Sie den Einrichtungsdialog über das Menü EINSTELLUNGEN aus dem Hauptfenster, und wechseln Sie zum Reiter TEXTERKENNUNG. Im Feld OCR BEFEHL steht bereits `gocr`. Erweitern Sie das Kommando um die Aufrufparameter `-m 2` (weist GOCR an, die persönliche Datenbank zu verwenden) und `-p` sowie um den Ort der Rasterdatenbank (siehe vorheriger Abschnitt). Alle anderen Einstellungen können Sie übernehmen.

Texterkennung starten

Nach dem Einscannen der Vorlage wählen Sie im XSane-Betrachter im Menü DATEI den Punkt OCR – ALS TEXT SPEICHERN aus oder klicken auf das kleine ABC-Icon. Im folgenden Dialog geben Sie den Namen für die Textdatei an (Voreinstellung: *out.txt* im Home-Verzeichnis) und klicken auf SPEICHERN. Das Ergebnis können Sie anschließend in einem Texteditor Ihrer Wahl weiterbearbeiten, um die letzten Fehler zu beseitigen.

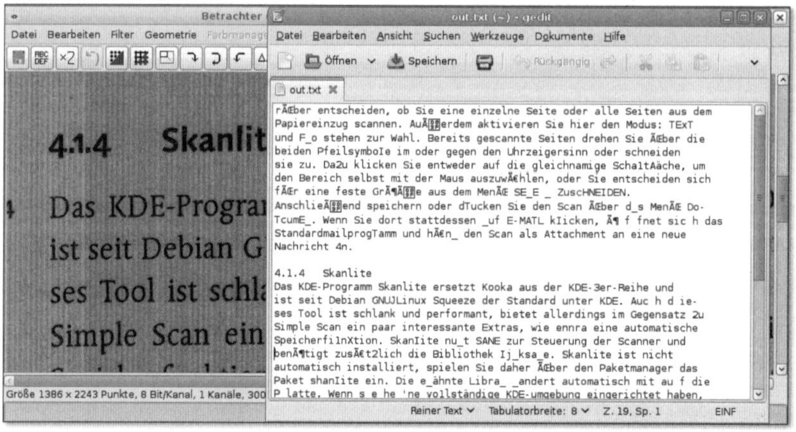

Abbildung 13.28 Auch unter optimalen Bedingungen ist in der Regel Handarbeit erforderlich.

13.7.6 SANE in anderen Programmen

OpenOffice.org

Verschiedene Anwendungen bieten eine eingebaute Funktion zum Scannen. Dazu gehört beispielsweise die beliebte Office-Suite OpenOffice.org (siehe Abschnitt 13.1.1 ab Seite 361). Das Einbinden von gescannten Dokumenten erfolgt hier in zwei Schritten: Wählen Sie zunächst EINFÜGEN • BILD • SCANNEN • QUELLE AUSWÄHLEN, um die Feinabstimmungen (zum Beispiel Farbmodus, Auflösung, Bildausschnitt) vorzunehmen und eine Vorschau zu erstellen. Danach stoßen Sie über das Menü EINFÜGEN • BILD • SCANNEN • ANFORDERN den Scanvorgang an und binden das Bild ins Dokument ein.

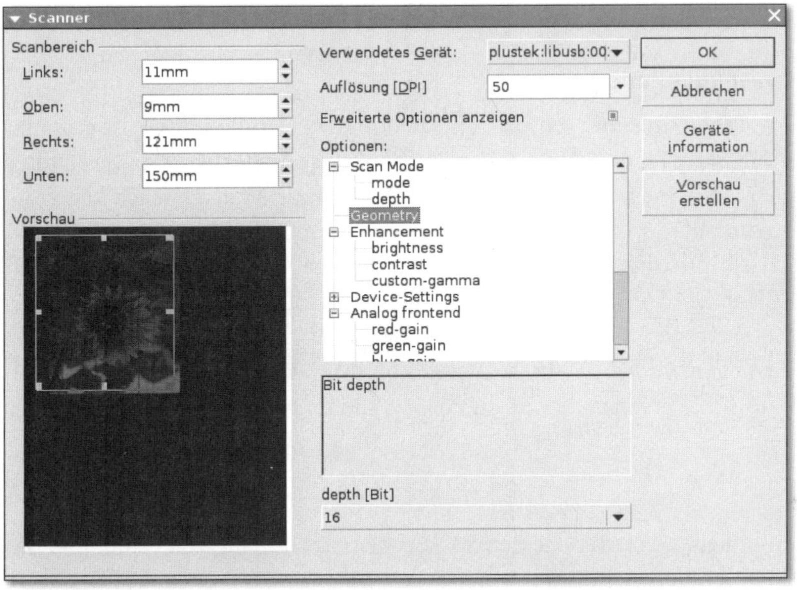

Abbildung 13.29 OpenOffice.org bietet eine integrierte Funktion zum Scannen.

KIPI-Plugins

Dank KIPI (KDE Image Plugin Interface) existiert eine gemeinsame Plug-in-Struktur für die Programme digiKam, KPhotoAlbum und Gwenview. Die Erweiterung zum Scannen sorgt dafür, dass Sie aus allen diesen Anwendungen heraus über IMPORTIEREN die Funktion VOM SCANNER IMPORTIEREN (und damit Skanlite) aufrufen können. Auch die KDE-Büro-Suite KOffice setzt zum Scannen auf das hauseigene Tool Skanlite. Wenn Sie beispielsweise in KWord das Menü EINFÜGEN öffnen, sehen Sie als letzten Punkt SCAN ERSTELLEN.

Der »Grafikfuchs« (siehe auch Kapitel 14 ab Seite 407) bietet über das Menü DATEI • ERSTELLEN des Hauptfensters eine Möglichkeit, mit einem Scanner zu kommunizieren. Das Bildbearbeitungsprogramm GIMP startet wahlweise XSane oder `xscanimage` und erlaubt anschließend direkt die Nachbearbeitung des gescannten Bildes.

13.7.7 SANE als Netzwerkscanner

SANE verwandeln Sie mit wenigen Handgriffen in einen Server, der Scanner für andere Rechner im Netzwerk zur Verfügung stellt. Das ist beispielsweise praktisch, wenn nur ein Gerät vorhanden ist, aber viele Computer das Haus bevölkern. Auf diesen Server greifen Sie nicht nur von Linux aus zu – auch für Windows gibt es entsprechende Clientprogramme. Die folgenden Abschnitte zeigen die Einrichtung des SANE-Servers und stellen danach Clients für verschiedene Betriebssysteme vor.

Server konfigurieren

»saned« Das Paket *sane-utils* enthält alle benötigten Komponenten, sodass der SANE-Server mit wenigen Handgriffen eingerichtet ist. Der zuständige Daemon (`saned`) ist bereits Mitglied der Gruppe `scanner` (auch wenn die Dokumentation etwas Gegenteiliges behauptet), und die entsprechenden Startskripte unter */etc/init.d/* beziehungsweise */etc/rcX.d/* (siehe Abschnitt 17.7 ab Seite 543) sind ebenfalls vorhanden und warten auf die Freigabe. Diese erteilen Sie als Systemverwalter Root durch Anpassen der Datei */etc/default/saned* in einem Texteditor Ihrer Wahl (siehe Kapitel 16 ab Seite 475). Ersetzen Sie `no` durch `yes`, sodass in der Zeile nun Folgendes steht:

```
RUN=yes
```

Anschließend starten Sie den SANE-Daemon einmalig von Hand über das Skript im Verzeichnis */etc/init.d/*:

```
huhnix:~ # /etc/init.d/saned start
Starting SANE network scanner server: saned.
```

Beim nächsten Booten erledigt das System dies für Sie automatisch: Ersetzen Sie im Aufruf `start` durch `stop`, so halten Sie den Server an, und über `restart` lesen Sie eine veränderte Konfiguration neu ein.

Welche Clients den `saned` verwenden dürfen, richten Sie über die Datei */etc/sane.d/saned.conf* ein. Auch diese Datei bearbeiten Sie als Administrator in einem Texteditor. Hinter den Kommentarzeichen (`#`) finden Sie schon einige Beispieleinträge, an denen Sie sich orientieren können: In der Serverkonfiguration sind Angaben von Hostnamen oder IP-Adressen (IPv4 und IPv6, siehe auch Kapitel 6 ab Seite 151) erlaubt – immer ein Eintrag pro Zeile. Wollen Sie beispielsweise den beiden Rechnern mit den IP-Adressen 192.168.2.3 und 192.168.2.16 den Zugriff auf den SANE-Daemon ermöglichen, so tragen Sie diese beiden Zeilen ein:

```
192.168.2.3
192.168.2.16
```

[+] Mehrere Rechner aus einem Subnetz müssen Sie nicht alle einzeln auflisten. Stattdessen können Sie zum Beispiel auch `192.168.2.0/24` eintragen und damit alle Rechner aus dem Adressraum 192.168.2.1 bis 192.168.2.254 ansprechen.

Nach jeder Änderung der Konfigurationsdatei starten Sie den SANE-Daemon neu:

```
huhnix:~ # /etc/init.d/saned restart
Restarting SANE network scanner server: saned.
```

Linux als Client

Um einen Computer mit Debian GNU/Linux »Squeeze« als Client für einen entfernten Scannerserver einzurichten, installieren Sie ebenfalls die beiden Pakete *sane* und *sane-utils*. Danach bearbeiten Sie als Administrator Root die Backenddatei */etc/sane.d/net.conf* mit einem Texteditor. Fügen Sie eine neue Zeile hinzu, in der die IP-Adresse des Rechners mit dem konfigurierten SANE-Daemon steht, zum Beispiel:

```
# Server auf samesame:
192.168.2.55
```

Optional tragen Sie hier mehrere Serveradressen ein; jede IP-Adresse steht dabei in einer eigenen Zeile. SANE sucht dann auf allen angegebenen Rechnern nach Scannern, was jeweils mit einer Wartezeit verbunden ist – vor allem, wenn ein Computer nicht erreichbar ist. Um diese Zeit zu verkürzen, sollten Sie einerseits darauf achten, nicht ganze Netzwerke (zum Beispiel `192.168.2.0/24`) anzugeben. Zusätzlich verkürzen Sie die Wartezeit, sodass der Client nur zehn Sekunden auf eine Antwort wartet, bis er den nächsten Server kontaktiert:

```
connect_timeout = 10
```

Backend überprüfen

Wie erwähnt listet SANE alle auf Ihrem System verfügbaren Backends in der Datei */etc/sane.d/dll.conf*. Stellen Sie sicher, dass hier eine Zeile für den Treiber `net` vorhanden ist. Anschließend testen Sie, ob Ihr Client den Scannerserver findet; am schnellsten geht das über `scanimage` auf der Kommandozeile:

```
huhnix:~ # scanimage -L
device `net:192.168.2.55:plustek:libusb:002:003' is a ➘
Syscan TravelScan 460/464 sheetfed scanner
```

[+] Haben Sie für den Clientrechner mehrere Scannerserver konfiguriert, können Sie für jeden Benutzer mit einer Umgebungsvariable (siehe Abschnitt 18.1 ab Seite 571) den Standardserver einstellen. Dazu setzen Sie `SANE_DEFAULT_DEVICE` auf den Wert, den Sie durch `scanimage` ermittelt haben, zum Beispiel:

```
huhn@huhnix:~> export SANE_DEFAULT_DEVICE="net:➘
192.168.2.55:plustek:libusb:002:003"
```

Nach der erfolgreichen Einrichtung verwenden Sie zum Scannen unter Linux eines der in den vorigen Abschnitten vorgestellten Programme.

Windows als Client

SaneTwain

Am leichtesten gelingt die Kontaktaufnahme zum Scannerserver über ein entsprechendes TWAIN-Programm.[15] Unter Windows bietet sich SaneTwain[16] an.

Abbildung 13.30 Über SaneTwain greifen Sie von Windows aus auf den Scannerserver Ihres Linux-Rechners zu.

Auf der Projekthomepage finden Sie im unteren Bereich einen Link zu einem Windows-Installer, der die notwendigen Schritte für Sie durchführt und alle Komponenten einspielt. Nach dem Start der Scannersoftware geben Sie auf Aufforderung die IP-Adresse des Linux-Servers mit dem SANE-Daemon ein; danach kann's losgehen.

15 *http://de.wikipedia.org/wiki/TWAIN*
16 *http://sanetwain.ozuzo.net/*

Mac OS X als Client

Auch für Apple-Computer existiert eine TWAIN-Schnittstelle für den Netzwerkzugriff auf einen SANE-Scannerserver. Dazu installieren Sie unter Mac OS X zunächst die vier Pakete *libusb.pkg*, *sane-backends.pkg*, *gettext.pkg* und *TWAIN-SANE-Interface.pkg*.[17] Achten Sie darauf, *libusb.pkg* als Erstes einzurichten; die weitere Reihenfolge spielt keine Rolle. Danach bearbeiten Sie, wie bei der Einrichtung des Linux-Clients gezeigt, die beiden Dateien *dll.conf* und *net.conf*, die Sie unter Mac OS X im Verzeichnis */usr/local/etc/sane.d* finden. Ein anschließender Aufruf von `scanimage` bestätigt, dass das System den Netzwerkscanner erkennt:

```
huhn@tablett:~> scanimage -L
device `net:192.168.2.55:plustek:libusb:002:003' is 
a Syscan TravelScan 460/464 sheetfed scanner
```

Danach können Sie die TWAIN-Schnittstelle aus verschiedenen Anwendungen heraus verwenden. So funktioniert der Zugriff auf den Netzwerkscanner beispielsweise aus GIMP, aus dem Programm Digitale Bilder oder aus dem integrierten Screenshottool Bildschirmfoto.

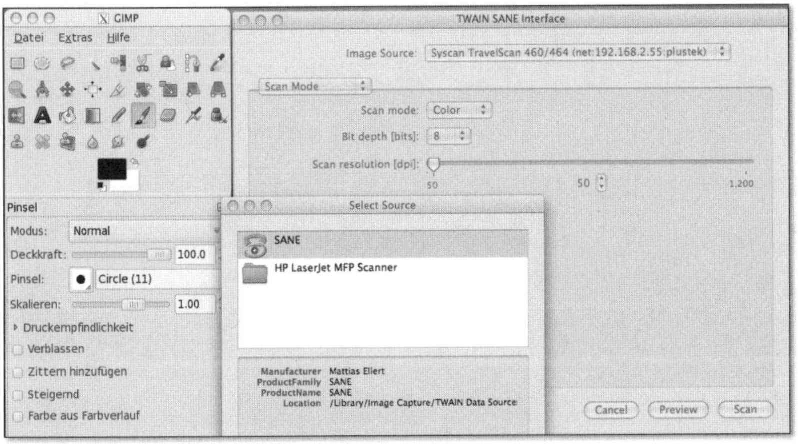

Abbildung 13.31 Auch Mac OS X greift über die TWAIN-Schnittstelle auf angeschlossene Netzwerkscanner zu.

[+] Kommentieren Sie in */usr/local/etc/sane.d/dll.conf* alle Einträge außer `net` aus, um die Geschwindigkeit zu erhöhen. So muss das System beim Start nicht alle dort enthaltenen Scanner durchtesten.

17 *http://www.ellert.se/twain-sane/*

Dieses Kapitel stellt unter anderem Programme vor, mit denen Sie Musik machen und bearbeiten, Videos und DVDs schauen, auf Digitalkameras und Camcorder zugreifen, Bilder bearbeiten und CDs/DVDs brennen.

14 Multimedia

»Linux ist nicht multimediatauglich« – dass dieses Vorurteil nicht mehr zutrifft, zeigt dieses Kapitel. Der Pinguin hat jede Menge Software im Gepäck, mit der Sie Audiodateien abspielen, bearbeiten und in andere Formate konvertieren. Darüber hinaus erfahren Sie hier, wie Sie verschiedene Videoformate und DVDs abspielen, unter Linux fernsehen und Videos (zum Beispiel vom Camcorder überspielte) selbst schneiden und umwandeln. Auch im Sektor »Grafik« gibt's viel zu entdecken: Linux unterstützt verschiedene Digitalkamera-Modelle und hat auch im Bereich der Bildbearbeitung einiges zu bieten. Ganz am Schluss stellt das Kapitel verschiedene Brennprogramme vor.

14.1 Hier spielt die Musik

Linux macht Musik – nach Tipps zur Einrichtung der Soundkarte erfahren Sie in diesem Abschnitt mehr zu verschiedenen Audio-Playern, Soundeditoren und verschiedenen Audioformaten.

14.1.1 Das Linux-Soundsystem

Soundkarte einrichten

Vereinfacht gesagt, greifen drei Dinge Hand in Hand: die Hardwaretreiber, das Soundsystem und ein Soundserver. Um die Treiber kümmert sich der Kernel. Dabei handelt es sich um Chipsatz-Treiber, nicht um Soundkarten-Treiber. Der Vorteil liegt auf der Hand: Verschiedene Soundkarten, die auf denselben Chipsatz setzen, können über einen einzigen Treiber angesprochen werden. Die Module für die einzelnen Chipsätze bringt der Linux-Kernel bereits mit; in der Regel erkennt Linux die Hardware automatisch, sodass Sie kein Modul von Hand laden müssen.

Das Programm `hwinfo` aus dem gleichnamigen Paket hilft dabei, mehr über die Soundkarte und den dort verwendeten Chipsatz herauszufinden. Als zusätzlichen Parameter definieren Sie den Gerätetyp, über den Sie mehr erfahren möchten. Damit die Informationen nicht aus dem Terminal herausscrollen, leiten Sie die Programmausgabe über das Pipe-Zeichen an `less` weiter (siehe Kapitel 18 ab Seite 563):

```
squeeze@zwerg:~> /usr/sbin/hwinfo --sound
10: PCI 1b.0: 0403 Audio device
  [Created at pci.318]
  UDI: /org/freedesktop/Hal/devices/pci_8086_27d8
  Unique ID: u1Nb.8c227X1Yns3
  SysFS ID: /devices/pci0000:00/0000:00:1b.0
  SysFS BusID: 0000:00:1b.0
  Hardware Class: sound
  Model: "Intel 82801G (ICH7 Family) High Definition Audio ➘
Controller"
  Vendor: pci 0x8086 "Intel Corporation"
  Device: pci 0x27d8 "82801G (ICH7 Family) High Definition ➘
Audio Controller"
  SubVendor: pci 0x144d "Samsung Electronics Co Ltd"
  SubDevice: pci 0xc05d
  Revision: 0x02
  Driver: "HDA Intel"
  Driver Modules: "snd_hda_intel"
  Memory Range: 0xf0440000-0xf0443fff (rw,non-prefetchable)
  IRQ: 22 (2831121 events)
  Module Alias: "pci:v00008086d000027D8sv0000144Dsd0000C05D➘
bc04sc03i00"
  Driver Info #0:
    Driver Status: snd_hda_intel is active
    Driver Activation Cmd: "modprobe snd_hda_intel"
  Config Status: cfg=new, avail=yes, need=no, active=unknown
```

Am Ende der Ausgabe sehen Sie, dass das entsprechende Kernel-Modul geladen ist (`Driver Status: snd_hda_intel is active`) – dem Hörgenuss steht hier nichts mehr im Weg.

ALSA/OSS Das Soundsystem ALSA[1] (Advanced Linux Sound Architecture) arbeitet als Vermittler zwischen dem Kernel und der Hardware. Es erkennt die eingebaute Soundhardware und kümmert sich um das Laden des passenden Treibers. Seit der 2.6er-Kernel-Reihe löst ALSA die OSS-Architektur[2] (Open Sound System) weitgehend ab. Die OSS-Treiber existieren aber

1 *http://www.alsa-project.org/*
2 *http://www.opensound.com/*

weiterhin, falls die ALSA-Treiber überhaupt nicht mit der Soundkarte kooperieren. Als Teil der Gruppe GRAFISCHE DESKTOP-UMGEBUNG installiert der Paketmanager automatisch die beiden Pakete *alsa-base* und *alsa-utils*.

GStreamer und Phonon

Außerdem gibt es zwischengeschaltete Schnittstellen wie GStreamer[3] (GNOME) und Phonon[4] (KDE 4). Bei Ersterem handelt es sich um ein Multimedia-Framework, das es ermöglicht, Audio- und Videodateien abzuspielen, zu kodieren und dekodieren. GStreamer klingt vom Namen her zwar wie eine reine GNOME-Anwendung (und ist seit GNOME 2.2 fester Bestandteil der Desktopumgebung), ist aber durchaus desktopunabhängig und arbeitet problemlos auch mit Xfce oder KDE zusammen. Die Multimedia-Schnittstelle Phonon wurde zusammen mit KDE SC 4 eingeführt und regelt den Zugriff von Programmen auf das Soundsystem.

Über die entsprechenden Kernel-Treiber ist es den einzelnen Programmen nun möglich, die Soundkarte anzusprechen. Will mehr als eine Anwendung auf das Device zugreifen, führt dies zu Kollisionen, sofern die Harware nicht in der Lage ist, mehrere Soundquellen gleichzeitig wiederzugeben (Hardwaremixing). Hier setzen die sogenannten Soundserver an (Softwaremixing): Diese Daemons (siehe Abschnitt 17.7 ab Seite 543) mischen mehrere Musikkanäle gleichzeitig, sodass mehrere Programme zur gleichen Zeit Audiosignale ausgeben können. Außerdem arbeiten die meisten dieser Sound-Daemons mit einem Client/Servermodell, sodass die Soundausgabe auch über ein Netzwerk erfolgen kann.

Der GNOME-Desktop setzt auf PulseAudio als Soundserver und löst damit schon seit einiger Zeit den ESD (Enlightened Sound Daemon) ab. Über SYSTEM • EINSTELLUNGEN • MULTIMEDIA-SYSTEM finden Sie die Einrichtungsmöglichkeiten. Während die KDE-Versionen 3.x noch auf aRtsd (analog Real time synthesizer daemon) setzten, wurde dieser Soundserver ab KDE 4 abgeschafft. Die neue Multimedia-API (Application Programming Interface) Phonon übernimmt stattdessen die Regie und soll Benutzern und Entwicklern den Umgang mit Sound unter KDE 4 erleichtern.

Phonon selbst ist kein Soundserver, sondern fungiert wie erwähnt als Zwischenschicht zwischen Backends wie GStreamer und Xine und den Frontends (Amarok, Dragon Player, Kaffeine usw.). In der Voreinstellung setzt Phonon auf das Xine-Backend; als Alternative bieten die Pakete *phonon-backend-gstreamer* und *phonon-backend-vlc* ein GStreamer- und ein VLC-Backend (siehe Abschnitt 14.2.3 ab Seite 423). Um diese mit Phonon

3 *http://gstreamer.freedesktop.org/*
4 *http://phonon.kde.org/*

zu nutzen, gehen Sie in den KDE-Systemeinstellungen in die Abteilung MULTIMEDIA und dort zum Reiter BACKEND.

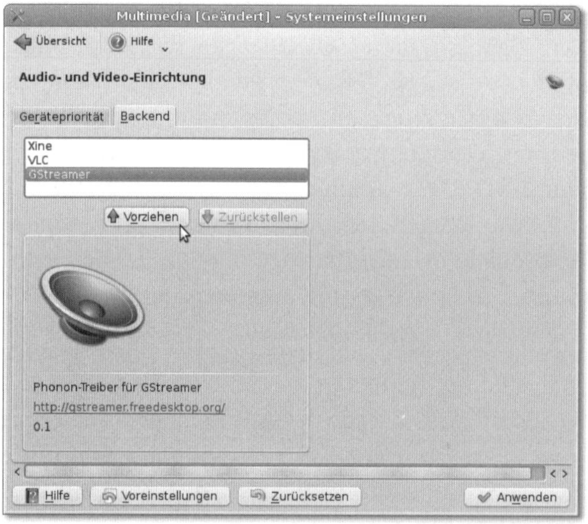

Abbildung 14.1 Phonon nutzt optional das GStreamer- oder VLC-Backend anstelle von Xine (Voreinstellung).

Mixer

ALSA Mixer für die Shell

ALSA bringt seinen eigenen Mixer mit, den Sie in einem Terminalfenster mit dem Befehl `alsamixer` starten. Mit den rechten und linken Pfeiltasten wechseln Sie durch die einzelnen Kanäle, mit (Pfeil auf) und (Pfeil ab) regeln Sie die Lautstärke, und um einen Kanal stummzuschalten, drücken Sie (M). In der Grundeinstellung sehen Sie lediglich die Kanäle, die für die Wiedergabe zuständig sind; wenn Sie (Tabulator) drücken, schalten Sie zur Ansicht der Aufnahmekanäle. Mit einem weiteren Druck auf (Tabulator) blenden Sie alle zusammen ein, und noch einmal (Tabulator) bringt Sie zur ersten Ansicht zurück. Sie verlassen das Programm über (Esc). Ein explizites Speichern ist nicht nötig; die Änderungen greifen jeweils sofort.

[+] Wenn Ihnen die Bedienung über die Tastatur zu umständlich erscheint, installieren Sie als Administrator das Paket *alsamixergui*, starten die grafische Programmvariante über Eingabe von `alsamixergui` in ein Schnellstartfenster ((Alt) + (F2)) oder Terminal und regeln die Soundeinstellungen nun mit der Maus.

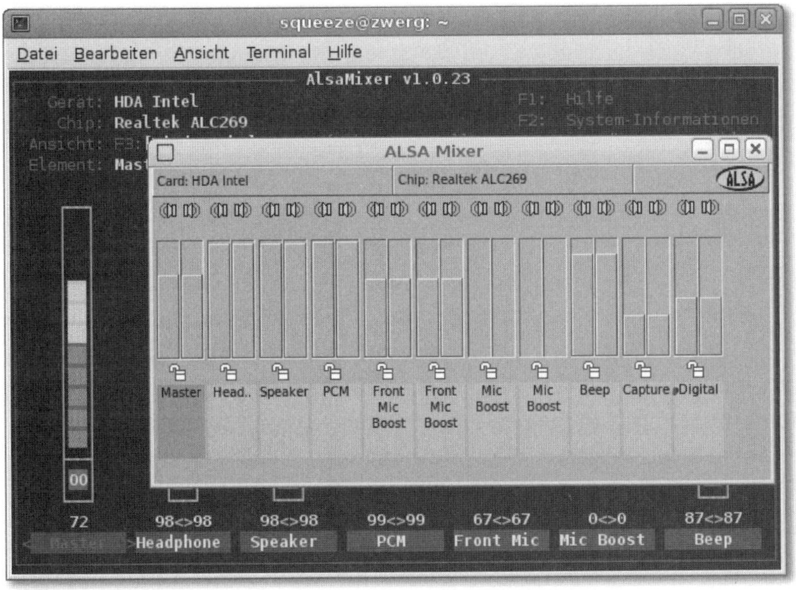

Abbildung 14.2 ALSA Mixer – einmal grafisch und einmal auf der Konsole

Mixer für GNOME und KDE

Alternativ verwenden GNOME-Benutzer den Lautstärkeregler aus dem oberen Panel, über den Sie schnell stummschalten (rechte Maustaste und STUMM) oder einen einfachen Mixer öffnen (rechte Maustaste und AUDIO-EINSTELLUNGEN). Wenn Sie das kleine Icon mit der linken Maustaste anwählen, können Sie schnell lauter oder leiser stellen. Unter KDE steht das Tool KMix zur Verfügung, das auch als Miniprogramm in der Kontrollleiste zuverlässig seinen Dienst verrichtet und sich im Panel unten rechts im Systemabschnitt einnistet.

14.1.2 Audio-Player

Die folgenden Abschnitte stellen eine Auswahl der zahlreichen Player vor: Linux spielt Audio-CDs, MP3- und Ogg-Vorbis-Dateien und vieles mehr ab. Einige freie Audioformate gibt Debian GNU/Linux ohne Nachinstallation weiterer Codecs wieder. Alles Weitere finden Multimediafans in externen Repositorys, die Kapitel 5 ab Seite 115 vorstellt.

GNOME

Unter SYSTEM • EINSTELLUNGEN • VERWALTUNG VON DATEIEN sehen Sie auf dem Reiter DATENTRÄGER, welche Programme GNOME zum Abspielen von Musik-CDs, Video-DVDs und tragbaren Musik-Playern startet. In der Voreinstellung erklingen bei allen drei Medien sofort die Boxen: Für

Audio-CDs ist das der Ripper Sound Juicer, der nicht nur CDs abspielt, sondern diese auch ins Ogg-Vorbis- und FLAC-Format umwandelt. Ist die automatische Wiedergabe nicht erwünscht, oder bevorzugen Sie einen anderen Player, passen Sie die Einstellungen in diesem Dialog an.

Audio-CDs rippen

Das Programm Sound Juicer finden Sie im Menü ANWENDUNGEN • MULTIMEDIA über den Eintrag AUDIO-CDS AUSLESEN. Direkt nach dem Start kontaktiert der Player die CDDB (Compact Disc Database), sofern eine Internetverbindung besteht, sodass der Titel der CD und die Namen der Songs im Hauptfenster erscheinen. Alle Angaben (Titel, Interpret, Genre usw.) können Sie aber auch selbst eintragen oder nachträglich korrigieren. Knöpfe für die WIEDERGABE und das AUSLESEN finden Sie direkt im Hauptfenster. Ein Blick in die Einstellungen (Menü BEARBEITEN • EINSTELLUNGEN) lohnt sich vor dem Umwandeln der Musik – hier konfigurieren Sie den Ordner für die Musik, die Dateinamen für Alben und Titel und das Ausgabeformat.

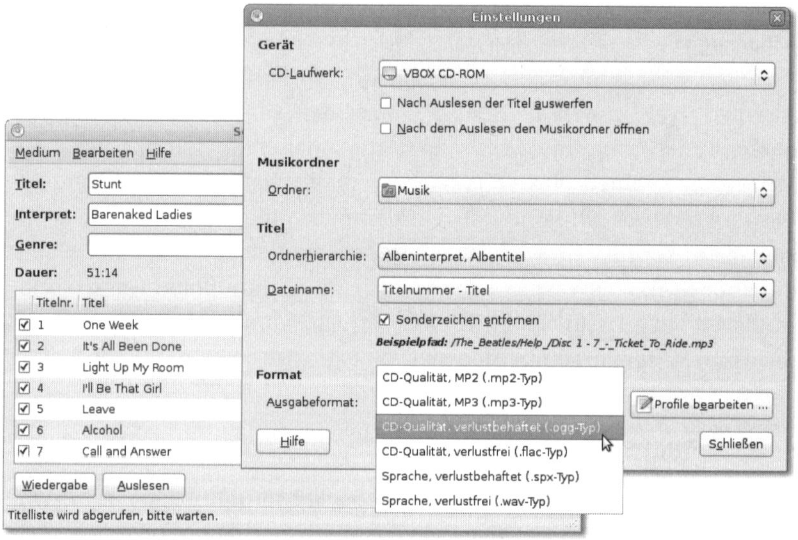

Abbildung 14.3 Sound Juicer spielt Audio-CDs ab und wandelt diese auf Knopfdruck in andere Formate um, zum Beispiel in MP3, Ogg Vorbis oder FLAC.

[+] Damit Sound Juicer MP3-Dateien aus Ihren Audio-CDs erstellt, rüsten Sie zunächst im Paketmanager ein bisschen nach. Aktivieren Sie, wie in Kapitel 5 ab Seite 115 gezeigt, das Multimedia-Repository, und installieren Sie die Pakete *lame* und *gstreamer0.10-lame*. Nach einem Neustart des CD-Rippers wählen Sie in den Einstellungen bei AUSGABEFORMAT den Eintrag CD-QUALITÄT, MP3 aus.

Rhythmbox

Der Standard-Audio-Player der GNOME-Desktopumgebung spielt nicht nur die meisten Audioformate ab, sondern verwaltet die eigene Musik in intelligenten Wiedergabelisten, arbeitet mit iPods und anderen tragbaren Playern zusammen, bietet Zugang zu Jamendo, Magnatune und Last.fm, spielt Radio-Streams und Podcasts aus dem Netz ab und lässt sich durch viele Plugins erweitern. Audio-CDs tauchen in der linken Ansicht unter GERÄTE auf. Rhythmbox nutzt Sound Juicer im Hintergrund, um Musik-CDs zu rippen. Nach dem Start fragt der Player nach, wo die eigene Musiksammlung liegt, und erstellt anschließend eine Datenbank, die das Sortieren und Durchsuchen der eigenen Musik unterstützt.

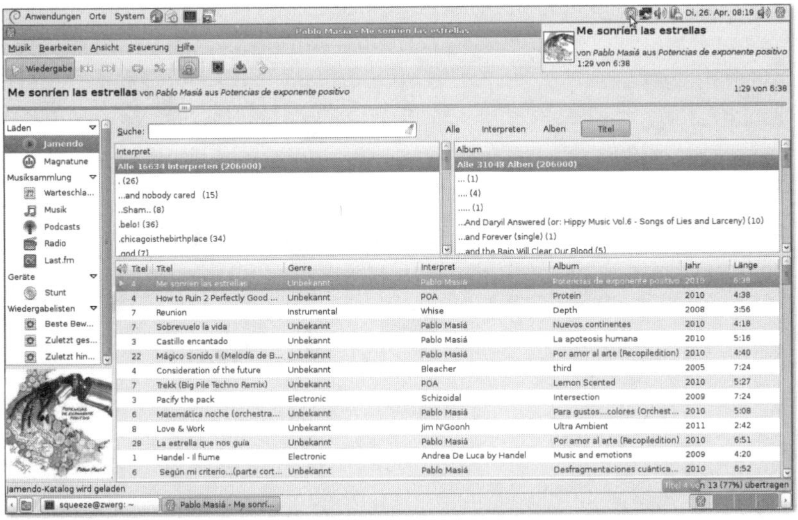

Abbildung 14.4 Rhythmbox zeigt sich auch als Panel-Icon informativ.

Neben Playlisten, wie man sie von anderen Anwendungen her kennt, bietet Rhythmbox sogenannte intelligente Wiedergabelisten an, die Stücke nach bestimmten Kriterien sortieren. Rhythmbox bietet nicht nur verschiedene Ansichtsmodi (darunter einen Party-Modus, der die GNOME-Panels überdeckt), sondern lässt sich auch mit Strg + W als Icon in den Systemabschnitt der Kontrollleiste verbannen.

Mit einem Rechtsklick auf das kleine Symbol steuern Sie den Player, und die linke Maustaste öffnet und schließt das Programmfenster. Wenn Sie mit dem Mauszeiger über dem Rhythmbox-Icon verweilen, zeigt ein kleines Fenster Informationen zum laufenden Song an. Erst ein Rechtsklick auf das Panel-Icon und BEENDEN beziehungsweise Strg + Q schließt den Player vollständig.

KDE

JuK

In der Voreinstellung liefert KDE SC 4 die Jukebox JuK zur Wiedergabe von MP3s, Ogg-Vorbis- und FLAC-Dateien aus. Auch JuK fragt beim Start nach dem Ordner, den es zukünftig nach Audiodateien scannen soll, spielt und speichert Wiedergabelisten, sucht über MusicBrainz[5] nach Metadaten und Albencovern im Internet, bietet eine integrierte Funktion, um Dateien umzubenennen, und vieles mehr. Auch JuK nistet sich nach dem Schließen des Programmfensters in der Kontrollleiste ein; Sie schließen den Player über Strg + Q.

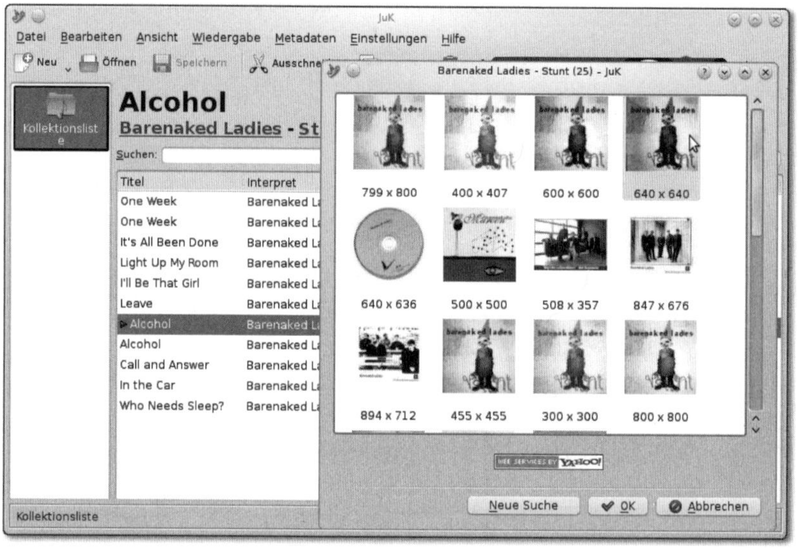

Abbildung 14.5 JuK sucht im Internet nach Albencovern.

Audio-CDs spielt unter anderem der Player KsCD ab (K-Menü • PROGRAMME • MULTIMEDIA • CD-WIEDERGABE oder Eingabe von `kscd` in ein mit Alt + F2 geöffnetes Schnellstartfenster oder Terminal). Auch KsCD verfügt über eine Funktion zum Abfragen der CDDB; die Kontaktaufnahme geschieht automatisch, sofern eine Internetverbindung besteht. Einen Track-Editor öffnen Sie über den Button, der wie eine Liste aussieht. Zur Konfiguration des Players hingegen klicken Sie mit der rechten Maustaste auf das KsCD-Fenster und wählen aus dem Kontextmenü EINRICHTEN.

Das Allroundtalent Amarok rüsten Sie über Installation des Pakets *amarok* nach. Nach dem Start fragt der Player, ob er den Ordner *Musik* im eigenen Home-Verzeichnis als Ort für die lokale Musiksammlung einbinden

5 *http://musicbrainz.org/*

soll. Amarok speichert in einer eigenen Datenbank Informationen über die Songs (zum Beispiel Titel, Interpret, Album, Erscheinungsjahr, Abspielstatistiken und eine darauf aufbauende Bewertung). Der KDE-Player leistet als eigenständiges Programm auch unter GNOME und Xfce gute Dienste – die Interaktion mit anderen KDE-Anwendungen (K3b, Dolphin, Konqueror usw.) ist allerdings besonders gut gelungen. Audio-CDs spielen Sie über das Menü AMAROK • MEDIEN WIEDERGEBEN ab. Funktionen zur Wikipedia-Abfrage, CD-Cover-Darstellung und zum Einblenden von Songtexten fehlen ebenfalls nicht.

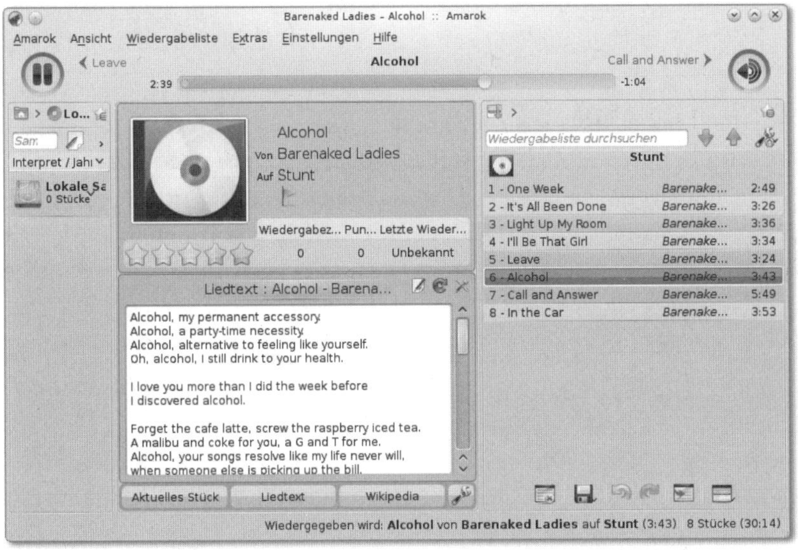

Abbildung 14.6 Amarok sucht im Internet nach den Liedtexten der aktuellen Lieblingshits und blendet diese im Hauptfenster ein.

Kommandozeilen-Player

»mcdp« und »cdplay«

Wer gerade keine grafische Oberfläche zur Verfügung hat oder sowieso lieber auf der Konsole arbeitet, muss nicht auf musikalischen Genuss verzichten. Als textbasierte CD-Spieler leisten beispielsweise die Programme `cdplay` (Paket *cdtool*) und `mcdp` (gleichnamiges Paket) gute Dienste. Während die Sammlung `cdtool` die Wiedergabe und andere Aktionen über einzelne Befehle auf der Shell steuert (`cdplay`, `cdpause`, `cdstop`, `cdshuffle` usw.), steuern Sie den Player `mcdp` interaktiv über die Tastatur: Nach dem Start über `mcdp` starten und stoppen Sie über [S] die Wiedergabe, [P] hält die Wiedergabe an, [<] stellt leiser und [Umschalt] + [<] lauter. Über [Q] verlassen Sie das Programm. Weitere Tastenkürzel verrät die Manpage (`man mcdp`).

Der Kommandozeilen-Player mpg123[6] ist ein echter Klassiker und macht auf vielen Unix-Plattformen Musik. Weil dieses Programm nicht unter der GPL steht, gibt es als freie Alternative das Tool mpg321.[7] Die Optionen der beiden Anwendungen sind weitgehend identisch; beide Player spielen Sie nachträglich mit dem Paketmanager über die gleichnamigen Pakete ein.

»vorbis-tools« Um Ogg-Vorbis-Dateien auf der Shell abzuspielen, verwenden Sie den Player ogg123 aus dem Paket *vorbis-tools*. Die Programmsammlung enthält außerdem die Tools oggdec (Dekoder zum Umwandeln in WAV-Dateien), oggenc (wandelt WAV- und AIFF-Dateien ins Ogg-Vorbis-Format um), ogginfo (zeigt Informationen zu den Sounddateien an), vcut (schneidet Ogg-Vorbis-Dateien) und vorbiscomment (setzt Vorbiscomment-Tags).

Für alle Kommandozeilen-Player gilt gleichermaßen: Um mehrere Dateien abzuspielen, übergeben Sie diese schon beim Aufruf. Die üblichen Shell-Tricks funktionieren auch mit diesen Programmen; so spielt ogg123 *.ogg alle Ogg-Vorbis-Dateien des aktuellen Verzeichnisses ab. Mit der Tastenkombination (Strg) + (C) unterbrechen Sie das laufende Stück und springen zum nächsten Song; zweimal (Strg) + (C) schnell hintereinander gedrückt, beendet den musikalischen Genuss.

[+] Liegt die eigene Musiksammlung unsortiert auf der Platte, hilft das Programm find (siehe Abschnitt 18.5.1 ab Seite 587) weiter. Mit dem folgenden Befehl durchsuchen Sie das eigene Home-Verzeichnis nach Dateien, die auf *.ogg* enden. Die gefundenen Songs werden über ein Pipe-Zeichen (|) an das ogg123-Kommando weitergereicht; dieses liest von der Standardeingabe (-) und verarbeitet die Dateiliste als Playlist (Option -@):

```
find ~ -name "*.ogg" | ogg123 -@ - -z
```

Der Trick funktioniert genauso mit MP3-Dateien und einem der beiden Player mpg321/mpg123:

```
find ~ -name "*.mp3" | mpg321 -@ - -z
```

14.1.3 Audioformate konvertieren

Am schnellsten und effizientesten konvertieren Sie Sounddateien auf der Kommandozeile. mpg321 und mpg123 bringen dazu den Parameter -w mit, der eine MP3-Datei ins WAV-Format umwandelt:

6 *http://www.mpg123.de/*
7 *http://mpg321.sourceforge.net/*

```
squeeze@zwerg:~> mpg321 -w 01_-_Baltimore.wav 01_-_
Baltimore.mp3
High Performance MPEG 1.0/2.0/2.5 Audio Player for Layer 1,
2, and 3.
Version 0.2.12-1 (2010/07/01). Written and copyrights by Joe
Drew, now maintained by Nanakos Chrysostomos and others.
Uses code from various people. See 'README' for more!
THIS SOFTWARE COMES WITH ABSOLUTELY NO WARRANTY! USE AT
YOUR OWN RISK!
Title   : Baltimore                        Artist : Nina Simone
Album   : Baltimore                        Year   : 1978
Comment :                                  Genre  : Jazz

Playing MPEG stream from 01 - Baltimore.mp3 ...
MPEG 1.0 layer III, 320 kbit/s, 44100 Hz stereo
[4:42] Decoding of 01 - Baltimore.mp3 finished.
```

Wie schon erwähnt, liefert das Paket `vorbis-tools` das Programm `oggdec` mit; wahlweise übergeben Sie eine oder mehrere Dateien:

```
squeeze@zwerg:~> oggdec *
oggdec from vorbis-tools 1.4.0
Decoding "01.ogg" to "01.wav"
        [100.0%]
Decoding "02.ogg" to "02.wav"
        [ 100.0%]
Decoding "03.ogg" to "03.wav"
...
```

SoX

SoX[8] (Sound eXchange) wird nicht umsonst das »Schweizer Messer unter den Audiokonvertern« genannt: Das Programm unterstützt zahlreiche Audioformate, verändert die Sampling-Rate und fügt sogar Soundeffekte hinzu. Spielen Sie als Administrator das Paket `sox` ein. Mit welchen Formaten SoX umgehen kann und welche Effekte möglich sind, verrät ein Blick in die mitgelieferte Dokumentation (`man sox`) oder der Parameter `-h`.

```
squeeze@zwerg:~> sox -h
...
AUDIO FILE FORMATS: 8svx aif aifc aiff aiffc al amb amr-nb
amr-wb anb au avr awb caf cdda cdr cvs cvsd cvu dat dvms f32
f4 f64 f8 fap flac fssd gsm gsrt hcom htk ima ircam la lpc
lpc10 lu mat mat4 mat5 maud nist ogg paf prc pvf raw...
```

8 *http://sox.sourceforge.net/*

14.1.4 Heimstudio – Soundeditoren

Musik und Sprache aufnehmen, Audiodateien schneiden und nachbearbeiten – das erledigen Sie am heimischen Computer mit einem Soundeditor wie Sweep[9] oder Audacity.[10]

Sweep

Installieren Sie als Administrator das Paket *sweep*, was einige Plugin-Pakete nach sich zieht. Starten Sie den Soundeditor anschließend über Eingabe von `sweep` in ein Schnellstartfenster (Alt + F2) oder Terminal beziehungsweise aus der MULTIMEDIA-Abteilung der Startmenüs. Das Maskottchen der Anwendung, genannt Scrubby, begrüßt Sie und fragt, ob Sie eine vorhandene Datei bearbeiten oder eine neue anlegen wollen.

[»] Sweep kann mit vielen Audioformaten umgehen (darunter WAV, AIFF, Ogg Vorbis, FLAC und MP3), kann diese öffnen, bearbeiten und auch abspeichern. Lediglich das MP3-Format stellt eine Ausnahme dar: Wie die Dialogbox unter HILFE • ÜBER MP3 UNTERSTÜTZUNG verrät, ist es aus lizenzrechtlichen Gründen nicht möglich, im MP3-Format zu speichern – das Öffnen, Bearbeiten und Abspeichern in einem anderen Format klappt aber problemlos.

Mit den Pfeiltasten zoomen Sie in die Datei hinein und wieder heraus – Besitzer einer Radmaus verwenden das Rad zum Vergrößern und Verkleinern. Weitere Möglichkeiten, die Ansicht anzupassen, erhalten Sie über das Menü ANSICHT. Im Bereich FARBSCHEMA sorgen Sie für mehr Kontrast im Fenster. Zur Bearbeitung wählen Sie immer einen Bereich oder die ganze Datei aus. Dazu verwenden Sie entweder das Auswahlwerkzeug (den Button neben Scrubby) und ziehen mit gedrückt gehaltener linker Maustaste einen Rahmen auf, oder Sie wählen entsprechende Funktionen aus dem AUSWAHL-Menü.

Schnittpunkte finden

Schnittpunkte in Sounddateien finden Sie zusammen mit Scrubby ganz genau, denn Sweeps Maskottchen emuliert analoge Techniken, wie sie auf Tonbandmaschinen oder Plattentellern möglich sind. Drücken Sie dazu den Scrubby-Knopf, und »schrubben« Sie mit gedrückt gehaltener linker Maustaste über die Datei. Abhängig von der Geschwindigkeit ändert sich nun die Klangfarbe, und Sie hören alles bis ins letzte Detail.

Sweep beherrscht verschiedene Schnitttechniken: So können Sie einen Bereich aus der Datei herauslöschen, ihn aber auch nur ausradieren, um

9 *http://www.metadecks.org/software/sweep/*
10 *http://audacity.sourceforge.net/*

die Originallänge konstant zu halten. Der Soundeditor kann mehrere Schritte rückgängig machen und blendet auf Wunsch eine eigene History ein (BEARBEITEN • BEARBEITUNGSGESCHICHTE ANZEIGEN), in der Sie alle Arbeitsschritte sehen. Ausgeschnittenes oder Kopiertes wandert in die Zwischenablage und kann an anderer Stelle wieder eingefügt oder eingemischt werden.

Filter

Im Menü VERARBEITEN finden Sie mehrere Filter, mit denen Sie Effekte in die Klangdateien zaubern. So gibt es beispielsweise unter AMBISONIC ... AUTO • AUSBLENDEN die Möglichkeit, einen Fade-out-Effekt zu erzeugen und das Stück damit auszublenden.

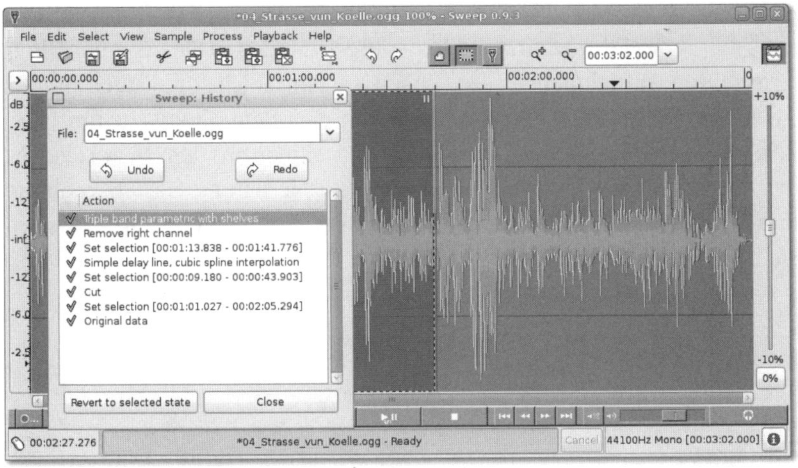

Abbildung 14.7 Sweep bietet eine eigene History, mit der Sie alle Bearbeitungsschritte im Blick behalten.

Audacity

Auch das Programm Audacity leistet gute Dienste, wenn es um das Nachbearbeiten und Aufnehmen von Sounddateien geht. Nach der Installation (Paket *audacity*) starten Sie das Programm über die Eingabe des gleichnamigen Befehls in ein Schnellstartfenster (Alt+F2) oder Terminal. Beim ersten Aufruf fragt Audacity nach, in welcher Sprache die Menüs erscheinen sollen. Diese und andere Konfigurationsmöglichkeiten erreichen Sie auch über das Menü BEARBEITEN • EINSTELLUNGEN in der Abteilung PROGRAMMOBERFLÄCHE.

Das Hauptfenster ist übersichtlich gestaltet: Neben den wichtigsten Funktionen zum Abspielen und Aufnehmen finden Sie hier Auswahlwerkzeuge, einen Regler für die Aufnahmestärke und zwei Anzeigen für die Lautstärke. Im unteren Bereich listet Audacity sämtliche Tonspuren auf. Wenn

Sie etwas aufnehmen oder eine weitere Datei zum Mischen importieren, erstellt Audacity automatisch neue Spuren. Mit dem Zeitverschiebungswerkzeug verschieben Sie einzelne Spuren auf der Zeitskala und ordnen sie so neu an.

Verschiedene Filter und Effekte finden Sie im Menü EFFEKT. Hier gibt es auch Funktionen zum Ein- oder Ausblenden. Den Lautstärkeverlauf der Spuren regeln Sie darüber hinaus mit dem Hüllkurven-Werkzeug: Klicken Sie in eine Tonspur, und verschieben Sie die etwas dickere blaue Linie (die Hüllkurve) – Audacity fügt dazu weiße Kontrollpunkte ein, über die Sie den Verlauf für die einzelnen Bereiche auch nachträglich verändern können.

[+] Ein praktisches Feature sind die Textspuren, mit denen Sie für mehr Übersicht in den Aufnahmen sorgen. Fügen Sie eine solche Spur über SPUREN • NEUE SPUR ERZEUGEN • TEXTSPUR ein. Um eine Bemerkung anzubringen, klicken Sie an die entsprechende Stelle und wählen aus dem Menü SPUREN den Eintrag TEXTMARKE BEI DER AUSWAHL HINZUFÜGEN (Tastenkombination Strg + B). Nun tippen Sie Ihren Text ein; den Vorgang schließen Sie danach mit einem Druck auf die Taste Eingabe ab.

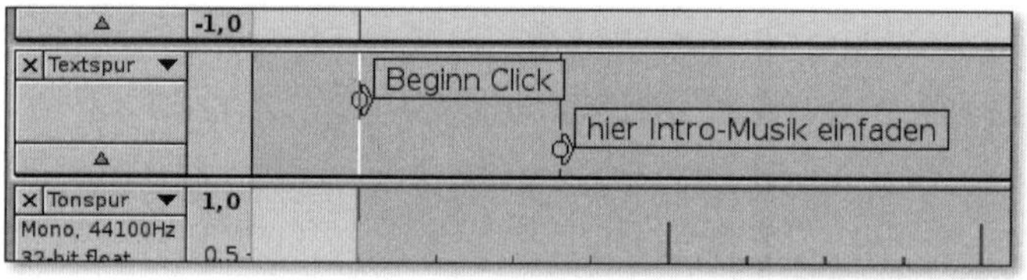

Abbildung 14.8 Dank Textspuren behalten Sie die Übersicht.

Export Audacity exportiert ins WAV-, MP3- oder Ogg-Vorbis-Format und ermöglicht es außerdem, große Dateien aufzusplitten. Wie Sie Ihre Aufnahmen auf CD oder DVD brennen, erfahren Sie in Abschnitt 14.7 ab Seite 451.

14.2 Video- und DVD-Player

Hollywood auf dem Desktoprechner – auch auf den Videogenuss müssen Debian-Anwender nicht verzichten. Die folgenden Abschnitte stellen Programme vor, die verschiedene Videoformate, wie zum Beispiel MPEG, DivX, AVI und WMV, abspielen. Auch Video-DVDs stellen kein größeres Problem dar, wenn auch teilweise Umwege erforderlich sind. Grundsätzlich benötigen Sie zum Lesen von DVDs die Bibliothek *libdvdread*.

Um kopiergeschützte Medien abzuspielen, muss außerdem die Bibliothek *libdvdcss* installiert sein.

[«]

Da es in den meisten Ländern (und auch in Deutschland) verboten ist, Programme zu vertreiben, welche die Kopierschutzmaßnahmen aushebeln, bieten Linux-Distributionen und damit auch Debian GNU/Linux »Squeeze« diese Bibliothek nicht in den offiziellen Quellen an. Hinweise zur Installation finden Sie beispielsweise in der Datei */usr/share/doc/libdvdread4/README.Debian* oder wenn Sie eine Suchmaschine zu »Debian und libdvdcss« befragen.

14.2.1 Totem

Plugins

Totem ist der Standard-Player unter GNOME und Xfce und spielt nicht nur viele Audio-, sondern auch die verschiedensten Videoformate ab. DVB-Wiedergabe, Untertitel, Tastaturnavigation und Einbinden einer Fernbedienung sind ebenfalls möglich. Über BEARBEITEN • PLUGINS aktivieren und konfigurieren Sie die Totem-Erweiterungen. Hier finden Sie Plugins, die Totem bei der Videowiedergabe immer im Vordergrund halten, Unterstützung für Infrarot-Fernbedienungen liefern, den Instant Messenger automatisch auf den Status »Abwesend« setzen, wenn Sie ein Video schauen, und auch den YouTube-Browser, der die Suche nach Onlinevideos ermöglicht.

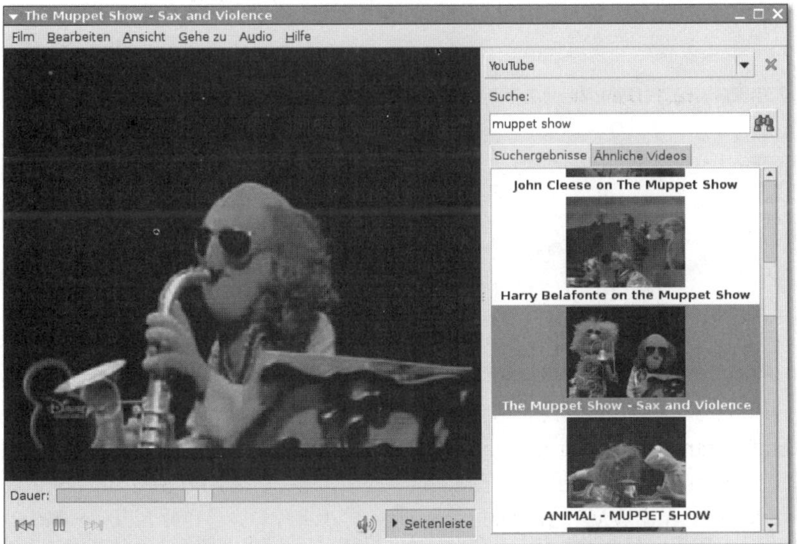

Abbildung 14.9 Totem spielt auch Filme des beliebten Videoportals YouTube ab.

Video-DVDs und -Dateien spielen Sie über das Menü FILM ab. Nach dem Einlegen der DVD erscheint direkt ein Eintrag, über den Sie die Wiedergabe starten. Totem scheut auch nicht vor Radio-Streams zurück: Wählen Sie den Menüpunkt FILM • ORT ÖFFNEN, und tragen Sie die Adresse des Streams ein – fertig.

[»] Totem setzt im Hintergrund auf GStreamer und profitiert damit von der automatisierten Installation fehlender Codecs. Starten Sie die Wiedergabe eines Videos oder einer Audiodatei, und vermisst Totem etwas, so sehen Sie nicht nur einen Hinweis, sondern auch das Angebot, nach dem fehlenden Codec zu suchen. Anschließend listet ein Dialogfenster alle gefundenen Codecs auf und bietet diese zur Installation an.

14.2.2 Dragon Player und Kaffeine

Schlicht und schlank

Zusammen mit KDE SC 4 landet der minimalistische Dragon Player auf der Platte. Das Programm finden Sie unter MULTIMEDIA • VIDEO-WIEDERGABE oder starten es alternativ über Eingabe von `dragon` in ein Schnellstart- oder Terminalfenster. Die schlicht gehaltene Oberfläche bietet nur die beiden Knöpfe für DATEI ABSPIELEN und CD/DVD WIEDERGEBEN. Auch in der Werkzeugleiste stehen nur wenige Schaltflächen zur Verfügung, um Medien abzuspielen, die Wiedergabe anzuhalten und fortzusetzen, die Lautstärke zu verändern und in den Vollbildmodus zu wechseln. Über den Schieberegler springen Sie zu einer anderen Position im Film.

Abbildung 14.10 Dragon Player und Kaffeine unter KDE SC 4

Alternativ nutzen Sie unter KDE den Player Kaffeine aus dem gleichnamigen Paket. Die Anwendung spielt verschiedene Audio- und Videoformate ab, Streams aus dem Internet und Video-DVDs. Kaffeine hat vor allem bei DVB-T und DVB-S die Nase vorn – kein anderer Player unter Linux ist so komfortabel, wenn es um's digitale Fernsehen geht (siehe Abschnitt 14.3 ab Seite 425). Der Startbildschirm bietet schnellen Zugriff auf die wichtigsten Funktionen: DATEI ABSPIELEN, AUDIO-CD ABSPIELEN, VIDEO-CD ABSPIELEN, DVD ABSPIELEN und DIGITALES FERNSEHEN. Streams aus dem Internet starten Sie über DATEI • ADRESSE ÖFFNEN.

14.2.3 VLC

Codecs schon dabei

Der VLC Media Player[11] ist ein wahres Multitalent: Dieses Programm spielt DVDs, VCDs, MPEG- und DivX-Dateien sowie zahlreiche Audioformate ab, unterstützt verschiedene Streaming-Protokolle und kann auch als Streaming-Server eingesetzt werden. Anders als andere Player setzt VLC nicht auf installierte Codecs, sondern liefert diese selbst mit. Installieren Sie als Administrator das Paket *vlc*; der Paketmanager löst Abhängigkeiten automatisch auf und spielt fehlende Software automatisch mit ein. Sie starten das Programm anschließend über MULTIMEDIA in den Startmenüs oder über Eingabe des Befehls `vlc` in einen Schnellstarter oder ein Terminal.

Die Menüs und die Werkzeugleiste sind weitgehend selbsterklärend: Hier finden Sie Funktionen zum Abspielen, Zugriff auf Wiedergabelisten und einen Lautstärkeregler. VLC bietet verschiedene Filter und Effekte (Menü EXTRAS), die Sie bei der Wiedergabe von Videos und DVDs verwenden können. Neben der Einblendung von mehreren Player-Fenstern und Verzerrungseffekten bietet der Player auch Funktionen, um das Bild um 180 oder 270 Grad zu drehen beziehungsweise das Video horizontal oder vertikal zu spiegeln. Auch die Farben von Filmen manipulieren Sie hier auf Wunsch. Eine grafische Untermalung für die Soundwiedergabe schalten Sie über AUDIO • VISUALISIERUNGEN ein.

[+]

VLC macht nicht nur als grafischer Player eine gute Figur, sondern bietet auch für Konsolenfans etwas. Über den Befehl `vlc --intf ncurses` beispielsweise startet der Player im Terminal mit einer Ncurses-Oberfläche. Alternativ steht ein interaktives Kommandozeilen-Interface zur Verfügung, das Sie mit `vlc --intf rc` auf den Plan rufen.

11 *http://www.videolan.org/vlc/*

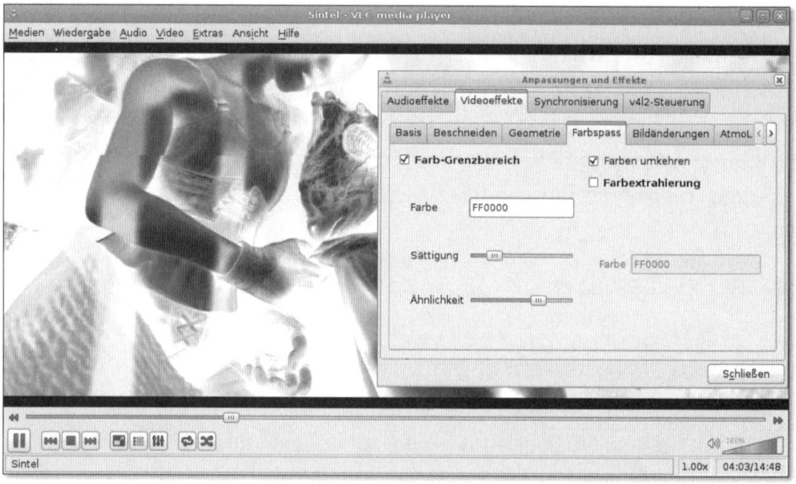

Abbildung 14.11 Bei den Effekten und Filtern hat VLC auch »Farbspaß« im Angebot.

14.2.4 MPlayer

MPlayer[12] ist ein weiterer freier Medien-Player, der für Filmvergnügen auf dem PC sorgt. Das Programm kann mit vielen verschiedenen Video- und Audio-Codecs umgehen und unterstützt auch DVB (Digital Video Broadcasting). Das Programm ist bereits seit »Lenny« Bestandteil der offiziellen Debian-Distribution – allerdings fehlen MEncoder und die diversen zusätzlichen Multimedia-Codecs. Diese Pakete finden Sie in den Multimedia-Repositorys (siehe Abschnitt 5.1.2 ab Seite 117).

Wenn Sie zusätzlich eine grafische Oberfläche bevorzugen, spielen Sie außer *mplayer* das Paket *kmplayer*, *gnome-mplayer* oder *smplayer* (plus Abhängigkeiten) ein. Alternativ starten und bedienen Sie MPlayer von der Kommandozeile aus. Um beispielsweise eine DVD wiederzugeben, tippen Sie `mplayer dvd://`, eine *.avi*-Datei spielen Sie über `mplayer datei.avi` ab usw. Sie steuern MPlayer über die Tastatur; die grafische Variante bietet darüber hinaus ein Steuerungsfenster und ein Kontextmenü mit den wichtigsten Funktionen an. Mehr über die Steuerung und sämtliche Startoptionen lesen Sie in der mitgelieferten deutschsprachigen Handbuchseite (`man mplayer`).

Skins

Für MPlayer gibt es verschiedene Skins (Oberflächen), mit denen Sie das Aussehen verändern; die zahlreichen Varianten finden Sie auf der Programm-Homepage zum Download. Debian GNU/Linux »Squeeze« liefert als Standardlook einen blauen Skin (Paket *mplayer-skin-blue*) aus.

12 *http://www.mplayerhq.hu/*

Das Team, das MPlayer entwickelt, stellt zusätzlich das Programm MEncoder zur Verfügung (Paket *mencoder*). Es handelt sich um eines der mächtigsten und flexibelsten Werkzeuge zur Konvertierung von Videodateien. Genau wie MPlayer bedienen Sie MEncoder auf der Kommandozeile. Die (deutschsprachigen) Manpages lesen sich wie ein Buch – spannend und informativ. Am Ende der Handbuchseiten stehen jeweils viele Beispiele, Tipps und Tricks. MEncoder

14.3 Fernsehen unter Linux

DVB (Digital Video Broadcasting) ist eine Technik zur Übertragung von digitalem Fernsehen, Radio, Teletext und weiteren Formaten. Die Daten werden bei diesem Verfahren komprimiert gesendet (MPEG-2, H.264 usw.). Je stärker die Kompression ist, desto mehr Programme können pro Sendekanal (Frequenz) übertragen werden. DVB können Sie über Kabel (DVB-C), Satellit (DVB-S) oder über terrestrische Signale (DVB-T) empfangen. Digitale Empfangsgeräte für den Computer gibt es mittlerweile wie Sand am Meer. Vor dem Hardwarekauf lohnt sich ein Blick in eine Suchmaschine, ob das Gerät mit Linux zusammenarbeitet. Darüber hinaus sollten Sie prüfen, ob DVB-T in Ihrer Region verfügbar ist.[13]

14.3.1 DVB-T-Hardware einrichten

Viele DVB-T-Geräte funktionieren »out of the box«, andere benötigen zusätzliche Firmware. Die Geräteliste der LinuxTV-Webseite[14] ist zwar etwas veraltet (letzter Stand: Oktober 2009), bietet jedoch nach wie vor eine gute Übersicht über die verschiedenen Karten und USB-Sticks sowie externe Antennen. Neben der Information, ob ein Treiber im Kernel vorhanden ist und das Gerät ohne weiteres Zutun läuft, finden Sie hier auch Downloadlinks für die Firmware-Dateien. Auch die Hardwaredatenbank des Ubuntuusers-Wikis[15] ist eine gute Anlaufstelle, um nach Unterstützung aktueller Geräte zu schauen.

Benutzer müssen Mitglied in den beiden Gruppen *video* und *audio* sein, um auf DVB-T-Hardware zugreifen zu dürfen. In der Voreinstellung gilt dies nur für den bei der Installation angelegten Account; Kapitel 17 ab Seite 491 zeigt, wie Sie als Systemverwalter Root weitere Benutzer zu diesen Gruppen hinzufügen. [«]

13 *http://www.ueberallfernsehen.de/*
14 *http://linuxtv.org/wiki/index.php/DVB-T_Devices*
15 *http://wiki.ubuntuusers.de/Hardwaredatenbank*

Das erste Testgerät, ein Cinergy T2 USB-2.0-DVB-T-Receiver von TerraTec, lief sofort nach dem Einstecken und ohne größere Konfigurationsorgien. Ein Blick in die Datei */var/log/messages* (nur als Root) oder der Aufruf von `dmesg` auf der Konsole verrät Folgendes:

```
...
Jan 24 09:26:29 zwerg kernel: [84169.612409] dvb-usb: found↩
a 'TerraTec/qanu USB2.0 Highspeed DVB-T Receiver' in warm ↩
state.
Jan 24 09:26:29 zwerg kernel: [84169.616368] dvb-usb: will ↩
pass the complete MPEG2 transport stream to the software ↩
demuxer.
Jan 24 09:26:29 zwerg kernel: [84169.616593] DVB: ↩
registering new adapter (TerraTec/qanu USB2.0 Highspeed ↩
DVB-T Receiver)
...
```

Debian GNU/Linux erkennt das Gerät also automatisch richtig, lädt die passenden Treiber und richtet die Gerätedateien unter */dev/dvb/adapter0* ein. In einem solchen Fall können Sie sich direkt der Einrichtung eines Abspielprogramms zuwenden, wie es die beiden nächsten Abschnitte vorstellen.

Firmware nachladen

Kann das Linux-System nichts mit der Karte anfangen, ist also ein entsprechender Treiber nicht im Kernel vorhanden, sehen Sie ebenfalls entsprechende Meldungen über `dmesg` oder in der Datei */var/log/messages*:

```
...
[88891.985036] usb 1-1: New USB device found, idVendor=↩
2040, idProduct=7070
[88891.985054] usb 1-1: New USB device strings: Mfr=1, ↩
Product=2, SerialNumber=3
[88891.985067] usb 1-1: Product: Nova-T Stick
[88891.985076] usb 1-1: Manufacturer: Hauppauge
[88891.985085] usb 1-1: SerialNumber: 4034143173
[88891.985451] usb 1-1: configuration #1 chosen from 1 ↩
choice
[88892.450603] dib0700: loaded with support for 13 different↩
device-types
[88892.450889] dvb-usb: found a 'Hauppauge Nova-T Stick' ↩
in cold state, will try to load a firmware
[88892.450903] usb 1-1: firmware: requesting ↩
dvb-usb-dib0700-1.20.fw
[88892.469392] dvb-usb: did not find the firmware file.
...
```

»non-free«-Repository

Das zweite Testgerät, ein Hauppauge Nova-T Stick, verlangt also nach einer Datei namens *dvb-usb-dib0700-1.20.fw*. Bevor Sie im Netz danach suchen, befragen Sie zuerst den Debian-Paketmanager, ob die Firmware eventuell in einem Paket enthalten ist. Achten Sie darauf, dass Sie in den Paketquellen den Bereich »non-free« mit einschließen (siehe Abschnitt 5.1.2 ab Seite 116). Die Buch-DVD enthält dieses Repository nicht, sodass Sie auf Quellen im Internet ausweichen müssen. Eine Suche mit dem Tool `apt-cache` verrät den Namen und Inhalt des passenden Pakets:

```
huhnix:~ # apt-cache search --full dvb-usb-dib0700-1.20.fw
Package: firmware-linux-nonfree
Priority: optional
Section: non-free/kernel
...
  * DiBcom dib0700 USB DVB bridge firmware, version 1.20 ➘
(dvb-usb-dib0700-1.20.fw)
...
```

Nach der Installation des Pakets *firmware-linux-nonfree*, dem Aus- und wieder Einstecken verrät das Logfile anschließend:

```
...
Jan 24 11:30:31 zwerg kernel: [91611.453643] dvb-usb: ➘
downloading firmware from file 'dvb-usb-dib0700-1.20.fw'
Jan 24 11:30:31 zwerg kernel: [91611.660872] dib0700: ➘
firmware started successfully.
Jan 24 11:30:31 zwerg kernel: [91612.164159] dvb-usb: ➘
found a 'Hauppauge Nova-T Stick' in warm state.
...
```

[«] Selbst wenn die benötigte Firmware nicht in einem Debian-Paket angeboten wird, ist das noch nicht das Ende. Schauen Sie in den beiden erwähnten Hardwarelisten nach Downloadlinks für die benötigte *.fw*-Datei, oder befragen Sie eine Suchmaschine. Nach dem Herunterladen der Datei kopieren Sie diese als Benutzer Root ins Verzeichnis */lib/firmware*.

14.3.2 Me TV

Der GNOME-DVB-Spieler Me TV unterstützt DVB-T, DVB-C, DVB-S und ATSC, bietet einen elektronischen Programmführer (EPG) und eine komfortable Aufnahmefunktion, die auch zeitgesteuert mitschneidet. Installieren Sie das Paket *me-tv*; der Paketmanager löst Abhängigkeiten zu anderen Komponenten selbstständig auf. Danach finden Sie das Programm in der Abteilung *Multimedia* in den Startmenüs.

Sendersuche

Findet Me TV ein entsprechendes DVB-Gerät, fragt das Programm beim ersten Aufruf nach, ob es mit einem Suchlauf die verfügbaren Sender ausfindig machen soll. Hier haben Sie die Wahl zwischen einem automatischen Scan für Ihr Land, einem Suchlauf mithilfe einer vorkonfigurierten Scandatei für Ihre Region oder dem Import einer vorhandenen Kanalliste (*channels.conf*). Letzteres sollten Sie auf jeden Fall ausprobieren, wenn Sie den Eindruck haben, dass Me TV nicht alle verfügbaren Kanäle findet.

Abbildung 14.12 Schlank, komfortabel und funktional präsentiert sich Me TV.

[+] Fertige Kanallisten für Ihre Region finden Sie unter anderem im VDR-Wiki.[16] Alternativ installieren Sie das Paket *w-scan* und scannen auf der Konsole. Vorher schließen Sie alle Anwendungen, die auf das DVB-Gerät zugreifen, also auch Me TV selbst. Dann rufen Sie das Kommandozeilentool über den Befehl `w_scan -X -c DE > channels.conf` auf. Beachten Sie den Unterstrich; der Paketname selbst enthält einen Bindestrich. Über den Parameter `-X` definieren Sie das Ausgabeformat der Datei, hinter `-c` geben Sie die Region an, hier `DE` für Deutschland. Das Scantool nimmt in der Voreinstellung an, dass Sie nach terrestrischem Digitalfernsehen (also DVB-T) suchen. Um eine Kanalliste für einen Kabel- oder Satellitenemp-

16 *http://www.vdr-wiki.de/wiki/index.php/DVB-T_channels.conf*

fänger zu erstellen, geben Sie zusätzlich `-f c` bzw. `-f s` an. Nach dem Suchlauf liegt im aktuellen Verzeichnis eine neue Datei namens *channels.conf*, die Sie in Me TV über ANSICHT • CHANNELS • HINZUFÜGEN und dann IMPORT A CHANNELS.CONF einlesen.

Am unteren Fensterrand blendet Me TV den elektronischen Programmführer (EPG = Electronic Program Guide) und einige Icons (Aufnahme, Lautstärke, Suchfunktion, zeitgesteuerte Aufnahmen und Vollbildmodus) ein. Der EPG zeigt an, was momentan und in der Zukunft läuft. Ein Klick auf eine Sendung öffnet ein Dialogfenster mit Informationen zur Sendung und einem Button namens AUFNAHME. Wo Me TV die fertigen Mitschnitte ablegt, wie groß der Puffer vor und nach der Aufnahme ist, den Video- und Audiotreiber und vieles mehr stellen Sie über ANSICHT • PREFERENCES ein. Im Menü ANSICHT finden Sie darüber hinaus Funktionen, um geplante Aufnahmen zu verwalten, automatische Aufnahmelisten anzulegen und im Programmführer nach Sendungen zu suchen. Me TV speichert aufgenommene Sendungen im MPEG-Transportstream-Format (Dateiendung *.mpeg*) der Fernsehsender und konvertiert nicht etwa in etwas Eigenes. Abschnitt 14.4 ab Seite 431 stellt Programme vor, die solche Dateien schneiden und in andere Formate umwandeln.

Me TV beendet sich nicht, wenn Sie das Programmfenster schließen. Stattdessen zeigt ein Icon im Systemabschnitt der Kontrollleiste an, dass der DVB-Player noch läuft. Ein Klick auf dieses Symbol bringt das Hauptfenster wieder nach vorne, und über einen Rechtsklick oder DATEI • QUIT beenden Sie das Programm. Bei jeder Aufnahme muss Me TV die ganze Zeit laufen. Wenn Sie das Fenster minimieren, schneidet die Anwendung weiterhin mit – ohne Unterbrechung. Das Symbol im Panel zeigt dann einen roten Knopf.

Abbildung 14.13 Das Icon im Panel zeigt an, was Sie aufnehmen.

Me TV unter Xfce/LXDE

Beide alternativen Desktopumgebungen (siehe Kapitel 10 ab Seite 267) melden beim Start von Me TV: »An error occured while trying to communicate with the GNOME screensaver.« Der Player versucht hier, mit dem GNOME-Bildschirmschoner zu kommunizieren, sodass dieser nicht während der Wiedergabe anspringt. Da weder Xfce noch LXDE diesen Bildschirmschoner verwenden, verläuft die Unterhaltung im Sande. Sie schaffen das Problem aus der Welt, indem Sie Me TV über den Schnellstarter (Alt + F2) oder ein Terminalfenster starten. Dort geben Sie das Kommando `me-tv --no-screensaver-inhibit` ein.[17]

14.3.3 Kaffeine

Den KDE-Player Kaffeine können Sie auch verwenden, wenn Sie nicht die komplette KDE-Umgebung einspielen möchten. Spielen Sie als Administrator das Paket *kaffeine* und die vom Paketmanager vorgeschlagenen abhängenden Bibliotheken ein. Anschließend starten Sie das Programm über die Abteilung MULTIMEDIA oder Eingabe des Befehls `kaffeine` in ein Schnellstart- oder Terminalfenster.

Konfiguration Im Hauptfenster wählen Sie DIGITALES FERNSEHEN; danach gehen Sie im Menü FERNSEHEN zu FERNSEHEN EINRICHTEN. Auf dem ersten Reiter finden Sie allgemeine Einstellungen, wie den Ordner für Aufnahmen und den Puffer vor und nach dem Mittschnitt. Nach verfügbaren Sendern suchen Sie auf dem zweiten Reiter. Im Dropdown-Menü QUELLE können Sie zwischen einem automatischen Suchlauf (Komplettscan) und einer Suche in Ihrer Region auswählen. Den tatsächlichen Scan stoßen Sie danach über FERNSEHEN • KANÄLE an. Im folgenden Fenster klicken Sie auf SUCHE STARTEN. Nach kurzer Zeit präsentiert Kaffeine in der rechten Fensterhälfte die gefundenen Fernsehstationen, die Sie nun einzeln oder per Filter in die Kanalliste des Players übertragen.

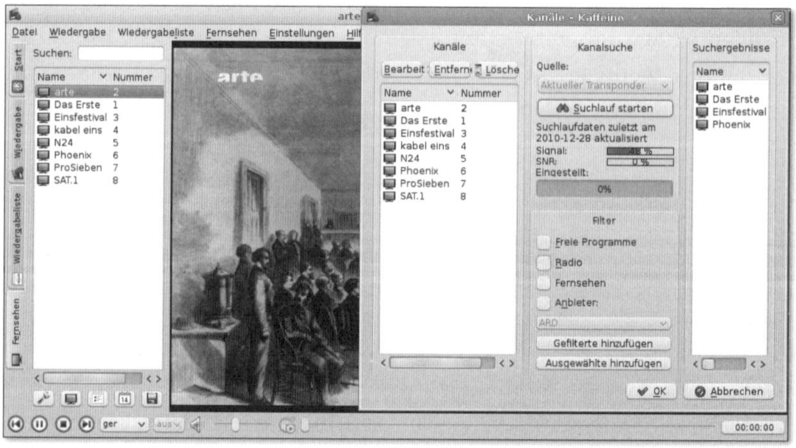

Abbildung 14.14 Auch Kaffeine sucht selbstständig nach Radio- und Fernsehstationen. Im Dialogfenster »Kanäle« haben Sie auch die Signalstärke im Blick.

17 Danke an Wolfgang Völker für diesen Tipp!

In der linken Seitenleiste wechseln Sie auf den Reiter FERNSEHEN. Mit einem Doppelklick auf einen Sendernamen startet Kaffeine die Wiedergabe. Über die Taste F oder einen Doppelklick ins Fenster schalten Sie in den Vollbildmodus und wieder zurück. Mit Bild ab und Bild auf schalten Sie durch die Kanäle, und Druck auf O aktiviert das Onscreen-Menü, das Sie auch beim Kanalwechsel sehen. Einmaliges Drücken zeigt Kurzinformationen zur aktuellen und zur nächsten Sendung an, drücken Sie noch einmal O, sehen Sie einen ausführlichen Hinweis zum aktuellen Programm, und ein dritter Druck auf die Taste blendet ihn wieder aus. Auch Kaffeine hat eine eingebaute EPG-Funktion. Sie öffnen den Dialog über Druck auf G.

Videorekorder

Ein Klick auf das Symbol mit der Diskette unter der Senderliste startet die Sofortaufnahme, das Kalender-Icon daneben öffnet einen Dialog für zeitgesteuerte Mitschnitte. Dass Sie im Aufnahmemodus sind, ist in der bei »Squeeze« ausgelieferten Kaffeine-Version nicht offensichtlich. Kein roter Punkt oder eine ähnliche Markierung zeigen an, dass die Anwendung gerade aufnimmt – da ein beherzter Klick auf den SCHLIESSEN-Knopf das Programm nicht in den Hintergrund legt, sondern wirklich beendet, ist das etwas unglücklich. Sie stoppen eine Aufnahme über einen erneuten Klick auf das Diskettensymbol. Auch Kaffeine speichert Mitschnitte als Transportstream und legt sie mit der Dateiendung *.m2t* auf der Platte ab. Der nächste Abschnitt zeigt, wie Sie die Filme weiterverarbeiten können.

[+]

Dank Kaffeine müssen Sie nicht bis zur nächsten Werbepause warten, bevor Sie zum Kühlschrank gehen. Klicken Sie einfach während der Wiedergabe den Pauseknopf unter der Senderliste links. Der Player nimmt die Sendung nun auf und spielt sie nach einem erneuten Klick auf den Button zeitversetzt ab. Die Aufnahme legt der Player unter dem Namen *TimeShift-*, gefolgt von einem eindeutigen Zeitstempel (Jahr, Monat, Tag usw.), im Verzeichnis ab, das Sie im Einrichtungsdialog im Feld ORDNER FÜR ZEITVERSETZUNG festgelegt haben.

14.4 Videoschnitt und -konvertierung

Im Bereich der Videobearbeitung unter Linux tut sich derzeit jede Menge. Von etwas anspruchsvollen Anwendungen wie Cinelerra und Avidemux bis hin zu einfachen Schneideprogrammen mit Capture-Funktionen ist fast alles dabei. Die folgenden beiden Abschnitte zeigen Tools für den Hausgebrauch: Dvbcut hilft Ihnen beim Schneiden von Fernsehaufnahmen, die Sie mit Me TV oder Kaffeine erstellt haben, und mit Kino übernehmen und bearbeiten Sie Filme von digitalen Videokameras. Der Newcomer OpenShot sorgt derzeit für frischen Wind in der Video-Editor-Szene und überzeugt durch seine Einsteigerfreundlichkeit. Mit dem Arista Transcoder wandeln Sie verschiedene Videoformate um.

14.4.1 Dvbcut

Wie der Name vermuten lässt, schneidet Dvbcut[18] digitale Fernsehaufnahmen. Auf diese Weise werden Sie Werbung und Reste anderer TV-Sendungen elegant los. Sie installieren Dvbcut, indem Sie das gleichnamige Paket einspielen. Sie finden es in den bereits erwähnten Multimedia-Repositorys, die nicht Bestandteil der offiziellen Distribution sind. Der Paketmanager installiert weiterhin MPlayer, um Videos in Dvbcut wiedergeben zu können. Sie starten das Schnittwerkzeug anschließend über den Schnellstarter oder ein Terminal, in das Sie `dvbcut` eingeben.

Über File • Open öffnen Sie einen Dateiauswahldialog, über den Sie Ihre Fernsehmitschnitte laden. In der Voreinstellung zeigt Dvbcut nur Dateien mit den Endungen *.dvbcut*, *.mpg*, *.rec*, *.ts* und *.tts*. Um auch andere Dateitypen aufzustöbern, stellen Sie den Filter im Dropdown-Menü File type daher auf All files (*). Als Erstes legt Dvbcut eine Indexdatei an; in der Voreinstellung hat diese den gleichen Namen wie die TV-Aufnahme und erhält die Endung *.idx*. Nach dem Klick auf Save importiert Dvbcut den Film und präsentiert das erste Bild.

Schnittmarken setzen

Im unteren Fensterbereich sehen Sie zwei Schieberegler, mit denen Sie durch die Aufnahme scrollen; der untere Regler hilft bei der Feinjustierung. Nun setzen Sie für Dvbcut die Marken: Über das grüne Dreieck setzen Sie eine Startmarke und über das rote Viereck eine Endmarke. Wenn Sie die Aufnahme später mit einem Authoring-Programm in eine Video-DVD umwandeln wollen, setzen Sie optional über das Symbol mit dem C eine Kapitelmarke und über B ein Lesezeichen.

[»] Achten Sie darauf, dass Sie die Schnittmarken immer in der Reihenfolge Start-Stop-Start-Stop anlegen. Dvbcut beginnt an der ersten Startmarke und arbeitet, bis es eine Stopmarke erreicht. Falls es mehrere Startmarkierungen nach einem Stop gibt, arbeitet Dvbcut erst ab der zweiten Startmarke weiter. Jede Startmarke, die auf eine andere Startmarke folgt, ist daher funktionslos, und Dvbcut ignoriert sie. Das Gleiche gilt für die Stopmarkierungen. Eine falsche Markierung löschen Sie, indem Sie sie in

18 *http://dvbcut.sourceforge.net/*

der linken Seitenleiste mit der rechten Maustaste anklicken und aus dem Kontextmenü DELETE wählen.

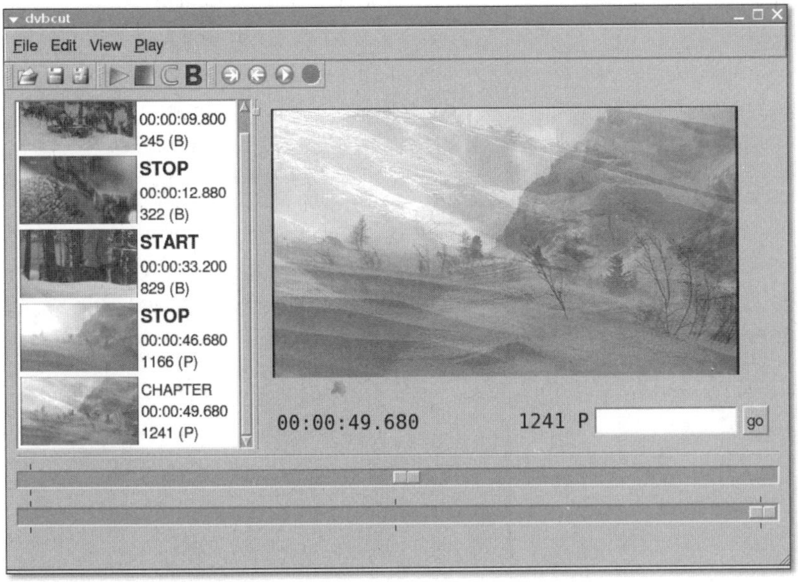

Abbildung 14.15 Erst setzen Sie die Schnittmarkierungen, dann exportieren Sie.

Wählen Sie anschließend aus dem Menü FILE den Eintrag EXPORT VIDEO. Der exportierte Film erhält die Dateiendung *.mpg* in der Voreinstellung. Über das Dropdown-Menü OUTPUT FORMAT haben Sie die Wahl zwischen vier Formaten; im unteren Dialogbereich wählen Sie die Audiokanäle. Ein Klick auf OK startet den Vorgang.

DVDAuthor

Das Dialogfenster zeigt ganz am Schluss einen Schnipsel XML-Code, den Sie in DVDAuthor verwenden können. Mit diesem Programm bringen Sie Ihre Filme ins Video-DVD-Format. Das Paket *dvdauthor* spielen Sie zunächst über den Paketmanager ein. Kopieren Sie den XML-Quelltext mit der linken Maustaste, und starten Sie einen Texteditor. Fügen Sie den Text über einen Klick mit der mittleren Maustaste ein, und speichern Sie die Datei im gleichen Verzeichnis wie den exportierten Film. Als Dateiendung wählen Sie *.xml*.

Danach starten Sie ein Terminalfenster, wechseln ins Verzeichnis mit dem Film und der XML-Datei und rufen `dvdauthor -x` zusammen mit dem Namen der XML-Datei auf. Das Tool legt einen neuen Ordner an, in dem Sie die beiden für eine Film-DVD benötigten Verzeichnisse *AUDIO_TS* und *VIDEO_TS* finden. Diese beiden Ordner brennen Sie anschließend, wie in Abschnitt 14.7 ab Seite 451 beschrieben, auf eine DVD.

[+] Andere DVD-Authoring-Tools, die auch Menüs erstellen, Videos in Kapitel unterteilen, Untertitel und mehrere Audiospuren verwalten, stellt Debian GNU/Linux ebenfalls zur Verfügung, zum Beispiel DeVeDe (Paket *devede*), DVDStyler (Paket *dvdstyler*) oder auch ManDVD (Paket *2mandvd*, Aufruf über `2ManDVD`).

14.4.2 Kino

Auch wenn der Name etwas anderes vermuten lässt – Kino[19] ist kein KDE-Programm, sondern ein auf GTK+ basierendes Videoschnittprogramm, das auf allen Desktopumgebungen prima läuft. Sie spielen Kino über das gleichnamige Paket ein und starten es auch über diesen Befehl, den Sie in einen Schnellstarter oder in ein Terminal eingeben.

Mit Kino übertragen Sie Videos vom Camcorder auf den eigenen Rechner oder importieren Filme, die auf der Festplatte liegen. Anschließend können Sie die Filme dort nachbearbeiten und in verschiedene Formate exportieren: Ob Sie Ihre Werke als Video-DVD, VCD (Video-CD), SVCD (Super-Video-CD) speichern, eine Fotogalerie mit einzelnen JPG-Bildern erstellen oder den Ton des Films extrahieren und als WAV-, MP3- oder Ogg-Vorbis-Datei ablegen – Kino bietet stets die richtigen Werkzeuge und Schaltflächen dazu. Für einige der genannten Features greift Kino auf andere Pakete zurück. Wenn Sie beispielsweise später Filme als Video-DVD oder DivX-Dateien exportieren möchten, benötigen Sie die *mjpegtools*. Das Paket ist nicht Bestandteil der offiziellen Debian-Distribution; Sie finden es im Repository »Debian-Multimedia« (siehe Abschnitt 5.1.2 ab Seite 117).

Digitale Videokameras

Das Testgerät war ein Sony CX550V Full HD-Camcorder, der über USB mit dem Rechner verbunden wurde. Nach dem Anschließen und Anschalten der Kamera erkannte Debian GNU/Linux »Squeeze« das Gerät automatisch und lud die benötigten Kernel-Module. Ein Blick ins Logfile */var/log/messages* verriet:

```
...
Apr 24 11:11:31 zwerg kernel: [239.308169] usb 1-1: new ↩
high speed USB device using ehci_hcd and address 3
Apr 24 11:11:31 zwerg kernel: [239.442233] usb 1-1: New ↩
USB device found, idVendor=054c, idProduct=047d
Apr 24 11:11:40 zwerg kernel: [239.442243] usb 1-1: New ↩
USB device strings: Mfr=1, Product=2, SerialNumber=3
Apr 24 11:11:40 zwerg kernel: [239.442250] usb 1-1: ↩
```

19 *http://kinodv.org/*

```
Product: HDR-CX550VE
Apr 24 11:11:44 zwerg kernel: [239.442255] usb 1-1: ↩
Manufacturer: Sony
Apr 24 11:11:50 zwerg kernel: [239.442260] usb 1-1: ↩
SerialNumber: 0EEBA0053D3B
Apr 24 11:11:50 zwerg kernel: [239.442482] usb 1-1: ↩
configuration #1 chosen from 1 choice
Apr 24 11:11:52 zwerg kernel: [239.865422] Initializing USB ↩
Mass Storage driver...
...
```

Capture

Vor der ersten richtigen Aufnahme ist es empfehlenswert, das Arbeitsverzeichnis zu ändern; in der Voreinstellung ist das eigene Home-Verzeichnis ausgewählt. Über BEARBEITEN • EINSTELLUNGEN richten Sie auf dem Reiter ANDERE ein Projektverzeichnis ein. Anschließend starten Sie per Klick auf AUFNAHME auf dem gleichnamigen Tab im Hauptfenster die Datenübertragung. Die einzelnen Aufnahmen finden Sie anschließend im Projektverzeichnis im DV-Format (Digital Video, Dateiendung *.dv*).

Wenn Sie zum Reiter BEARBEITEN wechseln, können Sie die Videos in mehrere Szenen aufteilen. Diese bearbeiten Sie später separat und ordnen sie auf Wunsch auch neu an. Im linken Bereich sehen Sie eine Art Seitenleiste (STORYBOARD). Dort befindet sich im Moment nur ein Bild mit der Anfangsszene des Videos. Um Schnittmarken zu setzen, bewegen Sie den Schieberegler (den dreieckigen Pfeil) an eine Stelle und drücken dann die Tastenkombination (Strg) + (J).

Jede auf diese Weise erzeugte Szene erscheint nun links im Storyboard. Die Szenen sind zunächst noch chronologisch angeordnet; um sie neu zu sortieren, ziehen Sie die Szenenbilder per Drag & Drop an eine andere Stelle. Einzelne Clips löschen Sie aus dem Storyboard, indem Sie sie markieren und dann (Strg) + (X) drücken; (Strg) + (Z) macht den letzten Arbeitsschritt rückgängig.

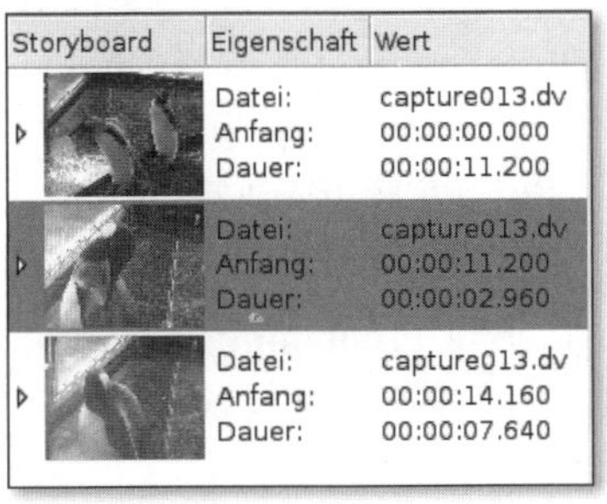

Abbildung 14.16 Das Storyboard zeigt Detailinformationen zu den einzelnen Szenen.

[+] Wenn Sie den Abtrenner zwischen dem Storyboard und dem rechten Bereich verschieben und so die linke Seite vergrößern, sehen Sie die Zusatzinformationen (EIGENSCHAFT und WERT) der Clips besser.

Effekte Über den Reiter FX erreichen Sie zahlreiche praktische Filter für den Video- und Audioübergang. Um beispielsweise eine weiche Überblendung zwischen zwei Szenen einzufügen, markieren Sie links im Storyboard den Clip, von dem aus überblendet werden soll. Danach wählen Sie in der Mitte des Programmfensters unter VIDEOÜBERGANG aus dem Dropdown-Menü einen hübschen Effekt aus, zum Beispiel SCHEUNENTOR VERWISCHEN oder HELLIGKEIT VERNICHTEN. In der Vorschau können Sie Ihr Werk begutachten, bevor Sie auf BEARBEITUNG STARTEN klicken. Über den Reiter VIDEOFILTER finden Sie zahlreiche weitere Effekte, zum Beispiel SCHWARZ & WEISS, KALEIDOSKOP, EINBLENDEN, AUSBLENDEN, SPIEGEL, RÜCKWÄRTSVIDEO (Negativdarstellung) und viele mehr.

Ist der Film fertig, gehen Sie im Hauptfenster zum Tab EXPORTIEREN. Kino speichert in verschiedenen Ausgabeformaten. Um eine Video-DVD zu erstellen, wechseln Sie zum Reiter MPEG. Wie schon erwähnt, benötigen Sie für diese Funktionen die *mjpegtools*. Achten Sie darauf, dass Sie den Dateinamen ohne Endung eingeben – Kino hängt diese automatisch an. Ein Klick auf EXPORTIEREN startet den Vorgang. Je nach Rechenleistung und Größe des Videos kann das eine Weile dauern. Neben der MPEG-Ausgabe bietet Kino noch weitere Exportfunktionen an, beispielsweise als DV DATEI oder als STANDBILDER (erzeugt aus dem Film eine Reihe von JPG-Bildern). Über TON extrahieren Sie die Audiospur.

14.4.3 OpenShot

Dieser freie Video-Editor richtet sich besonders an Einsteiger, da er durch seine einfache und aufgeräumte Benutzeroberfläche besticht. OpenShot[20] importiert Clips und schneidet mehrere zusammen, bastelt Übergänge zwischen den einzelnen Clips, bietet zahlreiche Video-Effekte und erlaubt Ihnen, Texte und Titel mit vorgefertigten Designs einzufügen. Auch eine Vorschaufunktion in Echtzeit ist dabei, und als Bonus wandelt OpenShot Bilder in eine Diaschau um. Der Video-Editor unterstützt beim Im- und Export alle Audio- und Videoformate, die FFmpeg[21] kennt.

Debian GNU/Linux »Squeeze« liefert das Schnittprogramm in Version 1.1.3 im Hauptzweig der Distribution aus. Sie installieren OpenShot über

20 *http://www.openshotvideo.com/*
21 *http://www.ffmpeg.org/*

das gleichnamige Paket; zusätzlich benötigen Sie *ffmpeg*, *libavformat52* und ein paar weitere Multimediakomponenten, die der Paketmanager aber automatisch mit einspielt. Anschließend starten Sie OpenShot über das Menü MULTIMEDIA oder den Befehl `openshot`.

In der Programmoberfläche finden Sie sich schnell zurecht: Links oben auf dem Reiter PROJEKTDATEIEN landet das Rohmaterial (also etwa die Filme, die Sie schneiden), rechts daneben ist ein kleines Vorschaufenster. Auf der Zeitleiste am unteren Rand arrangieren Sie einzelne Schnipsel zu einem kompletten Film. Bevor Sie mit der Arbeit beginnen, legen Sie über DATEI • NEUES PROJEKT ein neues Videoprojekt mit ein paar grundlegenden Einstellungen fest. Auch für das Ausgangsformat entscheiden Sie sich hier bereits. Über DATEI importieren Sie anschließend auch den Film oder das Bildmaterial. Per USB angeschlossene Kameras, die Ihr Debian-Rechner als USB Mass Storage Device erkennt und einhängt, unterstützt OpenShot direkt; für andere Modelle mit Bandlaufwerk legen Sie einen Zwischenschritt, z. B. über Kino, ein und bringen das Videomaterial so auf den Rechner.

[+] Viele Funktionen erreichen Sie in OpenShot über das Kontextmenü der rechten Maustaste. So löschen Sie einen importierten Clip aus dem Projekt über die rechte Maustaste und DATEI(EN) ENTFERNEN. Auch überflüssige Spuren in der Zeitleiste werden Sie so los.

Videoschnitt

Um einen importierten Film zu schneiden, ziehen Sie ihn aus der Liste der Projektdateien mit der linken Maustaste auf einen beliebigen Punkt der Zeitleiste. Das Video erscheint dort nun als gelber Balken. In der Zeitleiste stehen mehrere Symbole für Werkzeuge zur Verfügung, mit denen Sie einen Zeiger aktivieren, das Video an einer ausgewählten Stelle trennen und den Stream an den Enden kürzen (trimmen). Auch ein Einschnapp-Werkzeug ist dabei, mit dem Sie Clip-Enden beim Zusammenschieben einrasten lassen. Beim Kürzen und Teilen bleibt das Ausgangsmaterial zunächst unberührt auf der Platte – OpenShot merkt sich Ihre Änderungswünsche vor, bis Sie DATEI • VIDEO EXPORTIEREN auswählen.

Wenn Sie mehrere Filme aneinandergereiht haben, finden Sie auf dem Reiter ÜBERGÄNGE einige schicke Überblendeffekte, die Sie mit der Maus zwischen die Clips auf der Zeitleiste ziehen können. Die Übergänge erscheinen als halbtransparente Kästchen zwischen den Spuren; die Dauer können Sie mit dem Trimmen-Werkzeug verändern. Über einen Rechtsklick mit der Maus kehren Sie die Richtung um. Weitere Gimmicks verstecken sich im Reiter EFFEKTE. Um einen angewendeten Effekt zu entfernen, klicken Sie mit der rechten Maustaste auf den Clip, wählen EIGENSCHAFTEN und gehen dort zum Reiter EFFEKTE.

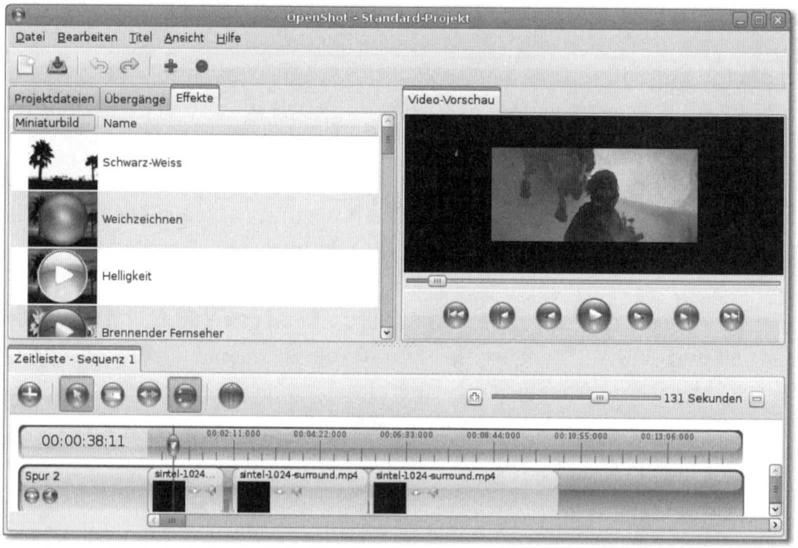

Abbildung 14.17 OpenShot punktet mit einer übersichtlichen Oberfläche und ist leicht zu bedienen.

14.4.4 Arista Transcoder

Mit dem Arista Transcoder[22] wandeln Sie Videos in Windeseile in andere Formate um und machen die Filme so beispielsweise fit für mobile Geräte. Dabei konvertiert das Programm nicht nur Clips von der Festplatte, sondern greift auch auf nicht kopiergeschützte DVDs, Webcams und andere Devices zu. Installieren Sie als Administrator das Paket *arista*; anschließend starten Sie die grafische Oberfläche des Tools über Eingabe von `arista-gtk` oder über die Abteilung MULTIMEDIA der Anwendungsmenüs. Eventuell fordert das Programm Sie vor der ersten Umwandlung auf, fehlende Codecs nachzurüsten. Auf dem Testgerät schlug die Anwendung vor, *gstreamer0.10-plugins-really-bad*, *gstreamer0.10-ffmpeg* und *gstreamer0.10-x264* nachzurüsten.

Kommandozeile

Außerdem dabei ist eine Shell-Variante, die viele Dinge abkürzt und sämtliche Umwandlungsaufgaben im Terminal oder auf der Konsole erledigt. Der Befehl lautet `arista-transcode`. Zusammen mit der Option `-i` erfahren Sie beispielsweise, welche Formate für welche Geräte das Tool unterstützt:

22 *http://www.transcoder.org/*

```
squeeze@zwerg:~> arista-transcode -i
Verfügbare Geräte:

        android: Presets for all known Android phones
       computer: H.264/AAC or Theora/Vorbis for the computer
            dvd: DivX or MPEG2 for DVD players
           ipad: H.264/AAC for Apple iPad
           ipod: H.264/AAC for Apple iPod / iPhone
  nokia-nseries: Presets for Nokia N Series devices
            ps3: H.264/AAC for Playstation 3
            psp: H.264/AAC for Playstation portable
            web: Media for World Wide Web

Benutzen Sie die Option »--info device_name«, um mehr über
ein Gerät zu erfahren.
```

Quell- und Zielformat

In der grafischen Variante des Transcoders wählen Sie jeweils unter QUELLE ein Gerät oder eine Datei aus und entscheiden sich dann darunter im Dropdown-Menü mit der Bezeichnung GERÄT für das gewünschte Zielformat. Außer der Voreinstellung COMPUTER stehen verschiedene tragbare Geräte zur Wahl, darunter Android-Handys, das iPad, ein DVD-Player, Sonys Playstation und der Browser. Klicken Sie dort auf DOWNLOAD MORE, öffnet sich der Standardbrowser und bringt Sie zur Arista-Downloadseite. Nach der Auswahl eines Zielformats wählen Sie für einige Geräte außerdem ein Profil aus. So kennt Arista Transcoder etwa verschiedene Android- oder Nokia-Handys oder unterschiedliche iPod-Modelle. Zum Abschluss klicken Sie auf ZUR WARTESCHLANGE HINZUFÜGEN und wählen den Namen für die konvertierte Datei aus.

[✱] Obwohl alle benötigten GStreamer-Plugins installiert waren, meldete Arista Transcoder auf einem der Testrechner (i386-Architektur) immer wieder, dass die GStreamer-FFmpeg-Erweiterung fehlte, und wollte diese einspielen. Das Paket *gstreamer0.10-ffmpeg* war zwar installiert, der Kommandozeilenaufruf `gst-inspect-0.10` fand das Plugin jedoch nicht. Abhilfe schaffte, die Datei *~/.gstreamer-0.10/registry.i486.bin* zu löschen. Anschließend wurde GStreamer fündig:

```
squeeze@zwerg:~> gst-inspect-0.10 | grep deint
interleave:  deinterleave: Audio deinterleaver
ffmpeg:  ffdeinterlace: FFMPEG Deinterlace element
deinterlace:  deinterlace: Deinterlacer
...
```

Bei der Umwandlung sehen Sie im Programmfenster eine Echtzeit-Vorschau und einen Fortschrittsbalken. Um die Vorschau auszublenden, gehen Sie über BEARBEITEN in die EINSTELLUNGEN und entfernen das Häkchen auf dem Reiter ALLGEMEIN. Die Einstellung ist erst bei der nächsten Konvertierung aktiv.

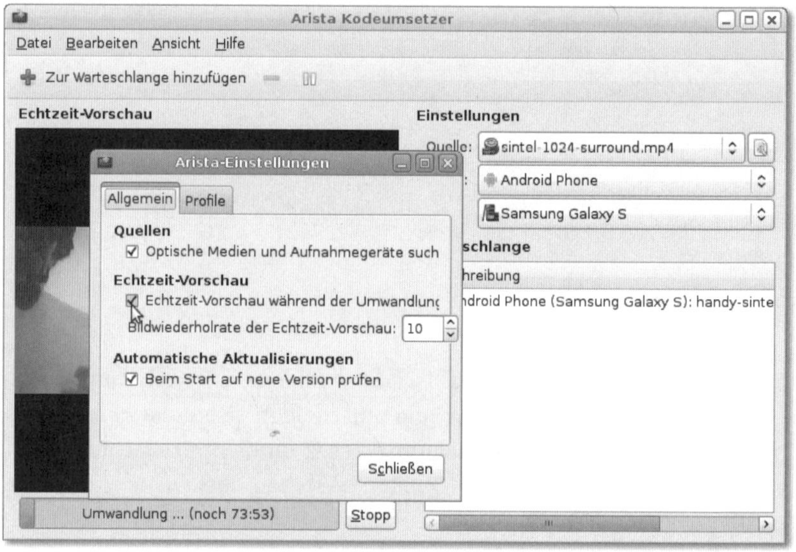

Abbildung 14.18 Arista Transcoder ist ein komfortabler Multimedia-Konverter.

14.5 Digitalkameras

Mass Storage oder »gphoto«

Der Zugriff auf eine Digitalkamera gestaltet sich unter Linux in der Regel unproblematisch: Einige Modelle setzen auf das USB-Speichermedienprotokoll (USB Mass Storage) und melden sich wie eine Festplatte am System an, sodass Sie zum Beispiel bequem per Dateimanager auf die Fotos zugreifen können. Andere Kameras benötigen zur Zusammenarbeit einen speziellen Treiber – hier hilft das gphoto-Projekt[23] weiter. Auf die Bilder greifen Sie anschließend über Programme wie digiKam, Shotwell o. Ä. zu. Die gphoto-Bibliothek liefert aber nicht nur Treiber für die verschiedenen Kameramodelle, sondern unterstützt auch Geräte, die PTP (Picture Transfer Protocol) beherrschen.

[»] Sollte die Kamera nicht mit den hier vorgestellten Methoden ansprechbar sein, greifen Sie zu einem externen Kartenleser: Diese USB-Geräte bieten unkomplizierten Zugriff auf verschiedene Speicherkartenmodelle und sind für wenig Geld im Handel erhältlich.

23 *http://www.gphoto.org/*

Besitzen Sie eine USB-Mass-Storage-Kamera, schließen Sie diese an, und mounten Sie das Medium wie in Abschnitt 17.2.2 ab Seite 497 beschrieben. Anschließend können Sie auf die Kamera wie auf andere Datenträger zugreifen. Für Kameras, die sich nicht als Festplatte am System anmelden, greifen Sie auf gphoto zurück. Installieren Sie das Paket *libgphoto2-2*, das Treiber für mehrere Hundert Digitalkameras liefert.

Die folgenden Abschnitte stellen zwei grafische Programme vor, mit denen Sie Bilder von der Kamera laden und Ihre Fotos verwalten. Für Kommandozeilenfans liefert das *gphoto2*-Paket das gleichnamige Programm mit; ein weiterer Abschnitt verrät Tipps und Tricks zu diesem Tool.

14.5.1 digiKam

Das Programm digiKam kopiert nicht nur Bilder von der Kamera auf die eigene Festplatte, sondern verwaltet Ihre Bilder außerdem in Fotoalben, erstellt CD-Archive, Diashows und Video-CDs. Nach der Installation des Paketes *digikam* starten Sie das Programm beispielsweise über Eingabe von `digikam` in ein Schnellstartfenster ((Alt) + (F2)) oder Terminal. digiKam nimmt in der Voreinstellung den Ordner *Bilder* im Home-Verzeichnis in die Albenliste mit auf. Ein neues Fotoalbum erstellen Sie über den Knopf mit dem Pluszeichen oder über (Strg) + (N).

Kamera erkennen

digiKam erkennt angeschlossene Geräte in der Regel automatisch. Öffnen Sie hierzu den Einrichtungsdialog aus dem Menü EINSTELLUNGEN, wechseln Sie in der linken Seitenleiste in den Bereich KAMERAS, und klicken Sie in der rechten Hälfte auf AUTOMATISCHE ERKENNUNG. Alternativ fügen Sie die Kamera manuell hinzu. Dazu klicken Sie auf HINZUFÜGEN, wählen im folgenden Dialogfenster aus der langen Kameraliste Ihr Modell aus, geben dem Gerät optional einen eigenen Namen und bestimmen den Anschlusstyp sowie einen Einhängepunkt (für USB-Mass-Storage-Kameras). PTP-Geräte finden Sie in der Kameraliste unter der Bezeichnung USB PTP CLASS CAMERA.

Wählen Sie aus dem Menü IMPORTIEREN • KAMERA ein vorher eingerichtetes Gerät aus. In einem neuen Dialogfenster zeigt digiKam die gefundenen Schnappschüsse. Im Dialogfenster mit den Thumbnails wählen Sie eines oder mehrere Bilder aus; danach klicken Sie auf AUSGEWÄHLTE HERUNTERLADEN. Weitere Optionen zum Anzeigen, Herunterladen, Löschen, Sperren oder Hochladen finden Sie in dem Dialogfenster im Menü BILD. Neben der Verwaltung in Alben und der Stapelverarbeitung mehrerer Bilder auf einmal erstellt digiKam auf Knopfdruck schicke HTML-Galerien, lädt Bilder zu Facebook- und Picasa-Accounts hoch, exportiert sie zu einem Fremdrechner, zu einem iPod und leistet vieles mehr. Alle Möglichkeiten finden Sie im Menü EXPORTIEREN.

Abbildung 14.19 Vor dem Download präsentiert digiKam die Bilder als Thumbnails.

Vorführung

Über das Menü ANSICHT • DIASCHAU zeigen Sie Ihre Fotos als Diavorführung im Vollbildmodus. Für die erweiterte Vorführung suchen Sie gezielt Bilder und einen Übergangseffekt aus. Auch eine Untermalung mit Audiodateien ist möglich.

14.5.2 Shotwell

Die GNOME-Anwendung Shotwell verfolgt einen ähnlichen Ansatz wie digiKam und bietet neben dem reinen Download fortgeschrittene Funktionen zur Bilderverwaltung. Anders als das KDE-Programm verändert Shotwell die Fotos aber nicht, sondern arbeitet auf Wunsch mit Verknüpfungen. Eine entsprechende Abfrage sehen Sie, wenn Sie Bilder aus einem Verzeichnis importieren.

Abbildung 14.20 Shotwell kopiert oder verlinkt die Fotos.

Die Bildverwaltung liest nicht nur vorhandene Fotos aus Verzeichnissen ein, sondern auch von als Massenspeicher eingehängten Speicherkarten. Zudem arbeitet das Tool mit allen von gphoto unterstützten Kameras zusammen. Praktisch: Setzen Sie ein Häkchen am unteren Fensterrand in der Checkbox Bereits importierte Fotos nicht anzeigen, zeigt Shotwell nur die seit dem letzten Import hinzugekommenen Bilder – ein echter Geschwindigkeitsvorteil bei großen Speicherkarten. In der Voreinstellung landen importierte Objekte im Ordner *Bilder* in Ihrem Home-Verzeichnis; einen anderen Ort legen Sie über Bearbeiten • Einstellungen fest. Shotwell erstellt selbstständig Unterverzeichnisse und sortiert die Bilder anhand ihrer Metadaten nach Jahr, Monat und Tag. Aus den erwähnten Metadaten erstellt die Bildverwaltung sogenannte Ereignisse und verwendet als Namen für diese das Entstehungsdatum. Die Ereignisse finden Sie in der linken Leiste.

Bildbearbeitung

Am unteren Rand sind für die Fotos rudimentäre Bildbearbeitungsfunktionen eingeblendet. Wenden Sie etwas davon auf ein Foto an, bleiben die Originale erhalten, und Shotwell speichert lediglich die Änderungen in einer internen Datenbank. Wollen Sie die Veränderung dauerhaft machen, wählen Sie Datei • Exportiere. Diese Funktion können Sie auch auf mehrere ausgewählte Objekte gleichzeitig anwenden. Gefallen Ihnen die modifizierten Bilder nicht, verwerfen Sie über die rechte Maustaste und Zurück zum Original die Änderungen.

Abbildung 14.21 Auch ein paar Bildbearbeitungsfunktionen sind dabei. Diese verändern aber erst das Originalbild, wenn Sie es explizit exportieren.

14.5.3 Kommandozeile – »gphoto2«

Im *gphoto2*-Paket ist ein Kommandozeilenprogramm gleichen Namens enthalten, mit dem Sie auf der Shell auf gphoto-Kameras zugreifen. Überprüfen Sie zunächst, ob Ihr Kameramodell unterstützt wird; die lange Ausgabe leiten Sie über eine Pipe an den Pager `less` weiter:

```
squeeze@zwerg:~> gphoto2 --list-cameras | less
Anzahl der unterstützten Kameras: 1130
Unterstützte Kameras:
        »Achiever Digital Adc65«
        »AEG Snap 300«
        »Agfa ePhoto 1280«
        »Agfa ePhoto 1680«
        »Agfa ePhoto 307«
        »Agfa ePhoto 780«
        »Agfa ePhoto 780C«
        »Agfa ePhoto CL18«
        »Agfa ePhoto CL20« (EXPERIMENTELL)
        »Aiptek 1.3 mega PocketCam« (IM TEST)
        »Aiptek PalmCam Trio«
        »Aiptek Pencam« (IM TEST)
...
```

Automatische Erkennung Jetzt ist es Zeit für die Autoerkennung: Stöpseln Sie die Kamera ein, schalten Sie sie an, und geben Sie den folgenden Befehl ein:

```
squeeze@zwerg:~> gphoto2 --auto-detect
Modell                          Port
------------------------------------------------------------
USB PTP Class Camera            usb:
USB PTP Class Camera            usb:001,022
```

Wer etwas mehr über seine Kamera erfahren möchte, der zeigt mit dem Parameter `-a` die Leistungsmerkmale des Geräts an:

```
squeeze@zwerg:~> gphoto2 -a
Fähigkeiten für Kamera              : USB PTP Class Camera
Unterstützung für seriellen Port : Nein
USB-Unterstützung                   : Ja
Aufnahme machen (Auswahl)           :
                                    : Bild
Konfigurationsunterstützung         : Ja
Unterstützung für das Löschen einzelner Bilder: Ja
Unterstützung für das Löschen aller Bilder   : Nein
Unterstützung für Bildvorschau      : Ja
Unterstützung für Bildhochladen     : Ja
```

Um mehr über den Kamerastatus selbst herauszufinden, setzen Sie die Option --summary ein:

```
squeeze@zwerg:~> gphoto2 --summary
Kamerazusammenfassung:
Hersteller: Canon Inc.
Modell: Canon IXUS 130
  Version: 1-8.0.1.0
  Seriennummer: FB011E808387411D8CC803ABB30B6FBE
Vendor Extension ID: 0xb (1.0)

Aufnahmeformate: JPEG
...
Fähigkeiten des Geräts:
Dateien Download, Löschen von Dateien, Hochladen von Dateien
Keine Aufnahme von Bildern, keine Offene Aufnahme, Kein Vendor
spezifischer Aufnahmemodus

Informationen über Speichermedium:
store_00010001:
  Beschreibung des Speichergeräts: Keine
  Label des Speichergerätes: Keine
  Speichertyp: Entfernbarer Speicher (Karte)
  Typ des Dateisystems: Standard Digital Kamera Layout (DCIM)
  Zugriffsmöglichkeiten: Lesen und Schreiben
  Maximale Kapazität: 3955228672 (3772 MB)
  Freier Platz (Bytes): 3933437952 (3751 MB)
  Freier Speicher (Bilder): -1
...
```

Download der Bilder

Ebenso informativ zeigt sich gphoto2, wenn es darum geht, den Inhalt des in der Kamera verwendeten Speichermediums aufzulisten. Dabei können Sie mit dem Parameter -l die reine Verzeichnisstruktur anzeigen lassen oder mit der Option -L den kompletten Inhalt (inklusive Bilder und – falls Ihre Kamera dieses Feature unterstützt – Videos) dieser Ordner anzeigen. Um alle Dateien auf einmal vom Speichermedium ins aktuelle Verzeichnis auf der eigenen Festplatte zu bringen, tippen Sie:

```
squeeze@zwerg:~> gphoto2 -P
Lade »IMG_0781.JPG« aus Verzeichnis »/store_00010001/↩
DCIM/104___04«...
Speichere Datei als IMG_0781.JPG
Lade »IMG_0782.JPG« aus Verzeichnis »/store_00010001/↩
DCIM/104___04«...
Speichere Datei als IMG_0782.JPG
...
```

Sollen nur einzelne Daten transferiert werden, so erledigen Sie dies mit dem Parameter `-p`. Dahinter geben Sie entweder einen Bereich (zum Beispiel `-p 1-9` für die ersten neun Bilder) oder eine durch Kommata getrennte Liste (zum Beispiel `-p 1,5,8`) an. Beachten Sie die besondere Funktion des Kommas: Definieren Sie einen Bereich, zum Beispiel von 1-4, und setzen Sie danach ein Komma, gefolgt von einer Ziffer aus eben jenem Bereich, wird die passende Datei ausgeschlossen. So lädt der Befehl

```
gphoto2 -p 1-4,3
```

die Dateien 1, 2 und 4 herunter und klammert die dritte Datei aus. Liegt die durch das Komma abgetrennte Zahl außerhalb des definierten Bereichs, lädt `gphoto2` diese zusätzlich herunter. Der Befehl

```
gphoto2 -p 1-4,8
```

transferiert die Bilder mit den Nummern 1 bis 4 und zusätzlich Bild Nummer 8. Gleiches gilt für den Download von Thumbnails: Alle Bilder auf einmal erwischen Sie mit der Option `-T`, eine Liste übergeben Sie stattdessen mit dem Parameter `-t`.

[+] Bilder und Videos landen standardmäßig im Format *IMG_XXX.JPG* beziehungsweise *MVI_XXX.AVI* (wobei *XXX* fortlaufende Nummern sind) auf der Festplatte. Es ist aber mit dem Parameter `--filename` jederzeit möglich, ein eigenes Format zu basteln.

Dazu stehen verschiedene Ausgabeformate zur Verfügung, die jeweils aus einem Prozentzeichen und einem Buchstaben bestehen: `%Y` (vierstellige Jahreszahl, zum Beispiel `2005`), `%y` (zweistellige Jahreszahl, zum Beispiel `05`), `%b` (Monat in Kurzform, zum Beispiel `Apr`), `%B` (Monat in Langform, zum Beispiel `April`), `%m` (zweistellige Ziffer für den Monat, zum Beispiel `04`), `%a` (Wochentag in Kurzform, zum Beispiel `Mon`), `%A` (Wochentag in Langform, zum Beispiel `Monday`), `%d` (Tag als zweistellige Ziffer, zum Beispiel `22`), `%H` (Stunde im zweistelligen 24-Stunden-Format, zum Beispiel `14`), `%I` (Stunde im zweistelligen 12-Stunden-Format, zum Beispiel `05`), `%M` (Minute im zweistelligen Format, zum Beispiel `06`) und `%S` (Sekunde im zweistelligen Format, zum Beispiel `55`).

Eigenes Format definieren

Um ein eigenes Ausgabeformat für die Daten zu definieren, setzen Sie aus diesen Komponenten die gewünschten Dateinamen zusammen. Zeichen wie der Binde- und Unterstrich, Punkt und Doppelpunkt zur besseren Lesbarkeit sind erlaubt. Um beispielsweise die Fotos nach vierstelliger Jahreszahl, dem Monat in Langform, dem Tag als zweistellige Ziffer und der Zeit (bestehend aus Stunde im zweistelligen 24-Stunden-Format, Minute und Sekunde im zweistelligen Format) zu sortieren, tippen Sie:

```
squeeze@zwerg:~> gphoto2 -P --filename %Y_%B_%d_-_%H:%M:%S.jpg
...
Speichere Datei als 2011_April_27_-_17:44:23.jpg
...
```

14.6 Bildbearbeitung

Bei der Nachbearbeitung von Bildern steht Ihnen GIMP hilfreich zur Seite: Das professionelle Bildbearbeitungsprogramm muss sich nicht hinter der kommerziellen Konkurrenz verstecken. Wer viele Bilder auf einen Rutsch in Form bringen muss, findet in den Anwendungen des ImageMagick-Paketes zahlreiche Kommandozeilenhelfer.

14.6.1 GIMP – der Grafikfuchs

Mit GIMP[24] (GNU Image Manipulation Program) öffnen, manipulieren, speichern und konvertieren Sie digitale Bilder. Installieren Sie das Paket *gimp* und das Paket *gimp-help-de* für das Handbuch in deutscher Sprache. Diese gut geschriebene Anleitung finden Sie anschließend im HTML-Format im Ordner */usr/share/doc/gimp-help-de/html*. Des Weiteren sind die Pakete `gimp-data-extras` (enthält zusätzliche Pinsel, Paletten und Gradienten) und `gimp-plugin-registry` (bringt zahlreiche Erweiterungen, Effekte und Filter) interessant. Sie starten den Grafikfuchs über den Befehl `gimp` oder über das Startmenü aus der Abteilung GRAFIK.

Features Nach dem Start erscheinen drei Programmfenster: der »Werkzeugkasten«, über den Sie schnellen Zugriff auf die verschiedenen Tools haben, der Ebenendialog, mit dem Sie Ebenen, Kanäle und Pfade bearbeiten, und das Hauptfenster mit der Menüleiste. Über das Menü DATEI öffnen Sie vorhandene Bilder und erstellen neue Grafiken – hinter dem Punkt ERSTELLEN verbirgt sich außerdem eine Funktion, um Screenshots und Scans zu erstellen. Zugriff auf die einzelnen GIMP-Dialoge und die Programmkonfiguration haben Sie ebenfalls über dieses Menü. Andere wichtige Funktionen, wie SPEICHERN, RÜCKGÄNGIG, WIEDERHERSTELLEN und vieles mehr, finden Sie ebenfalls im Hauptmenü, das am oberen Rand geöffneter Bilder eingeblendet ist.

[+] GIMP bietet eine Reihe von Auswahlwerkzeugen, mit denen Sie gezielt Bereiche selektieren. In Kombination mit der Tastatur geht vieles schneller von der Hand: Halten Sie die `Umschalt`-Taste gedrückt, um einen

24 *http://www.gimp.org/*

weiteren Bereich auszuwählen; drücken Sie hingegen `Strg`, um den Bereich der zweiten Auswahl von dem der ersten »abzuziehen«.

GIMP rotiert, spiegelt und verzerrt Ihre Bilder, und mit dem Textwerkzeug beschriften Sie die Abbildungen. Außerdem bietet der Grafikfuchs Malwerkzeuge, wie die Farbpipette, das Füllwerkzeug, Stift und Pinsel, ein Radiergummi, ein Werkzeug zum Verschmieren usw. Wie Photoshop beherrscht auch GIMP das Arbeiten mit Ebenen – so arbeiten Sie in mehreren voneinander unabhängigen »Schichten«.

Abbildung 14.22 GIMP hat zahlreiche Filter im Angebot, mit denen Sie schicke Effekte in Ihre Bilder zaubern.

Filter

Eine digitale Trickkiste verbirgt sich im Dialog FILTER: Mit den Funktionen WEICHZEICHNEN, VERZERREN, LICHTEFFEKTE, KÜNSTLERISCH usw. erzeugen Sie per Mausklick interessante Effekte. Möglichkeiten zum Automatisieren von Funktionen und Effekten finden Sie im Bereich SKRIPT-FU.

14.6.2 ImageMagick

Ganz ohne Maus und mit wenigen Befehlen auf der Shell bearbeiten Sie Ihre Bilder mit den ImageMagick-Tools.[25] Installieren Sie, falls es noch nicht vorhanden ist, das Paket *imagemagick*: Es enthält zahlreiche Kommandozeilentools, die Screenshots erstellen, Bilder in verschiedene Formate konvertieren, die Bildgröße anpassen, Fotos beschriften und vieles mehr. Wie alle Shell-Befehle lassen sich die ImageMagick-Programme

25 *http://www.imagemagick.org/*

mit anderen Anwendungen kombinieren und in Skripte einbinden. Die nächsten Abschnitte stellen die Highlights der ImageMagick-Programme vor und geben Anwendungsbeispiele.

»identify«

Das Kommando `identify` verrät Details zu Ihren Bildern: Wenn es zusammen mit einer Grafikdatei aufgerufen wird, teilt das Programm unter anderem Informationen zu Höhe, Breite, Dateigröße und Farbtiefe mit:

```
squeeze@zwerg:~> identify petronella.jpg
petronella.jpg JPEG 1280x960 1280x960+0+0 8-bit DirectClass ➘
223KB 0.000u 0:00.000
```

Noch mehr Informationen zaubert `identify` auf den Schirm, wenn Sie den Parameter `-verbose` anhängen; alternativ fischen Sie sich mit der Option `-format` und weiteren Argumenten gezielt bestimmte Daten heraus: `%w` steht für die Breite, `%h` für die Höhe, `%b` für die Dateigröße usw. Eine vollständige Auflistung der möglichen Parameter verrät die Handbuchseite, die Sie über `man identify` betrachten.

»import«

Bildschirmfotos erstellen Sie schnell und unkompliziert mit dem Programm `import`. Rufen Sie den Befehl zusammen mit dem Namen der Zieldatei auf. In welchem Format der Screenshot auf der Platte landet, bestimmen Sie über die Dateiendung. Alle unterstützten Bildformate verrät ein Blick in die Manpage (`man imagemagick`). **Screenshots**

```
import screenie.png
```

Nach der Bestätigung des Befehls mit der (Eingabe)-Taste verwandelt sich der Mauszeiger in ein Fadenkreuz: Klicken Sie entweder in ein Programmfenster, oder ziehen Sie einen Rahmen um die Dinge auf, die Sie ablichten wollen. Alternativ übergeben Sie beim Start die Option `-frame`, klicken in ein Fenster und fotografieren dieses so zusammen mit seinem Rahmen.

Mit einem kleinen Trick lichten Sie den gesamten Bildschirm nach einer bestimmten Zeitspanne ab. Dazu kombinieren Sie den `import`-Befehl mit dem Kommando `sleep`, das eine Aktion verzögert. Schreiben Sie hinter `sleep` die gewünschte Wartezeit in Sekunden, es folgen ein Semikolon als »Trenner« und dann der `import`-Aufruf, dem Sie als Optionen `-window root` übergeben: **[+]**

```
sleep 10; import -window root screenie.png
```

»convert«

Zur Konvertierung in andere Bildformate setzen Sie `convert` ein. Um eine PNG-Datei in ein JPEG umzuwandeln, tippen Sie beispielsweise `convert datei.png datei.jpg`. Auch hier reicht die Dateiendung aus, um dem Programm mitzuteilen, was zu tun ist. Neben vielen Grafikformaten unterstützen die ImageMagick-Tools auch PostScript, sodass Sie `convert` einsetzen können, um schnell ein Foto auszudrucken. Praktischerweise können Sie dem Befehl direkt die Papiergröße mitteilen (`-page A4`). Wenn Sie keinen Farbdrucker haben, wandeln Sie die Datei mit dem Parameter `-monochrome` in Schwarz-Weiß um:

```
convert -page A4 -monochrome datei.jpg ps:- | lp
```

Der Befehl `convert` kann aber noch mehr: Setzen Sie den Parameter `-resize` ein, um die Größe zu verändern. Als Argument übergeben Sie die neuen Maße:

```
convert -resize 100x100 datei.jpg datei_s.jpg
```

[+] Mit einer kleinen `for`-Schleife bearbeiten Sie so automatisch mehrere Fotos und erzeugen Thumbnails von diesen:

```
for i in *.JPG; do convert -resize 20% $i `basename $i ➘
.JPG`_S.JPG; done
```

Wasserzeichen

Das Programm `convert` eignet sich hervorragend dazu, Bilder zu beschriften. Wer beispielsweise allen Fotos ein Wasserzeichen mit dem eigenen Namen hinzufügen möchte, setzt die Option `-font` ein und übergibt dieser als Argument die gewünschte Schriftart. Des Weiteren bestimmen Sie mit `-pointsize` die Schriftgröße und über `-fill` die Farbe des Wasserzeichens. Bei der Platzierung des Textes hilft der Parameter `-draw`, dem Sie als Argument für die Beschriftung die Position (`0,0` wäre ganz oben links in der Ecke) und den Text selbst mitteilen:

```
convert -font helvetica -pointsize 40 -fill gray -draw "text➘
 600,750 'Copyright by Huhnix'" schafe.jpg schafe_t.jpg
```

Darüber hinaus kann `convert` farbige Rahmen um Ihre Bilder zeichnen (`-mattecolor`), Bilder unschärfer (`-blur`) oder schärfer (`-sharpen`) machen, Kohlezeichnungen aus Fotos generieren (`-charcoal`) und vieles mehr. Eine ausführliche Auflistung aller Parameter und viele Anwendungsbeispiele bietet die Handbuchseite (`man convert`).

Abbildung 14.23 Das Programm »convert« beschriftet Ihre Bilder.

14.7 CDs/DVDs brennen

GUI oder Shell?

Eine Reihe von Applikationen erleichtern dem Debian-Benutzer das Brennen von Daten- und Audio-CDs/DVDs. Als grafische Anwendungen stehen Ihnen die Alleskönner Brasero (GNOME/Xfce) und K3b (KDE) hilfreich zur Seite – diese Programme sind streng genommen Frontends für verschiedene Kommandozeilentools, die im Hintergrund werkeln. Der Arbeit mit den »externen Helfern« `dd`, `genisoimage`, `growisofs`, `wodim` und `icedax` widmen sich weitere Abschnitte.

»cdrkit« und »cdrtools«

Schon seit Debian GNU/Linux »Lenny« ersetzt `genisoimage` das Tool `mkisofs`, `wodim` löst `cdrecord` ab, und `icedax` kommt für `cdda2wav`. Schon 2006 wurde das Projekt »cdrkit« (*http://www.cdrkit.org/*) ins Leben gerufen; es handelt sich um eine Abspaltung (einen sogenannten Fork) der »cdrtools« (*http://cdrecord.berlios.de/private/cdrecord.html*). Der Grund für die Trennung waren Lizenzstreitigkeiten (*http://de.wikipedia.org/wiki/Cdrkit*).

14.7.1 Brasero

GNOME und Xfce

Brasero ist eine einfache, aber äußerst vielseitige Anwendung, mit der Sie schnell CDs und DVDs brennen. Haben Sie GNOME als Desktopumgebung bei der Installation ausgewählt, landet das Brennprogramm automatisch auf der Platte. Wollen Sie Brasero nachrüsten, installieren Sie das gleichnamige Paket *brasero*. Wollen Sie auch Audio-CDs mit CD-Text-Informationen oder Video-DVDs erstellen, spielen Sie ebenfalls *brasero-cdrkit* ein. Nach dem Start stellt Brasero Sie vor die Wahl, ob Sie ein neues Audio- oder Daten- oder Videoprojekt anlegen möchten, eine CD/DVD kopieren oder ein fertiges Abbild brennen. Zuletzt geöffnete Projekte erscheinen in der rechten Fensterhälfte.

Dateien ziehen Sie per Drag & Drop ins Projektfenster oder fügen Sie per Klick auf das Pluszeichen und den Dateiauswahldialog hinzu. Manche Dateien kann Brasero nicht verarbeiten und sortiert sie aus. Welche das sind, erfahren Sie, wenn Sie auf LISTE DER GEFILTERTEN DATEIEN ANZEIGEN klicken. Über die rechts daneben angeordnete Schaltfläche OPTIONEN stellen Sie ein, was Brasero automatisch aus den Projekten entfernt. In der Voreinstellung sind das verborgene Dateien und fehlerhafte Verknüpfungen. Symlinks ersetzt das Programm ebenfalls automatisch.

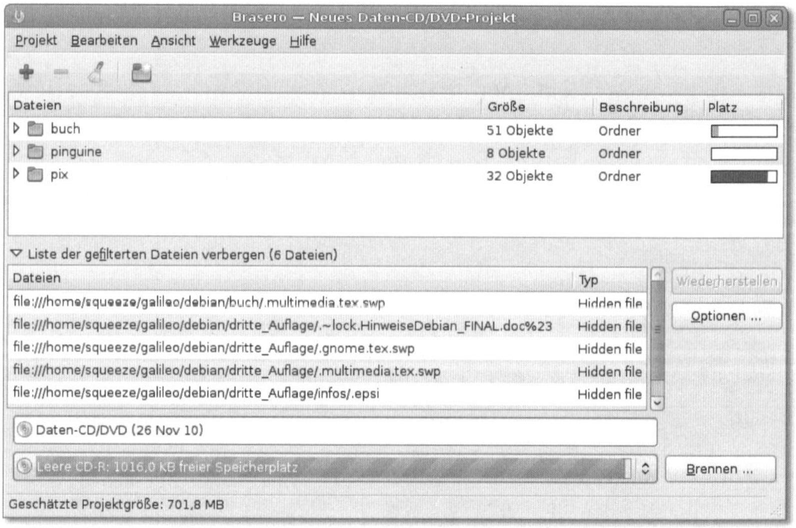

Abbildung 14.24 Brasero erstellt Daten-, Audio- und Video-CDs/DVDs.

Im unteren Fensterbereich geben Sie den Projekten einen Namen und wählen aus, ob Brasero ein Abbild erstellt oder einen angeschlossenen Brenner nutzt. Je nach eingelegtem Medium zeigt das GNOME-Brennprogramm an, welches das ist und wie der aktuelle Füllstand ist. Schießen Sie bei der Datenmenge über das Ziel hinaus, warnt die Anwendung rechtzeitig. Über BRENNEN starten Sie den Brennvorgang bzw. die Abbilderstellung.

Um Audio-CDs aus MP3-Dateien zu erstellen, benötigt Brasero ein paar zusätzliche GStreamer-Plugins (Paket *gstreamer0.10-plugins-ugly*). Anschließend können Sie MP3- und Ogg-Vorbis-Dateien in Ihr Audio-Projekt aufnehmen. Über das Pausensymbol in der Werkzeugleiste fügen Sie 2-Sekunden-Unterbrechungen ein. Außerdem können Sie über das Symbol daneben einzelne Titel manuell, in Teile mit fester Länge oder in eine feste Anzahl von Teilen aufsplitten. Audio-CDs

Nach dem Klick auf BRENNEN öffnet sich ein Dialogfenster, in dem Sie weitere Feineinstellungen vornehmen. Hier wählen Sie die Geschwindigkeit und das Verzeichnis für temporäre Dateien aus und schalten über die Checkboxen ein, ob Brasero das Abbild direkt und ohne Zwischenablage auf der Festplatte brennt, ob es sich um einen Multisession-Datenträger handelt, ob Sie den Brennvorgang simulieren und ob Sie mehrere Kopien erstellen möchten.

Brasero bietet für Audio-, Video- und Bilddateien eine integrierte Vorschaufunktion an. Diese blenden Sie entweder über das Menü ANSICHT oder über die Taste `F11` ein und aus. [+]

14.7.2 K3b

Das KDE-Programm K3b ist ein wahrer Alleskönner und leistet auch unter anderen Desktopumgebungen gute Dienste. Installieren Sie die beiden Pakete *k3b* und *k3b-i18n* (für die deutsche Sprachanpassung). K3b arbeitet mit weiteren Tools zusammen; diese spielt der Paketmanager selbstständig ein, falls sie noch nicht vorhanden sind. Sie finden das Programm anschließend in den Startmenüs in der MULTIMEDIA-Abteilung. Alternativ starten Sie den Brennmeister über Eingabe von `k3b` in ein Terminal oder in den Schnellstarter (`Alt` + `F2`).

K3b bietet im Menü EINSTELLUNGEN gleich zwei wichtige Konfigurationsdialoge. Über SYSTEMBERECHTIGUNGEN überprüfen Sie die installierten Backend-Tools, passen notfalls deren Pfade an und richten eine eigene Gruppe mit entsprechenden Zugriffsrechten für das Brennerlaufwerk ein. In der Voreinstellung muss ein Account Mitglied der Gruppe `cdrom` sein, damit er auf das entsprechende Gerät zugreifen darf; andernfalls meldet K3b ES WURDE KEIN OPTISCHES LAUFWERK GEFUNDEN. Der bei der Konfiguration

Installation der Distribution angelegte Benutzeraccount ist automatisch Gruppenmitglied. Neue Accounts fügen Sie von Hand hinzu.

[»] Ob ein Account Mitglied ist, überprüfen Sie am schnellsten mit dem Befehl `groups` auf der Kommandozeile. Taucht in der Programmausgabe kein Eintrag namens `cdrom` auf, lesen Sie in Abschnitt 17.4.3 ab Seite 519 nach, wie Sie den Benutzer zur Gruppe hinzufügen.

Über Einstellungen • K3b einrichten konfigurieren Sie allgemeine Eigenschaften. Benötigen Sie beispielsweise eine Zwischenablage für ISO-Images (wenn Sie nicht »on-the-fly« brennen), geben Sie im Bereich Verschiedenes das temporäre Verzeichnis an (voreingestellt ist */tmp/kde-<benutzername>*). Die angeschlossenen Laufwerke, deren Geräte- und Herstellernamen, die Schreib- und Lesefähigkeiten, die Brennmodi und so weiter finden Sie in der Abteilung Geräte. Unter Programme erhalten Sie Auskunft über die installierten Tools, die K3b im Hintergrund für die Arbeit nutzt, und unter Benachrichtigungen schalten Sie die voreingestellten Systemklänge ab, die über K3b-Ereignisse informieren. Wenn Sie Audio-CDs rippen wollen, geben Sie unter CDDB den Server an, der die Informationen zu den Musik-CDs liefert. Damit Sie dieses Feature nutzen können, muss das Paket *kde-config-cddb* installiert sein. In der Abteilung Stile verpassen Sie K3b ein neues Outfit.

Daten-CDs/DVDs erstellen

Gehen Sie im Menü auf Datei • Neues Projekt, und wählen Sie etwas Passendes aus. Alternativ klicken Sie in der unteren Fensterhälfte auf Neues Daten-Projekt. Aus dem Dateimanager im oberen Bereich ziehen Sie Daten per Drag & Drop ins untere Projektfenster. Wenn Sie ganze Verzeichnisse hinzufügen, fragt K3b nach, ob Sie auch versteckte Dateien mit einbeziehen möchten. Am unteren Rand sehen Sie einen Balken, der den aktuellen Füllstatus verrät. Nähern Sie sich der maximalen Kapazität, so verändert der Balken die Farbe von Grün über Gelb bis hin zu Rot.

Den Brennvorgang stoßen Sie anschließend über einen Klick auf Brennen an. Im aufgehenden Dialogfenster finden Sie sinnvolle Voreinstellungen, sodass Sie nur noch einen Rohling einlegen und auf Brennen klicken müssen. Optional finden Sie in diesem Dialog aber auch Funktionen, um vorher einen Testlauf zu fahren (Checkbox Simulieren) oder nur ein ISO-Image zu erstellen (Häkchen vor Nur Abbilddatei erzeugen). Der Reiter Abbild zeigt, wohin K3b das Image schreibt und ob dort noch genug Platz ist.

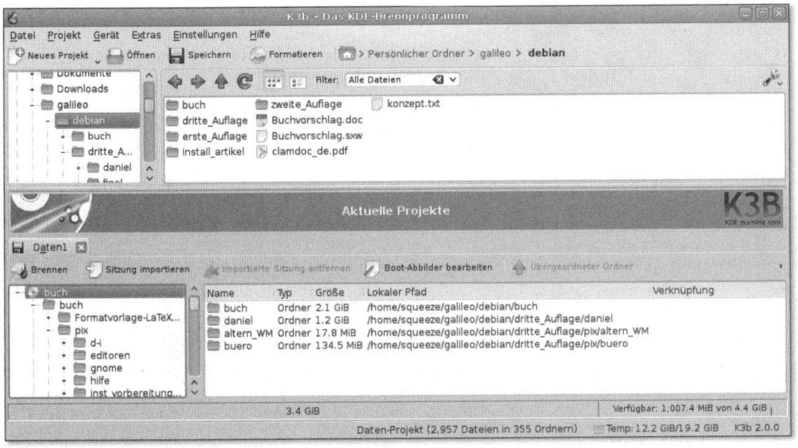

Abbildung 14.25 K3b zeigt den aktuellen Füllstand.

Auf dem Reiter VERSCHIEDENES geben Sie an, ob es sich um eine Mehrfachsitzung handelt. Unterstützt Ihr Brenner das inkrementelle Beschreiben von Rohlingen, brennen Sie hier in mehreren Schritten. Auf dem Tab DATEISYSTEM geben Sie der CD/DVD einen Namen; ersetzen Sie einfach die Voreinstellung durch etwas Eigenes. Linux unterstützt mehrere Typen von Dateisystemen – nicht nur die eigenen, sondern auch Windows-typische (siehe Abschnitt 17.2 ab Seite 492). Mehrfachsitzung

Aus dem gleichnamigen Dropdown-Menü wählen Sie etwas Passendes aus. Alternativ klicken Sie auf die Schaltfläche BENUTZERDEFINIERT und entscheiden sich zwischen den Rock-Ridge-Erweiterungen (ergänzt das ISO-Dateisystem um Unix-typische Dateiinformationen wie Besitzer, Gruppe und Zugriffsrechte beziehungsweise symbolische Links, erlaubt längere Dateinamen), den Joliet-Erweiterungen (alternative Erweiterung des ISO-9660-Dateisystems, die ebenfalls lange Dateinamen zulässt und daher nicht extra aktiviert werden muss; Sie benötigen dieses Format, wenn die CD/DVD unter Windows gelesen werden soll) und den UDF-Strukturen (Universal Disc Format, wird beispielsweise von Video-DVDs verwendet). In diesem Dialog finden Sie darüber hinaus die praktische Option DATEIBERECHTIGUNGEN ERHALTEN (BACKUP), die Sie aktivieren sollten, wenn Sie Sicherungskopien erstellen.

[+] Über das kleine Diskettensymbol am unteren linken Rand des Dialogfensters speichern Sie die aktuellen Einstellungen, sodass sie bei den nächsten Projekten automatisch wieder verfügbar sind. Über das Icon mit dem Pfeil ganz links verwerfen Sie Ihre Änderungen und kehren zur sicheren Default-Konfiguration zurück.

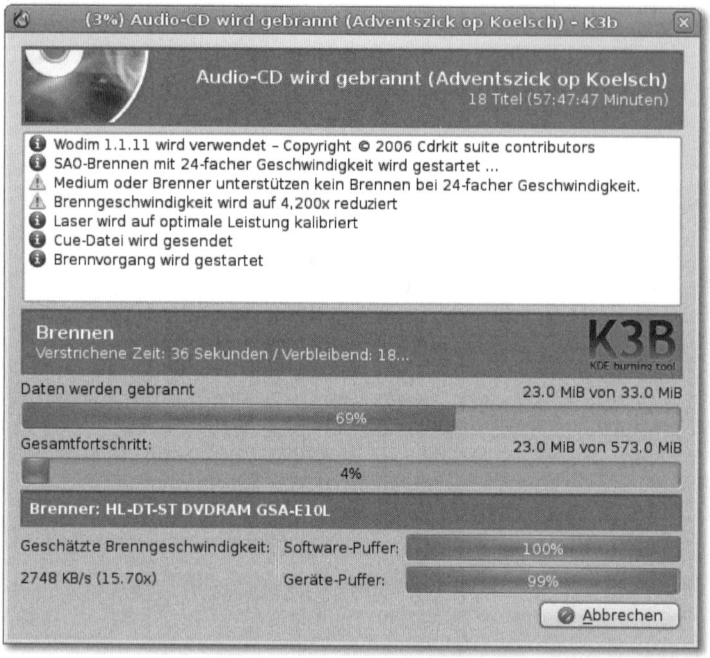

Abbildung 14.26 K3b erstellt auch Audio-CDs aus lokalen Dateien.

Wählen Sie NEUE AUDIO-CD aus dem unteren Fensterbereich oder aus dem Menü DATEI • NEUES PROJEKT. Wie bei der Daten-CD/DVD ziehen Sie die Audiodateien per Drag & Drop ins Projektfenster. Komprimierte Dateien, wie MP3s und Ogg-Vorbis-Dateien, wandelt K3b automatisch vor dem Brennen ins WAV-Format um. Um den Lautstärkepegel der Songs anzugleichen, installieren Sie zusätzlich das Paket *normalize-audio*, gehen dann im Brenndialog zum Reiter ERWEITERT und klicken dort die entsprechende Checkbox an. Für Audio-CDs startet K3b automatisch eine CDDB-Abfrage, wenn Sie auf das entsprechende Laufwerk in der linken Baumansicht gehen.

Audio-CDs rippen

Zusätzlich bringt das Brennprogramm eine Option zum Rippen mit. Markieren Sie einen oder mehrere Titel im oberen Bereich und wählen dann aus dem Menü EXTRAS den Punkt AUDIO-CD AUSLESEN, oder klicken Sie im Programmfenster auf AUSLESEN STARTEN. Anschließend wählen Sie ein Dateiformat, den Zielordner und die Dateibenennung. Optional erstellen Sie direkt eine Wiedergabeliste im *m3u*-Format und fassen alle Titel zu einer einzigen Datei zusammen. In der Voreinstellung kann K3b bereits WAV- und Ogg-Vorbis-Dateien sowie einige andere Formate erstellen. Wollen Sie die CD im MP3-Format rippen, installieren Sie zusätzlich das Paket *lame* aus dem Multimedia-Repository (siehe Kapitel 5, Seite 117).

Im Projektfenster bestimmen Sie die Titelreihenfolge. Außerdem haben Sie hier die Möglichkeit, einer CD bestimmte Angaben, wie Künstler, Titel und Name der Songs, hinzuzufügen. Dazu wählen Sie einen Track aus, öffnen das Kontextmenü der rechten Maustaste und gehen dort auf EIGENSCHAFTEN. Besagtes Kontextmenü bietet außerdem Optionen, um eine Pause zwischen den Tracks einzufügen (STILLE) und die Titel aufzutrennen.

Kopieren von CDs/DVDs

Wählen Sie aus dem Menü EXTRAS • MEDIUM KOPIEREN. Im folgenden Dialog bestimmen Sie das Lese- und Brenngerät sowie die passenden Brennoptionen. Ganz unten links im Fenster stellen Sie ein, wie viele Kopien K3b erstellen soll. Im Dialog finden Sie Optionen, um CDs/DVDs on-the-fly zu brennen (Voraussetzung sind zwei entsprechende Laufwerke) und um eine Imagedatei zu erstellen.

[+]

Beachten Sie das Dropdown-Menü KOPIERMODUS. Dort können Sie zwischen einer normalen Kopie und einem Klon wählen. Letzteres ist vor allem dann wichtig, wenn Sie eine exakte Kopie inklusive aller Zeitstempel erstellen wollen. Einige Windows-Programme bringen einen Kopierschutz mit, der vor der Installation oder dem Start kontrolliert, ob die Original-CD im Laufwerk liegt. Ob es sich um ein Original oder eine Kopie handelt, kann man schnell anhand der Zeitangabe prüfen, die beim Brennen automatisch auf die CD geschrieben wird. Der KLON-Modus von K3b übernimmt die Erstellzeit vom Original und umgeht das Problem auf diese Weise.

ISO-Images brennen Sie über EXTRAS • ISO-ABBILD BRENNEN. Ein Klick auf das kleine Ordnersymbol neben dem Feld ABBILD ZUM BRENNEN öffnet einen Dateiauswahldialog. Wählen Sie gegebenenfalls noch einen Brenner aus, und starten Sie dann den Brennvorgang.

14.7.3 Brennen auf der Kommandozeile

Das Brennen auf der Kommandozeile umfasst mehrere Arbeitsschritte: Für Daten-CDs/DVDs erstellen Sie zunächst ein Abbild (ISO-Image), denn CDs/DVDs und Festplatten-Partitionen verwenden unterschiedliche Dateisysteme. Während unter Linux Partitionen meist mit einem Ext(2/3/4)- oder ReiserFS-Format versehen sind, kommt für CDs das Dateisystem ISO-9660 zum Einsatz. Daher ist es nicht sinnvoll, eine Partition blockweise zu brennen. Stattdessen erzeugen Sie mit den Programmen `dd` oder `genisoimage` zunächst ein ISO-9660-Dateisystem, in dem die gewünschten Dateien abgelegt werden. Dieses ISO-Image brennen Sie schließlich mit `wodim` auf CD.

Zum Auslesen von Audio-CDs setzen Sie weder `dd` noch `genisoimage` ein, da diese CDs kein Dateisystem, sondern einzelne Tracks enthalten. Auf der Kommandozeile »grabben« Sie einzelne Stücke oder die ganze CD, beispielsweise mit einem Programm wie `icedax` oder `cdparanoia`; dieses Kapitel beschränkt sich auf das erstgenannte Programm.

[»] Voraussetzung für die meisten der hier gezeigten Befehle ist wiederum, dass der ausführende Benutzer Mitglied der Gruppe `cdrom` ist (siehe Abschnitt 14.7.2, auf Seite 453).

ISO-Images mit »dd« und »genisoimage« erstellen

»dd« Der einfachste Weg, eine 1:1-Kopie einer Daten-CD oder -DVD zu erstellen, führt über `dd`. Das Tool kopiert nicht nur einzelne Dateien, sondern greift auch direkt auf Geräte zu. Mit `dd` kopieren Sie daher nicht nur Festplatten oder Partitionen, sondern auch Daten-CDs/DVDs. Um ein ISO-Abbild einer Daten-CD/DVD zu erstellen, tippen Sie beispielsweise:

```
huhn@huhnix:~> dd if=/dev/sr0 of=debian-dvd.iso
1042696+0 Datensätze ein
1042696+0 Datensätze aus
533860352 Bytes (534 MB) kopiert, 111,317 s, 4,8 MB/s
```

Die Angabe der Gerätedatei (*/dev/sr0*) hinter `if` (input file) ersetzen Sie dabei durch die korrekte Bezeichnung des Laufwerks auf Ihrem System – die CD/DVD muss nicht gemountet sein. Hinter `of` (output file) geben Sie den Namen der Zieldatei an. Optional bestimmen Sie mit `bs` die Größe der Blöcke in Bytes (Standard ist 512 Bytes). Noch genauer geht's mit `ibs` (Blockgröße zum Lesen) und `obs` (Blockgröße zum Schreiben). Die Aufrufoption `count` definiert, wie viele der durch `bs`, `ibs` oder `obs` angegebenen Blöcke `dd` liest oder schreibt.

Blockgröße definieren für »dd«

Die hinter den Parametern `bs`, `ibs` und `obs` angegebene Blockgröße ist in der Voreinstellung Bytes. Alternativ verwenden Sie `KB` (`1KB` = 1.000 Bytes), `K` (`1K` = 1.024 Bytes), `MB` (`1MB` = 1.000.000 Byte), `M` (`1M` = 1.048.576 Bytes) und so weiter. Die Manpage gibt Aufschluss, welche Suffixe erlaubt sind.

Um die ersten zehn 1.024 Bytes großen Blöcke der Partition */dev/sda6* auf die Partition */dev/sdb6* zu kopieren, verwenden Sie also den folgenden Befehl:

```
dd if=/dev/sda6 of=/dev/sdb6 bs=1K count=10
```

»genisoimage«

Alternativ setzen Sie zum Erstellen von ISO-Images auf der Shell das Programm `genisoimage` ein. Die generelle Syntax des Kommandos lautet:

```
genisoimage [parameter] -o datei.iso /ordner/zu/daten
```

Mit dem Parameter `-o` (wie englisch »output«) definieren Sie den Namen der Ausgabedatei. Als Letztes geben Sie die einzulesenden Daten an. Um beispielsweise ein Abbild einer CD oder DVD zu erstellen, geben Sie hier den Pfad zum Laufwerk an (zum Beispiel `/media/cdrom`). Als weitere Parameter definieren Sie optional die Rock-Ridge-Unterstützung (`-r` oder `-R`, um zusätzlich Dateieigentümer und -rechte zu erhalten) und die Joliet-Erweiterungen (`-J`), um sicherzustellen, dass die CD auch auf anderen Betriebssystemen lesbar ist. Wenn Sie zusätzlich die Option `-V` verwenden, setzen Sie für die CD/DVD ein Label. Achten Sie darauf, die Volume-ID in doppelte Hochkommata einzuschließen, falls diese Leer- und Sonderzeichen enthält:

```
huhn@huhnix:~> genisoimage -input-charset iso8859-15 -J -R ↩
-V "Backup Buch" -v -o buch.iso /home/huhn/debian-buch
genisoimage 1.1.11 (Linux)
Scanning /home/huhn/debian-buch
Scanning /home/huhn/debian-buch/TODO_4
Scanning /home/huhn/debian-buch/pix
Scanning /home/huhn/debian-buch/pix/shell
...
Writing: Initial Padblock                  Start Block 0
Done with: Initial Padblock                Block(s)    16
Writing:   Primary Volume Descriptor       Start Block 16
Done with: Primary Volume Descriptor       Block(s)    1
Writing:   Joliet Volume Descriptor        Start Block 17
...
Writing:   The File(s)                     Start Block 258
 11.44% done, estimate finish Mon Nov 29 19:23:41 2010
 22.88% done, estimate finish Mon Nov 29 19:23:41 2010
 34.27% done, estimate finish Mon Nov 29 19:23:41 2010
 45.70% done, estimate finish Mon Nov 29 19:23:41 2010
 57.12% done, estimate finish Mon Nov 29 19:23:41 2010
 68.56% done, estimate finish Mon Nov 29 19:23:41 2010
 79.94% done, estimate finish Mon Nov 29 19:23:41 2010
 91.37% done, estimate finish Mon Nov 29 19:23:42 2010
Total translation table size: 0
Total rockridge attributes bytes: 85953
Total directory bytes: 256000
Path table size(bytes): 1264
Done with: The File(s)                     Block(s)    43373
Writing:   Ending Padblock                 Start Block 43631
```

```
Done with: Ending Padblock                    Block(s)    150
Max brk space used d7000
43781 extents written (85 MB)
```

Dateitypen ausschließen Die Statusanzeige verrät, was `genisoimage` im Hintergrund erledigt – legen Sie keinen Wert auf die Ausgaben, stellen Sie das Programm mit der Option `-quiet` ruhig. Wenn Sie `genisoimage` dazu einsetzen, regelmäßig Sicherungskopien der eigenen Daten zu erstellen, schließen Sie mit der Option `-m` gezielt Daten vom Backup aus. Um beispielsweise Dateien, die auf `.eps` und `.png` enden, vom Image auszuklammern, verwenden Sie folgenden Aufruf:

```
genisoimage -J -R -m '*.eps' -m '*.png' -o backup.iso ↩
/home/huhn/debian-buch/
```

Es ist möglich, den Parameter mehrmals zu verwenden – auch die Angabe von Wildcards ist erlaubt. Vorsicht ist allerdings geboten, wenn Sie Wildcards bei der Angabe der einzulesenden Daten einsetzen:

```
genisoimage ... -m '*.jpg' -o backup.iso *
```

Die Bash löst die Wildcard auf und bezieht so wieder alle Dateien mit ein. Wenn Sie das Sternchen am Ende des Aufrufs durch einen Punkt (Abkürzung für das aktuelle Verzeichnis) ersetzen, klammert `genisoimage` die JPEG-Dateien wieder aus.

[»] Dasselbe gilt auch für den Parameter `-no-bak`, der Dateien mit typischen Backup-Endungen wie ~, # oder *.bak* ausschließt: Verwenden Sie keine Wildcards im Aufruf, sondern geben Sie immer den Pfadnamen an.

Wenn Sie ganze Verzeichnisse beim Backup weglassen wollen, setzen Sie den Parameter `-x` ein. Nach der Option definieren Sie absolute oder relative Pfade zu den Ordnern, die `genisoimage` ausschließen soll; auch hier sind Mehrfachnennungen möglich, zum Beispiel:

```
genisoimage -J -R -x /usr/local -x /usr/games -o backup.iso /
```

Zusammen mit dem ISOLINUX-Bootloader[26] und einigen weiteren Optionen erstellen Sie Images für Boot-CDs:

```
genisoimage -J -R -o bootcd.iso -b isolinux/isolinux.bin ↩
-c isolinux/boot.cat -no-emul-boot -boot-load-size 4↩
 -boot-info-table /ordner/daten
```

Damit das Erstellen von Boot-CDs klappt, muss das Paket *syslinux-common* installiert sein. Hinter `-b` steht das eigentliche Bootimage, `-c` beschreibt

26 *http://syslinux.zytor.com/iso.php*

den Ort des Bootkatalogs, und `-no-emul-boot` sorgt dafür, dass bei einer Installation von dieser CD keine Emulation erstellt, sondern der Inhalt des Abbilds auf die Platte geschrieben wird. Außerdem definieren Sie hinter `-boot-load-size`, dass das BIOS später vier jeweils 512 Bytes große Sektoren für die Bootdatei bereitstellt, und `-boot-info-table` bedeutet, dass beim Booten Informationen zum DVD-Layout berücksichtigt werden. Eine gute Anleitung zu diesem Thema finden Sie im Verzeichnis */usr/share/doc/syslinux/*.

Um ein selbst erstelltes ISO-Image auf mögliche Fehler hin zu überprüfen, hängen Sie dieses mit dem Befehl `mount` (siehe Abschnitt 17.2.2 ab Seite 497) testweise ins Dateisystem ein. Dazu übergeben Sie dem Kommando die Optionen `-o loop,ro` und definieren neben dem ISO-Image auch den Einhängepunkt (zum Beispiel `mount -o loop,ro deb-dvd.iso /mnt/tmp/`). [+]

ISO-Dateien mit »wodim« und »growisofs« brennen

Ein fertiges ISO-Image bannen Sie mit nur einem einzigen Kommando auf einen CD-Rohling:

```
wodim -v speed=16 dev=/dev/sr0 -tao -eject datei.iso
```

Die Option `-v` (verbose) sorgt dafür, dass `wodim` ausführliche Statusmeldungen auf die Konsole schreibt, über `speed=` geben Sie die Geschwindigkeit des Brennvorgangs an, und mit `dev=` bestimmen Sie die Gerätedatei des Brenners. Der Parameter `-tao` schaltet in den »track-at-once«-Modus. Um die CD nach dem Brennen auszuwerfen, fügen Sie `-eject` hinzu. Sofern Ihr Brenner die Funktion unterstützt, was bei Geräten der letzten zehn Jahre der Fall sein sollte, können Sie zusätzlich die Option `driveropts=burnfree` angeben, die den Schutz vor Buffer-Underruns anschaltet. Ebenso ist es möglich, die Burn-free-Funktion auszuschalten, wenn sie Probleme verursacht (`driveropts=noburnfree`). Eine Alternative zu `-tao` ist `-dao`: Im »disk-at-once«-Modus wird eine CD/DVD inklusive Anfangs- und Endbereich geschrieben, ohne den Laser zwischendurch abzuschalten oder neu zu justieren.

Um ISO-Images auf DVDs zu brennen, setzen Sie hingegen das Programm `growisofs` aus dem Paket *dvd+rw-tools* ein. Der Befehl lautet: »growisofs«

```
huhn@huhnix:~> growisofs -dvd-compat -Z /dev/sr0=buch.iso
...
Executing 'builtin_dd if=buch.iso of=/dev/sr0 obs=32k seek=0'
/dev/sr0: "Current Write Speed" is 16.4x1352KBps.
...
```

```
 1138786304/1252564992 (90.9%) @10.4x, remaining 0:12 RBU ↩
100.0% UBU 97.1%
 1187643392/1252564992 (94.8%) @10.6x, remaining 0:06 RBU ↩
 99.9% UBU 82.4%
 1236992000/1252564992 (98.8%) @10.7x, remaining 0:01 RBU ↩
 46.5% UBU 91.2%
builtin_dd: 611616*2KB out @ average 7.0x1352KBps
/dev/sr0: flushing cache
/dev/sr0: closing track
/dev/sr0: closing disc
```

Die Option -Z kommt sowohl bei Multisession-DVDs als auch beim Brennen einer Abbilddatei zum Einsatz. Des Weiteren geben Sie den Device-Namen des Brenners an und hängen direkt den Namen der ISO-Datei an. Die Option -dvd-compat »schließt« das Medium, sodass es nicht mehr möglich ist, weitere Daten anzuhängen. Falls gewünscht, definieren Sie mit -speed= die Geschwindigkeit des Brenners.

»on-the-fly« auf der Shell brennen

Befehle kombinieren

Mit growisofs ist es darüber hinaus möglich, ohne den Umweg über genisoimage Daten auf DVDs zu brennen. Dazu hängen Sie einfach die genisoimage-Optionen an den Aufruf an, zum Beispiel:

```
growisofs -Z /dev/sr0 -J -R /home/huhn/debian-buch
```

Mit einem Trick brennen Sie Daten direkt auf eine CD, ohne vorher ein Abbild zu erstellen. Dazu kombinieren Sie das genisoimage-Kommando mit dem wodim-Aufruf:

```
genisoimage -J -R -V "Backup Buch, April 2009" -v /home/huhn↩
/debian-buch/ | wodim -v speed=16 dev=/dev/sr0 -tao -pad ↩
-eject -
```

Anstelle der -o-Option, mit der Sie für genisoimage die Ausgabedatei bestimmen, leiten Sie den Output über eine Pipe an wodim weiter; das Minuszeichen am Ende des Befehls sorgt dafür, dass wodim aus der Standardeingabe und nicht aus einer Datei liest.

Audio-CDs auf der Shell auslesen

Mit dem Kommandozeilen-Grabber icedax lesen Sie Tracks von Audio-CDs aus. Das Paket ist in der Voreinstellung nicht installiert; Sie rüsten es über den Paketmanager nach. Beim Aufruf geben Sie die Gerätedatei des Laufwerks und optional das gewünschte Stück (-t wie »Titel«) an:

```
huhn@huhnix:~> icedax -D /dev/sr0 -t 2
Type: ROM, Vendor 'HL-DT-ST' Model 'DVDRAM GSA-E10L '
Revision 'LE06' MMC+CDDA
536576 bytes buffer memory requested, 4 buffers, 52 sectors
#icedax version 1.1.11, real time sched., soundcard, ↩
libparanoia support
...
Album title: 'Adventszick op Koelsch' [from various]
samplefile size will be 35837468 bytes.
recording 203.1599 seconds stereo with 16 bits @ 44100.0 Hz↩
 ->'audio'...
percent_done:
100%  track  2 recorded successfully
```

Eine ASCII-Anzeige informiert dabei über den Fortschritt. Nach getaner Arbeit liegen im aktuellen Verzeichnis die Dateien *audio.cddb*, *audio.cdindex*, *audio.inf* und *audio.wav*. Legen Sie keinen Wert auf die Index-, Info- und CDDB-Datei, deaktivieren Sie das Feature über den Parameter `-H`. Weiterhin können Sie den Namen der WAV-Dateien beeinflussen, indem Sie die Vorsilbe `audio` durch etwas Eigenes ersetzen, zum Beispiel:

```
huhn@huhnix:~> icedax -H -D /dev/sr0 -t 2 koelsch_advent
...
huhn@huhnix:~> ls
koelsch_advent.wav
```

[+] Durch Setzen der Umgebungsvariable `CDDA_DEVICE` sparen Sie den Parameter `-D` im `icedax`-Aufruf ein: Tragen Sie dazu die Bash-Einrichtungsdatei (*~/.bashrc*) die Zeile `export CDDA_DEVICE=/dev/sr0` ein, und lesen Sie die Konfiguration mit `source ~/.bashrc` neu ein (siehe Abschnitt 18.1 ab Seite 571).

Mehrere Titel

Wenn Sie mehr als ein Stück »grabben« wollen, hängen Sie die Nummern der Tracks, jeweils durch ein Pluszeichen voneinander getrennt, an die Option `-t` an. So lesen Sie die ersten drei Titel mit diesem Befehl aus:

```
icedax -B -t 1+3
```

Der Parameter `-B` sorgt dafür, dass die Tracks nicht alle in einer einzigen Datei landen, sondern durchnummiert werden. Um alle Tracks auszulesen, lassen Sie die Option `-t` und die Angabe der Stücknummer(n) weg.

Audio-CDs auf der Kommandozeile brennen

Auch beim Brennen von Audio-CDs leistet `wodim` gute Dienste. Um alle WAV-Dateien des aktuellen Verzeichnisses auf eine Silberscheibe zu bannen, tippen Sie beispielsweise:

```
huhn@huhnix:~> wodim -v -eject -audio -pad speed=24 ↩
dev=/dev/sr0 *.wav
...
Wodim version: 1.1.11
SCSI buffer size: 64512
Device type    : Removable CD-ROM
Version        : 0
Response Format: 2
Capabilities   :
Vendor_info    : 'HL-DT-ST'
Identification : 'DVDRAM GSA-E10L '
...
Track 01: audio   33 MB (03:20.97) no preemp
Track 02: audio   34 MB (03:23.16) no preemp
...
Writing  time:  220.391s
Average write speed  15.9x.
Min drive buffer fill was 96%
Fixating...
Fixating time:   17.498s
wodim: fifo had 9642 puts and 9642 gets.
wodim: fifo was 0 times empty and 7118 times full, min ↩
fill was 96%.
```

Die meisten Parameter unterscheiden sich nicht vom Brennkommando für ISO-Images, lediglich `audio` ist hinzugekommen, und `-pad` bedeutet in diesem Zusammenhang, dass sämtliche Audiodaten zu einer Mehrzahl von 2.352-Bytes-Blöcken erweitert werden.

Wenn der Linux-Rechner einmal streikt oder sich die Features einer Anwendung nicht direkt erschließen, hilft oft ein Blick ins Handbuch oder eine Recherche im Internet weiter.

15 Troubleshooting/Hilfe

Debian GNU/Linux bringt selbst einen umfangreichen Ratgeber mit. In der eingebauten Hilfe finden Sie Anleitungen zu grafischen Programmen und Kommandozeilentools. Alternativ zapfen Sie eine Wissensquelle im Netz an: In zahlreichen Mailinglisten und Foren tauschen sich Debian-Fans seit Jahren aus – ein Blick in die Archive lohnt sich.

15.1 Eingebaute Hilfe

Fast jedes Programm bringt seine eigene (mehr oder weniger ausführliche) Dokumentation mit. Anleitungen zu GNOME- und KDE-Anwendungen finden Sie über das Desktop-eigene Hilfesystem, und Referenzen zu Kommandozeilentools befinden sich in den Manpages oder Infoseiten. Die nächsten Abschnitte verschaffen Ihnen eine Übersicht über die lokal installierten Dokumentationen.

Die GNOME-Hilfe erreichen Sie, indem Sie `yelp` oder `gnome-help` in ein Schnellstartfenster (`Alt` + `F2`) oder Terminal eingeben. Alternativ starten Sie den Hilfebrowser über das Menü SYSTEM • HILFE. Die meisten GNOME-Anwendungen enthalten darüber hinaus eine Schaltfläche oder einen Menüeintrag HILFE, die beziehungsweise der Sie direkt zu den Handbuchseiten der Programme führt. Eine schnelle Alternative ist die Taste `F1`, welche die Anleitung für das entsprechende Programm aufruft (oder die allgemeine GNOME-Hilfe, falls kein Programm gestartet ist). **»yelp«**

Die Themengebiete umfassen DESKTOP (alles zur Desktopumgebung selbst), ACCESSIBILITY (Texteingabesystem Dasher, Bildschirmtastatur GOK und GNOME-Mousetweaks), SOUND & VIDEO (Lautstärkeregler und Videoplayer Totem), GAMES (verschiedene GNOME-Spiele oder Spaß-Applets), INTERNET (Evolution, Ekiga, Epiphany usw.), SETTINGS (Update Manager), SYSTEM (Energieverwaltung, Bluetooth, Synaptic usw.), UTILITIES (Archivmanager File Roller, Gedit, Kontrollzentrum usw.), OTHER (Erklärungen zu Lizenzen), GNU INFO-SEITEN (siehe Abschnitt 15.1.3 ab Seite 468) und HANDBÜCHER (Manpages, siehe Abschnitt 15.1.2 ab Seite 467). Im rechten Bereich sehen Sie die Unterkapitel der Anleitungen, links den Hilfetext selbst. Einige Anleitungen gibt es unter Debian GNU/Linux »Squeeze« leider nur in englischer Sprache.

Über die Pfeile navigieren Sie vor und zurück, und ein Klick auf das Icon mit dem Haus bringt Sie zur Übersicht zurück. Praktisch ist auch die Suchfunktion: Geben Sie einen Begriff ein, und drücken Sie `Eingabe`, so zeigt die GNOME-Hilfe alle Artikel, in denen das gesuchte Wort vorkommt. Klicken Sie am unteren Fensterrand auf DIE SUCHE ONLINE BEI THE GNOME SUPPORT FORUMS WIEDERHOLEN, öffnet der Standardbrowser das GNOME-Forum[1] und sucht dort ebenfalls nach Ihrem Begriff.

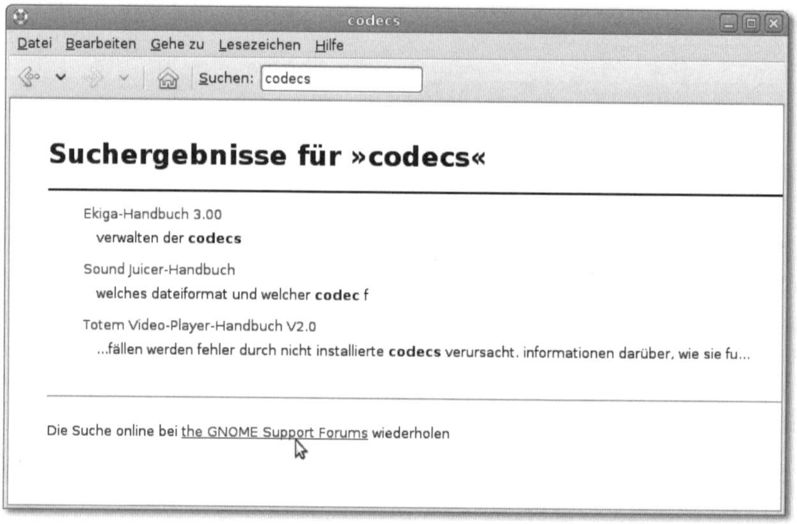

Abbildung 15.1 In der GNOME-Hilfe zu stöbern, lohnt sich nicht nur bei Problemen.

15.1.1 KDE-Hilfe

KHelpCenter

Auch der KDE-Desktop bringt seine eigenen Helfer mit: Das KDE-Hilfezentrum (KHelpCenter) erreichen Sie über das Startmenü ganz am Ende der Abteilung PROGRAMME oder über einen Klick auf die HILFE-Buttons der jeweiligen Programme. Alternativ starten Sie die Handbuchsammlung über den Befehl `khelpcenter`, den Sie in ein Schnellstart- oder Terminalfenster eingeben. Die Handbücher zu den Anwendungen öffnen Sie ohne

1 *http://gnomesupport.org/forums*

Umweg über den Index, wenn Sie im Menü HILFE • HANDBUCH ZU wählen oder im Programm die Taste F1 drücken.

Wenn Sie zum ersten Mal die Suchfunktion des Programms verwenden, weist das KDE-Hilfezentrum Sie darauf hin, dass noch kein Suchindex existiert. Diesen legen Sie mit wenigen Mausklicks an. Über das Menü und die Werkzeugleiste erreichen Sie Funktionen zum Drucken, Kopieren, Suchen und Navigieren. Die linke Baumansicht bietet Zugriff auf die verschiedenen Themen, rechts erscheinen die Hilfetexte. Das KDE-Hilfezentrum versammelt Informationen zu allgemeinen KDE-Themen, den Manpages, den Infoseiten, oft gestellte Fragen (KDE-FAQ) und Links zu KDE-Webseiten. Über den Reiter GLOSSAR im linken Bereich finden Sie die Dokumentationen alphabetisch und nach Themengebieten sortiert.

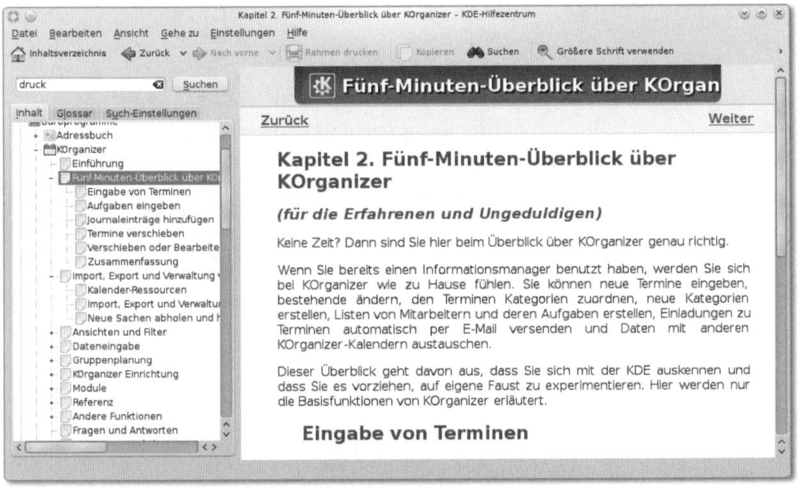

Abbildung 15.2 Die KDE-Hilfe versammelt Anleitungen zu vielen Programmen, zeigt aber auch Manpages und Infoseiten an.

15.1.2 Manpages

Die Onlinehilfe für die meisten Kommandozeilenprogramme kommt in Form von sogenannten Manpages (abgeleitet von »manual« = Handbuch). Sie lesen die Handbuchseiten beispielsweise mit dem gleichnamigen Programm `man` auf der Kommandozeile. Beim Start übergeben Sie den Namen des Kommandos, zu dem Sie mehr wissen möchten: »man«

```
man grep
```

Innerhalb der Manpages blättern Sie mit den Pfeiltasten herauf und herunter, mit Umschalt + 7 (also /) suchen Sie nach Begriffen, und mit der Taste Q beenden Sie das Programm. Viele Manpages der Systemkommandos sind inzwischen ins Deutsche übertragen worden; das Paket *manpages-de* liefert die Übersetzung. Die Handbuchseiten selbst sind in verschiedene Abschnitte unterteilt: Meistens steht am Anfang eine kurze Beschreibung des Programms (NAME bzw. BEZEICHNUNG) und eine Auflistung der vorhandenen Parameter (SYNOPSIS bzw. ÜBERSICHT). Nach einer ausführlicheren Erklärung der verfügbaren Optionen und ein paar Anwendungsbeispielen finden Sie am Ende Hinweise auf verwandte Programme (SEE ALSO bzw. SIEHE AUCH).

Suchfunktion Das Kommando `man` selbst bietet einen interessanten Parameter: Wenn Sie nicht wissen, wie der gesuchte Befehl heißt, setzen Sie die Option `-k` ein und suchen nach Schlüsselwörtern:

```
huhn@huhnix:~> man -k dns
...
dig (1)             - DNS lookup utility
dnsdomainname (1) - show the system's DNS domain name
dnsmasq (8)         - A lightweight DHCP and caching DNS server.
...
```

Alternativ verwenden Sie den Befehl `apropos` anstelle des Aufrufs `man -k`. `apropos` ist ein Symlink auf das Programm `whatis`, das Kurzbeschreibungen der Anwendungen ausgibt:

```
huhn@huhnix:~> whatis dig
dig (1)                 - DNS lookup utility
```

[»] Die Zahl in den runden Klammern nach dem Programmnamen (zum Beispiel `dig (1)`) verrät etwas über die Abteilung, in welche die Manpage gehört. Sektion 1 beispielsweise enthält gängige Benutzerkommandos, Sektion 5 beschreibt Formate wichtiger Dateien, und 8 beinhaltet Kommandos für den Systemverwalter. Gibt es für eine Handbuchseite Texte in mehreren Abteilungen, so geben Sie die gewünschte Sektion beim `man`-Aufruf mit an, zum Beispiel `man 4 lp`.

15.1.3 Infoseiten

»info« Während Manpages in der Regel Referenzcharakter haben, gibt es ausführlichere Informationen in den sogenannten Infoseiten. Diese sind oft in verschiedene Kapitel unterteilt; Sie browsen in der Dokumentation mit dem gleichnamigen Programm `info` auf der Kommandozeile. Geben Sie kein Thema beim Programmstart an, so präsentiert `info` eine Übersicht der vorhandenen Hilfeseiten. In der obersten Fensterzeile sehen Sie hinter FILE:, welche Infoseite gerade angezeigt wird. NODE: zeigt den Namen des Unterkapitels an, und hinter NEXT:, PREV: und UP: stehen die nächsten, vorherigen oder übergeordneten Kapitel. Die Bedienung ist am Anfang etwas ungewöhnlich – der Hilfebrowser wird komplett mit der Tastatur gesteuert. Die folgende Tabelle bietet eine Kurzübersicht über die wichtigsten Funktionen.

Tasten	Funktion
`Leertaste`	Blättert eine Seite weiter.
`Entf`	Blättert eine Seite zurück.
`N`	Geht zum nächsten Unterkapitel.
`P`	Geht ein Unterkapitel zurück.
`U`	Springt eine Kapitelebene nach oben.
`E`	Geht zum Kapitelende.
`B`	Geht zum Kapitelanfang.
`M`	Bietet an, zu einem bestimmten Menüeintrag zu springen. Die möglichen Ziele sind mit einem Sternchen gekennzeichnet.
`Tabulator`	Springt zum nächsten Menüeintrag.
`H`	Blendet die Onlinehilfe (die Infoseite zu `info`) ein.
`Umschalt` + `ß` (also ?)	Blendet eine Übersicht über die Kommandos ein.
`Q`	Beendet das Programm.

Tabelle 15.1 Tastaturkommandos für »info«

[+] Manpages und Infoseiten lesen Sie bequem in den grafischen KDE- und GNOME-Hilfebrowsern. Geben Sie beispielsweise in ein Schnellstart- oder Terminalfenster `khelpcenter man:ls` oder `yelp man:ls` ein, startet das jeweilige Programm direkt mit der gewünschten Handbuchseite.

15.2 Hilfe im Internet

Netiquette

In den Weiten des Internets gibt es zahlreiche informative Webseiten, Mailinglisten, Foren und Newsgroups zu Debian GNU/Linux. Wie üblich gilt: Der Ton macht die Musik. Wenn Sie in Foren und auf Listen eigene Beiträge posten, beachten Sie am besten einige Verhaltensregeln. Der »Knigge des Internets« heißt Netiquette.[2] Es gehört in der Regel zum guten Ton, unter dem eigenen Namen (Realname) und nicht unter einem

2 *http://de.wikipedia.org/wiki/Netiquette*

Pseudonym zu posten; auch das richtige Zitieren in Mails und anderen Beiträgen ist wichtig.[3] Darüber hinaus sollten Sie Ihre »Hausaufgaben« machen und den anderen Teilnehmern mitteilen, welche Quellen Sie schon bemüht haben.

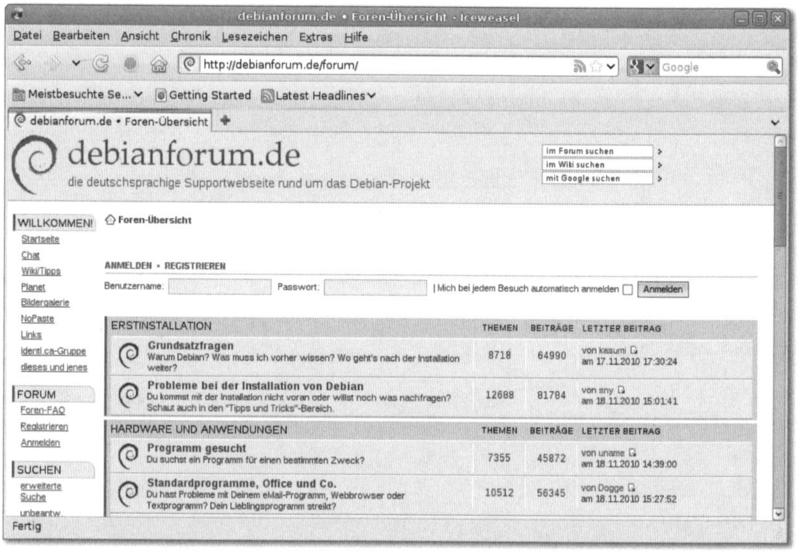

Abbildung 15.3 Im Netz gibt es eine aktive Debian-Community.

Nützliche Links

- ***http://www.debian.org/doc/ddp***
  Das Debian-Dokumentationsprojekt koordiniert viele Anleitungen zum Debian-System.

- ***http://www.debian.org/doc/***
  Enthält Links zu vielen Anleitungen, HOWTOs und FAQs.

- ***http://channel.debian.de/***
  Hier finden Sie Hinweise zum deutschsprachigen IRC-Channel.

- ***http://www.debianforum.de/***
  Hier ist das deutschsprachige Debian-Forum zu Hause; auch ein Blick in das dazugehörige Wiki (*http://wiki.debianforum.de/*) lohnt sich.

- ***http://www.debian.org/MailingLists/subscribe***
  Hier finden Sie eine Übersicht über alle Debian-Mailinglisten.

---

3 *http://learn.to/quote*

- ***http://www.debian-administration.org/***
  Die Seite bietet viele Tipps und Tricks zur Administration des Systems in englischer Sprache.

15.3 Debian-Installer: der Rettungsmodus

Wenn der Rechner nicht mehr bootet, ist guter Rat oft teuer. Vielleicht verursacht ein selbst gebauter Kernel Probleme, oder Sie haben aus Versehen etwas an der Bootloader-Konfiguration verstellt – oft sind es Kleinigkeiten, die sich auch ohne Neuinstallation aus der Welt schaffen lassen. Viele Anwender greifen in solchen Fällen gerne zu einem Live-System, das von CD/DVD oder USB startet und die Festplatten nicht antastet. Eine andere Möglichkeit bietet der Debian-Installer selbst mit dem sogenannten Rettungsmodus.

Den Rettungsmodus des Debian-Installers finden Sie auf allen Installationsmedien, auch auf der Buch-DVD.

Booten Sie den Rechner, wie in Kapitel 3 ab Seite 59 beschrieben. Im Bootmenü erreichen Sie den Rettungsmodus über das Untermenü ADVANCED. Auf einigen Architekturen steht ein grafischer Modus zur Verfügung (GRAPHICAL RESCUE MODE), auf anderen die textbasierte Variante (RESCUE). Zunächst sieht alles so aus wie bei einer »normalen« Debian-Installation. Wählen Sie die Sprache, Ihr Land und die Tastaturbelegung aus. Es beginnt die gewohnte Hardwareerkennung und Netzwerkeinrichtung. Anschließend startet das Programm zur Erkennung der Festplatten.

Abbildung 15.4 Der Debian-Installer führt auch im Rettungsmodus die gewohnten Schritte zur Hardwareerkennung durch.

Keine Sorge – der Installer überschreibt nicht Ihr System. Der Rettungsmodus nutzt lediglich die Fähigkeiten zur Hardwareerkennung und richtet das Netzwerk usw. ein, damit Sie das System reparieren können. Dass Sie sich wirklich im Rettungsmodus befinden und keine Neuinstallation durchführen, sehen Sie am Hinweis RETTUNGSMODUS in der oberen Ecke.

Dateisystem mounten

Wählen Sie aus der Liste der angebotenen Partitionen den Abschnitt aus, der das Root-Dateisystem enthält. Abschnitt 17.2.2 ab Seite 497 erklärt die Hintergründe zu Partitionen, und zu den Namen der Gerätedateien unter Linux. Im nächsten Dialog haben Sie die Wahl: Sie können eine Shell im ausgewählten Dateisystem starten oder – falls das Dateisystem beschädigt ist – eine Shell in der Umgebung des Debian-Installers öffnen. Alternativ finden Sie hier eine Option, den Bootloader GRUB neu zu installieren (siehe Kapitel 26 ab Seite 723) oder den Rechner neu zu starten. Wenn Sie nicht die richtige Partition eingehängt haben, können Sie darüber hinaus andere Partitionen mounten.

[!] Wenn Sie sich nicht sicher genug auf der Shell fühlen und in den Kapiteln im dritten Teil dieses Buchs keine ausreichende Hilfestellung finden, fragen Sie am besten erfahrenere Benutzer um Rat. Ein Besuch in einer Linux-User-Gruppe vor Ort[4] oder in einem der genannten Internetforen hilft unter Umständen weiter.

4 Auf der Homepage der Zeitschrift »LinuxUser« gibt es ein Verzeichnis deutschsprachiger Linux-Usergroups: *http://www.linux-user.de/LUG*

TEIL III
Administration

Dieses Kapitel stellt Programme zum Bearbeiten einfacher Textdateien vor. Neben den Klassikern (X)Emacs und Vi(m) lernen Sie hier auch flinke Alternativen für die Shell sowie die GNOME- und KDE-Pendants kennen. Außerdem erfahren Sie, wie Sie mit »sed« Abläufe automatisieren.

16 Texteditoren

Einfache Textdateien

Layout-Funktionen wie die in Kapitel 13 ab Seite 361 besprochenen Textverarbeitungsprogramme bringen Texteditoren zwar nicht mit, die hier vorgestellten Programme eignen sich aber hervorragend zum Bearbeiten einfacher Textdateien. Darüber hinaus verfügen diese Anwendungen über Funktionen, wie Löschen, Kopieren und Einfügen, und sie bieten Syntax-Highlighting. Diese farbliche Hervorhebung von bestimmten Wörtern und Zeichenkombinationen erleichtert die Bearbeitung von Programmquelltexten und Konfigurationsdateien merklich.

[+]

Die rein textbasierten Editoren, wie Emacs und Vi(m) und Co., sind – gerade für Anfänger – zunächst gewöhnungsbedürftig. Dennoch sind sie unverzichtbar, wenn Sie beispielsweise auf einem entfernten Server etwas einrichten müssen. Sämtliche Konfigurationsdateien für die in diesem Teil vorgestellten Server (DHCP, DNS, Mailserver, Webserver usw.) sind reine Textdateien. Betreiben Sie einen solchen Server auf einem Rechner, auf den Sie keinen physikalischen Zugriff haben, melden Sie sich einfach per SSH an (siehe Abschnitt 18.5.3 ab Seite 589) und nutzen eines der in diesem Kapitel vorgestellten Programme.

16.1 (X)Emacs-Einführung

Emacs beziehungsweise sein Ableger XEmacs ist neben Vi(m) (siehe Abschnitt 16.2 ab Seite 478) einer der ältesten und beliebtesten Texteditoren unter Linux. Neben der einfachen Erstellung und Bearbeitung von Texten bietet (X)Emacs zahlreiche Extras, zum Beispiel Syntaxüberprüfung, Funktionen zum Start von Compilern und Debuggern sowie eine automatische Rechtschreibprüfung. Zudem gibt es einen eingebauten Browser, Kalender, Spiele und Mail- und Newsreader und vieles mehr.

GUI oder Shell?

Unter Debian GNU/Linux wandert der Editor standardmäßig nicht auf die Platte. Wenn Sie die Ausgabe mit GUI-Unterstützung wünschen, installieren Sie das Metapaket *emacs*, das gleich einen ganzen Schwung von Abhängigkeiten einspielt, darunter die Pakete *emacs23*, *emacs23-bin-common* und *emacs23-common*. Bevorzugen Sie die Kommandozeilen-Variante des Editors, spielen Sie hingegen *emacs23-nox* ein, was automatisch die Deinstallation von *emacs23* nach sich zieht – die beiden Pakete schließen sich gegenseitig aus, und es kann nur eins von beiden installiert sein; APT löst einen solchen Konflikt aber gegebenenfalls selbst auf und entfernt automatisch die andere Version.

Beide Versionen des Editors – ob GUI- oder Shell-Variante – starten Sie über den Befehl `emacs`. Wenn Sie die reine Konsolenvariante verwenden, geben Sie den Befehl in ein Terminalfenster ein. Optional übergeben Sie dem (X)Emacs eine zu öffnende Datei beim Start; alternativ öffnen Sie eine vorhandene Datei oder erstellen eine neue Datei über Strg + X, Strg + F. Mit Strg + X, Strg + C verlassen Sie das Programm. Am oberen Fensterrand erscheint eine Menüleiste. Der Begrüßungstext weist in der Regel auf die Versionsnummer und die Onlinehilfe hin. Unten befindet sich die Statuszeile, die Informationen über den Puffer anzeigt, in dem Sie gerade arbeiten. Sie gibt auch Auskunft darüber, in welchem Modus sich der Emacs befindet, und meldet verschiedene andere Dinge. Der Begriff »Puffer« weist auf eine Besonderheit des Texteditors hin: Eine Datei, die Sie im (X)Emacs bearbeiten, bleibt nicht die gesamte Zeit über geöffnet, sondern liegt in einem Speicherpuffer. Solange Sie noch den Puffer bearbeiten, werden die Daten auf der Festplatte nicht angefasst; erst wenn Sie speichern, aktualisiert der Editor die Datei.

[+] Auch wenn Sie in der grafischen Variante viel mit der Maus erledigen können, ist die Arbeit über die Tastatur viel schneller. Zum Einsatz kommen häufig Tastenkombinationen. Die meisten beginnen mit Strg (in der Dokumentation häufig als C geschrieben) oder Alt (die Metataste, daher mit M abgekürzt). Lesen Sie in einer Anleitung daher etwas wie C-x C-c, ist Strg + X, Strg + C gemeint. Andere wichtige Tastenkürzel zeigt die folgende Tabelle.

Tasten	Funktion
Strg + P	Geht eine Zeile hoch.
Strg + N	Geht eine Zeile nach unten.
Strg + F	Geht einen Buchstaben nach rechts.

Tabelle 16.1 Tastaturkommandos für (X)Emacs

Tasten	Funktion
Strg + B	Geht ein Zeichen nach links.
Strg + A	Springt zum Zeilenanfang.
Strg + E	Springt ans Zeilenende.
Strg + V	Blättert eine Seite nach unten.
Alt + V	Blättert eine Seite hoch.
Alt + F	Geht ein Wort nach rechts.
Alt + B	Geht ein Wort nach links.
Alt + <	Springt zum Anfang des Puffers.
Alt + >	Springt ans Ende des Puffers.
Strg + X, U	Macht den letzten Arbeitsschritt rückgängig.
Strg + X, Strg + S	Speichert den Puffer.
Strg + S	Sucht vorwärts im Dokument.
Strg + R	Sucht rückwärts in der Datei.
Strg + H, T	Blendet das Tutorial ein.

Tabelle 16.1 Tastaturkommandos für (X)Emacs (Fortsetzung)

Bash-Shortcuts

Wenn Ihnen die hier gezeigten Befehle bekannt vorkommen, ist das kein Zufall: Die Bash arbeitet standardmäßig im Emacs-Modus und verwendet dieselben Shortcuts wie diese (siehe auch Abschnitt 18.1 ab Seite 569). Eine weitere Gemeinsamkeit ist die sogenannte Tab-Completion (siehe Abschnitt 18.1 ab Seite 564): Der Editor ergänzt Befehle und Dateinamen automatisch, sobald sie eindeutig sind, wenn Sie Tabulator drücken.

Emacs bietet farbige Syntaxhervorhebung, automatischen Texteinzug und Codeformatierung sowie schnellen Zugriff auf den Debugger und sprachspezifische Menüs. Außerdem verfügt der Editor über eine Rechtschreibprüfung (über `ispell` oder `aspell`), Validierung von LaTeX- oder SGML-Dokumenten und vieles mehr. Etwas ungewöhnlich ist die Konfiguration des Texteditors: Die Anweisungen in der Konfigurationsdatei (*~/.emacs*) und die Erweiterungen sind in der Programmiersprache Lisp geschrieben. Da die Syntax dieser Sprache nicht ganz einfach zu durchschauen ist, gibt es als Alternative `customize`. Diesen Einrichtungsdialog rufen Sie über Alt + X und Eingabe von `customize` auf; in der grafischen Variante finden Sie die Konfigurationsmöglichkeit außerdem im Menü unter OPTIONS • CUSTOMIZE EMACS.

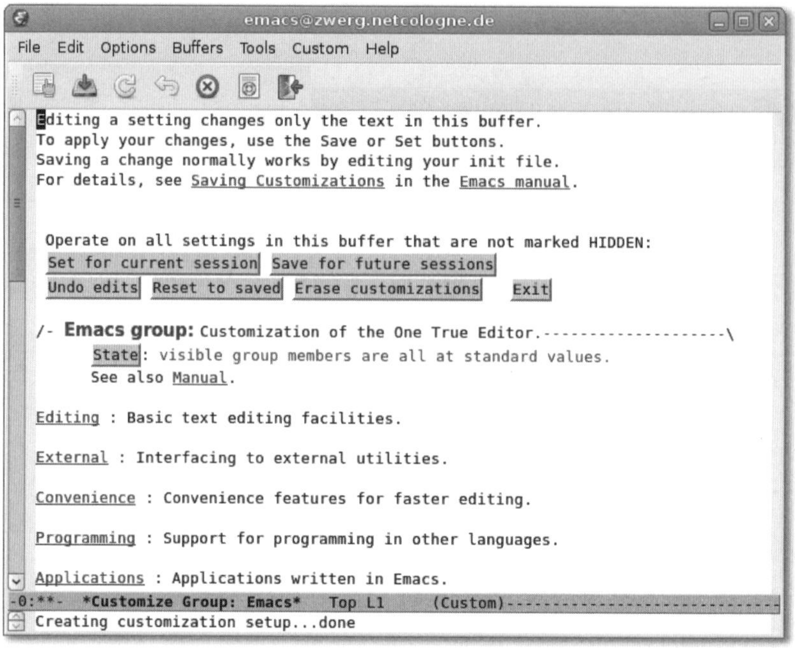

Abbildung 16.1 Den (X)Emacs richten Sie ganz komfortabel über »customize« ein.

16.2 Vi(m)-Workshop

Der Vi (Aussprache »wie-ei«) ist ein kleiner und schneller Editor, der schon einige Jährchen auf dem Buckel hat und auch auf älteren Unix-Systemen gute Dienste leistete. Der Editor ist wesentlich kleiner und flinker als der (X)Emacs und hat daher auch auf Rettungsdisketten noch Platz. Es gibt zahlreiche Varianten dieses Texteditors; auch Debian GNU/Linux »Squeeze« listet zahlreiche Vi(m)-Pakete auf, wenn Sie den Paketmanager nach dem Angebot befragen.

Vi(m)-Varianten

In der Voreinstellung ist die leicht abgespeckte Version *vim-tiny* dabei. Das Paket enthält eine minimale, kompakte Vim-Version. Mehr Komfort erhalten Sie, wenn Sie nachrüsten und entweder das Paket *vim* oder *vim-gtk* einspielen. Beide bieten Syntax-Highlighting, Onlinehilfe, Auf- und Zuklappen von Codeabschnitten und vieles mehr. Während Ersteres ausschließlich im Terminal und auf der Konsole arbeitet, bietet Letzteres die grafische Variante GVIM, die zusätzlich ein Menü einblendet und darin schnellen Zugriff auf ein paar zusätzliche Features bietet. GVIM starten Sie über das Kommando `gvim` – rufen Sie dieses auf einer virtuellen Konsole auf, beschwert sich das Programm aber nicht, sondern öffnet automatisch die Terminalvariante. Alle in diesem Abschnitt vorgestellten Befehle funktionieren in sämtlichen Vi(m)-Varianten.

Zwei Modi

Was den Vi(m) von anderen Texteditoren unterscheidet und für Anfänger mitunter schwer zugänglich macht, ist die Unterscheidung zwischen zwei Betriebsarten, dem Befehlsmodus und dem Einfügemodus:

- **Befehlsmodus**
  In diesem Modus erledigen Sie mit verschiedenen Tastenkombinationen Arbeiten, wie nach Text suchen, Wörter oder Zeilen löschen, Text ersetzen, den Editor verlassen (mit und ohne Speichern) und vieles mehr. Mehrere Tasten (darunter I) bringen Sie vom Befehlsmodus in den Einfügemodus.
- **Einfügemodus**
  Dieser Modus ist für die Eingabe von Text gedacht. Über Esc gelangen Sie zurück in den Befehlsmodus.

[«]

Das Löschen und Navigieren ist beim Original-Vi ebenfalls nur im Befehlsmodus möglich; im Vim hingegen funktionieren Rückschritt und die Pfeiltasten standardmäßig wie gewohnt.

In welchem Betriebsmodus Sie sich gerade befinden, verrät Vim in der Statuszeile am unteren Fensterrand. Diese zeigt

```
-- EINFÜGEN --
```

sobald Sie im Eingabemodus arbeiten. Um Vim zu beenden, stehen verschiedene Befehle zur Verfügung: Drücken Sie Esc, um in den Befehlsmodus zu wechseln, und geben Sie `:wq` ein (für »write, quit«), wenn Sie die Änderungen speichern wollen. Eine praktische Abkürzung zum Speichern und Verlassen ist `ZZ` (ohne den Doppelpunkt). Um Vim zu verlassen und alle Änderungen zu verwerfen, drücken Sie Esc und tippen `:q!`.

In den Einfügemodus gelangen Sie beispielsweise über die Taste I, die es Ihnen erlaubt, Text vor dem Cursor einzugeben; Alternativen sind A (Einfügen hinter der aktuellen Cursorposition), Umschalt + I (springt zur Eingabe an den Zeilenanfang), Umschalt + A (fügt etwas am Ende der Zeile ein), O (neue Zeile unter dem Cursor) und Umschalt + O (fügt eine neue Zeile über dem Cursor ein). Über die Tastenkombination Umschalt + 7 (also /) suchen Sie vorwärts im Dokument; Sonderzeichen können Sie dabei durch den Backslash (AltGr + ß, also \) »escapen«. Um das Dokument rückwärts nach einem Begriff zu durchforsten, verwenden Sie Umschalt + ß (also ?). Mit N springen Sie zum nächsten Treffer und mit Umschalt + N zum vorherigen.

Verschiedene Kommandos stehen Ihnen beim Löschen hilfreich zur Seite: Neben der bereits erwähnten Möglichkeit, über die Rückschritttaste im Einfügemodus Zeichen zu entfernen, gibt es einige mächtige Tastenkombinationen, die Sie im Befehlsmodus anwenden: X löscht das Zeichen unter dem Cursor, D + D löscht eine ganze Zeile, D + W löscht das Wort von der Cursorposition bis zum Wortende, D, Umschalt + G löscht bis zum Dateiende usw. Im Befehlsmodus zeigt sich die ganze Stärke dieses Editors: Durch Voranstellen einer Ziffer führt Vim den nachfolgenden Befehl genau so oft aus. So löschen Sie mit der Eingabe von `20dd` die nächsten 20 Zeilen oder mit `3dw` die nächsten drei Wörter.

[+] Ein weiteres praktisches Feature ist das »Punkt-Kommando«: Mit Betätigen der Taste . wiederholen Sie den letzten Befehl. Um etwas rückgängig zu machen, drücken Sie U; die Tastenkombination Strg + R stellt die Änderung wieder her. Alle hier vorgestellten Kommandos und noch viele mehr finden Sie in der übersichtlichen Onlinehilfe, die Sie über Esc, `:h` aufrufen. Mit `:q` verlassen Sie die Hilfe wieder.

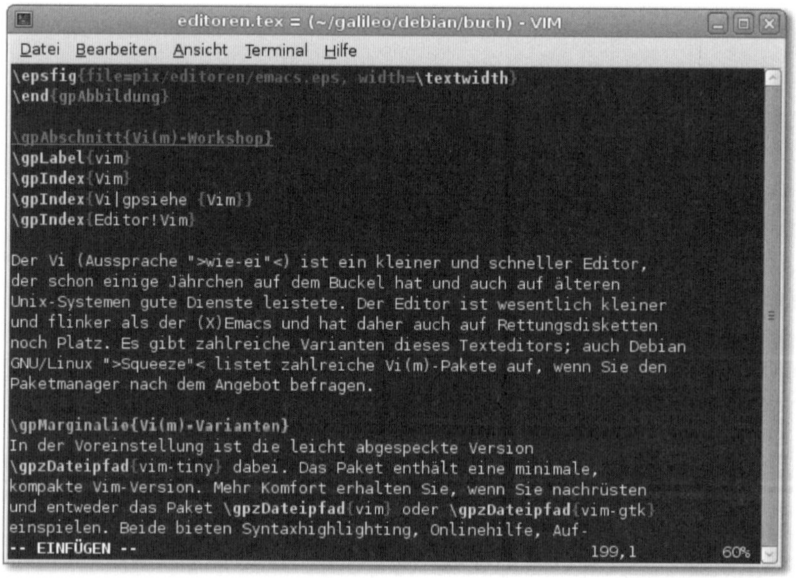

Abbildung 16.2 Vim mit Syntax-Highlighting

Syntax-Highlighting

Auch der Texteditor Vim beherrscht das Syntax-Highlighting. Sie aktivieren die Hervorhebung von Text, indem Sie mit Esc in den Befehlsmodus wechseln und dann `:syntax on` eingeben. Verantwortlich für die passende Einfärbung der verschiedenen Formate sind die Syntaxdateien im Verzeichnis */usr/share/vim/vim72/syntax/*.

Der Vim lässt sich über eine versteckte Konfigurationsdatei im Home-Verzeichnis (*~/.vimrc*) an die eigenen Bedürfnisse anpassen. Diese Datei bietet nicht nur Platz für Befehle wie `syntax on`, sondern auch für selbst geschriebene Makros. Das folgende Listing zeigt eine einfache Einrichtungsdatei mit einigen Beispielen. Kommentare erkennen Sie am doppelten Hochkomma am Zeilenanfang: »~/.vimrc«

```
" VIM-Zusätze aktivieren:
set nocompatible
" Syntax-Highlighting:
syntax on
" Hintergrundfarbe dunkel:
set background=dark
" nicht case sensitive bei der Suche:
set ignorecase
" hebt gefundene Treffer bei der Suche direkt hervor:
set incsearch
" Highlight für die Treffer:
set hlsearch
" automatischen Einzug einschalten:
set ai
" Piepser ausschalten:
set noerrorbells
" das Highlighting der Klammern abschalten:
let loaded_matchparen=1

" eigene Makros:
" Makro: Druck auf " schließt ein Wort in "" ein;
" handelt es sich um eine Datei mit der Endung .tex,
" werden stattdessen ">"< gesetzt:
map " viwvbi"<ESC>ea"<ESC>
au FileType tex map " viwvbi"><ESC>ea"<<ESC>
" automat. Hervorhebung von Passiv-Konstruktionen:
syntax match passiv /[wW]ird\|[wW]erden\|[wW]urde\|[wW]urden↩
\|[gG]eworden/
hi def passiv term=underline cterm=underline gui=underline ↩
ctermfg=red guifg=red
```

Geben Sie im Befehlsmodus `:help` ein, um das Handbuch einzublenden. Wenn Sie das Paket *vimhelp-de* installieren, liegt diese Hilfe sogar auf Deutsch vor. Ganz am Anfang finden Sie Hinweise, wie Sie dort navigieren und das Fenster schließen. [+]

16.3 Alternative Editoren für die Shell

Sind die beiden Klassiker (X)Emacs und Vi(m) zu mächtig oder zu kompliziert, und Sie suchen nach einer flinken Alternative für die Konsole und das Terminal, sollten Sie sich einmal GNU nano oder JOE anschauen. Die nächsten beiden Abschnitte zeigen ein paar Tipps und Tricks für die beiden Texteditoren.

16.3.1 GNU nano

Dieser Texteditor ist der Standard auf Debian-Systemen direkt nach einer frischen Installation. GNU nano ersetzt den Vorgänger Pico, der aus lizenzrechtlichen Gründen nicht Bestandteil der Distribution ist. Der »Pine composer« ist Bestandteil des Mail- und Newsclients Pine (Program for Internet News & Email); das war lange Zeit die Standardanwendung für elektronische Post auf Unix-Systemen. GNU nano ahmt Look & Feel des Vorgängers nach und bietet darüber hinaus einige zusätzliche Features.

Sie starten den Editor über den Befehl `nano`; optional geben Sie beim Aufruf den Namen einer neuen oder existierenden Datei an. Am oberen Bildschirmrand sehen Sie den Dateinamen, und am unteren Rand blendet GNU nano die wichtigsten Kommandos zur Steuerung ein. Das Caret-Zeichen ^ steht für die Taste Strg; ^G zum Einblenden der Hilfe bedeutet also, dass Sie die beiden Tasten Strg + G drücken, um mehr über den Texteditor und die Bedienung zu erfahren. In der Hilfe erfahren Sie, dass einige Features über die Metataste (M abgekürzt) erreichbar sind. In der Regel handelt es sich um die Alt-Taste, eventuell auch um Esc. Das hängt einerseits von der Tastatureinstellung, andererseits von der Tastenbelegung des Desktops ab.

»~/.nanorc« Weitere Infos zu GNU nano finden Sie in der Manpage, die unter anderem die Aufrufparameter verrät. Persönliche Vorlieben tragen Sie in die versteckte Konfigurationsdatei in Ihrem Home-Verzeichnis ein (*~/.nanorc*). Als Vorlage können Sie die systemweite Einrichtungsdatei */etc/nanorc* kopieren und anpassen. Die meisten Einträge sind selbsterklärend, Kommentare erkennen Sie am Rautezeichen am Zeilenanfang. In dieser Datei stellen Sie unter anderem ein, ob GNU nano automatisch einrücken soll (`set autoindent`), ob der Editor automatisch Sicherungskopien von Dateien anlegt (`set backup`) und vieles mehr. Einige Vorlagen zum Syntax-Highlighting sind in der Einrichtungsdatei per `include` eingebunden. Die mitgelieferten Farbgebungen befinden sich unterhalb von

/usr/share/nano/ und sind leicht nachzuvollziehen, sodass Sie diese auch für andere Dateiformate schnell selbst erstellen können.

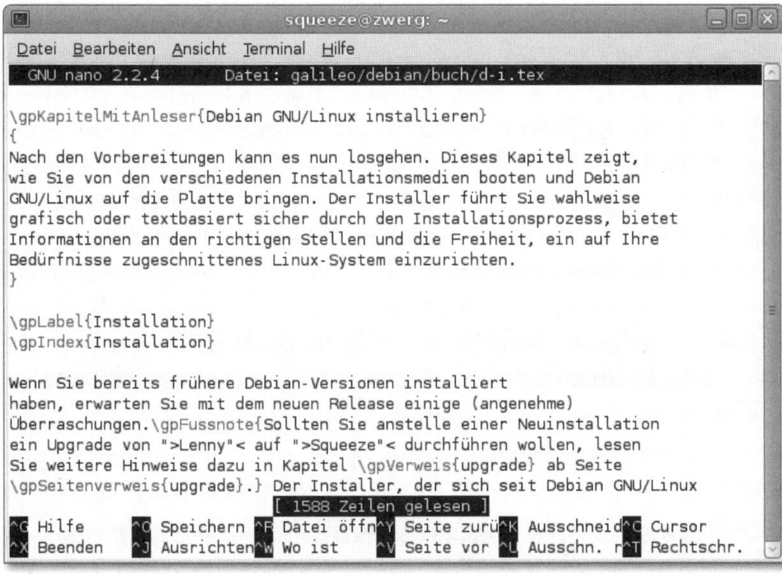

Abbildung 16.3 GNU nano ist der Standard auf Debian-Systemen und eignet sich gut für Anfänger, die auf der Konsole Textdateien bearbeiten.

16.3.2 JOE

Entwickler Joseph Allen gab diesem schlanken Texteditor einfach seinen eigenen Namen: JOE steht für »Joe's Own Editor«. Sie installieren das Programm über das Paket *joe* und rufen es auch über den gleichnamigen Befehl auf. JOE zeigt am oberen Fensterrand den Dateinamen und die aktuelle Cursorposition. Sobald Sie eine Datei modifiziert haben, zeigt JOE hinter dem Dateinamen den Zusatz (GEÄNDERT) an – vorausgesetzt, das Terminal ist groß genug, und es ist ausreichend Platz vorhanden.

Tastaturkürzel

Ganz rechts in der oberen Zeile finden Sie außerdem den Hinweis, dass Sie über die Tastenkombination [Strg] + [K], [H] die Hilfe einblenden. Auch im JOE steht das Caret-Zeichen ^ für die Taste [Strg]. Der HELP SCREEN ist zwar nur in englischer Sprache verfügbar, unterteilt dafür übersichtlich die wichtigsten Kommandos in Unterkategorien.

Um JOE an eigene Wünsche anzupassen, erstellen Sie eine versteckte Konfigurationsdatei in Ihrem Home-Verzeichnis (*~/.joerc*). Als Vorlage können Sie die Datei */etc/joe/joerc* heranziehen. Die Syntax ist ein bisschen gewöhnungsbedürftig – um beispielsweise eine Funktion zu aktivieren, entfernen Sie das Leerzeichen am Zeilenanfang. Das sonst übliche Kommentarzeichen, die Raute (#) kennt die JOE-Konfiguration nicht. Um beispielsweise bei jedem Programmstart automatisch die Hilfe einzublenden, entfernen Sie also das Leerzeichen vor dem Eintrag `-help`, was nichts anderes bewirkt, als dass der Texteditor diese Angabe als Aufrufparameter interpretiert. Gleiches erreichen Sie über den Befehl `joe -help`. Andere interessante Optionen sind etwa `-nosta` (blendet die Statuszeile am oberen Rand aus), `-nobackups` (verzichtet auf das automatische Anlegen von Sicherungskopien) oder `-overwrite` (aktiviert den Überschreibmodus, das heißt, Sie können vorhandenen Text einfach durch neuen ersetzen, ohne vorher löschen zu müssen).

Abbildung 16.4 JOE ist ein weiterer schlanker Texteditor, der auf vielen Unix-Systemen zu Hause ist.

16.4 Grafische Texteditoren

Gedit, KWrite und Kate

Auch die Desktopumgebungen GNOME und KDE SC 4 bieten eigene Texteditoren, die eine grafische Umgebung benötigen. Der Standardeditor von GNOME heißt Gedit, unter KDE SC 4 greifen viele Benutzer zu KWrite oder zu Kate. Der Vorteil dieser Editoren besteht darin, dass sie sich gut in ihre jeweilige Desktopumgebung einpassen, Drag-&-Drop-Operationen ermöglichen und dass die einzelnen Funktionen über Menü- und Werkzeugleisten erreichbar sind.

Alle drei Editoren bringen von Haus aus zahlreiche Syntaxhervorhebungen für viele Programmier- und Skriptsprachen mit. Gedit und Kate ordnen darüber hinaus mehrere geöffnete Dateien übersichtlich in Reitern an. Für Gedit gibt es zahlreiche Plugins, die etwa Autovervollständigung für LaTeX-Dateien, eine Befehlszeile, Floskellisten und einiges mehr bieten. Auch Kate bietet eine integrierte Konsole und Erweiterungen, die Sie über EINSTELLUNGEN • KATE EINRICHTEN • ERWEITERUNGEN aktivieren bzw. aus dem Internet nachrüsten. KWrite ist etwas schlanker als die beiden anderen Editoren, hat aber auch alle wesentlichen Funktionen mit an Bord, z. B. eine eingebundene Konsole, eine Rechtschreibprüfung und Erweiterungen.

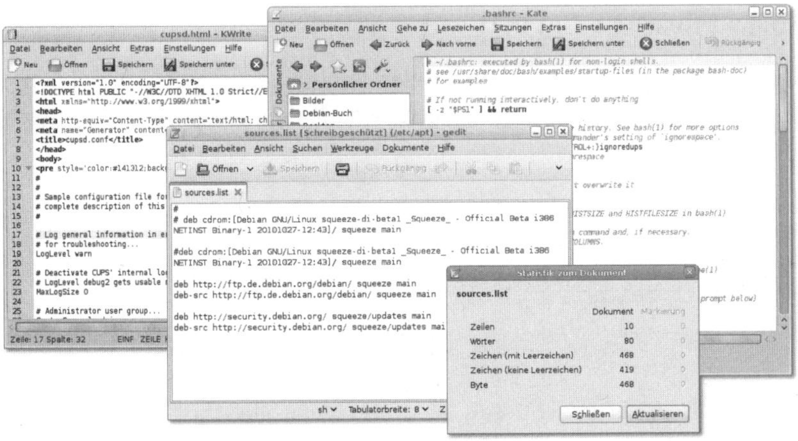

Abbildung 16.5 Die drei Texteditoren Gedit (GNOME), KWrite und Kate (beide KDE) benötigen eine grafische Umgebung.

16.5 Stream-Editor »sed«

Nicht interaktiv

Der Name ist Programm – der Stream-Editor arbeitet im Gegensatz zu den in diesem Kapitel vorgestellten Texteditoren nicht interaktiv, sondern wird über die Kommandozeile oder Skripte gesteuert. Da `sed` Abläufe automatisiert und Ihnen so jede Menge Tipparbeit abnimmt, ist er gerade für immer wiederkehrende Aufgaben und die Bearbeitung mehrerer Dateien in einem Rutsch besonders gut geeignet.

Generell liest `sed` Daten von der Standardeingabe ein (siehe auch Abschnitt 18.6 ab Seite 594), bearbeitet die enthaltenen Zeilen mit den entsprechenden Kommandos und schreibt diese in eine Art Puffer, dessen Inhalt zum Schluss – sofern nicht anders definiert – auf der Standardausgabe angezeigt wird. Die Befehlssyntax für `sed` hat grundsätzlich die folgende Struktur:

```
sed [parameter] 'befehl(e)' datei(en)
```

Reguläre Ausdrücke

Die jeweiligen Befehle schließen Sie am besten in einfache Hochkommata ein, um zu verhindern, dass die Shell diese auswertet. Die Kommandos beziehen sich jeweils auf einzelne Zeilen, größere Bereiche oder auf die gesamte Datei – den so angesprochenen Bereich bezeichnet man als Adresse. In diesen Bereich können Sie auch reguläre Ausdrücke einsetzen, um die Arbeit mit `sed` noch effektiver zu machen (siehe Abschnitt 18.4.4 ab Seite 584).

16.5.1 Richtig adressiert

Zur Anzeige von Adressen verwenden Sie in `sed` den `p`-Befehl (wie englisch »to print«). Dem Kommando stellen Sie den anzuzeigenden Bereich voran:

```
huhn@huhnix:~> sed '3p' datei
Hier ist die erste Zeile.
Die zweite Zeile.
Hier steht Zeile 3.
Hier steht Zeile 3.
...
```

Anders als erwartet zeigt `sed` allerdings nicht ausschließlich die dritte Zeile an, sondern diese gleich zweimal, zusammen mit dem Rest der Datei. Um die unerwünschte Ausgabe zu unterdrücken, setzen Sie als Option `-n` ein:

```
huhn@huhnix:~> sed -n '3p' datei
Hier steht Zeile 3.
```

16.5.2 Text löschen

Auch für den Befehl zum Löschen (`d` wie »delete«) geben Sie einen Adressbereich an. Um beispielsweise die Zeilen 1 bis 5 zu entfernen, tippen Sie:

```
sed '1,5d' datei
```

Die Programmversion von `sed`, die unter Debian GNU/Linux zum Einsatz kommt, bringt sogar eine Funktion mit, um jede n-te Zeile zu löschen. Der folgende Aufruf löscht jede zweite Zeile ab der fünften:

```
sed '5~2d' datei
```

Um beispielsweise von der zehnten bis zur letzten Zeile aufzuräumen, setzen Sie das Dollarzeichen ein, das für `sed` das Dateiende bezeichnet:

```
sed '10,$d' datei
```

Mit regulären Ausdrücken und dem d-Befehl behalten Sie den Überblick über Konfigurationsdateien, die viele Kommentare, zum Beispiel das Rautezeichen (#) am Zeilenanfang, haben. Um alle Zeilen herauszulöschen, auf die dieses Muster zutrifft, tippen Sie: [+]

```
sed '/^#/d' /etc/Muttrc
```

Die regulären Ausdrücke sind in Schrägstriche eingeschlossen. Gesucht wird hier nach Zeilen, die mit einem Rautezeichen beginnen (ausgedrückt durch das ^) und danach kein oder beliebige Zeichen enthalten. Da Sie mit diesem Ausdruck allerdings auch leere Zeilen ausgeben, drehen Sie den Spieß einfach um und drucken nur diejenigen Zeilen, die mit einem Zeichen beginnen, das keine Raute ist:

```
sed -n '/^[^#]/p' /etc/Muttrc
```

16.5.3 Lesen und Schreiben

Um Daten aus einer Datei auszulesen und in einer neuen Datei abzuspeichern, können Sie den w-Befehl verwenden. So extrahiert der Aufruf

```
sed '1,4w neuedate' datei
```

die ersten vier Zeilen aus datei und schreibt diese in eine neue Datei namens neuedatei. Andersherum geht es mit r – dieses Kommando fügt etwas in eine Datei ein. Um eine Datei namens zusatz nach der fünften Zeile in datei einzusetzen, tippen Sie:

```
sed '5r zusatz' datei
```

16.5.4 Suchen und Ersetzen

Trennzeichen

Seine ganze Stärke spielt der Stream-Editor aus, wenn es darum geht, Zeichenketten zu ersetzen. Zusammen mit dem s-Befehl geben Sie ein zu ersetzendes Muster und den neuen Ausdruck an – jeweils in Trennzeichen eingeschlossen. Was dabei als Trenner zum Einsatz kommt, bleibt Ihnen überlassen – wichtig ist nur, dass das Zeichen selbst nicht zum Suchmuster gehört. Um beispielsweise alle Vorkommen von »Petronella« in einer Datei durch den Namen »Petrosilie« zu ersetzen, tippen Sie:

```
sed 's/Petronella/Petrosilie/g' datei
```

Das abschließende g sorgt dafür, dass nicht nur das jeweils erste Vorkommen des gesuchten Ausdrucks in einer Zeile, sondern wirklich jeder einzelne Treffer ersetzt wird. Soll hingegen in allen HTML-Dateien eines Verzeichnisses eine bestimmte URL (die Schrägstriche enthält) geändert werden, setzen Sie statt der Schrägstriche einfach die Raute oder das Pipe-Zeichen als Begrenzer ein, zum Beispiel:

```
for i in *.html; do sed -i.bak 's#http://www.huhnix.net#http
://www.huhnix.org#g' $i; done
```

16.5.5 Kombinierte Kommandos

Es gibt verschiedene Möglichkeiten, gleich mehrere sed-Befehle hintereinander abzuarbeiten. Entweder stellen Sie den einzelnen Kommandos jeweils die Option -e voran, oder Sie trennen die Befehle durch ein Semikolon voneinander ab und schließen sie in geschweiften Klammern ein – je nachdem, welche der beiden Schreibweisen Ihnen übersichtlicher erscheint:

```
sed -e '5,$d' -e 's/KDE/GNOME/g' datei
sed '{5,$d;s/KDE/GNOME/g}' datei
```

Alternativ schreiben Sie mehrere sed-Befehle in eine Datei und wenden diese zusammen mit dem Parameter -f auf die Datei(en) an. Jede Anweisung steht in einer eigenen Zeile:

```
2d
4a\
Nach der vierten Zeile etwas einfügen.\
Und noch etwas.\
Und noch ein bisschen mehr...
1i\
Vor der ersten Zeile bitte!
```

Skripte Hier kommen zwei neue Befehle ins Spiel: Mit a fügen Sie Text hinter einer Adresse ein, und i schreibt etwas davor. Beiden Befehlen ist gemeinsam, dass sie durch einen Backslash abgeschlossen werden. Wenn Sie alle Kommandos definiert haben, speichern Sie die Datei ab und wenden diese dann mit dem Parameter -f an:

```
sed -f skript datei(en)
```

Da sed auch in diesem Aufruf das Ergebnis auf die Standardausgabe schickt, leiten Sie es beispielsweise durch den Umleitungsoperator > in eine neue Datei um:

```
sed -f skript datei > neuedatei
```

Alternativ bringt sed die Option -i mit, um direkt die Originaldatei zu bearbeiten – wer auf Nummer sicher gehen will, definiert noch über eine angehängte Dateiendung, wie die Sicherungskopie heißen soll:

```
sed -i.bak -f skript datei
```

16.5.6 »sed«-Befehle – Zusammenfassung

Die folgende Tabelle fasst noch einmal die wichtigsten sed-Kommandos mit Beispielen zusammen:

Befehl	Funktion
p	Gibt die adressierten Bereiche am Bildschirm aus (englisch »to print«), zum Beispiel `sed -n '1,2p' datei`, um die ersten beiden Zeilen anzuzeigen.
d	Löscht die Adressen (englisch »to delete«), zum Beispiel `sed '3d' datei`, um die dritte Zeile zu entfernen.
s	Ersetzt gefundene Suchmuster (englisch »to substitute«); so wandelt `sed 's/Lenny/Squeeze/g'` alle Vorkommen von »Lenny« in »Squeeze« um.
a	Fügt zusätzlichen Text nach einer Adresse ein (englisch »to append«), Einsatz nur in Skripten (siehe Abschnitt 16.5.5 ab Seite 488).
i	Fügt zusätzlichen Text vor einer Adresse ein (englisch »to insert«), Einsatz nur in Skripten (siehe Abschnitt 16.5.5 ab Seite 488).
c	Ersetzt adressierte Bereiche (englisch »to change«), Einsatz nur in Skripten (siehe Abschnitt 16.5.5 ab Seite 488).
r	Liest eine angegebene Datei ein und setzt den Inhalt hinter den adressierten Bereich (englisch »to read«), zum Beispiel setzt `sed '5r zusatz.txt' datei` den Inhalt von `zusatz.txt` hinter die fünfte Zeile von `datei`.
w	Speichert den adressierten Bereich in eine Datei. Beispielsweise geben Sie `sed '3,$w 3bisende.txt' datei` ein, um von der dritten Zeile bis zum Ende alles in `3bisende.txt` abzulegen.

Tabelle 16.2 Häufig benötigte »sed«-Befehle

In diesem Kapitel erfahren Sie mehr zu zu Dateisystemen, zum manuellen und automatischen Einhängen (»Mounten«) von Datenträgern und zum Rechtesystem. In diesem Zusammenhang geht es auch um die Benutzerverwaltung und den schnellen Wechsel der Identität. Informationen zu Prozessen, zur Job-Kontrolle, zu den Super-Daemons, zur Einrichtung von Datum/Uhrzeit mit NTP sowie zu zeitgesteuerten Jobs runden das Kapitel ab.

17 Linux-Hintergründe

Linux als ein sogenanntes Mehrbenutzersystem hat viele Vorteile: Durch die Abgrenzung der Arbeitsbereiche und spezielle Zugriffsrechte ist das System besonders sicher. So gibt es unter Linux separate Home-Verzeichnisse für die einzelnen Benutzer, und eventuelle Administrationsfehler werden durch die Trennung von Root- und Benutzerkonten vermieden.

[!] Es ist selten nötig, unter der Benutzerkennung `root` zu arbeiten, es sei denn, Sie erledigen administrative Aufgaben. Daher sollten Sie aus Sicherheitsgründen immer nur als Benutzer arbeiten, nie als Root. Es ist nicht ratsam (und in der Voreinstellung sogar nicht erlaubt), sich als `root` an der grafischen Oberfläche für die tägliche Arbeit anzumelden (siehe Abschnitt 25.3 ab Seite 710).

17.1 Multiuser und Multitasking

Arbeiten als Root

Wenn Sie Wartungsaufgaben am System zu erledigen haben, melden Sie sich entweder auf einer virtuellen Konsole (zum Beispiel über die Tastenkombination Strg + Alt + F1) als `root` an und arbeiten auf der Kommandozeile, oder Sie starten grafische Programme als Root über einen Befehl wie `gksu`/`gksudo` (GNOME) oder `kdesu`/`kdesudo` (KDE), den Sie in einem Schnellstart- oder Terminalfenster vor den Programmnamen setzen. Alternativ wechseln Sie die Identität auf der Konsole mit dem Befehl `su` (siehe Abschnitt 17.4.10 ab Seite 529) oder richten für einzelne Benutzer das Programm `sudo` (siehe Abschnitt 17.4.12 ab Seite 532) ein.

Ein weiterer Begriff, der oft in Zusammenhang mit Linux fällt, ist Multitasking: Mehrere Prozesse (englisch »tasks«) und damit Programme laufen scheinbar gleichzeitig. Auf diese Weise ist es möglich, viele Anwendungen gleichzeitig zu starten und zu benutzen, doch auch mehrere Benutzer können sich von einem entfernten Rechner aus anmelden und auf dem Computer arbeiten. Wirklich gleichzeitig laufen die Programme nicht – jedem Prozess wird jeweils ein kleiner Teil der CPU-Zeit zugewiesen, sodass der Eindruck entsteht, dass mehrere Anwendungen gleichzeitig ablaufen.

In den folgenden Abschnitten erfahren Sie mehr über Dateisysteme, über die Struktur des Linux-Verzeichnisbaums und über das Einhängen von Festplatten-Partitionen, CDs/DVDs, USB-Medien usw. Außerdem geht es um Zugriffsrechte, die Benutzer- und Gruppenverwaltung sowie die Prozess- und Jobkontrolle unter Linux. In diesem Zusammenhang stellt das Kapitel auch Daemons, NTP (Network Time Protocol) und das Automatisieren von Abläufen vor. Abschließend erfahren Sie etwas zum Beenden und Neustarten des Linux-Rechners.

17.2 Dateisysteme & Co.

Ordnung ist das halbe Leben – Dateien und Verzeichnisse zu verwalten, ist Aufgabe des Dateisystems. Dieses entscheidet unter anderem über die Namensgebung von Dateien und Verzeichnissen auf den jeweiligen Datenträgern: Dazu gehören beispielsweise die Unterscheidung von Groß- und Kleinschreibung (»case sensitive«), die erlaubten Zeichen und wie lang ein Name sein darf. Außerdem ist durch das Dateisystem geregelt, ob Dateien vor unberechtigtem Zugriff geschützt werden, wer die Daten verändern darf und welche Operationen mit den Daten allgemein erlaubt sind.

Auch die Unterstützung unterschiedlicher Dateitypen ist Sache des Dateisystems; der Linux-Kernel behandelt fast alles als Datei – auch Verzeichnisse und Geräte. Für die Gerätedateien unterscheidet Linux zudem zwischen sogenannten Character und Block Devices. Character Devices (zum Beispiel Terminals oder die serielle Schnittstelle) sind zeichenorientierte Geräte; Daten werden sequenziell gelesen und geschrieben. Festplatten, Disketten und CD/DVD-Laufwerke sind sogenannte Block Devices, das heißt, Daten werden blockweise auf das Gerät geschrieben und von dort gelesen.

Symlinks und Hardlinks

Darüber hinaus kennt Linux symbolische Links (Symlinks) und Hardlinks. Solche Links verhalten sich von Dateisystem zu Dateisystem unterschiedlich; einige (zum Beispiel FAT) unterstützen dieses Feature gar nicht. Ein

Symlink (auch als »Softlink« bezeichnet) ist eine Verknüpfung, die auf eine andere Datei oder ein anderes Verzeichnis zeigt. Wird die Datei, auf die ein symbolischer Link zeigt, gelöscht, weist die Verknüpfung ins Leere. Hardlinks zeigen nicht auf einen Pfad im Dateisystem, sondern auf denselben I-Node einer Datei.[1]

I-Nodes (Indexeinträge)

Auf Unix-Dateisystemen haben Dateien nicht nur einen Namen, sondern auch einen sogenannten I-Node (Index Node), eine Art Indexeintrag für die Datei. In diesen I-Nodes befinden sich weitere Informationen zur Datei. Hierzu zählen Angaben zum Dateityp (einfache Datei, Verzeichnis oder Link), Zugriffsrechte, Referenzzähler (die Anzahl der Hardlinks, die auf die Datei zeigen), Dateieigentümer und Gruppenzugehörigkeit, Dateigröße, Erstellungsdatum, Modifikationsdatum, Datum des letzten Zugriffs und der Zeiger auf den physikalischen Datenbereich – also alles bis auf den Dateinamen und den Inhalt.

NTFS und FAT unter Linux

Es gibt verschiedene Typen von Dateisystemen: Windows NT, 2000, XP und Vista arbeiten mit dem NTFS (New Technology File System); MS-DOS und ältere Windows-Versionen setzen auf das alte System FAT (File Allocation Table) beziehungsweise die Erweiterung VFAT (Virtual File Allocation Table). NTFS- und (V)FAT-Partitionen können Sie unter Linux lesend einbinden; auf (V)FAT-Systeme können Sie darüber hinaus auch schreibend zugreifen. Die NTFS-Schreibunterstützung war lange Zeit experimentell; der alternative NTFS-Treiber für Linux `ntfs-3g`[2] ist in der Zwischenzeit allerdings auch stabil und nach Aussagen der Entwickler bereit für den Produktiveinsatz.

[«]

Der NTFS-Treiber der dritten Generation bietet vollständigen Lese- und Schreibzugriff für das NTFS-Dateisystem (siehe Abschnitt 17.2.3 ab Seite 503). Ausgenommen sind verschlüsselte Dateien, das Schreiben komprimierter Dateien (das Lesen funktioniert) sowie das Ändern von Dateibesitzern und Zugriffsrechten. `ntfs-3g` verwendet FUSE (Filesystem in Userspace) zur Implementierung des Dateisystems im Userspace; ein entsprechendes Kernel-Modul ist Vorrausetzung. In den »Squeeze«-Standard-Kerneln ist dieses vorhanden.

Auf Linux-Systemen können mehrere Dateisysteme zum Einsatz kommen; Debian GNU/Linux formatiert Festplatten-Partitionen standardmäßig mit Ext3 (third extended filesystem), dem Nachfolger von Ext2

---

1 Sowohl Symlinks als auch Hardlinks erstellen Sie mit dem Programm `ln` (siehe Abschnitt 18.3.2 ab Seite 578).

2 *http://www.ntfs-3g.org/*

(second extended filesystem).[3] Es handelt sich um ein Journaling-Dateisystem. Änderungen an diesem Dateisystem werden in einem sogenannten Journal protokolliert – unmittelbar vor dem schreibenden Zugriff. Nach der erfolgreichen Änderung wird der Journal-Eintrag wieder entfernt. Vorteile hat dieses Verfahren vor allem bei unvorhergesehenen Abstürzen: Anhand des Journals wird überprüft, ob die letzten Schreibvorgänge erfolgreich abgeschlossen wurden. Ein aufwändiger Check aller Festplatten und Partitionen entfällt damit, was insbesondere bei großen Platten und Servern praktisch ist, weil es die Downtime verringert.

Mounten

Wie schon erwähnt, kann Linux auch auf andere Dateisysteme zugreifen – schreibend und manchmal auch nur lesend. Dazu ist es erforderlich, die entsprechenden Festplatten-Partitionen oder Wechseldatenträger (zum Beispiel Disketten, CDs, DVDs oder USB-Medien) in den Linux-Verzeichnisbaum einzuhängen (zu »mounten«). Die folgenden Abschnitte bringen Licht in den Verzeichnisdschungel unter Linux und zeigen, wie Sie externe Datenträger manuell mit `mount` oder schon beim Systemstart über die Datei */etc/fstab* einbinden.

17.2.1 Gut strukturiert: der Linux-Verzeichnisbaum

Baumstrukturen finden Sie auf Linux-Systemen immer wieder, zum Beispiel bei den Verwandtschaftsverhältnissen von Prozessen (siehe Abschnitt 17.5.2 ab Seite 537). Eine solche hierarchische Struktur gibt es auch bei der Anordnung der Verzeichnisse: Ganz oben befindet sich das Wurzelverzeichnis, das Root-Verzeichnis / (nicht mit dem persönlichen Verzeichnis des Administrators *root* zu verwechseln). Dieser Ordner enthält Dateien und weitere Unterverzeichnisse, die ihrerseits wieder Verzeichnisse und Dateien haben dürfen usw. – wie bei einem Baum kann es fast endlose Verästelungen ausgehend vom Stamm geben. Was an welcher Stelle im Dateisystem bei Debian GNU/Linux liegt, folgt im Wesentlichen dem Filesystem Hierarchy Standard[4] und ist daher in der Regel kompatibel zu anderen Distributionen:

- */*
  Enthält das Wurzelverzeichnis (»root directory«).
- ***/bin* und */sbin***
  Hier liegen ausführbare Programme (»binaries«). Die Anwendungen

3 Optional können Sie Ext4 und auch Btrfs (B-tree FS, *http://de.wikipedia.org/wiki/Btrfs*) im Debian-Installer auswählen.

4 *http://www.pathname.com/fhs/*

unter */sbin* benötigen für die meisten Funktionen Root-Privilegien (zum Beispiel */sbin/ifconfig*), können aber auch von normalen Benutzern (meistens mit voller Pfadangabe) aufgerufen werden.

- ***/boot***
  Umfasst Dinge, die zum Start des Betriebssystems benötigt werden; hier liegen unter anderem der Kernel (z. B. *vmlinuz-2.6.32-5-686*), die Initial Ramdisk (zum Beispiel *initrd.img-2.6.32-5-686*) und der Bootloader GRUB.
- ***/usr***
  Dieses Verzeichnis enthält Systemprogramme, Dokumentation usw. – von hier aus verzweigen sich weitere Ordner, wie beispielsweise */usr/bin* (Benutzerkommandos), */usr/lib* (Bibliotheken), */usr/share/doc* für Dokumentationen sowie */usr/local*. Im letztgenannten Verzeichnis können Benutzer (sofern der Administrator die Rechte richtig gesetzt hat) ihre eigenen Programme installieren, ohne dass sie dafür Root-Rechte benötigen. Auch */usr/local* enthält weitere Unterverzeichnisse, wie *bin*, *lib*, *sbin* usw.
- ***/etc***
  Das Verzeichnis enthält systemweite Konfigurationsdateien.
- ***/dev***
  Hier befinden sich Gerätedateien (»devices«) als Schnittstelle für Hardwarekomponenten; dazu gehören Festplatten, Maus, Bildschirm, aber auch Wechseldatenträger wie CDs, DVDs oder USB-Medien.

  Gerätedateien
- ***/lib***
  Enthält Bibliotheken (»libraries«), die von den Programmen benötigt werden; außerdem liegen im Unterverzeichnis *modules* die sogenannten Kernel-Module.
- ***/opt***
  Hier kann der Administrator Software installieren, die nicht im Paketformat der Distribution vorliegt.
- ***/media***
  Enthält die Einhängepunkte für Wechseldatenträger wie CD-ROM-, DVD- und Diskettenlaufwerke.
- ***/mnt***
  Dieses Verzeichnis ist ein Einhängepunkt für statische Dateisysteme, zum Beispiel Partitionen von anderen Betriebssystemen oder Netzwerk-Shares (NFS, Samba usw.).

- ***/tmp***
  Hier ist Platz für temporäre Dateien von Benutzern und Programmen. Dieser Ordner wird beim Systemstart aufgeräumt.

- ***/var***
  Bietet eine weitere »Zwischenablage«, unter anderem für Druckaufträge, Logdateien und Mails. Was unter */var* liegt, wird mit Ausnahme von */var/tmp* beim Booten nicht gelöscht.

- ***/proc***
  Dieses virtuelle Dateisystem stellt eine Schnittstelle zum Kernel dar und liefert unter anderem Informationen über aktuell laufende Prozesse. Jeder Prozess hat hier ein Unterverzeichnis mit dem Namen der Prozess-ID.

- ***/sys***
  Es handelt sich ebenfalls um ein virtuelles Dateisystem, das eine generische Schnittstelle zu einzelnen Treibern anbietet.

- ***/home***
  Persönliche Daten
  Enthält die persönlichen Daten der Benutzer; in den Home-Verzeichnissen ist auch Platz für die persönliche Konfiguration der Anwendungen (meistens in versteckten Dateien oder Verzeichnissen).

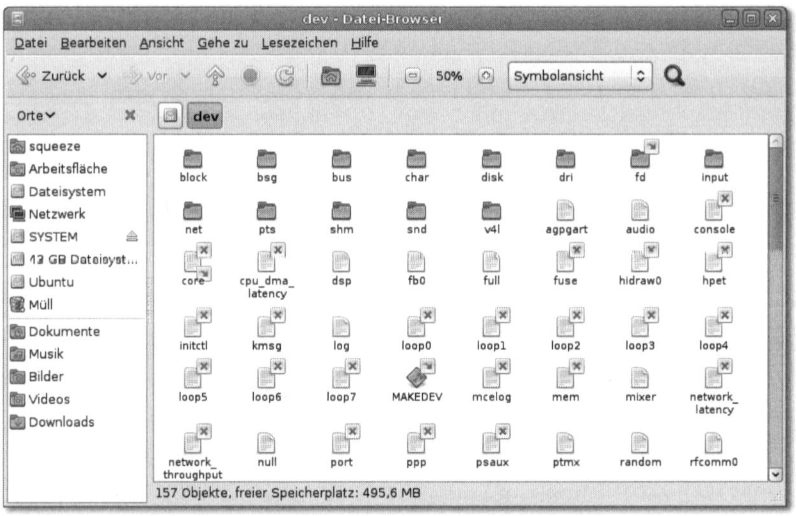

Abbildung 17.1 Die Gerätedateien in »/dev« sind die Schnittstellen zu den Geräten.

Linux verwendet im Gegensatz zu Windows keine Laufwerksbuchstaben, sondern bindet Datenträger, zum Beispiel die Partitionen einer Festplatte, USB-Medien, CDs oder DVDs, in den Verzeichnisbaum selbst ein. Dieses Mounten erfolgt entweder über einen manuellen Befehl, automatisch zur Laufzeit oder schon beim Booten. Reicht der Plattenplatz irgendwann nicht mehr aus, ist es kein Problem, eine zweite Platte einzubauen und diese unter einem neuen Mount-Punkt, wie zum Beispiel */mnt/filme*, einzuhängen.

Unter GNOME und KDE SC 4 mounten Sie Datenträger beispielsweise per Mausklick auf die entsprechenden Icons auf dem Desktop oder über den Dateimanager. Normalerweise ist ein Ein- und Aushängen von Hand jedoch nicht erforderlich, und die großen Desktopumgebungen mounten neu hinzugefügte Wechselmedien automatisch bzw. fragen nach, wie sie mit einem Gerät umgehen sollen. Alternativ mounten Sie von Hand auf der Shell. Die nächsten beiden Abschnitte verraten Tipps und Tricks zum Befehl `mount` und erklären den Aufbau der Datei */etc/fstab*, die eine Liste aller zu mountenden Dateisysteme enthält.

17.2.2 Datenträger einhängen – »mount«

Geben Sie auf der Kommandozeile einfach nur den Befehl `mount` ohne weitere Optionen ein, zeigt die Ausgabe, welche Datenträger gerade an welcher Stelle im Dateisystem eingehängt sind, zum Beispiel:

```
huhn@huhnix:~> mount
/dev/sda6 on / type ext4 (rw,errors=remount-ro)
...
/dev/sda8 on /home type ext4 (rw)
/dev/sr0 on /media/KNOPPIX type iso9660 (ro,nosuid,nodev,↩
uhelper=hal,uid=1000)
...
/dev/sda3 on /media/4838CAE938CAD55A type fuseblk (rw,↩
nosuid,nodev,allow_other,blksize=4096,default_permissions)
/dev/sdb1 on /media/Transcend type vfat (rw,nosuid,nodev,↩
uhelper=udisks,uid=1000,gid=1000,shortname=mixed,dmask=0077,↩
utf8=1,showexec,flush)
//192.168.2.5/huhn on /mnt/share type cifs (rw,mand)
```

Mount-Optionen

Am Anfang der Zeile steht jeweils der Name der Gerätedatei, gefolgt vom sogenannten Mount Point, also dem Ort im Linux-Verzeichnisbaum. Außerdem sehen Sie hier das Dateisystem des Datenträgers und die jeweiligen Mount-Optionen, zum Beispiel `rw` für »read write« (»lesen und schreiben«), `ro` für »read only« (»nur lesen«) oder `errors=remount-ro` (im Falle eines Dateisystemfehlers wird der Datenträger als »read only« neu gemountet, das Gerät kann also noch gelesen werden, Schreibzugriffe werden aber unterbunden, um weitere Schäden auszuschließen). Das

Listing zeigt beispielsweise, dass die Partition */dev/sda6* als Root-Partition (*/*) eingehängt ist, */dev/sda8* als */home* und dass ein CD-ROM-Laufwerk (*/dev/sr0*) nach */media/KNOPPIX* gemountet sind. Des Weiteren sehen Sie, dass die Geräte unterschiedliche Dateisysteme haben: Bei den Festplatten-Partitionen kommt `ext4` zum Einsatz; die CD verwendet das Dateisystem `iso9660`, den Standard für Daten-CDs/DVDs. Eine Besonderheit stellen die letzten Zeilen dar: */dev/sda3* ist eine NTFS-Partition, die über `ntfs-3g` gemountet wurde, */dev/sdb1* ist ein USB-Stick mit dem Dateisystem `vfat`, und die letzte Zeile des Listings zeigt eine Samba-Freigabe (siehe Kapitel 24 ab Seite 677), die nach */mnt/share* gemountet wurde.

Gerätenamen Die etwas kryptisch anmutenden Bezeichnungen für die Geräte unter */dev* ergeben sich aus dem Typ (zum Beispiel SATA oder IDE) und der Art der Partition (»primär«, »erweitert« oder »logisch«; siehe Abschnitt 3.7.1 ab Seite 70). Die Namen von SCSI/SATA-Festplatten und USB-Geräten beginnen mit *sd*, IDE-Geräte hießen früher *hd*, heute allerdings ebenfalls *sd*, und SCSI-CD/SATA-CD/DVD-Laufwerke *scd* bzw. *sr* (abhängig vom verwendeten Treiber). Partitionen haben außerdem Nummern: Die Ziffern 1 bis 4 stehen für die primären oder erweiterten Partitionen zur Verfügung, für die logischen Partitionen die Ziffern ab 5. Die folgende Tabelle zeigt verschiedene Gerätedateien im Linux-Verzeichnisbaum:

Dateiname	Gerät
/dev/sda	ganze erste SCSI/SATA/IDE-Festplatte
/dev/sda1	erste primäre Partition auf */dev/sda*
/dev/sda2	zweite Partition auf */dev/sda*, auf dem Testrechner eine erweiterte Partition mit logischen Partitionen
/dev/sda5	erste logische Partition, die zweite wäre dann */dev/sda6*, die dritte */dev/sda7* usw.
/dev/sdb	ganze zweite SCS-/SATA/IDE-Festplatte
/dev/sdb1	erste primäre Partition auf */dev/sdb*
/dev/scd0	erstes SCSI-CD/DVD-Laufwerk (oder */dev/sr0*)
/dev/scd1	zweites SCSI-CD/DVD-Laufwerk (oder */dev/sr1*)
/dev/ttyS0	erste serielle Schnittstelle
/dev/lp0	erster Parallelport
/dev/dsp	Soundkarte

Tabelle 17.1 Gerätedateien unter Linux

[«] Das Programm udev überwacht und wertet Hotplug-Ereignisse aus; udev legt darüber hinaus automatisch funktionale Links an, sodass Sie sich als Benutzer nicht unbedingt die genauen »physikalischen« Bezeichnungen merken müssen, sondern die Geräte auch an fremden Rechnern unter den funktionalen Namen finden. Ist */dev/sr0* beispielsweise ein CD-ROM-Laufwerk, so legt udev einen Symlink an, der auf */dev/sr0* verweist:

```
huhnix:~ # ls -la /dev/cdrom1
lrwxrwxrwx 1 root root 3 23. Feb 11:20 /dev/cdrom1 -> sr0
```

»udev« und HAL

Die in den folgenden Abschnitten gezeigten Handgriffe erledigt Debian GNU/Linux »Squeeze« dank udev und HAL (Hardware Abstraction Layer) automatisch, wenn Sie einen Wechseldatenträger (CD, DVD, USB usw.) einstecken oder einlegen. Sie benötigen dieses Hintergrundwissen daher nur, wenn Sie Geräte explizit von Hand mounten oder udev und HAL nicht verwenden wollen.

Festplatten-Partitionen bindet Linux beim Booten auf Wunsch automatisch ein. Auch für den Zugriff auf Disketten-, CD- und DVD-Laufwerke befindet sich in der Datei */etc/fstab* (siehe Seite 503) ein entsprechender Eintrag, der es »normalen« Benutzern erlaubt, diese zu mounten. Dort ist für diese Wechseldatenträger ebenfalls ein fester Mount-Punkt definiert, sodass für das manuelle Einhängen in der Regel das Kommando mount /media/cdrom0 oder mount /media/cdrom1 ausreicht, um den Datenträger auf der Konsole mit dem System bekannt zu machen.

USB-Medien mounten

Für USB-Geräte finden Sie hier in der Voreinstellung keinen Eintrag; werden diese nach dem Einstecken nicht automatisch gemountet, können Sie diese von Hand einhängen, indem Sie nach dem Einstecken den Namen der Gerätedatei und einen frei wählbaren Mount-Punkt im Verzeichnisbaum angeben. Unter welchem Namen sich das Gerät anmeldet, finden Sie beispielsweise heraus, indem Sie als Administrator einen Blick in das Logfile */var/log/messages* werfen. Kurz nach dem Einstecken des USB-Geräts sollten Sie dort Meldungen dieser Art sehen:

```
Feb 23 13:19:39 localhost kernel: [15406.776133] usb 1-1: ↩
New USB device found, idVendor=058f, idProduct=6387
...
Feb 23 13:19:39 localhost kernel: [15406.777435] scsi3 : ↩
SCSI emulation for USB Mass Storage devices
...
Feb 23 13:19:44 localhost kernel: [15411.785094] ↩
sd 3:0:0:0: [sdb] Write Protect is off
```

Um das Gerät von Hand einzuhängen, schauen Sie sich am besten */dev/sdb* etwas genauer an. Dazu nehmen Sie als Systemverwalter das Programm `fdisk` zu Hilfe:

```
huhnix:~ # fdisk -l /dev/sdb
Disk /dev/sdb: 16.1 GB, 16064184320 bytes
...
/dev/sdb1   *        32    121141    15683584    b  W95 FAT32
```

Mount-Punkt anlegen

Sie mounten die vorhandene Partition */dev/sdb1* nun über das Kommando `mount /dev/sdb1 /media/usb`. Beachten Sie, dass dieser Ort existieren muss, damit der Datenträger dort eingehängt werden kann. Im Zweifelsfall legen Sie den Mount-Punkt als Administrator über `mkdir /media/usb` an. In der Regel erkennt der Linux-Kernel selbstständig, welches Dateisystem sich auf dem Medium befindet. Sollten Sie aus irgendeinem Grund beim Mounten ein Dateisystem angeben müssen, lautet der Parameter dazu `-t`:

```
mount -t vfat /dev/sdb1 /media/usb
```

Außer der Angabe `vfat` für MS-DOS-VFAT-Systeme sind unter anderem die folgenden Dateisystemspezifikationen möglich:

- **ext2**
  Ext2 (second extended filesystem)
- **ext3**
  Ext3 (third extended filesystem), Ext2-Nachfolger mit Journaling
- **ext4**
  Ext4 (fourth extended filesystem), Journaling-Dateisystem, das im Wesentlichen auf Ext3 und damit auch auf Ext2 basiert; Ext4 unterstützt Partitionen, die bis zu 1024 Petabyte (1 Exabyte) groß sind.
- **reiserfs**
  Reiser Filesystem, Journaling-Dateisystem
- **iso9660**
  ISO-9660, Standard für CDs
- **udf**
  Universal Disk Format, Dateisystem, das vor allem bei DVDs verwendet wird
- **ntfs**
  NT Filesystem, Dateisystem unter Windows NT, 2000 und XP

- **hpfs**
  High Performance Filesystem, Dateisystem von OS/2
- **minix**
  Minix-Dateisystem; Minix ist ein Unix-ähnliches Betriebssystem, das in den 1980ern von Andrew S. Tanenbaum programmiert wurde; das Minix-Dateisystem basiert auf den Strukturen des Unix-Dateisystems unter Auslassung komplexer Funktionen und wurde bis zur Einführung von Ext unter Linux eingesetzt.
- **nfs**
  Network Filesystem, verteiltes Dateisystem, das den Zugriff auf Dateien über ein Netzwerk ermöglicht
- **auto**
  Der Kernel versucht, automatisch den richtigen Typ zu erkennen.
- **swap**
  Dateisystem für die Auslagerungsdatei (Swap), wird nicht gemountet.

[!] Bevor Sie einen Wechseldatenträger entfernen, sollten Sie das Gerät immer ordentlich aushängen, da ständig Lese- und/oder Schreibzugriffe auf das Medium stattfinden können. Schubladen von CD- und DVD-Laufwerken blockieren automatisch, solange sie gemountet sind; bei USB-Medien und Disketten müssen Sie im Zweifelsfall selbst darauf achten, das Gerät auszuhängen, bevor Sie es abziehen oder auswerfen.

»umount« Der entsprechende Befehl zum Aushängen heißt `umount`; als Parameter übergeben Sie beispielsweise den Mount-Punkt. So hängen Sie ein CD-Laufwerk über

```
umount /media/cdrom
```

wieder aus. Einen USB-Stick, der nach */media/usb* gemountet wurde, werden Sie entsprechend mit

```
umount /media/usb
```

wieder los. Wenn Sie ein Gerät als Administrator ins Dateisystem eingebunden haben, beachten Sie, dass Sie den `umount`-Befehl ebenfalls mit Root-Rechten ausführen müssen.

Das Programm `mount` bietet zahlreiche Optionen: So hängen Sie ein Dateisystem beispielsweise mit `-r` (oder `-o ro`) als »read-only« (nur Lesezugriff) und mit `-w` (oder `-o rw`) als »read-write« (Lesen und Schreiben erlaubt) ein. Optionen hinter dem Parameter `-o` können als Liste und durch Kommata voneinander getrennt angegeben werden. Ist beispielsweise ein

Dateisystem »read-write« gemountet und wollen Sie den Schreibzugriff entfernen, so kombinieren Sie `remount` und die neuen Optionen, zum Beispiel:

```
mount -o remount,ro /mnt
```

[+] Es ist praktisch, dass Sie mit `mount` auch Imagedateien einhängen können: Zusammen mit der Option `-o loop` bindet der Befehl ISO-Images ins Dateisystem ein, sodass Sie diese beispielsweise vor dem Brennen auf eventuelle Fehler hin untersuchen können (siehe Abschnitt 14.7.3 ab Seite 458). Der Befehl lautet `mount -o loop,ro image.iso /mnt/tmp`, um das Image beispielsweise unter */mnt/tmp* zu mounten. Das Verzeichnis */mnt/tmp* muss existieren, damit das klappt.

Alternative zu Gerätenamen

UUID und Label

Die Namensgebung von Geräten ist nicht endgültig, die Bezeichner können sich durchaus ändern, vor allem bei Wechseldatenträgern oder auch dann, wenn Sie ein Kabel im Rechner umstecken. Aus diesem Grund können Sie ein Gerät auch über seine UUID oder das Label (siehe Abschnitt 2.1.2 ab Seite 42) ansprechen. Der Universally Unique Identifier besteht aus einer 16 Byte großen Zahl, die beispielsweise so aussieht:

```
f71f5bf6-7f13-4e38-a4e8-524ba04c0285
```

Während sich die Gerätedateinamen unterhalb von */dev* ändern können, ist der UUID von jedem Linux-Dateisystem eindeutig. Auch Debian GNU/Linux »Squeeze« spricht die vorhandenen Dateisysteme inklusive Swap sowohl in der Datei */etc/fstab* (siehe nächster Abschnitt) als auch in den Konfigurationsdateien des Bootloaders GRUB (siehe Kapitel 26 ab Seite 723) über den UUID an. Über das Kommando `/sbin/blkid`, das Sie mit seinem vollen Pfad aufrufen, zeigen Sie die Identifikatoren der vorhandenen Dateisysteme an:

```
huhn@huhnix:~> /sbin/blkid
/dev/sda1: LABEL="RECOVERY" UUID="DE22C7A022C77C51" ↩
TYPE="ntfs"
/dev/sda2: LABEL="SYSTEM" UUID="8024C8D224C8CBFA" TYPE="ntfs"
/dev/sda3: UUID="4838CAE938CAD55A" TYPE="ntfs"
/dev/sda5: LABEL="Ubuntu" UUID="572302e7-387b-4e7b-aba5-↩
38a603a99eb7" TYPE="ext4"
/dev/sda7: UUID="e90ff6f8-a0a8-4402-be7b-8cafb6f58877" ↩
TYPE="swap"
/dev/sda6: LABEL="Debian" UUID="f71f5bf6-7f13-4e38-a4e8-↩
524ba04c0285" TYPE="ext4"
```

```
/dev/sda8: UUID="f14fe6b5-f835-43c2-afed-7de7e1c321af" ↩
TYPE="ext4"
/dev/sdb1: LABEL="Transcend" UUID="5554-B4C1" TYPE="vfat"
```

[«] Wie das Listing zeigt, sehen die UUIDs für (V)FAT- und NTFS-Dateisysteme anders aus. Windows verwendet keine UUIDs, sondern die sogenannte »Volume Serial Number«, die der Linux-Dateisystemtreiber als Ersatz verwendet. Die NTFS-Serial-Number ist 8 Bytes groß, die (V)FAT-Nummer 4 Bytes.

17.2.3 Die Datei »/etc/fstab«

File System Table

In der Datei */etc/fstab* (File System Table) finden Sie Einträge für die zu mountenden Datenträger bzw. Partitionen – mitsamt allen Optionen. Weiterhin stehen hier Definitionen für Dateisysteme, die der Kernel benötigt. Dazu gehören beispielsweise `tmpfs` für */tmp* und `proc` für */proc*. Haben Sie bei der Installation von Debian GNU/Linux »Squeeze« das System auf verschiedene Partitionen verteilt, könnte die *fstab* beispielsweise wie in der folgenden Abbildung aussehen. Deutlich zu sehen ist, dass die Gerätedateien unter */dev* nur in den Kommentaren hinter den Rautezeichen (#) stehen und Linux die bei der Installation eingetragenen Dateisysteme über ihre UUIDs anspricht (siehe voriger Abschnitt).

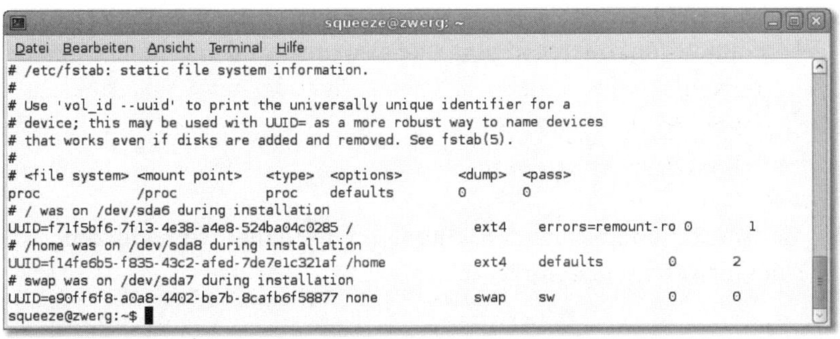

Abbildung 17.2 Die Datei »/etc/fstab« enthält unter anderem Einträge für die Partitionen der Festplatte(n).

Wechseldatenträger, wie CDs oder DVDs, tauchen nach wie vor unter dem Namen der Gerätedatei in der */etc/fstab* auf, beispielsweise so:

```
/dev/scd0    /media/cdrom0   udf,iso9660   user,noauto   0  0
```

Die erste Spalte zeigt die zu mountenden Geräte an, die zweite die entsprechenden Mount Points (`none` für die Swap-Partition), und in der dritten Spalte sehen Sie das Dateisystem. In der Regel reicht hier `auto`, und der Kernel erkennt den Typ automatisch. Alternativ geben Sie das Dateisystem beispielsweise über `ext2`, `ext3`, `reiserfs`, `vfat`, `ntfs` usw. an (siehe Seite 500 in diesem Kapitel).

Mount-Optionen

Anschließend folgen die jeweiligen Mount-Optionen, von denen Sie einige ebenfalls schon in den vorigen Abschnitten kennen gelernt haben. Mehrere Optionen dürfen hintereinander und durch Kommata voneinander abgetrennt angegeben werden. Die wichtigsten Optionen zur Steuerung des Mount-Vorgangs sind:

- **defaults**
  Steht für die Voreinstellungen (entspricht `rw`, `suid`, `dev`, `exec`, `auto`, `nouser`, `async`).
- **user**
  Das Gerät darf von »normalen« Benutzern (ohne Root-Rechte) gemountet werden; nur Root oder der Benutzer, der es gemountet hat, darf es auch wieder aushängen.
- **nouser**
  Verweigert »normalen« Benutzern das Einhängen (Voreinstellung).
- **ro**
  Nur lesender Zugriff ist möglich (»read-only«).
- **rw**
  Lese- und Schreibberechtigung (»read-write«) sind gegeben.
- **auto**
  Das Dateisystem wird automatisch beim Booten gemountet.
- **noauto**
  Wird nicht automatisch beim Booten eingehängt (sinnvoll zum Beispiel für Wechseldatenträger).
- **exec**
  Programme auf diesem Dateisystem dürfen ausgeführt werden.
- **noexec**
  Das Ausführen von Programmen von dieser Partition ist nicht gestattet.

Das fünfte Feld definiert, ob das Dateisystem von `dump` (zur Erstellung von Backups) bearbeitet wird. Da dieses Programm nur noch selten zum Einsatz kommt, behalten Sie die Standardeinstellung `0` für sämtliche Dateisysteme bei. In der sechsten und letzten Spalte wird schließlich eingerichtet, in welcher Reihenfolge das Tool `fsck` die Dateisysteme beim Booten überprüft: Eine `0` bedeutet, dass das Dateisystem nicht geprüft wird (sinnvoll für die Swap-Partition oder CDs/DVDs), die Root-Partition sollte eine `1` haben, damit sie zuerst überprüft wird, und alle anderen Dateisysteme haben eine `2`, kommen also danach.

[+] FAT-Dateisysteme kennen im Gegensatz zu Linux-Systemen keine Dateibesitzer oder Gruppen – wenn Sie derartige Dateisysteme mit den Standardeinstellungen mounten, darf lediglich der Administrator schreibend auf die Daten zugreifen, und alle anderen dürfen nur lesen. Wenn Sie beispielsweise eine Windows-Partition oder einen USB-Stick mit einer FAT-Partition zur Datei */etc/fstab* hinzufügen, können Sie über die Optionen `uid` beziehungsweise `gid` direkt einen Besitzer und/oder eine Gruppenzugehörigkeit definieren.

Eintrag für FAT-Partitionen

Um für Ihren »normalen« Benutzeraccount Lese- und (nur für FAT-Partitionen auch) Schreibrechte einzurichten, definieren Sie im `fstab`-Eintrag den Besitzer der Datei (Ihr eigener Benutzername) und Ihre Standardgruppe (siehe dazu auch die folgenden Abschnitte). Optional geben Sie eine `umask` an (siehe Abschnitt 17.3.6, ab Seite 515), um pauschal bestimmte Rechte zu setzen – in der Regel werden diese aber automatisch richtig gewählt. Ein Eintrag für eine FAT-Partition auf einem USB-Stick, die beim Booten und beim Einstecken automatisch eingebunden wird, könnte beispielsweise wie folgt aussehen:

```
#Eintrag für USB-Stick:
/dev/sdb1    /media/Transcend    vfat    user,uid=squeeze,↩
gid=squeeze     0 2
```

Beachten Sie, dass Sie damit das automatische Einhängen per `udev` für den dort angegebenen Benutzer unterbinden. Stecken Sie das USB-Medium nun ein, mountet das System das Medium mit Ihren Vorgaben. Da Sie als Einhängepunkt ein Verzeichnis unterhalb von */media* gewählt haben, taucht auf dem GNOME-Desktop ein Icon für das Gerät auf. Ersetzen Sie */media* durch */mnt*, wenn Sie diesen Automatismus nicht wünschen.

KDE SC 4 verfährt anders mit den Wechseldatenträgern. Nach dem Einstecken sehen Sie einen Hinweis im Systemabschnitt der Kontrollleiste, der über das Speichermedium informiert und verschiedene Aktionen vorschlägt. Ist in der *fstab* für ein Medium ein fester Benutzer definiert, ein anderer an der grafischen Oberfläche angemeldet, und steckt dieser den Stick ein, mountet das System das Medium wieder automatisch und hängt es unter einem anderen Mount-Punkt unterhalb von */media* ein.

Soll eine Partition nur bei Bedarf eingehängt werden, fügen Sie dem Eintrag die Option `noauto` hinzu:

```
/dev/sdb1... noauto,user,uid=squeeze,gid=squeeze...
```

Anschließend dürfen »normale« Benutzer die Partition über den Befehl `mount /media/Transcend` einhängen; die Dateien gehören danach dem Benutzer und der Gruppe `squeeze`. Den Mount-Punkt erstellen Sie als Administrator über `mkdir /media/Transcend`, falls dieser noch nicht existiert.

Eintrag für NTFS-Partitionen

Wenn Sie ein Dual-Boot-System mit einer Windows-Installation eingerichtet haben und von Debian GNU/Linux auf die NTFS-Partitionen zugreifen wollen, rüsten Sie über den Paketmanager die Pakete *ntfs-3g* und optional *ntfsprogs* nach. Legen Sie danach als Systemadministrator Root ein neues Verzeichnis an, in das Sie die Windows-Partition einhängen können, z. B.:

```
mkdir /mnt/windows
```

Anschließend ermitteln Sie mithilfe des Kommandos `fdisk` den Namen der Gerätedatei der NTFS-Partition:

```
huhnix:~ # fdisk -l | grep NTFS
/dev/sda2   *       1959      1972     102400    7  HPFS/NTFS
/dev/sda3           1972      7193   41943040    7  HPFS/NTFS
```

Im Beispiel handelt es sich um eine Parallelinstallation von Windows 7, die zwei Partitionen belegt. Bei der kleineren (der ersten im Listing) handelt es sich um das sogenannte Windows Recovery Environment, das Sie benötigen, wenn das installierte Betriebssystems nicht mehr startet. Auf */dev/sda3*, dem weitaus größeren Abschnitt, liegen die eigentlichen Daten. Mounten Sie die Partition testweise über den folgenden Befehl:

```
huhnix:~ # mount -t ntfs-3g /dev/sda3 /mnt/windows
huhnix:~ # mount
...
/dev/sda3 on /mnt/windows type fuseblk (rw,allow_other,↩
blksize=4096)
```

Die Zugriffsrechte setzt `ntfs-3g` in der Voreinstellung automatisch so, dass alle Benutzer lesen, schreiben und ausführen dürfen. Ist dies nicht gewünscht, zeigt die `ntfs-3g`-Manpage Beispiele, wie Sie mit dem Parameter `-o` zusätzliche Optionen beim Mounten übergeben. Hängen Sie an den Befehl beispielsweise `-o ro,uid=1000,gid=1000` an, ist die Partition anschließend für alle nur lesbar gemountet, und die Dateien gehören dem Benutzer und der Gruppe mit der ID 1000. (In der Voreinstellung ist das der bei der Installation angelegte Account, wie der Befehl `id` auf der Kommandozeile verrät.)

[«] Lassen Sie sich nicht von der Anzeige im Dateimanager oder dem Befehl `ls -l` täuschen – die Zugriffsrechte sehen so aus, als dürfe hier jeder lesen, schreiben und ausführen. Das liegt daran, dass man natürlich die Rechte der Daten auf einem nur lesbar eingebundenen Dateisystem nicht ändern kann – es ist ja nur lesbar. Dass die Partition tatsächlich »read-only« gemountet ist, überprüfen Sie schnell mit dem Kommando `touch`:

```
huhnix:~ # touch /mnt/windows/foo.txt
touch: kann »/mnt/windows/foo.txt« nicht berühren: Das ⤶
Dateisystem ist nur lesbar
```

Um die Partition schon beim Booten einzuhängen, fügen Sie die folgende Zeile zur Datei */etc/fstab* hinzu:

```
/dev/sda3   /mnt/windows  ntfs-3g  ro,uid=1000,gid=1000   0 0
```

17.3 Zugriffsrechte

Ein detailliertes Rechtesystem regelt unter Linux genau, wer was darf und Zutritt zu welchen Bereichen hat. Dabei wird zum einen festgelegt, wer Daten lesen, verändern und ausführen darf. Zum anderen verteilt Linux diese Rechte nicht nur an die jeweiligen Eigentümer der Daten, sondern unterscheidet noch genauer zwischen Benutzergruppen und allen anderen Benutzern, die nicht in eine der beiden ersten Kategorien passen. Der Administrator Root darf natürlich alles. Es gibt im Wesentlichen drei Rechte, die differenziert vergeben werden:

- **Lesen (»r«, englisch »to read«)**
  Der Inhalt einer Datei oder eines Ordners darf am Bildschirm angezeigt und kopiert werden. Verzeichnisse sollten gegebenenfalls darüber hinaus auch ein »x« haben (siehe unten), andernfalls kann nur eine Dateiliste angezeigt werden.

- **Schreiben (»w«, englisch »to write«)**
  Eine Datei oder ein Verzeichnis darf verändert und wieder abgespeichert sowie gelöscht werden.

- **Ausführen (»x«, englisch »to execute«)**
  Programme dürfen ausgeführt werden, für Verzeichnisse heißt »ausführbar«, dass Sie hineinwechseln können. Zusätzlich ist das »r«-Flag nötig, damit Sie den Inhalt des Ordners betrachten dürfen.

Über Gruppen können Rechte noch gezielter verteilt werden. So erhalten beispielsweise ausschließlich Mitglieder der Gruppe *audio* über die Gerätedatei */dev/dsp* Zugang zur Soundkarte, und auf CD/DVD-ROM-Laufwerke dürfen nur Mitglieder der Gruppe `cdrom` zugreifen. In welchen Gruppen Ihr Benutzeraccount Mitglied ist, erfahren Sie mit dem Befehl `groups` (siehe Abschnitt 17.3.3 ab Seite 513).

Einen schnellen Überblick über die Zugriffsrechte verschaffen Sie sich beispielsweise mit dem Programm `ls` auf der Kommandozeile (siehe Abschnitt 18.2.3 ab Seite 574):

```
huhn@huhnix:~> ls -l
insgesamt 97232
-rw-r--r--  1 huhn huhn   ... bild.png
drwxr-xr-x  2 huhn huhn   ... bin
-rw-------  1 huhn huhn   ... diff.diff
drwxrwx---  5 huhn audio  ... musik
lrwxrwxrwx  1 huhn huhn   ... foto.png -> huhn.jpg
drwx------  2 huhn huhn   ... Mail
...
```

Für die einzelnen Dateien und Ordner (auf der Kommandozeile kenntlich gemacht durch das vorangestellte `d`, wie englisch »directory«) sehen Sie jeweils drei Dreiergruppen, bestehend aus `r`, `w` und `x`. Wo die Rechte nicht gesetzt sind, steht ein Bindestrich. Die erste Buchstabengruppe zeigt die Zugriffsrechte für den Eigentümer (`huhn`) an, die zweite Gruppe repräsentiert die Gruppe und die dritte die Rechte für alle anderen. Im Beispiel ist die Datei *diff.diff* nur für den Eigentümer `huhn` les- und schreibbar, und der Ordner *musik* bietet lediglich Zugriff für den Eigentümer und Mitglieder der Gruppe `audio`. Die Datei *foto.png* hat als ersten Buchstaben ein `l`, es handelt sich hier um einen symbolischen Link auf die Datei *huhn.jpg*, deren Zugriffsrechte letztendlich auch gelten.

Priorität der Zugriffsrechte

Die Rechte für Besitzer, Gruppen und alle anderen haben eine unterschiedliche Priorität: Sind Sie der Besitzer einer Datei, so gelten die gesetzten Rechte für den Eigentümer (die erste Dreiergruppe). Sind Sie nicht der Besitzer, aber Mitglied der Gruppe, so gelten die Gruppenrechte (zweite Dreiergruppe). Nur wenn Sie weder der Eigentümer der Datei noch Mitglied der Gruppe sind, gilt die dritte Rechtegruppe (für alle anderen). Das heißt im Klartext: Eine Datei mit den Rechten `-r--rw-rw-` darf von Mitgliedern der Gruppe und von allen anderen, die nicht Mitglied der Gruppe oder Eigentümer sind, gelesen und verändert werden; nur der Besitzer selbst hat ausschließlich Leserechte.

Diese ausführlichen Informationen blenden auf Wunsch auch Dateimanager wie Nautilus und Dolphin ein. Im GNOME-Dateimanager schalten Sie in den Einstellungen (Reiter LISTENSPALTEN) sowohl die numerische (siehe dazu auch Abschnitt 17.3.2 ab Seite 512) als auch die symbolische Darstellung ein. Danach wechseln Sie über das Menü ANSICHT zu LISTE. In Dolphin können Sie für jede Darstellung über ANSICHT • ANSICHT ANPASSEN per Klick auf ZUSÄTZLICHE INFORMATIONEN die Zugriffsrechte, Eigentümer und Gruppe usw. aktivieren.

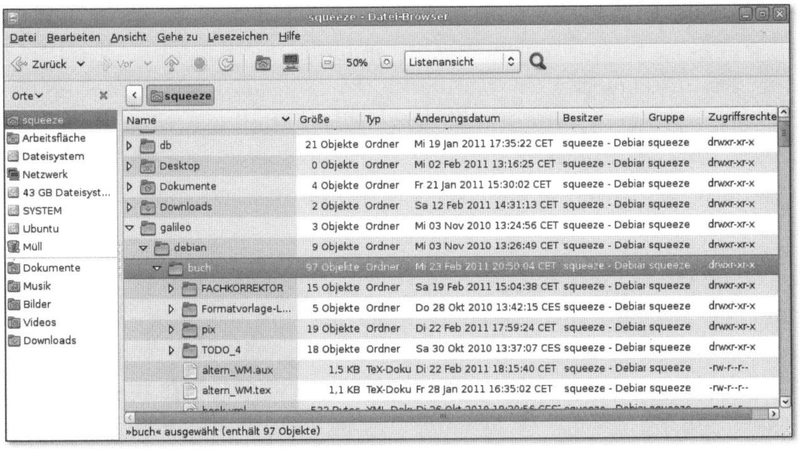

Abbildung 17.3 Auch der Dateimanager (hier Nautilus auf dem GNOME-Desktop) zeigt die Zugriffsrechte übersichtlich an.

17.3.1 Spezialrechte

Außer Lesen, Schreiben und Ausführen kennt Linux noch zwei Spezialrechte, die sogenannten `s`- und `t`-Bits. Das `s`-Bit, auch Setuid/Setgid-Bit genannt, ist eine spezielle Zusatzangabe für ausführbare Dateien. Es ersetzt für den Eigentümer beziehungsweise die Gruppe das `x`. Anschließend läuft das Programm immer mit den Rechten des Dateieigentümers oder der Gruppe – egal, wer es ausführt. »s«- und »t«-Bit

Ein potenzielles Sicherheitsrisiko stellt dies dar, wenn Sie als Administrator das Setuid-Bit für Programme setzen, die Root gehören, da sämtliche Benutzer dieses Programm nun mit den Rechten des Systemverwalters ausführen dürfen. [!]

Sinnvoll ist das `s`-Bit aber dennoch. So ist es beispielsweise für die Programme `su`, `sudo`, `mount` und `passwd` eingerichtet:

```
huhn@huhnix:~> ls -l /bin/su
-rwsr-xr-x 1 root root 29152 15. Feb 21:50 /bin/su
huhn@huhnix:~> ls -l /usr/bin/sudo
-rwsr-xr-x 2 root root 144740 27. Jan 03:44 /usr/bin/sudo
huhn@huhnix:~> ls -l /bin/mount
-rwsr-xr-x 1 root root 68316 25. Jan 20:19 /bin/mount
huhn@huhnix:~> ls -l /usr/bin/passwd
-rwsr-xr-x 1 root root 34740 15. Feb 21:50 /usr/bin/passwd
```

Das Programm `passwd` beispielsweise muss auf die Datei */etc/shadow* (siehe Abschnitt 17.4.2 ab Seite 518) schreibenden Zugriff haben, um ein neues Kennwort dort einzutragen. Standardmäßig darf diese Datei aber nur vom Systemverwalter verändert werden, da sonst jeder die Passwörter manipulieren könnte. Durch Setzen des Setuid-Bits wird die Benutzerkennung des Prozesses in die des Besitzers, also `root`, umgewandelt, sodass `passwd` nun »im Auftrag« des Administrators */etc/shadow* öffnet und schreibt.

»t«-Bit für »/tmp«

Das `t`-Bit (auch Sticky-Bit genannt, »sticky« wie englisch »klebrig«) taucht ebenfalls anstelle des `x`-Flags auf. In der Regel ist das Sticky-Bit für Verzeichnisse wie */tmp* gesetzt. Hier liegen für gewöhnlich temporäre Dateien mehrerer Benutzer, darum haben alle Lese-, Schreib- und Ausführrechte, dürfen theoretisch daher auch alles löschen. Das `t`-Bit sorgt nun dafür, dass die Benutzer lediglich ihre eigenen Dateien löschen dürfen (oder solche, für die sie eine explizite Schreiberlaubnis haben). Achtung: Wenn Sie der Eigentümer eines Ordners mit `t`-Bit sind, betrifft Sie diese Einschränkung nicht und Sie dürfen in jedem Fall dort aufräumen.

```
huhn@huhnix:~> ls -ld /tmp/
drwxrwxrwt 20 root root 4096 23. Feb 21:29 /tmp/
```

17.3.2 Rechte ändern mit »chmod«

Das Kommando `chmod` verändert die Zugriffsrechte von Dateien und Verzeichnissen. Aus Sicherheitsgründen darf nur der Eigentümer beziehungsweise der Systemadministrator diesen Befehl verwenden. Für den Eigentümer (der nicht Root ist) gilt zusätzlich die Einschränkung, dass er befugt sein muss, zum Beispiel weil er Mitglied der anderen Gruppe ist. Als Parameter übergeben Sie dem Befehl die neuen Zugriffsrechte (symbolisch oder numerisch) und eine oder mehrere Dateien bzw. Ordner.

Symbolisch für Recht sorgen

Um zu definieren, wessen Rechte verändert werden sollen, verwenden Sie in der symbolischen Schreibweise die Buchstaben `u` (»user« = Eigentümer), `g` (»group« = Gruppe) und `o` (»others« = alle anderen); Kombinationen sind erlaubt, indem Sie die Buchstaben ohne Leerzeichen hintereinander schreiben. Als Nächstes folgt entweder ein Pluszeichen (Rechte kommen hinzu), ein Minuszeichen (Rechte werden weggenommen) oder ein Gleichheitszeichen (setzt genau die im Aufruf definierten Rechte). Die Rechte selbst spezifizieren Sie über `r`, `w`, `x`, `s` und `t`. So erteilen Sie mit

```
chmod g+rw datei
```

der Gruppe Lese- und Schreibrechte für *datei*; entsprechend nehmen Sie nur die Schreibrechte mit

```
chmod g-w datei
```

wieder weg. Um eine Datei für den Eigentümer, die Gruppe und alle anderen ausführbar zu machen, tippen Sie entweder

```
chmod ugo+x datei
```

oder ersetzen die Buchstaben `ugo` durch die Abkürzung `a`, wenn Sie »alle« meinen. Anstelle von `ugo` oder `a` können Sie die Angabe, wessen Rechte gemeint sind, auch ganz weglassen, wenn die Anweisung alle Anwender betrifft. So erledigt zum Beispiel ein `chmod +x` dasselbe wie `chmod ugo+x` oder `chmod a+x`. Indem Sie Parameter durch Kommata voneinander trennen, können Sie mehrere Aufgaben in nur einem Befehl erledigen. So setzt `chmod ug=rx,u+s datei` für den Eigentümer und die Gruppe Lese- und Ausführrechte und zusätzlich das Setuid-Bit, also das `s`-Bit, für den Eigentümer.

Rekursion

Soll `chmod` ganze Verzeichnisse rekursiv bearbeiten, definieren Sie dies mit der Option `-R`. So nehmen Sie einem Ordner und allen darin enthaltenen Dateien und Unterverzeichnissen mit dem folgenden Kommando die Lese-, Schreib- und Ausführrechte für alle anderen Benutzer auf dem System:

```
chmod -R o-rwx ordner
```

[!]

Wenn Sie rekursiv das `x`-Flag entziehen und dabei `a-x` einsetzen, nehmen Sie sich auch selbst die Ausführrechte und verhindern so, dass Sie in den Ordner hineinwechseln können. Bevor `chmod` die erste Datei im Verzeichnis erreicht, haben Sie sich also bereits ausgesperrt:

```
huhn@huhnix:~> chmod -R a-x ordner
chmod: kann Verzeichnis »ordner« nicht lesen: Keine ↩
Berechtigung
```

Sollen daher nur alle Dateien eines Ordners (und seiner Unterverzeichnisse) rekursiv bearbeitet werden, nehmen Sie das Kommando `find` zur

Hilfe (siehe Abschnitt 18.5.1 ab Seite 587): Suchen Sie zunächst mit der Option `-type f` im Verzeichnis und in den Unterverzeichnissen nach Dateien (»f« wie »file« = »Datei«), und wenden Sie den Befehl `chmod` dann auf die Suchergebnisse an:

```
find ordner -type f -exec chmod a-x \{\} +
```

Malen nach Zahlen

Oktalzahlen Neben der symbolischen Schreibweise versteht `chmod` auch die Angabe von drei- oder vierstelligen Oktalzahlen. In diesem Zahlensystem ist 8 die Basis, es werden also nur acht Ziffern (0 bis 7) verwendet, sodass in dieser Darstellung auf 7 bereits 10 folgt. Anstelle der Buchstaben `u`, `g` und `o` verwenden Sie Ziffern im `chmod`-Aufruf und setzen damit alle Rechte mit einem Befehl komplett neu. Die Zahlen ergeben sich dabei jeweils aus der Summe aus `4` (Leserechte), `2` (Schreibrechte) und `1` (Datei darf ausgeführt werden). Die erste Ziffer steht für den Eigentümer, die zweite für die Gruppe und die dritte für alle anderen Anwender. So lässt sich etwa `644` in `-rw-r--r--` und `777` in `-rwxrwxrwx` übersetzen. Statt des Kommandos `chmod u=rwx,go=x` schreiben Sie also alternativ:

```
chmod 755 datei
```

Die folgende Tabelle stellt Symbole und Oktalzahlen gegenüber.

Oktalzahl	Symbole
0	`---`
1	`--x`
2	`-w-`
3 (= 2+1)	`-wx`
4	`r--`
5 (= 4+1)	`r-x`
6 (= 4+2)	`rw-`
7 (= 4+2+1)	`rwx`

Tabelle 17.2 Zugriffsrechte numerisch und symbolisch

Die beiden Spezial-Flags `s` und `t` stehen als weitere Ziffer vor der Dreiergruppe. Dabei setzt `4` das `s`-Bit für den Eigentümer (Setuid-Bit), `2` das `s`-Bit für die Gruppe (Setgid-Bit) und `1` das `t`-Bit, zum Beispiel:

```
huhn@huhnix:~> ls -l datei
-rw-r--r--  1 huhn huhn ... datei
huhn@huhnix:~> chmod 4755 datei
huhn@huhnix:~> ls -l datei
-rwsr-xr-x  1 huhn huhn ... datei
```

Alle dürfen die Datei nun lesen und ausführen; zusätzlich ist das `s`-Bit für den Eigentümer gesetzt.

17.3.3 Gruppenzugehörigkeit mit »chgrp« ändern

»groups«

Die Gruppenzugehörigkeit von Dateien und Verzeichnissen verändern Sie mit dem Programm `chgrp`. Als Sicherheitsmaßnahme beinhaltet Linux hier eine Einschränkung und erlaubt diese Änderungen nur, wenn Sie selbst Mitglied in der Gruppe sind, und natürlich hat der Systemverwalter wieder freie Hand. In welchen Gruppen Sie Mitglied sind, erfahren Sie, wenn Sie auf der Kommandozeile `groups` eingeben:

```
squeeze@zwerg:~> groups
squeeze dialout cdrom floppy audio dip video plugdev ➘
netdev bluetooth scanner
```

Der Benutzer `squeeze` darf also eigene Dateien den Mitgliedern der Gruppen `squeeze`, `dialout`, `cdrom`, `floppy`, `audio`, `dip`, `video`, `plugdev`, `netdev`, `bluetooth` und `scanner` zur Verfügung stellen. Der Befehl `chgrp` erwartet zunächst Angaben zur neuen Gruppe und dann den Namen der Datei(en) beziehungsweise des Verzeichnisses/der Verzeichnisse, zum Beispiel:

```
chgrp audio ordner
```

Wollen Sie rekursiv den Inhalt des Ordners erfassen, so setzen Sie den Parameter `-R` ein, schreiben also `chgrp -R audio ordner`.

17.3.4 Besitzer und Gruppe mit »chown« ändern

Der Systemverwalter Root darf mit dem Kommando `chown` Dateieigentum »verschenken« und einen neuen Besitzer und eine neue Gruppe definieren. Um eine Datei dem Benutzer `huhn` zu schenken, tippen Sie als Administrator `chown huhn datei`; um direkt im selben Aufruf eine neue Gruppe zu definieren, hängen Sie den Namen der Gruppe, abgetrennt durch einen Doppelpunkt, an den Benutzernamen an:

```
chown huhn:audio datei
```

Auch bei diesem Programm sorgt die Option `-R` für rekursive Veränderung bis in den letzten Winkel.

[+] Selbst »normale« Benutzer können `chown` (innerhalb ihrer Möglichkeiten) verwenden. Der Befehl `chown huhn:audio datei` ändert die Gruppenzugehörigkeit von *datei*. Der Benutzer `huhn` darf das Kommando ausführen, wenn er Mitglied der Gruppe `audio` ist und ihm die Datei gehört.

17.3.5 Dateieigenschaften per Mausklick ändern

Besitzer und Gruppenzugehörigkeit sowie die Zugriffsrechte können Sie auch mit einem Dateimanager wie Dolphin oder Nautilus verändern. Als »normaler« Benutzer dürfen Sie natürlich nur die eigenen Daten manipulieren. Auch grafische Programme können Sie mit Administratorrechten starten (siehe Abschnitt 17.4.10 ab Seite 529). Wenn Sie mit der rechten Maustaste auf eine Datei oder ein Verzeichnis klicken, öffnet sich ein Kontextmenü. In diesem wählen Sie den Eintrag EIGENSCHAFTEN aus, wechseln dann in Dolphin zum Reiter BERECHTIGUNGEN und in Nautilus zum Tab ZUGRIFFSRECHTE.

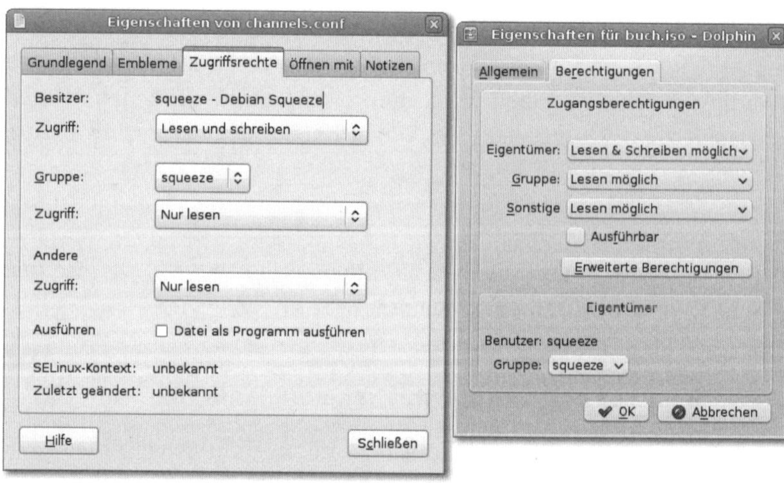

Abbildung 17.4 In einem Dateimanager (links Nautilus, rechts Dolphin) passen Sie Dateieigenschaften mit wenigen Mausklicks an.

Spezialrechte

Dolphin bietet in der Voreinstellung über die Schaltfläche ERWEITERTE BERECHTIGUNGEN eine Möglichkeit, die Spezialrechte (Sticky- und Setuid-Bit) zu setzen; für Nautilus müssen Sie dieses Feature erst aktivieren. Dazu öffnen Sie den Konfigurationseditor GConf über `Alt` + `F2` und Eingabe von »gconf-editor«, wechseln links zu APPS • NAUTILUS • PREFERENCES und setzen dann rechts ein Häkchen bei SHOW_ADVANCED_PERMISSIONS (siehe Abschnitt 8.8 ab Seite 236).

17.3.6 Voreinstellung mit »umask« regeln

Die Zugriffsrechte für neue Dateien und Verzeichnisse bestimmt das Programm `umask`. Um in Erfahrung zu bringen, welche Rechte neue Dateien standardmäßig erhalten, geben Sie am Prompt einfach `umask` ein:

```
huhn@huhnix:~> umask
0022
```

Die vierstellige Oktalzahl zeigt dabei aber nicht an, welche Rechte gesetzt sind, sondern vielmehr, welche Berechtigungen abgezogen werden: Für neue Verzeichnisse, die standardmäßig mit den Rechten `0777` erstellt werden, heißt `0022` also, dass jeweils für die Gruppe und alle anderen `2` (also die Schreibrechte) abgezogen werden; bei neuen Ordnern sind also standardmäßig die Rechte `0755` gesetzt (`rwxr-xr-x`). Neue Dateien, die mit `0666` ausgestattet sind, erhalten nach Abzug der `umask` entsprechend `0644`, also `rw-r--r--`.

Systemweite »umask«

Das systemweite Verhalten von `umask` wird normalerweise durch einen Aufruf in der Datei */etc/profile* gesetzt. Dort bestimmt der Administrator, mit welcher Maske die Benutzer des Linux-Systems arbeiten. Wenn Sie den Wert (Standard ist `022`) hier verändern, gilt die neue `umask` nur für neue Shells, also wenn ein Benutzer sich neu einloggt.

Um die Voreinstellung als Benutzer temporär zu verändern, geben Sie `umask` und den neuen Wert ein. Sollen neue Dateien beispielsweise von Gruppenmitgliedern schreibbar sein, konfigurieren Sie dieses mit dem Aufruf `umask 0002`.

[«]

Beachten Sie, dass diese Einstellungen nur für die Dauer einer Shell-Sitzung gelten. Um diese dauerhaft zu erhalten, tragen Sie den `umask`-Aufruf in die Datei *~/.bashrc* ein. Lesen Sie danach die Bash-Konfigurationsdatei durch den Aufruf `source ~/.bashrc` neu ein.

17.4 Benutzerverwaltung

Jeder Account eines Linux-Systems verfügt über einen eigenen Bereich für die persönlichen Daten: das Home-Verzeichnis. Nach der Anmeldung auf einer Konsole oder an der grafischen Oberfläche betritt der Benutzer das eigene Zuhause und darf sich dort nach Lust und Laune einrichten. Auch die Programme, die ein Benutzer startet, »gehören« ihm – jeder Benutzer darf aber nur seine eigenen Prozesse beeinflussen, lediglich der Administrator hat vollen Zugriff (siehe Abschnitt 17.5 ab Seite 535).

Benutzerverwaltung ist Sache des Administrators: Die nächsten Abschnitte verraten, wo im System die entsprechenden Konfigurationsdateien für die Benutzer- und Gruppeneinstellungen liegen, und stellen Programme vor, mit denen Sie neue Accounts und Gruppen anlegen oder nicht mehr benötigte loswerden. Mit den Befehlen `passwd` und `gpasswd` setzen und verändern Sie Kennwörter, und mit `su` wechseln Sie auf der Kommandozeile die Identität, um unter einer anderen Benutzerkennung zu arbeiten. Um einzelnen Benutzern oder Gruppen Administratorrechte zu geben, ohne das Root-Passwort preisgeben zu müssen, setzen Sie `sudo` ein.

17.4.1 Die Datei »/etc/passwd«

Einstellungen für die Accounts

In dieser Datei finden Sie Angaben zu den einzelnen Benutzeraccounts auf Ihrem System. Neben den »echten« Usern sind hier auch sogenannte »Pseudoaccounts« (wie zum Beispiel `lp` oder `mail`) aufgeführt. Diese Benutzer werden hier verwaltet, um gezielt Rechte für bestimmte Dateien, Verzeichnisse und Prozesse den jeweiligen Programmen einzuräumen. In */etc/passwd* stehen beispielsweise Einträge der Form:

```
root:x:0:0:root:/root:/bin/bash
...
lp:x:7:7:lp:/var/spool/lpd:/bin/sh
mail:x:8:8:mail:/var/mail:/bin/sh
news:x:9:9:news:/var/spool/news:/bin/sh
...
huhn:x:1000:1000:Heike Jurzik:/home/huhn:/bin/bash
jones:x:1001:1001:Jones Dino:/home/jones:/bin/bash
petronella:x:1002:100:Petronella Huhn:/home/↩
petronella:/bin/bash
peggy:x:1003:1004:Peggy Gans:/home/peggy:/bin/bash
...
```

In den durch Doppelpunkte voneinander abgetrennten Feldern stehen die folgenden Informationen:

- **Benutzername**
  Hier steht der Loginname, mit dem sich Benutzer am System anmelden.

- **Passwort**
  Da Debian GNU/Linux Shadow-Passwörter einsetzt, steht an dieser Stelle ein `x`. Ist das Feld leer, ist das Anmelden ohne Kennwort möglich, es findet also keine Passwortabfrage statt; steht hier hingegen ein `*`, ist kein Login möglich. Shadow-Passwörter erhöhen die Sicherheit dadurch, dass sie in der Datei */etc/shadow* (siehe nächster Abschnitt) abgelegt werden, die nur der Administrator lesen darf. Zusätzlich bieten sie Informationen darüber, wann ein Passwort zum letzten Mal geändert wurde, und eine Kontrolle, wann es das nächste Mal geändert werden soll.

- **UID**
  Über die sogenannte »User-Identification«-Nummer ist jeder Benutzer eindeutig identifizierbar. Der Administrator hat immer die UID `0`, für Systemaccounts sind die Nummern 1-99 reserviert; der bei der Installation angelegte Account hat die 1000, neue Benutzer haben entsprechend 1001, 1002 usw.

- **GID**
  Die Standardgruppe des Benutzers: Gruppen werden über die »Group-Identification«-Nummer eindeutig referenziert; jeder Benutzer muss mindestens in einer Gruppe Mitglied sein. Welche Gruppen es auf Ihrem System gibt, erfahren Sie, wenn Sie einen Blick in die Datei */etc/group* werfen (siehe auch Abschnitt 17.4.3 ab Seite 519).

- **Infos**
  Hier ist Platz für weitere Informationen zum Account; meistens stehen hier Angaben zu Vor- und Zunamen, zur Zimmer- oder Telefonnummer.

- **Home-Verzeichnis**
  Das persönliche Verzeichnis, für normale Benutzer ist das in der Regel */home/<benutzername>*, für »Pseudoaccounts« ebenfalls deren Zuständigkeitsbereich (zum Beispiel für den Drucker-Daemon */var/spool/lpd*, siehe Abschnitt 17.7 ab Seite 543).

- **Shell**
  Hier steht der zu startende Kommandozeilen-Interpreter, wenn sich der Benutzer anmeldet (in der Regel */bin/bash*).

Datei bearbeiten

Wenn Sie die Datei */etc/passwd* von Hand bearbeiten wollen, bietet sich das Kommando `vipw` (Bestandteil des Pakets *passwd*) an. Dieses Tool sorgt dafür, dass die Datei gesperrt ist, während Sie daran arbeiten, sodass ein konkurrierender Zugriff verweigert wird. Technisch wird die Sperrung umgesetzt, indem Sie eine Kopie des Originals bearbeiten und erst beim Speichern das Original mit der Kopie überschrieben wird.

[+] Standardmäßig startet das Programm `vipw` den unter */usr/bin/editor* definierten Texteditor (ein Link, der auf */etc/alternatives/editor* zeigt, siehe Abschnitt 5.10 ab Seite 148). Wer lieber mit einem anderen Texteditor arbeitet, der definiert die Umgebungsvariable `EDITOR`, z. B. über `export EDITOR=/usr/bin/emacs`. Um die Variable dauerhaft zu setzen, tragen Sie diese Zeile in die Datei *~/.bashrc* ein und lesen die Bash-Konfigurationsdatei anschließend mit dem Befehl `source ~/.bashrc` neu ein.

17.4.2 Die Datei »/etc/shadow«

Wie bereits erwähnt, stehen bei Debian GNU/Linux (und auch bei den meisten anderen Distributionen) in der Standardkonfiguration die verschlüsselten Kennwörter der Benutzer in der Datei */etc/shadow*, die nur vom Administrator lesbar ist. Auch hier bestehen die Einträge aus Feldern, die jeweils durch einen Doppelpunkt voneinander getrennt werden:

```
root:$1$3iiZ9t$DYIwJY4a:12575:0:99999:7:::
daemon:!!:14182:0:99999:7:::
bin:!!:14182:0:99999:7:::
...
huhn:$1$3iiZ9E4I$okJb7IUm9YfW5000QQr5y.:13138:0:9999↩
9:7:::
jones:$2a$05$DYIwJY4aN1sDaVw3.fmmTeOOZgZZDqgVWYu256K↩
Om1pw6xmp6yiRy:12873:0:99999:7:::
peggy:$1$uDQ7TkeT$gJLJyaef40KdmxVhEnNwS.:12872:0:999↩
99:7:::
...
```

In den Feldern können die folgenden Angaben untergebracht werden:

- **Benutzername**
  Hier steht der Accountname (siehe */etc/passwd*).
- **Passwort**
  Account sperren
  Hier finden Sie das verschlüsselte Passwort; da dieses Feld auf keinen Fall leer bleiben darf, steht hier für die »Pseudo-Benutzer« wie `lp` ein Sternchen. Wenn Sie einen Account vorübergehend sperren wollen, können Sie ein Ausrufezeichen vor das Passwort schreiben, zum Beispiel `huhn:!$1$3i...`

- **Alter**
  Enthält das Alter des Passworts; gezählt werden die Tage vom 1. Januar 1970 an (Alter von Unix) bis zum Zeitpunkt der letzten Änderung.
- **Mindestalter**
  Hier steht die Anzahl der Tage, bis das Passwort geändert werden darf.
- **Maximalalter**
  Enthält die Anzahl der Tage, bis das Passwort geändert werden muss.
- **Warnung**
  Hier steht die Anzahl der Tage, nach der ein Benutzer gewarnt wird, bevor sein Passwort ausläuft.
- **Puffer**
  Enthält die Anzahl der Tage, bis der Account wirklich ungültig wird.
- **Gültigkeit**
  Enthält die Anzahl der Tage (vom 1. Januar 1970 an), bis das Passwort ungültig wird.
- **other**
  Das letzte Feld ist reserviert und zurzeit unbenutzt.

Lediglich die ersten beiden Felder für den Benutzernamen und das Passwort müssen gesetzt sein; die anderen Felder sind optional. Ein Kennwort setzen und verändern Sie mit dem Kommando `passwd` (siehe Abschnitt 17.4.9 ab Seite 528).

17.4.3 Die Datei »/etc/group«

Vorhandene Gruppen

Wie Sie gesehen haben, wird die Standardgruppe eines Accounts in der Datei */etc/passwd* numerisch definiert. Alle Dateien, die dieser Benutzer neu anlegt, gehören standardmäßig dieser Gruppe. Wie die Gruppe heißt und welche anderen Gruppen es auf dem System gibt, verrät ein Blick in die Datei */etc/group*; hier finden Sie Einträge der Form:

```
root:x:0:
dialout:x:20:lxde,squeeze
cdrom:x:24:squeeze,lxde
audio:x:29:squeeze,pulse,lxde
dip:x:30:squeeze,lxde
...
squeeze:x:1000:
heike:x:1001:
lxde:x:1002:
```

Die einzelnen Felder enthalten die folgenden Informationen:

- **Gruppenname**
  Hier steht der Name der Gruppe.
- **Passwort**
  Eine Gruppe kann durch ein Kennwort geschützt werden; jeder Benutzer, der das Passwort kennt, darf Mitglied der Gruppe werden. Auch hier zeigt das `x` an, dass es sich um Shadow-Passwörter handelt (siehe Abschnitt 17.4.1 ab Seite 516); die Kennwörter landen in der Datei */etc/gshadow* (siehe Abschnitt 17.4.2 ab Seite 518).
- **GID**
  Hier steht die eindeutige Gruppennummer.
- **Mitglieder**
  Hier stehen die Namen der Benutzer, die Mitglieder der Gruppe sind, durch Kommata und ohne Leerzeichen voneinander getrennt.

[+] Um eine neue Gruppe anzulegen oder einen Benutzer zu einer bestehenden Gruppe hinzuzufügen, bearbeiten Sie die Datei in einem Texteditor. Wie schon für die Datei */etc/passwd* auf Seite 517 gezeigt wurde, gibt es ein spezielles Programm, das die Datei während der Bearbeitung sperrt. Das entsprechende Kommando heißt `vigr`. Alternativ greifen Sie auf eines der im weiteren Verlauf des Kapitels vorgestellten Tools zurück. Wenn Sie diese Dateien von Hand bearbeiten, besteht immer die Gefahr, dass sich ein Tippfehler einschleicht.

Neue Accounts

Neu angelegte Benutzer unter Debian GNU/Linux »Squeeze« sind zunächst nur Mitglieder der eigenen Gruppe (lediglich der bei der Installation angelegte Account gehört zu weiteren Gruppen dazu). Wenn ein weiterer Benutzer Zugriff auf das CD/DVD-Laufwerk benötigt, um etwa eine CD/DVD zu brennen (siehe Abschnitt 14.7.2, ab Seite 453), ist ein wenig Handarbeit erforderlich. Um beispielsweise den Benutzern `olga` und `ole` Zugriff zu ermöglichen, sieht der entsprechende Eintrag in */etc/group* wie folgt aus:

```
cdrom:x:24:petronella,petrosilie,huhn,peggy,olga,ole
```

Die Änderungen werden aktiv, wenn sich der Benutzer das nächste Mal anmeldet. Wie schon in Abschnitt 17.3.3 ab Seite 513 gezeigt, können Sie auf der Shell `groups` eingeben, um in Erfahrung zu bringen, in welchen Gruppen Ihr Account Mitglied ist. Wer die Konfigurationsdatei nicht im Texteditor bearbeiten möchte, der kann die Gruppenzugehörigkeit auch mit einem Programm wie `useradd` (siehe Abschnitt 17.4.6 ab Seite 522) oder `adduser` (siehe Abschnitt 17.4.8 ab Seite 525) beeinflussen.

17.4.4 Die Datei »/etc/gshadow«

Wie schon erwähnt, ist es möglich, eine Gruppe durch ein Passwort zu schützen. Kennwörter dürfen vom Systemverwalter Root und vom Gruppen-Administrator gesetzt werden; zum Ändern steht das Kommando `gpasswd` zur Verfügung (siehe Abschnitt 17.4.9 ab Seite 528). Eine durch ein Shadow-Passwort geschützte Gruppe erkennen Sie an einem Eintrag der Form:

```
testgruppe:$1$3iiZ9t$DYIwJY4a:huhn:petronella,huhn
```

Die Felder beinhalten die folgenden Informationen:

- **Gruppenname**
  Enthält den Gruppennamen (siehe */etc/group*).

- **Passwort**
  Hier finden Sie das verschlüsselte Passwort, falls dieses über das Kommando `gpasswd` (siehe Abschnitt 17.4.9) gesetzt wurde; alternativ ist das Feld leer.

- **Gruppenverwalter**
  Falls der Systemverwalter einen Benutzer zum Verwalter der Gruppe ernannt hat, steht hier dessen Accountname. Der entsprechende User darf andere Nutzer zur Gruppe hinzufügen, sie wieder entfernen und das Passwort ändern.

- **Mitgliederliste**
  Hier finden Sie die Mitglieder der Gruppe, durch Kommata voneinander getrennt.

17.4.5 Das Verzeichnis »/etc/skel«

Persönliche Konfigurationsdateien

Kommandos, wie zum Beispiel `useradd` (siehe Abschnitt 17.4.6) oder `adduser` (siehe Abschnitt 17.4.8 ab Seite 525), die beim Anlegen neuer Accounts auf dem System helfen, sorgen dafür, dass wichtige Konfigurationsdateien direkt ins Home-Verzeichnis des neuen Benutzers wandern. Einige Distributionen legen für neue User direkt Ordner (beispielsweise für persönliche Dokumente) und zahlreiche Konfigurationsdateien für Programme an. Debian GNU/Linux beschränkt sich auf die drei Dateien *~/.bashrc*, *~/.profile* und *~/.bash_logout* (siehe auch Abschnitt 18.1 ab Seite 570). Standardmäßig greifen die Account-Verwaltungstools für diese Vorlagen auf Dateien im Verzeichnis */etc/skel* zurück. Sollen neue Benutzer Ihres Systems neben den zwei erwähnten Bash-Konfigurationsdateien also mit weiteren Einrichtungsdateien »beschenkt« werden, ist dieser Ordner der richtige Platz dafür.

Wenn Sie als Root neue Accounts von Hand durch Einträge in den entsprechenden Konfigurationsdateien anlegen, erstellen Sie für den Benutzer ein Home-Verzeichnis, kopieren die Startdateien von Hand dorthin und passen die Benutzer- und Gruppenrechte anschließend mit `chown` an, damit sich der User ganz zu Hause fühlt.

[»] Das Erstellen des persönlichen Ordners und das Kopieren der Startdateien erfolgt dabei in nur einem einzigen `cp`-Befehl – ohne das Home-Verzeichnis vorher mit dem Kommando `mkdir` anzulegen, da sonst lediglich der Ordner *skel* dorthin kopiert wird und nicht der Inhalt:

```
huhnix:~ # cp -rv /etc/skel /home/ole
»/etc/skel« -> »/home/ole«
»/etc/skel/.profile« -> »/home/ole/.profile«
»/etc/skel/.bashrc« -> »/home/ole/.bashrc«
»/etc/skel/.bash_logout« -> »/home/ole/.bash_logout«
```

17.4.6 »useradd«, »usermod« und »userdel«

Schneller als von Hand geht die Benutzerverwaltung mit dem Programm `useradd`. Ohne weitere Parameter verrät der Befehl mehr zur Verwendung und den einzelnen Optionen.

```
huhnix:~ # useradd
Aufruf: useradd [Optionen] LOGIN
Optionen:
-b, --base-dir BASIS_VERZ     Basisverzeichnis für das Home-
                              Verzeichnis des neuen Benutzers
-c, --comment KOMMENTAR       Kommentar für das GECOS-Feld
                              des neuen Benutzers
-d, --home-dir HOME_VERZ      Home-Verzeichnis des neuen
                              Benutzers
-D, --defaults                Anzeigen oder Speichern der
                              modifizierten Standardkonfi-
                              guration für useradd
...
```

Default-Werte

Das Tool `useradd` bringt bestimmte Standardeinstellungen zum Anlegen der neuen Accounts mit, sodass der einfache Aufruf von `useradd egbert -m` einen neuen Benutzer namens `egbert` zusammen mit dem passenden Home-Verzeichnis anlegt – die UID und die Standardgruppe setzt das Programm automatisch. Welche Default-Werte eingestellt sind, verrät die Option `-D`:

```
huhnix:~ # useradd -D
GROUP=100
HOME=/home
INACTIVE=-1
EXPIRE=
SHELL=/bin/sh
SKEL=/etc/skel
CREATE_MAIL_SPOOL=no
```

Wie Sie sehen, ist als Standardgruppe `users` (GID 100) gewählt; als Standard-Shell erhält der neue Benutzer */bin/sh* (ein symbolischer Link auf */bin/dash*). Um die Default-Einstellungen selbst zu verändern, geben Sie nach der Option `-D` beispielsweise mit `-g <GID>` eine neue Standardgruppe an, `useradd -D -b` setzt ein neues Default-Home und `useradd -D -s` eine Standard-Shell.

Alternativ ignorieren Sie den Standard und definieren für jeden Account ganz genau die gewünschten Eigenschaften. Über `-u` geben Sie beispielsweise eine eindeutige UID an und mit `-g` die Standardgruppe. Soll der neue Account Mitglied in weiteren Gruppen sein, hängen Sie diese an die Option `-G` an. Außerdem spezifizieren Sie über `-d` ein Home-Verzeichnis, mit `-s` die Standard-Shell und mit `-c` weitere Infos zum Benutzer, wie zum Beispiel Vor- und Zuname. Über `-m` teilen Sie `useradd` mit, dass das persönliche Verzeichnis angelegt wird, falls es noch nicht existiert – standardmäßig wandert der Inhalt aus */etc/skel* ins neue Home; alternativ definieren Sie mit `-k` einen anderen Skeleton-Ordner:

```
useradd -u 1004 -g 100 -d /home/egbert -m -s /bin/bash -c ↩
"Egbert Grinsegnom" egbert
```

Standardmäßig sind mit `useradd` angelegte Accounts deaktiviert, wie das Ausrufezeichen oder Sternchen im zweiten Feld in */etc/shadow* verrät. Um den Account freizuschalten, setzen Sie daher mit dem Kommando `passwd` (Abschnitt 17.4.9 ab Seite 528) ein Kennwort für den Benutzer.

»usermod«

Um bestehende Accounts zu modifizieren, steht das Programm `usermod` zur Verfügung. Es kennt im Wesentlichen dieselben Parameter wie `useradd`, wie ein Blick in die Manpage verrät. Um einen bestehenden Benutzer beispielsweise zu den Gruppen `audio` und `cdrom` hinzuzufügen, tippt der Administrator

```
usermod -G audio,cdrom egbert
```

und trägt damit den Benutzer in die beiden Konfigurationsdateien für die Systemgruppen (*/etc/group* und */etc/gshadow*) ein. Achtung: Das Kommando überschreibt ventuell bestehende Gruppenzugehörigkeiten. Wenn Sie den Account etwa zusätzlich in die Gruppe `dialout` eintragen möchten und dazu `usermod -G dialout egbert` tippen, trägt der Befehl den Benutzer aus den gerade definierten Gruppen `audio` und `cdrom` wieder aus. Um das zu verhindern, verwenden Sie zusätzlich die Option `-a` (wie »append« = »anhängen«):

```
zwerg:~ # groups egbert
egbert : egbert cdrom audio
zwerg:~ #  usermod -a -G dialout egbert
zwerg:~ #  groups egbert
egbert : egbert dialout cdrom audio
```

Ohne den Parameter `-a` können Sie `usermod` also dazu verwenden, um Benutzer aus Gruppen zu entfernen. Schauen Sie sich, wie im vorigen Listing gezeigt, die Gruppenzugehörigkeit mit `groups` an, und definieren Sie dann hinter `usermod -G` eine Liste von Gruppen ohne diejenige, aus welcher der Account verschwinden soll.

»userdel« Das Kommando `userdel` entfernt einen Benutzer vom System. Sollen neben den entsprechenden Einträgen aus den Dateien */etc/passwd* und */etc/shadow* auch die persönlichen Daten (das heißt das Home-Verzeichnis) verschwinden, setzen Sie den Parameter `-r` ein:

```
userdel -r egbert
```

[!] Wenn Sie einen Benutzer und seine Daten auf diese Art und Weise von der Platte entfernen, erfolgt keine Sicherheitsabfrage, ob die Daten im Home-Verzeichnis gesichert werden sollen. Entweder archivieren Sie die persönlichen Daten des Nutzers von Hand, oder Sie greifen zum Programm `deluser` (siehe Abschnitt 17.4.8 ab Seite 525), das auf Wunsch automatisch Backups erstellt.

17.4.7 »groupadd«, »groupmod« und »groupdel«

Eine Möglichkeit, eine neue Gruppe anzulegen, bietet das Programm `groupadd`. Das Kommando

```
groupadd testgruppe
```

erstellt eine neue Gruppe und sorgt für die entsprechenden Einträge in */etc/group* und */etc/gshadow*. Um eine ganz bestimmte GID zu vergeben, definieren Sie diese hinter dem Parameter `-g`:

```
groupadd -g 1005 testgruppe
```

Standardmäßig ist kein Shadow-Passwort gesetzt, wie das Ausrufezeichen in der Datei */etc/gshadow* im zweiten Feld verrät:

```
testgruppe:!::
```

Will ein Benutzer das newgrp-Kommando verwenden, um seine Standardgruppe zu verändern (siehe Abschnitt 17.4.11 ab Seite 531), so muss er Mitglied von testgruppe sein. Alternativ setzen Sie für die neue Gruppe ein Kennwort (siehe Abschnitt 17.4.9 ab Seite 528). »newgrp«

Das Programm groupmod verändert die numerische GID oder den Namen der Gruppe. Um die Group Identification zu modifizieren, tippen Sie beispielsweise:

```
groupmod -g 1006 testgruppe
```

Alternativ verändern Sie den Namen der Gruppe mit der Option -n:

```
groupmod -n neuer_name testgruppe
```

Das letzte Kommando im Bunde heißt groupdel – wie der Name verrät, werden Sie mit diesem Tool eine Systemgruppe wieder los. Wenn Sie eine Gruppe entfernen, müssen Sie anschließend von Hand im System überprüfen, ob Dateien, die zur Gruppe gehörten, entsprechend einer neuen Gruppe zugeordnet werden.

Die Standardgruppe eines Benutzers können Sie darüber hinaus erst dann entfernen, wenn der Account auch gelöscht ist: [!]

```
huhnix:~ # groupdel lxde
groupdel: Primäre Gruppe des Benutzers »lxde« konnte nicht ➘
entfernt werden.
```

17.4.8 Alles automatisch: »adduser« und »deluser«

Unter Debian GNU/Linux steht Ihnen außerdem das praktische Perl-Skript adduser zur Verfügung. Das Tool führt Sie interaktiv durch die einzelnen Schritte, die zum Anlegen eines neuen Accounts oder einer neuen Gruppe nötig sind. Dabei fischt adduser nicht nur passende UIDs und GIDs für Sie heraus, sondern trägt auch sämtliche Daten in die richtigen Konfigurationsdateien ein. Sie starten das Skript, indem Sie als Administrator adduser zusammen mit dem neuen Benutzernamen eingeben. Als Erstes geben Sie ein Kennwort für den neuen User ein; anschließend machen Sie optionale Angaben zum Realname, zu Raum- und Telefonnummern und bestätigen schließlich durch Eingabe von (J), dass die Angaben korrekt sind.

Aufrufparameter

Mit verschiedenen Parametern ist es darüber hinaus möglich, dem Skript bestimmte Voreinstellungen mit auf den Weg zu geben. So definieren Sie mit `--home` ein eigenes Home-Verzeichnis für den Benutzer; entsprechend setzt `--shell` eine Standard-Shell, und `--uid` vergibt eine bestimmte User Identification – eine vollständige Liste aller Optionen erhalten Sie, wenn Sie `adduser --help` am Prompt eingeben. Die Ausgabe verrät zudem, dass `adduser` auch neue Gruppen anlegen kann:

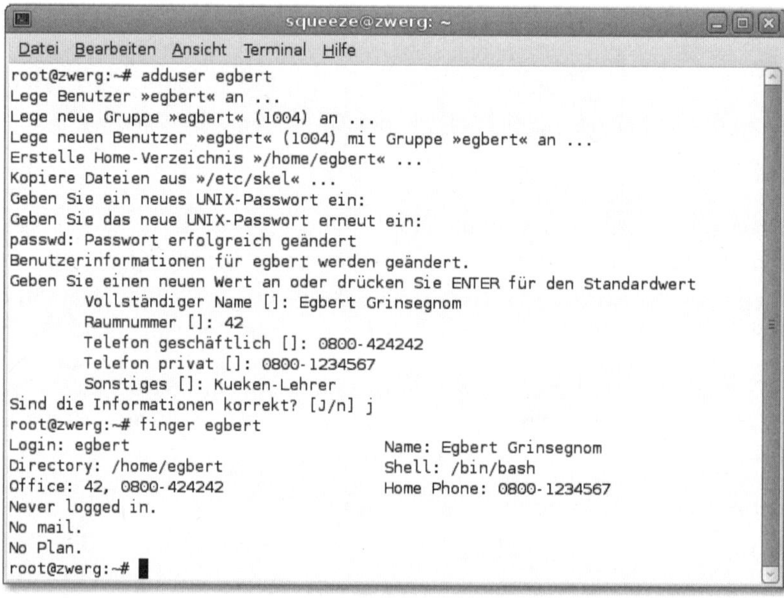

Abbildung 17.5 Das Perl-Skript »adduser« arbeitet interaktiv.

```
huhnix:~ # adduser --group test
Lege Gruppe »test« (GID 1005) an ...
Fertig.
```

Optional können Sie selbst eine GID bestimmen, indem Sie `--gid` beim Aufruf angeben. Um einen bestehenden Account einer existierenden Gruppe hinzuzufügen, geben Sie den Benutzer- und Gruppennamen an:

```
huhnix:~ # adduser egbert audio
Füge Benutzer »egbert« der Gruppe »audio« hinzu ...
Benutzer egbert wird zur Gruppe audio hinzugefügt.
Fertig.
```

Als Gegenstück zu `adduser` hilft das Skript `deluser` dabei, einen Benutzeraccount oder eine Gruppe wieder zu entfernen. Auch dieses Programm arbeitet interaktiv, wenn Sie es ohne weitere Parameter aufrufen:

```
huhnix:~ # deluser
Geben Sie den Namen des Benutzers ein, der entfernt werden ⮐
soll: egbert
Entferne Benutzer »egbert« ...
Warnung: Die Gruppe »egbert« hat keine Mitglieder mehr.
Fertig.
```

Backup der Benutzerdaten

Der Befehl `deluser --help` verrät mehr über mögliche Optionen. So ist es möglich, direkt die persönlichen Daten des Benutzers von der Platte zu löschen (`--remove-home`) oder direkt Tabula rasa mit allen Daten zu machen, die dem Benutzer gehören (`--remove-all-files`). Wahlweise legen Sie ein Backup an (`--backup`) und bestimmen, wo dieses im Dateisystem abgelegt wird (`--backup-to <dir>`). Das Verzeichnis muss existieren, bevor Sie das Kommando ausführen.

```
huhnix:~ # deluser egbert --remove-home --backup ⮐
--backup-to /scratch/egbert_daten
Suche Dateien zum Sichern/Löschen ...
Die zu löschenden Dateien werden nach /scratch/egbert_daten ⮐
gesichert ...
backup_name = /scratch/egbert_daten/egbert.tar/bin/tar: ⮐
Entferne führende »/« von Elementnamen
Dateien werden gelöscht ...
Entferne Benutzer »egbert« ...
Warnung: Die Gruppe »egbert« hat keine Mitglieder mehr.
Fertig.
```

Im angegebenen Verzeichnis liegt anschließend ein mit `bzip2` komprimiertes Tar-Archiv (siehe Abschnitt 18.5.5 ab Seite 591) als Sicherungskopie. Im Fall des Benutzers `egbert` heißt die Datei *egbert.tar.bz2*.

Optional entfernen Sie mit `deluser` auch Gruppen:

```
huhnix:~ # deluser --group test
Entferne Gruppe »test« ...
Fertig.
```

Zur Sicherheit bietet `deluser` einen Parameter, der überprüft, ob die Gruppe Mitglieder hat (`--only-if-empty`); darüber hinaus können Sie einen Benutzer aus einer Gruppe austragen:

```
huhnix:~ # deluser heike scanner
Entferne Benutzer »heike« aus Gruppe »scanner« ...
Fertig.
```

[+] Für beide Skripte gibt es systemweite Konfigurationsdateien im Ordner */etc* – um die Voreinstellungen für den interaktiven Lauf anzupassen, bearbeiten Sie *adduser.conf* beziehungsweise *deluser.conf* in einem Texteditor. Für `adduser` bestimmen Sie so beispielsweise die Standard-Shell und den Ort, wo das Home-Verzeichnis angelegt wird. Außerdem legen Sie fest, ob die Konfigurationsdateien aus */etc/skel* oder von woanders her kommen und vieles mehr. Die Einrichtungsdatei für das Skript `deluser` legt fest, ob das Home- oder Mail-Spool-Verzeichnis automatisch gelöscht wird (standardmäßig ist dies deaktiviert). Wahlweise können Sie für diesen Fall definieren, dass ein Backup der Daten angelegt wird.

17.4.9 Kennwörter mit »passwd« und »gpasswd« setzen

Mit dem Befehl `passwd` verändern Sie das eigene Kennwort; der Administrator setzt mit diesem Kommando darüber hinaus die Passwörter der einzelnen Benutzer. Als »normaler« Benutzer tippen Sie am Shell-Prompt `passwd`, geben Ihr altes Kennwort ein, tippen ein neues und wiederholen dieses, um eventuelle Vertipper auszuschließen:

```
huhn@huhnix:~> passwd
Ändern des Passworts für huhn.
(aktuelles) UNIX-Passwort:
Geben Sie ein neues UNIX-Passwort ein:
Geben Sie das neue UNIX-Passwort erneut ein:
passwd: Passwort erfolgreich geändert
```

Passwort vergessen?

Als Systemverwalter geben Sie hinter dem Befehl `passwd` zusätzlich den Namen des Benutzers an, um dessen Kennwort zu setzen. Eine Sicherheitsabfrage nach dem alten Passwort findet nicht statt, sodass der Administrator auch helfen kann, wenn ein Benutzer sein Kennwort vergessen hat. Haben Sie das Kennwort des Systemverwalters Root vergessen, so lesen Sie in Abschnitt 25.3.1 ab Seite 710 nach, wie Sie dieses Kennwort mithilfe einer Live-Distribution oder der Buch-DVD neu setzen.

Um einen Benutzeraccount temporär zu sperren, können Sie wie schon erwähnt das verschlüsselte Kennwort in */etc/shadow* durch ein Ausrufezeichen ersetzen; alternativ sorgt `passwd -l` für einen zufällig gewählten verschlüsselten Eintrag in dieser Datei. Mit `passwd -u` setzen Sie den alten Wert zurück, sodass der Benutzer sich wieder anmelden kann.

Passwörter für Gruppen dürfen einerseits vom Systemverwalter und andererseits von einem »normalen« Benutzer, der als Gruppenverwalter ausgesucht wurde, verändert werden. Beide Aufgaben erledigt das Kommando `gpasswd` für Sie. Um als Systemverwalter ein Passwort für die Gruppe `testgruppe` zu setzen, tippen Sie:

```
huhnix:~ # gpasswd testgruppe
Passwort für die Gruppe testgruppe wird geändert.
Neues Passwort:
Passwort wiederholen:
```

Gruppenverwalter

Alternativ definieren Sie einen Leiter der Gruppe und lassen diesen das Kennwort setzen. Um den Benutzer `huhn` zum Gruppenverwalter von `testgruppe` zu machen und anschließend zu überprüfen, dass dies geklappt hat, tippen Sie als Administrator beispielsweise:

```
huhnix:~ # gpasswd -A huhn testgruppe
huhnix:~ # grep testgruppe /etc/gshadow
testgruppe:EqF4ioQq201xA:huhn:
```

Anschließend setzt der entsprechende Benutzer das Kennwort wiederum über das Kommando `gpasswd testgruppe`. Um ein Kennwort für die Gruppe zu entfernen, verwenden Sie den Parameter `-r`; alternativ deaktivieren Sie die Gruppe über `gpasswd -R testgruppe`. Dieser Befehl setzt ein Ausrufezeichen anstelle des Kennworts in der Datei */etc/gshadow*.

17.4.10 Benutzerkennung mit »su« wechseln

Sowohl der GNOME- als auch der KDE-Desktop stellen Tools zur Verfügung, mit denen Sie grafische Programme als Root oder unter einer anderen Benutzerkennung starten. Unter GNOME heißt das Programm `gksu/gksudo`, die KDE-Variante trägt den Namen `kdesu` bzw. `kdesudo`.

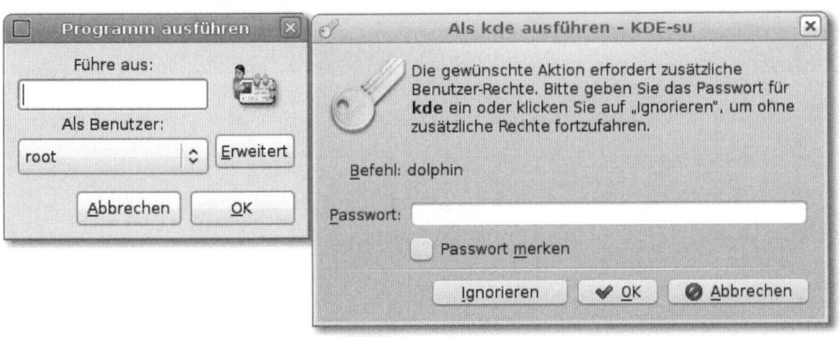

Abbildung 17.6 GNOME (links) und KDE SC 4 (rechts) bieten unterschiedliche GUIs zum Wechseln der Benutzerkennung.

»gksu«, »kdesu« und »su-to-root«

Beim Vorgänger Debian GNU/Linux »Lenny«, der noch auf KDE 3.x setzte, befand sich das Programm `kdesu` im Verzeichnis */usr/bin* und lag damit im Pfad der Benutzer, sodass diese es jederzeit über `kdesu` aufrufen konnten (siehe Abschnitt 18.1 ab Seite 571). Mittlerweile ist das Binary zusammen mit einigen anderen nach */usr/lib/kde4/libexec* gewandert. Um das Tool jetzt zu starten, geben Sie den vollen Pfad an und rufen es daher über `/usr/lib/kde4/libexec/kdesu` auf. Optional schreiben Sie das Verzeichnis in die `PATH`-Variable oder erstellen einen Alias (siehe Abschnitt 18.1 ab Seite 570).

Eleganter ist es jedoch, entweder `kdesudo` aus dem gleichnamigen Paket zu verwenden (siehe Abschnitt 17.4.12 ab Seite 532) oder das Tool `su-to-root` zu Hilfe zu nehmen. Dieses übernimmt bei »Squeeze« schon einige administrative Aufgaben. Wer einen Blick in das Skript */usr/sbin/su-to-root* wirft, der erkennt auch ohne große Programmierkenntnisse den Mechanismus. Das Tool ruft abhängig von seiner Umgebung entweder `gksu` oder `kdesu` auf den Plan. Einige Einträge in den GNOME- und KDE-Startmenüs sind schon entsprechend angepasst, andere werden sicher folgen. Wenn Sie das Skript von Hand aufrufen möchten, definieren Sie über `-c` den Befehl, den Sie starten möchten, und hinter `-p` einen Benutzernamen (sonst führt das Tool das Kommando mit Root-Rechten aus). Handelt es sich um ein grafisches Programm, geben Sie zusätzlich `-X` an. Um also den Dateimanager Dolphin als Systemverwalter zu starten, geben Sie in ein Terminal- oder Schnellstartfenster `su-to-root -c dolphin -X` ein und authentisieren sich anschließend mit dem Root-Passwort.

Root werden

Um auf der Kommandozeile schnell die Identität zu wechseln, etwa weil Sie einen Befehl mit Administratorrechten ausführen möchten, nehmen Sie den Befehl `su` zur Hilfe. Voraussetzung für die erfolgreiche Zusammenarbeit ist, dass Sie das Kennwort des jeweiligen Accounts kennen – lediglich der Benutzer Root darf ohne Angabe von Passwörtern eine andere Identität annehmen. Um als »normaler« Benutzer zum Systemverwalter zu werden, geben Sie `su` und auf Aufforderung das Root-Passwort ein:

```
huhn@huhnix:~> su
Password:
huhnix:/home/huhn#
```

Wie der Shell-Prompt verrät, befindet sich der Administrator nach wie vor im Home-Verzeichnis des Benutzers; durch die Eingabe von `env` erfahren Sie außerdem, dass kein wirkliches Einloggen (inklusive Einrichten der Umgebungsvariablen, Shell usw.) stattgefunden hat. Setzen Sie daher ein Minuszeichen hinter den Befehlsaufruf, um die Benutzerumgebung komplett zu wechseln:

```
huhn@huhnix:~> su - ardbeg
Password:
ardbeg@huhnix:~>
```

Weiterhin ist es möglich, mit `su` nur ein einziges Kommando unter einer anderen Benutzerkennung auszuführen. Dazu geben Sie den Parameter `-c` ein, gefolgt vom Befehl (umschlossen von einfachen oder doppelten Hochkommata, wenn das Kommando Leerzeichen enthält). Um beispielsweise als »normaler« Benutzer einen kurzen Blick in die Logdatei */var/log/messages* zu werfen, die normalerweise nur der Administrator lesen darf, tippen Sie:

```
huhn@huhnix:~> su -c "less /var/log/messages"
Password:
```

[+] Jede Verwendung des `su`-Befehls wird akribisch protokolliert, sodass Sie genau sehen können, welcher Benutzer wann versucht hat, eine andere Identität zu erlangen. Unter Debian GNU/Linux finden Sie solche Informationen in der Datei */var/log/auth.log*, die wiederum nur für den Administrator lesbar ist:

```
Feb 24 19:09:18 localhost su[19916]: pam_authenticate: ⮐
Authentication failure
Feb 24 19:09:18 localhost su[19916]: FAILED su for root by kde
Feb 24 19:09:18 localhost su[19916]: - /dev/pts/2 kde:root
...
Feb 24 19:14:18 localhost su[19934]: Successful su for root ⮐
by squeeze
Feb 24 19:14:18 localhost su[19934]: + /dev/pts/8 squeeze:root
Feb 24 19:14:18 localhost su[19934]: pam_unix(su:session): ⮐
session opened for user root by squeeze(uid=1000)
```

17.4.11 Gruppenwechsel mit »newgrp«

Neue Standardgruppe setzen

Mit zwei verschiedenen Befehlen beeinflussen Sie die Gruppenzugehörigkeit von Daten schon bei der Erstellung: Mit `newgrp` wechseln Sie die Gruppenkennung des aktuellen Benutzers, und mit `sg` wechseln Sie die Gruppe nur während der Ausführung eines einzelnen Kommandos. Geben Sie als »normaler« Benutzer beispielsweise `newgrp - audio` ein, um eine neue Standardgruppe für diesen Account zu setzen. Das Minuszeichen bewirkt ebenso wie beim Programm `su` eine erneute Initialisierung aller Umgebungsvariablen inklusive eines eventuellen Verzeichniswechsels. Voraussetzung für einen erfolgreichen Wechsel ist natürlich, dass der Benutzer Mitglied in der jeweiligen Gruppe ist oder das Gruppenpasswort kennt. Alle neuen Dateien gehören von nun an zur Gruppe `audio`.

Um zur eigenen Standardgruppe zurückzuwechseln, kann sich der Benutzer neu anmelden (dabei wird die Information aus */etc/passwd* ausgewertet) oder `newgrp` ohne weitere Parameter angeben. Welche Standardgruppe gesetzt ist, verrät der Befehl `id`:

```
egbert@huhnix:~> newgrp - audio
egbert@huhnix:~> id
uid=1004(egbert) gid=29(audio) groups=24(cdrom),29(audio),↩
100(users)
egbert@huhnix:~> newgrp -
egbert@huhnix:~> id
uid=1004(egbert) gid=100(users) groups=24(cdrom),29(audio),↩
100(users)
```

Um die Standardgruppe nur für einen einzigen Befehl zu wechseln, setzen Sie `sg` ein. Auch hier ist eine Mitgliedschaft oder das entsprechende Gruppenkennwort zwingend erforderlich. Als weitere Optionen übergeben Sie dem Kommando den Gruppennamen und einen Befehl, den Sie in einfache oder doppelte Hochkommata einschließen, wenn er Leerzeichen enthält.

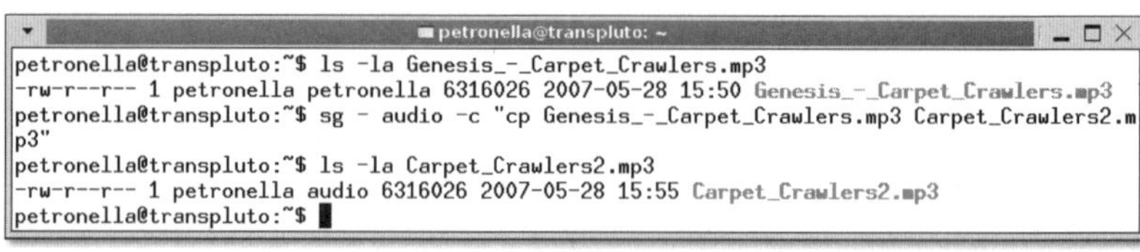

Abbildung 17.7 Mit »sg« wechseln Sie die Gruppe für ein einziges Kommando.

17.4.12 Identitätswechsel mit »sudo«

Eigenes Passwort

Mit dem Programm `sudo` erteilen Sie Benutzern gezielt Administratorrechte – für einzelne Befehle oder allgemein. Zur Authentifizierung gibt der Benutzer anschließend sein eigenes Kennwort ein und erhält für einen bestimmten Zeitraum das Recht, Befehle als Root auszuführen. Wer mit `sudo` welche Rechte auf dem System hat, konfiguriert der Administrator über die Datei */etc/sudoers*. Zur Bearbeitung sollten Sie das Programm `visudo` verwenden, das ebenso wie `vipw` (siehe auch Erklärung auf Seite 517) und `vigr` die Datei während der Bearbeitung sperrt und nach dem Speichern auf syntaktische Fehler hin prüft. Außer ein paar Kommentaren, die sich hinter dem Rautezeichen verbergen, sollten Sie hier standardmäßig einen Eintrag für den Systemverwalter und für die Gruppe sudo finden:

```
root     ALL=(ALL) ALL
...
%sudo ALL=(ALL) ALL
```

Benutzer als Administrator

Um einem weiteren Benutzer uneingeschränkte Administratorrechte zu geben, kopieren Sie die Zeile und ersetzen root durch den entsprechenden Loginnamen, zum Beispiel:

```
huhn     ALL=(ALL) ALL
```

Alternativ fügen Sie den entsprechenden Account zur Gruppe sudo hinzu, wie in den vorigen Abschnitten gezeigt. Will der Benutzer huhn nun ein Kommando mit Root-Rechten ausführen, stellt er einfach den Befehl sudo voran und tippt am Passwortprompt das eigene Kennwort:

```
huhnix@huhnix:~> sudo less /var/log/messages
Password:
```

[«]

Das Programm sudo verteilt eine Art Ticket – standardmäßig dürfen Sie nach der Authentifizierung 15 Minuten lang weitere Kommandos mit vorangestelltem sudo-Aufruf eingeben, ohne jedes Mal das eigene Kennwort eingeben zu müssen. Soll der Timeout aus Sicherheitsgründen auf fünf Minuten heruntergesetzt werden, erreichen Sie dies über den folgenden Eintrag: `Defaults timestamp_timeout = 5`. Wollen Sie Ihr Ticket verlängern, ohne einen bestimmten Befehl mit Root-Rechten auszuführen, tippen Sie einfach `sudo -v`; über `sudo -k` löschen Sie das Ticket, sodass das nächste sudo-Kommando wieder die Authentifizierung verlangt.

Das Abschalten der Passworteingabe ist zwar aus Sicherheitsgründen nicht zu empfehlen, kann aber dennoch über NOPASSWD erreicht werden:

```
huhn  ALL=(ALL) NOPASSWD: ALL
```

Auch sudo führt peinlichst genau Protokoll über die Ereignisse auf dem System. Versucht ein Benutzer, unberechtigt Root-Privilegien zu erlangen, erhält er zunächst selbst eine Warnung:

```
lxde@zwerg:~> sudo less /var/log/messages
...
[sudo] password for lxde:
lxde is not in the sudoers file.  This incident will be ↩
reported.
```

Außerdem wird der Systemverwalter über den unbefugten Zugriff benachrichtigt und erfährt neben Benutzername, Datum und Uhrzeit auch das Kommando, das zusammen mit `sudo` ausgeführt werden sollte. Aufschluss gibt wiederum die Datei */var/log/auth.log*:

```
Feb 24 21:15:05 localhost sudo:     lxde : user NOT in ↩
sudoers ; TTY=pts/8 ; PWD=/home/lxde ; USER=root ; ↩
COMMAND=/usr/bin/less /var/log/messages
```

»sudo«-Gruppen erstellen

Die Manpage zu *sudoers* erläutert, wie Sie Freigaben noch gezielter vergeben. So können Sie beispielsweise Computer gruppieren, für die bestimmte `sudo`-Aufrufe gelten sollen, und auch mehrere Benutzer zusammenfassen. Sollen beispielsweise die beiden Accounts `huhn` und `petronella` eine Gruppe bilden, die den Rechner mittels `shutdown` (siehe Abschnitt 17.10.1 ab Seite 560) herunterfahren darf, richten Sie für diesen Zweck einen Alias in */etc/sudoers* ein und definieren dann das Kommando:

```
# User alias specification
User_Alias ABSCHALTER=petronella,huhn
# Cmnd alias specification
Cmnd_Alias DOWN = /sbin/shutdown
```

Zuletzt legen Sie fest, dass Mitglieder der `sudo`-Gruppe `ABSCHALTER` das eben definierte Kommando `DOWN` ausführen dürfen:

```
# User privilege specification
ABSCHALTER ALL = DOWN
```

Entsprechend entziehen Sie einzelnen Benutzern wieder Rechte, über einen Eintrag der Form:

```
petronella ALL = !DOWN
```

[»] Die Ausnahme sollte direkt unter der Regel selbst stehen, da die Datei von oben nach unten abgearbeitet wird. Durch einen Eintrag wie diesen kann die Gruppe `ABSCHALTER` – wenn Sie weitere Kommandos erlauben – weiterbestehen, lediglich ein Benutzer wird davon ausgeschlossen.

17.4.13 Grafische Tools zur Benutzerverwaltung

Bei vielen der in den letzten Abschnitten gezeigten Aufgaben stehen Ihnen alternativ die grafischen Tools der Desktopumgebungen hilfreich zur Seite. Unter GNOME starten Sie die Anwendung über SYSTEM • SYSTEMVERWALTUNG • BENUTZER UND GRUPPEN oder über Eingabe von `users-admin` in ein Schnellstart- oder Terminalfenster. Die Anwendung fordert bei Bedarf (wenn Sie also Änderungen vornehmen) das Root-Passwort an. Das KDE-Programm KUser finden Sie im K-Menü unter PROGRAMME • SYSTEM • BENUTZERVERWALTUNG. Dieses Tool erfordert sofort die Authentifizierung mit dem Root-Passwort. Beide Programme bieten komfortabel per Mausklick Zugriff auf die Benutzer- und Gruppeneinstellungen und erlauben auch, die Kennwörter neu zu setzen.

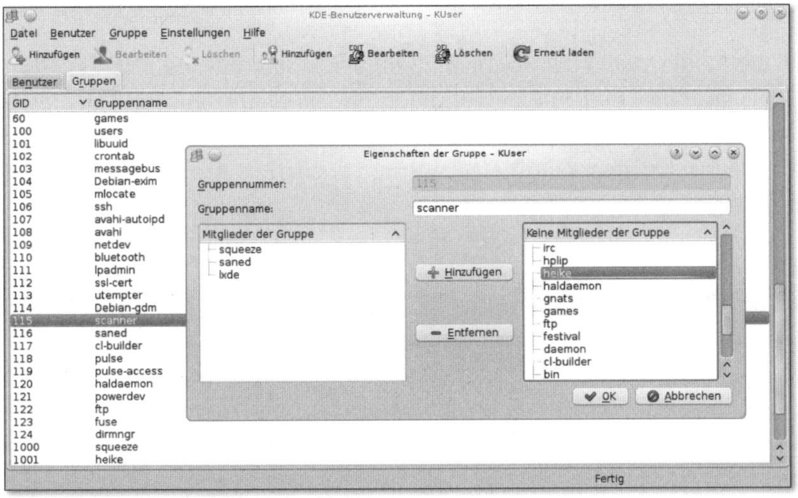

Abbildung 17.8 KUser ist das KDE-Tool zur Benutzer- und Gruppenverwaltung.

17.5 Prozessverwaltung

Prozesse auf einem Linux-System sind hierarchisch geordnet. Darüber hinaus gibt es, wie bei Dateien auch, eine Art »Zugriffsbeschränkung« – Prozesse anhalten, wieder fortsetzen und ganz beenden darf immer nur der Benutzer, der sie gestartet hat. Ausgenommen ist natürlich der Systemadministrator. Als Root haben Sie Zugriff auf alle laufenden Prozesse. Die folgenden Abschnitte zeigen verschiedene Shell-Programme, mit denen Sie Prozesse betrachten, anhalten und beenden.

17.5.1 Das Kommando »ps«

Prozessliste anzeigen

Mit dem Befehl ps geben Sie eine Liste der aktuell laufenden Prozesse auf dem Terminal aus. Standardmäßig zeigt das Programm nur die in dieser Shell gestarten Prozesse an. Die Manpage des Programms verrät, dass ps drei Arten von Parametern kennt: Unix-Optionen haben einen vorangestellten Bindestrich, BSD-Optionen haben keinen, und lange GNU-Optionen erkennen Sie an zwei Bindestrichen. Wenn Sie eine Übersicht aller eigenen Jobs wünschen, geben Sie z. B. zusätzlich den Parameter x an:

```
squeeze@zwerg:~> ps x
...
16220 pts/1    Ss     0:01 -bash
16322 pts/1    S      0:26 gv galileo/debian/buch/buch.ps
...
```

In den Feldern zeigt das Kommando Informationen zur `PID` (Process Identifier) an, einer eindeutigen Nummer, die Sie benötigen, um Signale an den Prozess zu schicken. Außerdem sehen Sie die Nummer des Terminals oder der virtuellen Konsole (`TTY`, zum Beispiel `/dev/tty1` für die erste Konsole), aus der heraus der Prozess gestartet wurde, und die verbrauchte Rechenzeit (`TIME`) sowie den Programmnamen (`COMMAND`).

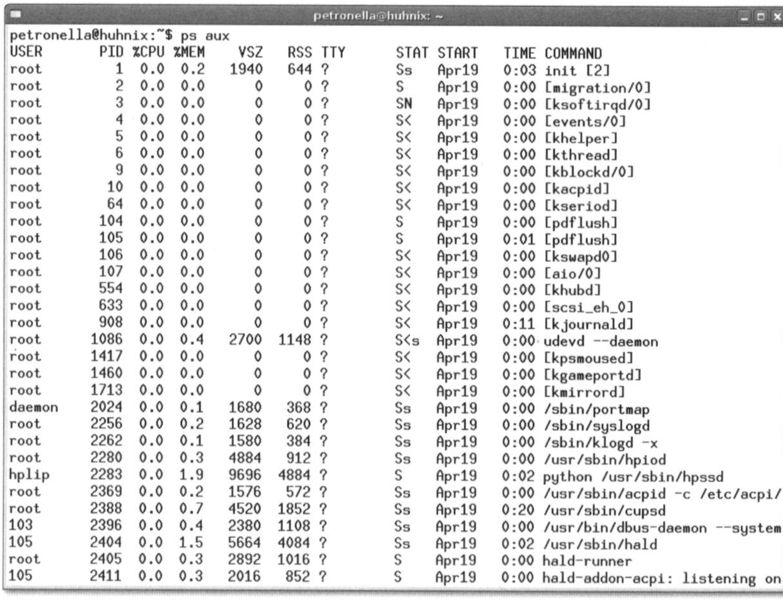

```
petronella@huhnix:~$ ps aux
USER       PID %CPU %MEM   VSZ   RSS TTY      STAT START   TIME COMMAND
root         1  0.0  0.2  1940   644 ?        Ss   Apr19   0:03 init [2]
root         2  0.0  0.0     0     0 ?        S    Apr19   0:00 [migration/0]
root         3  0.0  0.0     0     0 ?        SN   Apr19   0:00 [ksoftirqd/0]
root         4  0.0  0.0     0     0 ?        S<   Apr19   0:00 [events/0]
root         5  0.0  0.0     0     0 ?        S<   Apr19   0:00 [khelper]
root         6  0.0  0.0     0     0 ?        S<   Apr19   0:00 [kthread]
root         9  0.0  0.0     0     0 ?        S<   Apr19   0:00 [kblockd/0]
root        10  0.0  0.0     0     0 ?        S<   Apr19   0:00 [kacpid]
root        64  0.0  0.0     0     0 ?        S<   Apr19   0:00 [kseriod]
root       104  0.0  0.0     0     0 ?        S    Apr19   0:00 [pdflush]
root       105  0.0  0.0     0     0 ?        S    Apr19   0:01 [pdflush]
root       106  0.0  0.0     0     0 ?        S<   Apr19   0:00 [kswapd0]
root       107  0.0  0.0     0     0 ?        S<   Apr19   0:00 [aio/0]
root       554  0.0  0.0     0     0 ?        S<   Apr19   0:00 [khubd]
root       633  0.0  0.0     0     0 ?        S<   Apr19   0:00 [scsi_eh_0]
root       908  0.0  0.0     0     0 ?        S<   Apr19   0:11 [kjournald]
root      1086  0.0  0.4  2700  1148 ?        S<s  Apr19   0:00 udevd --daemon
root      1417  0.0  0.0     0     0 ?        S<   Apr19   0:00 [kpsmoused]
root      1460  0.0  0.0     0     0 ?        S<   Apr19   0:00 [kgameportd]
root      1713  0.0  0.0     0     0 ?        S<   Apr19   0:00 [kmirrord]
daemon    2024  0.0  0.1  1680   368 ?        Ss   Apr19   0:00 /sbin/portmap
root      2256  0.0  0.2  1628   620 ?        Ss   Apr19   0:00 /sbin/syslogd
root      2262  0.0  0.1  1580   384 ?        Ss   Apr19   0:00 /sbin/klogd -x
root      2280  0.0  0.3  4884   912 ?        Ss   Apr19   0:00 /usr/sbin/hpiod
hplip     2283  0.0  1.9  9696  4884 ?        S    Apr19   0:02 python /usr/sbin/hpssd
root      2369  0.0  0.2  1576   572 ?        Ss   Apr19   0:00 /usr/sbin/acpid -c /etc/acpi/
root      2388  0.0  0.7  4520  1852 ?        Ss   Apr19   0:20 /usr/sbin/cupsd
103       2396  0.0  0.4  2380  1108 ?        Ss   Apr19   0:00 /usr/bin/dbus-daemon --system
105       2404  0.0  1.5  5664  4084 ?        Ss   Apr19   0:02 /usr/sbin/hald
root      2405  0.0  0.3  2892  1016 ?        S    Apr19   0:00 hald-runner
105       2411  0.0  0.3  2016   852 ?        S    Apr19   0:00 hald-addon-acpi: listening on
```

Abbildung 17.9 Was ist los auf dem Rechner? Das Programm »ps« zeigt alle Prozesse sämtlicher Benutzer an.

Prozesszustand Unter `STAT` steht etwas zum Zustand des Prozesses. Hier können zum Beispiel die folgenden Buchstaben auftauchen:

- **S**: »sleeping« (= »schlafend«), Programm hat gerade nichts zu tun.
- **R**: »running«, läuft gerade.
- **D**: »dead«, Prozess ist nicht mehr wieder »aufzuwecken«.
- **Z**: »Zombie«, Prozess ist zwar abgelaufen, konnte seinen Rückgabestatus aber nicht richtig übergeben.

Die Ausgabe von `ps` können Sie noch informativer gestalten: Mit der Option `u` zeigen Sie auch den Eigentümer und die Rechenzeit oder den Speicheranteil an, und `a` blendet eine Liste aller Benutzer ein.

[!]

Da `ps` den vollständigen Befehlsaufruf anzeigt, sollten Sie davon absehen, bei Programmen wie zum Beispiel `wget` (siehe Abschnitt 12.3.4 ab Seite 352) schon im Kommandoaufruf das Passwort einzugeben – jeder andere Benutzer spioniert sensible Daten sonst über die Prozessliste aus.

17.5.2 Verwandtschaftsverhältnisse – »pstree«

»/sbin/init«

Der erste Prozess, der immer nach dem Booten des Systems gestartet wird, heißt */sbin/init*, und andere Prozesse leiten sich von diesem »Elternprozess« (»parent process«) ab. Diese »Kinder« (»child processes«) können wiederum weitere Prozesse starten. Sobald ein »Kind« beendet wird, teilt es dieses seinem »Elternprozess« mit – sollte dieser selbst schon »gestorben« sein, geht die umgekehrte Erbfolge bis zurück zu *init*.

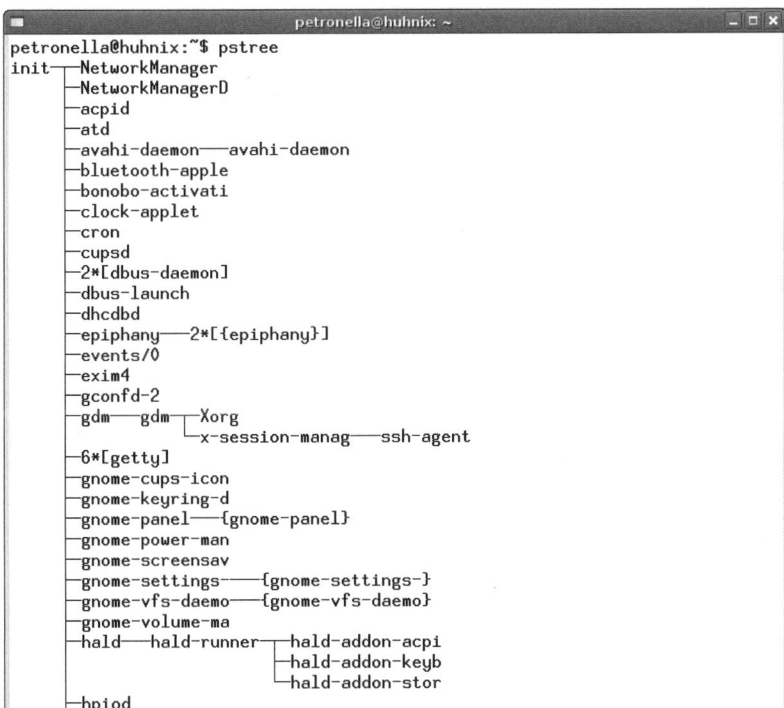

```
petronella@huhnix:~$ pstree
init─┬─NetworkManager
     ├─NetworkManagerD
     ├─acpid
     ├─atd
     ├─avahi-daemon───avahi-daemon
     ├─bluetooth-apple
     ├─bonobo-activati
     ├─clock-applet
     ├─cron
     ├─cupsd
     ├─2*[dbus-daemon]
     ├─dbus-launch
     ├─dhcdbd
     ├─epiphany───2*[{epiphany}]
     ├─events/0
     ├─exim4
     ├─gconfd-2
     ├─gdm───gdm─┬─Xorg
     │           └─x-session-manag───ssh-agent
     ├─6*[getty]
     ├─gnome-cups-icon
     ├─gnome-keyring-d
     ├─gnome-panel───{gnome-panel}
     ├─gnome-power-man
     ├─gnome-screensav
     ├─gnome-settings───{gnome-settings-}
     ├─gnome-vfs-daemo───{gnome-vfs-daemo}
     ├─gnome-volume-ma
     ├─hald───hald-runner─┬─hald-addon-acpi
     │                    ├─hald-addon-keyb
     │                    └─hald-addon-stor
     ├─hpiod
```

Abbildung 17.10 Eltern und Kinder – am Anfang steht immer »init«. Das Programm »pstree« zeigt übersichtlich an, wer von wem abstammt.

Diese Verwandtschaftsverhältnisse kann man sich mit dem Befehl `ps l` anschauen; in der langen Ausgabe steht unter PPID (Parent Process ID), welche Prozessnummer der »Elternprozess« hat. Alternativ verwenden Sie den Paremter `f` für eine strukturierte Ausgabe oder greifen auf das Kommando `pstree` zurück, das in einer übersichtlichen Baumstruktur auf der Konsole zeigt, wer mit wem verwandt ist.

17.5.3 Immer aktuell – der Prozessmonitor »top«

Der Nachteil der `ps`-Ausgabe besteht darin, dass Sie immer nur eine Momentaufnahme des Systemzustands sehen, in der es etwas mühsam ist, mehr über die aktuelle Auslastung zu erfahren. Der Prozessmonitor `top` aktualisiert seine Anzeige ständig und bleibt immer auf dem neuesten Stand. Sie starten das Programm über die Eingabe von `top` in ein Terminalfenster; mit der Taste (Q) beenden Sie den Prozessmonitor.

In der ersten Zeile sehen Sie allgemeine Informationen, zum Beispiel die Uhrzeit, wie lange der Rechner schon läuft (die Uptime), die Anzahl der Prozesse und Angaben zu deren Status sowie die Auslastung von CPU, Speicher und Swap. Die Statuszeile verrät außerdem, welche Informationen zu den Prozessen folgen. Das Programm `top` zeigt beispielsweise die Process ID (`PID`), die Parent Process ID (`PPID`), die User-Identification-Nummer, anhand derer Benutzer eindeutig identifizierbar sind (`UID`), die Benutzerkennung (`USER`), die verbrauchte CPU-Zeit in Prozent (`%CPU`), den Speicherverbrauch in Prozent (`%MEM`) und in der letzten Spalte das ausgeführte Kommando (`COMMAND`).

Steuerung von »top«

Das Programm bietet einige interaktive Kommandos zur Steuerung. Wollen Sie beispielsweise nur die Anwendungen eines bestimmten Benutzers in der Liste sehen, drücken Sie (U), und geben Sie auf Aufforderung den entsprechenden Benutzernamen ein. Die Taste (U) bringt Sie ebenfalls zur vollständigen Liste zurück. Drücken Sie anschließend die Eingabetaste, ohne einen Accountnamen zu spezifizieren. Wer nicht den speicherhungrigsten, sondern den bescheidensten Prozess sucht, kehrt die Ausgabe mit (Umschalt) + (R) um. Darüber hinaus können Sie mit (F) auswählen, welche Informationen `top` präsentiert. Weitere Tastatur-Shortcuts sehen Sie, wenn Sie mit (H) die Hilfe einblenden.

[+] Mit einem Trick bringen Sie mehr Übersicht in die schwarz-weiße Ausgabe von `top`. Drücken Sie im laufenden Betrieb die Tastenkombination (Umschalt) + (Z), um in einen Farbauswahl-Dialog zu gelangen. Sie können nun entweder mit (W) durch die vordefinierten Farbschemata wechseln oder selbst eine Kombination zusammenstellen und die einzelnen Bereiche des Prozessmonitors einfärben.[5]

Zur Verfügung stehen Ihnen die Kombinationen `Umschalt` + `S` für die Statusanzeige, `Umschalt` + `H` für die Überschrift, `Umschalt` + `T` für die Prozessliste und `Umschalt` + `M` für die Meldungen. Eine Farbe weisen Sie über die Ziffern 0 (Schwarz), 1 (Rot), 2 (Grün), 3 (Gelb), 4 (Blau), 5 (Magenta), 6 (Türkis) oder 7 (Weiß) zu. Um die Leiste in Rot zu präsentieren, drücken Sie `Umschalt` + `T`, und geben Sie `1` ein. Gefällt Ihnen der Look, so bestätigen Sie mit `Eingabe`; andernfalls kehren Sie mit `Q` zur Voreinstellung zurück. Über `Umschalt` + `W` schreiben Sie die Konfiguration in die Datei *~/.toprc* im eigenen Home-Verzeichnis.

17.5.4 Prioritäten setzen – »nice« und »renice«

Mit dem Kommando `nice` weisen Sie Prozessen eine andere Priorität zu und teilen so den einzelnen Tasks gezielt mehr oder weniger Rechenzeit zu. Standardmäßig starten Programme immer mit dem `nice`-Wert `0`, was der einfache Befehl ohne weitere Parameter verrät:

```
huhn@huhnix:~> nice
0
```

Alternativ übergeben Sie einen Wert von `-20` (höchste Priorität) bis `19` (niedrigste Priorität) und hängen dann den Namen des Programms an. Stellen Sie einfach nur `nice` vor den Befehl, so startet `nice` mit `10`.

```
nice -n 19 top
```

Priorität heraufsetzen

Als »normaler« Benutzer dürfen Sie die Priorität lediglich herabsetzen; nur der Systemadministrator kann den Wert erhöhen:

```
huhn@huhnix:~> nice -n -19 top
nice: kann Priorität nicht setzen: Keine Berechtigung
```

Darüber hinaus ist es mit dem Befehl `renice` möglich, bereits laufenden Programmen eine neue Priorität zuzuweisen. Auch hier gilt wieder: Als »normaler« Benutzer dürfen Sie nur eigene Prozesse manipulieren. Suchen Sie zum Beispiel mit dem `ps`-Kommando die PID des entsprechenden Prozesses heraus, und definieren Sie anschließend mit `renice` die neue Priorität, zum Beispiel:

5 Noch mehr Konfigurationsoptionen bietet `htop`, das im gleichnamigen Paket enthalten ist.

```
huhn@huhnix:~> renice +10 3915
3915: old priority 0, new priority 10
```

17.5.5 Spürnase »lsof«

Ein weiterer praktischer Helfer im Prozessdschungel ist `lsof` (list open files). Dieses Kommando zeigt, welche Prozesse auf eine Datei oder ein Gerät zugreifen. Ohne Angabe weiterer Parameter zeigt `lsof` einfach nur alle offenen Dateien. Am besten leiten Sie daher die Ausgabe in einen Pager wie `less` oder `more` weiter und betrachten sie dort seitenweise:

```
lsof | less
```

[+] Weigert sich das Kommando `umount` beispielsweise, einen USB-Stick auszuhängen, und meldet stattdessen `umount: /media/Transcend: device is busy`, so greift noch irgendein Prozess auf dieses Gerät zu. Dies kann im einfachsten Fall ein Mediaplayer sein, aber auch ein Dateimanager-Fenster, das den Inhalt anzeigt. Mit `lsof` spüren Sie das blockierende Programm auf:

```
squeeze@zwerg:~> lsof /media/Transcend
COMMAND PID   USER    FD  TYPE DEVICE SIZE/OFF NODE NAME
totem  21981 squeeze  19u  REG   8,17  2258944 7080 /media/➘
Transcend/Kosmologie fuer Fussgaenger/01.mp3
```

Gerätenamen angeben

Dabei ersetzen Sie `/media/Transcend` durch den Gerätenamen des Wechselmediums (siehe Abschnitt 17.2 ab Seite 492). Falls Ihnen das herausgefundene Kommando nicht allzu viel sagt (hier liegt der Fall klar auf der Hand), so schauen Sie mit dem `ps`-Kommando und den Optionen `auxwww` (mit `w` machen Sie die Ausgabe breiter; diese Option darf mehrmals verwendet werden) nach, was sich hinter der Prozess-ID versteckt:

```
zwerg:~ # ps auxwww | grep 22443
squeeze  22443 15.8  4.1 152440 42332 pts/0    Sl   22:27 ➘
 0:02 /usr/bin/k3b --data /media/Transcend/...
```

Die Ausgabe verrät, dass das Brennprogramm K3b verantwortlich ist – schließen Sie das Programm, und das Laufwerk sollte sich nun aushängen lassen. Ist die Anwendung, die das Gerät blockiert, hingegen abgestürzt, helfen nur noch drastische Maßnahmen – im nächsten Abschnitt erfahren Sie, wie Sie mit `kill` Prozesse beenden.

17.5.6 Prozesse mit »kill« und »killall« beenden

Mit dem Kommando `kill` senden Sie Signale an Prozesse. Dazu gehört nicht nur die Aufforderung, die Arbeit einzustellen, sondern zum Beispiel auch der Befehl, eine Pause einzulegen oder weiterzuarbeiten. Als »normaler« Benutzer dürfen Sie nur Ihre eigenen Jobs beeinflussen; der Administrator darf auch fremde Prozesse manipulieren. Eine ausführliche Liste aller Signale zeigt der Aufruf `kill -l`.

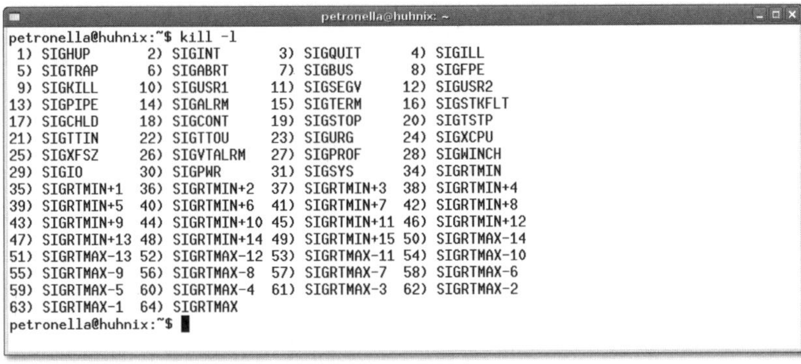

```
petronella@huhnix:~$ kill -l
 1) SIGHUP       2) SIGINT       3) SIGQUIT      4) SIGILL
 5) SIGTRAP      6) SIGABRT      7) SIGBUS       8) SIGFPE
 9) SIGKILL     10) SIGUSR1     11) SIGSEGV     12) SIGUSR2
13) SIGPIPE     14) SIGALRM     15) SIGTERM     16) SIGSTKFLT
17) SIGCHLD     18) SIGCONT     19) SIGSTOP     20) SIGTSTP
21) SIGTTIN     22) SIGTTOU     23) SIGURG      24) SIGXCPU
25) SIGXFSZ     26) SIGVTALRM   27) SIGPROF     28) SIGWINCH
29) SIGIO       30) SIGPWR      31) SIGSYS      34) SIGRTMIN
35) SIGRTMIN+1  36) SIGRTMIN+2  37) SIGRTMIN+3  38) SIGRTMIN+4
39) SIGRTMIN+5  40) SIGRTMIN+6  41) SIGRTMIN+7  42) SIGRTMIN+8
43) SIGRTMIN+9  44) SIGRTMIN+10 45) SIGRTMIN+11 46) SIGRTMIN+12
47) SIGRTMIN+13 48) SIGRTMIN+14 49) SIGRTMIN+15 50) SIGRTMAX-14
51) SIGRTMAX-13 52) SIGRTMAX-12 53) SIGRTMAX-11 54) SIGRTMAX-10
55) SIGRTMAX-9  56) SIGRTMAX-8  57) SIGRTMAX-7  58) SIGRTMAX-6
59) SIGRTMAX-5  60) SIGRTMAX-4  61) SIGRTMAX-3  62) SIGRTMAX-2
63) SIGRTMAX-1  64) SIGRTMAX
petronella@huhnix:~$
```

Abbildung 17.11 Das Kommando »kill -l« zeigt die möglichen Signale an.

Zu den am häufigsten gebrauchten Signalen gehören `SIGTERM` (versucht, den Prozess noch »ordentlich« zu beenden) und `SIGKILL` (»schießt« den Prozess ohne Rücksicht auf Verluste ab, wenn nichts anderes mehr hilft).

Wenn sich ein Programm aufgehängt hat und nicht mehr auf dem üblichen Weg beendet werden kann, versuchen Sie zunächst, `SIGTERM` zu schicken. Da dies das »Standardsignal« für `kill` ist, müssen Sie es nicht explizit angeben (`kill -15`) – der einfache `kill`-Befehl reicht hier aus. Außerdem geben Sie die Prozessnummer (PID) an:

```
kill 4021
```

Taucht der Prozess anschließend nicht mehr in der Übersicht auf, waren Sie erfolgreich. Alternativ greifen Sie zu `SIGKILL`, um den Prozess final ins Jenseits zu befördern:

```
kill -9 4021
```

Prozess unterbrechen

Entsprechend schicken Sie einen Prozess in die Pause, wenn Sie `kill -19` verwenden, und beleben ihn mit `kill -18` wieder.

[+] Es kann vorkommen, dass sich ein Prozess auch mit den gezeigten `kill`-Befehlen nicht beenden lässt und einfach weiter in der Prozesstabelle verbleibt. In diesem Fall warten Sie einfach auf einen Timeout (ein wartender Prozess verbraucht oft keine nennenswerten Ressourcen); als allerletzte Lösung hilft häufig nur noch ein Neustart.

Als weiteres »Killerkommando« steht `killall` zur Verfügung. Dieser Befehl erwartet anstelle der Prozessnummer den Namen der Anwendung. Vorsicht ist geboten, wenn mehrere Programme mit diesem Namen laufen – ein `killall bash` beendet alle Shells auf dem Rechner, inklusive des Terminals, in das Sie gerade das Kommando eingegeben haben. In einem solchen Fall hilft der Parameter `-i` weiter. `killall` fragt jetzt unter Angabe der PID nach:

```
huhn@huhnix:~> killall -i bash
bash(5336) abbrechen? (y/N)
```

17.6 Job-Kontrolle

Prozesse im Hintergrund starten

Prozesse können Sie schon beim Start in den Hintergrund legen. Dieses Vorgehen hat den Vorteil, dass das Terminal nicht blockiert ist und weitere Eingaben entgegennimmt. Um dem Programm mitzuteilen, dass es direkt im Hintergrund seine Arbeit verrichten soll, hängen Sie beim Start ein Kaufmanns-Und-Zeichen an den Befehl an, zum Beispiel:

```
huhn@huhnix:~> konsole &
[2] 4673
```

In den eckigen Klammern sehen Sie die Job-ID, direkt dahinter folgt die Nummer des Prozesses. Während die Prozess-ID eindeutig vom System vergeben wird, ist für die Nummerierung der Jobs die jeweilige Shell zuständig. Um zu sehen, welche Jobs dort gerade laufen und ob diese laufen oder angehalten wurden, tippen Sie:

```
huhn@huhnix:~> jobs
[1]   Läuft                    xpdf buch.pdf &
[2]-  Läuft                    konsole &
[3]+  Angehalten               xterm &
```

Um einen Prozess, der ohne angehängtes Kaufmanns-Und-Zeichen gestartet wurde, nachträglich in den Hintergrund zu befördern, halten Sie diesen zunächst an, zum Beispiel mit der Tastenkombination `Strg` + `Z`, und lassen ihn dann mit dem Befehl `bg` (wie englisch »background«) im Hintergrund weiterlaufen. Befinden sich bereits mehrere angehaltene

Jobs in der Shell, legt `bg` standardmäßig den Job mit der höchsten ID in den Hintergrund. Ist dies nicht beabsichtigt, geben Sie dem Kommando die Information, welche Job-ID Sie meinen:

```
huhn@huhnix:~> bg %3
[3]- xterm &
```

Entsprechend befördert der Befehl `fg` (wie englisch »foreground«) Jobs wieder in den Vordergrund. Auch diesem Kommando übergeben Sie im Zweifelsfall zusammen mit einem Prozentzeichen die Job-ID:

```
huhn@huhnix:~> fg %3
xterm
```

Das Terminal ist anschließend wieder blockiert, bis das Programm beendet oder ein Befehl abgearbeitet ist. Auch in diesem Fall gibt sich die Shell informativ und verrät Ihnen, wenn ein Prozess Feierabend hat:

```
[2]+ Fertig                    konsole
```

17.7 Daemons

Ein Daemon – nicht zu verwechseln mit den Dämonen der Geisterwelt – ist ein Dienstprogramm, das im Hintergrund läuft und dort auf Signale wartet. Der Begriff »Daemon« wird häufig als »Disk And Execution Monitor« erklärt; eine Abkürzung, die allerdings erst nachträglich eingeführt wurde (Backronym). Tritt ein bestimmtes Ereignis ein, nehmen die Daemons die Arbeit auf. Viele Daemons werden von Root gestartet (vor allem netzwerkfähige Daemons, die privilegierte Ports öffnen), es gibt aber auch Dienstprogramme, die danach unter einer anderen Benutzerkennung weiterlaufen. Startet ein Benutzer GNOME oder KDE, laufen zahlreiche Daemons dieser Desktopumgebungen unter seiner eigenen Benutzerkennung.

Runlevel

Linux startet viele Daemon-Prozesse schon beim Booten. Was in den einzelnen Runleveln (Betriebszuständen) passiert, erfahren Sie, wenn Sie einen Blick in die *rc*-Verzeichnisse unterhalb von */etc* werfen. Die Startskripte beginnen mit dem Buchstaben »S«; entsprechend beenden die Skripte, die mit »K« (wie englisch »kill«) beginnen, einen Prozess. Es handelt sich um symbolische Links auf die Skripte der Systemdienste, die Sie im Verzeichnis */etc/init.d/* finden, wobei nicht alles, was in */etc/init.d/* oder */etc/rc?.d/* liegt, ein Daemon ist. Bei den Dienstprogrammen ist oft ein »d« an den Namen angehängt. So heißt der SSH-Server `sshd` (*/usr/sbin/sshd*) und der CUPS-Druckserver `cupsd` (*/usr/sbin/cupsd*).

Auch wenn die Daemons in der Regel automatisch gestartet werden, ist es manchmal nötig, einen solchen Prozess von Hand anzuhalten oder neu zu starten, etwa wenn Sie eine Änderung in einer Konfigurationsdatei vorgenommen haben. In diesem Fall stoppen oder starten Sie (als Administrator) die Dienste über einen Aufruf wie `/etc/init.d/vsftpd stop` beziehungsweise `/etc/init.d/vsftpd start`. Die meisten dieser Skripte bieten außerdem Optionen zum Neustart (`restart`) oder zur Statusanzeige (`status`) an.

Viele, aber nicht alle Daemons stellen Netzwerkdienste zur Verfügung. Dazu gehören beispielsweise `httpd`, `sshd` oder `dhcpd`. In diese Kategorie fallen auch `inetd` und `xinetd`, die Netzwerkdienste ausschließlich auf Anfrage anbieten.

Nur auf Nachfrage – »inetd« und »xinetd«

Superserver

Es gibt auch die Möglichkeit, Netzwerkdienste über einen Super-Daemon wie `inetd` (Internet Service Daemon) oder `xinetd` (Extended Internet Service Daemon) zu starten. Anstelle zahlreicher vor sich hin schlummernder Daemons nimmt dann nur noch der Superserver beim Booten die Arbeit auf. Sein Job besteht darin, die einzelnen Ports (siehe Abschnitt 7.1.4 ab Seite 200) zu überwachen. Trifft eine Verbindungsanforderung ein, vergleicht der Super-Daemon Portnummer und Protokoll mit den Einträgen in seiner Konfigurationsdatei und »weckt« den entsprechenden Dienst auf.

Die am häufigsten eingesetzten Superserver heißen `inetd` (zum Beispiel im Paket *openbsd-inetd* oder *inetutils-inetd* enthalten) und `xinetd` (gleichnamiges Paket). Letzteres ist eine `inetd`-Weiterentwicklung, die zusätzliche Features bietet, wie zum Beispiel die Protokollierung der Zugriffe.

inetd

Für welche Netzwerkdienste der `inetd` die Verantwortung trägt, entscheiden Sie in der Konfigurationsdatei */etc/inetd.conf*, die Sie mit Administratorrechten in einem Texteditor bearbeiten. Auskommentierte Einträge erkennen Sie am Rautezeichen vor der Zeile. Die internen Dienste (Internal Services) sind standardmäßig alle auskommentiert.

Die einzelnen Dienste werden in jeweils eigenen Zeilen eingerichtet. Hier stehen unter anderem Informationen zum Namen des Serverdienstes (siehe Datei */etc/services*), zum Netzwerk-Socket-Typ (`stream`, `dgram`, `raw`, `rdm` oder `seqpacket`), zum Protokoll (meistens `tcp` oder `udp`), zum Thread-Typ (`wait` and `nowait`) und zur Benutzerkennung. Außerdem finden Sie hier den vollständigen Pfad zur ausführbaren Programmdatei inklusive eventueller Parameter für das Kommando.

Das Schlüsselwort `wait` definiert, dass der `inetd` warten muss, bis der Daemon den Port wieder freigibt, ehe weitere Verbindungen bearbeitet werden können; `nowait` bedeutet entsprechend, dass der Server weiterhin lauscht und zusätzliche Verbindungen annimmt, auch wenn die erste noch besteht.

(T)FTP-Server

Wenn Sie, wie in Abschnitt 2.3.3 ab Seite 54 beschrieben, einen TFTP-Server für die Netzwerkinstallation eingerichtet haben oder den FTP-Server `vsftpd` (siehe Kapitel 23 ab Seite 667) nicht im Standalone-Modus betreiben wollen, können Sie in der Einrichtungsdatei des Superservers die folgenden beiden Zeilen hinzufügen:

```
# tftpd per inetd starten:
tftp    dgram   udp     wait    root    /usr/sbin/in.tftpd ↩
in.tftpd -s /srv/tftp -r blksize
#vsftpd per inetd starten:
ftp stream tcp nowait root /usr/sbin/vsftpd /etc/vsftpd.conf
```

[+]

Nach Änderungen an der `inetd`-Konfigurationsdatei sollten Sie nicht vergessen, diese neu einzulesen. Verwenden Sie dazu als Administrator beispielsweise das `pkill`-Kommando, das die gleichen Signale wie `kill` (siehe Seite 541) versteht und Prozesse anhand ihrer Namen aufspürt. Der folgende Befehl findet sowohl den Server aus *openbsd-inetd* als auch aus *inetutils-inetd* und schickt das Signal `SIGHUP`, das den Prozess dazu bringt, seine Konfigurationsdatei neu einzulesen:

```
pkill -HUP inetd
```

xinetd

Um auf den erweiterten Internet Service Daemon umzusteigen, installieren Sie als Administrator das Paket *xinetd*. Der Paketmanager deinstalliert in diesem Zusammenhang das Paket *openbsd-inetd* oder *inetutils-inetd*, was Sie explizit bestätigen müssen:

```
Die folgenden Pakete werden ENTFERNT:
  inetutils-inetd
Die folgenden NEUEN Pakete werden installiert:
  xinetd
```

Die Konfigurationsdatei */etc/inetd.conf* lässt der Paketmanager unangetastet, sodass Sie problemlos wieder umsteigen können, sollte der `xinetd` Ihnen nicht zusagen. Dessen Haupteinrichtungsdatei */etc/xinetd.conf* enthält lediglich eine Anweisung, die Dateien aus dem Unterverzeichnis

/etc/xinetd.d einzulesen (`includedir /etc/xinetd.d`). Es wäre allerdings auch kein Problem, alles in */etc/xinetd.conf* unterzubringen.

Die Syntax der `xinetd`-Einrichtungsdatei(en) unterscheidet sich grundlegend von der `inetd`-Konfiguration. Um den Umstieg zu erleichtern, gelangt zusammen mit dem neuen Daemon ein Perl-Skript auf die Platte, das bei der Konvertierung hilft. Das Skript *xconv.pl* erwartet von der Standardeingabe die `inetd`-Konfigurationsdatei und schreibt das Ergebnis auf die Standardausgabe (siehe Abschnitt 18.6 ab Seite 594). Mit diesem Befehl leiten Sie die Ausgabe so um, dass sie am Ende der Datei */etc/xinetd.conf* landet:

```
/usr/sbin/xconv.pl < /etc/inetd.conf >> /etc/xinetd.conf
```

[!] Verwenden Sie unbedingt den Operator >> und nicht >, da Sie sonst die dahinter angegebene Datei überschreiben. Über das doppelte Größerzeichen hängen Sie den Output des Befehls an die vorhandene Datei an. Wenn Sie vor dem Skript-Durchlauf ein Backup der Konfigurationsdatei machen, sind Sie auf jeden Fall auf der sicheren Seite. Zur Sicherheit sollten Sie die Datei anschließend auf ihre Syntax hin überprüfen, um gegebenenfalls doppelte oder falsche Einträge auszuschließen.

Am Anfang der Datei finden Sie den Bereich für die Standardeinstellungen (`defaults`), die für jeden von `xinetd` verwalteten Dienst gelten. Mit dem folgenden Eintrag definieren Sie beispielsweise, welche Informationen protokolliert werden, zum Beispiel wenn das Starten des Netzwerkdienstes erfolgreich verläuft oder fehlschlägt sowie die maximale Anzahl von Anfragen eines Dienstes (wird überschrieben, wenn in den Einträgen für die jeweiligen Dienste etwas anderes konfiguriert ist).

»service« In der Manpage zu `xinetd.conf` finden Sie weitere Beispieleinträge. Anschließend folgen Definitionen für die jeweiligen Netzwerkdienste. Diese befinden sich in Abschnitten, die mit dem Schlüsselwort `service` beginnen. Für einen FTP-Server (siehe Kapitel 23 ab Seite 667) könnte hier beispielsweise der folgende Eintrag stehen:

```
service ftp
    {
        socket_type = stream
        protocol    = tcp
        wait        = no
        user        = root
        server      = /usr/sbin/vsftpd
        server_args = /etc/vsftpd.conf
    }
```

Wie in der `inetd`-Einrichtungsdatei geben Sie den Socket-Typ (`stream`), das Protokoll (`tcp`), den Thread-Typ (`wait`), die Benutzer-ID, unter welcher der Daemon gestartet wird (`root`), und den absoluten Pfad zur ausführbaren Programmdatei (`/usr/sbin/vsftpd`) an. Optionen wandern in eine eigene Zeile und stehen hinter dem Schlüsselwort `server_args`.

Auch für den `xinetd` gilt, dass Sie Veränderungen in der Konfigurationsdatei neu einlesen müssen. Als Administrator erreichen Sie dies entweder über den im vorigen Abschnitt gezeigten Befehl `pkill -HUP inetd` oder mit diesem Kommando: [+]

```
huhnix:~ # /etc/init.d/xinetd reload
Reloading internet superserver configuration: xinetd.
```

17.8 Datum und Uhrzeit konfigurieren

Tickt er noch richtig? Dass die Uhr Ihres Computers korrekt geht, ist äußerst wichtig. Ist das Zeitgefühl Ihres Rechners durcheinandergeraten, kann dies unangenehme Folgen haben, etwa wenn es Dateien gibt, die scheinbar in der Zukunft erstellt worden sind. Im besten Fall erhalten Sie eine Warnung – im schlimmsten Fall funktionieren Programme nicht mehr korrekt.

Debian-Installer

Schon bei der Installation von Debian GNU/Linux stellt das System die richtige Uhrzeit ein, ausgehend von der Hardwareuhr des Rechners und der Zeitzone, in der Sie sich befinden (siehe Abschnitt 3.6 ab Seite 70). Besteht während des Einspielens der Distribution eine Internetverbindung, so richtet der Debian-Installer Datum und Uhrzeit vollautomatisch über NTP ein.

Synchronisierung der Uhrzeit

Das Network Time Protocol (NTP) ist ein Standard zur automatischen Synchronisierung von Uhren über ein Netzwerk (zum Beispiel das Internet). Dabei wandert das Zeitsignal von einem entsprechenden Server zum NTP-Client. Das heißt, Sie konfigurieren Ihren Computer so, dass er die lokale Uhr mit einem Time Server im Netz abgleicht. Dies passiert normalerweise automatisch bei Booten des Rechners oder bei der Einwahl ins Internet. Alternativ nehmen Sie als Administrator manuell Kontakt zum Server auf.

Um die Uhrzeit und das Datum nachträglich zu konfigurieren, stehen verschiedene Tools bereit. Desktopumgebungen wie GNOME und KDE SC 4 bieten über die Uhr im Panel schnellen Zugriff auf grafische Einrichtungsprogramme, mit denen Sie Uhrzeit, Datum und Zeitzone anpassen (siehe Kapitel 8 ab Seite 219 sowie Kapitel 9 ab Seite 247). Damit Sie unter GNOME die Synchronisierung per NTP auswählen können, installieren Sie zunächst das Paket *ntp* (nicht *ntpdate* wie unter »Lenny«!) und rufen dann aus dem Menü SYSTEMVERWALTUNG den Punkt DATUM UND UHRZEIT auf. Über ZUM BEARBEITEN ANKLICKEN und Eingabe des Root-Passworts authentisieren Sie sich. Danach gehen Sie im Dropdown-Menü KONFIGURATION zum Eintrag SYNCHRONISIERUNG MIT INTERNET-SERVERN AUFRECHT ERHALTEN und klicken darunter auf SERVER AUSWÄHLEN. In der folgenden Liste suchen Sie nach Servern in Deutschland und aktivieren diese.

Abbildung 17.12 Per Mausklick suchen Sie mehrere Zeitserver für GNOME aus.

»date« Außerdem steht Ihnen auf der Kommandozeile der Befehl `date` zur Verfügung, den Abschnitt 18.5.4 ab Seite 590 vorstellt. Praktischer ist es jedoch, diese Dinge zu automatisieren. Als Alternative zu den grafischen Programmen können Sie eine der in den folgenden Abschnitten vorgestellten Methoden einsetzen, um die Uhr über NTP mit einem Server im Netz abzugleichen.

Das Paket *ntp* enthält einen Client und einen Server sowie entsprechende Startskripte. Bei der Installation sollten Sie die folgende Meldung sehen:

```
Starting NTP server: ntpd.
```

Wie Sie sehen, nimmt der NTP-Daemon aus dem Paket *ntp* sofort die Arbeit auf. Standardmäßig ist die Anwendung so konfiguriert, dass sie auf den Pool der Debian-NTP-Server zugreift und damit direkt einsatzbereit ist. Die nächsten beiden Abschnitte zeigen, wie Sie den NTP-Client mit deutschen Servern bekannt machen, mit `ntpdate` von Hand einen Zeitserver kontaktieren und `ntp` als Server im eigenen Netz einrichten.

[+] Ein solcher eigener Server ist vor allem dann praktisch, wenn Sie ein eigenes Netzwerk betreiben. Auf diese Weise konfigurieren Sie den Rechner sowohl als Client, der sich über eine Internetverbindung die Uhrzeit von außen holt, als auch als Server, der intern alle Rechner im LAN versorgt. So stellen Sie sicher, dass alle Rechner im eigenen Netz dieselbe Zeit haben – selbst wenn diese einmal von der der Funkuhr abweicht, weil keine Internetverbindung besteht.[6]

Der Client aus dem Paket *ntp* ist über ein Startskript in */etc/init.d* so konfiguriert, dass er beim Booten des Rechners automatisch versucht, mit einem Zeitserver im Internet Kontakt aufzunehmen. Selbst wenn der Computer zu diesem Zeitpunkt offline ist, stellt dies kein größeres Problem dar: Der Verbindungsaufbau scheitert zwar, aber das Tool beschwert sich nicht und behindert auch keine anderen Prozesse, da es im Hintergrund arbeitet.

Zeitserver einrichten

Welcher Zeitserver im Netz kontaktiert wird, richten Sie über die Datei */etc/ntp.conf* ein. Öffnen Sie die Datei mit einem Texteditor Ihrer Wahl, kommentieren Sie die voreingestellten Server mit einem Rautezeichen vor der Zeile aus, und tragen Sie Server in Ihrer Nähe ein. Als NTP-Server in Deutschland bieten sich unter anderem die folgenden aus dem Pool `de.pool.ntp.org` an:

- server 0.de.pool.ntp.org
- server 1.de.pool.ntp.org
- server 2.de.pool.ntp.org
- server 3.de.pool.ntp.org

Das Programm synchronisiert regelmäßig, auch wenn der Rechner nicht permanent online ist. Auf diese Weise erhalten Sie auch dann die korrekte Zeit, wenn Sie eine Dial-up-Verbindung nutzen. Damit die Änderungen aktiv werden, geben Sie als Root den folgenden Befehl ein:

```
/etc/init.d/ntp reload
```

6 Betreiben Sie einen eigenen DHCP-Server (siehe Kapitel 19 ab Seite 601) oder Nameserver (siehe Kapitel 20 ab Seite 609), empfiehlt es sich, den NTP-Server ebenfalls auf diesem Computer einzurichten, damit alle diese Dienste zentral auf einem Rechner angeboten werden.

17.8.1 Einfacher Client »ntpdate«

Um manuell die Zeit anzupassen, steht außerdem das Tool `ntpdate` aus dem gleichnamigen Paket zur Verfügung. Bei bestehender Internetverbindung rufen Sie es als Administrator auf der Shell auf und geben einen NTP-Server an:

```
huhnix:~ # ntpdate de.pool.ntp.org de.pool.ntp.org de.pool.ntp.org
25 Feb 16:37:00 ntpdate[30280]: adjust time server 83.170.1.225 offset -0.030456 sec
```

Zeitserver im Netz

Die Serveradresse muss tatsächlich dreimal dort stehen, da sich hinter ihr verschiedene IP-Adressen verbergen und die Zeiteinstellung besser funktioniert, wenn das Programm die Uhrzeit von mehreren Rechner erfragt. Unter *http://support.ntp.org/bin/view/Servers/NTPPoolServers* finden Sie eine Liste weiterer Zeitserver. Beachten Sie, dass `ntpdate` nicht arbeiten kann, wenn der NTP-Daemon läuft. Halten Sie daher den eigenen Zeitserver über den Befehl `/etc/init.d/ntp stop` an, bevor Sie das Programm ausführen.

[+] Um schnell zu überprüfen, ob die korrekte Zeitzone eingestellt ist, werfen Sie einen Blick in die Datei */etc/timezone*:

```
huhnix:~ # cat /etc/timezone
Europe/Berlin
```

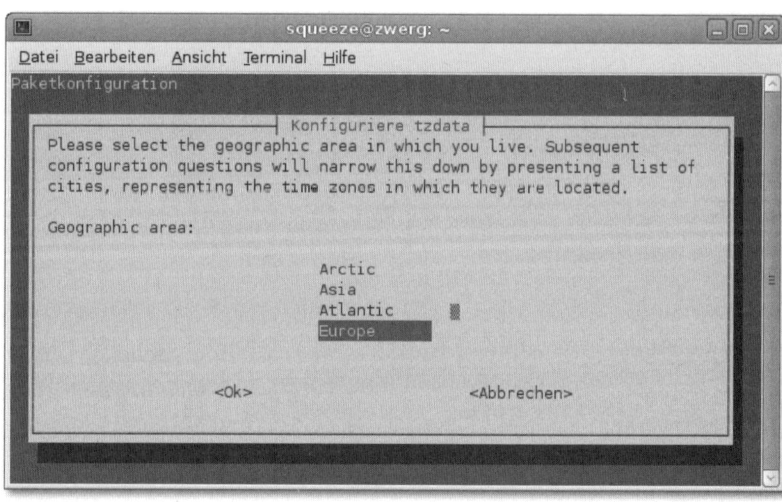

Abbildung 17.13 Über »dpkg-reconfigure tzdata« wechseln Sie schnell in eine neue Zeitzone.

Um eine andere Zeitzone einzustellen, rufen Sie als Administrator auf der Shell den Befehl `dpkg-reconfigure tzdata` auf. Es ist wichtig, dass Sie die korrekte Zeitzone konfiguriert haben, denn für diese fühlt sich NTP nicht zuständig und konfiguriert sie nicht automatisch.

17.8.2 Einrichtung des NTP-Servers

Das Paket *ntp* liefert nicht nur einen Client mit, sondern kann ebenfalls als eigener Server eingerichtet werden. Dies passiert ebenfalls in der Konfigurationsdatei */etc/ntp.conf*. Standardmäßig ist hier bereits der Zugriff auf den Server vom eigenen Rechner aus gestattet:

```
restrict 127.0.0.1
```

Zugriff aus dem eigenen Netz

Den Zugriff aus dem internen Netzwerk gestatten Sie, indem Sie einen Eintrag der Form

```
restrict 192.168.1.0 mask 255.255.255.0
```

hinzufügen. Dabei ersetzen Sie die Broadcast-Adresse sowie die Subnetzmaske durch die Daten Ihres eigenen Netzwerks (siehe Kapitel 6 ab Seite 151). Die anderen Maschinen im LAN konfigurieren Sie nun so, dass sie auf diesen Computer als NTP-Server zugreifen. Denken Sie daran, die vorgenommenen Änderungen über `/etc/init.d/ntp reload` zu aktivieren.

17.9 Zeitgesteuerte Jobs

Viele Routineaufgaben lassen sich unter Linux automatisieren: Nächtliche Uploads, regelmäßige Backups, das Rotieren und Komprimieren der Logdateien usw. erledigen verschiedene Programme, ohne dass sich der Admin darum kümmern muss. Das Tool `at` führt einmalig Aufgaben zu einem bestimmten, vom Benutzer festgelegten Zeitpunkt aus, und `cron` arbeitet Jobs in schöner Regelmäßigkeit ab – wahlweise stündlich, täglich, wöchentlich oder monatlich.

Im Hintergrund werkelt für `at` und `cron` ein Daemon (siehe Abschnitt 17.7 ab Seite 543), der jede Minute zuverlässig nachschaut, ob neue Jobs in der Warteschlange stehen. Den `at`-Daemon finden Sie unter dem Namen `atd`, und der `cron`-Dienstprozess heißt unter Debian GNU/Linux einfach nur `cron`. Die folgenden Abschnitte verraten, wie Sie einmalige Jobs zuverlässig von `at` ausführen lassen und immer wiederkehrende Routineaufgaben, zum Beispiel das Rotieren von Logdateien und das Aktualisieren des eigenen Debian-Systems, `cron` überlassen.

17.9.1 »at«

Das Programm at starten Sie aus einem Terminal heraus zusammen mit einer Zeitangabe für den neuen Auftrag. Anschließend sehen Sie eine Eingabeaufforderung. Geben Sie den gewünschten Befehl am Prompt ein, und bestätigen Sie mit (Eingabe). Sie beenden at mit der Tastenkombination (Strg) + (D).

Ein neuer Auftrag

Wenn Sie sich am nächsten Morgen um 8:00 Uhr mit Ihrem Lieblingslied wecken lassen möchten, geben Sie beispielsweise Folgendes ein:

```
squeeze@zwerg:~> at 8:00 tomorrow
warning: commands will be executed using /bin/sh
at> mpg321 Musik/Tangerine_Dream/Cyclone/01_bent_cold_↵
sidewalk.mp3
at> <EOT>
job 2 at Sat Feb 26 08:00:00 2011
```

Zeitformate

Natürlich muss der Rechner eingeschaltet sein, damit der musikalische Wecker anspringt – praktischerweise »vergisst« at die Jobs aber nicht, wenn Sie den Computer neu starten. Das Zeitformat können Sie auch anders bestimmen, z. B. über 7:00pm (»19 Uhr«), now (»jetzt«), today (»heute«), tomorrow (»morgen«), now + 10min (»in zehn Minuten«), teatime tomorrow (»16:00 Uhr am nächsten Tag«) usw.

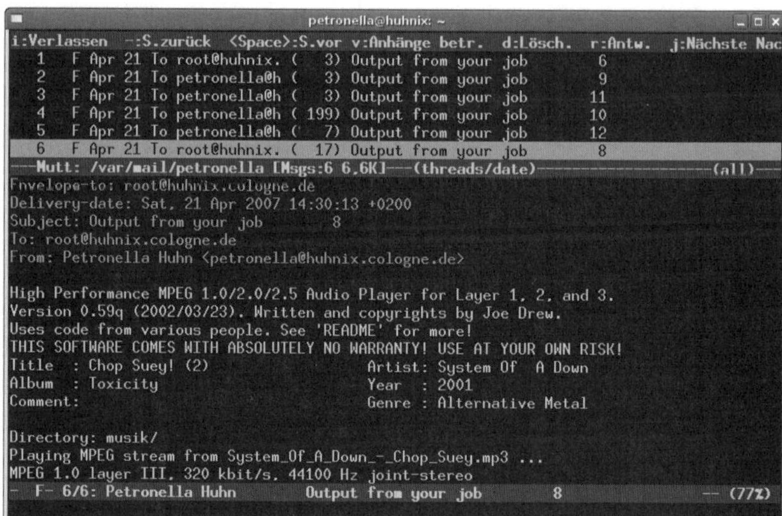

Abbildung 17.14 Das Programm »at« schickt nach getaner Arbeit Berichte per E-Mail an den Benutzer.

Bericht per Mail

Nach der Ausführung des Jobs meldet sich `at` beim Benutzer zurück und schickt eine E-Mail mit Infos. Dazu muss ein Mailserver laufen und mindestens die lokale Postzustellung konfiguriert sein (siehe Kapitel 21 ab Seite 627). Programme, die standardmäßig keinen Output erzeugen, bringen Sie zum »Sprechen«, indem Sie beim Befehlsaufruf die Option `-m` angeben.

Warteschlange betrachten

Jobs, die noch auf ihre Ausführung warten, finden Sie in der `at`-Queue wieder, die Sie mit den Kommandos `at -l` oder `atq` auf den Bildschirm bringen:

```
squeeze@zwerg:~> atq
1       Sat Feb 26 08:00:00 2011 a squeeze
2       Sat Feb 26 08:00:00 2011 a squeeze
3       Fri Feb 25 17:01:00 2011 = squeeze
```

Neben der Job-Nummer sehen Sie hier, wann der Befehl abgearbeitet wird (Datum und Uhrzeit), den Namen der Warteschlange und den eigenen Benutzernamen (lediglich der Systemadministrator sieht sämtliche wartenden `at`-Aufträge aller User). Das Gleichheitszeichen bedeutet, dass der Auftrag gerade ausgeführt wird. Welche Kommandos `at` hier jeweils vormerkt, verrät die Warteschlange allerdings nicht. In diesem Fall hilft nur ein Blick in die Dateien unterhalb von */var/spool/cron/atjobs/*, die Sie allerdings nur mit Root-Rechten lesen dürfen. Betrachten Sie eine solche Datei, finden Sie das ausführbare Kommando meistens ganz am Ende nach einer Reihe von Umgebungsvariablen.

Job löschen

Mit `at -d` oder `atrm` werfen Sie Aufträge aus der Warteschlange hinaus; zusätzlich geben Sie die entsprechende Job-Nummer an. Als »normaler« Benutzer dürfen Sie nur Ihre eigenen Aufgaben löschen; der Administrator entfernt darüber hinaus auch fremde Zukunftswünsche.

```
atrm 1
```

Tipp: »at« als Rettungsanker

Besonders praktisch gestaltet sich der Einsatz von `at`, wenn Sie beispielsweise eine neue Firewall-Regel hinzufügen wollen.[7] Wenn Sie dies auf einer entfernten Maschine erledigen, besteht immer die Möglichkeit, dass

7 Mehr zu Firewalls und insbesondere IPTables lesen Sie in Abschnitt 25.2 ab Seite 702.

Sie sich selbst ausschließen – je nachdem, wo dieser Rechner steht, ist das nicht nur mit Ärger, sondern eventuell auch mit Kosten verbunden. Zusammen mit einem at-Kommando machen Sie nach einer bestimmten Zeit die Änderungen rückgängig und verhindern so größeren Schaden.

IPTables-Regel mit »at« hinzufügen

So können Sie beispielsweise einen at-Job basteln, der die neue Regel nach einigen Minuten wieder entfernt, oder Sie beauftragen at damit, nach einer gewissen Zeit eine IPTables-Regel hinzuzufügen, die Ihnen garantiert Zutritt zum Rechner verschafft. Letzteres ist einfacher, da Sie immer dasselbe (getestete und für gut befundene) Kommando wiederholen können und damit garantiert Zutritt erhalten. Wenn Sie mit at hingegen eine neu hinzugefügte Regel entfernen, müssen Sie unbedingt darauf achten, die richtige Regel zu erwischen – hier lauert wiederum der Fehlerteufel.

Angenommen, dass Sie über SSH (siehe Abschnitt 18.5.3 ab Seite 589) Verbindung zur Firewall aufnehmen, sorgt folgende Regel dafür, dass Sie in jedem Fall Zutritt haben – gleichgültig, welche anderen Regeln dies verhindern:

```
iptables -I INPUT -p tcp --dport 22 -j ACCEPT
```

Diese Regel beeinflusst die Pakete, die auf Port 22 (ssh) der Firewall ankommen (INPUT-Chain), und -I sorgt dafür, dass die Regel vor allen anderen steht. Im Klartext bedeutet der Ausdruck so viel wie: »Alle TCP-Pakete, die von überall her auf Port 22 ankommen, werden akzeptiert« (ACCEPT). Wenn Sie als Administrator diese Regel mithilfe von at hinzufügen und bei den anschließenden Änderungen etwas schiefgeht, warten Sie einfach zehn Minuten, bis at den Job ausführt und den Zutritt wieder freigibt:

```
echo 'iptables -I INPUT -p tcp --dport 22 -j ACCEPT' | at ↩
now + 10 min
```

Der »Umweg« über das echo-Kommando sorgt dafür, dass der Befehl in der History der Shell landet und Sie ihn so schneller wiederfinden (siehe Abschnitt 18.1 ab Seite 568). Läuft nach der Regeländerung immer noch alles reibungslos, beenden Sie den at-Job mit atrm einfach wieder.

17.9.2 Cron

Für regelmäßige Jobs wäre das ständige Basteln von at-Kommandos etwas mühsam – hier kommt Cron ins Spiel. Das Tool Cron arbeitet ebenfalls im Hintergrund, »merkt« sich Aufgaben auch nach einem Reboot und berichtet nach getaner Arbeit per Mail an den Benutzer über Erfolg oder Misserfolg. Die Aufträge heißen Cronjobs; diese werden in der sogenannten Crontab verwaltet. Dort stehen neben den Informationen zum ausführbaren Befehl oder Skript Angaben dazu, wann und wie oft der Job zu erledigen ist. Um eine eigene Cron-Tabelle anzulegen oder zu verändern, tippen Sie auf der Kommandozeile:

```
crontab -e
```

Standardmäßig startet nun der über */etc/alternatives/editor* eingerichtete Texteditor und wartet auf Ihre Eingaben. Wer lieber mit einem anderen Programm arbeitet, der setzt die Umgebungsvariable `EDITOR`, wie auf Seite 517 beschrieben. [«]

Als Systemverwalter dürfen Sie Crontabs für andere Benutzer erstellen und verändern. Dazu hängen Sie an den Parameter `-u` den entsprechenden User-Namen an (`crontab -u huhn -e`).

Struktur der Crontabs

Für jeden Auftrag steht eine eigene Zeile in der Crontab zur Verfügung; Umbrüche sind nicht erlaubt, Kommentare erkennen Sie am vorangestellten Rautezeichen. In der letzen Spalte sehen Sie den auszuführenden Befehl, und die ersten fünf Felder beschreiben den Zeitpunkt mit folgenden Angaben: **Felder**

- **Minute:** Werte von `0` bis `59` oder `*` als Platzhalter
- **Stunde:** Werte von `0` bis `23` oder `*`
- **Tag:** Werte von `1` bis `31` oder `*`
- **Monat:** `1` bis `12`, `Jan` bis `Dec`, `jan` bis `dec` oder `*`
- **Wochentag:** `0` bis `7` (wobei sowohl die `0` als auch die `7` für »Sonntag« stehen), `Sun` bis `Sat`, `sun` bis `sat` oder `*`

So sorgt ein Eintrag der Form

```
10 8 * * * mpg321 -z /home/huhn/mp3/*
```

beispielsweise dafür, dass pünktlich um 8:10 Uhr jeden Morgen das Programm `mpg321` alle Dateien im Verzeichnis */home/huhn/mp3/* in zufälliger Reihenfolge abspielt – vorausgesetzt, der Rechner läuft. Wer am Wochenende ausschlafen darf und keinen Wert auf Musik zu früher Stunde legt, ersetzt das Sternchen im fünften Feld und gibt die entsprechenden Wochentage an. Dazu tragen Sie entweder einzelne Werte durch Kommata voneinander abgetrennt ein (zum Beispiel `1,2,3,4,5`), oder Sie definieren einen ganzen Bereich mit einem Bindestrich (zum Beispiel `mon-fri`).

Auch die Kombination von Zeitpunkten ist möglich: Steht im vierten Feld, das den Monat bezeichnet, beispielsweise `1-4,7,10-12`, heißt das im Klartext: »Führe den Job von Januar bis April, im Juli und von Oktober bis Dezember aus.« Regelmäßige Zeiträume definieren Sie darüber hinaus mit einem Schrägstrich und einer nachgestellten Ziffer: Steht im zweiten Feld beispielsweise `*/2`, heißt das »alle zwei Stunden«.

Crontab anzeigen und löschen

Unter Debian GNU/Linux liegen sämtliche Cron-Tabellen der einzelnen Benutzer im Verzeichnis */var/spool/cron/crontabs/*. Als »normaler« Benutzer haben Sie dort keine Leserechte; Ihre eigenen Cronjobs listen Sie daher auf der Kommandozeile auf:

```
huhn@huhnix:~> crontab -l
10 8 * *  mon-fri mpg321 -z /home/huhn/mp3/*
```

Als Systemadministrator dürfen Sie weiterhin die Crontabs aller Benutzer ansehen; hängen Sie dazu wieder den Benutzernamen an den Parameter `-u` an.

Einzelne Aufträge werden Sie wiederum über den Texteditor los, den Sie wie gezeigt mit `crontab -e` auf den Plan rufen. Um alle Jobs auf einen Streich zu löschen, tippen Sie hingegen `crontab -r`.

»/etc/crontab«

Neben den Cron-Tabellen der einzelnen Benutzer gibt es im Verzeichnis */etc/crontab* systemweite Crontabs, die Aufgaben der Systemverwaltung automatisieren. Im Gegensatz zu den Cron-Tabellen der einzelnen Benutzer finden Sie hier ein weiteres siebtes Feld, das den User-Namen enthält, mit dessen Rechten das Kommando läuft (in der Regel ist das `root`). Betrachten Sie als Administrator diese Datei unter Debian GNU/Linux, finden Sie beispielsweise die folgenden Einträge:

```
17 *    * * *   root    cd / && run-parts --report ↩
/etc/cron.hourly
25 6    * * *   root    test -x /usr/sbin/anacron || ( cd /↩
&& run-parts --report /etc/cron.daily )
47 6    * * 7   root    test -x /usr/sbin/anacron || ( cd / ↩
&& run-parts --report /etc/cron.weekly )
52 6    1 * *   root    test -x /usr/sbin/anacron || ( cd / ↩
&& run-parts --report /etc/cron.monthly )
```

Für die einzelnen Aufträge finden Sie hier »Zusammenfassungen« und Hinweise, in welchen Shell-Skripten die stündlichen, täglichen, wöchentlichen und monatlichen Aufgaben liegen. So finden Sie die Skripte für die stündlichen Jobs (immer 17 Minuten nach der vollen Stunde) im

Verzeichnis */etc/cron.hourly*, die täglich zu erledigenden Aufgaben (jeden Morgen um 6:25 Uhr) in */etc/cron.daily* usw.

[+] Wenn Ihr Rechner nicht 24 Stunden am Tag durchläuft, ist es eventuell sinnvoll, den Zeitpunkt der täglichen, wöchentlichen und monatlichen Jobs anzupassen. Ist die Maschine morgens zwischen 6 und 7 Uhr in der Regel ausgeschaltet, passen Sie die Uhrzeiten an, zum Beispiel:

```
25 17   * * *   root    test -x /usr/sbin/anacron || ( cd / ⮐
&& run-parts --report /etc/cron.daily )
```

17.9.3 Grafische Frontends für »cron« und »at«

Der grafische Helfer für den GNOME-Desktop (`gcrontab`) ist nicht länger bei Debian GNU/Linux »Squeeze« dabei; stattdessen können Sie das Paket *gnome-schedule* einspielen und finden das GTK-Programm dann über ANWENDUNGEN • SYSTEMWERKZEUGE • GEPLANTE AUFGABEN. Um das Tool als Administrator zu starten, geben Sie `gksu gnome-schedule` in ein Schnellstart- oder Terminalfenster ein. Sie können mit dem Werkzeug persönliche Crontabs sowie die des Administrators beeinflussen sowie `at`-Jobs erstellen. Zugriff auf die systemweite Crontab haben Sie damit aber nicht.

KDE-Systemeinstellungen

KCron ist nicht länger ein eigenständiges Programm, sondern Bestandteil der Systemeinstellungen (`systemsettings`). Sie finden den AUFGABENPLANER unten auf dem zweiten Reiter ERWEITERT. In der Voreinstellung zeigt das Modul Ihre eigenen Cronjobs an und erlaubt Ihnen, neue Aufträge zu erstellen; `at`-Kommandos berücksichtigt es nicht. Um die systemweiten Einträge zu betrachten, zu ändern, zu löschen oder testweise auszuführen, benötigen Sie Administratorrechte. Da sich im Dialogfenster keine Schaltfläche findet, um den Aufgabenplaner als Root zu starten, beenden Sie das Programm, installieren *kdesudo*, tragen den Account in die Datei */etc/sudoers* (Abschnitt 17.4.12 ab Seite 532) ein und starten die Systemeinstellungen über `Alt` + `F2` und Eingabe von `kdesudo systemsettings`. Sie authentisieren sich danach mit Ihrem eigenen Kennwort.

Alternativ ist es auch möglich, das Modul mit Root-Rechten ohne den Umweg über `kdesudo` zu öffnen. Dazu geben Sie in den Schnellstarter oder ein Terminal das Kommando `su-to-root -X -c systemsettings` ein und tippen ins folgende Feld das Kennwort des Systemverwalters. Anschließend bietet der Aufgabenplaner nicht nur Zugriff auf die persönliche Cron-Tabelle, sondern auch auf die systemweite Crontab sowie auf die anderer Accounts.

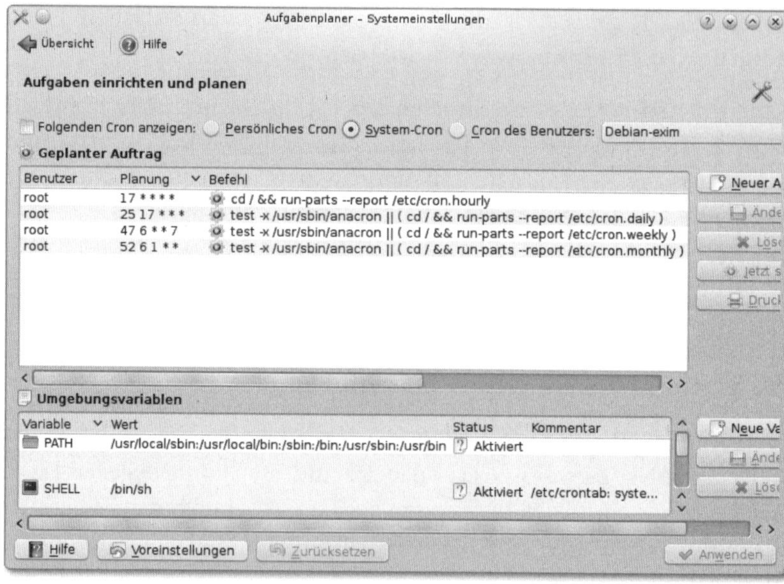

Abbildung 17.15 Der KDE-Aufgabenplaner erlaubt über einen kleinen Umweg auch Zugriff auf die systemweite Crontab.

17.9.4 Automatisches Upgrade mit »cron-apt«

Hier kommt ein kleines, aber feines Programm, das dem Debian-Admin das Leben leichter macht: `cron-apt` (aus dem gleichnamigen Paket) überprüft in regelmäßigen Abständen, ob es aktualisierte Pakete online gibt, benachrichtigt den Administrator per Mail, lädt die Updates automatisch auf die eigene Festplatte und installiert sie, falls gewünscht (siehe auch Kapitel 5 ab Seite 115).

Einrichtung Wann und wie oft `cron-apt` läuft, legen Sie in der Konfigurationsdatei */etc/cron.d/cron-apt* fest. Die Syntax sieht genauso aus wie die der systemweiten Cron-Tabelle (*/etc/crontab*). Für `cron-apt` finden Sie schon verschiedene auskommentierte Beispieleinträge vor, die Sie an Ihre eigenen Bedürfnisse anpassen können. Nicht mit einem Kommentar versehen und daher aktiv ist die Zeile, die bewirkt, dass das Tool jede Nacht um 4 Uhr nach verfügbaren Updates sucht:

```
0 4     * * *   root    test -x /usr/sbin/cron-apt &&
/usr/sbin/cron-apt
```

In der Datei */etc/cron-apt/config* konfigurieren Sie das allgemeine Verhalten von `cron-apt`. Entfernen Sie einfach das Rautezeichen am Zeilenanfang, um einen Eintrag zu aktivieren. Um beispielsweise `apt-get` mit der Systemaktualisierung zu betrauen, entfernen Sie das Doppelkreuz vor:

```
APTCOMMAND=/usr/bin/apt-get
```

Standardmäßig wartet `cron-apt` eine Stunde, bis es Kontakt zu den in */etc/apt/sources.list* konfigurierten Servern aufnimmt und die Paketlisten aktualisiert. Um diesen Zeitraum zu verändern, passen Sie die Variable `RUNSLEEP` an. So sorgt der folgende Eintrag dafür, dass das Tool nach 60 Sekunden seine Arbeit aufnimmt:

```
RUNSLEEP=60
```

Außerdem können Sie einrichten, über welche Ereignisse das Tool Sie per Mail informiert. Der Eintrag

```
MAILON="always"
```

veranlasst `cron-apt`, nach jedem Auftrag Bericht zu erstatten. Alternativ lassen Sie sich benachrichtigen bei Fehlern (`error`), wenn Pakete aktualisiert wurden (`upgrade`) usw. Auch an wen die E-Mail geht, können Sie einstellen. Anstelle des Systemverwalters tragen Sie beispielsweise hinter `MAILTO=` Ihren eigenen Benutzernamen ein, wenn Sie informiert werden möchten.

Nur Download der Updates

Standardmäßig lädt `cron-apt` die aktualisierten Pakete lediglich herunter, installiert diese aber nicht. Dies ist aus verschiedenen Gründen sinnvoll, etwa wenn Probleme auftreten, die eine Interaktion von Seiten des Admins erfordern. Erhalten Sie eine Mail mit Informationen über wartende Updates, so führen Sie als Administrator einfach den Befehl

```
apt-get dist-upgrade
```

aus, um die wartenden Pakete zu installieren. Wer dennoch alles vollautomatisch erledigen und die Pakete nach dem Download direkt einspielen möchte, der passt das Skript */etc/cron-apt/action.d/3-download* wie folgt an: Entfernen Sie die Parameter `-d` (Download only) und `-o`. Wenn Sie Aptitude anstelle von `apt-get` verwenden, ändern Sie außerdem `dist-upgrade` in `full-upgrade`, sodass hier anschließend

```
full-upgrade -y
```

steht. Die Option `-y` sorgt dafür, dass »Ja« als Antwort für einfache Ja/Nein-Fragen angenommen wird. Beim nächsten Lauf von `cron-apt` lädt das Tool die Pakete herunter und spielt die Aktualisierungen anschließend direkt ein.

[+] Eine elegante Möglichkeit zur Automatisierung ohne allzu große Risiken bietet `cron-apt`, wenn Sie in der Datei */etc/cron-apt/config* auf eine alternative Liste der Paketquellen hinweisen. Um beispielsweise die Sicherheitsupdates aus */etc/apt/sources.list* auszulagern und in */etc/apt/security.sources.list* einzutragen, schreiben Sie in die cron-apt-Konfiguration einfach:

```
OPTIONS="-o quiet=1 -o Dir::Etc::SourceList=/etc/apt/↩
security.sources.list"
```

17.10 Linux herunterfahren und neu starten

Sie sollten Linux immer »ordentlich« beenden und die Maschine nicht einfach über den Hauptschalter ausschalten oder mit dem Reset-Knopf neu starten. So sorgen Sie dafür, dass alle Prozesse vollständig beendet werden und Daten, die sich noch im Arbeitsspeicher (RAM) befinden, auf die Platte geschrieben werden können. Linux hält Daten oft temporär in einem internen Zwischenspeicher und schreibt diese erst dann auf die Festplatte, wenn das System weniger ausgelastet ist. Viele Aktionen laufen daher performanter ab, und Lade- und Speicherzeiten werden verringert.

17.10.1 Das Kommando »shutdown«

Zeitverzögerte Ausführung

Mit dem Programm shutdown fahren Sie den Rechner sauber herunter oder booten ihn neu. Zudem können Sie das Kommando auch zeitverzögert ausführen und eine eigene Nachricht an alle angemeldeten Benutzer schicken. Standardmäßig darf nur der Administrator diesen Befehl ausführen. Um den Rechner in zehn Minuten neu zu starten, tippen Sie beispielsweise:

```
/sbin/shutdown -r +10
```

Alle anderen Benutzer erhalten im jeweils aktiven Terminal nun eine Warnung:

```
Broadcast message from root@zwerg (pts/7) (Fri Feb 25 ↩
19:35:16 2011):

The system is going DOWN for reboot in 10 minutes!
```

Soll der Rechner stattdessen angehalten werden, verwenden Sie die Option -h anstelle von -r. Wer eine eigene Nachricht an die Benutzer schicken möchte, hängt diese einfach an den shutdown-Aufruf an:

```
/sbin/shutdown -r +10 "Reboot, teste neuen Kernel."
```

Alternativ geben Sie den Zeitpunkt absolut an, zum Beispiel mit 14:00, oder führen die Aktion direkt aus (now). Weitere Parameter des Kommandos sorgen dafür, dass nur eine Warnmeldung an die Benutzerterminals geschickt wird (`shutdown -k`), dass die Überprüfung des Dateisystems nach dem Neustart ausfällt (`shutdown -f`) oder dass eben dieser Filesystem Check auf jeden Fall stattfindet (`shutdown -F`).

17.10.2 Tastenkombination

Dreifingergriff

Standardmäßig startet Debian GNU/Linux den Rechner neu, wenn Sie (Strg)+(Alt)+(Entf) drücken. Wer dieses Verhalten deaktivieren möchte, bearbeitet als Administrator die Datei */etc/inittab* mit einem Texteditor und kommentiert den Eintrag

```
#ca:12345:ctrlaltdel:/sbin/shutdown -t1 -a -r now
```

mit einem Rautezeichen am Zeilenanfang aus. Anschließend starten Sie `init` neu durch Eingabe von:

```
telinit q
```

17.10.3 Alternative Shutdown-Möglichkeiten

Auch die Desktops bieten einen Menüeintrag, über den Sie den Rechner ausschalten und neu starten. Unter GNOME gehen Sie auf SYSTEM • AUSSCHALTEN; dort finden Sie Knöpfe zum NEU STARTEN, ABBRECHEN und AUSSCHALTEN. Haben Sie nach 60 Sekunden keine Auswahl getroffen, fährt das System herunter.

Unter KDE SC 4 gehen Sie im K-Menü auf VERLASSEN. Dort finden Sie verschiedene Buttons zum ABMELDEN, SPERREN und BENUTZER WECHSELN. In den Systemeinstellungen bietet der Reiter ERWEITERT darüber hinaus in der SITZUNGSVERWALTUNG die Möglichkeit, verschiedene Dinge zu konfigurieren. Dort stellen Sie unter anderem ein, ob nur die Sitzung beendet oder der Rechner neu gestartet bzw. ausgeschaltet wird, ob Sie die Abmeldung bestätigen müssen und so weiter.

Last but not least bieten die Anmeldemanager `gdm` und `kdm` Optionen an, mit denen Sie den Rechner herunterfahren oder neu starten. Optional definieren Sie für die beiden Displaymanager, dass der Shutdown nur nach erfolgreicher Eingabe des Root-Passworts erfolgt.

Dieses Kapitel zeigt Tipps und Tricks für das Arbeiten auf der Kommandozeile (Shell) und stellt einige praktische Befehle und ihre Optionen vor.

18 Ab auf die Shell

Dieses Buch rät immer wieder zu Ausflügen auf die Kommandozeile. Gerade, wenn es um die Administration des Rechners geht, hat die Shell in puncto Performance die Nase eindeutig vorn. Grafische Programme bieten darüber hinaus nicht immer die gleichen Funktionen, sodass Sie über einen getippten Befehl oft zusätzliche Features erreichen.

18.1 Muscheln und Schalen

Die Shell als Kommandozeilen-Interpreter vermittelt zwischen dem Benutzer und dem Betriebssystem: Sie geben einen Befehl am sogenannten Prompt ein, die Shell wertet diesen aus und gibt den Auftrag weiter. Darüber hinaus wertet die Shell Platzhalter und Variablen aus, sodass das Arbeiten noch flexibler wird.

Viele Benutzer schätzen das Arbeiten auf der Kommandozeile unter anderem deswegen, weil eventuelle Fehlermeldungen und andere Ausgaben direkt in der Konsole landen. Ein weiteres praktisches Feature ist, dass sich mehrere Befehle miteinander kombinieren lassen. So reichen Sie die Ausgabe eines Kommandos beispielsweise an ein anderes Programm weiter, lesen Befehle aus einer Datei ein oder schreiben die Ausgabe von Kommandos in eine Datei. **[«]**

Arbeiten auf der Bash

Mehrere solche Kommandozeilen-Interpreter stehen zur Verfügung; als Standard-Shell hat sich die Bash (Bourne Again Shell) durchgesetzt. Diese kommt auch unter Debian GNU/Linux zum Einsatz. Egal, welches Terminalprogramm (zum Beispiel das GNOME-Terminal, die KDE-Konsole oder ein einfaches Xterm) Sie starten, im Hintergrund läuft immer die Bash und wartet auf Ihre Eingaben. **Bourne Again Shell**

Mit der Tastenkombination Strg + Alt + Funktionstaste verlassen Sie die grafische Arbeitsumgebung (ohne diese zu beenden) und wechseln auf eine der virtuellen Konsolen. So bringt Strg + Alt + F1 Sie beispielsweise auf die erste Konsole, Strg + Alt + F2 auf die zweite usw. Zurück zum grafischen System geht es mit Alt + F7. Das GNOME-Terminal und die KDE-Konsole bieten ein paar zusätzliche Features. In beiden Terminalprogrammen können Sie beispielsweise mehrere Sitzungen in Reitern (wie bei einem Webbrowser) starten, die Schriftgröße und die Farbschemata an Ihre Bedürfnisse anpassen und vieles mehr. Für mehr Komfort und Übersicht beim Arbeiten mit einer einfachen Konsole sorgt übrigens das Programm `screen` (siehe Abschnitt 18.7 ab Seite 595).

Der Prompt

Am sogenannten Shell-Prompt geben Sie Ihre Kommandos ein. Ein typischer Prompt sieht beispielsweise so aus:

```
huhn@huhnix:~>
huhn@huhnix:~$
```

Hinter dem Benutzernamen (`huhn`) folgt, durch den Klammeraffen (@) abgetrennt, der Name des Rechners; der Prompt zeigt außerdem das aktuelle Arbeitsverzeichnis (hier das Home-Verzeichnis, repräsentiert durch die Tilde ~) und ein Größer- oder Dollarzeichen. Arbeiten Sie unter der Kennung `root`, und sind Sie beispielsweise über den Befehl `su` (siehe Abschnitt 17.4.10 ab Seite 529) zum Administrator geworden, sieht der Prompt anders aus:

```
root@huhnix:~#
```

Umgebungsvariable »PS1«

Wie der Prompt im Detail aussieht, können Sie selbst bestimmen. So ist es beispielsweise möglich, den Prompt abhängig von der Benutzerkennung anders einzufärben, den Host- oder Benutzernamen wegzulassen oder auch die aktuelle Uhrzeit einzublenden. Sieht die Eingabeaufforderung auf entfernten Rechnern anders aus als zu Hause, bewahrt das vielleicht vor unbeabsichtigten `shutdown`-Kommandos, und wenn unprivilegierte Benutzer in Grün unterwegs sind, der Root-Prompt aber in Rot erstrahlt, verhindert das möglicherweise die eine oder andere Fehlkonfiguration oder Datenverlust. Verantwortlich für das Aussehen des Prompts ist die Umgebungsvariable `PS1`, die Sie mit `export` verändern und mit `echo` auslesen (siehe Abschnitt 18.1 ab Seite 571):

```
huhn@huhnix:~$ export PS1='$ '
$ echo $PS1
$
```

Beachten Sie das Leerzeichen nach dem Dollarzeichen – immer wenn der Wert für `$PS1` Leer- oder Sonderzeichen enthält, schließen Sie den Ausdruck in Anführungszeichen ein. Auch die Bash-Escape-Sequenzen (in der Bash-Manpage im Abschnitt PROMPTING aufgelistet) verlangen nach Anführungszeichen, um zu verhindern, dass die Shell diese interpretiert. Mit diesen Escape-Sequenzen bringen Sie den Prompt ganz schön in Form. Um etwa den Benutzer- (`\u`) und Hostnamen (`\h`), getrennt durch ein @-Zeichen, in den Prompt mit aufzunehmen, tippen Sie:

```
$ export PS1='\u@\h$ '
huhn@huhnix$
```

Uhrzeit im Prompt

Auch den Aufenthaltsort (`\w` für die volle Pfadangabe oder `\W` für den reinen Verzeichnisnamen) können Sie mit aufnehmen. Legen Sie Wert auf die Uhrzeit, haben Sie gleich drei Möglichkeiten. `\t` zeigt die Zeit im 24-Stunden-Format (HH:MM:SS), `\T` (HH:MM:SS) und `\@` (HH:MM) im 12-Stunden-Format, einmal mit und einmal ohne Sekunden. Wenn Sie das Ganze in eckige Klammern einschließen, sieht es noch übersichtlicher aus:

```
$ export PS1='[\t] \u@\h \w$ '
[10:07:57] huhn@huhnix ~/galileo/debian/buch$
```

Die folgende Tabelle listet interessante Escape-Sequenzen für den Bash-Prompt auf.

Zeichen	Bedeutung
`\d`	das Datum im Kurzformat, zum Beispiel »Mi Nov 24«
`\e`	das Zeichen für Esc (`^[`)
`\h`	Hostname des Rechners in Kurzform, zum Beispiel »zwerg«
`\H`	Hostname des Rechners in Langform, zum Beispiel »zwerg.huhnix.org«
`\j`	Anzahl der Jobs, die in dieser Shell laufen
`\l`	Basisname des Terminals, zum Beispiel »4«, wenn das Terminal »pts/4« heißt
`\n`	Zeilenvorschub (engl. »new line«)
`\r`	Wagenrücklauf (engl. »carriage return«)
`\s`	Name der Shell, zum Beispiel »bash«

Tabelle 18.1 Bash-Escape-Sequenzen für die Prompt-Gestaltung

Zeichen	Bedeutung
`\t`	Uhrzeit im 24-Stunden-Format (HH:MM:SS), zum Beispiel »23:01:03«
`\A`	Uhrzeit im 24-Stunden-Format ohne Sekunden (HH:MM), zum Beispiel »23:01«
`\T`	Uhrzeit im 12-Stunden-Format (HH:MM:SS), zum Beispiel »10:11:55«
`\@`	Uhrzeit im 12-Stunden-Format ohne Sekunden (HH:MM), zum Beispiel »10:11«
`\u`	der Benutzername, zum Beispiel »huhn«
`\v`	verwendete Bash-Version, zum Beispiel »4.1«
`\V`	Bash-Release mit Versionsnummer und Patchlevel, zum Beispiel »4.1.5«
`\w`	das aktuelle Arbeitsverzeichnis mit voller Pfadangabe, zum Beispiel »~/galileo/debian/buch/pix/shell«
`\W`	das aktuelle Arbeitsverzeichnis auf den momentanen Ordner beschränkt, zum Beispiel »shell«, wenn sich der Benutzer in *~/galileo/debian/buch/pix/shell* aufhält
`\!`	die Nummer des Kommandos in der Bash-History, zum Beispiel »567« für das 567. ausgeführte Kommando
`\#`	die Anzahl der Kommandos in der aktuellen Shell-Sitzung
`\$`	Zeigt ein Dollarzeichen für alle Benutzer, die nicht die UID 0 (= Root) haben, andernfalls ein Rautezeichen.
`\nnn`	Das `nnn` steht für eine dreistellige Oktalzahl, mit der Sie jedes beliebige ASCII-Zeichen darstellen können, zum Beispiel »\033« für die Escape-Sequenz.
`\\`	der Backslash selbst (\)
`\[`	Einleitung für nachfolgende Steuerzeichen, zum Beispiel ANSI-Escape-Sequenzen oder ANSI-Steuersequenzen für den Cursor
`\]`	Schließt die Eingabe von Steuerzeichen ab.

Tabelle 18.1 Bash-Escape-Sequenzen für die Prompt-Gestaltung (Fortsetzung)

Farbe für den Prompt

Mithilfe von ANSI-Escape-Sequenzen können Sie den Prompt außerdem »anmalen«. Sämtliche dieser Steuerzeichen schließen Sie in `\[\e[` und `\]` ein. Um also beispielsweise den Prompt mit der Uhrzeit grün einzufärben, die Uhrzeit selbst aber in Blau darzustellen, leiten Sie zunächst mit `\[` die Folge von Steuerzeichen ein, definieren dann die Farbe (`\e[0;34m`), beenden die Steuerzeichen-Sequenz mit `\]`, setzen das Datum (zum Beispiel im 24-Stunden-Format in eckigen Klammern: `[\T]`), wechseln dann auf die Farbe Grün für den Benutzer- und Hostnamen (`\[\e[0;32m\]\u@\h`), schalten wieder zurück zu den Standardeinstellungen (`\[\e[0m\]`) und geben in diesen das aktuelle Arbeitsverzeichnis und den Rest aus.

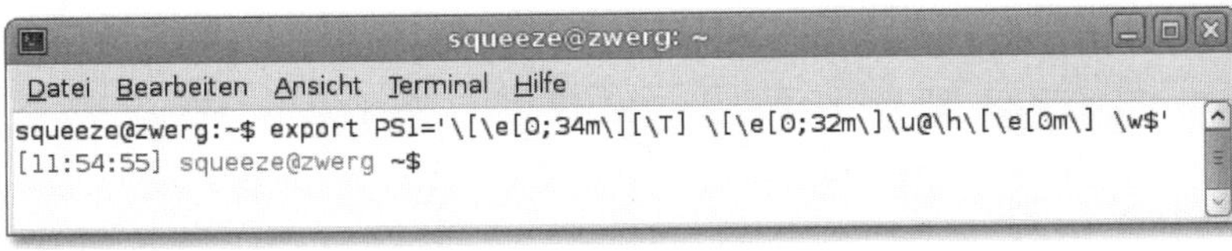

Abbildung 18.1 Mit ANSI-Escape-Sequenzen können Sie den Prompt einfärben.

ANSI-Escape-Sequenzen

Einige Programme, wie `ls` oder `grep` bringen von Haus aus Optionen mit, um ihre Ausgabe einzufärben. Verantwortlich für den bunten Anstrich sind die ANSI-Escape-Sequenzen. Das American National Standards Institute (ANSI) normiert industrielle Verfahrensweisen und hat sich auch der Steuerzeichen für Terminals angenommen. Zu diesen Steuerzeichen gehören beispielsweise Umbrüche und akustische Signale, aber auch Einfärbungen der Programmausgaben, des Prompts und so weiter.

Farbcodes und Attribute

Wie Sie im letzten Beispiel sehen, folgt nach dem Escape-Zeichen eine sich öffnende eckige Klammer und der Farbcode (abgeschlossen durch das `m`). Der Farbcode selbst besteht aus zwei Komponenten: Nach dem Attribut für die Vordergrundfarbe (im Beispiel `0`) folgt getrennt durch ein Semikolon die Definition für die Vorder- oder Hintergrundfarbe (im Beispiel `34` für blaue Schrift auf Standardhintergrund). Das Kommando `\[0m` schaltet zurück zum Standard. Die Attribute sind eigentlich auch zweistellig, die einstellige Schreibweise reicht aber aus, da die erste Ziffer immer eine Null ist. Als solche Eigenschaften für die Vordergrundfarbe sind neben `0` unter anderem `1` (fett), `4` (unterstrichen), `5` (blinkend) oder `7` (inverse Darstellung) möglich. Die Hintergrundfarben lassen sich nicht durch Attribute beeinflussen. Die Definitionen für die Vorder- und Hintergrundfarbe können Sie übrigens auch miteinander kombinieren. Um einen blauen Text auf rotem Hintergrund zu platzieren, hängen Sie an die Anweisung für die Vordergrundfarbe direkt den Farbcode für den Hintergrund an (`\e[0;34m\e[41mblau-rot\e[0m`).

[«]

Abhängig davon, ob Sie auf der Konsole, in einem Xterm oder in einem Terminalprogramm wie GNOME-Terminal oder KDEs Konsole arbeiten, bewirken die Attribute etwas anderes. So verändert `1` auf der Konsole etwa die Helligkeit der Vordergrundfarbe, im Xterm hingegen die Stärke, das heißt fett oder normal.

Gefällt Ihnen der neue Prompt, machen Sie ihn zum Standard, indem Sie den `export`-Befehl in die Bash-Konfigurationsdatei *~/.bashrc* eintragen (siehe auch Abschnitt 18.1 ab Seite 570). Weiterführende Informationen zu den Farbcodes und auch zum Bash-Prompt finden Sie im »Bash Prompt HOWTO« (*http://www.tldp.org/HOWTO/Bash-Prompt-HOWTO/*).

Die Bash-History

Tab-Completion

Geben Sie auf der Shell einen Befehl ein, so erscheint dieser Zeichen für Zeichen hinter dem Prompt. Bei vielen Befehlen und Datei-/Programmnamen können Sie die Eingabe beschleunigen: Tippen Sie die ersten paar Buchstaben, und drücken Sie die Tabulatortaste – sobald die Eingabe eindeutig ist, vervollständigt die Shell den Befehl oder Namen. Bei einigen Kommandos zeigt ein erneuter Druck auf `Tabulator` sogar die Optionen o. Ä. Geben Sie `apt-get install a` ein, und drücken Sie zweimal `Tabulator`, sehen Sie eine Liste aller Paketnamen, die mit »a« beginnen. Dieses Feature heißt Tab-Completion.

Die Bash »merkt« sich, welche Befehle Sie zuletzt am Prompt eingegeben haben. In dieser sogenannten History wandern Sie in der Befehlsliste nach oben, wenn Sie `Pfeil auf` drücken; entsprechend gehen Sie mit der Taste `Pfeil ab` wieder nach unten, also ans Ende der Kommandoliste. Wie viele Einträge sich in der History befinden, ist von der Umgebungsvariable `HISTSIZE` abhängig (siehe Abschnitt 18.1 ab Seite 571).

```
huhn@huhnix:~> echo $HISTSIZE
500
```

Die Bash speichert also 500 Befehle – ist dieses für Ihre Bedürfnisse nicht ausreichend, definieren Sie die Variable einfach neu. Für die gerade aktuelle Shell-Sitzung geben Sie dazu am Prompt `export HISTSIZE=3000` ein, um 3000 History-Einträge zu speichern. Dauerhaft wird dieses Verhalten, wenn Sie den `export`-Befehl in die Konfigurationsdatei der Bash (*~/.bashrc*) in Ihrem Home-Verzeichnis eintragen. Jede Veränderung, die Sie in dieser Konfigurationsdatei vornehmen, wird automatisch aktiv, wenn Sie sich neu anmelden oder eine neue Shell starten. Um die Konfiguration in einer bereits bestehenden Shell neu einzulesen, tippen Sie am Prompt `source ~/.bashrc` (siehe auch Abschnitt 18.1 ab Seite 570).

Den Namen der Datei, in der die Bash die History speichert, erfahren Sie ebenfalls durch Auslesen einer Umgebungsvariable (`echo $HISTFILE`).

History durchsuchen

Wenn Sie diese Datei in einem Texteditor oder mit dem Kommando `less` (Abschnitt 18.4.3 ab Seite 583) betrachten, sehen Sie alle zuletzt eingegebenen Kommandos. Suchen Sie einen alten Befehl, müssen Sie aber nicht den Pager oder Editor bemühen; die Bash bringt praktischerweise eine eingebaute Suchfunktion mit. Tippen Sie (Strg) + (R), und der Prompt verändert sich:

```
(reverse-i-search)`':
```

Beginnen Sie nun mit der Eingabe des gesuchten Kommandos. Die Bash vervollständigt Ihren Input: Suchen Sie beispielsweise nach dem letzten `echo`-Aufruf, reichen vielleicht schon die ersten beiden Buchstaben:

```
(reverse-i-search)`ec': echo $HISTFILE
```

Um einen gefundenen Befehl auszuführen, drücken Sie (Eingabe). Wenn Sie das Kommando noch verändern möchten, drücken Sie hingegen (Esc), und der Befehl erscheint wie frisch eingetippt am Prompt. Darüber hinaus können Sie durch wiederholtes Drücken von (Strg) + (R) weiter rückwärts in der History suchen.

Tastaturkürzel

Außer der Tastenkombination (Strg) + (R) bietet die Bash jede Menge weitere Shortcuts, die das Arbeiten erleichtern. Die folgende Tabelle gibt eine Übersicht.

Tasten	Funktion
(Strg) + (A)	Springt an den Anfang der Eingabe.
(Strg) + (E)	Springt ans Ende der Eingabe.
(Esc) + (B)	Springt ein Wort zurück.
(Esc) + (F)	Springt ein Wort vor.
(Strg) + (B)	Springt ein Zeichen zurück.
(Strg) + (F)	Springt ein Zeichen vor.
(Strg) + (K)	Löscht alles von der Cursorposition aus bis zum Zeilenende.
(Strg) + (U)	Löscht alles von der Cursorposition aus bis zum Zeilenanfang.
(Strg) + (W)	Löscht ein Wort rückwärts.
(Strg) + (T)	Vertauscht die beiden Zeichen vor und unter dem Cursor.
(Esc) + (T)	Vertauscht die beiden vorangehenden Wörter.
(Strg) + (L)	Räumt den Bildschirm auf, löscht also den Inhalt des Terminals.

Tabelle 18.2 Bash-Tastaturkürzel

Bash-Konfigurationsdateien

Interaktiv oder nicht

Die meisten Einstellungen für die Bash können Sie temporär vornehmen; bewährt sich die Konfiguration, schreiben Sie sie in die entsprechende Einrichtungsdatei. Wenn es um die Konfigurationsdateien der Shell geht, scheint das Chaos auf den ersten Blick komplett: Alles hängt davon ab, ob die Bash als eine interaktive oder nicht interaktive Shell gestartet wurde. Letzteres ist beispielsweise dann der Fall, wenn die Bash zum Abarbeiten eines Skripts gestartet wurde. Für eine interaktive Shell wird außerdem zwischen einer Login-Shell (öffnet sich unmittelbar nach der Anmeldung) und einer Nicht-Login-Shell unterschieden:

- **Login-Shell**
  Die Login-Shell sucht zunächst nach der globalen Einrichtungsdatei */etc/profile* und anschließend im Home-Verzeichnis des Benutzers nach der Datei *~/.bash_profile*. Ist diese vorhanden, führt die Bash die entsprechenden Befehle aus; fehlt sie hingegen, wird nach einer Datei *~/.bash_login* gesucht. Als Letztes prüft die Shell, ob eine Datei *~/.profile* im Home-Verzeichnis liegt. Beim Beenden der Shell wird die Datei *~/.bash_logout* ausgeführt.
- **Interaktive Shell**
  Die Bash, die bei der täglichen Arbeit verwendet wird, braucht spezielle Einstellungen, zum Beispiel Alias-Definitionen für oft benötigte Befehle (siehe nächster Abschnitt) oder spezielle Umgebungsvariablen. Diese Konfiguration finden Sie in der Datei *~/.bashrc* beziehungsweise unter */etc/bash.bashrc*. Darüber hinaus werden die Einstellungen aus *~/.inputrc* ausgewertet; gibt es keine solche Datei im Home-Verzeichnis, wird auf die systemweite Datei */etc/inputrc* zurückgegriffen.
- **Nicht interaktive Shell**
  Wird die Bash zur Abarbeitung von Skripten herangezogen, so liest die Shell keine Konfigurationsdateien ein (sofern dieses nicht explizit mitgeteilt wird).

[»] Über den Befehl `source ~/.bashrc` führen Sie das Skript *~/.bashrc* in der aktuellen Shell aus, ohne eine neue Bash zu starten. Das Kommando eignet sich daher ideal, um eine veränderte Konfiguration einzulesen. Anstelle von `source ~/.bashrc` können Sie auch `. ~/.bashrc` eingeben.

Abkürzungen definieren (»alias«)

Die Bash bietet ein praktisches Feature: Über einen sogenannten Alias machen Sie einen häufig verwendeten Befehl samt aller Optionen unter einem kürzeren, leichter zu merkenden Namen verfügbar. Tippen Sie am

Prompt das Kommando `alias`, so zeigt die Shell, welche Abkürzungen sie schon kennt:

```
huhn@huhnix:~> alias
alias ll='ls -laF --color=auto'
alias ls='ls --color=auto'
```

Einen neuen Alias definieren Sie ebenfalls über das gleichnamige Kommando. Dahinter geben Sie den Namen für das neue Kürzel, ein Gleichheitszeichen und den Befehl (in Anführungszeichen) ein, zum Beispiel:

```
alias ..='cd ..'
```

»unalias« Über den Befehl `unalias` entfernen Sie einen Alias wieder. Beide Kommandos, `alias` und `unalias`, haben immer nur Auswirkung auf die aktuelle Bash-Sitzung. Um eine eigene Abkürzung dauerhaft verfügbar zu machen, tragen Sie den `alias`-Befehl in die Datei *~/.bashrc* ein.

Umgebungsvariablen

Mit sogenannten Umgebungsvariablen erweitern Sie den Funktionsumfang der Shell. Einige dieser Variablen sind bereits vordefiniert; andere setzen Sie selbst. Den Wert einer einzelnen Variable zeigen Sie über das `echo`-Kommando an. Vor die Variable setzen Sie ein Dollarzeichen. Geben Sie am Shell-Prompt `env` ein, so sehen Sie die vollständige Liste der Bash-Umgebungsvariablen:

```
huhn@huhnix:~> env
SHELL=/bin/bash
TERM=xterm
USER=huhn
LS_COLORS=no=00:fi=00:di=01;34...
PATH=/home/huhn/bin:/usr/local/bin:/usr/bin:/bin:/usr/local↩
/games:/usr/games
MAIL=/var/mail/huhn
PWD=/home/huhn
LANG=de_DE@UTF-8
HOME=/home/huhn
OLDPWD=/home
...
```

Zu den wichtigsten dieser Variablen zählt `PATH`. Hier legen Sie fest, wie der Standardpfad für ausführbare Programme lautet. Darüber hinaus sehen Sie in der Ausgabe unter anderem Informationen zum Home-Verzeichnis des Benutzers (`HOME`), zum aktuellen Arbeitsverzeichnis (`PWD`) oder zum vorher besuchten Verzeichnis (`OLDPWD`). Außerdem sind die Shell (`SHELL`), der Mail-Spool-Ordner des Anwenders (`MAIL`) und die landesspezifischen Einstellungen (`LANG`) gesetzt.

Mit dem Befehl `export` können Sie eine Variable neu setzen, beispielsweise: `export EDITOR=/usr/bin/emacs`. Da diese Variable nur für die Dauer der aktuellen Shell-Sitzung gilt, tragen Sie den kompletten Befehl in die Datei *~/.bashrc* ein.

18.2 Pfadfinder – Navigation

Dateien und Verzeichnisse sind auf einem Linux-System in einer Baumstruktur angelegt (siehe Abschnitt 17.2, ab Seite 492). Ausgehend vom Wurzelverzeichnis / gehen weitere Ordner und Unterordner ab, die wiederum Dateien und/oder Verzeichnisse enthalten können. Sie erreichen die einzelnen Aufenthaltsorte über einen sogenannten Pfad.

Absoluter und relativer Pfad

Der absolute Pfad ist dabei der Weg vom Wurzelverzeichnis aus zum Aufenthaltsort; er nennt alle Zwischenstationen, zum Beispiel */home/huhn/debian-buch/kap01.tex*. Der relative Pfad bezeichnet im Gegensatz dazu immer den Weg vom aktuellen Aufenthaltsort aus. Den Aufenthaltsort verrät das Kommando `pwd` (print working directory):

```
huhn@huhnix:~> pwd
/home/huhn/debian-buch/
```

Eine Datei im Ordner *mp3* im Home-Verzeichnis lässt sich relativ dazu über einen Schritt nach »oben« (symbolisiert durch zwei Punkte) und dann durch einen Schritt nach »unten« in den *mp3*-Ordner ansprechen:

```
mpg321 ../mp3/08_Dreamer.mp3
```

Relativ vom eigenen Home-Verzeichnis aus gelangen Sie an die gleiche Stelle mit:

```
mpg321 mp3/08_Dreamer.mp3
```

[+] Das eigene Home-Verzeichnis sprechen Sie nicht nur über den absoluten Pfad */home/<benutzername>* an, sondern auch über die Umgebungsvariable `HOME` oder die Tilde ~. Lautet der eigene Benutzername beispielsweise `huhn`, so steht ~ für */home/huhn*. Analog repräsentiert `~petronella` das Verzeichnis */home/petronella*.

18.2.1 Bewegung auf der Shell: »cd«

Mit dem Kommando `cd` (englisch »change directory«) navigieren Sie durch die Verzeichnisse hindurch; so bringt das folgende Kommando Sie zielsicher über eine absolute Pfadangabe (also ausgehend vom Wurzelverzeichnis aus) in den Ordner */etc*:

```
cd /etc
```

Shortcut

Eine Abkürzung bringt der Befehl auch mit: Ohne weitere Ortsangaben führt der einfache Aufruf von `cd` Sie immer ins eigene Home-Verzeichnis zurück. Überaus praktisch ist auch, dass die Bash jeweils speichert, wo der Benutzer zuletzt war (`OLDPWD`). Um zurück an den letzten Aufenthaltsort zu springen, tippen Sie einfach:

```
cd -
```

Ein erneuter Aufruf dieses Kommandos bringt Sie zurück zur Ausgangsbasis. So springen Sie auf Wunsch immer zwischen denselben beiden Verzeichnissen hin und her:

```
huhn@huhnix:~> cd debian-buch/
huhn@huhnix:~/debian-buch> cd /etc
huhn@huhnix:/etc> cd -
/home/huhn/debian-buch
huhn@huhnix:~/debian-buch> cd -
/etc
```

18.2.2 Stapel-Fahrer: »pushd«, »popd« und »dirs«

Die Shell selbst merkt sich immer nur Ihren letzten Aufenthaltsort, das heißt, Sie springen mit `cd -` immer nur vor und zurück. Um mehrere Verzeichnisse in einen sogenannten »Directory Stack« zu stapeln, setzen Sie daher die Bash-Builtins `pushd` und `popd` ein. Bei einem Verzeichniswechsel verwenden Sie statt des `cd`-Befehls einfach `pushd`; die Bash packt die jeweiligen Aufenthaltsorte dann in genau dieser Reihenfolge auf einen Stapel und gibt dabei auch noch seinen Inhalt aus:

```
huhn@huhnix:~> pushd debian-buch
~/debian-buch ~
huhn@huhnix:~/debian-buch> pushd pix
~/debian-buch/pix ~/debian-buch ~
huhn@huhnix:~/debian-buch> pushd pix
~/debian-buch/pix ~/debian-buch ~
```

Im Listing sehen Sie deutlich: Nach dem zweiten `pushd`-Kommando ist der Stapel schon auf drei Verzeichnisse angewachsen. Ganz links steht immer der aktuelle Aufenthaltsort, ganz rechts der Startpunkt (in diesem Fall das eigene Home-Verzeichnis, abgekürzt durch die Tilde). Um den Stapel wieder »herunterzuklettern«, setzen Sie den Befehl popd ein, der immer den letzten Eintrag vom Stack herunternimmt und ein cd ins nächste Verzeichnis der Liste ausführt:

```
huhn@huhnix:~/debian-buch/pix> popd
~/debian-buch ~
huhn@huhnix:~/debian-buch> popd
~
```

Die so gespeicherten Verzeichnisse können Sie übrigens mit pushd durchrotieren: Um den ersten Ordner der Liste von links an den Anfang zu bringen, geben Sie pushd +1 ein (die Zählung beginnt bei 0). Um den Überblick in den ganzen Stapeln nicht zu verlieren, gibt es weiterhin den Befehl dirs; wenn Sie zusätzlich die Option -p einsetzen, zeigt dirs die Ordnerstapel untereinander an. Wer den gesamten Stack löschen möchte, tippt hingegen:

```
dirs -c
```

18.2.3 Inhalte mit »ls« auflisten

Versteckte Dateien und Ordner

Mit dem Kommando ls listen Sie den Inhalt von Verzeichnissen nach verschiedenen Kriterien sortiert auf – auf Wunsch sogar in Farbe. Unter Angabe eines relativen Pfades (siehe Abschnitt 18.2 ab Seite 572) lassen Sie sich den Inhalt eines Verzeichnisses anzeigen; ohne weitere Angaben präsentiert ls den aktuellen Ordner. Da in der Voreinstellung die versteckten Dateien und Verzeichnisse (sie beginnen mit einem Punkt) nicht in der Liste auftauchen, müssen Sie diese Anzeige erst mit der Option -a einschalten:

```
huhn@huhnix:~> ls -a
./
../
.aptitude
.bash_history
.bash_logout
.bashrc
Bilder
bin
...
```

Falls Sie die Anzeige des aktuellen und übergeordneten Verzeichnisses (repräsentiert durch den Punkt beziehungsweise die zwei Punkte) in der

Liste stört, verwenden Sie stattdessen `ls -A`. Richtig informativ präsentiert sich der Befehl, wenn Sie als Option `-l` einsetzen: `ls` zeigt nun eine lange Liste inklusive Angaben zu symbolischen Links (und dem Namen der Originaldatei, auf die der Verweis zeigt, siehe auch Abschnitt 18.3.2 ab Seite 578), zu Datum und Uhrzeit der letzten Veränderung (beziehungsweise eine Jahreszahl, wenn die letzte Änderung länger zurückliegt), zur Dateigröße in Bytes, zum Besitzer und zur Gruppe.

Zugriffsrechte

In der zweiten Spalte von links sehen Sie bei Verzeichnissen die Anzahl der Einträge in diesem Ordner (inklusive . und ..), bei Dateien sehen Sie die Anzahl der Hardlinks, und ganz links stehen zehn Zeichen für den Dateityp (`-` für eine normale Datei, `d` für ein Verzeichnis, `l` für einen symbolischen Link, `b` für »block device« und `c` für »character device«) und die Zugriffsrechte (Lesen, Schreiben, Ausführen für den Besitzer, die Gruppe und alle anderen).[1]

Die richtige Reihenfolge

Wahlweise sortieren Sie mit `ls` die Inhalte nach ihrer Größe oder nach dem Zeitpunkt der letzten Veränderung. Um eine Liste anzuzeigen, in der die größte Datei zuerst auftaucht, geben Sie als Option `-S` an; um die Größe zusätzlich (in Bytes) anzuzeigen, fügen Sie `-s` hinzu. Soll die Größe in etwas besser lesbaren Maßeinheiten präsentiert werden, setzen Sie weiterhin `-h` ein:

```
huhn@huhnix:~> ls -sSh
12M huhn.mpg  4,0K ei.txt  4,0K script.sh
```

Eine umgekehrte Anordnung – also die kleinste Datei zuerst – erreichen Sie, indem Sie die Ausgabe mit `-r` umdrehen. Auch nach Datum und Uhrzeit können Sie die Liste sortieren: Mit `-t` steht die jüngste Datei am Anfang der Liste (auch hier können Sie in Kombination mit `-r` die Ausgabe umkehren und somit die älteste Datei zuerst listen).

Mehr Details

Neben der sehr ausführlichen und langen Darstellung von `ls -l` bietet das Kommando weitere Optionen, die den Detailreichtum der Ausgabe beeinflussen. Praktisch ist vor allem die Kennzeichnung des Dateityps mit `-F`. Hinter Verzeichnissen steht jetzt ein Schrägstrich, hinter Symlinks ein Klammeraffe und hinter ausführbaren Dateien ein Sternchen.

---

1 Mehr zu den bekannten Dateitypen lesen Sie in Abschnitt 17.2 ab Seite 492.

```
huhn@huhnix:~> ls -F
ordner/ script.sh* link@ ...
```

Manchmal ist weniger mehr – unterbinden Sie mit der Option `-B` die Ausgabe von Sicherungskopien, die mit einer Tilde enden. Liegen hingegen viele Backups vor, die mit einer speziellen Dateiendung wie zum Beispiel *.bak* versehen sind, weisen Sie `ls` mit `-I` und einem selbst definierten Muster an, diese Treffer nicht anzuzeigen, zum Beispiel so:

```
ls -I *.bak
```

[»] Gerade in Zusammenhang mit solchen Wildcards kann es wichtig sein, die Inhalte von Unterverzeichnissen nicht mit anzuzeigen. Wollen Sie beispielsweise alle Dateien im Verzeichnis */etc*, die mit *cron* beginnen, auflisten, so zeigt der folgende Befehl auch die Inhalte der Unterverzeichnisse an (zum Beispiel von */etc/cron.daily*), da die Bash das Sternchen interpretiert.

```
ls /etc/cron*
```

Mit der Option `-d` schalten Sie dieses Verhalten ab:

```
huhn@huhnix:~> ls -d /etc/cron*
/etc/cron.d       /etc/cron.hourly   /etc/crontab
/etc/cron.daily   /etc/cron.monthly  /etc/cron.weekly
```

»ls«-Ausgabe mit Farben

Die Ausgabe von `ls` können Sie für einen noch besseren Überblick einfärben. Zusammen mit der Option `--color` verpasst `ls` den unterschiedlichen Dateitypen ein anderes Make-up. Für diesen Parameter können Sie zusätzlich angeben, ob er die Ausgabe immer (`--color=always`), nie (`--color=none`) oder automatisch (`--color=auto`) einfärbt. Letzteres ist die Standardeinstellung bei Debian GNU/Linux »Squeeze« und sorgt dafür, dass `ls` nur in der direkten Ausgabe in einem Terminal Farbe verwendet und etwa bei Weiterleitung in eine Datei oder Umleitung an ein Programm wieder auf Schwarz-Weiß umschaltet. Falls Sie Farbe im Pager bevorzugen, umgehen Sie den Standard mit:

```
ls --color=always | less -R
```

»LS_COLORS« Welchen Anstrich `ls` den unterschiedlichen Dateitypen verpasst, ist in der Umgebungsvariable `LS_COLORS` gespeichert:

```
huhn@huhnix:~> echo $LS_COLORS
no=00:fi=00:di=01;34:ln=01;36:pi=40;33:so=01;35:...
```

Die Einfärbung wird dabei durch Steuercodes definiert (siehe Abschnitt 18.1 ab Seite 564) – für Dateitypen und Dateiendungen. Was sich hinter den Codes verbirgt, erfahren Sie auf der Kommandozeile über den folgenden Befehl:

```
dircolors -p | less
...
DIR 01;34 # directory
...
```

Eigene Farben

Wie Sie sehen, sind Verzeichnisse (`DIR`) beispielsweise fett und blau formatiert. Um diese Einstellungen an eigene Wünsche anzupassen, definieren Sie die Variable in der Datei *~/.bashrc* einfach neu und verwenden die im `dircolors`-Aufruf gezeigten Farbcodes. Als Vorlage können Sie den Output von `echo $LS_COLORS` kopieren und dann einfach anpassen. Schließen Sie die Farbcodes außerdem in Hochkommata ein. Um Debian-Pakete (Dateiendung *.deb*), die in der Standardeinstellung als Archivdatei in Rot gekennzeichnet sind (`*.deb=01;31:`), in Magenta einzufärben, definieren Sie hier beispielsweise neu:

```
export LS_COLORS='no=00:fi=00:di=... *.deb=00;35:'
```

18.3 Gut sortiert – Dateioperationen

Um Dateien und Verzeichnisse hin- und herzuschieben, umzubenennen oder gar zu löschen, benötigen Sie keinen grafischen Dateimanager: Auf der Kommandozeile veranlassen Sie alles mit wenigen Befehlen.

18.3.1 Verzeichnis erstellen mit »mkdir«

Das Programm `mkdir` (make directory) erstellt Verzeichnisse. Um einen Ordner im aktuellen Verzeichnis anzulegen, geben Sie einfach nur `mkdir` und den Namen des Ordners ein:

```
mkdir musik
```

Optional teilen Sie `mkdir` den Aufenthaltsort für das neue Verzeichnis mit, indem Sie einen relativen oder absoluten Pfad (siehe Abschnitt 18.2 ab Seite 572) angeben:

```
mkdir /scratch/musik
```

Das Tool bringt einen praktischen Parameter mit, um Verzeichnisse und deren Elternverzeichnisse automatisch anzulegen; die Option `-p` erstellt gleich den kompletten Pfad in einem Rutsch:

```
mkdir -p musik/Genesis/Trespass
```

18.3.2 Verweise mit »ln« erstellen

Symlinks und Hardlinks

Verweise auf andere Dateien, sogenannte Links, erzeugen Sie mit dem Kommando `ln`. Wie in Abschnitt 17.2 ab Seite 492 erwähnt, gibt es zwei Arten von Links: Symlinks (symbolische Links) und Hardlinks. Einen Hardlink erzeugen Sie über:

```
ln <quelle> <ziel>
```

Soll hingegen ein symbolischer Link erstellt werden, setzen Sie zusätzlich die Option `-s`. Auch hier geben Sie wieder zuerst die Quelle und dann das Ziel an, zum Beispiel:

```
ln -s /scratch/Queen/ Queen
```

Im aktuellen Verzeichnis liegt nun ein Ordner *Queen*, der auf das Verzeichnis unter */scratch* verweist:

```
huhn@huhnix:~> ls -la Queen
lrwxrwxrwx ... Queen -> /scratch/Queen/
```

Darüber hinaus können Sie `ln` mehrere zu verlinkende Dateien übergeben. In diesem Fall muss das letzte Argument das Zielverzeichnis sein. Wie viele andere Shell-Kommandos (zum Beispiel `cp`, `mv` oder `rm`) bietet `ln` die Aufrufoption `-i`, die das Tool veranlasst nachzufragen, bevor es (unabsichtlich) etwas überschreibt. Mit »y« beziehungsweise »n«, gefolgt von (Eingabe), bestätigen Sie die Aktion oder lehnen sie ab:

```
huhn@huhnix:~> ln -s huhn.jpg foto.png
ln: Erzeuge symbolische Verknüpfung »foto.png«: Die Datei existiert bereits
huhn@huhnix:~> ln -is huhn.jpg foto.png
ln: »foto.png« ersetzen? y
```

18.3.3 Kopierarbeiten (»cp«)

Mit dem Kommando `cp` (»to copy« = »kopieren«) vervielfältigen Sie Dateien und Verzeichnisse. Der generelle Aufruf lautet:

```
cp datei dateil
```

Sicherheitsabfrage

Existiert die Zieldatei schon, so überschreibt `cp` diese einfach. Um dies zu verhindern, bauen Sie eine Sicherheitsabfrage ein, indem Sie `cp` die Option `-i` übergeben:

```
huhn@huhnix:~> cp -i datei datei1
cp: »datei1« überschreiben?
```

Als Bestätigung fasst das Kommando alles auf, was mit einem »y« oder »Y« beginnt – alles andere heißt »nein«. Alternativ sorgt der Parameter `-b` dafür, dass `cp` ein Backup anlegt. Diese Sicherungskopie erkennen Sie an der angehängten Tilde.

Um ganze Verzeichnisse mit den enthaltenen Dateien und Unterverzeichnissen rekursiv zu kopieren, verwenden Sie die Option `-r`. Für den Fall, dass Sie keine »normale« Datei, sondern einen symbolischen Link kopieren, wird die Referenz vom Link auf die Ursprungsdatei aufgelöst, das heißt, die Datei, auf die der Link zeigt, wird kopiert. Soll die Kopie hingegen ebenfalls ein Symlink sein, können Sie `cp` mit der Option `-d` anweisen, eine weitere Verknüpfung zu erzeugen.

Der Parameter `-p` sorgt dafür, dass möglichst viele Eigenschaften der Originaldatei erhalten bleiben, denn normalerweise hat die beim Kopiervorgang entstandene Datei ihren eigenen Zeitstempel sowie ihre eigene Benutzer- und Gruppenzugehörigkeit. Nur der Administrator kann fremde Dateien »verschenken«; wenn `cp -p` als normaler Benutzer ausgeführt wird, gehört diese Datei dem User, der das Kommando ausgeführt hat.

[+] Für den Administrator bietet sich der Parameter allerdings an, wenn Benutzerdaten zu sichern sind. Auf diese Weise muss Root nicht nach jedem Kopiervorgang wieder Rechte und Gruppenzugehörigkeit anpassen.

18.3.4 Verschieben und umbenennen (»mv«)

Das Kommando `mv` (»to move« = »verschieben«) hilft beim Verschieben und Umbenennen von Dateien und Verzeichnissen. Um einer Datei im aktuellen Verzeichnis einen neuen Namen zu geben, tippen Sie beispielsweise:

```
mv datei1 datei2
```

Soll eine Datei von einem Verzeichnis in ein anderes wandern, geben Sie zusätzlich den entsprechenden Pfad an. So verschiebt das Kommando

```
mv /scratch/doku.pdf buch.pdf
```

die Datei *doku.pdf* aus dem Verzeichnis */scratch* in den aktuellen Ordner und benennt sie in *buch.pdf* um. Ebenso wie der `cp`-Befehl aus dem vorigen Abschnitt besitzt auch `mv` eine Option `-i`, die dafür sorgt, dass das Programm nachfragt, bevor es etwas überschreibt.

Um gleich mehrere Daten zu verschieben, können Sie eine Wildcard einsetzen. So bewegt der Aufruf

```
mv *.mp3 /scratch/mp3_mix
```

alle MP3-Dateien des aktuellen Verzeichnisses nach */scratch/mp3_mix*. Der Versuch, alle Dateien, die auf *.html* enden, in *.htm* umzubenennen, scheitert allerdings:

```
huhn@huhnix:~> mv *.html *.htm
mv: angegebenes Ziel »*.htm« ist kein Verzeichnis
```

Die Bash selbst löst die Wildcard auf und wandelt `*.html` in die einzelnen Dateinamen um (*datei1.html*, *datei2.html* usw.). Anschließend versucht sie, diese in ein neues Verzeichnis zu verschieben. Nur wenn ein Ordner mit dem Namen **.htm* existierte, hätte dieser Versuch Erfolg, und alle Dateien, die auf *.html* enden, landeten dort.

»for«-Schleife Bei solchen Mehrfachverschiebungen nehmen Shell-Profis gern eine `for`-Schleife in Kombination mit `basename` zu Hilfe:

```
for i in *.html; do mv $i `basename $i .html`.htm; done
```

Im Klartext bedeutet dieser Aufruf: Weise jede Datei mit der Endung `.html` der Variablen `i` zu, und rufe für diese dann `mv` auf, und zwar mit zwei Parametern: Der erste ist die Ausgangsdatei (`$i`), der zweite die Ausgabedatei, die aus dem »Basisnamen« ohne die Endung und der neuen Erweiterung `.htm` gebildet wird.

18.3.5 Multiple Move (»mmv«)

Wenn Ihnen solche `for`-Schleifen zu kompliziert sind, installieren Sie das Paket *mmv*. Das gleichnamige Kommando benennt mehrere Dateien in einem einzigen Befehl um:

```
mmv "*.html" "#1.htm"
```

Der Befehl erwischt alle *.html*-Dateien im aktuellen Verzeichnis; `#1` bezeichnet genau diese Wildcard (das Sternchen `*`). Um sicherzustellen, dass die Bash das Sternchen und die Raute nicht interpretiert, schließen Sie die beiden Argumente in Hochkommata ein.

Groß-/Kleinbuchstaben

Mit `mmv` wandeln Sie in nur einem einzigen Aufruf Großbuchstaben in Dateinamen in Kleinbuchstaben um. Setzen Sie dazu hinter das Rautezeichen entsprechend ein `l` (»lower case«) oder `u` (»upper case«). So macht der folgende Befehl aus allen Dateien, die einen oder mehrere Großbuchstaben enthalten, komplett kleingeschriebene Dateien:

```
mmv "*" "#l1"
```

18.3.6 Weg damit (»rmdir« und »rm«)

Das Programm `rm` (»to remove« = »entfernen«) löscht Dateien, `rmdir` (»remove directory« = »entferne Verzeichnisse«) entsprechend Ordner – allerdings nur solche, die vollständig leer sind:

```
huhn@huhnix:~> rmdir testdir
rmdir: konnte »testdir« nicht entfernen: Das Verzeichnis ➘
ist nicht leer
huhn@huhnix:~> rm testdir/*
huhn@huhnix:~> rmdir testdir
```

Sollen auch Verzeichnisse verschwinden, die noch etwas enthalten, greifen Sie auf den Befehl `rm` zurück, der auch rekursiv Ordner und deren Inhalt entfernt. Wenn Sie `rm` auf Dateien mit Schreibschutz loslassen, fragt `rm` von selbst nach, ob es wirklich löschen soll. Um solche Rückfragen zu unterbinden und wenn Sie sicher sind, dass Sie die Daten von der Platte putzen wollen, teilen Sie dem Programm dieses über den Parameter `-f` mit. Um Verzeichnisse rekursiv bis in den letzten Winkel leerzufegen, rufen Sie `rm` mit der Option `-r` auf. So löscht das folgende Kommando – ohne Nachfrage – das Verzeichnis namens *test* mitsamt allen darin enthaltenen Dateien und Ordnern:

```
rm -rf test
```

[!] Beachten Sie, dass es standardmäßig keine Sicherheitsabfrage gibt. Was Sie mit `rm` löschen, ist wirklich weg. Um eine Nachfrage zwischenzuschalten, setzen Sie die Option `-i` (»interactive«) ein, die Sie schon von den Kommandos `cp` und `mv` her kennen.

18.4 Arbeiten mit Textdateien

Um Textdateien auf der Kommandozeile zu betrachten, müssen Sie nicht zwingend zu einem Editor wie Vim oder Emacs greifen (siehe Kapitel

16 ab Seite 475). Die folgenden Befehle zeigen Texte auf der Konsole an, durchsuchen diese nach Zeichenketten und finden Unterschiede zwischen zwei Dateien heraus.

18.4.1 Anzeigen und zusammenfügen (»cat«)

Das Kommando `cat` (»to concatenate«, »aneinanderhängen«) gibt unter anderem Textdateien auf der Konsole aus. So schickt dieser Befehl den Inhalt der Datei *infos.txt* auf die Standardausgabe:

```
cat infos.txt
```

Dateien zusammenfügen Das Tool kann aber noch mehr: Zusammen mit einem Umleitungsoperator (siehe Abschnitt 18.6 ab Seite 594) hängen Sie mehrere Dateien mithilfe von `cat` aneinander:

```
cat datei1 datei2 > datei3
cat datei1 datei2 datei3 (datei4...) > datei-neu
```

[!] Wenn die hinter dem Operator angegebene Datei noch nicht existiert, wird sie angelegt; besteht die Datei schon, so überschreibt der eben gezeigte Aufruf den Inhalt. Verwenden Sie daher den doppelten Operator `>>`, um Inhalte an eventuell vorhandene Dateien anzuhängen (`cat datei1 datei2 >> datei3`).

18.4.2 Anfang und Ende (»head« und »tail«)

Mit `head` geben Sie die ersten und mit `tail` die letzten Zeilen einer Datei am Bildschirm aus. Standardmäßig schicken die beiden Kommandos zehn Zeilen ins Terminal; die Vorgabe lässt sich aber mit `-n <nummer>` verändern. Der folgende Befehl zeigt von allen Dateien im aktuellen Verzeichnis die ersten drei Zeilen an:

```
head -n 3 *
```

Die einzelnen Dateien trennt `head` dabei optisch voneinander ab, sodass Sie nicht die Übersicht verlieren.

[+] Der Befehl `tail` bringt einen praktischen Parameter mit: Mit `-f` (für »follow«) aktualisiert das Programm die Anzeige von Dateien, die sich verändern. Damit eignet sich `tail -f` ideal zum Betrachten von Logdateien.

18.4.3 Texte mit »less« und »more« betrachten

Lange Dateien lesen Sie am besten mit einem Pager wie `less` oder `more` am Bildschirm. Über den Aufruf

```
more infos.txt
```

betrachten Sie die angegebene Datei seitenweise am Bildschirm. Mit der Leertaste blättern Sie eine Seite nach unten, mit der Eingabetaste bewegen Sie sich zeilenweise durch die Datei. Über `/suchbegriff` durchforsten Sie die Datei nach Suchbegriffen, und über (Q) verlassen Sie das Programm.

Beim Aufruf von `more` können Sie direkt mehrere Dateien übergeben; auch dieses Programm fügt einen optischen Trenner zwischen den einzelnen Dateien ein. Zwischen den geöffneten Dateien springen Sie über `:n` (»next«) und `:p` (»previous«) hin und her.

»less« ist »more«

Der Pager `less` bietet zahlreiche weitere Funktionen und Aufrufparameter. Der Pager eignet sich auch zum Lesen von Programmquelltexten, sofern Sie nicht einen Texteditor mit Syntax-Highlighting bevorzugen: Ist in der obersten Zeile beispielsweise eine öffnende geschweifte Klammer (`{`) zu sehen, tippen Sie dieses Zeichen ein, und `less` springt direkt zur schließenden Klammer.

[+]

Wenn Sie mit `more` eine Datei betrachten und das Programm dann mit (Q) beenden, bleiben die letzten Zeilen der Datei im Terminal stehen. Der Pager `less` räumt im Gegensatz dazu hinter sich auf und hinterlässt eine leere Konsole. Über den Aufrufparameter `-x` bringen Sie auch `less` dazu, die »Reste« nach Programmende einzublenden.

18.4.4 Textdateien mit »grep« durchsuchen

Mit dem Befehl `grep` durchsuchen Sie Textdateien nach Suchmustern oder regulären Ausdrücken (siehe Abschnitt 18.4.4, ab Seite 584). Das Ergebnis erscheint direkt auf dem Bildschirm. So durchforstet dieser Befehl alle *.tex*-Dateien im aktuellen Ordner nach der Zeichenkette »regexp«:

```
grep regexp *.tex
```

Standardmäßig durchsucht `grep` nur Dateien im aktuellen Ordner. Um Unterverzeichnisse einzubeziehen, geben Sie die Option `-r` an. Normalerweise arbeitet `grep` »case sensitive«, das heißt, das Tool unterscheidet zwischen Groß- und Kleinschreibung. Ist dieses Verhalten nicht gewünscht, übergeben Sie beim Start die Option `-i`. Soll der Meisterdetektiv nur ganze Wörter finden, definieren Sie dies mit `-w`. Auf Wunsch zeigt grep die Zeilennummern mit dem Suchbegriff an, wenn Sie die Option -n verwenden:

```
huhn@huhnix:~> grep -n regexp *.tex
editoren.tex:391:Sie in Abschnitt \gpVerweis{regexp} ab Seite
kde.tex:895:Abschnitt \gpVerweis{regexp} ab Seite
mailserver.tex:933:Abschnitt \gpVerweis{regexp} ab Seite
...
```

Ausgabe einfärben Genau wie das Kommando ls bringt grep die Option --color mit. Die Standardeinstellung ist wiederum --color=auto; Alternativen sind --color=none oder --color=always. Gefundene Treffer hebt das Kommando anschließend in Rot hervor. Gefällt Ihnen Rot nicht, setzen Sie die Umgebungsvariable GREP_COLOR neu. Als Argument übergeben Sie Farbcodes in sogenannten Escape-Sequenzen (siehe auch Seite 566 dieses Kapitels). Der folgende Befehl ersetzt das Rot durch eine türkise, unterstrichene Schrift auf einem Hintergrund in Magenta. Die Anführungszeichen verhindern, dass die Shell das Semikolon interpretiert:

```
export GREP_COLOR="04;36;45"
```

[+] Das Programm grep spielt seine ganze Stärke aus, wenn Sie es mit einem find-Aufruf (Abschnitt 18.5.1, ab Seite 587) kombinieren. So stöbern Sie zunächst mit find bestimmte Dateien auf, und grep durchsucht das Ergebnis nach bestimmten Zeichenketten.

Reguläre Ausdrücke

Reguläre Ausdrücke (»regular expressions«, man 7 regex) sind Suchmuster, die für gewöhnlich zwei Komponenten haben: die Angabe, nach welchem Zeichenmuster gesucht wird, und die Angabe, wie oft dieses Muster auftreten darf. Die folgende Tabelle gibt eine Übersicht.

Suchmuster	Bedeutung
abc	Findet genau diese Zeichenkette »abc«.
[abc]	Alle Zeichen in den eckigen Klammern werden gefunden; so findet »[Hh]uhn« die Wörter »Huhn« und »huhn«.
[a-c]	Eines der Zeichen aus dem Bereich in den Klammern ist gemeint; so findet »[A-K]ahn« die Begriffe »Hahn« und »Kahn«, nicht aber »Lahn«.
[^abc]	Keines der Zeichen in Klammern darf vorkommen; so bezeichnet »[^A-K]ahn« nur das Wort »Lahn«, nicht aber »Hahn« oder »Kahn«.

Tabelle 18.3 Reguläre Ausdrücke

Suchmuster	Bedeutung
`.`	Steht für ein beliebiges Zeichen; so bezeichnet »H.hn« sowohl »Huhn« als auch »Hahn«.
`?`	Das Zeichen vor dem Fragezeichen kommt einmal oder gar nicht vor; zum Beispiel findet »k?ein« die Wörter »ein« und »kein«, nicht aber »klein«.
`*`	Das Zeichen vor dem Stern darf beliebig oft auftreten, auch gar kein Vorkommen ist erlaubt; also findet »H*uhn« die Begriffe »uhn«, »Huhn«, »HHuhn«, »HHHHuhn« usw.
`.*`	Diese Kombination steht für kein Zeichen oder eine beliebige Anzahl beliebiger Zeichen; zum Beispiel findet ».*Huhn« die Begriffe »Huhn«, »Super-Huhn« und »Suppen-Huhn«.
`+`	Das Zeichen darf beliebig oft, muss aber mindestens einmal auftauchen; so findet »Bo+t« das »Boot« genauso wie den »Bot« (und auch »Booot«, »Boooot« usw.), nicht aber »Bt«.
`^Begriff`	Findet den Begriff, wenn er am Zeilenanfang steht. »^Hühner« findet »Hühnerei« und andere Kombinationen, wenn es am Anfang einer Zeile steht.
`Begriff$`	Findet den Begriff am Zeilenende; zum Beispiel findet »hühner$« das Wort »Suppenhühner« am Zeilenende.

Tabelle 18.3 Reguläre Ausdrücke (Fortsetzung)

18.4.5 Textdateien vergleichen (»diff« und »diff3«)

Zwei oder drei Dateien

Beim Vergleichen von Textdateien helfen die Programme `diff` (vergleicht zwei Dateien) und `diff3` (vergleicht drei Dateien). Eventuelle Abweichungen zeigen die Programme auf der Konsole an. Es ist sogar möglich, die Dateien vollautomatisch anzugleichen. Um einfach nur herauszufinden, ob sich zwei Dateien grundsätzlich voneinander unterscheiden, geben Sie im Befehlsaufruf den Parameter `-q` an. Lassen Sie die Option weg, so zeigt `diff` die Unterschiede auf der Kommandozeile an:

```
huhn@huhnix:~> diff 1.tex 2.tex
1064c1064
< Begriffe ">Huhn"<, ">Super-Huhn"< und ">Suppen-Huhn"<.
---
> Begriffe ">Huhn"<, ">Suppen-Huhn"< und ">Suppen-Huhn"<.
```

Die Ausgabe verrät, dass sich die beiden Dateien in Zeile 1064 voneinander unterscheiden. Das `c` in `1064c1064` steht dabei für »change« – Sie müssten also Zeile 1064 verändern, damit die beiden Dateien identisch sind. Das Tool zeigt außerdem neu hinzugekommene Abschnitte an; dazu verwendet es den Buchstaben `a` (»to append«, »anhängen«).

Mit dem Parameter `-c` bringen Sie mehr Kontext ins Geschehen: Die Ausgabe zeigt jetzt nicht nur das Datum der letzten Änderung für beide Dateien, sondern auch Ausrufezeichen vor den Zeilen mit den Unterschieden. Darüber hinaus zeigt `diff` die Dateien hintereinander an – erst nach der vollständigen Ausgabe der ersten Textdatei folgt die zweite. Neu hinzugekommene Abschnitte markiert `diff` mit einem Pluszeichen am Zeilenanfang. Nicht mehr vorhandene Zeilen werden mit einem Minuszeichen markiert.

Alle Unterschiede, die `diff` herausfindet, können Sie in einem Pager wie `less` oder `more` (Abschnitt 18.4.3 ab Seite 583) betrachten, wenn Sie die Ausgabe über ein Pipe-Zeichen umleiten:

```
diff 1.tex 2.tex | less
```

Patch

Gerade für längere Dateien ist es mitunter doch recht mühsam, Änderungen von Hand einzupflegen. Abhilfe schafft der Parameter `-u`, mit dem Sie einen Patch (»Flicken«) erstellen. Leiten Sie die `diff`-Ausgabe einfach in eine Datei um, und wenden Sie diesen Patch dann mit dem gleichnamigen Kommando an:

```
diff -u 1.tex 2.tex > flicken
patch -b -p0 > flicken
```

18.4.6 Konvertieren mit »fromdos« und »todos«

Windows und Linux verwenden eine andere Kennzeichnung für das Zeilenende von Textdateien. Öffnen Sie eine unter Windows erstellte Datei in einem Texteditor unter Linux, so erscheinen oft seltsame Steuerzeichen (`^M`). Zum schnellen Konvertieren auf der Kommandozeile nehmen Sie die beiden Programme `fromdos` sowie `todos` aus dem Paket `tofrodos` zur Hilfe. Um die Zeilenenden einer Windows-Textdatei für ein Linux-System anzupassen, tippen Sie zum Beispiel `fromdos datei`. In die andere Richtung geht es entsprechend mit `todos datei`. Soll das Ergebnis nicht direkt in der Ausgangsdatei gespeichert werden, verwenden Sie die Option `-b`, um eine Sicherungskopie des Originals zu erzeugen:

```
huhn@huhnix:~> fromdos -b datei
huhn@huhnix:~> ls
datei   datei.bak
```

18.5 Administrative Aufgaben

Die folgenden Abschnitte stellen Kommandos vor, mit denen Sie Dateien aufspüren, Auskunft über die Auslastung des Dateisystems erhalten und Ordnung in Dateien und die Programmausgabe bringen. Außerdem erfahren Sie in diesem Teil, wie Sie über das SSH-Protokoll sicher Verbindung zu einem entfernten Rechner aufnehmen, mit `date` und `cal` Datum und Uhrzeit anzeigen beziehungsweise verändern und wie Sie Backups auf der Kommandozeile erstellen.

18.5.1 Spürnase »find«

Suchkriterien

Das Programm `find` sucht nach Dateien: Um Verlorengegangenes aufzuspüren, können Sie verschiedene Suchkriterien angeben. So sucht `find` nach Dateinamen und -größe, nach dem Datum der letzten Veränderung oder der Erstellung usw. Zunächst definieren Sie, wo `find` suchen soll. Anschließend spezifizieren Sie die Kriterien genauer: Wer nach einem bestimmten Namen forscht, gibt diesen nach der Option `-name` an. Der Einsatz von Wildcards ist dabei erlaubt – diese sollten aber in Hochkommata eingeschlossen werden, damit die Shell diese Zeichen nicht auswertet:

```
huhn@huhnix:~> find /scratch -name "*ueen*"
/scratch/Queen
/scratch/Queen/Queen
/scratch/Queen/Sheer_Heart_Attack/02_Killer_Queen.mp3
```

Unterverzeichnisse des angegebenen Ortes durchsucht `find` automatisch mit. Über verschiedene Parameter grenzen Sie die Suche ein: So findet `-type f` (wie »file«) nur reguläre Dateien, `-type d` (wie »directory«) findet nur Verzeichnisse und `-type l` nur symbolische Links. Weitere mögliche Suchkriterien sind der Zeitpunkt der letzten Veränderung (`-ctime`), die Gruppenzugehörigkeit (`-group`) oder auch Benutzerkennungen (`-user`). Über den Parameter `-size` suchen Sie gezielt nach Dateien mit einer bestimmten Größe. So findet der folgende Befehl nur Dateien, die größer als 1024 KByte sind:

```
find /scratch -size +1024k
```

[+]

Wie schon erwähnt, sind `find` und `grep` ein starkes Team (siehe Abschnitt 18.4.4 ab Seite 583). Zusammen mit der `find`-Option `-exec` rufen Sie `grep` auf und durchsuchen die gefundenen Dateien nach Zeichenketten. So findet das folgende Kommando im Ordner */home/huhn/buch* alle Dateien, die auf *.tex* enden, und durchsucht diese Liste dann anschließend nach »heike«, ohne auf Groß- und Kleinschreibung zu achten:

```
find /home/huhn/buch -name "*.tex" -exec grep -i heike \{\} +
```

18.5.2 Platzverbrauch anzeigen (»df« und »du«)

Spätestens, wenn Sie die Meldung »No space left on device« sehen, sollten Sie sich für die Auslastung Ihres Rechners interessieren. Die beiden Programme `df` (disk free) und `du` (disk usage) verraten auf der Shell etwas über die Auslastung der Partitionen und darüber, welche Daten den meisten Platz belegen.

»df« Geben Sie am Prompt einfach nur `df` ein, so erhalten Sie Informationen zum freien Platz auf den eingehängten Partitionen. Ist Ihnen die Ausgabe in KByte zu unübersichtlich, setzen Sie den Parameter `-h` ein, der auf die nächstliegende Einheit auf- oder abrundet. Für noch mehr Übersicht sorgt die Option `-T`, die das Dateisystem anzeigt.

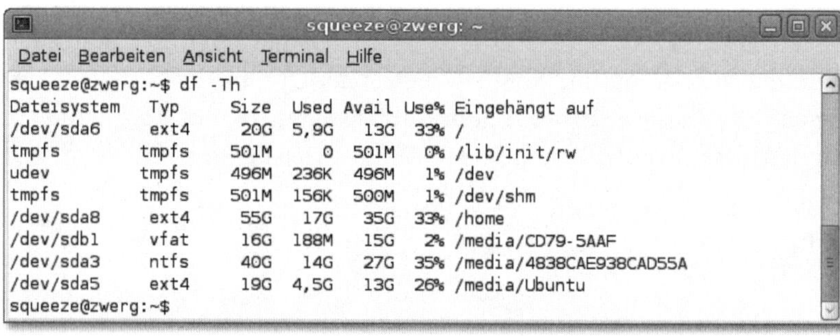

Abbildung 18.2 Das Tool »df« zeigt die aktuelle Belegung an.

»du« Um nun herauszufinden, welche Dateien den meisten Platz belegen, setzen Sie `du` ein. Das Programm arbeitet sich rekursiv durch die Daten des angegebenen Ordners und seiner Unterverzeichnisse und zeigt für diese den Verbrauch an. Zuletzt erhalten Sie eine Zusammenfassung. Auch `du` versteht die Option `-h`, um die Ausgabe etwas lesbarer zu gestalten:

```
huhnix:~ # du -h /scratch
696M    /scratch/knoppix
50M     /scratch/damn_small_linux
...
92G     /scratch/
```

[+] In Kombination mit dem Programm `sort` finden Sie schnell heraus, wo die speicherhungrigsten Dateien liegen. Um beispielsweise den Benutzer mit dem meisten Platzverbrauch in seinem Home-Verzeichnis anzuzeigen, übergeben Sie `du` die Option `-s` (zeigt eine Zusammenfassung) und leiten die Ausgabe über ein Pipe-Zeichen an `sort` weiter. Dieses Programm sortiert die Ausgabe nach den von Ihnen vorgegebenen Kriterien. Zusammen mit dem Parameter `-n` werden die Zahlen numerisch sortiert, und `-r` kehrt die Reihenfolge der Ausgabe um:

```
huhnix:~ # du -s /home/* | sort -rn
30281596      /home/petronella
3342192       /home/petrosilie
2711364       /home/huhn
2351968       /home/ole
1487500       /home/peggy
1354224       /home/olga
710784        /home/egbert
...
```

18.5.3 Mit »ssh« auf entfernten Rechnern arbeiten

Das SSH-Protokoll und Tools zum sicheren Datentransfer haben Sie schon in Kapitel 12 ab Seite 299 kennen gelernt. Auf der Shell steht Ihnen das gleichnamige Programm `ssh` zur Verfügung, mit dessen Hilfe Sie sich auf entfernten Computern über eine verschlüsselte Verbindung einloggen. Das Tool ist Bestandteil des Pakets *openssh-client*, das außerdem `scp` (siehe Abschnitt 12.3.2 ab Seite 349) und die Programme `ssh-keygen` sowie `ssh-agent` zum Erzeugen und Verwalten von SSH-Schlüsseln (siehe Abschnitt 25.4 ab Seite 711) enthält. Zur Kontaktaufnahme geben Sie nach dem `ssh`-Befehl wie beim Kommando `scp` den Benutzernamen für den Account auf dem entfernten Rechner (sofern sich dieser vom lokalen Benutzernamen unterscheidet) und die IP-Adresse oder den Hostnamen des entfernten Rechners an:

```
ssh huhn@asteroid.huhnix.org
```

[«] Damit Sie auf Ihren Debian-Rechner per SSH zugreifen können, muss dort der SSH-Server installiert und aktiv sein. Spielen Sie dazu als Administrator das Paket *openssh-server* ein. Der SSH-Server ist als Daemon (siehe Abschnitt 17.7 ab Seite 543) implementiert und nimmt normalerweise direkt beim Booten des Systems den Dienst auf. Wenn Sie die Konfiguration verändern, starten Sie als Administrator den Server über das Kommando `/etc/init.d/ssh restart` neu.

Grafische Anwendungen

Wenn Sie sich zusammen mit der Option `-X` anmelden, ist es sogar möglich, grafische Programme auf dem entfernten Rechner zu starten. Dazu muss der SSH-Server der Gegenseite das sogenannte X-Forwarding unterstützen. Die Konfigurationsdatei des Servers finden Sie unter Debian

GNU/Linux in der Datei */etc/ssh/sshd_config*; der entsprechende Eintrag lautet:

```
X11Forwarding yes
```

18.5.4 Zeitzauber mit »date« und »cal«

Die Kontrollleisten der Desktopumgebungen blenden auf Wunsch Datum und Uhrzeit ein. Alternativ schauen Sie schnell auf der Shell nach, welcher Tag und wie viel Uhr es ist:

```
huhn@huhnix:~> date
Mi 11. Feb 11:11:11 CET 2009
```

Zeitzonen Möchten Sie stattdessen wissen, wie spät es gerade in Neuseeland ist, kombinieren Sie den `date`-Aufruf zusammen mit der Umgebungsvariable (siehe Abschnitt 18.1 ab Seite 571) `TZ` (»time zone«, »Zeitzone«). Ein Blick ins Verzeichnis */usr/share/zoneinfo* verrät, welche Zeitzonen das System kennt. Anschließend setzen Sie die Variable für nur einen Befehlsaufruf:

```
huhn@huhnix:~> TZ=NZ date
Mo 27. Dez 23:21:15 NZDT 2010
```

Das Programm `date` bietet darüber hinaus einige Optionen zum Formatieren der Ausgabe an. Abschnitt 7.3.4 ab Seite 211 zeigt, wie Sie diese Parameter einsetzen, um automatisch Dateinamen mit einem bestimmten Datumsformat zu generieren. Die Manpage (`man date`) liefert eine Übersicht aller Optionen.

Als Administrator setzen Sie `date` außerdem zur Veränderung der Systemzeit ein. Als Option übergeben Sie das neue Datum und die neue Uhrzeit als eine einzige lange Zahl: Zuerst geben Sie jeweils zweistellig den Monat, den Tag, die Stunde und die Minuten an. Es folgt die vierstellige Jahreszahl; so setzt `date 041816142007` die Systemzeit auf den 18. April 2007, 16:14 Uhr. Noch einfacher geht es über »Schlüsselwörter«, wie etwa `tomorrow`, `yesterday`, `next`, `ago`, `day` oder `week`. Das folgende Kommando stellt die Systemuhr zwei Minuten vor:

```
date -s '+2 minutes'
```

[!] Beachten Sie, dass ein manuelles Eingreifen in die Systemzeit möglicherweise zu Problemen mit Cronjobs (siehe Abschnitt 17.9.2 ab Seite 554) und Logdateien führt. Haben Sie die Uhr zurückgestellt, bringt das die Zeitstempel der Protokolle durcheinander. Einige Dienste (beispielsweise der Mailserver Dovecot) quittieren bei solchen Inkonsistenzen einfach den Dienst. Besser ist es daher, die Uhr automatisch mithilfe von NTP und einem Zeitserver im Internet zu synchronisieren (siehe Abschnitt 17.8 ab Seite 547).

Die Änderung der Systemzeit beeinflusst nicht die Hardwareuhr (BIOS-Uhr), eine batteriebetriebene Uhr, die sich Datum und Zeit auch dann merkt, wenn der Rechner ausgeschaltet ist. Um diese Uhr an die aktuelle Systemzeit anzupassen, geben Sie als Administrator `hwclock -w` ein.

Mit dem Kommando `cal` zeigen Sie schnell einen Kalender auf der Kommandozeile an. Ohne weitere Optionen aufgerufen, zeigt das Tool den aktuellen Monat des aktuellen Jahres an: »cal«

```
Dezember 2010
So Mo Di Mi Do Fr Sa
          1  2  3  4
 5  6  7  8  9 10 11
12 13 14 15 16 17 18
19 20 21 22 23 24 25
26 27 28 29 30 31
```

Der aktuelle Tag ist in der Ausgabe invers hervorgehoben. Zusammen mit der Option `-y` zeigt `cal` das komplette Jahr an, und wenn Sie `-3` angeben, präsentiert das Programm auch noch den Vormonat und den Folgemonat. Um gezielt einen bestimmten Monat anzuzeigen, geben Sie zweistellig den Monat und vierstellig die Jahreszahl an, zum Beispiel:

```
huhn@huhnix:~> cal 06 1973
     Juni 1973
So Mo Di Mi Do Fr Sa
                1  2
 3  4  5  6  7  8  9
10 11 12 13 14 15 16
17 18 19 20 21 22 23
24 25 26 27 28 29 30
```

18.5.5 Daten auf der Kommandozeile sichern

Das Programm `tar` packt mehrere Dateien und Verzeichnisse auf der Shell zu einem Archiv zusammen, und die Komprimierungstools `gzip` und `bzip2` verkleinern Daten. `tar` arbeitet wahlweise mit einem der beiden Tools zusammen und eignet sich daher ideal zum Anlegen von Backups.

Archivieren mit »tar«

Der Name dieses Tools leitet sich von »*t*ape *ar*chiver« her. Ursprünglich wurde `tar` zur Verwaltung von Bandarchiven eingesetzt. Als Archivar leistet das Programm immer noch gute Dienste. Um mehrere Dateien zu einem Archiv zusammenzupacken, geben Sie beipielsweise den folgenden Befehl ein:

```
tar -cvf archiv.tar datei1 datei2
```

Die einzelnen Parameter sorgen dafür, dass `tar` ein Archiv anlegt (`c` wie »create«) und ausführlich anzeigt (`v` wie »verbose«), was im Hintergrund passiert. Außerdem schreibt `tar` das Ergebnis in die Datei (`f` wie »file«) *archiv.tar*. Alternativ geben Sie statt einzelner Dateien direkt einen Ordner beim Aufruf an – `tar` packt dann automatisch alle Unterverzeichnisse mit ein.

Archive manipulieren Um nachträglich etwas zum Archiv hinzuzufügen, setzen Sie den Parameter `--append` bzw. seine Kurzform `-r` ein. Auch hier benennen Sie anschließend mit `-f` die Archivdatei (`tar -r extra -f archiv.tar`). Ebenso leicht ist das Entfernen von Dateien aus dem Archiv; verwenden Sie einfach entsprechend die Option `--delete`.

Ein vorhandenes `tar`-Archiv packen Sie aus, wenn Sie die Option `-c` durch `-x` (»to extract«, »herausnehmen«) ersetzen:

```
tar -xvf archiv.tar
```

[!] Vorsicht ist beim Auspacken von Archiven geboten: `tar` überschreibt eventuell vorhandene Dateien mit gleichem Namen, ohne nachzufragen. Um zunächst nachzuschauen, was die Archivdatei enthält, setzen Sie daher den Parameter `-t` anstelle von `-x` ein: Der Befehl `tar -tvf archiv.tar` zeigt eine Datei- und Verzeichnisliste auf der Shell an.

Komprimieren mit »gzip« und »bzip2«

Diese beiden Programme verkleinern Dateien auf der Kommandozeile. Um eine Datei mit `gzip` zu verkleinern, tippen Sie `gzip datei`. Alternativ verwenden Sie `bzip2`, das auf einen anderen Kompressionsalgorithmus setzt und daher etwas stärker verkleinert: `bzip2 datei`. Egal, für welches Programm Sie sich entscheiden – im Verzeichnis liegt anschließend eine komprimierte Datei mit der Endung *.gz* beziehungsweise *.bz2*.

Zum Auspacken verwenden Sie `gunzip` oder `bunzip2` und übergeben den Namen der komprimierten Datei. Befindet sich im Verzeichnis eine Datei mit demselben Namen, fragt `gunzip` nach, ob es diese überschreiben darf:

```
huhn@huhnix:~> gunzip bla.gz
gzip: bla already exists; do you wish to overwrite (y or n)?
```

Anders verhält sich `bunzip2` – das Programm bricht den Vorgang selbstständig ab und lässt sich nur mit der Option `-f` (»to force«, »zwingen«) zum Überschreiben überreden:

```
huhn@huhnix:~> bunzip2 bla.bz2
bunzip2: Output file bla already exists.
huhn@huhnix:~> bunzip2 -f bla.bz2
```

Teamwork: »tar« und »gzip«/»bzip2«

Tools kombinieren

Da beide Tools nur einzelne Dateien und keine ganzen Verzeichnisse verkleinern, kombinieren Sie für solche Aufgaben `tar` und die Kompressionsprogramme. Mit `tar` legen Sie zunächst ein Archiv an und verkleinern dieses dann wahlweise mit `gzip` oder `bzip2`. Diese beiden Schritte müssen Sie aber nicht nacheinander ausführen, denn `tar` bietet für solche Fälle eigene Optionen an, sodass Sie sich einen Arbeitsschritt sparen. Um ein mit `gzip` komprimiertes `tar`-Archiv zu erstellen, tippen Sie:

```
tar -czvf archiv.tar.gz verzeichnis
```

Ersetzen Sie die Option `-z` durch `-j`, wenn Sie das Archiv stattdessen mit `bzip2` verkleinern wollen:

```
tar -cjvf archiv.tar.bz2 verzeichnis
```

Zu komprimierten Archiven lässt sich nachträglich nichts hinzufügen, sodass Sie eine solche Datei erst wieder mit `gunzip` beziehungsweise mit `bunzip2` auspacken müssen. Alternativ packen Sie das komplette Archiv aus. Auch dies ist alles in einem einzigen Schritt möglich; `tar` erkennt die Kompression automatisch, sodass die Angabe `-z` oder `-j` hier nicht notwendig ist: `tar -xf archiv.tar.gz` beziehungsweise `tar -xf archiv.tar.bz2` reicht aus.

[+]

Wie in Abschnitt 18.5.4 auf Seite 590 erklärt wurde, können Sie in Zusammenarbeit mit `date` Dateinamen für die Archive generieren, die das aktuelle Datum und die Uhrzeit enthalten. Gerade für regelmäßige Backups bietet es sich daher an, eine Kombination aus den gezeigten `tar`-Archiven mit `date` zu verwenden. Das folgende Kommando liefert mit `bzip2` komprimierte `tar`-Archive, deren Namen sich aus der Vorsilbe *backup_-_*, dem aktuellen Datum und der Endung *.tar.bz2* zusammensetzen, zum Beispiel *backup_-_27_12_2010.tar.bz2*:

```
tar -cvjf backup_-_$(date +"%d_%m_%Y").tar.bz2 *
```

18.6 Umleitungen und Befehlsverkettungen

Eines der praktischsten Features der Shell ist, dass Sie die Eingabe und Ausgabe von Befehlen umleiten und viele Kommandos miteinander verknüpfen können. Für die Ein- und Ausgabe von Programmen gibt es drei »Kanäle«: Standardeingabe (»stdin«), Standardausgabe (»stdout«) und Standardfehlerausgabe (»stderr«).

Laufende Programme erwarten ihren Input von der Standardeingabe, zum Beispiel über die Tastatur. Die Ausgabe der Programme sehen Sie in der Standardausgabe, also am Bildschirm. Die Standardfehlerausgabe landet meistens in der aktiven Konsole: Hier sehen Sie eventuelle Fehlermeldungen des Befehls mit Hinweisen zur Problemlösung. Sogenannte *File Descriptors* kennzeichnen diese Kanäle: Die »0« bezeichnet »stdin«, die »1« steht für »stdout« und die »2« für »stderr«.

18.6.1 Ausgabe von Programmen umleiten

Umleitungsoperatoren

Durch den Einsatz sogenannter Umleitungsoperatoren geben Sie den Kanälen eine neue Ausrichtung. Soll die Standardausgabe nicht auf der Konsole landen, sondern in eine Datei gespeichert werden, setzen Sie den >-Operator ein:

```
diff 1.tex 2.tex > unterschiede
```

Eine alternative Schreibweise für den >-Operator ist `1>`, da die Standardausgabe mit dem File Descriptor 1 belegt ist. Wollen Sie beispielsweise die Fehlerausgabe (»stderr«) nach */dev/null*[2] umleiten, tippen Sie:

```
find / -name "*.tex" 2> /dev/null
```

Meldungen über Verzeichnisse, die Sie mangels Zugriffsrechten nicht durchsuchen dürfen, erscheinen nun nicht mehr auf dem Bildschirm und stören die Ausgabe nicht.

[!] Vorsicht ist beim Einsatz des >-Operators geboten: Existiert eine dahinter angegebene Datei bereits, so wird diese einfach überschrieben. Daher können Sie alternativ den Operator >> einsetzen: Dieser hängt die Ausgabe einfach an, falls es die Datei schon gibt, und legt die Datei andernfalls neu an.

2 Diese »Pseudo«-Datei hat keinen Inhalt; alle Daten, die Sie hierhin schreiben, werden ignoriert.

Neben der Ausgabe lässt sich auch die Eingabe umleiten. Soll der Befehl grep seine Suchmuster nicht über die Tastatur, sondern über eine Datei bekommen, schreiben Sie beispielsweise:

```
grep < muster *.tex
```

18.6.2 Befehle verknüpfen

Die Shell bietet mehrere Möglichkeiten, Befehle miteinander zu verketten. Um einfach nur mehrere Kommandos hintereinander auszuführen, schreiben Sie diese durch zwei Kaufmanns-Und-Zeichen voneinander getrennt, zum Beispiel:

```
sleep 3 && import -window root screenie.png
```

Darüber hinaus ist es möglich, die Ausgabe eines Programms an eine andere Anwendung weiterzuleiten; in diesem Szenario kommt die sogenannte Pipe (Tastenkombination (Alt Gr) + (<)) zum Einsatz. Sie können mehrere Pipes hintereinander verwenden:

```
du ~ | sort -rn | less
```

»tee«

Gerade in Zusammenhang mit komplexeren Pipelines ist das Programm tee äußerst praktisch: Wie ein »T-Stück«, das zwei Rohrleitungen miteinander verbindet, kann das Tool über eine Pipe zwischen zwei Kommandos stehen. Dort nimmt es die Ausgabe des ersten Befehls entgegen und leitet diese in eine Datei sowie zusätzlich über eine Pipe an ein weiteres Kommando weiter, zum Beispiel:

```
tar -cvfj backup.tar.bz2 * | tee backup.log
```

Zusätzlich zum komprimierten Tar-Archiv erstellt dieses Kommando eine Logdatei namens *backup.log*. Natürlich könnten Sie die Ausgabe des tar-Programms auch über > in die Datei schreiben. Dann würden allerdings alle Fortschrittsmeldungen, die über die Option v explizit eingeschaltet wurden, ebenfalls dort landen.

18.7 Terminalzauber mit »screen«

Die meisten grafischen Terminalprogramme, etwa das GNOME-Terminal und auch die KDE-Konsole, ermöglichen das Arbeiten auf mehreren Reitern, sodass Sie viele Shell-Sitzungen in einem Fenster verwalten können. Auf diesen Komfort müssen Sie dank screen (gleichnamiges Paket) auch im Xterm oder auf den virtuellen Konsolen nicht verzichten. Außer der

Verwaltung der virtuellen Terminals ermöglicht es screen Ihnen, Prozesse auf entfernten Rechnern weiterlaufen zu lassen, wenn Sie sich vom System abmelden, oder die Sitzung für andere Anwender zu öffnen (und damit das Terminal zu teilen).

18.7.1 Erste Schritte

Shortcut Strg + A

Sie starten screen über Eingabe des gleichnamigen Befehls. Ein Splashscreen begrüßt Sie und verrät Ihnen die Versionsnummer, die Namen der Programmierer und die Lizenz, unter der das Programm steht. Am unteren Rand finden Sie den Hinweis, dass es mit der Eingabe- oder Leertaste weitergeht. Auf den ersten Blick sieht alles wie immer aus. Auf den zweiten Blick haben sich jedoch einige Dinge geändert – vor allem, wenn Sie die Tastenkombination (Strg) + (A) drücken, um an den Anfang der Eingabe zu springen (siehe Abschnitt 18.1 ab Seite 569). Dieser Shortcut ist bei screen reserviert und leitet jeweils weitere Kommandos ein. So blenden Sie beispielsweise über (Strg) + (A) + (Umschalt) + (ß) (also »?«) die Onlinehilfe ein, welche die wichtigsten Befehlskombinationen erklärt. Hier sehen Sie auch den Hinweis, dass Sie das »normale« Verhalten von (Strg) + (A) über (Strg) + (A), (A) erreichen. Die folgende Tabelle zeigt eine Übersicht der wichtigsten screen-Befehle.

Tasten	Funktion
(Strg) + (A), (C)	Öffnet ein weiteres Terminal innerhalb von screen.
(Strg) + (D)	Schließt ein Terminal; handelt es sich um die einzige Sitzung in screen, so beendet dieser Shortcut das Programm.
(Strg) + (A), (N)	Wechselt zum nächsten virtuellen Terminal.
(Strg) + (A), (0) bis (9)	Springt zum ersten bis zum zehnten Terminal.
(Strg) + (A), (W)	Blendet am unteren Bildschirmrand kurz eine Statuszeile ein, die anzeigt, wie viele Sitzungen geöffnet sind. Der aktuelle Aufenthaltsort ist mit einem Sternchen (*) gekennzeichnet.
(Strg) + (A), (Umschalt) + (A)	Erlaubt es, der Sitzung einen Namen zu geben (in der Voreinstellung heißen alle Terminals bash).
(Strg) + (A), (Umschalt) + (2) (also ")	Zeigt eine Liste mit allen geöffneten screen-Terminals an; über die Pfeiltasten navigieren Sie zum gewünschten Eintrag, und mit (Eingabe) wechseln Sie dorthin.

Tabelle 18.4 »screen«-Kommandos

Tasten	Funktion
Strg + A, X	Sperrt screen und schützt die Sitzungen so vor den neugierigen Augen anderer Benutzer. Nach Eingabe des eigenen Passworts können Sie weiterarbeiten.
Strg + A, Esc	Wechselt zum Kopier-/Scrollmodus: Mit den Pfeiltasten blättern Sie hoch und runter. Um etwas in die Zwischenablage zu kopieren, drücken Sie die Leertaste, markieren den Bereich mit den Pfeiltasten und schließen den Vorgang über erneuten Druck auf die Leertaste ab. Dies ist vor allem dann praktisch, wenn keine Maus(unterstützung) vorhanden ist. Drücken Sie Esc, um diesen Modus wieder zu verlassen.
Strg + A, AltGr + 9 (also])	Fügt den kopierten Text aus der Zwischenablage ein.
Strg + A, D	Verlegt screen in den Hintergrund (»to detach«); in screen laufende Prozesse arbeiten weiter.
Strg + A, K	Beendet die aktuelle Sitzung gewaltsam (»to kill«), alle anderen virtuellen Terminals sind nicht betroffen. Eine Sicherheitsabfrage (»Really kill this window?«) verhindert das ungewollte Beenden von Sitzungen.
Strg + A, AltGr + B (also \)	Schließt screen und alle darin gestarteten Sitzungen gewaltsam; auch hier müssen Sie die Frage »Really quit and kill all your windows [y/n]« beantworten.

Tabelle 18.4 »screen«-Kommandos (Fortsetzung)

18.7.2 Aufrufparameter

Prozesse im Hintergrund

Eines der praktischsten Features für Administratoren, die auf entfernten Rechnern per SSH arbeiten, ist sicherlich, Prozesse in screen laufen zu lassen. Diese arbeiten auch dann noch weiter, wenn Sie den screen in den Hintergrund legen (»to detach«) und die Verbindung beenden. Beim nächsten Login tippen Sie einfach den folgenden Befehl, um die screen-Sitzung wiederzubeleben:

```
screen -r
```

Die »detach«-Aufforderung aus screen heraus lautet (wie in der Tabelle gezeigt) Strg + A, D. Alternativ tippen Sie außerhalb von screen einfach screen -d und erhalten dann eine Meldung wie:

```
[30690.pts-14.samesame detached.]
```

[»] Die beiden Optionen -r und -d können Sie übrigens kombinieren, um einen laufenden screen abzukoppeln und gleichzeitig in der aktuellen Konsole wiederzubeleben. Sollten mehrere Instanzen laufen, müssen Sie explizit angeben, welchen screen Sie meinen. Die im letzten Listing gezeigte Ausgabe verrät die Prozess-ID (30690), den Namen des Terminals oder der virtuellen Konsole (pts-14) und des Rechners (samesame). Einen Gesamtüberblick über alle laufenden screen-Prozesse erhalten Sie auch über den Parameter -ls:

```
huhn@samesame:~> screen -ls
There are screens on:
   30757.pts-14.samesame    (11.02.2009 15:50:30)  (Detached)
   30744.pts-14.samesame    (11.02.2009 15:50:26)  (Detached)
   30690.pts-14.samesame    (11.02.2009 15:41:25)  (Attached)
3 Sockets in /var/run/screen/S-huhn.
```

Um also explizit den screen mit der Prozess-ID 30757 aufzuwecken, tippen Sie:

```
screen -r 30757.pts-14.samesame
```

Taucht ein screen in der Auflistung mit dem Status Dead auf, so besteht keine Hoffnung mehr, ihn zu reaktivieren. Solche Überbleibsel werden Sie elegant mit dem Befehl screen -wipe los.

Backlog einstellen In der Voreinstellung merkt sich screen die letzten 100 Zeilen. Innerhalb dieser Zeilen können Sie im Kopiermodus (Strg + A, Esc) zurückblättern, die Programmausgaben lesen und kopieren. Ist die Größe des Puffers nicht ausreichend, erweitern Sie diese mit der Option -h:

```
screen -h 2000
```

Wie erwähnt ist es möglich, eine Statuszeile am unteren Rand kurz einzublenden – das ist praktisch, wenn Sie die Orientierung verloren haben und nicht mehr wissen, in welchem virtuellen Terminal Sie gerade arbeiten. Um die Anzeige dauerhaft einzublenden, rufen Sie in screen selbst das Kommando screen -X caption always auf. Im folgenden Abschnitt finden Sie einen Tipp, wie Sie die Statuszeile einfärben und mit zusätzlichen Informationen ausstatten.

18.7.3 Die eigene »~/.screenrc«

Das Programmverhalten von screen legen Sie in der Datei *~/.screenrc* im eigenen Home-Verzeichnis fest. Diese Textdatei bearbeiten Sie mit einem Texteditor (siehe Kapitel 16 ab Seite 475). Die Datei *~/.screenrc* ist in der Voreinstellug nicht vorhanden; wenn Sie bei Null anfangen möchten, können Sie die systemweite Einrichtungsdatei kopieren und als Vorlage verwenden:

```
cp /etc/screenrc ~/.screenrc
```

Kommentarzeichen

Diese Datei enthält zahlreiche Beispiele und Erklärungen. Um ein Feature aus der Vorlage zu aktivieren, entfernen Sie das Rautezeichen am Zeilenanfang und aktivieren die Funktion auf diese Weise. Das folgende Listing zeigt ein Beispiel mit Kommentaren:

```
# beim Programmstart keinen Splashscreen:
startup_message off

# erhöhe Puffer auf 1000 Zeilen:
defscrollback 1000

# aktiviere den "visuellen Piepser":
vbell on

# Meldung auf dem Bildschirm, wenn es piepst:
vbell_msg "Padoooooooooooooooooak!"

# blende immer eine bunte Statuszeile mit Namen der
# Sitzungen, Datum, Uhrzeit usw. ein (optimiert für
# schwarzen Hintergrund mit weißer Schrift):
caption always "%{rw} * %H * | $LOGNAME | %{bw}%c %D | ↲
%{-}%-Lw%{rw}%50>%{rW}%n%f* %t %{-}%+Lw%<"
```

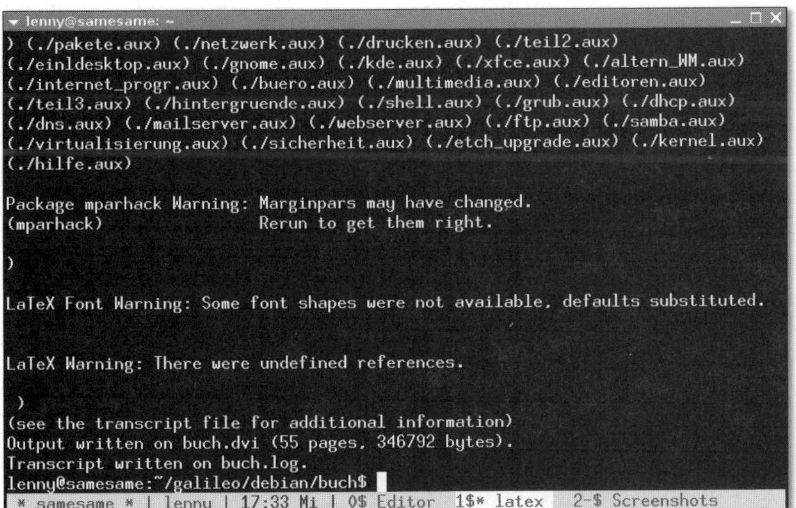

Abbildung 18.3 Mit dem richtigen Rahmen behalten Sie in »screen« die Übersicht.

[+] Mit der vorletzten Zeile im Listing, `caption ...`, färben Sie die Statuszeile ein. Dabei helfen verschiedene Escape-Sequenzen (siehe auch Seite 566 dieses Kapitels), welche die Manpage im Bereich STRING ESCAPES auflistet.

Escape-Sequenzen

Die Buchstaben in den geschweiften Klammern beschreiben die Farben: So steht `%{rw}` für Rot auf grauem Hintergrund, `%{bw}` für Blau auf Grau und `%{rW}` für Rot auf Weiß. Mit `%{-}` schalten Sie auf ein vorhergehendes Farbschema um. Auch die Buchstaben außerhalb der geschweiften Klammern sind schnell erklärt: `%H` steht für Hostname, `%c` für die Uhrzeit im 24-Stunden-Format, `%D` für den Wochentag, `%n` für die Nummer des virtuellen Terminals, und `%t` steht für den mit Strg + A, Umschalt + A gesetzten Titel der Sitzung. Mit `%f` fügen Sie ein Statusflag ein; so zeigt das Sternchen beispielsweise das aktive virtuelle Terminal und das Minuszeichen die zuletzt besuchte Sitzung an.

In diesem Kapitel erfahren Sie, wie Sie einen DHCP-Server unter Debian GNU/Linux »Squeeze« aufsetzen und einrichten. Am Ende des Kapitels finden Sie einige Hinweise, wie Sie unter verschiedenen Betriebssystemen (Linux, Mac OS X und Windows) DHCP-Clients konfigurieren und wie Sie auf den neuen DHCP-Server zugreifen.

19 DHCP-Server einrichten

19.1 Das Dynamic Host Configuration Protocol

DHCP ermöglicht die dynamische Zuweisung von IP-Adressen und weiteren Konfigurationsparametern an Computer in einem Netzwerk (zum Beispiel Internet oder LAN). Damit gestaltet sich die Einbindung neuer Rechner in bestehende Netzwerke denkbar einfach, da der Benutzer die Netzwerkkarte nicht aufwändig von Hand konfigurieren muss (siehe Abschnitt 6.2 ab Seite 153), sondern alles über einen entsprechend eingerichteten DHCP-Server läuft. DHCP ist damit nicht nur ideal für große Netzwerke mit häufig wechselnder Topologie, sondern auch für Anwender, die ohne großen Aufwand mehrere Maschinen miteinander vernetzen wollen.

Der DHCP-Server ist als Daemon implementiert; in seiner Konfigurationsdatei stehen unter anderem Informationen zu einem Adresspool, aus dem die IP-Adressen vergeben werden, zur Subnetzmaske, zur lokalen DNS-Domain und zum verwendeten Gateway. Damit bringt der Server wichtige Konfigurationsmöglichkeiten des Netzwerks unter einen Hut und verwaltet die Informationen zentral.

Dynamische oder statische IP-Adressen

Der Server weist den einzelnen Clients entweder dynamisch eine freie IP-Adresse aus einem definierten Pool zu oder vergibt statische Adressen. Bei der dynamischen Zuteilung erhalten die Rechner wechselnde IPs (siehe Abschnitt 19.3.1 ab Seite 605). Das ist etwa dann sinnvoll, wenn zum Beispiel Konflikte beim Zugriff auf Server mit festen Adressen vermieden werden sollen oder wenn in einem Netz mit sehr vielen Rechnern, die nicht gleichzeitig aktiv sind, ein knapper Bestand an IP-Adressen auf die gerade aktiven Clients verteilt werden muss. Alternativ kann der `dhcpd` so konfiguriert werden, dass Clients immer dieselbe IP-Adresse erhalten

– eine gute Idee, wenn bestimmte Maschinen eines Netzwerks entsprechende Dienste anbieten, die immer erreichbar sein sollen. Eine derartige statische Adressvergabe erfolgt über die MAC-Adressen der Rechner (siehe Abschnitt 19.3.2 ab Seite 605).

Gültigkeit von IP-Adressen

Darüber hinaus ist es möglich, die Gültigkeit einer IP-Adresse festzulegen. Läuft diese aus, während der Client noch läuft, versucht der Client, die Gültigkeit automatisch zu verlängern – der Benutzer merkt in der Regel nichts davon.

[»] Wenn Sie einen Computer als Gateway zum Internet einsetzen, bietet es sich an, dort auch den DHCP-Server zu installieren. Der Rechner erhält intern eine feste IP-Adresse, bekommt aber vom ISP selbst eine IP-Adresse via DHCP zugewiesen, sodass der Router-Rechner gleichzeitig als DHCP-Server und -Client fungiert. Achtung: Hat bislang ein Hardwarerouter diese Aufgabe übernommen, sollten Sie den DHCP-Server des Hardwarerouters ausschalten.

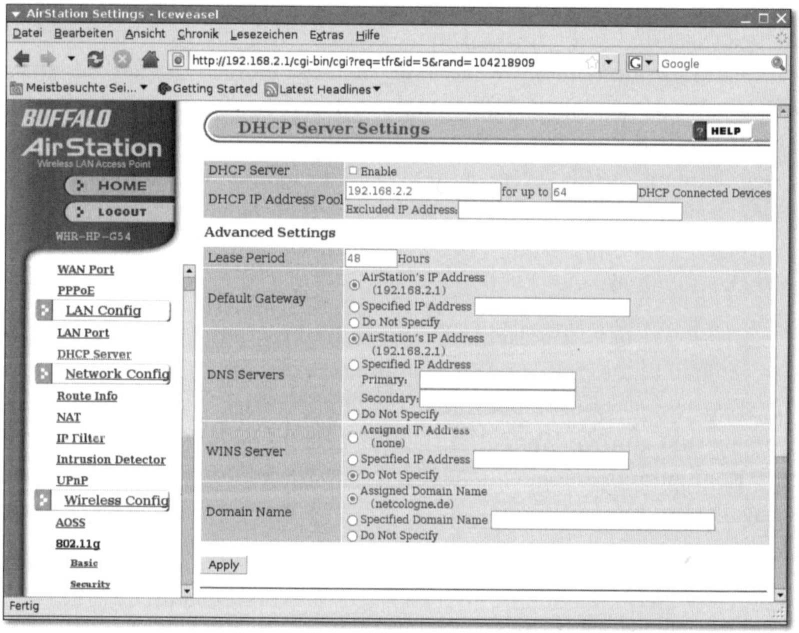

Abbildung 19.1 Die meisten Hardwarerouter bieten an, den DHCP-Server auf Knopfdruck abzuschalten.

Alte Programmversionen erlaubten nur einen DHCP-Server pro Subnetz, und nach wie vor sind zwei unabhängige DHCP-Server im selben Netz problematisch und aufwändig(er) einzurichten. Seit Version 3 ist es allerdings möglich, zwei Server Hand in Hand arbeiten zu lassen und einen davon als »Rettungsanker« zu konfigurieren, falls der erste DHCP-Server ausfällt.[1]

19.2 DHCP-Server installieren

Unter Debian GNU/Linux kommt der DHCP-Server des Internet Systems Consortiums (ISC[2]) zum Einsatz. Installieren Sie als Administrator das Paket *dhcp3-server*, das weitere Abhängigkeiten nach sich zieht:

```
zwerg:~ # apt-get install dhcp3-server
...
Die folgenden zusätzlichen Pakete werden installiert:
  isc-dhcp-client isc-dhcp-common isc-dhcp-server
...
```

Fragt das Installationsskript nach einer Netzwerkschnittstelle, an welcher der Server auf DHCP-Anfragen lauscht, drücken Sie einfach `Eingabe`, um die automatische Erkennung zu übernehmen. Die folgende Fehlermeldung können Sie an dieser Stelle ignorieren und sich zunächst der Konfiguration zuwenden:

```
Starting ISC DHCP server: dhcpdcheck syslog for diagnostics.↵
... failed!
invoke-rc.d: initscript isc-dhcp-server, action "start" ↵
failed.
```

19.3 Konfiguration

Einrichtungsdatei

Die Datei (*/etc/dhcp/dhcpd.conf*) bearbeiten Sie mit Administratorrechten in einem Texteditor Ihrer Wahl. Auskommentiert (hinter Rautezeichen) sehen Sie Einrichtungsbeispiele, die Sie nun an die eigene Netzwerkstruktur anpassen.[3]

[«]

Damit eventuelle Änderungen greifen, starten Sie als Administrator über das Kommando `/etc/init.d/isc-dhcp-server restart` den DHCP-Server neu. Hat sich ein Fehler in die Konfigurationsdatei eingeschlichen, so erhalten Sie eine aussagekräftige Fehlermeldung, zum Beispiel:

1 *http://www.lithodyne.net/docs/dhcp/dhcp.html*
2 *http://www.isc.org/*
3 Weitere gut dokumentierte Beispiele finden Sie in der Datei */usr/share/↵ doc/isc-dhcp-server/examples/dhcpd.conf*.

```
dhcpd self-test failed. Please fix the config file.
The error was:
...
/etc/dhcp/dhcpd.conf line 17: semicolon expected.
default-lease-time
 ^
```

Passen Sie zunächst den Eintrag `option domain-name` an, wenn Sie einen Domainnamen verwenden. Nach `option domain-name-servers` folgen die IP-Adressen eines oder mehrerer Nameserver, durch Kommata voneinander getrennt. Läuft im lokalen Netzwerk ein solcher Server (siehe Kapitel 20 ab Seite 609), tragen Sie dort dessen IP ein. Wenn Ihnen Ihr Internet Service Provider automatisch einen Nameserver zuweist, finden Sie (bei bestehender Internetverbindung) die entsprechenden IP-Adressen in der Datei `/etc/resolv.conf`. Alternativ tragen Sie eine IP-Adresse eines öffentlichen und ungefilterten Nameservers ein.[4] Zudem fügen Sie eine Zeile hinzu, die Auskunft über das Gateway gibt:

```
option domain-name "huhnix.org";
option domain-name-servers 192.76.144.66, 212.118.160.1;
option routers 192.168.2.1;
```

Gültigkeit von IP-Adressen

Die meisten Clients fordern vom Server eine IP-Adresse für eine bestimmte Zeitdauer an. Erfolgt diese Anfrage nicht von der Clientseite aus, definiert `default-lease-time` (in Sekunden), wie lange die IP-Adresse standardmäßig vergeben wird – in diesem Fall zehn Minuten. Der Wert hinter `max-lease-time` hingegen gibt an, für wie lange ein Server maximal eine IP-Adresse vergibt. Dieses ist nur dann wichtig, falls ein Client nach einer Gültigkeitsdauer fragt, welche diesen Wert übersteigt.

```
default-lease-time 600;
max-lease-time 7200;
```

Für das Beispiel bedeutet dies, dass ein Client, der nach einer Adresse für vier Stunden fragt, vom Server die Antwort erhält, dass dieser nur Adressen für die Dauer von zwei Stunden vergibt (7200 Sekunden). Erlaubt ein Server eine `max-lease-time` von 24 Stunden, fragt ein Client aber nur nach einer Stunde und der Server ist nicht erreichbar, wenn ein Client um Verlängerung bittet (für gewöhnlich passiert dieses nach der Hälfte der Zeit), verliert der Client die IP-Adresse nach der vereinbarten Stunde und hat keine Ahnung, dass der Server ihm diese eigentlich für einen ganzen Tag gegeben hätte. Client und Server verständigen sich also

4 *http://www.ungefiltert-surfen.de/*

gemeinsam auf eine Gültigkeitsdauer. Beide Einträge sind nur sinnvoll und gültig, wenn der Server IP-Adressen dynamisch vergibt.

[«] Entfernen Sie das Rautezeichen vor der Option `authoritative;`, wenn der DHCP-Server der einzige im Netzwerk ist und wirklich das Sagen hat.

19.3.1 Dynamische Adressenvergabe

Um dynamische IP-Adressen an Rechner aus einem bestimmten Bereich zu vergeben, reicht beispielsweise ein Eintrag der Form:

```
subnet 192.168.2.0 netmask 255.255.255.0 {
  range 192.168.2.200 192.168.2.250;
}
```

Adresspools Optionen für den Domainnamen, den Nameserver, das Gateway und die Gültigkeitsdauer können Sie nicht nur allgemein, sondern auch für jeden Adresspool extra spezifizieren. So sorgt der folgende Eintrag dafür, dass ein Client, der selbst nichts anderes anfordert, eine IP-Adresse für einen Tag (86400 Sekunden) erhält und der Server eine maximale Gültigkeitsdauer von 30 Tagen (2592000 Sekunden) erlaubt:

```
subnet 192.168.2.0 netmask 255.255.255.0 {
  range 192.168.2.200 192.168.2.250;
  default-lease-time 86400;
  max-lease-time 2592000;
}
```

19.3.2 Statische Adressen

Um bestimmten Rechnern eine statische IP-Adresse zu geben, finden Sie zunächst die MAC-Adresse der Netzwerkkarte heraus. Unter Linux und Mac OS X nehmen Sie das Kommando `ifconfig` zu Hilfe; die Hardwareadresse finden Sie neben dem Namen des Interfaces hinter dem Eintrag `HWaddr` bzw. `ether`. Unter Windows öffnen Sie eine Kommandozeile über START und geben »cmd« ins Suchfeld ein. Anschließend verrät die Ausgabe des Befehls `ipconfig /all` hinter `Physikalische Adresse` die MAC-Adresse der Netzwerkkarte. Mit dem folgenden Eintrag weisen Sie dem Rechner `macnugget` eine feste IP-Adresse und einen Hostnamen zu:

```
host macnugget {
  hardware ethernet 00:11:24:74:87:b4;
  fixed-address 192.168.2.18;
  option host-name "macnugget";
}
```

Nameserver

Läuft im Netz auch ein Nameserver, so können Sie nach der MAC-Adresse den Rechnernamen anstelle der IP-Adresse angeben:

```
host macnugget {
  hardware ethernet 00:03:93:c7:ac:f4;
  fixed-address macnugget.huhnix.org;
}
```

[»] Feste Adressen vergeben Sie entweder aus einem Bereich, der außerhalb der dynamisch zu verteilenden IPs liegt, oder aus dem Pool der dynamischen Adressen selbst. In diesem Fall weist der Server eine IP-Adresse immer nur dem Client mit der passenden MAC-Adresse zu und verteilt diese nicht an andere Rechner.

19.4 Clients

Auf Clientseite müssen Sie in der Regel nicht viel einrichten. Teilen Sie dem jeweiligen System lediglich mit, dass eine IP-Adresse automatisch per DHCP geholt werden soll. Dass ein Client Verbindung zum Server aufnimmt und ob die Adressvergabe erfolgreich ist, erfahren Sie, wenn Sie als Administrator einen Blick in das Logfile */var/log/messages* auf dem DHCP-Server werfen:

```
Apr 11 15:26:39 zwerg dhcpd: DHCPDISCOVER from ↩
00:1e:c2:1a:ea:b5 via eth0
Apr 11 15:26:40 zwerg dhcpd: DHCPOFFER on 192.168.2.200 to↩
00:1e:c2:1a:ea:b5 (tablett.huhnix.org) via eth0
Apr 11 15:26:41 zwerg dhcpd: DHCPREQUEST for 192.168.2.200 ↩
(192.168.2.7) from 00:1e:c2:1a:ea:b5 (tablett.huhnix.org) ↩
via eth0
Apr 11 15:26:41 zwerg dhcpd: DHCPACK on 192.168.2.200 to ↩
00:1e:c2:1a:ea:b5 (tablett.huhnix.org) via eth0
```

19.4.1 Linux als Client

Falls Sie bei der Installation von Debian GNU/Linux »Squeeze« noch keinen DHCP-Server im Netz zur Verfügung hatten oder bisher statische IP-Adressen verwendet haben und nun umstellen wollen, können Sie problemlos nachträglich Verbindung zu einem DHCP-Server aufnehmen. Kapitel 6 ab Seite 151 gibt Hinweise, wie Sie die Netzwerkkarte über DHCP einrichten. Ob Sie den »Debian-Weg« gehen (Nutzung von Einrichtungsdateien oder eines der vorgestellten KDE- oder GNOME-Tools) oder den NetworkManager verwenden, spielt dabei keine Rolle.

19.4.2 Mac OS X als Client

Ethernet oder Wireless

Unter Mac OS X gehen Sie in den SYSTEMEINSTELLUNGEN zum Bereich NETZWERK. Einen DHCP-Server für Ethernet- oder Airport-Karten konfigurieren Sie auf dem Reiter TCP/IP.

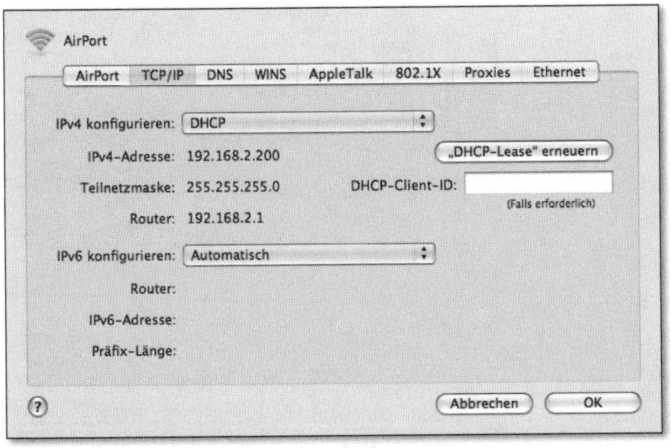

Abbildung 19.2 Kontaktaufnahme zum DHCP-Server von Mac OS X aus

Wählen Sie aus dem Dropdown-Menü IPv4 KONFIGURIEREN den Eintrag DHCP aus, und klicken Sie auf die Schaltfläche JETZT AKTIVIEREN beziehungsweise OK und ANWENDEN. Nach kurzer Zeit erhält der Mac eine IP-Adresse vom Server.

19.4.3 Windows als Client

Auch unter Windows richten Sie den Zugriff auf einen DHCP-Server mit wenigen Mausklicks ein. Im Dialog für die TCP/IP-Eigenschaften der Netzwerkverbindung wählen Sie auf dem Reiter ALLGEMEIN die Checkboxen IP-ADRESSE AUTOMATISCH BEZIEHEN und DNS-SERVERADRESSE AUTOMATISCH BEZIEHEN aus und bestätigen durch einen Klick auf OK (siehe Abbildung 19.3).

[«]

Wenn Sie vorher unter Windows statische Adressen verwendet haben, sollten Sie diese Einstellungen zunächst löschen, bevor Sie auf DHCP umstellen. Andernfalls kann es sein, dass das System zwar DHCP verwendet, aber für die ehemaligen statischen Angaben, und damit die Antworten des DHCP-Servers nicht versteht.

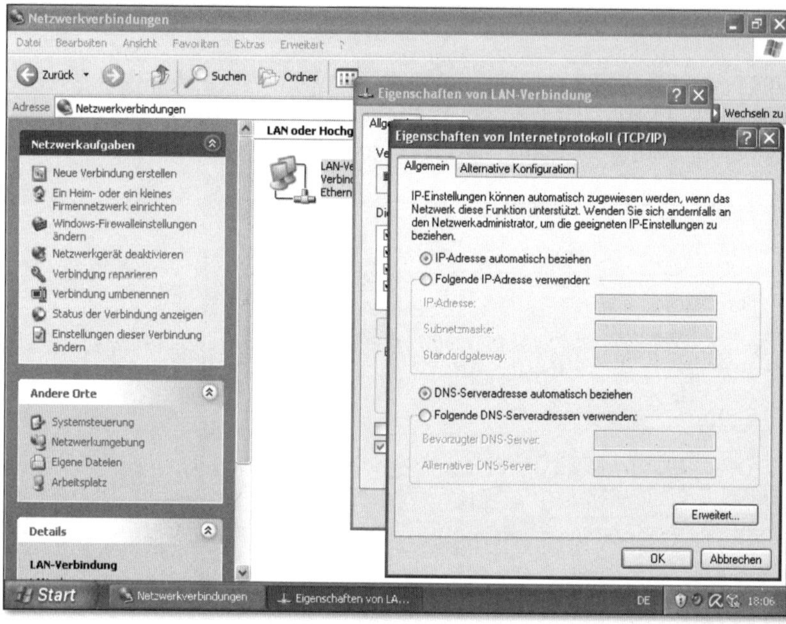

Abbildung 19.3 Der Windows-Rechner bezieht seine IP- und Nameserver-Adressen automatisch.

In diesem Kapitel erfahren Sie mehr zum Domain Name System (DNS) und zu den sogenannten Resolvern. Darüber hinaus wird im Detail erläutert, wie Sie einen eigenen Nameserver (BIND) aufsetzen.

20 Nameserver BIND konfigurieren

20.1 DNS – das »Telefonbuch des Internets«

Komplizierte IP-Adressen, über welche die einzelnen Rechner im Internet erreichbar sind, muss sich dank DNS niemand merken. Das *Domain Name System* verwaltet die Namensräume im Internet wie in einem Telefonbuch und ordnet Namen wie *www.debian.org* den passenden Nummern (*213.129.232.18*) zu und umgekehrt. In dem gesamten System arbeiten viele einzelne *Domain Name Server* hierarchisch angeordnet zusammen. Weiß ein Server nichts mit einem Namen oder einer IP-Adresse anzufangen, so kontaktiert er den übergeordneten Server, der wiederum andere Kollegen um Rat fragen kann, wenn er die Adresse nicht zuordnen kann.

Wenn Sie in einem Browser beispielsweise die Adresse *www.google.de* eingeben, kontaktiert der Rechner den Nameserver Ihres ISPs (falls bei Ihnen zu Hause kein eigener Nameserver läuft). Kennt dieser Nameserver die passende IP-Adresse nicht, kann er bei weiteren Servern anfragen, bis die richtige Adresse gefunden ist (mehr dazu lesen Sie in Abschnitt 20.1.3 ab Seite 612).

Cache und Resolver

Praktischerweise verfügt jeder Nameserver über einen Cache, der die Auskünfte eine Zeit lang zwischenspeichert, sodass der Server erst dann wieder Informationen einholen muss, wenn der Cache diese nicht mehr zur Verfügung hat. Neben den Informationen zu den Domains selbst muss es Programme geben, welche diese Informationen abrufen und auswerten (sogenannte Resolver). Die folgenden Abschnitte verraten mehr dazu, welche Akteure im Domain Name System welche Aufgaben übernehmen.

20.1.1 Lokales Adressbuch – die Datei »/etc/hosts«

DNS ist der Nachfolger eines recht einfachen Systems: In einer »Adressbuchdatei« stehen feste Zuordnungen von IP-Adressen und Hostnamen. Um die Rechner miteinander bekannt zu machen, wird die Datei verteilt und auf allen Maschinen abgelegt. Viele kleinere Heimnetze nutzen diese »privaten Adressbücher« immer noch, da sie schnell eingerichtet sind. Zuständig ist auf Linux-Systemen die Datei */etc/hosts* – in dieser stehen die IP-Adressen und Rechnernamen der einzelnen Maschinen. Eine typische *hosts*-Datei eines übersichtlichen LANs könnte beispielsweise wie folgt aussehen:

```
127.0.0.1       localhost
127.0.1.1       zwerg.huhnix.org        zwerg
192.168.2.10    zwerg.huhnix.org        zwerg
192.168.2.18    tablett.huhnix.org      tablett
192.168.2.9     oughterard.huhnix.org   oughterard o
...
```

Laut RFC 3330[1] ist der gesamte Bereich 127.0.0.0/8 (127.0.0.0 bis 127.255.255.255) für Loopback-Adressen reserviert (siehe auch Kapitel 6 ab Seite 151). Der Name `localhost` sollte immer der IP-Adresse 127.0.0.1 zugeordnet werden. Die anderen Rechner bekommen eine IP aus dem für den Hausgebrauch reservierten Bereich (siehe auch Abschnitt 6.1 ab Seite 151). Hinter der IP-Adresse steht, durch Leerzeichen voneinander abgetrennt, mindestens ein Rechnername, unter dem die Computer angesprochen werden können. Weitere Bezeichner folgen wiederum nach einem oder mehreren Leerzeichen. Für den Computer `oughterard.huhnix.org` ist neben dem Alias `oughterard` beispielsweise noch die Abkürzung `o` eingetragen – für alle Anwender, die sich die Schreibweise des irischen Ortsnamens nicht merken können.

»nsswitch.conf«

Um einen Namen aufzulösen, wird in der Regel zunächst in dieser Datei nach einer passenden IP-Adresse gesucht – sofern dies nicht in */etc/nsswitch.conf* anders definiert ist (siehe Abschnitt 6.2.4 ab Seite 162). Wenn Sie einen eigenen Nameserver aufsetzen, definieren Sie dort, in welcher Reihenfolge die Adressbücher abgearbeitet werden.

20.1.2 Domainnamensraum

Spätestens wenn das zu administrierende Netzwerk eine bestimmte Anzahl von Rechnern übersteigt, ist diese Herangehensweise allerdings

1 *http://tools.ietf.org/html/rfc3330*

ziemlich unpraktisch – für ein riesiges Netzwerk wie das Internet ist dieses System gar nicht mehr realisierbar. Das Domain Name System bietet einen Ausweg in Form von verteilten Datenbanken, die sich gegenseitig unter die Arme greifen und Nummern und Namen speichern. Ein weiterer Nachteil der Datei */etc/hosts* ist die fehlende Eindeutigkeit. Innerhalb einer einzigen Organisation ist es relativ einfach, den Überblick zu behalten und sicherzustellen, dass beispielsweise nur ein einziger Rechner `mail` heißt. Sobald der Kreis allerdings größer wird und ein weiterer Rechner namens `mail` von außerhalb der Organisation ins Spiel kommt, wird die Sache schwierig.

Top Level Domain

Um diese Computer eindeutig über einen Namen ansprechen zu können, organisiert man die Rechner in sogenannten Domains: Wie in einem Baum angeordnet, steht ganz am Anfang die Wurzel (`root`), die durch einen Punkt (`.`) repräsentiert wird. Davon ausgehend finden Sie in der nächsten Ebene die sogenannte Top Level Domain (TLD), wie zum Beispiel `org` (für Non-Profit-Organisationen), `mil` (militärische Einrichtungen), `com` (kommerzielle Unternehmen) usw. Neben diesen organisatorischen Top Level Domains gibt es geografische TLDs (Ländercodes), wie beispielsweise `de` (Deutschland), `at` (Österreich) oder `ch` (Schweiz). Für die Verwaltung der Top Level Domains ist die Internet Corporation for Assigned Names and Numbers (ICANN) zuständig.[2]

Wiederum durch einen Punkt abgetrennt, folgen die Second Level Domain (SLD), optional eine Third Level Domain sowie weitere Subdomains (alle jeweils durch Punkte abgegrenzt; insgesamt sind 255 Zeichen möglich). In einigen Ländern (zum Beispiel Deutschland) können Second Level Domains unterhalb von `.de.` geordert werden. In anderen Ländern wie beispielsweise Großbritannien gibt es zur besseren Unterscheidung festgelegte Second Level Domains (zum Beispiel `.co.uk.`, `.ac.uk.` oder `.gov.uk.`), sodass lediglich Third Level Domains registriert werden können. Ganz am Ende der Kette steht jeweils der Hostname des Rechners.

[«]

Eine so zusammengesetzte Adresse (zum Beispiel `www.huhnix.org.`) ist ein sogenannter Fully Qualified Domain Name (FQDN). Beachten Sie den abschließenden Punkt für die Wurzel. In den meisten Fällen kann dieser Repräsentant des Root-Verzeichnisses vernachlässigt werden – viele DNS-Tools verstehen trotzdem, welcher Domainname gemeint ist. Eine entscheidende Rolle spielt der Punkt dennoch, wenn es um die Konfiguration des Nameservers BIND geht (siehe Abschnitt 20.2 ab Seite 619). Hier ist das vergessene Zeichen eine der häufigsten Fehlerquellen.

2 *http://icann.org/*

20.1.3 Geteilte Freude ist doppelte Freude

Die beschriebene Aufteilung der Domains bietet einen weiteren Vorteil: Für die einzelnen Nameserver und die damit zusammenhängenden verteilten Datenbanken bedeutet diese klare Struktur eine klare Aufgabenverteilung. An der Spitze stehen die sogenannten Root Server, die Informationen zu den Top Level Domains speichern. Auf den Ebenen darunter tummeln sich weitere Nameserver, welche für Domains oder Subdomains zuständig sind, und natürlich gibt es auch Server, die sich nur mit den Rechnern im eigenen Heimnetz beschäftigen. Anfragen werden so weitergeleitet und erfolgreich delegiert. In der Praxis könnte das beispielsweise so aussehen:

Schritt für Schritt: Namensauflösung

1 ***Internetverbindung via ISP***
Sie sind von zu Hause aus über einen Internet Service Provider mit dem Internet verbunden. Eine IP-Adresse wird Ihnen vom ISP zugeteilt, und Sie nutzen ebenfalls einen oder mehrere vom Provider zugeteilte Nameserver.

2 ***Internetadresse angeben***
Sie geben in einen Browser eine Adresse wie zum Beispiel *www.huhnix.org* ein und kontaktieren dazu den Nameserver des ISPs.

3 ***ISP-Nameserver fragt Root Server***
Der Nameserver beim Provider hat von dieser Adresse noch nie etwas gehört; daher kontaktiert er die Root Server mit der Frage: »Wo kann ich mehr über `.org`-Namen erfahren, bitte?«

4 ***Root Server delegiert Frage***
Der antwortende Root Server delegiert die Anfrage und verweist auf einen Nameserver, der über Informationen zu `.org` verfügt.

5 ***Autoritativen Nameserver herausfinden***
Der Nameserver des Providers kontaktiert anschließend diesen Server und fragt dort nach: »Wer weiß etwas über huhnix.org?« Er erhält Auskunft, welcher autoritative Nameserver für diese Domain zuständig ist.[3]

---

3 Mehr zur Unterscheidung von autoritativen und nicht-autoritativen Nameservern lesen Sie in Abschnitt 20.1.5 ab Seite 617.

6 *IP-Adresse mitteilen*
Dieser zuständige Server löst schließlich das Rätsel und verrät dem Server des Providers, dass zum Namen *www.huhnix.org* die IP 83.142.228.128 gehört. Der Nameserver des ISPs gibt die Info an Ihren Browser weiter und merkt sich darüber hinaus die Daten für eine Weile.[4] ■

Die Interaktion der einzelnen Nameserver ist natürlich nur die eine Seite in diesem Szenario – der Webbrowser (oder jedes andere Programm, das Hostnamen auflösen will) muss außerdem die Fähigkeit haben, mit dem Nameserver zu »sprechen«. Dabei greift der Browser auf einen sogenannten Resolver zurück (»to resolve«, »auflösen«).

20.1.4 Umwandlungskünstler – die Resolver

Vermittlungsstelle

Als Resolver bezeichnet man Programme, die Informationen zu den Adressbucheinträgen einholen. Diese Programme erfüllen also die Funktion einer Vermittlungsstelle zwischen den jeweiligen Anwendungen und dem Nameserver. Genau genommen handelt es sich um eine Reihe von Funktionen, welche die Standard-C-Bibliothek für Netzwerkfunktionen und Sockets `glibc`[5] oder Teile des BIND-Pakets zur Verfügung stellen. Der Resolver kann bei seinen Nachforschungen im Wesentlichen zwei Wege beschreiten:

- **Rekursive Anfrage**
  Der Resolver sendet seine Frage an einen ihm bekannten Nameserver und erwartet eine eindeutige Antwort von ihm. Dieser meldet sich entweder mit der gewünschten Information zurück oder teilt mit, dass es keinen passenden Eintrag gibt. Ein Beispiel für eine rekursive Anfrage zeigt der vorherige Abschnitt: Der Nameserver sucht die richtige Adresse im Auftrag des Clients (Resolver) heraus und kontaktiert weitere Server.
- **Iterative Anfrage**
  Der Resolver erhält als Antwort die gesuchte Information oder als Empfehlung die Adresse eines weiteren Servers, den er als Nächstes fragt. Auf diese Weise hangelt sich der Resolver von Nameserver zu Nameserver, bis er die eindeutige Antwort erhält.

4 Das Verfallsdatum bestimmt der autoritative Nameserver; mehr dazu erfahren Sie ebenfalls in Abschnitt 20.1.5 ab Seite 617.
5 Debian GNU/Linux verwendet die `eglibc`, einen vollständig kompatiblen, aber für mehr Architekturen verfügbaren Fork der `glibc`.

[»] Das zweite Szenario (iterativ) ist eher unüblich: Die Resolver der meisten Systeme können solchen Empfehlungen nicht folgen, sodass es sich in der Praxis in der Regel um rekursive Anfragen handelt. Einen eigenen Resolver sollten Sie daher nicht mit Nameservern bekannt machen, die ausschließlich auf iterative Anfragen antworten (dazu gehören beispielsweise die Root Server, siehe Abschnitt 20.1.5 ab Seite 617).

»forward/reverse lookup«

In den meisten Fällen werden Sie zu einem Domainnamen die passende IP-Adresse benötigen – dies nennt man »forward lookup«. Die Umwandlung funktioniert aber auch in die andere Richtung: Beim sogenannten »reverse lookup« suchen Sie zu einer IP-Adresse den Domainnamen. Da es extrem umständlich und zeitaufwändig wäre, den kompletten Domainnamensraum von Level zu Level nach der gesuchten IP-Adresse zu durchforsten, gibt es eine spezielle Domain, die bei dieser umgekehrten Suche (»reverse mapping«) hilft: `in-addr.arpa` (Top Level Domain `arpa` und Second Level Domain `in-addr`). Unterhalb dieser Domain existieren drei weitere Level; diese Subdomains sind für die verschiedenen Bytes der IP-Adressen zuständig, sodass maximal drei Schritte zur Auflösung einer IP-Adresse erforderlich sind.[6] Von rechts nach links gelesen, repräsentieren diese Subdomains, die jeweils eine Zahl von 0 bis 255 als Namen tragen, die folgenden Bereiche:

- **1. Ebene**
  Das erste Byte, zum Beispiel `83.in-addr.arpa`
- **2. Ebene**
  Das zweite Byte, zum Beispiel enthält `142.83.in-addr.arpa` die IP-Adressen aus dem Bereich 83.142.0.0/16 (also dem Bereich von 83.142.0.0 bis 83.142.255.255).
- **3. Ebene**
  Das dritte Byte; so enthält `228.142.83.in-addr.arpa` IP-Adressen aus dem Bereich 83.142.228.0/24 (83.142.228.0 bis 83.142.228.255).

Resolver einrichten

Es gibt verschiedene Möglichkeiten, den Kontakt für den Resolver herzustellen. In der Regel ist dafür die Datei */etc/resolv.conf* zuständig. Hier sollten mindestens zwei Nameserver stehen, sodass bei einem Ausfall des ersten Servers der zweite einspringen kann. Mehr als drei Einträge sind allerdings kaum sinnvoll. Jeder Server steht in einer eigenen Zeile:

6 Zum Aufbau einer IP-Adresse lesen Sie auch Abschnitt 6.1 ab Seite 151.

```
nameserver 213.168.112.60
nameserver 194.8.194.60
```

Darüber hinaus ist in dieser Datei Platz für die lokale DNS-Domain:

```
domain huhnix.org
```

Die Angabe von Domainnamen spart Tipparbeit, da bei der Angabe des Hostnamens nicht jedes Mal der volle Domainname eingegeben werden muss. Anstelle von `mail.huhnix.org` adressieren Sie diesen Rechner nun einfach über seinen Hostnamen `mail`.

Suchliste

Alternativ definieren Sie anstelle einer lokalen Domain eine Suchliste über das Schlüsselwort `search`. Bis zu sechs verschiedene Domains (insgesamt 256 Zeichen) dürfen hier definiert werden. Der folgende Eintrag sorgt dafür, dass jeder Rechnername zunächst um `huhnix.org` und dann um `geekmummy.org` erweitert wird, bis er richtig aufgelöst wird:

```
search huhnix.org geekmummy.org
```

[«]

Einige Programme, wie zum Beispiel `pppd` zum Aufbau einer DSL-Verbindung, fügen der Datei */etc/resolv.conf* von sich aus die entsprechenden Nameserver des Internet Service Providers hinzu. Die eigene Konfigurationsdatei verschwindet dabei aber nicht von der Platte, sondern bleibt als Kopie (etwa unter dem Namen */etc/resolv.conf.pppd-backup*) erhalten. Sobald die PPPoE-Verbindung beendet wird, wird das Backup wieder zum Original.[7]

Resolver prüfen

Mit den beiden Kommandozeilen-Programmen `dig` (Paket *dnsutils*) und `host` (Paket *bind9-host*) kontaktieren Sie Nameserver aus der Shell heraus. Dem Tool `dig` übergeben Sie als Parameter den gesuchten Hostnamen oder eine IP-Adresse – je nachdem, in welche Richtung Sie suchen wollen. Optional geben Sie hinter einem @-Zeichen einen Nameserver an, um die Anfrage direkt an diesen zu richten.

Die Ausgabe ähnelt den BIND-Zonendateien (siehe Abschnitt 20.2.1 ab Seite 622) – auch hier erkennen Sie Kommentare an den Semikolons am Zeilenanfang. Das Programm `dig` gibt sich informativ und präsentiert neben der gestellten Frage (`QUESTION`) und der Antwort (`ANSWER`, hinter `A` steht die gesuchte IP-Adresse) auch die autoritativen Nameserver (`AUTHORITY`, hinter `NS` folgt der Name des Nameservers) sowie deren Auflösung (`ADDITIONAL`).

7 Mehr zu diesem Thema lesen Sie in Abschnitt 6.3.1 ab Seite 172.

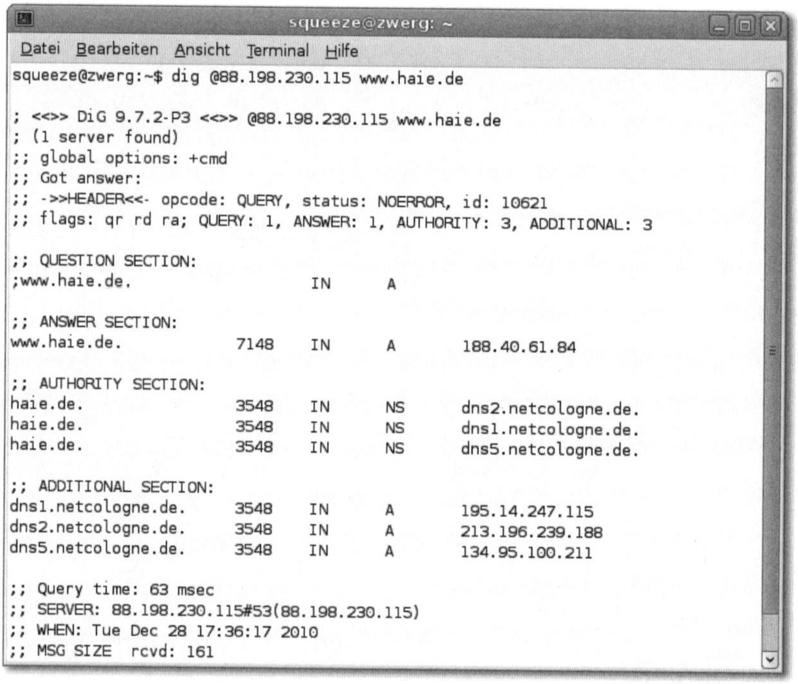

```
Datei Bearbeiten Ansicht Terminal Hilfe
squeeze@zwerg:~$ dig @88.198.230.115 www.haie.de

; <<>> DiG 9.7.2-P3 <<>> @88.198.230.115 www.haie.de
; (1 server found)
;; global options: +cmd
;; Got answer:
;; ->>HEADER<<- opcode: QUERY, status: NOERROR, id: 10621
;; flags: qr rd ra; QUERY: 1, ANSWER: 1, AUTHORITY: 3, ADDITIONAL: 3

;; QUESTION SECTION:
;www.haie.de.                   IN      A

;; ANSWER SECTION:
www.haie.de.            7148    IN      A       188.40.61.84

;; AUTHORITY SECTION:
haie.de.                3548    IN      NS      dns2.netcologne.de.
haie.de.                3548    IN      NS      dns1.netcologne.de.
haie.de.                3548    IN      NS      dns5.netcologne.de.

;; ADDITIONAL SECTION:
dns1.netcologne.de.     3548    IN      A       195.14.247.115
dns2.netcologne.de.     3548    IN      A       213.196.239.188
dns5.netcologne.de.     3548    IN      A       134.95.100.211

;; Query time: 63 msec
;; SERVER: 88.198.230.115#53(88.198.230.115)
;; WHEN: Tue Dec 28 17:36:17 2010
;; MSG SIZE  rcvd: 161
```

Abbildung 20.1 Das Kommando »dig« fragt nach – auf Wunsch bei einem bestimmten Nameserver.

»reverse lookup«

In die andere Richtung fragen Sie, indem Sie den Parameter `-x` und die gesuchte IP-Adresse angeben:

```
huhn@huhnix:~> dig -x 213.168.83.51
...
;; ANSWER SECTION:
51.83.168.213.in-addr.arpa. 3600  IN  PTR  webserver.haie.de.
```

Eine Alternative ist das Tool `host`, das standardmäßig nicht ganz so viel »ausplaudert« wie `dig`, sondern eine verkürzte Ausgabe präsentiert. Auch diesem Befehl übergeben Sie entweder einen Hostnamen oder eine IP-Adresse, zum Beispiel:

```
huhn@huhnix:~> host www.linux.org
www.linux.org has address 198.182.196.56
huhn@huhnix:~> host 198.182.196.56
56.196.182.198.in-addr.arpa domain name pointer www.linux.org
```

Optional definieren Sie einen zu kontaktierenden Nameserver, indem Sie dessen Hostnamen oder IP-Adresse an den Aufruf anhängen:

```
huhn@huhnix:~> host www.linux.org 88.198.230.115
Using domain server:
Name: 88.198.230.115
Address: 88.198.230.115#53
Aliases:

www.linux.org has address 198.182.196.56
```

Manchmal liefert ein »reverse lookup« einer IP-Adresse einen anderen Hostnamen als den, mit dem Sie die Suche gestartet haben. Das ist beispielsweise dann der Fall, wenn mehrere Hostnamen zur selben IP-Adresse gehören, zum Beispiel wenn ein Server mehrere Webseiten beherbergt (»hostet«). Der Begriff »Hostname« ist in diesem Zusammenhang verwirrend, denn eigentlich hat nur der Server selbst diesen Bezeichner verdient, und die gehostete Webseite ist lediglich ein virtueller Hostname. Umgekehrt können mehrere IP-Adressen zu einem Hostnamen gehören: Große Webseiten, wie Google, Yahoo! oder auch das Debian-Projekt, setzen aus Performancegründen mehrere Server ein (»load balancing«): [«]

```
huhn@huhnix:~> host www.debian.org
www.debian.org has address 213.129.232.18
www.debian.org has address 141.76.2.5
www.debian.org has IPv6 address 2001:858:2:1::10
```

20.1.5 Nameserver

Autoritativ

Ein Nameserver übernimmt die Verantwortung für eine oder mehrere sogenannte Zonen,[8] das heißt, seine Informationen gelten als verbindlich, also autoritativ. Ganz am oberen Ende stehen 13 Root Server, die volle Autorität besitzen. Diese verteilen als Chefs des ganzen Systems allerdings immer nur Informationen zu Anfragen der Art »wer ist für `.de` autoritativ?« (siehe Abschnitt 20.1.4 ab Seite 613). Zonen sind »Verwaltungseinheiten« einer Domain oder ihrer Unterebenen: Für den Fully Qualified Domain Name `huhnix.org.`, der sich aus dem Domainnamen (`huhnix`) und der Top Level Domain `.org` zusammensetzt, kann die verantwortliche Zone beispielsweise `huhnix.org` heißen. Handelt es sich um eine sehr große Zone, gibt es die Möglichkeit, Arbeit an andere Nameserver zu delegieren. So könnte ein Server für die Zone `edu.huhnix.org` und ein weiterer für `bande.huhnix.org` zuständig sein. Jede Zone ist dabei völlig unabhängig und übernimmt nur die Verantwortung für die Knoten, die direkt zu ihr gehören.

8 Mehr zur Einrichtung und zum Aufbau dieser Dateien lesen Sie in Abschnitt 20.2.1 ab Seite 620.

[!] Es kann natürlich sein, dass die Zone `huhnix.org` auch für eine kleinere Subdomain namens `school.huhnix.org` zuständig ist. Während die Subdomains `edu` und `bande` ihren eigenen Nameserver haben, ist `school` weiterhin `huhnix.org` zugeordnet – hier besteht Verwechslungsgefahr: Sowohl `bande` als auch `school` sind Subdomains, aber nur `bande` ist eine »Subzone«.

Nicht-autoritativ

Neben den autoritativen Nameservern gibt es auch noch solche, die ihre Informationen zu den Zonen aus zweiter oder dritter Hand beziehen; diese Server nennt man entsprechend »nicht-autoritativ«.

Damit ein Nameserver, der viele Anfragen zu beantworten hat, nicht die ganze Last alleine tragen muss, gibt es sogenannte Primary und Secondary Nameserver, die ihre Aufgaben im Teamwork erfüllen:

- **Primary beziehungsweise Master Server**
  Bis zur Version `bind8` sprach man vom »Master Server«, seit `bind9` heißt dieser Server »Primary Server«. Er ist autoritativ für die verschiedenen Zonen, die lokal konfiguriert werden.

- **Secondary beziehungsweise Slave Server**
  Auch hier hielt mit der neuen BIND-Version ein neuer Name Einzug, und aus »Slave« wurde »Secondary«. Ein Secondary Server bezieht die Daten zu den Zonen von dem für ihn zuständigen Master, legt diese auf der eigenen Platte ab (sodass die Informationen auch nach einem Neustart noch verfügbar sind) und meldet sich bei Anfragen für diese Zonen ebenfalls als autoritativ. Zusammen mit den Zonendaten erhält der Secondary Server Angaben dazu, wie lange die Informationen gültig sind: Kann der Secondary Server seinen Primary Server nach Ablauf dieser Frist nicht erreichen, beantwortet er keine Anfragen mehr zu der Zone.

[»] Beachten Sie, dass die Bezeichnung »secondary« nicht im Sinne von »zweitrangig« zu verstehen ist – wenn Sie einen Nameserver kontaktieren, können Sie nicht erkennen, ob dieser als »secondary« oder »primary« konfiguriert wurde, denn beide Rechner melden sich als autoritativ zurück.

Weitere Eigenschaften von Nameservern sind das sogenannte Caching (»cache«, »Speicher«) und Forwarding (»to forward«, »weiterleiten«):

- **Caching Server**
  Der Server erhält Informationen von einem anderen Nameserver, falls ein Client diese angefordert hat. Der Server gibt die Daten weiter und speichert sie auch in seinem Cache. Wenn nun erneut nach densel-

ben Daten gefragt wird, greift der Nameserver auf seinen eigenen Datenbestand zurück. Die Konfigurationsdateien der einzelnen Zonen legen fest, wie lange Informationen jeweils gültig sind (TTL = »Time To Live«). Der Zeitraum kann für jeden Hostnamen separat bestimmt werden. Damit dieses Caching funktioniert, muss rekursives Nachfragen möglich sein: Ein Caching Server fordert eine Information an, bekommt eine Antwort, stellt eine weitere Frage, erhält mehr Infos usw. – bis die endgültige Antwort den Server erreicht. Bei einer langsamen Internetverbindung ist daher »Forwarding« die bessere Alternative.

- **Forwarding Server**
  Dieser Server leitet – wie der Name verrät – alle Anfragen immer an einen anderen Nameserver weiter und speichert das Ergebnis. Dies ist dann vorteilhaft, wenn die Kontaktaufnahme zu externen Quellen zu langsam oder zu teuer ist: Ein Forwarding Server fragt einmal nach, überlässt die Recherche einem anderen Nameserver und wartet, bis die Antwort eintrifft.

In der Regel agiert ein Nameserver als Primary oder Secondary Server für eine oder mehrere Zonen und besitzt standardmäßig Caching-Eigenschaften. Darüber hinaus können einzelne Zonen als »Forwarding« gekennzeichnet werden, zum Beispiel um das Caching für diese einzelnen Bereiche zu vermeiden. Wenn Sie hingegen für das eigene Heimnetz einen Nameserver aufsetzen möchten, um etwa Bandbreite zu sparen, stellen Sie den gesamten Server auf »Forwarding« (siehe Abschnitt 20.2.1 ab Seite 620). Die meisten Server des gesamten Domain Name Systems setzen auf BIND[9] (Berkeley Internet Name Domain). Auch bei Debian GNU/Linux ist BIND in den offiziellen Quellen enthalten. Die folgenden Abschnitte beschreiben die Installation und Konfiguration dieses Nameservers.

20.2 BIND

Installieren Sie als Administrator das Paket *bind9* zum Beispiel auf der Kommandozeile mit dem Befehl `apt-get install bind9`. Das Paket *bind9utils* wandert automatisch mit auf die Platte. Während des Einspielens landen diverse Konfigurationsdateien im Verzeichnis */etc/bind*. Das System legt einen neuen »Pseudonutzer« (siehe auch Abschnitt 17.4.1 ab Seite 516) an und startet den Nameserver automatisch:

9 *http://www.isc.org/software/bind*

```
Richte bind9utils ein (1:9.7.2.dfsg.P3-1) ...
Richte bind9 ein (1:9.7.2.dfsg.P3-1) ...
Lege Gruppe »bind« (GID 122) an ...
Fertig.
Lege Systembenutzer »bind« (UID 114) an ...
Lege neuen Benutzer »bind« (UID 114) mit Gruppe »bind« an ...
Erstelle Home-Verzeichnis »/var/cache/bind« nicht.
wrote key file "/etc/bind/rndc.key"
Starting domain name service...: bind9.
```

»localhost« Der neue Nameserver leistet direkt ganze Arbeit und funktioniert für die Zone `localhost` »out of the box«. Die folgenden Abschnitte stellen die einzelnen Einrichtungsdateien und ihre Zusammenarbeit vor. Darüber hinaus finden Sie am Ende des Kapitels einige Beispielkonfigurationen.

20.2.1 Grundlegende Konfigurationsdateien

Alle BIND-Konfigurationsdateien liegen unterhalb von */etc/bind*. Sie bearbeiten sie als Administrator mit einem Texteditor Ihrer Wahl (siehe auch Kapitel 16 ab Seite 475). Kommentare sind durch zwei Schrägstriche oder Rautezeichen am Zeilenanfang gekennzeichnet. Mit dem Kommando `/etc/init.d/bind9 restart` starten Sie den Server neu; alternativ lesen Sie eine geänderte Konfiguration über den Befehl `/etc/init.d/bind9 reload` neu ein, ohne den Nameserver neu zu starten. Das Logfile */var/log/syslog* verrät, ob BIND seine Konfiguration und die Zonendateien ohne Fehlermeldungen akzeptiert.

Globale Optionen

Die zentrale BIND-Konfigurationsdatei */etc/bind/named.conf* enthält mehrere `include`-Anweisungen, die weitere ausgelagerte Einrichtungsdateien einlesen. Dazu gehören auch dic allgcmeinen Einstellungen, die sich unter Debian GNU/Linux in der Datei */etc/bind/named.conf.options* befinden:

```
include "/etc/bind/named.conf.options";
```

Diese Datei enthält einen Abschnitt namens `options` mit allgemein gültigen BIND-Einstellungen. Auf Debian-Systemen befindet sich hier als Voreinstellung der absolute Pfad für den Cache und die Anweisung, dass der Server nicht-autoritativ antwortet:

```
options {
  directory "/var/cache/bind";
...
  auth-nxdomain no;    # conform to RFC1035
```

```
  listen-on-v6 { any; };
};
```

Forwarding Server

Des Weiteren finden Sie hier auskommentierte Einträge für die Forwarding-Funktion: Soll Ihr Server Anfragen, die er nicht beantworten kann, an einen oder mehrere Nameserver richten, so kommentieren Sie die Anweisung aus und tragen die entsprechenden IP-Adressen ein. Eine Liste von öffentlichen und ungefilterten Nameservern in Deutschland finden Sie unter *http://www.ungefiltert-surfen.de/*.

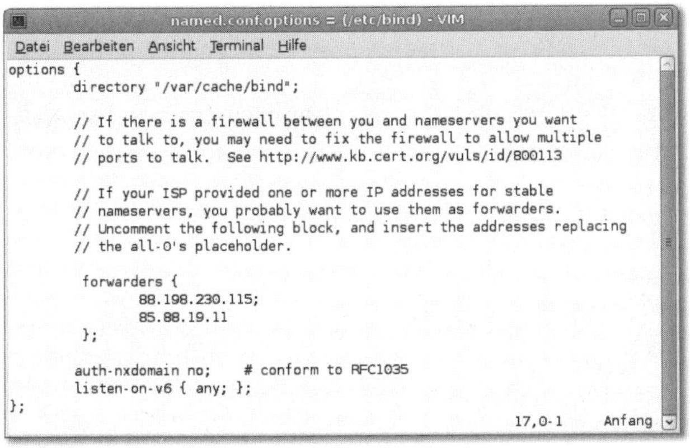

Abbildung 20.2 In der Datei »/etc/bind/named.conf.options« richten Sie BIND als Forwarding Server ein.

Anstelle dieser `forwarders` könnte hier das Statement `recursion yes;` stehen. Das würde dazu führen, dass der eigene Server rekursive Nachforschungen anstellt, wenn er die Antwort nicht kennt.

[!]

Alle Einstellungen im Abschnitt `options` sind für alle Zonen relevant – sofern sie nicht in den Anweisungen für die Zone selbst explizit überschrieben werden (siehe auch Abschnitt 20.2.1 ab Seite 622). Beachten Sie, dass es nur einen Abschnitt zu den `options` geben darf. Wenn Sie diese Einstellungen in die zentrale Konfigurationsdatei verlegen, müssen Sie das `include`-Statement entfernen, das auf *named.conf.options* verweist.

Es gibt etliche weitere Anweisungen, die Sie im `options`-Bereich unterbringen können. Eine vollständige Liste aller von BIND unterstützten Optionen erhalten Sie, wenn Sie zusätzlich das Paket *bind9-doc* installieren. Die Datei */usr/share/doc/bind9-doc/misc/options.gz* listet sämtliche Möglichkeiten auf; Sie betrachten diese komprimierte Textdatei beispielsweise mit dem Tool `zless`.

Das zweite include-Statement in der übergeordneten Konfigurationsdatei *named.conf* verrät, welche Datei für lokale Zoneneinträge gedacht ist (*/etc/bind/named.conf.local*). Abschnitt 20.2.2 ab Seite 624 zeigt, wie Sie selbst solche Zonendateien einrichten. Das letzte include-Statement bindet schließlich die Datei */etc/bind/named.conf.default-zones* ein. Hier steht als Erstes, wo Informationen zu den 13 Root Servern hinterlegt sind. Die Zone . verweist (»to hint«, »zeigen«) dazu auf die Datei */etc/bind/db.root*:

```
zone "." {
  type hint;
  file "/etc/bind/db.root";
};
```

»localhost« Auch die standardmäßig eingetragene lokale Loopback-Zone ist hier definiert. Zwei zone-Anweisungen bestimmen die Dateien für »forward« und »reverse lookup«:

```
zone "localhost" {
        type master;
        file "/etc/bind/db.local";
};

zone "127.in-addr.arpa" {
        type master;
        file "/etc/bind/db.127";
};
```

Der Eintrag type master; bedeutet, dass der Server als Primary Server für diese Einträge autoritativ arbeitet. Das ist für die zwei lokalen Zonen *db.local* und *db.127* immer der Fall. Es folgen zwei Einträge für den »reverse lookup« der beiden Broadcast-Adressen (0.in-addr.arpa und 255.in-addr.arpa).

Die Zonendateien

Wie erwähnt, richtet BIND in der Datei *named.conf.default-zones* in der Voreinstellung Zonen für die Root Server (*db.root*) und den lokalen Rechner (*db.local, db.127*) ein. Die Zonendateien für den eigenen Rechner sehen beispielsweise folgendermaßen aus:

```
; BIND data file for local loopback interface
;
$TTL    604800
@       IN      SOA     localhost. root.localhost. (
                                2         ; Serial
                           604800         ; Refresh
                            86400         ; Retry
```

```
                        2419200        ; Expire
                         604800 )      ; Negative Cache TTL
;
@       IN      NS      localhost.
@       IN      A       127.0.0.1
@       IN      AAAA    ::1
```

»Time To Live«

Kommentare in diesen Dateien erkennen Sie am Semikolon. Ganz am Anfang der Datei steht immer die `$TTL`-Anweisung, die etwas über die »Time To Live« verrät, also definiert, wie lange die Informationen über diese Zone gültig sind. Im Beispiel stehen hier 604800 Sekunden für `localhost` (also sieben Tage). Anstelle der Angabe in Sekunden sind auch Schreibweisen erlaubt, wie `24h` (für Stunden), `3d` (Tage), `2w` (Wochen) usw.

Anschließend folgen die sogenannten Resource Records (das @-Zeichen repräsentiert jeweils die Zone); die Beispieldatei enthält Einträge für die folgenden Typen:

- **SOA**
  Der »Start of Authority« enthält Informationen zu den technischen Zuständigkeiten für die Zone: `IN` steht für die Klasse (in diesem Fall also »Internet«), es folgen der autoritative Nameserver (hier Domain `localhost.`)[10] und die E-Mail-Adresse des Verantwortlichen für die Zone. Das @-Zeichen der Mailadresse wird durch einen Punkt ersetzt. Die »Serial Number« ist wichtig für das Zusammenspiel von Primary und Secondary Nameservern: Die Secondary Server führen nur dann einen Zonentransfer durch, wenn die vom Primary Server übermittelte Nummer größer ist als die der lokal gehaltenen Zone. Mit einem Trick vermeiden Sie Fehler: Tragen Sie eine zehnstellige Nummer ein, die sich aus dem Jahr, Monat, Tag und der Nummer der Änderung des aktuellen Tages zusammensetzt, zum Beispiel `2006020803` für »dritte Änderung am 8. Februar 2006«. Wenn Sie noch genauer sein wollen, nehmen Sie zusätzlich die Minuten und Stunden mit in die Zahl auf, zum Beispiel `201103301135` (30. März 2011, 11:35 Uhr). Wenn Sie nun an der Zone Änderungen durchführen, passen Sie die Zahl entsprechend an. Es folgt der sogenannte »Refresh«-Wert: Hier ist definiert, wie oft ein Secondary Server einen Primary fragt, ob sich die Serial Number für die Zone geändert hat. Mit dem »Retry«-Wert geben Sie an, wie oft ein Zonentransfer wiederholt wird, wenn er fehlgeschlagen ist. Im Feld »Expire« steht, wie lange ein Secondary seine Informationen als gültig betrachtet, wenn er seinen Primary nicht erreicht. Ganz

10 Beachten Sie, dass hier ein FQDN (Fully Qualified Domain Name) stehen muss; der Punkt am Ende ist daher wichtig!

zum Schluss folgt hier, wie lange eine negative Antwort vom Client gespeichert werden darf. Sämtliche Werte stehen hier in Sekunden (default); wie schon bei der TTL ist es aber möglich, die Zeitangaben in Minuten (`m`), Stunden (`h`), Tagen (`d`) usw. vorzunehmen.

- **NS**
  Hier befindet sich ein Verweis auf die Nameserver, die für diese Zone autoritativ sind; mehrere Einträge sind möglich.
- **A**
  Dieser Resource Record verbindet einen Domainnamen mit einer IP-Adresse.

PTR, CNAME und MX

Es gibt einige weitere Resource Records, die in dieser Beispieldatei nicht auftauchen. Zu den am häufigsten gebrauchten gehören unter anderem der PTR (Pointer Record), der eingesetzt wird, um eine IP-Adresse für den »reverse lookup« mit einem Domainnamen zu verknüpfen, der CNAME (Canonical Name Record), der einen Domainnamen als Alias für einen anderen einträgt, und der MX (Mail Exchanger), der definiert, bei welchen Rechnern E-Mails für diese Domain ankommen sollen.

20.2.2 Beispielkonfigurationen

Um beispielsweise einen Primary Nameserver für eine Domain namens `huhnix.org` zu definieren, der Caching-Funktionalität für alle anderen Domains anbietet und lediglich den lokalen Resolvern erlaubt, rekursive Anfragen zu stellen, machen Sie zunächst im Abschnitt `options` (Datei *named.conf.options*) die folgenden Angaben:

```
options {
  directory "/var/cache/bind";
  auth-nxdomain no;
  allow-transfer {"none";};
  allow-recursion {192.168.2.0/24;};
};
```

Über `allow-transfer` definieren Sie IP-Adressen der Secondary Server, welche die Zoneninformationen abrufen (kopieren) dürfen. Standardmäßig ist dies jedem Rechner erlaubt – sollte das nicht gewünscht sein, schließen Sie über ein solches allgemeines Statement alle aus. Sie können dann für jede Zone einzeln definieren, welche Secondary Server Zutritt haben. Hinter der Anweisung `allow-recursion` steht ein Bereich von IP-Adressen (hier 192.168.2.0 bis 192.168.2.255), denen rekursive Anfragen an den Server gestattet sind.

In der Datei *named.conf.local* ist wie gesagt Platz für selbst angelegte Zonen; für die Domain huhnix.org definieren Sie also zunächst einen neuen Abschnitt:

```
zone "huhnix.org"{
  type master;
  file "/etc/bind/db.huhnix";
  allow-transfer {195.224.53.55;195.224.53.56;};
};
```

Die Zonendatei selbst (*/etc/bind/db.huhnix*) könnte so aussehen:

```
$TTL 4h
@  IN  SOA  huhnix.org. hostmaster.huhnix.org. (
          2006020802     ; Serial
               14400     ; Refresh (4h)
                3600     ; Retry (1h)
              604800     ; Expire (7d)
               14400 )   ; Negative Cache TTL (4h)
;
@     IN     NS     ns1.huhnix.org.
@     IN     NS     ns2.huhnix.org.
@     IN     A      83.145.229.100
ns1   IN     A      195.224.53.55
ns2   IN     A      195.224.53.56
@     IN     MX     10 mail.huhnix.org.
@     IN     MX     15 smtp.huhnix.org.
mail  IN     A      83.142.228.100
smtp  IN     A      83.142.228.101
```

Wie Sie sehen, werden sowohl die beiden Nameserver als auch die beiden Rechner, die für elektronische Post zuständig sind, über einen A-Record identifiziert.

Secondary Server

Als letztes Beispiel soll an dieser Stelle gezeigt werden, wie ein Eintrag für einen Secondary Server aussehen könnte. Dazu definieren Sie in der Datei *named.conf.local* beispielsweise:

```
zone "geekmummy.org"{
  type slave;
  file "/etc/bind/db.geekmummy";
  masters {195.224.83.77;};
};
```

E-Mails empfangen, versenden, weiterleiten und speichern – das alles sind die Aufgaben eines Mailservers. Dieses Kapitel stellt die Einrichtung von Exim4, »fetchmail«, »procmail«, SpamAssassin und ClamAV auf einem Einzelplatzrechner vor.

21 Mailserver und mehr

E-Mail ist nicht nur einer der wichtigsten, sondern auch einer der ältesten Dienste im Internet. Wie bei der realen Postzustellung arbeiten verschiedene Mechanismen zusammen und sorgen dafür, dass Nachrichten vom Sender zum Empfänger gelangen.

21.1 Die Post ist da!

Ein elektronischer Brief besteht aus den folgenden Komponenten:

- **Header**
  Hier befinden sich administrative Daten, die beispielsweise die Adresse des Empfängers und des Absenders definieren. Des Weiteren stehen im Header Informationen, die zur Verarbeitung der E-Mail benötigt werden. Dazu gehören zum Beispiel ein oder mehrere Empfänger, Datum und Uhrzeit, Informationen dazu, wann die Nachricht auf die Reise geschickt wurde, und Ähnliches.
- **Body**
  Der Body einer E-Mail lässt sich mit dem eigentlichen Brief vergleichen. Er enthält die Nachricht sowie optional einen oder mehrere Anhänge (Attachments).

MUA und MTA

Kapitel 12 ab Seite 299 stellt einige Mailclients vor, sogenannte MUAs (Mail User Agents), mit denen Sie elektronische Nachrichten lesen und verfassen. Schicken Sie eine E-Mail auf die Reise, reicht der MUA den Brief an ein anderes Programm weiter, das den Transport übernimmt. Dieser MTA (Mail Transport Agent) sorgt dafür, dass die E-Mail ihren Empfänger erreicht – ob lokal oder auf entfernten Rechnern. Darüber hinaus ist der MTA dafür verantwortlich, nicht zustellbare Briefe mit einer Fehlermeldung an den Absender zurückzuschicken (»bounce«).

Eine auf die Reise geschickte Mail wandert also per SMTP (Simple Mail Transfer Protocol) von Server zu Server, bis sie ihr Ziel erreicht hat. Dabei passiert sie meistens mehrere MTAs auf ihrem Weg zum Bestimmungsort: Viele Mailserver sind so konfiguriert, dass sie die Nachrichten direkt an größere Maschinen, die sogenannten Smarthosts, weiterleiten.

Welcher Mailserver für eine bestimmte Domain zuständig ist, wird über einen Nameserver geregelt (siehe Kapitel 20 ab Seite 609). In den jeweiligen Zonendateien wird über den Eintrag MX (Mail Exchanger) definiert, bei welchen Rechnern Mails für diese Domain ankommen sollen. In der Regel gibt es mehrere solcher MX-Records, zum Beispiel:

```
IN      MX      10 smtp.huhnix.org.
IN      MX      15 smtp2.huhnix.org.
```

Je niedriger die Nummer für den MX-Record ist, desto höher ist die Priorität des Servers: Ist `smtp.huhnix.org` beispielsweise nicht erreichbar oder zu beschäftigt, landet die Post beim »Kollegen« (`smtp2.huhnix.org`).

MDA Um die tatsächliche Auslieferung an die einzelnen Mailboxen der Benutzer kümmert sich der Mail Delivery Agent (MDA). Beim Austauschen von elektronischer Post kommen verschiedene Protokolle zum Einsatz:

- **(E)SMTP**
  Das Simple Mail Transfer Protocol beziehungsweise seine Erweiterung Extended SMTP dient zur Kommunikation der Server untereinander; es wird hauptsächlich zum Einliefern und Weiterleiten von E-Mails verwendet. SMTP lauscht standardmäßig auf Port 25 (siehe Abschnitt 7.1.4, ab Seite 200).
- **POP/POPS**
  Das Post Office Protocol (aktuell ist Version 3) benutzen die Clients, um die Post vom Server abzuholen. Nachrichten können von einem Server heruntergeladen, angezeigt und gegebenenfalls direkt auf dem Server gelöscht werden. POP3 verwendet zur Kommunikation den Port 110; die sichere Variante POP3S (über SSL) verwendet Port 995.
- **IMAP/IMAPS**
  Das Internet Message Access Protocol (aktuell ist Version 4) wird genauso wie POP3 von den Mailclients verwendet, um E-Mail bei den Servern abzuholen. IMAP bietet allerdings bessere Möglichkeiten, um auf E-Mails auf den Servern zuzugreifen, denn die Nachrichten verbleiben standardmäßig dort und können auch in unterschiedlichen Ordnern verwaltet werden. IMAP verwendet die Port-Nummer 143, die verschlüsselte Variante IMAPS nutzt dagegen Port 993.

Die nächsten Abschnitte stellen die Einrichtung und Verwendung des Mailservers Exim vor und geben Tipps für die Zusammenarbeit mit anderen Programmen: `fetchmail` holt Ihre elektronische Post beim Provider ab, der MDA `procmail` sortiert die eingehende Mail, das Programm SpamAssassin filtert lästige Werbung aus, und ClamAV durchsucht Mailanhänge nach Viren und anderen Schädlingen.

21.2 Mailserver Exim

Als Standard-MTA kommt unter Debian GNU/Linux Exim[1] (Paket *exim4*) zum Einsatz. Das Programm wandert in der Regel schon bei der Installation der Distribution mit auf die Platte und wird mit einer Standardkonfiguration ausgestattet, in der die lokale Mailzustellung funktioniert und Systemmail an den bei der Installation eingerichteten Benutzeraccount und nicht an Root ausgeliefert wird.

Wenn Sie, wie in Abschnitt 12.2.4 ab Seite 337 beschrieben, SSMTP als MTA eingerichtet haben und zurück zu Exim wechseln wollen, installieren Sie als Administrator das Paket *exim4*. Das Auflösen von Abhängigkeiten, die Deinstallation von *ssmtp* und vieles mehr übernimmt normalerweise der Paketverwalter: SSMTP

```
zwerg:~ # apt-get install exim4
...
Die folgenden Pakete werden ENTFERNT:
  ssmtp
Die folgenden NEUEN Pakete werden installiert:
  exim4 exim4-base exim4-config exim4-daemon-light
...
```

Auf einem der Testrechner (i386-Architektur) funktionierte die automatische Auflösung von Abhängigkeiten bei diesem Befehl nicht, und SSMTP verschwand einfach nicht von der Platte. Stattdessen war es erforderlich, erst das Paket *ssmtp* zu deinstallieren und danach *exim4* neu einzuspielen. [*]

21.2.1 Konfiguration

Bereits bei der Installation von Debian GNU/Linux »Squeeze« wandert Exim mit einer minimalen Konfiguration auf die Platte. Welche Standardwerte Debconf (siehe Abschnitt 5.9 ab Seite 146) dabei gesetzt hat, verrät der Befehl `debconf-show` auf der Kommandozeile:

1 *http://www.exim.org/*

```
zwerg:~ # debconf-show exim4-config
  exim4/dc_smarthost:
  exim4/dc_relay_domains:
  exim4/dc_relay_nets:
  exim4/mailname: zwerg.netcologne.de
  exim4/dc_localdelivery: mbox format in /var/mail/
  exim4/dc_local_interfaces: 127.0.0.1 ; ::1
  exim4/dc_minimaldns: false
  exim4/dc_other_hostnames: zwerg.netcologne.de
  exim4/dc_eximconfig_configtype: local delivery only; 
not on a network
  exim4/no_config: true
  exim4/hide_mailname:
  exim4/dc_postmaster: squeeze
  exim4/dc_readhost:
  exim4/use_split_config: false
  exim4/exim4-config-title:
```

Um die Debconf-Fragenroutine noch einmal zu durchlaufen, geben Sie als Administrator den folgenden Befehl ein:

```
dpkg-reconfigure exim4-config
```

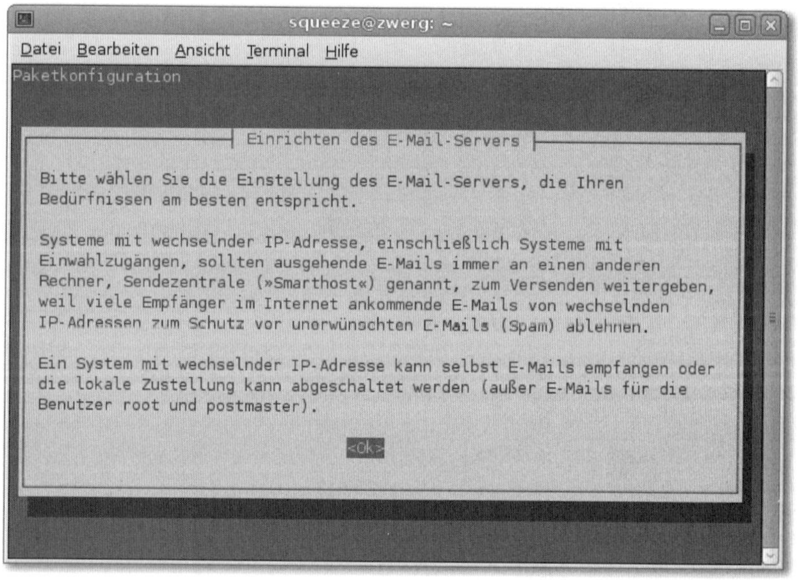

Abbildung 21.1 Starten Sie die Debconf-Einrichtung auf der Shell.

Mailzustellung

Entscheiden Sie zunächst, wie die Mailzustellung und der Empfang ablaufen sollen: Soll die Post ausschließlich auf dem lokalen Rechner ausgeliefert werden, so wählen Sie den Punkt Nur lokale E-Mail-Zustellung; keine Netzwerkverbindung. Sollen alle E-Mails an einen Rechner bei Ihrem Provider zugestellt werden, wählen Sie hingegen Versand über Sendezentrale (Smarthost); keine lokale E-Mail-Zustellung. In diesem Szenario werden allerdings keine Mails mehr an lokale Benutzer (außer `root` und `postmaster`) zugestellt. Handelt es sich um einen Server mit fester IP-Adresse, wählen Sie die erste Option Internet-Server; E-Mail wird direkt über SMTP verschickt und empfangen. Alle Mails werden dann direkt an den Empfänger beziehungsweise dessen Mailserver ausgeliefert. Wechselt die eigene IP hingegen ständig, etwa weil Sie einen Dial-in-Zugang verwenden, wählen Sie hier die Option Versand über Sendezentrale (Smarthost); Empfang mit SMTP oder Fetchmail. Dieses Szenario stellt das Kapitel im Folgenden als Beispiel vor.

Fully Qualified Domain Name

Im nächsten Dialog geben Sie den Namen Ihres Rechners ein, also den Namen, unter dem der Computer von anderen Maschinen im Netz aus erreichbar ist. Hier sollte der Fully Qualified Domain Name (FQDN) stehen (siehe Abschnitt 20.1.2 ab Seite 611).

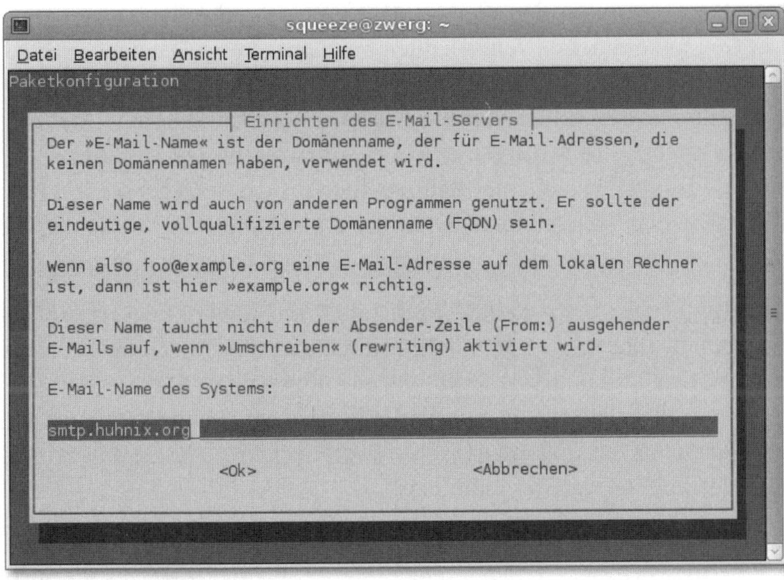

Abbildung 21.2 Tragen Sie den Namen Ihres Rechners ein.

Empfängt der Rechner – wie in diesem Beispiel – Nachrichten nicht direkt per SMTP, sondern über `fetchmail` (siehe Abschnitt 21.3 ab Seite 636), bestätigen Sie die nächsten beiden Dialoge mit der Eingabetaste. Anschließend geben Sie optional weitere Domainnamen ein, für die Ihr Mailserver Nachrichten entgegennehmen soll.

Des Weiteren können Sie nun Rechner angeben, für die ausgehende Mail weitergeleitet werden soll (Relay). Hier sollten Sie genau überlegen, ob Sie weitere Maschinen eintragen, da der eigene Server so eventuell zum offenen Relay für Spammer wird. Als Nächstes tragen Sie den SMTP-Server ein, der als Smarthost verwendet werden soll. Hier kann zum Beispiel der SMTP-Server Ihres Providers stehen (»mail.gmx.net«, wenn Sie einen GMX-Account verwenden). Die Frage, ob die Kopfzeilen in Mails ersetzt werden dürfen, sollten Sie in jedem Fall bejahen, wenn Sie den Versand über eine Sendezentrale (Dial-in-Zugang) gewählt haben. Ansonsten verschicken Sie später vielleicht Nachrichten von `localhost`. Im nächsten Dialog tragen Sie danach den sichtbaren Domainnamen ein, der als Absender im `From`-Header auftaucht.

Außerdem entscheiden Sie, ob DNS-Abfragen minimiert werden sollen. Dies kann dann sinnvoll sein, wenn der Rechner keinen ständigen Zugriff auf Nameserver hat.

Maildir oder MBox?

Legen Sie nun fest, ob Mails im MBox- oder Maildir-Format abgespeichert werden. Im klassischen MBox-Format existiert für jeden Mailfolder eine einzige Datei, in der alle Nachrichten hintereinandergehängt werden. Neu ankommende Mails landen am Ende dieser Dateien. Wählen Sie stattdessen Maildir, landet jede Mail in einer neuen Datei. Letzteres geht natürlich wesentlich schneller, vor allem, wenn Sie große Mengen von Nachrichten verwalten. Das MBox-Format hingegen ist übersichtlicher und intuitiver; soll eine Mailbox kopiert oder verschoben werden, müssen Sie sich lediglich um eine einzige Datei kümmern. Wenige große Dateien verbrauchen außerdem weniger Ressourcen auf der Festplatte.

Die Frage, ob Sie mehrere kleine Konfigurationsdateien statt einer großen bevorzugen, bejahen Sie. Sämtliche Einrichtungsdateien landen im Ordner */etc/exim4* und in dessen Unterverzeichnissen. Diese Dateien bearbeiten Sie als Systemverwalter mit einem Texteditor; deaktivierte Funktionen erkennen Sie am vorangestellten Rautezeichen. Nach Beantwortung dieser letzten Frage startet Exim neu.

[»] Alle in diesem Debconf-Durchlauf getroffenen Entscheidungen werden in der Datei */etc/exim4/update-exim4.conf.conf* abgespeichert, die Sie auch jederzeit mit einem Texteditor bearbeiten und anpassen können. In diesem Fall rufen Sie anschließend das Skript `update-exim4.conf` auf, um die neue Konfiguration einzulesen. Danach starten Sie, wie im nächsten Abschnitt beschrieben, den MTA neu.

Passen Sie als Letztes die Datei */etc/email-addresses* an, damit Benutzer auch Mails nach außen versenden können. Die entsprechenden Einträge in dieser Exim-Konfigurationsdatei wandeln lokale Benutzernamen in eine vom ISP akzeptierte Adresse um, also beispielsweise:

```
huhn: hjurzik@gmx.de
```

SMTP AUTH

Erfordert der SMTP-Server Ihres Providers eine Authentifizierung zum Versenden von Mails, tragen Sie zusätzlich den Benutzernamen und das Passwort in die Datei */etc/exim4/passwd.client* ein. Die entsprechende Zeile sieht beispielsweise so aus:

```
mail.gmx.net:hjurzik@gmx.de:<geheimes_passwort>
```

21.2.2 Start und Stopp

Wie die Ausgabe zeigt, startet der MTA direkt. Exim nimmt darüber hinaus automatisch bei jedem Bootvorgang die Arbeit auf. Verantwortlich ist das Startskript */etc/init.d/exim4*. Um den Mailserver von Hand zu stoppen oder zu starten, rufen Sie als Administrator das entsprechende Skript unter */etc/init.d/* von Hand auf, zum Beispiel:

```
zwerg:~ # /etc/init.d/exim4 start
Starting MTA: exim4.
```

Ersetzen Sie im Aufruf `start` durch `restart`, um den Server neu zu starten, durch `stop`, um ihn anzuhalten, oder durch `reload`, um die Konfiguration neu zu laden. Ob Exim seinen Dienst als Postbote verrichtet, verrät der folgende Befehl auf der Kommandozeile:

```
zwerg:~ # ps ax | grep exim
28921 ?        Ss     0:00 /usr/sbin/exim4 -bd -q30m
```

[+]

Wie Sie im letzten Listing sehen, ist das Auslieferungsintervall für die Mailqueue auf 30 Minuten gesetzt (`-q30m`). Möchten Sie die Zeitspanne verändern, bearbeiten Sie als Root die beiden Dateien */etc/default/exim4* und */etc/init.d/exim4*. Suchen Sie nach der Variable `QUEUEINTERVAL`, und passen Sie den Wert an, zum Beispiel für ein zehnminütiges Intervall:

```
QUEUEINTERVAL='10m'
```

Danach starten Sie den Mailserver neu.

21.2.3 Dokumentation

Zusammen mit dem Mailserver wandert jede Menge Dokumentation ins Verzeichnis */usr/share/doc/exim4*. Die dort liegenden komprimierten Dateien (Endung *.gz*) lesen Sie beispielsweise mit dem Programm `zless`, das

Sie genauso bedienen wie den Pager `less` (siehe Abschnitt 18.4.3 ab Seite 583). Wenn Sie die Anleitung lieber im HTML-Format lesen, installieren Sie zusätzlich das Paket *exim4-doc-html* und öffnen das englische Handbuch anschließend bequem im Browser; die Datei *README.Debian.html* ist die Startseite.

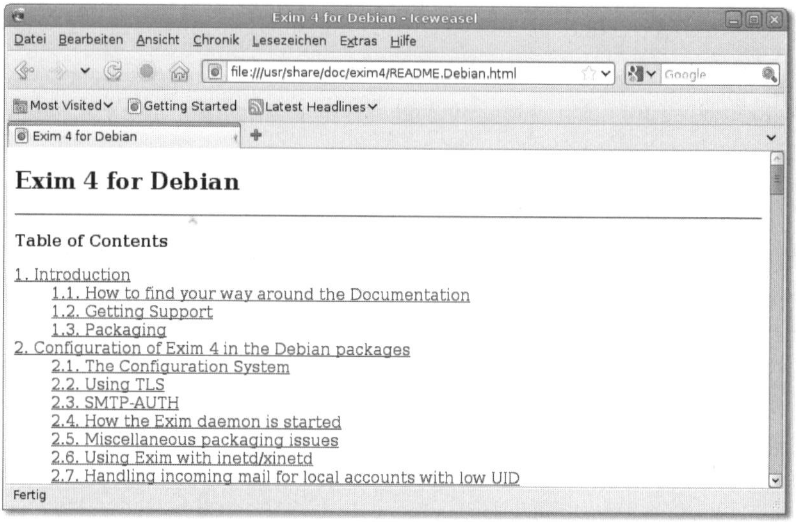

Abbildung 21.3 Die Exim-Dokumentation gibt es auch im HTML-Format.

21.2.4 Logfiles

Exim zeigt sich informativ und zeichnet Protokolle zu allen ein- und ausgehenden Mails auf. Im Verzeichnis */var/log/exim4* liegen verschiedene Logdateien, die Aufschluss über Fehlkonfigurationen, gescheiterte Zustellversuche oder Ähnliches geben. Zugriff auf die Informationen hat nur der Systemverwalter; Sie betrachten die Dateien beispielsweise mit einem Pager wie `less` oder `more` oder mit dem Kommando `tail -f`, das die Anzeige der Logdatei selbstständig aktualisiert, wenn sich diese verändert.

Fehlkonfigurationen

Informationen über Fehlkonfigurationen finden Sie beispielsweise in der Datei */var/log/exim4/paniclog*. In der Regel sind die Auskünfte sehr aufschlussreich; so verrät der folgende Eintrag beispielsweise, dass es ein Problem mit dem TCP-Port für das Simple Mail Transfer Protocol gibt:[2]

2 Auf dem Testrechner wurde dieses Beispiel simuliert, indem die Zugriffsrechte der Datei */etc/services*, in der sämtliche Ports definiert sind, so verändert wurden, dass nicht-privilegierte Benutzer diese nicht mehr lesen dürfen.

```
2011-04-12 17:34:58 1Q9fcI-00084N-5t == heike@huhnix.org
R=smarthost T=remote_smtp_smarthost defer (-1): TCP port
"smtp" is not defined for remote_smtp_smarthost transport
```

»mainlog«

Im *mainlog* erfahren Sie mehr zu den eigentlichen Transaktionen. Im folgenden Listing sehen Sie, dass der Benutzer `squeeze` am 12. April 2011 um 17:38 Uhr erfolgreich eine Mail über den GMX-Mailserver als Smarthost an die Adresse `heike@huhnix.org` verschickt hat. Dabei zeigt der Pfeil <= an, woher die Mail kam, und => verrät, an wen sie zugestellt wurde. Der Austausch der Daten fand lokal statt (`P=local`), und `S` verrät, dass die Nachricht 493 Byte groß ist:

```
2011-04-12 17:38:20 1Q9ffY-000853-EM <= hjurzik@gmx.de
U=squeeze P=local S=493 id=....GA31048@zwerg.huhnix.org
2011-04-12 17:38:30 1Q9ffY-000853-EM => heike@huhnix.org
R=smarthost T=remote_smtp_smarthost H=mail.gmx.net
[213.165.64.20] X=TLS1.0:RSA_AES_256_CBC_SHA1:32 DN="C=DE,
ST=Bayern,L=Munich,O=GMX GmbH,CN=mail.gmx.net"
2011-04-12 17:38:30 1Q9ffY-000853-EM Completed
```

[+]

Exim liefert das Perl-Skript `eximstats` mit, das bei der Analyse der Logfiles hilft. Es präsentiert eine statistische Auswertung des Mailverkehrs als reinen Text oder im HTML-Format. Um beispielsweise das *mainlog* auszuwerten und als HTML-Datei abzuspeichern, tippen Sie:

```
eximstats -html=/var/www/eximstats.html /var/log/exim4/mainlog
```

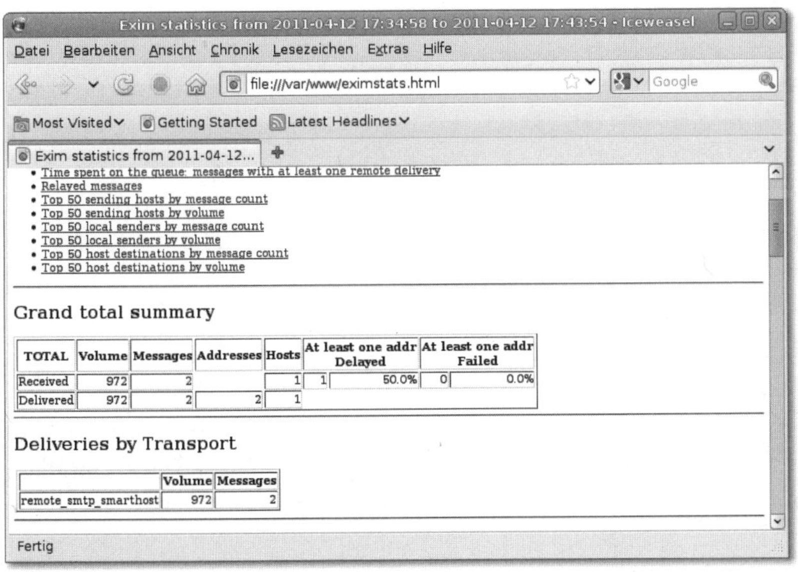

Abbildung 21.4 Das Skript »eximstats« hilft bei der Auswertung der Logfiles.

21.3 Post abholen – »fetchmail«

Das Programm `fetchmail`[3] holt Ihre E-Mails von entfernten Mailservern ab, leitet sie an den lokalen Mailserver weiter oder sortiert die Nachrichten in Postfächer auf dem eigenen Rechner. Der »Postbote« überträgt sie per POP3 oder IMAP und bietet auch Optionen für den sicheren Transfer mit SSL an. Die Anwendung verrichtet auf Wunsch die Arbeit als Daemon im Hintergrund (siehe Abschnitt 17.7 ab Seite 543). Installieren Sie als Administrator das gleichnamige Paket *fetchmail*. Die folgenden Abschnitte zeigen, wie Sie den Postboten für einen einzigen Benutzer oder systemweit für alle User einrichten.

21.3.1 Aufrufparameter

Benutzername und Protokoll

Im einfachsten Fall teilen Sie dem Programm einen einzigen Server als Aufrufparameter mit; weicht der eigene Benutzername von dem Namen auf dem Server ab, geben Sie hinter der Option `-u` den richtigen Loginnamen an. Eventuell ist es darüber hinaus nötig, über `-p` das Protokoll, also zum Beispiel POP3 oder IMAP, zu definieren:

```
squeeze@zwerg:~> fetchmail pop.gmx.net -p POP3 -u ⮐
hjurzik@gmx.de
Geben Sie das Passwort für hjurzik@gmx.de@pop.gmx.net ein:
528 Nachrichten für hjurzik@gmx.de bei pop.gmx.net ⮐
(2549377 Bytes).
Nachricht hjurzik@gmx.de@pop.gmx.net:1 von 528 wird gelesen ⮐
(2399 Bytes) gelöscht
Nachricht hjurzik@gmx.de@pop.gmx.net:2 von 528 wird gelesen ⮐
(1413 Bytes) gelöscht
...
```

Wie Sie sehen, löscht `fetchmail` die abgeholte Post auf dem entfernten Server, wenn Sie über POP3 darauf zugreifen. Ist dies nicht gewünscht, definieren Sie über `-k` (wie »keep« = »behalten«), dass die Mails auf dem Server verbleiben: `fetchmail pop.gmx.net -p POP3 -k -u hjurzik@gmx.de`

Unterstützt die Gegenstelle die Verschlüsselung per SSL, geben Sie dies über `--ssl` an. Bei der Fehlersuche hilft außerdem `-v`; `fetchmail` protokolliert jetzt alle Aktionen detailliert auf der Kommandozeile. Um diese Angaben ins systemweite Logfile */var/log/syslog* einzutragen, geben Sie

3 *http://fetchmail.berlios.de/*

den Parameter `--syslog` an. Alternativ definieren Sie über `-L <logfile>` eine andere Logdatei.

21.3.2 Konfigurationsdatei für einen Benutzer

»~/.fetchmailrc«

Läuft alles nach Wunsch, schreiben Sie sämtliche Angaben in eine Konfigurationsdatei. Für einen einzigen Benutzer liegt diese im jeweiligen Home-Verzeichnis und trägt den Namen *~/.fetchmailrc*. Sie erstellen eine solche Datei am besten mit einem Texteditor.

[+]

Installieren Sie das Paket *fetchmailconf*, wenn Sie ein grafisches Frontend zur Einrichtung bevorzugen. Sie starten das Tool anschließend über Eingabe von `fetchmailconf` in ein Terminal oder Schnellstartfenster `Alt` + `F2`. Über verschiedene Schaltflächen richten Sie den »Postboten« ein oder starten ihn.

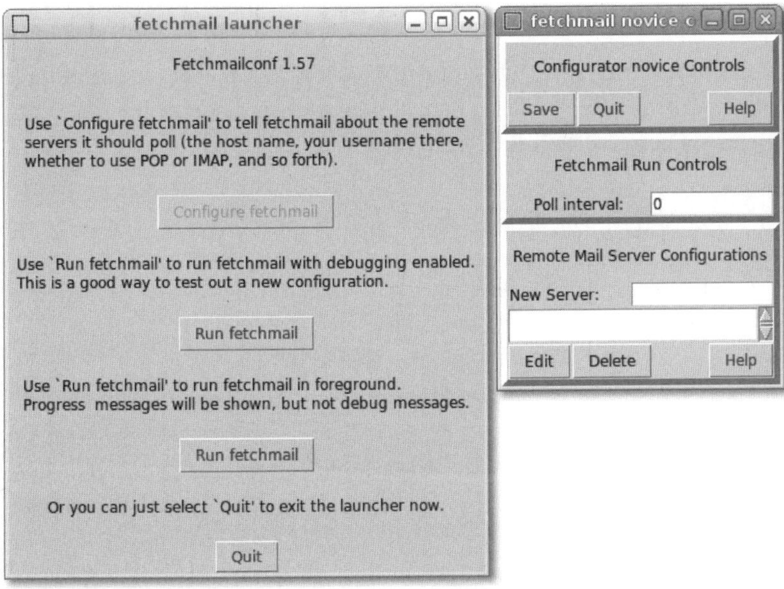

Abbildung 21.5 Mit dem grafischen Frontend »fetchmailconf« richten Sie den Postboten bequem per Mausklick ein.

Die Einträge heißen leider anders als die Kommandozeilenoptionen. Für einen POP3-Server von GMX, bei dem der eigene Login (im Beispiel ist das `huhn`) vom Benutzernamen des Servers abweicht, steht hier beispielsweise:

```
poll pop.gmx.net with protocol pop3
  user 'hjurzik@gmx.de' there is huhn here
```

Optional geben Sie in dieser Datei das Passwort für den Mailzugang ein; in diesem Fall erweitern Sie die Zeile nach `user`:

```
user 'hjurzik@gmx.de' there with password 'XXXXXXXX' is ➘
huhn here
```

Sichern Sie die Datei vor neugierigen Blicken, indem Sie die Zugriffsrechte anpassen (siehe Abschnitt 17.3 ab Seite 507):

```
chmod 600 ~/.fetchmailrc
```

Unterstützt die Gegenseite die Verschlüsselung per SSL, hängen Sie an die zweite Zeile `options ssl` an. Hinter dem Schlüsselwort `options` ist auch der richtige Platz für die Option `keep`, falls Sie eine Kopie der Nachrichten auf dem Server belassen wollen:

```
... is 'huhn' here options keep ssl
```

Mails abholen Rufen Sie nun `fetchmail` zusammen mit dem Parameter `-a` auf, um alle Mails vom angegebenen Server abzuholen und an den eigenen MDA auszuliefern. Dieser verteilt die Nachrichten intern an das richtige Postfach:

```
huhn@huhnix:~> fetchmail -a
118 Nachrichten für hjurzik@gmx.de bei pop.gmx.net (1453729 ➘
Bytes).
Nachricht hjurzik@gmx.de@pop.gmx.net:1 von 118 wird gelesen ➘
(22418 Bytes) gelöscht
Nachricht hjurzik@gmx.de@pop.gmx.net:2 von 118 wird gelesen ➘
(2048 Bytes) gelöscht
...
```

Ähnlich sehen die Einträge für einen IMAP-Server aus. Auch hier definieren Sie über den Zusatz `ssl`, dass die Post verschlüsselt übertragen werden soll:

```
poll mail.server.de with protocol IMAP
  user jurzik there with password 'XXXXXXXX' is huhn ➘
here options keep ssl
```

Es ist problemlos möglich, mehrere Accounts auf diese Weise zu verwalten: Schreiben Sie dazu einfach die einzelnen Servernamen in der Datei *~/.fetchmailrc* untereinander. Wenn Sie nun mit `fetchmail -a` Post abholen, sehen Sie genau, von welchen Accounts wie viele Mails auf den eigenen Rechner wandern:

```
huhn@huhnix:~> fetchmail -a
118 Nachrichten für hjurzik@gmx.de bei pop.gmx.net (1453729 ⮐
Bytes).
...
705 Nachrichten für jurzik bei mail.server.de.
Nachricht jurzik@mail.server.de:1 von 705 wird gelesen (1735⮐
 Bytes im Nachrichtenkopf). (3635 Bytes im Nachrichtenkörper⮐
) nicht gelöscht
...
```

[+] Wenn Sie ein Filterprogramm wie beispielsweise den MDA `procmail` (siehe Abschnitt 21.4 ab Seite 641) zwischenschalten, sollten Sie dieses Programm auf jeden Fall mit `fetchmail` bekannt machen. Dazu tragen Sie in die Datei *~/.fetchmailrc* die folgende Zeile ein:

```
mda "/usr/bin/procmail -d <user>"
```

21.3.3 Systemweite Konfiguration

»/etc/fetchmailrc«

Soll `fetchmail` sämtliche Benutzer des Systems mit Post versorgen, ist dies ebenso schnell eingerichtet. Die systemweite Konfigurationsdatei heißt */etc/fetchmailrc*. Diese erstellen Sie mit einem Texteditor. Tragen Sie dort die entsprechenden Mailkonten ein – genau wie in der lokalen Datei für die einzelnen Benutzer, zum Beispiel:

```
poll pop.gmx.net with protocol pop3
  user 'hjurzik@gmx.de' there with password 'XXXXXXXX' is ⮐
huhn here options keep
poll mail.server.de with protocol IMAP
  user jurzik there with password 'XXXXXXXX' is lenny ⮐
here options keep ssl
```

Auch in diesem Fall passen Sie anschließend die Zugriffsrechte an:

```
chmod 600 /etc/fetchmailrc
```

21.3.4 »fetchmail« als Daemon

Fetchmail kann im Hintergrund als Daemon automatisch für das Abholen der Post sorgen. Als normaler Benutzer übergeben Sie dazu die Option `-d` beim Start und teilen `fetchmail` außerdem mit, in welchem Intervall es nach Post schauen soll, zum Beispiel über `fetchmail -d 180` (alle drei Minuten). Damit das funktioniert, muss einerseits eine Konfigurationsdatei vorhanden sein, und andererseits müssen deren Zugriffsrechte wie beschrieben passen. Andernfalls bricht das Tool mit einer entsprechenden Fehlermeldung ab. Um den Prozess wieder zu beenden, reicht der Aufruf von:

```
huhn@huhnix:~> fetchmail -q
fetchmail: Hintergrund-fetchmail mit Kennung 32060 ↩
abgeschossen.
```

Bootskript

Darüber hinaus ist es möglich, `fetchmail` schon beim Booten des Rechners zu starten; unter Debian GNU/Linux »Squeeze« steht dazu das Skript */etc/init.d/fetchmail* zur Verfügung. Damit dieses korrekt arbeitet, passen Sie zunächst die Einrichtungsdatei */etc/default/fetchmail* an, und ersetzen Sie das `no` hinter `START_DAEMON` durch `yes`. Anschließend starten Sie den `fetchmail`-Daemon über den Befehl:

```
huhnix:~ # /etc/init.d/fetchmail start
Starting mail retrieval agent: fetchmail.
```

Eine systemweite Einrichtungsdatei */etc/fetchmailrc* muss existieren, ansonsten weigert sich der Daemon, die Arbeit aufzunehmen. Beim nächsten Booten müssen Sie sich nicht mehr um den Start kümmern – `fetchmail` nimmt nun automatisch den Dienst beim Systemstart auf. Weitere mögliche Optionen für das Skript in */etc/init.d* sind `stop` (hält den Daemon an), `force-reload` oder `restart` (lädt die Konfiguration neu ein und startet den Server neu), `awaken` (»weckt« den Daemon auf) und `debug-run` (startet den `fetchmail`-Daemon im Debugging-Modus, sodass sämtliche Ausgaben auf der Standardausgabe landen).

In der Voreinstellung ist der Daemon im Skript */etc/init.d/fetchmail* so eingerichtet, dass er alle 300 Sekunden nach neuer Post schaut; um diesen Wert zu verändern, passen Sie die systemweite Konfigurationsdatei */etc/fetchmailrc* an. Soll `fetchmail` beispielsweise alle drei Minuten Nachrichten abholen, tragen Sie Folgendes ein:

```
set daemon 180
```

Vergessen Sie danach nicht, die veränderte Konfiguration über das Kommando `/etc/init.d/fetchmail restart` neu einzulesen.

21.3.5 Logfiles

Auch `fetchmail` führt Protokoll: Informationen über Arbeits- und Ruhephasen des Daemons finden Sie zum Beispiel in der Datei */var/log/mail.info*:

```
Apr 14 10:44:26 zwerg fetchmail[32735]: fetchmail 6.3.18 ↩
Dämon wird gestartet
Apr 14 10:44:27 zwerg fetchmail[340]: 525 Nachrichten für ↩
hjurzik@gmx.de bei pop.gmx.net (2522266 Bytes).
Apr 14 10:44:27 zwerg fetchmail[340]: Nachricht ↩
hjurzik@gmx.de@pop.gmx.net:1 von 525 wird gelesen (2399 ↩
Bytes) gelöscht
```

Darüber hinaus verrät die Datei */var/log/mail.warn*, wann und was etwas fehlgeschlagen ist:

```
Apr 14 10:43:15 zwerg fetchmail[32735]: Authentifikations↩
fehlschlag bei hjurzik@gmx.de@pop.gmx.net
```

[+] Über einen Eintrag in */etc/fetchmailrc* oder den Kommandozeilenparameter `-L <logfile>` teilen Sie `fetchmail` mit, dass es eine andere Logdatei verwenden soll. Um die Arbeitsberichte standardmäßig in */var/log/fetchmail* abzulegen, schreiben Sie in die Konfigurationsdatei die beiden folgenden Zeilen:

```
set logfile /var/log/fetchmail.log
set no syslog
```

Anschließend erstellen Sie das Logfile als Administrator und »verschenken« es an den Benutzer `fetchmail` (unter dessen Benutzer-ID der systemweite Daemon läuft):

```
touch /var/log/fetchmail.log
chown fetchmail /var/log/fetchmail.log
```

21.4 Gut gefiltert – »procmail«

MDA

Der Mail Delivery Agent (MDA) `procmail`[4] sortiert eingehende Mails nach von Ihnen festgelegten Regeln. Diese sehen auf den ersten Blick recht kryptisch aus, erweisen sich aber mit ein bisschen Hintergrundwissen als äußerst flexibel. Installieren Sie, falls noch nicht vorhanden, das Paket *procmail*. Zusammen mit dem Programm selbst wandern eine ausführliche Dokumentation und diverse Beispieldateien auf die Platte. Ein Blick ins Verzeichnis */usr/share/doc/procmail/* lohnt sich. Für den schnellen Einstieg empfiehlt sich die Datei *QuickStart*, und im Verzeichnis *examples* finden Sie zahlreiche Vorlagen für Konfigurationsdateien.

4 *http://www.procmail.org/*

21.4.1 Das richtige Rezept

Für `procmail` definieren Sie entweder systemweit oder (auf einem Einzelplatzrechner) im eigenen Home-Verzeichnis Filterregeln – die sogenannten Recipes (englisch für »Rezepte«). Über diese teilen Sie `procmail` mit, nach welchen Zeichenketten der MDA in den E-Mails suchen soll und was mit den Nachrichten passiert, wenn ein solches Muster erkannt wurde. Die systemweite Konfiguration schreiben Sie in die Datei */etc/procmailrc*; als persönliche Einrichtungsdatei erstellen Sie *~/.procmailrc*. Ein einfaches Rezept könnte beispielsweise so aussehen:

```
:0
* ^From:.*@huhnix.org
huhnix
```

Bedingungen

Am Anfang jedes Rezepts steht immer ein Doppelpunkt, gefolgt von einer Null und weiteren optionalen Zeichen (siehe Abschnitt 21.4.3 ab Seite 643). In der zweiten Zeile steht die sogenannte Bedingung (Condition), eingeleitet durch ein Sternchen. Alle Mails, die im `From`-Header den Absender `@huhnix.org` haben, werden in den Mailfolder *huhnix* eingeordnet. Es landen also sowohl Nachrichten von `petronell@huhnix.org` als auch von `petrosilie@huhnix.org` in diesem Ordner.

Reihenfolge der Rezepte

Alle Rezepte werden von oben nach unten abgearbeitet: Trifft eine Bedingung zu, führt `procmail` die definierte Aktion aus. Andernfalls versucht der MDA, das nächste Rezept anzuwenden. Trifft keine Bedindung zu, landet die Mail in der Standardmailbox. Diese wird über die Variable `DEFAULT` definiert. Der nächste Abschnitt erläutert die möglichen Variablen genauer.

21.4.2 Variablen

Ganz am Anfang der Einrichtungsdatei stehen Variablen, die `procmail` verraten, wo bestimmte Pfade, Verzeichnisse und Dateien liegen:

```
MAILDIR=$HOME/Mail
DEFAULT=$MAILDIR/inbox
LOGFILE=$HOME/.procmail.log
VERBOSE=yes
```

Zunächst teilen Sie `procmail` mit dem Eintrag `MAILDIR` mit, wo die Nachrichten liegen. Außerdem geben Sie hinter `DEFAULT` den Mailordner für Mails an, auf die kein Rezept passt. Soll `procmail` Bericht erstatten, geben Sie hinter `LOGFILE` den Namen des Protokolls an (hier kann alternativ ein systemweites Logfile, zum Beispiel */var/log/procmail.log*, definiert werden). Die Option `VERBOSE=yes` sorgt dafür, dass das Logfile sehr ausführlich ausfällt. Eine vollständige Übersicht aller hier möglichen Variablen finden Sie in der Manpage zu `procmailrc`.

21.4.3 Flags

Wie schon erwähnt, können Sie über sogenannte Flags hinter der Einleitung (`:0`) die Rezepte verfeinern. Um beispielsweise den Body der Mail nach bestimmten Begriffen zu durchsuchen, setzen Sie das Flag `B`:

```
:0 B
* ^.*(sex|drugs|money)
Spam
```

Wird eines der Wörter »sex«, »drugs« oder »money« im Mailtext gefunden, wandert die Nachricht direkt in den Ordner *Spam*.

Weitere Flags sorgen dafür, dass nur der Header durchsucht wird (`H`), dass zwischen Groß- und Kleinschreibung unterschieden wird (`D`), dass das Rezept nur angewandt wird, wenn das vorherige auch angewandt wurde (`A`), oder dass die Regel nur zum Einsatz kommt, wenn die vorherige Regel nicht angewandt wurde (`E`). Die Manpage zu `procmailrc` gibt Aufschluss über sämtliche Schalter.

21.4.4 Fortgeschrittene Rezepte

»procmail« und SpamAssassin

Über die Flags ist `procmail` in der Lage, eine Mail an ein externes Programm weiterzuleiten. So können Sie beispielsweise als erstes Rezept eine Regel einrichten, die alle eintreffenden Nachrichten automatisch an SpamAssassin (siehe Abschnitt 21.5 ab Seite 645) weiterreicht. Dazu tragen Sie als erstes Rezept die folgenden zwei Abschnitte in die `procmail`-Konfigurationsdatei ein:

```
:0 fhw
| spamc

:0:
* ^X-Spam-Status: Yes
caughtspam
```

Die Flags `fhw` bedeuten im Klartext: Übergib den Header der Mail (`h`) an einen Filter (`f`), und warte (`w`) die erfolgreiche Beendigung des Filterprogramms (`spamc`) ab. Von SpamAssassin als Werbung identifizierte Nachrichten werden mit `X-Spam-Status: Yes` ausgezeichnet; auf diese Zeichenkette trifft die zweite Regel zu, die alles mit diesem Muster in den Ordner *caughtspam* verschiebt.

Reguläre Ausdrücke

Mithilfe sogenannter regulärer Ausdrücke (siehe Abschnitt 18.4.4 ab Seite 584) können Sie noch feinere Filterregeln definieren. So bedeutet ^, dass die nachfolgende Zeichenkette am Zeilenanfang steht. Der Punkt steht für ein beliebiges Zeichen, das Zeichen vor dem Sternchen darf beliebig oft oder gar nicht auftreten usw. Mit dem Ausrufezeichen in der Bedingung kehren Sie die Regel ins Gegenteil um. So bedeutet

```
:0
* ^From:.*@huhnix.org
* !^Subject:.*test
huhnix
```

dass alle Mails, die im `From`-Header den Absender `@huhnix.org` haben, in den Mailfolder *huhnix* eingeordnet werden – mit Ausnahme der Nachrichten, die das Wort »test« im Subject haben.

[»] Steht das Ausrufezeichen außerhalb der Bedingung, bedeutet es keine Umkehrung, sondern steht für die Weiterleitung von E-Mails. So sorgt ein Eintrag `! heike@huhnix.net` beispielsweise dafür, dass alle Nachrichten, auf welche die vorher gestellten Bedingungen zutreffen, an den Empfänger `heike@huhnix.net` geschickt werden.

21.4.5 Logfile

Wenn Sie in der Einrichtungsdatei ein Logfile definiert haben, können Sie schnell überprüfen, ob `procmail` seine Arbeit verrichtet. Für alle Rezepte, die nicht auf Mails zutreffen, erhalten Sie beispielsweise eine Meldung wie die Folgende:

```
procmail: No match on "^Subject:.*Auto-discard notification"
```

Findet der MDA hingegen etwas zum Sortieren, erhalten Sie Meldungen wie:

```
procmail: [7622] Tue Jan 18 06:56:05 2011
procmail: Match on "^Subject:.*(sex|drugs|money)"
procmail: Assigning "LASTFOLDER=Spam"
procmail: Opening "Spam"
procmail: Notified comsat: "petronella@0:/home/huhn/Mail/➘
Spam"
From spammer@bla.de Tue Jan 18 06:55:59 2011
 Subject: Wir haben den besten sex!
  Folder: Spam
```

Die Protokolldatei verrät nicht nur, welche Zeichenkette zutrifft, sondern auch, in welchen Folder des Benutzers die Nachricht verschoben wird, woher die Mail stammt und welches Subject sie hat.

21.5 Gegen die Werbung – SpamAssassin

Punktesystem

Mit SpamAssassin[5] sortieren Sie E-Mails mit unerwünschter Werbung (Spam) aus. Das Perl-Programm verteilt nach bestimmten Regeln Punkte und bewertet damit die Spam-Wahrscheinlichkeit von Nachrichten. Negativpunkte verteilt der Spam-Killer beispielsweise, wenn der Absender nur Zahlen enthält, die Mail über ein bekanntes offenes Relay verschickt wurde oder wenn die Nachricht nur HTML enthält. Wird eine (individuell konfigurierbare) Höchstgrenze überschritten, klassifiziert SpamAssassin die E-Mail als Spam und markiert sie als solche. Was weiter mit einer solchen Nachricht passiert, entscheiden Sie. So konfigurieren Sie z. B. `procmail` (wie in Abschnitt 21.4.4 ab Seite 643 gezeigt) so, dass Werbung in einen eigenen Folder verschoben wird.

Installieren Sie das Paket *spamassassin*; zusätzlich benötigte Programme, wie der Client `spamc` und diverse Perl-Bibliotheken, wandern automatisch mit auf die Platte. Der Werbefilter ist als Daemon implementiert und kann beim Booten des Rechners automatisch die Arbeit aufnehmen. Damit dies funktioniert, bearbeiten Sie die Datei */etc/default/spamassassin* und schalten den Daemon frei:

```
ENABLED=1
```

Anschließend können Sie den Daemon »zum Leben erwecken«:

```
zwerg:~ # /etc/init.d/spamassassin start
Starting SpamAssassin Mail Filter Daemon: spamd.
```

Beim nächsten Rechnerstart nimmt `spamd` selbstständig seinen Dienst auf. Darüber hinaus versteht das Skript in */etc/init.d/* die Optionen `stop`, `restart`, `reload`, `force-reload` und `status`.

21.5.1 Konfiguration

SpamAssassin können Sie entweder durch eine systemweite oder persönliche Konfigurationsdatei einrichten. Die systemweite Datei liegt unter */etc/spamassassin/local.cf* und regelt das Standardverhalten, sofern ein Be-

5 *http://spamassassin.apache.org/*

nutzer sie nicht im eigenen Home-Verzeichnis mit der Einrichtungsdatei *~/.spamassassin/user_prefs* überschreibt.

Für die systemweiten Einstellungen nehmen Sie beispielsweise die Dateien im Verzeichnis */usr/share/spamassassin* zur Hilfe. In den verschiedenen *.cf*-Dateien finden Sie viele Konfigurationsoptionen, die Sie übernehmen können, zum Beispiel:

```
# Welcher Punktestand weist auf Spam hin?
required_score 5

# Spam-Berichte in die Mail einfügen:
report_safe 1

# SpamAssassin lernt selbstständig dazu:
bayes_auto_learn 1
```

Nach der Einrichtung starten Sie den SpamAssassin-Daemon neu:

```
/etc/init.d/spamassassin restart
```

Zu einer persönlichen Konfiguration gelangen Sie am schnellsten, wenn Sie das Verzeichnis *~/.spamassassin* von Hand anlegen und die Vorlage aus */usr/share/spamassassin* dorthin kopieren und anpassen:

```
mkdir ~/.spamassassin
cp /usr/share/spamassassin/user_prefs.template ↩
~/.spamassassin/user_prefs
```

Whitelist

Passen Sie die Datei anschließend mit einem Texteditor an. Auskommentierte Zeilen aktivieren Sie, indem Sie das Rautezeichen am Zeilenanfang entfernen. Die zwei wichtigsten Einstellungsmöglichkeiten betreffen die erforderlichen Punkte, bis SpamAssassin etwas als Werbung erkennt, und die sogenannte Whitelist, in der Sie gezielt Mailadressen freischalten. Bei Letzterer dürfen auch Wildcards eingesetzt werden:

```
required_score 3.0
whitelist_from  petrosilie@huhnix.org
whitelist_from  *@asteroid.de
```

21.5.2 Man lernt nie aus!

Das SpamAssassin-Paket bringt das Skript `sa-learn` mit, mit dem Sie den Werbefilter »trainieren«. Mithilfe dieses Programms bringen Sie dem Spam-Killer bei, welche Mails Sie als Spam klassifizieren und welche nicht. Anschließend nutzt SpamAssassin das neu erworbene Wissen und sortiert noch zuverlässiger aus. Um eine solche »Nachhilfestunde« zu starten, speichern Sie eine falsch einsortierte Nachricht ab und lassen dann das Skript auf diese los. Um SpamAssassin beizubringen, dass es sich bei der als *mail-spam* abgelegten Nachricht um Spam handelt, tippen Sie beispielsweise:

```
sa-learn --spam --file mail-spam
```

Ersetzen Sie `--spam` im Aufruf durch `--ham`, um SpamAssassin beizubringen, dass eine falsch einsortierte Mail kein lästiger Spam ist. In beiden Fällen zeigt sich der Werbefilter als gelehriger Schüler und meldet nach der Abarbeitung des Skripts:

```
Learned from 1 message(s) (1 message(s) examined).
```

Wenn Sie sich vertippt und eine Mail mit `sa-learn` fälschlicherweise als Werbung oder andersherum einsortiert haben, setzen Sie den Parameter `--forget` ein. Geben Sie außerdem mit `--file` wieder eine Mail an, die Sie falsch klassifiziert haben, und SpamAssassin vergisst das Gelernte. [+]

21.6 Virenscanner ClamAV

Schädlingen, wie Viren und Würmern und Phishing-E-Mails, rücken Sie mit einem Virenscanner wie ClamAV[6] zu Leibe. Das Programm arbeitet mit Mailservern wie Exim zusammen und filtert Mailanhänge. Clam AntiVirus bringt einen Server, einen Scanner für die Kommandozeile und ein Tool zum automatischen Aktualisieren via Internet mit.

21.6.1 Installation

Installieren Sie das Paket *clamav-daemon*; der Paketmanager löst Abhängigkeiten automatisch auf und spielt zusätzlich benötigte Software ein. Am besten greifen Sie zur Version aus dem Repository Squeeze-Updates, in dem sich Minorreleases von Paketen befinden, welche die Entwickler häufig aktualisieren (siehe Abschnitt 5.1.2 ab Seite 117).

»freshclam« einrichten

Anschließend konfigurieren Sie die Aktualisierungsmethode der Virusdatenbank für das Tool `freshclam`. Erscheint der Konfigurationsdialog nicht, starten Sie die Einrichtung von Hand über den Befehl `dpkg-reconfigure clamav-freshclam`. Hier stehen vier Möglichkeiten zur Wahl:

6 *http://www.clamav.net/*

- **daemon**
  Wenn Sie ständig mit dem Internet verbunden sind, wählen Sie diese Option.
- **ifup.d**
  Entscheiden Sie sich für diese Variante, wenn Sie einen Dial-in-Zugang über Modem, ISDN oder DSL verwenden. Das Programm sucht dann immer nur nach Updates, wenn Sie online sind.
- **cron**
  Eine Alternative ist, `freshclam` regelmäßig über einen Cronjob (siehe Abschnitt 17.9.2, auf Seite 554) zu starten. Auf diese Weise legen Sie selbst fest, wann die Datenbank aktualisiert wird.
- **manuell**
  Wenn Sie `freshclam` immer von Hand starten wollen, wählen Sie diese Option.

Mirror wählen

Im Anschluss entscheiden Sie sich für einen Server in Ihrer Nähe. Blättern Sie mit den Pfeiltasten nach unten bis zum Eintrag DB.DE.CLAMAV.NET (GERMANY). Wenn Sie einen Proxyserver verwenden, tragen Sie diesen im nächsten Dialog ein; alternativ lassen Sie das Feld leer. Die vorgeschlagene Anzahl für Aktualisierungen können Sie übernehmen, und die Frage, ob nach einer Datenbank-Aktualisierung der ClamAV-Daemon benachrichtigt werden soll, beantworten Sie mit JA.

21.6.2 Einrichtung der Komponenten

Die Konfigurationsdateien finden Sie im Verzeichnis */etc/clamav*. In der Datei *freshclam.conf* finden Sie die zuvor per Debconf vorgenommenen Einstellungen zum Programm `freshclam`, das die Virusdatenbank auf dem neuesten Stand hält. Die Konfiguration des ClamAV-Servers selbst ist in *clamd.conf* zu finden. In der Regel müssen Sie hier nichts verändern; die Voreinstellungen sind sinnvoll gewählt. Wenn Sie doch etwas an eigene Bedürfnisse anpassen, vergessen Sie nicht, den Daemon neu zu starten. Gleiches gilt für das `freshclam`-Tool, wenn Sie es als Daemon betreiben. Nach jeder Änderung der Konfiguration sollten Sie den Server neu starten:

```
/etc/init.d/clamav-daemon restart
/etc/init.d/clamav-freshclam restart
```

21.6.3 Exim anpassen

»exim4-daemon-heavy«

Sofern Sie mit der Standardinstallation arbeiten, kommt als Server der *exim4-daemon-light* zum Einsatz. Zur Zusammenarbeit mit ClamAV rüsten Sie nach und installieren das Paket *exim4-daemon-heavy*; die »Light-Version« des Daemons wird dabei automatisch entfernt.

```
Die folgenden Pakete werden ENTFERNT:
  exim4-daemon-light
Die folgenden NEUEN Pakete werden installiert:
  exim4-daemon-heavy
```

Anschließend bearbeiten Sie mit einem Editor die Konfigurationsdatei */etc/exim4/conf.d/main/01_exim4-config_listmacrosdefs*. Fügen Sie die folgenden Zeilen hinzu:

```
# ClamAV als Virenscanner:
av_scanner = clamd:/var/run/clamav/clamd.ctl
```

Bearbeiten Sie auch */etc/exim4/conf.d/acl/40_exim4-config_check_data*, und tragen Sie vor der Zeile `# accept otherwise` die folgende Konfigurationsanweisung ein:

```
# Reject messages that have serious MIME errors.
   # This calls the demime condition again, but it
   # will return cached results.
   deny message = Serious MIME defect detected ➘
($demime_reason)
   demime = *
   condition = ${if >{$demime_errorlevel}{2}{1}{0}}

  # Reject file extensions used by worms.
  # Note that the extension list may be incomplete.
   deny message = This domain has a policy of not accepting ➘
certain types of attachments in mail as they may contain a ➘
virus.  This mail has a file with a .$found_extension ➘
attachment and is not accepted.  If you have a legitimate ➘
need to send this particular attachment, send it in a ➘
compressed archive, and it will then be forwarded to the ➘
recipient.
   demime = exe:com:vbs:bat:pif:scr

   # Reject messages containing malware.
   deny message = This message contains a virus ➘
($malware_name) and has been rejected.
   malware = *
```

Starten Sie den Mailserver danach neu.

[+] Für einen Testlauf können Sie sich selbst von einem anderen Account aus eine Mail mit dem EICAR Standard Anti-Virus Test schicken.[7] Dabei handelt es sich nicht um einen echten Virus, sondern um ein vom European Institute for Computer Antivirus Research (EICAR) entwickeltes Testmuster. Die Datei ist gutartig und richtet keinerlei Schaden an, sollte jedoch vom Virenscanner als Virus erkannt und angezeigt werden.

21.6.4 ClamAV in Aktion

Exim-Logfile

Der ClamAV-Daemon wartet nun auf Arbeit – treffen Nachrichten ein, scannt ClamAV diese und verwirft Mails, die bestimmte Anhänge enthalten. Auskunft über die Vorgänge gibt das Exim-Logfile:

```
2011-04-12 17:34:58 1Q9fcI-00084N-5t H=localhost [127.0.0.1]↩
 U=huhnix F=<boese@schlecht.org> rejected after DATA: This ↩
domain has a policy of not...
```

Alternativ durchsuchen Sie mit dem Tool `clamscan` (das zusammen mit den anderen ClamAV-Programmen installiert wird) Dateien und Verzeichnisse nach Viren. Sie starten die Anwendung auf der Kommandozeile; nach getaner Arbeit schreibt `clamscan` das Ergebnis ins Terminal:

```
squeeze@zwerg:~> clamscan /var/mail/squeeze
/var/mail/squeeze: Trojan.Downloader.Small-2148 FOUND

----------- SCAN SUMMARY -----------
Known viruses: 943574
Engine version: 0.97
Scanned directories: 0
Scanned files: 1
Infected files: 1
Data scanned: 0.26 MB
Data read: 0.23 MB (ratio 1.14:1)
Time: 16.933 sec (0 m 16 s)
```

[»] Alle hier gezeigten Möglichkeiten zum Filtern von Spam und Viren fasst MailScanner[8] zusammen. MailScanner arbeitet als Filter zwischen der Eingangs- und Ausgangsqueue des Mailservers, verwendet SpamAssassin sowie viele verschiedene Virenscanner und bietet zusätzlich praktische Features an, zum Beispiel das Blockieren bestimmter Attachments.

7 *http://eicar.org/anti_virus_test_file.htm*
8 *http://www.mailscanner.info/*

In diesem Kapitel geht es um den Webserver Apache, die Einrichtung von Webseiten und um verschiedene Apache-Module. Des Weiteren erfahren Sie, wie Sie den Zugriff auf Webseiten kontrollieren und die verschlüsselte Datenübertragung mit SSL einrichten.

22 Webserver aufsetzen

Vom Webserver zum Browser

Webseiten und andere Daten aus dem WWW (World Wide Web) wandern in der Regel per HTTP (Hypertext Transfer Protocol, meistens Port 80) oder per HTTPS (HTTP Secure, Port 443, für verschlüsselte HTTP-Verbindungen) durchs Netz (siehe Abschnitt 7.1.4 ab Seite 200). Ruft ein Benutzer mit einem Client, also etwa einem Webbrowser, eine Seite auf, kontaktiert die Anwendung den verantwortlichen Webserver (»Request«) und erhält daraufhin eine entsprechende Antwort (»Response«).

Die Webserver-Software regelt dabei, wo die Daten liegen, wie diese übertragen werden und wer Zugriff auf das Angebot hat. Neben statischen Elementen wie HTML-Seiten, Stylesheets oder Bildern werden Webinhalte auch immer häufiger dynamisch generiert. Dabei greift der Webserver auf externe Programme (zum Beispiel PHP-, Perl- oder JSP-Skripte) zurück. Diese Programme sind nicht Bestandteil des Servers, sondern werden entweder als Module oder als eigenständige CGI-Prozesse aufgerufen.

Ein Modul ist ein Programmfragment, das je nach Bedarf nachgeladen und in ein laufendes Programm eingebunden wird; CGI (Common Gateway Interface) ist eine Schnittstelle für die Interaktion zwischen Webserver und externen Programmen. **[«]**

22.1 Der Apache Webserver

Die am weitesten verbreitete Serversoftware ist der von der Apache Software Foundation[1] entwickelte Open-Source-Webserver Apache. Der Name verrät etwas über die Herkunft der Software: Apache ist aus vielen kleinen Patches (also Verbesserungen und Bugfixes) für den HTTP-Server

1 *http://www.apache.org/*

des NCSAs (National Center for Supercomputing Applications) entstanden – »a patchy server« bedeutet so viel wie »ein zusammengeflickter Server«, aber Apache ist mehr als nur Flickwerk.

Apache gibt es für viele Betriebssysteme, zum Beispiel für Mac OS X, Windows, OS/2 und viele Unix-Varianten. Die nächsten Abschnitte zeigen, wie Sie Version 2.2.16 des Webservers installieren und einrichten. Neben der Konfiguration einzelner Webseiten geht es dabei auch um verschlüsselte Datenübertragung mit SSL, das Erstellen von Zertifikaten und die Zugriffskontrolle über IP-Adressen beziehungsweise Benutzernamen und Kennwörter.

22.1.1 Installation, Start und Stopp

»apache2«

Installieren Sie das Paket *apache2*; eventuelle Abhängigkeiten werden aufgelöst und fehlende Pakete automatisch eingespielt. Der neue Webserver geht direkt an den Start, wie die Meldung

```
Starting web server: apache2.
```

verrät. Ein Blick auf die Seite *http://localhost/* bestätigt dies: Wenn Sie die Apache-Testseite sehen, war die Installation erfolgreich.

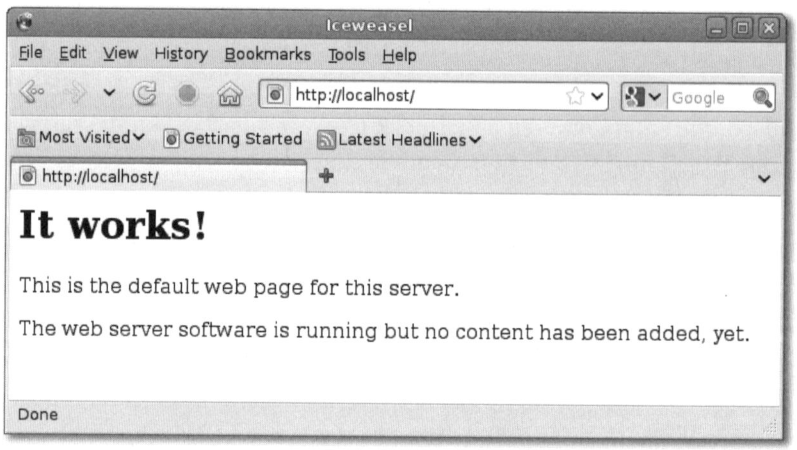

Abbildung 22.1 Der Webserver direkt nach der Installation

[»] Sehen Sie eine Meldung der Art »apache2: Could not reliably determine the server's fully qualified domain name, using 127.0.0.1 for ServerName«, so werfen Sie einen Blick in die Datei */etc/hosts*. Die Einträge für den eigenen Rechnernamen und `localhost` sollten so aussehen, wie in Abschnitt 20.1.1 ab Seite 610 beschrieben.

Da standardmäßig die Dokumentation nicht mit auf die Platte wandert, spielen Sie diese nachträglich über das Paket *apache2-doc* ein. Unter *http://localhost/doc/apache2-doc/manual/de/index.html* finden Sie anschließend zu sämtlichen Apache-Features verständliche Erklärungen in deutscher Sprache.

Automatischer Start beim Booten

Der Webserver ist so eingerichtet, dass er bei jedem Bootvorgang startet. Um Apache von Hand zu stoppen, zu starten oder die Konfiguration neu einzulesen, verwenden Sie das Skript */etc/init.d/apache2*: Rufen Sie dieses Skript mit der Option `stop` auf, so wird der Webserver mit allen seinen Prozessen angehalten, `start` startet den Dienst, `reload` liest die Konfiguration neu ein, ohne den Server anzuhalten und neu zu starten, und `force-reload` lädt die Konfiguration neu ein und startet den Server neu, wenn etwas schiefgeht. Über eventuelle Konfigurationsfehler berichtet Apache direkt auf der Standardausgabe. Er verrät in der Regel auch, wo der Fehler steckt:

```
apache2: Syntax error on line 50 of /etc/apache2/apache2.➘
conf: ServerRoot must be a valid directory
 failed!
```

22.1.2 Konfigurationsdateien

Im Ordner */etc/apache2* und in dessen Unterverzeichnissen finden Sie alle Konfigurationsdateien des Webservers. Die Haupteinrichtungsdatei ist auf Debian-Systemen die Datei *apache2.conf*. Diese enthält sinnvolle Voreinstellungen (sodass Sie hier in der Regel nichts verändern müssen) sowie viele ausführliche Erklärungen und Beispiele, die durch ein Rautezeichen am Zeilenanfang auskommentiert sind. Außerdem finden Sie in *apache2.conf* am Ende mehrere *Include*-Anweisungen, die andere Einrichtungsdateien einbinden. Die folgende Auflistung bietet einen Überblick über die einzelnen »Mitspieler«:

- ***/etc/apache2/envvars***
  Setzt sämtliche Umgebungsvariablen für das Tool `apache2ctl`; dazu gehören unter anderem `APACHE_RUN_USER`, `APACHE_RUN_GROUP` und auch `APACHE_LOG_DIR` (siehe Abschnitt 18.1 ab Seite 571).
- ***/etc/apache2/apache2.conf***
  Dies ist die zentrale Datei: Hier werden die Arbeitsumgebung, das Multiprozessing-Modul und die Logfiles eingerichtet; weitere Konfigurationsabschnitte werden durch `Include` eingebunden.

- ***/etc/apache2/httpd.conf***
  Die Datei ist standardmäßig leer, wird aber über `Include` in die Datei *apache2.conf* eingebunden, sodass hier der Administrator Anpassungen des Webservers vornehmen kann.

- ***/etc/apache2/mods-available/***
  Hier liegen die verfügbaren Module; um ein Modul zu aktivieren, setzen Sie einen Symlink in */etc/apache2/mods-enabled/* (siehe Abschnitt 22.1.5 ab Seite 659). Das Verzeichnis wird nicht durch `Include` eingelesen.

- ***/etc/apache2/mods-enabled/***
  Dieser Ordner enthält für jedes aktivierte Modul eine Anweisung `LoadModule` (Dateiendung *.load*) und eine Konfigurationsdatei (Dateiendung *.conf*). Dieses Verzeichnis wird ebenfalls durch `Include` automatisch eingelesen.

- ***/etc/apache2/ports.conf***
  Teilt dem Webserver den Port mit, auf dem er lauschen soll (Voreinstellung `80`); ist automatisch durch `Include` verfügbar.

- ***/etc/apache2/conf.d/***
  Bietet Platz für weitere Konfigurationsdateien; standardmäßig liegt hier die Datei *charset*, in der Sie Default-Zeichensätze einstellen können. In der Regel ist das nicht erforderlich, da Sie damit das Encoding von Webseiten überschreiben. Für den Fall, dass Sie die Einstellung dennoch vornehmen möchten, befindet sich hier ein auskommentierter Beispieleintrag für UTF-8; Sie können aber auch ISO-8859-15 oder Ähnliches eintragen. Der Ordner *conf.d* wird automatisch durch `Include` eingebunden.

- ***/etc/apache2/sites-available/***
  Hier finden Sie Konfigurationsdateien für die virtuellen Hosts (Virtual Hosts); das Verzeichnis wird nicht durch `Include` eingebunden.

- ***/etc/apache2/sites-enabled/***
  Hier liegen Symlinks auf die gleichnamigen Dateien im Verzeichnis *sites-available* (siehe Abschnitt 22.1.4 ab Seite 659). Standardmäßig befindet sich hier der Link für den Virtual Host *000-default*, der für die Anzeige von *http://localhost/* verantwortlich ist. Der Ordner wird durch `Include` automatisch eingebunden.

- ***/etc/apache2/ssl/***
  Bietet Platz für SSL-Zertifikate; wird nicht automatisch eingebunden und muss erst über `mkdir /etc/apache2/ssl` erstellt werden.

Direktiven

Neben den schon erwähnten Kommentarzeichen enthalten die Einrichtungsdateien Anweisungen (Direktiven), und zwar jeweils eine pro Zeile. Alle in der Hauptkonfigurationsdatei (*apache2.conf*) eingetragenen Anweisungen gelten für den gesamten Server, es sei denn, sie werden in den Einrichtungsdateien für die Virtual Hosts neu definiert (siehe Abschnitt 22.1.4 ab Seite 657). Einige Anweisungen sind zu Bereichen zusammengefasst (zu erkennen an den spitzen Klammern < >). In der Regel gelten diese umschlossenen Direktiven nur für bestimmte Verzeichnisse oder bestimmte Dateien; Verschachtelungen sind erlaubt.[2]

[+]

Sie können auf der Kommandozeile die Syntax Ihrer Konfigurationsdateien überprüfen. So finden Sie eventuelle Syntaxfehler, ohne den Betrieb unterbrechen zu müssen, und können in aller Ruhe die Probleme beheben und den Server dann (neu) starten:

```
huhnix:~ # apache2ctl -t
Syntax OK
```

22.1.3 Logfiles

In verschiedenen Konfigurationsdateien spezifizieren Sie, welche Ereignisse der Webserver protokolliert und wo diese Logfiles landen. Standardmäßig enthält die Hauptkonfigurationsdatei *apache2.conf* den Eintrag, der definiert, wo sämtliche Fehlermeldungen landen:

```
ErrorLog $APACHE_LOG_DIR/error.log
```

Darüber hinaus ist es möglich, für jeden Virtual Host gesondert festzulegen, welche Daten in welchen Logfiles landen. Administrieren Sie einen Server, der viele verschiedene Webseiten beherbergt, ordnen Sie die Protokolle einfach in verschiedene Verzeichnisse oder Dateien unter */var/log/apache2* ein und behalten so die Übersicht.

Apache kann neben den Fehlermeldungen noch mehr Feedback geben: Für die einzelnen Webseiten definieren Sie in den jeweiligen Konfigurationsdateien über die Anweisung `CustomLog`, wo die Logfiles für die Serverzugriffe (*access.log*) landen und welche Informationen diese Dateien anzeigen. Für einen virtuellen Host namens `www.huhnix.org` könnte der Eintrag wie folgt lauten:

```
CustomLog /var/log/apache2/huhnix_access.log "%h %l %u %t \"
%r\" %>s %b \"%{Referer}i\" \"%{User-Agent}i\""
```

2 Eine Auflistung der Direktiven und Anwendungsbeispiele finden Sie unter: *http://localhost/doc/apache2-doc/manual/de/mod/quickreference.html*

Apache notiert die Zugriffe für diesen Virtual Host nun in *huhnix_access.log*. Außerdem wird das Format der Logdatei bestimmt.[3] Für Virtual Hosts, die keine eigenen Logfile-Definitionen haben, ist in */etc/apach2/conf.d/other-vhosts-access-log* konfiguriert, wo diese Protokolle landen. Die Logdateien betrachten Sie als Administrator beispielsweise mit einem Programm wie `less` oder `more`; alternativ verwenden Sie das Kommando `tail -f`, das die Anzeige der Logdatei selbstständig aktualisiert, wenn sich diese verändert.

Webalizer

Es gibt zahlreiche Tools, die beim Lesen und Auswerten dieser Logfiles helfen. Das Programm Webalizer[4] beispielsweise erzeugt Tabellen und Grafiken, die mehr über die Zugriffe auf Ihre Webseiten verraten. Webalizer »fischt« aus den Apache-Logs die Daten über Zugriffe pro Tag, Woche oder Monat heraus und präsentiert die am häufigsten aufgerufenen Seiten. Außerdem gibt Webalizer an, woher die Besucher kamen, welchen Webbrowser sie verwendeten usw.

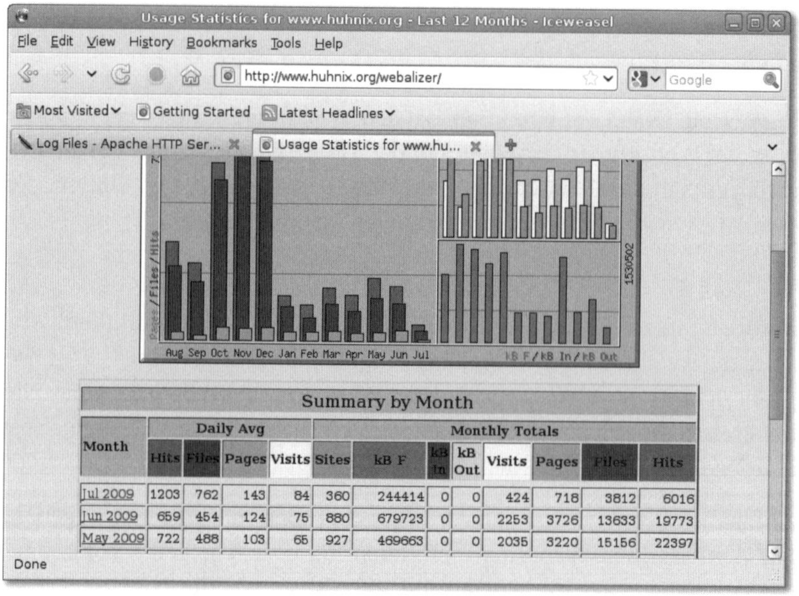

Abbildung 22.2 Webalizer wertet die Apache-Logs aus.

3 Die Dokumentation für die Protokolle ist leider noch nicht übersetzt: *http://localhost/doc/apache2-doc/manual/de/logs.html*

4 *http://www.webalizer.org/*

Webalizer ist schnell eingerichtet: Installieren Sie das gleichnamige Paket *webalizer*, und beantworten Sie die Frage, in welchem Verzeichnis die von dem Analysetool generierten Webseiten liegen und welches Logfile auszuwerten ist. Alle Einstellungen können Sie nachträglich über die Konfigurationsdatei */etc/webalizer.conf* anpassen. Webalizer läuft in der Voreinstellung einmal täglich und wird durch einen Cronjob (siehe auch Abschnitt 17.9.2 ab Seite 554) gestartet.

22.1.4 Webseiten einrichten – Virtual Hosts

Dank sogenannter Virtual Hosts kann Apache mehr als nur eine einzige Webseite bereitstellen. In der Standardeinstellung ist lediglich die Apache-Testseite (*http://localhost/*) konfiguriert; die Einstellungen dieser Testseite finden Sie in der Datei *default* im Ordner *sites-available*; dass die Seite aktiviert ist, erkennen Sie am entsprechenden Symlink in *sites-enabled* (siehe auch Seite 659).

Für die Virtual Hosts unterscheidet man zwischen namensbasierten Hosts (unter einer einzigen IP-Adresse können mehrere Webseiten angesprochen werden) und IP-basierten virtuellen Hosts (das heißt, jedes Webangebot hat eine andere IP-Adresse). Die nächsten beiden Abschnitte stellen Beispielkonfigurationen für beide Szenarien vor. [«]

Namensbasierte Virtual Hosts

Nameserver einrichten

Wer viele verschiedene Webseiten auf einem einzigen Rechner betreibt, richtet diese als sogenannte namensbasierte Virtual Hosts ein. Voraussetzung ist eine entsprechende Konfiguration des Nameservers (siehe Abschnitt 20.2.1 ab Seite 622), also ein entsprechender A-Record-Eintrag, der auf die IP-Adresse des Servers verweist. Für jeden virtuellen Host erstellen Sie eine Datei im Ordner *sites-available*; diese könnte beispielsweise so aussehen:

```
NameVirtualHost 83.142.228.128
<VirtualHost 83.142.228.128>
  ServerName www.huhnix.org
  ServerAlias huhnix.org www.huhnix.net huhnix.net
  DocumentRoot /var/www/huhnix
  ServerAdmin webmaster@huhnix.org

  # Logfiles:
  CustomLog /var/log/apache2/huhnix_access.log common
</VirtualHost>
```

Hinter der Anweisung `NameVirtualHost` (erforderlich für namensbasierte Virtual Hosts) steht im Allgemeinen die IP-Adresse (oder seltener der Hostname), unter welcher der Server Anfragen entgegennimmt. Alternativ kann die IP-Adresse durch ein Sternchen ersetzt werden, was beispielsweise dann sinnvoll ist, wenn die IP-Adresse dynamisch zugewiesen wird. In jedem Fall müssen die Argumente für `NameVirtualHost` und `VirtualHost` übereinstimmen. Optional können Sie hier eine Portnummer angeben, zum Beispiel:

```
NameVirtualHost 83.142.228.128:8080
<VirtualHost 83.142.228.128:8080>
...
```

Wenn Sie eine andere Portnummer definieren, passen Sie außerdem die Datei *ports.conf* an, in der konfiguriert wird, auf welchen Ports der Webserver lauscht:

```
NameVirtualHost *:80
Listen 80
```

Alternative Adressen

Über die Anweisung `ServerName` geben Sie den Namen der Seite an. Hinter `ServerAlias` stehen alternative Adressierungsmöglichkeiten, sodass *www.huhnix.org* auch unter *huhnix.org*, *www.huhnix.net* und *huhnix.net* erreichbar ist.

Das Verzeichnis, in dem die Daten für die Seite abgelegt werden, befindet sich unterhalb von */var/www/*, wie `DocumentRoot` beschreibt. Legen Sie diesen Ordner an, falls er noch nicht existiert. Ruft jemand *http://www.huhnix.org/index.html* auf, zeigt Apache also die Datei */var/www/huhnix/index.html* an. Beachten Sie, dass die Anweisung `DocumentRoot` in der Konfigurationsdatei für den Host keinen abschließenden Schrägstrich enthält. Hinter `ServerAdmin` steht eine E-Mail-Adresse, die bei eventuellen Serverfehlern angezeigt wird. Außerdem zeigt das Listing die Einrichtung einer eigenen Logdatei für die Zugriffe auf *http://www.huhnix.org*.

IP-basierte Virtual Hosts

Die alternative Methode zu den namensbasierten Virtual Hosts weist den Hosts feste IP-Adressen zu. Voraussetzung sind mehrere Netzwerkschnittstellen oder entsprechende IP-Aliase, über die Sie mehrere IPs zuweisen. Beachten Sie, dass bei der Konfiguration des Nameservers zusätzlich zum A-Record auch der PTR (Pointer Record) für den Reverse Lookup der IP-Adresse gesetzt werden muss (siehe Abschnitt 20.2.1 ab Seite 622).

IP-basierte Konfigurationen kommen vor allem dann zum Einsatz, wenn ein Virtual Host per SSL erreicht werden soll (siehe auch Abschnitt 22.2 ab Seite 663). Die Anweisung `NameVirtualHost` entfällt in diesem Fall:

```
<VirtualHost 83.142.228.128:443>
  ServerName www.huhnix.org
  DocumentRoot /var/www/huhnix
  ServerAdmin webmaster@huhnix.org
  ...
</VirtualHost>
```

Webseiten freischalten

»a2ensite«

Wenn Sie eine neue Webseite einrichten, erstellen Sie dazu eine neue Datei im Ordner *sites-available* für die Konfiguration des Virtual Hosts. Um diese zu aktivieren (also den Symlink unter *sites-enabled* zu erstellen), verwenden Sie anschließend das Kommando `a2ensite` und übergeben den Dateinamen der neuen Seite, zum Beispiel:

```
huhnix:~ # a2ensite huhnix.org
Enabling site huhnix.org.
Run '/etc/init.d/apache2 reload' to activate new ➘
configuration!
```

»a2dissite«

Das Gegenstück zu dem Kommando heißt `a2dissite`; mit diesem Befehl entfernen Sie den Symlink wieder. Beachten Sie, dass Sie nach jedem Befehlsaufruf die Konfiguration des Webservers neu einlesen müssen – die Ausgabe von `a2ensite` und `a2dissite` erinnert Sie daran.

22.1.5 Apache-Module

Die Funktionalität des Webservers Apache erweitern Sie mit Modulen.[5] Der Apache unter Debian GNU/Linux »Squeeze« enthält in der Voreinstellung einige fest einkompilierte Module; welche das sind, erfahren Sie auf der Kommandozeile:

```
huhnix:~ # apache2 -l
Compiled in modules:
  core.c
  mod_log_config.c
  mod_logio.c
  worker.c
  http_core.c
  mod_so.c
```

5 *http://localhost/doc/apache2-doc/manual/de/mod/*

Module zur Laufzeit

Darüber hinaus ist es möglich, die Funktionalität des Webservers durch das Hinzuladen von Modulen zur Laufzeit zu erweitern. Die dazu verwendete Anweisung `LoadModule` steht in den Dateien mit der Endung *.load* im Verzeichnis *mods-enabled*, das durch `Include` eingebunden wird.

Einige dynamische Module liefert das Paket *apache2.2-common*, das automatisch mit auf die Platte wandert, wenn Sie den Webserver installieren. Die verfügbaren Module liegen im Ordner *mods-available*. Ebenso wie für die Webseiten gibt es zwei spezielle Kommandos, mit denen Sie Module aktivieren und abschalten (also die entsprechenden Symlinks in *mods-enabled* anlegen). Als Argument übergeben Sie den entsprechenden Modulnamen, zum Beispiel:

```
huhnix:~ # a2enmod ssl
Enabling module ssl.
See /usr/share/doc/apache2.2-common/README.Debian.gz on how ↩
to configure SSL and create self-signed certificates.
Run '/etc/init.d/apache2 restart' to activate new ↩
configuration!
```

Die Ausgabe verrät, mit welchem Kommando Sie den Webserver neu starten müssen. Über den Befehl `a2dismod` beenden Sie die Zusammenarbeit mit einem Modul wieder.

[+] Unter Debian GNU/Linux »Squeeze« stehen einige weitere Module für den Webserver Apache zur Verfügung, die standardmäßig nicht eingespielt werden. Sie finden diese Extras, wenn Sie nach Paketen mit dem Namen *libapache2-mod...* suchen.

22.1.6 Zugriff kontrollieren

Es gibt verschiedene Möglichkeiten, den Zugriff auf Webseiten einzuschränken. So können Sie beispielsweise die Virtual Hosts so konfigurieren, dass nur noch bestimmte IP-Adressen oder Domains Zutritt erhalten; alternativ richten Sie einen Benutzernamen und ein Passwort für einzelne Webseiten ein.

Zutritt nur für bestimmte IPs

Um eine Webseite gezielt für bestimmte IP-Adressen freizugeben, richten Sie in der Konfigurationsdatei einen weiteren Bereich (`<Directory> </Directory>`) für das Verzeichnis */var/www/www.huhnix.org* ein. Schreiben Sie in diesen Bereich Anweisungen für den Zugriff, zum Beispiel:

```
NameVirtualHost 83.142.228.128
<VirtualHost 83.142.228.128>
  ServerName www.huhnix.org
  ServerAlias huhnix.org www.huhnix.net huhnix.net
  DocumentRoot /var/www/huhnix
  ServerAdmin webmaster@huhnix.org
  # Logfiles:
  CustomLog /var/log/apache2/huhnix_access.log common

  <Directory /var/www/>
    Options Indexes FollowSymLinks MultiViews
    AllowOverride None
    Order Allow,Deny
    # die folgenden IPs freischalten:
    Allow from 192.168.2.15
    Allow from 192.168.2.17
  </Directory>
</VirtualHost>
```

Reihenfolge

Über `Order Allow,Deny` legen Sie fest, in welcher Reihenfolge die eingegebenen `Allow`- und `Deny`-Anweisungen gelten: Standardmäßig wird allen Rechnern der Zugriff verweigert; nur die unter `Allow from` eingetragenen Maschinen dürfen die Seite aufrufen. Alternativ können Sie ganze Bereiche freischalten und nur einzelne Rechner mit `Deny from` ausgrenzen, zum Beispiel:

```
Allow from 192.168.2
# dieser Rechner bleibt draußen:
Deny from 192.168.2.18
```

Anstelle von IP-Adressen geben Sie für die Zugangskontrolle Domainnamen an. Die folgenden Anweisungen erlauben allen Rechnern der Domain `huhnix.org` den Zutritt, verweigern ihn aber für den Computer `asteroid.huhnix.org`:

```
Allow from huhnix.org
Deny from asteroid.huhnix.org
```

Das Passwort, bitte!

Um eine Webseite mit einem Benutzernamen und einem Passwort zu sichern, definieren Sie innerhalb der `Directory`-Anweisung die Art der Benutzer-Authentifizierung (`AuthType`), den Namen des Autorisierungsbereichs (`AuthName`), den Namen der Passwortdatei (`AuthUserFile`) und legen fest, welche Benutzer Zugriff haben (`Require`):

```
AuthType Basic
AuthName "Abgesicherter Bereich"
AuthUserFile /etc/apache2/htpasswd
Require user huhn
```

»htpasswd« Anschließend legen Sie mit dem Befehl `htpasswd` einen Benutzernamen und ein Kennwort an:

```
huhnix:~ # htpasswd -c /etc/apache2/htpasswd huhn
New password:
Re-type new password:
Adding password for user huhn
```

Nach dem Neustart des Servers können sich Benutzer dann mit dem User-Namen `huhn` und dem festgelegten Passwort anmelden.

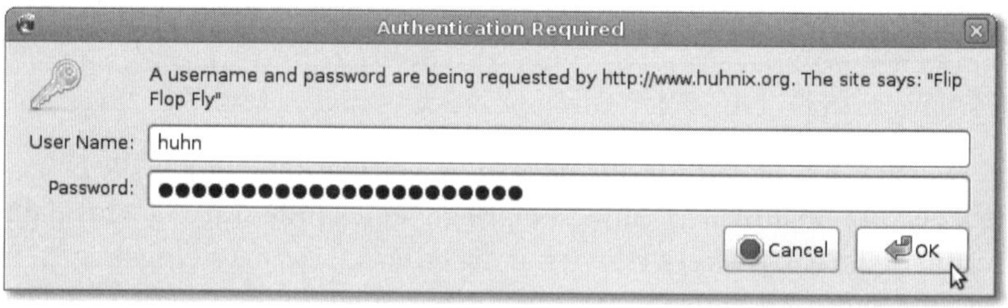

Abbildung 22.3 Zutritt eingeschränkt – identifizieren Sie sich mit Ihrem Benutzernamen und dem dazugehörigen Passwort.

Einer bestehenden Passwortdatei können Sie mit dem Befehl `htpasswd` weitere Benutzernamen hinzufügen. Lassen Sie in diesem Fall die Option `-c` (für »create«) weg, welche die Kennwortdatei erstellt:

```
huhnix:~ # htpasswd /etc/apache2/htpasswd egbert
New password:
Re-type new password:
Adding password for user egbert
```

Damit der Benutzer `egbert` nun ebenfalls auf den geschützten Bereich zugreifen darf, tragen Sie den Benutzernamen ebenfalls in die Konfigurationsdatei ein:

```
Require user huhn egbert
```

Alternativ fassen Sie mehrere Benutzer zu einer Gruppe zusammen. Dazu definieren Sie über `AuthGroupFile` eine Datei, in der die einzelnen Benutzer aufgelistet sind, und geben anstelle der einzelnen User-Namen hinter `Require` eine Gruppe an:

```
AuthType Basic
AuthName "Abgesicherter Bereich"
AuthUserFile /etc/apache2/htpasswd
AuthGroupFile /etc/apache2/htgroups
Require group admins
```

In der Gruppendatei selbst stehen die jeweiligen Gruppennamen und die Mitglieder im Klartext, zum Beispiel:

```
# Gruppe admins:
admins: huhn egbert
```

Beachten Sie, dass ein Zugriff nur für diejenigen Benutzer möglich ist, die im `AuthUserFile` stehen; es gelten die mit `htpasswd` eingerichteten Kennwörter.

Auch wenn ein Passwort den Zugriff auf einen Webserver einschränkt, wandern die Daten mit dem Hypertext Transfer Protocol nach wie vor im Klartext über das Netz. Sicherer wird das Ganze, wenn Sie Daten verschlüsselt über einen SSL-Kanal übertragen. Mehr zur Einrichtung lesen Sie im nächsten Abschnitt. **[!]**

22.2 Sicher mit SSL

Mit nur wenigen Schritten machen Sie den Apache-Webserver fit für verschlüsselte Datenübertragungen mit dem HTTPS (Hypertext Transfer Protocol Secure). Im Hintergrund arbeiten die beiden Protokolle SSL (Secure Sockets Layer) und TLS (Transport Layer Security), die eine gegenseitige Authentifizierung von Diensten, Servern und Clients ermöglichen und ein unsicheres Protokoll (in diesem Fall HTTP) in ein verschlüsseltes einbetten. HTTPS-Verbindungen laufen über TCP; der Standardport ist 443.

Public und Private Key

Ebenso wie bei der Verschlüsselung mit GnuPG (siehe Abschnitt 25.5 ab Seite 713) wird asymmetrisch verschlüsselt: Zur Verschlüsselung wird ein öffentlicher Schlüssel verwendet (Public Key), und bei der Entschlüsselung kommt ein geheimer Schlüssel (Private Key) zum Einsatz. Kontaktiert ein Client (also beispielsweise ein Webbrowser) einen Webserver per HTTPS, sendet dieser den öffentlichen Schlüssel zurück, mit dem der Client die Daten verschlüsselt, die an den Webserver gesendet werden. Damit der Server die Botschaft versteht, entschlüsselt er sie mit dem eigenen privaten Schlüssel. Eine detaillierte Beschreibung liefert die Apache-Dokumentation (leider nur auf Englisch).[6]

6 *http://localhost/doc/apache2-doc/manual/de/ssl/*

Um sicherzustellen, dass der Server auch derjenige ist, für den er sich ausgibt, muss der Client dem Server vertrauen können. Dazu lässt der Betreiber des Webservers seinen Schlüssel von einer übergeordneten Zertifizierungsstelle beglaubigen. Die nächsten Abschnitte zeigen, wie Sie eine Zertifikatsanfrage erstellen, wo Sie diese signieren lassen und wie Sie den Webserver konfigurieren und das signierte Zertifikat einsetzen.

22.2.1 Serverzertifikat erstellen

Das OpenSSL-Projekt[7] stellt eine freie Implementierung der Protokolle SSL und TLS zur Verfügung und bringt die nötigen Programme zum Erstellen von Schlüsseln und Anfragen sowie zum Signieren von Zertifikaten mit. Um für den eigenen Webserver ein X.509-Zertifikat[8] zu generieren, erstellen Sie zunächst einen geheimen Schlüssel (Private Key) und danach ein CSR (Certificate Sign Request), also eine Anfrage, die Sie an eine CA (Certification Authority) senden.

»/etc/apache2/ssl« Der neu zu erstellende Schlüssel soll in einem Unterverzeichnis von */etc/apache2/ssl* landen; dieses heißt *priv* und hat entsprechende Zugriffsrechte, um es vor neugierigen Blicken zu schützen. Anschließend erstellen Sie den 1024-Bit-Schlüssel (*huhnix.key*) in diesem Ordner:

```
huhnix:~ # mkdir /etc/apache2/ssl
huhnix:~ # cd /etc/apache2/ssl
huhnix:/etc/apache2/ssl # mkdir priv
huhnix:/etc/apache2/ssl # chmod 700 priv
huhnix:/etc/apache2/ssl # openssl genrsa -des3 -out priv/↩
huhnix.key 1024
Generating RSA private key, 1024 bit long modulus
........................++++++
......................++++++
e is 65537 (0x10001)
Enter pass phrase for priv/huhnix.key:
Verifying - Enter pass phrase for priv/huhnix.key:
```

Nachdem `openssl` den privaten Schlüssel erzeugt hat, bittet das Programm um Eingabe eines Kennworts; dieses Passwort wiederholen Sie auf Aufforderung, um Vertipper auszuschließen. Das Kennwort müssen Sie bei jedem Apache-Start (auch beim Neustart des Rechners) einge-

7 *http://www.openssl.org/*

8 X.509 ist ein Standard für digitale Zertifikate: Im Gegensatz zum Web-of-Trust-Verfahren (siehe Abschnitt 25.5 ab Seite 713), bei dem Inhaber die Schlüssel gegenseitig signieren, gibt es ein hierarchisches System aus vertrauenswürdigen Zertifizierungsstellen (*http://www.ietf.org/rfc/rfc2459.txt*).

ben. Alternativ lassen Sie das Passwort leer, da Sie Zertifikate auch jederzeit entsorgen und neue erstellen können. Der Benutzer bekommt davon nichts mit, sofern er das Wurzelzertifikat (auch Root-Zertifikat oder Stammzertifikat genannt) der oberen Zertifizierungsstelle (Root-CA) importiert hat. Ein solches Wurzelzertifikat dient dazu, die Gültigkeit aller untergeordneten Zertifikate zu validieren.

Im nächsten Schritt erstellen Sie die Zertifikatsanfrage (CSR) aus dem neu erzeugten Schlüssel, extrahieren daraus den Public Key, signieren ihn und schreiben ihn in die Datei *huhnix.csr*:

```
openssl req -new -key priv/huhnix.key -out huhnix.csr
```

Anschließend geben Sie die weiteren Daten für das Zertifikat ein; hier geben Sie Länderkürzel, Bundesland, Stadt, Firmen- oder Organisationsnamen an, definieren den Hostnamen des Webservers und geben eine E-Mail-Adresse an. Beachten Sie, dass unter `Common Name` der Fully Qualified Domain Name Ihres Webservers stehen muss.

```
Country Name (2 letter code) [AU]:DE
State or Province Name (full name) [Some-State]:NRW
Locality Name (eg, city) []:Cologne
Organization Name (eg, company) [Internet Widgits Pty Ltd]:↩
Huhnix.org
Organizational Unit Name (eg, section) []:.
Common Name (eg, YOUR name) []:www.huhnix.org
Email Address []:webmaster@huhnix.org
```

22.2.2 Serverzertifikat beglaubigen lassen

Certification Authority

Als Nächstes sollten Sie Ihre Anfrage von einer übergeordneten Instanz, der sogenannten Certification Authority (Zertifizierungsagentur), beglaubigen (das heißt signieren) lassen. Einige Zertifizierungsagenturen bieten ihre Dienste kostenlos an; andere Anbieter verlangen eine Gebühr. Eine kostenlose Anlaufstelle ist beispielsweise die Community-orientierte Certificate Authority CAcert.[9]

Verwenden Sie wiederum den Befehl `openssl`, um den Inhalt der Zertifikatsanfrage zu betrachten:

9 *http://www.cacert.org/*

```
huhnix:/etc/apache2/ssl # openssl req -in huhnix.csr -text
Certificate Request:
    Data:
...
-----BEGIN CERTIFICATE REQUEST-----
MIIBwTCCASoCAQAwgYAxCzAJBgNVBAYTAkRFMQwwCgYDVQQIEwNOUlcxEDAO
...
-----END CERTIFICATE REQUEST-----
```

Den Abschnitt zwischen `BEGIN` und `END CERTIFICATE REQUEST` leiten Sie an die entsprechende CA weiter, welche die Anfrage signiert. Als Antwort erhalten Sie Ihr Zertifikat zurück. Im letzten Schritt richten Sie die SSL-Unterstützung für Apache ein.

22.2.3 Apache anpassen

Erstellen Sie eine Konfigurationsdatei für denjenigen Virtual Host, der über HTTPS erreichbar sein soll. Wie in Abschnitt 22.1.4 ab Seite 658 beschrieben, handelt es sich um eine IP-basierte Einrichtung:

```
<VirtualHost 83.142.228.128:443>
  ServerName www.huhnix.org
  ServerAdmin webmaster@huhnix.org

  DocumentRoot /var/www/huhnix

  # SSL für diesen VH aktivieren:
  SSLEngine On
  # Liste der Verschlüsselungsalgorithmen:
  SSLCipherSuite ALL:!ADH:RC4+RSA:+HIGH:+MEDIUM:+LOW:+SSLv2:↩
+EXP
  # hier liegen Zertifikat und Schlüssel:
  SSLCertificateFile    /etc/apache2/ssl/huhnix.crt
  SSLCertificateKeyFile /etc/apache2/ssl/priv/huhnix.key
</VirtualHost>
```

Port 443

Überprüfen Sie, dass Port 443 in der Datei *ports.conf* freigeschaltet ist; in der Voreinstellung trifft dies für die beiden Module *mod_ssl* und *mod_gnutls.c* zu.

Aktivieren Sie dann, wie in Abschnitt 22.1.5 auf Seite 659 beschrieben, das SSL-Modul, aktivieren Sie die Webseite über `a2ensite` (siehe Abschnitt 22.1.4 ab Seite 659), und starten Sie den Webserver mit der veränderten Konfiguration neu.

Lesen Sie im Folgenden mehr zum Datenaustausch per FTP – Details zum Protokoll selbst und eine Anleitung, wie Sie unter Debian GNU/Linux einen FTP-Server installieren und einrichten, finden Sie in diesem Kapitel.

23 FTP-Server einrichten

FTP (File Transfer Protocol) ist ein einfaches Protokoll für den Datenaustausch zwischen zwei Rechnern. Der FTP-Client (siehe Abschnitt 12.3.1 ab Seite 345) nimmt dabei Kontakt zum FTP-Server auf, um Daten zu übertragen. Meistens handelt es sich dabei um sogenanntes Anonymous FTP – zur eigenen Identifizierung verwenden Sie hierbei in der Regel den Benutzernamen `anonymous` oder `ftp`; zum guten Ton gehört es, als Passwort die eigene Mailadresse anzugeben, dies ist aber nicht zwingend nötig. Darüber hinaus bieten viele Webspace-Anbieter als einzige Upload-Möglichkeit FTP an – hier muss man sich in der Regel mit Benutzernamen und Passwort ausweisen.

23.1 Das File Transfer Protocol

Kontroll- und Datenkanal

Anders als die meisten Protokolle verwendet FTP gleich zwei Ports, um zwischen Client und Server zu kommunizieren: Ein FTP-Client nimmt über den sogenannten Kontrollkanal Kontakt zum Server auf; über diesen Kanal fließen sämtliche Steuerinformationen. Sobald die Verbindung besteht, wird ein weiterer Kanal geöffnet, über den die eigentlichen Daten wandern. Auf diese Weise ist es für den FTP-Server möglich, mehrere Verbindungen gleichzeitig zu bedienen (auch zum selben Client). Abhängig davon, ob es sich um aktives oder passives FTP handelt, unterscheidet sich die Vorgehensweise.

- **Aktives FTP**
  Der Client nimmt von einem Port >1024 (für niedrigere Ports sind Administratorrechte nötig) zum Server Verbindung auf und kontaktiert diesen auf Port 21 (Kontrollkanal). Er übermittelt über diesen Kanal seine eigene IP-Adresse und die Nummer des soeben geöffneten Ports. Der Client wartet nun auf Antwort vom Server und lauscht

dafür auf der nächsthöheren Portnummer. Wurde die Verbindung also beispielsweise von Port 1028 aus gestartet, baut der Server nun von Port 20 aus die Datenverbindung zum Port 1029 des Clients auf.

- **Passives FTP**
  Im passiven Modus öffnet der Client den Datenkanal selbst. Bei der Kontaktaufnahme über Port 21 (Kontrollkanal) verrät er dem Server zum einen die IP-Adresse und die zwei Portnummern (wiederum >1024 und die nächsthöhere), zum anderen übermittelt der Client den Wunsch nach dem Passivmodus. Der Server öffnet daraufhin einen nicht privilegierten Port (>1024) und teilt diesen dem Client mit. Der Client öffnet danach den Datenkanal zu diesem Port des Servers.

Firewall und NAT

Der aktive FTP-Modus kann unter Umständen mit einigen Firewalls[1] oder NAT-Routern (Network Address Translation, siehe Abschnitt 6.1 ab Seite 151) Probleme bereiten. Wenn der FTP-Server den Datenkanal zur externen Adresse des Gateways aufbaut, so weiß das Gateway nicht, an welchen Client die Daten geschickt werden sollen. In Zusammenhang mit Firewalls ist problematisch, dass die genauen Parameter der Datenverbindung, insbesondere die verwendeten Ports, nicht zwingend vorgeschrieben sind, sondern erst während der Kontaktaufnahme durch den Kontrollkanal vereinbart werden. Da die gängigen FTP-Clients den passiven Modus jedoch unterstützen, ist zumindest dieses Problem weitgehend gelöst – unsicher bleibt FTP dennoch wegen der Datenübertragung im Klartext.

[!] Im Gegensatz zu verschlüsselten Protokollen wie zum Beispiel SSH überträgt FTP den Benutzernamen und das Passwort im Klartext – ein willkommener Angriffspunkt. Auch die Daten selbst wandern im Klartext über das Netz. Während dies für anonyme Downloads von öffentlichen Servern kein allzu großes Problem darstellt, sollte man beim Austausch vertraulicher Daten davon absehen. Einige Server, darunter auch der in diesem Kapitel vorgestellte `vsftpd`, bieten eine Verschlüsselung über SSL/TLS (Secure Sockets Layer, Transport Layer Security) an. Neben den entsprechenden Einträgen in der Konfigurationsdatei (siehe Abschnitt 23.2.2 ab Seite 673) benötigen Sie dazu ein SSL-Zertifikat. Wie Sie eine Zertifikatsanfrage erstellen und signieren lassen, beschreibt Abschnitt 22.2 ab Seite 663.

1 Mehr dazu lesen Sie in Kapitel 25 ab Seite 699; die erwähnten Probleme tauchen mit IPTables nicht auf, sodass Sie damit auf der sicheren Seite sind.

23.2 Der FTP-Server »vsftpd«

Es gibt viele verschiedene FTP-Server-Implementationen, und auch Debian GNU/Linux »Squeeze« hat einige Pakete im Angebot, darunter *proftpd* und *vsftpd*. Die folgenden Abschnitte zeigen beispielhaft die Installation und Konfiguration des Very Secure FTP Daemons.[2] Der Name ist Programm: »Sicherheit« hat sich dieser FTP-Server ganz groß auf die Fahnen geschrieben. So läuft der Very Secure FTP Daemon beispielsweise in einer `chroot`-Umgebung: Dem `vsftpd` wird ein neues Wurzelverzeichnis (*/*) zugewiesen, und der Daemon hat somit auf andere Bereiche des Dateisystems keinen Zugriff mehr. Ein potenzieller Angreifer ist somit von vornherein vom System ausgesperrt.

23.2.1 Installation

Installieren Sie als Systemadministrator das entsprechende Paket, zum Beispiel mit dem Befehl `apt-get install vsftpd`. Die Ausgabe verrät unter anderem, dass das System den Daemon direkt gestartet hat:

```
Richte vsftpd ein (2.3.2-3) ...
Starting FTP server: vsftpd.
```

23.2.2 Konfiguration

Beispiele in Konfigurationsdateien

Sie richten den Very Secure FTP Daemon ein, indem Sie mit Root-Rechten die Datei */etc/vsftpd.conf* anpassen. Dazu verwenden Sie am besten einen der in Kapitel 16 ab Seite 475 vorgestellten Texteditoren. Wie bei den meisten Konfigurationsdateien erkennen Sie auskommentierte Funktionen am Rautezeichen vor der Zeile. In der `vsftpd`-Einrichtungsdatei stehen in den Kommentaren wertvolle Tipps und viele Beispiele. Noch mehr Informationen bietet die Manpage, die Sie mit dem Befehl `man vsftpd.conf` auf der Konsole betrachten.

Standalone oder (x)inetd?

Einer der ersten Einträge der Konfigurationsdatei */etc/vsftpd.conf* bestimmt, wie der FTP-Server gestartet wird. Hier entscheiden Sie, ob der `vsftpd` standalone oder über einen der beiden Super-Daemons `inetd` oder `xinetd` gestartet wird (siehe Abschnitt 17.7 ab Seite 543). Der Eintrag `listen=YES` aktiviert den Standalone-Betrieb (Standard auf Debian-Systemen und laut Manpage der empfohlene Weg); alternativ

2 *http://www.vsftpd.beasts.org/*

ersetzen Sie YES durch NO und passen entweder die Datei */etc/inetd.conf* oder die Datei */etc/xinetd.conf* an.

Startskript

Unter Debian GNU/Linux »Squeeze« ist das Skript */etc/init.d/vsftpd* für den Start und Stopp des FTP-Servers verantwortlich. Dieses Skript prüft beim Booten des Rechners, ob listen=YES aktiviert ist, und startet bei positivem Feedback den FTP-Server.

Start und Stopp

Damit Änderungen in der Konfigurationsdatei wirksam werden, müssen Sie den FTP-Daemon jeweils neu starten. Dazu tippen Sie als Administrator auf der Kommandozeile beispielsweise den Befehl:

```
huhnix:~ # /etc/init.d/vsftpd restart
Stopping FTP server: vsftpd.
Starting FTP server: vsftpd.
```

Sie stoppen den Daemon, indem Sie /etc/init.d/vsftpd stop eingeben. Ersetzen Sie stop durch start, um den FTP-Server zu starten.

Eine nette Begrüßung

Standardmäßig begrüßt der vsftpd die Clients bei der Verbindungsaufnahme mit dem Reply Code 220 (»Service ready for new user«), seinem Namen und der Versionsnummer (220 (vsFTPd 2.3.2)). Um diese Begrüßung etwas persönlicher zu gestalten, schreiben Sie in der Einrichtungsdatei hinter ftpd_banner einfach einen eigenen Begrüßungstext.

[»] Neben der persönlichen Note hat dies zudem den Vorteil, dass Benutzer nicht sehen, welche Software in welcher Version auf dem Server läuft – mögliche Angreifer, die nach bekannten Schwachstellen suchen, haben es so ein bisschen schwerer.

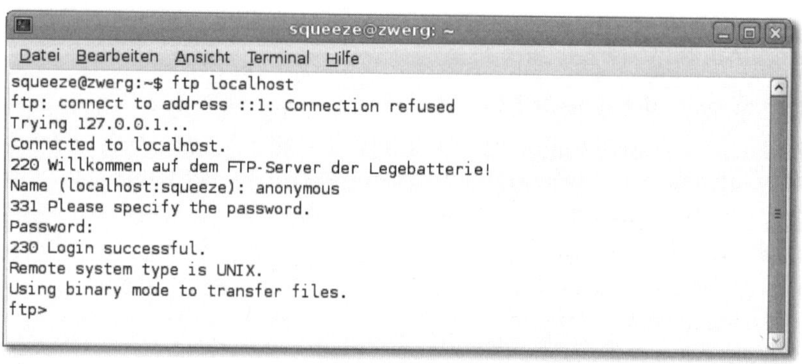

Abbildung 23.1 Begrüßen Sie die Benutzer mit einem persönlichen Text.

Meldung bei Ordnerwechsel

Wenn Sie die Option `dirmessage_enable` auf `YES` setzen (Voreinstellung), erhalten Benutzer beim Betreten eines Verzeichnisses auf dem Server eine Meldung. In der Voreinstellung sehen Sie Folgendes:

```
250 Directory successfully changed.
```

Um zusätzlich eine individuelle Nachricht an Ihre Benutzer abzusetzen, erstellen Sie im entsprechenden Ordner eine versteckte Datei namens *.message*, zum Beispiel über dieses Kommando:

```
echo "ACHTUNG: Hier liegt die aktuelle Version des ↵
Debian-Buchs!" >> /srv/ftp/debian/buch/.message
```

Das Verzeichnis */srv/ftp* ist der Ordner, in dem Benutzer in der Voreinstellung landen, wenn sie sich mit dem Login `anonymous` anmelden. Wechselt ein Besucher nun ins Unterverzeichnis *debian/buch*, sieht er eine entsprechende Meldung:

```
ftp> cd debian/buch
250-ACHTUNG: Hier liegt die aktuelle Version des Debian-Buchs!
250 Directory successfully changed.
```

Zugang für lokale Accounts erlauben

Um den Benutzern des eigenen Systems Zugang zum FTP-Server zu gewähren, entfernen Sie das Rautezeichen vor der folgenden Zeile:

```
local_enable=YES
```

Wenn Sie den Benutzern darüber hinaus Änderungen am Dateisystem erlauben möchten, löschen Sie außerdem das Kommentarzeichen vor dieser Zeile:

```
write_enable=YES
```

Das Anlegen von Ordnern und Dateien beziehungsweise das Löschen von Daten ist nun möglich – allerdings muss der entsprechende Benutzer natürlich auch im Dateisystem selbst die nötigen Rechte besitzen.

[+] In Abschnitt 17.3.6 ab Seite 515 haben Sie bereits das Tool `umask` kennen gelernt, das bestimmt, welche Zugriffsrechte neue Dateien standardmäßig erhalten. Für den `vsftpd` ist in der Voreinstellung `077` als `umask` definiert; diese Einstellung können Sie über die Option `local_umask=` anpassen und beispielsweise auf `022` setzen.

Einstellungen zu Anonymous FTP

Anonymous FTP ist bei der `vsftpd`-Installation unter Debian GNU/Linux »Squeeze« standardmäßig erlaubt, sodass sich jeder mit dem Benutzernamen `anonymous` oder `ftp` anmelden darf. Gäste landen anschließend im Verzeichnis */srv/ftp* und dürfen von dort Dateien mit der entsprechenden Leseerlaubnis herunterladen. Um dieses Feature zu deaktivieren, ersetzen Sie bei diesem Statement `YES` durch `NO`:

```
anonymous_enable=NO
```

Wer den Server nicht »abschotten« möchte, belässt es bei der Voreinstellung. Sie öffnen Gästen sogar Tür und Tor über die folgenden Einträge:

```
# Upload eigener Daten erlauben:
anon_upload_enable=YES
# Anlegen neuer Verzeichnisse ist erlaubt:
anon_mkdir_write_enable=YES
# Erlaubt Gästen das Umbenennen und Löschen von
# Dateien/Verzeichnissen:
anon_other_write_enable=YES
```

Beachten Sie, dass für sämtliche Schreiberlaubnisse die allgemeine Option `write_enable` ebenfalls aktiviert sein muss.

[!] Anonymen Benutzern einen Schreibzugriff zu ermöglichen, stellt immer ein potenzielles Sicherheitsrisiko dar: Ein FTP-Server mit weit offenen Türen bietet eine ideale Ablagefläche für Raubkopien, Pornografie oder Ähnliches. Der Sinn und Zweck dieses Features ist heutzutage sowieso fraglich – besser und sicherer ist es, Daten verschlüsselt über `scp` (siehe Abschnitt 12.3.2 ab Seite 349) zu übertragen.

Alles eine Frage der Zeit

Verbindungsaufbau

Ein paar Einstellungen zu zeitlichen Abläufen sind möglich. So können Sie beispielsweise einstellen, nach wie vielen Sekunden der Verbindungsaufbau abbricht, wenn sich ein Client nicht authentifiziert (Voreinstellung ist 60 Sekunden):

```
accept_timeout=180
```

Ebenso lässt sich definieren, nach welcher Zeitdauer der Server die Verbindung zu einem Client unterbricht, wenn keine Kommunikation stattfindet (Voreinstellung ist 60 Sekunden):

```
connect_timeout=120
```

In der Voreinstellung beendet der FTP-Server eine Verbindung zum Client nach fünf Minuten, wenn laufende Datenübertragungen unterbrochen werden. Diese Frist erhöhen Sie mit dem folgenden Eintrag auf sieben Minuten:

```
data_connection_timeout=420
```

Der Server beendet die Verbindung ebenfalls nach fünf Minuten, wenn überhaupt kein Austausch zwischen ihm und einem Client mehr stattfindet. Soll die Verbindung erst nach sechs Minuten Funkstille geschlossen werden, schreiben Sie:

```
idle_session_timeout=360
```

Beschränkter Zutritt

Über die folgenden beiden Einträge legen Sie fest, wie viele Zugriffe auf den Server erlaubt sind und wie viele Verbindungen von einer IP-Adresse aus gestattet werden:

```
max_clients=200
max_per_ip=4
```

Verschlüsselung mit SSL/TLS aktivieren

Auch die SSL/TLS-Verschlüsselung aktivieren Sie in der Konfigurationsdatei. Das zweite Statement im Listing stellt diese Zugangsmethode auch anonymen Benutzern zur Verfügung:

```
ssl_enable=YES
allow_anon_ssl=YES
```

SSL vorschreiben

Die Manpage verrät darüber hinaus einige interessante Optionen, mit denen Sie anonyme und lokale Benutzer zwingen, SSL zur Datenübertragung (`force_anon_data_ssl`, `force_local_data_ssl`) und zum Senden der Passwörter (`force_anon_logins_ssl`, `force_local_logins_ssl`) zu verwenden. Wo sich das Zertifikat befindet, teilen Sie dem FTP-Server ebenfalls mit, zum Beispiel über:

```
rsa_cert_file=/etc/ssl/certs/
```

Wenn Zertifikat und privater Schlüssel in zwei unterschiedlichen Dateien untergebracht sind (was sinnvoll ist), verraten Sie dem Server mit `rsa_private_key_file`, wo der Schlüssel liegt; andernfalls geht `vsftpd` davon aus, dass es sich um dieselbe Datei handelt.

Logdatei

Der `vsftpd` erstattet standardmäßig Bericht. Das entsprechende Logfile finden Sie in der Datei */var/log/vsftpd.log*. Es zeigt neben anonymen Zugriffen (mit den Passwörtern im Klartext) auch erfolgreiche beziehungsweise fehlgeschlagene Anmeldungen »echter« Benutzer. Zusätzlich präsentiert das Protokoll Datum und Uhrzeit sowie die IP-Adresse des Clientrechners. Die beiden Optionen, die für das Protokoll verantwortlich sind, heißen:

```
xferlog_enable=YES
xferlog_file=/var/log/vsftpd.log
```

Außerdem ist es durch Setzen der folgenden Option möglich, die Logdateien nicht im eigenen, sondern im `xferlog`-Format zu präsentieren, das beispielsweise auch der WuFTP-Server[3] verwendet:

```
xferlog_std_format=YES
```

Webalizer

Dieses Standardformat kann von Tools gelesen werden, die beim Auswerten von Logfiles helfen. Dazu gehören beispielsweise Programme wie Webalizer und AWStats.

[+] Wenn Sie sowohl ein Logfile im `vsftpd`-eigenen Format und eines im `xferlog`-Format wünschen, setzen Sie `dual_log_enable=YES`, und definieren Sie außerdem, wo die beiden Protokolldateien landen, etwa über solche Einträge:

```
vsftpd_log_file=/var/log/vsftpd.log
xferlog_file=/var/log/xferlog
```

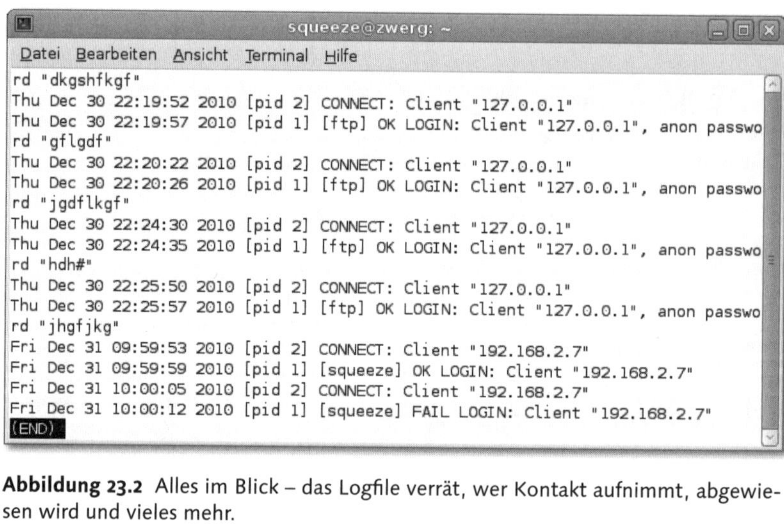

Abbildung 23.2 Alles im Blick – das Logfile verrät, wer Kontakt aufnimmt, abgewiesen wird und vieles mehr.

Zugriff auf die Logfiles unter */var/log/* hat ausschließlich der Systemadministrator. Sie betrachten die Datei entweder mit einem Pager wie `less` oder `more` oder mit dem Kommando `tail -f`. Letzteres hat den Vorteil,

3 *http://www.wu-ftpd.org/*

dass es die Anzeige von Dateien aktualisiert, die sich verändern. So beobachten Sie das wachsende Logfile, ohne immer wieder `less` oder `more` aufrufen zu müssen.

Weitere Features und Infos

Neben der gezeigten Grundkonfiguration bietet `vsftpd` noch viele weitere Features. So ist es beispielsweise möglich, mit sogenannten »virtuellen Benutzern« (»virtual users«) zu arbeiten: Das sind Accounts, die speziell für den Zugang zum FTP-Server angelegt werden, aber nicht als »echte« Benutzerkonten auf dem System existieren. So ist es möglich, diesen virtuellen Benutzern spezielle Inhalte, die nicht öffentlich sein sollen, anzubieten, ohne dass ein kompromittierter Login das System gefährdet.

Beschränkung auf bestimmte IPs

Außerdem ist es möglich, den Zugriff auf bestimmte IP-Adressen zu beschränken. Weitere ausführlich dokumentierte Beispieldateien für diese fortgeschrittenen Konfigurationen finden Sie im Verzeichnis */usr/share/doc/vsftpd/examples*.

Samba verbindet Welten miteinander: Dieses Kapitel erklärt, wie Sie unter Debian GNU/Linux »Squeeze« einen Samba-Server und verschiedene Freigaben einrichten. Darüber hinaus stellt es Möglichkeiten vor, wie Sie auf diese Freigaben von Linux, Mac OS X und Windows aus zugreifen.

24 Samba

Hier geht es nicht um Musik und Tanz, sondern um den Dateiaustausch zwischen Linux, Windows und Mac OS X. Der Name Samba[1] leitet sich vom Protokoll SMB (Server Message Block) ab. Dieses Protokoll (sowie die Vorgänger NetBIOS und NetBEUI) verwendet Microsoft bereits seit Anfang der 90er-Jahre zur Freigabe von Daten und Druckern im Netzwerk. Inzwischen wurde das Protokoll von verschiedenen Firmen und vom Samba-Entwicklerteam erweitert; die 1996 von Microsoft eingeführte Erweiterung heißt CIFS (Common Internet File System) und bietet neben der Datei- und Druckerfreigabe weitere Dienste an. Da Microsoft als einziges Unternehmen seine Erweiterungen geheim hielt, bietet Samba noch nicht alle Features von Windows-SMB, verfügt aber dennoch über einen beachtlichen Funktionsumfang.

Client und Server

Samba war ursprünglich konzipiert, um Daten zwischen SunOS und Ultrix auszutauschen, wurde aber sehr schnell auch auf Linux portiert und ist mittlerweile zum Standard avanciert, wenn es um Filesharing zwischen Linux und Windows geht. Die Softwaresammlung enthält einerseits einen Client für den Zugriff auf die Freigaben anderer Rechner, andererseits Datei- und Druckdienste, die Zutritt zu bestimmten Verzeichnissen, Laufwerken und Druckern ermöglichen. Es findet keine strikte Trennung zwischen Client- und Serverrechner statt: Derselbe Computer kann als Server Freigaben bereitstellen und gleichzeitig als Client auf die Shares anderer Rechner zugreifen.

[+]

In reinen Unix-Netzwerken (Linux, BSD, Mac OS X usw.) bietet sich NFS (Network File System) als Alternative zu Samba an. Ein Server gibt in diesem Szenario bestimmte Verzeichnisse im Netzwerk frei, die Clients

1 *http://samba.org/*

mounten diese Verzeichnisse und greifen auf die Daten wie auf die lokalen Platten zu.

24.1 Installation

Spielen Sie als Administrator das Paket *samba* sowie die vorgeschlagenen Abhängigkeiten ein:

```
zwerg:~ # apt-get install samba
...
Die folgenden zusätzlichen Pakete werden installiert:
  samba-common samba-common-bin
Vorgeschlagene Pakete:
  smbldap-tools ldb-tools ctdb
Die folgenden NEUEN Pakete werden installiert:
  samba samba-common samba-common-bin
...
```

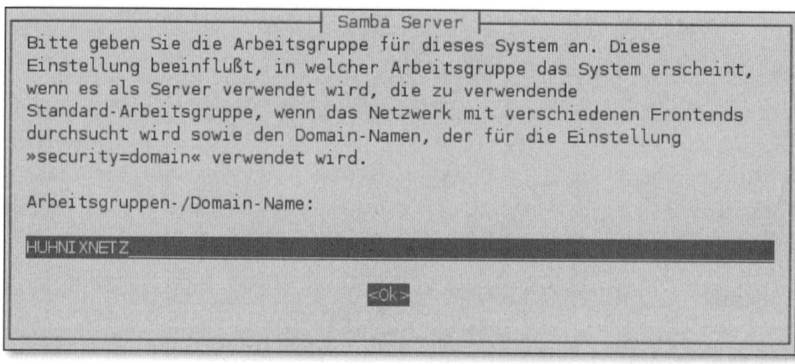

Abbildung 24.1 Tragen Sie den Namen der Arbeitsgruppe ein.

Arbeitsgruppe

Das Konfigurationsskript für die Pakete *samba-common* und *samba* fragt nun ein paar Einrichtungswünsche ab. Zuerst tragen Sie den Namen der Arbeitsgruppe ein, zu welcher der Server gehört. Achten Sie später darauf, dass auch die Clients dieser Arbeitsgruppe angehören. Was Sie hier eingeben, können Sie jederzeit später in der Konfigurationsdatei des Servers verändern (siehe Abschnitt 24.2 ab Seite 680). Der nächste Dialog fragt, ob Sie verschlüsselte Passwörter verwenden möchten (Voreinstellung) oder nicht. Da neuere Windows-Systeme keine Kennwörter im Klartext unterstützen, bestätigen Sie dies.

Die folgende Frage betrifft eventuell vorhandene DHCP-Server im Netzwerk, die auch Informationen zu einem WINS-Server übermitteln. Sie können die Voreinstellung NEIN übernehmen. Entscheiden Sie nun noch, ob Samba als Daemon im Hintergrund läuft oder über den Superserver `inetd` gestartet wird (siehe Abschnitt 17.7 ab Seite 543). Auch hier können Sie der Vorgabe (DAEMON) folgen. Die Frage nach der Passwort-Datenbank können Sie hingegen bejahen und damit von der Voreinstellung abweichen (siehe Abschnitt 24.2.5 ab Seite 686). Anschließend sehen Sie weitere Meldungen der Art:

```
Importing account for nobody...ok
Importing account for heike...ok
Importing account for squeeze...ok
...
Lege Gruppe »sambashare« (GID 129) an ...
Fertig.
Starting Samba daemons: nmbd smbd.
```

»smbd« und »nmbd«

Die letzte Zeile verrät, dass zwei Daemons gestartet wurden: `smbd` und `nmbd`. Ersterer bietet die Datei- und Druckdienste an und stellt auch Möglichkeiten zur Authentifikation und Autorisation zur Verfügung, um etwa Freigaben mit Benutzernamen und Passwörtern zu schützen. Der Daemon `nmbd` kümmert sich um die Namensauflösung und das »Browsing«, also um die Suche und das Auflisten von verfügbaren Freigaben im Netz.

[«]

Die Auflösung von Rechnernamen kann auf zwei Arten erfolgen: Im einfachsten Fall »ruft« ein Computer ins Netz hinein, dass er einen Service sucht, und erhält (im Idealfall) eine Antwort. Diese sogenannte Broadcast-Methode verursacht zwar einigen Traffic, in kleinen Netzen ist das aber zu verschmerzen. Die andere Methode setzt auf einen Name Service, der IP-Adressen und die dazugehörigen Computernamen verwaltet. Mehr zur Einrichtung der WINS-Funktionalität des Samba-Servers lesen Sie in Abschnitt 24.2 ab Seite 680.

Start und Stopp des Servers

In der Standardeinstellung ist Samba als Daemon konfiguriert, der beim Booten den Dienst aufnimmt. Das Skript */etc/init.d/samba* rufen Sie als Benutzer Root mit `stop` auf, um die beiden Daemons `nmbd` und `smbd` anzuhalten. Über `start` starten Sie die Dienste, `reload` liest die `smbd`-Konfiguration neu ein, ohne den Server anzuhalten und neu zu starten, und `restart` beziehungsweise `force-reload` lädt die Konfiguration neu und startet `smbd` und `nmbd` neu. Das Kommando `status` zeigt hingegen den aktuellen Zustand an.

Haben sich in die Konfigurationsdatei */etc/samba/smb.conf* Fehler eingeschlichen, so erhalten Sie kein Feedback dazu auf der Konsole. Im Paket *samba-common* ist daher das Programm *testparm* enthalten, das die Einrichtungsdatei auf Syntaxfehler hin überprüft und solche Fehler auf der Kommandozeile anzeigt. Das folgende Listing zeigt eine falsch gesetzte Option »Syntaxfehler!«:

```
zwerg:~ # testparm
Load smb config files from /etc/samba/smb.conf
rlimit_max: rlimit_max (1024) below minimum Windows ➘
limit (16384)
params.c:Parameter() - Ignoring badly formed line in ➘
configuration file:
Syntaxfehler!
...
```

Fehler und andere Informationen finden Sie darüber hinaus in den Protokolldateien unterhalb von */var/log/samba*, die Sie auch als »normaler« Benutzer und nicht nur als Root anschauen können. Neben den beiden Logs für die Daemons (*log.nmbd* und *log.smbd*) finden Sie hier auch Protokolle für die einzelnen Clients, die jeweils nach deren IP-Adresse oder Hostnamen benannt sind.

24.2 Konfiguration

»smb.conf« Die zentrale Einrichtungsdatei des Servers ist */etc/samba/smb.conf*. Die Datei ist in verschiedene Abschnitte unterteilt. Hier definieren Sie neben allgemeinen Eigenschaften auch, welche Daten der Server für welche Benutzer freigibt. Die bei Debian GNU/Linux »Squeeze« installierte Standardkonfiguration enthält schon viele Einträge und Beispiele, die Sie nicht alle benötigen. Im Vorspann finden Sie den Hinweis auf die verwendeten Kommentarzeichen (Raute # und Semikolon ;). Sie bearbeiten die Datei als Systemverwalter Root mit einem Texteditor Ihrer Wahl.

[+] Das bereits erwähnte Tool `testparm` hilft nicht nur dabei, die Syntax der Konfigurationsdatei zu überprüfen – Sie können das Programm auch dazu verwenden, eine »zugeschnittene« Version von *smb.conf* zu erstellen. Diese verkürzte Datei ist nicht nur übersichtlicher und leichter zu bearbeiten, sondern auch performanter, da sie keinen unnötigen Ballast mitführt. Benennen Sie die Originaldatei um, zum Beispiel in *smb.conf.orig*, und erstellen Sie mit `testparm` daraus dann eine neue, schlanke Konfigurationsdatei:

```
zwerg:~ # mv /etc/samba/smb.conf /etc/samba/smb.conf.orig
zwerg:~ # testparm -s /etc/samba/smb.conf.orig > /etc/↩
samba/smb.conf
Load smb config files from /etc/samba/smb.conf.orig
rlimit_max: rlimit_max (1024) below minimum Windows ↩
limit (16384)
Processing section "[homes]"
Processing section "[printers]"
Processing section "[print$]"
Loaded services file OK.
Server role: ROLE_STANDALONE
```

Der Schalter `-s` sorgt dafür, dass Sie nicht explizit mit Eingabe nach der allgemeinen Syntaxprüfung bestätigen müssen. Das Programm `testparm` bietet noch weitere nützliche Optionen. Gerade bei der Fehlersuche kann es helfen, über `testparm -v` alle Parameter inklusive ihrer Standardwerte anzuzeigen und nicht nur die explizit gesetzten Serveroptionen auszugeben.

Die nächsten Abschnitte erklären die einzelnen Sektionen der Konfigurationsdatei */etc/samba/smb.conf* und zeigen einige Beispiele zur Einrichtung von Freigaben. Im Anschluss finden Sie Erläuterungen zur Benutzerverwaltung mit `pdbedit` und `smbpasswd`. Eine grafische Alternative zur Einrichtung von Samba ist das Konfigurationstool SWAT, dem sich ein eigener Abschnitt widmet.

Samba ist so umfangreich, dass dieses Kapitel nur einen Streifzug durch die wichtigsten Optionen und die Voreinstellungen unter Debian bieten kann. Wenn Sie sich weiter ins Thema einlesen möchten, finden Sie unter *http://gertranssmb3.berlios.de/output/* die deutsche Übersetzung der Samba-Dokumentation. [+]

24.2.1 [global]

In dieser Sektion legen Sie die allgemeinen Einstellungen des Servers fest. In den Freigaben selbst können Sie einzelne Optionen verändern und somit Werte der `[global]`-Sektion gezielt überschreiben.

```
[global]
   workgroup = HUHNIXNET
   server string = %h server
   obey pam restrictions = Yes
   pam password change = Yes
   passwd program = /usr/bin/passwd %u
```

```
passwd chat = *Enter\snew\s*\spassword:* %n\n *Retype
\snew\s*\spassword:* %n\n *password\supdated\ssuccessfully* .
  unix password sync = Yes
   syslog = 0
   log file = /var/log/samba/log.%m
   max log size = 1000
   dns proxy = No
   panic action = /usr/share/samba/panic-action %d
```

Als erste Option sehen Sie die bei der Installation von Samba eingerichtete Arbeitsgruppe. Der Name ist prinzipiell frei wählbar; Sie sollten allerdings auf Umlaute und Leerzeichen verzichten. Hinter `server string` steht der – ebenfalls frei wählbare – Name des Rechners; auch hier sollten Sie auf Leer- und Sonderzeichen verzichten. Die Variable `%h` repräsentiert den Hostnamen. In der Definition für die Logfiles sehen Sie eine weitere dieser Variablen: `%m` steht für den NetBIOS-Namen des Clientrechners. Weitere mögliche Variablen finden Sie in der Manpage zu *smb.conf* im Abschnitt `VARIABLE SUBSTITUTIONS`. Neben den Namen der Protokolle legen Sie hier auch die Größe der Logdateien fest: Der Eintrag `1000` sorgt dafür, dass die Logs eine Größe von 1 MByte nicht überschreiten.

Benutzer und Passwörter

Die nächsten sechs Zeilen betreffen die Benutzer- und Kennwortverwaltung. Der Eintrag `obey pam restrictions` besagt, dass Samba die PAM-Zugangs- und Sitzungsrestriktionen beachtet. PAM steht für »Pluggable Authentication Modules«. Diese Softwarebibliothek stellt eine allgemeine Programmierschnittstelle (API) für Authentifizierungs-Dienste zur Verfügung. Die weiteren Einstellungen in der `[global]`-Sektion erlauben PAM, Passwortänderungen von Clients ohne die durch `passwd program` definierte Anwendung durchzuführen. Ist `unix password sync` auf `Yes` gesetzt, versucht Samba, das Kennwort des Benutzers auch immer auf dem Linux-Rechner zu ändern, wenn der Benutzer sein SMB-Passwort neu setzt. Diese Voreinstellung ist sinnvoll und empfehlenswert.

Viele weitere Einstellungen sind in der `[global]`-Sektion möglich. So richten Sie in diesem Abschnitt beispielsweise ein, ob Samba als WINS-Server im Netz arbeiten soll. WINS steht für »Windows Internet Name Service« und dient (nur in lokalen Netzwerken) ebenso wie DNS (siehe Kapitel 20 ab Seite 609) zur Namensauflösung von IP-Adressen. Die Zeile `wins support = Yes` sorgt dafür, dass der Samba-Server als WINS-Server im Netz arbeitet. Verwenden Sie in Ihrem LAN außerdem einen DHCP-Server (siehe Kapitel 19 ab Seite 601), so machen Sie diesen nun mit dem WINS-Server bekannt.

DHCP-Server anpassen

Ist der Rechner mit dem Samba/WINS-Server gleichzeitig der DHCP-Server im lokalen Netz, erweitern Sie die Datei */etc/dhcp/dhcpd.conf* um den Eintrag `netbios-name-servers`. Dieser Eintrag hat Platz in den allgemeinen Einstellungen, wo Sie auch Nameserver und Gateway konfigurieren. Das Beispiel aus Kapitel 19 sieht nun wie folgt aus:

```
option domain-name "huhnix.org";
option domain-name-servers 192.76.144.66, 212.118.160.1;
option netbios-name-servers 192.168.2.7;
option routers 192.168.2.1;
```

Im Listing ist 192.168.2.7 die IP-Adresse des Samba/WINS-Servers. Vergessen Sie nach dem Ändern der `dhpcd`-Konfigurationsdatei nicht, den DHCP-Server neu zu starten, um die veränderte Konfiguration einzulesen. Außerdem sollten Sie die DHCP-Clients auch mit den neuen Informationen versorgen, indem Sie die DHCP-Lease erneuern. Übernimmt ein externer Router im Netzwerk die Aufgaben des DHCP-Servers, prüfen Sie im Einrichtungsmenü in der DHCP-Sektion, ob es Möglichkeiten gibt, die IP-Adresse des WINS-Servers einzutragen.

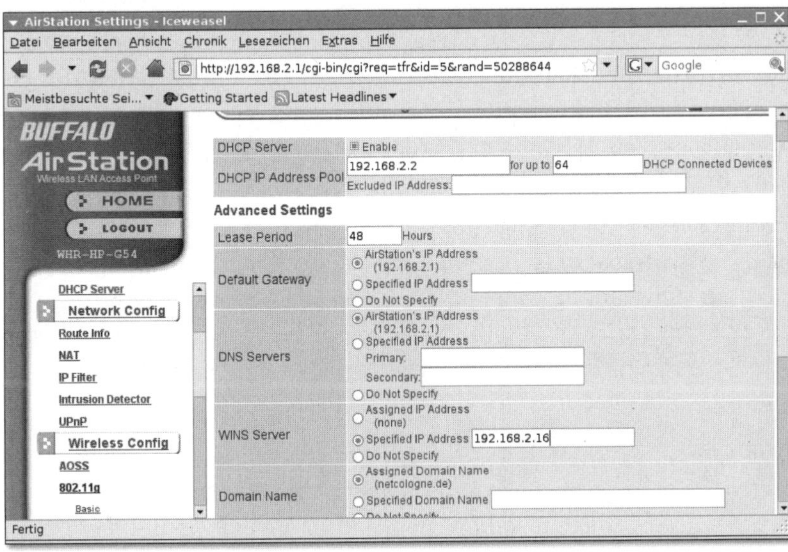

Abbildung 24.2 Teilen Sie dem Router die IP-Adresse des neuen WINS-Servers mit.

[!]

Achtung: Die Samba-Dokumentation warnt ausdrücklich davor, mehr als einen WINS-Server im Netzwerk zu betreiben. Läuft auf einem anderen Rechner ein solcher Server, so ersetzen Sie die Zeile `wins support = Yes` in der Datei *smb.conf* durch `wins server = <IP-Adresse>`. Achten Sie darauf, dahinter die richtige IP-Adresse anzugeben. Vertippen Sie sich hier (und geben eventuell aus Versehen sogar die eigene IP ein), so verweigert `nmbd` den Start.

24.2.2 [homes]

Wie der Name dieses Abschnitts vermuten lässt, stehen hier die Einstellungen, um die Home-Verzeichnisse der Benutzer freizugeben:

```
[homes]
   comment = Home Directories
   valid users = %S
   create mask = 0700
   directory mask = 0700
   browseable = No
```

Linux-Benutzernamen

In der Voreinstellung richtet Debian GNU/Linux »Squeeze« den Zugriff so ein, dass abhängig vom Loginnamen das entsprechende Home-Verzeichnis zur Verfügung steht. Lautet der Benutzername also `huhn`, zeigt der Samba-Server diesem Anwender nach der (erfolgreichen) Anmeldung das Verzeichnis */home/huhn* als Share *huhn* an.

Die beiden Einträge zu `create mask` und `directory mask` regeln präzise die Zugriffsrechte (siehe auch Abschnitt 17.3 ab Seite 507): Nur der Eigentümer darf lesen, schreiben und ausführen (`0700 = rwx------`). Der Eintrag `browseable = No` sorgt dafür, dass jeder Anwender nur sein eigenes Home-Verzeichnis sieht.

24.2.3 [printers]

Der folgende Abschnitt stellt die in der Datei */etc/printcap* enthaltenen Drucker im Netzwerk zur Verfügung.

```
[printers]
   comment = All Printers
   path = /var/spool/samba
   create mask = 0700
   printable = Yes
   browseable = No
```

Auch hier sind die Zugriffsrechte über den Schalter `create mask` genau geregelt. Ein Blick in die *printcap*-Datei verrät, welche Drucker Sie mit CUPS eingerichtet haben:

```
zwerg:~ # cat /etc/printcap
# This file was automatically generated by cupsd(8) from the
# /etc/cups/printers.conf file.  All changes to this file
# will be lost.
HP|HP LaserJet P2055dn:rm=zwerg:rp=HP:
Officejet|HP Officejet v40:rm=samesame.huhnix.org:rp=➘
Officejet:
```

IPP/CUPS

Wenn Sie Ihren Drucker über CUPS im Netz freigeben (siehe Kapitel 7 ab Seite 191) und alle Clients über IPP (Internet Printing Protocol) Verbindung aufnehmen können, können Sie den `[printers]`-Abschnitt aus der Datei *smb.conf* entfernen; er stört aber auch nicht, wenn er bleibt. Weitere Beispiele zu komplexeren Druckerkonfigurationen mit Samba und CUPS finden Sie in Kapitel 19 der erwähnten deutschsprachigen Samba-Anleitung.

24.2.4 Öffentliche Freigaben

Auch für eigene Sektionen bietet die Datei *smb.conf* Platz; mit wenigen Handgriffen erstellen Sie eigene Freigaben. Das folgende Beispiel gibt auf dem Samba-Rechner den Ordner */share/musik* für alle Benutzer frei. Die Anweisung `guest = ok` sorgt dafür, dass bei der Verbindungsaufnahme kein Passwort verlangt wird:

```
[musik]
     comment = Musik fuer alle
     path = /share/musik
     guest ok = Yes
```

Nautilus, Dolphin und auch `smbclient` (siehe Abschnitt 24.3.1 ab Seite 690) beschweren sich nicht über diese Einstellung und kontaktieren eine solche Freigabe ohne Probleme. Windows-Betriebssysteme und der Dateimanager unter Mac OS X (Finder) geben sich hiermit allerdings nicht zufrieden. Laut `testparm -v` sind unter Debian GNU/Linux »Squeeze« folgende Standardeinstellungen gesetzt:

```
security = USER
map to guest = Never
guest account = nobody
```

Folglich muss sich ein Windows- oder Mac-Anwender erst anmelden, bevor er Dienste des Samba-Servers in Anspruch nehmen kann; dies gilt auch für die öffentlichen Freigaben. Der Gastaccount ist in der Voreinstellung bereits korrekt auf `nobody` gesetzt, aber `map to guest` müssen Sie anpassen. Erweitern Sie daher die Sektion `[global]` um die folgende

Zeile, damit sich Benutzer, die sich mit einem ungültigen Passwort anmelden, als Gäste identifiziert werden:

```
map to guest = bad user
```

24.2.5 »pdbedit«

»tdbsam«

Wie Sie mit `testparm -v` in Erfahrung bringen können, ist in der Voreinstellung die `tdbsam`-Passwortdatenbank ausgewählt:

```
passdb backend = tdbsam
```

Diese legt außer den alten `smbpasswd`-Einträgen erweiterte Windows-Informationen in binärer Form in der TDB-Datei (Trivial DataBase) ab. Auf diese Weise kann Samba die gleichen Account- und Systemzugriffsrechte implementieren wie MS Windows NT4/200x. Die ältere Variante `smbpasswd` (Datei */etc/samba/smbusers*) funktioniert weiterhin, sollte aber laut Samba-Dokumentation nur benutzt werden, um eine Abwärtskompatibilität zu älteren Versionen zu gewährleisten. Zukünftige Samba-Versionen unterstützen diese Passwortdatei möglicherweise nicht mehr.

Zur Verwaltung der Benutzerdatenbank (Datei */var/lib/samba/passdb.tdb*) enthält das Paket *samba* das Programm `pdbedit`, das Sie als Benutzer Root auf der Kommandozeile verwenden. `pdbedit` fügt Benutzerkonten hinzu, entfernt sie, ändert sie, listet sie auf und importiert sie. Bei der Installation von Samba fügt das System fast alle Accounts aus der Datei */etc/passwd* (siehe Abschnitt 17.4.1 ab Seite 516) zur Datenbank hinzu. Welche Konten das im Einzelnen sind, verrät die Option `-L`:

```
zwerg:~ # pdbedit -L
nobody:65534:nobody
heike:1001:Heike Jurzik
squeeze:1000:Debian Squeeze
lxde:1002:LXDE Test,,,
kde:1003:KDE Testaccount
ole:1004:Ole Elch
```

Um einen Account aus der Datenbank zu entfernen, bietet `pdbedit` den Schalter `-x` an; außerdem geben Sie hinter `-u` den Benutzernamen an:

```
pdbedit -x -u lxde
```

[!] Achten Sie darauf, nicht aus Versehen den Benutzer `nobody` zu entfernen. Dieser ist als Loginname für den Gastzugriff eingerichtet.

Auch bei der Option zum Hinzufügen eines Benutzers (`-a`) geben Sie über `-u` den Namen an. Achten Sie darauf, dass der Benutzer auf Ihrem

System existiert; im Zweifelsfall legen Sie ihn vorher an (zum Beispiel über adduser, siehe Abschnitt 17.4.8 ab Seite 525).

```
zwerg:~ # pdbedit -a -u huhn
new password:
retype new password:
Unix username:          huhn
NT username:
Account Flags:          [U          ]
User SID:               S-1-5-21-386009512-3836994658-➘
2134007244-1000
Primary Group SID:      S-1-5-21-386009512-3836994658-➘
2134007244-513
Full Name:              Heike Jurzik
Home Directory:         \\zwerg\huhn
HomeDir Drive:
Logon Script:
Profile Path:           \\zwerg\huhn\profile
Domain:                 ZWERG
...
```

Passwort

Wie Sie im Listing sehen, setzt pdbedit beim Anlegen eines neuen Accounts auch ein Samba-Passwort. Dieses benötigen die Benutzer, um auf nicht-öffentliche Freigaben zuzugreifen. Um ein Passwort für einen bestehenden Account zu ändern oder neu zu setzen, verwendet der Administrator das Programm smbpasswd. So setzt Root für den Benutzer huhn beispielsweise das Samba-Passwort mit dem folgenden Befehl:

```
zwerg:~ # smbpasswd huhn
New SMB password:
Retype new SMB password:
```

Das Programm smbpasswd zur Kennwortänderung kann jeder Benutzer auch selbst verwenden, um das Passwort neu zu setzen. Beachten Sie, dass die Option unix password sync in der Voreinstellung auf Yes steht. Ändert also der Benutzer huhn mit smbpasswd das Samba-Kennwort, ist davon gleichzeitig auch das »normale« Passwort für die Anmeldung am Linux-Rechner betroffen.

[+]

Eine ausführliche Anzeige der Benutzerdaten erreichen Sie übrigens über die Option -v; so zeigt pdbedit -Lv eine lange Liste aller Benutzer an. Dort sehen Sie dann jeweils in der Zeile Password last set, ob für den betreffenden Account ein Samba-Passwort existiert:

```
...
Password last set:    Di, 19 Apr 2011 17:39:00 CEST
Password can change:  Di, 19 Apr 2011 17:39:00 CEST
...
```

Daten ändern

Die Benutzerdaten modifizieren Sie über verschiedene Schalter, jeweils zusammen mit der Option `-u`. So setzt `-f` etwa den vollen Namen (`Full Name:`); achten Sie darauf, den Namen in doppelte Hochkommata einzuschließen, falls dieser Leer- oder Sonderzeichen enthält (zum Beispiel `-f "Heike Jurzik"`). Die Option `-h` definiert ein neues Home-Verzeichnis, und `-c` verändert die Einträge zur Kontosteuerung (`Account Flags:`). In der Voreinstellung haben alle Benutzer das Flag `U` (reguläres Benutzerkonto) gesetzt. Alternativen sind hier `N` (kein Passwort notwendig), `D` (deaktiviertes Konto) oder `M` (MSN-Anmeldebenutzerkonto):

```
zwerg:~ # pdbedit -Lv huhn
...
Account Flags:        [U          ]
zwerg:~ # pdbedit -c "[N]" huhn
...
Account Flags:        [NU         ]
...
```

Migration

Wenn Sie aus einer früheren Samba-Installation als Backend auf `smbpasswd` gesetzt haben, können Sie problemlos auf die `tdbsam`-Passwortdatenbank umsteigen. Sie müssen aber nicht alle Einträge */etc/samba/smbusers* von Hand kopieren – `pdbedit` bringt dazu die Option `-i` mit, die beim Umstieg hilft: `pdbedit -i smbpasswd -e tdbsam`.

24.2.6 SWAT (Samba Web Administration Tool)

Die webbasierte Konfigurationsoberfläche SWAT unterstützt Sie bei der Einrichtung der Datei *smb.conf*. Spielen Sie dazu als Administrator das gleichnamige Paket *swat* ein. Damit Sie das Administrationstool starten können, benötigen Sie den Superserver `inet.d`. Das Installationsskript erstellt automatisch einen Eintrag für `swat` in der Datei */etc/services* und in der Konfigurationsdatei */etc/inetd.conf* (siehe Abschnitt 17.7 ab Seite 543).

Sie erreichen die Konfigurationsoberfläche, indem Sie in die Adresszeile eines Webbrowsers »localhost:901« eingeben. Um von einem anderen Rechner aus SWAT zu verwenden, ersetzen Sie »localhost« durch die IP-Adresse des Samba-Servers, zum Beispiel »192.168.2.7:901«. In den folgenden Dialog geben Sie als Benutzernamen »root« und das dazugehörige Kennwort ein.

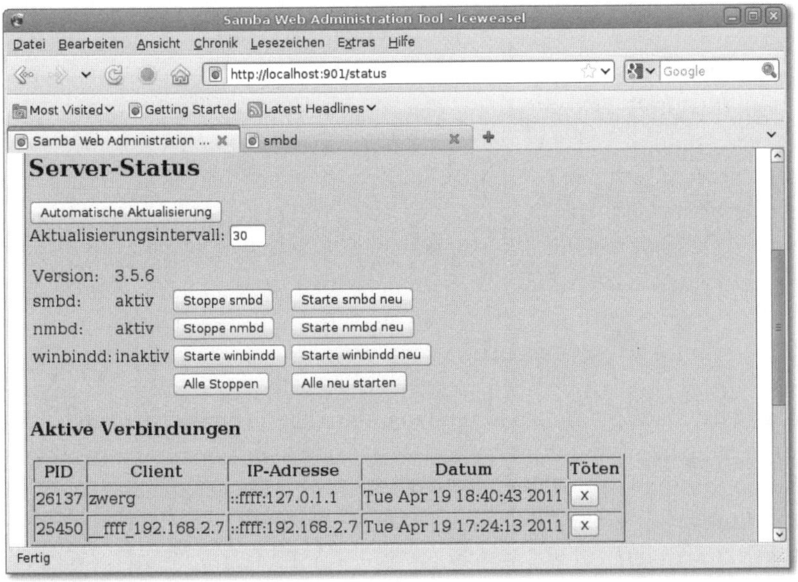

Abbildung 24.3 Über SWAT überwachen Sie auch die Samba-Daemons (hier die Schaltfläche »Status«).

Hinter den einzelnen Schaltflächen verbirgt sich Folgendes:

- **Home**
  Auf der Startseite erreichen Sie die verschiedenen Anleitungen aus dem Paket *samba-doc*. **Onlinehilfe**
- **Globals**
  Hier konfigurieren Sie die Sektion `[global]`, also die allgemeinen Einstellungen.
- **Shares**
  Die verschiedenen Freigaben erreichen Sie über diesen Button. Hier zeigen Sie vorhandene Shares an, modifizieren oder löschen diese oder erstellen neue Shares.
- **Printers**
  Alle Einstellungen aus dem Abschnitt `[printers]` (Druckerfreigaben) finden Sie in diesem Bereich.
- **Wizards**
  Ein paar Klicks in diesem Bereich, und SWAT konfiguriert selbstständig verschiedene Szenarien für Sie.

- **Status**
  Zeigt den Samba-Status, zum Beispiel aktive Verbindungen oder Freigaben, sowie offene Dateien an; außerdem finden Sie hier Knöpfe zum Starten und Stoppen der einzelnen Daemons.
- **View**
  Hier können Sie die aktuelle Datei *smb.conf* in der Komplettübersicht betrachten.
- **Password**
  Zur Benutzernamen- und Passwörter-Verwaltung klicken Sie hier.

24.3 Zugriff von außen

Verschiedene Wege stehen unter den unterschiedlichen Betriebssystemen zur Verfügung, um auf Freigaben eines Samba-Servers zuzugreifen. Den Auftakt macht Linux: Ob einfacher Zugriff über den Dateimanager oder das Einhängen einer Freigabe ins Dateisystem auf der Shell – Debian GNU/Linux bietet stets das richtige Tool. Am Ende des Kapitels erfahren Sie, wie Sie mit dem Finder unter Mac OS X und dem Explorer unter Windows eine Freigabe erreichen.

24.3.1 Linux als Client

Grafisch oder auf der Shell

Ohne weitere Pakete installieren zu müssen, greifen Sie auf öffentliche Freigaben über die Dateimanager der Desktopumgebungen GNOME (Nautilus) und KDE SC 4 (Dolphin) zu. Auch geschützte Shares sind über Nautilus und Dolphin erreichbar; dazu rüsten Sie allerdings Software auf dem Client nach. Eine Alternative stellt das Programm `smbclient` auf der Shell zur Verfügung, und wenn Sie eine Freigabe mounten möchten, hilft Ihnen das gleichnamige Tool `mount.cifs` dabei.

GNOME: Nautilus

Klicken Sie im Menü ORTE im oberen Panel auf NETZWERK und im folgenden Dateimanager-Fenster auf WINDOWS-NETZWERK. Sie sehen nun die öffentlichen Freigaben, die nicht durch Passwörter oder Ähnliches geschützt sind. Eine Freigabe auf das Verzeichnis */share/musik*, wie auf Seite 24.2.4 gezeigt, taucht in diesem Fall einfach als Verzeichnis *musik* im Dateimanager auf. Klicken Sie links in der Leiste auf das Symbol zum Auswerfen, um die Freigabe auszuhängen.

Abbildung 24.4 Nautilus zeigt Samba-Freigaben im Netzwerk an (hier öffentlich und ohne Authentifizierung).

»smbclient« und »smbfs«

Um auf geschützte Freigaben, beispielsweise die Home-Verzeichnisse eines anderen Linux-Rechners, zuzugreifen, ist (wenn nicht anders in der Sektion `[homes]` eingerichtet) eine Authentifizierung mit Benutzernamen und dazugehörigem Passwort erforderlich. Dazu installieren Sie auf dem Clientrechner zunächst die beiden Pakete *smbclient* und *smbfs*.

Anschließend starten Sie aus dem Menü ORTE den Dialog VERBINDUNG ZU SERVER und wählen WINDOWS-FREIGABE. Tragen Sie den Rechnernamen oder die IP-Adresse im Feld SERVER und den Namen der Freigabe ein. Wie in Abschnitt 24.2.2 ab Seite 684 beschrieben, heißt die Freigabe für das Verzeichis */home/huhn* dann *huhn*. Alternativ können Sie als Name des Shares auch *homes* wählen – abhängig vom Loginnamen zeigt das System das richtige Home-Verzeichnis an. Klicken Sie abschließend auf VERBINDEN, und geben Sie auf Aufforderung das Passwort ein.

[!]

Der Zugriff funktioniert nicht, wenn die beiden Pakete *smbclient* und *smbfs* nicht installiert sind und wenn kein Samba-Passwort für den entsprechenden Benutzer existiert. Überprüfen Sie die Einstellungen in der Accountdatenbank (siehe Abschnitt 24.2.5 ab Seite 686). Schauen Sie in der langen Ausgabe (`pdbedit -Lv`) nach, ob das Feld `Password last set` leer ist. Ist dies der Fall, setzen Sie über `smbpasswd` ein Kennwort.

Den Umweg über das Menü ORTE können Sie sich sparen. Schneller geht's in Nautilus über GEHE ZU • ORT (Tastenkombination (Strg) + (L)). Geben Sie in die Adressleiste oder in den folgenden Dialog

»smb://« beziehungsweise »smb://benutzer@rechnername/freigabe« oder »smb://rechner« (für öffentliche Freigaben) ein, und tippen Sie gegebenenfalls auf Aufforderung das Passwort.

KDE: Dolphin

»smb:/« Über den KIO-Slave (siehe auch Abschnitt 9.7.6 ab Seite 265) `smb:/` erreichen Sie Freigaben in Dolphin. Wenn Sie dahinter nichts weiter angeben, blendet der KDE-Dateimanager alle im Netzwerk gefundenen Freigaben ein, und Sie können sich bis zum gewünschten Ort durchklicken. Alternativ geben Sie »smb://benutzer@rechner/freigabe« in die Adresszeile ein, um zu passwortgeschützten Shares Verbindung aufzunehmen. Sofern ein Passwort zur Authentifizierung erforderlich ist, fragt ein entsprechendes Dialogfenster nach.

[»] Für den KDE-Dateimanager gilt das Gleiche wie für Nautilus: Die beiden Pakete *smbfs* und *smbclient* dürfen nicht fehlen, und entsprechende Passwörter/Benutzeraccounts müssen für den Zugriff auf geschützte Freigaben richtig konfiguriert sein.

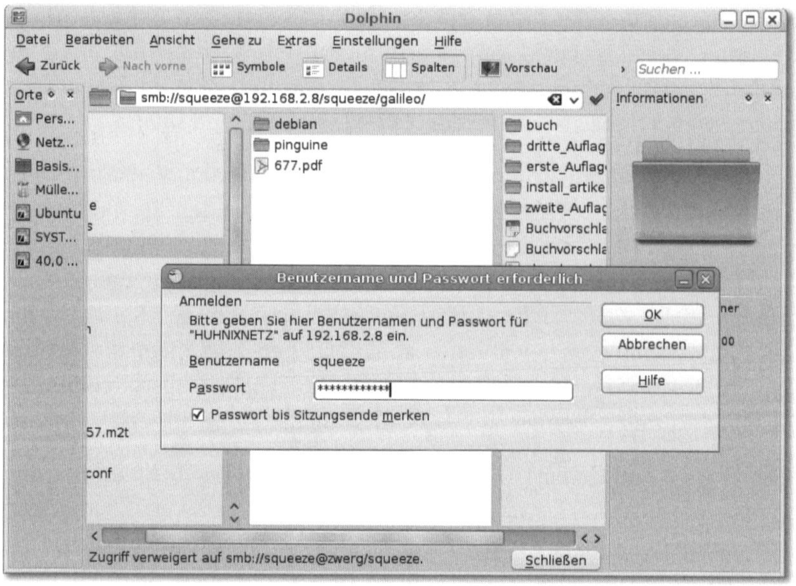

Abbildung 24.5 Zusammen mit dem KIO-Slave »smb:/« öffnen Sie Samba-Shares im KDE-Dateimanager Dolphin.

Kommandozeile

Das Programm `smbclient` war ursprünglich als eine Art Debugging-Konsole konzipiert. Shell-Fans verwenden das Tool allerdings nicht nur zum

Testen von Freigaben, sondern als vollwertigen Samba-Client. Installieren Sie, falls noch nicht geschehen, die Pakete *smbfs* und *smbclient*. Um die verfügbaren Freigaben eines Samba-Servers abzufragen, verwenden Sie die Option `-L`, gefolgt von zwei Schrägstrichen und dem Rechnernamen beziehungsweise der IP-Adresse. Am Passwortprompt müssen Sie nicht zwingend ein Kennwort eingeben – Sie können auch `Eingabe` drücken und den Server anonym kontaktieren. Eventuell sehen Sie dann allerdings nicht alle Informationen; die Angabe zu den Home-Verzeichnissen taucht nur nach erfolgreicher Authentisierung auf:

```
squeeze@zwerg:~> smbclient -L //192.168.2.8/
Enter squeeze's password:
Domain=[HUHNIXNETZ] OS=[Unix] Server=[Samba 3.5.6]

        Sharename       Type      Comment
        ---------       ----      -------
        musik           Disk      Musik fuer alle
        IPC$            IPC       IPC Service (zwerg server)
        squeeze         Disk      Home Directories
...
```

Benutzerkennung

Über den Schalter `-U` geben Sie gezielt einen bestimmten Benutzernamen an, zum Beispiel `smbclient -U huhn -L //192.168.2.8/`. Dieser Accountname muss natürlich auf dem Samba-Server in der Datenbank vorhanden sein. Um mit einer Freigabe Verbindung aufzunehmen und die `smbclient`-Shell zu starten, lassen Sie den Parameter `-L` weg:

```
squeeze@zwerg:~> smbclient //192.168.2.8/squeeze
Enter squeeze's password:
Domain=[HUHNIXNETZ] OS=[Unix] Server=[Samba 3.5.6]
smb: \>
```

Um sich hingegen zu einer öffentlichen Freigabe zu verbinden, drücken Sie am Passwortprompt wieder einfach `Eingabe`:

```
squeeze@zwerg:~> smbclient //192.168.2.8/musik
Enter squeeze's password:
Anonymous login successful
Domain=[HUHNIXNETZ] OS=[Unix] Server=[Samba 3.5.6]
smb: \> ls
  .                            D        0  Tue Apr 19 17:05:56 2011
  ..                           D        0  Tue Apr 19 17:05:36 2011
  06 - Shirley Horn  Return to Paradise...
```

Am Prompt `smb: \>` geben Sie nun Ihre Kommandos ein. Die meisten Shell-Befehle (siehe auch Kapitel 18 ab Seite 563) unterscheiden sich nicht von den Kommandos auf der Bash: `mkdir` erstellt ein Verzeichnis, `rmdir` löscht es, mit `cd` wechseln Sie durch die Ordner hindurch, `ls` listet den Inhalt auf, `rm` löscht etwas usw. Eine Übersicht erhalten Sie, wenn Sie `help` am Prompt tippen, und `help <befehl>` zeigt eine kurze Erklärung zum jeweiligen Befehl. Über `exit` oder `quit` beenden Sie `smbclient`. Wie ein Kommandozeilen-FTP-Client wirkt das Programm `smbclient`, wenn es um die Datenübertragung geht: Über `get` kopieren Sie Daten von der Freigabe auf den Client, und mit `put` geht's in die andere Richtung. Die deutsche Übersetzung der Samba-Dokumentation enthält übrigens auch eine deutsche Manpage zu `smbclient`; hier finden Sie viele weitere Tipps zur Bedienung dieses Tools.[2]

[»] Einige praktische Bash-Features wie die Tab-Completion oder Wildcards funktionieren auch in der `smbclient`-Shell. Einen kleinen, aber feinen Unterschied gibt es allerdings in Bezug auf Datei-/Verzeichnisnamen mit Leerzeichen: Diese können Sie nicht – wie von der Bash her gewohnt – mit einem Backslash (`\`) »escapen«, da dieser (genau wie der Schrägstrich `/`) als Trenner von Dateipfaden dient. Stattdessen setzen Sie derartige Namen einfach in doppelte Hochkommata, zum Beispiel `"datei mit leerzeichen"`.

Freigaben mounten

Eine Alternative ist das Einhängen von Freigaben in den Verzeichnisbaum (siehe auch Kapitel 17 ab Seite 491). Das entsprechende Programm `/sbin/mount.cifs` liefert das Paket *cifs-utils*, das automatisch zusammen mit *smbfs* und *smbclient* auf die Platte wandert. Die folgenden Befehle führen Sie als Administrator Root aus. Die generelle Syntax lautet:

```
mount -t cifs -o <optionen> //<IP>/<freigabe> /<mount-punkt>
```

Nach der Angabe des Dateisystems über den Schalter `-t` folgen diverse Mount-Optionen (hier geben Sie beispielsweise den Benutzernamen und das Passwort an). Nach den beiden Schrägstrichen folgt die IP-Adresse des Servers und die Freigabe. Wenn Sie stattdessen den Servernamen verwenden möchten, so ist dies nur über einen Eintrag in der Datei */etc/hosts* möglich (siehe Abschnitt 20.1.1 ab Seite 610). Ganz zum Schluss steht der Mount-Punkt.

Beachten Sie, dass der Mount-Punkt existieren muss, damit Sie eine Freigabe dort einhängen können. Im Zweifelsfall legen Sie ihn als Administrator vorher an, zum Beispiel über `mkdir /mnt/share`. Der folgende Befehl hängt das freigegebene Home-Verzeichnis des Benutzers `squeeze` in den Ordner */mnt/share* ein:

---

2 *http://gertranssmb3.berlios.de/output/smbclient.1.html*

```
zwerg:~ # mount -t cifs -o username=squeeze,password=geheim ↩
//192.168.2.8/squeeze /mnt/share
zwerg:~ # mount
...
//192.168.2.8/squeeze/ on /mnt/share type cifs (rw,mand)
```

[!] Wenn Sie das Kennwort im `mount`-Aufruf weglassen, geben Sie es anschließend am Prompt ein. Das ist der sicherere Weg, denn wenn Sie das Passwort schon im Befehl selbst eingeben, landet es auch in der History der Shell (siehe Abschnitt 18.1 ab Seite 568).

Um eine Freigabe wieder auszuhängen, verwenden Sie das Kommando `umount`, zum Beispiel `umount /mnt/share`.

»/etc/fstab« Wie in Abschnitt 17.2.3 ab Seite 503 erläutert, können Sie in der File System Table (*/etc/fstab*) die Einträge fest verankern. Auch für diese Vorgehensweise benötigen Sie einen Mount-Punkt im Dateisystem. Außerdem bietet es sich an, eine externe Datei für die Zugriffsdaten (Benutzername und Passwort) zu erstellen, da die Datei */etc/fstab* für alle Anwender lesbar ist. Diese sogenannte Credentials-Datei (zum Beispiel im eigenen Home-Verzeichnis *~/.smbcredentials*) hat den folgenden Inhalt:

```
username=squeeze
password=geheim
```

Anschließend setzen Sie die Rechte dieser Datei so, dass sie nur noch vom Besitzer lesbar ist:

```
chmod 400 ~/.smbcredentials
```

Der Datei */etc/fstab* fügen Sie nun eine neue Zeile hinzu:

```
//192.168.2.8/squeeze /mnt/share cifs noauto,users,↩
credentials=/home/squeeze/.smbcredentials     0 0
```

Sie können den neuen Eintrag nun über `mount /mnt/share/` testen:

```
squeeze@zwerg:~> mount /mnt/share/
squeeze@zwerg:~> mount
...
//192.168.2.8/squeeze/ on /mnt/share type cifs (rw,mand,↩
nosuid,nodev,user=squeeze)
```

24.3.2 Mac OS X als Client

Am einfachsten und schnellsten greifen Sie auf Freigaben über den Dateimanager Finder zu. Wählen Sie im Finder-Menü GEHE ZU • MIT SERVER VERBINDEN. Ins folgende Dialogfenster tragen Sie bei SERVERADRESSE die

IP oder den Namen des Servers ein, zum Beispiel »smb://192.168.2.8/«. Klicken Sie auf das Pluszeichen neben dem Eingabefeld, um den Server in die Liste der bevorzugten Server aufzunehmen. Bestätigen Sie anschließend über VERBINDEN.

Um auf eine öffentliche Freigabe als Gast zuzugreifen, wählen Sie im nächsten Dialogfenster GAST aus, und klicken Sie auf VERBINDEN. Andernfalls setzen Sie ein Häkchen bei REGISTRIERTER BENUTZER, geben ins Feld NAME den Benutzernamen und darunter das Kennwort ein. Optional können Sie Mac OS X dazu auffordern, das Kennwort zu speichern. Das nächste Dialogfenster bietet Ihnen sämtliche verfügbaren Shares an. Nach der Bestätigung über OK zeigt der Finder die Freigabe im Bereich NETZWERK an.

Abbildung 24.6 Der Finder unter Mac OS X bindet auch Samba-Shares ein.

24.3.3 Windows als Client

Samba-Handbuch

Die deutsche Samba-Dokumentation erklärt in Kapitel 9 detailliert, wie Sie unter verschiedenen Windows-Versionen das Netzwerk konfigurieren. Im Einzelnen finden Sie dort Anleitungen zu Microsoft Windows XP Professional, Windows 2000 Professional und Windows Millennium edition (Me). Im Wesentlichen geht es darum, bei den TCP/IP-Einstellungen die DNS- und WINS-Konfiguration zu überprüfen, falls ein DHCP-Server diese nicht automatisch setzt. Darüber hinaus ist es wichtig, der richtigen Arbeitsgruppe beizutreten (SYSTEMSTEUERUNG • SYSTEM, Reiter COMPUTERNAME, Schaltfläche ÄNDERN). Anschließend sehen Sie eine Meldung wie

»Willkommen in der Arbeitsgruppe HUHNIXNETZ« und die Aufforderung, den Rechner neu zu starten.

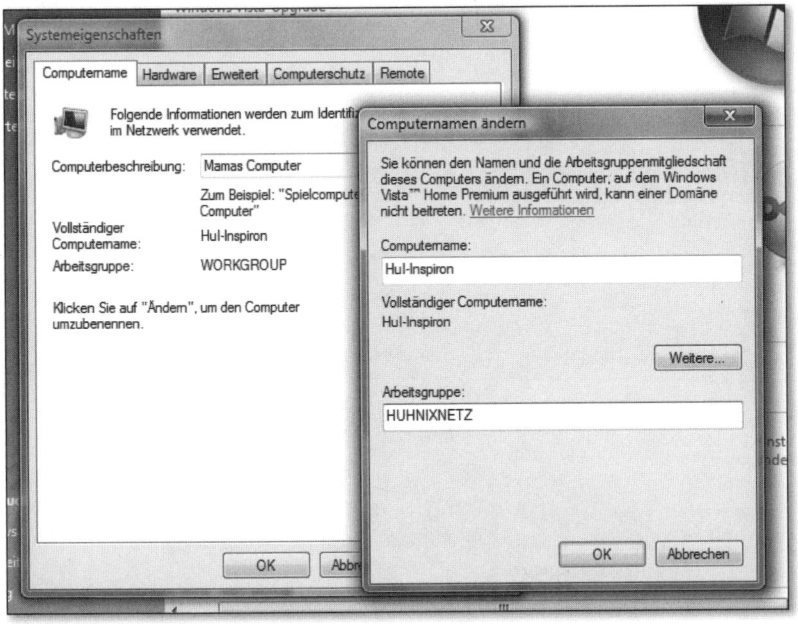

Abbildung 24.7 Fügen Sie den Windows-Rechner zur Samba-Arbeitsgruppe hinzu (hier: Windows Vista Home Premium).

Um einen Gastzugang zu einer öffentlichen Freigabe einzubinden, klicken Sie beispielsweise im Explorer mit der rechten Maustaste auf ARBEITSPLATZ und wählen NETZLAUFWERK VERBINDEN (Windows XP). Unter LAUFWERK entscheiden Sie, unter welchem Laufwerksbuchstaben Windows die Freigabe anspricht, und ins Feld ORDNER gehört der Name (die IP) des Servers und der Freigabe. Für die in diesem Kapitel beispielhaft genannte Freigabe auf die Musik stünde hier also »\\192.168.2.8\musik«. Ein Klick auf FERTIG STELLEN, und die Freigabe präsentiert sich in einem neuen Explorer-Fenster. Unter Windows Vista blättern Sie im Explorer bis zum Eintrag NETZWERK, klicken auf den Rechnernamen und sehen dann die öffentliche Freigabe bzw. die per Samba zur Verfügung gestellten Drucker.

Zugriff auf »/home«

Um die durch Passwörter geschützten Home-Verzeichnisse des Linux-Servers einzubinden, geben Sie unter Windows XP beispielsweise beim Freigabenamen wie beschrieben den Benutzernamen an (zum Beispiel »\\192.168.2.8\squeeze«) und klicken ebenfalls auf FERTIG STELLEN. Das folgende Dialogfenster fragt nach dem Benutzernamen und dem dazugehörigen Passwort. Auf einem Windows-Vista-System klicken Sie mit der rechten Maustaste im Explorer auf COMPUTER und entscheiden sich dann für NETZWERKRESSOURCE HINZUFÜGEN. Der folgende Assistent leitet Sie durch die nötigen Schritte. Auch hier geben Sie den Benutzernamen und das Passwort zur Authentisierung an.

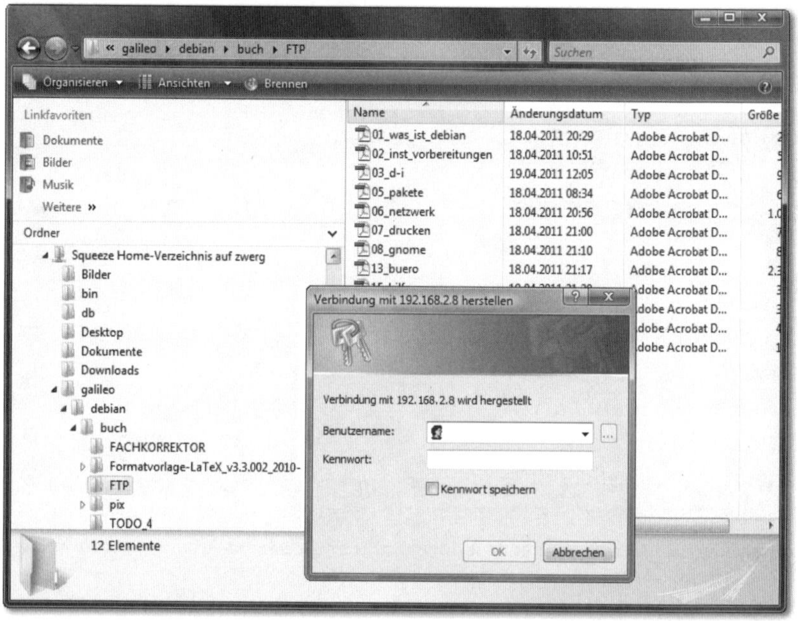

Abbildung 24.8 Samba-Shares binden Sie über den Windows Explorer ein.

Dieses Kapitel gibt allgemeine Tipps zum Thema »Netzwerksicherheit«, zeigt, wie Sie mit Netfilter/IPTables eine Firewall aufsetzen, und verrät, warum Sie nicht dauerhaft als Root arbeiten sollten. Darüber hinaus lesen Sie, wie Sie SSH- und GnuPG-Schlüssel generieren, Daten verschlüsseln und verschlüsselte Dateiysteme einbinden.

25 Sicherheit

Für einen privaten Rechner, der lediglich als Desktopsystem fungiert, stellen Sie als absolutes Minimum sicher, dass dieser keine unnötigen Dienste anbietet – auch wenn dieser Computer hinter einem Router »versteckt« ist (siehe auch Abschnitt 6.1 ab Seite 151). Eine Firewall als zusätzlicher Schutz schadet in keinem Fall. Setzen Sie Debian GNU/Linux auf einem öffentlich zugänglichen Server ein, so ist ein solcher Schutz gegen Einbruchsversuche und Attacken sogar ein absolutes Muss, um das System sicher und sauber zu halten.

25.1 Schotten dicht – das System absichern

Abschalten von Diensten

Den eigenen Rechner sicherer vor Angriffen machen – das bedeutet nicht nur das Aufsetzen einer Firewall (siehe Abschnitt 25.2 ab Seite 702), sondern auch das Ausschließen von anderen Risikofaktoren, wie zum Beispiel das gezielte Abschalten von nicht benötigten oder unsicheren Diensten. Der englische Fachbegriff ist »Operating System Hardening«, was so viel bedeutet wie »das Betriebssystem (ab)härten«. Was sich auf Ihrem Linux-System alles tummelt, verrät das Kommando `netstat`, das eine Liste der aktiven Netzwerkverbindungen anzeigt, die vom Intra- oder Internet aus erreichbar sind:

```
huhn@huhnix:~> netstat -a
Aktive Internetverbindungen (Server und stehende Verbindungen)
Proto Recv-Q Send-Q Local Address     Foreign Address State
tcp        0      0 localhost:2208    *:*             LISTEN
tcp        0      0 *:finger          *:*             LISTEN
tcp        0      0 *:auth            *:*             LISTEN
tcp        0      0 *:ftp             *:*             LISTEN
```

```
tcp        0      0 *:ssh           *:*                LISTEN
tcp        0      0 *:ipp           *:*                LISTEN
...
tcp        0      0 same.local:ssh  mac.local:59895 VERBUNDEN
```

»finger« Jeden Dienst, den Sie nicht unbedingt benötigen, sollten Sie abschalten. Ein »Abschusskandidat« im Beispiel oben ist der `finger`-Daemon (Paket *fingerd*), der zwar standardmäßig unter Debian GNU/Linux nicht mit auf die Platte wandert, hier zu Demonstrationszwecken aber installiert und gestartet wurde. Läuft dieser Dienst, so präsentiert der Befehl `finger` über das Netzwerk vertrauliche Informationen über Sie und Ihren Rechner:

```
huhn@tablett:~> finger squeeze@zwerg
Welcome to Linux version 2.6.32-5-686 at zwerg.huhnix.org !
 16:12:22 up 12 days, 23:54,  9 users,  load average:0.06,↵
 0.11, 0.17
Login: squeeze                          Name: Debian Squeeze
Directory: /home/squeeze                Shell: /bin/bash
On since Thu Mar 10 16:30 (CET) on pts/1 from tablett:S.0
   3 minutes 29 seconds idle
On since Thu Mar 10 16:36 (CET) on tty8 from :0
    12 days 22 hours idle
     (messages off)
...
No mail.
Plan:
I'm the operator with my pocket calculator.      (Kraftwerk)
```

Neben dem `finger`-Daemon finden Sie in der `netstat`-Ausgabe möglicherweise noch andere Daemons, die überflüssig sind und abgeschaltet werden können. Entweder deinstallieren Sie das entsprechende Paket, oder Sie entfernen den Eintrag in der Konfigurationsdatei des Super-Daemons. Ist für den Start und Stopp ein Skript in */etc/init.d* verantwortlich, reicht es nicht, dieses einfach zu löschen, denn es wird beim nächsten Upgrade des Pakets wiederhergestellt. Stattdessen entfernen Sie mit dem Programm `update-rc.d` den Link für den Runlevel (`update-rc.d <dienst> disable`). Um den Link neu anzulegen, geben Sie `update-rc.d <dienst> enable` ein (siehe Abschnitt 17.7 ab Seite 543).

[+] Grundsätzlich gilt: Alles, was Sie nicht benötigen, fliegt raus. Darüber hinaus gibt es einige Netzwerkdienste und -protokolle, die so unsicher sind, dass sie erst gar nicht in Betracht gezogen werden sollten. Dazu gehören vor allem solche, die Daten im Klartext über das Netz schicken, wie zum Beispiel `telnet` oder `ftp` und auch `rsh`, das sogar die Anmeldung ohne Passwortabfrage ermöglicht.

25.1.1 Portscan

Eine weitere Möglichkeit zur Überprüfung der angebotenen Netzwerkdienste ist ein sogenannter Portscan. Was der Server alles nach außen preisgibt, verrät beispielsweise das Programm `nmap`, das Sie im gleichnamigen Paket finden. Sie starten den »Schnüffler« als Administrator auf der Kommandozeile und übergeben einen Hostnamen oder eine IP-Adresse:

```
huhnix:~ # nmap tablett
Starting Nmap 5.00 (http://nmap.org) at 2011-03-23 16:26 CET
Interesting ports on tablett (192.168.2.2):
Not shown: 500 closed ports, 496 filtered ports
PORT     STATE SERVICE
22/tcp   open  ssh
88/tcp   open  kerberos-sec
5900/tcp open  vnc
6000/tcp open  X11
MAC Address: 00:1E:C2:1A:EA:B5 (Apple)

Nmap done: 1 IP address (1 host up) scanned in 3.49 seconds
huhnix:~ # nmap -sU tablett

Starting Nmap 5.00 ( http://nmap.org ) at 2011-03-23 16:28 CET
Interesting ports on tablett (192.168.2.2):
Not shown: 996 closed ports
...
631/udp  open|filtered ipp
5353/udp open|filtered zeroconf
...
```

Offene Ports

Die Anwendung testet sämtliche TCP-Ports (Transmission Control Protocol) und auf Wunsch auch UDP-Ports (User Datagram Protocol), wenn Sie `-sU` angeben. Sie erhalten einen Bericht darüber, welche Ports antworten, also offen sind. Die Beispielsausgabe zeigt, dass auf dem gescannten Mac-OS-X-Rechner unter anderem ein SSH-Server (Port 22), ein VNC-Server (Port 5900), der CUPS-Server (Port 631) und Zeroconf (Port 5353) laufen.

[!]

Einen solchen Postscan sollten Sie immer nur auf eigene Maschinen ansetzen. Admins anderer Rechner werden sich über derartige Überprüfungen nicht besonders freuen und sie eventuell sogar als Einbruchsversuch werten. Haben Sie keinen Rechner zur Verfügung, von dem aus Sie den Scanvorgang starten können, überprüfen Sie die Sicherheit der eigenen Maschine zum Beispiel über Webseiten wie *http://www.port-scan.de/* oder *http://www.heise.de/security/dienste/portscan/*.

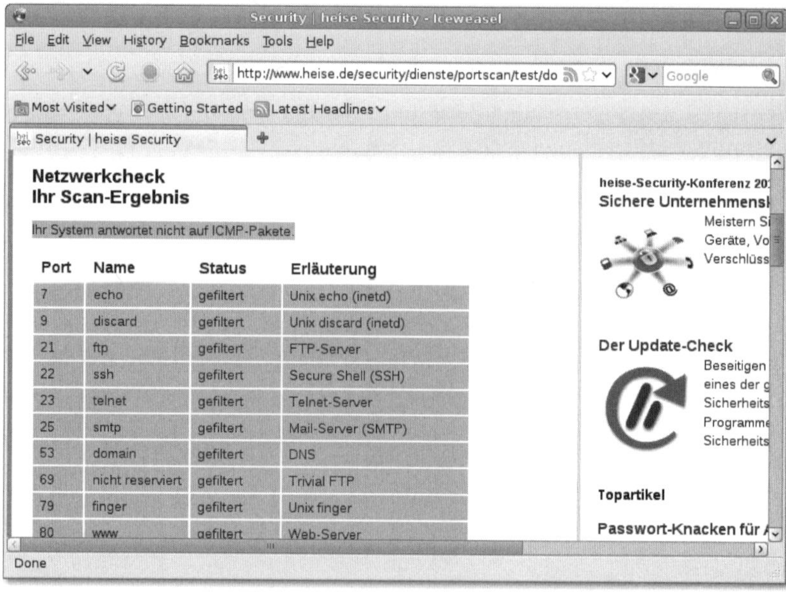

Abbildung 25.1 Einen Portscan bieten auch verschiedene Webseiten an.

25.2 Eine Firewall einrichten – IPTables

Eine Möglichkeit, den Datenverkehr zwischen Netzen zu kontrollieren, ist die Verwendung eine Firewall: So garantieren Sie Sicherheit für die laufenden Netzwerkdienste, indem Sie nur gewünschten Datenverkehr passieren lassen – Ungewolltes muss draußen bleiben. Wenn Sie keine Netzwerkdienste nach außen hin anbieten und der eigene Rechner über einen Router mit dem Internet verbunden ist, der keine ankommenden Verbindungen an Ihren Computer weiterreicht, ist es nicht zwingend erforderlich, diese Vorsichtsmaßnahmen zu ergreifen – vorausgesetzt, Sie bringen dem Router das nötige Vertrauen entgegen. Schaden kann eine zusätzliche Sicherheitsmaßnahme allerdings auch nicht – Vorsicht ist immer besser als Nachsicht. Eine Firewall kann zwar keine Sicherheitslücken im System selbst schließen oder Installations- beziehungsweise Konfigurationsfehler entdecken und beheben, aber sie kann den Datenverkehr zwischen Netzen kontrollieren und notfalls beschränken, Dienste gezielt zulassen und blockieren, den Netzwerkverkehr manipulieren oder drosseln und natürlich die Vorgänge protokollieren.

Proxy oder Paketfilter

Es gibt verschiedene Typen von Firewalls: Ein Proxy überwacht beispielsweise den ausgehenden Datenverkehr, indem er als Schnittstelle zwischen Client und Server geschaltet ist. Anfragen eines Clients gehen direkt an den Proxy, der im Auftrag die Verbindung zum Server herstellt und Antworten (gefiltert) an den Client zurückgibt. Durch diese Aufteilung der Kommunikation wird es nicht nur möglich, Dienste gezielt bestimmten Benutzern anzubieten, sondern Daten werden darüber hinaus gefiltert, und die Speicherung von personenbezogenen Profildaten wird unterbunden. Eine Paketfilter-Firewall analysiert den Datenverkehr im Netzwerk, indem sie die Header der Pakete betrachtet. Anhand von festgelegten Filterregeln wird entschieden, ob ein Paket geblockt und verworfen wird oder seinen Weg fortsetzen darf.

Ein solcher Paketfilter ist praktischerweise schon in den Linux-Kernel integriert – wie Sie mit Bordmitteln eine einfache Firewall für einen Einzelplatzrechner aufsetzen, zeigen die folgenden Abschnitte. Wenn Sie eine Firewall auf einem Rechner installieren wollen, der als Router arbeitet, sollten diese Informationen ebenfalls genug Hintergrundwissen bieten, um diese einzurichten – das Vorgehen bis ins Detail zu beschreiben, würde allerdings den Rahmen des Kapitels sprengen.[1]

25.2.1 Netfilter/IPTables

Im Kernel

Das bei Linux-Distributionen ab Kernel 2.4 mitgelieferte Firewall-System heißt Netfilter/IPTables und löst die Vorgängerversion IPChains (Kernel 2.2) ab. Netfilter ist die Kernel-Komponente, die das tatsächliche Filtern von Paketen übernimmt, und IPTables ist der Name des Programms, das auf diese Kernel-Funktionen zugreift.[2] Die nächsten Abschnitte verraten mehr zum Konzept von Tabellen und Regeln und zeigen, wie Sie mit dem Kommandozeilentool IPTables eigene Regeln zur Paketfilterung erstellen.

25.2.2 Tabellen und Regeln

IPTables gruppiert die Regeln zur Verarbeitung von Netzwerk-Paketen in drei verschiedenen Tabellen: Die eigentlichen Regeln für den Paketfilter stehen in `filter`, `nat` ist für die Network Address Translation zuständig, und `mangle` erlaubt Paketmanipulationen für Spezialzwecke. Die weiteren Abschnitte beziehen sich alle auf die `filter`-Tabelle. Innerhalb dieser Tabellen werden die Regeln in Listen zusammengefasst und der Reihe nach abgearbeitet. In den meisten Fällen steht ganz am Ende eine Anweisung,

1 Gute Anleitungen von Paul 'Rusty' Russell finden Sie unter *http://www.netfilter.org/documentation/*; viele der HOWTOs sind auch ins Deutsche übersetzt worden. Außerdem gibt es ein recht gutes Tutorial unter *http://www.frozentux.net/documents/iptables-tutorial/*.

2 *http://www.netfilter.org/*

die alles verbietet, und darüber stehen dann Regeln, die Ausnahmen definieren und so das kategorische Verbot einschränken.

Das Konzept der Verkettung von Filterregeln ist dafür verantwortlich, dass die Regellisten als »Ketten« (englisch »chains«) bezeichnet werden. Im Wesentlichen sind drei der mitgelieferten Ketten interessant: `INPUT`, `OUTPUT` und `FORWARD`:[3]

- **INPUT**
  Diese Liste enthält die Konfiguration für ankommende Pakete, die für den eigenen Linux-Rechner bestimmt sind.
- **OUTPUT**
  Diese Regellisten betreffen die von Ihrem Rechner ausgehenden Pakete, also beispielsweise Anfragen, die irgendwelche Programme absetzen. (Davon ausgehend, dass Sie wissen, welche Anwendungen laufen, findet diese Kette hier keine weitere Beachtung.)
- **FORWARD**
  Diese Kette ist nur dann interessant, wenn die Maschine als Router arbeitet und Pakete weiterleiten soll; sie findet daher im weiteren Verlauf des Kapitels keine Erwähnung mehr.

25.2.3 Ziele (»targets«)

»ACCEPT«, »DROP« und »REJECT«

Sogenannte `targets` definieren, was mit einem Paket passiert. Um ein Paket anzunehmen, verwenden Sie den Ausdruck `ACCEPT`; soll es ohne Rückmeldung an den Absender verworfen werden, wählen Sie `DROP`. Alternativ könnten Sie statt `DROP` auch `REJECT` definieren, was ein Paket ebenso an der Weiterreise hindert – allerdings gibt es hier eine möglicherweise ungewollte Rückmeldung an den Absender mit Informationen, warum das Paket abgelehnt wurde. Dies kann zwar sinnvoll sein, um längere Timeouts zu verkürzen, aber es kann auch ein potenzielles Sicherheitsrisiko darstellen, an eine unbekannte Quelle Antworten zu versenden.

Informativ gibt sich hingegen `LOG`: Mit diesem `target` entscheiden Sie nicht, ob ein Paket gewollt oder ungewollt ist (das geschieht in einer eigenen Regel), sondern zeichnen zusätzlich Informationen auf, bevor das Paket weiter durch die Kette geleitet wird.

---

3 Es ist möglich, eigene Ketten zu definieren; dies ist allerdings fortgeschrittenen Anwendern vorbehalten und wird hier nicht weiter ausgeführt.

25.2.4 Die Regeln aufstellen

Mit diesem Hintergrundwissen definieren Sie nun für die eigene Firewall passende Regeln. Die erste Anweisung schaltet eventuell existierende Konfigurationen ab (`-F` steht dabei für »to flush« = »leeren, spülen«):

```
iptables -F
```

SSH freigeben

Als Nächstes schalten Sie gezielt Ports frei. Um beispielsweise Port 22 (SSH) freizugeben, geben Sie folgendes Kommando ein:

```
iptables -A INPUT -i eth0 -p tcp --dport ssh -j ACCEPT
```

Aufgeschlüsselt heißt die Anweisung: Füge eine Regel zur `INPUT`-Kette hinzu (`-A INPUT`), die alle ankommenden TCP-Verbindungen (`-p tcp`) akzeptiert, die als Ziel (`--dport` = »Destination Port«) den Port für `ssh` haben. Das Netzwerkinterface `-i eth0` ersetzen Sie im Zweifelsfall durch den Namen Ihrer Netzwerkkarte. Alternativ könnten Sie die Portnummer auch numerisch definieren; eine Übersicht der Ports und der zugeordneten Dienste zeigt die Datei */etc/services*.

Um die Protokollierung für abgewiesene Pakete einzuschalten, fügen Sie eine weitere Regel mit dem Ziel `LOG` hinzu:

```
iptables -A INPUT -i eth0 -j LOG --log-prefix "DROP - "
```

Definieren Sie nun noch eine Regel, die alle ankommenden Pakete abweist, egal, auf welcher Portnummer diese den Rechner ansprechen:

```
iptables -A INPUT -i eth0 -j DROP
```

Mit diesen Anweisungen haben Sie den Rechner gut abgeschottet. Dieser kann nun lediglich über ein sicheres (verschlüsseltes) Protokoll, nämlich SSH, erreicht werden. Leider ist dies nur die eine Seite der Medaille – versuchen Sie anschließend, mit einem Webbrowser eine Seite anzusurfen oder per `ssh` eine andere Maschine zu kontaktieren, so stellen Sie fest, dass Sie sich ausgesperrt haben: Es werden zwar nur die ankommenden und nicht die ausgehenden Pakete geblockt, sodass Ihre Anfrage nach draußen geht, aber die Antworten der anderen Rechner gelangen nicht mehr bis zu Ihnen. Für diesen Fall gibt es eine spezielle Anweisung, mit der Sie Antworten identifizieren und durchlassen:

```
iptables -I INPUT 1 -i eth0 -m state --state ➥
ESTABLISHED,RELATED -j ACCEPT
```

»ESTABLISHED« und »RELATED«

Diese Regel akzeptiert ein Paket, wenn eine Verbindung bereits besteht (`ESTABLISHED`), und darüber hinaus Pakete, die mit bestehenden Verbindungen zusammenhängen (`RELATED`). Da letztendlich mehr Pakete als

Antworten auf eigene Anfragen ankommen als SSH-Verbindungen von außen, fügen Sie diese Regel mit `-I` (»insert« = »einfügen«) direkt am Anfang (`INPUT 1`) ein. Ob alles geklappt hat, überprüfen Sie mit dem Kommando `iptables` und der Option `-L`, welche die Regeln zu den Ketten auflistet.

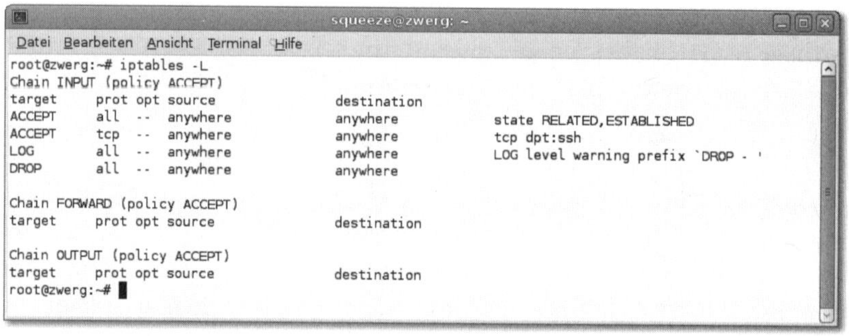

Abbildung 25.2 Nachdem Sie alle Regeln definiert haben, schauen Sie mit »iptables -l« den aktuellen Zustand an.

[!] Wenn Sie die hier gezeigten Schritte nicht an einem lokalen Rechner, sondern auf einer entfernten Maschine per SSH erledigen, sollten Sie aufpassen, dass Sie sich nicht aus Versehen selbst aussperren. In Abschnitt 17.9.1 ab Seite 553 finden Sie einen Tipp, wie Sie mithilfe von `at` nach einer bestimmten Zeit die Änderungen rückgängig machen. Eine andere, elegante Möglichkeit ist der folgende Befehl:

```
iptables-save > foo ; sleep 600 ; iptables-restore < foo
```

Dieser speichert die existierenden (und funktionierenden Regeln) in einer Datei namens *foo*, wartet zehn Minuten (600 Sekunden) und stellt dann die Regeln wieder her, indem er die Datei einliest (siehe auch Abschnitt 18.6 ab Seite 594). Das Ganze hat gegenüber dem `at`-Kommando folgenden Vorteil: Falls Sie aus Versehen einen Fehler bei den `OUTPUT`-Regellisten gemacht haben, nützt es auch nichts, wenn Sie einfach nur den `INPUT` für Port 22 öffnen. Wenn die Pakete nicht zum Rechner wandern können, von dem aus Sie sich per SSH verbinden, können Sie sich nicht anmelden.

25.2.5 IPTables-Startskript

»iptables-persistent«

Bis zur letzten Ausgabe dieses Buchs stand an dieser Stelle immer ein selbst geschriebenes Startskript, das sämtliche Firewall-Regeln beim Booten gesetzt hat. Seit Debian GNU/Linux »Squeeze« ist diese Handarbeit nicht länger nötig – stattdessen installieren Sie das Paket *iptables-persistent*. Dieses bringt das Skript */etc/init.d/iptables-persistent* auf die Platte, das in der Voreinstellung beim Booten den Dienst aufnimmt und die in der Datei */etc/iptables/rules* eingetragenen IPTables-Regeln setzt.

Am leichtesten kommen Sie zu einer solchen Regeldatei, wenn Sie eine vorhandene, funktionierende Konfiguration mit `iptables-save` erstellen. Dieses schreibt vorhandene Regeln einfach auf die Standardausgabe. Über einen Umleitungsoperator speichern Sie die Ausgabe direkt in die Datei – vorher sollten Sie prüfen, ob */etc/iptables/rules* eventuell schon existiert, und dann ein Backup von der Datei anlegen:

```
root@zwerg:~# ls /etc/iptables/rules
/etc/iptables/rules
root@zwerg:~# cp /etc/iptables/rules /etc/iptables/rules.bak
root@zwerg:~# iptables-save > /etc/iptables/rules
```

Dass nach dem nächsten Neustart alles geklappt hat, verrät die erneute Eingabe von `iptables -L` beziehungsweise der Befehl `dmesg`.

25.2.6 Logfiles prüfen

Über die Regel mit dem Ziel `LOG` haben Sie definiert, dass abgeblockte Pakete protokolliert werden. Die entsprechenden Informationen finden Sie beispielsweise in der Datei */var/log/messages*. Das gezeigte Beispiel weist alle Verbindungen außer SSH ab. Versucht jemand, per FTP auf den Rechner zuzugreifen, so zeigt die Logdatei beispielsweise:

```
Mar 23 18:08:38 zwerg kernel: [552.753777] DROP - IN=eth0↩
OUT= MAC=00:24:54:15:63:05:00:1e:c2:1a:ea:b5:08:00 ↩
SRC=192.168.2.2 DST=192.168.2.7 LEN=64 TOS=0x00 PREC=0x00↩
TTL=64 ID=3528 DF PROTO=TCP SPT=60343 DPT=21 WINDOW=65535↩
RES=0x00 SYN URGP=0
```

Logfiles verstehen

In dieser Ausgabe sehen Sie unter anderem, dass ein Rechner versucht hat, zu Port 21 (FTP-Server) Verbindung aufzunehmen (`DPT=21`, »DPT« = »Destination Port«). Initiiert wurde die Verbindung von dem Rechner mit der IP-Adresse 192.168.2.2 (»SRC« = »Source«).

25.2.7 Firestarter (IPTables-GUI)

Firestarter ist ein grafisches Frontend, mit dem Sie bequem IPTables-Regeln erstellen und verwalten. Das Programm bietet einen Einrichtungsassistenten zum Konfigurieren der Netzwerkdaten, einen Echtzeitmonitor, Hilfe beim Einrichten von Regeln zur Kontrolle des ein- oder ausgehenden Netzwerkverkehrs und von Portweiterleitungen und vieles mehr. Sie spielen das Programm über das Paket *firestarter* ein. Anschließend starten Sie das IPTables-Frontend über das Menü SYSTEM • SYSTEMVERWALTUNG • FIRESTARTER oder über das K-Menü • SYSTEM • FIRESTARTER. Alternativ geben Sie `gksu firestarter` oder `kdesudo firestarter` in ein Schnellstart- oder Terminalfenster ein. Auf Aufforderung authentifizieren Sie sich mit dem Root-Passwort bzw. mit Ihrem eigenen.

Ein Einrichtungsassistent begrüßt Sie, über VOR geht es weiter. Als Erstes richten Sie die Netzwerkkarte(n) ein. Firestarter erkennt vorhandene Geräte automatisch und bietet diese in einem Dropdown-Menü zur Auswahl an. Wenn der Computer beispielsweise direkt an ein (DSL-)Modem angeschlossen ist, wählen Sie PPPO. Verwenden Sie ein Kabelmodem, oder ist der Rechner lediglich in ein lokales Netzwerk integriert, so ist ein Ethernet-Device (zum Beispiel ETH0 oder ETH1) möglicherweise die richtige Wahl.

[+] Ist der Linux-Rechner ein Router für die anderen Computer im Netzwerk und kümmert er sich um die Internetverbindung, aktivieren Sie die beiden Kontrollkästchen STARTEN DER FIREWALL BEIM HERAUSWÄHLEN und IP-ADRESSE WIRD ÜBER DHCP ZUGEWIESEN (sofern Ihr ISP Ihnen dynamisch eine IP-Adresse bei der Einwahl zuweist). Außerdem aktivieren Sie im nächsten Dialog die Option INTERNET-VERBINDUNGSTEILUNG VERWENDEN (NAT).

Im letzten Dialog ist in der Voreinstellung FIREWALL JETZT STARTEN aktiviert – um bestehende Netzwerkverbindungen zu dem Rechner nicht zu gefährden, entfernen Sie das Häkchen hier. Erstellen Sie besser zunächst entsprechende Regeln für die möglichen Verbindungen, bevor Sie die Firewall aktivieren. Über SPEICHERN sichern Sie die Einstellungen und beenden den Assistenten. Diesen können Sie jederzeit wieder über das Menü FIREWALL im Hauptfenster aufrufen.

Feintuning Über BEARBEITEN • EINSTELLUNGEN öffnen Sie den Einrichtungsdialog. Hier finden Sie Optionen für die Benutzeroberfläche, etwa um das Firestarter-Fenster beim Schließen zu minimieren und im Kontrollabschnitt des Panels als Symbol abzulegen. Unter DIENSTTYP FILTERUNG können Sie die Priorität einzelner Dienste anpassen, sodass selbst bei einer ausgelasteten Verbindung bestimmte Protokolle flüssig arbeiten.

Firestarter protokolliert im Hauptfenster alles, was passiert. Über EREIGNISSE • LEEREN räumen Sie die Liste auf; zudem gibt es eine Möglichkeit, das Log zu speichern. Abgelehnte Verbindungen erscheinen in Rot, zugelassene in Schwarz. Ein Rechtsklick auf ein solches Ereignis öffnet ein Kontextmenü, in dem Sie festlegen, wie die Firewall mit solchen Kontaktversuchen in Zukunft umgehen soll: Erlauben Sie entweder alle Verbindungen von dieser Quelle, oder erlauben Sie genau diesen Dienst von allen Rechnern aus, oder nur diesen Dienst von genau diesem Rechner.

Die IPTables-Regeln selbst konfigurieren Sie auf dem Reiter RICHTLINIE. Über das Dropdown-Menü BEARBEITEN DER wählen Sie Regeln für ein- und ausgehenden Verkehr aus. Doppelklicken Sie einen bestehenden Eintrag, um die betreffende Regel weiter anzupassen. Diesen Einrichtungsdialog starten Sie auch, wenn Sie in der Werkzeugleiste auf RICHTLINIE • REGEL HINZUFÜGEN klicken, um eine neue Anweisung zu formulieren. Das Dropdown-Menü NAME bietet viele Dienste zur Auswahl an und trägt dann automatisch die richtige Portnummer ein. Regeln

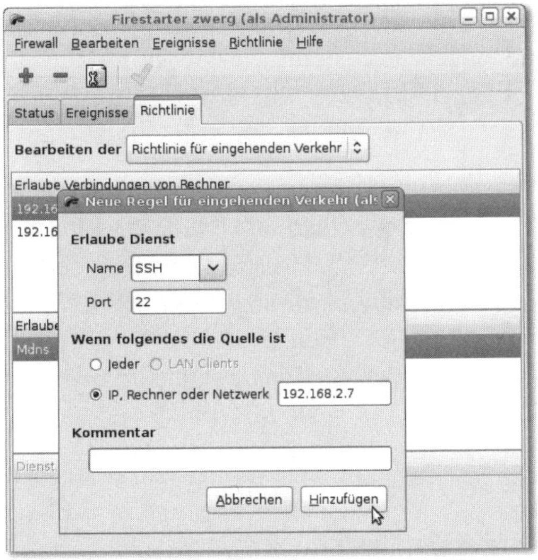

Abbildung 25.3 Per Mausklick öffnen Sie gezielt Ports von bestimmten Rechnern.

Wechseln Sie im Hauptfenster zurück zu STATUS, und klicken Sie auf das blaue Dreieck in der darüber liegenden Symbolleiste, um den Paketfilter zu starten. Die Firewall selbst läuft auch dann weiter, wenn Sie Firestarter beenden. Bei jedem Rechnerstart nimmt der Paketfilter selbstständig die Arbeit auf. Eine andere Funktion hat FIREWALL • FIREWALL SPERREN: Wenn Sie dieses aus dem Menü auswählen, blockiert der Paketfilter alle ein- und ausgehenden Verbindungen (auch die aktiven), und Sie sind vollständig von der Außenwelt abgeschnitten.

[«] Um die Firewall dauerhaft abzuschalten, deinstallieren Sie das *firestarter*-Paket. Wenn Sie dazu die Option `remove` statt `purge` verwenden, bleiben die Konfigurationsdateien auf der Platte und Sie können den Paketfilter jederzeit schnell wieder reaktivieren.

25.3 Ich bin Root, ich darf das!

»Möge das Root-Passwort mit Dir sein« – wer das Kennwort für den Root-Account kennt, ist der Herrscher über das System. Bei der Installation von Debian GNU/Linux richten Sie außer dem Passwort für den Systemverwalter auch einen nichtprivilegierten Benutzeraccount für das tägliche Arbeiten ein. Unter diesem Loginnamen sollten Sie sich hauptsächlich am System anmelden; der Root-Zugang ist lediglich für administrative Aufgaben vorgesehen.

[!] Root darf alles: Software installieren und löschen, Konfigurationsdateien verändern, wichtige Bibliotheken löschen, eine ganze Festplatte formatieren und ein System unbootbar machen. Einige dieser Dinge passieren schneller, als Sie denken, und eine Sicherheitsabfrage der Form »Sind Sie wirklich sicher?« findet in der Regel nicht statt. Ein Kernel kann Schluckauf bekommen, versuchen Sie also zu vermeiden, dass Sie selbst »Oops« sagen müssen.[4]

Das Anmelden als Benutzer Root an der grafischen Oberfläche ist unter Debian GNU/Linux aus den genannten Gründen standardmäßig deaktiviert (Einrichtungsdateien */etc/pam.d/kdm* und */etc/pam.d/gdm3*). Wenn Sie administrative Aufgaben erledigen, erlangen Sie auf der Kommandozeile schnell über `su` oder `sudo` Root-Rechte. Für die grafischen Umgebungen stehen weiterhin Tools, wie `gksu` (GNOME) und `kdesu` (KDE), zur Verfügung (siehe Kapitel 17 ab Seite 491).

25.3.1 Root-Passwort vergessen, und nun?

Live-CD

Wenn Sie das Kennwort des Systemverwalters vergessen haben, ist das in der Regel kein Grund zur Verzweiflung. Sofern Sie physikalischen Zugang zum Rechner haben, können Sie das System beispielsweise mit einer Live-CD wie KNOPPIX oder Debian Live booten. Über das Kommando `sudo fdisk -l` zeigen Sie in einem Terminal sämtliche Platten und ihre Partitionen an. Mounten Sie die Root-Partition des Linux-Systems, dessen Kennwort Sie vergessen haben.

Bearbeiten Sie danach die Datei */etc/shadow* auf dieser Partition. Löschen Sie das verschlüsselte Passwort, das sich zwischen den ersten beiden Doppelpunkten befindet:

4 Sogenannte »Oops«-Meldungen sind die Fehlermeldungen des Linux-Kernels. Sie deuten in der Regel auf ein Hardware- oder Treiberproblem hin.

```
root::12973:0:99999:7:::
```

Nach dem Speichern der Änderungen starten Sie den Rechner neu. Nun setzen Sie das Kennwort für den Systemverwalter mit dem Programm `passwd` neu:

```
huhnix:~ # passwd
Geben Sie ein neues UNIX-Passwort ein:
Geben Sie das neue UNIX-Passwort erneut ein:
passwd: Passwort erfolgreich geändert
```

[o] Alternativ nehmen Sie die Buch-DVD (oder ein anderes Debian-Installationsmedium) zur Hilfe. Starten Sie den Rettungsmodus des Debian-Installers, wie in Abschnitt 15.3 ab Seite 471 beschrieben. Sobald Sie den Installer sehen, wechseln Sie mit Strg + Alt + F2 zur zweiten virtuellen Konsole und aktivieren diese über Eingabe. Hängen Sie nun die Root-Partition des Linux-Systems ein, zum Beispiel über `mount /dev/sda1 /mnt`.

Geben Sie `chroot /mnt` ein, und ändern Sie das Kennwort mit dem Kommando `passwd`. Drücken Sie danach Strg + D, und hängen Sie die Partition wieder aus. Nach der Eingabe von `umount /mnt` starten Sie den Rechner über `reboot` neu.

25.4 Arbeiten mit SSH-Schlüsseln

Die Kapitel 12 und 18 stellen die beiden Programme `scp` und `ssh` vor, mit denen Sie verschlüsselt Daten übertragen und Verbindung zu einem entfernten Rechner aufnehmen. Dabei wandert natürlich auch das eigene Kennwort verschlüsselt durch das Netz – mit einem SSH-Schlüssel sparen Sie diesen Schritt ein. Genau genommen handelt es sich um ein Schlüsselpaar, das wie bei GnuPG (siehe Abschnitt 25.5 ab Seite 713) aus einem öffentlichen und einem privaten Schlüssel besteht. »ssh« und »scp«

25.4.1 Schlüsselpaar generieren (»ssh-keygen«)

Bei der Erzeugung eines Schlüsselpaars hilft das Tool `ssh-keygen` aus dem Paket *openssh-client*, das Sie auf der Kommandozeile starten:

```
huhn@huhnix:~> ssh-keygen
Generating public/private rsa key pair.
Enter file in which to save the key (/home/huhn/.ssh/id_rsa):
Enter passphrase (empty for no passphrase):
Enter same passphrase again:
```

```
Your identification has been saved in /home/huhn/.ssh/id_rsa.
Your public key has been saved in /home/huhn/.ssh/id_rsa.pub.
The key fingerprint is:
de:c8:8e:34:86:f8:9b:db:ce:7c:d8:d0:5e:fd:a9:a8 huhn@zwerg
The key's randomart image is:
...
```

Die Frage, wo der Schlüssel landen soll, quittieren Sie mit `Eingabe`, um die Voreinstellung zu übernehmen. Es ist möglich, kein Kennwort für den Schlüssel einzugeben und bei der Frage nach der Passphrase einfach `Eingabe` zu drücken. Dies sollten Sie allerdings nur in Ausnahmefällen tun, etwa für automatisierte Abläufe.

»ssh-agent« Es ist zwar möglich, sich über ein SSH-Schlüsselpaar die wiederholte Eingabe des Passworts zu ersparen – sicher ist dies aber nur, wenn der eigene Rechner (oder seine Daten) nicht in fremde Hände fällt, denn ein auf der Platte liegender Schlüssel öffnet Tür und Tor. Für Tippfaule gibt es einen Ausweg in Form des Programms `ssh-agent` (`man ssh-agent`): Dieses Tool übernimmt die Verwaltung der privaten Schlüssel, und die eigene Passphrase muss (für jeden Schlüssel) dann nur noch zu Beginn der Sitzung eingegeben werden.

25.4.2 Öffentlichen Schlüssel hochladen

Das Schlüsselpaar finden Sie, wie die Ausgabe zeigt, im versteckten Ordner *~/.ssh* im eigenen Home-Verzeichnis. Sowohl der Ordner selbst als auch der private Schlüssel (*id_dsa*) sind vor neugierigen Blicken anderer Benutzer geschützt und nur für Sie selbst lesbar. Der dazugehörige öffentliche Schlüssel, der die Dateiendung *.pub* trägt, hat die Zugriffsrechte `-rw-r--r--` und muss nun auf dem entfernten Rechner hinterlegt werden. Kopieren Sie zu diesem Zweck die Datei *~/.ssh/id_dsa.pub* beispielsweise mit `scp` (siehe Abschnitt 12.3.2 ab Seite 349) auf den entfernten Rechner, und fügen Sie ihn über das folgende Kommando der Datei *~/.ssh/authorized_keys* (Liste für den Zugriff autorisierter Rechner) hinzu:

```
cat id_dsa.pub >> ~/.ssh/authorized_keys
```

Wenn Sie das nächste Mal mit `ssh` oder `scp` Verbindung zur Gegenseite aufnehmen, werden Sie nicht mehr nach dem Benutzerkennwort, sondern nach der Passphrase für den Schlüssel gefragt.

[+] Schneller geht's mit dem Skript `ssh-copy-id` (ebenfalls aus dem Paket *openssh-client*), das den Public Key zum entfernten Rechner transportiert und dort automatisch in der richtigen Datei ablegt. Existiert auf der Gegenseite noch kein Verzeichnis *~/.ssh/*, legt das Skript dieses mit den richtigen Rechten für Sie an. Als Argumente übergeben Sie den Namen des öffentlichen Schlüssels (Dateiendung *.pub*) und den Benutzer- beziehungsweise Hostnamen:

```
squeeze@zwerg:~> ssh-copy-id -i .ssh/id_rsa.pub huhn@...
huhn@...'s password:
Now try logging into the machine, with "ssh 'huhn@...'", ↩
and check in:

  .ssh/authorized_keys

to make sure we haven't added extra keys that you weren't ↩
expecting.
```

25.5 Privatsache – GnuPG

E-Mails wandern im Klartext durch das Netz und können daher problemlos mitgelesen werden. Abhilfe schafft die Verschlüsselung mit GnuPG (GNU Privacy Guard). Dieses Kryptografie-System verschlüsselt und entschlüsselt Daten und überprüft elektronische Signaturen.[5] Jeder Teilnehmer erstellt ein eigenes Schlüsselpaar, zu dem ein öffentlicher und ein privater Schlüssel gehören. Möchte beispielsweise Petronella ihrer Freundin Peggy eine »geheime« Nachricht schicken, so verschlüsselt sie diese mit dem öffentlichen Schlüssel von Peggy. Peggy kann die Mail nur dann lesen, wenn sie diese mit ihrem eigenen privaten Schlüssel wieder entschlüsselt. Darüber hinaus kann Petronella ihre Mails mit dem eigenen privaten Schlüssel signieren, und Peggy überprüft dann mit Petronellas öffentlichem Schlüssel, dass der Absender wirklich Petronella ist.

»Web of Trust«

Voraussetzung für dieses Verfahren ist, dass sich beide Teilnehmer absolut sicher sind, dass sie die richtigen Schlüssel haben. Peggy und Petronella signieren daher jeweils den öffentlichen Schlüssel der Freundin. Dazu überprüft Petronella beispielsweise Peggys Identität und unterschreibt dann mit ihrem privaten Schlüssel den öffentlichen Schlüssel ihrer Freundin. Wenn nun ein Freund von Petronella ihrer Aussage vertraut, kann er ebenfalls sicher sein, dass Peggys Schlüssel keine Fälschung ist – auf diese Weise entsteht das sogenannte »Web of Trust« (»Vertrauensnetz«).

5 Lars Packschies: »Praktische Kryptographie unter Linux – Werkzeuge und Techniken«, Open Source Press GmbH, München, 2005.

Die nächsten Abschnitte zeigen, wie Sie den »Kryptografie-Experten« GnuPG einsetzen und dazu ein eigenes Schlüsselpaar sowie ein Widerrufszertifikat erstellen. Außerdem lesen Sie hier mehr zum Import und Export von Schlüsseln und dazu, wie Sie anderen Benutzern das Vertrauen aussprechen. Mehr zum praktischen Einsatz von GnuPG zusammen mit den Mailclients Thunderbird, Evolution, KMail und Mutt lesen Sie in Abschnitt 12.2.5 ab Seite 340.

25.5.1 Schlüsselpaar generieren

Das Paket *gnupg* ist bereits installiert, da Secure APT (siehe Abschnitt 5.4.5 ab Seite 135) es benötigt. Erstellen Sie zunächst einen eigenen Schlüssel:

```
squeeze@zwerg:~> gpg --gen-key
gpg (GnuPG) 1.4.10; Copyright (C) 2008 Free Software
Foundation, Inc. This is free software: you are free to
change and redistribute it.
There is NO WARRANTY, to the extent permitted by law.

Bitte wählen Sie, welche Art von Schlüssel Sie möchten:
   (1) RSA und RSA (voreingestellt)
   (2) DSA und Elgamal
   (3) DSA (nur unterschreiben/beglaubigen)
   (4) RSA (nur signieren/beglaubigen)
Ihre Auswahl?
```

Entscheiden Sie sich hier für die Voreinstellung »RSA und RSA (voreingestellt)«, und drücken Sie `Eingabe`. Anschließend geben Sie die Schlüssellänge an:

```
RSA-Schlüssel können zwischen 1024 und 4096 Bit lang sein.
Welche Schlüssellänge wünschen Sie? (2048)
```

Gültigkeit

Voreingestellt sind 2048 Bits; übernehmen Sie den Wert über `Eingabe`. Wählen Sie nun aus, wie lange der Schlüssel gültig sein soll. Legen Sie Wert darauf, dass dieser niemals verfällt, übernehmen Sie die Voreinstellung mit `Eingabe`; anschließend müssen Sie Ihre Entscheidung noch einmal explizit bestätigen:

```
Bitte wählen Sie, wie lange der Schlüssel gültig bleiben soll.
         0 = Schlüssel verfällt nie
      <n>  = Schlüssel verfällt nach n Tagen
      <n>w = Schlüssel verfällt nach n Wochen
      <n>m = Schlüssel verfällt nach n Monaten
      <n>y = Schlüssel verfällt nach n Jahren
Wie lange bleibt der Schlüssel gültig? (0)
```

```
Schlüssel verfällt nie
Ist dies richtig? (j/N) j
```

Nun folgen Angaben zur eigenen Identität: Geben Sie zunächst den vollen Namen und dann eine E-Mail-Adresse und/oder einen Kommentar ein. Wenn Sie sich nicht sicher sind, wie lange die eigene E-Mail-Adresse noch gültig sein wird, können Sie das Feld leer lassen und stattdessen das Geburtsdatum und den Geburtsort ins Kommentarfeld eintragen. Sind alle Daten korrekt, bestätigen Sie mit der Tastenkombination (Umschalt) + (F), (Eingabe). Anschließend geben Sie die Passphrase für den neuen Schlüssel ein.

Passwort (Mantra)

Das hier gesetzte Kennwort (auch »Mantra« genannt) für den privaten Schlüssel geben Sie immer dann ein, wenn GnuPG auf den privaten Schlüssel zugreift, also beim Signieren und Entschlüsseln. Wählen Sie die Passphrase sorgfältig aus, und notieren Sie diese auf keinen Fall – ideal ist eine Mischung aus Sonderzeichen, Klein- und Großbuchstaben. Wenn Sie die Passphrase vergessen, ist der Schlüssel unbenutzbar.

Schlüsselerzeugung

Als Letztes erzeugt GnuPG den eigentlichen Schlüssel. Dabei werden jede Menge Zufalls-Bits mithilfe von */dev/random* erzeugt. GnuPG bittet hier um Ihre Mithilfe: Bewegen Sie die Maus, oder fordern Sie die Festplatte, zum Beispiel indem Sie etwas kopieren. Nach getaner Arbeit präsentiert GnuPG die Schlüssel-ID.

```
...
gpg: Schlüssel FFD0C16F ist als uneingeschränkt ↩
vertrauenswürdig gekennzeichnet
Öffentlichen und geheimen Schlüssel erzeugt und signiert.

gpg: "Trust-DB" wird überprüft
gpg: 3 marginal-needed, 1 complete-needed, PGP ↩
Vertrauensmodell
gpg: Tiefe: 0  gültig:   1  unterschrieben:   0  Vertrauen: ↩
0-, 0q, 0n, 0m, 0f, 1u
pub   2048R/FFD0C16F 2011-04-11
  Schl.-Fingerabdruck = 1C3C 66B6 5D8E 29EA 963C  7E93 4CCF↩
 EB3D FFD0 C16F
uid                  Debian Squeeze Testaccount (nur ein Test)
<keine@huhnix.org>
sub   2048R/5B97C1A2 2011-04-11
```

Der Wert `2048R/FFD0C16F` repräsentiert den 2048 Bit großen RSA-Schlüssel (Hauptschlüssel). Zudem zeigt die Ausgabe den Fingerabdruck und den Unterschlüssel (`sub 2048R/5B97C1A2`), also den Schlüssel, den Sie zur Ver- und Entschlüsselung einsetzen.

[+] Das neue Schlüsselpaar befindet sich – zusammen mit weiteren Dateien – anschließend im neu angelegten Verzeichnis *~/.gnupg*. Standardmäßig ist dieser Ordner unter Debian GNU/Linux direkt mit den richtigen Rechten ausgestattet und nur für den Eigentümer zugänglich (siehe auch Abschnitt 17.3 ab Seite 507). Wer ganz auf Nummer sicher gehen will, bewahrt dieses Verzeichnis nicht auf der eigenen Festplatte auf, sondern auf einem externen Medium (zum Beispiel einem USB-Memorystick).

Schlüsselringe Im Verzeichnis *~/.gnupg* liegen zwei Schlüsselringe: die beiden Dateien *secring.gpg* (privater Schlüssel) und *pubring.gpg* (für alle öffentlichen Schlüssel). Mit dem Befehl

```
gpg --list-secret-keys
```

zeigen Sie den privaten Schlüsselbund an; zum Betrachten der öffentlichen Schlüssel verwenden Sie das folgende Kommando:

```
gpg --list-keys
```

25.5.2 Schlüssel zurückziehen – das Revocation Certificate

Auch wenn der private Schlüssel durch das Mantra gut geschützt ist, könnte ein potenzieller Angreifer immerhin den Schlüssel selbst erreichen. Sobald Sie nur den geringsten Verdacht haben, dass der private Schlüssel kompromittiert ist, sollten Sie daher den Schlüssel sofort für ungültig erklären und zurückziehen. Für den Fall der Fälle erstellen Sie daher direkt nach der Generierung des Schlüsselpaars ein sogenanntes Revocation Certificate (wie englisch »to revoke« = »aufheben, annullieren«). Rufen Sie `gpg` zusammen mit der Option `--gen-revoke` und Ihrer Key-ID auf:

```
squeeze@zwerg:~> gpg --gen-revoke FFD0C16F
sec  2048R/FFD0C16F 2011-04-11 Debian Squeeze Testaccount↩
 (nur ein Test) <keine@huhnix.org>

Ein Widerrufszertifikat für diesen Schlüssel erzeugen? (j/N)j
Grund für den Widerruf:
  0 = Kein Grund angegeben
  1 = Hinweis: Dieser Schlüssel ist nicht mehr sicher
  2 = Schlüssel ist überholt
  3 = Schlüssel wird nicht mehr benutzt
  Q = Abbruch
(Wahrscheinlich möchten Sie hier 1 auswählen)
```

```
Ihre Auswahl?
```

Wählen Sie den Grund für den Rückzug aus, und geben Sie eine optionale Begründung ein, oder gehen Sie mit `Eingabe` weiter zum nächsten Schritt. Hier bestätigen Sie noch einmal, dass Sie das Zertifikat erstellen wollen, und geben dann die Passphrase des privaten Schlüssels ein. Aus Sicherheitsgründen landet das Zertifikat nicht auf der Platte, sondern erscheint lediglich auf der Standardausgabe:

```
Ausgabe mit ASCII Hülle erzwungen
Widerrufszertifikat wurde erzeugt.
...
-----BEGIN PGP PUBLIC KEY BLOCK-----
Version: GnuPG v1.4.10 (GNU/Linux)
Comment: A revocation certificate should follow

iG8EIBEIABcFAk2Ld6MQHQJUZXN0IHRlc3QgdGVzdAAKCRCCja7sqNm6RXyHA
P9LOhb7yiHA2eMpVGo+iqh29d+jcIMgDqvZoGVJeau9wQD/QokhlH+/dLXvIQ
abjJL2 22QBILByx9Rfe6jeuMxqKdU==ZjIf
-----END PGP PUBLIC KEY BLOCK-----
```

Externes Medium

Kopieren Sie den PGP-Block auf ein externes Medium, oder drucken Sie ihn aus. Um den Schlüssel zurückzuziehen, fügen Sie diesen PGP-Block dem Schlüssel hinzu. Haben Sie das Zertifikat beispielsweise in der Datei *zerti.txt* abgelegt, lautet der Aufruf:

```
gpg --import zerti.txt
```

Den Schlüssel laden Sie anschließend auf einen Keyserver hoch.

25.5.3 Export und Import

Es gibt zwei Möglichkeiten, den eigenen öffentlichen Schlüssel in Umlauf zu bringen: Entweder laden Sie ihn auf einen öffentlichen Keyserver hoch, oder Sie speichern den Schlüssel in einer Datei ab und verteilen diese gezielt an andere Personen. Um den eigenen Schlüssel auf einen Server zu übertragen, tippen Sie auf der Kommandozeile beispielsweise:

```
gpg --send-key FFD0C16F
```

Die Schlüssel-ID im Beispiel ersetzen Sie durch Ihre eigene. GnuPG lädt den Schlüssel auf den in der Datei *~/.gnupg/gpg.conf* eingerichteten Keyserver. In der Voreinstellung ist diese Einrichtungsdatei leer. Eine Beispielkonfiguration, die Sie als Vorlage verwenden können, finden Sie unter Debian GNU/Linux »Squeeze« in der Datei

/usr/share/gnupg/options.skel. Alternativ geben Sie über den folgenden Befehl für diesen einen Aufruf einen eigenen Server an:

```
gpg --keyserver subkeys.pgp.net --send-key FFD0C16F
```

Wenn Ihnen ein öffentlicher Server zu öffentlich ist und Sie den eigenen Schlüssel lieber persönlich weitergeben möchten, exportieren Sie den öffentlichen Schlüssel in eine Datei; der Parameter `--armor` sorgt dafür, dass der Schlüssel im ASCII-Format exportiert wird und nicht als »Binärmüll« in der Datei landet:

```
gpg --export --armor FFD0C16F > key.txt
```

Schlüssel importieren

Wie schon erwähnt, verschlüsseln Sie E-Mails oder andere Dateien mit dem öffentlichen Schlüssel Ihres Gegenübers. Dazu fügen Sie den Schlüssel dem eigenen öffentlichen Schlüsselbund hinzu. Handelt es sich um einen Schlüssel, der auf einem Keyserver öffentlich zur Verfügung steht, laden Sie diesen mit nur einem Befehl herunter und importieren ihn. Zum Einsatz kommt, wie in der nächsten Abbildung zu sehen, der Parameter `--recv-key`. Alternativ importieren Sie einen Schlüssel aus einer Datei, z. B. mit dem Kommando `gpg --import key.txt`.

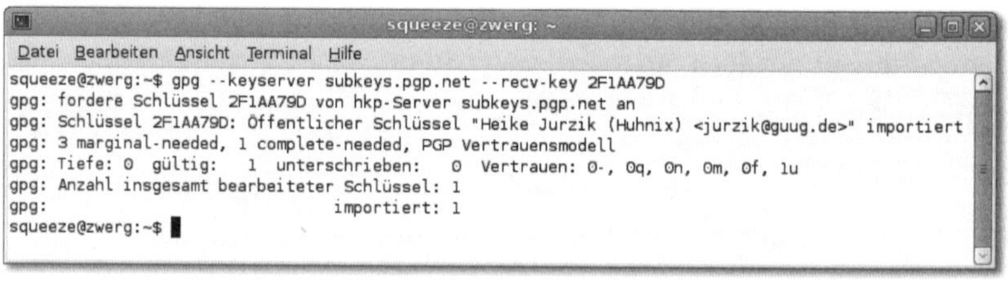

Abbildung 25.4 Mit diesem Kommando laden Sie einen Schlüssel von einem öffentlichen Keyserver herunter.

25.5.4 Vertrauen ist gut, Kontrolle ist besser

Wenn Sie einen öffentlichen Schlüssel einer anderen Person importieren, sollten Sie sicherstellen, dass der Schlüssel wirklich dieser Person gehört. Dazu vergleichen Sie den sogenannten Fingerprint (»Fingerabdruck«) des importierten Schlüssels mit dem Wert, den Ihnen die andere Person mitteilt. Auf der Kommandozeile erhalten Sie Informationen zum Fingerabdruck über den Befehl:

```
squeeze@zwerg:~> gpg --fingerprint 2F1AA79D
pub   1024D/2F1AA79D 2002-08-30
  Schl.-Fingerabdruck = 4BE2 788D 6A58 5D4D 0868  9CB5 6519
7555 2F1A A79D
uid                  Heike Jurzik (Huhnix) <jurzik@guug.de>
```

```
sub   2048g/DE04DE2C 2002-08-30
```

Wenn Sie sicher sind, dass die Identität des Schlüssels gewährleistet ist, sprechen Sie diesem Ihr Vertrauen aus. Dazu nehmen Sie den Schlüsseleditor zu Hilfe (siehe Abschnitt 25.5.5 ab Seite 720):

```
gpg --edit-key 2F1AA79D
```

Als Befehl geben Sie im Editor `trust` ein und entscheiden dann, wie vertrauenswürdig die andere Person ist. Wenn Sie glauben, dass Ihr Gegenüber weiß, wie man mit Schlüsseln umgeht, wählen Sie hier die 4, also `Ich vertraue ihm vollständig`. Der fünfte Punkt in der Liste spricht dem Schlüssel ultimatives Vertrauen aus – diese Option sollten Sie nur für Ihren eigenen Schlüssel setzen.

Schlüssel signieren

Die nächste Stufe des Vertrauens ist, einen Schlüssel zu signieren. Dazu überprüfen Sie die E-Mail-Adresse des Gegenübers, indem Sie ihm eine mit dem fremden öffentlichen Schlüssel verschlüsselte Nachricht schicken. Darüber hinaus ist es üblich, sich durch Einsicht in einen Personalausweis oder ein anderes amtliches Dokument (vorzugsweise mit Foto) davon zu überzeugen, dass die User-ID des Schlüssels zu der entsprechenden Person gehört. Wenn Sie das nächste Mal zu einer sogenannten »Key-Signing-Party« eingeladen werden, bringen Sie also neben Ihrem Fingerprint auch einen Ausweis mit. Zum Unterschreiben eines anderen Schlüssels starten Sie wieder den Schlüsseleditor und geben das Signierkommando ein:

```
gpg> sign

pub  1024D/2F1AA79D  erzeugt: 2002-08-30  verfällt:niemals↩
   Aufruf: SCA
           Vertrauen: uneingeschränkt Gültigkeit: unbekannt
 Haupt-Fingerabdruck  = 4BE2 788D 6A58 5D4D 0868  9CB5 6519 ↩
7555 2F1A A79D

     Heike Jurzik (Huhnix) <jurzik@guug.de>

Sind Sie wirklich sicher, daß Sie vorstehenden Schlüssel mit
Ihrem Schlüssel "Heike Jurzik (Testaccount fuer das Debian-
Buch) <squeeze@huhnix.org>" (FFD0C16F) beglaubigen wollen

Wirklich unterschreiben? (j/N) j

Sie benötigen eine Passphrase, um den geheimen Schlüssel zu ↩
entsperren.
Benutzer: "Heike Jurzik (Testaccount fuer das Debian-Buch) ↩
```

```
<squeeze@huhnix.org>"
2048-Bit DSA Schlüssel, ID FFD0C16F, erzeugt 2011-04-11
```

Bestätigen Sie durch Eingabe von J, und geben Sie das Mantra für Ihren eigenen Schlüssel ein. Zum Schluss speichern Sie die Änderungen und verlassen den Editor, indem Sie `save` eingeben.

[+] Signierte Schlüssel exportieren Sie wieder in eine Datei oder laden sie auf einen Keyserver hoch. Anschließend importiert der Schlüsselinhaber den frisch unterzeichneten Key in seinen eigenen Schlüsselbund (siehe Abschnitt 25.5.3 ab Seite 717).

25.5.5 Schlüsseleditor

GnuPG bringt einen praktischen Schlüsseleditor mit, in dem Sie Schlüssel, Benutzerkennungen und vieles mehr bearbeiten. Sie starten das Programm über Eingabe von:

```
gpg --edit-key <key-id>
```

Am Prompt `gpg>` geben Sie nun die einzelnen Kommandos ein: `help` blendet alle verfügbaren Befehle mit einer kurzen Beschreibung ein, mit `quit` verlassen Sie den Editor, ohne zu speichern, und mit `save` vermerken Sie die Änderungen und verlassen gleichzeitig das Programm. Um den Fingerabdruck eines Schlüssels anzuzeigen, geben Sie `fpr` ein. Mit `list` zeigen Sie Schlüssel und Benutzerkennungen an, und `check` zeigt Ihnen an, wer den Schlüssel signiert hat.

Handbuch

Darüber hinaus gibt es Befehle, um eine neue ID hinzuzufügen (`adduid`), eine Benutzerkennung zu löschen (`deluid`), einen neuen Unterschlüssel zu erzeugen (`addkey`), einen Unterschlüssel wieder zu entfernen (`delkey`) und vieles mehr. Ein Blick ins deutsche GnuPG-Handbuch[6] lohnt sich in jedem Fall, wenn Sie noch mehr über den »Verschlüsselungsexperten« erfahren möchten.

25.6 Verschlüsselte Dateisysteme einbinden

Wenn Sie, wie in Abschnitt 3.7.5 ab Seite 78 beschrieben, bei der Installation von Debian GNU/Linux verschlüsselte Dateisysteme angelegt haben, fordert das System Sie beim Bootvorgang auf, für jede dieser Partitionen die korrekte Passphrase einzugeben. Wenn Sie mit `dm-crypt` verschlüs-

6 *http://www.gnupg.org/gph/de/manual/*

selt haben (Voreinstellung des Debian-Installers), sehen Sie beim Booten beispielsweise Meldungen wie:

```
Decompressing Linux...
Booting the kernel.
...
Enter passphrase to unlock the disk /dev/sda7 (sda7_crypt):
key slot 0 unlocked.
Command successful.
cryptsetup: sda7_crypt setup successfully
Enter passphrase to unlock the disk /dev/sda5 (sda5_crypt):
...
```

Am Prompt geben Sie nun für jede verschlüsselte Partition das bei der Installation festgelegte Kennwort ein. Beachten Sie, dass keine Sternchen als visuelles Feedback erscheinen, dass Sie das Passwort also »blind« tippen. An dieser Stelle kommen die Notizen ins Spiel, die Sie (hoffentlich) bei der Installation von Debian GNU/Linux gemacht haben. Falls ein Dateisystem nicht eingebunden werden kann, weil Sie eine falsche Passphrase eingegeben haben, können Sie es unter Umständen nach dem Systemstart von Hand mounten.

[«] Sollten Sie vergessen haben, wie die Einhängepunkte der verschlüsselten Partitionen heißen, und daher die korrekte Passphrase nicht mehr kennen, ist guter Rat teuer. Ohne Einhängen der Root-Partition (*/*) wird der Rechner nicht starten, und Sie müssen so oft neu booten, bis Sie sich an die Passphrase erinnern. Ist das Sorgenkind hingegen die Home- oder Swap-Partition, ist es problemlos möglich, den Rechner hochzufahren und das Problem anschließend zu beheben.

```
cryptsetup: cryptsetup failed, bad password or options?
resume: libcrypt version: 1.4.1
resume: Could not stat the resume device file '/dev/mapper/↩
sda5_crypt'
        Please type in the full path name to try again
        or press ENTER to boot the system:
```

»/etc/fstab«

Drücken Sie die Eingabetaste, um den Bootvorgang fortzusetzen. Wenn Sie den Anmeldebildschirm sehen, wechseln Sie mit (Strg)+(Alt)+(F1) auf die erste virtuelle Konsole und melden sich als Root an. Werfen Sie einen Blick in die Datei */etc/fstab* (siehe Abschnitt 17.2.3 ab Seite 503), um die Zuordnung von Dateisystemen und Einhängepunkten anzuzeigen:

```
huhnix:~ # cat /etc/fstab
...
/dev/mapper/sda7_crypt  /      ext3  errors=remount-ro 0  1
/dev/sda1               /boot  ext2  defaults          0  2
/dev/mapper/sda6_crypt  /home  ext3  defaults          0  2
...
```

Bevor Sie die Partition mounten, geben Sie das folgende Kommando ein:

```
huhnix:~ # /etc/init.d/cryptdisks start
Starting remaining crypto disks...sda6_crypt (starting).
Enter passphrase to unlock the disk /dev/sda6 (sda6_crypt):
key slot 0 unlocked.
Command successful.
sda6_crypt (started)...sda7_crypt (running)...done.
```

Das Kommando sorgt für die Prüfung aller in */etc/crypttab* aufgeführten Dateisysteme. Nachdem Sie die korrekte Passphrase eingegeben haben, werden die entsprechenden Gerätedateien unterhalb von */dev* erstellt. Wie die Ausgabe zeigt, werden bereits eingehängte Partitionen übersprungen, sodass Sie das Kommando beliebig oft wiederholen können. Anschließend mounten Sie die Partition mit dem gleichnamigen Befehl, zum Beispiel `mount /home`.

[+] Diese Vorgehensweise funktioniert für alle Partitionen mit Ausnahme der Root-Partition. Haben Sie jedoch Partitionen wie */usr* oder */var* erst nach dem Bootvorgang eingehängt, so verursacht dies Probleme für die Systemdienste. Bevor Sie allerdings jeden einzelnen Dienst über das entsprechende Startskript in */etc/init.d/* aufwecken, wechseln Sie einfach in den ersten Runlevel und wieder zurück. Dazu geben Sie als Benutzer Root auf der Konsole das Kommando `init 1` ein, warten kurz und drücken [Strg]+[D], wenn das System nach dem Root-Passwort fragt.

Der Debian-Installer richtet den Bootmanager automatisch ein und erstellt Einträge für alle weiteren Betriebssysteme des Rechners. Der Grand Unified Bootloader verwaltet aber nicht nur Linux-Installationen, sondern kümmert sich auch um andere Systeme.

26 Bootmanager GRUB

GRUB[1] wurde ursprünglich innerhalb des GNU-Hurd-Projekts als freier Bootloader entwickelt. Wegen seiner hohen Flexibilität und Funktionsvielfalt löste GRUB schon bald LILO (Linux Loader) ab, der zuvor der Standard-Bootloader auf Linux-Systemen war. Auch unter Debian GNU/Linux kommt GRUB als Standard-Bootmanager zum Einsatz; der Debian-Installer erlaubt allerdings auch die Installation von LILO (dies muss der Anwender jedoch explizit auswählen, siehe Abschnitt 3.12 ab Seite 87).

Version 2

Mit der neuen Debian-Version »Squeeze« hat die zweite Version von GRUB Einzug gehalten. GRUB 2 ist der Nachfolger von GRUB Legacy – eine vollständige Neuentwicklung, die viele Verbesserungen mitbringt. GRUB 2 bootet im Gegensatz zum Vorgänger auch das neue Dateisystem Ext4, unterstützt UUIDs und Labels (siehe Kapitel 17 ab Seite 491), bietet eine grafische Benutzerschnittstelle mit Themes, erlaubt benutzerdefinierte Booteinträge und verfügt über einen Rettungsmodus, in dem Sie eventuelle Bootprobleme beheben können.

Dieses Kapitel erklärt die Hintergründe, die Umstellung von GRUB Legacy auf die neue Version, interessante Optionen der Konfigurationsdatei und die GRUB-Shell. Am Schluss finden Sie Tipps zur GRUB-Reparatur, falls das System nicht mehr startet.

26.1 Installation

Debian GNU/Linux »Squeeze« installiert GRUB 2 automatisch, sofern Sie im Installer nicht LILO auswählen. Dabei entdeckt der Bootloader andere, vorhandene Betriebssysteme und bindet sie direkt in seine Konfigurati-

1 *http://www.gnu.org/software/grub/*

on ein. GRUB 2 wird in der Voreinstellung in den MBR (Master Boot Record) der ersten Festplatte geschrieben. Liegt dort bereits ein anderer Bootloader, den Sie weiterhin verwenden möchten, können Sie GRUB an den Anfang einer anderen Partition (in den Bootsektor) oder auf einer Bootdiskette installieren bzw. den Schritt ganz überspringen und ohne Bootloader fortfahren.

Entscheiden Sie sich für Letzteres, passen Sie anschließend den Bootloader des anderen Systems an, das für den Start der einzelnen Betriebssysteme verantwortlich ist. Haben Sie aus Versehen GRUB in den falschen MBR oder Bootsektor installiert, lesen Sie in Abschnitt 26.4 ab Seite 738, wie Sie den Bootloader reparieren.

26.1.1 Umstellung von GRUB Legacy

Upgrade von »Lenny«

Bei der Aktualisierung von »Lenny« auf »Squeeze« (siehe Kapitel 27 ab Seite 741) landen automatisch die neuen GRUB-2-Komponenten auf der Platte. Um ein System von Hand umzustellen, installieren Sie die drei Pakete *grub-common*, *grub-pc* und *os-prober* (falls auch andere Betriebssysteme auf dem Rechner sind, die Sie über den »Squeeze«-GRUB starten möchten).

Während der Aktualisierung bietet Ihnen das Konfigurationsskript an, GRUB 2 per Chainload zu laden. Im Bootmenü sehen Sie ganz oben die GRUB-Version (VERSION 0.97) und eine Meldung wie CHAINLOAD INTO GRUB 2 – WHEN YOU HAVE VERIFIED GRUB 2 WORKS, YOU CAN USE THIS COMMAND TO COMPLETE THE UPGRADE: UPGRADE-FROM-GRUB-LEGACY. Im Klartext heißt das: Sie nutzen GRUB Legacy nach wie vor als primären Bootloader, dieser enthält jedoch einen zusätzlichen Eintrag, der GRUB 2 lädt. Letzterer startet dann das gewünschte Betriebssystem. Auf diese Weise können Sie in Ruhe ausprobieren, ob die neue Version richtig funktioniert, bevor Sie wechseln. Die folgende Schritt-für-Schritt-Anleitung zeigt, wie Sie auf die neue Version umstellen:

Schritt für Schritt: Wechsel von GRUB Legacy zu GRUB 2

1 ***Debian booten***

Booten Sie das System wie gewohnt. Nutzen Sie dazu den Eintrag CHAINLOAD INTO GRUB 2. Im Menü des neuen Bootloaders suchen Sie einen Kernel aus und bestätigen mit (Eingabe).

2 *Skript aufrufen*

Öffnen Sie ein Terminalfenster, oder gehen Sie zu einer der virtuellen Konsolen, z. B. über die Tastenkombination `Strg`+`Alt`+`F1`. Dort melden Sie sich als Benutzer `root` an und tippen dann das folgende Kommando: `upgrade-from-grub-legacy`

3 *Datenträger auswählen*

Den ersten Dialog bestätigen Sie über OK. Danach suchen Sie die Festplatte bzw. eine Partition aus. Wie Sie auf der nächsten Abbildung sehen, bietet das Installationsskript sowohl die gesamte Festplatte (`/dev/sda`) als auch den Bootsektor der ersten Partition (`/dev/sda1`) an. Wichtig: Mit der Leertaste markieren Sie einen der angebotenen Einträge, bevor Sie über OK bestätigen. Vergessen Sie dies, sehen Sie beim nächsten Start kein Bootmenü mehr!

4 *Neustart*

Booten Sie den Rechner neu, sollten Sie nun direkt das Bootmenü von GRUB 2 sehen – ohne Umweg über den Vorgänger und Chainload. ■

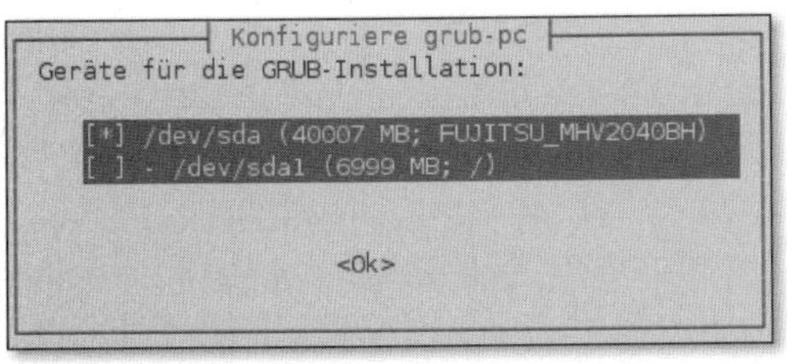

Abbildung 26.1 Wählen Sie in diesem Dialog unbedingt einen Datenträger aus.

Rückmeldung

Hat alles geklappt, sollten Sie anschließend auf der Konsole Meldungen wie diese hier sehen:

```
Installation finished. No error reported.
Generating grub.cfg ...
Found background image: /usr/share/images/desktop-base/desktop-grub.png
Found linux image: /boot/vmlinuz-2.6.32-5-686
Found initrd image: /boot/initrd.img-2.6.32-5-686
...
```

26.2 Konfigurationsdateien

Wenn Sie in GRUB Legacy das Startmenü verändern wollten, haben Sie einfach zu einem Texteditor gegriffen und die Datei */boot/grub/menu.lst* angepasst. Diese Datei gibt es bei der neuen GRUB-Version nicht mehr. Zwar befindet sich im Verzeichnis */boot/grub* eine Datei namens *grub.cfg*, diese hat aber keinerlei Schreibrechte und warnt auch sehr deutlich mit Großbuchstaben am Anfang:

```
DO NOT EDIT THIS FILE
```

GRUB 2 setzt auf Automatismen, und eine Einrichtung von Hand per Konfigurationsdatei ist von den Entwicklern nicht vorgesehen. Stattdessen verrichten verschiedene Skripte die Arbeit und richten den Bootloader ein. Grundsätzlich sorgen die Befehle `update-grub` bzw. `grub-mkconfig` dafür, dass alle auf einem Computer installierten Betriebssysteme gefunden und automatisch ins Bootmenü integriert werden.

Möchten Sie GRUB 2 dennoch an eigene Wünsche anpassen, und sei es nur das Look & Feel, bearbeiten Sie die Datei */etc/grub/default* und die Skripte im Verzeichnis */etc/grub.d*. Erstere ist für grundlegende Einstellungen gedacht, während Sie in den Skripten aufwändigere Anpassungen vornehmen und auch eigene Menüeinträge erstellen.

[»] Alle im Folgenden beschriebenen Dateien bearbeiten Sie mit Root-Rechten in einem Texteditor Ihrer Wahl (siehe Kapitel 16 ab Seite 475). Noch viel wichtiger als bei Experimenten mit anderen Diensten auf dem Linux-System ist, dass Sie vor der Modifizierung immer ein Backup erstellen. Passiert ein Fehler bei den GRUB-2-Konfigurationsdateien, startet im schlimmsten Fall das System danach nicht mehr richtig.

26.2.1 Datei »/etc/grub/default«

»update-grub« Wie erwähnt, legen Sie in dieser Datei das generelle Verhalten des Bootloaders fest. Wenn Sie hier etwas geändert haben, rufen Sie anschließend den Befehl `update-grub` auf, um die neuen Einstellungen in die Datei *grub.cfg* zu schreiben. Auf einem frisch installierten Debian-System sind viele Einträge auskommentiert (zu erkennen am Rautezeichen # vor den Zeilen). Aktiv sind die folgenden Einstellungen:

```
GRUB_DEFAULT=0
GRUB_TIMEOUT=5
GRUB_DISTRIBUTOR=`lsb_release -i -s 2> /dev/null || ⮐
echo Debian`
```

```
GRUB_CMDLINE_LINUX_DEFAULT="quiet"
GRUB_CMDLINE_LINUX=""
```

Die Zahl hinter der ersten Variable GRUB_DEFAULT definiert, welcher Menüeintrag in der Voreinstellung hervorgehoben ist und daher standardmäßig bootet, wenn Sie nichts anderes auswählen. Die Zählung beginnt hier (und auch an anderen Stellen in der GRUB-Konfiguration) mit 0. Wenn Sie also lieber den dritten Menüeintrag zum Standard erklären möchten, ersetzen Sie die 0 durch eine 2. Alternativ zu der Ziffer können Sie hier GRUB_DEFAULT=saved schreiben, damit GRUB beim nächsten Neustart jeweils das zuletzt ausgewählte System bootet. Möchten Sie dieses Feature nutzen, fügen Sie einen zusätzlichen Eintrag zur Datei hinzu und setzen die Variable GRUB_SAVEDEFAULT auf den Wert true:

```
GRUB_DEFAULT=saved
GRUB_SAVEDEFAULT=true
```

Als dritte Möglichkeit können Sie hier einen festen Menüeintrag hinschreiben. Dazu schauen Sie in die Datei *grub.cfg* und kopieren die Zeichenkette hinter menuentry inklusive Anführungszeichen. Steht dort beispielsweise etwas wie

```
menuentry 'Debian GNU/Linux, with Linux 2.6.32-5-686'...
```

sieht der statische Eintrag für GRUB 2 so aus:

```
GRUB_DEFAULT='Debian GNU/Linux, with Linux 2.6.32-5-686'
```

Timeout

Weiter geht's mit GRUB_TIMEOUT – der Zahlenwert gibt die Zeit in Sekunden an, die das Bootmenü sichtbar ist. In der Voreinstellung haben Sie also 5 Sekunden lang Zeit, sich für ein System zu entscheiden. Sie können den Wert heraufsetzen, wenn Ihnen die Dauer zu kurz ist. Schreiben Sie an dieser Stelle 0, ist das Auswahlmenü gar nicht zu sehen, und GRUB bootet automatisch das unter GRUB_DEFAULT definierte System. Alternativ setzen Sie den Wert auf -1. Das deaktiviert den Zähler ganz, und Sie dürfen immer von Hand etwas aussuchen.

Hinter dem Eintrag GRUB_DISTRIBUTOR stehen Hinweise zur aktuellen Distribution. Diese Zeile sollten Sie nicht verändern. Die beiden folgenden Variablen (GRUB_CMDLINE_LINUX_DEFAULT und GRUB_CMDLINE_LINUX) sind für die Übergabe von Kernel-Bootoptionen reserviert, also für Optionen, die Sie dem Kernel beim Start übergeben möchten (siehe auch Kapitel 3 ab Seite 64). Wollen Sie beispielsweise ACPI (Advanced Configuration and Power Interface) deaktivieren, hilft acpi=off weiter. Um hingegen den

Framebuffer abzuschalten, verwenden Sie `fb=false`. Auch hier müssen Sie in der Regel keine Anpassungen vornehmen.

Auskommentierte Einträge

Zusätzlich zu diesen aktivierten Standardeinstellungen enthält die Datei einige auskommentierte Einträge mit Erklärungen und Beispielen, die Sie selbst freischalten und anpassen können. Entfernen Sie etwa das Rautezeichen vor `GRUB_TERMINAL=console`, schalten Sie den grafischen Modus des Bootloaders komplett ab. GRUB 2 sieht nun auf den ersten Blick genauso aus wie sein Vorgänger.

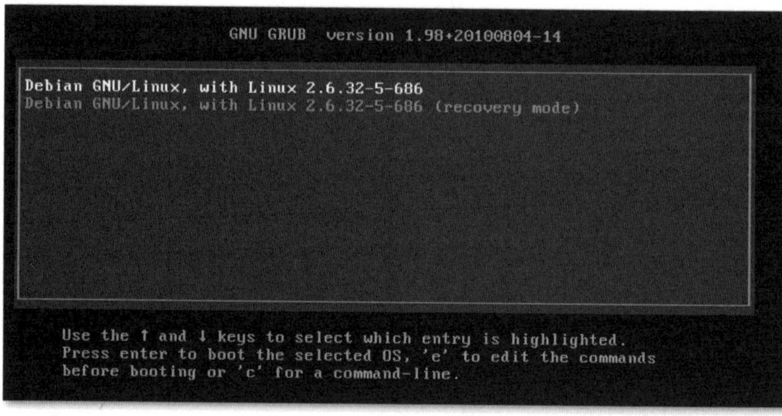

Abbildung 26.2 GRUB 2 startet auf Wunsch im Textmodus.

Entfernen Sie die Raute vor `GRUB_GFXMODE=640x480`, können Sie die Auflösung der weißen Schrift im grafischen Bootmenü einstellen. Der Standard liegt bei 640 x 480 Pixel; welche Werte auf Ihrem System außerdem möglich sind, finden Sie schnell heraus. Eine Möglichkeit ist über das Kommando `hwinfo` aus dem gleichnamigen Paket:

```
zwerg:~ # hwinfo --framebuffer
02: None 00.0: 11001 VESA Framebuffer
...
  Model: "Intel(r) 82945GM Chipset Family Graphics Controller"
  Vendor: "Intel Corporation"
...
  Mode 0x0312: 640x480 (+2560), 24 bits
  Mode 0x0314: 800x600 (+1600), 16 bits
  Mode 0x0315: 800x600 (+3200), 24 bits
  Mode 0x0301: 640x480 (+640), 8 bits
  Mode 0x0303: 800x600 (+832), 8 bits
  Mode 0x0311: 640x480 (+1280), 16 bits
  Config Status: cfg=new, avail=yes, need=no, active=unknown
```

Alternativ erhalten Sie diese Informationen auch in der GRUB-Shell (siehe Abschnitt 26.3 ab Seite 735). Drücken Sie im Bootmenü die Taste Ⓒ, und geben Sie dann am Prompt `grub>` das Kommando `vbeinfo` ein.

Normalerweise teilt GRUB 2 dem Kernel die Root-Partition über ihre UUID mit. Wollen Sie diese Voreinstellung ändern und stattdessen lieber die Namen der Gerätedateien (`/dev/sda1`, `/dev/sda2` usw.) verwenden, entfernen Sie das Rautezeichen vor `GRUB_DISABLE_LINUX_UUID=true`. Möchten Sie die Recovery-Einträge im Bootmenü nicht mehr sehen, löschen Sie die Raute vor `GRUB_DISABLE_LINUX_RECOVERY="true"`. Last but not least bringen Sie GRUB 2 über eine einkommentierte Zeile `GRUB_INIT_TUNE="480 440 1"` dazu, einen Laut von sich zu geben, sobald das Bootmenü erscheint. Die letzte Zahl in der Gruppe beeinflusst dabei die Dauer.

[«] Vergessen Sie nicht, nach jeder Änderung den Befehl `update-grub` auszuführen, um die Einstellungen zur Datei *grub.cfg* hinzuzufügen. Das Skript führt genau genommen den Befehl `grub-mkconfig -o /boot/grub/grub.cfg` aus, der hinter `-o` den Namen der zu schreibenden Datei definiert.

26.2.2 Verzeichnis »/etc/grub.d«

Die Bootmenüeinträge und das Erscheinungsbild des GRUB-Menüs regeln die Skripte im Verzeichnis */etc/grub.d*. In der Voreinstellung liegen bei Debian GNU/Linux »Squeeze« dort die folgenden Dateien:

```
zwerg:~ # ls -1 /etc/grub.d/
00_header
05_debian_theme
10_linux
20_linux_xen
30_os-prober
40_custom
41_custom
README
```

Reihenfolge

Die Skripte greifen auf die in der Datei */etc/default/grub* definierten Variablen zu und werten diese aus. GRUB arbeitet die Skripte der Reihenfolge nach ab und beginnt mit der niedrigsten Nummer (*00_header*). Haben zwei Dateien die gleiche Zahlenfolge am Anfang, sortiert der Bootloader alphanumerisch; so steht etwa *10_eigenbau* vor *10_linux*. Auf diese recht einfache Art und Weise beeinflussen Sie also die Reihenfolge der Einträge im Bootmenü. Ändern Sie beispielsweise den Dateinamen von *30_os-pro-*

ber in *09_os-prober*, ordnen Sie eventuelle Windows-Einträge vor den Linux-Systemen an. Die nächsten Abschnitte zeigen, wie Sie vorhandene Einträge löschen und eigene Bootmenüeinträge erstellen.

26.2.3 Menüeinträge entfernen

Alte Kernel

Einige Bootmenüeinträge löscht GRUB 2 selbstständig. Dazu gehören etwa alte Kernel-Versionen, die Sie über die Paketverwaltung deinstallieren. Entfernen Sie andere Betriebssysteme vom Computer, aktualisieren Sie das Ganze selbst über das erwähnte Skript `update-grub`.

[!] Bevor Sie einen Kernel deinstallieren, schauen Sie mit dem Befehl `uname` vorher nach, welche Version aktuell läuft. So verhindern Sie, dass Sie aus Versehen den laufenden Kern löschen.

Darüber hinaus ist es möglich, von Hand Einträge aus dem GRUB-Menü zu entfernen. Am einfachsten entziehen Sie dazu einem Skript die Ausführrechte (siehe Abschnitt 17.3 ab Seite 507):

```
chmod -x /etc/grub.d/<skriptname>
```

Natürlich können Sie die Skripte selbst auch in einem Texteditor bearbeiten und bestimmte Einträge durch Voranstellen einer Raute auskommentieren. Dazu ist es aber gut, ein paar Programmierkenntnisse zu haben und das Skript selbst zu verstehen. Wer sich dafür interessiert, sollte einen Blick in das Buch »Shell-Programmierung« von Jürgen Wolf werfen, das ebenfalls im Verlag Galileo Press erscheint.[2]

26.2.4 Menüeinträge hinzufügen

Um im Bootmenü ein System unterzubringen, das die Automatik nicht erkennt oder das spezielle Parameter benötigt, können Sie selbst ein kleines Skript schreiben und es in */etc/grub.d* ablegen. Bei der Namensgebung achten Sie darauf, dass Sie Ihr Skript an der richtigen Reihenfolge einsortieren. Zum Schluss machen Sie die Datei ausführbar:

```
chmod +x <skript>
```

Alternativ bearbeiten Sie die Datei *40_custom*, um eigene Bootmenüeinträge zu erstellen. Als Vorlage können Sie z. B. die Abschnitte aus der Datei */boot/grub/grub.cfg* heranziehen. Kopieren Sie dazu den ganzen Block hinter `menuentry`, und passen Sie ihn entsprechend an. Das folgende Listing zeigt einen Beispieleintrag für ein Linux-System:

2 *http://www.galileocomputing.de/2440*

```
#!/bin/sh
exec tail -n +3 $0
# This file provides an easy way to add custom menu entries.
# Simply type the menu entries you want to add after this
# comment.  Be careful not to change the 'exec tail' line
# above.

menuentry 'Testeintrag, den ich selbst erstellt habe' ↩
--class debian --class gnu-linux --class gnu --class os {
        insmod part_msdos
        insmod ext2
        set root='(hd0,msdos6)'
        search --no-floppy --fs-uuid --set ↩
f71f5bf6-7f13-4e38-a4e8-524ba04c0285
        echo    'Lade Kernel 2.6.32-5-686 ...'
        linux   /boot/vmlinuz-2.6.32-5-686 root=UUID=↩
f71f5bf6-7f13-4e38-a4e8-524ba04c0285 ro  quiet
        echo    'Lade initial ramdisk ...'
        initrd  /boot/initrd.img-2.6.32-5-686
}
```

»menuentry«

Dabei leiten `menuentry 'Bezeichnung' ...` und die öffnende geschweifte Klammer `{` den eigentlichen Menüeintrag ein. Hinter der Anweisung `insmod` steht der Treiber, den GRUB laden soll (in diesem Fall die Module `part_msdos` und `ext2`). Jeder Treiber steht dabei in einer eigenen Zeile. Hinter `set root=` steht die Partition, auf der die Bootdateien des jeweiligen Systems liegen.

Festplatten- und Partitionsbezeichnungen

Die Reihenfolge der Festplatten ergibt sich aus der Zuordnung zu den SATA- bzw. IDE-Ports. Dabei spielt es keine Rolle, welche Platte im BIOS als »erste« eingerichtet ist. GRUB 2 nummeriert die Platten bzw. Partitionen fortlaufend; die niedrigste erhält immer die Zuordnung `hd0`. Daher gilt es aufzupassen, wenn Sie eine Platte vorübergehend aus dem System entfernen oder eine weitere einfügen. Hat der Rechner mehr als eine Platte, heißt die erste (*/dev/sda*) `hd0`, und die zweite (*/dev/sdb*) heißt `hd1`.

Zusätzlich benötigt GRUB noch Informationen zur Partition. Die Zählung beginnt hier bei 1 und nicht bei 0. Die erste primäre Partition auf der ersten Platte (*/dev/sda1*) spricht GRUB über `hd0,msdos1` an, die zweite Partition auf der ersten Platte (*/dev/sda2*) über `hd0,msdos2` und so weiter. Entsprechend heißt die zweite primäre Partition auf der zweiten Festplatte (*/dev/sdb2*) bei GRUB `hd1,msdos2`. Wie Sie aus Kapitel 17 ab Seite 491 wissen, beginnen die Nummern der logischen Partitionen bei 5. Entsprechend spricht GRUB die dritte logische Partition auf der ersten Platte (*/dev/sda7*) über `hd0,msdos7` an.

UUID In der Zeile darunter definieren die Angaben hinter `search`, dass GRUB nicht nach einem Diskettenlaufwerk (`--no-floppy`), wohl aber nach der hinter `--fs-uuid --set` definierten UUID sucht. Zur Erinnerung: Die UUID der einzelnen Partitionen bringen Sie mit dem Kommando `blkid` in Erfahrung:

```
/dev/sda6: LABEL="Debian" UUID="f71f5bf6-7f13-4e38-a4e8-↩
524ba04c0285" TYPE="ext4"
```

Wird GRUB hier fündig, überschreibt dieser Eintrag die Vorgabe hinter `set root=`. Findet GRUB die Partition über die UUID nicht (etwa, weil diese zwischenzeitlich formatiert wurde und einen anderen Identifier hat), greift hingegen die Anweisung `set root=`.

Beide Zeilen, die mit `echo` beginnen, geben lediglich die dahinter definierte Zeichenkette aus. Hinter `linux` steht der zu ladende Kernel und sein Aufenthaltsort, und hinter `initrd` stehen die Initial Ramdisk und das Verzeichnis, in dem sie liegt. Mit einer schließenden Klammer } ist das Ende des Menüeintrags erreicht.

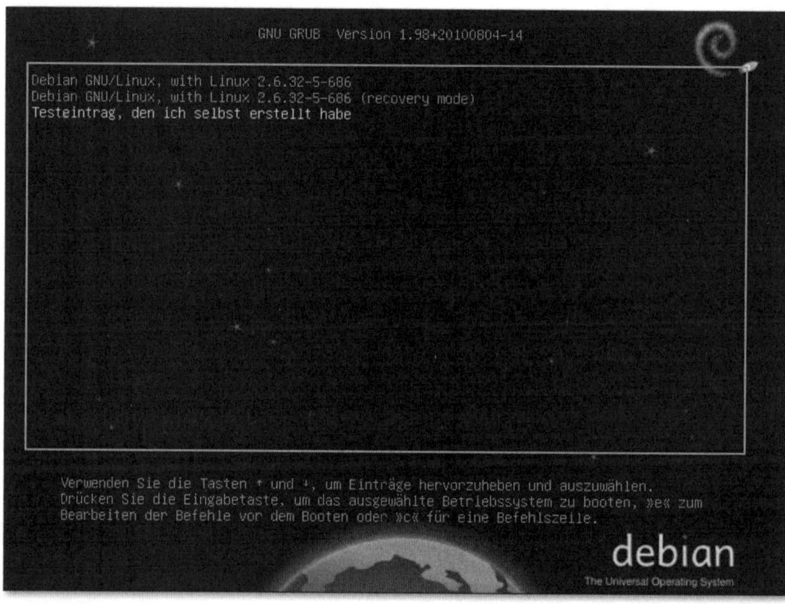

Abbildung 26.3 Über Skripte in »/etc/grub.d« erstellen Sie eigene Menüeinträge.

[+] Liegt das zu bootende System auf einem externen USB-Medium, fügen Sie direkt unter die `menuentry`-Zeile eine Anweisung für den USB-Treiber ein (`insmod usb`). Außerdem überprüfen Sie, ob das BIOS das externe USB-Gerät erkennt und von diesem booten kann.

Chainloading

Anders als das letzte Listing, das einen Menüeintrag für ein Linux-System beschreibt, sehen Einträge für Betriebssysteme aus, deren Kernel GRUB 2 nicht direkt laden kann, also z. B. Windows. Über sogenanntes Chainloading lädt GRUB den Bootmanager des anderen Systems, über den es dann weitergeht:

```
menuentry "Windows 7 (loader) (on /dev/sda2)" {
        insmod part_msdos
        insmod ntfs
        set root='(hd0,msdos2)'
        search --no-floppy --fs-uuid --set 8024c8d224c8cbfa
        chainloader +1
}
```

26.2.5 Aussehen des Bootmenüs anpassen

Wie Sie die Auflösung des Bootmenüs anpassen, haben Sie schon auf Seite 728 gelesen. Um das Debian-SpaceFun-Hintergrundbild durch etwas Eigenes zu ersetzen, müssen Sie keine großen Sprünge machen und sich nicht mühsam durch die Konfigurationsdateien kämpfen. Wie Sie in der Datei */etc/grub.d/05_debian_theme* sehen, gibt es für diese Fälle schon eine Variable:

```
# First check whether the user has specified a background
# image explicitly.  If so, try to use it.  Don't try the
# other possibilities in that case (#608263).
if [ -n "$GRUB_BACKGROUND+x" ]; then
        set_background_image "$GRUB_BACKGROUND" || ↩
set_default_theme
        exit 0
fi
```

Im Klartext heißt das: »Überprüfe als Erstes, ob der Benutzer selbst ein Hintergrundbild expizit festgelegt hat. Ist das der Fall, versuche es zu verwenden, und ignoriere die anderen Möglichkeiten.« Es reicht also, die Variable `GRUB_BACKGROUND` in der Datei */etc/default/grub* zu definieren:

```
GRUB_BACKGROUND=/usr/share/images/desktop-base/Apollo17.png
```

Beim anschließenden Aktualisieren sehen Sie direkt, ob alles geklappt hat und GRUB seinen neuen Look erkennt:

```
zwerg:~ # update-grub
Generating grub.cfg ...
Found background: /usr/share/images/desktop-base/Apollo17.png
```

```
Found background image: /usr/share/images/desktop-base/↩
Apollo17.png
Found linux image: /boot/vmlinuz-2.6.32-5-686
Found initrd image: /boot/initrd.img-2.6.32-5-686
Found Windows Recovery Environment (loader) on /dev/sda1
Found Windows 7 (loader) on /dev/sda2
Found Ubuntu 10.10 (10.10) on /dev/sda5
done
```

[+] Das Bild darf als PNG-, JPEG- oder TGA-Datei vorliegen. Installieren Sie das Paket *grub2-splashimages*, um zahlreiche schöne Grafiken auf die Platte zu bringen. Diese landen alle unterhalb des Verzeichnisses */usr/share/images/grub*. Sie können Hintergrundbilder in beliebiger Auflösung verwenden, GRUB 2 skaliert diese selbst. Um Ladezeiten zu verringern, stellen Sie das Bild direkt passend ein. Greifen Sie dazu beispielsweise zu einem der in Kapitel 14 vorgestellten Bildbearbeitungsprogramme.

Schriftfarben Die momentan mit Debian GNU/Linux »Squeeze« ausgelieferte GRUB-Version erlaubt es allerdings nicht, gleichzeitig ein Bild und eine Schriftfarbe zu definieren. In der Datei *05_debian_theme* steht klar und deutlich: »If we're using a user-defined background, use the default colors since we've got no idea how the image looks like.« (»Wenn es ein vom Benutzer eingestelltes Hintergrundbild gibt, verwende die Standardfarben, da wir nicht wissen, wie das Bild aussieht.«) Ein entsprechender Bugreport ist abgesetzt, und die Entwickler arbeiten daran.[3]

Wollen Sie nicht bis zur nächsten Version warten, legen Sie schnell selbst Hand an. Dazu bearbeiten Sie die Datei *05_debian_theme* und gehen ziemlich ans Ende bis zum schon gezeigten Abschnitt `# First check whether...` und modifizieren die Zeile in der `if`-Anweisung, die mit `set_background_image` beginnt, sodass dort nun Folgendes steht:

```
if [ -n "$GRUB_BACKGROUND+x" ]; then
        set_background_image "$GRUB_BACKGROUND" ↩
"$COLOR_NORMAL" "$COLOR_HIGHLIGHT"|| set_default_theme
        exit 0
fi
```

Die beiden hinzugefügten Variablen `COLOR_NORMAL` und `COLOR_HIGHLIGHT` erhalten ihre Werte aus */usr/share/desktop-base/grub_background.sh*. Wenn Sie diese in einem Texteditor öffnen, sehen Sie nicht nur eine Variable für den Desktophintergrund (`WALLPAPER`), die Sie alternativ – aber nicht zusätzlich – zur gezeigten Variante (`GRUB_BACKGROUND`) modifizieren

3 *http://bugs.debian.org/608283*

können, sondern auch die beiden folgenden Zeilen, über die Sie die Schriftfarben für normale und hervorgehobene Menüeinträge anpassen:

```
COLOR_NORMAL=light-gray/black
COLOR_HIGHLIGHT=white/black
```

Dabei steht vor dem Schrägstrich immer die Vordergrundfarbe und dahinter die Hintergrundfarbe. Sie können jetzt nun nach Belieben in den Farbtopf greifen und eigene Werte eintragen. Erlaubt sind die folgenden Ausdrücke: `white`, `blue`, `magenta`, `cyan`, `light-gray`, `yellow`, `red`, `light-magenta`, `dark-gray`, `green`, `light-blue`, `light-red`, `black`, `light-cyan`, `light-green` und `brown`.

Abbildung 26.4 Das Debian-Standardtheme ersetzen Sie mithilfe von ein paar Variablen durch einen eigenen Look.

26.3 Die GRUB-Shell

Verschiedene Modi

In der Voreinstellung startet GRUB 2 im Menu Mode und präsentiert dort das Auswahlmenü. In diesem blättern Sie mit den Pfeiltasten hoch und herunter zu den einzelnen Einträgen und starten das gewünschte System, indem Sie (Eingabe) drücken. Alternativ stehen zwei weitere Modi zur Verfügung. Um den hervorgehobenen Eintrag zu bearbeiten, drücken Sie (E) und landen damit im Edit Mode (Bearbeitungsmodus). Alternativ drücken Sie (C), um die GRUB Commandline (den Kommandozeilenmodus) zu starten.

[»] Beachten Sie, dass Sie im Bearbeitungs- und im Kommandozeilenmodus nur eine amerikanische Tastaturbelegung zur Verfügung haben, das heißt, Y und Z sind vertauscht, das Gleichheitszeichen liegt auf der Taste ´, das Minuszeichen auf ß, den Unterstrich erreichen Sie über Umschalt+ß und den Doppelpunkt über die Tastenkombination Umschalt+Ö.

26.3.1 Bearbeitungsmodus

In diesem Modus bearbeiten Sie einen bestehenden Menüeintrag und korrigieren ihn einmalig für den Systemstart. Ein Syntaxfehler in einem Eintrag führt Sie in der Regel zum Auswahlmenü zurück, sodass Sie im Zweifelsfall hier so lange herumprobieren können, bis es passt. Haben Sie das System erfolgreich gebootet, passen Sie die dauerhafte Konfiguration ebenfalls an und setzen die getesteten Parameter ein.

Zusätzlich zum bereits erwähnten amerikanischen Tastaturlayout haben einige Tasten besondere Funktionen. Mit den Pfeiltasten navigieren Sie durch die einzelnen Zeilen. Drücken Sie Tabulator, um mögliche Fortsetzungen von Pfadangaben am unteren Rand einzublenden. Strg+X bootet den Rechner mit dem veränderten Menüeintrag, und mit Strg+C wechseln Sie zur GRUB-Kommandozeile. Um alle Änderungen zu verwerfen und zurück zum Auswahlmodus zu gelangen, drücken Sie Esc.

26.3.2 Kommandozeilenmodus

Dieser Modus ist der Dreh- und Angelpunkt der GRUB-Shell. Über diese Schnittstelle können Sie das System Schritt für Schritt analysieren, Konfigurationen bearbeiten und auch starten. Sie landen in diesem Interface nicht nur, wenn Sie C im Auswahlmenü drücken, sondern auch, wenn GRUB 2 die Einrichtungsdatei *grub.cfg* nicht findet oder verarbeiten kann.

Steuerung

Viele Befehle und Tastatursortcuts erinnern an die Shell Bash (siehe Kapitel 18 ab Seite 563). So wandern Sie etwa mit Pfeil auf und Pfeil ab durch die Befehlshistory, und die Tabulatortaste vervollständigt Kommandos und Dateinamen. Geben Sie `help` ein, um eine Liste aller verfügbaren GRUB-2-Befehle anzuzeigen. Mit `help <befehl>` blenden Sie die Optionen ein. Auch in diesem Modus bringt Sie Esc jederzeit in den Auswahlmodus zurück.

Einen Überblick über die von GRUB 2 erkannten Datenträger bekommen Sie beispielsweise mit dem Kommando `ls`. Die gefundenen Partitionen zeigen Sie ebenfalls mit `ls (hdX,...)` genauer an.

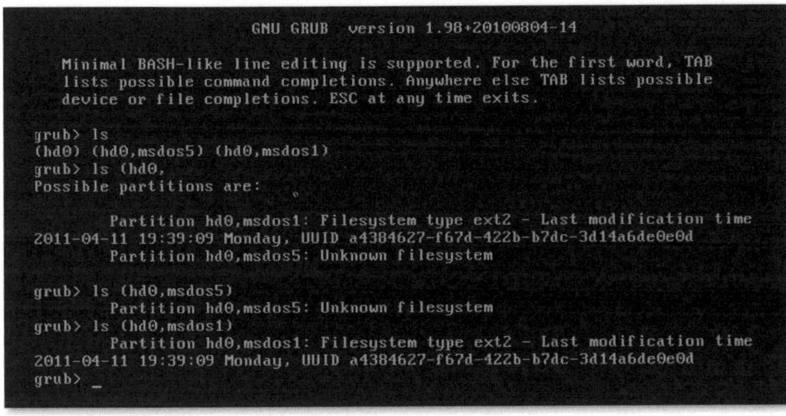

Abbildung 26.5 Das »ls«-Kommando funktioniert ähnlich wie auf der Bash.

Ein weiteres praktisches Kommando ist `search`. Zusammen mit dem Parameter `-f` ermitteln Sie beispielsweise den Datenträger mit dem Linux-Kernel oder der GRUB-Einrichtungsdatei *grub.cfg*:

```
grub> search -f /vmlinuz
 hd0,msdos1
grub> search -f /boot/grub/grub.cfg
 hd0,msdos1
```

Um die Werte der momentan zugewiesenen Variablen auszulesen, tippen Sie `set`. Interessant sind in der Ausgabe vor allem die Einstellungen für `prefix` und `root`.

Systemstart

Die GRUB-Shell kann aber noch mehr. Über diese Schnittstelle können Sie alle Befehle zum Systemstart einzeln und nacheinander eingeben. Wie im Bearbeitungsmodus gilt auch hier: Es handelt sich um temporäre Einstellungen, die Sie auf diese Weise vornehmen. Nachdem Sie den Rechner gebootet haben, passen Sie also gegebenenfalls die Konfigurationsdateien an. Der Start aus der GRUB-Shell heraus umfasst im Wesentlichen drei Schritte.

Zuerst teilen Sie dem Bootloader mit, auf welchem Datenträger sich die Startdateien des zu startenden Betriebssystems befinden, und weisen diese der Variable `root` zu. Als Nächstes geben Sie den genauen Pfad zu den Startdateien des Betriebssystems an. Sofern hier ein Chainload erforderlich ist (etwa für Windows-Systeme), fordern Sie GRUB einfach auf, den ersten Sektor vom Datenträger zu laden; dieser sollte dann das Bootprogramm des Windows-Betriebssystems enthalten. Zum Abschluss teilen Sie GRUB über das Kommando `boot` mit, dass Sie den Rechner nun mit den neuen Angaben starten wollen.

```
grub> set root=(hd0,msdos1)
grub> linux /boot/vmlinuz-2.6.32-5-686 root=/dev/sda1 ro
grub> initrd /boot/initrd.img-2.6.32-5-686
grub> boot
```

26.4 Reparatur

Funktioniert der Bootloader nicht mehr, ist das normalerweise kein Grund zur Panik. In der Regel sind die auf dem Rechner installierten Betriebssysteme noch vorhanden. Können Sie das System noch booten, helfen die folgenden Befehle auf der Konsole vielleicht weiter.

26.4.1 Rettung im laufenden System

Mit dem Programm `grub-setup` installieren Sie den Bootloader erneut in den MBR einer Festplatte. Diese geben Sie hinter dem Kommando an; schauen Sie im Zweifelsfall vorher mit `fdisk -l` nach, was im Rechner steckt:

```
grub-setup /dev/sda
```

Im Hintergrund wandern die GRUB-2-Kernkomponenten aus dem Verzeichnis */boot/grub* in den MBR der Festplatte bzw. in den Bootsektor einer angegebenen Partition.

Neuinstallation Um den Bootloader komplett neu zu installieren, verwenden Sie hingegen `grub-install`. Das Skript spielt zunächst die Imagedateien und die GRUB-Module erneut ins Verzeichnis */boot/grub*, erstellt dann die Kernkomponenten neu und installiert diese mittels `grub-setup` in den MBR einer Platte oder in den Bootsektor der angegebenen Partition:

```
zwerg:~ # grub-install /dev/sda
Installation finished. No error reported.
```

Führt das alles nicht zum Erfolg, bleibt noch die Möglichkeit, die GRUB-Pakete neu einzuspielen. Auf der Konsole geht das am schnellsten mit `apt-get` (siehe auch Kapitel 5 ab Seite 115):

```
zwerg:~ # apt-get update
...
Es wurden 1.719 kB in 2 s geholt (701 kB/s)
zwerg:~ # apt-get --reinstall install grub-common grub-pc ➘
os-prober
...
0 aktualisiert, 0 neu installiert, 3 erneut installiert, ➘
0 zu entfernen und 0 nicht aktualisiert.
grub-common (1.98+20100804-14) wird eingerichtet ...
grub-pc (1.98+20100804-14) wird eingerichtet ...
Installation finished. No error reported.
Generating grub.cfg ...
Found linux image: /boot/vmlinuz-2.6.32-5-686
Found initrd image: /boot/initrd.img-2.6.32-5-686
done
os-prober (1.42) wird eingerichtet ...
```

26.4.2 Reparatur mithilfe einer Live-DVD

Startet das Linux-System mit der GRUB-Installation gar nicht mehr, etwa weil Sie Windows **nach** Linux auf die Platte gespielt haben, ist auch das kein Grund, den kompletten Rechner neu aufzusetzen. Mithilfe einer Live-DVD wie Debian Live[4] oder KNOPPIX[5] bringen Sie den Bootloader neu auf die Platte.

[o] Die hier gezeigten Schritte funktionieren auch, wenn Sie von der Buch-DVD den Debian-Installer im Rettungsmodus starten (siehe Abschnitt 15.3 ab Seite 471). In diesem haben Sie nicht nur die Möglichkeit, GRUB neu zu installieren, Sie können darüber hinaus eine Shell öffnen.

Chroot-Umgebung

Legen Sie den Datenträger ein, und booten Sie den Rechner von diesem. Starten Sie danach ein Terminal, und werden Sie zum Administrator. Auf vielen Live-Systemen funktioniert das über Eingabe von `sudo` (siehe Abschnitt 17.4.12 ab Seite 532). Mounten Sie die Root-Partition; im Beispiel soll diese den Bootloader im MBR beherbergen. Hängen Sie ebenfalls */dev*, */sys* und */proc* ins System ein. Mit dem `chroot`-Befehl wechseln Sie in das Debian-System mit dem kaputten Bootloader und starten die Reparatur:

```
sudo mount /dev/sda1 /mnt
sudo mount -o bind /dev /mnt/dev
sudo mount -o bind /sys /mnt/sys
```

4 *http://live.debian.net/*
5 *http://www.knoppix.org/*

```
sudo mount -t proc /proc /mnt/proc
sudo chroot /mnt
grub-mkconfig -o /boot/grub/grub.cfg
update-grub2
grub-install /dev/sda
```

Neustart Nach getaner Arbeit verlassen Sie über Strg+D die Chroot-Umgebung und starten den Computer dann über `sudo reboot` neu. Sie sollten anschließend das gewohnte Menü des Bootloaders GRUB sehen.

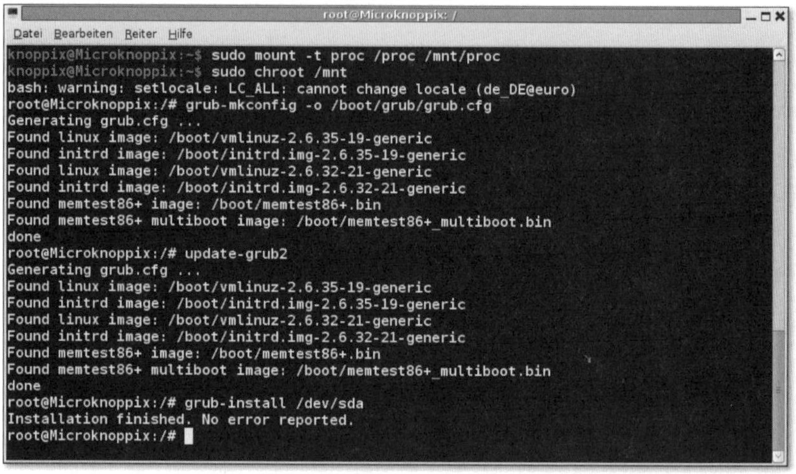

Abbildung 26.6 Mit einer Live-DVD wie KNOPPIX reparieren Sie einen defekten Bootloader.

Dieses Kapitel zeigt Tipps und Tricks für das Upgrade der Vorgängerversion »Lenny« auf die aktuelle Debian-Version »Squeeze«. Dazu gehört das Aufräumen des installierten Systems, das Anpassen der Paketquellen, das Protokollieren der Aktualisierung und das eigentliche Upgrade mit APT.

27 Upgrade auf »Squeeze«

Verlauf des Upgrades

Nach ein paar Vorbereitungen, wie beispielsweise dem Backup der wichtigsten Daten und Einstellungen, überprüfen Sie zunächst den Status des installierten Systems. Dazu gehört vor allem ein gründlicher Check der vorhandenen Pakete. Eventuell müssen Sie veraltete Software sowie Fremdpakete vor dem Distributionsupgrade deinstallieren. Nachdem Sie die Konfigurationsdateien für APT angepasst haben, bringen Sie die Paketdatenbank auf den neuesten Stand und starten das Upgrade. Zwischendurch werden Sie wahrscheinlich einzelne Pakete entfernen oder installieren, Fragen zur Konfiguration einiger Programme beantworten und das Einrichten einiger Komponenten von Hand starten müssen.

Sollte es während des Upgrades zu Problemen kommen, so können Sie diese meistens mit ein paar Befehlen beheben (siehe Abschnitt 27.5 ab Seite 760). Es ist völlig normal und sogar sehr wahrscheinlich, dass die Aktualisierung nicht einfach durchläuft, sondern manuelles Eingreifen erfordert. Trotz dieser Warnhinweise ist ein Upgrade nicht so kompliziert, wie es sich anhört. Die meisten erfahrenen Debian-Benutzer aktualisieren ihr System ohne größere Probleme – sogar auf laufenden Maschinen (ein Reboot ist in der Regel nicht erforderlich, aber sinnvoll, um den neuen Kernel nutzen zu können).

[«]

Alle in den folgenden Abschnitten vorgestellten Befehle führen Sie jeweils als Administrator Root aus. Zu den Paketmanager-Kommandos finden Sie ausführliche Erklärungen und viele Beispiele in Kapitel 5 ab Seite 115. Es ist ratsam, entweder auf einer virtuellen Konsole (`Strg`+`Alt`+`F1` bis `Strg`+`Alt`+`F6`) oder remote per SSH – in `screen` (siehe Abschnitt 18.7 ab Seite 595) – zu arbeiten. Achten Sie darauf, dass Sie das Upgrade nicht aus einer X-Sitzung heraus starten, da der X-Server beziehungsweise der Displaymanager im Verlauf der Aktualisierung neu gestartet oder beendet wird. Eine Unterbrechung des Upgrades lässt Sie eventuell mit einem unbenutzbaren, nur halb aktualisierten System zurück.

27.1 Upgrade vorbereiten

Release Notes Bevor Sie mit dem Upgrade beginnen, sollten Sie die Release-Informationen des Debian-Teams lesen.[1] Hier finden Sie neben Tipps und Tricks auch Informationen zu bekannten Problemen mit der Aktualisierung. Folgen Sie dem Link zu den Veröffentlichungshinweisen (Release Notes), um zu den Neuigkeiten (sortiert nach Architekturen und Sprachen) in verschiedenen Formaten (HTML, PDF und ASCII-Text) zu gelangen.

27.1.1 Daten und Einstellungen sichern

[!] An dieser Stelle ist der obligatorische Hinweis notwendig: Sichern Sie Ihre Daten. Normalerweise verläuft die Umstellung von »Lenny« auf »Squeeze« problemlos; ein Backup kann allerdings nie schaden – für alle Fälle.

Sie sollten mindestens die Ordner */etc* und */var/lib/dpkg* sowie die Datei */var/lib/aptitude/pkgstates* sichern. Das Verzeichnis */etc* enthält die systemweiten Konfigurationsdateien der Programme, und in */var/lib/dpkg* befinden sich sämtliche Informationen über die Softwarepakete des Systems. Dazu gehören beispielsweise eine Liste aller zur Verfügung stehenden Pakete (Datei *available*), Angaben zum Installationszustand der Pakete (*status*) oder das Unterverzeichnis *info*, in dem unter anderem die (De-)Installationsskripte der Programme liegen. Die Datei *pkgstates* enthält erweiterte Statusinformationen der Pakete, die das Programm Aptitude verwendet (siehe Abschnitt 5.5 ab Seite 137).

Es schadet auch nicht, das Home-Verzeichnis aller Benutzer zu sichern. Achten Sie dabei insbesondere auf die versteckten Dateien und Verzeichnisse (diese fangen mit einem Punkt an). In diesen befinden sich nicht nur die persönlichen Einstellungen für den Desktop und die Programme, sondern auch Mails, Adressbuchdaten und so weiter. Falls ein Benutzer eine neue Version einer Anwendung zum ersten Mal startet und die existierenden Einstellungen mit Standardwerten überschreibt, haben Sie so die Möglichkeit, alte Einstellungen wiederherzustellen.

---

1 *http://www.debian.org/releases/stable/*

Liste installierter Pakete

Um einen Überblick über die aktuell installierten Pakete zu erhalten, befragen Sie den Paketmanager `dpkg` (siehe Kapitel 5 ab Seite 115):

```
dpkg --get-selections > ~/installierte_pakete.txt
```

Geben Sie hinter dem Aufrufparameter `--get-selections` zusätzlich ein Sternchen an, um alle Pakete mit ihrem aktuellen Zustand aufzulisten, also auch entfernte und nicht installierte Pakete. Dem Sternchen stellen Sie einen Backslash voran, damit die Shell den Ausdruck nicht auswertet:

```
dpkg --get-selections \* > ~/alle_pakete.txt
```

Der Operator > sorgt dafür, dass die Ausgabe des `dpkg`-Kommandos in der dahinter angegebenen Datei landet, zum Beispiel *installierte_pakete.txt* oder *alle_pakete.txt* (siehe Abschnitt 18.6.1 ab Seite 594).

[+] Eine solche Paketliste ist nicht nur informativ, sondern kann außerdem dabei helfen, ein bestehendes System zu duplizieren oder einen ausgefallenen Rechner nach einem Hardwaredefekt wiederherzustellen. Der Paketmanager `dpkg` selbst bietet eine entsprechende Option, um die Paketliste wieder einzulesen:

```
dpkg --set-selections < ~/alle_pakete.txt
```

Der Operator < leitet die Eingabe um, liest also die dahinter angegebene Datei ein. Dass nun Pakete auf ihre Installation warten, bestätigt der folgende Befehl:

```
dpkg --yet-to-unpack
```

Ein anschließend aufgerufenes `apt-get dselect-upgrade` führt die Aktionen schließlich durch.

27.1.2 Rettungsanker bereitlegen

»Squeeze« hat gegenüber der Vorgängerversion zahlreiche Verbesserungen und Veränderungen erfahren. Etliche Neuerungen im Bereich Hardware – unter anderem neue Treiber, bessere Hardwareerkennung sowie die Anordnung und Benennung von Gerätedateien – sorgen dafür, dass Sie möglicherweise auf Probleme stoßen, wenn Sie den Rechner nach dem Upgrade neu starten. Das Debian-Team hat viele bekannte kritische Situationen und Lösungsvorschläge in den schon erwähnten Release Notes dokumentiert und empfiehlt Folgendes, wenn es hakt:

- **Alter Kernel**
  Als Erstes können Sie versuchen, das System mit dem alten und bewährten Kernel der Vorgängerversion zu starten. Die erwähnten Änderungen in der Distribution verursachen aber wahrscheinlich Probleme.

- **Rettungsmodus des Debian-Installers**
  Wenn Sie die Buch-DVD (oder eine andere Debian-CD/DVD) mit der Bootoption »rescue« (textbasiert) oder »rescuegui« (grafisch) starten, erreichen Sie den Rettungsmodus des Installers (siehe auch Abschnitt 15.3 ab Seite 471). Der Rettungsmodus greift auf die Installer-Features zur Hardwareerkennung zurück. Auf diese Weise stehen die Festplatte(n), Netzwerkschnittstelle(n) oder Ähnliches nach dem Booten zur Verfügung, sodass Sie das System reparieren können.

- **Live-Distribution**
  Legen Sie eine Linux-Live-CD wie Debian Live[2], KNOPPIX[3] oder SystemRescueCd[4] bereit. Nach dem Booten dieses Systems können Sie die Root-Partition einbinden (mounten) und mit `chroot` hineinwechseln (siehe Abschnitt 23.2 ab Seite 669). Führen Sie nun die notwendigen Reparaturen durch.

- **Serielle Konsole**
  Falls Sie das Upgrade auf einem entfernten Rechner (per SSH) durchführen, treffen Sie die notwendigen Vorkehrungen, um im Notfall über ein serielles Terminal auf den Server zugreifen zu können.

27.2 Systemstatus prüfen

Gemischte Repositorys

Am leichtesten aktualisieren Sie das System, wenn es ausschließlich Pakete aus den offiziellen »Lenny«-Repositorys enthält. Haben Sie Pakete aus anderen Debian-Distributionen, aus inoffiziellen Repositorys oder selbst gebaute Pakete installiert, können Probleme auftreten. Die nächsten Abschnitte zeigen, wie Sie eventuelle »Sorgenkinder« aus dem Weg räumen.

Überprüfen Sie ebenfalls, ob das Paket *splashy* installiert ist, und entfernen Sie es mit `apt-get purge` oder `aptitude purge` vollständig mitsamt seinen Konfigurationsdateien.

2 *http://live.debian.net/*
3 *http://www.knoppix.org/*
4 *http://www.sysresccd.org/*

27.2.1 Altes System aktualisieren

Es empfiehlt sich, »Lenny« selbst vor dem Upgrade auf »Squeeze« auf den aktuellsten Stand zu bringen. Achten Sie darauf, dass die Datei *sources.list* ausschließlich Einträge für `lenny` enthält (und nicht etwa für `stable` oder `squeeze`, siehe Abschnitt 5.3.1 ab Seite 124).

Schwebende Aktionen in Aptitude

Wenn Sie unter »Lenny« mit Aptitude gearbeitet haben, sollten Sie prüfen, ob es noch irgendwelche schwebenden Aktionen gibt, also Pakete, die zum Entfernen oder Aktualisieren vorgemerkt sind. Am einfachsten testen Sie dies, wenn Sie als Benutzer Root Aptitude ohne weitere Parameter aufrufen und dann Ⓖ (für »Go«) drücken. Meldet Aptitude ES WURDEN KEINE PAKETE ZUM INSTALLIEREN, ENTFERNEN ODER AKTUALISIEREN AUSGEWÄHLT., so ist alles in Ordnung. Gibt es hingegen unerledigte Aktionen, sollten Sie diese zuerst in Angriff nehmen.

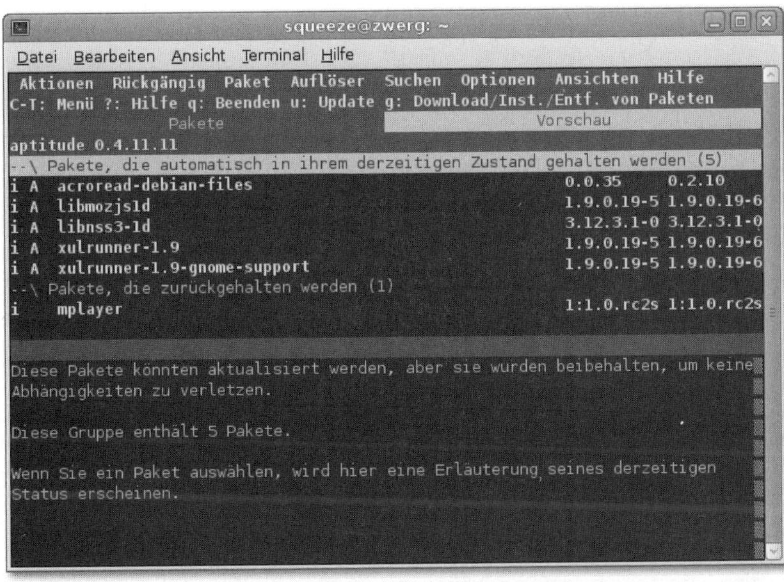

Abbildung 27.1 Überprüfen Sie in Aptitude, ob es noch schwebende Aktionen gibt.

Nun können Sie Aptitude beenden und die aktuell installierte Debian-Version »Lenny« über `apt-get update` und `apt-get upgrade` auf den neuesten Stand bringen.

27.2.2 APT-Pinning deaktivieren

Wenn Sie auf Ihrem »Lenny«-System Pakete aus mehreren Debian-Distributionen »mischen« und neben der Software aus »stable« auch Pakete aus »testing« oder »unstable« installieren, werfen Sie einen Blick in die Konfigurationsdatei */etc/apt/preferences* und prüfen, ob das sogenannte APT-Pinning (siehe Abschnitt 5.3.2 ab Seite 127) aktiviert ist. Ändern Sie die Konfiguration entsprechend, sodass Pakete, die als »Bitte nicht aktualisieren« gekennzeichnet sind, auf die »stable«-Variante aktualisiert werden können.

27.2.3 Den Paketstatus überprüfen

Unvollständige Pakete

Überprüfen Sie zunächst den Status der Pakete, um sicherzustellen, dass alle Pakete aktualisiert werden können. Eine Übersicht über alle Pakete, die entweder halb oder fehlerhaft konfiguriert sind, erhalten Sie mit dem Befehl:

```
dpkg --audit
```

Erscheint keine Ausgabe, ist alles ok und Sie können mit der Aktualisierung fortfahren. Andernfalls macht `dpkg` in der Regel Vorschläge, wie Sie das Problem aus der Welt schaffen. Handelt es sich zum Beispiel um bereits entpackte, aber nicht eingerichtete Pakete, konfigurieren Sie diese nachträglich über `dpkg --config <paket>`. Manchmal führen diese Schritte allerdings nicht zum Ziel, und es bleibt nur die Deinstallation der Problempakete als letzte Möglichkeit.

Zusätzlich sollten Sie prüfen, ob Pakete auf `hold` gesetzt sind. Eine solche Markierung entfernen Sie am besten vor der Aktualisierung. Steht ein Paket auf `hold`, und ist es für das Systemupgrade unverzichtbar, so wird die Aktualisierung scheitern. Können Sie die Markierung nicht entfernen, deinstallieren Sie das entsprechende Paket. Beachten Sie, dass Aptitude und `apt-get` verschiedene Methoden verwenden, um auf `hold` gesetzte Pakete zu finden.

Sofern Sie bisher mit `apt-get` oder `dselect` gearbeitet haben, ermitteln Sie als »gehalten« markierte Pakete mit dem folgenden `dpkg`-Aufruf:

```
dpkg --get-selections | grep hold
```

Bleibt die Ausgabe leer, ist alles in Ordnung. Andernfalls entfernen Sie eine `hold`-Markierung, indem Sie das Paket oder die Pakete wieder auf den Status »installierbar« setzen:

```
echo <paketname> install | dpkg --set-selections
```

Aptitude markiert Pakete auf andere Art und Weise, sodass Sie auf `hold` stehende Pakete so nicht finden. Tippen Sie stattdessen Folgendes:

```
samesame:~ # aptitude search "~ahold"
ih  mjpegtools          - MJPEG video capture/editting/...
ih  realplayer          - RealPlayer 10 based on the open...
ih  w32codecs           - win32 binary codecs
```

Die Aufrufoption `unhold` entfernt die Markierung dieser auf `hold` gesetzten Pakete wieder. Geben Sie hinter `aptitude unhold` die Liste der Paketnamen an.

27.2.4 Veraltete Pakete entfernen

Debian GNU/Linux »Squeeze« bietet zahlreiche neue Pakete. Außerdem haben die Entwickler viele Pakete entfernt, die in »Lenny« enthalten waren. Gründe für diese Fluktuation sind beispielsweise, dass die Software nicht weiterentwickelt wird oder dass sich kein Betreuer für das Paket gefunden hat. Möglich ist auch, dass die Funktionalität von einer anderen Anwendung übernommen wurde oder dass das Paket zu viele Fehler enthielt. Diese veralteten Pakete können nicht aktualisiert werden. Natürlich spricht nichts dagegen, ein liebgewonnenes altes Programm zu nutzen – beachten Sie allerdings, dass in circa einem Jahr nach dem Erscheinen von »Squeeze« die Sicherheitsaktualisierungen für die »Lenny«-Pakete wegfallen und es damit potenziell unsicher wird.

Es gibt gleich mehrere Wege, veraltete Pakete aufzuspüren. Aptitude bietet dafür eine eigene Sektion an. Starten Sie den Paketverwalter über Eingabe von `aptitude`, und gehen Sie zur Sektion VERALTETE UND SELBST ERSTELLTE PAKETE. Aptitude hat sich gemerkt, welche Pakete Sie selbst installiert haben, und markiert nur jene als »veraltet«, die aufgrund von Abhängigkeiten installiert wurden und nun nicht mehr benötigt werden, weil das Paket, das nach ihnen gefragt hat, selbst nicht mehr vorhanden ist. Die Pakete, die explizit auf Ihren Wunsch hin installiert wurden, erkennen Sie am **i** vor dem Namen; infolge einer Abhängigkeit installierte Pakete tragen zusätzlich ein **A**.

»deborphan«

Eine weitere gute Spürnase, die sich auf nicht mehr benötigte, also verwaiste (»orphaned«) Bibliotheken spezialisiert hat (Sektionen `libs` und `oldlibs`), ist das Programm `deborphan` aus dem gleichnamigen Paket:

```
samesame:~ # deborphan
liblwres40
libpoppler-qt4-3
libdvd0
gstreamer0.10-fluendo-mpegdemux
...
```

Mit verschiedenen Parametern bringen Sie das Programm dazu, auch andere Sektionen zu durchsuchen, zum Beispiel `--guess-dev` (nicht mehr benötigte Entwicklerpakete) oder `--guess-doc` (überflüssige Dokumentation). Mit `--guess-all` fahnden Sie in allen Sektionen. Die Liste der überflüssigen Pakete sollten Sie vor dem Entfernen zur Sicherheit noch einmal kontrollieren. Um mit einem einzigen Kommando alle von `deborphan` vorgeschlagene Software loszuwerden, kombinieren Sie das Tool mit einem `apt-get`- oder `aptitude`-Aufruf:

```
samesame:~ # apt-get remove $(deborphan)
...
Die folgenden Pakete werden ENTFERNT:
  dietlibc gstreamer0.10-fluendo-mpegdemux lib64g2c0...
```

»debfoster« Bei der Auslese nicht mehr benötigter Pakete hilft Ihnen des Weiteren das Tool `debfoster` aus dem gleichnamigen Paket. Das Programm erstellt zunächst eine Liste aller Pakete, die gezielt installiert wurden und nicht aufgrund von Abhängigkeiten auf die Platte gewandert sind. Für diese Software zeigt `debfoster` Ihnen dann an, welche anderen Pakete wiederum davon abhängen. So finden Sie Pakete, die viele andere Komponenten benötigen, und entscheiden dann, ob Sie das jeweilige Paket wirklich brauchen oder nicht.

Lautet die Antwort »nein«, ruft `debfoster` direkt im Anschluss den Befehl `apt-get --purge remove` für diese abgewählten Pakete auf, der nicht nur das Paket selbst, sondern auch die dazugehörigen Konfigurationsdateien entfernt. Beim ersten Start gibt es jede Menge zu tun, und Sie arbeiten eine relativ lange Liste ab:

```
samesame:~ # debfoster

gnome is keeping the following 236 packages installed:
...
Keep gnome? [Ynpsiuqx?], [H]elp: Y
...
texlive-full is keeping the following 112 packages installed:
...
Keep texlive-full? [Ynpsiuqx?], [H]elp: Y
0 aktualisiert, 0 neu installiert, 78 zu entfernen und 0
nicht aktualisiert.
Nach dieser Operation werden 472MB Plattenplatz freigegeben.
Möchten Sie fortfahren [J/n]?
```

Drücken Sie (Y), um ein Paket zu behalten, (N), um ein Paket (und nur dieses) zu entfernen oder (P), um das aktuelle Paket und die davon abhängigen Pakete, die von keinem anderen Paket abhängen, zu deinstallieren. Mit (S) überspringen Sie die jeweilige Frage, und mit (I) blenden Sie Informationen zum aktuellen Paket ein. Eine Übersicht über die verfügbaren Optionen zusammen mit einer Erklärung blenden Sie mit der Taste (H) ein. Zum Schluss zeigt `debfoster` noch einmal an, welche Pakete deinstalliert werden sollen – hier ist die letzte Möglichkeit, mit der Taste (N) abzubrechen.

Die von Ihnen getroffenen Entscheidungen notiert `debfoster` in der Datei */var/lib/debfoster/keepers*: Pakete, die Sie nicht länger auf der Platte haben wollen, stehen ganz am Ende der Datei mit einem Minuszeichen vor dem Paketnamen; alle anderen dürfen bleiben. Auf die gespeicherten Antworten greift `debfoster` bei allen weiteren Durchläufen zurück und fragt beim nächsten Start nur nach veränderten Paketen.

[+] Das Programm `debfoster` verwendet wie erwähnt zum anschließenden Deinstallieren das Kommando `apt-get --purge remove`. Diesen Befehl zum Löschen können Sie problemlos neu definieren und beispielsweise durch `aptitude remove` oder `aptitude purge` ersetzen, um anstelle von `apt-get` Aptitude zu verwenden. Falls Sie bei `apt-get` bleiben möchten (empfehlenswert!), aber die Konfigurationsdateien der Pakete behalten wollen, ist auch dies problemlos möglich. Für einen einzigen Programmdurchlauf tauschen Sie das Räumkommando über die Aufrufoption `-o`, gefolgt vom Löschbefehl:

```
debfoster -o RemoveCmd="apt-get remove"
```

Um das `apt-get`-Verhalten dauerhaft zu ändern, passen Sie die Konfigurationsdatei des Tools (*/etc/debfoster.conf*) an und modifizieren die Zeile, in der `RemoveCmd` definiert ist.

27.2.5 Inoffizielle Pakete

Fremdpakete

Pakete, die nicht aus einer offiziellen Debian-Quelle stammen, entfernt das System eventuell im Laufe des Upgrades aufgrund von Abhängigkeitskonflikten von der Platte. Wurden solche Fremdpakete über eine Quelle in */etc/apt/sources.list* installiert, sollten Sie vor dem Distributionsupgrade überprüfen, ob dieses Archiv auch »Squeeze«-Pakete bereitstellt. Passen Sie in diesem Fall die entsprechende(n) Zeile(n) in der Datei */etc/apt/sources.list* an.

Wenn Sie z. B. Pakete aus dem Multimedia-Repository[5] verwenden, schauen Sie auf der Webseite nach, wie die Einträge für »Squeeze« aussehen müssen. Für diese Quelle ersetzen Sie einen Eintrag der Form

```
deb http://www.debian-multimedia.org lenny main
```

durch:

```
deb http://www.debian-multimedia.org squeeze main
```

Backports Bei den offiziellen Backports (siehe Abschnitt 5.1.2 ab Seite 116) sollte es nicht zu Problemen kommen, da diese Pakete aus der ehemaligen »testing«-Distribution kommen, die nun »stable« ist. Daher besitzen die Pakete entsprechende Versionsnummern, und der Paketmanager weiß, wie er mit ihnen verfahren soll. Das Debian-Team rät außerdem dazu, das Repository `proposed-updates` aus der Datei */etc/apt/sources.list* zu entfernen oder vor dem Upgrade auszukommentieren. Laut Release Notes handelt es sich um eine Vorsichtsmaßnahme, um mögliche Konflikte zu vermeiden.

27.3 APT anpassen

Passen Sie nun die übrigen Paketlisten für APT an (siehe Abschnitt 5.3 ab Seite 124). Die einzelnen Einträge in der Konfigurationsdatei */etc/apt/sources.list* werden nacheinander abgearbeitet, und das Paket mit der höchsten Versionsnummer wird installiert. Dabei wählt APT automatisch die beste Variante aus: Gibt es das Paket sowohl in lokalen Quellen als auch auf einem Server im Netz, installiert APT aus den lokalen Repositorys, weil dies schneller ist. Nur wenn online eine neuere Version verfügbar ist, weicht APT auf diese Quellen aus.

[o] Setzen Sie daher die Buch-DVD ganz an den Anfang der Liste, wenn Sie diese für das Upgrade verwenden möchten. Erst danach geben Sie einen HTTP/FTP-Server an.

Ein Release können Sie in */etc/apt/sources.list* entweder durch den Codenamen (»Lenny«, »Squeeze« usw.) definieren oder durch die Statusbezeichnung (»oldstable«, »stable«, »testing«, »unstable« usw.). Die Verwendung des Codenamens hat den Vorteil, dass Sie keine Überraschungen erleben, wenn eine neue Debian-Version erscheint. Der Nachteil dieser Methode ist, dass Sie selbst auf Ankündigungen des Debian-Projekts achten müssen, um das System auf ein neues Release zu aktualisieren.

5 *http://www.debian-multimedia.org/*

Fügen Sie außerdem die Quelle »Squeeze-Updates«, wie in Abschnitt 5.1.2 ab Seite 116 beschrieben, hinzu. Diese ersetzt ab »Squeeze« das Repository »Debian-Volatile« und enthält Updates von Paketen, welche die Entwickler häufig aktualisieren.

27.3.1 Die Buch-DVD zum Upgrade verwenden

Schauen Sie nach, ob im Verzeichnis */etc/apt/apt.conf.d/* eine Datei namens *00trustcdrom* liegt. Sie sollte die Zeile

```
APT::Authentication::TrustCDROM "true";
```

enthalten, damit Secure APT dieses Medium von der Überprüfung mit der GnuPG-Signatur ausnimmt (siehe Abschnitt 5.4.5 ab Seite 135).

Legen Sie dann die Buch-DVD ins Laufwerk ein, und fügen Sie diese als Installations-/Upgradequelle hinzu. Genauso gehen Sie vor, wenn Sie mehrere »Squeeze«-CDs besitzen: Quelle hinzufügen

```
samesame:~ # apt-cdrom add
Verwendeter CD-ROM-Einbindungspunkt: /media/cdrom0/
Identifizieren ... [cdbc2db87cda91293e1ecbe79c207ec5-2]
Durchsuchen des Mediums nach Index-Dateien ...
1 Paketindizes, 1 Quellindizes, 0 Übersetzungsindizes und ↩
0 Signaturen gefunden
Kennzeichnung »Debian GNU/Linux 6.0.0 _Squeeze_ - Official...
...
```

[+] Wenn Sie ausschließlich die DVD dieses Buchs für ein Upgrade verwenden möchten, öffnen Sie */etc/apt/sources.list* in einem Texteditor, und kommentieren Sie alle anderen Einträge aus, indem Sie ein Rautezeichen (#) vor die jeweiligen Zeilen setzen. Damit setzen Sie diese Quellen lediglich auf den Status »inaktiv«, ohne sie ganz zu löschen. So können Sie die anderen Repositorys jederzeit wieder aktivieren, indem Sie das Kommentarzeichen # entfernen.

27.3.2 Über einen HTTP/FTP-Mirror aktualisieren

Um (zusätzlich) auf Online-Repositorys zurückzugreifen, tragen Sie einen Spiegelserver in Ihrer Nähe in die Datei */etc/apt/sources.list* ein. Unter *http://www.debian.org/mirror/list* finden Sie eine Liste der verfügbaren HTTP/FTP-Server. HTTP-Server sind in der Regel schneller als FTP-Server. Ein entsprechender Eintrag könnte wie folgt aussehen:

```
deb http://debian.netcologne.de/debian/ squeeze main ➥
non-free contrib
```

Debian GNU/Linux bietet eine bequeme Lösung, mit der Sie die Einträge für die Paketquellen automatisch generieren. Das Tool `netselect-apt` (siehe Abschnitt 5.3.1 ab Seite 124) lädt die vollständige Liste der Debian-Spiegelserver herunter und testet, welcher Mirror in Ihrer Nähe liegt und damit am besten erreichbar ist. Das Programm legt eine Sicherungskopie einer bestehenden Datei */etc/apt/sources.list* an.

Wenn Sie zusätzlich zu einer Onlinequelle auch von CD/DVD aktualisieren möchten, können Sie vorhandene Einträge der ursprünglichen Paketquellen-Datei problemlos kopieren. Achten Sie in diesem Fall darauf, dass die lokalen Paketquellen, wie im vorigen Abschnitt erwähnt, ganz am Anfang der Datei stehen.

27.4 Upgrade mit »apt-get«

»apt-get« versus Aptitude

Das Debian-Team schreibt in seinen Veröffentlichungshinweisen, dass für die Aktualisierung von »Lenny« auf »Squeeze« `apt-get` das Tool der Wahl ist. Für das Upgrade von »Sarge« auf »Etch« empfahl das Debian-Team noch Aptitude, da zu der Zeit wesentliche Features in `apt-get` fehlten, wie zum Beispiel das automatische Deinstallieren und besseres Auflösen von Abhängigkeiten. In der Zwischenzeit hat `apt-get` allerdings aufgeholt und Aptitude sogar überholt. Überprüfen Sie noch ein letztes Mal, dass die *sources.list* keine Einträge mehr für »Lenny« enthält, und dann kann es losgehen.

27.4.1 Upgrade mit »script« protokollieren

Zur Sicherheit können Sie den Upgradevorgang mithilfe des Programms `script` protokollieren. Sollten Probleme auftreten, können Sie den Mitschnitt einsehen und genauestens über Fehler berichten. Schreiben Sie das Protokoll am besten in eine Datei in Ihrem Home-Verzeichnis und nicht in einen temporären Ordner wie */tmp* oder */var/tmp*, da diese Verzeichnisse eventuell beim Aktualisieren, aber in jedem Fall beim Neustart des Rechners gelöscht werden.

Sie starten `script` auf der Kommandozeile zusammen mit der Option `-a` (»append« = »anhängen«) und dem Parameter `-t` (»time« = »Zeit«); außerdem geben Sie den Namen der Protokolldatei und den Namen der Datei mit den Timestamps an, zum Beispiel:

```
samesame:~ # script -a ~/squeeze-upgrade.script -t ↵
2>~/squeeze-upgrade.time
Script started, file is /root/squeeze-upgrade.script
```

Um das Protokollieren zu beenden, geben Sie `exit` am Prompt des Terminals ein, in dem Sie `script` gestartet haben.

```
huhnix:~ # exit
Script done, file is /root/squeeze-upgrade.script
```

[+] Das Protokoll finden Sie in Textform in der Datei *squeeze-upgrade.script*. Alternativ spielen Sie den Mitschnitt auf der Kommandozeile ab und schauen sich Ihre Shell-Sitzung als Film an. Dazu tippen Sie:

```
samesame:~ # scriptreplay ~/squeeze-upgrade.time ↵
~/squeeze-upgrade.script
```

27.4.2 Paketliste aktualisieren

»apt-get update«

Nun ist es an der Zeit, die Liste der verfügbaren Pakete auf den neuesten Stand zu bringen. Geben Sie dazu den Befehl `apt-get update` ein. Eventuell erhalten Sie Warnmeldungen, dass einige Quellen nicht verfügbar sind. Wiederholen Sie in diesem Fall das Kommando, und die Warnungen sollten nicht mehr auftauchen. Sollten Sie eine Meldung über fehlende GnuPG-Keys erhalten, so aktualisieren Sie zunächst das Paket mit den Archivschlüsseln:

```
samesame:~ # apt-get install debian-archive-keyring
...
WARNUNG: Die folgenden Pakete können nicht authentifiziert ↵
werden!
  debian-archive-keyring
Diese Pakete ohne Überprüfung installieren [j/N]? j
...
Vorbereitung zum Ersetzen von debian-archive-keyring 2009.01↵
.31 (durch .../debian-archive-keyring_2010.08.28_all.deb) ...
Ersatz für debian-archive-keyring wird entpackt ...
debian-archive-keyring (2010.08.28) wird eingerichtet ...
gpg: Schlüssel 473041FA: Öffentlicher Schlüssel "Debian ↵
Archive Automatic Signing Key (6.0/squeeze) <ftpmaster@↵
debian.org>" importiert
gpg: Anzahl insgesamt bearbeiteter Schlüssel: 5
gpg:                              unverändert: 4
gpg:                               importiert: 1  (RSA: 1)
gpg: keine uneingeschränkt vertrauenswürdigen Schlüssel ↵
gefunden
```

27.4.3 Speicherplatz prüfen

Stellen Sie sicher, dass Sie genügend freien Platz auf der Festplatte zur Verfügung haben. Die heruntergeladenen Pakete landen zunächst im Ordner */var/cache/apt/archives*; während der Download der Pakete noch läuft, speichert das System diese unterhalb dieses Verzeichnisses im Ordner *partial*. Daher sollte ausreichend Platz auf der Partition sein, die */var* enthält. Anschließend wird weiterer freier Platz auf den anderen Partitionen benötigt, um die vorhandenen Programme zu aktualisieren beziehungsweise neue Software zu installieren.

Sie können wiederum das Programm `apt-get` zur Hilfe nehmen, um in Erfahrung zu bringen, wie viel Platz ungefähr benötigt wird:

```
samesame:~ # apt-get dist-upgrade
...
1233 aktualisiert, 582 neu installiert, 55 zu entfernen und
0 nicht aktualisiert.
Es müssen 2205MB an Archiven heruntergeladen werden.
Nach dieser Operation werden 1725MB Plattenplatz zusätzlich ➘
benutzt.
E: Sie haben nicht genug Platz in /var/cache/apt/archives/.
```

Auch wenn Sie genügend Speicher zur Verfügung haben und keine Fehlermeldung sehen, brechen Sie den Vorgang an dieser Stelle ab. Das eigentliche Upgrade erfolgt später. Wie viel Platz auf den jeweiligen Partitionen verfügbar ist, verrät `df` (siehe Abschnitt 18.5.2 ab Seite 588):

```
samesame:~ # df -h
Dateisystem          Größe Benut  Verf Ben% Eingehängt auf
/dev/sda1             6,5G  4,9G  1,3G  80% /
...
/dev/sda6              29G   16G   13G  56% /home
```

Freien Platz schaffen

Ist nicht genug Platz vorhanden, müssen Sie die Partition vor dem Upgrade aufräumen. Hier ein paar Tipps zum Freischaufeln der Festplatte:

- **Cache leeren**
  Sie können Platz schaffen, indem Sie Pakete, die zu einem früheren Zeitpunkt heruntergeladen wurden, von der Festplatte verbannen. Den Cache unter */var/cache/apt/archives* leeren Sie über den Befehl `apt-get clean`.

- **Alte Pakete entfernen**
  Deinstallieren Sie Software, die Sie nicht mehr benötigen (siehe Abschnitt 27.2.4 ab Seite 747). Dabei helfen Ihnen die Tools `deborphan` oder `debfoster`.

- **Überflüssige Sprachdateien entfernen**
  Die meisten Übersetzungsdateien in */usr/share/locale/* benötigen Sie in der Regel nicht. Zum Löschen dieser Sprachen verwenden Sie das Tool `localepurge` aus dem gleichnamigen Paket. Wenn Sie dieses Paket installieren, fragt `localepurge` nach, welche Locale-Dateien Sie wirklich brauchen. Mit der Leertaste wählen Sie in der Liste die Sprachen aus, die Sie behalten möchten, und springen dann mit (Tabulator) zu OK. Das Programm bietet dann an, auch die Manpages der abgewählten Sprachen zu deinstallieren, und fragt, ob es neue Sprachpakete melden soll. Nach dieser Konfiguration kann es losgehen: Rufen Sie als Administrator `localepurge` auf. Sie erhalten nun eine Meldung, wie viel Platz frei geworden ist.

- **Protokolldateien temporär verschieben**
  Verschlingen die Logdateien unter */var/log* zu viel Platz auf der Festplatte, können Sie diese Dateien für die Dauer des Upgrades auslagern.

- **Speicherhungrige Pakete löschen**
  Löschen Sie Pakete, die viel Plattenplatz verschlingen – Sie können sie nach dem Upgrade jederzeit wieder installieren. Um diejenigen Pakete zu finden, die am meisten Platz benötigen, nehmen Sie zum Beispiel das Tool `dpigs` (Paket *debian-goodies*) zur Hilfe. Standardmäßig zeigt das Programm die zehn größten Pakete an; mit dem Schalter `-n <nummer>` erhöhen Sie die Zeilenanzahl. »dpigs«

```
samesame:~ # dpigs
112700 texlive-fonts-extra
107352 texlive-latex-extra-doc
91228 evolution-common
65728 sun-java5-bin
58576 linux-image-2.6.26-2-686
58292 linux-image-2.6.26-1-486
58232 linux-image-2.6.26-1-686
56172 texlive-doc-en
52824 cm-super
51788 emacs22-common
```

Bevor Sie Pakete deinstallieren, sollten Sie die *sources.list* noch einmal bearbeiten und die alten Einträge für »Lenny« reaktivieren. Anschließend können Sie die Paketquellen für »Squeeze« wieder freischalten. [«]

27.4.4 Minimales Upgrade

Die Release Notes raten dazu, die Aktualisierung aufzuteilen und zunächst mit `apt-get upgrade` alle installierten Pakete auf den neuesten Stand zu bringen. Das Kommando `apt-get dist-upgrade` führen Sie erst zu einem späteren Zeitpunkt aus. Es aktualisiert auch die Pakete, für die zusätzliche Software installiert werden muss oder für die andere Pakete komplett gelöscht werden müssen.

```
samesame:~ # apt-get upgrade
...
543 aktualisiert, 0 neu installiert, 0 zu entfernen und 591
nicht aktualisiert.
Es müssen 261MB an Archiven heruntergeladen werden.
Nach dieser Operation werden 94,8MB Plattenplatz zusätzlich ↵
benutzt.
Möchten Sie fortfahren [J/n]? J
...
Hole:15 http://debian.netcologne.de squeeze/main hostname ↵
3.04 [14,8kB]
Hole:16 http://debian.netcologne.de squeeze/main login ↵
1:4.1.4.2+svn3283-2+squeeze1 [782kB]
Hole:17 http://debian.netcologne.de squeeze/main ↵
libtext-wrapi18n-perl 0.06-7 [9004B]
...
```

Fragen zu Konfigurationsdateien

Während des Upgrades tauchen recht häufig Fragen zur Einrichtung der neuen Pakete auf. Die voreingestellten Antworten sind sinnvolle Einstellungen; Sie können sie ruhig übernehmen, falls Sie unsicher sind. Debian fragt ebenfalls nach, wenn es um die Konfigurationsdateien bestimmter Programme geht, bevor es diese einfach mit der Version des neuen Paketes überschreibt, zum Beispiel:

```
Konfigurationsdatei »/etc/cups/cupsd.conf«
 ==> Modifiziert (von Ihnen oder einem Skript) seit der ↵
Installation.
 ==> Paketverteiler hat eine aktualisierte Version ↵
herausgegeben.
   Was möchten Sie damit machen? Ihre Wahlmöglichkeiten sind:
   Y oder I : Die Version des Paket-Betreuers installieren
   N oder O : Die momentan installierte Version beibehalten
      D     : Die Unterschiede zwischen den Versionen anzeigen
      Z     : Prozess in den Hintergrund, um die Situation ↵
zu begutachten
 Der Standardweg ist das Beibehalten der momentanen Version.
*** login.defs (Y/I/N/O/D/Z) [Vorgabe=N] ?
```

- **Die Version des Paket-Betreuers installieren**
  Wenn Sie genau wissen, dass Sie keine wichtigen Änderungen an der Datei vorgenommen haben, sollten Sie die neue Konfiguration übernehmen. Die alte Datei wird dabei aber nicht gelöscht, sondern als Kopie unter dem Namen *<konfig_datei>.dpkg-old* abgelegt, also zum Beispiel als */etc/cups/cupsd.conf.dpkg-old*.

- **Die momentan installierte Version beibehalten**
  Wenn Sie sich sicher sind, dass Sie die alte Konfigurationsdatei behalten wollen und dass die neue Version nicht etwa wichtige Features enthält (Aufschluss darüber gibt die nächste Option), wählen Sie diesen Punkt. Die neue Datei trägt den Namen *<konfig_datei>.dpkg-dist*, also zum Beispiel */etc/cups/cupdsd.conf.dpkg-dist*.

- **Die Unterschiede zwischen den Versionen anzeigen**
  Zeigt die Unterschiede zwischen den beiden Konfigurationsdateien auf der Shell an. Im Hintergrund wird dazu das Kommando `diff -u <konfig_datei> <konfig_datei>.dpkg-new | less` ausgeführt (siehe Abschnitt 18.4.5 ab Seite 585). In der Ausgabe können Sie hoch- und herunterblättern; mit [Q] beenden Sie die Anzeige und kehren zur Frage zurück. Die Zeilen, die mit + beginnen, stammen ausschließlich aus der neuen Version. Zeilen, die mit - beginnen, finden Sie nur in Ihrer alten Konfiguration. Wollen Sie eine der beiden Dateien an dieser Stelle anpassen (die vorgeschlagene neue Konfigurationsdatei hat zu der Zeit noch den Namen *<konfig_datei>.dpkg-new*), so können Sie über den nächsten und letzten Punkt eine Shell starten.

- **Prozess in den Hintergrund, um die Situation zu begutachten**
  Startet eine Shell. Sie können nun mit einem Texteditor Ihrer Wahl (siehe Kapitel 16 ab Seite 475) die alte und/oder die neue Datei bearbeiten. Zurück zum Dialog gelangen Sie über die Tastenkombination [Strg]+[D].

»diff«-Ausgabe prüfen

Bootskripte, die im Verzeichnis */etc/init.d/* liegen, werden Sie sehr wahrscheinlich nicht modifiziert haben, sodass das Überschreiben mit neuen Versionen recht ungefährlich ist – zur Sicherheit können Sie mit der `diff`-Ausgabe prüfen, inwiefern sich die beiden Skripte voneinander unterscheiden. Gleiches gilt für neue Druckertreiber und Ähnliches – es ist meistens sinnvoll, auf die Features der neuen Version zurückzugreifen. Zeigt `diff` als Unterschiede ausschließlich Kommentarzeilen (in der Regel erkennen Sie diese am Rautezeichen # am Zeilenanfang) in der neuen Datei, ist es ebenfalls sinnvoll, den Vorschlag für das Upgrade anzunehmen.

27.4.5 Kernel und »udev« aktualisieren

Das Debian-Team empfiehlt, an dieser Stelle zunächst einen neuen Kernel einzuspielen und danach udev (siehe Abschnitt 17.2.2 ab Seite 497) zu aktualisieren. Ein »Lenny«-Kernel verträgt sich möglicherweise mit dem udev aus »Squeeze« nicht, was dazu führen könnte, dass die Zuweisung der Namen zu den Netzwerkkarten nicht stimmt.

Zunächst spielen Sie den neuen Kern ein. Es ist ratsam, eines der neuen *linux-image-2.6*-Metapakete zu verwenden. Metapakete enthalten selbst keine Software, sondern definieren nur Abhängigkeiten von anderen Paketen. Im Fall des Linux-Kernels stellt ein Metapaket sicher, dass der alte Kern auf der Platte bleibt, wenn es eine aktuellere Version gibt. Ob ein solches Paket während der Aktualisierung auf Ihrem Rechner installiert wurde, finden Sie schnell mit dpkg heraus:

```
samesame:~ # dpkg -l "linux-image*" | grep ^ii
ii  linux-image-2.6-686                      2.6.26+17+lenny1
Linux 2.6 image on PPro/Celeron/PII/PIII/P4
ii  linux-image-2.6.26-1-486                 2.6.26-13lenny2
Linux 2.6.26 image on x86
...
```

Taucht in der dpkg-Ausgabe kein entsprechendes Paket auf, installieren Sie es von Hand nach. Dazu schauen Sie nach, was Debian GNU/Linux »Squeeze« im Angebot hat:

```
samesame:~ # apt-cache search linux-image-2.6- | grep -v ↩
transition
linux-image-2.6-686 - Linux 2.6 for modern PCs (meta-package)
linux-image-2.6-openvz-686 - Linux 2.6 for modern PCs ↩
(meta-package), OpenVZ support
linux-image-2.6-vserver-686-bigmem - Linux 2.6 for PCs ↩
with 4GB+ RAM (meta-package), Linux-VServer support
...
```

Entscheidungshilfe Sind Sie sich nicht sicher, welcher Kernel der richtige für Ihren Rechner ist, finden Sie den Namen des aktuellen Kernels mit uname -r heraus. Installieren Sie dann ein Paket mit einem ähnlichen Namen. Sehen Sie beispielsweise als uname-Ausgabe »2.6.18-6-686«, so spielen Sie das Paket *linux-image-2.6-686* ein.

[»] Da in der neuen Debian-Version sämtliche proprietäre Firmware aus dem Kernel verschwunden ist, müssen Sie anschließend eventuell von Hand einige Firmware-Pakete aus dem »non-free«-Bereich nachinstallieren, sollte Ihre Hardware derartige Treiber benötigen. Wenn Sie darüber hinaus selbst gebaute Treiber (zum Beispiel für die Grafik- oder WLAN-Karte) verwendet haben, müssen Sie diese Treiber für den neuen Kernel neu bauen.

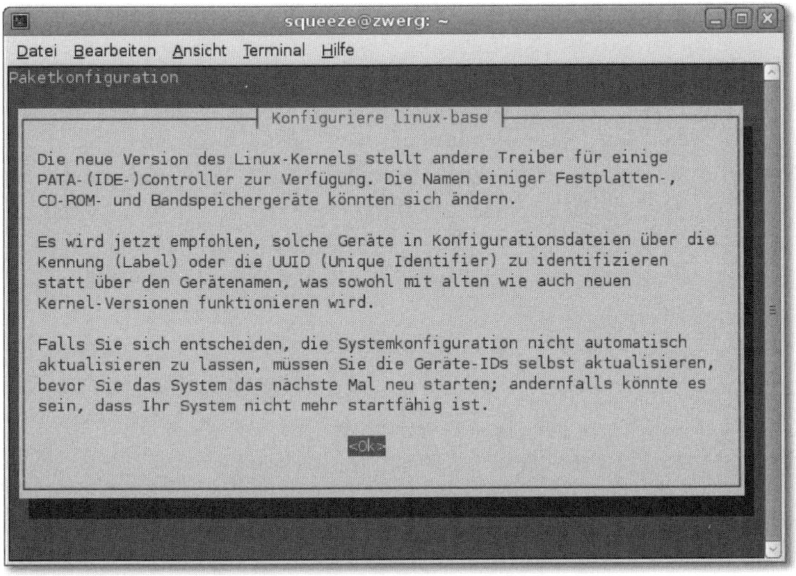

Abbildung 27.2 Aktualisieren Sie die Geräte-IDs der Laufwerke.

Bei der Installation des Kernels aktualisiert das System automatisch die Einträge für den Bootloader GRUB, der hier noch in der alten Version vorliegt. Zur Sicherheit schauen Sie in der GRUB-Konfigurationsdatei */boot/grub/menu.lst* nach, ob der neue Betriebssystemkern dort auftaucht. Sie sollten dort nun Einträge für den neuen Kernel sehen, zum Beispiel:

```
kernel          /boot/vmlinuz-2.6.32-5-686 root=UUID=
0337db32-8992-49dc-9e2d-267fa9828acb ro quiet
initrd          /boot/initrd.img-2.6.32-5-686
```

Reboot

Direkt nach dem Kernel-Upgrade aktualisieren Sie `udev` über den Befehl `apt-get install udev`. Der Paketmanager spielt einige weitere Pakete als Abhängigkeiten zur neuen Version ein und schlägt auch vor, andere zu entfernen. Danach starten Sie den Rechner neu, bevor es mit dem Hauptteil der Distributions-Aktualisierung weitergeht.

27.4.6 Den Rest aktualisieren

Es ist nun an der Zeit, das restliche System zu aktualisieren. Sie stoßen das Distributionsupgrade über den Befehl `apt-get dist-upgrade` an. Der Paketverwalter installiert jeweils die neueste verfügbare Paketversion und löst dabei selbstständig Abhängigkeiten auf. Falls erforderlich, werden dazu weitere Pakete installiert beziehungsweise nicht mehr benötigte Pakete entfernt. Wenn Sie mit einem Satz CD-ROMs oder DVDs arbeiten, können Sie sich nun als DJ betätigen – das System fordert die jeweils benötigten Datenträger nacheinander an.

Debconf

Auch nach diesem APT-Kommando tauchen einige Fragen zu Konfigurationsdateien auf. Neue Versionen bereits installierter Pakete, die das System nicht aktualisieren kann, ohne den Status eines anderen Pakets zu ändern, belässt Debian in ihrer derzeitigen Version. Dies können Sie nachträglich über `apt-get -f install` auflösen (siehe auch nächster Abschnitt). Wenn `apt-get` keine weiteren Arbeitsschritte vorschlägt, war das Upgrade erfolgreich:

```
samesame:~ # apt-get dist-upgrade
...
0 aktualisiert, 0 neu installiert, 0 zu entfernen und 0 ↩
nicht aktualisiert.
samesame:~ # cat /etc/debian_version
6.0.1
samesame:~ # apt-get clean
```

[+]

Im Zuge der kompletten Aktualisierung landet auch die neue GRUB-Version 2 auf der Platte. Das Installationsskript wandelt eine bestehende Konfiguration des Vorgängers GRUB Legacy automatisch um. Mehr zum Bootmanager, der Einrichtung und der GRUB-Shell sowie Tipps zur Reparatur lesen Sie in Kapitel 26 ab Seite 723.

27.5 Probleme beim Upgrade

Es kann vorkommen, dass das Upgrade mit einer Fehlermeldung abbricht. In einem solchen Fall sind Sie als Administrator aufgefordert, etwas zu korrigieren, bevor es weitergehen kann. So erscheinen möglicherweise Fehlermeldungen wie:

```
dpkg: Fehler beim Bearbeiten von
/var/cache/apt/archives/tex-common_2.08.1_all.deb (↩
--unpack):
 Kollidierende Pakete - tex-common wird nicht installiert
...
Fehler traten auf beim Bearbeiten von:
 /var/cache/apt/archives/texlive-fonts-extra_↩
2009-10_all.deb
```

```
 /var/cache/apt/archives/texlive-latex-extra-doc_
2009-10_all.deb
...
E: Sub-process /usr/bin/dpkg returned an error code (1)
```

In einem solchen Fall können Sie versuchen, das betreffende Paket zu reparieren:

```
apt-get -f install <paket>
```

Führt dies nicht zum Erfolg, rufen Sie `apt-get -f install` ohne Paketnamen auf. Erhalten Sie keine Fehlermeldung mehr, können Sie die Aktualisierung über `apt-get dist-upgrade` fortsetzen.

Wenn ein Paket zwar erfolgreich entpackt, aber noch nicht konfiguriert wurde, erhalten Sie ebenfalls eine Fehlermeldung. Einen Ausweg bietet `dpkg`:

```
dpkg --configure -a
```

Auf diese Weise starten Sie die Einrichtungsskripte für alle entpackten, unkonfigurierten Pakete mit nur einem einzigen Befehl. Sollte auch dies nicht zum Erfolg führen, bleibt oft nur die Alternative, das Paket zu deinstallieren und zu einem späteren Zeitpunkt der Aktualisierung neu einzuspielen. Setzen Sie dazu beispielsweise das folgende Kommando ein:

```
apt-get remove <paket>
```

Zu wenig Speicher?

Danach stoßen Sie die Aktualisierung neu an. Gelegentlich verursacht ein unzureichender Zwischenspeicher für die Pakete Probleme. Das System meldet dann beispielsweise:

```
E: Dynamic MMap ran out of room
```

Kommentieren Sie entweder einige Quellen in */etc/apt/sources.list* aus, oder passen Sie die Datei */etc/apt/apt.conf* an. Setzen Sie hier die Größe des Zwischenspeichers (`APT::Cache-Limit`) herauf, zum Beispiel mit dem Eintrag:

```
APT::Cache-Limit "12500000";
```

Weitere Hinweise auf mögliche Probleme und Lösungsvorschläge bieten die schon erwähnten Release Notes.

In diesem Kapitel erfahren Sie mehr zum Linux-Kernel, zum Laden und Entfernen von Modulen und zum Kernel-Eigenbau unter Debian GNU/Linux.

28 Kernel kompilieren

Das Herzstück des Linux-Systems ist der Kernel, auch »Betriebssystemkern« genannt. Seine wesentlichen Aufgaben sind Speicher- und Prozessverwaltung, Multitasking sowie Eingabe- und Ausgabe-Operationen auf verschiedenen Geräten. Kurz gesagt: Der Kernel vermittelt zwischen den Anwendungen und der Hardware des Computers. Der Linux-Kernel ist grundsätzlich monolithisch, jedoch lassen sich Teilbereiche in einzelnen Modulen verwalten.

- **Monolithisch**
  Der gesamte Quellcode inklusive aller Treiber für die Hardwarekomponenten wird in das Kernel-Image kompiliert; dieses heißt in der Regel *vmlinuz-...*
- **Modular**
  Verschiedene Komponenten werden aus der Kernel-Datei ausgelagert und stehen als separate Module zur Verfügung, sodass sie bei Bedarf nachgeladen werden können.

28.1 Modular oder monolithisch?

Module laden und entfernen

Module machen den Kernel äußerst flexibel: Sie können während des Betriebs geladen und auch wieder entfernt werden. In der Regel läuft das Laden und Entladen vollautomatisch – schon beim Start des Rechners oder je nach Bedarf. So lädt der Kernel zum Beispiel das IPTables-Modul dynamisch nach, wenn es benötigt wird:

```
zwerg:~ # lsmod | grep iptable
zwerg:~ # iptables -L
...
zwerg:~ # lsmod | grep iptable
iptable_nat              3551  0
iptable_mangle           2325  0
```

```
nf_nat                  10568  2 iptable_nat,ipt_MASQUERADE
nf_conntrack_ipv4        7597  4 iptable_nat,nf_nat
...
ip_tables                7690  3
iptable_nat,iptable_mangle,iptable_filter
x_tables                 8327  9 iptable_nat,xt_limit,...
```

»lsmod« Der Befehl `lsmod` zeigt die aktuell geladenen Module; zusammen mit `grep` durchforsten Sie die Ausgabe nach der Zeichenkette »iptable«. Das Listing zeigt: Erst nach dem IPTables-Aufruf wurde das Modul nachgeladen.

Bestimmte Module, die das System noch vor dem Einbinden der Root-Partition (*/*) während des Bootens laden muss, befinden sich in der Initial Ramdisk (*/boot/initrd.img-<kernel-version>*). Dazu gehören beispielsweise Gerätetreiber für Festplatten und andere Laufwerke, Module für Dateisysteme usw. Weitere Module, die während des Bootens geladen werden sollen, können unter Debian GNU/Linux in die Datei */etc/modules* eingetragen werden.

[+] Manchmal ist es sinnvoll, das Laden bestimmter Module zu verbieten. Dazu erstellen Sie im Verzeichnis */etc/modprobe.d* eine eigene Blacklist, beispielsweise eine Datei namens *meine_blacklist.conf*. In diese tragen Sie die Module ein; jedes steht in einer eigenen Zeile. Wenn Sie beispielsweise das Modul *pcspkr* auf die schwarze Liste setzen, ist im wahrsten Sinne des Wortes Ruhe, und der Rechner gibt keine nervigen Töne mehr über die eingebauten piepsigen Lautsprecher von sich:

```
blacklist pcspkr
```

Mit dem Programm `modprobe` laden Sie als Benutzer Root Module manuell; dieses Tool bietet zudem die Option `-r`, um Module von Hand loszuwerden. Module und Kernel müssen zusammenpassen. Für jeden Kernel im Verzeichnis */boot* finden Sie die jeweils passenden Module im Ordner */lib/modules/<kernel>*.

Welcher Kernel gerade läuft, verrät das Kommando `uname`. Geben Sie den Parameter `-r` (»Release«) an, um die Versionsnummer anzuzeigen. Mit `-a` (»all«) sehen Sie zusätzlich das Kompilierdatum sowie Hinweise, ob es sich um einen Standard-Kernel des Distributors oder um einen selbst gebauten Kernel handelt.

```
zwerg:~ # uname -a
Linux zwerg 2.6.32-5-686 #1 SMP Tue Mar 8 21:36:00 UTC 2011 ↩
i686 GNU/Linux
```

Die Flexibilität eines teilweise modularen Kernels ist nicht immer erwünscht, und es gibt durchaus Gründe, einen vollständig monolithischen Kernel zu verwenden. Außer für eine geringfügige Platzersparnis sorgt ein monolithischer Kernel in einigen Spezialfällen für eine höhere Geschwindigkeit. Außerdem bietet ein monolithischer Kernel mehr Sicherheit, wenn Sie zum Beispiel Linux als Router mit Firewall (siehe Kapitel 25 ab Seite 699) einsetzen. Das dynamische Nachladen von Modulen bietet einen Angriffspunkt, denn dieser Mechanismus ermöglicht es Eindringlingen unter Umständen, Fremdcode einzuschleusen und so eventuell unprivilegierten Benutzern Root-Rechte zu geben. Der Code im Kernel, der für das Laden und Entladen von Modulen zuständig ist, wurde zwar sorgfältig getestet, aber eine hundertprozentige Sicherheit gibt es eben nicht. Generell kann man sagen: Je mehr Code vorhanden ist, umso so größer ist das Risiko, daher gilt es, die Angriffsfläche so klein wie möglich zu halten und potenzielle Sicherheitslücken, zum Beispiel durch Fehler im Code selbst, zu verhindern.[1]

Gründe für den Eigenbau

In der Regel ist es nicht nötig, einen eigenen Kernel zu kompilieren – der Debian-Standardkern reicht vollkommen aus. Gründe für den Eigenbau gibt es dennoch: Wenn Sie Hardware besitzen, die nur mit einer neueren Kernel-Version läuft, wenn bestimmte Software einen neueren Kern benötigt, wenn Sie die Bootzeit verkürzen möchten, indem Sie nicht benötigte Treiber loswerden, oder wenn Sie einfach nur ausprobieren möchten, was ein neuer Kernel bietet, zeigen die folgenden Abschnitte, wie Sie einen modularen und einen monolithischen Kernel unter Debian GNU/Linux bauen. Die vorgestellte Herangehensweise baut aus den Quellen ein *.deb*-Paket, das anschließend bequem mit dem Paketmanager installiert und wieder entfernt werden kann.

28.2 Kernel kompilieren

Voraussetzung für das Kompilieren des Kernels sind die richtigen Quellen. Sie können entweder die Debian-Kernel-Sources oder die Quellen von *http://www.kernel.org/* verwenden. Letztere bieten Ihnen den »offiziellen« Linux-Kernel, der von allen Distributionen verwendet werden kann. Die Debian-Variante enthält einige Patches, die speziell an diese Distribution angepasst sind. Sofern die gewünschte Version bei Debian GNU/Linux verfügbar ist, sollten Sie diese Quellen bevorzugen. Die fol-

1 Zugegeben: Dieser Ansatz klingt ein bisschen paranoid, aber frei nach Terry Pratchett: »Nur weil du nicht paranoid bist, heißt das noch lange nicht, dass SIE nicht hinter dir her sind!«

genden Abschnitte zeigen, wie Sie mit den Kernel-Quellen aus dem Debian-Archiv arbeiten.

28.2.1 Kernel-Quellen einspielen

Installieren Sie zunächst als Administrator einige Pakete nach. Einige davon sind eventuell schon vorhanden, andere ziehen weiter Abhängigkeiten nach sich:

```
zwerg:~ # apt-get install build-essential bzip2 fakeroot ↩
initramfs-tools kernel-package libncurses5-dev wget
...
Die folgenden NEUEN Pakete werden installiert:
  build-essential dpkg-dev fakeroot g++ g++-4.4
  intltool-debian kernel-package libalgorithm-diff-perl
  libalgorithm-diff-xs-perl libalgorithm-merge-perl
  libdpkg-perl libmail-sendmail-perl libncurses5-dev
  libstdc++6-4.4-dev libsys-hostname-long-perl po-debconf
0 aktualisiert, 16 neu installiert, 0 zu entfernen und 12 ↩
nicht aktualisiert.
...
```

Tools und Quellen installieren

Anschließend spielen Sie die gewünschten Quellen ein. Wenn Sie mit `apt-get` das virtuelle Paket *linux-source* einspielen, verrät der Paketmanager, dass dieses Paket von mehr als einem anderen Paket zur Verfügung gestellt wird:

```
zwerg:~ # apt-get install linux-source
Paketlisten werden gelesen... Fertig
Abhängigkeitsbaum wird aufgebaut
Statusinformationen werden eingelesen... Fertig
Paket linux-source ist ein virtuelles Paket, das ↩
bereitgestellt wird von:
  linux-source-2.6 1:2.6.32+29
  linux-source-2.6.32 2.6.32-31
Sie sollten eines explizit zum Installieren auswählen.
```

Aus den angebotenen Vorschlägen wählen Sie nun ein Paket aus. Im Verzeichnis */usr/src/* finden Sie anschließend die Quellen als komprimiertes Tar-Archiv. Entpacken Sie das Archiv mit dem folgenden Befehl:

```
zwerg:~ # cd /usr/src/
zwerg:/usr/src # ls
linux-source-2.6.32.tar.bz2
zwerg:/usr/src # tar -xvjf linux-source-2.6.32.tar.bz2
...
```

Das Kernel-Quellverzeichnis sollte immer */usr/src/linux* heißen. Dies ist vor allem dann praktisch, wenn Sie die Quellen mehrerer Kernel-Versionen herunterladen und dort aufbewahren. Der Link sollte immer auf den verwendeten Kernel zeigen. Legen Sie daher nun einen symbolischen Link an:

```
zwerg:/usr/src # ln -s linux-source-2.6.32 linux
```

28.2.2 Kernel konfigurieren

Debian-Kernel als Grundlage

Der erste Schritt ist die Konfiguration der Quellen. Am einfachsten ist es, die Konfiguration des Debian-Standard-Kernels als Grundlage zu verwenden und von dort aus weitere Anpassungen vorzunehmen. Wechseln Sie ins Verzeichnis */usr/src/linux*, und kopieren Sie die Konfigurationsdatei des aktuellen Kernels mit dem folgenden Befehl an die richtige Stelle:

```
zwerg:/usr/src # cd linux
zwerg:/usr/src/linux # cp /boot/config-$(uname -r) .config
```

Versetzen Sie die Kernel-Quellen nun über `make mrproper` in den Originalzustand, und starten Sie einen Konfigurationshelfer, zum Beispiel die Ncurses-Variante (`make menuconfig`). Der Vorteil dieser Variante ist, dass sie auf der Konsole läuft und keine grafische Umgebung benötigt. Etwas komfortabler ist die Kernel-Konfiguration mittels `make xconfig` oder `make gconfig`, die Menüpunkte und Funktionen sind aber dieselben.

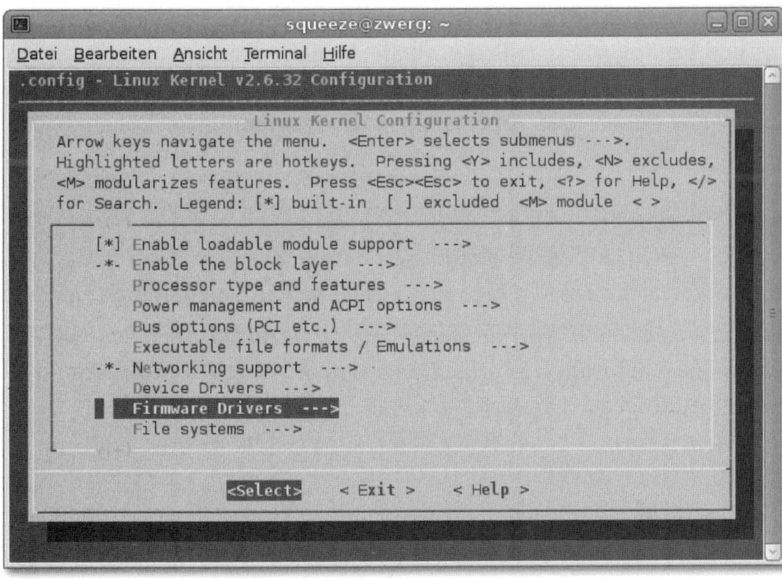

Abbildung 28.1 Mit »make menuconfig« richten Sie den Kernel ein.

Im Hauptfenster sehen Sie verschiedene Kategorien; mit [Eingabe] gelangen Sie in die jeweiligen Untermenüs und über die Kombination [Esc] + [Esc] auf die nächsthöhere Ebene. Für die einzelnen Menüpunkte gibt es maximal drei Möglichkeiten, die Sie unter anderem über die Leertaste erreichen: Eintrag ausschalten (`[ ]`), Eintrag aktivieren (`[*]`) oder als Modul auswählen (`<M>`). Über [Umschalt] + [ß] (also ?) blenden Sie die Hilfe ein, und über [Umschalt] + [7] (also /) suchen Sie nach bestimmten Begriffen. Einige Features hängen von anderen ab – aktivieren Sie etwas, das eine andere Einstellung erfordert, so warnt das Konfigurationsprogramm Sie und verrät, was zusätzlich benötigt wird.

[!] Wenn Sie nicht genau wissen, ob Sie eine bestimmte Komponente benötigen, ist es immer sicherer, diese aktiviert zu lassen. Vergewissern Sie sich außerdem, dass unter ENABLE LOADABLE MODULE SUPPORT die allgemeine Unterstützung für Module eingeschaltet ist.

Monolithischer Kernel

Wenn Sie einen monolithischen Kernel bauen möchten, wiederholen Sie die gezeigten Schritte bis zum Start von `make menuconfig`. Im Konfigurationshelfer gehen Sie zum Punkt ENABLE LOADABLE MODULE SUPPORT, deaktivieren diesen und sehen, dass alle als Module ausgewählten Einträge automatisch eingeschaltet wurden und für den festen Einbau in den Kernel vorgemerkt sind.

28.2.3 Kernel und Debian-Paket bauen

Nachdem Sie alles fertig eingerichtet haben, gehen Sie im Hauptmenü auf EXIT und beantworten die Frage, ob Sie die neue Konfiguration speichern wollen, mit JA. Die Werte werden anschließend in die versteckte Textdatei *.config* geschrieben. Den Anweisungen des Programms

```
*** End of Linux kernel configuration.
*** Execute 'make' to build the kernel or try 'make help'.
```

folgen Sie nicht. Rufen Sie stattdessen den Befehl `make-kpkg clean` auf, um die Verzeichnishierarchie der Kernel-Quellen aufzuräumen und die *kernel-package*-Parameter zurückzusetzen:

```
zwerg:/usr/src/linux # make-kpkg clean
exec make kpkg_version=12.036+nmu1 -f ↩
/usr/share/kernel-package/ruleset/minimal.mk clean
====== making target minimal_clean [new prereqs: ]======
This is kernel package version 12.036+nmu1.
test ! -f .config || cp -pf .config config.precious
test ! -e stamp-building || rm -f stamp-building
test ! -f Makefile ||              make    ARCH=i386 distclean
```

```
make[1]: Entering directory `/usr/src/linux-source-2.6.32'
...
```

Anschließend kompilieren Sie den Kernel, bauen das Debian-Paket und erstellen zugleich die Initial Ramdisk:

```
zwerg:/usr/src/linux # make-kpkg --rootcmd fakeroot ↩
kernel_image --append_to_version -zwerg --initrd
exec make kpkg_version=12.036+nmu1 -f /usr/share/↩
kernel-package/ruleset/minimal.mk debian ↩
APPEND_TO_VERSION=-zwerg  INITRD=YES  ROOT_CMD=fakeroot
...
dpkg-deb: building package `linux-image-2.6.32-zwerg' in ↩
`../linux-image-2.6.32-zwerg_2.6.32-zwerg-10.00.Custom↩
_i386.deb'.
make[2]: Leaving directory `/usr/src/linux-source-2.6.32'
make[1]: Leaving directory `/usr/src/linux-source-2.6.32'
```

[*] Das Kommando brach auf sämtlichen i386-Testrechnern zunächst mit der Fehlermeldung »lguest.c:37:18: error: zlib.h: No such file or directory« ab, während es auf der amd64-Architektur keine Probleme gab. Abhilfe schaffte, die Datei */usr/src/linux/Documentation/lguest/Makefile* in einem Texteditor zu öffnen und in der Zeile `all: lguest` das `lguest` zu entfernen, sodass dort dann nur noch `all:` steht. Danach lief alles wie gewohnt durch.

Paket installieren

Abhängig von der Leistungsfähigkeit des Rechners dauert dies eine Weile. Das fertige Paket liegt anschließend in */usr/src* und kann mit dem Befehl `dpkg -i <paket>.deb` installiert werden. An dieser Stelle wird automatisch `depmod` aufgerufen (aktualisiert die Modulliste). Darüber hinaus läuft das Erstellen der Initial Ramdisk automatisch (`mkinitramfs-kpkg`), und der Bootloader GRUB wird aktualisiert. Beim nächsten Rechnerstart sollte Ihr neuer Kernel nun im Bootmenü auftauchen.

```
...
Running depmod.
Examining /etc/kernel/postinst.d.
run-parts: executing /etc/kernel/postinst.d/initramfs-tools ↩
2.6.32-zwerg /boot/vmlinuz-2.6.32-zwerg
update-initramfs: Generating /boot/initrd.img-2.6.32-zwerg
...
Generating grub.cfg ...
Found background image: /usr/share/images/desktop-base/↩
desktop-grub.png
Found linux image: /boot/vmlinuz-2.6.32-5-686
Found initrd image: /boot/initrd.img-2.6.32-5-686
```

```
Found linux image: /boot/vmlinuz-2.6.32-zwerg
Found initrd image: /boot/initrd.img-2.6.32-zwerg
done
```

»The Debian Way« Die Debian-Entwickler greifen nicht auf die gezeigten Methoden und auf `kernel-package` zurück, sondern verwenden die eigenen Python-Tools. Weitere Hinweise und Anleitungen des Kernel-Teams finden Sie im Kernel-Handbuch[2] und im Debian-Wiki.[3]

[+] Die zuletzt vorgenommene Konfiguration wird, wie schon erwähnt, in der versteckten Datei *.config* im Kernel-Hauptverzeichnis gespeichert. Um diese Einstellungen mit neuen Kernel-Quellen zu recyceln, geben Sie den Befehl `make oldconfig` ein. Auf der Konsole sehen Sie nun Fragen, die lediglich die Features der neuen Kernel-Version betreffen. Alle anderen Einstellungen werden übernommen, und so ersparen Sie sich die Wanderung durch die ganzen Menüs.

2 *http://kernel-handbook.alioth.debian.org/*
3 *http://wiki.debian.org/DebianKernelCustomCompilation* und *http://wiki.debian.org/HowToRebuildAnOfficialDebianKernelPackage*

Index

A

B

C

D

E

F

G

H

I

J

K

N

O

P

R

V

W

X

Z

Grundlagen, Administration, Anwendung

Zahlreiche Workshops und Praxistipps

Einsatz als Backoffice- oder Root-Server, Gateway, Security-Server u.v.m.

Arnold Willemer

Linux-Server einrichten und administrieren mit Debian 6 GNU/Linux

Wenn Sie wissen wollen, wie Sie einen Server mit Debian GNU/Linux einrichten und betreiben, sind Sie mit diesem Buch genau richtig. Zahlreiche Workshops zeigen Ihnen praxisnah den Einsatz als Backoffice- oder Root-Server, als Gateway oder Security-Server u.v.m. Lernen Sie alle Anwendungsbereiche von Debian GNU/Linux kennen und erfahren Sie ganz nebenbei die Grundlagen der Administration einer Linux-Distribution. Arnold Willemers gewohnt humorvoller Schreibstil macht es Ihnen einfach, alle Schritte schnell nachzuvollziehen.

925 S., 2011, mit DVD, 39,90 Euro
ISBN 978-3-8362-1653-1

>> www.galileocomputing.de/2443